2025 공인노무사 2차 시험대비

행정쟁송법 사례연습

개정 6판

/ 박이준 편저 /

머리말

기본이론 교재를 정독하며 충실히 공부한 수험생일지라도 사례형 문제를 대하면 해당 문제가 구체적으로 무엇을 묻는지, 그리고 어떻게 서술해야 하는지를 파악하기란 무척 난감한 일이어서 별도의 연습이 필요합니다. 관련 사례문제를 풀어 보면서 논점을 파악하고 목차를 구성하는 연습을 많이 하여야 합니다.

이번 개정판에서는 8개 문항을 삭제하고 2024년도 기출문제를 포함하여 9개 문항을 추가하였습니다. 추가된 논제는 행정심판기관의 관할과 피청구인 적격, 당사자소송과 민사소송의 소변경, 집합금지명령 관련 대상적격 및 제소기간, 이의신청과 제소기간, 교도관 참여대상자 지정의 처분성과 소의 이익, 시간외근무수당과 육아휴직급여 관련 소송형태, 건축협의의 처분성, 입주변경계약 해지에 대한 쟁송, 보상금증감청구소송 등이 있습니다.

그리고 변호사시험(구 사법시험 포함), 법원행정고시, 5급 공채시험, 입법고시 등의 기출문제 가운데 공인노무사시험 대비에 도움이 될 수 있는 문제들을 〈보충문제〉 형식으로 소개하고 예시목차와 핵심 내용을 담았습니다. 그 밖에 저자의 창작문제들까지 더해서 학습하시면 상당히 많은 문제들로 충분한 연습이 될 것입니다.

본서의 문제들을 순서 배치함에 있어서, 행정쟁송법 시험문제의 성격상 복합적인 주제가 등장할 수밖에 없어 기본교재의 목차 순서대로 편제를 하기란 용이한 일이 아닙니다. 가장 중심적인 주제를 기준으로 최대한 논리 흐름을 갖추도록 하였고, 〈주제별 찾기〉 색인을 만들어놓았으니 활용하시면 되겠습니다.

사례형 문제의 일반적 답안작성 순서는 첫째, 〈논점의 정리〉로서 사례의 법적 논점을 개괄적으로 제시하여 응시자가 문제를 충분히 이해하고 있음을 보여주고, 둘째, 본론인 〈논점의 검토〉로서 각 논점별로 다시 문제의 소재를 밝히고, 관련 법령의 해석이나 학설의 대립이 있는 경우에는 그 주요내용과 함께 그 논거 및 그에 대한 비판을 자세히 논하는 한편, 대립되는 견해 가운데 자신의 입장을 표명하고, 주어진 사례에 대해 위와 같은 자신의 입장에 따라 각 논점별로 해결을 제시합니다. 그리고 끝으로 결론인 〈문제의 해결〉 단계로서 각 논점별로 도출한 해결을 다시 종합적으로 정리합니다.

본서에 수록된 사례형 문제들을 통해서 수험생 여러분께서 행정쟁송법을 보다 잘 이해할 수 있고 시험 합격에 도움이 될 수 있다면 저자로서 큰 기쁨이 될 것입니다. 감사합니다. ♠

2024. 12.

편저자 박 이 준

출제경향분석

1 빈출 주제 분석(* 1993년 ~ 2024년)

주제	출제 횟수
대상적격, 기속력(간접강제, 직접처분 포함)	13회
원고적격(청구인적격 포함)	9회
제소기간(청구기간 포함)	7회
임시구제수단(집행정지, 임시처분 등)	6회
처분사유의 추가·변경	5회
무효확인소송, 부작위위법확인소송, 당사자소송	4회
소의 이익, 사정판결(사정재결 포함), 노동행정심판, 소송의 병합, 행정심판전치주의, 피고적격(피청구인적격 포함)	3회
행정심판 재결의 유형, 객관적 소송, 의무이행소송, 심리판단의 기준시점, 고지제도, 행정심판의 종류, 입증책임, 재판관할	2회
기판력, 재심청구, 소송참가, 소송의 종료 방식, 결과제거청구권, 예방적 금지소송, 재결 일반, 행정소송의 한계, 판결의 효력 일반, 재결의 효력, 심리 일반, 일부취소, 행정심판위원회	1회

[참고] 변호사시험의 경우(* 2012년 ~ 2024년)

주제	출제 횟수
대상적격	6회
원고적격	4회
제소기간	3회
기속력, 임시구제수단, 일부취소판결(재결 포함), 객관적 소송, 소의 이익, 기판력	2회
고지제도, 심리판단의 기준시점, 피고적격, 선결문제, 예방적 금지소송, 행정심판 전치주의, 처분사유의 추가·변경, 소송유형, 사법심사방식	1회

2 출제 영역별 분석(2007년 이후)

(1) 행정심판

요건 및 제도이해	• 거부처분에 대한 행정심판법상의 권리구제수단(25점, 2010) • 심판청구의 적법성(30점, 2014) • 취소심판의 청구기간(20점, 2015) • 이의신청과 행정심판의 구별(25점, 2020) • 행정심판기관의 관할과 피청구인 적격(25점, 2024)
심리	• 재결 이전의 잠정적인 권리구제수단(25점, 2015) • 행정심판과 임시처분(20점, 2018)
재결	• 행정심판재결의 기속력(25점, 2007) • 행정심판재결의 종류(25점, 2009) • 행정심판재결의 실효성 확보방안(25점, 2013) • 기속력 확보수단으로서의 직접처분(25점, 2014) • 재결이 취소소송의 대상이 되는 경우(25점, 2017) • 기속력 확보수단으로서의 간접강제(25점, 2019) • 사정재결의 대상적격성(25점, 2021)

(2) 행정소송

요건 및 제도 이해	• 법규명령에 대한 취소소송(25점, 2007) • 부작위위법확인소송(50점, 2008) • 행정심판전치주의(25점, 2008) • 취소소송의 제기요건(50점, 2009) • 기관소송(25점, 2009) • 결과제거청구권의 행정소송법상 관철 방법(25점, 2010) • 행정소송의 대상적격(50점, 2011) • 행정소송의 대상적격 – 노동조합 설립신고서 반려(25점, 2012) • 지방노동위원회의 처분에 대한 행정쟁송절차(25점, 2012) • 행정소송의 원고적격(50점, 2013)

	• 이해관계인의 원고적격성(20점, 2014) • 부작위의 의의와 성립요건(25점, 2014) • 노동조합 설립신고서 반려행위에 대한 취소소송(35점, 2016) • 취소소송의 대상적격(15점, 2016) • 제3자효 행정행위의 원고적격(25점, 2016) • 감액처분의 대상적격(25점, 2017) • 협의의 소의 이익(25점, 2017) • 무효등확인소송의 보충성, 민사소송에서의 선결문제(25점, 2017) • 납세의무부존재확인소송의 법적 성질(25점, 2019) • 취소소송의 대상적격, 피고적격, 제소기간(50점, 2020) • 부작위의 성립요건(25점, 2020) • 법인의 원고적격(20점, 2022) • 예방적 금지소송(30점, 2022) • 협의의 소의 이익(25점, 2022) • 취소소송의 대상 및 제소기간의 기산점(25점, 2023) • 여객자동차운송사업자의 원고적격(25점, 2023) • 채무부존재확인소송, 부당이득반환청구소송(25점, 2023) • 육아휴직급여 청구의 소송 유형(15점, 2024) • 당사자소송에서의 행정심판전치주의(15점, 2024) • 공고에 대한 취소소송의 제소기간(25점, 2024)
심리	• 처분사유의 추가·변경(50점, 2007) • 행정소송법상의 소송참가(25점, 2008) • 처분사유의 추가·변경(25점, 2011) • 관련청구소송의 병합(25점, 2011) • 집행정지의 요건(25점, 2012) • 처분사유의 추가·변경(30점, 2015) • 취소소송과 국가배상청구소송의 병합(25점, 2018) • 처분사유의 추가·변경(25점, 2019) • 무효확인소송의 입증책임(10점, 2021) • 무효확인소송과 취소소송의 병합(20점, 2021) • 처분사유의 추가·변경(25점, 2021) • 처분의 위법성 판단 기준시점(25점, 2022)

판결	• 취소소송에서 인용판결의 기속력(50점, 2010) • 취소소송에서의 기속력 위반 사례(25점, 2012) • 종국판결에 의하지 않은 취소소송의 종료(25점, 2013) • 사정판결(25점, 2015) • 재심청구의 적법성(25점, 2016) • 승소판결후 재거부처분의 적법성(30점, 2018) • 취소사유에 대한 무효확인소송의 판결(25점, 2018) • 절차상 하자를 이유로 한 인용판결의 기속력(25점, 2019) • 무효확인소송의 기판력과 국가배상청구소송(20점, 2021) • 무효확인소송의 기속력과 강제수단(25점, 2023) • 일부취소판결(20점, 2024)

좀 더 자세한 내용 및 수험정보 등은 당사 홈페이지(www.ekorbei.com) 참조

학습전략

1 출제자(채점자)는 무엇을 원하는가?

최근 수년간 행정쟁송법, 노동법, 민사소송법 등 법학과목의 채점평에 기재된 다음의 문구들을 참고하면 법률과목에서 득점을 좌우하는 요소들을 어느 정도 추론 가능하다.

- "수험생 대부분이 수준 높은 답안을 제출한 반면, 판례의 제시 등이 부실한 수험생들이 간혹 있었음"
- "수험생 대부분이 문제의 소재 및 요건, 내용, 결론 등 일반적인 흐름에 맞춘 정확한 서술을 해 주었으나, 일부 수험생들은 문제와 무관한 ○○에 대한 서술을 한 경우가 있었음"
- "○○소송의 법적 성질에 관한 문제로, 해당 소송의 법적 성질을 정확히 이해하는지를 확인하는 문제임. 법적 성질 자체를 다르게 정의하여 서술하는 경우 유효한 점수를 받을 수 없는 문제임"
- "쟁점을 모두 기술한 답안이 많았으나, ○○에 대하여 전혀 언급하지 않거나 잘못 이해하고 있는 답안도 있었음"
- "대부분의 답안이 ○○의 개념에 대해서는 제대로 이해하고 있으나, ○○의 범위에 대해서는 정확하게 이해하고 기술한 답안이 많지 않았음"
- "○○에 대해서 쟁점에서 누락한 답안이 제법 되었고, 일부는 기본적인 내용만 기재하였음"
- "○○에 관해서는 그 중요성 및 판례를 알고서 출제취지에 맞게 작성한 답안은 소수에 불과했음"
- "사례형에서 요구되는 답안의 유형을 제대로 인식하지 못하여 목차 및 서술형식을 제대로 구성하지 못한 경우가 있었음"
- "글씨가 너무 작거나 읽기 어려운 것이 제법 있어 채점하는데 곤란했음"

> - "판례법리 및 이론에 대해 깊이 있는 고민을 해본 수험생이라면 출제자의 의도에 따라 답안을 작성할 수 있었던데 반해, 깊은 고민 없이 단순 암기형식으로 공부한 학생들에게는 본인의 예상과 다른 결과가 나왔을 것"
> - "사안에서 제시하는 쟁점들을 벗어나서 관련 없는 내용을 기술하거나, 반대로 핵심적인 내용을 대한 기술 없이 주변적인 내용만을 기술하는 경우가 많았음"

어느 과목이나 마찬가지이겠으나, 채점자의 출제의도를 명확히 이해하는 것이 중요하다. 본인이 예상했던 문제이거나 쉬운 문제라고 예단하고 출제자의 의도 파악 없이 기술해 나가면 좋은 점수를 얻을 수 없다. 채점자의 출제의도를 파악하려면 평소에 공부를 충실히 하여 논점에 관한 파악, 대립되는 학설의 이해, 판례공부를 충실히 해야 한다.

또한 자신이 쓴 내용이 채점자에게 제대로 전달되도록 하려면 알아보기 쉬운 글씨체, 적절한 띄어쓰기, 소목차 구성 등 형식적인 면에도 신경을 써야 한다.
이러한 점에 관하여 각종 국가고시 출제경험이 많은 P교수님은 "답안작성에 있어서는 주어진 사례의 몰입을 통하여 출제의도를 잘 파악하고, 평가자의 입장에서 수험생이 정성스럽게 쓴 답안지를 읽어서 잘 이해되는 답안을 작성해야 하며, 이에 더하여 평가가자 답안지를 읽는 중에 짜증이 아니라, 즐거움을 주는 답안을 작성해 내는 노력과 준비가 필요하다."고 하신바 있다.

결국 여러분의 수험생활의 목표는 출제자(채점자)와 잘 의사소통하여 설명할 수 있도록 논리를 정리하는 과정에 다름 아님을 알 수 있다. 정확히 모르는 내용을 타인과 의사소통할 수는 없지 않은가? 바르고 정확한 공부가 되도록 노력하자.

2 사례형 답안작성방법

(1) 사례형 풀이의 기본 구성항목

모든 행정쟁송 관련 사례형 문제는 다음의 내용을 포함하는 것이 원칙이다. 다만 공인노무사시험에서는 평가의 편의상 모든 것이 아니라 그 일부를 묻게 된다. 따라서 아래와 같은 문제풀이 전체의 모습에 대한 이해가 전제되어야 한다.

> I. 논점의 정리
> II. 쟁송의 형태
>   1. 본안소송(취소소송 / 무효등확인소송 / 부작위위법확인소송 / 당사자소송)
>   2. 보건소송(집행정지, 가처분)
> III. 소의 적법성(소제기의 요건)
>   1. 소의 대상 2. 원고적격 3. 피고적격 4. 소의 이익 5. 제소기간
>   6. 행정심판전치주의 등
> IV. 소의 이유 판단
>   1. 행정작용의 성질(예 허가·특허·인가 / 기속행위성·재량행위성)
>   2. 행정작용의 주체·절차·형식상 하자 여부
>   3. 행정작용의 내용상 하자 여부(예 법률유보, 법률우위, 일반원칙)
> V. 절차상 쟁점
>   1. 소송참가 2. 소의 변경 3. 처분사유의 추가·변경 4. 직권심리 5. 선결문제 6. 입증책임 7. 간접강제 8. 재심 등
> VI. 판결
>   1. 판결의 종류(각하 / 기각 / 인용 / 사정)
>   2. 판결의 효력(기속력 / 기판력 / 형성력)
> VII. 문제의 해결

(2) 답안의 단계별 내용

① **논점의 정리**: 사례의 법적 논점을 개괄적으로 제시하여 응시자가 문제를 충분히 이해하고 있음을 보여주어야 한다. 관련되는 법조문 및 이론과 사례를 관련지어 중요하다고 판단되는 논점이어야 한다.

② **논점의 검토(본론)**: 위 '논점의 정리'에서 밝혔던 논점의 순서대로 해결해 나가는 부분이다. 각 논점별로 다시 문제의 소재를 밝히고, 관련 법령의 해석이나 학설의 대립이 있는 경우에는 그 주요내용과 함께 그 논거 및 그에 대한 비판을 자세히 논한다. 그리고 대립되는 견해 가운데 자신의 입장을 표명한다. 주어진 사례에 대해 위와 같은 자신의 입장에 따라 각 논점별로 해결을 제시한다. 여유가 있다면 다른 견해에 서는 경우의 해결도 제시해준다.

③ **문제의 해결(결론)**: 각 논점별로 도출한 해결을 다시 종합적으로 정리한다. 사례형 문제에서의 결론 부분은 자신이 법관이라 생각하고 일관된 해결이 될 수 있도록 주의를 요한다.

좀 더 자세한 내용 및 수험정보 등은 당사 홈페이지(www.ekorbei.com) 참조

Contents

공인노무사 기출문제

01 제33회(2024) 「시간외근무수당과 육아휴직급여의 청구」 …… 526

02 제33회(2024) 「행정심판기관의 관할과 피청구인 적격」 …… 56

03 제33회(2024) 「집합금지명령과 영업시간 제한의 공고」 …… 394

04 제32회(2023) 「이주대책 대상자 선정과 강제수단」 …… 645

05 제32회(2023) 「여객자동차운송사업 양도·양수 인가처분의 원고적격」 …… 146

06 제32회(2023) 「채무부존재확인소송과 부당이득반환소송」 …… 724

07 제31회(2022) 「중앙노동위원회의 재심판정과 협의의 소의 이익」 …… 413

08 제31회(2022) 「처분의 위법성 판단 기준시점」 …… 538

09 제31회(2022) 「제3자의 원고적격 및 예방적부작위소송」 …… 754

10 제30회(2021) 「입증책임, 소송의 병합, 무효확인판결의 기판력」 …… 112

11 제30회(2021) 「사정재결의 대상적격성」 …… 229

12 제30회(2021) 「징계처분사유의 추가」 …… 508

13	제29회(2020) 「취소소송의 적법요건」	402
14	제29회(2020) 「이의신청과 행정심판」	20
15	제29회(2020) 「위법한 부작위」	674
16	제28회(2019) 「중앙노동위원회의 재심판정과 취소소송」	609
17	제28회(2019) 「정보공개청구사건과 실효성 확보 수단」	89
18	제28회(2019) 「납세의무부존재확인소송의 법적 성질」	771
19	제27회(2018) 「체류자격 변경허가 신청 사건」	592
20	제27회(2018) 「하자의 중대명백설과 법원의 판결」	697
21	제27회(2018) 「처분취소소송과 국가배상청구소송의 병합」	105
22	제26회(2017) 「장해보상금 일부 징수결정 사건」	382
23	제26회(2017) 「국민건강보험 보험료 반환 청구의 소송방법」	714
24	제26회(2017) 「재결이 취소소송의 대상이 되는 경우」	205
25	제25회(2016) 「노동조합 설립신고서 반려행위와 구제신청」	581
26	제25회(2016) 「재심청구의 적법성」	741
27	제25회(2016) 「제3자효 행정행위의 원고적격」	137
28	제24회(2015) 「개발행위 불허가처분 불고지 사건」	44, 490
29	제23회(2014) 「무자격 노동조합 설립신고 수리사건」	215

30 제22회(2013)「운수주식회사 과징금 부과사건」…… 321

31 제21회(2012)「노동조합 설립신고 반려사건」…… 618

32 제21회(2012)「지방노동위원회의 처분에 대한 행정쟁송」…… 232

33 제20회(2011)「법령에 의한 어업면허면적 축소 사건」…… 235

34 제20회(2011)「입찰참가자격 제한처분의 처분사유 추가」…… 511

35 제19회(2010)「취소소송의 확정판결과 재거부처분」…… 616

주제별 찾기

01 이의신청 …… 20, 645

02 행정심판법상 행정심판의 종류 …… 27, 592

03 의무이행심판 …… 23, 37, 642

04 행정심판위원회 …… 56, 66, 70, 74

05 행정심판법상 고지제도 …… 66, 70

06 행정심판의 대상 …… 59, 70, 736

07 행정심판에서의 심판청구인, 피청구인 …… 50, 56, 215

08 행정심판 이해관계자의 참가제도 …… 50

09 행정심판의 청구기간 …… 41, 44, 47, 66, 74

10 행정심판법상 가구제 수단 …… 62, 532, 592

11 재결 …… 23, 27, 32, 37, 70, 74

12 직접처분과 간접강제 …… 27, 74, 86, 89, 92, 95

13 노동행정심판 …… 232

14 소송의 관할·이송·병합 …… 105, 109, 112, 120, 724

15 원고적격 …… 123, 128, 132, 137, 141, 146, 149, 163, 249, 303, 321, 382, 418, 434, 484, 745, 754

16 피고적격 …… 32, 169, 183, 186, 212, 397, 402

17 소송참가 …… 453, 456, 745

18 협의의 소의 이익 …… 173, 180, 249, 348, 356, 361, 382, 402, 410, 413, 441, 445, 450, 484, 587, 601, 627, 702

19 취소소송의 대상 …… 32, 192, 199, 203, 215, 232, 235, 241, 249, 293, 297, 301, 308, 326, 335, 361, 371, 379, 382, 394, 418, 430, 434, 445, 450, 532, 777

20 거부처분 취소소송 …… 256, 303, 311, 315, 426, 459, 544, 575, 581, 618, 645

21 재결취소소송 …… 205, 209, 212, 215, 222, 225, 229, 277, 356, 397, 402, 745

22 취소소송의 제소기간 …… 356, 361, 368, 371, 382, 390, 394, 397, 402, 426, 430, 441, 450, 601, 627, 645

23 행정심판의 전치 …… 277, 288, 326, 526

24 소의 변경 …… 273, 277, 285, 526, 664

25 항고소송의 가구제 수단 …… 379, 463, 470, 477, 581, 601, 642, 664

26 처분사유의 추가·변경 …… 484, 490, 493, 501, 508, 544, 609

27 취소소송의 심리 …… 149, 159, 467

28 선결문제 …… 708, 714, 728, 736

29 하자의 승계 …… 326, 335, 341

30 하자의 치유 …… 484, 493

31 주장책임과 입증책임 …… 112, 514

32 처분의 위법성 판단의 기준시 …… 532, 538, 544, 658

33 사정판결 …… 552, 555, 559

34 일부위법과 일부취소 …… 259, 263, 321, 501, 518, 521, 526

35 판결의 기판력 …… 112, 618, 624, 627

36 판결의 기속력 …… 561, 568, 572, 575, 581, 592, 601, 609, 616, 618, 645

37 행정소송법상 제3자의 재심청구 …… 741, 745

38 무효등확인소송 …… 102, 587, 677, 692, 697, 702, 714, 728

39 부작위위법확인소송 …… 642, 653, 658, 664, 673, 677, 684, 688

40 무명항고소송 …… 235, 418, 642, 754, 764, 767

41 당사자소송 …… 120, 724, 771, 774

42 객관소송 …… 777, 780

[참고문헌]

김남철, 『행정법 강론 사례연습』, 박영사, 2022
김향기, 『사례연구 행정법연습』, 대명출판사, 2017
김연태, 『행정법 사례연습』, 홍문사, 2010
김철용 외 10인, 『행정법 기출문제 답안과 강평』, 고시계사, 2021
박균성, 『공인노무사 행정쟁송법』, 고시계사, 2018
박균성, 『행정법강의』, 박영사, 2016
박이준, 『공인노무사 행정쟁송법』, 이패스코리아, 2024
박이준, 『행정절차론』, 이패스코리아, 2024
박이준, 『행정법』, 이패스코리아, 2024
박정훈, 『행정법통합연습』, 인해, 2014
박정훈, 『행정법 판례라인』, 박영사, 2017
법학전문대학원 공법교수 8인, 『공법 사례형』, 법문사, 2016
오현웅/정현신, 『주관식 경찰 행정법』, 경찰공제회, 2017
이원희, 『노동행정쟁송법』, 중앙경제, 2017
이재화/정선균, 『사례연구 행정법연습』, 문영사, 2008
임영호, 『행정소송의 쟁점』, 진원사, 2014
정관영 외 5인, 『분쟁해결을 위한 행정기본법 실무해설』, 신조사, 2021
정하중, 『행정법개론』, 법문사, 2007
하명호, 『행정쟁송법』, 박영사, 2021
한견우, 『현대행정법신론』, 세창, 2014
행정판례연구회, 『행정판례평선』, 박영사, 2011
호문혁, 『민사소송법』, 법문사, 2016
홍정선 외, 『기본 CASE 행정법』, 박영사, 2016
홍준형, 『시민을 위한 행정법 입문』, 박영사, 2018
홍준형, 『행정법 판례연습』, 두성사, 1999
홍준형, 『행정쟁송법』, 오래, 2017
MGI 메가고시 연구소, 『변호사시험 기출문제집』, 인해, 2024

공인노무사 2차 시험대비

행정쟁송법 사례연습

> **연습 1**
>
> 甲은 태양광발전시설을 설치하기 위해 관할 군수 乙에게 개발행위허가를 신청하였으나 乙은 산림훼손 우려가 있다는 이유로 거부처분을 하였다. 甲은 「민원처리에 관한 법률」제35조에 따라 乙에게 이의신청을 하였다. 乙은 甲의 이의신청을 검토한 후 종전과 동일한 이유로 이의신청을 기각하는 결정을 하였다. 乙의 기각결정을 행정심판의 기각재결로 볼 수 있는지 설명하시오. (25점)
>
> ※「민원처리에 관한 법률」제35조 ③ 민원인은 제1항에 따른 이의신청 여부와 관계없이 「행정심판법」에 따른 행정심판 또는 「행정소송법」에 다른 행정소송을 제기할 수 있다.
>
> 〈공인노무사 2020〉

I. 문제의 제기

각 개별 법률이 규정하고 있는 이의신청이 모두 쟁송법상의 행정심판인 것은 아니다. 헌법 제107조 제3항은 행정심판절차에 사법심판절차가 준용되어야 한다고 규정하고 있으므로, 개별 법률에서 정하는 이의신청 중 준사법절차가 보장되는 것만이 행정심판이다.

乙이 종전과 동일한 이유로 이의신청을 기각한 결정이 행정심판의 기각재결이 되려면 일련의 절차가 사법절차에 준하는 특징을 지녀야 한다.

II. 이의신청

1. 의의

(1) 이의신청이란 행정청의 위법·부당한 행정작용으로 인해 권리가 침해된 자가 처분청에 대하여 그 행위의 취소를 구하는 절차를 말한다. 실정법상으로는 이의신청·불복신청·재심사청구·재결신청 등으로 불리고 있다.

(2) 이의신청은 행정심판법상 행정심판이 처분청의 상급행정청 등의 행정심판위원회에 청구하는 것과 다르다. 이의신청이 판단기관의 독립성, 대심적 심리구조, 당사자의 절차적 권리보장 면에서 사법절차의 본질적 요소를 갖추고 있다면 이는 실질적 의미의 행정심판이다.

2. '행정심판인 이의신청'과 '행정심판이 아닌 이의신청 등'과의 구별

이의신청에는 행정심판의 성질을 갖는 것과 '행정심판이 아닌 이의신청', 즉 단순히 진정의 성질을 갖는 것이 있다.

(1) 구별실익

① 행정심판인 이의신청에 대한 결정은 행정심판의 재결의 성질을 갖는다. 그러나 행정심판이 아닌 이의신청을 받아들여 원처분을 변경하는 결정은 새로운 최종적 처분으로서 이의신청의 대상이 된 처분을 대체한다. 다만, 이의신청을 받아들이지 않는 결정은 종전의 처분을 유지하겠다는 행위이므로 독립한 처분이 아니다.

② 개별 법률에서 정하고 있는 불복절차가 행정심판법상의 행정심판이라고 한다면 당해 불복절차에 관하여 개별 법률에서 정하고 있는 것을 제외하고는 행정심판법이 적용된다. 또한 당해 불복절차를 거친 후에는 다시 행정심판법상의 행정심판을 제기할 수 없다(행정심판법 제51조).

(2) 구별기준

① **불복절차기준설** : 헌법 제107조 제3항은 행정심판절차는 사법심판절차가 준용되어야 한다고 규정하고 있는 점에 비추어 '개별 법률에서 정하는 이의신청 등' 중 준사법절차가 보장되는 것만이 행정심판이며, 그렇지 않은 것은 행정심판이 아닌 것으로 본다.

② **심판기관기준설** : 이의신청은 처분청 자체에 제기하는 쟁송인데 반하여, 행정심판은 원칙적으로 처분청의 직근상급행정청 또는 행정심판위원회에 제기하는 쟁송이라고 본다.

③ **판례** : 판례는 사법절차의 본질적 요소 구비 여부 및 담당기관을 기준으로 구분하고 있어 불복절차기준설을 취하고 있는 것으로 보인다.[1]

④ **검토** : 헌법 제107조 제3항이 행정심판절차는 사법절차가 준용되어야 한다고 규정하고 있는 점에 비추어 불복절차기준설이 타당하다.

---

[1] 헌법 제107조 제3항은 "재판의 전심절차로서 행정심판을 할 수 있다. 행정심판의 절차는 법률로 정하되, 사법절차가 준용되어야 한다"고 규정하고 있으므로, 입법자가 행정심판을 전심절차가 아니라 종심절차로 규정함으로써 정식재판의 기회를 배제하거나, 어떤 행정심판을 필요적 전심절차로 규정하면서도 그 절차에 사법절차가 준용되지 않는다면 이는 위 헌법조항, 나아가 재판청구권을 보장하고 있는 헌법 제27조에도 위반되며, 헌법 제107조 제3항은 사법절차가 "준용"될 것만을 요구하고 있으나 판단기관의 독립성과 공정성, 대심적 심리구조, 당사자의 절차적 권리보장 등의 면에서 사법절차의 본질적 요소를 현저히 결여하고 있다면 "준용"의 요청에마저 위반된다(헌재 200.6.28, 200헌바30).

(3) 「민원 처리에 관한 법률」상 이의신청

① 민원 처리에 관한 법률 제35조는 법정민원에 대한 행정기관의 장의 거부처분에 불복하는 민원인은 그 거부처분을 받은 날부터 60일 이내에 그 행정기관의 장에게 문서로 이의신청을 할 수 있음과 아울러, 이러한 이의신청 여부와 관계없이 「행정심판법」에 따른 행정심판 또는 「행정소송법」에 따른 행정소송을 제기할 수 있다고 규정하고 있다.

② 민원 처리에 관한 법률상 이의신청은 준사법적 절차가 보장되어 있지 않고, 이의신청과 관계없이 행정심판을 제기할 수 있는 것으로 규정하고 있으므로 행정심판이 아닌 이의신청에 해당한다.

③ 민원사무처리에 관한 법률 제18조 제1항에서 정한 거부처분에 대한 이의신청을 받아들이는 경우에는 이의신청 대상인 거부처분을 취소하지 않고 바로 최초의 신청을 받아들이는 새로운 처분을 하여야 하지만, 이의신청을 받아들이지 않는 경우에는 다시 거부처분을 하지 않고 그 결과를 통지함에 그칠 뿐이다. 따라서 이의신청을 받아들이지 않는 취지의 기각 결정 내지는 그 취지의 통지는, 종전의 거부처분을 유지함을 전제로 한 것에 불과하고 또한 거부처분에 대한 행정심판이나 행정소송의 제기에도 영향을 주지 못하므로, 결국 민원 이의신청인의 권리·의무에 새로운 변동을 가져오는 공권력의 행사나 이에 준하는 행정작용이라고 할 수 없어, 독자적인 항고소송의 대상이 된다고 볼 수 없다(대판 2012.11.15, 2010두8676). 즉 민원사무처리에 관한 법률상 이의신청에 대한 기각결정은 행정심판의 기각재결로 볼 수 없다.

Ⅲ. 사례의 해결

설문에서 甲이 乙에게 이의신청한 것은 ① 처분청의 상급행정청 등의 행정심판위원회에 청구한 것이 아니라 처분청에게 한 것인 점, ② 그 과정에서 판단기관의 독립성, 대심적 심리구조, 당사자의 절차적 권리보장 면에서 사법절차의 본질적 요소를 갖추었음이 보이지 않는 점, ③ 이의신청 여부와 관계없이 「행정심판법」에 따른 행정심판 또는 「행정소송법」에 따른 행정소송을 제기할 수 있다는 점에서 행정심판이 아닌 이의신청이다.

따라서 乙의 기각결정은 행정심판의 기각재결이 아니다.

연습 2

A시는 산업·연구·업무 등의 주된 기능과 주거·교육·의료·문화 등의 자족적 복합기능을 고루 갖춘 기업도시를 유치하려 하고 있다. 국토교통부장관은 기업도시를 건설하려는 민간기업인 주식회사 甲과 A시장의 공동제안에 따라 A시 외곽 지역에 개발구역을 지정 고시하고, 甲을 개발사업의 시행자로 지정하였다. 그 후 甲은 개발사업의 시행을 위해 필요한 토지 면적의 55%를 확보한 후, 해당 지역의 나머지 토지에 대한 소유권을 취득하기 위하여 토지소유자 乙, 丙 등과 협의하였으나 협의가 성립되지 않자 중앙토지수용위원회에 수용재결을 신청하였고, 동위원회는 수용재결을 하였다.

乙은 甲에게 생활대책에 필요한 대체용지의 공급을 포함하는 이주대책의 수립을 신청하였지만 상당한 기간이 경과 했는데도 甲은 이주대책을 수립하지 않고 있다. 이에 乙은 이주대책의 수립을 구하는 의무이행심판을 청구하였다. 이 사건에서 의무이행심판청구의 적법성과 재결의 형식을 검토하시오. (「기업도시개발특별법」 제14조 제6항에 의하여 시행자는 개발사업의 시행에 필요한 토지등을 제공함으로 인하여 생활의 근거를 상실하게 되는 자에 대하여 주거단지 등을 조성·공급하는 등 이주대책을 수립·시행하여야 한다.) (25점)

Ⅰ. 의무이행심판청구의 적법성

1. 문제점

청구의 적법성과 관련하여 특히 ① 이주대책 수립결정의 처분성, ② 부작위의 인정 여부, ③ 청구인적격과 피청구인적격이 문제된다.

2. 의무이행심판의 의의

의무이행심판은 당사자의 신청에 대한 행정청의 위법 또는 부당한 거부처분이나 부작위에 대하여 일정한 처분을 하도록 하는 행정심판이다(행정심판법 제5조 제3호).

3. 의무이행심판의 청구요건

(1) 대상적격

1) 부작위

부작위란 행정청이 당사자의 신청에 대하여 상당한 기간 내에 일정한 처분을 하여야 할 법률상 의무가 있는데도 처분을 하지 아니하는 것'을 말한다(제2조 제2호).

부작위가 성립하기 위해서는 ① 당사자의 신청, ② 상당한 기간의 경과, ③ 처분을 하여야 할 법률상 의무, ④ 처분의 부존재를 요한다. 특히 당사자의 신청이 '신청권'에 기초해야 하는 것인지 문제되는데, 판례는 신청권이 없으면 항고쟁송의 대상인 부작위가 있다고 볼 수 없다는 입장이다.[2]

2) 이주대책 수립결정의 처분성

법령이 사업시행자에게 이주대책의 수립·실시의무를 부과하고 있다고 하여 그 규정 자체만에 의하여 이주자에게 사업시행자가 수립한 이주대책상의 택지분양권이나 아파트 입주권 등을 받을 수 있는 구체적인 권리(수분양권)가 직접 발생하는 것은 아니며, 사업시행자가 이주대책에 관한 구체적인 계획을 수립하여 이를 해당자에게 통지 내지 공고한 후, 이주자가 사업시행자에게 이주대책대상자 선정신청을 하고 사업시행자가 이주대책대상자로 확인·결정하여야만 비로소 구체적인 수분양권이 발생하게 된다. 따라서 사업시행자가 하는 확인·결정은 곧 구체적인 이주대책상의 수분양권을 취득하기 위한 요건이 되는 행정작용으로서의 처분이다.[3]

3) 사안의 경우

乙이 甲에게 처분인 이주대책의 수립을 신청하였지만 상당한 기간이 경과했고, 甲은 기업도시개발특별법 제14조 제6항에 의해 이주대책을 수립·시행해야 할 법률상 의무가 존재함에도 현재 이주대책을 수립하고 있지 않고 있으므로 의무이행심판의 대상적격을 충족하고 있다.

(2) 청구인적격

의무이행심판은 처분을 신청한 자로서 행정청의 거부처분 또는 부작위에 대하여 일정한 처분을 구할 법률상 이익이 있는 자가 청구할 수 있다(제13조 제3항).

기업도시개발특별법 제14조 제6항은 이주대책을 수립하도록 강행규정을 두고 있는바, 이는 개발사업에 협력한 자의 사익을 보호하고자 하는 취지로 해석되며, 乙은 생활대책에 필요한 대체용지의 공급을 포함하는 이주대책의 수립을 신청할 법률상 이익, 즉 신청권이 있으므로 청구인적격이 인정된다.

(3) 피청구인적격

의무이행심판은 청구인의 신청을 받은 행정청을 피청구인으로 하여 청구하여야 한다(제17조 제1항).

甲은 기업도시개발특별법에 의하여 기업도시 건설사업을 위한 토지수용권을 부여받은 민간기업으로서 행정심판법 제2조 제4호에 따라 행정청의 지위가 인정되며, 乙의 이주대책 수립 신청을 받은 자이므로 피청구인적격을 갖는다.

---

[2] 대판 1993.4.23, 92누17099
[3] 대판 1994.5.24, 92다3578

(4) 심판청구기간

부작위에 대한 의무이행심판은 청구기간의 제한을 받지 않는다(제27조 제7항).

4. 사안의 해결

乙의 의무이행심판청구는 시행자의 이주대책수립의 부작위가 인정되어 대상적격을 충족하고, 그밖에 청구인적격, 피청구인적격, 심판청구기간을 충족하므로 적식의 요건을 갖추어 관할 행정심판위원회에 청구하면 적법하다.

Ⅱ. 재결의 형식

1. 문제점

행정심판법 제43조 제5항은 "위원회는 의무이행심판의 청구가 이유가 있다고 인정하면 지체 없이 신청에 따른 처분을 하거나 처분을 할 것을 피청구인에게 명한다."고 규정하는데 위원회는 어떤 재결을 할 수 있는지가 문제된다.

2. 처분재결과 처분명령재결의 선택

처분재결은 위원회가 스스로 처분을 하는 것이므로 형성재결이며, 처분명령재결은 처분청에게 처분을 명하는 재결이므로 이행재결이다. 처분명령재결이 있으면 행정청은 지체 없이 그 재결의 취지에 따라 이전의 신청에 대한 처분을 하여야 한다(제49조 제2항).
처분재결과 처분명령재결의 선택에 관하여 ① 위원회가 처분재결과 처분명령재결의 선택에 있어 전적으로 재량권을 갖는다는 견해(재량설), ② 처분청의 처분권이 존중되어야 하므로 원칙적으로 처분명령재결을 하여야 하고, 예외적으로 처분재결을 할 것이라는 견해가 있다.
처분청의 처분권한 존중의 필요성을 고려하여 원칙적으로 처분명령재결을 하고, 처분청이 이에 따르지 않는 경우 위원회가 직접처분 규정을 활용하는 것이 타당하다.

3. 특정처분(명령)재결과 일정처분(명령)재결의 선택

형성재결 및 기속행위에 대한 이행재결의 경우 특정처분만이 가능하다. 다만, 원처분이 재량행위인 경우에 이행재결로서 ① 특정처분(명령)재결을 할 것인지, ② 일정처분(명령)재결을 할 것인지 문제된다.
학설은 ① 재결시를 기준으로 합법성 및 합목적성의 원칙상 특정처분을 해야 할 것이 명백한 경우에 신청에 따른 적극적 처분을 하거나 하도록 하고, 특정처분을 해야 할 것이 명백하지 않다면 재량권의 일탈·남용 및 부당을 명시하여 하자 없는 재량행사를 명하는 재결을 하여야 한다는 견해(재량권존중설). ② 재량행위의 경우에는 원칙상 특정처분재결을 할 수 없다는 견해(일정처분명령재결설)가 있다.

위법한 경우뿐만 아니라 부당한 경우에도 처분행정청의 재량권은 원칙적으로 존중되어야 한다는 점, 그리고 재량권이 기속화되어 특정처분을 하여야 함이 명백한 경우에는 쟁송경제의 효율성 차원에서 예외를 인정할 수 있다는 점에서 재량권존중설이 타당하다.

4. 사안의 해결

사업시행자 甲은 이주대책의 종류나 구체적 내용의 결정에 관하여 재량권이 있으므로 처분명령재결이 타당하다. 그리고 처분명령재결의 내용은 하자 없이 이주대책을 수립하도록 재량행사를 명하는 재결이 되어야 한다.[4]

---

[4] 설문에서 기업도시개발특별법 제14조 제6항은 이주대책을 수립하도록 강행규정을 두고 있다는 점에 착안하여 사안의 이주대책 수립처분을 기속행위로 보아 특정처분명령재결을 해야 한다는 견해가 있을 수 있다. 그러나 기업도시개발특별법은 사업시행자에게 이주대책수립과 시행의 의무를 부과할 수 있을 뿐이므로 위와 같이 해석하는 것이 타당하다.

> **연습 3**
>
> 서울특별시 X구에 위치한 사설학원에서 대학입학전문상담사로 근무하는 갑은 과학적이고 체계적인 학생입학지도를 위해 '공공기관의 정보공개에 관한 법률'에 따라 교육부장관 을에게 학교별 성적분포도를 포함하여 서울지역 2010년 대학수학능력시험평가 원데이터에 대한 정보(수능시험정보)의 공개를 청구하였다. 이에 대해 을은 갑의 청구대로 응할 경우 학교의 서열화를 야기할 뿐만 아니라 업무의 공정한 수행에 현저한 지장을 초래한다는 이유로 비공개결정을 하였다. 갑의 권리구제와 관련하여 다음의 질문에 답하시오. (단, 무효확인심판과 무효확인소송은 제외한다)
>
> (1) 갑이 현행 행정쟁송법상 권리구제와 수단으로 선택할 수 있는 방식에 대하여 기술하시오. (10점)
> (2) 만약 갑이 행정심판을 제기한 경우에 행정심판위원회는 어떠한 재결을 할 수 있는지 행정심판 유형에 따라 기술하고 이때 행정심판법상 갑의 권리구제수단의 한계에 대해서도 검토하시오.5) (20점)

Ⅰ. 설문 (1) – 갑의 행정쟁송법상 권리구제수단

1. 문제 상황

정보비공개결정에 대해 갑이 선택할 수 있는 수단은 행정심판 중 의무이행심판·거부처분취소심판과 행정소송 중 취소소송, 그리고 가구제 수단으로 행정심판에서의 집행정지와 임시처분, 행정소송에서의 집행정지 가능성 등을 살펴볼 수 있다. 여기에서는 ① 정보공개법상 권리구제방법, ② 그 밖의 권리구제방법으로 구분하여 검토한다.

2. 정보공개법상 권리구제수단

(1) 의무이행심판

공공기관의 정보공개에 관한 법률(이하 정보공개법이라 한다) 제19조 제1항은 "청구인이 정보공개와 관련한 공공기관의 결정에 대하여 불복이 있거나 정보공개 청구 후 20일이 경과하도록 정보공개 결정이 없는 때에는「행정심판법」에서 정하는 바에 따라 행정심판을 청구할 수 있다."고 규정하고 있으며, 장관의 비공개결정은 행정심판법 제2조 제1호의 처분에 해당하므로 갑은 장관의 정보비공개결정에 대해 행정심판법 제5조 제3호의 의무이행심판을 청구할 수 있다.

---
5) 2011년 5급공채(일반행정) 기출문제

(2) 취소심판

취소심판은 '처분'을 대상으로 하는데(행정심판법 제5조 제1호) ① 이러한 처분에는 소극적 처분(거부처분) 역시 포함되므로 정보비공개결정은 취소심판의 대상이 되고, ② 정보공개법은 정보공개청구를 한 청구인의 행정심판청구를 인정하고 있으며(동법 제19조 제1항), ③ 사안에서 정보비공개결정을 한 공공기관인 교육부장관을 상대로 취소심판을 제기하면 되고, ④ 정보비공개결정 통지를 받은 날부터 90일 이내에 취소심판을 제기하면 된다(행정심판법 제27조 제1항).

(3) 행정소송의 제기 - '정보공개소송'

① 정보공개법 제20조 제1항
  ㉠ 청구인이 정보공개와 관련한 공공기관의 결정에 대하여 불복이 있거나 정보공개 청구 후 20일이 경과하도록 정보공개 결정이 없는 때에는 「행정소송법」에서 정하는 바에 따라 행정소송을 제기할 수 있다(정보공개법 제20조 제1항).
  ㉡ 장관의 비공개결정은 행정소송법 제2조 제1호의 처분(행정청이 행하는 구체적 사실에 관한 법집행으로서의 공권력의 행사 또는 그 거부와 그 밖에 이에 준하는 행정작용)에 해당하는바 갑은 장관의 정보비공개결정에 대해 행정소송법 제4조 제1호의 취소소송을 제기할 수 있다.

② **거부처분 취소소송** : 갑은 을의 수능시험정보 비공개결정에 대해 거부처분 취소소송을 제기할 수 있다. ⅰ) 취소소송은 행정청의 '처분 등'을 대상으로 하는데(행정소송법 제19조) 이러한 처분에는 소극적 처분 역시 포함되며, ⅱ) 정보공개법은 정보공개청구를 한 청구인의 행정소송 제기를 인정하고 있으며(동법 제20조 제1항), ⅲ) 정보비공개결정을 한 공공기관인 을이 피고가 되고, ⅳ) 갑은 이의신청이나 행정심판을 거치지 않고 바로 정보공개소송을 제기할 수 있으며, ⅴ) 정보비공개결정 통지를 받은 날부터 90일 이내에 취소소송을 제기하면 된다.

③ **의무이행소송** : 갑의 권리구제방법으로 가장 실효적인 방법은 의무이행소송을 제기하는 것이 있으나, 현행 행정소송법의 해석상 의무이행소송은 인정되기 힘들며, 판례도 같은 입장이다.6)

---

6) 현행 행정소송법상 <u>행정청으로 하여금 일정한 행정처분을 하도록 명하는 이행판결을 구하는 소송이나 법원으로 하여금 행정청이 일정한 행정처분을 행한 것과 같은 효과가 있는 행정처분을 직접 행하도록 하는 형성판결을 구하는 소송은 허용되지 아니한다</u>(대판 1997.9.30, 97누3200).

3. 그 밖의 권리구제방법

(1) 집행정지

① 행정심판법 제30조 제2항은 처분, 처분의 집행 또는 절차의 속행 때문에 중대한 손해가 생기는 것을 예방할 필요성이 긴급하다고 인정할 때에는 위원회가 직권으로 또는 당사자의 신청에 의하여 처분의 효력, 처분의 집행 또는 절차의 속행의 전부 또는 일부의 정지를 결정할 수 있다고 규정한다. 다만 거부처분에 대해 집행정지가 인정될 것인지에 대한 학설의 대립이 있으나 이를 부정하는 것이 다수설과 판례이다.

② 행정소송법도 집행부정지원칙을 규정하면서, 일정한 요건을 충족하는 경우 원고의 권리보호를 위해 처분의 효력정지 등을 인정하고 있다(동법 제23조 제2항). 그러나 다수설과 판례는 거부처분의 집행정지를 인정하지 않으므로, 이에 따르면 갑은 집행정지를 신청할 수는 없다.

(2) 임시처분

행정심판위원회는 장관의 정보공개거부처분이 위법·부당하다고 상당히 의심되는 경우로서 갑이 받을 우려가 있는 중대한 불이익이나 갑에게 생길 급박한 위험을 막기 위하여 임시지위를 정하여야 할 필요가 있는 경우에는 직권으로 또는 갑의 신청에 의하여 임시처분을 결정할 수 있다(행정심판법 제31조). 그러나 사안에서 중대한 불이익이나 급박한 위험을 인정하기 어렵다.

(3) 국가배상청구

판례에 따르면 국가배상청구소송은 민사소송에 의하나, 다수설은 이를 공법상 당사자소송으로 본다. 따라서 다수설에 따르면 갑은 장관의 비공개결정에 고의·과실, 위법성이 있고 그로 인해 갑에게 손해가 발생했다고 주장하며 국가배상을 청구할 수 있다.

4. 결어

갑은 정보공개법과 행정심판법에 따라 거부처분에 대한 취소심판 및 의무이행심판을 청구할 수 있고, 정보공개소송으로 거부처분에 대한 취소소송을 제기할 수 있다. 한편 일정한 경우에 정보공개심판을 청구하면서 임시처분을 신청할 수 있다. 그리고 국가배상청구소송을 공법상 당사자소송으로 보는 견해에 따르면 국가배상청구도 행정쟁송법상의 권리구제수단이라 할 수 있다.

Ⅱ. 설문 (2) – 행정심판의 유형에 따른 재결과 행정심판법상 갑의 권리구제수단의 한계

1. 행정심판의 유형에 따른 재결

(1) 의무이행심판

① 처분재결과 처분명령재결의 선택 : 처분재결과 처분명령재결의 선택에 관하여 ㉠ 위원회가 처분재결과 처분명령재결의 선택에 있어 전적으로 재량권을 갖는다는 견해(재량설), ㉡ 처분청의 처분권이 존중되어야 하므로 원칙적으로 처분명령재결을 하여야 하고, 예외적으로 처분재결을 할 것이라는 견해가 있다.

처분청의 처분권한 존중의 필요성을 고려하여 원칙적으로 처분명령재결을 하고, 처분청이 이에 따르지 않는 경우 위원회가 직접처분 규정을 활용하는 것이 타당하다.

② 특정처분(명령)재결과 일정처분(명령)재결의 선택 : 학설은 ㉠ 재결시를 기준으로 합법성 및 합목적성의 원칙상 특정처분을 해야 할 것이 명백한 경우에 신청에 따른 적극적 처분을 하거나 하도록 하고, 특정처분을 해야 할 것이 명백하지 않다면 재량권의 일탈·남용 및 부당을 명시하여 하자 없는 재량행사를 명하는 재결을 하여야 한다는 견해(재량권존중설), ㉡ 재량행위의 경우에는 원칙상 특정처분재결을 할 수 없다는 견해(일정처분명령재결설)가 있다.

위법한 경우뿐만 아니라 부당한 경우에도 처분행정청의 재량권은 원칙적으로 존중되어야 한다는 점, 그리고 재량권이 기속화되어 특정처분을 하여야 함이 명백한 경우에는 쟁송경제의 효율성 차원에서 예외를 인정할 수 있다는 점에서 재량권존중설이 타당하다.

(2) 거부처분취소심판

① 행정심판법 제43조 제3항은 "위원회는 취소심판의 청구가 이유가 있다고 인정하면 처분을 취소 또는 다른 처분으로 변경하거나 처분을 다른 처분으로 변경할 것을 피청구인에게 명한다."고 규정한다. 거부처분 취소심판을 제기한 경우 취소심판의 재결은 형성재결인 취소재결과 변경재결, 그리고 이행명령재결인 변경명령재결이 있다.

② 따라서 위 거부처분 취소심판 청구의 전부 또는 일부가 이유 있다고 인정하는 경우에, 위원회는 정보비공개결정 취소재결 또는 부분공개 명령재결(변경명령재결)을 할 수 있다. 다만, 정보의 공개는 정보보유기관인 공공기관이 직접 행하여야 한다는 점에서 부분공개재결(변경재결)은 할 수 없다.

2. 행정심판법상 갑의 권리구제

(1) 의무이행심판

① **처분재결의 불가능** : 위원회는 을의 정보공개의무가 인정되는 경우에도 정보의 공개는 공공기관이 직접 행하여야 한다는 정보공개제도의 특성상 처분재결(형성재결)로서 정보공개결정을 할 수 없다.

② **직접처분의 불가능** : 처분명령재결을 하였음에도 장관이 이를 이행하지 않는 경우 위원회는 행정심판법 제49조 제3항(당사자의 신청을 거부하거나 부작위로 방치한 처분의 이행을 명하는 재결이 있으면 행정청은 지체 없이 이전의 신청에 대하여 재결의 취지에 따라 처분을 하여야 한다)과 제50조 제1항 본문(위원회는 피청구인이 제49조 제3항에도 불구하고 처분을 하지 아니하는 경우에는 당사자가 신청하면 기간을 정하여 서면으로 시정을 명하고 그 기간에 이행하지 아니하면 직접 처분을 할 수 있다)에 따라 직접처분을 할 수 있으나, 사안에서 위원회는 수능시험정보를 갖고 있지 않기 때문에 직접처분을 할 수 없다.

③ **간접강제** : 을이 처분명령재결에 따른 처분을 하지 아니하면 위원회는 갑의 신청에 의하여 결정으로 상당한 기간을 정하고 을이 그 기간 내에 이행하지 아니하는 경우에는 그 지연기간에 따라 일정한 배상을 하도록 명하거나 즉시 배상할 것을 명할 수 있다(행정심판법 제50조의2 제1항).

(2) 취소심판

① **재처분의무** : 재결에 의하여 취소되거나 무효 또는 부존재로 확인되는 처분이 당사자의 신청을 거부하는 것을 내용으로 하는 경우에는 그 처분을 한 행정청은 재결의 취지에 따라 다시 이전의 신청에 대한 처분을 하여야 한다(법 제49조 제2항).

② **간접강제** : 행정청 을이 위와 같은 재처분의무를 이행하지 아니하면 갑의 신청에 따라 위원회는 제50조의2 제1항의 간접강제 규정에 따라 배상을 명할 수 있다.

3. 결어

위원회는 갑의 의무이행심판 청구에 따른 정보공개명령재결, 거부처분취소심판 청구에 따른 정보비공개결정 취소재결(또는 부분공개 명령재결)을 할 수 있다. 다만 정보공개청구 사건의 성질상 처분재결은 불가능하다.

한편 기속력 확보수단으로서 간접강제가 가능하나, 직접처분은 성질상 불가능하다.

> **연습 4**
>
> X시 소속 공무원 갑은 다른 동료들과 함께 회식을 하던 중 옆자리에 앉아 있던 동료 병과 시비가 붙어 그를 폭행하였다. 이러한 사실이 지역 언론을 통하여 크게 보도되자, X시의 시장 을은 적법한 절차를 통해 갑에 대해 정직 3월의 징계처분을 하였다. 갑은 "해당 징계처분이 과도하기 때문에 위법이다."라고 주장하면서, X시 소청심사위원회에 소청을 제기하였다. 이에 대해 X시 소청심사위원회는 정직 3월을 정직 2월로 변경하는 결정을 내렸다.
>
> (1) 갑은 2월의 정직기간 만료 후에 위 소청결정에 따른 시장 을의 별도 처분 없이 업무에 복귀하였다. 이와 관련하여 X시 소청심사위원회가 내린 위 결정의 효력에 대하여 설명하시오. (15점)
>
> (2) 갑은 2월의 정직기간 만료 전에 X시 소청심사위원회가 내린 정직 2월도 여전히 무겁다고 주장하면서 취소소송을 제기하려고 한다. 이 경우 취소소송의 피고 및 대상은?[7] (25점)

I. 설문 (1) – 소청심사위원회 결정의 효력

1. 문제의 소재

소청심사위원회의 처분변경결정을 행정심판위원회의 재결로 볼 경우, 행정행위로서 재결의 일반적인 효력이 발생한다. 특히 갑이 2월의 정직기간 만료 후 을시장의 별도의 처분 없이 업무에 복귀하였다고 하는바, 이와 관련된 재결의 효력이 무엇인지 살펴본다.

2. 처분변경결정의 법적 성질

(1) 소청심사위원회의 지위

행정심판법 제4조 제1항은 사안(事案)의 전문성과 특수성을 살리기 위하여 특히 필요한 경우에 특별행정심판절차를 다른 법률로 정할 수 있도록 하고 있는바, 지방공무원법 제13조에 의해 설치되는 소청심사위원회는 특별행정심판위원회에 해당한다.

(2) 행정심판의 재결

소청심사위원회는 행정심판위원회에 해당하고 또한 외부적 의사를 표시하는 행정청의 지위를 갖는바, 동 위원회의 결정은 행정심판의 재결에 해당한다.

---

[7] 2013년 사법시험 기출문제

3. 재결의 효력

(1) 행정행위로서 재결의 효력

① 재결은 위원회가 청구인에게 재결서의 정본을 송달한 때에 그 효력이 생긴다(제48조 제2항). 행정심판법은 재결의 효력에 관하여 기속력과 직접처분에 관한 규정만을 두고 있다. 그런데 취소재결, 변경재결과 처분재결에는 형성력이 발생하며, 재결도 행정행위의 일종으로서 행정행위가 일반적으로 갖는 효력이 인정된다.

② 즉, 재결은 구속력(당사자를 구속하는 법적 효과를 발생시키는 힘), 공정력(권한을 가진 기관에 의해 취소될 때까지 그 효력을 부정할 수 없는 힘), 구성요건적 효력(유효한 행정행위의 존재가 다른 국가기관의 결정에 영향을 미치는 효력), 형식적 존속력(일정한 사유가 존재하면 행정행위의 상대방 등이 행정행위의 효력을 쟁송절차에서 다툴 수 없게 되는 효력), 실질적 존속력(행정행위를 발령한 행정청도 직권으로 취소·철회할 수 없는 구속력)을 가진다.

(2) 기속력

재결은 피청구인인 행정청과 그 밖의 관계행정청을 기속한다(행정심판법 제49조 제1항). 기속력이란 피청구인인 행정청과 그 밖의 관계행정청이 재결의 내용에 따라 행동해야 하는 실체법상의 의무를 발생시키는 효력을 말한다. 기속력의 내용은 반복금지의무, 재처분의무, 결과제거의무이며, 기속력은 재결의 주문 및 재결이유 중 그 전제가 된 요건사실의 인정과 처분의 효력 판단에 미친다.

(3) 형성력

① 의의 : 재결의 형성력이란 재결의 내용에 따라 새로운 법률관계의 발생이나 종래의 법률관계의 변경, 소멸을 가져오는 효력을 말한다. 형성력에 의한 법률관계는 제3자에게 미치므로 형성력은 '대세적 효력'이다. 형성력이 인정되는 재결은 취소재결, 변경재결, 처분재결이다. 형성재결이 있으면 그 대상이 된 처분은 재결 자체에 의해 당연히 취소되어 소멸된다.[8]

② 재결 유형별 형성력의 내용

㉠ **취소재결** : 원처분의 당해 부분의 효력은 동시에 소멸되고, 처음부터 존재하지 않은 것으로 된다. 일부취소재결의 경우에는 일부취소된 부분에 한하여 소급적으로 효력을 상실하고 일부취소 되지 않은 부분에 한하여 원처분은 효력을 유지한다.

---

[8] 행정심판에 있어서 재결청의 재결 내용이 처분청의 취소를 명하는 것이 아니라 처분청의 처분을 스스로 취소하는 것일 때에는 그 재결의 형성력이 발생하여 당해 행정처분은 별도의 행정처분을 기다릴 것 없이 당연히 취소되어 소멸되는 것이다(대판 1997.5.30, 96누14678).

ⓒ 변경재결 : 원처분은 효력을 상실하고, 새로운 처분은 즉시 효력이 발생하며, 제3자의 권익을 침해하지 않는 한 소급효를 갖는다.

ⓒ 처분재결 : 당해 재결은 장래에 향하여 즉시 효력을 발생한다.

③ 판례 : 설문과 유사한 사례에서 "교원소청심사위원회가 처분권자의 처분을 변경하는 결정을 한 경우, 그 결정에 의하여 바로 교원과 학교법인 사이에 결정 내용에 따른 법률관계의 변동이 일어난다."9)고 판시하였다.

4. 설문과 관련된 소청심사위원회의 결정(재결)의 효력

(1) X시 소청심사위원회는 특별행정심판위원회이자 행정청의 지위를 가지는바, 동 위원회의 결정은 행정심판의 재결에 해당한다. 그리고 2월의 정직기간 만료 후에 소청결정에 따른 시장 을의 별도 처분 없이 갑이 업무에 복귀하였기 때문에, 동 위원회가 3월의 정직을 2월의 정직으로 변경하는 결정은 형성재결(처분변경재결)로서 그 형성력이 인정된 것이다.

(2) X시의 시장 을이 재결의 취지에 따라 '2월의 정직'으로 변경하더라도, 그것은 '관념의 통지'에 불과할 뿐 행정처분이 아니다.

(3) 갑은 2월의 정직 기간이 경과하였으므로 복직하여 근로제공할 수 있고 그에 따른 임금지급을 요구할 수 있다.

Ⅱ. 설문 (2) - 취소소송의 피고 및 대상

1. 문제의 소재

사안에서 처분변경재결을 대상으로 취소소송을 제기하면 소청심사위원회가, 원처분인 정직처분을 대상으로 제기하면 시장 乙이 피고가 된다. 甲이 정직 2월도 여전히 무겁다고 주장하면서 취소소송을 제기한다면 취소소송의 대상이 무엇인지를 먼저 검토하기로 한다.

2. 대상적격

(1) 원처분주의와 재결주의

취소소송은 원칙적으로 원처분을 대상으로 하며, 재결은 예외적으로만 취소소송의 대상이 될 수 있다. 재결취소소송의 경우에는 재결 자체에 고유한 위법이 있음을 이유로 하는 경우에 한한다(행정소송법 제19조 단서). 이를 원처분중심주의라고 한다. 행정소송법은 원처분주의를 취하고 있지만, 개별법에서 재결주의를 규정하기도 한다.

---

9) 대판 2012.5.9, 2010다88880

(2) 재결(취소)소송의 사유 – '재결 자체에 고유한 위법'

1) 의의

재결도 하나의 행정처분이므로 주체·절차·형식·내용상의 위법이 있으면 다툴 수 있다. 예컨대 권한이 없는 기관이 재결하는 경우(주체면), 행정심판법상의 심판절차를 준수하지 않은 경우(절차면), 서면에 의하지 않은 재결(형식면), 위법하게 인용재결을 한 경우(내용면)이다. 이 중 주로 문제가 되는 것은 내용상 위법의 경우이다.

2) 내용의 위법

내용상의 위법에 대해서는 학설이 대립된다.

① 내용의 위법은 재결 자체의 고유한 위법에 포함되지 않는다는 견해도 있고, 내용상의 위법도 포함된다는 견해도 있다(다수견해).

② 판례는 "행정소송법 제19조에서 말하는 '재결 자체에 고유한 위법'이란 원처분에는 없고 재결에만 있는 재결청의 권한 또는 구성의 위법, 재결의 절차나 형식의 위법, 내용의 위법 등을 뜻하고, 그 중 내용의 위법에는 위법·부당하게 인용재결을 한 경우가 해당한다"10)고 판시하고 있다.

③ 재결이 원처분과는 달리 새롭게 권리·의무에 위법한 변동(침해)을 초래하는 경우도 재결 자체의 고유한 위법이므로 내용상 위법이 포함된다는 견해가 타당하다.

(3) 변경재결의 경우 취소소송의 대상적격

1) 문제점

일부취소재결(설문의 경우)이나 적극적 변경재결(예 공무원에 대한 파면처분이 소청심사 절차에서 해임으로 감경된 경우)이 내려진 경우, 당사자가 여전히 불복하려 한다면 어느 행위(재결인지 원처분인지)를 소송의 대상으로 해야 하는지 문제된다.

2) 학설

① 원처분이 대상이 된다는 견해 : 원처분주의의 원칙상 재결은 소송이 되지 못하고 변경되고 남은 원처분(설문에서 2월의 정직처분)이 취소소송의 대상이 된다고 하는 견해이다.

② 일부취소재결이 대상이 된다는 견해 : 일부취소재결(또는 적극적 변경재결)은 원처분을 완전히 대체하는 새로운 처분이므로 위원회가 피고가 되고, 재결이 취소소송의 대상이 된다는 견해이다.

---

10) 대판 1997.9.12, 96누14661

3) 판례

판례는 일부취소재결로 인하여 감경되고 남은 원처분을 상대로 원처분청을 피고로 하여 소송을 제기하여야 한다고 보고 있다. 적극적 변경재결의 경우도 같은 입장이다.[11)12)]

4) 검토

일부취소재결은 내용적으로는 원처분의 일부취소의 성질을 갖고 있으므로 원처분주의의 원칙상 변경되고 남은 원처분이 소송의 대상이 된다는 견해가 타당하다.

(4) 사안의 경우

甲은 정직 2월도 여전히 무겁다고 주장하는데, 이는 원처분의 위법을 주장하는 것이지 주체나 형식상의 위법을 주장하는 것처럼[13)] 소청심사위원회의 결정 자체에 고유한 위법을 주장하는 것으로 볼 수 없어 소청심사위원회의 결정의 취소사유가 될 수 없다. 따라서 행정소송법 제19조 단서의 원처분주의에 따라 남은 원처분인 정직 2월 처분이 소송의 대상이 된다.

3. 피고적격

취소소송은 다른 법률에 특별한 규정이 없는 한 그 처분 등을 행한 행정청을 피고로 한다(행정소송법 제13조 제1항 본문).

위에서 검토한 바와 같이 변경되고 남은 원처분이 취소소송의 대상이라면 피고는 원처분청인 시장 乙이다.

4. 설문의 해결

甲은 시장 乙을 피고로 하여 원처분인 정직 2월 처분을 대상으로 취소소송을 제기하여야 한다.

---

11) 징계혐의자에 대한 감봉 1월의 징계처분을 견책으로 변경한 소청결정 중 그를 견책에 처한 조치는 재량권의 남용 또는 일탈로서 위법하다는 사유는 소청결정 자체에 고유한 위법을 주장하는 것으로 볼 수 없어 소청결정의 취소사유가 될 수 없다(대판 1993.8.24, 93누5673).
12) 해임처분을 소청심사위원회가 정직 2월로 변경한 경우 원처분청을 상대로 정직 2월의 처분에 대한 취소소송을 제기한 사건에서 본안판단을 한 사례(대판 1997.11.14, 97누7325).
13) 주체나 형식, 절차상의 위법이 있다면 일부취소재결도 소의 대상이 될 수 있다.

연습 5

A장관은 소속 일반직공무원인 갑이 '재직 중 국가공무원법 제61조 제1항을 위반하여 금품을 받았다'는 이유로 적법한 징계절차를 거쳐 갑에 대해 해임처분을 하였다. 이에 갑은 소청심사위원회에 이 해임처분이 위법·부당하다고 주장하면서 소청심사를 청구하였다. 소청심사위원회는 해임을 3개월의 정직처분으로 변경하라는 처분변경명령재결을 하였고, 갑은 5일 후 재결서를 송달받았다. 이 사례에서 소청심사위원회의 법적 지위와 처분변경명령재결의 효력을 설명하시오. (25점)

1. 문제점

소청심사위원회의 법적 지위와 관련하여 특별행정심판위원회 해당 여부와 필요적 전치 여부를, 재결의 효력과 관련하여 재결의 종류, 행정행위로서의 효력, 인용재결로서의 효력 등을 검토하여야 한다.

2. 소청심사위원회의 법적 지위

(1) 의의

소청심사위원회란 행정기관 소속 공무원의 징계처분, 그 밖에 그 의사에 반하는 불리한 처분이나 부작위에 대한 소청을 심사·결정하기 위하여 설치된 기구를 말한다(국가공무원법 제9조).

(2) 합의제 행정청

행정청이란 행정에 관한 의사를 결정하고 외부적 의사표시 권한을 가진 행정기관으로서, ① 그 구성원이 1명인 '독임제 행정청', ② 구성원이 2명 이상으로 조직의 의사결정이 구성원의 합의에 의하여 이루어지는 '합의제 행정청'이 포함된다.

소청심사위원회는 재적 위원 3분의 2 이상의 출석과 출석 위원 과반수의 합의에 의하여 결정을 한다는 점에서(법 제14조 제1항) '합의제 행정청'에 해당한다.

(3) 특별행정심판위원회

특별행정심판이란 특정분야의 행정청의 처분 등에 대하여 행정심판법에 의한 일반적인 행정심판절차에 따라 심판하지 아니하고 별도로 정한 특례절차에 따르는 행정심판을 말한다. 소청심사제도는 특별한 행정심판제도라 할 것이므로, 공무원에 대한 징계처분 등에 대해서 행정심판으로 다투려면 일반 행정심판제도가 아닌 소청심사제도를 활용하여야 한다. 그리고 소청심사위원회는 준사법기관으로서 특별행정심판위원회에 해당한다.

(4) 행정소송의 필요적 전치 기관

1) 임의적 행정심판전치 원칙

행정소송의 제기에 앞서 행정청에 대해 먼저 행정심판의 제기를 통해 처분의 시정을 구하고, 그 시정에 불복이 있을 때 소송을 제기하는 것을 행정심판의 전치라고 한다.

행정소송법 제18조 제1항 본문은 행정처분으로 인하여 권익을 침해받은 경우 행정심판을 거치고 행정소송을 제기할 수도 있고, 바로 행정소송을 제기할 수도 있도록 하고 있다.

2) 예외적인 행정심판 전치주의

행정소송법은 제18조 제1항 단서에서 "다른 법률에 당해 처분에 대한 행정심판의 재결을 거치지 아니하면 취소소송을 제기할 수 없다는 규정이 있는 때"에는 필요적 행정심판 전치주의를 예외적으로 인정하고 있다.

3) 소청심사의 필요적 전치

국가공무원법 제16조는 공무원의 징계처분, 직위해제, 면직처분 등에 대한 행정소송은 소청심사위원회의 심사·결정을 거치지 아니하면 제기할 수 없도록 하여, 소청심사를 행정소송의 필요적 전치사항으로 규정하고 있다.

(5) 소결

소청심사위원회는 특별행정심판위원회 및 합의제 행정청의 지위를 가지며, 국가공무원법상 소청심사는 행정심판에 해당한다는 점에서 동법 제16조 제1항을 근거로 행정소송을 제기함에 있어서 필요적 행정심판 전치주의가 적용되는 필요적 전치 기관으로서의 성격을 가진다.

3. 처분변경명령재결의 효력

(1) 문제점

국가공무원법상 소청심사는 특별행정심판으로서 필요적 전심절차라는 점에서, 그 재결의 효력이 중요한 의미를 가진다. 특히, 국가공무원법은 처분행정청을 기속한다는 명문규정을 두고 있다.

※ 국가공무원법 제15조 : 제14조에 따른 소청심사위원회의 결정은 처분 행정청을 기속한다.

(2) 재결의 종류

1) 각하, 기각, 인용 재결(국가공무원법 제14조 제5항)

① 심사 청구가 이 법이나 다른 법률에 적합하지 아니한 것이면 그 청구를 각하(却下)한다.
② 심사 청구가 이유 없다고 인정되면 그 청구를 기각(棄却)한다.

③ 처분의 취소 또는 변경을 구하는 심사 청구가 이유 있다고 인정되면 처분을 취소 또는 변경하거나 처분 행정청에 취소 또는 변경할 것을 명한다.

④ 처분의 효력 유무 또는 존재 여부에 대한 확인을 구하는 심사 청구가 이유 있다고 인정되면 처분의 효력 유무 또는 존재 여부를 확인한다.

⑤ 위법 또는 부당한 거부처분이나 부작위에 대하여 의무 이행을 구하는 심사 청구가 이유 있다고 인정되면 지체 없이 청구에 따른 처분을 하거나 이를 할 것을 명한다.

2) 형성재결과 명령재결

국가공무원법상 소청심사의 인용재결은 형성재결과 명령재결의 형태로 행해지는데, 형성재결은 소청심사위원회가 직접 처분을 취소하거나 변경하는 재결이며(처분취소재결, 처분변경재결), 명령재결은 처분청으로 하여금 처분을 취소 또는 변경하도록 명령하는 재결이다(처분취소명령재결, 처분변경명령재결).

사안의 경우 해임처분을 3개월의 정직처분으로 변경하라는 처분변경명령재결을 한 것으로(일부인용재결) 이행재결의 성격을 가진다.

(3) 처분변경명령재결의 행정행위로서의 효력

소청심사위원회는 합의제 행정청으로서의 성격을 가져 처분변경명령재결은 행정행위의 성격을 가지므로 그에 따른 다음과 같은 효력이 인정된다.

1) 불가쟁력

① 재심사청구금지원칙(행정심판법 제51조)에 따라, 소청심사위원회의 결정에 대해서는 행정소송으로만 다툴 수 있고, ② 행정소송은 재결서 정본을 송달받은 날로부터 기산하여 제소기간의 적용을 받으며(행정소송법 제20조 제1항 단서), 제소기간이 경과하면 더 이상 재결을 다툴 수 없는 불가쟁력이 발생한다.

2) 불가변력

소청심사위원회의 결정은 준사법적 결정의 성격을 띠며, 소청심사위원회는 자신의 결정에 스스로 구속되어 이를 취소 또는 변경할 수 없는 힘이 발생하게 되는바, 이를 불가변력이라고 한다.

3) 기타 효력

소청심사위원회의 재결도 일종의 행정행위이기 때문에 구속력, 공정력, 구성요건적 효력 등 행정행위에 인정되는 기타의 효력이 인정된다.

(4) 처분변경명령재결의 인용재결로서의 효력

1) 기속력

국가공무원법은 제15조에서 "소청심사위원회의 결정은 처분 행정청을 기속한다."고 기속력을 규정하고 있는데, 기속력의 주요 내용으로 반복금지효와 재처분의무가 있다. 이는 재결의 실효성 확보 목적으로 처분행정청 등이 인용재결의 취지에 따라 행동하도록 의무를 부과하는 구속력으로서, 일부인용재결의 경우에도 처분행정청은 기속력의 적용을 받는다.

① **반복금지의무(소극적 의무)** : 재결은 당해 처분에 관하여 재결주문 및 그 전제가 된 요건사실의 인정과 판단에 대하여 처분청을 기속하므로, 당해 처분에 관하여 위법한 것으로 재결에서 판단된 사유와 기본적 사실관계에 있어 동일성이 인정되는 사유를 내세워 다시 동일한 내용의 처분을 하는 것은 허용되지 않는다.

② **재처분의무(적극적 의무)** : 행정심판위원회의 재결에 따라 행해야 할 적극적인 재처분의무가 있는데, 기속행위의 경우에는 신청된 대로의 처분을, 재량행위의 경우는 다시 하자 없는 재량행위를 발령하는 것이 그 내용이 된다.

③ **결과제거의무** : 처분 행정청에게는 위법한 사실적인 침해가 존재한다면 이를 제거하여 원상회복할 의무가 발생한다.

2) 형성력 인정 여부

재결의 형성력이란 재결의 내용에 따라 새로운 법률관계의 발생이나 종래의 법률관계의 변경, 소멸을 가져오는 효력을 말한다. 형성력에 의한 법률관계는 제3자에게 미치므로 형성력은 '대세적 효력'이다.

소청심사위원회가 정직처분으로 처분변경재결을 한 경우라면 A장관의 별도의 변경처분을 기다릴 것 없이 당연히 그 처분의 효력이 처분당시로 소급하여 변경되는 형성력이 인정된다. 그러나 처분변경명령재결은 그에 따른 징계처분이 있을 때까지 종전에 행한 징계처분에 영향을 미치지 아니하므로(국가공무원법 제14조 제6항), 이행재결로서 행한 처분변경명령재결은 형성력이 인정되지 아니한다.

4. 설문의 해결

소청심사위원회는 특별행정심판위원회이자 합의제 행정청의 지위를 가지며, 처분변경명령재결은 행정행위와 마찬가지로 불가쟁력, 불가변력, 구속력, 공정력 등이 인정되고, 인용재결로서 반복금지효, 재처분의무 등 기속력이 인정된다. 하지만, 처분변경명령재결은 이행재결이라는 점에서 형성력은 인정되지 않는다.

연습 6

경기도와 강원도를 오가는 시외버스회사인 A(경기도 소재)는 경기도지사에게 시외버스운송사업계획의 변경인가(이하 '이 사건 처분'이라 함)를 신청했다. 경기도지사는 관련 법령에 따라 강원도지사에게 협의요청을 하였고 강원도지사가 동일노선을 오가는 시외버스회사 甲(강원도 소재)에게 의견을 묻자, 甲은 2024. 8. 10. 강원도지사에게 부동의 의견을 냈고, 강원도지사는 회신기간을 넘겨 2024. 9. 20. 경기도지사에게 甲의 부동의 의견을 제출했다. 경기도지사는 강원도지사로부터 회신기간 내에 아무런 회신이 없자 협의요청에 동의한 것으로 보고 2024. 9. 13. 이미 이 사건 처분을 한 상태였고, 경기도지사가 강원도지사에게 이 사건 처분의 결과를 통보한 적은 없다. 甲은 2025. 5. 25. 다른 관련업체가 행정심판을 청구하는 등 대책을 강구한 후에 비로소 이 사건 처분이 있다는 사실을 알게 되었고, 처분일로부터 260여 일이 지난 뒤인 2025. 6. 7. 이 사건 처분의 취소를 구하는 행정심판을 청구하였다. 이 행정심판은 적법한 기간 내에 청구된 것인가? (20점)

I. 행정심판 청구기간의 의의

처분은 그 상대방뿐만 아니라 일반대중의 이해관계가 크기 때문에 행정법관계의 신속한 확정을 도모하기 위해서, 행정심판법은 행정심판청구기간을 법정화하였다. 이 기간을 경과하면 동 행정처분은 확정적인 것이 되어 관계인으로서는 더 이상 다툴 수 없다. 심판청구기간에 관한 문제는 취소심판청구와 거부처분에 대한 의무이행심판청구에만 해당된다.

II. 행정심판의 청구기간

1. 원칙적인 심판청구기간

심판청구는 처분이 있음을 알게 된 날부터 90일 이내에 제기하여야 한다(행정심판법 제27조 제1항). 처분이 있었던 날로부터 180일을 경과하면 제기하지 못한다(제3항). 90일은 불변기간이나 180일은 불변기간이 아니다. 90일과 180일 중 어느 것이라도 먼저 경과하면 심판제기는 불가능하게 된다.

여기에서 처분이 있음을 알게 된 날이란 통지·공고 기타의 방법으로 당해 처분이 있었다는 사실을 현실적으로 안 날을 뜻하는데, 서면으로 통지하는 경우에는 그 서면이 상대방에게 도달한 날, 공고의 경우에는 서면이 도달한 것으로 간주된 날을 의미한다.14)15)16) 처분이 있었던 날이란 대외적으로 표시되어 효력이 발생한 날을 뜻한다.17)

2. 예외적인 심판청구기간

(1) 규정 내용

청구인이 천재·지변·전쟁·사변 그 밖에 불가항력으로 인하여 처분이 있음을 알게 된 날부터 90일의 기간 내에 심판청구를 할 수 없었을 때에는 그 사유가 소멸한 날로부터 14일 이내(국외에서는 30일)에 심판청구를 제기할 수 있다(제27조 제2항).

그리고 정당한 사유가 있으면 처분이 있은 날로부터 180일이 경과하여도 심판을 제기할 수 있다(제3항 단서). 정당한 사유란 반드시 천재지변 등 불가항력만을 의미하는 것은 아니고 180일 이내에 심판청구를 하지 못한 객관적 사유를 말한다. 정당한 사유 역시 처분이 있음을 안 날로부터 90일 이내, 있은 날로부터 180일 이내에 시작되어야 한다.

(2) 제3자의 경우

처분의 제3자는 특별한 사정이 없는 한 처분이 있음을 알 수 없다고 할 것이므로 '정당한 사유'의 적용에서 특별하게 취급된다. 판례는 "행정처분의 직접 상대방이 아닌 제3자는 일반적으로 처분이 있는 것을 바로 알 수 없는 처지에 있으므로, 위와 같은 심판청구기간 내에 심판청구를 제기하지 아니하였다고 하더라도, 그 기간 내에 처분이 있은 것을 알았거나 쉽게 알 수 있었기 때문에 심판청구를 제기할 수 있었다고 볼 만한 특별한 사정이 없는 한, 위 법조항 본문의 적용을 배제할 '정당한 사유'가 있는 경우에 해당한다고 보아 위와 같은 심판청구기간이 경과한 뒤에도 심판청구를 제기할 수 있다"라고 하였다(대판 1992. 7. 28. 91누12844).

---

14) 행정심판법 제18조 제1항 소정의 심판청구기간 기산점인 '처분이 있음을 안 날'이라 함은 당사자가 통지·공고 기타의 방법에 의하여 당해 처분이 있었다는 사실을 현실적으로 안 날을 의미하고, 추상적으로 알 수 있었던 날을 의미하는 것은 아니라 할 것이며, 다만 처분을 기재한 서류가 당사자의 주소에 송달되는 등으로 사회통념상 처분이 있음을 당사자가 알 수 있는 상태에 놓여진 때에는 반증이 없는 한 그 처분이 있음을 알았다고 추정할 수는 있다(대판 1995.11.24, 95누11535).
15) 아파트 경비원이 관례에 따라 부재중인 납부의무자에게 배달되는 과징금부과처분의 납부고지서를 수령한 경우, 납부의무자가 아파트 경비원에게 우편물 등의 수령권한을 위임한 것으로 볼 수는 있을지언정, 과징금부과처분의 대상으로 된 사항에 관하여 납부의무자를 대신하여 처리할 권한까지 위임한 것으로 볼 수는 없고, 설사 위 경비원이 위 납부고지서를 수령한 때에 위 부과처분이 있음을 알았다고 하더라도 이로써 납부의무자 자신이 그 부과처분이 있음을 안 것과 동일하게 볼 수는 없다(대판 2002.8.27, 2002두3850).
16) 통상 고시 또는 공고에 의하여 행정처분을 하는 경우에는 그 처분의 상대방이 불특정 다수인이고, 그 처분의 효력이 불특정 다수인에게 일률적으로 적용되는 것이므로, 그에 대한 행정심판 청구기간도 그 행정처분에 이해관계를 갖는 자가 고시 또는 공고가 있었다는 사실을 현실적으로 알았는지 여부에 관계없이 고시가 효력을 발생하는 날인 고시 또는 공고가 있은 후 5일이 경과한 날에 행정처분이 있음을 알았다고 보아야 할 것이다(대판 2000.9.8, 99누11257).
17) 건축허가처분과 같이 상대방이 있는 행정처분에 있어서는 달리 특별한 규정이 없는 한 그 처분을 하였음을 상대방에게 고지하여야 그 효력이 발생한다고 할 것이어서 위의 행정처분이 있은 날이라 함은 위와 같이 그 행정처분의 효력이 발생한 날을 말한다(대판 1977.11.22, 77누195).

Ⅲ. 설문에의 적용

1. 행정심판법 제27조 제1항(알게 된 날)

甲이 관련업체를 통해 처분이 있었다는 사실을 알게 된 2025. 5. 25.를 처분이 있음을 알게 된 날로 보아야 한다. 따라서 甲이 행정심판을 청구한 2025. 6. 7.은 처분 사실을 안 날로부터 90일이 경과하지 않았다. 이 점은 일단 적법하다.

2. 행정심판법 제27조 제3항(있었던 날)

甲이 행정심판을 청구한 2025. 6. 7.은 이 사건 처분이 있었던 2024. 9. 13.로부터 260여일이 경과하여 행정심판법 제27조 제1항의 '180일' 이내에 청구한 것이 아니다. 그러나 甲이 처분의 상대방이 아니라 제3자인 점을 고려할 때, 甲이 180일의 기간을 준수하지 아니한 것에 정당한 사유가 있는지 검토를 요한다.

이 사건 처분에 대하여 직접적인 이해관계를 갖는 甲으로서는 경기도지사가 이 사건 처분을 할 것인지의 여부에 관하여 관심을 갖고 알아보았어야 할 것이고, 또 알아보려고 하였다면 이를 쉽사리 알 수 있었을 것이라는 주장이 있을 수 있다.

그러나 경기도지사나 강원도지사로부터 처분 사실을 통보받지 못한 甲에게 적극적인 조회의무를 법적 근거 없이 부과할 수 없으므로 이 사건 처분이 있었던 것을 심판청구기간 내에 알았거나 쉽게 알 수 있었다고 볼만한 특별한 사정을 인정하기 어렵다.

Ⅳ. 설문의 해결

甲의 행정심판청구는 처분이 있었던 날부터 180일이 지난 후에 청구된 것이지만, 甲은 경기도지사의 A에 대한 이 사건 처분의 제3자이므로 행정심판법 제27조 제3항 단서에 의해 甲의 행정심판청구는 적법하다.

연습 7

甲은 2015. 1. 16. 주택신축을 위하여 개발행위허가를 신청하였다. 이에 관한 행정청 乙은 「국토의 계획 및 이용에 관한 법률」의 규정에 의거하여 "해당 개발행위에 따른 기반시설의 설치나 그에 필요한 용지의 확보계획이 적절하지 않다."라는 사유로 2015. 1. 22. 개발행위 불허가처분을 하였고, 그 다음 날 甲은 그 사실을 알게 되었다.

그런데 乙은 위 불허가 처분을 하면서 甲에게 그 처분에 대하여 행정심판을 청구할 수 있는지 여부와 행정심판을 청구하는 경우의 심판청구 절차 및 심판청구기간을 알리지 아니하였다. 甲은 개발행위 불허가 처분에 불복하여 2015. 5. 7. 행정심판위원회에 취소심판을 청구하였다. 아울러 甲은 적법한 제소요건을 갖추어 취소소송도 제기하였다.

- 甲의 취소심판은 청구기간이 경과되었는가? (20점)   〈공인노무사 2015〉

1. 문제점

甲은 개발행위 불허가처분을 2015. 1. 22.에 받고 1. 23.에 그 사실을 알게 되었고 이에 불복하여 5. 7.에 취소심판을 청구하였다면, 행정심판법 제27조 제1항의 처분이 있음을 안 날로부터 90일이 도과하였지만, 행정청 乙이 처분을 하면서 아무런 행정심판법상 불복방법을 고지하지 않았으므로 행정청의 고지의무 위반의 효과와 관련해 甲의 취소심판이 청구기간을 경과하였는지 문제된다.

2. 취소심판의 청구기간

(1) 청구기간의 의의

① 처분은 그 상대방뿐만 아니라 일반대중의 이해관계가 크기 때문에 행정법관계의 신속한 확정을 도모하기 위해서, 행정심판법은 행정심판청구기간을 법정화하였다. 불변기간을 경과하면 동 행정처분은 확정적인 것이 되어 관계인으로서는 더 이상 다툴 수 없다.

② 심판청구기간에 관한 문제는 취소심판청구와 거부처분에 대한 의무이행심판청구에만 해당된다.

(2) 원칙적인 심판청구기간

① 심판청구는 처분이 있음을 알게 된 날부터 90일 이내에 제기하여야 한다(행정심판법 제27조 제1항). 처분이 있었던 날로부터 180일을 경과하면 제기하지 못한다(제3항). 90일은 불변기간이나 180일은 불변기간이 아니다. 90일과 180일 중 어느 것이라도 먼저 경과하면 심판제기는 불가능하게 된다.

② 처분이 있음을 알게 된 날이란 통지·공고 기타의 방법으로 당해 처분이 있었다는 사실을 현실적으로 안 날을 뜻하는데, 서면으로 통지하는 경우에는 그 서면이 상대방에게 도달한 날, 공시송달의 경우에는 서면이 도달한 것으로 간주된 날을 의미한다. 처분이 있었던 날이란 대외적으로 표시되어 효력이 발생한 날을 뜻한다.

③ 행정심판기간이 경과하였는지 여부는 행정심판위원회의 직권조사사항이다.

(3) 예외적인 심판청구기간

① 90일에 대한 예외 : 청구인이 천재·지변·전쟁·사변 그 밖에 불가항력으로 인하여 처분이 있음을 알게 된 날부터 90일의 기간 내에 심판청구를 할 수 없었을 때에는 그 사유가 소멸한 날로부터 14일 이내(국외에서는 30일)에 심판청구를 제기할 수 있다(제27조 제2항). 다만 이러한 불가항력의 사유는 처분이 있음을 안 날부터 90일 이내, 있은 날로부터 180일 이내에 시작되어야 한다.

② 180일에 대한 예외 : 정당한 사유가 있으면 처분이 있은 날로부터 180일이 경과하여도 심판을 제기할 수 있다(제3항 단서). 정당한 사유란 반드시 천재지변 등 불가항력만을 의미하는 것은 아니고 180일 이내에 심판청구를 하지 못한 객관적 사유를 말한다. 정당한 사유 역시 처분이 있음을 안 날로부터 90일 이내, 있은 날로부터 180일 이내에 시작되어야 한다. 처분의 제3자는 특별한 사정이 없는 한 처분이 있음을 알 수 없다고 할 것이므로 '정당한 사유'의 적용에서 특별하게 취급된다.

(4) 사안의 경우

2015. 1. 22. 개발행위 불허가처분을 하였고, 그 다음 날 甲이 그 사실을 알게 되었다고 하는바, 甲은 원칙적으로 2015. 1. 23.부터 90일 이내에 거부처분 취소심판을 제기하여야 한다. 사안에서 甲은 2015. 5. 7. 위원회에 취소심판을 청구하였다고 하는바, 특별한 사정이 없다면 청구기간을 도과하여 불가쟁력이 발생하였다.

3. 행정심판법 제58조의 행정청의 고지의무위반의 효과

(1) 고지제도의 의의

고지제도란 '행정청이 처분을 서면으로 하거나 이해관계인으로부터 요구가 있는 경우에 그 상대방이나 이해관계인에게 처분에 관하여 행정심판을 제기할 수 있는지의 여부, 제기하는 경우의 행정심판위원회·청구기간 등을 알려야 하는 제도'를 말한다. 이는 행정심판청구의 기회를 보장하고 행정의 신중·적정화를 도모하기 위한 제도로서, 개인의 권익보호에 기여한다.

(2) 고지의 종류

① **직권에 의한 고지** : 행정청이 처분을 하는 경우에는 그 상대방에게 처분에 관하여 행정심판을 제기할 수 있는지의 여부, 제기하는 경우의 심판청구절차 및 청구기간을 알려야 한다(제58조 제1항).

② **신청에 의한 고지** : 이해관계인으로부터 당해 처분이 행정심판의 대상이 되는 처분인지의 여부와 행정심판의 대상이 되는 경우에 소관 위원회 및 청구기간에 관하여 알려 줄 것을 요구받은 때에는 지체 없이 이를 알려야 한다(제58조 제2항). 이는 행정청이 처분을 서면으로 하지 않는 경우, 또는 행정청에 고지의무가 있음에도 고지하지 않은 경우에 의미를 갖는다.

(3) 고지의무위반의 효과

① **불고지의 효과** : 행정청이 고지를 하지 아니하여서 청구인이 심판청구서를 다른 행정기관에 제출한 때에는 당해 행정기관은 그 심판청구서를 지체 없이 정당한 권한 있는 행정청에 송부하여야 하고(행정심판법 제23조 제2항), 지체 없이 그 사실을 청구인에게 통지하여야 한다(제3항). 이 경우에 심판청구기간을 계산함에 있어서는 최초의 행정기관에 제출된 때에 심판청구가 제기된 것으로 본다(제4항). 행정청이 심판청구기간을 알리지 아니한 때에는 처분이 있었던 날로부터 180일 이내에 심판청구를 할 수 있다(제27조 제6항).

② **오고지의 효과** : 행정청이 잘못 알려서 청구인이 심판청구서를 다른 행정기관에 제출한 때에는 당해 행정기관은 그 심판청구서를 지체 없이 정당한 권한 있는 행정청에 송부하여야 한다(제23조 제2항). 행정청이 심판청구기간을 '처분이 있음을 알게 된 날부터 90일'보다 긴 기간으로 잘못 알린 경우에 그 잘못 알린 기간 내에 심판청구가 있으면 그 심판청구는 적법한 기간 내에 제기된 것으로 본다(제27조 제5항).

③ **불고지·오고지와 처분의 효력** : 행정청이 자신의 고지의무를 이행하지 않거나 잘못된 고지를 하는 경우에, 당해 처분의 효력에는 영향을 미치지 않는다.

(4) 사안의 경우

행정청 乙이 개발행위 불허가처분을 하면서 행정심판의 청구기간을 알리지 아니하였는바(불고지), 이 경우 행정심판법 제27조 제6항에 따르면 甲은 처분이 있은 날인 2015. 1. 23.부터 180일 이내에 취소심판을 제기하여야 한다.

4. 설문의 해결

甲은 행정심판법 제27조 제6항에 따라, 개발행위 불허가처분이 있은 날인 2015. 1. 23.으로부터 180일 이내에 취소심판을 제기하면 된다. 갑은 2015. 5. 7. 위원회에 취소심판을 청구하였다고 하는바, 청구기간이 경과하지 않았다.

연습 8

서울경찰청장 乙은 2024. 12. 15. 운전면허 정지처분서를 등기우편으로 甲의 주소지에 발송하였다. 甲이 거주하는 아파트의 경비원인 丙은 2024. 12. 16. 인터폰으로 甲의 집에 아무도 없음을 확인한 후 그 처분서를 수령하였다가 2024. 12. 23. 휴가여행 후 돌아온 甲에게 이를 전달하였다. 위 아파트에서는 등기우편물 등 특수우편물이 배달되는 경우 관례적으로 아파트 경비원이 인터폰으로 거주자에게 연락하여 그 거주자가 직접 수령하도록 하고 그러한 연락이 되지 아니하는 때에는 아파트 경비원이 이를 수령하여 거주자에게 전달하여 주어 왔으며, 甲을 비롯한 위 아파트 주민들은 평소 이러한 특수우편물 배달방법에 관하여 아무런 이의도 제기하지 아니하였다.

甲은 위 처분서를 전달받은 후 2025. 3. 19. 중앙행정심판위원회에 취소심판을 제기하였으나 기각재결이 있자 취소소송을 제기하였다. 소송과정에서 乙은 甲이 2024. 12. 16. 이 사건 처분서를 송달받고서도 그로부터 90일간의 행정심판청구기간이 지난 2025. 3. 19. 행정심판을 제기함으로써 적법한 전심절차를 거치지 아니하였으므로 이 사건 소는 부적법하다고 본안전 항변을 하였다. 이에 대하여 甲은 2024. 12. 16.에는 자신은 휴가 중이었기 때문에 그 날 이를 수령할 수는 없었고 대신 자신이 살고 있는 아파트 경비원이 2024. 12. 23. 집에 돌아온 자신에게 전달하여 주어 그 때에 비로소 처분이 있음을 알게 된 것이므로 청구기간을 준수한 적법한 것이라고 주장하였다.

甲의 주장은 타당한가? 만일, 위와 같은 사안에서 甲의 영업장 소재지에서 甲의 아르바이트 직원이 2024. 12. 16. 처분서를 수령한 경우에는 어떠한가?

I. 문제의 소재

취소심판 청구는 처분이 있음을 알게 된 날부터 일정한 기간 내에 제기하여야 하는데, 사안에서 甲이 '처분이 있음을 알게 된 날'이 경비원이 처분서를 수령한 때인지, 甲이 휴가 후 경비원으로부터 처분서를 전달받은 때인지 규명할 필요가 있다.

사안에서 운전면허 정지처분에 대한 취소소송은 행정심판의 재결을 거쳐야 하므로(필요적 전치) 취소소송의 적법성과 관련하여 문제된다.

Ⅱ. 취소심판의 청구기간

1. 행정심판 청구기간의 의의

처분은 그 상대방뿐만 아니라 일반 대중의 이해관계가 크기 때문에 행정법관계의 신속한 확정을 도모하기 위해서, 행정심판법은 행정심판청구기간을 법정화하였다. 불변기간을 경과하면 동 행정처분은 확정적인 것이 되어 관계인으로서는 더 이상 다툴 수 없다.

2. 원칙적인 심판청구기간

심판청구는 처분이 있음을 알게 된 날부터 90일 이내에 제기하여야 하며(행정심판법 제27조 제1항), 처분이 있었던 날로부터 180일을 경과하면 제기하지 못한다(제3항). 여기서 90일은 불변기간이나 180일은 불변기간이 아니다. 90일과 180일 중 어느 것이라도 먼저 경과하면 심판제기는 불가능하게 된다.

3. '처분이 있음을 알게 된 날' 등의 의미

처분이 있음을 알게 된 날이란 통지·공고 기타의 방법으로 당해 처분이 있었다는 사실을 현실적으로 안 날을 뜻하는데, 서면으로 통지하는 경우에는 그 서면이 상대방에게 도달한 날, 공고의 경우에는 서면이 도달한 것으로 간주된 날을 의미한다. 그리고 '처분이 있었던 날'이란 대외적으로 표시되어 효력이 발생한 날을 뜻한다.

특히 "처분이 있음"을 알았다고 하기 위해서는 처분의 존재가 전제되어야 하므로, 처분이 외부적으로 표시되지 않았거나, 그 처분이 상대방에게 송달되지 않은 경우에는 상대방이 그 내용을 어떠한 경로를 통하여 알게 되었다고 하더라도 제소기간이 진행되는 것이 아니다.[18]

다만, 판례에 따르면 처분을 기재한 서류가 당사자의 주소에 송달되는 등으로 사회통념상 처분이 있음을 당사자가 알 수 있는 상태에 놓여진 때에는 반증이 없는 한 그 처분이 있음을 알았다고 추정할 수는 있다고 한다.[19] 따라서 이 경우에 당사자는 통지가 도달한 때 통지를 볼 수 없었다고 반증하여야 한다.[20]

---

18) 대판 2004.4.9, 2003두13908
19) 대판 1995.11.24, 95누11535
20) 대판 1999.12.28, 99두9742

4. 사안의 경우

(1) 아파트 경비원이 수령한 사례

위 경비원은 2024. 12. 16. 甲의 집에 아무도 없음을 확인한 후 위 처분서를 수령하였다가 12. 23. 휴가 후 돌아온 甲에게 이를 전달한 것으로, 이는 甲이 경비원으로부터 처분서를 전달받을 때까지는 이 사건 처분이 있음을 현실적으로 알지는 못하였다고 보아야 한다.

결국 甲은 경비원으로부터 처분서를 전달받은 때에 비로소 이 사건 처분이 있음을 현실적으로 알았고, 따라서 그 때부터 심판청구기간이 진행된다고 보아야 할 것인바, 이와 같이 보는 경우 이 사건 행정심판청구는 90일의 심판청구기간이 경과하기 이전에 제기된 것이다.[21]

그리고 甲이 경비원에게 단순한 등기우편물 등의 수령권한을 위임한 것으로 볼 수는 있을지언정, 이 사건 처분의 대상으로 된 사항에 관하여 甲을 대신하여 처리할 권한까지 위임한 것으로 볼 수는 없으므로, 甲 자신이 이 사건 처분이 있음을 안 것과 동일하게 볼 수는 없다.[22]

(2) 아르바이트 직원이 수령한 사례

처분에 관한 서류가 당사자의 주소지에 송달되는 등 사회통념상 처분이 있음을 당사자가 알 수 있는 상태에 놓여진 때에는 반증이 없는 한 그 처분이 있음을 알았다고 추정할 수 있다는 판례[23]에 따르면, 위와 같이 甲의 영업장 소재지에서 甲의 피용자(행정절차법 제14조 제2항)인 아르바이트 직원이 처분서를 수령한 이상, 甲이 그때 통지를 볼 수 없었다고 반증하지 못하는 한 처분이 있음을 알 수 있는 상태에 있었다고 할 수 있다.

Ⅲ. 사안의 해결

아파트 경비원이 수령한 사례에서는 청구기간을 준수한 적법한 것이라는 甲의 주장은 타당하다.

반면 아르바이트 직원이 수령한 경우라면 甲의 반증이 없는 한 적법한 전심절차를 거치지 아니한 것이 되어 甲의 주장은 타당하지 않게 된다.

---

21) 대판 1995.11.24, 95누11535
22) 대판 1995.11.24, 95누11535
23) 대판 1995.11.24, 95누11535

연습 9

갑은 골프장업을 운영하고자 A도청 근처 15분 거리에 있는 경치 좋은 곳에 X부지를 확보한 후, 골프장업 영업등록을 하고 A도지사에게 사업계획서를 제출하였다. 평소 골프를 좋아하던 A도지사는 A도청 근처에 골프장이 들어온다는 소식에 기쁜 나머지 환경영향평가도 실시하지 않은 채 사업계획을 승인하였다. 그런데, 이 소식을 들은 X부지 인근주민들은 골프장사업시행으로 인하여 식수 및 토양오염으로 인하여 중대한 환경상 피해를 입을 우려가 있다고 주장하며 사업계획승인처분의 취소를 구하는 행정심판을 제기하였다. 다음 물음에 답하시오.

(1) 인근주민들에게 갑에 대한 사업계획승인처분의 취소를 구할 청구인적격이 인정되겠는가? (15점)
(2) 이 경우 갑이 행정심판에 참가할 수 있는가? (10점)

[참조조문]
체육시설의 설치·이용에 관한 법률
제10조【체육시설업의 구분·종류】① 체육시설업은 다음과 같이 구분한다.
　1. 등록 체육시설업 : 골프장업, 스키장업, 자동차 경주장업
　2. 신고 체육시설업 : 요트장업, 조정장업, 카누장업, 빙상장업(이하 생략)
제12조【사업계획의 승인】제10조 제1항 제1호에 따른 등록 체육시설업을 하려는 자는 제11조에 따른 시설을 설치하기 전에 대통령령으로 정하는 바에 따라 체육시설업의 종류별로 사업계획서를 작성하여 시·도지사의 승인을 받아야 한다. 그 사업계획을 변경(대통령령으로 정하는 경미한 사항에 관한 사업계획의 변경은 제외한다)하려는 경우에도 또한 같다.
제13조【사업계획 승인의 제한】① 시·도지사는 국토의 효율적 이용, 지역간 균형 개발, 재해 방지, 자연환경 보전 및 체육시설업의 건전한 육성 등 공공복리를 위하여 필요하면 대통령령으로 정하는 바에 따라 제12조에 따른 사업계획의 승인 또는 변경승인을 제한할 수 있다.

환경영향평가법
제13조【주민 등의 의견 수렴】① 개발기본계획을 수립하려는 행정기관의 장은 개발기본계획에 대한 전략환경영향평가서 초안을 공고·공람하고 설명회를 개최하여 해당 평가 대상지역 주민의 의견을 들어야 한다. 다만, 대통령령으로 정하는 범위의 주민이 공청회의 개최를 요구하면 공청회를 개최하여야 한다.
② 개발기본계획을 수립하려는 행정기관의 장은 개발기본계획이 생태계의 보전가치가 큰 지역, 환경훼손 또는 자연생태계의 변화가 현저하거나 현저하게 될 우려가 있는 지역 등으로서 대통령령으로 정하는 지역을 포함하는 경우에는 관계 전문가 등 평가 대상지역의 주민이 아닌 자의 의견도 들어야 한다.

Ⅰ. 설문 (1) – 청구인적격

1. 심판청구인과 청구인적격

(1) 심판청구인

심판청구인이란 심판청구의 대상이 되는 처분등에 불복하여 심판청구를 제기하는 자를 말한다. 청구인은 처분의 상대방 또는 제3자도 될 수 있고, 자연인 또는 법인이어야 한다. 법인 아닌 사단 또는 재단으로서 대표자 또는 관리인이 정하여져 있는 경우에는 그 사단이나 재단의 이름으로 심판청구를 할 수 있다(행정심판법 제14조).

(2) 청구인적격

취소심판을 청구할 수 있는 자는 처분의 취소 또는 변경을 구할 법률상 이익이 있는 자이다(제13조 제1항 제1문). 다만 처분의 효과가 기간의 경과, 처분의 집행 그 밖의 사유로 인하여 소멸된 뒤에도 그 처분의 취소로 인하여 회복되는 법률상 이익이 있는 자도 행정심판을 제기할 수 있다(제2문).

2. 제3자의 청구인적격 인정여부

(1) 행정심판법 제13조 제1항의 '법률상 이익'의 의미

1) 학설

행정심판법 제13조 제1항의 '법률상 이익'이 무엇을 의미하는지에 대해서 취소소송의 경우와 마찬가지로 ① 권리구제설, ② 법이 보호하는 이익구제설, ③ 보호가치 있는 이익구제설, ④ 적법성보장설 등이 대립하고 있다.

2) 판례

판례는 '법률상 이익이라 함은 당해 처분의 근거 법규 및 관련 법규에 의하여 보호되는 개별적·직접적·구체적 이익'이라고 정의하여 법이 보호하는 이익구제설의 입장이라고 할 수 있다.

3) 검토

오늘날 권리의 개념이 확대되어 '권리'와 '법이 보호하는 이익'을 같은 개념으로 볼 수 있으므로 권리구제설은 큰 의미가 없다. 보호할 가치 있는 이익구제설은 보호할 가치가 있는 이익의 존부여부에 대한 일반적인 기준을 마련하기 어려워 결과적으로 심판관의 자의적인 판단에 맡겨질 우려가 있다. 그리고 적법성보장설은 행정심판의 행정통제의 기능만을 강조하는 견해로서 '법률상 이익'이라는 현행법의 해석상 무리가 따른다.

따라서 행정심판법 제13조의 '법률상 이익'은 법으로 보호하는 이익으로 해석하여, 결국 취소심판의 청구인적격은 청구인이 주장하는 이익이 근거법률의 해석상 법으로 보호되는 이익으로 인정되는 경우에 주어진다고 봄이 타당하다.

(2) 사안의 경우

사업계획승인의 근거가 되는 체육법 제12조나 제13조는 공익만을 보호하는 규정이라고 해석될 수 있으므로 이 규정에 근거하여 인근주민의 청구인적격을 인정할 수는 없다. 그러나 환경영향평가법령은 사업계획승인처분의 절차법규로서 처분의 근거법규 또는 관련법규가 되고, 주민 등의 의견 수렴 절차를 둔 것은 사익보호성을 인정할 수 있으므로 인근주민들은 청구인적격을 갖는다.

Ⅱ. 설문 (2) – 행정심판 참가

1. 심판참가의 의의

심판참가라 함은 현재 계속 중인 타인간의 행정심판에 심판결과에 대하여 이해관계가 있는 제3자 또는 행정청이 참가하는 것을 말한다.

심판참가에는 제3자의 심판참가와 행정청의 심판참가가 있다. 또한 심판참가는 이해관계인 또는 행정청의 신청에 의한 참가(제20조)와 위원회의 요구에 의한 참가(제21조)로 나눌 수도 있다. 설문은 제3자인 이해관계인의 심판참가에 해당하는 경우이다.

2. 이해관계가 있는 제3자의 의미

이해관계가 있는 제3자란 당해 처분 자체에 대하여 이해관계가 있는 자뿐만 아니라 재결의 기속력에 따른 행정청의 행위로 불이익을 받게 될 자도 포함된다. 그리고 여기에서 말하는 이해관계라 함은 사실상, 경제상 또는 감정상의 이해관계가 아니라 법률상의 이해관계를 가리키며(대판 1997. 12. 26, 96다51714), 심판의 결과에 의해 권리 또는 이익을 박탈당할 우려가 있는 경우를 말한다.

3. 사안의 경우

인근주민들의 취소심판이 인용되면 취소심판의 형성력에 의하여 갑의 사업계획승인처분이 취소될 수 있으므로, 그 전에 갑은 취소심판에 참가하여 자신에게 유리한 공격과 방법을 제출하여 권익을 보호할 수 있다.

보충문제

중학교의 출입문으로부터 직선거리 100미터 지점의 도로에 인접한 3층 상가건물을 소유한 A는 비어 있는 2층 165m²(약 50평)를 임대하고자 한다. B는 당구장 또는 PC방(인터넷컴퓨터게임시설제공업)을 영위하기 위해 위 건물 2층을 임대받고자 A와 해당 건물의 임대차계약을 체결하였다. 위 상가건물 2층에 대하여 당구장영업(또는 PC방 영업)의 금지해제를 구하는 B의 신청이 관할 교육청에 접수되었고, 그 신청을 받은 관할 교육청은 모든 절차를 적법하게 거친 후 "현재 위 중학교의 학교환경위생 정화구역 내에는 당구장이나 PC방 등 교육환경을 해치는 업소가 단 하나도 없는 교육청정구역이다."는 점과 "만약 이 건의 금지해제를 받아들이게 되면, 장차 학생들의 학습과 학교보건위생에 나쁜 영향을 줄 수 있는 각종 업소의 난립을 막을 수 없게 된다."는 해당 학교장 및 학교환경위생정화위원회의 반대의견에 따라 그 금지해제 신청을 거부하였다. B는 이 건 거부에 대해 행정심판을 제기하고자 한다. 단, 위 건물이 소재한 지역은 상가지역이며, 해당 중학교의 전체 학생 중 3%만이 해당 건물이 소재한 도로를 통학로로 사용하고 있는 것으로 밝혀졌다.

(1) A가 이 건 상가건물에 대한 임대이익을 목적으로 위와 같은 금지의 해제를 신청하였으나 관할 행정청에 의해 거부되었다고 전제할 경우 「행정심판법」상 A의 청구인적격여부에 대해 설명하시오. (10점)
(2) 만약, B가 행정심판을 거치지 아니하고 행정소송을 제기하여 1심법원에서 인용판결을 받았다고 한다면, 행정심판을 통해 인용재결을 받은 경우와는 어떠한 차이점이 있게 되는지를 설명하시오. (15점)

• 2014 입법고시

■ 문 (1)

I. 논점 : 행정심판법상 청구인적격

II. 행정심판법 제13조의 입법상 과오 여부

1. 문제점 : 행정심판법 제13조의 '법률상 이익'이 행정심판의 합목적성 통제기능을 배제하는 것인지 여부
2. 학설 : 입법과오설, 입법비과오설
3. 검토
   ○ 행정심판의 청구인적격의 범위의 문제는 무용한 쟁송의 제기를 막기 위하여 행정처분을 다툴 수 있는 자를 일정한 범위에 한정하고자 하는 소송법상의 입법정책의 문제이므로 비과오설(다수설)이 타당

Ⅲ. 행정심판법 제13조의 '법률상 이익'

1. 학설 : 권리구제설, 법률상 보호이익설, 보호가치 있는 이익구제설, 적법·정당보장설
2. 검토

Ⅳ. 사례의 해결

○ 행정심판을 권리구제수단으로 널리 이용하기 위해서는 행정심판의 청구인적격을 행정소송의 원고적격에 비해 확대할 필요성 있음

○ 다만, 현행 행정심판법상 A는 상가의 임대인에 불과한바 그 이익은 반사적·사실상 이익에 그쳐 청구인적격 불인정

■ 문 (2)

Ⅰ. 논점

① 거부처분에 대한 행정쟁송 수단, ② 재결과 판결의 효력 및 기속력 확보수단, ③ 재결 및 판결에 대한 불복수단

Ⅱ. 거부처분에 적합한 행정쟁송 수단

1. 행정심판 수단 : 취소심판, 무효등확인심판, 의무이행심판
2. 행정소송 수단 : 취소소송, 무효등확인소송

Ⅲ. 인용재결과 인용판결의 종류

1. 인용재결의 종류
   (1) 거부처분 취소심판 : 처분취소재결(사안의 경우), 처분변경재결, 처분변경명령재결
   (2) 의무이행심판 : 처분재결과 처분명령재결의 선택, 특정처분과 일정처분의 선택
      ☞ 사안의 경우 금지해제 거부처분은 재량행위이므로 일정처분명령재결 예상됨
2. 인용판결의 종류 : 취소판결, 변경판결(단, 적극적 변경은 비포함) ☞ 사안의 경우 거부처분 취소판결

Ⅳ. 인용재결과 인용판결의 효력

1. 인용재결의 경우
   (1) 거부처분 취소재결 : 재처분의무
   (2) 처분명령재결 : 재처분의무
2. 인용판결의 경우 : 판결 확정 후 형성력과 기속력 발생

Ⅴ. 기속력 확보수단
　1. 위원회의 직접처분
　2. 위원회의 간접강제
　3. 법원의 간접강제

Ⅵ. 재결 및 판결에 대한 불복수단
　1. 행정심판 재결에 불복하는 경우
　　　○ 재결 및 같은 처분 또는 부작위에 대하여 다시 행정심판 청구 금지
　　　○ 재결취소소송 가능
　2. 행정소송 판결에 불복하는 경우 : 항소, 상고

연습 10

甲은 인터넷설치서비스업을 행하는 법인이다. 甲이 2024. 1. 22. 고객민원 및 직원 간의 불협화음 등을 이유로 甲 소속 근로자 A에게 정직 7개월의 징계처분을 하자, A는 2024. 1. 26. 관할 지방노동위원회에 구제신청을 하였다. 관할 지방노동위원회는 2024. 2. 27. 징계사유가 인정되고 징계양정이 과하다고 볼 수 없다는 이유로 A의 구제신청을 기각하였다. A는 2024. 3. 4. 관할 지방노동위원회의 판정에 불복하여 중앙노동위원회에게 재심을 신청하였다. 중앙노동위원회는 2024. 4. 30. 관할 지방노동위원회의 판정을 취소하고 A에게 행한 정직은 부당정직임을 인정하면서 甲에게 판정서를 송달받은 날부터 30일 이내에 A에 대한 정직을 취소하고 정직기간 중 받을 수 있었던 임금상당액을 지급하라고 구제명령(이하 '이 사건 구제명령'이라 한다)을 하였다. 한편, 중앙노동위원회는 2024. 6. 26. 甲이 이행기한까지 이 사건 구제명령을 이행하지 않았다는 이유로 이행강제금을 부과할 것임을 예고하였다. 이후 중앙노동위원회는 2024. 8. 7. 甲에게 '구제명령 완전 불이행'의 이유로 250만원의 이행강제금 부과처분(이하 '이 사건 부과처분'이라 한다)을 하였다. 한편, 甲은 2024. 8. 5. 인사위원회를 개최하여 A에 대한 정직 취소를 의결한 바 있다. 甲은 이 사건 부과처분 문서를 2024. 8. 9. 송달받았다. 甲은 이 사건 부과처분의 위법을 이유로 취소심판을 청구하려고 한다. 이 경우 행정심판기관의 관할과 피청구인 적격에 관하여 검토하시오. (25점) 〈공인노무사 2024〉

Ⅰ. 행정심판기관의 관할

1. 문제의 소재

노동관계법상의 처분에 대한 행정심판에 관하여 특별한 규정이 없는 경우에는 행정심판법에 따라 행정심판을 제기한다. 사안에서 중앙노동위원회의 이행강제금부과처분의 법적 성질, 중앙노동위원회의 법적 지위를 살펴보고 정당한 관할 있는 행정심판위원회가 어디인지 검토한다.

2. 행정심판위원회의 유형

행정심판법 제6조는 일반행정심판위원회의 유형으로 ① 독립기관 등 소속 행정심판위원회, ② 중앙행정심판위원회, ③ 시·도행정심판위원회, ④ 직근 상급행정기관 소속 행정심판위원회를 규정하고 있다.

이 가운데 위 ①의 경우를 제외한 국가행정기관의 장 또는 그 소속 행정청이 한 처분 또는 부작위에 대한 심판청구에 대하여는 「부패방지 및 국민권익위원회의 설치와 운영에 관한 법률」에 따른 국민권익위원회에 두는 중앙행정심판위원회에서 심리·재결한다(행정심판법 제6조 제2항).

3. 중앙노동위원회가 이행강제금부과처분을 한 경우

(1) 이행강제금부과처분의 법적 성질

노동위원회는 구제명령을 받은 후 이행기한까지 구제명령을 이행하지 아니한 사용자에게 3천만원 이하의 이행강제금을 부과한다(근로기준법 제33조 제1항).

"처분"이란 행정청이 행하는 구체적 사
실에 관한 법집행으로서의 공권력의 행사 또는 그 거부, 그 밖에 이에 준하는 행정작용을 말하는데(행정심판법 제2조 제1항), 판례는 "<u>행정처분이란 행정청의 공법상 행위로서 특정 사항에 대하여 법규에 의한 권리의 설정 또는 의무의 부담을 명하거나 기타 법률상 효과를 발생하게 하는 등으로 일반 국민의 권리의무에 직접 영향을 미치는 행위</u>"24)라고 한다.

노동위원회의 이행강제금부과처분은 금전납부의무를 명하는 행정행위(하명)로서 행정처분에 해당한다.

(2) 관할 행정심판위원회

중앙노동위원회는 지방노동위원회와 더불어 고용노동부장관 소속으로 둔다(노동위원회법 제2조 제2항). 즉 중앙노동위원회는 국가행정기관장에 소속된 합의제 행정청이다(노동위원회법 제6조, 제15조).

따라서 중앙노동위원회가 한 이행강제금부과처분에 대한 행정심판은 중앙행정심판위원회에서 심리·재결한다.

4. 사안의 해결

사안의 2024. 8. 7.자 중앙노동위원회의 이행강제금부과처분에 대하여 관할 있는 행정심판기관은 중앙행정심판위원회이다.

Ⅱ. 피청구인 적격

1. 문제의 소재

취소심판의 피청구인은 처분청이다. 중앙노동위원회가 이행강제금부과처분을 한 경우 피청구인이 중앙노동위원회인지 중앙노동위원회 위원장인지 문제된다.

---

24) 대판 2008.5.29. 2007두23873

2. 처분청의 의미

취소심판은 처분을 한 행정청을 피청구인으로 하여 청구하여야 한다(행정심판법 제17조 제1항). 이때 처분을 한 행정청이란 행정에 관한 의사를 결정하여 표시하는 행정청으로서 단독기관과 합의제기관을 포함한다.

3. 이행강제금 부과처분 취소심판의 피청구인 적격

행정소송법은 법률이 달리 정하고 있으면 그에 따르는 경우가 있으나(예 노동위원회법 제27조는 중앙노동위원회의 처분에 대한 소는 중앙노동위원장을 피고로 한다고 규정), 행정심판법은 그러한 예외를 두고 있지 아니하므로 법 제17조에 따라 처분을 행한 행정청에 피청구인 적격이 있다.

사안의 이행강제금 부과처분은 중앙노동위원회라는 합의제 행정청 자체가 피청구인이 된다.

4. 사안의 해결

사안의 2024. 8. 7.자 중앙노동위원회의 이행강제금부과처분에 대하여 피청구인 적격은 중앙노동위원회이다.

연습 11

A회사의 근로자 甲은 노동조합을 설립하고자 「노동조합 및 노동관계조정법」 제10조에 따라 설립신고를 하였으나, 甲이 설립하려는 노동조합은 주로 정치운동을 목적으로 하는 조직으로, 동법 제2조 제4호에 의해 노동조합으로 보지 아니하는 것이다. 그럼에도 불구하고 관할 행정청은 甲의 조합설립신고를 수리하였고, 이에 A회사는 甲의 조합은 무자격조합임을 이유로 신고수리에 대해 취소심판을 제기하였다.

위의 관할 행정청이 한 노동조합설립신고수리는 취소심판의 대상이 될 수 있는가? (25점)

Ⅰ. 문제의 소재

A회사가 취소심판을 청구하려면 갑의 노동조합설립신고에 대한 관할 행정청의 수리가 행정처분이어야 한다. 노동조합 및 노동관계조정법(이하 노조법이라 한다)상 노동조합 설립신고 및 그 수리의 법적 성질이 문제된다.

Ⅱ. 취소심판의 대상인 처분

1. 행정청

처분은 행정청이 행하는 공권력행사이다. 행정청은 행정주체의 의사를 결정하여 외부에 표시할 수 있는 권한을 가진 기관을 말한다. 행정청에는 단독제기관 외에 합의제기관(예 노동위원회·토지수용위원회)도 포함된다.

2. 구체적 사실에 관한 작용

처분은 구체적 사실에 관한 공권력의 행사이다. 구체적 사실이란 관련자가 개별적이고 규율대상이 구체적인 것을 의미한다. 관련자가 일반적이고 규율사건이 구체적인 경우의 규율인 '일반처분' 역시 처분에 해당한다.

3. 법집행으로서의 공권력의 행사

(1) 법집행

여기서 '법집행'이란 국민의 권리·의무에 직접적 변동을 일으키는 행위로서 ① 직접적·대외적 효력성과 ② 법적 규율성을 그 개념적 징표로 한다(통설, 판례).

(2) 공권력 행사

처분은 행정청의 공권력행사작용이다. 공권력행사란 공법에 근거하여 행정청이 우월한 지위에서 일방적으로 행하는 일체의 행정작용을 의미한다.

(3) 외부에 대한 직접적인 법적 효과를 발생시키는 행위

취소심판의 본질은 위법·부당성의 소극적 제거에 있는 것이므로 취소심판의 대상이 되는 공권력행사는 사실적인 것이 아니라 법적 행위에 한정된다.

Ⅲ. 신고와 수리

1. 신고

신고라 함은 사인이 공법적 효과의 발생을 목적으로 행정주체에 대하여 일정한 사실을 알리는 행위를 말한다. ① 자체완성적 신고는 행정청에 대하여 일정한 사항을 통지하고 도달함으로써 의무가 끝나는 신고로서, 수리를 요하지 않으며 신고 그 자체로서 법적 효과를 발생시키나, ② 수리를 요하는 신고(행위요건적 신고)는 형식적 요건 외에 실질적 요건을 구비해야 한다.

2. 수리

① 자체완성적 신고에 대한 수리는 단순한 접수행위로서 행정처분이 아니나, ② 수리를 요하는 신고에 대한 수리는 행정심판법 제2조 제1호의 행정처분에 해당한다. 수리를 요하는 신고에서 '수리'란 사인이 알린 일정한 사실을 행정청이 유효한 것으로 판단하여 받아들이는 것을 말하며, 그 법적 성질은 준법률행위적 행정행위로 취소심판의 대상인 처분이다.

Ⅳ. 노동조합설립신고수리의 법적 성질

1. 학설

학설은 ① 노동조합설립신고는 조합설립의 사실을 알리는 것이라고 보는 '자체완성적 신고설'(형식적 요건설), ② 노동조합 설립신고는 그 신고증 교부의 동기를 부여하는 것이라고 보는 '수리를 요하는 신고설'(실질적 요건설)이 대립한다.

2. 판례

판례는 노동조합 및 노동관계조정법이 행정관청으로 하여금 설립신고를 한 단체에 대하여 같은 법 제2조 제4호 각 목에 해당하는지를 심사하도록 한 취지가 <u>노동조합으로서의 실질적 요건을 갖추지 못한 노동조합의 난립을 방지함으로써 근로자의 자주적이고 민주적인 단결권 행사를 보장하려는 데 있는 점을 고려하면, 행정관청은 해당 단체가 노동조합법 제2조 제4호 각 목에 해당하는지 여부를 실질적으로 심사할 수 있다</u>(대판 2014.4.10, 2011두6998)고 하여 수리를 요하는 신고설의 입장을 취한다.

3. 검토

① 노조법 제12조 제3항의 소극적 요건은 내용적 심사를 요하는 실질적 요건에 해당한다는 점(동법 제2조 제4호), ② 노조법 제12조 제4항은 신고증 교부(수리)의 경우 노조가 설립됨을 규정하고 있다는 점에서, 노동조합설립신고의 수리는 행정심판법 제2조 제1호의 처분에 해당한다. 따라서 실질적 요건설이 타당하다.

V. 사안의 해결

노동조합설립신고수리는 관할 행정청이 행하는 갑의 노동조합설립이라는 구체적 사실에 대한 노조법의 집행행위로 우월한 지위에서 행하는 일방적 행위인 공권력행사에 해당하므로, 행정심판법상 처분에 해당한다.

행정쟁송법 사례연습

연습 12

A는 파키스탄 국적의 사람으로 2021. 4. 18. 기업투자(D8) 체류자격으로 입국한 후 2021. 5. 14. 주식회사 P인터프라이즈를 설립하고, 2022. 11. 9. 무역경영(D9) 체류자격으로 다시 변경허가를 받았다. A는 2023년에는 2억 원이 넘는 매출을 올렸으며, 2023. 10. 5. 대한민국 국민과 혼인하여 함께 생활하고 있으며, 장차 귀화허가를 신청할 계획을 갖고 있다. A는 2025. 5. 4. 체류기간 연장허가를 신청했으나 법무부장관은 A가 근로기준법 위반죄로 200만 원의 벌금형을 받았다는 것을 이유로 체류기간 연장허가를 거부하였고, A는 체류기간 연장허가 거부처분에 대해 의무이행심판을 제기하였다. 재결이 있기 전에 강제퇴거를 막기 위한 행정심판법상의 가구제 수단을 설명하시오. (25점)

Ⅰ. 문제의 소재

A가 체류기간 연장허가 거부처분에 대해 의무이행심판을 제기했으나 재결 전에 체류기간이 경과하면 귀화허가의 신청도 불가능할 뿐 아니라 강제퇴거라는 중대한 불이익 또는 위험이 초래될 수 있다. 이 경우 A가 불법체류자로 강제퇴거되지 않기 위해 행정심판법상 집행정지와 임시처분 제도를 활용할 수 있는지 문제된다.

Ⅱ. 체류기간 연장허가의 법적 성질

체류기간 연장허가는 대한민국에 체류하는 외국인에게 당초의 체류기간을 초과하여 계속 체류할 수 있는 권한을 부여하는 설권적 처분의 성격을 가진다는 점을 고려하면, 그것은 신청인의 적격성, 체류의 목적, 공익상의 영향 등을 참작하여 그 허가 여부를 결정하는 재량행위라고 봄이 타당하다.

따라서 체류기간 연장허가 거부처분으로 달성하고자 하는 공익에 비하여 허가신청인이 입는 불이익이 지나치게 클 경우 그 거부처분은 행정청의 재량권을 일탈·남용한 것이 될 수 있다.[25]

---

[25] 인천지법 2015.11.5, 2015구합50805

Ⅲ. 집행정지

1. 문제점

위원회는 처분, 처분의 집행 또는 절차의 속행 때문에 중대한 손해가 생기는 것을 예방할 필요성이 긴급하다고 인정할 때에는 직권으로 또는 당사자의 신청에 의하여 처분의 효력, 처분의 집행 또는 절차의 속행의 전부 또는 일부의 정지를 결정할 수 있다(행정심판법 제30조 제2항 본문). 다만, 집행정지는 소극적 효력만이 인정되는바 사안과 같은 거부처분에 대한 집행정지의 실익이 있는지 문제된다.

2. 학설 및 판례

(1) 학설

학설은 ① 집행정지결정에는 기속력이 인정되므로 거부처분의 집행정지에 따라 행정청에게 잠정적인 재처분의무가 생긴다고 볼 수 있어 행정청에 사실상의 구속력을 갖게 된다는 긍정설, ② 집행정지는 행정처분이 없었던 것과 같은 상태를 만드는 것을 의미하고 그 이상으로 행정청에게 처분을 명하는 등 적극적인 상태를 만드는 것은 대상으로 될 수 없다는 부정설, ③ 외국인의 체류기간 갱신허가의 거부처분의 경우에 효력이 정지되면 체류기간이 경과하더라도 불법체류자로 당장 추방되지 않게 되는 경우처럼 예외적으로 집행정지의 필요성이 인정되는 경우가 있다는 제한적 긍정설이 대립한다.

(2) 판례

판례는 "허가신청에 대한 거부처분은 그 효력이 정지되더라도 그 처분이 없었던 것과 같은 상태를 만드는 것에 지나지 아니하는 것이고 그 이상으로 행정청에 대하여 어떠한 처분을 명하는 등 적극적인 상태를 만들어 내는 경우를 포함하지 아니하는 것"이어서 그 거부처분으로 인하여 신청인에게 생길 회복할 수 없는 손해를 피하는 데 아무런 보탬이 되지 않는다며 부정한다.[26]

3. 소결론

재처분의무와 관계없이 신청의 이익이 있는 경우가 존재한다는 점에서 제한적 긍정설이 타당하다. 그러나 판례에 따르면 A는 거부처분에 대해 행정심판을 청구하면서 집행정지를 신청할 수는 없다.

---

26) 대결 1991.5.2, 91두15

Ⅳ. 임시처분

1. 의의

행정심판위원회는 처분 또는 부작위가 위법·부당하다고 상당히 의심되는 경우로서 처분 또는 부작위 때문에 당사자가 받을 우려가 있는 중대한 불이익이나 당사자에게 생길 급박한 위험을 막기 위하여 임시지위를 정하여야 할 필요가 있는 경우에는 직권으로 또는 당사자의 신청에 의하여 임시처분을 결정할 수 있다(행정심판법 제31조 제1항).

2. 집행정지와의 차이

집행정지는 '소극적으로' 이익침해 처분의 효력을 정지시키는 효과에 불과하나, 임시처분은 소송에서의 임시적 지위를 정하는 가처분에 해당하는 것으로서 청구인의 권리를 '적극적으로' 보호한다는 점에서 차이가 있다.

3. 요건

(1) 적극적 요건

① **행정심판청구의 계속** : 명시적 규정은 없으나 행정쟁송에서의 가구제는 본안청구의 범위내에서만 인정되는 것으로 보아야 하므로 행정심판청구의 계속을 요한다고 보아야 한다. 따라서 임시처분의 신청은 심판청구와 동시에 하거나 심판청구에 대한 행정심판위원회의 재결이 있기 전까지 하여야 한다(제31조 제2항, 제30조 제5항).

② **처분 또는 부작위가 위법·부당하다고 상당히 의심되는 경우일 것** : 임시처분은 본안재결에서 인용재결을 받을 때까지 임시의 지위를 부여하는 것이므로 본안재결에서 기각될 것이 확실한 경우에는 허용될 수 없다.

③ **중대한 불이익을 받을 우려** : 중대한 손해인지의 판단은 처분의 성질·태양·내용, 상대방이 입은 손해의 성질·내용 및 정도, 원상회복·금전배상의 방법 및 난이도와 함께 본안 청구의 인용가능성 등을 종합적으로 고려하여 구체적·개별적으로 판단하게 된다.

④ **급박한 위험의 존재** : 중대한 손해가 발생할 가능성이 시간적으로 절박하여 위험을 회피하기 위하여 재결을 기다릴 여유가 없는 것을 말한다.

(2) 소극적 요건

행정심판법 제31조 제2항은 동법 제30조 제3항을 준용하고 있어, 임시처분도 공공복리에 중대한 영향을 미칠 우려가 있을 때는 허용되지 아니한다.

(3) 보충성 요건

임시처분은 제30조 제2항에 따른 집행정지로 목적을 달성할 수 있는 경우에는 허용되지 아니한다. 실무상 거부처분이나 부작위에 대한 집행정지를 인정하고 있지 않으므로, 임시처분은 집행정지와의 관계에서 보충적 구제제도이다.

4. 임시처분의 결정 및 취소

(1) 위원회는 직권으로 또는 당사자의 신청에 의하여 임시처분을 결정할 수 있다(제31조 제1항).

(2) 위원회는 임시처분을 결정한 후에 집행정지가 공공복리에 중대한 영향을 미치거나 그 사유가 없어진 경우에는 직권으로 또는 당사자의 신청에 의하여 임시처분 결정을 취소할 수 있다(제31조 제2항, 제30조 제4항).

5. 설문의 경우

(1) A의 의무이행심판청구가 계속되고 있는 것을 전제로 한다.

(2) 장관의 체류기간 연장허가 거부처분이 위법·부당하다고 상당히 의심되는 경우라야 한다.

(3) A가 본국으로 강제퇴거되는 위험은 중대한 불이익이다. A가 비록 근로기준법 위반죄로 200만 원의 벌금형을 받았으나, 2023년에 2억 원이 넘는 매출을 올리는 등 성실히 사업을 수행하고 있는 것으로 보이며, 또한 대한민국 국민과 혼인하여 함께 생활하고 있는데 파키스탄으로 돌아가게 되면 혼인관계가 유지되기 어려워지는 곤란을 겪게 된다고 보여진다.

(4) 위원회가 A에게 임시처분(예 잠정적인 체류허가)를 하더라도 공공복리에 중대한 영향을 미칠 우려가 있다고 보이지 않는다.

(5) 다수설과 판례는 거부처분에 대한 집행정지를 인정하지 않기 때문에 임시처분의 보충성요건도 만족한다.

따라서 위원회는 직권으로 또는 A의 신청에 의하여 임시처분을 결정할 수 있다(행정심판법 제31조 제1항). 그리고 위원회의 심리·결정을 기다릴 경우 중대한 손해가 생길 우려가 있다고 인정되면 위원장은 직권으로 위원회의 심리·결정을 갈음하는 결정을 할 수도 있다(행정심판법 제31조 제2항, 제30조 제6항).

행정쟁송법 사례연습

연습 13

경기도 수원시에 소재하는 甲 운수회사 소속 시내버스 운전사 A는 눈이 녹아 노면이 미끄러운 도로를 제한속도를 초과하여 과속으로 중앙선을 침범하여 질주하다가 맞은편에서 오던 승용차를 충격함으로 인하여 3인을 죽게 하고 2인에게 큰 상처를 입게 하였다. 수원시장 乙은 이를 자동차운수사업법 제31조 제1항 제5호의 중대한 교통사고를 야기한 것에 해당된다고 판단하고 2025. 1. 10. 甲의 운수사업면허를 취소하였고, 그 사실은 다음 날 甲에게 통지되었다. 그런데 乙은 위 면허취소처분을 하면서 甲에게 그 처분에 대하여 행정심판을 청구할 수 있는지 여부와 행정심판을 청구하는 경우의 심판청구 절차 및 심판청구기간을 알리지 아니하였다. 甲은 면허취소처분에 대하여 2025. 5. 16. 중앙행정심판위원회에 취소심판을 청구하였다.

(1) 甲의 행정심판 청구는 적법한가? (소관 행정심판위원회, 청구기간에 한정하여 설명하시오) (25점)

(2) 甲은 乙의 처분통지가 고지의무 위반이므로 乙의 위 면허취소처분은 위법하다고 주장한다. 타당한가?[27] (10점)

I. 설문 (1) – 甲의 행정심판 청구의 적법성

1. 문제의 소재

(1) 甲이 경기도 행정심판위원회가 아니라 중앙행정심판위원회에 행정심판을 청구한 것이 적법한지 문제된다. 그리고 甲이 면허취소처분에 대한 사실을 2025. 1. 11. 알게 되었고 이에 불복하여 5. 16.에 행정심판을 청구하였다면, 행정심판법 제27조 제1항의 처분이 있음을 안 날로부터 90일이 도과하여 청구기간을 위반한 것인지 문제된다.

(2) 그런데, 乙이 처분을 하면서 아무런 행정심판법상 불복방법을 고지하지 않았으므로 행정청의 고지의무 위반행위가 위 (1)에 어떠한 효과를 미치는지 문제된다.

2. 행정청의 고지의무 위반의 효과

(1) 고지제도의 의의

고지제도란 '행정청이 처분을 서면으로 하거나 이해관계인으로부터 요구가 있는 경우에 그 상대방이나 이해관계인에게 처분에 관하여 행정심판을 제기할 수 있는지의 여부, 제기

---

[27] 〈유제〉 행정청은 거부처분을 하면서 행정심판 및 행정소송의 제기 여부 등 불복절차에 대하여 아무런 고지를 하지 않았다. 원고는 이를 이유로 거부처분은 절차적 하자가 있는 위법한 처분이라고 주장한다. 원고의 주장이 타당한지 검토하시오.(2022년 5급 공채)

하는 경우의 행정심판위원회·청구기간 등을 알려야 하는 제도'를 말한다.

(2) 고지의 종류

고지에는 직권에 의한 고지와 신청에 의한 고지가 있다. 행정청이 처분을 하는 경우에는 그 상대방에게 처분에 관하여 행정심판을 제기할 수 있는지의 여부, 제기하는 경우의 심판청구절차 및 청구기간을 알려야 한다(행정심판법 제58조 제1항). 행정청은 이해관계인으로부터 당해 처분이 행정심판의 대상이 되는 처분인지의 여부와 행정심판의 대상이 되는 경우에 소관 위원회 및 청구기간에 관하여 알려줄 것을 요구받은 때에는 지체 없이 이를 알려야 한다(제58조 제2항).

(3) 고지의무위반의 효과

1) 불고지의 효과

행정청이 고지를 하지 아니하여서 청구인이 심판청구서를 다른 행정기관에 제출한 때에는 당해 행정기관은 그 심판청구서를 지체 없이 정당한 권한 있는 행정청에 송부하여야 하고(행정심판법 제23조 제2항), 지체 없이 그 사실을 청구인에게 통지하여야 한다(제3항). 이 경우에 심판청구기간을 계산함에 있어서는 최초의 행정기관에 제출된 때에 심판청구가 제기된 것으로 본다(제4항). 행정청이 심판청구기간을 알리지 아니한 때에는 처분이 있었던 날로부터 180일 이내에 심판청구를 할 수 있다(제27조 제6항).

2) 오고지의 효과

행정청이 잘못 알려서 청구인이 심판청구서를 다른 행정기관에 제출한 때에는 당해 행정기관은 그 심판청구서를 지체 없이 정당한 권한 있는 행정청에 송부하여야 한다(제23조 제2항). 행정청이 심판청구기간을 '처분이 있음을 알게 된 날부터 90일'보다 긴 기간으로 잘못 알린 경우에 그 잘못 알린 기간 내에 심판청구가 있으면 그 심판청구는 적법한 기간 내에 제기된 것으로 본다(제27조 제5항).

3. 설문의 경우

(1) 소관 행정심판위원회에 대한 적법한 청구인지 여부

행정심판법은 유형별로 소관 행정심판위원회를 정하고 있으므로 甲이 정당한 관할 있는 행정심판위원회에 제기했어야 한다.

乙은 경기도의 관할구역에 있는 자치단체인 시(市)의 장이므로 甲은 乙이 한 면허취소처분에 대한 행정심판을 경기도 행정심판위원회에 청구하여야 한다(행정심판법 제6조 제3항). 甲은 중앙행정심판위원회에 청구하였으므로 소관 행정심판위원회를 잘못 선택하였다. 그러나 수원시장이 고지를 하지 아니하여서 甲이 심판청구서를 다른 행정기관에 제출한

경우에 해당하므로 부적법한 청구라 할 수 없다. 중앙행정심판위원회는 행정심판법 제23조 제2항에 따라 그 심판청구서를 지체 없이 정당한 권한 있는 경기도 행정심판위원회에 송부하여야 한다.

(2) 행정심판의 청구기간을 준수했는지 여부

일단 심판청구기간을 계산함에 있어서는 설문에서 중앙행정심판위원회에 제출된 때에 심판청구가 제기된 것으로 본다.

2025. 1. 12. 甲이 불허가처분의 사실을 알게 되었다고 하는바, 甲은 원칙적으로 2025. 1. 12.부터 90일 이내에 행정심판을 제기하여야 한다. 사안에서 甲은 2025. 5. 16. 위원회에 취소심판을 청구한 것이 청구기간을 도과하였는지 문제된다.

그러나 乙이 처분을 하면서 행정심판의 청구기간을 알리지 아니하였는바, 이 경우 행정심판법 제27조 제6항에 따르면 甲은 처분이 있은 날부터 180일 이내에 취소심판을 제기하면 된다. 따라서 청구기간이 경과하지 않았다.

4. 설문의 해결

乙의 고지의무 위반의 효과에 따라 甲의 청구는 소관 행정심판위원회를 잘못 지정한 위법이 없다. 그리고 청구기간을 위반하지도 않았으므로 다른 요건을 충족한다는 전제하에 심판청구는 적법하다.

Ⅱ. 설문 (2) - 불고지에 따른 처분의 효력

1. 문제점

행정청이 자신의 고지의무를 이행하지 않거나 잘못된 고지를 하는 경우에, 당해 처분의 효력에 영향을 미치는지 문제된다. 이는 고지 행위의 법적 성질과도 관련된다.

2. 고지의 법적 성질

고지는 행정청의 일정한 의사를 알리는 것이 아니라 기존법규의 내용을 구체적으로 알리는 비권력적 사실행위로서 그 자체로서는 아무런 법적 효과도 발생하지 않는다. 따라서 고지 그 자체는 행정쟁송의 대상이 될 수 없고, 고지의무의 불이행이 처분의 효력에 영향을 미친다고 할 수 없다.

3. 판례

판례도 "고지절차에 관한 규정은 <u>행정처분의 상대방이 그 처분에 대한 행정심판의 절차를 밟는데 있어 편의를 제공하려는데 있으며</u> 처분청이 위 규정에 따른 <u>고지의무를 이행하지 아니하였다고 하더라도 경우에 따라서는 행정심판의 제기기간이 연장될 수 있는 것에 그치고 이로 인하여 심판의 대상이 되는 행정처분에 어떤 하자가 수반된다고 할 수 없다.</u>"고 한다.[28]

4. 설문의 해결

乙의 처분통지가 고지의무 위반이므로 乙의 면허취소처분은 위법하다고 하는 甲의 주장은 타당하지 않다.

---

28) 대판 1987.11.24, 87누529

연습 14

甲은 서울시 영등포구청장(이하 A라 한다)으로부터 서울 영등포구 양화동 성산대교 남쪽 올림픽대로변에 가로 19.8m, 세로 9.9m의 지주 이용 야립간판 3개에 관하여 설치기간을 2022. 4. 20.부터 2025. 4. 19.까지 3년으로 한 광고물표시허가를 받아 설치 이용하여 오다가 허가기간을 약 1개월 앞둔 2025. 3. 17. A에게 위 야립간판의 표시허가기간을 연장해 줄 것을 신청하였다. A는 인근 토지 10개 필지의 소유자 또는 관리자의 승낙서를 제출할 것을 조건으로 수리하겠다고 하였으나 甲이 이에 응하지 아니하자 행정심판청구절차 및 심판청구기간 등을 고지하지 아니한 채 위 신청을 반려하였다. 이에 甲은 인근 토지의 소유자 또는 관리자의 승낙서 제출은 허가기간 연장의 요건이 아니고, 반려처분 당시 행정심판청구절차 및 심판청구기간 등을 고지하지 아니하였으므로 위 반려처분은 위법하다고 주장하면서 중앙행정심판위원회에 위 반려처분 취소심판을 청구하였다.

(1) 甲의 위 행정심판청구는 적법한가? 중앙행정심판위원회는 이 심판청구를 어떻게 처리해야 하는가? (20점)
(2) 만약 위 행정심판청구가 적법하다면, 甲의 심판청구는 인용될 수 있는가? (단, 옥외광고물 허가기간을 연장하는 경우 인근 토지의 소유자 또는 관리자의 승낙서 제출을 요하는 법적 근거는 없음) (15점)

I. 설문 (1) - 심판청구의 적법성

1. 문제점

취소심판은 청구인적격(행정심판법 제13조), 대상적격(제2조, 제3조). 청구기간(제27조), 피청구인적격(제17조), 서면의 형식(제28조), 제출기관(제23조)의 요건을 갖추어 청구해야 한다.

설문에서 다른 심판청구요건 충족여부는 문제되지 않으나, A의 반려행위가 취소심판의 대상으로서 처분에 해당하는지 여부와 A의 반려행위에 대한 심판청구 제출기관이 문제된다.

2. 대상적격

(1) 반려행위가 취소심판의 대상이 되기 위한 요건

판례에 따를 때, 거부가 취소심판의 대상이 되는 행정처분이 되려면 ① 그 신청한 행위가 공권력의 행사 또는 이에 준하는 행정작용이어야 하고, ② 그 거부행위가 신청인의 법률관계에 어떤 변동을 일으키는 것이어야 하며, ③ 그 국민에게 그 행위발동을 요구할 법규상 또는 조리상의 신청권이 있어야 한다.[29]

여기서 '신청인의 법률관계에 어떤 변동을 일으키는 것'이라는 의미는 <u>신청인의 실체상의 권리관계에 직접적인 변동을 일으키는 것은 물론, 그렇지 않다 하더라도 신청인의 권리를 행사함에 있어 중대한 지장을 초래하는 것도 포함된다.</u>[30]

(2) 사안의 경우

옥외광고물 표시허가를 받은 자가 그 표시기간을 연장하고자 하는 때에는 그 기간종료일 전에 행정청의 허가를 받아야 하므로, 그와 같은 기간연장허가를 받지 아니한 경우에는 그 허가는 특단의 사정이 없는 한 기한이 도래함으로써 별도의 행위를 기다릴 것 없이 당연히 효력이 상실된다.

그러므로 甲은 A의 반려행위로 인하여 광고물 표시의 연장허가를 받기 어려운 불안한 법적 지위에 놓였다는 점에서 A의 반려행위는 甲의 권리의무나 법률관계에 직접 영향을 미쳤다고 볼 것이다.

또한 관련법령에 의하여 甲에게 광고물 표시의 연장허가를 신청할 권리도 인정되므로, A의 반려행위는 취소심판의 대상이 되는 처분에 해당한다.

3. 심판청구 제출기관

심판청구서는 피청구인인 행정청 또는 위원회에 제출하여야 한다(법 제23조 제1항). 한편 A의 처분에 대한 행정심판기관은 서울시 행정심판위원회라 할 것이다(법 제6조 제3항).

4. 불고지의 경우 행정심판청구서의 처리

행정청이 고지를 하지 아니하여서 청구인이 심판청구서를 다른 행정기관에 제출한 때에는 당해 행정기관은 그 심판청구서를 지체 없이 정당한 권한 있는 행정청에 보내야 하고(법 제23조 제2항), 지체 없이 그 사실을 청구인에게 통지하여야 한다(제3항).

사안의 경우 甲이 행정심판의 청구절차 및 행정심판의 청구기간 등을 고지받지 못하여 중앙행정심판위원회에 심판청구서를 제출하였으므로 중앙행정심판위원회는 지체 없이 이를 A 또는 서울시행정심판위원회에 보내야 한다.

---

[29] 대판 2002.11.22, 2000두922
[30] 대판 2007.10.11, 2007두1316

5. 사안의 해결

A의 반려행위가 취소심판의 대상으로서 처분에 해당하므로 甲은 A를 피청구인으로 하여 A 또는 서울시 행정심판위원회에 취소심판을 제기할 수 있다. 사안의 경우, 甲이 중앙행정심판위원회에 취소심판을 청구하였으므로 관할위반의 문제가 발생하였으나, 그것은 A의 불고지에 의한 것이므로 중앙행정심판위원회는 심판청구서를 정당한 권한 있는 행정청에 보내야 한다.

결국 甲의 행정심판청구는 적법하다.

Ⅱ. 설문 (2) - 심판청구의 인용 여부

1. 문제점

취소심판청구를 인용하려면 해당 처분이 위법 또는 부당하여 청구인의 주장이 이유 있는 것으로 인정되어야 한다. 그리고 청구인의 주장이 이유 있는 것으로 인정되는 경우에도 이를 인용하는 것이 공공복리에 크게 위배되어 그 심판청구를 기각하는 재결을 할 사정이 존재하지 않아야 한다.

2. 토지 소유자 또는 관리자의 승낙서 제출 불응을 이유로 한 반려행위의 위법 여부

법률에서 규정되지 않은 허가요건을 추가하는 것은 기본권의 제한이 되므로 헌법 제37조 제2항에 위배된다. 예컨대, 건축허가권자는 건축물이 건축법, 도시계획법 등의 관계 법규에서 정하는 어떠한 제한에 배치되지 않는 이상 당연히 같은 법조 소정의 건축허가를 하여야 하고, 위 관계 법규에서 정하는 제한사유 이외의 사유를 들어 그 허가신청을 거부할 수는 없다. 따라서 인근 부락주민들과 합의가 없다는 사유만으로 건축을 위한 건축허가신청을 반려한 처분은 위법하다.31)

옥외광고물 표시허가기간 연장 시 인근 토지의 소유자 또는 관리자의 승낙서 제출을 요하는 법적 근거는 없음에도 A가 그것을 이유로 반려처분을 함은 위법하다.

3. 불고지를 이유로 한 반려행위의 위법 여부

행정청이 처분을 하는 경우에는 그 상대방에게 처분에 관하여 행정심판을 제기할 수 있는지의 여부, 제기하는 경우의 심판청구절차 및 청구기간을 알려야 한다(법 제58조 제1항). 그런데 행정청이 자신의 고지의무를 이행하지 않거나 잘못된 고지를 하는 경우에, 당해 처분의 효력에는 영향을 미치는지 문제된다.

---

31) 대판 1992.6.9, 91누11766

판례는 "고지절차에 관한 규정은 행정처분의 상대방이 그 처분에 대한 행정심판의 절차를 밟는데 있어 편의를 제공하려는데 있으며 처분청이 위 규정에 따른 고지의무를 이행하지 아니하였다고 하더라도 경우에 따라서는 행정심판의 제기기간이 연장될 수 있는 것에 그치고 이로 인하여 심판의 대상이 되는 행정처분에 어떤 하자가 수반된다고 할 수 없다."고 한다.[32]

따라서 A가 반려처분을 하면서 불고지하였다 하더라도 당해 반려처분이 위법해지는 것은 아니라고 할 것이다.

4. 사안의 해결

A가 반려처분을 하면서 행정심판청구절차 등을 불고지한 것은 처분을 위법하게 하지 않으나, 甲이 인근 토지 소유자 등의 승낙서 제출에 불응했다는 이유로 반려한 것은 위법하다 할 것이다. 또는 설문에 특별히 사정재결을 해야 할 중대한 공익상의 필요가 인정되지 아니하므로 결국 甲의 심판청구는 인용될 수 있다.

---

[32] 대판 1987.11.24, 87누529

연습 15

서울시에 소재하는 법인 갑은 2025. 2. 5. 위치정보의 보호 및 이용 등에 관한 법률에 의한 위치정보사업을 하기 위하여 위치정보사업 허가신청서에 관련 서류를 첨부하여 방송통신위원회에 허가신청을 하였다. 방송통신위원회는 갑의 위치정보사업 관련 계획의 타당성 및 설비규모의 적정성 등을 종합 심사한 후에 허가기준에 미달되었음을 이유로 2025. 2. 17. 이를 거부하였고, 그 사실은 그 다음 날 갑에게 통지되었다.

그런데 방송통신위원회는 위 불허가 처분을 하면서 갑에게 그 처분에 대하여 행정심판을 청구할 수 있는지 여부와 행정심판을 청구하는 경우의 심판청구 절차 및 심판청구기간을 알리지 아니하였다. 갑은 불허가 처분에 대하여 2025. 6. 1. 서울시 행정심판위원회에 의무이행심판을 청구하였다.

(1) 갑의 행정심판 청구가 적법한지에 대하여 소관 행정심판위원회, 청구기간에 한정하여 설명하시오. (25점)

(2) 허가신청 거부에 대한 갑의 청구를 인용하는 소관 행정심판위원회의 처분명령재결이 있었고, 그 후에 방송통신위원회가 다시 동일한 사유로 허가신청을 거부하였다면, 이는 재결의 효력과 관련하여 어떠한 문제점이 있는지, 그리고 이러한 상황에서 갑이 제기할 수 있는 행정심판법상의 권리구제 수단을 설명하시오. (25점)

Ⅰ. 설문 (1) - 갑의 행정심판 청구의 적법성

1. 문제의 소재

(1) 방송통신위원회는 대통령 소속의 중앙행정기관인데 갑이 서울시 행정심판위원회에 행정심판을 청구한 것이 적법한 것인지 문제된다.

(2) 갑이 불허가처분에 대한 사실을 2025. 2. 18. 알게 되었고 이에 불복하여 6. 1.에 행정심판을 청구하였다면, 행정심판법 제27조 제1항의 처분이 있음을 안 날로부터 90일이 도과하여 청구기간을 위반한 것이 아닌지 문제된다.

(3) 그런데, 방송통신위원회가 처분을 하면서 아무런 행정심판법상 불복방법을 고지하지 않았으므로 행정청의 고지의무 위반행위가 위 (1), (2)에 미치는 효과가 문제된다. 아래에서는 설문의 공통사항인 고지의무에 대해서 먼저 살펴보기로 한다.

2. 행정심판법 제58조의 행정청의 고지의무 위반의 효과

(1) 고지제도의 의의

고지제도란 '행정청이 처분을 서면으로 하거나 이해관계인으로부터 요구가 있는 경우에 그 상대방이나 이해관계인에게 처분에 관하여 행정심판을 제기할 수 있는지의 여부, 제기하는 경우의 행정심판위원회·청구기간 등을 알려야 하는 제도'를 말한다. 이는 행정심판청구의 기회를 보장하고 행정의 신중·적정화를 도모하기 위한 제도로서, 개인의 권익보호에 기여한다.

(2) 고지의무위반의 효과

1) 불고지의 효과

행정청이 고지를 하지 아니하여서 청구인이 심판청구서를 다른 행정기관에 제출한 때에는 당해 행정기관은 그 심판청구서를 지체 없이 정당한 권한 있는 행정청에 송부하여야 하고(행정심판법 제23조 제2항), 지체 없이 그 사실을 청구인에게 통지하여야 한다(제3항). 이 경우에 심판청구기간을 계산함에 있어서는 최초의 행정기관에 제출된 때에 심판청구가 제기된 것으로 본다(제4항). 행정청이 심판청구기간을 알지 아니한 때에는 처분이 있었던 날로부터 180일 이내에 심판청구를 할 수 있다(제27조 제6항).

2) 오고지의 효과

행정청이 잘못 알려서 청구인이 심판청구서를 다른 행정기관에 제출한 때에는 당해 행정기관은 그 심판청구서를 지체 없이 정당한 권한 있는 행정청에 송부하여야 한다(제23조 제2항). 행정청이 심판청구기간을 '처분이 있음을 알게 된 날부터 90일'보다 긴 기간으로 잘못 알린 경우에 그 잘못 알린 기간 내에 심판청구가 있으면 그 심판청구는 적법한 기간 내에 제기된 것으로 본다(제27조 제5항).

3) 불고지·오고지와 처분의 효력

행정청이 자신의 고지의무를 이행하지 않거나 잘못된 고지를 하는 경우에, 당해 처분의 효력에는 영향을 미치지 않는다.

3. 소관 행정심판위원회에 대한 적법한 청구인지 여부

(1) 문제점

행정심판법은 행정심판위원회의 유형을 정하고 있으므로 갑이 관할 행정심판위원회에 제기했어야 한다. 시·도 행정심판위원회는 시·도 소속 행정청 등의 처분 또는 부작위에 대한 행정심판을 심리·재결하는 곳인데, 방송통신위원회는 대통령 소속기관이어서 서울시 행정심판위원회에 제기한 것은 부적법하다. 그런데 방송통신위원회의 고지의무 위반이 있으므로 다른 판단이 가능한지 문제된다.

(2) 일반행정심판위원회의 유형

행정심판법 제6조는 일반행정심판위원회의 유형으로 ① 독립기관 등 소속 행정심판위원회, ② 중앙행정심판위원회, ③ 시·도행정심판위원회, ④ 직근 상급행정기관 소속 행정심판위원회를 규정하고 있다.

(3) 설문의 경우

위 ①과 관련하여 행정심판법 제6조 제1항에 규정된 '그 밖에 대통령령으로 정하는 대통령 소속기관의 장'은 대통령비서실장, 국가안보실장, 대통령경호처장 및 방송통신위원회를 말한다(행정심판법 시행령 제2조). 따라서 갑은 방송통신위원회 소속의 행정심판위원회에 청구할 것을 서울시 행정심판위원회에 청구하였으므로 소관 행정심판위원회를 잘못 선택하였다. 그러나 방송통신위원회가 고지를 하지 아니하여서 갑이 심판청구서를 다른 행정기관에 제출한 경우에 해당하므로 부적법한 청구라 할 수 없다. 서울시 행정심판위원회는 행정심판법 제23조 제2항에 따라 그 심판청구서를 지체 없이 정당한 권한 있는 방송통신위원회에 송부하여야 한다.

그리고 아래 4항의 심판청구기간을 계산함에 있어서는 서울시 행정심판위원회에 제출된 때에 심판청구가 제기된 것으로 본다.

4. 행정심판의 청구기간을 준수했는지 여부

(1) 문제점

행정심판법은 행정심판청구기간을 정하고 있는데, 이에 따르면 갑이 불허가처분에 대한 사실을 2025. 2. 18. 알게 되었고 이에 불복하여 6. 1.에 행정심판을 청구한 것은 이미 청구기간을 도과하였다. 다만, 방송통신위원회의 고지의무 위반이 이에 어떠한 영향을 미치는지 문제된다.

(2) 청구기간의 의의

처분은 그 상대방뿐만 아니라 일반 대중의 이해관계가 크기 때문에 행정법관계의 신속한 확정을 도모하기 위해서, 행정심판법은 행정심판청구기간을 법정화하였다. 불변기간을 경과하면 동 행정처분은 확정적인 것이 되어 관계인으로서는 더 이상 다툴 수 없다.

(3) 원칙적인 심판청구기간

1) 심판청구는 처분이 있음을 알게 된 날부터 90일 이내에 제기하여야 한다(행정심판법 제27조 제1항). 처분이 있었던 날로부터 180일을 경과하면 제기하지 못한다(제3항). 이 규정은 거부처분에 대한 의무이행심판청구에도 적용된다. 90일은 불변기간이나 180일은 불변기간이 아니다. 90일과 180일 중 어느 것이라도 먼저 경과하면 심판제기는 불가능하게 된다.

2) 처분이 있음을 알게 된 날이란 통지·공고 기타의 방법으로 당해 처분이 있었다는 사실을 현실적으로 안 날을 뜻하는데, 서면으로 통지하는 경우에는 그 서면이 상대방에게 도달한 날, 공시송달의 경우에는 서면이 도달한 것으로 간주된 날을 의미한다. 처분이 있었던 날이란 대외적으로 표시되어 효력이 발생한 날을 뜻한다.

(4) 설문의 경우

2025. 2. 18. 갑이 불허가처분의 사실을 알게 되었다고 하는바, 갑은 원칙적으로 2025. 2. 18.부터 90일 이내에 행정심판을 제기하여야 한다. 사안에서 갑은 2025. 6. 1. 위원회에 취소심판을 청구한 것은 이미 청구기간을 도과하였다.

그러나 방송통신위원회가 불허가처분을 하면서 행정심판의 청구기간을 알리지 아니하였는바, 이 경우 행정심판법 제27조 제6항에 따르면 갑은 처분이 있은 날부터 180일 이내에 취소심판을 제기하면 된다. 따라서 청구기간이 경과하지 않았다.

5. 설문의 해결

방송통신위원회의 고지의무 위반의 효과에 따라 갑의 청구는 소관 행정심판위원회를 잘못 지정한 위법이 없다. 그리고 청구기간을 위반하지도 않았으므로 다른 요건을 충족한다는 전제하에 심판청구는 적법하다.

Ⅱ. 설문 (2) - 기속력 위반과 권리구제 수단

1. 문제의 소재

(1) 방송통신위원회 소속 행정심판위원회의 처분명령재결을 받았음에도 방송통신위원회가 다시 허가를 거부하였다면 이 허가거부처분이 재결의 기속력(특히 재처분의무)에 위반되는 것은 아닌지 문제된다.

(2) 방송통신위원회의 (재)허가거부처분이 기속력에 위반된다면 갑의 권리구제수단으로서 직접처분과 간접강제가 활용될 수 있는지 검토하기로 한다.

2. 기속력 위반 여부

(1) 문제점

행정심판법 제49조 제3항은 처분명령재결이 있는 경우 행정청 및 관계행정청에게 재결의 취지에 따른 재처분의무를 규정하고 있는데, 설문에서 방송통신위원회가 (재)허가거부처분이 이러한 재처분의무를 위반한 것인지 문제된다. 이는 재결의 효력의 하나인 기속력의 문제이다. 그리고 방송통신위원회의 재거부처분이 기속력에 위반하여 무효인지 문제된다.

(2) 기속력의 의의

재결은 피청구인인 행정청과 그 밖의 관계행정청을 기속한다(행정심판법 제49조 제1항). 기속력이란 피청구인인 행정청과 그 밖의 관계행정청이 재결의 내용에 따라 행동해야 하는 실체법상의 의무를 발생시키는 효력을 말한다. 기속력은 인용재결에서 문제되고, 각하재결이나 기각재결에서는 문제되지 아니한다. 따라서 처분청은 기각재결을 받은 후에도 정당한 이유가 있으면 원처분을 취소·변경할 수 있다.

기속력은 구체적으로 ① 반복금지의무(소극적 의무), ② 재처분의무(적극적 의무), ③ 원상회복의무가 있는바, 사안에서는 재처분의무 위반 여부가 문제된다.

(3) 기속력의 범위

1) 주관적 범위

심판청구를 인용하는 재결은 피청구인과 그 밖의 관계 행정청을 기속한다. 여기서 그 밖의 관계 행정청이란 처분 등을 기초로 하여 그와 관련되는 처분이나 부수되는 행위를 할 수 있는 행정청을 총칭한다.

2) 시간적 범위

처분의 위법성 판단의 기준시점을 어디로 볼 것이냐에 따라 기속력이 미치는 시간적 범위가 결정된다. 판례는 행정처분의 위법 여부는 행정처분이 있을 때의 법령과 사실상태를 기준으로 하여 판단해야 한다고 본다(처분시설).

3) 객관적 범위

① 기속력의 객관적 범위는 재결의 취지라고 할 수 있다. 기속력은 재결의 주문 및 재결이유 중 그 전제가 된 요건사실의 인정과 처분의 효력 판단에 한정되고, 재결의 결론과 직접 관련이 없는 방론이나 간접사실에 대한 판단에까지는 미치지 않는다.

② <u>재결에서 판단된 사유와 기본적 사실관계의 동일성이 인정되는 사유에 대해서만 기속력이 미치며 기본적 사실관계가 동일하지 않은 사유라면 동일한 내용의 처분을 하더라도 재결의 기속력에 위반되지 않는다.</u>[33]

③ 그리고 판례는 '기본적 사실관계의 동일 사유'인지 다른 사유인지는 <u>위법한 것으로 판단된 종전 처분사유와 기본적 사실관계에서 동일성이 인정되는지 여부에 따라 판단되어야 하고, 기본적 사실관계의 동일성 유무는 처분사유를 법률적으로 평가하기 이전의</u>

---

[33] 재결의 기속력은 재결의 주문 및 그 전제가 된 요건사실의 인정과 판단, 즉 처분 등의 구체적 위법사유에 관한 판단에만 미친다고 할 것이고, 종전 처분이 재결에 의하여 취소되었다 하더라도 종전 처분시와는 다른 사유를 들어서 처분을 하는 것은 기속력에 저촉되지 않는다고 할 것이며, 여기에서 동일 사유인지 다른 사유인지는 종전 처분에 관하여 위법한 것으로 재결에서 판단된 사유와 기본적 사실관계에 있어 동일성이 인정되는 사유인지 여부에 따라 판단되어야 한다(대판 2005.12.9, 2003두7705).

구체적인 사실에 착안하여 그 기초인 사회적 사실관계가 기본적인 점에서 동일한지에 따라 결정된다고 한다(대판 2016.3.24, 2015두48235).

(4) 재처분의무

1) 의의

재처분의무란 행정청이 재결의 취지에 따라 신청에 대한 처분을 하여야 할 의무를 말한다. 구체적으로는 ① 재처분을 해야 하는 의무와 ② 재처분을 하는 경우 그 재처분은 재결의 취지에 따른 것이어야 하는 의무를 포함한다.

2) 재처분의무가 문제되는 경우

① **처분명령재결** : 당사자의 신청을 거부하거나 부작위로 방치한 처분의 이행을 명하는 재결이 있으면 행정청은 지체 없이 이전의 신청에 대하여 재결의 취지에 따라 처분을 하여야 한다(제49조 제3항). 이때 기속행위의 경우에는 신청된 대로의 처분을, 재량행위의 경우는 다시 하자 없는 재량행위를 발령하는 것이 그 내용이 된다.

② **절차위법의 경우** : 신청에 따른 처분이 절차의 위법 또는 부당을 이유로 재결로써 취소된 경우에도 재결의 취지에 따라 다시 처분을 하여야 한다(제49조 제4항).

③ **거부처분 취소재결의 경우** : 재결에 의하여 취소되거나 무효 또는 부존재로 확인되는 처분이 당사자의 신청을 거부하는 것을 내용으로 하는 경우에는 그 처분을 한 행정청은 재결의 취지에 따라 다시 이전의 신청에 대한 처분을 하여야 한다(제49조 제2항).

3) 재결에 위반되는 재거부처분의 위법성의 정도

재결의 기속력에 반하는 처분은 하자의 정도가 중대·명백하여 무효라고 봄이 일반적 견해이다. 재결의 취지에 따르지 않고 기본적 사실관계가 동일한 사유로 다시 거부처분 등을 한 경우 그러한 거부처분은 무효이다.[34]

(5) 설문의 경우

방송통신위원회의 재거부처분은 처분명령재결이 있는 경우 행정청 및 관계행정청에게 재결의 취지에 따른 재처분의무를 규정하고 있는 행정심판법 제49조 제3항을 위반한 것으로서 그 위법성의 정도는 무효이다.

---

[34] 확정판결의 당사자인 처분행정청이 그 행정소송의 사실심 변론종결 이전의 사유를 내세워 다시 확정판결과 저촉되는 행정처분을 하는 것은 허용되지 않는 것으로서 이러한 행정처분은 그 하자가 중대하고도 명백한 것이어서 당연무효라 할 것이다(대법원 1990.12.11, 90누3560).

3. 이행재결의 기속력 확보수단으로서의 직접처분과 간접강제

(1) 직접처분

1) 의의
   ① 위원회는 당사자의 신청을 거부하거나 부작위로 방치한 처분의 이행을 명하는 재결이 있었음에도 피청구인이 처분을 하지 아니하는 경우에는 당사자가 신청하면 기간을 정하여 서면으로 시정을 명하고 그 기간에 이행하지 아니하면 직접 처분을 할 수 있다. 다만 그 처분의 성질이나 그 밖의 불가피한 사유로 위원회가 직접 처분을 할 수 없는 경우에는 그러하지 아니하다(제50조 제1항).
   ② 시정명령과 직접처분 제도는 국민의 권익보호와 행정심판에 대한 신뢰성의 제고에 의미를 갖는다.

2) 인정범위
   직접처분은 처분청이 의무이행재결(처분명령재결)에 따른 처분을 하지 않는 모든 경우에 인정된다. 이에 대하여 재처분사무가 자치사무인 경우에는 자치권을 보장할 필요가 있으므로 제외해야 한다는 견해가 있으나, 직접처분제도의 도입취지에 반한다는 비판이 가능하다.

3) 처분재결과의 차이점
   의무이행심판에 대하여 처분을 행하는 처분재결은 위원회가 처음부터 재결로써 처분을 행하는 것이고, 직접처분은 행정청이 행할 처분을 위원회가 직접 행하는 것이다.

4) 요건
   ① 처분명령재결이 있었을 것.
   ② 위원회가 당사자의 신청에 따라 기간을 정하여 시정을 명하였을 것.
   ③ 당해 행정청이 그 기간 내에 시정명령을 이행하지 아니하였을 것. 그런데 판례는 행정심판위원회가 직접처분을 하기 위하여는 처분의 이행을 명하는 재결이 있었음에도 당해 행정청이 아무런 처분을 하지 아니하였어야 하므로, 당해 <u>행정청이 어떠한 처분을 하였다면 그 처분이 재결의 내용에 따르지 아니하였다고 하더라도 재결청이 직접처분을 할 수는 없다</u>는 입장이다.[35]
   ④ 그 처분의 성질이나 그 밖의 불가피한 사유로 위원회가 직접 처분을 할 수 없는 경우에 해당하지 않을 것(제50조 제1항). '처분의 성질상 위원회가 직접처분을 할 수 없는 경우'로는 정보공개를 명하는 재결의 경우에 정보공개는 정보를 보유하는 기관만이 할 수 있다는 것을 들 수 있고, '그 밖의 불가피한 사유'로는 위원회 자신이 인적·물적 자

---
35) 대판 2002.7.23. 2000두9151

원의 한계로 인하여 그러한 처분의 기초자료에 관한 조사를 충실히 행할 수 없는 경우를 들 수 있다.

5) 설문의 경우

위원회의 처분명령재결 이후 위원회가 다시 거부처분을 하였다. 이는 재결의 기속력에 반하기는 하나, 행정청이 일정한 처분을 한 것이므로 판례에 따르면 직접처분은 구제수단이 될 수 없다.

(2) 간접강제

1) 의의

행정심판 인용재결에 따른 행정청의 재처분 의무에도 불구하고 행정청이 인용재결에 따른 처분을 하지 아니하면 행정심판위원회는 당사자의 신청에 의하여 결정으로 상당한 기간을 정하고, 행정청이 그 기간 내에 이행하지 아니하는 경우에는 지연기간에 따라 일정한 배상을 하도록 명하거나 즉시 배상을 할 것을 명할 수 있는 제도이다.

2) 요건

다음의 어느 하나에 해당하는 경우에 가능하다.

① 재결에 의하여 취소되거나 무효 또는 부존재로 확인되는 처분이 당사자의 신청을 거부하는 것을 내용으로 하는 경우에는 그 처분을 한 행정청이 재결의 취지에 따라 다시 이전의 신청에 대한 처분을 하지 아니한 경우(제49조 제2항, 제50조의2)

② 당사자의 신청을 거부하거나 부작위로 방치한 처분의 이행을 명하는 재결이 있음에도 행정청이 지체 없이 이전의 신청에 대하여 재결의 취지에 따라 처분을 하지 아니한 경우(제49조 제3항, 제50조의2)

③ 신청에 따른 처분이 절차의 위법 또는 부당을 이유로 재결로써 취소된 경우 그 처분을 한 행정청이 재결의 취지에 따라 다시 이전의 신청에 대한 처분을 하지 아니한 경우(제49조 제4항, 제50조의2)

3) 설문의 경우

방송통신위원회는 아무런 처분을 하지 않은 것이 아니라 재처분의무에 위반되는 재거부처분을 한 것이며, 그 재거부처분이 무효라면 기속력에 반하는 재거부처분을 한 것이 재처분의무을 이행한 것인지 문제된다. 행정소송에서의 유사 판례는 "거부처분에 대한 취소의 확정판결이 있음에도 행정청이 아무런 재처분을 하지 아니하거나, 재처분을 하였다 하더라도 그것이 종전 거부처분에 대한 취소의 확정판결의 기속력에 반하는 등으로 당연무효라면 이는 아무런 재처분을 하지 아니한 때와 마찬가지라 할 것이므로 이러한 경우에는 행정소송법 제30조 제2항, 제34조 제1항 등에 의한 간접강제신청에 필요한 요건을 갖춘 것으로 보아야 한다"(대법원 2002.12.11, 2002무22)라고 하였으며 행정심판의 경우에도 타당하다고 본다.

따라서 갑은 행정심판위원회에 간접강제를 신청할 수 있고 위원회는 결정으로 상당한 기간을 정하고, 행정청이 그 기간 내에 이행하지 아니하는 경우에는 지연기간에 따라 일정한 배상을 하도록 명하거나 즉시 배상을 할 것을 명할 수 있다.

4. 설문의 해결

(1) 방송통신위원회의 처분명령재결을 받았음에도 방송통신위원회가 다시 허가를 거부하였다면 이 허가거부처분은 재결의 기속력(특히 재처분의무)에 위반되는 것으로서 무효이다.

(2) 방송통신위원회의 재허가거부처분이 기속력에 위반되므로 갑은 행정심판법에 따라 간접강제를 활용함으로써 권리를 구제받을 수 있다.

보충문제

A도 B시에 위치한 X산과 Y호수 일대는 수려한 자연경관을 자랑하고 있어 많은 사람들이 방문하는 명소이다. 甲은 X산과 Y호수의 자연경관을 누릴 목적으로 그 인근으로 최근 이주한 주민으로서 이 일대를 공원으로 조성할 것을 내용으로 하는 도시관리계획의 입안을, 乙은 사업자로서 관광사업 진흥을 위하여 이 일대에 궤도시설을 설치할 것을 내용으로 하는 도시관리계획의 입안을 각각 B시장에게 제안하였다. B시장은 甲의 제안을 거부한다는 통보를 하는 한편, 乙의 제안대로 도시관리계획을 입안하여 그 결정을 A도지사에게 신청하였고 A도지사도 이를 그대로 받아들여 도시관리계획을 결정하였다. 그 후 乙과 丙이 관련 법령에 따라 X산과 Y호수 일대의 동일 구간을 운행하는 궤도사업허가를 신청하였는데, B시장은 乙이 약 6개월 전에 다른 지역에서 궤도사업을 운영하던 중 궤도사업허가가 취소되었음을 확인하고, 乙이 아닌 丙에게 궤도사업허가를 하였다. (각 문항은 상호 독립적임)

(1) 甲이 도시관리계획 입안 제안에 대한 B시장의 거부처분의 취소를 구하는 행정심판을 청구하였고, 이익형량의 하자가 있어 위법하다고 판단하여 취소하는 인용재결이 내려졌다. 이에 따라 B시장이 甲의 제안대로 도시관리계획을 입안하여야 하는지 검토하시오. (20점)
(2) 乙이 丙에 대한 궤도사업허가의 취소를 구하는 행정소송을 제기할 수 있는지 검토하시오. (15점)

「궤도운송법」
제6조 【결격사유】 다음 각 호의 어느 하나에 해당하는 자는 궤도사업의 허가 또는 전용궤도의 승인을 받을 수 없다.
1. 성년후견인 또는 피한정후견인
2. 파산선고를 받고 복권되지 아니한 사람
3. 이 법에 따라 궤도사업의 허가 또는 전용궤도의 승인이 취소된 후 2년이 지나지 아니한 사람

• 2024 5급(행정)공채

■ 문 (1)

Ⅰ. 논점 : 행정심판법상 기속력과 재처분의무

Ⅱ. 행정계획과 계획재량

○ 행정계획은 '행정에 관한 전문적·기술적 판단을 기초로 하여 특정한 행정목표를 달성하기 위하여 서로 관련되는 행정수단을 종합·조정함으로써 장래의 일정한 시점에 있어서 일정한 질서를 형성하기 위하여 설정된 활동기준'이다(대판 2007.4.12. 2005두1893).

○ 도시관리계획결정은 계획재량을 가지나, 계획을 수립함에 있어서 관련된 이익을 정당하게 형량하여야 함(형량명령)

Ⅲ. B시장이 甲의 제안대로 도시관리계획을 입안하여야 하는지 여부
1. 기속력 : 의의, 내용, 범위
2. 사안의 경우
   ○ 주민 등의 도시관리계획 입안 제안을 거부한 처분을 이익형량에 하자가 있어 위법하다고 판단하여 취소하는 판결이 확정되었더라도 행정청에 그 입안 제안을 그대로 수용하는 내용의 도시관리계획을 수립할 의무가 있다고는 볼 수 없고, 행정청이 다시 새로운 이익형량을 하여 적극적으로 도시관리계획을 수립하였다면 취소판결의 기속력에 따른 재처분의무를 이행한 것이라고 보아야 한다(대판 2020.6.25. 2019두57404).
   ○ 도시관리계획결정에는 계획재량이 인정되므로 B시장은 甲의 제안을 그대로 수용하는 도시관리계획을 입안할 필요는 없고 이익형량의 하자를 보완하여 다시 甲의 제안을 거부하더라도 인용재결의 기속력에 반하지 아니함

Ⅳ. 사안의 해결
B시장은 甲의 제안대로 도시관리계획을 다시 입안하여야 하는 것은 아님

■ 문 (2)

Ⅰ. 논점 : 원고적격, 협의의 소의 이익

Ⅱ. 행정소송법상 원고적격
1. 의의
2. 법률상 이익의 의미
3. 경원자소송의 경우
   ○ 인·허가 등의 수익적 행정처분을 신청한 수인이 서로 경쟁관계에 있어서 일방에 대한 허가 등의 처분이 타방에 대한 불허가 등으로 귀결될 수밖에 없는 때 허가 등의 처분을 받지 못한 자는 비록 경원자에 대하여 이루어진 허가 등 처분의 상대방이 아니라 하더라도 당해 처분의 취소를 구할 당사자적격이 있다(대판 1992.5.8. 91누13274).
4. 사안의 경우
   ○ 乙과 丙은 X산과 Y호수 일대의 동일 구간을 운행하는 궤도사업허가를 신청한 경원자 관계에 있으므로, 乙은 원고적격이 인정됨

Ⅲ. 협의의 소의 이익
  1. 의의
  2. 협의의 소의 이익의 판단기준
  3. 경원자소송의 경우
     경원자 관계에 있을지라도, 명백한 법적 장애로 인하여 원고 자신의 신청이 인용될 가능성이 처음부터 배제되어 있는 경우에는 당해 처분의 취소를 구할 정당한 이익이 없다(대판 2009.12.10. 2009두8359).
  4. 사안의 경우
     乙은 약 6개월 전에 다른 지역에서 궤도사업을 운영하던 중 궤도사업허가가 취소된 사실이 있으므로, 丙에 대한 궤도사업허가의 취소를 구하는 소송에서 인용판결을 받더라도 명백한 법적 장애로 인하여 신청이 인용될 가능성이 처음부터 배제되어 있는 경우에 해당함

Ⅳ. 사안의 해결
   乙은 소의 이익이 인정되지 않아 행정소송을 제기할 수 없음

행정쟁송법 사례연습

연습 16

甲이 지방자치단체장 A에게 토석채취허가신청(토석채취허가는 지방자치단체의 자치사무임)을 하였으나, 대상 토지의 실소유자의 진정이 있음을 이유로 거부처분이 이루어졌고, 이에 甲이 관할 행정심판위원회(이하 '乙'이라 한다)에 의무이행심판을 청구하였다. 乙은 A가 관련법규에서 정한 허가요건을 검토하지 않고 거부한 재량의 일탈·남용이 있음을 이유로 거부처분을 취소하고 허가를 이행하라는 인용재결을 하였다. 그러나 이 같은 재결이 있음에도 불구하고 A는 대상 토지가 평야지대의 젖줄인 하천의 상단부에 위치하며, 도립공원 연접지역으로 보존의 공익이 크다는 점을 이유로 다시 토석채취허가 거부처분을 하였다. 이에 甲이 乙에 대하여 직접처분신청을 하였다. 이 경우 乙은 직접처분을 할 수 있는가? (20점)

Ⅰ. 문제의 소재

행정심판위원회의 처분명령재결에 따른 기속력에도 불구하고 행정청이 처분을 하지 않는 경우에 당사자의 신청에 의한 시정명령과 직접처분 제도가 마련되어 있다.

그런데 행정청이 재결의 취지에 반하여 다시 거부처분을 한 경우에도 위원회가 직접처분을 할 수 있는지 문제된다.

Ⅱ. 처분명령재결의 기속력

당사자의 신청을 거부하거나 부작위로 방치한 처분의 이행을 명하는 재결이 있으면 행정청은 지체 없이 이전의 신청에 대하여 재결의 취지에 따라 처분을 하여야 한다(행정심판법 제49조 제3항). 이때 기속행위의 경우에는 신청한 대로의 처분을, 재량행위의 경우는 다시 하자 없는 재량행위를 발령하는 것이 그 내용이 된다.

Ⅲ. 직접처분

1. 의의

위원회는 피청구인이 행정심판법 제49조 제3항에 위반하여 처분을 하지 않는 경우에는 당사자가 신청하면 기간을 정하여 서면으로 시정을 명하고 그 기간에 이행하지 아니하면 직접 처분을 할 수 있다(행정심판법 제50조). 시정명령과 직접처분 제도는 국민의 권익보호와 행정심판에 대한 신뢰성의 제고라는 의미를 갖는다.

의무이행심판에 대하여 처분을 행하는 처분재결은 위원회가 처음부터 재결로써 처분을 행하는 것이고, 직접처분은 행정청이 행할 처분을 위원회가 직접 행하는 것이란 점에서 구별된다.

2. 인정범위

직접처분은 처분청이 의무이행재결(처분명령재결)에 따른 처분을 하지 않는 모든 경우에 인정된다. 이에 대하여 재처분사무가 자치사무인 경우에는 자치권을 보장할 필요가 있으므로 제외해야 한다는 견해가 있으나, 직접처분제도의 도입취지에 반한다는 비판이 가능하다.

3. 요건

(1) 직접처분을 하려면 ① 처분명령재결이 있었을 것, ② 위원회가 당사자의 신청에 따라 기간을 정하여 시정을 명하였을 것, ③ 당해 행정청이 그 기간 내에 시정명령을 이행하지 아니하였을 것이라는 요건을 갖추어야 한다(적극적 요건). 그리고 소극적 요건으로 ④ 처분의 성질이나 그 밖의 불가피한 사유로 위원회가 직접처분을 할 수 없는 경우가 아니어야 한다(제50조 제1항 단서). 예를 들어 정보비공개결정에 대한 직접처분은 위원회가 당해 정보를 보유하고 있지 않으므로 직접처분이 제한된다.

(2) 특히 위 ③의 요건과 관련하여, 판례는 "행정심판위원회가 직접처분을 하기 위하여는 처분의 이행을 명하는 재결이 있었음에도 당해 행정청이 아무런 처분을 하지 아니하였어야 하므로, 당해 <u>행정청이 어떠한 처분을 하였다면 그 처분이 재결의 내용에 따르지 아니하였다고 하더라도 재결청이 직접처분을 할 수는 없다.</u>"는 입장이다.[36]

(3) 행정심판위원회의 직접처분을 위해서는 행정심판법 제50조 제1항에서 "위원회는 피청구인이 제49조 제2항에도 불구하고 '처분을 하지 아니하는 경우'에는…"이라고 하여, 의무이행심판을 통해 처분명령재결 인용재결을 받았으나 처분청이 아무런 처분을 하지 않은 것이 아니라 그것이 당초 처분과 동일한 거부처분이라도 처분청이 어떠한 처분을 한 경우에는 직접처분의 요건을 갖춘 것이 아니라고 보아야 한다. 따라서 판례의 태도는 타당하다.

---

[36] 대판 2002.7.23. 2000두9151

Ⅳ. 문제의 해결

(1) 행정심판위원회 乙은 거부처분을 취소하고 허가를 이행하라는 인용재결을 하였다.

(2) 乙이 직접처분을 하려면 당사자의 신청에 따라 기간을 정하여 시정을 명해야 한다.

(3) A가 乙의 재결의 취지에 반하여 다시 거부처분을 하였다. 甲이 이러한 거부처분에 대하여 무효사유의 하자가 있는 처분임을 이유로 행정소송을 제기할 수 있는 것은 별론으로 하고, 행정청이 일정한 처분을 한 것이므로 판례에 따르면 위원회는 직접처분을 할 수 없다.

> **연습 17**
>
> A국립대학교 법학전문대학원에 지원한 甲은 A국립대학교총장(이하 'A대학총장'이라 함)에게 자신의 최종입학점수를 공개해 줄 것을 청구하였으나, A대학총장은 영업비밀임을 이유로 공개거부결정을 하였다. 甲이 위 결정에 대하여 행정심판을 청구하였고 B행정심판위원회는 이를 취소하는 재결을 내렸다. 그럼에도 불구하고 A대학총장은 위 행정심판위원회의 재결을 따르지 아니하고 甲의 최종입학점수를 공개하지 아니하고 있다. 이에 甲이 행정심판법상 취할 수 있는 실효성 확보 수단을 설명하시오. (25점) 〈공인노무사 2019〉

Ⅰ. 문제의 소재

정보공개청구사건에서 인용재결은 취소심판에서의 취소재결 또는 의무이행심판에서의 처분명령재결(정보공개제도의 특성상 위원회가 처분재결로서 정보공개결정을 할 수 없으므로)이 있을 수 있다.

설문에서 취소하는 재결이 있었다고 하므로 거부처분취소심판에서 취소재결에 따르는 기속력의 내용을 살펴보고, 甲이 취할 수 있는 실효성 확보수단 가운데 간접강제와 직접처분의 가능성이 있는지 검토한다.

Ⅱ. 기속력과 재처분의무

1. 기속력

재결은 피청구인인 행정청과 그 밖의 관계행정청을 기속한다(행정심판법 제49조 제1항). 기속력이란 피청구인인 행정청과 그 밖의 관계행정청이 재결의 내용에 따라 행동해야 하는 실체법상의 의무를 발생시키는 효력을 말한다. 기속력은 인용재결에서 문제되고, 각하재결이나 기각재결에서는 문제되지 아니한다.

2. 재처분의무

재결에 의하여 취소되거나 무효 또는 부존재로 확인되는 처분이 당사자의 신청을 거부하는 것을 내용으로 하는 경우에는 그 처분을 한 행정청은 재결의 취지에 따라 다시 이전의 신청에 대한 처분을 하여야 한다(제49조 제2항).

Ⅲ. 간접강제

1. 의의

행정소송법은 판결의 실효성을 확보하기 위해 심리적 강제수단으로 일정한 배상을 명령하는 제도를 두고 있으며(법 제34조), 재처분의무의 이행을 확보하기 위해 간접강제제도가 행정심판법에도 신설되었다(법 제50조의2). 위원회의 거부처분취소재결이나 처분명령재결에도 불구하고 피청구인이 아무런 처분을 하지 아니하면 행정심판위원회는 당사자의 신청에 의하여 결정으로 상당한 기간을 정하고, 피청구인이 그 기간 내에 이행하지 않는 경우에는 지연기간에 따라 일정한 배상을 하도록 명하거나 즉시 배상을 할 것을 명할 수 있는 제도이다.

간접강제 제도는 거부처분취소재결의 실효성을 확보하는 수단으로써 주된 의미가 있지만, 위원회의 직접처분이 처분의 성질이나 그 밖의 불가피한 사유로 인해 불가능한 경우에도 그에 대한 구제책으로 유용하다.

2. 요건

다음의 어느 하나에 해당하는 경우에 가능하다.
① 재결에 의하여 취소되거나 무효 또는 부존재로 확인되는 처분이 당사자의 신청을 거부하는 것을 내용으로 하는 경우에는 그 처분을 한 행정청이 재결의 취지에 따라 다시 이전의 신청에 대한 처분을 하지 아니한 경우(제49조 제2항, 제50조의2)
② 당사자의 신청을 거부하거나 부작위로 방치한 처분의 이행을 명하는 재결이 있음에도 행정청이 지체 없이 이전의 신청에 대하여 재결의 취지에 따라 처분을 아니한 경우(제49조 제3항, 제50조의2)
③ 신청에 따른 처분이 절차의 위법 또는 부당을 이유로 재결로써 취소된 경우 그 처분을 한 행정청이 재결의 취지에 따라 다시 이전의 신청에 대한 처분을 하지 아니한 경우(제49조 제4항, 제50조의2)

3. 불복

청구인은 위원회의 간접강제 결정에 불복하는 경우 그 결정에 대하여 행정소송을 제기할 수 있다(제50조의2 제4항).

4. 사안의 경우

A대학총장이 취소재결의 취지에 따라 다시 이전의 신청에 대한 처분을 하지 아니하고 있으므로, 위원회는 甲의 신청에 의하여 결정으로 상당한 기간을 정하고 A대학총장이 그 기

간 내에 이행하지 아니하는 경우에는 그 지연기간에 따라 일정한 배상을 하도록 명하거나 즉시 배상을 할 것을 명할 수 있다.

Ⅳ. 직접처분의 허용 여부

1. 의의

위원회는 피청구인이 제49조 제3항('당사자의 신청을 거부하거나 부작위로 방치한 처분의 이행을 명하는 재결이 있으면 행정청은 지체 없이 이전의 신청에 대하여 재결의 취지에 따라 처분을 하여야 한다.')에도 불구하고 처분을 하지 않는 경우에는 당사자가 신청하면 기간을 정하여 서면으로 시정을 명하고 그 기간에 이행하지 아니하면 직접 처분을 할 수 있다(제50조). 시정명령 등의 제도는 국민의 권익보호와 행정심판에 대한 신뢰성의 제고에 의미를 갖는다. 의무이행심판에 대하여 처분을 행하는 처분재결은 위원회가 처음부터 재결로써 처분을 행하는 것이고, 직접처분은 행정청이 행할 처분을 위원회가 직접 행하는 것이란 점에서 구별된다.

2. 요건

직접처분을 하려면 ① 처분명령재결이 있었을 것, ② 위원회가 당사자의 신청에 따라 기간을 정하여 시정을 명하였을 것, ③ 당해 행정청이 그 기간 내에 시정명령을 이행하지 아니하였을 것이라는 요건을 갖추어야 한다(적극적 요건).

그리고 소극적 요건으로 처분의 성질이나 그 밖의 불가피한 사유로 위원회가 직접 처분을 할 수 없는 경우가 아니어야 한다(제50조 제1항 단서). 예를 들어 정보비공개결정에 대한 직접처분은 위원회가 당해 정보를 보유하고 있지 않으므로 직접처분이 제한된다.

3. 사안의 경우

B행정심판위원회가 취소하는 재결을 내렸다고 하므로(즉, 처분명령재결이 아니므로) 사안은 행정심판법 제50조의 직접처분 제도를 실효성 확보수단으로 취할 수 있는 경우에 해당하지 않는다.

Ⅴ. 설문의 해결

甲이 취할 수 있는 권리구제 수단으로써 위원회의 직접처분은 행정심판법상 허용될 수 없고, 간접강제가 실효성 있는 권리구제 수단이 된다.

연습 18

甲은 2024. 9. 14. 乙구청장에게 개발행위허가신청을 하였으나, 乙은 2024. 11. 1. 해당 토지가 공원지역으로서의 용도지역 변경을 추진 중에 있다는 사유로 신청을 반려하였다. 甲이 이에 대하여 의무이행심판을 청구하여 2025. 4. 23. 개발행위허가를 명하는 재결이 내려졌다. 그런데 행정심판이 계속 중이던 2025. 3. 18. 도시계획상 필요하다고 인정되는 지역에 대하여 조례가 정하는 바에 따라 지방도시계획위원회의 심의를 거쳐 개발행위허가를 제한할 수 있도록 하는 내용으로 도시계획법 시행령 제46조가 개정되었다. 이에 따라 해당 지방자치단체의 조례가 개정되었고, 乙은 조례에 근거하여 해당 토지를 포함한 일대 지역을 개발행위허가제한구역으로 결정·고시하였으며, 위 재결 이후인 2025. 5. 2. 다시 '해당 토지가 개발행위허가제한구역으로 결정·고시되었다.'는 사유를 들어 개발행위허가신청을 반려하였다. 甲이 이에 대응하여 행정심판법상 어떤 방법을 강구할 수 있는가? (도시계획법 시행령 부칙에서, 2025. 3. 18. 개정된 제46조는 개정 당시 개발행위허가를 신청 중인 경우에는 당해 개발행위에 관하여는 종전의 규정을 적용한다는 경과규정을 두고 있음) (25점)

Ⅰ. 쟁점의 정리

(1) 처분명령재결 이후 乙이 개정법령을 근거로 다시 거부처분을 한 것이 재처분의무를 이행한 것인지 문제된다. 설문에서는 개정된 부칙의 내용을 고려하여야 한다.

(2) 甲이 행정심판법상 간접강제를 활용할 수 있는 경우인지 검토한다.

Ⅱ. 재결의 기속력과 재처분의무

1. 기속력

재결은 피청구인인 행정청과 그 밖의 관계행정청을 기속한다(행정심판법 제49조 제1항). 기속력이란 피청구인인 행정청과 그 밖의 관계행정청이 재결의 내용에 따라 행동해야 하는 실체법상의 의무를 발생시키는 효력을 말한다.

기속력의 내용으로 반복금지의무, 재처분의무, 원상회복의무가 논의되는데, 설문의 경우 처분명령재결에 따른 재처분의무가 특히 문제된다.

2. 처분명령재결에 따른 재처분의무

당사자의 신청을 거부하거나 부작위로 방치한 처분의 이행을 명하는 재결이 있으면 행정청은 지체 없이 이전의 신청에 대하여 재결의 취지에 따라 처분을 하여야 한다(제49조 제

3항). 이때 기속행위의 경우에는 신청된 대로의 처분을, 재량행위의 경우는 다시 하자 없는 재량행위를 발령하는 것이 그 내용이 된다.

특히 기속력의 시간적 효력범위와 관련하여, 처분시까지의 법률관계·사실관계를 판단의 대상으로 하므로 거부처분 이후에 법령이나 사실상태가 변경된 경우 동일한 내용의 처분을 다시 하는 것은 기속력에 반하지 아니한다.[37]

3. 기속력 위반의 효과

판례는 기속력에 반하는 행정청의 처분은 위법한 행위로서 하자가 중대하고 명백하다고 볼 수 있어 무효라는 입장이다.[38]

그리고 "거부처분에 대한 취소의 확정판결이 있음에도 행정청이 아무런 재처분을 하지 아니하거나, 재처분을 하였다 하더라도 그것이 종전 거부처분에 대한 취소의 확정판결의 기속력에 반하는 등으로 당연무효라면 이는 아무런 재처분을 하지 아니한 때와 마찬가지"[39]라고 한다. 이러한 법리는 재결에도 적용된다 할 것이다.

설문과 유사한 사례에서 판례는 "개정된 도시계획법령에 그 시행 당시 이미 개발행위허가를 신청중인 경우에는 종전 규정에 따른다는 경과규정을 두고 있으므로 위 사업승인신청에 대하여는 종전 규정에 따른 재처분을 하여야 함에도 불구하고 개정 법령을 적용하여 새로운 거부처분을 한 것은 확정된 종전 거부처분 취소판결의 기속력에 저촉되어 당연무효"라고 하였다.[40]

4. 사안의 경우

도시계획법 시행령 부칙에 개정 당시 개발행위허가를 신청중인 경우에는 당해 행위에 관하여는 종전의 규정을 적용한다는 경과규정을 두고 있으므로, 개정조항이 시행되기 이전인 2024. 9. 14. 행하여진 이 사건 개발행위허가신청에 대하여는 종전 규정에 따른 재처분이 이루어져야 한다. 그럼에도 불구하고 乙이 개정법령의 내용을 오인하여 다시 거부처분한 것은 행정소송법 제30조 제2항의 규정에 의한 재처분을 하였다고 할 수 없다.

따라서 갑이 간접강제 신청에 필요한 요건을 갖추었는지 아래에서 논의를 이어가기로 한다.

---

37) 대결 1998.1.7. 97두22
38) 대판 1982.5.11. 80누104
39) 대결 2002.12.11. 2002무22
40) 대결 2002.12.11. 2002무22

Ⅲ. 간접강제

1. 의의

행정심판 인용재결에 따른 행정청의 재처분 의무에도 불구하고 행정청이 인용재결에 따른 처분을 하지 아니하면 행정심판위원회는 당사자의 신청에 의하여 결정으로 상당한 기간을 정하고, 행정청이 그 기간 내에 이행하지 아니하는 경우에는 지연기간에 따라 일정한 배상을 하도록 명하거나 즉시 배상을 할 것을 명할 수 있는 제도이다.

2. 요건

다음의 어느 하나에 해당하는 경우에 가능하다(제50조의2, 제49조 제2항~제4항).
① 재결에 의하여 취소되거나 무효 또는 부존재로 확인되는 처분이 당사자의 신청을 거부하는 것을 내용으로 하는 경우에는 그 처분을 한 행정청이 재결의 취지에 따라 다시 이전의 신청에 대한 처분을 하지 아니한 경우
② 당사자의 신청을 거부하거나 부작위로 방치한 처분의 이행을 명하는 재결이 있음에도 행정청이 지체 없이 이전의 신청에 대하여 재결의 취지에 따라 처분을 하지 아니한 경우
③ 신청에 따른 처분이 절차의 위법 또는 부당을 이유로 재결로써 취소된 경우 그 처분을 한 행정청이 재결의 취지에 따라 다시 이전의 신청에 대한 처분을 하지 아니한 경우

3. 사안의 경우

설문과 유사한 사례에서 판례는 "결국 상대방이 행정소송법 제30조 제2항의 규정에 의한 재처분을 하였다고는 할 수 없어 위 규정에 의한 재처분을 하지 아니하는 때와 마찬가지라 할 것이므로 신청인으로서는 이 사건 간접강제신청에 필요한 요건을 갖추었다."41)다고 판시한 바 있다.
甲은 행정심판위원회에 간접강제를 신청할 수 있다.

Ⅳ. 설문의 해결

乙이 내세운 새 거부처분의 사유는 확정된 종전 인용재결의 기속력이 미치지 않는 법령의 개정에 따른 새로운 사유라고는 할 수 없다. 甲은 행정심판위원회에 간접강제를 신청할 수 있다.

---

41) 대결 2002.12.11. 2002무22

연습 19

레미콘업체인 A회사는 레미콘을 담은 믹서기를 씻어낸 폐수를 제대로 된 처리 과정을 거치지 않고 공장의 빈 땅, 폐골재가 쌓여 있는 곳에 쏟아내는 행위를 반복함으로써 폐수가 인근 하천으로 방류되고 있다. 하천과 가까운 곳에서 농사를 짓고 있는 甲등 주민들은 최근 들어 하천에서 악취가 나고 그 하천수를 농업용수로 사용하는 경작지 작물들이 생육이 늦어지거나 고사하는 문제를 발견하였다. 현재 甲등 주민 다수에게는 심각한 소화기계통의 질환과 회복할 수 없는 후유증이 발생하였고, 지역 방송사가 이 업체의 무단 폐수 방류 현장과 주민들의 피해상황을 보도하기도 했다.

甲은 물환경보전법령에 따라 개선명령 권한을 위임받은 시장 乙에게 A에 대한 개선명령을 요청하였다. 乙이 현장에 대한 정밀조사를 실시한 결과,「물환경보전법」상 배출허용기준을 초과하는 오염물질이 다량 검출되었고 A가 오염물질의 배출원으로 밝혀졌다. 그러나 乙은 A가 지역경제에서 차지하는 비중을 고려하여 상당한 기간 동안 별다른 조치를 하지 않고 있다. 甲이 취할 수 있는 행정심판법상의 구제수단을 검토하시오. (30점)

[참조조문] 물환경보전법

제1조【목적】이 법은 수질오염으로 인한 국민건강 및 환경상의 위해(危害)를 예방하고 하천·호소(湖沼) 등 공공수역의 물환경을 적정하게 관리·보전함으로써 국민이 그 혜택을 널리 누릴 수 있도록 함과 동시에 미래의 세대에게 물려줄 수 있도록 함을 목적으로 한다.

제3조【책무】① 국가와 지방자치단체는 물환경의 오염이나 훼손을 사전에 억제하고 오염되거나 훼손된 물환경을 적정하게 보전할 수 있는 시책을 마련하여 하천·호소 등 공공수역의 물환경을 적정하게 관리·보전함으로써 모든 국민이 건강하고 쾌적한 환경에서 생활할 수 있도록 하여야 한다.

② 모든 국민은 일상생활이나 사업활동에서 수질오염물질의 발생을 줄이고, 국가 또는 지방자치단체가 추진하는 물환경 보전을 위한 시책에 적극 참여하고 협력하여야 한다.

제39조【배출허용기준을 초과한 사업자에 대한 개선명령】환경부장관은 제37조 제1항에 따른 신고를 한 후 조업 중인 배출시설(폐수무방류배출시설은 제외한다)에서 배출되는 수질오염물질의 정도가 제32조에 따른 배출허용기준을 초과한다고 인정할 때에는 대통령령으로 정하는 바에 따라 기간을 정하여 사업자(제35조 제5항에 따른 공동방지시설 운영기구의 대표자를 포함한다)에게 그 수질오염물질의 정도가 배출허용기준 이하로 내려가도록 필요한 조치를 할 것(이하 "개선명령"이라 한다)을 명할 수 있다.

행정쟁송법 사례연습

Ⅰ. 쟁점의 정리

(1) 甲의 개선명령 요청에 대하여 乙이 별다른 조치를 하지 않고 있는 것이 부작위에 해당하여 甲에게 시장 乙에 대한 행정개입청구권(설문에서는 개선명령발동청구권)이 인정되는지 문제된다.

(2) 행정심판법상 부작위에 대하여 의무이행심판을 청구할 수 있는지, 만약 그것이 가능하다면 그에 대한 가구제 수단으로서 집행정지 또는 임시처분이 인정되는지 문제된다.

(3) 인용재결의 실효성 확보수단으로서 위원회의 직접처분과 간접강제를 검토한다.

Ⅱ. 개선명령을 요청할 권리의 성립 여부

1. 乙의 부작위

(1) 부작위의 의의

부작위란 행정청이 당사자의 신청에 대해서 상당한 기간 내에 일정한 처분을 하여야 할 법률상 의무가 있음에도 불구하고 이를 하지 아니하는 것을 말한다(행정소송법 제2조 제1항 2호). 행정의 영역확대에 따라 행정의존도가 날로 증가하는 만큼, 행정청의 부작위는 국민의 권익에 중대한 영향을 미치는 점을 고려할 때 부작위로 인한 침해에 대한 구제수단이 문제된다.

(2) 거부처분과의 구별

거부처분이란 기존의 법률상태의 변동을 발생시키지 않겠다는 의사를 표시하는 행정행위를 말한다. 거부처분의 경우에는 취소심판·의무이행심판·취소소송을, 부작위의 경우에는 의무이행심판·부작위위법확인소송을 제기해야 하므로 쟁송형태의 선택을 위해 구별이 필요하다.

(3) 사안의 경우

甲이 시장에게 개선명령발동을 신청하였음에도 시장이 아무런 조치를 취하지 않고 있다면 부작위에 해당한다. 이때 甲의 신청은 판례에 따르면 법규상 또는 조리상 신청권이 있는 자의 신청이어야 하는바, 甲에게 개선명령을 요청할 권리가 인정되는지와 관련하여 아래에서 살펴본다.

2. 행정개입청구권

(1) 의의

행정개입청구권은 공해물질 배출사업장에 대한 규제권발동을 청구하는 것처럼 사인이 자기의 이익을 위해 행정청에 대하여 제3자에게 행정권을 발동할 것을 청구하는 주관적 공권을 의미한다(협의의 개념).

(2) 법적 성질

행정개입청구권은 무하자재량행사청구권과 달리 행정청의 부작위로 인하여 권익을 침해 당한 자가 행정청에 대하여 특정의 실체적인 행위를 청구할 수 있는 실체법상의 권리이다. 이 공권은 결정재량이 문제되는 경우에 논의되는 권리이고 선택재량의 경우에는 큰 의미를 갖지 못한다. 한편, 이 권리는 행정청의 부작위에 대한 사전예방적 권리의 측면과 사후 구제적 성격을 동시에 갖는다.

(3) 성립요건

1) 강행규범의 존재

행정개입청구권도 공권의 일종이므로 강행법규가 행정청에게 공권력을 발동하여 개입을 할 의무를 지우거나, 재량법규인 경우 행정기관의 재량이 영으로 축소되는 경우이어야 한다. 행정기관의 개입의무존재의 판정은 ① 생명·신체 등 중대한 개인적 법익에 대한 위해가 존재하고, ② 그러한 위험이 행정권의 발동에 의해 제거될 수 있는 것이고, ③ 피해자의 개인적인 노력으로는 권익침해의 방지가 충분히 이루어질 수 없다고 인정되어야 한다.

2) 사익보호목적의 존재

객관적인 개입의무를 근거지우는 법률규범이 공익 뿐 아니라 사익도 동시에 보호법익으로 하고 있을 것을 요한다. 오늘날은 이 요건을 넓게 인정하여 개인권리 보호를 확대하려는 추세이다.

(4) 실현수단

1) 행정쟁송

사인은 행정개입청구권에 근거하여 행정기관에 행정권발동을 청구할 수 있다. 그 목적은 위해예방을 위한 사전적이든, 위해나 장애를 제거하기 위한 사후적인 것이든 불문한다. 이에 대하여 행정청이 거부하거나 부작위하면 사인은 의무이행심판, 취소소송, 부작위위법확인소송을 제기할 수 있다.

2) 국가배상

행정기관의 개입의무가 존재함에도 게을리 하여 사인에게 손해가 발생한 경우는 국가를 상대로 손해배상을 청구할 수 있다. 권리침해가 이미 발생하여 행정쟁송으로 구제될 수 있는 이익(협의의 소의 이익)이 존재하는 않는 경우에는 국가배상만이 가능하다.

(5) 사안의 경우

A의 행위에 의해 배출허용기준을 초과하는 오염물질이 다량 방출되어 농사를 짓고 있는 甲등 주민들의 건강에 중대한 위해가 존재하고, 그러한 위험이 乙의 행정권 발동에 의해 제거될 수 있는 것이고, 주민들만의 노력으로는 권익침해의 방지가 충분히 이루어질 수 없다고 인정될 수 있다.

「물환경보전법」에 "행정청이 사업자에게 개선명령을 할 수 있다."라고 규정되어 있다고 해서 행정청에게 개선명령 권한만을 부여한 것이 아니라, 이는 물환경의 오염이나 훼손의 방지라는 공익뿐만 아니라 인근 주민들의 건강과 환경상의 위해를 예방하도록 보호하는 취지도 있다고 해석된다.

따라서 주민 甲은 법규상 신청권이 인정되어 행정청 乙에게 개선명령을 요구할 수 있다.

Ⅲ. 甲이 취할 수 있는 행정심판법상의 구제수단

1. 의무이행심판

(1) 의의

의무이행심판이란 당사자의 신청에 대한 행정청의 위법 또는 부당한 거부처분이나 부작위에 대하여 일정한 처분을 하도록 하는 행정심판이다(행정심판법 제5조 제3호). 취소심판에서는 취소재결로서 권리구제를 이루지만, 의무이행심판을 통해서는 위법한 처분을 취소하는 것에 그치지 않고 적법한 처분을 하도록 명령할 수 있다.

(2) 성질

1) 행정청에게 일정한 처분을 할 것을 명하는 심판이므로 이행쟁송의 성질을 갖는다.
2) 거부처분에 대한 의무이행심판은 청구기간의 제한을 받으나, 부작위에 대한 의무이행심판은 청구기간의 제한을 받지 않는다(제27조 제7항).

(3) 재결

위원회는 의무이행심판의 청구가 이유가 있다고 인정하면 지체 없이 신청에 따른 처분을 하거나(형성적 재결) 처분을 할 것을 피청구인에게 명한다(이행적 재결). 이행재결의 경우에는 행정청은 지체 없이 그 재결의 취지에 따라 이전의 신청에 대한 처분을 하여야 한다(제49조 제3항). 신청에 따른 처분을 명하는 재결은 청구인의 신청대로 처분할 것을 명하는 재결(기속행위 또는 재량이 영으로 수축되는 경우)과 신청을 방치하지 말고 어떠한 처분이든 하도록 명하는 재결(일정처분명령재결)로 구분된다.

2. 가구제

(1) 집행정지 가능성

처분의 효력, 처분의 집행 또는 절차의 속행의 전부 또는 일부를 정지시킬 수 있는 예외적 집행정지 제도가 있으나(제30조 제2항), 사안에서는 집행정지대상인 처분이 부존재하므로 집행정지를 활용할 수 없다.

(2) 임시처분

1) 의의

임시처분은 처분 또는 부작위가 위법·부당하다고 상당히 의심되는 경우로서 처분 또는 부작위 때문에 당사자가 받을 우려가 있는 중대한 불이익이나 당사자에게 생길 급박한 위험을 막기 위하여 임시지위를 정하는 행정심판위원회의 결정을 말한다(제31조 제1항).

2) 요건

① **적극적 요건** : ㉠ 행정심판청구의 계속, ㉡ 처분 또는 부작위가 위법·부당하다고 상당히 의심되는 경우일 것, ㉢ 당사자가 받을 우려가 있는 중대한 불이익이나 당사자에게 생길 급박한 위험을 막을 필요가 있을 것이어야 한다.
② **소극적 요건** : 공공복리에 중대한 영향을 미칠 우려가 있을 때에는 허용되지 아니한다.
③ **보충성 요건** : 임시처분은 제30조 제2항에 따른 집행정지로 목적을 달성할 수 있는 경우에는 허용되지 아니한다. 실무상 거부처분이나 부작위에 대한 집행정지를 인정하고 있지 않으므로, 설문의 경우처럼 임시처분은 집행정지와의 관계에서 보충적 구제제도이다.

3. 인용재결의 실효성 확보수단

(1) 위원회의 직접처분

1) 의의

위원회는 처분명령재결이 있었음에도 피청구인이 처분을 하지 아니하는 경우에는 당사자가 신청하면 기간을 정하여 서면으로 시정을 명하고 그 기간에 이행하지 아니하면 직접처분을 할 수 있다(제50조 제1항). 이는 국민의 권익보호와 행정심판에 대한 신뢰성의 제고에 의미를 갖는다.

2) 처분재결과의 차이점

의무이행심판에 대하여 처분을 행하는 처분재결은 위원회가 처음부터 재결로써 처분을 행하는 것이고, 직접처분은 행정청이 행할 처분을 위원회가 직접 행하는 것이다.

3) 요건
① 처분명령재결이 있었을 것
② 위원회가 당사자의 신청에 따라 기간을 정하여 시정을 명하였을 것
③ 당해 행정청이 그 기간 내에 시정명령을 이행하지 아니하였을 것. 그런데 당해 행정청이 어떠한 처분을 하였다면 그 처분이 재결의 내용에 따르지 아니하였다고 하더라도 재결청이 직접처분을 할 수는 없다.42)
④ 그 처분의 성질이나 그 밖의 불가피한 사유로 위원회가 직접 처분을 할 수 없는 경우에 해당하지 않을 것. '처분의 성질상 위원회가 직접처분을 할 수 없는 경우'로는 정보공개를 명하는 재결의 경우에 정보공개는 정보를 보유하는 기관만이 할 수 있다는 것을 들 수 있고, '그 밖의 불가피한 사유'로는 위원회 자신이 인적·물적 자원의 한계로 인하여 그러한 처분의 기초자료에 관한 조사를 충실히 행할 수 없는 경우를 들 수 있다.

(2) 위원회의 간접강제

1) 의의

행정심판 인용재결에 따른 행정청의 재처분 의무에도 불구하고 행정청이 인용재결에 따른 처분을 하지 아니하면 행정심판위원회가 당사자의 신청에 의하여 결정으로 상당한 기간을 정하고, 행정청이 그 기간 내에 이행하지 아니하는 경우에는 지연기간에 따라 일정한 배상을 하도록 명하거나 즉시 배상을 할 것을 명할 수 있는 제도이다.

2) 요건

다음의 어느 하나에 해당하는 경우에 가능하다.
① 재결에 의하여 취소되거나 무효 또는 부존재로 확인되는 처분이 당사자의 신청을 거부하는 것을 내용으로 하는 경우에는 그 처분을 한 행정청이 재결의 취지에 따라 다시 이전의 신청에 대한 처분을 하지 아니한 경우(제49조 제2항, 제50조의2)
② 당사자의 신청을 거부하거나 부작위로 방치한 처분의 이행을 명하는 재결이 있음에도 행정청이 지체 없이 이전의 신청에 대하여 재결의 취지에 따라 처분을 하지 아니한 경우(제49조 제3항, 제50조의2)
③ 신청에 따른 처분이 절차의 위법 또는 부당을 이유로 재결로써 취소된 경우 그 처분을 한 행정청이 재결의 취지에 따라 다시 이전의 신청에 대한 처분을 하지 아니한 경우(제49조 제4항, 제50조의2)

---

42) 대판 2002.7.23. 2000두9151

3) 절차 및 불복

① 위원회는 청구인의 신청에 의하여 결정으로 상당한 기간을 정하고 피청구인이 그 기간 내에 이행하지 아니하는 경우에는 그 지연기간에 따라 일정한 배상을 하도록 명하거나 즉시 배상을 할 것을 명할 수 있다(제50조의2 제1항).

② 청구인은 제1항 또는 제2항에 따른 결정에 불복하는 경우 그 결정에 대하여 행정소송을 제기할 수 있다(제4항).

Ⅳ. 설문의 해결

甲은 개선명령을 요구하는 의무이행심판을 청구할 수 있으며, 이와 함께 임시지위를 구하는 임시처분을 신청할 수 있다.

그리고 甲이 청구한 의무이행심판이 인용되었음에도 乙이 이를 이행하지 않는 경우 甲은 행정심판위원회에 직접처분을 신청하거나 간접강제를 신청할 수 있다.

연습 20

甲은 A시 청사의 지하층 일부에 대한 사용허가를 받아 식당을 운영하고 있다. A시의 시장은 청사의 사용허가에 관한 권한을 B국장에게 내부적으로 위임(위임전결)하였고, 이에 따라 B국장은 자신의 명의로 甲에 대한 청사의 사용허가를 취소하였다. 甲은 이러한 사용허가의 취소가 위법하다고 생각하여 이를 다투려고 한다. 甲은 어떠한 소송유형을 선택하여 다툴 수 있는가? (25점)

Ⅰ. 문제의 소재

내부위임을 받은 B국장은 위임기관인 A시장의 명의로 사업허가를 취소했어야 함에도 자신의 명의로 처분을 하였기 때문에 그 위법성의 정도에 따라 소송유형을 달리해야 한다.

Ⅱ. 행정재산의 목적외 사용허가 취소의 법적 성질

1. 행정재산의 목적외 사용

사법상 계약 등을 통하여 공물[43]을 사용하는 것을 '행정재산의 목적외 사용' 또는 '사법상 사용'이라고 한다(예 시청사에 광고물 설치, 청사의 일부에 다과점·구내서점 등 영업허가). A시 청사 건물은 강학상 공용물[44]로서 사인 甲이 식당 운영 목적으로 이를 사용하는 것은 행정재산의 목적외 사용에 해당한다.

2. 목적외 사용허가 취소의 처분성

국·공유재산의 관리청이 행정재산의 사용·수익을 허가한 다음 그 사용·수익하는 자에 대하여 하는 사용·수익허가취소는 순전히 사경제주체로서 행하는 사법상의 행위라 할 수 없고, 이는 관리청이 공권력을 가진 우월적 지위에서 행한 것으로서 항고소송의 대상이 되는 행정처분이다.[45]
A시 청사 건물의 사용허가 취소는 공물사용권을 상실시키는 행정처분에 해당한다.

---

[43] 전통적 견해는 공물을 "행정주체가 직접 행정목적(공공목적)에 제공한 개개의 유체물"로 정의한다. 그러나 최근의 새로운 견해는 공물의 개념에 무체물(예 대기·전류)과 집합물(예 시설물·강·바다) 등을 포함하여, 공물을 "행정주체에 의하여 직접 공적 목적에 제공된 유체물과 무체물 및 물건의 집합체"로 정의한다.
[44] 공용물은 공물의 한 유형으로서 직접 행정주체 자신의 사용에 제공된 것(예 청사, 관청의 집기, 국영철도시설)을 말한다. 국유재산법상의 공용재산은 공물이다.
[45] 대판 1997.4.11, 96누17325

Ⅲ. 甲에 대한 청사의 사용허가 취소의 효력

1. 사용허가 취소의 위법성

권한의 내부위임은 권한의 대외적 변경이 없으므로 수임기관은 위임기관의 명의로 권한을 행사한다. 그러나 설문에서 B국장은 위임기관인 A시장의 명의로 사업허가를 취소했어야 함에도 자신의 명의로 처분을 하였기 때문에 그 처분은 주체상의 하자로서 위법하다.

2. 사용허가 취소의 위법성의 정도

(1) 취소와 무효의 판단기준

행정행위의 하자가 중대하고도 명백한 경우에는 법적 안정성을 침해할 우려가 없고 그러한 행정행위에 효력을 인정하는 것은 행정의 법률적합성에 반한다. 무효·취소의 구별기준의 문제는 원활한 행정운영과 개인의 권익보호의 이익형량 문제라는 점을 고려할 때 중대명백설이 타당하다.

(2) 권한행사방식 위반의 효과

1) 문제점

내부위임을 받은 자의 자신의 명의로 행한 처분의 효력에 대하여 견해의 대립이 있다.

2) 학설

학설은 ① 정당한 권한 없는 자의 행위는 무효라고 보는 견해(무효사유설), ② 단순한 형식의 하자에 불과하다고 보는 견해(취소사유설)이 대립한다.

3) 판례

판례는 "체납취득세에 대한 압류처분권한은 경상남도지사로부터 울산시장에게 권한위임된 것이고, 울산시장으로부터 압류처분권한을 내부위임을 받은 데 불과한 울산시남구청장으로서는 울산시장명의로 압류처분을 대행처리할 수 있을 뿐이고 자신의 명의로 이를 할 수 없다 할 것이므로 이 사건 압류처분은 권한없는 자에 의하여 행하여진 위법무효의 처분이다"(대판 1993.5.27, 93누6621 판결)라고 판시하여, 무효사유설의 입장을 취하는 것으로 보인다.

(3) 검토 및 사안의 경우

일반적인 경우에 있어서 내부위임을 받은 자가 자신의 명의로 처분을 하는 것은 무권한자의 행위로서 적법요건의 중대한 위반이면서 외관상으로도 명백한 하자하고 봄이 타당하다(주체상의 하자).

그러나 설문의 경우 A시 내부에서 전결규정에 따라 보조기관에 불과한 B국장에게 위임을 한 것이어서 ① A시장이 B국장에게 어떠한 위임을 했는지 일반국민은 알 수 없다는 점, ② 단순한 명의표시상의 형식의 하자에 불과하다는 점, ③ 내부위임을 받은 전결권자 B국장에게 최종적 결정권이 있어 내용상 하자가 없다는 점에서 취소사유로 볼 여지도 있다.46)

Ⅳ. 사안의 해결

A시 청사 건물의 사용허가 취소는 공물사용권을 상실시키는 행정처분에 해당하므로 甲은 B국장의 사용허가 취소처분을 다투기 위해 항고소송을 제기할 수 있다.

그 소송유형을 판단함에 있어서, 동 취소처분의 위법성을 주체상 하자로 본다면 무효확인소송을 제기하여야 하고, 위법성을 단순한 명의표시상의 형식의 하자에 불과하다고 본다면 취소소송을 제기하여야 한다.

---

46) [주의 판례] 수임관청이 아니라 위임관청의 이름으로 처분을 한 사례에서 판례는 "행정관청 내부의 사무처리규정에 불과한 전결규정에 위반하여 원래의 전결권자 아닌 보조기관 등이 처분권자인 행정관청의 이름으로 행정처분을 하였다고 하더라도 그 처분이 권한 없는 자에 의하여 행하여진 무효의 처분이라고는 할 수 없다"(대판 1998.2.27. 97누1105)고 한 사례가 있다.

연습 21

사업자 甲은 위법을 이유로 행정청으로부터 2개월 영업정지처분을 받았다. 이에 대한 甲의 처분취소소송과 그 처분으로 인한 영업 손해에 대한 국가배상청구소송이 병합될 수 있는지 설명하시오. (25점) 〈공인노무사 2018〉

Ⅰ. 문제의 제기

국가배상청구소송이 행정소송법 제10조 제1항에 규정된 관련청구소송에 해당하는지를 검토하고, 설문의 경우 그 밖의 병합 요건을 충족하고 있는지 살펴보기로 한다.

Ⅱ. 관련청구소송의 병합

1. 의의

서로 관련되는 수 개의 청구를 병합하여 하나의 소송절차에서 통일적으로 심판하는 것을 관련청구소송의 이송·병합이라고 한다. 이는 심리의 중복이나 재판의 모순·저촉을 피하고 당사자나 법원의 부담을 경감시키는데 그 의의가 있다.

2. 관련청구소송의 범위

(1) 유형

① 당해 처분등과 관련되는 손해배상·부당이득·원상회복 등의 청구소송(행정소송법 제10조 제1항 제1호)

여기에는 ㉠ 그 처분 등이 원인이 되어 발생한 청구(예 영업정지처분에 있어서 처분취소소송과 손해배상청구소송), ㉡ 그 처분 등의 취소를 선결문제로 하는 청구(예 과세처분에 있어서 과세처분취소소송과 부당이득반환청구권)가 있다

② 당해 처분등과 관련되는 취소소송(행정소송법 제10조 제1항 제2호)

여기에는 ㉠ 당해 처분과 함께 하나의 절차를 구성하는 다른 처분의 취소를 구하는 소송(예 조세체납처분에 있어서의 압류처분과 공매처분), ㉡ 당해 처분에 관한 재결의 취소소송 또는 당해 재결의 대상인 처분의 취소소송, ㉢ 당해 처분의 취소를 구하는 다른 자의 취소소송(예 일반처분에 대한 다수인이 각각 별개의 취소소송을 제기)이 있다.

(2) 설문의 경우

甲이 영업정지처분으로 인한 영업 손해에 대하여 국가배상청구소송을 제기한다면 영업정지처분과 국가배상청구소송은 병합의 대상이 되는 관련청구소송에 속한다(행정소송법 제10조 제1항 제1호).

3. 관련청구소송의 병합 요건

(1) 의의

취소소송에는 사실심의 변론종결시까지 관련청구소송을 병합하거나 피고외의 자를 상대로 한 관련청구소송을 취소소송이 계속된 법원에 병합하여 제기할 수 있다(행정소송법 제10조 제2항).

(2) 병합의 요건

① **취소소송 등에 병합할 것** : 취소소송 등이 주된 소송이므로 관련청구소송을 취소소송 등에 병합하여야 한다. 취소소송 등 간의 병합은 어느 쪽에든지 병합할 수 있다.

② **본체인 취소소송의 적법성** : 관련청구소송의 병합은 본래의 취소소송이 적법할 것을 요건으로 하는 것이므로, 본래의 취소소송이 부적법하여 각하되면 그에 병합된 청구도 소송요건을 흠결한 부적합한 것으로서 각하되어야 한다.[47]

③ **관련청구소송의 적법성** : 관련청구소송 역시 전치절차, 제소기간의 준수 등 일반적 소송요건을 구비해야 한다.

④ **병합의 시기** : 주된 취소소송이 사실심 계속중일 것(후발적 병합의 경우)

(3) 설문의 경우

병합의 시기는 설문에서 특별한 언급이 없어 사실심 변론종결 이전에 한 것으로 전제하면 문제될 것이 없다. 그런데 특히 취소소송이 적법해야 하는 바, 항을 바꾸어 아래에서 검토하기로 한다.

---

[47] 대판 1997.3.14. 95누13708. 그런데 판례는 취소소송 등에 당사자소송을 병합청구한 경우 위 취소소송 등이 부적법하다면 법원은 청구의 기초에 변경이 없는 한 당초의 청구가 부적법하다는 이유로 병합된 청구까지 각하할 것이 아니라 병합청구 당시 유효한 소변경(소의 종류의 변경)청구가 있었던 것으로 받아들여 이를 허가함이 타당하다고 한다(대판 1992.12.24. 92누3335).

Ⅲ. 취소소송의 적법성

1. 문제의 소재

취소소송은 원고적격, 피고적격, 관할법원, 협의의 소의 이익, 소제기기간 등의 요건을 갖추어야 한다. 다른 소송요건들을 모두 갖추었다고 볼 때, 설문에서 특히 '행정청으로부터 2개월 영업정지처분을 받았다'라고 하였으므로 甲의 취소소송이 영업정지기간을 경과하여 제기된 경우 협의의 소익이 인정되지 않는다면 병합되지 못할 수도 있다.

2. 영업정지기간 2개월 경과 후의 취소소송

(1) 협의의 소익의 의의

협의의 소익이란 소송을 통하여 분쟁을 해결할 만한 구체적인 이익 및 현실적인 필요성을 말한다. 행정소송법 제12조 2문은 처분 등의 효과가 기간의 경과, 처분 등의 집행 그 밖의 사유로 인하여 소멸된 뒤에도 그 처분 등의 취소로 인하여 회복되는 법률상 이익이 있는 자의 경우에도 취소소송을 제기할 수 있다고 규정하고 있다.

(2) 취소소송의 적법 여부

처분 등이 소멸하면 권리보호의 필요는 없게 됨이 원칙이다.[48] 예컨대 설문처럼 인·허가처분의 효력을 일정기간 정지하는 처분에 있어서 효력정지기간이 경과되면 그 처분이 외형상 잔존함으로 인하여 어떠한 법률상 이익이 침해되었다고 볼 만한 별다른 사정이 없는 한 그 처분의 취소를 구할 소의 이익이 없다.

그러나 만일 제재적 처분이 장래의 제재적 처분의 가중요건 또는 전제요건으로 되어 있는 경우(예 2회 위반 시 6월 영업정지)라면, 이에 따른 장래의 위험방지를 위한 예외적인 협의의 소익을 인정할 수 있다.

Ⅳ. 설문의 해결

甲의 영업정지처분 취소소송이 2개월의 영업정지 기간 중에 제기되고 다른 소송요건을 갖추었다면, 행정소송법 제10조 제1항에 근거하여 취소소송과 국가배상청구소송이 병합될 수 있다. 그러나 취소소송이 2개월 후에 제기된 것이라면 원칙상 취소소송은 부적법하므로 국가배상청구소송이 병합될 수 없다.

---

[48] 광업권 취소처분의 취소를 구하는 소송 계속중에 당해 광업권에 대한 존속기간의 연장허가신청을 하였으나 반려된 상태에서 존속기간이 만료된 경우에는 그 광업권 취소처분이 취소되더라도 원상회복이 불가능하기 때문에 광업권 취소처분의 취소를 구할 소의 이익이 없게 되고, 이는 상고심 계속중에 그 존속기간이 만료된 경우에도 마찬가지이다(대법원 1997.1.24, 95누17403).

> **보충문제**
>
> 국민건강보험공단은 甲이 국민건강보험법 규정에 따라 건강보험의 직장가입자로서의 요건을 갖추고 있음에도 그 자격이 누락되어 있음을 확인하고 甲에게 보험료부과처분을 하였다. 이에 甲은 이를 전액 납부하였다. 나중에 위 보험료부과처분에 취소사유에 해당하는 하자가 있다는 사실을 알게 되었다.
>
> 甲이 이미 납부한 보험료를 돌려받기 위하여 취소소송과 부당이득반환청구소송을 병합하여 제기할 수 있는가? (15점) • 2010 입법고시 변형

I. 논점 : 관련청구소송의 병합

II. 보험료부과처분취소소송과 부당이득반환청구소송의 관계
- 甲이 보험료부과처분취소소송을 제기하여 인용판결을 받게 되면 보험료부과처분은 소급하여 무효가 됨
- 그러면 행정청은 행정소송법 제30조, 제38조에 따라 기속력을 받게 되고(갑이 납부한 보험료를 반환할 의무가 발생), 후소인 부당이득반환청구소송에서 당사자 및 법원은 기판력을 받게 됨(보험료부과처분의 유효성을 주장할 수 없음). 따라서 갑은 납부한 보험료에 대해 국가를 상대로 부당이득반환을 민사소송으로 제기하여 보험료를 돌려받을 수 있음

III. 관련청구소송의 병합
1. 의의
2. 관련청구소송의 범위
3. 병합의 유형과 요건

IV. 설문의 해결
- 甲이 이미 납부한 보험료에 대하여 부당이득반환청구소송을 제기한다면 보험료부과처분취소소송과 부당이득반환청구소송은 병합의 대상이 되는 관련청구소송에 속함. 따라서 甲은 원시적 또는 후발적으로 보험료부과처분취소소송에 부당이득반환청구소송을 병합할 수 있음
- 한편 판례는 취소소송에 부당이득반환청구가 병합된 경우 그 청구가 인용되려면 처분의 취소가 확정되어야 하는지 여부에 대하여 "<u>부당이득반환청구가 인용되기 위해서는 그 소송절차에서 판결에 의해 당해 처분이 취소되면 충분하고 그 처분의 취소가 확정되어야 하는 것은 아니다.</u>"(대판 2009.4.9. 2008두23153)라는 입장임

연습 22

서울시는 A지구 공원부지의 양쪽도로를 연결하는 연결도로가 없어, 이 공원부지를 가로질러 위 양도로를 연결하는 직선도로개설계획을 입안·공고하였으나, 서울시 도시계획위원회는 위 직선도로는 공원부자를 양분하여 관통하게 되어 자연경관이 훼손된다는 이유로 부결시켰다. 그 후 서울시는 주민들이 참여하는 회의를 개최하고 현장답사를 하여 지역여건 및 공사여건 등을 감안하고 자연경관훼손을 최소화하고 기존 지형을 활용하는 방안으로, 위 공원부지 및 인근임야에 걸쳐 위 양쪽도로를 연결하는 U자형 우회도로를 개설하기로 하고 도시시설의 입안·공람공고 후 도시계획시설(도로)결정을 하여 관보에 게재하고, 위 도시계획시설(도로)에 대한 도시계획사업실시계획을 인가하고 이를 공고하는 등「국토의 계획 및 이용에 관한 법률」에서 정한 바에 따라 절차를 마쳤다.

甲은 위 우회도로개설로 인하여 소유임야 상당부분이 도로로 편입됨에 따라 우회도로가 아닌 원래대로 직선도로개설을 신청하였으나 거부되었다. 이에 甲은 위 도시계획시설결정과 그 실시계획인가는 절차 및 내용에 중대하고 명백한 하자가 있어 무효이고 그렇지 않다고 하더라도 위법하므로 취소되어야 한다고 주장하며 그 무효등확인소송을 주위적 청구로, 그 취소소송을 예비적 청구로 소를 제기하였다. 이러한 소송제기 방식은 적절한지 설명하시오.[49] (20점)

Ⅰ. 관련청구의 병합

1. 의의

청구의 병합이란 동일한 또는 복수의 당사자 사이에 복수의 청구를 하나의 절차에서 심판하는 것을 말한다. 이는 동일한 처분에 관한 분쟁을 한꺼번에 해결하여 심리의 확대·복잡화를 방지하고 당사자나 법원의 부담을 경감하며, 심리의 중복과 저촉을 피하면서 분쟁을 신속히 해결하자는데 의의가 있다.

2. 형태

청구의 병합에는, ① 단수당사자 사이의 복수청구의 병합인 객관적 병합과 복수당사자에 의한 복수청구의 병합인 주관적 병합, ② 원고가 여러 개의 청구를 병합하여 각 청구에 대하여 다른 청구와 관련 없이 무조건적으로 재판할 것을 구하는 단순병합과 양립할 수 있는 여러 개의 청구를 병합하여 그 중 어느 하나라도 인용되면 원고가 만족하겠다는 모습의 선택적 병합 및 주위적 청구가 허용되지 아니하거나 이유 없는 경우를 대비하여 예비적 청구를 병합하여 제기하는 예비적 병합, ③ 처음부터 병합하여 제기하는 원시적 병합과

---

[49] 김향기,「사례연구 행정법연구」, 대명출판사, 2017, p.493 참고

소송의 계속 중에 추가하여 제기하는 추가적(후발적) 병합 등이 있다.

3. 요건

소의 병합은 청구의 내용 또는 발생원인이 법률상 또는 사실상 공통되거나, 그 처분의 효력이나 존재유무가 선결문제로 되는 등의 관련이 있어야 한다. 또한 주된 청구와 병합하는 관련청구는 각각 소송 형태에 따른 소송요건을 갖추어야 한다. 그리고 병합의 시기는 사실심 변론종결 전의 상태에 있어야 한다.

Ⅱ. 취소소송과 무효등확인소송의 관계

1. 병렬관계

행정소송법은 취소소송과 무효등확인소송을 각각 별개의 항고소송으로 규정하고 있으므로 서로 병렬관계에 있다. 그런데 어떠한 처분의 위법사유가 무효사유이면서 동시에 취소사유가 될 수 없으므로, 취소소송과 무효확인소송은 서로 양립할 수 없는 관계이다.

2. 포용관계(포섭관계)

양자는 모두 처분 등에 존재하는 위법한 하자를 이유로 제기하는 소송이라는 점에서 공통되고, 무효사유와 취소사유는 단지 하자의 정도에 차이가 있는 것에 불과하다. 취소청구에는 취소뿐만 아니라 무효의 선언을 구하는 의미로서의 취소도 포함된 것이라고 볼 수 있고, 반대로 무효확인의 청구에는 원고가 취소를 구하지 않는다는 점을 명백히 하지 않는 이상 그 처분이 무효가 아니라면 취소를 구한다는 취지도 포함되어 있는 것으로 볼 수 있다

취소소송에서 무효사유에 해당하는 하자가 있으면 전부승소의 판결을 하게 되고, 무효등확인소송에서 취소사유에 불과한 하자인 경우에는 취소소송제기요건을 갖춘 것을 조건으로 석명을 하여, 취소소송으로 소변경을 하도록 한 후 취소판결을 하여야 한다.

Ⅲ. 사안의 경우

1. 무효확인청구와 취소청구의 병합

무효확인청구를 주위적 청구, 취소청구를 예비적 청구로 할 수 있다. 판례는 "행정처분에 대한 무효확인과 취소청구는 서로 양립할 수 없는 청구로서 주위적·예비적 청구로서만 병합이 가능하고 선택적 청구로서의 병합이나 단순 병합은 허용되지 아니한다."[50]고 하였

---

50) 대판 1999.8.20, 97누6889

다. 다만, 취소청구가 출소기간의 경과 등 기타의 이유로 각하되는 경우에 대비하여 취소청구에 대해 본안판결이 행해지는 것을 해제조건으로 무효확인청구를 예비적으로 제기할 수는 있다.

법원은 주위적 청구를 인용하는 때에는 예비적 청구에 대하여 심판할 필요가 없게 되지만 이것을 기각하는 때에는 예비적 청구도 심판하지 않으면 아니 된다.

그런데 만일 취소소송을 주위적 청구로 무효등확인소송을 예비적 청구로 하면, 취소소송에서 취소할 수 있는 하자가 없다면 당연 무효는 더욱이 아닐 것이므로 이 경우에 무효등확인소송은 무의미하게 된다.

2. 결론

무효등확인소송과 취소소송은 양립할 수 없는 청구이므로 단순병합이나 선택적 병합은 허용되지 아니하므로 甲이 무효등확인소송을 주위적 청구로 취소소송을 예비적 청구로 병합하는 제기한 위 소송형태는 적절하다.

연습 23

중기계를 생산하는 제조회사에 근무하는 甲은 골절 등의 업무상 사고로 인하여 상해를 입었음을 이유로 근로복지공단으로부터 휴업급여와 장해급여 등의 지급결정을 받았다. 그 후 근로복지공단은 甲이 실제 상해를 입지 않았음에도 허위로 지급신청서를 작성하여 급여지급결정을 받은 사실을 들어 甲에 대한 급여지급결정을 취소하였고, 甲은 급여지급결정의 취소처분서를 2021. 1. 7. 직접 수령하였다. 이와 함께 근로복지공단은 이미 甲에게 지급된 급여액에 해당하는 금액을 부당이득으로 징수하였다. 한편, 甲은 위 급여지급결정 취소처분이 위법함을 이유로 2021. 5. 7. 급여지급결정 취소처분에 대한 무효확인소송을 제기하였다. 다음 물음에 답하시오. (단, 각 물음은 상호 관련성이 없는 별개의 문항임) (총 50점)

(1) 위 무효확인소송에서 급여지급결정 취소처분이 무효라는 점에 대한 입증 책임은 누가 부담하는가? (10점)

(2) 위 무효확인소송의 계속 중 甲은 추가적으로 급여지급결정 취소처분의 취소를 구하는 소를 병합하여 제기할 수 있는가? (20점)

(3) 위 무효확인소송에서 기각판결이 확정된 후 甲이 급여지급결정 취소처분의 '법령 위반'을 이유로 국가배상청구소송을 제기한 경우, 무효확인소송의 기각판결의 효력과 관련하여 국가배상청구소송의 수소법원은 급여지급결정 취소처분의 '법령 위반'을 인정할 수 있는가? (20점)

※「국가배상법」제2조【배상책임】① 국가나 지방자치단체는 공무원 또는 공무를 위탁받은 사인(이하 "공무원"이라 한다)이 직무를 집행하면서 고의 또는 과실로 법령을 위반하여 타인에게 손해를 입히거나, 「자동차손해배상 보장법」에 따라 손해배상의 책임이 있을 때에는 이 법에 따라 그 손해를 배상하여야 한다. 다만, 군인·군무원·경찰공무원 또는 예비군대원이 전투·훈련 등 직무 집행과 관련하여 전사(戰死)·순직(殉職)하거나 공상(公傷)을 입은 경우에 본인이나 그 유족이 다른 법령에 따라 재해보상금·유족연금·상이연금 등의 보상을 지급받을 수 있을 때에는 이 법 및 「민법」에 따른 손해배상을 청구할 수 없다.

〈공인노무사 2021〉

Ⅰ. 설문 (1) – 무효확인소송에서의 입증책임

1. 문제의 소재

행정소송에 있어서 입증책임에 관하여는 법령에 규정이 없기 때문에, 행정소송에 있어서 입증책임을 어떻게 분배할 것인지에 대해 논의가 있다.

취소소송에서는 법률요건분류설이 다수설, 판례인데, 무효확인소송에서도 동일하게 보아야 할지 문제된다.

2. 취소소송에서의 '법률요건분류설'

행정행위의 공정력은 입증책임의 문제와 직접 관계가 없으며, 당사자는 각각 자기에게 유리한 요건사실의 존재에 대하여 입증책임을 부담한다는 입장이다(다수설). 이에 대하여 반대설은 대등당사자의 이해조정 및 재판규범으로서의 성격을 가진 민사실체법과 공익과 사익의 조정 및 행정기관의 행위규범적 성격을 가진 행정실체법을 동일하게 논할 수 없다고 한다.

3. 무효확인소송에서의 입증책임

(1) 학설

① 취소소송과 동일하다는 견해 : 위법의 중대·명백성은 법해석 내지 경험칙에 의하여 판단될 사항으로 입증책임의 문제와는 직접 관계가 없다는 이유로 취소소송의 경우와 마찬가지로 입증책임을 분배해야 한다는 견해이다.
② 원고입증책임설 : 무효등확인소송에서 하자의 중대·명백성은 취소소송에서는 인정되지 않는 특별한 사유에 해당한다고 보아 취소소송의 경우와 달리 원고가 무효원인사실에 대한 입증책임을 진다는 견해이다.

(2) 판례

"행정처분의 당연무효를 주장하여 그 무효확인을 구하는 행정소송에 있어서는 <u>원고에게 그 행정처분이 무효인 사유를 주장·입증할 책임이 있다</u>"[51]고 하여 원고입증책임설을 취한다.

(3) 검토

무효등확인소송은 항고소송의 일종으로서, 무효등확인소송에서 다투어지는 것은 처분 등의 적법 여부인 점에서 취소소송과 다를 것이 없으므로, 무효등확인소송에 있어서도 처분 등의 적법성을 뒷받침하는 요건사실에 대하여는 피고인 행정청이 입증책임을 부담하는 것이 타당하다.

---

[51] 대판 2000.3.23. 99두11851

4. 설문의 해결

급여지급결정 취소처분의 법률요건사실은 '허위사실에 의한 급여지급'이므로 갑이 실제 상해를 입지 않았음에도 허위로 지급신청서를 작성하여 급여지급결정을 받은 사실에 대하여 근로복지공단이 입증함이 타당하다.

다만 판례에 따르면 갑에게 급여지급결정 취소처분이 무효인 사유를 주장, 입증할 책임이 있다.

Ⅱ. 설문 (2) – 소의 병합 제기 가능성

1. 문제의 소재

(1) 갑이 어떠한 병합형태로 취소청구를 추가할 수 있는지 문제된다.

(2) 갑의 추가적 병합이 적법하려면 각 청구가 전치절차, 제소기간의 준수 등 일반적 소송요건을 구비하고 있어야 하는바, 특히 추가로 병합된 취소청구의 소가 적법한 제소기간 내에 제기된 것인지 검토를 요한다.

2. 병합의 법적 근거

설문과 같은 무효확인소송에는 ① 당해 처분등과 관련되는 손해배상·부당이득·원상회복 등의 청구소송, ② 당해 처분등과 관련되는 취소소송을 병합할 수 있다(행정소송법 제10조, 제38조 제1항).

3. 병합의 유형

(1) 의의

행정소송에서도 민사소송과 마찬가지로 소송경제와 판결의 모순 및 저촉의 방지 등을 위하여 일정한 요건 아래 하나의 소로써 수 개의 청구를 하거나(청구의 객관적 병합), 수인이 공동으로 원고가 되어 또는 수인을 공동피고(청구의 주관적 병합)로 삼아 소를 제기할 수 있다(행정소송법 제10조 제2항, 제15조). 그리고 병합의 유형을 단순병합, 선택적 병합, 예비적 병합으로 구분할 수도 있다.

(2) 무효확인소송과 취소소송의 병합 유형

판례는 "행정처분에 대한 무효확인과 취소청구는 서로 양립할 수 없는 청구로서 주위적·예비적 청구로서만 병합이 가능하고 선택적 청구로서의 병합이나 단순 병합은 허용되지 아니한다."[52]는 입장이다.

---

[52] 대판 1999.8.20. 97누6889

(3) 사안의 경우

갑의 추가적 병합은 객관적 병합의 형태이다. 그런데 갑이 무효확인 및 취소청구를 어떠한 병합형태로 한 것인지가 분명하지 아니하나, 판례에 따르면 무효확인소송을 주위적 청구로 하고, 취소소송을 예비적 청구로 하여 추가적으로 병합하는 것은 다른 소송요건을 충족했을 경우 가능하다.

4. 병합된 취소청구의 제소기간 준수 여부

(1) 문제점

청구병합이 적법하기 위하여는 병합된 각 청구가 모두 일반적 소송요건을 구비하고 있어야 한다. 특히 추가된 원고의 예비적 청구는 추가적 병합의 한 형태로서 주위적 청구와 별도로 전치절차, 제소기간의 준수 등 소송형태에 따른 소송요건을 구비하여야 한다. 사안에서 특별히 문제될 만한 소송요건은 없고, 추가로 병합된 취소청구의 소가 적법한 제소기간 내에 제기된 것인지 검토를 요한다.

(2) 무효확인소송에 취소소송을 추가적 병합한 경우의 제소기간

판례는 "하자 있는 행정처분을 놓고 이를 <u>무효</u>로 볼 것인지 아니면 단순히 취소할 수 있는 처분으로 볼 것인지는 동일한 사실관계를 토대로 한 법률적 평가의 문제에 불과하고, 행정처분의 <u>무효확인을 구하는 소에는 특단의 사정이 없는 한 그 취소를 구하는 취지도 포함되어 있다고 보아야 하는 점 등에 비추어 볼 때, 동일한 행정처분에 대하여 무효확인의 소를 제기하였다가 그 후 그 처분의 취소를 구하는 소를 추가적으로 병합한 경우, 주된 청구인 무효확인의 소가 적법한 제소기간 내에 제기되었다면 추가로 병합된 취소청구의 소도 적법하게 제기된 것으로 봄이 상당하다.</u>"[53]고 하였다.

(3) 무효확인소송과 취소소송의 제소기간

1) 무효확인소송

무효확인소송을 제기하는 경우에는 제소기간에 제한이 없다.

2) 취소소송

① 행정심판을 거치지 않은 경우 : 취소소송은 처분 등이 있음을 안 날부터 90일이내에 제기하여야 하며(제20조 제1항), 처분 등이 있은 날부터 1년을 경과하면 이를 제기하지 못한다(제20조 제2항).

---

[53] 대판 2005.12.23. 2005두3554

② 행정심판을 거친 경우 : 재결서의 정본을 송달받은 날을 처분이 있음을 안 날로 하여 90일을 기산하며(제20조 제1항 단서), 처분이 있은 날이란 재결이 있은 날이 된다(제20조 제2항).

(4) 사안의 경우

1) 2021. 5. 7. 제기된 무효확인소송은 제소기간을 위반한 점이 없다.

2) 갑은 행정심판을 청구하지 않았다. 이 경우 판례에 따르면, 추가적으로 병합하는 취소소송이 제소기간을 준수한지는 처분서를 수령하여 처분이 있음을 알게 된 2021. 1. 7.로부터 90일 이내에 주위적 청구인 무효확인소송을 제기하였는지를 기준으로 판단한다. 그러나 사안에서 갑은 이 기간을 도과하였으므로 예비적 청구인 취소소송 제기는 부적법하다.

5. 설문의 해결

갑의 추가적 청구는 제소기간을 지키지 못하여 부적법하다. 따라서 갑은 추가적으로 급여지급결정 취소처분의 취소를 구하는 소를 병합하여 제기할 수 없다.

Ⅲ. 설문 (3) – 무효확인소송의 기판력

1. 문제의 소재

무효확인소송에서 기각판결이 확정될 경우 "처분이 무효가 아니라는 점"에 기판력이 발생한다. 그럼에도 불구하고 국가배상청구소송의 수소법원이 처분의 '법령 위반'을 인정할 수 있는지 문제된다. 설문의 경우는 특히 전소의 주문에서 판단된 기판력 있는 법률관계가 후소의 선결문제로 된 때에 해당한다.

2. 설문에서 '기판력이 생기는 판단'

취소소송의 기각판결에서의 기판력은 "처분이 적법하다"는 점에 생기나, 무효확인소송의 기각판결의 기판력은 "처분이 무효가 아니라는 점"에 생긴다. 설문에서 기각판결의 판단 이유를 알 수 없어 ① 처분이 적법하여 기각판결을 한 것인지, ② 처분은 위법하나 무효의 하자에 이르지 않아(절차적 하자) 기각판결을 한 것인지 불분명하다.

만일 ②의 경우라면 국가배상청구소송의 수소법원이 국가배상법 제2조의 '법령 위반' 요건을 쉽게 인정할 수 있을 것이라고 보인다. 따라서 아래에서는 논란의 여지가 있는 ①의 경우를 가정하고 논의를 이어나가기로 한다.

3. 기판력의 의의

기판력이란 판결이 형식적 확정력을 갖게 되면 그 후의 절차(후소)에서 동일한 사항(동일한 소송물)이 문제되는 경우에도 당사자와 이들의 승계인은 기존 판결에 반하는 주장을 할 수 없고 법원도 종전의 법률적 판단에 모순·저촉되는 판단을 할 수 없는 구속력을 말한다. 행정소송법에는 명시적 규정이 없으나, 민사소송법 제216조와 제218조가 준용된다.

4. 기판력의 작용면(作用面)

기판력은 ① 소송물의 동일(전소와 같은 소송물에 대해 제소하는 경우; 예 동일한 처분에 대하여 내용상 위법을 이유로 취소소송을 제기하여 기각당한 후 절차의 하자를 이유로 다시 취소소송을 제기), ② 선결문제(전소의 주문에서 판단된 기판력 있는 법률관계가 후소의 선결문제로 된 때; 예 처분에 대한 취소판결 후 동 처분으로 인한 손해에 대해 국가배상청구소송을 제기), ③ 모순관계(후소가 기판력에 의하여 확정된 법률관계와 정면으로 모순되는 반대관계를 소송물로 한 때; 예 취소소송에서 기각판결 확정 후 무효확인소송을 제기)에서 논의된다.

5. 기판력의 효력범위

기판력은 ① 당해 소송의 당사자 및 당사자와 동일시할 수 있는 자(예 승계인), 그리고 후소법원에 미치고[주관적 범위], ② 판결주문에 나타난 판단에만 미치고 판결이유에서 제시된 그 전제가 되는 법률관계에는 미치지 아니하며[객관적 범위], ③ 사실심변론의 종결시를 표준으로 하여 발생한다[시간적 범위].

6. 항고소송의 위법성과 국가배상청구소송의 '법령 위반'

(1) 문제점
항고소송에서의 위법성 판단과 국가배상법상 위법성 판단이 동일한 것인지 문제된다.

(2) 학설
학설은 ① 국가배상법상 위법도 법률과 명령, 즉 법규를 의미한다고 보는 견해(일원설, 협의설), ② 국가배상법상 위법성을 엄격한 의미의 법령위반보다 넓다고 보는 견해(이원설, 광의설)가 대립한다.

(3) 판례
판례는 "국가배상책임에 있어 법령을 위반하였다 함은 엄격한 의미의 법령 위반뿐 아니라 인권존중, 권력남용금지, 신의성실과 같이 공무원으로서 마땅히 지켜야 할 준칙이나 규범을 지키지 아니하고 위반한 경우를 포함하여 널리 그 행위가 객관적인 정당성을 결여하고 있음을 뜻하는 것"54)이라고 하여 이원설의 입장이다.

(4) 검토

생각건대, ① 공무원은 그 직무를 수행함에 있어 헌법과 법률에 따라 국민의 자유와 권리를 존중할 법규상 또는 조리상의 의무가 있다는 점, ② 국민의 폭넓은 권리구제가 필요하다는 점, ③ 양자를 이원적으로 보더라도 법적안정성을 초래하지 않는다는 점에서, 이원설이 타당하다.

7. 항고소송의 기판력과 국가배상청구소송

(1) 문제점

항고소송이 제기되어 판결이 확정된 후에 국가배상청구소송이 제기된 경우, 항고소송의 기판력이 후소인 국개배상청구소송에 미치는가의 문제이다. 이것은 위에서 살펴본 국가배상법상 위법 개념과 항고소송법상 위법 개념의 동일성에 관한 문제와 관련이 있다.

(2) 학설

학설은 ① 양자의 위법개념이 다르다는 견해에 따라 항고소송의 기판력은 국가배상청구소송에 영향을 미치지 않는다는 견해(전면적 기판력 부정설), ② 양자의 위법개념이 동일하다는 견해에 따라 항고소송의 기판력이 국가배상책임의 성립에 영향을 미친다는 견해(전면적 기판력 긍정설), ③ 국가배상법상 위법개념이 항고소송의 경우보다 넓다는 견해에 따라 항고소송에서 청구인용판결의 기판력은 국가배상청구소송에 영향을 미치지만, 청구기각판결의 기판력은 미치지 않는다고 보는 견해(제한적 기판력 긍정설)이 대립한다.

(3) 판례

판례는 "행정처분이 후에 항고소송에서 취소되었다고 할지라도 그 기판력에 의하여 당해 행정처분이 곧바로 공무원의 고의 또는 과실로 인한 것으로서 불법행위를 구성한다고 단정할 수는 없다"55)라거나 "위법한 행정대집행이 완료되면 그 처분의 무효확인 또는 취소를 구할 소의 이익은 없다 하더라도, 미리 그 행정처분의 취소판결이 있어야만, 그 행정처분의 위법임을 이유로 한 손해배상청구를 할 수 있는 것은 아니다"56)라고 하여 명확한 입장은 없다(* 이러한 판례에 대해 취소소송의 기판력이 후소인 국가배상청구소송에 미치지 않는다는 입장으로 평가하는 견해도 있음).

---

54) 대판 2008.6.12, 2007다64365
55) 대판 2000.5.12, 99다70600
56) 대판 1972.4.28, 72다337

(4) 검토

국민의 폭넓은 권리구제가 필요하다는 점에서 항고소송이 위법보다 국가배상청구소송의 위법이 더 광의라는 견해(이원설)가 타당하므로, 항고소송의 청구인용판결의 기판력은 국가배상청구소송에 영향을 미치지만, 청구기각판결은 기판력이 미치지 않는다고 보아야 한다(제한적 기판력 긍정설).

8. 설문의 해결

(1) 급여지급결정 취소처분이 위법하나 무효의 하자에 이르지 않아 기각판결을 한 경우에는 국가배상청구소송의 수소법원이 급여지급결정 취소처분의 '법령 위반'을 인정할 수 있다.

(2) 급여지급결정 취소처분이 적법하여 기각판결을 한 경우에도, 전소인 무효확인소송에서 기각판결이 확정되더라도 후소인 국가배상소송에 기판력이 미치지 않으므로 수소법원은 취소처분의 '법령 위반'을 인정할 수 있다.

연습 24

사업주인 甲은 국민건강보험공단(이하 "공단"이라 함)이 부과한 고용보험료와 산재보험료 2천만원 중 1천만원을 납부하였고, 공단은 甲에게 나머지 보험료 1천만원을 납부할 것을 독촉하였다. 이후 甲은 공단을 피고로 하여 납부한 보험료는 부당이득으로서 반환을 구하고 피고가 납부를 독촉하는 보험료채무는 그 부존재확인을 구하는 소를 인천지방법원에 제기하였다. 제1심(인천지방법원 본원 단독재판부)은 이 사건 소를 부당이득반환을 구하는 이행의 소로서 민사소송으로 보아 보험료 납부의무의 부존재확인을 구하는 부분은 판단하지 않고 부당이득반환 청구에 대해서는 증거 부족을 이유로 기각하였다. 항소심(인천지방법원 합의부)에서, 甲은 채무부존재확인청구에 대하여 '피고가 원고에 대하여 한 이 사건 보험료 부과처분은 무효임을 확인한다.'는 처분무효확인청구를 예비적 청구로 추가하는 청구취지 및 청구원인 변경을 신청하였다.

항소심은 이 사건 소를 어떻게 처리하여야 하는가? (단, 피고적격 부분 및 제1심의 재판관할 부분은 적법하다고 전제하니 검토하지 말 것)57) (25점)

[참고조문] 고용보험 및 산업재해보상보험의 보험료징수 등에 관한 법률
제4조 【보험사업의 수행주체】「고용보험법」 및 「산업재해보상보험법」에 따른 보험사업에 관하여 이 법에서 정한 사항은 고용노동부장관으로부터 위탁을 받아 「산업재해보상보험법」 제10조에 따른 근로복지공단이 수행한다. 다만, 다음 각 호에 해당하는 징수업무는 「국민건강보험법」 제13조에 따른 국민건강보험공단이 고용노동부장관으로부터 위탁을 받아 수행한다.
  1. 보험료등(제17조 및 제19조에 따른 개산보험료 및 확정보험료, 제26조에 따른 징수금은 제외한다)의 고지 및 수납
  2. 보험료등의 체납관리

---

57) 〈피고적격 부분〉 고용산재보험료징수법 제4조는 고용보험법 및 산업재해보상보험법에 따른 보험사업에 관하여 이 법에서 정한 사항은 고용노동부장관으로부터 위탁을 받아 근로복지공단이 수행하되, 보험료의 체납관리 등의 징수업무는 피고가 고용노동부장관으로부터 위탁을 받아 수행한다고 규정하고 있다. 따라서 고용·산재보험료의 귀속주체, 즉 사업주가 위 각 보험료 납부의무를 부담하는 상대방은 근로복지공단이라고 할 것이고, 피고는 단지 위 각 보험료의 징수업무를 수행하는 데에 불과하므로, 고용·산재보험료 납부의무의 부존재확인의 소는 근로복지공단을 피고로 하여 제기하여야 한다. 그리고 행정소송법상 당사자소송에서 원고가 피고를 잘못 지정한 때에는 법원은 원고의 신청에 의하여 결정으로써 피고의 경정을 허가할 수 있는 것이므로(행정소송법 제44조 제1항, 제14조), 원고가 피고를 잘못 지정한 것으로 보이는 경우 법원으로서는 마땅히 석명권을 행사하여 원고로 하여금 정당한 피고로 경정하게 하여 소송을 진행하도록 하여야 한다(대판 2006.11.9, 2006다23503).

I. 문제의 제기

甲이 제기한 보험료채무부존재확인의 소가 민사소송인지 공법상 당사자소송인지 문제된다. 이에 따라 행정소송법 제10조에 의한 관련청구소송의 병합 가능성이 검토되어야 하고, 인천지방법원 합의부에 재판 관할이 없다면 소송의 이송 여부도 문제된다.

II. 행정소송의 관할의 전속성

행정소송의 관할은 행정법원의 전속관할이므로 민사법원은 계쟁사건의 관할이 행정법원인 경우 당해 사건을 행정법원으로 이송하여야 한다. 예를 들어 대법원도 "도시 및 주거환경정비법상의 주택재건축정비사업조합을 상대로 관리처분계획안에 대한 총회결의의 무효확인을 구하는 소는 행정소송법상 당사자소송에 해당하므로 전속관할이 행정법원에 있다."58)는 취지로 판시하였다.

사안에서 甲이 추가한 처분무효확인청구는 행정소송임이 분명하므로 주위적 청구인 채무부존재확인청구가 민사소송이라면 항소심에서 소의 병합이 불가능하여 각하될 것이고, 만일 행정소송이라면 병합의 가능성 및 관할 법원에의 이송 가능성이 문제될 것이다.

III. 甲의 채무부존재확인소송의 성질

1. 공법상 당사자소송의 의의

공법상 당사자소송이란 ① 행정청의 처분등을 원인으로 하는 법률관계에 관한 소송, ② 그 밖에 공법상의 법률관계에 관한 소송으로서 그 법률관계의 한쪽 당사자를 피고로 하는 소송이다(행정소송법 제3조 제2호).

특히 ②의 예로는 ㉠ 공법상의 법률관계의 확인소송(예 국가유공자의 지위확인을 구하는 소송, 납세의무부존재확인소송), ㉡ 공법상의 금전지급청구소송(예 각종 사회보장관계법률의 급부청구소송), ㉢ 공법상 계약에 관한 소송(예 계약에 의한 전문직공무원에 대한 해지통고무효확인소송), ㉣ 공법상 결과제거청구소송 등이 있다.

행정소송규칙 제19조는 그 존부 또는 범위가 구체적으로 확정된 공법상 법률관계 그 자체에 관한 소송의 하나로서 「납세의무 존부의 확인」에 관한 소송을 당사소송의 하나로 예시하고 있다.

---

58) 대판 2009.9.17, 2007다2428 전합

2. 사안의 경우

사업주가 가입자가 되는 고용보험 및 산재보험에서 <u>보험료 납부의무 부존재확인의 소는 공법상의 법률관계 그 자체를 다투는 소송으로서 공법상 당사자소송이라 할 것이다.</u>[59] 만일 사안의 보험료채무부존재확인의 소를 민사소송으로 본다면 항소심은 '민사소송절차에서 청구의 객관적 병합은 같은 종류의 소송절차를 따르는 경우에만 허용되는 것이어서, 민사소송절차를 따르는 이 사건에서 행정소송의 대상이 되는 처분무효확인청구를 병합할 수는 없다.'는 이유로 청구취지 변경을 불허할 것이다.

Ⅳ. 관련청구소송의 병합 가능성

1. 관련청구소송 병합의 의의

서로 관련되는 수 개의 청구를 병합하여 하나의 소송절차에서 통일적으로 심판하는 것을 관련청구소송의 병합이라고 한다. 이는 심리의 중복이나 재판의 모순·저촉을 피하고 당사자나 법원의 부담을 경감시키는데 그 의의가 있다. 법적 근거는 행정소송법 제10조에 마련되어 있다.

2. 사안의 경우

사안의 경우는 행정소송인 공법상 당사자소송인 보험료채무부존재확인소송과 행정소송법 제10조 제2항, 제44조 제2항에 규정된 관련청구소송으로서 부당이득반환을 구하는 민사소송이 병합하여 제기된 경우에 해당한다.

사안에서 제1심인 인천지방법원 본원은 행정법원의 권한에 속하는 사건을 관할한다. 그럼에도 불구하고 인천지방법원 단독판사가 이 사건 소를 부당이득반환을 구하는 이행의 소로서 민사소송으로만 보아 보험료 납부의무의 부존재확인을 구하는 부분에 대하여 판단하지 않은 것은 잘못이다.

Ⅴ. 사안의 해결

행정소송은 지방법원급인 행정법원을 제1심 법원으로 하며, 고등법원이 항소심을 담당한다. 사안에서 행정소송법 제10조에 따라 관련청구소송이 행정사건에 병합된 것이므로 인천지방법원 합의부는 재판 관할이 없다.

그러므로 인천지방법원 합의부는 항소심으로서 민사소송법 제34조 제1항, 법원조직법 제28조 제1호에 의하여 이 사건을 관할법원인 서울고등법원에 이송해야 한다.

---

[59] 대판 2016.10.13, 2016다221658

> **연습 25**
>
> "몸짱 헬스클럽"을 다니던 A(男)는 동료회원 B(女)에게 호감을 느끼던 중, 어느 날 모처에서 B를 그만 강간하고 말았다. 경찰에 체포된 A는 깊이 뉘우치며 피해자 B의 합의를 위해 경찰서 장에게 B의 주민등록번호와 주소 및 전화번호를 알려줄 것을 요청하였으나 정보공개법에 따라 거부되었고 끝내 합의를 하지 못하였다.
>
> (1) 합의가 안 된 상태에서 기소되자 A는 변호사를 통해 종결된 수사기록의 열람·복사를 청구하였으나 서울지검 동부지청장은 특정한 사유 없이 거부하였다. A의 대응수단을 검토하시오. (25점)
> (2) 한편, 위 사실이 뉴스에 보도되자, 법인이 아닌 시민단체 "나홀로집에 모임"은 단체의 이름으로 경찰서장에게 A의 인적사항 공개를 요청하였으나 거부당하였다. 경찰서장의 거부행위에 대하여 법인이 아닌 시민단체 "나홀로집에 모임"은 행정소송의 원고적격을 가지는가?[60] (15점)

Ⅰ. 설문 (1)의 해결

1. 문제점

A가 정보공개청구권을 갖는지 문제된다. 다만 A가 공개청구한 수사종결기록이 정보공개법상 비공개대상정보에 속하지 않음에도 지청장이 거부할 경우 구제수단이 문제된다.

2. 정보공개제도

(1) 정보공개의 의의

정보공개제도는 국민이 국가가 보유·관리하고 있는 정보에 접근하여 이용할 수 있게 하기 위해, 국민에게 정부가 보유한 정보에 대한 공개를 청구할 수 있는 권리를 보장하고 국가는 정보공개의 의무를 지게 하는 제도를 말한다. 이는 국민의 '알권리'를 보장함으로써 '열린 정부'(open government)에 의한 행정의 민주화·공정화를 실현하려는데 기본이념이 있다.

(2) 법적 근거

정보공개청구의 헌법적 근거에 대하여는 ① 행복추구권(헌법 제10조)이라는 견해, ② 표현의 자유(제21조 제1항)라는 견해, ③ 어느 한 조항만이 아니고 표현의 자유를 비롯하여 국민주권원리·인간의 존엄·행복추구권·인간다운 생활을 할 권리 등에서 찾을 수 있다는

---

[60] 오현웅·정현신, 「경찰행정법」, 경찰공제회, 2017, P.339의 사례문제를 참조하였음

견해가 있다. 그리고 정보공개의 일반법으로서 「공공기관의 정보공개에 관한 법률」이 있고, 개별법에 개인의 정보공개청구권과 관련된 규정이 많이 있다(민원사무편람의 비치, 도시계획안의 공고).

(3) 정보공개의 원칙

공공기관이 보유·관리하는 정보는 국민의 알권리 보장 등을 위하여 이 법에서 정하는 바에 따라 적극적으로 공개하여야 한다(정보공개법 제3조)고 하여 정보공개가 원칙이고 비공개가 예외임을 밝히고 있다. 경찰도 공공기관의 하나로서 국민의 알 권리를 보장하고 행정에 대한 국민의 참여와 행정의 투명성 및 신뢰를 확보하기 위하여 국민이 정보공개를 청구할 경우 경찰기관이 보유하고 있는 정보를 공개하여야 한다.

(4) 정보공개청구권자

모든 국민은 정보의 공개를 청구할 권리를 가지며(정보공개법 제5조 제1항), 이해관계인에 국한되지 않는다. 여기서의 국민에는 자연인 이외에 법인, 권리능력 없는 사단·재단도 포함된다. 나아가 정보공개청구는 이해관계가 없는 공익을 위한 경우(시민단체 등의 행정감시목적의 정보공개청구)에도 인정된다.

(5) 검토

A가 비록 강간범일지라도 정보공개법상 국민에 해당하므로 정보공개청구권을 가진다.

3. 정보공개거부의 위법성

(1) 정보공개거부의 법적 성질

항고소송의 대상인 처분이란 '행정청이 행하는 구체적 사실에 관한 법집행으로서의 공권력의 행사 또는 그 거부와 그 밖에 이에 준하는 행정작용'을 말한다.

사안에서 정보공개 거부는 피의자의 권리·의무에 직접 영향을 미치는 공권력 작용(권력적 사실행위)으로서 행정소송의 대상이 되는 처분에 해당한다.

(2) 거부처분의 위법성 여부

정보공개법상 정보공개원칙(제3조)과 정보공개청구권자 규정(제5조)에 비추어 제9조 제1항의 비공개대상 사유에 해당하지 않음에도 지청장이 거부하였다면 위법하다.[61]

헌법재판소도 "<u>고소장 및 피의자 신문조서를 열람·등사하지 못하도록 한 경찰서장의 정보</u>

---

61) 특히 2017. 7. 1.부터 공개여부 기준에 대하여 경찰청 예규가 시행되고 있는바, 이제 「경찰 수사서류 열람 복사에 관한 규칙」에 따라 원칙적으로 피의자도 고소장, 고발장을 볼 수 있도록 명확히 인정하였다. 또 본인이 진술하여 작성된 피의자신문조서, 참고인진술조서에 대해서도 열람·복사를 신청할 수 있다. 긴급체포서, 현행범인체포서, 체포영장, 구속영장, 긴급체포 승인건의서에 대해서도 열람·복사를 신청할 수 있다는 점도 주목할 부분이다.

비공개결정은 헌법에 위반된다"라고 확인한바 있다(헌재 2003.3.27, 2000헌마474). 경찰 정보공개제도를 활성화하는 것은 정보공개가 국민과 경찰 간의 정보의 자유로운 흐름을 보장하여 현실적으로 불균형 상태에 있는 양자 간의 정보흐름을 원활하게 해주는 데 의의가 있다. 특히 경찰청은 사실상 비밀행정주의가 가장 많이 답습되고 있는 행정기관으로 평가되어 왔는데, 그러한 비밀행정주의를 타파하기 위한 노력의 일환으로도 경찰 정보공개제도를 적극적으로 운용할 필요가 있다.

사안의 정보가 정보공개법 제9조 제1항 4호의 "진행 중인 재판·수사 등에 관한 사항"일 수 있으나, 피고인의 방어권을 실질화하여 공정한 재판을 가능하게 하는 것이기 때문에 비공개사유에 해당하지 아니한다고 보아야 할 것이다. 따라서 비공개대상 사유가 아닌 정보에 대하여 "특별한 사유 없이" 공개거부한 지청장의 처분은 위법한 처분이다.

4. 권리구제수단

(1) 이의신청

청구인이 정보공개와 관련한 공공기관의 비공개 결정 또는 부분 공개 결정에 대하여 불복이 있거나 정보공개 청구 후 20일이 경과하도록 정보공개 결정이 없는 때에는 공공기관으로부터 정보공개 여부의 결정 통지를 받은 날 또는 정보공개 청구 후 20일이 경과한 날부터 30일 이내에 해당 공공기관에 문서로 이의신청을 할 수 있다(공공기관의 정보공개에 관한 법률 제18조 제1항).

(2) 행정심판

청구인이 정보공개와 관련한 공공기관의 결정에 대하여 불복이 있거나 정보공개 청구 후 20일이 경과하도록 정보공개 결정이 없는 때에는 「행정심판법」에서 정하는 바에 따라 행정심판을 청구할 수 있다(제19조 제1항).

(3) 행정소송

청구인이 정보공개와 관련한 공공기관의 결정에 대하여 불복이 있거나 정보공개 청구 후 20일이 경과하도록 정보공개 결정이 없는 때에는 「행정소송법」에서 정하는 바에 따라 행정소송을 제기할 수 있다(제20조 제1항).

최근 판례는 청구인이 공공기관에 대하여 정보공개를 청구하였다가 거부처분을 받은 것 자체가 법률상 이익의 침해에 해당한다고 보아 정보공개청구자의 범위를 광범위하게 넓히고 있다.[62]

---

[62] 정보공개청구권은 법률상 보호되는 구체적인 권리이므로 청구인이 공공기관에 대하여 정보공개를 청구하였다가 거부처분을 받은 것 자체가 법률상 이익의 침해에 해당한다고 할 것이고, 거부처분을 받은 것 이외에 추가로 어떤 법률상의 이익을 가질 것을 요구하는 것은 아니다(대판 2004.9.23, 2003두1370).

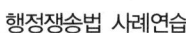

(4) 의무이행소송 인정여부

의무이행소송이란 당사자의 일정한 행정행위의 신청에 대하여 행정청이 거부하거나 부작위로 대응한 경우, 행정청에 일정한 행정행위를 해 줄 것을 청구하는 내용의 행정소송을 말한다.

현행 행정소송법상 명문규정이 없어 견해가 대립하나, 판례는 현행 행정소송법상 <u>행정청으로 하여금 일정한 행정처분을 하도록 명하는 이행판결을 구하는 소송이나 법원으로 하여금 행정청이 일정한 행정처분을 행한 것과 같은 효과가 있는 행정처분을 직접 행하도록 하는 형성판결을 구하는 소송은 허용되지 아니한다</u>는 입장이다.[63]

5. 설문 (1)의 해결

종결된 수사기록에 대하여 열람·복사를 청구하였으나 행정청이 특별한 사유 없이 거부하였다면 위법하다. 따라서 A는 이의신청과 행정심판, 행정소송 등을 통해 권리구제를 받을 수 있을 것이다.

Ⅱ. 설문 (2)의 해결 : 시민단체의 정보공개청구권 및 원고적격 인정여부

1. 문제점

취소소송에서 원고적격이란 구체적인 처분에 대하여 누가 원고로서 취소소송을 제기하여 본안판결을 받을 자격이 있는가의 문제를 말한다. 위 사건과 관련이 없는 법인격 없는 시민단체에게 정보공개와 관련한 행정소송의 원고적격을 인정할 수 있는지 문제된다.

2. 원고적격

행정소송법 제12조는 "취소소송은 처분등의 취소를 구할 법률상 이익이 있는 자가 제기할 수 있다."고 하여 원고적격으로 법률상 이익을 요구하고 있다.

법률상 이익의 의미에 대해 권리회복설, 법적보호가치이익설, 보호가치이익설, 적법성보장설 등의 학설이 대립하고 있다.

판례는 기본적으로 법률상 보호이익설을 취하는 것으로 평가되고 있는데[64], 처분의 근거법규 및 관련법규(처분의 근거법규 및 관련법규의 입법취지 포함)에 의해 개별적으로 보호되는 직접적이고 구체적인 개인적 이익을 법률상 이익으로 보고 있다.

---

63) 대판 1997.9.30, 97누3200
64) 제3자라 하더라도 당해 처분의 근거법률에 의하여 보호되는 직접적이고 구체적인 이익을 침해당한 경우에는 취소심판을 제기할 수 있다(중앙2004.7.26, 2004행심08322).

3. 시민단체의 원고적격 인정여부(판례)

정보공개법 제6조 제1항은 "모든 국민은 정보의 공개를 청구할 권리를 가진다."고 규정하고 있는데, 판례는 "여기에서 말하는 국민에는 <u>자연인은 물론 법인, 권리능력 없는 사단·재단도 포함되고, 법인, 권리능력 없는 사단·재단 등의 경우에는 설립목적을 불문하며,</u> 한편 정보공개청구권은 법률상 보호되는 구체적인 권리이므로 <u>청구인이 공공기관에 대하여 정보공개를 청구하였다가 거부처분을 받은 것 자체가 법률상 이익의 침해에 해당한다</u>"(대판 2003.12.12, 2003두8050)는 입장이다.

4. 설문 (2)의 해결

판례는 청구인이 공공기관에 대하여 정보공개를 청구하였다가 거부처분을 받은 것 자체가 법률상 이익의 침해에 해당한다고 보아 정보공개청구자의 범위를 광범위하게 넓히고 있다. 나아가 정보공개청구는 이해관계가 없는 공익을 위한 경우(예 시민단체 등의 행정감시 목적의 정보공개청구)에도 인정된다. 설문에서 시민단체도 정보공개청구의 원고적격을 인정해야 할 것이다.

연습 26

A하천 유역에서 농기계공장을 경영하는 甲은 수질 및 수생태계 보전에 관한 법률 제4조의5에 의한 오염부하량을 할당받은 자이다. 甲의 공장 인근에서 대규모 민물어류양식장을 운영하는 乙의 양식어류 절반가량이 갑자기 폐사하였고, 乙은 그 원인을 추적한 결과 甲의 공장에서 유출된 할당오염부하량을 초과하는 오염물질에 의한 것이라는 강한 의심을 가지게 되었다. 甲의 공장으로부터 오염물질의 배출이 계속되어 나머지 어류의 폐사도 우려되는 상황에서 乙은 동법 제4조의6을 근거로 甲에 대한 수질오염방지시설의 개선 등 필요한 조치를 명할 것을 관할 행정청 丙에게 요구하였다. 그러나 丙은 甲의 공장으로부터의 배출량이 할당오염부하량을 초과하는지 여부가 명백하지 않다는 이유로 이를 거부하였고, 乙은 동 거부처분에 대한 취소소송을 제소기간 내에 관할법원에 제기하였다.
乙은 조치명령신청거부처분의 취소를 구할 원고적격이 인정되는가?[65] (20점)

[참조조문] 수질 및 수생태계 보전에 관한 법률
제1조【목적】이 법은 수질오염으로 인한 국민건강 및 환경상의 위해(危害)를 예방하고 하천·호소(湖沼) 등 공공수역의 수질 및 수생태계(水生態系)를 적정하게 관리·보전함으로써 국민이 그 혜택을 널리 향유할 수 있도록 함과 동시에 미래의 세대에게 물려줄 수 있도록 함을 목적으로 한다.
제4조의5【시설별 오염부하량의 할당 등】① 환경부장관은 오염총량목표수질을 달성·유지하기 위하여 필요하다고 인정되는 경우에는 다음 각 호의 어느 하나의 기준을 적용받는 시설 중 대통령령으로 정하는 시설에 대하여 환경부령으로 정하는 바에 따라 최종방류구별·단위기간별로 오염부하량을 할당하거나 배출량을 지정할 수 있다. 이 경우 환경부장관은 관할 오염총량관리시행 지방자치단체장과 미리 협의하여야 한다.
③ 환경부장관 또는 오염총량관리시행 지방자치단체장은 제1항 또는 제2항에 따라 오염부하량을 할당하거나 배출량을 지정하는 경우에는 미리 이해관계자의 의견을 들어야 하고, 이해관계자가 그 내용을 알 수 있도록 필요한 조치를 하여야 한다.
제4조의6【초과배출자에 대한 조치명령 등】① 환경부장관 또는 오염총량관리시행 지방자치단체장은 제4조의5 제1항 또는 제2항에 따라 할당된 오염부하량 또는 지정된 배출량(이하 "할당오염부하량등"이라 한다)을 초과하여 배출하는 자에게 수질오염방지시설의 개선 등 필요한 조치를 명할 수 있다.
제4조의7【오염총량초과부과금】① 환경부장관 또는 오염총량관리시행 지방자치단체장은 할당오염부하량등을 초과하여 배출한 자로부터 총량초과부과금(이하 "오염총량초과부과금"이라 한다)을 부과·징수한다.

---
65) 2014년 5급공채(일반행정) 기출문제

Ⅰ. 문제의 소재

취소소송에서 원고적격이란 구체적인 처분에 대하여 누가 원고로서 취소소송을 제기하여 본안판결을 받을 자격이 있는가의 문제를 말한다. 행정소송법 제12조는 '처분등의 취소를 구할 법률상 이익이 있는 자'가 취소소송을 제기할 수 있다고 규정하고 있다.

양식장 운영자 乙이 적법한 원고가 될 수 있는지는 이웃소송(인인소송)과 관련하여 법 제12조의 법률상 이익의 의미가 문제된다.

Ⅱ. 원고적격의 의의와 판단기준

(1) 원고적격의 의의

취소소송에서 원고적격이란 구체적인 처분에 대하여 누가 원고로서 취소소송을 제기하여 본안판결을 받을 자격이 있는가의 문제를 말한다.

(2) 행정소송법 제12조 1문의 '법률상 이익'의 의미

행정소송법 제12조는 "처분 등의 취소를 구할 법률상 이익이 있는 자"가 취소소송을 제기할 수 있다고 규정하고 있는바, 이때 '법률상 이익'이 무엇을 의미하는지에 대해서 취소소송의 기능과 관련하여 견해가 나뉘어져 있다.

1) 학설

취소소송의 본질(기능)에 관해 ① 위법한 처분으로 야기된 개인의 권리의 회복에 있다고 보는 권리구제설, ② 위법한 처분으로 권리뿐 아니라 법에 의해 보호되는 이익을 침해당한 자도 처분을 다툴 수 있다는 법률상 보호이익설, ③ 실질적으로 보호가치 있는 이익(법률상 보호되는 이익 + 사실상의 이익)이 침해된 자는 심판을 제기할 수 있다는 보호가치 있는 이익설, ④ 당해 처분을 다툼에 있어 가장 적합한 이해관계를 가진 자가 원고적격을 갖는다는 적법성보장설이 있다.

2) 판례

판례는 기본적으로 법률상 보호이익설을 취하는 것으로 평가되고 있는데, <u>처분의 근거법규 및 관련법규(처분의 근거법규 및 관련법규의 입법취지 포함)에 의해 개별적으로 보호되는 직접적이고 구체적인 개인적 이익</u>을 법률상 이익으로 보고 있다.

3) 검토

행정소송법 제12조는 법률상 이익이 있는 자가 취소소송을 제기할 수 있음을 규정하고 있고, 국민의 권리구제와 법원의 부담의 사이의 조화와 균형을 달성하는 법률상 보호이익설이 타당하다.

(3) 법률상 보호이익의 판단기준

1) '법률'의 범위

취소소송에 있어서 판례는 당해 처분의 근거법률뿐만 아니라 관계법규범까지 법의 범위를 확장하여 법률상 이익을 확장하고[66], 기본권에 근거하기도 한다.[67]

2) '이익이 있는'의 의미

판례에 의하면 '법률상 이익'은 처분의 근거 법률에 의하여 보호되는 직접적이고 구체적인 이익이 있는 경우를 말하고 단지 간접적이거나 사실적, 경제적 이해관계를 가지는 데 불과한 경우는 여기에 포함되지 않는다.[68] 그리고 계쟁처분에 의해 법률상 이익이 현실적으로 침해된 경우(예 영업허가의 취소)뿐 아니라 침해의 발생이 확실히 예견되는 경우(예 공장건축허가)에도 청구인적격이 인정된다.

3) '자'의 범위

법률상 이익의 주체에는 자연인, 법인, 법인격 없는 단체, 다수인도 가능하다.

Ⅲ. 사안의 검토

1. 이웃소송

이웃소송은 어떠한 시설의 허가처분이 이웃하는 주민에게는 불이익하게 되는 경우, 이로 인해 침해를 받는 인근주민이 그 침해를 다투는 소송을 말한다.

이웃소송에 있어서 원고적격의 판단기준은 근거법률의 사익보호성 여부이다. 대법원은 인근주민에게 원고적격이 있는지는 당해 허가처분의 근거법규 및 관계법규의 보호목적에 따라 결정된다고 하여 근거법률의 범위를 확대하였다. 즉, 당해 근거법규 및 관계법규가 공익뿐 아니라 인근주민의 사적 이익도 보호한다고 해석되는 경우에 인근주민에게 원고적격이 인정된다.

---

[66] 조성면적 10만m² 이상이어서 환경영향평가대상사업에 해당하는 당해 국립공원 집단시설지구개발사업에 관하여 당해 변경승인 및 허가처분을 함에 있어서는 반드시 자연공원법령 및 환경영향평가법령 소정의 환경영향평가를 거쳐서 그 환경영향평가의 협의내용을 사업계획에 반영시키도록 하여야 하는 것이니 만큼 자연공원법령뿐 아니라 환경영향평가법령도 당해 변경승인 및 허가처분에 직접적인 영향을 미치는 근거 법률이 된다(대판 1998.4.24, 97누3286).

[67] 설사 국세청장의 지정행위의 근거규범인 이 사건 조항들이 단지 공익만을 추구할 뿐 청구인 개인의 이익을 보호하려는 것이 아니라는 이유로 청구인에게 취소소송을 제기할 법률상 이익을 부정한다고 하더라도, 청구인의 기본권인 경쟁의 자유가 바로 행정청의 지정행위(납세병마개 제조자지정행위)의 취소를 구할 법률상 이익이 된다 할 것이다(헌재 1998.4.30, 97헌마141).

[68] 대판 2005.5.12, 2004두14229

2. 법률의 규정 내용

조치명령신청거부처분의 근거법규인 수질 및 수생태계 보전에 관한 법률 제1조에서 '이 법은 수질오염으로 인한 국민건강 및 환경상의 위해(危害)를 예방하고 하천·호소(湖沼) 등 공공수역의 수질 및 수생태계(水生態系)를 적정하게 관리·보전함으로써 국민이 그 혜택을 널리 향유할 수 있도록 함'을 목적으로 하고, 제4조의5 제1항은 환경부장관이 일정한 시설에 대해 오염부하량을 할당하거나 배출량을 지정할 수 있도록 하고, 제3항은 관할 행정청이 오염부하량을 할당하거나 배출량을 지정하는 경우에는 미리 이해관계자의 의견을 들어야 하고, 이해관계자가 그 내용을 알 수 있도록 필요한 조치를 할 것을 규정한다. 그리고 제4조의6 제1항은 관할 행정청이 할당오염부하량을 초과하여 배출하는 자에게 수질오염방지시설의 개선 등 필요한 조치를 명할 수 있음을, 제4조의7 제1항은 관할 행정청이 할당오염부하량등을 초과하여 배출한 자로부터 총량초과부과금을 부과·징수할 것을 규정한다.

3. 乙의 법률상 이익

수질 및 수생태계 보전에 관한 법률은 조치명령신청거부처분의 근거법규로서 행정청의 의무를 규정하고 있으며 관련자의 사익을 보호하기 위한 목적이 인정되는 법률에 해당한다. 그리고 乙은 수질 및 수생태계 보전에 관한 법률 제4조의5에 의한 오염부하량을 할당받은 자가 운영하는 농기계공장 인근에서 대규모 민물어류양식장을 운영하는 자이기 때문에 양식업자 乙의 이익은 수질 및 수생태계 보전에 관한 법률에 의해 개별적으로 보호되는 직접적이고 구체적인 이익이다.

4. 결어

판례에 따르면 乙의 법규상 신청권이 인정된다. 결국 乙의 조치명령신청거부처분의 취소를 구할 원고적격이 인정된다.

연습 27

산업통상자원부장관은 중·저준위방사성폐기물 처분시설(이하 "처분시설"이라 한다)이 설치될 지역을 관할하는 지방자치단체의 지역(이하 "유치지역"이라 한다)에 대한 지원계획 및 유치지역지원시행 계획을 수립한 후 처분시설의 유치지역을 선정하고자 하였다. 이에 A시와 A시로부터 20㎞ 밖에 위치한 B군, C군 등 3개 지역이 처분시설의 유치를 신청하였다. 산업통상자원부장관은 B군과 C군에 대하여는 「중·저준위방사성폐기물 처분시설의 유치지역지원에 관한 특별법」 제7조 제3항에 따른 설명회를 개최하였으나 A시에 대하여는 주민반대를 이유로 설명회나 토론회를 개최하지 아니하였다. 그 뒤 위 3개 지역에 대하여 주민투표를 실시한 결과 A시가 81.35%, B군이 55.24%, C군이 61.17%의 찬성을 얻게 되자 산업통상자원부장관은 자문을 거쳐 A시를 최종 유치지역으로 선정하였다.

- A시 주민 甲과 B군 주민 乙은 위의 유치지역 선정에 반대하고 있다. 甲과 乙이 유치지역선정의 위법성을 취소소송으로 다투고자 하는 경우 원고적격이 인정되는가?[69] (25점)

중·저준위 방사성폐기물 처분시설의 유치지역지원에 관한 특별법
제1조【목적】이 법은 중·저준위(中·底準位) 방사성폐기물 처분시설을 유치한 지역에 대한 지원체계를 마련하여 유치지역의 발전 및 주민의 생활 향상에 이바지함을 목적으로 한다.
제7조【유치지역의 선정 등】① 산업통상자원부장관은 「주민투표법」 제8조에 따른 주민투표를 거쳐 유치지역을 선정하여야 한다.
② 산업통상자원부장관은 유치지역의 선정계획, 부지조사 결과, 선정과정 등을 공개적이고 투명하게 진행하여야 한다.
③ 산업통상자원부장관은 유치지역의 선정과 관련하여 해당 지역 주민을 대상으로 설명회 또는 토론회를 실시하여야 한다.
제8조【유치지역 특별지원금의 지원】① 산업통상자원부장관은 「전기사업법」 제12조 제1항 제3호에 따른 원자력발전사업자로 하여금 유치지역을 위한 특별지원금을 관할지방자치단체에 지원하게 할 수 있다. 다만, 대통령령으로 정하는 바에 따라 설치지역으로부터 5킬로미터 이내에 위치하는 곳으로서 다른 시·군·자치구의 읍·면·동에 대하여도 지원금을 지원하게 할 수 있다.
제14조【지역주민의 우선 고용 및 참여】처분시설의 설치, 운영 및 지원을 위하여 시행하는 사업에 유치지역의 주민을 우선하여 고용하거나 참여하게 할 수 있다.

---
[69] 2006년 사법시험 기출문제

1. 문제의 소재

폐기물처분시설 유치지역인 A시 주민 甲과 A시로부터 20km 떨어진 B군 주민 乙에게 유치지역 선정행위의 취소소송을 제기할 수 있는 원고적격이 인정되는지 여부를 살펴보도록 한다.

2. 원고적격의 의의와 판단기준

(1) 원고적격의 의의

취소소송에서 원고적격이란 구체적인 처분에 대하여 누가 원고로서 취소소송을 제기하여 본안판결을 받을 자격이 있는가의 문제를 말한다.

(2) 행정소송법 제12조 1문의 '법률상 이익'의 의미

행정소송법 제12조는 "처분 등의 취소를 구할 법률상 이익이 있는 자"가 취소소송을 제기할 수 있다고 규정하고 있는바, 이때 '법률상 이익'이 무엇을 의미하는지에 대해서 취소소송의 기능과 관련하여 견해가 나뉘어져 있다.

1) 학설

취소소송의 본질(기능)에 관해 i) 위법한 처분으로 야기된 개인의 권리의 회복에 있다고 보는 권리구제설, ii) 위법한 처분으로 권리뿐 아니라 법에 의해 보호되는 이익을 침해당한 자도 처분을 다툴 수 있다는 법률상 보호이익설, iii) 실질적으로 보호가치 있는 이익(법률상 보호되는 이익 + 사실상의 이익)이 침해된 자는 소송을 제기할 수 있다는 보호가치 있는 이익설, iv) 당해 처분을 다툼에 있어 가장 적합한 이해관계를 가진 자가 원고적격을 갖는다는 적법성보장설이 있다.

2) 판례

판례는 기본적으로 법률상 보호이익설을 취하는 것으로 평가되고 있는데[70], 처분의 근거법규 및 관련법규(처분의 근거법규 및 관련법규의 입법취지 포함)에 의해 개별적으로 보호되는 직접적이고 구체적인 개인적 이익을 법률상 이익으로 보고 있다.

3) 검토

행정소송법 제12조는 법률상 이익이 있는 자가 취소소송을 제기할 수 있음을 규정하고 있고, 국민의 권리구제와 법원의 부담의 사이의 조화와 균형을 달성하는 법률상 보호이익설이 타당하다.

---

[70] 제3자라 하더라도 당해 처분의 근거법률에 의하여 보호되는 직접적이고 구체적인 이익을 침해당한 경우에는 취소심판을 제기할 수 있다(중앙2004.7.26, 2004행심08322).

행정쟁송법 사례연습

(3) 법률상 보호이익의 판단기준

1) '법률'의 범위

취소소송에 있어서 판례는 <u>당해 처분의 근거법률뿐만 아니라 관계법규범까지 법의 범위를 확장하여 법률상 이익을 확장</u>[71]하고, <u>기본권</u>에 근거하기도 한다.[72]

2) '이익이 있는'의 의미

판례에 의하면 '법률상 이익'은 <u>처분의 근거 법률에 의하여 보호되는 직접적이고 구체적인 이익이 있는 경우를 말하고 단지 간접적이거나 사실적, 경제적 이해관계를 가지는 데 불과한 경우는 여기에 포함되지 않는다.</u>[73] 그리고 계쟁처분에 의해 법률상 이익이 현실적으로 침해된 경우(예 영업허가의 취소)뿐 아니라 침해의 발생이 확실히 예견되는 경우(예 공장 건축허가)에도 청구인적격이 인정된다.

3) '자'의 범위

법률상 이익의 주체에는 자연인, 법인, 법인격 없는 단체, 다수인도 가능하다.

3. 사안의 경우

(1) A시 주민 甲의 원고적격 인정여부

특별법 제1조는 유치지역의 발전 및 주민의 생활 향상에 이바지함을 목적으로 한다고 명문으로 규정하고 있고, 동법 제7조에서 설명회 또는 토론회를 개최할 것을 명시하여 유치지역 주민의 입장이 반드시 반영되도록 하고 있다는 점, 그리고 동법 제14조에서 처분시설의 설치 및 운영과 관련하여 유치지역 주민을 우선 고용할 수 있다는 규정 등을 종합하여 볼 때, 당해 특별법은 유치지역인 A시 주민 甲의 개인적인 이익까지도 보호하고 있다고 해석되므로 A시 주민 甲의 원고적격을 인정할 수 있다.

(2) B군 주민 乙의 원고적격 인정여부

乙은 유치지역의 주민이 아니므로 원칙적으로 처분의 취소를 구할 법률상 이익이 없다고 할 것이다. 다만 乙은 폐기물시설의 설치·운영으로 인하여 수인한도를 넘는 중대한 환경상의 침해를 받을 우려가 있다는 것을 입증하는 경우에는 예외적으로 원고적격이 인정될

---

71) 조성면적 10만m² 이상이어서 환경영향평가대상사업에 해당하는 당해 국립공원 집단시설지구개발사업에 관하여 당해 변경승인 및 허가처분을 함에 있어서는 반드시 자연공원법령 및 환경영향평가법령 소정의 환경영향평가를 거쳐서 그 환경영향평가의 협의내용을 사업계획에 반영시키도록 하여야 하는 것이니 만큼 자연공원법령뿐 아니라 환경영향평가법령도 당해 변경승인 및 허가처분에 직접적인 영향을 미치는 근거 법률이 된다(대판 1998.4.24, 97누3286).
72) 설사 국세청장의 지정행위의 근거규범인 이 사건 조항들이 단지 공익만을 추구할 뿐 청구인 개인의 이익을 보호하려는 것이 아니라는 이유로 청구인에게 취소소송을 제기할 법률상 이익을 부정한다고 하더라도, 청구인의 기본권인 경쟁의 자유가 바로 행정청의 지정행위(납세병마개 제조자지정행위)의 취소를 구할 법률상 이익이 된다 할 것이다(헌재 1998. 4.30, 97헌마141).
73) 대판 2005.5.12, 2004두14229

수도 있을 것이다.74) 그러나 B군은 폐기물처분시설이 설치되어 있는 A시로부터 20km나 떨어져 있으므로 B군의 주민 乙이 이를 입증하기는 어렵다고 본다.

4. 소결

폐기물처분시설 유치지역인 A시 주민 甲에게는 유치지역 선정행위의 취소를 구할 법률상 이익이 있다고 볼 수 있어 원고적격이 인정될 수 있으나, A시로부터 20km 떨어진 B군의 주민 乙에게는 원고적격이 인정되기 어렵다고 본다.

보충문제

甲은 환경영향평가 대상사업인 X건설사업에 관한 환경영향평가서 초안에 대하여 주민들의 의견을 수렴하고 그 결과를 반영하여 환경영향평가서를 작성한 후 국토교통부장관에게 제출하였다. 국토교통부장관은 환경부장관과의 협의 등 「환경영향평가법」상의 절차를 거쳐 X건설사업에 대한 승인처분을 하였다. 그러나 이후 환경영향평가서의 내용에 오류가 있고 환경부장관의 협의 내용에 따르지 않았다는 사실이 드러났다.

환경영향평가 대상지역 밖에 거주하는 주민 乙은 사업승인처분의 취소를 구하는 소송을 제기할 수 있는가? (10점)   • 2015 사법시험

Ⅰ. 논점 : 환경영향평가 대상지역 밖 거주자의 원고적격

Ⅱ. 원고적격

1. '법률상 이익'의 의미
2. '법률'의 범위

   법률상 보호되는 이익이란 해당 처분의 근거 법규 및 관련 법규에 의하여 보호되는 개별적·직접적·구체적 이익이 있는 경우를 말하고, 공익보호의 결과로 국민 일반이 공통적으로 가지는 일반적·간접적·추상적 이익이 생기는 경우에는 법률상 보호되는 이익이 있다고 할 수 없다(대판 2012.7.5, 2011두13187, 13194).

---

74) 행정처분의 근거 법규 또는 관련 법규에 그 처분으로써 이루어지는 행위 등 사업으로 인하여 환경상 침해를 받으리라고 예상되는 영향권의 범위가 구체적으로 규정되어 있는 경우에는, 그 영향권 내의 주민들에 대하여는 당해 처분으로 인하여 직접적이고 중대한 환경피해를 입으리라고 예상할 수 있고, 이와 같은 환경상의 이익은 주민 개개인에 대하여 개별적으로 보호되는 직접적·구체적 이익으로서 그들에 대하여는 특단의 사정이 없는 한 환경상 이익에 대한 침해 또는 침해 우려가 있는 것으로 사실상 추정되어 법률상 보호되는 이익으로 인정됨으로써 원고적격이 인정되며, 그 영향권 밖의 주민들은 당해 처분으로 인하여 그 처분 전과 비교하여 수인한도를 넘는 환경피해를 받거나 받을 우려가 있다는 자신의 환경상 이익에 대한 침해 또는 침해 우려가 있음을 증명하여야만 법률상 보호되는 이익으로 인정되어 원고적격이 인정된다(대판 2006.12.22, 2006두14001).

III. 환경영향평가 대상지역 밖에 거주하는 주민의 원고적격 인정 여부
- ○ 행정처분의 근거 법규 또는 관련 법규에 그 처분으로써 이루어지는 행위 등 사업으로 인하여 환경상 침해를 받으리라고 예상되는 영향권의 범위가 구체적으로 규정되어 있는 경우에는,…그 영향권 밖의 주민들은 당해 처분으로 인하여 그 처분 전과 비교하여 수인한도를 넘는 환경피해를 받거나 받을 우려가 있다는 자신의 환경상 이익에 대한 침해 또는 침해 우려가 있음을 증명하여야만 법률상 보호되는 이익으로 인정되어 원고적격이 인정된다(대판 2006.12.22. 2006두14001).
- ○ 그러나 판례는 환경상 기본권이 구체적 권리가 아닌 경우에는 기본권에 근거하여 원고적격을 인정할 수 없다는 입장임

IV. 사례의 해결

乙은 사업승인처분으로 인해 전가 비교하여 수인할 수 없는 환경상의 이익에 대한 침해 또는 침해우려가 있다는 사실을 입증하여 취소소송을 제기할 수 있음

연습 28

취소소송에서 원고적격의 확대와 관련하여 이른바 제3자효 행정행위의 원고적격에 대해 설명하시오. (25점)　　　　　　　　　　　　　　　　　　　　　　〈공인노무사 2016〉

Ⅰ. 제3자효 행정행위의 의의

제3자효 행정행위는 상대방에게는 이익을 주고 제3자에게는 불이익을 주거나 상대방에게는 불이익을 주고 제3자에게는 이익을 주는 행정행위를 말한다. 예를 들어 인근주민에게 불이익을 주는 건축허가와 기존업자에게 불이익을 주는 영업허가 및 제3자에게 이익을 주는 공해배출중지명령을 들 수 있다. 오늘날 제3자효 행정행위는 점차 증대되어 가고 있으며, 이에 따라 제3자가 원고적격을 갖게 되는 경우가 등장하기 시작하여 제3자효 행정행위는 공권의 확대현상과 밀접한 관련을 맺고 있다.

Ⅱ. 제3자효 행정행위의 원고적격 인정여부

제3자효 행정행위의 제3자도 쟁송제기의 법률상 이익이 있는 한 행정심판법상의 청구인적격 및 행정소송의 원고적격을 갖는데 대하여는 이의가 없다(행정심판법 제9조, 행정소송법 제12조).

판례도 제3자의 원고적격을 넓게 인정하고 있다(예 건축법상 건축허가에 대한 이웃주민의 원고적격, 여객자동차운수사업법상의 사업면허에 대한 기존업자의 원고적격). 이 경우에 제3자의 원고적격은 근거·관계법규의 해석에 의해 근거·관계법규가 공익과 함께 제3자의 개인적 이익도 아울러 보호하고 있다고 해석되는 경우에 인정함이 일반적이다.

다만 문제는 제3자효 행정행위와 관련하여 입법자가 근거법률을 불충분하게 규율한다든지 또는 아예 근거법률을 규정하지 않는 경우가 간혹 발생한다는 점에 있다.[75]

우리 헌법재판소는 제3자효 행정행위에 대한 취소소송에서 헌법상의 자유권을 고려하여 원고적격 유무를 판단하고 있다.

Ⅲ. 구체적 내용

타자에 대한 행정청의 행위로 인한 제3자의 이익을 법률상 이익으로 보는 사례가 늘고 있는바, 아래에서는 경쟁자소송·경원자소송·이웃소송의 유형으로 나누어 살펴보기로 한다.

---

[75] 정하중, 「행정법개론」, 법문사, 2007, p.713.

행정쟁송법 사례연습

1. 경쟁자소송(경업자소송)

(1) 의의

서로 경쟁관계에 있는 자들 사이에서 특정인에게 주어지는 처분 또는 부작위가 타인에게는 법률상 불이익을 초래하는 경우에 그 타인이 자기의 법률상 이익의 침해를 이유로 수익을 받는 특정인에 대한 행위를 다투는 소송을 말한다.

(2) 판례의 태도

판례는 경쟁자소송에서 그 타인(기존업자)이 영위하는 사업이 특허업인 경우는 원고적격을 인정하는 사례가 많고, 허가업인 경우는 반사적 이익 내지 사실상 이익으로 보아서 원고적격을 인정하지 않는 경향이 있어 왔다. 다만 이를 일관적 태도라 할 수 없고, 허가요건으로 거리제한 또는 영업허가구역 규정이 있고 당해 규정이 기존업자의 개인적 이익도 보호하고 있는 것으로 볼 수 있다면 기존업자에게 원고적격을 인정하는가 하면, 영업을 규제하는 법령이 공익의 보호만을 목적으로 하고 이로 인하여 경쟁관계에 있는 영업자가 반사적으로 이익을 얻는 경우에는 원고적격을 부인한다.

(3) 사례

① 담배 일반소매인의 지정기준으로서 <u>일반소매인의 영업소 간에 일정한 거리제한</u>을 두고 있는 것은 담배유통구조의 확립을 통하여 국민의 건강과 관련되고 국가 등의 주요 세원이 되는 담배산업 전반의 건전한 발전 도모 및 국민경제에의 이바지라는 공익목적을 달성하고자 함과 동시에 <u>일반소매인 간의 과당경쟁으로 인한 불합리한 경영을 방지함으로써 일반소매인의 경영상 이익을 보호</u>하는 데에도 그 목적이 있다고 보이므로, 일반소매인으로 지정되어 영업을 하고 있는 기존업자의 신규 일반소매인에 대한 이익은 단순한 사실상의 반사적 이익이 아니라 법률상 보호되는 이익이라고 해석함이 상당하다(대판 2008.3.27, 2007두23811).

② 자동차 운수사업법 제6조 제1호에서 <u>당해 사업계획이 당해 노선 또는 사업구역의 수송수요와 수송력 공급에 적합할 것을 면허의 기준으로 한 것</u>은 주로 자동차 운수사업에 관한 질서를 확립하고 자동차운수의 종합적인 발달을 도모하여 공공복리의 증진을 목적으로 하고 있으며, 동시에, 한편으로는 <u>업자간의 경쟁으로 인한 경영의 불합리를 미리 방지하는 것이 공공의 복리를 위하여 필요하므로 면허조건을 제한하여 기존업자의 경영의 합리화</u>를 보호하자는 데도 그 목적이 있다할 것이다. 따라서 이러한 기존업자의 이익은 단순한 사실상의 이익이 아니고, 법에 의하여 보호되는 이익이라고 해석된다. 원심이, 당해 노선에 관한 기존업자인 원고에게 본건 행정처분의 취소를 구할 법률상의 이익이 있다(대판 1974.4.9, 73누173).

2. 경원자소송

(1) 의의

수익적 행정처분을 신청한 수인이 서로 경쟁관계에 있어 일방에 대한 면허나 인·허가 등의 행정처분이 타방에 대한 불면허·불인가·불허가 등으로 귀결될 수밖에 없는 경우에 불허가 등으로 인해 자기의 법률상 이익의 침해를 다투는 소송을 말한다. 동일대상지역에 대한 공유수면매립면허나 도로점용허가 혹은 일정지역에 있어서의 영업허가 등에 관하여 거리제한규정이나 업소개수제한규정 등이 있는 경우를 그 예로 들 수 있다.

(2) 판례의 태도

일반적으로, 각 경원자에 대한 인·허가 등이 배타적 관계에 있으므로 경원관계의 존재만으로 타인에 대한 인·허가 등을 취소할 법률상 이익을 갖는다고 본다. 그러나 명백한 법적 장애로 인하여 원고 자신의 신청이 인용될 가능성이 처음부터 배제되어 있는 경우에는 당해 처분의 취소를 구할 정당한 이익이 없다고 한다.[76]

경원자관계에 있는 자는 자신에 대한 불허가처분의 취소를 구하거나 타인에 대한 허가처분의 취소를 구할 수 있고, 또한 양자를 관련청구소송으로 병합하여 제기할 수도 있다.

(3) 사례

① 노선버스 한정면허 기준에 관한 구 자동차운수사업법시행규칙의 규정상 기존의 농어촌버스운송사업계획변경신청을 인가하면 신규의 마을버스운송사업면허를 할 수 없게 되는 경우, 마을버스운송사업면허신청자에게 농어촌버스운송사업계획변경인가처분의 취소를 구할 당사자 적격이 있다(대판 1999.10.12, 99두6026).

② 법학전문대학원 설치인가 신청을 한 41개 대학들은 2,000명이라는 총 입학정원을 두고 그 설치인가 여부 및 개별 입학정원의 배정에 관하여 서로 경쟁관계에 있고 이 사건 각 처분이 취소될 경우 원고의 신청이 인용될 가능성도 배제할 수 없으므로, 원고가 이 사건 각 처분의 상대방이 아니라도 그 처분의 취소 등을 구할 당사자적격이 있다(대판 2009.12.10, 2009두8359).

3. 이웃소송(隣人訴訟)

(1) 의의

이웃소송은 어떠한 시설의 허가처분이 이웃하는 주민에게는 불이익하게 되는 경우, 이로 인해 침해를 받는 인근주민이 그 침해를 다투는 소송을 말한다. 이웃소송은 특히 건축법·환경법분야에서 문제된다.

---

[76] 대판 2009.12.10, 2009두8359

(2) 판례의 태도

이웃소송에 있어서 원고적격의 판단기준은 근거법률의 사익보호성 여부이다. 그러나 입법자가 근거법률을 불충분하게 규율한다든지 또는 아예 근거법률을 규정하지 않는 경우가 간혹 발생한다. 이에 대하여 대법원은 인근주민에게 원고적격이 있는지는 당해 허가처분의 근거법규 및 관계법규의 보호목적에 따라 결정된다고 하여 근거법률의 범위를 확대하였다. 즉, 당해 근거법규 및 관계법규가 공익뿐 아니라 인근주민의 사적 이익도 보호한다고 해석되는 경우에 인근주민에게 원고적격이 인정된다.

특히 환경상 이익을 고려한 판례의 태도를 살펴보면, ① 환경영향평가 대상지역 안의 주민들이 대상사업과 관련하여 갖고 있는 환경상의 이익은 주민 개개인에 대하여 개별적으로 보호되는 직접적·구체적 이익이라고 하면서 당해 허가 또는 승인처분의 취소를 구할 원고적격을 인정하며, ② 환경영향평가 대상지역 밖의 주민이라 할지라도 환경상 이익에 대한 침해 또는 침해 우려가 있다는 점을 입증함으로써 원고적격을 인정받을 수 있다고 하였다. 그러나 환경상 기본권이 구체적 권리가 아닌 경우에는 기본권에 근거하여 원고적격을 인정할 수 없다는 입장이다.

(3) 사례

① 주거지역안에서는 도시계획법 19조 1항과 개정전 건축법 32조 1항에 의하여 공익상 부득이 하다고 인정될 경우를 제외하고는 거주의 안녕과 건전한 생활환경의 보호를 해치는 모든 건축이 금지되고 있을뿐 아니라 주거지역내에 거주하는 사람이 받는 위와 같은 보호이익은 법률에 의하여 보호되는 이익이라고 할 것이므로 주거지역내에 위 법조 소정 제한면적을 초과한 연탄공장 건축허가처분으로 불이익을 받고 있는 제3거주자는 비록 당해 행정처분의 상대자가 아니라 하더라도 그 행정처분으로 말미암아 위와 같은 법률에 의하여 보호되는 이익을 침해받고 있다면 당해행정 처분의 취소를 소구하여 그 당부의 판단을 받을 법률상의 자격이 있다(대판 1975.5.13, 73누96,97).

② 공공용재산이라고 하여도 당해 공공용재산의 성질상 특정개인의 생활에 개별성이 강한 직접적이고 구체적인 이익을 부여하고 있어서 그에게 그로 인한 이익을 가지게 하는 것이 법률적인 관점으로도 이유가 있다고 인정되는 특별한 사정이 있는 경우에는 그와 같은 이익은 법률상 보호되어야 할 것이고, 따라서 도로의 용도폐지처분에 관하여 이러한 직접적인 이해관계를 가지는 사람이 그와 같은 이익을 현실적으로 침해당한 경우에는 그 취소를 구할 법률상 이익이 있다(대판 1992.9.22, 91누13212).

연습 29

A주식회사는 2013. 3.경 안동시장으로부터 분뇨수집·운반업 허가를 받은 다음 그 무렵 안동시장과 사이에 분뇨수집·운반 대행계약을 맺은 후 통상 3년 단위로 계약을 연장해 왔는데 2022. 3. 18. 계약기간을 그 다음 날부터 2025. 3. 18.까지로 다시 연장하였다.

B주식회사는 안동시에서 분뇨수집·운반업을 영위하기 위하여 하수도법 및 같은 법 시행령 소정의 시설, 장비 등을 구비하고 2024. 11. 10. 안동시장에게 분뇨수집·운반업 허가를 신청하여 같은 해 12. 1. 허가처분(이하 '이 사건 처분'이라 한다)을 받았다.

안동시장은 이 사건 처분 후 안동시 전역을 2개 구역으로 나누어 A, B주식회사에 한 구역씩을 책임구역으로 배정하고 각각 2027. 12. 31.까지를 대행기간으로 하는 새로운 대행계약을 체결하였다.

A주식회사는 과거 안동시 전역에서 단독으로 분뇨 관련 영업을 하던 기득권이 전혀 인정되지 않은 데다가 수익성이 낮은 구역을 배정받은 데 불만을 품고, B주식회사에 대한 이 사건 처분은 허가기준에 위배되는 위법한 처분이라고 주장하면서 안동시장을 상대로 2024. 12. 20. 관할 법원에 그 취소를 구하는 행정소송을 제기하였다.

- 위 소송에서 A주식회사에게 원고적격이 인정되는가?[77)] (25점)

[참조조문] 하수도법

제1조【목적】 이 법은 하수도의 설치 및 관리의 기준 등을 정함으로써 하수와 분뇨를 적정하게 처리하여, 하수의 범람으로 인한 침수 피해를 예방하고 지역사회의 건전한 발전과 공중위생의 향상에 기여하며 공공수역의 수질을 보전함을 목적으로 한다.

제2조【정의】 이 법에서 사용하는 용어의 뜻은 다음과 같다.
  2. "분뇨"라 함은 수거식 화장실에서 수거되는 액체성 또는 고체성의 오염물질(개인하수처리시설의 청소과정에서 발생하는 찌꺼기를 포함한다)을 말한다.
  11. "분뇨처리시설"이라 함은 분뇨를 침전·분해 등의 방법으로 처리하는 시설을 말한다.

제3조【국가 및 지방자치단체의 책무】 ① 국가는 하수도의 설치·관리 및 관련 기술개발 등에 관한 기본정책을 수립하고, 지방자치단체가 제2항의 규정에 따른 책무를 성실하게 수행할 수 있도록 필요한 기술적·재정적 지원을 할 책무를 진다.

② 지방자치단체의 장은 공공하수도의 설치·관리를 통하여 관할 구역 안에서 발생하는 하수 및 분뇨를 적정하게 처리하여야 할 책무를 진다.

제41조【분뇨처리 의무】 ① 특별자치시장·특별자치도지사·시장·군수·구청장은 관할 구역 안에서 발생하는 분뇨를 수집·운반 및 처리하여야 한다. 이 경우 특별자치시장·특별자치도지사·시장·군수·구청장은 당해 지방자치단체의 조례가 정하는 바에 따라 제45조의 규정에 따른 분뇨수집·운반업자로 하여금 그 수집·운반을 대행하게 할 수 있다.

> 제45조 【분뇨수집·운반업】 ① 분뇨를 수집·운반하는 영업을 하려는 자는 대통령령으로 정하는 기준에 따른 시설·장비 및 기술인력 등의 요건을 갖추어 특별자치시장·특별자치도지사·시장·군수·구청장의 허가를 받아야 하며, 허가받은 사항 중 환경부령으로 정하는 중요한 사항을 변경하려는 경우에는 특별자치시장·특별자치도지사·시장·군수·구청장에게 변경신고를 하여야 한다.
> ⑤ 특별자치시장·특별자치도지사·시장·군수·구청장은 관할구역 안에서 발생하는 분뇨를 효율적으로 수집·운반하기 위하여 필요한 경우에는 제1항에 따른 허가를 할 때 대통령령으로 정하는 바에 따라 영업구역을 정하거나 필요한 조건을 붙일 수 있다.

Ⅰ. 문제의 제기

(1) 취소소송에서 원고적격이란 구체적인 처분에 대하여 누가 원고로서 취소소송을 제기하여 본안판결을 받을 자격이 있는가의 문제를 말한다. 행정소송법 제12조 제1문은 '취소소송은 처분등의 취소를 구할 법률상 이익이 있는 자가 제기할 수 있다'고 규정한다.

(2) 설문에서 안동시장의 분뇨수집·운반업허가처분의 상대방은 주식회사 B인데 주식회사 A가 B에 대한 처분을 다툴 원고적격이 인정되는지 문제된다.

Ⅱ. 취소소송의 본질

1. 문제점

행정소송법 제12조의 "처분 등의 취소를 구할 법률상 이익"의 범위에 대해 일반적 견해는 취소소송의 본질과 기능에 대한 논의를 통해 결정한다.

2. 학설과 판례

(1) 학설은 취소소송의 본질에 관해 ① 위법한 처분으로 야기된 개인의 권리의 회복에 있다고 보는 권리구제설, ② 위법한 처분으로 권리뿐 아니라 법에 의해 보호되는 이익을 침해당한 자도 처분을 다툴 수 있다는 법률상 보호이익설, ③ 실질적으로 보호가치 있는 이익(법률상 보호되는 이익+사실상의 이익)이 침해된 자는 소송을 제기할 수 있다는 보호가치 있는 이익설, ④ 당해 처분을 다툼에 있어 가장 적합한 이해관계를 가진 자가 원고적격을 갖는다는 적법성보장설이 있다.

---

77) 2012년 변호사시험 기출문제

(2) 판례는 "행정소송에서 소송의 원고는 행정처분에 의하여 직접 권리를 침해당한 자임을 보통으로 하나 직접 권리의 침해를 받은 자가 아닐지라도 소송을 제기할 법률상의 이익을 가진 자는 그 행정처분의 효력을 다툴 수 있다"(대판 1974.4.9, 73누173)고 하여 법률상 보호이익설을 취하는 것으로 평가되고 있다.

3. 검토

취소소송은 주관적 소송이므로 적법성보장설은 타당하지 않으며, 행정소송법 제12조는 법률상 이익이 있는 자가 취소소송을 제기할 수 있음을 규정하고 있고, 국민의 권리구제와 법원의 부담의 사이의 조화와 균형을 달성하는 법률상 보호이익설이 타당하다.

Ⅲ. 법률상 이익의 판단기준

1. '법률'의 범위

일반적인 견해는 처분의 근거법규의 규정과 취지, 관련법규의 규정과 취지 외에 헌법상 기본권 규정도 고려해야 한다는 입장이다.

대법원은 종래 "기본적으로 당해 처분의 근거가 되는 법규가 보호하는 이익만을 법률상 이익으로 본다"(대판 1989.5.23, 88누8135)고 하였으나, "국립공원 집단시설지구개발사업에 관하여 당해 변경승인 및 허가처분을 함에 있어서는 반드시 자연공원법령 및 환경영향평가법령 소정의 환경영향평가를 거쳐서 그 환경영향평가의 협의내용을 사업계획에 반영시키도록 하여야 하는 것이니 만큼 자연공원법령뿐 아니라 환경영향평가법령도 당해 변경승인 및 허가처분에 직접적인 영향을 미치는 근거 법률이 된다"(대판 1998.4.24, 97누3286)하는 등 당해 처분의 근거법률뿐만 아니라 관계법규범까지 법의 범위를 확장하여 법률상 이익을 확장하고 있다. 헌법재판소는 "청구인의 기본권인 경쟁의 자유가 바로 행정청의 지정행위(납세병마개 제조자지정행위)의 취소를 구할 법률상 이익이 된다"(헌재 1998.4.30, 97헌마141)고 하여 기본권에 근거하기도 한다.

2. '이익이 있는'의 의미

판례에 의하면 '법률상 이익'은 처분의 근거 법률에 의하여 보호되는 직접적이고 구체적인 이익이 있는 경우를 말하고 단지 간접적이거나 사실적, 경제적 이해관계를 가지는 데 불과한 경우는 여기에 포함되지 않는다.[78] 그리고 계쟁처분에 의해 법률상 이익이 현실적으로

---

78) 대판 2005.5.12, 2004두14229

침해된 경우(예 영업허가의 취소)뿐 아니라 침해의 발생이 확실히 예견되는 경우(예 공장건축허가)에도 청구인적격이 인정된다.

3. '자'의 범위

법률상 이익의 주체에는 자연인, 법인, 법인격 없는 단체, 다수인(공동소송의 경우)도 가능하다.

Ⅳ. A주식회사의 원고적격

1. 원고적격의 확대화 경향

판례는 경찰영업허가에 의하여 받은 이익을 법률상 이익으로 보는 사례가 늘고 있다. 가령 <u>주유소영업허가의 경우 기존업자에게 신규영업허가의 취소를 구할 소익을 인정하였다</u>(대판 1974.11.26, 74누110). 그리고 도로통행등 공물의 자유사용으로 인하여 사용자가 받는 이익을 종래의 반사적 이익을 넘어 권리성을 주장하는 학설(특히 인접주민의 강화된 이용권이론)이 등장하기도 한다. 또한 타자에 대한 행정청의 행위로 인한 제3자의 이익을 법률상 이익으로 본 판례가 늘고 있다(경쟁자소송, 경원자소송, 이웃소송의 인정).

2. 경쟁자소송

A와 B는 경쟁자관계에 있고 A가 제기한 소송은 경쟁자소송이다. 경쟁자소송이란 서로 경쟁관계에 있는 자들 사이에서 특정인에게 주어지는 수익적 행위가 타인에게는 법률상 불이익을 초래하는 경우에 그 타인이 자기의 법률상 이익의 침해를 다투는 소송을 말한다.79) 다만 영업을 규제하는 법령이 공익 보호만을 목적으로 하고 이로 인하여 경쟁관계에 있는 영업자가 반사적으로 이익을 얻는 경우에는 원고적격이 부인된다.

판례는 "일반적으로 <u>면허나 인·허가 등의 수익적 행정처분의 근거가 되는 법률이 해당 업자들 사이의 과당경쟁으로 인한 경영의 불합리를 방지하는 것도 그 목적으로 하고 있는 경우</u>, 다른 업자에 대한 면허나 인·허가 등의 수익적 행정처분에 대하여 이미 <u>같은 종류의 면허나 인·허가 등의 수익적 행정처분을 받아 영업을 하고 있는 기존의 업자는 경업자

---

79) 자동차운수사업법 제6조 제1항 제1호에서 당해 사업계획이 당해 노선 또는 사업구역의 수송수요와 수송력공급에 적합할 것을 면허의 기준으로 정한 것은 자동차운수사업에 관한 질서를 확립하고 자동차운수사업의 종합적인 발달을 도모하여 공공의 복리를 증진함과 동시에 업자간의 경쟁으로 인한 경영의 불합리를 미리 방지하자는 데 그 목적이 있다 할 것이므로 개별화물자동차운송사업면허를 받아 이를 영위하고 있는 기존의 업자로서는 동일한 사업구역내의 동종의 사업용 화물자동차면허대수를 늘리는 보충인가처분에 대하여 그 취소를 구할 법률상 이익이 있다(대판 1992.7.10, 91누9107).

에 대하여 이루어진 면허나 인·허가 등 행정처분의 상대방이 아니라 하더라도 당해 행정처분의 취소를 구할 원고적격이 있다"(대판 2002.10.25, 2001두4450)고 한다.

그리고 설문과 유사한 사건에서 "분뇨 등 관련 영업허가를 받아 영업을 하고 있는 기존업자의 이익이 법률상 보호되는 이익"(대판 2006.7.28, 2004두6716)이라고 보아, 기존업자에게 경업자에 대한 영업허가처분의 취소를 구할 원고적격을 인정하였다.

3. 분뇨수집·운반업 허가처분의 법적 성질 – 특허

특허란 특정인을 위하여 새로운 권리를 설정하는 행위, 능력을 설정하는 행위, 포괄적인 법률관계를 설정하는 행위를 말한다. 하수도법 제1조, 제3조, 제41조를 고려하면 분뇨수집·운반업은 지방자치단체장이 처리해야 하는 공익적인 사업이다. 그런데 지방자치단체장이 조례가 정하는 바에 따라 분뇨수집·운반업자로 하여금 그 수집·운반을 대행하게 할 수 있는바, 설문의 분뇨수집·운반업허가는 강학상 특허에 해당한다.

일반적 견해와 판례는 특허를 받은 자의 이익은 법률상 이익으로 본다. 따라서 A주식회사는 B주식회사에게 내려진 허가처분을 다툴 원고적격이 인정된다.

V. 설문의 해결

하수도법 제45조 제5항에 따라 지방자치단체장은 허가를 할 때 영업구역을 정하거나 필요한 조건을 붙일 수 있는데, 조건을 붙이더라도 이를 해결할 수 없는 상태라고 판단되면 분뇨등 수집·운반업의 신규허가를 제한할 수 있다고 보인다.

이렇게 허가를 제한할 수 있도록 하고 있는 것은 분뇨등을 적정하게 처리하여 자연환경과 생활환경을 청결히 하고 수질오염을 감소시킴으로써 국민보건의 향상과 환경보전에 이바지한다는 공익목적을 달성하고자 함과 동시에 업자 간의 과당경쟁으로 인한 경영의 불합리를 미리 방지하자는 데 그 목적이 있다고 본다.

따라서 분뇨등 관련 영업허가를 받아 영업을 하고 있는 기존업자의 이익은 단순한 사실상의 반사적 이익이 아니고 법률상 보호되는 이익이라고 해석된다.

설문에서 A주식회사와 B주식회사는 분뇨수집과 운반이라는 같은 업종에 관한 영업허가처분을 받은 경업자 관계에 있다. 따라서 기존 업자인 A주식회사는 새로운 경업자인 B주식회사에 대하여 이루어진 이 사건 처분의 상대방이 아니라 하더라도 당해 처분의 취소를 구할 원고적격이 있다.

연습 30

A시에서 여객자동차운송사업을 하고 있는 甲은 운송사업 중 일부 노선을 같은 지역 여객자동차운송사업자인 乙에게 양도하였고, A시의 시장 X는 위 양도·양수를 인가하였다. 이 노선에는 甲 이외에도 여객자동차운송사 업자 丙이 일부 중복된 구간을 운영하고 있으며, 위 인가처분으로 해당 구간의 사업자는 甲, 乙, 丙으로 증가한다. 이에 丙은 기존의 경쟁 사업자 외에 乙이 동일한 운행경로를 포함한 운행계통을 가지게 되어 그 중복운행 구간의 연고 있는 사업자 수가 증가하고, 그 결과 향후 운행횟수 증회, 운행 계통 신설 및 변경 등에 있어 장래 기대이익이 줄어들 것을 우려한다. 그런데 위 인가처분으로 인해 甲이 운행하던 일부 노선에 관한 운행계통, 차량 및 부대시설 등이 일체로 乙에게 양도된 것이어서, 이로 인하여 종전 노선 및 운행계통이나 그에 따른 차량수 및 운행횟수 등에 변동이 있는 것은 아니다. 丙이 위 인가처분의 취소를 구하는 소송을 제기할 경우, 원고적격이 인정되는가? (25점) 〈공인노무사 2023〉

Ⅰ. 문제의 제기

여객자동차운송사업 노선인가처분에도 불구하고 종전 노선 및 운행계통이나 그에 따른 차량수 및 운행횟수 등에 변동이 없다면, 기존업자가 인가처분을 다툴 원고적격이 인정되는지 문제된다.

Ⅱ. 원고적격 일반

1. 의의

원고적격이란 행정소송에서 원고가 될 수 있는 자격을 말한다. 행정소송법 제12조는 "처분 등의 취소를 구할 법률상 이익이 있는 자"가 취소소송을 제기할 수 있다고 규정한다. 따라서 처분의 직접 상대방이 아니더라도 법률상 이익이 있는 자는 원고가 될 수 있다.

2. '법률상 이익'의 의미

행정소송법 제12조 1문의 '법률상 이익'이 무엇을 의미하는지에 대해서 취소소송의 기능과 관련하여 견해가 나뉘어져 있다.

(1) 학설

취소소송의 본질(기능)에 관해 ① 위법한 처분으로 야기된 개인의 권리의 회복에 있다고 보는 권리구제설, ② 위법한 처분으로 권리뿐 아니라 법에 의해 보호되는 이익을 침해당한 자도 처분을 다툴 수 있다는 법률상 보호이익설(법률상 이익구제설), ③ 소송법적 관점에서 실질적으로 보호가치 있는 이익이 침해된 자는 소송을 제기할 수 있다는 보호가치 있는 이익설, ④ 당해 처분을 다툼에 있어 가장 적합한 이해관계를 가진 자가 원고적격을 갖는다는 적법성보장설이 있다.

법률상 보호이익설(법률상 이익구제설)이 현재 다수설이다. 다만, 학설 가운데에는 그 '법률'의 범위에 대하여 처분의 근거법령이나 관계법령에서 더 나아가 절차규정, 헌법규정, 소송법 등 전체 법질서까지 확대해나가서 보호가치 있는 이익설과 마찬가지로 원고적격을 확대해야 한다는 견해도 주장된다.

(2) 판례

판례는 기본적으로 법률상 보호이익설을 취하는 것으로 평가되고 있는데, <u>처분의 근거법규 및 관련법규(처분의 근거법규 및 관련법규의 입법취지 포함)에 의해 개별적으로 보호되는 직접적이고 구체적인 개인적 이익을 법률상 이익으로 보고 있다.</u>

그리고 '법률상 이익'은 처분의 근거 법률에 의하여 보호되는 직접적이고 구체적인 이익이 있는 경우를 말하고 <u>단지 간접적이거나 사실적, 경제적 이해관계를 가지는 데 불과한 경우는 여기에 포함되지 않는다.</u>[80] 그리고 계쟁처분에 의해 법률상 이익이 현실적으로 침해된 경우뿐 아니라 침해의 발생이 확실히 예견되는 경우에도 청구인적격이 인정된다.

(3) 검토

행정소송법 제12조는 법률상 이익이 있는 자가 취소소송을 제기할 수 있음을 규정하고 있고, 국민의 권리구제와 법원의 부담의 사이의 조화와 균형을 달성하는 법률상 보호이익설이 타당하다. 다만 법률상 보호되는 이익을 판단하는 근거법규를 확대하려는 견해들도 경청할 만하다.

Ⅲ. 경쟁자 소송에서의 원고적격

1. 경쟁자 소송의 의의

경쟁자(경업자)소송이란 서로 경쟁관계에 있는 자들 사이에서 특정인에게 주어지는 처분 또는 부작위가 타인에게는 법률상 불이익을 초래하는 경우에 그 타인이 자기의 법률상 이익의 침해를 이유로 수익을 받는 특정인에 대한 행위를 다투는 소송을 말한다.

2. 판례의 태도

판례는 당해 사업이 특허인지 허가인지 여부보다, <u>처분의 근거법률이</u> 당해 업종의 건전한 발전을 도모하여 <u>공공의 복리를 증진함을 목적으로 할 뿐 아니라 동시에 업자간의 과다한</u>

---

[80] 대판 2005.5.12, 2004두14229

경쟁으로 인한 경영상의 불합리를 방지하는 것이 공공의 복리를 위하여 필요하므로 면허, 인·허가 등의 조건을 제한하여 기존업자의 경영의 합리화를 보호하는 것도 목적으로 하고 있는지의 여부를 원고적격 유무를 판단하는 기준으로 삼고 있다.

따라서 허가 또는 인가요건으로 거리제한 또는 영업허가구역 규정이 있고 당해 규정이 기존업자의 개인적 이익도 보호하고 있는 것으로 볼 수 있다면 기존업자에게 원고적격을 인정할 수 있다.

3. 사안의 경우

A시가 운행계통 신설, 변경 등에 관한 인가를 함에 있어 법령에 따라 차량수 및 운행횟수 등의 변동을 고려해야 하는 것인지는 설문상 분명하지 않다.

만일 A시가 내부의 사무처리기준에 따라 해당 운행횟수 증회, 운행계통 신설, 변경 등에 관한 인가를 하도록 규정하고 있다면, 이러한 규정에 의하여 丙이 장래 운행횟수의 증회, 운행계통의 신설, 변경 등에 관하여 얻을 수 있는 기대이익은 법률상 보호되는 직접적이고 구체적인 이익이라고 볼 수는 없다.[81]

그리고 甲과 乙 사이의 운송사업 양도·양수는 甲이 운행하던 일부 노선에 관한 운행계통, 차량 및 부대시설 등을 일체로 참가인에게 양도한 것이어서, 이로 인하여 종전 노선 및 운행계통이나 그에 따른 차량수 및 운행횟수 등에 변동이 있는 것은 아님을 알 수 있으므로 위 양도·양수로 인하여 원고의 법률상 이익이 침해된다고 볼 수는 없다.[82]

그 밖에 사안의 인가처분으로 인하여 丙의 어떠한 법률상 이익이 침해되고 있다고 볼 만한 사정이 없으므로, 丙으로서는 인가처분의 취소를 구할 원고적격 내지 소의 이익이 없다고 본다.

Ⅳ. 설문의 해결

사안에서 丙이 인가처분의 취소를 구하는 소송을 제기할 경우, 원고적격이 인정되지 아니한다.

---

81) 대판 1997.4.25, 96누14906
82) 대판 1997.4.25, 96누14906

연습 31

甲은 도로에 상품진열대를 설치하기 위해 도로법이 정한 요건을 갖추어 권한행정청인 乙에게 도로점용허가를 신청하였다. 乙은 '최근 보행자의 잦은 민원이 발생하니 도로점용허가를 일체 하지 말라'라는 감독청의 지시를 이유로 점용허가를 거부하였다.

(1) 甲은 점용허가 거부에 대하여 취소소송을 제기할 원고적격을 갖는가? (20점)
(2) 취소소송의 수소법원이 심리함에 있어서, 일정한 결론(도로점용허가 여부)을 도출하여 乙이 한 판단의 적법 여부를 판정할 수 있는가? (10점)

[참고조문] 도로법
제61조【도로의 점용 허가】① 공작물·물건, 그 밖의 시설을 신설·개축·변경 또는 제거하거나 그 밖의 사유로 도로(도로구역을 포함한다. 이하 이 장에서 같다)를 점용하려는 자는 도로관리청의 허가를 받아야 한다.

Ⅰ. 논점의 정리

(1) 甲에게 원고적격이 인정되는지의 여부는 행정소송법 제12조 제1문이 규정하는 법률상 이익을 갖는가와 관련된다. 특히 개인적 공권의 성립 요소로 행정청의 의무의 존재, 사익보호성이 문제된다.

(2) 법원의 심사 방식, 즉 법원이 일정한 결론을 도출하여 행정청이 한 판단의 적법 여부를 판정할 수 있는가의 여부는 도로점용허가가 기속행위인지, 재량행위인지에 따라 달라진다.

Ⅱ. 도로점용허가의 법적 성질

도로법 제61조 제1항에 의한 도로점용은 일반공중의 교통에 사용되는 도로에 대하여 이러한 일반사용과는 별도로 도로의 특정부분을 유형적·고정적으로 특정한 목적을 위하여 사용하는 이른바 특별사용(특허)을 뜻하는 것이고, 이러한 도로점용의 허가는 특정인에게 일정한 내용의 공물사용권을 설정하는 설권행위로서, 공물관리자가 신청인의 적격성, 사용목적 및 공익상의 영향 등을 참작하여 허가를 할 것인지의 여부를 결정하는 재량행위이다(대판 2002.10.25, 2002두5795).

Ⅲ. 설문 (1) - 甲의 원고적격성

1. 행정소송법 제12조 제1문

(1) 원고적격의 의의와 규정내용

취소소송에서 원고적격이란 구체적인 처분에 대하여 누가 원고로서 취소소송을 제기하여 본안판결을 받을 자격이 있는가의 문제를 말한다. 행정소송법 제12조 제1문은 "취소소송은 처분등의 취소를 구할 법률상 이익이 있는 자가 제기할 수 있다"고 규정하고 있다.

(2) '법률상 이익'의 의미

행정소송법 제12조 제1문의 '법률상 이익'이 무엇을 의미하는지에 대해서 취소소송의 기능과 관련하여 견해가 나뉘어져 있다.

1) 학설

취소소송의 본질(기능)에 관해 ① 위법한 처분으로 야기된 개인의 권리의 회복에 있다고 보는 권리구제설, ② 위법한 처분으로 권리뿐 아니라 법에 의해 보호되는 이익을 침해당한 자도 처분을 다툴 수 있다는 법률상 보호이익설, ③ 실질적으로 보호가치 있는 이익(법률상 보호되는 이익+사실상의 이익)이 침해된 자는 심판을 제기할 수 있다는 보호가치 있는 이익설, ④ 당해 처분을 다툼에 있어 가장 적합한 이해관계를 가진 자가 청구인적격을 갖는다는 적법성보장설이 있다.

2) 판례

판례는 기본적으로 법률상 보호이익설을 취하는 것으로 평가되고 있는데, <u>처분의 근거법규 및 관련법규(처분의 근거법규 및 관련법규의 입법취지 포함)에 의해 개별적으로 보호되는 직접적이고 구체적인 개인적 이익을 법률상 이익으로 보고 있다</u>(대판 2015.7.23, 2012두19496).

3) 검토

행정소송법 제12조는 법률상 이익이 있는 자가 취소소송을 제기할 수 있음을 규정하고 있고, 국민의 권리구제와 법원의 부담의 사이의 조화와 균형을 달성하는 법률상 보호이익설이 타당하다.

(3) 법률상 보호이익의 판단기준

1) '법률'의 범위

취소소송에 있어서 판례는 당해 처분의 근거법률뿐만 아니라 관계법규범까지 법의 범위

를 확장하여 법률상 이익을 확장하고[83], 기본권에 근거하기도 한다.[84]

2) '이익이 있는'의 의미

판례에 의하면 '법률상 이익'은 처분의 근거 법률에 의하여 보호되는 직접적이고 구체적인 이익이 있는 경우를 말하고 단지 간접적이거나 사실적, 경제적 이해관계를 가지는 데 불과한 경우는 여기에 포함되지 않는다.[85] 그리고 계쟁처분에 의해 법률상 이익이 현실적으로 침해된 경우(예 영업허가의 취소)뿐 아니라 침해의 발생이 확실히 예견되는 경우(예 공장건축허가)에도 청구인적격이 인정된다.

3) '자'의 범위

법률상 이익의 주체에는 자연인, 법인, 법인격 없는 단체, 다수인도 가능하다.

(4) 법률상 이익(개인적 공권)의 성립 요건

1) 행정청의 의무의 존재

행정청에게 일정한 의무를 부과하는 행정법규가 존재하여야 한다. 과거에는 그 의무가 기속행위의 경우에만 인정되었으나, 오늘날에는 재량행위의 수권규범으로부터도 일정한 개인적 공권의 성립이 인정되고 있다(예 무하자재량행사청구권, 행정개입청구권).

2) 사익보호성의 존재

① 당해 행정법규의 목적·취지가 적어도 관계인의 이익도 보호하고자 하는 것인 경우이어야 한다. 여기서 관계인의 이익은 직접적이고 구체적인 것이어야 한다. 단순한 공익목적만을 갖고 사익의 보호를 의도하고 있지 않다면, 그로 인하여 개인이 받는 이익은 반사적 이익에 지나지 않는다.

② 그리고 사익보호목적의 존부를 판단하는 데에는 ㉠ 당해 법률의 규정과 취지만을 고려하여야 한다는 견해, ㉡ 당해 법률의 규정과 취지 외에 관련법률의 취지도 고려하여야 한다는 견해, ㉢ 기본권규정까지도 고려하여야 한다는 견해가 있다. 판례의 경향은, 당해 처분의 근거되는 법률만을 고려하거나(대판 2002.8.23, 2002추61), 조리를 활용하기도 하고(대판 1999.12.7, 97누17568), 기본권을 고려하는 판례(대판 1992.5.8, 91부8)까지 나타나고 있다

---

[83] 조성면적 10만㎡ 이상이어서 환경영향평가대상사업에 해당하는 당해 국립공원 집단시설지구개발사업에 관하여 당해 변경승인 및 허가처분을 함에 있어서는 반드시 자연공원법령 및 환경영향평가법령 소정의 환경영향평가를 거쳐서 그 환경영향평가의 협의내용을 사업계획에 반영시키도록 하여야 하는 것이니 만큼 자연공원법령뿐 아니라 환경영향평가법령도 당해 변경승인 및 허가처분에 직접적인 영향을 미치는 근거 법률이 된다(대판 1998.4.24, 97누3286).

[84] 설사 국세청장의 지정행위의 근거규범인 이 사건 조항들이 단지 공익만을 추구할 뿐 청구인 개인의 이익을 보호하려는 것이 아니라는 이유로 청구인에게 취소소송을 제기할 법률상 이익을 부정한다고 하더라도, 청구인의 기본권인 경쟁의 자유가 바로 행정청의 지정행위(납세병마개 제조자지정행위)의 취소를 구할 법률상 이익이 된다 할 것이다(헌재 1998.4.30, 97헌마141).

[85] 대판 2005.5.12, 2004두14229

2. 설문의 해결

(1) 행정청의 의무의 존재

개인적 공권이 성립하기 위해서는 행정청에 의무가 존재해야 하는바, 행정청의 의무는 기속행위뿐 아니라 도로점용허가와 같은 재량행위에도 존재한다. 도로법 제61조 제1항은 도로상 공공복리의 실현을 위해 반드시 적용되어야 하는 강행규정이다. 따라서 권한행정청 乙은 도로점용허가신청에 대하여 어떠한 처분을 하여야 할 의무를 부담한다.

(2) 사익보호성의 존재

도로법 제61조 제1항의 도로점용허가제는 무분별한 도로점용으로부터 나타날 수 있는 도로의 유지·관리의 어려움을 방지하고 도로이용의 효율성을 증대하기 위한 것이므로 공익실현을 주된 목적으로 한다. 그러나 또 한편으로 도로점용허가를 받은 자는 도로의 특정부분을 유형적·고정적으로 특정한 목적을 위하여 사용할 수 있는 독점적인 지위를 부여받을 수 있으므로, 이러한 범위 안에서 도로법 제61조 제1항은 사익보호성을 갖는다.

(3) 결론

도로법 제61조 제1항으로부터 권한행정청의 행위의무와 甲에 대한 사익보호성이 추론된다. 또한 도로점용허가를 받아 누릴 수 있는 이익은 근거법규인 도로법 제61조 제1항에 의해 개별적으로 보호되는 직접적이고 구체적인 개인적 이익이라 할 수 있어 원고적격에 필요한 법률상 이익을 갖는다. 따라서 甲은 이 사건 취소소송의 원고적격을 갖는다.

Ⅳ. 설문 (2) - 재량행위의 사법심사 방식

1. 문제의 소재

도로점용허가는 도로의 특정부분을 유형적·고정적으로 특정한 목적을 위하여 사용하는 이른바 특별사용이고 공물관리자가 신청인의 적격성, 사용목적 및 공익상의 영향 등을 참작하여 허가를 할 것인지의 여부를 결정하는 재량행위이다. 재량행위에 대한 법원의 사법심사 방식이 기속행위의 경우와 어떻게 다른지 살펴본다.

2. 재량행위의 의의

(1) 재량권과 재량행위

재량권(裁量權)이란 행정기관이 행정권을 행사함에 있어서 둘 이상의 다른 내용의 결정 또는 행태 중에서 선택할 수 있는 권한을 말한다. 재량행위는 재량권의 행사에 의해 행해지는 행정행위이다.

(2) 재량행위의 필요성

법치행정원리에 따라 행정행위는 행정법규에 의해 행하여져야 한다. 그러나 입법자는 ① 장래의 모든 사태에 대비하여 상세하고 합리적인 규정을 두는 것이 불가능하고, ② 행정의 전문성·기술성의 요청 때문에 행정청에게 법의 집행과정에 관한 정책적·행정적 판단의 여지를 부여하는 것이 불가피하다. 그러나 재량권의 남용은 법치국가에 적대적인 것이므로 그 통제가 중요한 과제로 등장한다.

(3) 재량행위와 기속행위의 구별

1) 종래의 구별기준

이는 법의 구속정도(규율밀도)를 기준으로 한 구별이다. 즉 법이 행정행위를 규율하면서 행정청에게 행정적 판단의 여지를 부여하고 있는가의 여부에 따라 이를 부여하는 행정행위를 재량행위, 부여하고 있지 아니한 행정행위를 기속행위라고 한다. 양자를 구별하는 기준으로 종래 요건재량설86)과 효과재량설87)이 검토되어 왔다.

2) 최근의 학설과 판례

행정행위가 그 재량성의 유무 및 범위와 관련하여 이른바 기속행위 내지 기속재량행위와 재량행위 내지 자유재량행위로 구분된다고 할 때, 그 구분은 당해 행위의 근거가 된 법규의 체재·형식과 그 문언, 당해 행위가 속하는 행정 분야의 주된 목적과 특성, 당해 행위 자체의 개별적 성질과 유형 등을 모두 고려하여 판단하여야 한다(대판 2001.2.9, 98두17593).

3. 재량행위와 기속행위의 구별실익

(1) 문제점

전통적으로 ① 부관의 가능성, ② 공권의 성립여부, ③ 요건에 따른 효과의 부여, ④ 재판통제의 범위 등을 둘러싸고 재량행위와 기속행위의 구별실익이 논의되어 왔다. 그 가운데 설문 (2)는 재판통제의 범위와 관련된다.

---

86) 요건재량설(법규재량설)

기속행위	행정행위에 관한 요건규정과 효과규정이 일의적이고 구체적으로 규정되어 있는 경우
재량행위	⑤ 법령이 처분요건은 규정하지 않고 처분권한만을 부여하고 있거나, 처분요건을 규정하고 있어도 다만 일반적 공익관념으로만 규정하는 경우, ⓒ 처분요건이 보다 한정적으로 규정되어 있더라도 불확정개념·종국목적만으로 규정되어 있는 경우(예) 특정인이 대한민국의 이익이나 공공의 안전을 해할 우려가 있는 사람에 해당하는지 여부의 판단), ⓒ 효과규정에서 "행정청은 … 할 수 있다" 또는 "행정청은…아니할 수 있다"고 규정한 경우

87) 효과재량설(행정행위효과재량설)

기속행위	개인의 자유·권리를 제한·침해하거나 의무를 부과하는 행위는 법령상 재량을 인정하는 것으로 보이는 경우도 기속행위(예) 징계처분)
재량행위	⑤ 개인에게 새로운 권리를 설정하거나 이익을 부여하는 행위(예) 영업허가)는 법률이 특히 개인에게 그 권리·이익을 요구할 수 있는 지위를 부여한 경우를 제외하고 재량행위이고, ⓒ 직접 개인의 권리·의무에 영향을 미치지 아니하는 행위는 재량행위

(2) 재판통제의 범위

1) 위법성 통제

행정소송법은 소송대상을 위법한 처분으로 규정하고 있다(제1조). 기속행위에 있어 행정권 행사에 잘못이 있는 경우에 위법한 행위가 되므로 기속행위에 대한 재판통제는 제한이 없다. 그런데 재량권의 한계 내에서는 행정청이 일응 판단을 그르쳐도 위법의 문제는 생기지 않고 부당할 따름이므로 재량행위는 원칙적으로 재판통제의 범위 밖이다. 그러나 재량권 행사의 한계를 정한 실정법 내지 불문법원리에 저촉되는 것이면 재량권의 일탈·남용의 문제가 되어 위법한 처분이 됨으로써 행정소송의 대상이 된다. 행정소송법 제27조는 '행정청의 재량에 속하는 처분이라도 재량권의 한계를 넘거나 그 남용이 있는 때에는 법원은 이를 취소할 수 있다'고 규정하여 재량행위에 대한 사법심사를 인정한다.

2) 사법심사방식

기속행위의 경우 법원은 행정청의 판단이 법원의 판단과 다른 경우 법원의 판단을 행정청의 판단에 대체하는 완전심사방식(판단대체방식)을 취한다. 그러나 재량행위의 경우 공익판단인 경우 행정청의 판단이 심히 부당한 경우가 아니면 법원은 당해 행정청의 결정을 위법하다고 판단할 수 없다(제한심사방식).

3) 판례의 태도

판례는 기속행위의 경우 법원이 사실인정과 관련 법규의 해석·적용을 통하여 일정한 결론을 도출한 후 그 결론에 비추어 행정청이 한 판단의 적법 여부를 독자의 입장에서 판정하는 방식에 의하게 되나, 재량행위의 경우 법원은 독자의 결론을 도출함이 없이 당해 행위에 재량권의 일탈·남용이 있는지 여부만을 심사하게 된다는 입장이다.[88]

4) 검토

재량권의 한계 내에서는 위법의 문제는 생기지 않고 부당할 따름이므로 재량행위는 원칙적으로 재판통제의 범위 밖이라는 점, 그리고 행정소송법 제27조에 의하여 재량의 일탈, 남용, 해태의 경우에는 하자 있는 재량행사로서 위법한 행정행위가 되어 항고소송의 대상이 된다는 점에서, 재량행위의 경우 법원은 행정청의 제1차적 판단권을 존중하여 독자의 결론을 도출함이 없이 당해 행위에 재량권의 일탈·남용이 있는지 여부만을 심사한다는 판례의 태도가 타당하다.

---

[88] 행정행위를 기속행위와 재량행위로 구분하는 경우 양자에 대한 사법심사는, 기속행위의 경우 그 법규에 대한 원칙적인 기속성으로 인하여 법원이 사실인정과 관련 법규의 해석·적용을 통하여 일정한 결론을 도출한 후 그 결론에 비추어 행정청이 한 판단의 적법 여부를 독자의 입장에서 판정하는 방식에 의하게 되나, 재량행위의 경우 행정청의 재량에 기한 공익판단의 여지를 감안하여 법원은 독자의 결론을 도출함이 없이 당해 행위에 재량권의 일탈·남용이 있는지 여부만을 심사하게 되고 이러한 재량권의 일탈·남용 여부에 대한 심사는 사실오인, 비례·평등의 원칙 위배 등을 그 판단 대상으로 한다(대판 2007.5.31, 2005두1329).

4. 설문의 해결

행정청 乙은 '보행자의 잦은 민원이 발생하니 도로점용허가를 일체 하지 말라'라는 감독청의 지시라는 공익판단에 따라 甲에 대한 도로점용허가(재량행위)를 거부했는바, 乙의 판단이 심히 부당한 경우가 아니면 법원은 당해 행정청의 결정을 위법하다고 판단할 수 없다. 결국 법원은 도로점용허가에 관한 독자의 결론을 도출하지 못하고 사실오인, 비례·평등의 원칙 위배 등을 판단 대상으로 하여 乙의 거부행위에 재량권의 일탈·남용이 있는지 여부만을 심사할 수 있다.

보충문제 1

甲은 서울에서 주유소를 운영하는 자로, 기존 주유소 진입도로 외에 주유소 인근 구미대교 남단 도로(이하 '이 사건 본선도로'라 한다.)에 인접한 도로부지(이하 '이 사건 도로'라 한다.)를 주유소 진·출입을 위한 가·감속차로 용도로 사용하고자 관할구청장 乙에게 도로점용허가를 신청하였다. 이 사건 본선도로는 편도 6차로 도로이고, 주행제한속도는 시속 70km이며, 이 사건 도로는 이 사건 본선도로의 바깥쪽을 포함하는 부분으로 완만한 곡선구간의 중간 부분에 해당한다. 이 사건 본선도로 중 1, 2, 3차로는 구미대교 방향으로 가는 차량이, 4, 5차로는 월드컵대로 방향으로 가는 차량이 이용하도록 되어 있다. 4, 5차로를 이용하던 차량이 이 사건 본선도로 중 6차로 및 이 사건 도로부분을 가·감속차로로 하여 주유소에 진입하였다가 월드컵대로로 진입하는 데 별다른 어려움은 없다.

한편, 丙은 이 사건 도로상에서 적법한 도로점용허가를 받지 않고 수년 전부터 포장마차를 설치하여 영업을 하고 있었다.

乙이 甲에게 도로점용허가를 한 경우, 丙이 甲에 대한 乙의 도로점용허가를 다툴 수 있는 원고적격이 있는지를 논하시오. (20점)

• 2016 변호사시험

Ⅰ. 논점 : 무허가업자의 원고적격

Ⅱ. 취소소송의 원고적격

  1. 원고적격의 의의

  2. 법률상 이익에 관한 학설

  3. 법률상 이익의 내용

    ○ <u>법에 의하여 보호되는 개별적·직접적·구체적 이익</u>(대판 2008.3.27, 2007두23811)

    ○ 행정처분의 상대방이 아닌 <u>제3자라도 당해 행정처분의 취소를 구할 법률상의 이익이 있는 경우에는 그 처분의 취소를 구할 수 있으나, 이 경우 법률상의 이익이란 당

해 처분의 근거 법률에 의하여 직접 보호되는 구체적인 이익을 말하므로 제3자가 단지 간접적인 사실상 경제적인 이해관계를 가지는 경우에는 그 처분의 취소를 구할 원고적격이 없음(대판 2002.8.23. 2002추61)
4. 법률상 이익의 판단기준 : '법률'의 범위

Ⅲ. 사례의 해결

丙은 적법한 도로점용허가를 받지 않고 포장마차 영업을 하고 있는바, 이러한 丙의 이익은 제3자의 반사적 이익 또는 사실상의 간접적인 경제적 이해관계에 불과한 것으로, 도로법령에 의하여 보호되는 이익이라고 할 수 없음. 따라서 丙의 원고적격이 인정되지 않음

보충문제 2

甲은 A도 B군에 있는 자기 소유 임야(이하 '이 사건 사업부지'라 한다)에 태양광 발전시설을 설치하기 위하여 B군수에게 「국토의 계획 및 이용에 관한 법률」(이하 '국토계획법'이라 한다)에 따른 개발행위(토지형질변경)허가를 신청하였다. 이 사건 사업부지는 B군을 지나는 고속국도(왕복 2차로 이상의 포장된 도로임)로부터 100m 이내에 입지하고 있다.
국토교통부장관이 정한 「개발행위허가 운영지침」(국토교통부 훈령)은 "허가권자가 국토계획법령 및 이 지침에서 정한 범위 안에서 별도의 지침을 마련하여 개발행위허가제를 운영할 수 있고, 개발행위허가기준을 적용함에 있어 지역 특성을 감안하여 지방도시계획위원회의 자문을 거쳐 높이·거리·배치·범위 등에 관한 구체적인 기준을 정할 수 있다."라고 규정하고 있다. 이에 따라 B군수가 정한 「B군 개발행위허가 운영지침」(B군 예규)에는 태양광 발전시설의 세부허가기준으로 "왕복 2차로 이상의 포장된 도로로부터 100m 이내에 입지하지 아니할 것"을 규정하고 있다.
B군수는 "1. 토지형질변경을 허가할 경우 주변 환경이나 경관과 조화를 이루지 못하기 때문에 개발행위허가기준을 충족하지 못한다(이하 '제1거부사유'라 한다).", "2. 이 사건 사업부지가 왕복 2차로 이상의 포장된 도로로부터 100m 이내에 입지하여 「B군 개발행위허가 운영지침」에 저촉된다(이하 '제2거부사유'라 한다)."라는 이유로 거부처분(이하 '이 사건 거부처분'이라 한다)을 하였다. 이에 甲은 이 사건 거부처분을 다투는 취소소송(이하 '이 사건 소송'이라 한다)을 제기하였다.

(1) 이 사건 거부처분의 제1거부사유에 대한 법원의 사법심사 방식과 그 한계에 관하여 설명하시오. (20점)
(2) 이 사건 거부처분의 제2거부사유의 당부에 관하여 검토하시오. (20점)

> 「국토 계획 및 이용에 관한 법률」
> 제58조【개발행위허가의 기준】① 특별시장·광역시장·특별자치시장·특별자치도지사·시장 또는 군수는 개발행위허가의 신청 내용이 다음 각 호의 기준에 맞는 경우에만 개발행위허가 또는 변경허가를 하여야 한다.
> 　4. 주변지역의 토지이용실태 또는 토지이용계획, 건축물의 높이, 토지의 경사도, 수목의 상태, 물의 배수, 하천·호소·습지의 배수 등 주변환경이나 경관과 조화를 이룰 것
> ③ 제1항에 따라 허가할 수 있는 경우 그 허가의 기준은 지역의 특성, 지역의 개발상황, 기반시설의 현황 등을 고려하여 대통령령으로 정한다.
>
> 「국토 계획 및 이용에 관한 법률 시행령」
> 제56조【개발행위허가의 기준】① 법 제58조 제3항에 따른 개발행위허가의 기준은 별표 1의2와 같다. ※〈별표 1의2〉생략
> ④ 국토교통부장관은 제1항의 개발행위허가기준에 대한 세부적인 검토기준을 정할 수 있다.
>
> • 2024 변호사시험

■ 문 (1)

Ⅰ. 논점 : 재량행위와 그 한계

Ⅱ. 재량행위

　1. 의의

　2. 개발행위허가의 법적 성질

　　국토계획법 제58조 제1항 제4호의 개발행위허가의 기준은 '주변환경이나 경관과 조화를 이룰 것'이라는 불확정개념으로 규정되어 있어 그 요건에 해당하는지 여부는 행정청의 재량의 영역임

Ⅲ. 법원의 사법심사 방식과 한계

　<u>개발행위허가는 허가기준 및 금지요건이 불확정개념으로 규정된 부분이 많아 그 요건에 해당하는지 여부는 행정청의 재량판단의 영역에 속한다. 그러므로 그에 대한 사법심사는 행정청의 공익판단에 관한 재량의 여지를 감안하여 원칙적으로 재량권의 일탈이나 남용이 있는지 여부만을 대상으로 하고, 사실오인과 비례·평등의 원칙 위반 여부 등이 그 판단 기준</u>이 된다(대판 2017.3.15. 2016두55490).

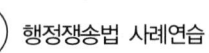

Ⅳ. 사례의 해결

행정청의 재량행위가 형평이나 비례의 원칙에 뚜렷하게 배치되는 등의 사정이 없는 한 폭넓게 존중될 필요가 있음

■ 문 (2)

Ⅰ. 논점 : 재량권의 일탈·남용 여부

Ⅱ. 제2거부사유의 당부

1. B군 개발행위허가 운영지침의 법적 성질

관계 법령과 구 개발행위허가 운영지침의 범위 안에서 개발행위 허가권자인 피고가 개발행위허가제를 운영하기 위하여 각 지방자치단체의 특성에 맞도록 별도로 마련한 개발행위 허가에 관한 세부적인 검토기준으로, 그 형식 및 내용에 비추어 피고 내부의 사무처리준칙 또는 재량준칙에 불과하므로 일반 국민이나 법원을 구속하는 대외적 구속력은 없다(대판 2020.8.27. 2019두60776).

2. 행정규칙에 근거한 처분의 위법성 판단기준

처분이 행정규칙을 위반하였다고 해서 그러한 사정만으로 곧바로 위법하게 되는 것은 아니고, 처분이 행정규칙을 따른 것이라고 해서 적법성이 보장되는 것도 아니다. 처분이 적법한지는 행정규칙에 적합한지 여부가 아니라 헌법과 법률, 대외적으로 구속력 있는 법령의 규정과 입법 목적, 비례·평등원칙과 같은 법의 일반원칙에 적합한지 여부에 따라 판단해야 한다(대판 2020.8.27. 2019두60776).

3. 사안의 경우

甲의 사업계획에 따라 개발행위를 할 경우에 산림 훼손, 주변 경관 저해, 교통 지장 등이 실제 발생할 우려가 있다고 인정된다면 거부사유는 타당함

Ⅲ. 사례의 해결

이 사건 거부처분의 제2거부사유는 타당함

연습 32

〈비관리청 항만공사 시행허가〉는 항만시설의 관리청이 아닌 자가 항만공사를 시행하기 위하여 관리청으로부터 받는 허가를 의미한다. 항만법의 관련 규정은 아래와 같다.

> [항만법]
> 제1조【목적】이 법은 항만의 지정·개발·관리·사용 및 재개발에 관한 사항을 정함으로써 항만과 그 주변지역 개발을 촉진하고 효율적으로 관리·운영하여 국민경제 발전에 이바지함을 목적으로 한다.
> 제9조【항만공사의 시행자 등】① 항만시설의 신설·개축·유지·보수·준설 등에 관한 공사(이하 "항만공사"라 한다)는 해양수산부장관이 시행한다. 다만, 항만공사에 관하여 이 법 또는 다른 법률에 특별한 규정이 있으면 그 규정에 따른다.
> ② 해양수산부장관이 아닌 자(이하 "비관리청"이라 한다)가 항만공사를 시행하려는 경우에는 대통령령으로 정하는 바에 따라 항만공사계획을 작성하여 해양수산부장관의 허가를 받아야 한다.
> ③ 해양수산부장관은 제2항에 따라 항만공사 시행허가를 받으려는 비관리청이 다음 각 호의 요건을 모두 갖춘 경우에는 이를 허가하여야 한다.
> 1. 항만공사계획이 항만기본계획, 항만재개발기본계획, 신항만건설기본계획에 위배되지 아니할 것
> 2. 항만의 관리·운영상 항만공사의 필요성이 있을 것
> 3. 재원조달능력 등 해양수산부령으로 정하는 기준에 따라 항만공사를 시행할 사업수행능력이 있을 것
> ⑦ 해양수산부장관은 제6항에 따라 공고한 항만공사에 대하여 허가신청인이 경합하는 경우 항만공사계획, 재원조달능력 등 해양수산부령으로 정한 기준에 따라 평가한 후 우선순위자에게 허가하여야 한다.

(1) 비관리청 항만공사 시행허가는 기속행위인가? 재량행위인가? (15점)
(2) 그 법적 성질에 따른 사법심사(위법성 심사)의 방식에 관하여 설명하시오.[89] (10점)

I. 설문 (1) – 비관리청 항만공사 시행허가의 법적 성질

1. 재량행위와 기속행위의 구별

(1) 의의

이는 법의 구속정도(규율밀도)를 기준으로 한 구별이다. 즉, 법이 행정행위를 규율하면서

---
[89] 2014년 법원행정고시 기출문제 변형

행정청에게 행정적 판단의 여지를 부여하고 있는가의 여부에 따라 이를 부여하는 행정행위를 재량행위, 부여하고 있지 아니한 행정행위를 기속행위라고 한다. 양자를 구별하는 기준으로 종래 요건재량설과 효과재량설이 있었다.

(2) **구별실익**

양자를 구별하는 실익은 ① 부관의 가능성, ② 재판통제의 범위, ③ 공권의 성립여부, ④ 요건 충족에 따른 효과의 부여 등에 있다. 설문은 ②와 관련되는 것으로 양자는 위법성심사와 사법심사방식에 차이가 있다.

(3) **구별기준**

1) **법률규정재량설(법규재량설·요건재량설)**

근거법령의 규정형식에 의해서 기속성과 재량성을 구별하는 입장이다. 이에 따르면 ① 행정행위에 관한 요건규정과 효과규정이 일의적이고 구체적으로 규정되어 있는 경우는 기속행위, ② ㉠ 법령이 처분요건은 규정하지 않고 처분권한만을 부여하고 있거나, 처분요건을 규정하고 있어도 다만 일반적 공익관념으로만 규정하는 경우, ㉡ 처분요건이 보다 한정적으로 규정되어 있더라도 불확정개념·종국목적만으로 규정되어 있는 경우(예) 특정인이 대한민국의 이익이나 공공의 안전을 해할 우려가 있는 사람에 해당하는지 여부의 판단), ㉢ 효과규정에서 "행정청은 … 할 수 있다" 또는 "행정청은 … 아니할 수 있다"고 규정한 경우는 재량행위이다.

2) **법률효과재량설(행정행위효과재량설·효과재량설)**

행정객체의 입장에서, 수익적 행정행위인 경우에는 재량성을 인정하고 침해적 행정행위인 경우는 기속성을 인정하는 입장이다.

3) **최근의 학설과 판례**

일률적인 기준설정보다 행정법규의 규정방식, 그 취지·목적 및 행정행위의 성질, 그리고 헌법상 기본권과의 관계 등을 함께 고려하여 개별적으로 판별하려는 것이 일반적 경향이다.90)91)

---

90) 행정행위가 그 재량성의 유무 및 범위와 관련하여 이른바 기속행위 내지 기속재량행위와 재량행위 내지 자유재량행위로 구분된다고 할 때, 그 구분은 당해 행위의 근거가 된 법규의 체재·형식과 그 문언, 당해 행위가 속하는 행정 분야의 주된 목적과 특성, 당해 행위 자체의 개별적 성질과 유형 등을 모두 고려하여 판단하여야 한다(대판 2001.2.9, 98두17593).

91) 관계 법령 등에 비추어 택시의 운행부제에 관련된 문제는 장·단기적인 교통정책방향, 교통의 수요와 공급, 택시운송사업자의 경영실태, 운전기사의 근로조건 등 모든 사정을 고려하여 상당히 기술적·전문적·정책적인 판단을 요하는 분야로서, 이에 관한 행정처분은 운수행정을 통한 공익실현과 아울러 합목적성을 추구하기 위하여 보다 구체적 타당성에 적합한 기준에 의하여야 할 것이므로 그 범위 내에서는 행정청의 재량행위에 속한다(대판 1998.6.12, 97누10925).

2. 사안의 경우

항만법 제9조 제3항은 "각 호의 요건을 모두 갖춘 경우에는 이를 허가하여야 한다"고 규정하여 문언상으로는 기속행위처럼 되어있다. 그러나 2호는 "항만의 관리·운영상 항만공사의 필요성이 있을 것", 3호는 "항만공사를 시행할 사업수행능력이 있을 것"으로 규정되어 있어 요건규정과 효과규정이 일의적이고 구체적으로 규정되어 있는 경우라 할 수 없고 관리청의 재량을 인정하고 있다. 그리고 동법의 목적이 항만과 그 주변지역 개발을 촉진하고 효율적으로 관리·운영하여 국민경제 발전에 이바지한다는 데에 있다는 점에서도 공익적 측면이 강하여 재량행위라고 보아야 한다.

Ⅱ. 설문 (2) - 재량행위의 사법심사 방식

1. 위법성 통제

행정소송법은 소송대상을 위법한 처분으로 규정하고 있다(제1조). 기속행위에 있어 행정권 행사에 잘못이 있는 경우에 위법한 행위가 되므로 기속행위에 대한 재판통제는 제한이 없다. 그런데 재량권의 한계 내에서는 행정청이 일응 판단을 그르쳐도 위법의 문제는 생기지 않고 부당할 따름이므로 재량행위는 원칙적으로 재판통제의 범위 밖이다. 그러나 재량권 행사의 한계를 정한 실정법 내지 불문법원리에 저촉되는 것이면 재량권의 일탈·남용의 문제가 되어 위법한 처분이 됨으로써 행정소송의 대상이 된다. 행정소송법 제27조는 '행정청의 재량에 속하는 처분이라도 재량권의 한계를 넘거나 그 남용이 있는 때에는 법원은 이를 취소할 수 있다'고 규정하여 재량행위에 대한 사법심사를 인정한다.

2. 사법심사방식

기속행위의 경우 법원은 행정청의 판단이 법원의 판단과 다른 경우 법원의 판단을 행정청의 판단에 대체하는 완전심사방식(판단대체방식)을 취한다. 그러나 재량행위의 경우 공익판단인 경우 행정청의 판단이 심히 부당한 경우가 아니면 법원은 당해 행정청의 결정을 위법하다고 판단할 수 없다(제한심사방식).

3. 판례

판례는 <u>기속행위의 경우 법원이 사실인정과 관련 법규의 해석·적용을 통하여 일정한 결론을 도출한 후 그 결론에 비추어 행정청이 한 판단의 적법 여부를 독자의 입장에서 판정하는 방식에 의하게 되나, 재량행위의 경우 법원은 독자의 결론을 도출함이 없이 당해 행위에 재량권의 일탈·남용이 있는지 여부만을 심사하게 된다</u>는 입장이다(대판 2007.5.31, 2005두1329).

4. 검토

재량권의 한계 내에서는 위법의 문제는 생기지 않고 부당할 따름이므로 재량행위는 원칙적으로 재판통제의 범위 밖이라는 점, 그리고 행정소송법 제27조에 의하여 재량의 일탈, 남용, 해태의 경우에는 하자 있는 재량행사로서 위법한 행정행위가 되어 항고소송의 대상이 된다는 점에서, 재량행위의 경우 법원은 행정청의 제1차적 판단권을 존중하여 독자의 결론을 도출함이 없이 당해 행위에 재량권의 일탈·남용이 있는지 여부만을 심사한다는 판례의 태도가 타당하다.

5. 사안의 경우

비관리청 항만공사 시행허가는 재량행위로서 해양수산부장관의 판단이 심히 부당한 경우가 아니면 법원은 당해 행정청의 결정을 위법하다고 판단할 수 없다. 결국 법원은 시행허가에 관한 독자의 결론을 도출하지 못하고 사실오인, 비례·평등의 원칙 위배 등을 판단대상으로 하여 해양수산부장관의 처분에 재량권의 일탈·남용이 있는지 여부만을 심사할 수 있다.

연습 33

주식회사 A는 경기도 양주시에 소재한 개발제한구역 내의 대지 위에 면적 합계 2,130m²의 벽돌제조공장을 신설하는 것을 승인하여 달라는 신청을 양주시장에게 하였고, 양주시장은 관련 법령에 따라 개발제한구역 관리계획승인을 거쳐 A회사에 개발행위허가를 하여 주었다. 이 지역의 주민 甲은 A가 이미 3년 전 연접한 토지에 3,500m²의 벽돌제조공장 설립을 허가받아 가동 중에 있으므로 환경영향평가법령에 따른 소규모 환경영향평가대상임에도 불구하고 소규모 환경영향평가를 거치지 않았으므로 위 개발행위허가는 위법하며, 신설 공장까지 가동 시 소음, 먼지 등으로 인한 환경적 이익의 침해 우려가 있다고 주장한다.

한편 인근마을 주민인 乙은 이 지역에서 채소재배를 하고 있으며, 인근마을 주민인 丙은 이 지역에 토지를 소유하고 있다. 甲, 乙, 丙 및 환경시민단체 丁은 각각 위 개발행위허가 취소소송을 제기할 수 있는가? (30점)

[참고조문]
환경영향평가법

제43조【소규모 환경영향평가의 대상】 ① 다음 각 호 모두에 해당하는 개발사업(이하 "소규모 환경영향평가 대상사업"이라 한다)을 하려는 자(이하 이 장에서 "사업자"라 한다)는 소규모 환경영향평가를 실시하여야 한다.
1. 보전이 필요한 지역과 난개발이 우려되어 환경보전을 고려한 계획적 개발이 필요한 지역으로서 대통령령으로 정하는 지역(이하 "보전용도지역"이라 한다)에서 시행되는 개발사업
2. 환경영향평가 대상사업의 종류 및 범위에 해당하지 아니하는 개발사업으로서 대통령령으로 정하는 개발사업

환경영향평가법 시행령

제59조【소규모 환경영향평가 대상사업 및 범위】 법 제43조 제1항에 따른 소규모 환경영향평가를 실시하여야 하는 지역, 개발사업의 종류 및 범위는 별표 4와 같다.

[별표 4] 소규모 환경영향평가 대상사업의 종류, 범위 및 협의 요청시기(제59조 및 제61조 제2항 관련)

구분	소규모 환경영향평가 대상사업의 종류·규모	협의 요청시기
2.「개발제한구역의 지정 및 관리에 관한 특별조치법」 적용지역	「개발제한구역의 지정 및 관리에 관한 특별조치법」 제3조에 따른 개발제한구역의 경우 사업계획 면적이 5,000제곱미터 이상인 것	사업의 승인등 전

■ 비고

11. 사업자가 10년 이내에 소규모 환경영향평가 대상 미만으로 승인등을 받은 지역의 경계로부터 직선거리 50미터 이내의 지역에서 다음 각 목의 어느 하나에 해당하는 자가 추가로 승인등을 받으려는 경우에는 이미 승인등을 받은 면적과 추가로 승인등을 받으려는 면적의 합이 최소 소규모 환경영향평가 대상면적 이상이고, 추가로 승인등을 받으려는 면적이 최소 소규모 환경영향평가 대상면적의 30퍼센트 이상인 경우 이를 소규모 환경영향평가 대상에 포함한다.

Ⅰ. 문제의 소재

개발행위허가의 직접 상대방이 아닌 제3자에 불과한 甲, 乙, 丙 및 丁이 취소소송을 제기할 원고적격이 인정되는지 문제된다. 이는 특히 복효적 행정행위의 제3자의 원고적격인 인인소송에 관한 문제로서, 사안에서는 소규모 환경영향평가의 대상지역과 관련하여 논의할 필요가 있다.

Ⅱ. 원고적격의 의의와 범위

1. 의의

취소소송에서 원고적격이란 구체적인 처분에 대하여 누가 원고로서 취소소송을 제기하여 본안판결을 받을 자격이 있는가의 문제를 말한다. 행정소송법 제12조 제1문은 '취소소송은 처분등의 취소를 구할 법률상 이익이 있는 자가 제기할 수 있다'고 규정한다. 이때 '법률상 이익'의 범위는 일반적으로 취소소송의 본질과 기능에 대한 논의와 관련된다.

2. 범위

(1) 학설

학설은 취소소송의 본질에 관해 ① 위법한 처분으로 야기된 개인의 권리의 회복에 있다고 보는 권리구제설, ② 위법한 처분으로 권리뿐 아니라 법에 의해 보호되는 이익을 침해당한 자도 처분을 다툴 수 있다는 법률상 보호이익설, ③ 실질적으로 보호가치 있는 이익(법률상 보호되는 이익+사실상의 이익)이 침해된 자는 소송을 제기할 수 있다는 보호가치 있는 이익설, ④ 당해 처분을 다툼에 있어 가장 적합한 이해관계를 가진 자가 원고적격을 갖는다는 적법성보장설이 있다.

(2) 판례

판례는 법률상 보호이익설의 입장에서 "행정소송에서 소송의 원고는 행정처분에 의하여 직접 권리를 침해당한 자임을 보통으로 하나 직접 권리의 침해를 받은 자가 아닐지라도 소송을 제기할 법률상의 이익을 가진 자는 그 행정처분의 효력을 다툴 수 있다."[92]고 하며, "당해 근거법률에 의해 보호되는 개별적·직접적·구체적 이익을 말한다."[93]고 한다.

(3) 검토

취소소송은 주관적 소송이므로 적법성보장설은 타당하지 않으며, 행정소송법 제12조는 법률상 이익이 있는 자가 취소소송을 제기할 수 있음을 규정하고 있고, 국민의 권리구제와 법원의 부담의 사이의 조화와 균형을 달성하는 법률상 보호이익설이 타당하다.

Ⅲ. 「법률상 이익」의 판단기준

1. '법률'의 범위

일반적인 견해는 처분의 근거법규와 규정과 취지, 관련법규의 규정과 취지 외에 헌법상 기본권 규정도 고려해야 한다는 입장이다.

대법원은 종래 "기본적으로 당해 처분의 근거가 되는 법규가 보호하는 이익만을 법률상 이익으로 본다"[94]고 하였으나, "국립공원 집단시설지구개발사업에 관하여 당해 변경승인 및 허가처분을 함에 있어서는 반드시 자연공원법령 및 환경영향평가법령 소정의 환경영향 평가를 거쳐서 그 환경영향평가의 협의내용을 사업계획에 반영시키도록 하여야 하는 것이니 만큼 자연공원법령뿐 아니라 환경영향평가법령도 당해 변경승인 및 허가처분에 직접적인 영향을 미치는 근거 법률이 된다."[95]하는 등 당해 처분의 근거법률뿐만 아니라 관계법 규범까지 법의 범위를 확장하여 법률상 이익을 확장하고 있다. 그리고 "청구인의 기본권인 경쟁의 자유가 바로 행정청의 지정행위(납세병마개 제조자지정행위)의 취소를 구할 법률상 이익이 된다"[96]고 하여 기본권에 근거하기도 한다.

2. '이익이 있는'의 의미

판례에 의하면 '법률상 이익'은 처분의 근거 법률에 의하여 보호되는 직접적이고 구체적인 이익이 있는 경우를 말하고 단지 간접적이거나 사실적, 경제적 이해관계를 가지는 데 불과한 경우는 여기에 포함되지 않는다.[97] 그리고 계쟁처분에 의해 법률상 이익이 현실적으로

---

92) 대판 1974.4.9. 73누173
93) 대판 2007.6.15. 2005두9736등
94) 대판 1989.5.23. 88누8135
95) 대판 1998.4.24. 97누3286
96) 헌재 1998.4.30. 97헌마141

침해된 경우(예 영업허가의 취소)뿐 아니라 침해의 발생이 확실히 예견되는 경우(예 공장 건축허가)에도 청구인적격이 인정된다.

3. '자'의 범위

법률상 이익의 주체에는 자연인, 법인, 법인격 없는 단체, 다수인(공동소송의 경우)도 가능하다.

Ⅳ. 제3자의 원고적격

1. 「제3자」의 의미와 범위

법률상 이익이 있는 제3자란 행정처분의 직접 상대방 이외의 자로서 해당 처분의 취소 등을 구할 법률상 이익이 있는 자를 말한다. 특히 제3자효 행정행위에서 행정처분에 의해 불이익을 받는 제3자가 문제된다. 오늘날 타자에 대한 행정청의 행위로 인한 제3자의 이익을 법률상 이익으로 보는 사례가 늘고 있다. 이와 관련해 주로 논의되는 것이 인인소송이다.

2. 이웃소송

(1) 의의

이웃소송은 어떠한 시설의 허가처분이 이웃하는 주민에게는 불이익하게 되는 경우, 이로 인해 침해를 받는 인근주민이 그 침해를 다투는 소송을 말한다. 이웃소송은 특히 건축법·환경법분야에서 문제된다.

이웃소송에 있어서 원고적격의 판단기준은 근거법률의 사익보호성 여부이다. 그러나 입법자가 근거법률을 불충분하게 규율한다든지 또는 아예 근거법률을 규정하지 않는 경우가 간혹 발생한다. 이에 대하여 대법원은 <u>인근주민에게 원고적격이 있는지는 당해 허가처분의 근거법규 및 관계법규의 보호목적에 따라 결정된다</u>고 하여 근거법률의 범위를 확대하였다. 즉, 당해 근거법규 및 관계법규가 공익뿐 아니라 인근주민의 사적 이익도 보호한다고 해석되는 경우에 인근주민에게 원고적격이 인정된다.

(2) 환경영향평가 대상지역 관련 판례의 태도

판례는 행정처분의 근거 법규 또는 관련 법규에 그 처분으로써 이루어지는 행위 등 사업으로 인하여 <u>환경상 침해를 받으리라고 예상되는 영향권의 범위가 구체적으로 규정되어 있는 경우</u>에는, ① 그 <u>영향권 내의 주민들에 대하여는 당해 처분으로 인하여 직접적이고 중

---

97) 대판 2005.5.12. 2004두14229

대한 환경피해를 입으리라고 예상할 수 있고, 이와 같은 환경상의 이익은 주민 개개인에 대하여 개별적으로 보호되는 직접적·구체적 이익으로서 그들에 대하여는 특단의 사정이 없는 한 환경상 이익에 대한 침해 또는 침해 우려가 있는 것으로 사실상 추정되어 법률상 보호되는 이익으로 인정됨으로써 원고적격이 인정된다고 할 것이며, ② 그 영향권 밖의 주민들은 당해 처분으로 인하여 그 처분 전과 비교하여 수인한도를 넘는 환경피해를 받거나 받을 우려가 있다는 자신의 환경상 이익에 대한 침해 또는 침해 우려가 있음을 입증하여야만 법률상 보호되는 이익으로 인정되어 원고적격이 인정된다98)고 한다.

그리고 환경상 이익에 대한 침해 또는 침해 우려가 있는 것으로 사실상 추정되어 원고적격이 인정되는 자는 ① 환경상 침해를 받으리라고 예상되는 영향권 내의 주민들을 비롯하여 그 영향권 내에서 농작물을 경작하는 등 현실적으로 환경상 이익을 향유하는 자도 포함된다고 할 것이나, ② 단지 그 영향권 내의 건물·토지를 소유하거나 환경상 이익을 일시적으로 향유하는 데 그치는 자는 포함되지 않는다99)고 한다.

나아가 판례는 "환경정책기본법령상 사전환경성검토협의 대상지역 내에 포함될 개연성이 충분하다고 보이는 주민들에게 그 협의대상에 해당하는 창업사업계획승인처분과 공장설립승인처분의 취소를 구할 원고적격이 인정된다."100)고 하였는바, 이러한 법리는 환경영향평가에도 그대로 적용된다고 보아도 무방하다.101)

V. 사안의 경우

1. 원고적격의 인정 가능성

개발제한구역에서의 개발행위허가는 그 사업계획 면적이 5,000m² 이상인 경우 환경영향평가법 제43조와 시행령 제59조에서 정한 절차에 따라 소규모 환경영향평가를 받아야 한다. 따라서 이러한 조항은 위 개발행위허가의 관련법령이므로 원고적격의 요건인 법률상 이익에서 말하는 '법률'에 해당한다.

그리고 이러한 법률이 보호하고자 하는 이익은 환경영향권의 내의 주민들이 당해 처분으로 인하여 직접적이고 중대한 환경피해를 입으리라고 예상될 때, 주민 개개인에 대하여 개별적으로 보호하는 직접적·구체적 이익이라 할 수 있다. 따라서 사안처럼 법령해석상

---

98) 대판 2006.12.22. 2006두14001
99) 대판 2009.9.24. 2009두2825
100) 대판 2006.12.22. 2006두14001
101) 판례는 "여기에서 '사업계획 면적'은 소규모 환경영향평가의 대상을 판정하는 기준이 된다. 개발사업의 입지의 타당성과 개발사업이 환경에 미치는 영향을 미리 조사·예측·평가하여 환경보전방안을 마련하고자 하는 소규모 환경영향평가 제도의 취지를 고려하면, '사업계획 면적'이란 개발사업이 이루어지는 전체 면적으로서, 사업자가 해당 개발사업의 사업계획을 수립·시행하기 위하여 관계 법령상 행정청의 인허가를 받아야 할 필요가 있는 모든 토지 면적의 총합을 의미한다고 봄이 타당하다."고 하였다(대판 2020.7.23. 2019두31839).

착오 등으로 소규모 환경영향평가가 실시되지 아니하는 경우에도 소규모 환경영향평가 대상지역 내에 포함될 개연성이 충분하다고 보이는 주민들은 환경상 이익에 대한 침해 또는 침해 우려가 있는 것으로 추정할 수 있으므로 원고적격을 인정할 수 있다.

2. 구체적 검토

(1) 甲, 乙

甲은 이 지역의 주민이고, 乙은 이 지역 내에서 채소재배를 하는 사람이므로 위 개발사업으로 인한 환경상 이익을 침해받으리라고 예상되는 영향권 내의 환경상 이익을 향유하는 사람이다. 따라서 특단의 사정이 없는 한 환경상 이익에 대한 침해 또는 침해 우려가 있는 것으로 사실상 추정되어 법률상 보호되는 이익으로 인정됨으로써 원고적격이 인정될 수 있다.

(2) 丙

丙은 이 지역에 토지만 소유할 뿐이어서 환경상 이익의 침해를 받으리라고 예상되는 영향권 밖의 주민이라 할 것이므로, 당해 처분으로 인하여 그 처분 전과 비교하여 수인한도를 넘는 환경피해를 받거나 받을 우려가 있다는 자신의 환경상 이익에 대한 침해 또는 침해 우려가 있음을 증명하여야만 법률상 보호되는 이익으로 인정되어 원고적격이 인정된다.

(3) 丁

환경시민단체인 丁이 위 개발사업으로 인해 침해받는 환경상 이익이 직접적·구체적이라는 점을 상정하거나 입증하기 어려우므로 원고적격이 인정되기 힘들다.

Ⅵ. 문제의 해결

甲과 乙은 위 개발행위허가 취소소송을 제기할 원고적격이 인정될 수 있으나, 丙과 丁은 원칙적으로 인정되기 곤란하다.

연습 34

甲은 카지노업을 경영하기 위하여 카지노육성법(가상의 법률임) 제1조에 따라 문화체육관광부장관의 허가를 받기 위하여 2025. 5. 14. 강원도지사에게 허가신청을 하였다. 강원도지사는 2025. 5. 29. 문화체육관광부장관이 카지노업의 건전한 육성을 위하여 정하여 공고한 기준에 저촉된다는 이유로 자신의 명의로 반려하는 처분을 하였다. 甲이 강원도지사가 한 반려처분의 효력을 다투고자 무효확인소송을 제기하는 경우에, 피고적격과 승소가능성을 검토하시오. (단, 카지노육성법에 의하면, 카지노사업에 관한 사업계획의 승인에 관한 권한은 문화체육관광부장관에게 있는 것으로 규정되어 있고 권한의 위임에 관한 규정은 없다. 그럼에도 문화체육관광부장관은 카지노업 허가의 요건을 검토한 후 하자가 있으면 이를 반려할 수 있는 권한을 시·도지사에게 내부위임하면서 시·도지사를 경유하여 허가를 신청하게 하고 있다)[102] (25점)

I. 문제 상황

甲이 강원도지사가 한 반려처분의 효력을 다투는 행정소송을 제기한 경우 승소가능성과 관련해, 소송요건 중 피고적격과 본안요건인 위법성 및 그 정도를 검토해 본다.

특히, 관련법은 카지노사업계획의 승인에 관한 권한을 문화체육관광부장관에게 부여하고 있는바, 이러한 권한을 내부위임을 받은 강원도지사가 자신의 이름으로 반려처분을 하였다고 하므로, 甲은 누구를 상대로 어떠한 소송을 제기하여야 하는지 검토되어야 한다.

II. 피고적격

1. 문제점

설문에서 문화체육관광부장관은 법령상 위임규정이 없으나 시·도지사에게 카지노사업계획 승인에 관한 권한을 내부위임하고 이에 따라 강원도지사가 자신의 이름으로 사업계획 반려처분을 하였다면 내부위임의 법리와 관련해 어느 행정청이 피고가 되는지가 문제된다.

2. 행정소송법 제13조 제1항 전단

무효등확인소송은 다른 법률에 특별한 규정이 없는 한 그 처분 등을 행한 행정청을 피고로 한다(행정소송법 제13조 제1항, 제38조 제1항). 권리주체인 국가나 지방자치단체가 아니라 행정청을 피고로 한 이유는 행정소송수행의 편의를 위해서이다. 피고인 행정청은 그가 속한 행정주체를 대표하여 소송수행을 하며 판결의 효력인 기판력은 피고인 행정청이 속

---
[102] 홍정선 외 2인, 「기본 CASE 행정법」, 박영사, 2016, p.318의 사례문제를 참조하여 변형하였음

한 법주체인 행정주체에 미치게 된다. 행정청에는 전통적 의미의 행정청 외에 합의제기관, 공법인, 지방의회, 행정소송법 제2조 제2항의 행정청이 포함된다.

3. 내부위임의 의의와 피고적격

(1) 내부위임의 의의

본래 법령에 따른 권한의 위임이 있으면 위임기관은 권한을 상실하며 수임기관이 처분권한을 갖게 된다. 그러나 내부위임은 행정사무 수행의 편의도모 목적으로, 행정청이 보조기관(위임전결) 또는 하급행정기관에게 내부적으로 일정한 사항의 결정권을 위임하여 수임기관이 위임기관의 이름으로 그의 권한을 사실상 대행하게 하는 것을 말한다.

(2) 내부위임이 있는 경우 항고소송에서의 피고적격

 1) 문제점

법령에 따른 권한의 위임은 수임자 명의로 권한이 행사되기 때문에 행정소송에서 피고는 수임 행정관청이 되지만, 내부위임은 위임자 명의로 권한이 행사되기 때문에 위임 행정관청이 피고가 된다. 그런데 무권한자의 행위에 대한 항고소송상 피고적격과 관련하여 행정소송법 제13조 제1항의 '처분 등을 행한 행정청'을 ① 정당한 권한을 가지고 처분 등을 행한 행정청으로 해석해야 하는지, ② 자신의 이름으로 처분 등을 행한 행정청으로 해석을 해야 하는지 문제된다.

 2) 학설

학설은 ① 정당한 권한 있는 자를 상대로 해야 한다는 견해(실질설), ② 외부적 명의자를 상대로 해야 한다는 견해(형식설)가 대립한다.

 3) 판례

판례는 경우를 나누어서, 내부위임의 경우 <u>위임기관의 명의로 처분했으면 위임기관이 피고가 되나, 위법하게 수임기관의 명의로 처분했으면 수임기관이 피고가 된다</u>103)고 하여 형식설의 입장을 취하는 것으로 보인다.

 4) 검토

① 법문상 정당한 권한을 요건으로 두고 있지 않다는 점, ② 만일 정당한 권한자를 피고로 한다면 무권한자가 위법한 처분을 발령한 후 정당한 권한자를 찾아야 하는 부담을 원고인 사인에게 지우는 결과가 된다는 점, ③ 정당한 권한유무는 본안판단의 사항에 해당한다는 점에서 형식설이 타당하다.

---

103) 행정처분의 취소 또는 무효확인을 구하는 행정소송은 다른 법률에 특별한 규정이 없는 한 그 처분을 행한 행정청을 피고로 하여야 하며, <u>행정처분을 행할 적법한 권한 있는 상급행정청으로부터 내부위임을 받은데 불과한 하급행정청이 권한 없이 행정처분을 한 경우에도 실제로 그 처분을 행한 하급행정청을 피고로 하여야 할 것이지</u> 그 처분을 행할 적법한 권한 있는 상급행정청을 피고로 할 것이 아니다(대판 1991.2.22, 90누5641).

(3) 설문의 경우

강원도지사가 카지노사업계획의 승인에 관한 권한을 내부위임 받았을 뿐임에도 불구하고 강원도지사 자신의 이름으로 반려처분을 했다면 피고는 강원도지사가 된다.

Ⅲ. 사업계획승인 반려처분의 위법성과 정도

1. 사업계획승인 반려처분의 위법성

권한의 내부위임은 권한의 대외적 변경이 없으므로 수임기관은 위임기관의 명의로 권한을 행사한다. 그러나 설문에서 강원도지사는 위임기관인 문화체육관광부장관의 명의로 사업계획승인 반려처분을 하여야 함에도 자신의 명의로 처분을 하였기 때문에 그 처분은 주체상의 하자로서 위법하다.

2. 사업계획승인 반려처분의 위법성의 정도

(1) 취소와 무효의 판단기준

행정행위가 적법요건을 갖추지 못한 경우 행정행위의 효력은 부정하는 것이 정당하지만, 법적 안정성을 근거로 일단 잠정적으로 유효성을 인정한다. 그러나 행정행위의 하자가 중대하고도 명백한 경우에는 법적 안정성을 침해할 우려가 없고 그러한 행정행위에 효력을 인정하는 것은 행정의 법률적합성에 반한다. 무효·취소의 구별기준의 문제는 원활한 행정운영과 개인의 권익보호의 이익형량 문제라는 점을 고려할 때 중대명백설이 타당하다.[104]

(2) 권한행사방식 위반의 효과

1) 문제점

내부위임을 받은 자의 자신의 명의로 행한 처분의 효력에 대하여 견해의 대립이 있다.

2) 학설

학설은 ① 정당한 권한 없는 자의 행위는 무효라고 보는 견해(무효사유설), ② 단순한 형식의 하자에 불과하다고 보는 견해(취소사유설)가 대립한다.

---

[104] 1. 하자의 중대성
   중대성이란 행정행위가 중요한 법률요건을 위반하여 그 하자가 내용적으로 중요하다는 것이다. 중대성을 판단하기 위해서는 당해 법규의 목적, 의미, 기능 등을 목적론으로 고찰함과 동시에 구체적인 사안 자체의 특수성에 대해서도 합리적인 고찰을 행하여 정하게 된다(대판 1991.10.22, 91다26690).
2. 하자의 명백성
   명백성이란 행정행위 자체에 하자가 존재함이 행정행위 성립당시부터 정상적인 통상인의 판단에 의해서도 인정될 수 있을 정도로 분명하다는 것이다. 사실관계를 정확히 조사하여야 비로소 하자유무가 밝혀질 수 있는 경우는 그 하자는 외관상 명백하다고 할 수 없다(대판 1992.4.28, 91누6863).

3) 판례

판례는 "체납취득세에 대한 압류처분권한은 경상남도지사로부터 울산시장에게 권한위임된 것이고, <u>울산시장으로부터 압류처분권한을 내부위임을 받은 데 불과한 울산시남구청장으로서는 울산시장명의로 압류처분을 대행처리할 수 있을 뿐이고 자신의 명의로 이를 할 수 없다</u> 할 것이므로 이 사건 압류처분은 <u>권한없는 자에 의하여 행하여진 위법무효의 처분</u>이다"(대판 1993.5.27, 93누6621 판결)라고 판시하여, 무효사유설의 입장을 취하는 것으로 보인다.

(3) 검토 및 설문의 경우

취소사유설은 행정조직 내부적으로 어떠한 위임이 있었는지 일반국민은 알 수 없다는 점이나 단순한 명의표시상의 형식의 하자에 불과하다는 점을 들고 있으나, 설문의 경우처럼 강원도지사가 자신의 명의로 사업계획승인 반려처분을 하였다면 무권한자의 행위로 적법요건의 중대한 위반이면서 외관상으로도 명백한 하자하고 봄이 타당하다. 따라서 강원도지사의 사업계획승인 반려처분은 무효사유에 해당한다.105)

Ⅳ. 승소 가능성

내부위임을 받은 자의 자신의 명의로 행한 처분의 효력에 대한 취소사유설에 따르면, 甲은 강원도지사의 사업계획승인 반려처분에 대해 적법하게 취소소송을 제기하면 승소가 가능하겠으나, 그렇지 않고 무효확인소송을 제기한다면 기각판결이 될 것이다.

다만, 무효사유설을 취하는 판례에 의하면 무권한의 행위의 위법성은 무효사유에 해당한다고 보게 되므로, 甲이 강원도지사가 한 사업계획승인 반려처분에 대해 강원도지사를 피고로 무효확인소송을 제기하면 승소할 수 있을 것이다.

---

105) 대판 1993.5.27, 93누6621

> **연습 35**
>
> 甲은 건축사법 위반으로 6개월의 업무정지 처분을 받았다. 甲은 이에 불복하여 취소소송을 제기하였으나, 변론종결일까지 이 사건 처분의 효력 또는 집행정지에 관한 아무런 판단도 받지 못하고 위의 제재기간이 경과되기에 이르렀다.
> 한편, 건축사법 제28조 제1항 제5호는 '연 2회 이상 업무정지명령을 받고 그 정지기간이 통틀어 1년을 초과하는 경우' 건축사사무소개설신고의 효력상실처분을 할 수 있도록 규정하고 있다. 이 경우 만일 건축사법 제28조 제1항 제5호의 내용이 법률에 규정되어 있지 않고 시행령에 규정된 경우, 시행규칙에 규정된 경우, 또는 훈령에 규정된 경우로 나누어 수소법원은 재판을 통한 권리보호의 필요를 인정할 수 있는지 설명하시오. (25점)

I. 문제의 소재

법률에 가중요건이 규정되어 있는 경우에 그에 따른 장래의 위험은 법률상 위험(법률상 보호이익의 침해우려)에 해당하여 장래의 위험방지의 필요에 따른 협의의 소익이 인정될 수 있다. 그런데 가중요건이 ① 시행령에 규정된 경우, ② 시행규칙에 규정된 경우, ③ 훈령에 규정된 경우에도 이러한 협의의 소익이 인정될 수 있는지 문제된다.

II. 협의의 소의 이익(권리보호의 필요)

1. 의의

취소소송은 처분 등의 취소를 구할 자격(원고적격)을 가진 자가 소를 제기할 수 있다. 그러나 취소소송도 재판의 일종이므로 분쟁을 재판에 의하여 해결할 만한 현실적 필요성이 있어야 하는데, 이를 '협의의 소의 이익' 또는 '권리보호의 필요'라고 한다.

2. 협의의 소의 이익이 부인되는 경우

협의의 소의 이익은 ① 처분의 효력이 소멸한 경우, ② 이익침해 상황이 해소된 경우, ③ 원상회복이 불가능한 경우에는 원칙적으로 부정된다. 취소소송은 처분의 효력을 제거하여 침해당한 권익을 회복하기 위한 형성소송에 해당하기 때문이다.

사안처럼 업무정지기간의 경과로 처분의 효력이 소멸되고 이미 영업권을 회복하여 영업이 가능한 경우에는 원칙적으로 취소소송을 계속할 권리보호이익이 없다고 볼 것이나, 행정소송법 제12조 2문의 '법률상 이익'에 해당하여 협의의 소익을 인정할 수 있는 예외적 경우인지 문제된다.

3. '법률상 이익'의 인정범위

(1) 문제점

사안에서 시행령 등이 정한 가중제재처분 가능성을 제거하여야 하는 이익이 소의 이익으로 인정될 수 있는지가 문제인데, 이는 행정소송법 제12조 2문 '법률상 이익'의 인정범위 논의와 관계있다.

(2) 학설

① '법률상 이익'은 법률상 보호이익을 의미하는 것으로서 '법률상 위험'이 존재하는 경우에만 인정될 수 있다고 보는 법률상 보호이익설, ② 위법확인의 정당한 이익을 의미하는 것으로서 '법률상 위험'이 존재하는 경우뿐만 아니라 위험성 확인의 이익에 대해서도 인정된다는 위법확인의 정당한 이익설이 대립한다.

(3) 판례

종래 판례는 "행정명령에 불과한 시행규칙상 가중요건 규정으로 인한 장래의 불이익은 법률상 이익이 아니다"106)라고 하여 법률상 보호이익설의 입장을 취하였으나, 최근 판례는 "법규명령에 규정되어 있는지와 상관없이 공무원의 법령준수의무를 고려할 때 그 처분의 존재로 인한 장래 불이익은 구체적이고 현실적인 것이므로 법률상 이익이 있다"107)고 판시하여 위법확인의 정당한 이익설의 입장을 취하는 것으로 보인다.

(4) 검토

사안과 같이 이전 처분의 외형이 잔존함으로 인해 가중된 후행 제제처분을 받을 것이 당연히 예견되는 경우에는 그러한 장래의 불이익을 회피할 이익을 인정하는 것이 실질적 권리구제에 부합하다는 점에서, 위법확인의 정당한 이익설이 타당하다.

Ⅲ. 가중요건의 경우

1. 문제점

제재적 처분이 장래의 제재적 처분의 가중요건 또는 전제요건으로 되어 있는 경우에 소의 이익 인정여부가 문제된다.

2. 시행령에 규정된 경우

학설과 판례는 시행령 형식의 재량준칙을 법규명령으로 보고 있다. 판례는 <u>가중요건이 법률</u>

---
106) 대판 1995.10.17, 94누14148
107) 대판 2006.6.22, 2003두1684

또는 대통령령(시행령)에 규정된 경우에는 가중된 제재처분을 받을 불이익이 현실적이므로 그 불이익을 제거하기 위하여 정지기간이 지난 정지처분의 취소를 구할 이익을 인정한다.108)

다만 업무정지처분을 받았더라도 새로운 업무정지처분을 받음이 없이 일정기간이 경과하는 등으로 가중된 제재처분을 받을 우려가 없어졌다면 소의 이익을 부인한다.109) 따라서 사안의 경우 만일 업무정지처분 후 이미 1년이 경과한 경우라면 과거의 업무정지처분의 전력을 요건으로 하여 가중제재처분을 받게 될 위험은 소멸하였다고 볼 것이므로 소의 이익이 부정된다.

3. 시행규칙에 규정된 경우

종전 판례는 가중요건이 부령에 정해진 경우 행정규칙에 불과하여 구속력이 없어서 가중적 제재처분을 받을 불이익은 직접적·구체적·현실적인 것이 아니라는 이유로 소의 이익을 부인하여 왔다. 그러나 변경된 판례는 부령이나 지방자치단체의 규칙으로 규정된 경우에도 공무원의 법령준수의무를 고려할 때 그러한 장래의 불이익 역시 회복되는 법률상 이익에 포함될 수 있다는 입장이다.110) 이에 따르면 협의의 소익이 인정될 수 있다.

이러한 법정의견에 대하여 "부령인 제재적 처분기준의 법규성을 인정하는 이론적 기초 위에서 그 법률상 이익을 긍정하는 것이 법리적으로는 더욱 합당하다"는 별개의견이 있다. 다만 사안의 경우 만일 업무정지처분 후 이미 1년이 경과한 경우라면 소의 이익이 부정된다.

4. 훈령에 규정된 경우

판례는 형식이 훈령111)과 같은 행정규칙으로 되어 있는 경우 법규명령과 같은 효력을 인

---

108) 연 2회 이상 건축사의 업무정지명령을 받은 경우 그 정지기간이 통산하여 12월 이상이 된 때에는 건축사사무소의 등록을 취소할 경우의 하나로 규정하고 있는 건축사법 제28조 제1항 제5호의 규정은 제재적인 행정처분의 법정가중요건을 규정해 놓은 것으로 보아야 하고, 원고가 변론재개신청과 함께 이 사건 건축사업무정지명령이 전제가 되어 원고의 건축사사무소 등록이 취소되었음을 알 수 있는 소명자료까지 제출하고 있다면, 이 사건 건축사업무정지명령에서 정한 정지기간이 도과하였다고 하더라도 그 처분으로 인하여 원고에게는 건축사사무소등록취소라는 법률상의 이익이 침해되고 있다는 사정을 나타내 보인 것이라고 할 것이다(대법원 1990.10.23, 90누3119).
109) 대법원 2000.4.21, 98두10080
110) 제재적 행정처분의 가중사유나 전제요건에 관한 규정이 법령이 아니라 규칙의 형식으로 되어 있다고 하더라도, 그러한 규칙이 법령에 근거를 두고 있는 이상 그 법적 성질이 대외적·일반적 구속력을 갖는 법규명령인지 여부와는 상관없이, 관할 행정청이나 담당공무원은 이를 준수할 의무가 있으므로 이들이 그 규칙에 정해진 바에 따라 행정작용을 할 것이 당연히 예견되고, 그 결과 행정작용의 상대방인 국민으로서는 그 규칙의 영향을 받을 수밖에 없다. 따라서 그러한 규칙이 정한 바에 따라 선행처분을 받은 상대방이 그 처분의 존재로 인하여 장래에 받을 불이익, 즉 후행처분의 위험은 구체적이고 현실적인 것이므로, 상대방에게는 선행처분의 취소소송을 통하여 그 불이익을 제거할 필요가 있다고 할 것이다(대판 2006.6.22, 2003두1684).
111) 훈령이란 상급기관이 하급기관에 대하여 장기간에 걸쳐 그 권한행사를 일반적으로 지시하기 위하여 발하는 명령이다.

정하기도 하나(재산제세조사사무처리규정112)), 기본적으로 행정규칙의 외부법으로서의 법규성을 부인하는 입장이다. 이에 따르면 훈령에 가중요건 규정이 있는 경우에 그에 따른 장래의 위험은 사실상 위험에 그치므로 장래의 위험방지의 필요에 따른 협의의 소익을 인정할 수 없다는 견해가 가능하다.

그러나 최근의 판례는 공무원의 법령준수의무를 고려할 때 그러한 장래의 불이익 역시 회복되는 법률상 이익에 포함될 수 있다고 입장을 변경하였으므로, 이에 따르면 협의의 소익을 인정할 수 있다.

다만 사안의 경우 업무정지처분 후 이미 1년이 경과한 경우라면 소의 이익이 부정된다.

보충문제

甲은 30년간의 공직생활을 마치고 정년퇴직을 한 뒤, 노후자금 및 대출금을 모아 A시에서 「공중위생관리법」에 의한 목욕장업을 시작하였다. 甲은 영업을 시작한 지 며칠 되지 않아 야간에 음주로 의심되는 손님 丙을 입장시켰는데 丙은 목욕장 내 발한실에서 심장마비로 사망하였다. 丙은 입장 당시 약간의 술 냄새를 풍기기는 하였으나 입장료를 지불하고 목욕용품을 구입하였으며 입장 과정에서도 정상적으로 보행을 하고 거스름돈을 확인하는 등 우려할 만한 특별한 문제점을 보이지 않았다. 丙은 무연고자로 판명되었으며, 부검 결과 사망 당일 소주 1병 상당의 음주를 한 것으로 확인되었다.

丙이 甲의 목욕장에서 사망한 사고가 다수의 언론에 보도되자 A시장은 甲에게 「공중위생관리법」 제4조 제1항, 제7항 및 같은 법 시행규칙 제7조 [별표 4] 제2호 라목의 (1) (다) 위반을 이유로, 같은 법 제11조 제1항 및 같은 법 시행규칙 제19조 [별표 7] Ⅱ. 제2호 라목의 라)에서 정하는 기준(이하 '이 사건 규정들'이라 한다)에 따라 2021. 1. 11. 영업정지 1월(2021. 1. 18. ~ 2021. 2. 16.)의 제재처분(이하 '이 사건 처분'이라 한다)을 하였고, 같은 날 甲은 이를 통지받았다. 甲은 음주로 의심되는 丙을 입장시킨 점은 인정하나, 丙이 같은 법 시행규칙 제7조 [별표 4]의 '음주 등으로 목욕장의 정상적인 이용이 곤란하다고 인정되는 사람'으로 보이지는 않아 입장을 허용한 것이므로 이 사건 처분은 위법·부당하다고 생각한다. 이와 관련하여 아래 각 질문에 답하시오(단, 아래 각 문제는 독립적임).

---

112) 국세청장으로 하여금 양도소득세의 실지거래가액이 적용될 부동산투기억제를 위하여 필요하다고 인정되는 거래를 지정하게 하면서 그 지정의 절차나 방법에 관하여 아무런 제한을 두고 있지 아니하고 있어 이에 따라 국세청장이 재산제세사무처리규정 제72조 제3항에서 양도소득세의 실지거래가액이 적용될 부동산투기억제를 위하여 필요하다고 인정되는 거래의 유형을 열거하고 있으므로, 이는 비록 위 재산제세사무처리규정이 국세청장의 훈령형식으로 되어 있다 하더라도 이에 의한 거래지정은 소득세법시행령의 위임에 따라 그 규정의 내용을 보충하는 기능을 가지면서 그와 결합하여 대외적 효력을 발생하게 된다 할 것이므로 그 보충규정의 내용이 위 법령의 위임한계를 벗어났다는 등 특별한 사정이 없는 한 양도소득세의 실지거래가액에 의한 과세의 법령상의 근거가 된다(대판 1987.9.29, 86누484).

(1) 甲은 이 사건 처분에 대한 취소소송을 제기하면서 그 효력정지신청을 하여 수소법원으로부터 이 사건의 제1심 본안판결 선고 시까지 이 사건 처분의 효력을 정지한다는 결정을 2021. 1. 15. 받았다. 이후 2022. 1. 18. 승소판결이 선고되어 A시장이 이에 불복, 항소하였으나 추가로 이 사건 처분의 집행이나 효력이 정지된 바 없다. 2022. 2. 24. 현재 기준 소송이 계속 중이다. 甲은 취소소송을 계속할 수 있는가? (15점)

(2) 甲은 이 사건 처분으로 인해 영업손실이 심대하여 대출금 및 이자 상환, 종업원 및 가족의 생계에 큰 지장을 겪고 있어 국가배상청구소송을 제기하고자 한다. 甲이 제기한 취소소송에서 인용판결이 확정된 후 甲이 국가배상청구소송을 제기한 경우 수소법원은 국가배상법상 '법령에 위반하여'에 대해 취소소송의 수소법원에서 판단한 위법성과 다른 판단을 내릴 수 있는가? 만약 甲이 취소소송과 국가배상청구소송을 동시에 제기하였는데 국가배상청구소송에서 인용판결이 먼저 나왔을 경우 취소소송의 수소법원은 이 사건 처분의 위법성에 대하여 국가배상청구소송의 수소법원과 다른 판단을 내릴 수 있는가? (25점)

「공중위생관리법 시행규칙」
[별표 4] 공중위생업자가 준수하여야 하는 위생관리기준 등
  2. 목욕장업자
    라. 그 밖의 준수사항
      (1) 다음에 해당되는 자를 출입시켜서는 아니된다.
        다) 음주 등으로 목욕장의 정상적인 이용이 곤란하다고 인정되는 사람

[별표 7] 행정처분기준
  2. 목욕장업

위반행위	행정처분기준			
	1차 위반	2차 위반	3차 위반	4차 이상 위반
라. 법 제4조에 따른 공중위생영업자의 위생관리의무등을 지키지 않은 경우				
라) 음주 등으로 목욕장의 정상적인 이용이 곤란하다고 인정되는 사람을 출입시킨 경우	경고 또는 개선명령	영업정지 5일	영업정지 10일	영업장 폐쇄명령

• 2023 변호사시험

■ 문 (1)

I. 논점

II. 행정소송법 제12조 2문의 '법률상 이익'의 의미

III. 가중적 제재처분과 소의 이익
   1. 「공중위생관리법 시행규칙」상 행정제재규정의 법적 성질 : 행정규칙
   2. 가중적 제재요건이 시행규칙으로 정해진 경우의 협의의 소의 이익

   제재적 행정처분의 가중사유나 전제요건에 관한 규정이 법령이 아니라 규칙의 형식으로 되어 있다고 하더라도, 그러한 규칙이 법령에 근거를 두고 있는 이상 그 법적 성질이 대외적·일반적 구속력을 갖는 법규명령인지 여부와는 상관없이, 관할 행정청이나 담당공무원은 이를 준수할 의무가 있으므로 이들이 그 규칙에 정해진 바에 따라 행정작용을 할 것이 당연히 예견되고, 그 결과 행정작용의 상대방인 국민으로서는 그 규칙의 영향을 받을 수밖에 없다. 따라서 그러한 규칙이 정한 바에 따라 선행처분을 받은 상대방이 그 처분의 존재로 인하여 장래에 받을 불이익, 즉 후행처분의 위험은 구체적이고 현실적인 것이므로, 상대방에게는 선행처분의 취소소송을 통하여 그 불이익을 제거할 필요가 있다(대판 2006.6.22. 2003두1684).

IV. 사례의 해결

   甲은 가중처분을 받을 위험과 불안한 법적 지위를 해소하고자 종전에 효력이 소멸된 영업정지처분의 취소를 구할 법률상 이익이 인정되므로 취소소송을 계속할 수 있음

■ 문 (2)

I. 논점
   ① 취소소송의 기판력, ② 국가배상청구소송의 기판력

II. 취소소송의 기판력과 국가배상청구소송
   1. 학설 : 기판력 긍정설, 기판력 부정설, 제한적 긍정설
   2. 검토
      법질서의 일체성, 분쟁의 일회적 해결 측면에서 기판력 긍정설을 취하면, 국가배상청구소송의 수소법원은 취소소송의 수소법원에서 판단한 위법성과 같은 판단을 내려야 함

Ⅲ. 국가배상청구소송의 기판력과 취소소송
　　○ 기판력은 판결주문에 나타난 판단(즉, 소송물에 대한 판단)에만 미침(통설, 판례)
　　○ 국가배상청구소송의 소송물은 국가배상청구권의 존부이고 위법성 판단은 판결이유에서 제시된 그 전제가 되는 판단에 불과하므로 기판력이 미치지 아니함

Ⅳ. 사례의 해결
　　취소소송에서 인용판결이 확정된 후 甲이 국가배상청구소송을 제기한 경우 수소법원은 취소소송의 수소법원에서 판단한 위법성과 같은 판단을 내려야 하며, 국가배상청구소송의 기판력은 취소소송에 미치지 아니하므로 다른 판단이 가능함

연습 36

식품위생법 제75조는 유해식품을 판매한 자에 대해서는 영업허가를 취소하거나 6월 이내의 기간을 정하여 그 영업의 전부 또는 일부를 정지하거나, 영업소의 폐쇄를 명할 수 있다고 규정하고 있다. 그런데 각 지역 간 제재처분의 불균형이 문제되자, 보건복지부는 보건복지부령으로 제재처분의 기준을 정하였다. 보건복지부령은 [별표]에서 제재처분 기준으로 유해식품 판매금지 1회 위반에 대해서는 1월의 영업정지로 규정하고 있다. 그런데 A시의 시장 을은 유해식품을 판매하다 처음 적발된 갑에 대하여 3월의 영업정지처분을 내렸다.

갑은 보건복지부령이 [별표]에서 제재처분 기준으로 유해식품 판매금지 2회 위반에 대해서는 영업정지 6월의 가중제재처분을 규정하고 있다는 사실을 알고는 영업정지 취소소송을 제기하였는데, 취소소송의 진행 도중에 위 영업정지 기간은 도과하게 되었고, 동시에 갑이 판매한 식품은 유해하지 않다는 식품의약품 안전청의 최종 조사결과가 나왔다.

- 영업정지 기간의 도과는 소송의 계속에 어떠한 영향을 미치는가?[113] (20점)

1. 문제점

영업정지 취소소송의 계속 중 정지기간의 경과로 처분의 효력이 소멸된 이후에도 소송을 유지할 협의의 소익이 인정되는지 문제된다.

2. 협의의 소익과 행정소송법 제12조 2문

(1) 협의의 소익의 의의

협의의 소익이란 소송을 통하여 분쟁을 해결할 만한 구체적인 이익 및 현실적인 필요성을 말한다. 행정소송법 제12조 2문은 처분 등의 효과가 기간의 경과, 처분 등의 집행 그 밖의 사유로 인하여 소멸된 뒤에도 그 처분 등의 취소로 인하여 회복되는 법률상 이익이 있는 자의 경우에도 취소소송을 제기할 수 있다고 규정하고 있다.

(2) 제12조 2문의 성질

이에 관하여 ① 제12조 전문처럼 원고적격에 관한 조항으로 보는 견해가 있으나, ② 전문은 취소소송의 원고적격을 규정하고 있고, 후문은 취소소송에서의 협의의 소익을 규정한 것이라고 보는 견해가 다수설이다.

---

[113] 2006년 행정고시(일반행정) 기출문제 변형

(3) 협의의 소익이 부인되는 경우

협의의 소익은 ① 처분의 효력이 소멸한 경우, ② 이익침해 상황이 해소된 경우, ③ 원상회복이 불가능한 경우에는 원칙적으로 부정된다. 취소소송은 처분의 효력을 제거하여 침해당한 권익을 회복하기 위한 형성소송에 해당하기 때문이다.

사안처럼 정지기간의 경과로 처분의 효력이 소멸되고 이미 영업권을 회복하여 영업이 가능한 경우에는 원칙적으로 취소소송을 계속할 권리보호이익이 없다고 볼 것이나, 행정소송법 제12조 2문의 '법률상 이익'에 해당하여 협의의 소익을 인정할 수 있는 예외적 경우인가가 문제된다.

3. '법률상 이익'의 인정범위

사안에서 [별표]의 가중제재처분 가능성을 제거하여야 하는 이익이 소의 이익으로 인정될 수 있는지가 문제인데, 이는 행정소송법 제12조 2문 '법률상 이익'의 인정범위 논의와 관계있다.

(1) 학설

① '법률상 이익'은 법률상 보호이익을 의미하는 것으로서 '법률상 위험'이 존재하는 경우에만 인정될 수 있다고 보는 법률상 보호이익설, ② 위법확인의 정당한 이익을 의미하는 것으로서 '법률상 위험'이 존재하는 경우뿐만 아니라 위험성 확인의 이익에 대해서도 인정된다는 위법확인의 정당한 이익설이 대립한다.

(2) 판례

① **종래 판례**(법률상 보호이익설) : 처분의 효력이 제재기간의 경과로 인하여 소멸하였으나 제재적 가중처분이 시행규칙의 형식으로 예정되어 있어 선행처분에 대해 취소소송을 제기한 사안에서 판례는 "위반횟수에 따른 가중요건 규정은 내부 행정명령에 불과할 뿐, 행정처분의 기간의 경과로 그 효력이 상실된 후에 가중인 제재처분의 불이익은 직접적·구체적·현실적인 것이 아니어서 법률상 이익이 없다"고 판시하였다.

② **최근 판례**(위법확인의 정당한 이익설) : 판례는 "<u>법령이 아니라 규칙의 형식으로 되어 있다고 하더라도, 그러한 규칙이 법령에 근거를 두고 있는 이상 그 법적 성질이 대외적·일반적 구속력을 갖는 법규명령인지 여부와는 상관없이 공무원의 법령준수의무를 고려할 때 그 처분의 존재로 인한 장래 불이익은 구체적이고 현실적인 것이므로 법률상 이익이 있다</u>(환경영향평가대행업자 사건)"(대판 2006.6.22. 2003두1648 전합)고 판시하였다.

(3) 검토(위법확인의 정당한 이익설)

사안과 같이 이전 처분의 외형이 잔존함으로 인해 가중된 후행 제제처분을 받을 것이 당연히 예견되는 경우에는 그러한 장래의 불이익을 회피할 이익을 인정하는 것이 실질적 권리구제에 부합하다는 점에서, 위법확인의 정당한 이익설이 타당하다.

4. 설문의 해결

취소소송 계속 중 정지기간 경과로 영업정지처분의 효력이 소멸되면 협의의 소익은 원칙적으로 부정될 것이다. 그러나 부령 [별표]에 의하면 "2회 위반시 6월 영업정지"라는 가중 제재처분 규정을 두고 있는바, 이에 따른 장래의 위험방지를 위한 예외적인 협의의 소익 인정이 가능하다.

따라서 법원은 영업정지기간 도과를 이유로 각하할 것이 아니라 본안판단을 하여야 할 것이다.

연습 37

한국○○공사는 2025. 2. 2. A에게 같은 해 2. 10.부터 7. 10.까지 입찰참가자격을 제한하는 내용의 부정당업자제재처분을 하였다. A는 2025. 2. 20. 행정법원에 한국○○공사를 상대로 위 제재처분의 취소를 구하는 본안소송을 제기한 후 위 재제처분의 효력정지신청을 하였고, 행정법원은 이 사건 처분의 집행으로 인하여 상대방에게 회복할 수 없는 손해가 생길 우려가 있고 또 긴급한 사유가 있으며 달리 공공복리에 중대한 영향을 미칠 우려가 있는 때에 해당한다고 인정할 자료도 없다는 이유로 상대방의 신청을 받아들여 위 제재처분의 효력정지결정을 하였다. 이에 대하여 한국○○공사는 자신은 행정청이 아니므로 효력정지신청은 물론 본안소송의 제기가 부적법하다고 다투고 있다. 한국○○공사는 행정소송법상 행정청인가? (단, 실정법상 한국○○공사를 행정청으로 규정 또는 간주하는 법률은 없으며, 한국○○공사는 행정소송법 소정의 행정청 또는 그 소속기관으로부터 부당업자제재처분의 권한을 위임받은 법적 근거도 없다)[114] (20점)

Ⅰ. 문제의 소재

행정소송의 대상이 되는 행정처분이라 함은 행정청 또는 그 소속기관이나 법령에 의하여 행정권한의 위임 또는 위탁을 받은 공공단체가 국민의 권리의무에 관계되는 사항에 관하여 직접효력을 미치는 공권력의 발동으로서 하는 공법상의 행위를 말하며, 그것이 상대방의 권리를 제한하는 행위라 하더라도 행정청 또는 그 소속기관이나 권한을 위임받은 공공단체의 행위가 아닌 한 이를 행정처분이라고 할 수 없다.[115]

설문에서 효력정지신청과 본안소송의 제기가 적법하려면 한국○○공사가 행정청에 해당해야 한다. 행정소송법상 행정청의 개념을 분석함으로써 한국○○공사가 행정청에 해당하는지 여부를 검토하기로 한다. 행정법학에서 행정청의 개념은 조직법상 의미와 기능상 의미로 구분된다.

Ⅱ. 행정조직법상 행정청의 개념

1. 의의

행정조직법상 행정청의 의미는 전통적 행정(관)청 개념과 포괄적 행정(관)청 개념으로 구분된다.

---

[114] 이 문제에 대한 답안 전개방식은 홍정선 외 2인, 「기본 CASE 행정법」, 박영사, 2016, p.226 이하의 내용을 참조하였음
[115] 대판 1992.11.27, 92누3618

(1) 전통적 행정(관)청 개념

전통적으로 행정관청은 "그의 권한의 범위 내에서 행정주체의 행정에 관한 의사 또는 판단을 결정하고 이를 외부에 표시하는 기관"을 말한다(예 행정안전부장관).

(2) 포괄적 행정(관)청 개념

그 밖에도 다수의 직으로 구성되는 조직상의 단일체를 행정관청으로 부르는 포괄적 행정관청 개념이 있다(예 행정안전부). 포괄적 행정청 개념에서 그 우두머리가 전통적 의미의 행정청에 해당한다. 행정조직법상 행정청의 개념은 일반적으로 직접국가행정조직에서의 개념이고 간접국가행정조직은 제외된다.116)

2. 행정소송법 제2조 제1항 제1호의 행정청

행정소송법 제2조 제1항 제1호의 행정청은 행정소송법 제2조 제2항에 비추어 행정조직법상 행정청의 개념에 해당한다.

Ⅲ. 기능상 행정청의 개념

1. 의의

공법상으로 구체적인 행정상 처분을 행할 수 있는 모든 기관(예 국회사무총장, 법원행정처장)을 의미하는 기능상 행정관청개념이 있을 수 있다. 즉 여기서의 행정청이란 외부관계에서 공법상 구체적인 행정상 처분을 행할 수 있는 모든 기관을 의미한다. 조직법상 의미의 행정청이 아니어도 권한의 위임 등에 의해 행정행위를 발하거나 기타 공법상의 개별처분을 외부에 행하는 기관도 기능상 의미의 행정청에 해당한다.

2. 행정소송법 제2조 제2항의 행정청

(1) 행정소송법 제2조 제2항은 "이 법을 적용함에 있어서 행정청에는 법령에 의하여 행정권한의 위임 또는 위탁을 받은 행정기관, 공공단체 및 그 기관 또는 사인이 포함된다"고 규정하여 공공단체나 사인까지도 행정청이 될 수 있음을 규정하고 있다. 본조항의 행정청은 기능상 의미의 행정청에 해당한다.

---

116) 직접국가행정조직 : 국가의 중앙행정조직 + 국가의 지방행정조직(예 세무서, 기관위임사무를 처리하는 서울시장)
    간접국가행정조직 : 지방자치단체·공법상 사단(공공조합)·재단·영조물법인 등

(2) 행정소송은 공법상 분쟁의 해결절차이므로, 본조항에서 말하는 행정권한이란 공법상의 권한만을 의미하고 사법상의 권한은 포함되지 않는다. 또한 본조항은 법령에 의해 행정권한이 위임 또는 위탁된 경우에만 적용되는 것이고, 내부위임과 같이 사실상 위임된 경우를 말하지 않는다.

Ⅳ. 설문에의 적용

1. 한국○○공사가 행정조직법상 행정청인지 여부

국가의 행정은 반드시 그 스스로의 기관에 의하여 수행되어야 하는 것은 아니다. 경우에 따라서는 국가로부터 독립한 단체(법인)를 설립하여 그로 하여금 수행하게 하는 경우도 있는데, 이러한 단체를 공공단체라 하고, 공공단체를 통해 수행되는 국가행정을 간접국가행정이라 한다. 한국○○공사는 이러한 간접국가행정조직의 한 부분이며, 간접국가행정조직은 행정조직법상 행정청의 개념에 해당하지 아니한다(대판 1995.2.28, 94두36). 실정법상 한국○○공사를 행정청으로 규정(또는 간주)하는 법률도 없다.

2. 한국○○공사가 기능상 행정청인지 여부

한국○○공사가 기능상 행정청에 해당하기 위해서는 법령에 의하여 행정권한을 위임 또는 위탁받아야 한다. 그러나 한국○○공사는 행정소송법 소정의 행정청 또는 그 소속기관으로부터 부당업자제재처분의 권한을 위임받은 법적 근거가 없으므로, 설문에서의 한국○○공사를 기능상 의미의 행정청으로 볼 수도 없다.

3. 결론

한국○○공사는 행정조직법상 행정청의 개념에 해당하지 않고, 행정소송법 제2조 제2항의 의미 내지 기능상 의미의 행정청으로도 볼 수 없다. 결국 한국○○공사는 행정소송법상 행정청에 해당하지 아니한다.

연습 38

A시의 X구(자치구 아닌 구) 주민들은 재개발사업 추진위원회를 구성하여 조합설립준비를 하였다. 추진위원회는 토지소유자 4분의 3 이상의 동의를 받아 2025. 3. 20. 조합설립결의를 거쳐 설립인가를 신청하였다. 그러나 설립추진위원회가 토지 등 소유자로부터 받아 행정청에 제출한 동의서에는 법령에 정한 '건설되는 건축물의 설계의 개요'와 '건축물의 철거 및 신축에 소요되는 비용의 개략적인 금액'에 관하여 그 내용의 기재가 누락되어 있음에도 이를 유효한 동의로 처리한 하자가 있었다. 한편 A시 시장 乙은 법령상 위임규정이 없으나 X구 구청장 丙에게 조합설립인가에 관한 권한을 내부위임하고 이에 따라 丙이 자신의 이름으로 2025. 5. 10. 조합설립인가를 하였다.

(1) X구의 주민 甲 등이 추진위원회가 주민들의 동의를 받는 과정에 하자가 있음을 이유로 조합설립결의에 대해 2025. 4. 10. 시점에서 행정소송을 제기할 수 있는가? (15점)

(2) X구의 주민 甲 등이 법령상 위임규정 없이 丙이 한 조합설립인가처분의 효력을 다투고자 2025. 5. 20. 시점에서 행정소송을 제기하는 경우에, 피고적격과 승소가능성을 검토하시오. (25점)

Ⅰ. 설문 (1) – 조합설립결의에 대한 쟁송수단

1. 문제점

재개발, 재건축과 관련된 법적 분쟁은 민사소송이나 행정소송으로 처리할 수 있는데, 조합설립결의에 대하여 불복하려는 자가 어떠한 유형의 소송을 제기할 수 있는지 문제된다. 이는 조합설립결의와 조합설립인가의 법적 성질과 관련된다.

2. 조합설립결의와 조합설립인가의 법적 성질

(1) 조합설립결의

행정청의 조합설립인가를 받기 전(前) 단계인 조합설립추진위원회는 사법(私法)상 단체에 불과하므로 추진위원회가 하는 조합설립결의와 같은 조합설립행위는 사법행위(私法行爲)에 불과하다.

(2) 조합설립인가

종전 판례는 "재건축조합설립인가는 불량·노후한 주택의 소유자들이 재건축을 위하여 한 재건축조합설립행위를 보충하여 그 법률상 효력을 완성시키는 보충행위일 뿐"[117]이라고

---
117) 대판 2000.9.5. 99두1854

하여 강학상 인가(認可)로 보았으나, 이후 판례가 변경되어 "재개발조합설립인가신청에 대한 행정청의 조합설립인가처분은 단순히 사인들의 조합설립행위에 대한 보충행위로서의 성질을 가지는 것이 아니라 법령상 일정한 요건을 갖추는 경우 행정주체(공법인)의 지위를 부여하는 일종의 설권적 처분의 성질을 가진다"고 하여 특허(特許)의 성질로 이해한다.[118]

3. 조합설립행위의 하자를 다투는 소송의 유형

(1) 조합설립인가 前

조합설립인가 전에는 추진위원회가 사법상 단체 불과하므로 주민은 추진위원회를 상대로 조합설립결의의 무효확인소송(민사소송)을 제기하여야 한다.

(2) 조합설립인가 後

조합설립인가를 강학상 인가로 보던 종래의 판례는 "그 기본 되는 조합설립행위에 하자가 있을 때는 그에 대한 인가가 있다 하더라도 항소소송으로 인가처분의 취소나 무효확인을 구할 수 없고 민사소송으로 조합설립행위에 대한 무효확인소송을 제기할 수 있다."는 입장이었다.[119]

그러나 변경된 판례는 "재개발조합설립인가신청에 대하여 행정청의 조합설립인가처분이 있은 이후에는, 조합설립동의에 하자가 있음을 이유로 재개발조합 설립의 효력을 부정하려면 항고소송으로 조합설립인가처분의 효력을 다투어야 하고, 이와는 별도로 조합설립결의만을 대상으로 그 효력유무를 다투는 확인의 소를 제기하는 것은 확인의 이익이 없어[120] 허용되지 아니한다."[121]고 판시하였다.

> [참고] 행정청의 조합설립인가처분이 있은 후에 조합설립결의의 하자를 이유로 민사소송으로 그 결의의 무효 등 확인을 구한 사안에서, 그 소는 행정소송의 일종인 당사자소송으로 제기된 것으로 봄이 상당하고, 이송 후 관할법원의 허가를 얻어 조합설립인가처분에 대한 항고소송으로 변경될 수 있어 관할법원인 행정법원으로 이송함이 마땅하다(대판 2009.9.24. 2008다60568).

4. 설문의 해결

2025. 4. 10. 시점은 행정청의 조합설립인가가 있기 전이므로 주민 甲 등은 행정소송을 제기할 수 없고 민사소송을 제기할 수밖에 없다.

---

[118] 대판 2010.1.28. 2009두4845
[119] 대판 2000.9.5. 99두1854
[120] 조합설립결의만을 대상으로 그 효력유무를 다투는 확인의 소를 제기하는 것은 원고의 권리 또는 법률상 지위에 현존하는 불안·위험을 제거하는 데 가장 유효·적절한 수단이라고 할 수 없기 때문이라고 한다.
[121] 대판 2010.1.28. 2009두4845

Ⅱ. 설문 (2) – 행정소송의 피고적격, 승소가능성

1. 문제상황

A시장 을이 가진 조합설립인가에 관한 권한을 법령상 위임규정 없이 X구 구청장 병에게 내부위임하고 병이 자신의 이름으로 조합설립인가를 행하였다고 하므로, 갑 등이 병이 발령한 조합설립인가처분의 효력을 다투는 행정소송을 제기한 경우 승소가능성과 관련해, 소송요건 중 피고적격과 본안요건인 위법성 및 그 정도를 검토해 본다.

2. 피고적격

(1) 문제점

설문에서 시장은 법령상 위임규정이 없으나 구청장에게 조합설립인가에 관한 권한을 내부위임하고 이에 따라 구청장이 자신의 이름으로 조합설립인가를 하였다면 내부위임의 법리와 관련해 어느 행정청이 피고가 되는지가 문제된다.

(2) 행정소송법상 피고적격

취소소송은 다른 법률에 특별한 규정이 없는 한 그 처분 등을 행한 행정청을 피고로 한다(행정소송법 제13조 제1항). 권리주체인 국가나 지방자치단체가 아니라 행정청을 피고로 한 이유는 행정소송수행의 편의를 위해서이다. 피고인 행정청은 그가 속한 행정주체를 대표하여 소송수행을 하며 판결의 효력인 기판력은 피고인 행정청이 속한 법주체인 행정주체에 미치게 된다. 행정청에는 전통적 의미의 행정청 외에 합의제기관, 공법인, 지방의회, 행정소송법 제2조 제2항의 행정청이 포함된다.

(3) 내부위임의 경우

① **내부위임의 의의** : 본래 권한의 위임이 있으면 위임기관은 권한을 상실하며 수임기관이 처분권한을 갖게 된다. 그러나 내부위임은 행정조직 내부에서 수임자가 위임자의 명의와 책임으로 위임자의 권한을 사실상 행사하는 것을 말한다.

② **피고적격** : 권한의 위임은 수임자 명의로 권한이 행사되기 때문에 행정소송에서 피고는 수임 행정관청이 되지만, 내부위임은 위임자 명의로 권한이 행사되기 때문에 위임 행정관청이 피고가 된다. 그러나 판례는 "행정처분을 행할 적법한 권한 있는 상급행정청으로부터 <u>내부위임을 받은데 불과한 하급행정청이 권한 없이 행정처분을 한 경우에도 실제로 그 처분을 행한 하급행정청을 피고로</u> 하여야 할 것이지 그 처분을 행할 적법한 권한 있는 상급행정청을 피고로 할 것이 아니다"(대판 1991.2.22, 90누5641)는 입장이다. 즉 판례는 경우를 나누어서, 위임기관의 명의로 처분했으면 위임기관이 피고가 되나, 위법하게 수임기관의 명의로 처분했으면 수임기관이 피고가 된다고 한다.

(4) 사안의 경우

만일 정당한 권한자를 피고로 한다면 무권한자가 위법한 처분을 발령한 후 정당한 권한자를 찾아야 하는 부담을 원고인 사인에게 지우는 결과가 되기 때문에 판례의 태도가 타당하다. 구청장은 조합설립인가에 관한 권한을 내부위임 받았을 뿐임에도 불구하고 구청장 자신의 이름으로 조합설립인가를 하였다면 피고는 구청장이 된다.

3. 조합설립인가처분의 위법성과 정도

(1) 문제점

권한의 내부위임은 권한의 대외적 변경이 없으므로 수임기관은 위임기관의 명의로 권한을 행사한다. 그러나 설문에서 구청장은 위임기관인 시장의 명의로 조합설립인가처분을 하여야 함에도 자신의 명의로 처분을 하였기 때문에 그 처분은 주체상의 하자로서 위법하다. 내부위임을 받은 자가 자신의 행위로 행한 처분의 효력에 대해 견해가 대립한다.

(2) 학설 및 판례

학설은 ① 내부적으로는 위임받고 있으므로 무권한은 아니어서 단순한 형식의 하자에 불과하다고 보는 취소사유설, ② 정당한 권한 없는 자의 행위는 중대하고 명백한 하자라고 보는 무효사유설이 있다. 판례는 "체납취득세에 대한 압류처분권한은 도지사로부터 시장에게 권한위임된 것이고 시장으로부터 압류처분권한을 내부위임받은 데 불과한 구청장으로서는 시장 명의로 압류처분을 대행처리할 수 있을 뿐이고 자신의 명의로 이를 할 수 없다 할 것이므로 구청장이 자신의 명의로 한 압류처분은 권한 없는 자에 의하여 행하여진 위법무효의 처분이다"(대판 1993.5.27, 93누6621)라고 하여 무효사유설의 입장을 취하는 것으로 보인다.

(3) 검토

일반적 견해와 판례의 입장인 중대명백설에 따르면 구청장은 자신의 명의로 조합설립인가를 하였기 때문에 무권한자의 행위로 적법요건의 중대한 위반이면서 외관상으로도 명백한 하자이다. 따라서 구청장의 조합설립인가처분은 무효사유에 해당한다.

4. 사안의 해결

사안에서 구청장의 조합설립인가처분이 무효사유에 해당한다고 보면, 갑이 구청장을 피고로 무효확인소송을 제기하면 승소할 수 있을 것이다.

> **보충문제**
>
> A 주택재건축정비사업조합(이하 'A 조합')은 B 시(市) 소재 아파트의 재건축사업을 시행할 목적으로 관계 법령에 따라 조합설립의 인가 및 등기를 마쳤다. A 조합은 조합총회에서 관리처분계획안을 의결하고, B 시 시장에게 관리처분계획의 인가를 신청하였다. 다음 물음에 답하시오.
>
> (1) B 시 시장은 위 관리처분계획에 대한 인가를 하였다. 이에 조합원 甲은 위 관리처분계획이 위법하다는 이유로 위 인가처분의 취소를 구하는 소송을 제기하였다. 협의의 소의 이익에 대하여 검토하시오. (10점)
> (2) B 시 시장의 관리처분계획에 대한 인가 전에 조합원 乙이 위 관리처분계획안에 대한 조합총회결의의 효력을 다투고자 한다면 어떠한 소송에 의하여야 하는지 검토하시오. (10점)
>
> • 2022 5급(행정) 공채

■ 문 (1)

Ⅰ. 논점 : 인가 후 관리처분계획을 다투는 방법

Ⅱ. 인가

○ 시장·군수의 인가는 <u>사업시행자의 관리처분계획의 효력을 완성시키는 보충행위로서 강학상 인가</u>에 해당한다(대판 2001.12.11, 2001두7541).

Ⅲ. 협의의 소의 이익

1. 의의
2. 협의의 소익이 없는 경우

Ⅳ. 관리처분계획

1. 의의
   정비사업 시행자가 분양신청기간이 종료된 때 수립하는 대지 및 건축시설에 관한 관리 및 처분에 관한 계획
2. 인가를 통하여 확정된 관리처분계획의 성질
   <u>관리처분계획에 대한 관할 행정청의 인가·고시까지 있게 되면 관리처분계획은 행정처분으로서 효력이 발생한다</u>(대판 2009.9.17. 2007다2428).
3. 인가 후 관리처분계획을 다투는 방법
   ○ <u>총회결의의 하자를 이유로 하여 행정처분의 효력을 다투는 항고소송의 방법으로 관리처분계획의 취소 또는 무효확인을 구하여야 하고, 그와 별도로 행정처분에 이르는 절차적 요건 중 하나에 불과한 총회결의 부분만을 따로 떼어내어 효력 유무를 다투</u>

는 확인의 소를 제기하는 것은 특별한 사정이 없는 한 허용되지 않는다(대판 2009.9.17. 2007다2428).
- ㅇ 다만 그 기본행위가 적법유효하고 보충행위인 인가처분 자체에만 하자가 있다면 그 인가처분의 무효나 취소를 주장할 수 있다고 할 것이지만, 인가처분에 하자가 없다면 기본행위에 하자가 있다 하더라도 따로 그 기본행위의 하자를 다투는 것은 별론으로 하고 기본행위의 무효를 내세워 바로 그에 대한 피고 행정청의 인가처분의 취소 또는 무효확인을 소구할 법률상의 이익이 있다고 할 수 없다(대판 1994.10.14. 93누22753).

Ⅳ. 사례의 해결
- ㅇ 관리처분계획의 위법을 다투려면 관리처분계획을 대상으로 항고소송을 제기하여야 함
- ㅇ 이 경우, 인가 자체에 하자가 없음에도 관리처분계획의 위법을 이유로 인가의 취소를 구하는 소송은 협의의 소익이 없는 경우에 해당됨

■ 문 (2)

Ⅰ. 논점 : 관리처분계획안에 대한 조합총회결의의 효력을 다투는 방법

Ⅱ. 당사자소송

Ⅲ. 관리처분계획안에 대한 조합총회의 의결
- ㅇ 조합총회의 의결은 처분이 아니므로, 항고소송의 대상이 되지 않음
- ㅇ 도시 및 주거환경정비법상 행정주체인 주택재건축정비사업조합을 상대로 관리처분계획안에 대한 조합 총회결의의 효력 등을 다투는 소송은 행정처분에 이르는 절차적 요건의 존부나 효력 유무에 관한 소송으로서 그 소송결과에 따라 행정처분의 위법 여부에 직접 영향을 미치는 공법상 법률관계에 관한 것이므로, 이는 행정소송법상의 당사자소송에 해당한다(대판 2009.9.17, 2007다2428).

Ⅳ. 사례의 해결
관리처분계획안에 대한 조합총회결의는 공법상 법률관계이므로, 이를 다투려면 민사소송이 아니라 공법상 당사자소송을 제기하여야 함

연습 39

아래 사항들은 취소소송의 대상이 될 수 있는가?

(1) 충남지방경찰청장의 횡단보도설치
(2) 강동경찰서장의 운전면허행정처분 대장 상의 벌점의 배점
(3) 행정규칙인 「X도 소속공무원 징계양정규칙」에 의한 불문경고조치(* 불문경고를 받는 경우 6개월 이내에는 승진이 제한됨)
(4) 국토교통부장관의 개발제한구역지정
(5) 甲은 사기죄로 1989년 2월에 징역 10월의 형을 선고받았으나, 그 사실을 숨긴 채 공무원 채용시험에 응시하여 1990년 10월에 공무원에 임용되었고, 1992년 12월에 일반사면령에 의해 형이 사면되었다. 2025년 1월 퇴직을 11개월 앞둔 甲은, "임용 당시 국가공무원법상 형의 집행을 종료한 때로부터 3년 이내에는 공무원으로 임용이 불가한 점"을 확인한 乙장관으로부터 당연퇴직 인사발령을 받았다. - 이 경우의 당연퇴직 인사발령

I. 문제점

사안은 취소소송의 대상적격을 검토하라는 문제로, 먼저 행정소송법상 "처분"의 개념을 살펴본 후 각 사항이 이에 해당하는지 여부를 살펴보도록 한다.

II. 행정소송법상 '처분'의 개념

1. 의의

행정소송법은 취소소송의 대상을 처분 등으로 명시하고 있다(제4조 제1호). 여기에서 처분 등이란 '행정청이 행하는 구체적 사실에 관한 법집행으로서의 공권력의 행사 또는 그 거부와 그 밖에 이에 준하는 행정작용 및 행정심판에 대한 재결'을 말한다(제2조 제1항 제1호).

2. 행정행위와 처분의 관계

(1) 문제점

위와 같이 행정소송법은 처분개념을 광의로 정의하고 있어 행정소송법상 처분개념이 실체법적 개념인 학문상의 행정행위개념과 동일한지에 대해 견해가 대립한다.

(2) 학설

① 일원설(실체법적 개념설) : 실체적 행정행위의 개념과 처분을 동일시하는 입장이다. 이 견해는 ㉠ 취소소송의 목적이 공정력을 가진 행정행위를 매개로 하여 생긴 위법상태를

제거하여 상대방의 권익을 구제하는데 있으므로 공정력을 가진 행정행위에 대하여만 처분성을 인정해야 하고, ⓒ 행위형식의 다양성을 인정하고 다양한 행위형식에 상응하는 소송유형을 통한 권리구제를 도모하는 것이 국민의 권리구제의 폭을 넓히는 것이 된다는 점, ⓒ 다양한 행정작용을 묶어 하나의 새로운 개념으로 구성하는 것이 타당하지 않은 점을 논거로 한다.

② 이원설(쟁송법적 개념설) : 행정쟁송법상 처분개념은 실체법상 행정행위 개념보다는 넓은 행정쟁송법상의 독자적인 개념으로 보는 견해이다. 이 견해는 ㉠ 행정소송법상 처분개념의 정의규정의 문언 및 항고소송의 대상을 넓힘으로써 국민의 권리구제의 기회를 확대하려는 입법취지에 부응해야 하고, ⓒ 소송형식이 다양한 경우 국민이 소송형식을 선택하는데 어려움이 있으므로 항고소송의 대상을 넓히는 것이 바람직하며, ⓒ 행정소송법상 취소는 위법상태를 시정하는 것 또는 위법성을 확인하는 것이므로 사실행위의 취소도 가능하다고 본다.

(3) 판례

판례가 파악하는 처분관념은 기본적으로 ① 공권력발동으로서의 행위일 것, ② 그 자체가 국민에 대하여 권리설정 또는 의무의 부담을 명하거나 기타 법률상의 효과를 발생케 하는 것임을 요구하며, 처분의 해당 여부를 개별적으로 결정하여야 한다는 입장이다. 판례는 권력적 사실행위로 볼 수 있는 단수처분, 교도소재소자의 이송조치, 교도관 참여대상자의 지정행위를 처분으로 보았고, 비권력적 사실행위로서 국민의 권익에 사실상 지배력을 미치는 국가인권위원회의 성희롱결정 및 시정조치권고를 처분으로 보았으며, 그 자체로는 국민의 권리의무에 변동을 초래하지 않는 표준공시지가결정의 처분성을 인정하는 등 점차 처분관념을 확대해가고 있어 쟁송법적 개념설을 취하는 것으로 평가된다.

(4) 검토

행정소송법이 "그 밖에 이에 준하는 행정작용"이라는 문구를 통해 취소소송의 대상 범위를 확대할 수 있는 여지를 열어놓았다는 점, 취소소송 외의 권리구제수단이 완벽하게 구비되어 있지 않은 현행 제도 하에서는 취소소송의 대상이 되는 처분의 개념을 넓게 이해하는 것이 국민의 권리구제에 유리하다는 점에 비추어 쟁송법적 개념설이 타당하다.[122]

3. 취소소송의 대상인 처분의 개념요소

(1) 행정청의 구체적 사실에 관한 법집행으로서의 공권력의 행사와 그 거부

① **행정청의 행정작용** : 처분은 행정청이 행하는 공권력행사이다. 행정청은 행정주체의 의사를 결정하여 외부에 표시할 수 있는 권한을 가진 기관을 말한다. 행정청에는 단독제기

---

[122] 박정훈, 「행정법 통합연습」, 인해, 2014, p.24

관 외에 합의제기관(예 노동위원회·토지수용위원회)도 포함된다. 국회나 법원의 기관이 행하는 실질적 의미의 행정에 속하는 구체적인 사실에 관한 법집행으로서의 공권력 행사도 처분에 해당한다. 행정청에는 법령에 의하여 행정권한의 위임 또는 위탁을 받은 행정기관, 공공단체 및 그 기관 또는 사인이 포함된다(행정소송법 제2조 제2항).

② **구체적 사실에 관한 법집행으로서의 행정작용** : 처분은 구체적 사실에 관한 공권력의 행사이다. 구체적 사실이란 관련자가 개별적이고 규율대상이 구체적인 것을 의미한다. 관련자가 일반적이고 규율사건이 구체적인 경우의 규율인 '일반처분' 역시 처분에 해당한다. 그러나 일반적·추상적 규범인 행정입법은 처분이 아니다(통설).

③ **공권력 행사와 그 거부** : 처분은 행정청의 공권력행사작용이다. 공권력행사란 공법에 근거하여 행정청이 상대방에 대하여 우월한 지위에서 일방적으로 행하는 일체의 행정작용을 의미한다. 따라서 공법상 계약·공법상 합동행위는 처분이 아니다. 공권력행사에는 실체적 행정행위가 전형적으로 해당하나, 권력적 사실행위도 여기에 포함되는 것으로 해석된다. 그리고 공권력행사의 거부는 실체적 행정행위의 거부 또는 권력적 사실행위의 거부로서 거부처분을 의미한다. 다만 행정소송법상 거부처분이 되기 위하여는 신청이 있어야 하고, <u>공권력 행사를 신청한 개인에게 당해 공권력 행사를 신청할 법규상 또는 조리상의 권리가 있어야 한다</u>는 것이 판례의 입장이다.

(2) 그 밖에 이에 준하는 행정작용

'그 밖에 이에 준하는 행정작용'이라 함은 '행정청이 행하는 구체적 사실에 관한 법집행으로서의 공권력의 행사나 그 거부'에 준하는 행정작용으로서 항고소송에 의한 권리구제의 기회를 줄 필요가 있는 행정작용을 말한다. 따라서 비권력적 공행정작용이지만, 실질적으로 개인의 권익에 일방적인 영향(지배력)을 미치는 작용은 처분에 해당한다. 여기에는 권력적 성격을 갖는 행정지도(판례는 원칙상 행정지도의 처분성 부정), 처분적 성질을 갖는 처분적 명령, 구속적 행정계획 등이 포함된다.

Ⅲ. 각 사항의 대상적격(처분성) 인정 여부[123]

1. 충남지방경찰청장의 횡단보도 설치

(1) 일반처분인지 여부

① **일반처분의 의의** : 일반처분이란 구체적 사실과 관련하여 불특정 다수인을 대상으로 발하여지는 행정청의 단독적·권력적 규율행위를 말한다. 일반처분은 불특정인을 대상

---

[123] 설문(1)과 (2)에 대한 검토는 오현웅·정현신, 「경찰행정법」, 경찰공제회, 2017, P.401의 내용을 참조함

으로 하는 점에서 특정인을 대상으로 하는 행정행위와 구별되고, 규율대상이 시간적·공간적으로 확정 가능하다는 점에서 확정이 가능하지 않은 법규명령과 구별된다.

② **사안의 검토** : 사안의 횡단보도 설치는 그 대상이 특정인이 아니라 불특정 다수인을 대상으로 하면서, 동시에 일반국민으로 하여금 횡단보도 이용수칙을 준수하게 하는 충남지방경찰청장의 단독적·권력적 규율행위이므로 일반처분에 해당한다.

(2) 판례

대법원은 "지방경찰청장이 횡단보도를 설치하여 보행자 통행방법 등을 규제하는 것은 행정청이 특정사항에 대하여 부담을 명하는 행위이고, 이는 국민의 권리의무에 직접 관계가 있는 행위로서 행정처분이다"라고 판시하였다.124)

(3) 사항 (1)의 해결

횡단보도 설치는 불특정 다수인을 상대로 하는 것이나 보행자에게 구체적 규율사항이 부여되고 불이행시 불이익이 부과된다는 점에서 국민의 권리·의무와 직접 관계되므로 취소소송의 대상이 되는 처분으로 보아야 할 것이다.

2. 강동경찰서장의 벌점 배점

(1) 벌점의 의의 및 근거

벌점이라 함은 행정처분의 기초자료로 활용하기 위하여 법규위반이나 사고야기등 행위에 대하여 그 위반의 경중, 피해의 정도에 따라 부과되는 점수를 말한다.

도로교통법은 운전면허 취소·정지의 기준으로 활용하기 위하여 교통법규를 위반하거나 교통사고를 일으킨 사람에 대하여 벌점을 부과할 수 있도록 하였고(제93조 제2항), 그 시행규칙은 구체적인 벌점 기준을 적시하고 있다(제38조, 제91조, 별표28).

(2) 학설

벌점은 유동적 점수이며 벌점 자체만으로는 국민의 권리·의무에 어떠한 변동을 가져오는 법적 효과가 없다고 하는 부정설(통설), 운전자는 일정한 벌점부과로 면허정지 또는 면허취소가 행해질 위험을 가지기 때문에 처분 개념을 광의로 해석하여 처분성을 긍정하자는 긍정설이 대립한다.

(3) 판례

대법원은 벌점의 배점 자체만으로는 아직 국민에 대하여 구체적으로 어떤 권리를 제한하거나 의무를 명하는 등 법률적 규제를 하는 효과를 발생하는 요건을 갖춘 것이 아니어서

---

124) 대판 2000.10.27, 98두8964

소송의 대상이 되는 행정처분이 아니라는 입장이다.125)

(4) 사항 (2)의 해결

강동경찰서장의 벌점 배점은 행정기관 자체의 행위에 불과하여 국민의 권리·의무에 구체적으로 영향을 주는 공권력의 행사라고 볼 수 없으므로 취소소송의 대상이 되는 처분에 해당하지 않는다.

3. 불문경고 조치

(1) 특별권력관계에 대한 사법심사 가능성

전통적인 특별권력관계 이론은 특별권력주체의 행위는 특별권력관계의 내부질서유지를 위한 행위로 사법심사의 대상에서 제외되는 것으로 보았다. 그러나 오늘날 특별권력관계에서도 법률상 이익에 관한 분쟁이기만 하면 사법심사의 대상이 된다는 것이 일반적인 견해이다. 따라서 불문경고 조치가 비록 징계는 아니나 행정소송법상 '처분'에 해당하는지가 문제된다.

(2) 경고의 처분성

① 단순히 위험상황을 알리는 경고(예 위험표지판)는 규율적 성격을 갖지 않는 단순한 사실행위이지만, 반복 또는 계속되는 개인의 위법행위에 대하여 제재에 앞서 행하는 사전경고(예 대집행에 대한 계고, 징계에 대한 경고)는 일방적인 공권력행사로서 규율적 성격을 갖는 처분에 해당한다.

② 판례는 경고가 상대방의 권리의무에 직접 영향을 미치는지 여부에 따라 처분성을 판단하고 있는바, 함양군 지방공무원징계양정에 관한 규칙에 근거한 불문경고 사건에서 "행정규칙에 의한 '불문경고조치'가 비록 법률상의 징계처분은 아니지만 위 처분을 받지 아니하였다면 차후 다른 징계처분이나 경고를 받게 될 경우 징계감경사유로 사용될 수 있었던 표창공적의 사용가능성을 소멸시키는 효과와 1년 동안 인사기록카드에 등재됨으로써 그 동안은 장관표창이나 도지사표창 대상자에서 제외시키는 효과 등이 있다는 이유로 항고소송의 대상이 되는 행정처분에 해당한다."126)고 하였다.

---

125) 운전면허 행정처분처리대장상 벌점의 배점은 도로교통법규 위반행위를 단속하는 기관이 도로교통법시행규칙 별표 16의 정하는 바에 의하여 도로교통법규 위반의 경중, 피해의 정도 등에 따라 배정하는 점수를 말하는 것으로 자동차운전면허의 취소, 정지처분의 기초자료로 제공하기 위한 것이고 배점 자체만으로는 아직 국민에 대하여 구체적으로 어떤 권리를 제한하거나 의무를 명하는 등 법률적 규제를 하는 효과를 발생하는 요건을 갖춘 것이 아니어서 그 무효확인 또는 취소를 구하는 소송의 대상이 되는 행정처분이라고 할 수 없다(대판 1994.8.12, 94누2190).

126) 대판 2002.7.26. 2001두3532

(3) 사항 (3)의 해결

「X도 소속공무원 징계양정규칙」에 의하면 소속 공무원이 불문경고를 받는 경우 6개월 이내 승진이 제한되는 효과가 있다. 따라서 위 불문경고 조치는 구체적 사실에 대한 법집행으로서 국민의 권리의무에 직접적으로 영향을 미치는 항고소송의 대상이 되는 행정처분에 해당한다.

4. 국토교통부장관의 개발제한구역지정

(1) 개발제한구역지정의 의의

개발제한구역은 도시의 무질서한 확산을 방지하고 도시주변의 자연환경을 보전하여 도시민의 건전한 생활환경을 확보하기 위하여 도시의 개발을 제한할 필요가 있거나 국방부장관의 요청이 있어 보안상 도시의 개발을 제한할 필요가 있다고 인정되는 경우 결정할 수 있는바, 이를 개발제한구역지정이라 한다. 이는 도시관리계획의 전형적인 유형으로서 강학상 공용제한에 해당한다.

(2) 개발제한구역 안에서의 행위제한

개발제한구역으로 지정된 구역 안에서는 그 구역지정의 목적에 위배되는 건축물의 건축 및 용도변경, 공작물의 설치, 토지의 형질변경, 죽목(竹木)의 벌채, 토지의 분할, 물건을 쌓아놓는 행위 등을 할 수 없게 되어 토지소유자는 재산권 행사가 제한되며 이로 인해 거래 가격의 하락이 초래되기도 한다.

(3) 판례

대법원은 "도시계획법 제12조 소정의 도시계획결정이 고시되면 <u>도시계획구역안의 토지나 건물 소유자의 토지형질변경, 건축물의 신축, 개축 또는 증축 등 권리행사가 일정한 제한을 받게 되는바 이런 점에서 볼 때 고시된 도시계획결정은 특정 개인의 권리 내지 법률상의 이익을 개별적이고 구체적으로 규제하는 효과를 가져오게 하는 행정청의 처분이라 할 것이고, 이는 행정소송의 대상이 되는 것이라 할 것이다</u>"(대판 1982.3.9, 80누105)라고 판시하여 도시관리계획의 처분성을 인정하였다.

(4) 사항 (4)의 해결

광역도시계획 및 도시기본계획을 제외한 협의의 도시계획결정은 물건의 상태에 관한 규율로서 간접적으로 관련된 사람에게 법적 효과를 발생시킨다는 점에서 물적 행정행위의 성격을 갖는 일반처분이라고 보아야 할 것이다.

개발제한구역지정행위는 직접 권리를 제한하고 의무를 부과하는 것이므로 구체적인 법적 규율성을 인정할 수 있어 취소소송의 대상이 되는 행정처분에 해당한다.

5. 당연퇴직 인사발령

(1) 문제점

사안의 당연퇴직 인사발령은 특정인 또는 불특정 다수인에게 어떠한 사실을 알리는 통지행위에 해당한다. 이러한 통지행위가 어떠한 사실에 대한 관념이나 희망 또는 의견을 표명하는 행위에 불과한 것인지, 확장된 처분 개념에 포함될 수 있는지 문제된다.

(2) 학설

당연퇴직 인사발령은 행정소송법 제2조의 '그 밖의 이에 준하는 행정작용'으로 보는 긍정설과, 퇴직인사 발령은 퇴직사유발생시 당연퇴직을 알리는 관념의 통지에 불과하여 항고소송의 대상이 되는 처분으로 볼 수 없다는 부정설이 대립한다.

(3) 판례

판례는 기존의 권리의무관계를 단순히 확인, 통지하는 단순한 사실행위는 처분이 아니라고 본다. 따라서 "국가공무원법 제69조에 의하면 공무원이 제33조 각호의 1에 해당할 때에는 당연히 퇴직한다고 규정하고 있으므로, 국가공무원법상 당연퇴직은 결격사유가 있을 때 법률상 당연히 퇴직하는 것이지 공무원관계를 소멸시키기 위한 별도의 행정처분을 요하는 것이 아니며, 당연퇴직의 인사발령은 법률상 당연히 발생하는 퇴직사유를 공적으로 확인하여 알려주는 이른바 관념의 통지에 불과하고 공무원의 신분을 상실시키는 새로운 형성적 행위가 아니므로 행정소송의 대상이 되는 독립한 행정처분이라고 할 수 없다"(대판 1992.1.21, 91누2687)고 하였다.

(4) 사항 (5)의 해결

처분의 개념상 규율의 직접성을 요구한다는 점에서, 국민의 권리의무관계에 변경을 가져오는 등 국민의 권리의무에 직접 영향을 미치는 통지(예 과세관청의 소득처분에 따른 소득금액변동통지)는 처분이라고 할 것이다.

그러나 공무원의 임용결격사유에 해당하면 당연히 퇴직되는 것이고 그에 따른 퇴직인사발령은 이를 알리는 이른바 관념의 통지에 불과하므로 항고소송의 대상이 되는 처분에 해당하지 않는다.

연습 40

가구제조업을 운영하는 甲은 사업상 필요에 의해 자신이 소유하는 산림 50,000m² 일대에서 입목을 벌채하고자 산림자원의 조성 및 관리에 관한 법률 제36조 및 같은 법 시행규칙 제44조의 규정에 따라 관할 행정청 乙시장에게 입목벌채허가를 신청하였다. 이에 대해서 인근 A사찰의 신도들은 해당 산림의 입목벌채로 인하여 사찰의 고적하고 엄숙한 분위기가 저해될 것을 우려하여 乙시장에게 당해 허가를 내주지 말라는 민원을 강력히 제기하였다. 그러나 乙시장은 甲의 입목벌채허가신청이 관계 법령이 정하는 허가요건을 모두 갖추었음을 이유로 입목벌채허가를 하였다.

乙시장은 A사찰 신도들의 민원이 계속되자 甲에게 벌채허가구역 중 A사찰의 반대쪽 사면(斜面)에서만 벌채를 하도록 서면으로 권고하였다. 乙시장의 이러한 권고에 상당한 압박감을 느낀 甲은 乙시장의 서면권고행위의 취소를 구하는 소를 제기하였다. 이 소는 적법한가?[127] (20점)

I. 문제의 소재

취소소송은 ① 처분등을 대상으로(행정소송법 제19조), ② 처분의 취소를 구할 법률상 이익이 있는 자가(제12조), ③ 관할권 있는 법원에(제9조), ④ 일정 기간 내에(제20조), ⑤ 소장을 제출하여야 하고, ⑥ 일정한 경우에는 행정심판을 거쳐야 하고(제18조 제1항 단서), ⑦ 처분 등의 취소 또는 변경을 구할 이익이 있어야 한다.

사안의 경우 다른 요건들은 특별히 문제가 되지 않고, 하명이 아닌 서면권고행위라는 점에서 처분성을 인정하여 소가 적법한 것인지 문제된다.

II. 서면권고행위의 법적 성격

1. 행정지도의 의의

행정지도는 '행정기관이 그 소관사무의 범위 안에서 일정한 행정목적을 실현하기 위하여 특정인에게 일정한 행위를 하거나 하지 아니하도록 지도·권고·조언 등을 하는 행정작용'(행정절차법 제2조 제3호) 또는 '행정주체가 일정한 행정목적의 실현을 위하여 상대방의 임의적인 협력을 기대하며 행하는 비권력적 사실행위'로 정의된다.

사안의 서면권고행위는 행정청이 甲의 임의적인 협력을 기대하며 甲에게 사찰의 반대쪽 사면에서만 벌채를 하도록 권고하는 것으로 행정지도에 해당한다.

---

[127] 2018년 5급공채 기출문제

2. 행정지도의 성질

행정지도는 국민의 임의적인 협력을 전제로 하는 행위이다(비권력행위). 따라서 행정기관은 행정지도의 상대방의 의사에 반하여 부당하게 강요하여서는 아니되고(행정절차법 제48조 제1항), 상대방이 행정지도에 따르지 아니하였다는 것을 이유로 불이익한 조치를 하여서는 아니된다(제2항).

그리고 행정지도는 그 자체로서 아무런 법적 효과도 발생하지 않는 사실행위이다. 이러한 점에서 행정행위, 공법상 계약 등의 법적 행위와 구별된다.

3. 행정지도의 유형

행정지도에는 ① 공익 또는 구체적인 행정목적에 위배되는 일정한 행위의 억제를 내용으로 하는 규제적 행정지도(예 공해를 야기하는 행위를 하지 못하도록 하는 행정지도), ② 이해관계자 사이의 분쟁이나 과다한 경쟁의 조정을 내용으로 하는 조정적 행정지도(예 대형 건물의 건축주와 인근 주민 사이에 일조권 다툼이 있을 때 이를 조정하는 것), ③ 발전된 사회질서, 생활환경의 형성을 위해 관계자에게 지식·기술을 제공하거나 조언하는 조성적 행정지도(예 취업능력향상과 취업촉진을 위한 취업지도) 등이 있다.

사안의 서면권고행위는 신도들과 甲 사이의 이해관계를 조정하는 것을 내용으로 하는 조정적 행정지도에 해당한다.

Ⅲ. 서면권고행위의 처분성

1. 행정행위와 처분의 관계

(1) 문제점

행정소송법은 처분개념을 광의로 정의하고 있어 행정소송법상 처분개념이 실체법적 개념인 학문상의 행정행위개념과 동일한지에 대해 견해가 대립한다.

(2) 학설

1) 일원설(실체법적 개념설)

취소소송의 목적이 공정력을 가진 행정행위를 매개로 하여 생긴 위법상태를 제거하여 상대방의 권익을 구제하는데 있으므로 공정력을 가진 행정행위에 대하여만 처분성을 인정하는 견해이다. 이에 따르면 사실행위와 같은 행정작용에 대해서는 공법상 당사자소송의 형태로 그 중지, 금지, 철회를 요구하게 된다.

2) 이원설(쟁송법적 개념설)

행정쟁송법상 처분개념은 실체법상 행정행위 개념보다는 넓은 행정쟁송법상의 독자적인 개념으로 보는 견해이다. 그리고 사실상 강제력의 계속성 및 장래의 위험방지의 필요가 존재하는 경우에는 예외적으로 그 행정처분성을 긍정하여 취소소송의 대상으로 삼음이 타당하다는 견해(형식적 행정행위론)도 광의의 이원설에 속한다. 이에 따르면 권력적 사실행위 및 사실상 강제력을 미치는 비권력적 사실행위는 그 자체가 행정쟁송법상의 처분에 해당한다고 본다.

(3) 판례

판례가 파악하는 처분관념은 기본적으로 ① 공권력발동으로서의 행위일 것, ② 그 자체가 국민에 대하여 권리설정 또는 의무의 부담을 명하거나 기타 법률상의 효과를 발생케 하는 것임을 요구하며, 처분의 해당 여부를 개별적으로 결정하여야 한다는 입장이다. 판례는 권력적 사실행위로 볼 수 있는 단수처분, 교도소재소자의 이송조치, 교도관 참여대상자의 지정행위를 처분으로 보았고, 비권력적 사실행위로서 국민의 권익에 사실상 지배력을 미치는 국가인권위원회의 성희롱결정 및 시정조치권고를 처분으로 보았으며, 그 자체로는 국민의 권리의무에 변동을 초래하지 않는 표준공시지가결정의 처분성을 인정하는 등 점차 처분관념을 확대해가고 있어 쟁송법적 개념설을 취하는 것으로 평가된다.

(4) 검토

행정소송법이 "그 밖에 이에 준하는 행정작용"이라는 문구를 통해 취소소송의 대상 범위를 확대할 수 있는 여지를 열어놓았다는 점, 취소소송 외의 권리구제수단이 완벽하게 구비되어 있지 않은 현행 제도 하에서는 취소소송의 대상이 되는 처분의 개념을 넓게 이해하는 것이 국민의 권리구제에 유리하다는 점에 비추어 쟁송법적 개념설이 타당하다.[128]

2. 행정지도의 처분성

(1) 학설

1) 부정설

① 행정지도는 비권력적인 행위이고 그 자체로서는 어떠한 법적 효과도 발생하지 않으며, ② 행정지도에 따를 것인지의 여부는 상대방이 임의로 정할 수 있으므로 상대방은 행정지도에 따르지 않으면 될 것이고 취소쟁송을 제기할 필요가 없다는 점에서 행정지도는 원칙상 항고쟁송의 대상이 되는 처분이 아니라고 한다.

2) 제한적 긍정설

행정지도 중 사실상 강제력을 갖고 사실상 국민의 권익을 침해하는 것은 예외적으로 '그 밖에 이에 준하는 행정작용'에 해당하는 것으로서 처분성을 인정할 수 있다고 한다.

---

[128] 박정훈, 「행정법 통합연습」, 인해, 2014, p.24

(2) 판례

판례는 위법 건축물에 대한 단전 및 전화통화 단절조치 요청행위의 처분성을 부인하였고[129], "세무당국이 소외 회사에 대하여 원고와의 주류거래를 일정기간 중지하여 줄 것을 요청한 행위는 권고 내지 협조를 요청하는 권고적 성격의 행위로서 소외 회사나 원고의 법률상의 지위에 직접적인 법률상의 변동을 가져오는 행정처분이라고 볼 수 없는 것"[130]이라고 하여 원칙상 행정지도의 처분성을 부인한다. 다만 국가인권위원회의 성희롱결정 및 시정조치권고처럼 일정한 법률상의 의무를 부담시키는 경우에는 처분으로 본 사례도 있다.[131]

(3) 검토(제한적 긍정설)

비권력적 성질을 갖는 행정작용에 대한 다툼은 당사자소송으로 해결하고자 하는 것이 입법자의 의도라고 해석되므로 행정지도는 원칙상 사실행위에 불과하여 처분성이 인정될 수 없다.

그러나 행정지도가 사실상 강제력을 갖고 국민의 권익을 침해하는 경우에는 처분성을 인정함이 타당하다.

3. 사안의 경우

甲이 乙시장의 권고에 '상당한 압박감'을 느꼈다고 하였는바, 입목벌채허가가 성질상 예외적 승인이면서 재량행위인 까닭에 乙시장의 서면권고행위는 甲에게 사실상 강제력을 갖는 것으로 보인다.

따라서 그 처분성을 부인하여 공법상 당사자소송으로 권고철회를 구하는 것보다 처분성을 인정하여 항고소송으로 다툴 수 있도록 함으로써 권익구제를 도모하는 것이 적절하다.

※ 이에 대하여 甲이 심리적 압박감을 받는 것에 그치고 법적 구속력이 발생하는 것이 아니라는 이유로 처분성을 부인하는 견해도 가능하다.

IV. 설문의 해결

위와 같이 乙시장의 서면권고행위의 처분성을 인정한다면, 그 밖의 소송요건을 갖추어 취소소송을 제기하는 경우 이 소는 적법하다.

---

[129] 대판 1996.3.22. 96누433; 대판 1995.11.21. 95누9099
[130] 대판 1980.10.27. 80누395
[131] 남녀차별금지및구제에관한법률 제28조에 의하면, 국가인권위원회의 성희롱결정과 이에 따른 시정조치의 권고는 불가분의 일체로 행하여지는 것인데 국가인권위원회의 이러한 결정과 시정조치의 권고는 성희롱 행위자로 결정된 자의 인격권에 영향을 미침과 동시에 공공기관의 장 또는 사용자에게 일정한 법률상의 의무를 부담시키는 것이므로 국가인권위원회의 성희롱결정 및 시정조치권고는 행정소송의 대상이 되는 행정처분에 해당한다고 보지 않을 수 없다(대판 2005.7.8. 2005두487).

연습 41

경기도 교육감은 경기도의회에 경기도립학교설치조례 제2조 별표 중 'A분교장'란을 삭제하는 내용의 개정조례안을 제출하였고, 경기도의회는 이 개정조례안을 의결하여 교육감에게 이송하였으므로 교육감은 이를 공포하였다. 이에 대하여 학생들은 위 조례에 대하여 무효확인소송을 제기하려 한다.

• 위 조례는 항고소송의 대상이 되는가? (15점)

Ⅰ. 문제의 제기

설문은 조례의 처분성 여부에 관한 문제이다. 조례의 처분성과 관련하여서는 일반적인 조례와 처분적 조례의 차이, 해당 A분교조례의 경우 별도의 집행행위의 매개없이 그 자체로 국민의 권리의무에 직접적으로 영향을 미치는 것인지가 문제된다.

Ⅱ. 조례의 처분성 여부

1. 일반적인 조례의 처분성

항고소송의 대상이 되는 행정처분이라 함은 행정청이 행하는 구체적 사실에 관한 법집행행위로서의 공권력의 행사 또는 그 거부와 그 밖에 이에 준하는 행정작용을 의미한다(행정소송법 제19조, 제2조 제1항 1호). 그러나 일반적으로 조례는 행정입법의 하나인 만큼 원칙적으로 국민의 권리의무에 관하여 개별적·구체적으로 규율하는 것이 아니고, 장래에 불특정 다수인에게 반복적으로 적용될 수 있는 일반적·추상적 규범이어서, 당해 조례에 따라 행정청이 특정인에 대하여 행정처분을 함으로써 비로소 국민의 권리의무에 구체적이고 개별적으로 영향을 미치게 된다. 따라서 행정청의 특정인에 대한 행정처분이 있기 전의 조례 그 자체는 항고소송의 대상이 되는 행정처분이 아니다.

2. 처분성이 인정되는 조례

조례 중에는 별도의 집행행위 없이도 국민에 대하여 직접적이고 구체적인 법적 효과를 미치는 경우가 있는바, 이를 처분적 조례라 한다. 이러한 처분적 조례는 비록 형식은 행정입법 형식이나 그 실질이 행정처분성을 갖고 있으므로 항고소송의 대상이 된다는 것이 통설과 판례의 입장이다.

조례가 집행행위의 개입 없이도 그 자체로서 직접 국민의 구체적인 권리의무나 법적 이익에 영향을 미치는 등의 법률상 효과를 발생하는 경우 그 조례는 항고소송의 대상이 되는 행정처분에 해당한다(대판 1996.9.20, 95누8003).

Ⅲ. 사안의 해결

경기도의회의 A분교 폐지에 관한 조례는 일반적으로 학교 또는 분교를 폐교하는 규정으로 정립된 것이 아니라 A분교라는 특정학교를 대상으로 한 것이라는 점에서 개별적 규율성이 인정된다.

또한 이 학교 재학 중이던 학생들은 구체적인 집행행위 없이도 이 조례에 의해 더 이상 이 학교에 다닐 수 없게 되었다는 점에서 영조물인 특정 초등학교를 이용할 권리를 직접적으로 침해받았다는 점에서 구체적 규율이라고 할 수 있다.

따라서 이 사건 조례는 항고소송의 대상인 행정처분에 해당한다고 할 것이다.

연습 42
행정심판 재결이 취소소송의 대상이 되는 경우를 설명하시오. (25점) 〈공인노무사 2017〉

Ⅰ. 서설

1. 재결소송

행정소송법은 재결도 처분과 함께 취소소송의 대상이 될 수 있다고 규정하고 있다(행정소송법 제2조·제4조). 행정심판법에서의 재결이란 '행정심판의 청구에 대하여 제5조에 따른 행정심판위원회가 행하는 판단'을 말한다(행정심판법 제2조 제1항 제3호). 그런데 행정소송의 대상인 재결은 행정심판법상의 재결 이외에도 토지수용위원회의 이의재결과 같은 개별 법률상의 재결도 포함된다.

2. 원처분중심주의

취소소송은 원칙적으로 원처분을 대상으로 하며, 재결은 예외적으로만 취소소송의 대상이 될 수 있다. 재결취소소송의 경우에는 재결 자체에 고유한 위법이 있음을 이유로 하는 경우에 한한다(행정소송법 제19조 단서). 이를 원처분중심주의라고 한다. 행정소송법은 원처분주의를 취하고 있지만, 개별법에서 재결주의를 규정하기도 한다.

3. 재결소송의 필요성

원처분중심주의의 예외로서 재결소송을 인정한 것은 원처분을 다툴 필요가 없거나 다툴 수 없었던 자라도 재결로 인하여 비로소 불이익을 받게 되는 경우에 권리보호의 길을 보장하기 위한 것이다. 예를 들어, 공장건축허가신청을 거부한 단계에서는 이웃주민이 그 거부처분을 다툴 필요가 없으나, 허가신청자가 거부처분취소재결을 청구하여 거부처분의 취소가 있게 되면 이웃주민들은 그 단계에서 비로소 다툴 필요성이 생긴다.

Ⅱ. 재결 자체의 고유한 위법

1. 의의

재결도 하나의 행정처분이므로 주체·절차·형식·내용상의 위법이 있으면 다툴 수 있다. 예컨대 권한이 없는 기관이 재결하는 경우(주체면), 행정심판법상의 심판절차를 준수하지 않은 경우(절차면), 서면에 의하지 않은 재결(형식면), 위법하게 인용재결을 한 경우(내용면)이다. 이 중 주로 문제가 되는 것은 내용상 위법의 경우이다.

2. 구체적 검토

(1) 각하재결

행정심판청구가 부적법하지 않음에도 부적법각하한 경우132)가 이에 해당한다.

(2) 기각재결

① <u>원처분이 정당하다고 지지하는 기각재결은 원칙적으로 재결 자체의 내용상 위법을 인정할 수 없어 항고소송의 대상이 될 수 없다.</u>133)

② 다만 ㉠ 심판청구의 대상이 되지 아니한 사항에 대한 재결, ㉡ 불이익변경금지원칙에 위반한 재결, ㉢ 사정재결, ㉣ 원처분 사유와 기본적 사실관계를 달리하는 사유로 원처분을 유지한 재결에 대하여는 소를 제기할 수 있다.

(3) 인용재결

① <u>부적법한 인용재결이 있는 경우</u> : 행정심판의 제기요건을 결여하였음에도 불구하고 각하하지 않고 인용재결을 한 경우(예 행정처분이 아닌 '관념의 통지'를 대상으로 한 재결134))가 이에 해당한다.

② <u>제3자효 행정행위에 대한 인용재결이 있는 경우</u> : 제3자가 행정심판청구인인 경우의 행정처분 상대방이나, 행정처분 상대방이 행정심판청구인인 경우의 제3자는 그 인용재결을 다툴 필요가 있다.135) 다만, 이렇게 행정소송법 제19조 단서에 따라 재결 자체의 고유한 위법을 다투는 것으로 보는 견해와 달리, 인용재결이 실질적으로 상대방에게는 최초의 처분으로서의 성질을 갖게 되므로 제19조 본문에 의하여 다툴 수 있다는 견해도 있다.

③ <u>일부인용재결·수정재결의 경우</u> : 예컨대, 공무원에 대한 파면처분이 소청절차에서 정직으로 감경된 경우, 정직처분으로 수정된 원처분과 재결 중 어느 것에 대하여 다투어야 하는지에 대하여 판례·통설은 <u>수정된 원처분</u>을 다투어야 하고 재결에 대해서 다툴 수는 없다고 한다.

---

132) 대법원 2001.7.27, 99두2970
133) 항고소송은 원칙적으로 당해 처분을 대상으로 하나, <u>당해 처분에 대한 재결 자체에 고유한 주체, 절차, 형식 또는 내용상의 위법이 있는 경우</u>에 한하여 그 재결을 대상으로 할 수 있다고 해석되므로, 징계혐의자에 대한 감봉 1월의 징계처분을 견책으로 변경한 소청결정 중 그를 견책에 처한 조치는 재량권의 남용 또는 일탈로서 위법하다는 사유는 소청결정 자체에 고유한 위법을 주장하는 것으로 볼 수 없어 소청결정의 취소사유가 될 수 없다(대법원 1993.8.24, 93누5673).
134) 대법원 1993.8.24, 92누1865
135) 행정청이 골프장 사업계획승인을 얻은 자의 사업시설 착공계획서를 수리한 것에 대하여 인근 주민들이 그 수리처분의 취소를 구하는 행정심판을 청구하자 재결청이 그 청구를 인용하여 수리처분을 취소하는 형성적 재결을 한 경우, 그 수리처분 취소 심판청구는 행정심판의 대상이 되지 아니하여 부적법 각하하여야 함에도 위 재결은 그 청구를 인용하여 수리처분을 취소하였으므로 재결 자체에 고유한 하자가 있다(대법원 2001.5.29, 99두10292).

④ 형성재결의 경우 : 형성재결은 행정청의 별도의 처분이 없이 직접 재결의 형성력에 의해 취소 또는 변경되기 때문에 취소재결 그 자체가 소의 대상이 된다.136)

⑤ 이행재결의 경우 : 이행재결의 경우에 재결에 따른 행정청의 처분이 있게 되므로 이행재결과 처분 중 어느 것이 항고소송의 대상이 되는지에 대하여 견해가 대립한다. 판례는 양자 모두 독자적인 항고소송의 대상이 된다는 입장으로 보인다.137)

3. 원처분주의의 위반과 판결

재결 자체에 고유한 위법이 없는 경우에도 재결에 대한 취소소송을 제기한 경우에 소송상 처리에 대하여 ① 행정소송법 제19조 단서를 소극적 소송요건으로 보아 각하판결을 해야 한다는 견해, ② 재결 자체의 고유한 위법 여부는 본안판단사항으로 보아 기각판결을 해야 한다는 견해가 대립한다. 판례는 "재결 자체에 고유한 위법이 없는 경우에는 원처분의 당부와는 상관없이 당해 재결취소소송은 이를 기각하여야 한다."고 하여 기각판결설을 취한다.138)

Ⅲ. 원처분주의에 대한 예외(재결주의)

1. 재결주의의 의의

개별 법률에서 예외적으로 재결주의를 규정하고 있는 경우가 있는데, 이 경우에는 재결주의에 의해 원처분이 아니라 재결이 항고소송의 대상이 된다.

2. 입법정책의 문제

원처분주의를 채택할 것인가 재결주의를 채택할 것인가는 입법정책의 문제이다. 원처분주의는 법치행정 원칙의 실효성확보와 행정소송의 행정통제적 기능에 비추어 타당하다. 다만 행정심판기관이 처분청 자신 또는 처분청보다 큰 전문성과 권위를 갖고 있어 재결이

---

136) 당해 재결과 같이 그 인용재결청인 문화체육부장관 스스로가 직접 당해 사업계획승인처분을 취소하는 형성적 재결을 한 경우에는 그 재결 외에 그에 따른 행정청의 별도의 처분이 있지 않기 때문에 재결 자체를 쟁송의 대상으로 할 수밖에 없다(대법원 1997.12.23, 96누10911).

137) 행정심판법 제37조 제1항의 규정에 의하면 재결은 행정청을 기속하는 효력을 가지므로 재결청이 취소심판의 청구가 이유 있다고 인정하여 처분청에게 처분의 취소를 명하면 처분청으로서는 그 재결의 취지에 따라 처분을 취소하여야 하지만, 그렇다고 하여 그 재결의 취지에 따른 취소처분이 위법할 경우 그 취소처분의 상대방이 이를 항고소송으로 다툴 수 없는 것은 아니다(대법원 1993.9.28, 92누15093).

138) 행정소송법 제19조는 취소소송은 행정청의 원처분을 대상으로 하되, 다만 "재결 자체에 고유한 위법이 있음을 이유로 하는 경우"에 한하여 행정심판의 재결도 취소소송의 대상으로 삼을 수 있도록 규정하고 있으므로 재결취소소송의 경우 재결 자체에 고유한 위법이 있는지 여부를 심리할 것이고, 재결 자체에 고유한 위법이 없는 경우에는 원처분의 당부와는 상관없이 당해 재결취소소송은 이를 기각하여야 한다(대법원 1994.1.25, 93누16901).

행정쟁송법 사례연습

행정내부의 최종적 결정이라고 여겨지는 경우에는 재결주의도 타당하다.139)

3. 재결주의의 사례

(1) 개관

개별 법률에서 원처분중심주의의 예외로서 재결주의를 채택하는 경우도 있다. 그 예로서, 감사원의 변상판정에 대한 재심의 판정(감사원법 제36조·제40조), 중앙노동위원회의 재심판정(노동위원회법 제26조 제1항), 특허심판원의 심결(특허법 제186조·제189조) 등에 대하여 각각 행정소송을 제기할 수 있다.

(2) 구체적 사례 – 구제결정 등에 대한 재심과 행정소송

지방노동위원회 또는 특별노동위원회의 구제명령 또는 기각결정에 불복이 있는 관계 당사자는 그 명령서 또는 결정서의 송달을 받은 날부터 10일 이내에 중앙노동위원회에 그 재심을 신청할 수 있다(노동조합 및 노동관계조정법 제85조 제1항). 중앙노동위원회의 재심은 행정심판의 성질을 갖는다. 제1항의 규정에 의한 중앙노동위원회의 재심판정에 대하여 관계 당사자는 그 재심판정서의 송달을 받은 날부터 15일 이내에 행정소송법이 정하는 바에 의하여 소를 제기할 수 있다(제2항).

4. 재결주의에서의 심리 및 판결

(1) 재결주의를 채택한 경우, 행정소송법 제19조 단서와 같은 제한이 없으므로 재결취소소송에서 재결 고유의 위법뿐만 아니라 원처분의 위법도 주장할 수 있다.140)

(2) 그러나 원처분이 당연무효인 경우에는 재결취소의 소뿐만 아니라 원처분무효확인소송도 제기할 수 있다.141)

(3) 재결주의에서의 기각재결의 취소는 원처분의 취소를 가져오고, 인용재결(취소재결)의 취소는 원처분의 소급적 부활을 가져온다.

---

139) 구 토지수용법상 이의재결의 담당기관과 심리절차에 비추어 보면 이의재결은 행정심판에 대한 재결의 성격과 함께 관할토지수용위원회가 1차적으로 행한 수용재결을 다시 심의하여 토지수용에 관한 법률관계를 확정하는 재처분적인 성격도 부수적으로 함께 가지는 것으로 볼 수 있으므로 토지수용에 관한 법률관계를 최종적으로 확정하는 이의재결을 다투어 그 효력을 배제하는 것이 당사자의 권리구제를 위한 효율적인 방법이라 할 것이며, 법원으로서도 수용재결과 이의재결의 심리과정에서 제기된 당사자의 주장과 토지수용에 관하여 전문적인 지식을 갖고 있는 중앙토지수용위원회가 행한 수용대상토지에 대한 구체적인 실사결과 및 보상금액의 산정기준 등을 모두 고려하여 판단함이 분쟁의 일회적 해결과 판결의 적정성을 보장할 수 있다고 할 것이므로 수용재결에 대한 불복과 관련하여 재결주의를 정한 것에 목적의 정당성과 수단의 적절성이 인정된다(헌재 2001.6.28, 2000헌바77).
140) 대법원 2001.1.19, 98두17852
141) 대법원 1993.1.19, 91누8050

연습 43

甲이 석유판매업 허가를 신청하자 관할 X구청장은 이를 허가하여 주었다. 이에 대해 이웃주민 乙은 석유판매업허가의 취소를 구하는 행정심판을 제기하여 취소재결을 받았다. 그러자 甲은 취소재결에 불복하여 행정소송을 제기하려고 한다. 이 경우 행정소송의 대상은 무엇인가? (20점)

I. 문제의 제기

본 사안은 제3자효행정행위의 경우 인용재결이 행정소송의 대상이 되는지 여부가 주된 쟁점이다. 먼저 현행 행정소송법의 태도가 원처분주의인지 아니면 재결주의인지를 살펴보고, 원처분주의라면 제3자효행정행위의 경우 인용재결이 취소소송의 대상이 되는지 여부를 검토해 본다.

II. 원처분주의와 재결주의

1. 원처분주의

취소소송은 원칙적으로 원처분을 대상으로 하며, 재결은 예외적으로만 취소소송의 대상이 될 수 있다. 재결취소소송의 경우에는 재결 자체에 고유한 위법이 있음을 이유로 하는 경우에 한한다(행정소송법 제19조 단서). 이를 원처분중심주의라고 한다.

2. 재결소송의 필요성

그에 반해 재결주의는 재결만이 취소소송의 대상이 되며 재결소송에서 재결의 위법뿐만 아니라 원처분의 위법도 주장할 수 있다는 입장이다. 원처분중심주의의 예외로서 재결소송을 인정한 것은 원처분을 다툴 필요가 없거나 다툴 수 없었던 자라도 재결로 인하여 비로소 불이익을 받게 되는 경우에 권리보호의 길을 보장하기 위한 것이다.

III. 취소소송의 대상이 되는 재결

1. 재결이 취소소송의 대상이 되는 경우

재결은 행정소송법 제19조 단서에 따라 재결 자체에 고유한 위법이 있음을 이유로 하는 경우에 한하여 취소소송의 대상이 될 수 있다. '재결 자체의 고유한 위법이 있는 경우'란 재결의 주체, 절차, 내용, 형식 등에 관하여 흠, 즉 위법사유가 있는 것을 말한다.

판례에 따르면. 행정소송법 제19조에서 말하는 '재결 자체에 고유한 위법'이란 원처분에는 없고 재결에만 있는 재결청의 권한 또는 구성의 위법, 재결의 절차나 형식의 위법, 내용의 위법 등을 뜻하고, 그 중 내용의 위법에는 위법·부당하게 인용재결을 한 경우가 해당한다 (대판 1997.9.12, 96누14661).

재결 자체에 고유한 위법이 있음을 이유로 하는 재결취소소송의 피고는 그 재결을 한 행정심판위원회이다.

2. 제3자효행정행위의 경우 인용재결이 취소소송의 대상이 되는지 여부

(1) 문제점

제3자효를 수반하는 행정행위에 대한 행정심판청구에서 인용재결이 있는 경우, 제3자는 인용재결로 인해 비로소 불이익한 효과를 받게 되므로 인용재결 자체를 다툴 수밖에 없다. 그런데 문제는 그 법적 성질이 재결자체의 고유한 위법(행정소송법 제19조 단서)을 다투는 것으로 볼 수 있는지 여부이다.

(2) 견해의 대립

이에 대하여 ① 이 경우를 재결 자체에 고유한 위법이 있는 경우로 보아 행정소송법 제19조 단서에 의해 재결이 소의 대상이 되는 것이라고 보는 견해가 있는 반면, ② 당해 인용재결은 제3자와의 관계에서는 별도의 처분이 되는 것이므로 이 경우에는 행정소송법 제19조 본문에 의해 처분이 소의 대상이 되는 것이라고 보는 견해가 있다.

(3) 판례의 태도

판례는 "제3자효를 수반하는 행정행위에 대한 행정심판청구에 있어서 그 청구를 인용하는 내용의 재결로 인하여 비로소 권리이익을 침해받게 되는 자는 그 인용재결에 대하여 다툴 필요가 있고, 그 인용재결은 원처분과 내용을 달리하는 것이므로 그 인용재결의 취소를 구하는 것은 원처분에는 없는 재결에 고유한 하자를 주장하는 셈이어서 당연히 항고소송의 대상이 된다"(대판1997.12.23, 96누10911)고 한다.

(4) 검토

원처분의 상대방인 제3자는 인용재결로 인해서 비로소 권익을 침해받게 되므로 인용재결은 형식상 재결이나, 실질적으로 제3자에게는 최초의 처분으로서의 성질을 갖게 되므로 행정소송법 제19조 본문에 의해 인용재결의 취소를 구하는 것으로 해석함이 타당하다고 생각한다.

Ⅳ. 사안의 해결

어떤 견해에 따르던지 취소재결로써 비로소 불이익을 당한 甲은 행정심판위원회의 취소재결을 소의 대상으로 삼아 취소소송을 제기하여야 한다. 이때 판례에 따르면 행정소송법 제19조 단서에 의해 재결이 소의 대상이 되는 것으로 보겠지만, 제3자효행정행위에서 인용재결은 甲에 있어서는 최초의 처분으로서 성격을 갖고 있으므로 동법 제19조 본문에 근거하여 취소소송을 제기할 수 있다고 보아야 할 것이다.

행정쟁송법 사례연습

연습 44

X 市의 시장 A는 「국토의 계획 및 이용에 관한 법률」에 따라 甲의 소유 토지가 포함된 일단의 토지를 도시계획시설(유원지)로 결정하였다. 乙은 A에 의하여 도시계획시설사업(유원지 조성사업)의 시행자로 지정된 후에 A로부터 실시계획인가를 받아 사업의 시행에 착수하였다. 乙은 사업 대상 토지의 일부를 소유하는 甲이 협의취득에 응하지 않자 재결을 신청하였고, Y 지방토지수용위원회는 甲의 토지를 수용하는 재결을 하였다. 이에 대해 甲은 이의를 신청하였으나 중앙토지수용위원회는 기각을 재결하였다. 이에 甲은 재결의 취소를 구하는 소를 그 기간을 준수하여 제기하였다.

- 甲이 제기한 취소소송의 대상적격과 피고적격에 관하여 설명하시오.[142] (25점)

Ⅰ. 문제의 소재

설문에서 갑은 수용재결에 불복하여 취소소송을 제기하고 있다. 설문처럼 이의신청을 거친 경우에는 관할토지수용위원회의 수용재결과 중앙토지수용위원회의 이의재결 중 무엇을 대상으로 할 것인지가 문제된다. 이는 이의신청의 성질과 관련된다.

Ⅱ. 토지보상법상 권리구제

1. 소송의 형태

(1) 사업시행자는 토지 등에 대한 보상에 관하여 토지소유자 및 관계인과 성실하게 협의하여야 한다(공익사업을 위한 토지 등의 취득 및 보상에 관한 법률 제16조). 협의가 이루어지지 않은 경우 행정청의 재결의 형식으로 보상금결정이 이루어진다. 이 경우 관계인은 이의신청 및 행정소송을 제기하여 이에 불복할 수 있다(제83조·제85조). 종래 이의신청전치주의였으나 현재 임의절차로 바뀌었고, 행정소송은 수용결정을 대상으로 하는 것과 보상액결정을 대상으로 하는 유형이 있고 양자의 병합제기도 가능하다.

(2) 사업시행자·토지소유자 또는 관계인은 제34조의 규정에 의한 재결에 대하여 불복이 있는 때에는 재결서를 받은 날부터 90일 이내에, 이의신청을 거친 때에는 이의신청에 대한 재결서를 받은 날부터 60일 이내에 각각 행정소송을 제기할 수 있다(제85조 제1항). 이는 행정심판법 제27조(행정심판 청구기간), 행정소송법 제20조(제소기간)의 예외규정이다.

---

142) 2018년 법원행정고시 기출문제

(3) 이때의 행정소송은 ① 수용결정을 대상으로 하는 경우에는 취소소송을 제기하고, ② 보상액결정을 대상으로 하는 경우에는 보상금증감소송을 제기할 수 있다. 양자를 병합제기하는 것도 가능하다.

2. 이의신청의 성질

(1) 중앙토지수용위원회의 재결에 대하여 이의가 있는 자는 중앙토지수용위원회에 이의를 신청할 수 있고(공익사업을 위한 토지 등의 취득 및 보상에 관한 법률 제83조 제1항), 지방토지수용위원회의 재결에 대하여 이의가 있는 자는 당해 지방토지수용위원회를 거쳐 중앙토지수용위원회에 이의를 신청할 수 있다(제2항). 이의신청은 임의적 절차이다.

(2) 판례는 <u>토지수용위원회의 수용재결에 대한 이의절차는 실질적으로 행정심판의 성질을 갖는 것</u>이므로 (구)토지수용법에 특별한 규정이 있는 것을 제외하고는 행정심판법의 규정이 적용된다고 판시하였다.143) 즉 설문에서 이의신청은 행정심판으로서의 성질을 가지며 공익사업법상 이의신청에 관한 규정은 행정심판법에 대한 특별법규정이다.

Ⅲ. 대상적격과 피고적격

1. 대상적격 - 수용결정에 대한 취소소송의 경우

(1) 구 토지수용법과 '재결주의'

구 토지수용법 제75조의2 제1항 본문은 '이의신청의 재결에 대하여 불복이 있을 때에는 재결서가 송달된 날로부터 1월 이내에 행정소송을 제기할 수 있다'고 규정하였고, 판례는 이에 관하여 수용재결이 아니라 이의신청에 대한 중앙토지수용위원회의 재결이 행정소송의 대상이 된다고 보아 재결주의를 취하는 것으로 보았다.

(2) 토지보상법과 '원처분주의'

현행 토지보상법 제85조 제1항은 원처분(수용재결)에 대해서도 행정소송을 제기할 수 있다고 규정하고 있다. 문제는 제84조의 이의신청에 대한 재결을 거친 후 행정소송을 제기하는 경우인데, 마찬가지로 이의재결이 아닌 관할토지수용위원회의 수용재결에 대해 다투어야 하는 것으로 해석되고 있다. 다만 이의재결 자체의 고유한 위법이 있는 경우에는 이의재결에 대하여 취소소송을 제기할 수 있다(행정소송법 제19조).

---

143) 대판 1992.6.9, 92누565

(3) 판례

판례는 "공익사업을 위한 토지 등의 취득 및 보상에 관한 법률 제85조 제1항 전문의 문언 내용과 같은 법 제83조, 제85조가 중앙토지수용위원회에 대한 이의신청을 임의적 절차로 규정하고 있는 점, 행정소송법 제19조 단서가 행정심판에 대한 재결은 재결 자체에 고유한 위법이 있음을 이유로 하는 경우에 한하여 취소소송의 대상으로 삼을 수 있도록 규정하고 있는 점 등을 종합하여 보면, 수용재결에 불복하여 취소소송을 제기하는 때에는 이의신청을 거친 경우에도 수용재결을 한 중앙토지수용위원회 또는 지방토지수용위원회를 피고로 하여 수용재결의 취소를 구하여야 하고, 다만 이의신청에 대한 재결 자체에 고유한 위법이 있음을 이유로 하는 경우에는 그 이의재결을 한 중앙토지수용위원회를 피고로 하여 이의재결의 취소를 구할 수 있다고 보아야 한다."고 판시하였다.144)

(4) 검토

과거에는 수용재결이 있은 후 이의신청을 하고 그 이의신청에 대한 이의재결을 소송의 대상으로 삼음으로써 원처분주의에 대한 예외로서 토지수용사건에서의 이의재결을 들었지만 그 후 법이 개정됨으로써 원처분주의로 회귀하였다고 볼 수 있다.145)

甲은 지방토지수용위원회의 재결에 이의신청을 하였고 이의신청의 성질은 행정심판이므로, 행정소송법 제19조 단서에 따라 이의신청에 대한 기각 재결에 고유한 위법이 없는 한 甲은 지방토지수용위원회의 수용재결을 대상으로 취소소송을 제기해야 한다.

2. 피고적격

토지수용위원회와 같은 합의제 행정기관의 경우 법령에 의해 합의제 행정기관의 이름으로 처분을 발령할 권한이 있는 경우에는 당해 행정기관 자체를 피고로 항고소송을 제기하여야 한다. 사안에서는 처분청인 지방토지수용위원회가 피고적격을 갖는다.

Ⅳ. 사안의 해결

중앙토지수용위원회의 기각 재결에 고유한 위법이 없는 한 甲은 지방토지수용위원회의 수용재결을 대상으로 취소소송을 제기해야 하고, 이때 피고는 지방토지수용위원회가 된다.

---

144) 대판 2010.1.28, 2008두1504
145) 임영호, 『행정소송의 쟁점』, 진원사, 2014, p.356.

연습 45

A회사의 근로자 甲은 노동조합을 설립하고자 「노동조합 및 노동관계조정법」 제10조에 따라 설립신고를 하였으나, 甲이 설립하려는 노동조합은 경비의 주된 부분을 사용자로부터 원조받는 조직으로, 동법 제2조 제4호에 의해 노동조합으로 보지 아니하는 것이다. 그럼에도 불구하고 관할 행정청은 甲의 조합설립신고를 수리하였고, 이에 A회사는 甲의 조합은 무자격조합임을 이유로 신고수리에 대해 취소심판을 제기하였다.

(1) A회사가 제기한 심판청구의 적법성에 관한 법적 쟁점을 설명하시오. (30점)
(2) 만약 A회사의 취소심판이 인용되어 취소명령재결이 행해진다면, 甲은 이러한 인용재결에 대해 취소소송으로 다툴 수 있는가? (20점)

〈공인노무사 2014〉

Ⅰ. 설문 (1) – 취소심판청구의 적법성에 관한 쟁점

1. 문제점

A회사가 제기한 취소심판 청구의 적법성과 관련하여 ① 대상적격의 문제로서 노동조합 및 노동관계조정법(이하 노조법이라 한다)상 노동조합 설립신고 및 그 수리의 법적 성질, ② 제3자의 행정심판법상 청구인적격 인정여부가 문제된다.

2. 대상적격

(1) 문제점

갑의 노동조합설립신고에 대한 관할 행정청의 수리가 행정처분인지와 관련하여, 노동조합 설립신고수리의 법적 성질이 문제된다.

(2) 취소심판의 대상인 처분

① 행정청 : 처분은 행정청이 행하는 공권력행사이다. 행정청은 행정주체의 의사를 결정하여 외부에 표시할 수 있는 권한을 가진 기관을 말한다. 행정청에는 단독제기관 외에 합의제기관(예 노동위원회·토지수용위원회)도 포함된다.

② 구체적 사실에 관한 작용 : 처분은 구체적 사실에 관한 공권력의 행사이다. 구체적 사실이란 관련자가 개별적이고 규율대상이 구체적인 것을 의미한다. 관련자가 일반적이고 규율사건이 구체적인 경우의 규율인 '일반처분' 역시 처분에 해당한다.

(3) 법집행으로서의 공권력의 행사

① 법집행 : 여기서 '법집행'이란 국민의 권리·의무에 직접적 변동을 일으키는 행위로서

㉠ 직접적·대외적 효력성과 ㉡ 법적 규율성을 그 개념적 징표로 한다(통설, 판례).
② **공권력 행사** : 처분은 행정청의 공권력행사작용이다. 공권력행사란 공법에 근거하여 행정청이 우월한 지위에서 일방적으로 행하는 일체의 행정작용을 의미한다.
③ **외부에 대한 직접적인 법적 효과를 발생시키는 행위** : 취소심판의 본질은 위법·부당성의 소극적 제거에 있는 것이므로 취소심판의 대상이 되는 공권력행사는 사실적인 것이 아니라 법적 행위에 한정된다.

(4) 신고와 수리

① **신고** : 신고라 함은 사인이 공법적 효과의 발생을 목적으로 행정주체에 대하여 일정한 사실을 알리는 행위를 말한다. ⅰ) 자체완성적 신고는 행정청에 대하여 일정한 사항을 통지하고 도달함으로써 의무가 끝나는 신고로서, 수리를 요하지 않으며 신고 그 자체로서 법적 효과를 발생시키나, ⅱ) 수리를 요하는 신고(행위요건적 신고)는 형식적 요건 외에 실질적 요건을 구비해야 한다.
② **수리** : ⅰ) 자체완성적 신고에 대한 수리는 단순한 접수행위로서 행정처분이 아니나, ⅱ) 수리를 요하는 신고에 대한 수리는 행정심판법 제2조 제1호의 행정처분에 해당한다. 수리를 요하는 신고에서 '수리'란 사인이 알린 일정한 사실을 행정청이 유효한 것으로 판단하여 받아들이는 것을 말하며, 그 법적 성질은 준법률행위적 행정행위로 취소심판의 대상인 처분이다.

(5) 노동조합설립신고수리의 법적 성질

① **학설** : 학설은 ⅰ) 노동조합설립신고는 조합설립의 사실을 알리는 것이라고 보는 '자체완성적 신고설'(형식적 요건설), ⅱ) 노동조합 설립신고는 그 신고증 교부의 동기를 부여하는 것이라고 보는 '수리를 요하는 신고설'(실질적 요건설)이 대립한다.
② **판례** : 행정관청은 해당 단체가 노동조합법 제2조 제4호 각 목에 해당하는지 여부를 실질적으로 심사할 수 있다고 판시하여, 수리를 요하는 신고설의 입장을 취한다.146)
③ **검토** : ⅰ) 노조법 제12조 제3항의 소극적 요건은 내용적 심사를 요하는 실질적 요건에 해당한다는 점(동법 제2조 제4호), ⅱ) 노조법 제12조 제4항은 신고증 교부(수리)의 경우 노조가 설립됨을 규정하고 있다는 점에서, 노동조합설립신고의 수리는 행정심판법 제2조 제1호의 처분에 해당한다. 따라서 실질적 요건설이 타당하다.

---

146) 노동조합 및 노동관계조정법이 행정관청으로 하여금 설립신고를 한 단체에 대하여 같은 법 제2조 제4호 각 목에 해당하는지를 심사하도록 한 취지가 노동조합으로서의 실질적 요건을 갖추지 못한 노동조합의 난립을 방지함으로써 근로자의 자주적이고 민주적인 단결권 행사를 보장하려는 데 있는 점을 고려하면, 행정관청은 해당 단체가 노동조합법 제2조 제4호 각 목에 해당하는지 여부를 실질적으로 심사할 수 있다(대판 2014.4.10, 2011두6998).

(6) 사안의 검토

노동조합설립신고수리는 행정청인 고용노동부장관 등이 행하는 갑의 노동조합설립이라는 구체적 사실에 대한 노조법의 집행행위로 우월한 지위에서 행하는 일방적 행위인 공권력 행사에 해당하므로, 행정심판법상 처분에 해당한다.

2. 청구인적격

(1) 문제점

청구인적격이란 행정심판에서 청구인이 될 수 있는 자격을 말한다. A회사는 조합설립신고 수리처분의 제3자에 해당하는바, 청구인적격 인정여부가 문제된다.

(2) 행정심판법 규정

행정심판을 청구할 수 있는 자는 취소심판의 경우에는 처분의 취소 또는 변경을 구할 법률상 이익이 있는 자이다(제13조 제1항 제1문). 다만 처분의 효과가 기간의 경과, 처분의 집행 그 밖의 사유로 인하여 소멸된 뒤에도 그 처분의 취소로 인하여 회복되는 법률상 이익이 있는 자도 행정심판을 제기할 수 있다(제1항 제2문).

(3) 취소심판의 본질

① 학설 : 취소심판의 본질(기능)에 관해 ⅰ) 위법한 처분으로 야기된 개인의 권리의 회복에 있다고 보는 권리구제설, ⅱ) 위법한 처분으로 권리뿐 아니라 법에 의해 보호되는 이익을 침해당한 자도 처분을 다툴 수 있다는 법률상 보호이익설, ⅲ) 실질적으로 보호가치 있는 이익(법률상 보호되는 이익+사실상의 이익)이 침해된 자는 심판을 제기할 수 있다는 보호가치 있는 이익설, ⅳ) 당해 처분을 다툼에 있어 가장 적합한 이해관계를 가진 자가 청구인적격을 갖는다는 적법성보장설이 있다.

② 판례 : 판례는 기본적으로 법률상 보호이익설을 취하는 것으로 평가되고 있는데[147], 처분의 근거법규 및 관련법규(처분의 근거법규 및 관련법규의 입법취지 포함)에 의해 개별적으로 보호되는 직접적이고 구체적인 개인적 이익을 법률상 이익으로 보고 있다.

③ 검토 : 행정심판법 제13조 제1항은 법률상 이익이 있는 자가 취소심판을 청구할 수 있음을 규정하고 있고, 국민의 권리구제와 행정심판위원회의 심판부담의 사이의 조화와 균형을 달성하는 법률상 보호이익설이 타당하다.

(4) '법률상 이익이 있는 자'의 분석

① '법률'의 범위 : 판례는 당해 처분의 근거법률뿐만 아니라 관계법규범까지 법의 범위를

---

[147] 제3자라 하더라도 당해 처분의 근거법률에 의하여 보호되는 직접적이고 구체적인 이익을 침해당한 경우에는 취소심판을 제기할 수 있다(중앙2004.7.26, 2004행심08322).

확장하여 법률상 이익을 확장148)하고, 기본권에 근거하기도 한다.149)

② '이익이 있는'의 의미 : 판례에 의하면 '법률상 이익'은 처분의 근거 법률에 의하여 보호되는 직접적이고 구체적인 이익이 있는 경우를 말하고 단지 간접적이거나 사실적, 경제적 이해관계를 가지는 데 불과한 경우는 여기에 포함되지 않는다.150) 그리고 계쟁처분에 의해 법률상 이익이 현실적으로 침해된 경우(예 영업허가의 취소)뿐 아니라 침해의 발생이 확실히 예견되는 경우(예 공장 건축허가)에도 청구인적격이 인정된다.

③ '자'의 범위 : 법률상 이익의 주체에는 자연인, 법인, 법인격 없는 단체, 다수인도 가능하다.

(5) 무자격조합의 설립신고 수리의 경우(판례)

판례는 "설립신고주의를 택하여 조합이 자주성과 민주성을 갖추도록 행정관청으로 하여금 지도·감독하도록 하게 함으로써, 사용자는 무자격조합이 생기지 않는다는 이익을 받고 있다고 볼 수 있을지라도 그러한 이익이 노동조합의 설립에 관한 구 노동조합법 규정에 의하여 직접적이고 구체적으로 보호되는 이익이라고 볼 수는 없다."고 하여 회사의 청구인적격을 부정한 사례가 있다.151)

(6) 사안의 검토

판례에 따르면 A회사의 청구인적격은 부정된다. 그러나 노조법 제2조 제4호가 노동조합으로 보지 않은 경우를 규정한 취지가 노동조합이나 노동조합을 설립하려는 자의 이익뿐만 아니라 사용자의 이익을 보호하는 것으로도 해석할 수 있다는 견해에 따르면 A회사의 청구인적격을 인정하는 것이 타당하다.

---

148) 조성면적 10만m² 이상이어서 환경영향평가대상사업에 해당하는 당해 국립공원 집단시설지구개발사업에 관하여 당해 변경승인 및 허가처분을 함에 있어서는 반드시 자연공원법령 및 환경영향평가법령 소정의 환경영향평가를 거쳐서 그 환경영향평가의 협의내용을 사업계획에 반영시키도록 하여야 하는 것이니 만큼 자연공원법령뿐 아니라 환경영향평가법령도 당해 변경승인 및 허가처분에 직접적인 영향을 미치는 근거 법률이 된다(대판 1998.4.24, 97누3286).
149) 설사 국세청장의 지정행위의 근거규범인 이 사건 조항들이 단지 공익만을 추구할 뿐 청구인 개인의 이익을 보호하려는 것이 아니라는 이유로 청구인에게 취소소송을 제기할 법률상 이익을 부정한다고 하더라도, 청구인의 기본권인 경쟁의 자유가 바로 행정청의 지정행위(납세병마개 제조자지정행위)의 취소를 구할 법률상 이익이 된다 할 것이다(헌재 1998.4.30, 97헌마141).
150) 대판 2005.5.12, 2004두14229
151) 노동조합의 설립에 관한 구 노동조합법의 규정이 기본적으로 노동조합의 설립의 자유를 보장하면서 위와 같은 노동정책적 목적을 달성하기 위해 설립신고주의를 택하여 조합이 자주성과 민주성을 갖추도록 행정관청으로 하여금 지도·감독하도록 하게 함으로써, 사용자는 무자격조합이 생기지 않는다는 이익을 받고 있다고 볼 수 있을지라도 그러한 이익이 노동조합의 설립에 관한 구 노동조합법 규정에 의하여 직접적이고 구체적으로 보호되는 이익이라고 볼 수는 없고, 노동조합 설립신고의 수리 그 자체에 의하여 사용자에게 어떤 공적 의무가 부과되는 것도 아니라고 할 것이어서 당해 사안에서 지방자치단체장이 노동조합의 설립신고를 수리한 것만으로는 당해 회사의 어떤 법률상의 이익이 침해되었다고 할 수 없으므로 당해 회사는 신고증을 교부받은 노동조합이 부당노동행위구제신청을 하는 등으로 법이 허용하는 절차에 구체적으로 참가한 경우에 그 절차에서 노동조합의 무자격을 주장하여 다툴 수 있을 뿐 노동조합 설립신고의 수리처분 그 자체만을 다툴 당사자 적격은 없다(대판 1997.10.14, 96누9829).

3. 설문의 해결

갑의 노동조합 설립신고에 대한 수리는 취소심판의 대상이 되는 행정처분에 해당한다. 다만 A회사의 청구인적격을 인정하지 않는 판례의 태도에 따르면 A회사가 제기한 취소심판은 부적법하여 각하재결의 대상이 된다.

그러나 노조법 제1조가 "헌법에 의한 근로자의 단결권·단체교섭권 및 단체행동권을 보장하여 근로조건의 유지·개선과 근로자의 경제적·사회적 지위의 향상을 도모하고, 노동관계를 공정하게 조정하여 노동쟁의를 예방·해결함으로써 산업평화의 유지와 국민경제의 발전에 이바지함을 목적으로 한다."고 규정한 점에 비추어, 사용자의 이익도 적극적으로 보호하는 방향으로 해석하여 A회사의 청구인적격을 인정하는 것이 타당하다.

Ⅱ. 설문 (2) – 인용재결에 대한 취소소송의 가능성

1. 문제점

A회사의 취소심판이 인용된다면 갑이 그러한 인용재결에 대해 취소소송을 제기할 수 있는지가 행정소송법 제19조 단서의 원처분주의와 관련해 문제된다. 행정소송법상 재결에 대한 취소소송은 재결 자체에 고유한 위법이 있는 경우에 한한다. 설문은 특히 ① 원처분의 상대방이 아닌 제3자가 행정심판을 청구하여 재결청이 원처분의 취소를 명하는 이행재결을 한 점, ② 행정심판법상 인정되지 않는 취소명령재결을 한 점, ③ 설문 (1)에서 판례에 따라 A회사의 청구인적격을 부정하는 입장에 서는 경우 각하재결을 하지 아니한 점에서 재결 자체에 고유한 위법이 있는 경우에 해당하는지 문제된다.

2. 재결취소소송

행정소송법은 재결도 처분과 함께 취소소송의 대상이 될 수 있다고 규정하고 있다(행정소송법 제2조·제4조). 행정심판법에서의 재결이란 '행정심판의 청구에 대하여 제5조에 따른 행정심판위원회가 행하는 판단'을 말한다(행정심판법 제2조 제1항 제3호).

취소소송은 원칙적으로 원처분을 대상으로 하며, 재결은 예외적으로만 취소소송의 대상이 될 수 있다. 재결취소소송의 경우에는 재결 자체에 고유한 위법이 있음을 이유로 하는 경우에 한한다(행정소송법 제19조 단서). 이를 원처분중심주의라고 한다. 행정소송법은 원처분주의를 취하고 있지만, 개별법에서 재결주의를 규정하기도 한다.

3. 재결 자체에 고유한 위법

(1) 의의

재결도 하나의 행정처분이므로 주체·절차·형식·내용상의 위법이 있으면 다툴 수 있다. 재결 자체의 고유한 위법이라 함은 원처분에서 발견할 수 없었던 재결 자체의 위법사유, 즉 원처분에는 없고 재결에만 존재하는 위법사유를 의미한다. 따라서 <u>재결취소소송에서 원처분의 하자를 주장하는 것은 허용되지 아니한다.</u>152) 판례는 '재결 자체에 고유한 위법'이란 그 재결자체에 주체, 절차, 형식 또는 내용상의 위법이 있는 경우를 의미하는데, <u>행정심판청구가 부적법하지 않음에도 각하한 재결은 심판청구인의 실체심리를 받을 권리를 박탈한 것으로서 원처분에 없는 고유한 하자가 있는 경우에 해당하고, 따라서 위 재결은 취소소송의 대상이 된다</u>고 한다.153)

(2) 제3자효 행정행위에 대한 인용재결이 있는 경우

판례에 따르면 이른바 복효적 행정행위, 특히 <u>제3자효를 수반하는 행정행위에 대한 행정심판청구에 있어서 그 청구를 인용하는 내용의 재결로 인하여 비로소 권리이익을 침해받게 되는 자는 그 인용재결에 대하여 다툴 필요가 있고, 그 인용재결은 원처분과 내용을 달리하는 것이므로 그 인용재결의 취소를 구하는 것은 원처분에는 없는 재결에 고유한 하자를 주장하는 셈이어서 당연히 항고소송의 대상이 된다.</u>154) 예컨대, 제3자가 행정심판청구인인 경우의 행정처분 상대방이나, 행정처분 상대방이 행정심판청구인인 경우의 제3자는 그 인용재결을 다툴 필요가 있다. 원처분 취소의 소 등과는 별도로 재결취소의 소를 인정한 실익은 이러한 복효적 행정행위에 있어서 인용재결로 인하여 비로소 권리이익을 침해받은 자로 하여금 권리구제를 받을 수 있게 하려는 데 있다.155)

설문의 취소명령재결로 인하여 비로소 권리이익을 침해받게 되는 甲은 그 인용재결에 대하여 다툴 필요가 있고, 그 인용재결은 원처분과 내용을 달리하는 것이므로 그 인용재결의 취소를 구하는 것은 원처분에는 없는 재결에 고유한 하자를 주장하는 셈이어서 항고소송의 대상이 된다.

(3) 취소명령재결

행정심판위원회는 취소심판의 청구가 이유가 있다고 인정하면 처분을 취소 또는 다른 처분으로 변경하거나 처분을 다른 처분으로 변경할 것을 피청구인에게 명한다(행정심판법 제43조 제3항). 설문은 현행법상 인정되지 않는 취소명령재결을 하였으므로 재결 자체에 고유

---

152) 대판 1994.2.8. 93누17874
153) 대판 2001.7.27. 99두2970
154) 대판 1997.12.23. 96누10911
155) 임영호, 「행정소송의 쟁점」, 진원사, 2014, p.140.

한 위법이 있는 경우에 해당한다. 따라서 甲은 인용재결을 취소소송으로 다툴 수 있다.

(4) 부적법한 행정심판청구에 대한 인용재결

설문 (1)의 결론과 달리 판례에 따라 A회사의 청구인적격을 부정하는 입장에 서는 경우, 각하재결을 해야 함에도 본안을 판단하여 인용재결을 한 것이므로 원처분에 없는 재결 자체의 고유한 하자가 있다. 따라서 甲은 인용재결을 취소소송으로 다툴 수 있다.

4. 설문의 해결

甲은 인용재결에 대해 재결 자체에 고유한 위법이 있음을 주장하며 취소소송으로 다툴 수 있다.

행정쟁송법 사례연습

연습 46

취소소송의 대상에 관한 다음의 내용을 읽고 답하시오. (30점)

[사례 1] 환경부 공무원인 갑은 2025. 3. 5. 오염물질배출업체의 단속을 하면서 이를 묵인하는 조건으로 뇌물을 수수하였다는 이유로 환경부장관으로부터 3개월 정직처분을 받았다. 갑은 이에 불복하여 국가공무원법이 정하는 바에 따라 소청심사위원회에 소청심사를 청구하였고, 소청심사위원회는 2025. 5. 6. 갑에 대한 3개월 정직처분은 그 비위사실에 비하여 너무 과도한 것으로 판단하여 1개월 정직처분으로 변경하는 재결을 내렸다. 그러나 갑은 여전히 불만이 있어 취소소송을 제기하려 한다. 이때 소의 대상은?

[사례 2] 위의 사례에서 만약 소청심사위원회가 2개월 감봉처분으로 변경하는 재결을 한 경우 소의 대상은?

[사례 3] 위의 사례에서 만약 소청심사위원회가 2025. 5. 6. 2개월 감봉처분으로 변경하는 재결을 하였고, 이때 갑이 소청심사위원회를 피고로 소청심사위원회의 변경재결을 대상으로 취소소송을 제기하였다면 법원은 어떻게 판단하여야 하는가?

Ⅰ. 문제의 제기

사안은 원처분주의 하에서, 일부인용재결과 수정재결의 경우 소송의 대상은 무엇이며 피고는 누구인지가 문제된다. 그리고 행정소송법 제19조 단서의 고유한 위법이 없음에도 재결을 대상으로 취소소송을 제기한 경우에 법원은 청구기각을 하여야 하는가, 아니면 소각하를 하여야 하는가의 문제이다.

Ⅱ. 원처분주의와 재결주의

1. 의의

원처분주의는 취소소송은 행정심판을 거쳤다 하더라도 원칙적으로 원처분을 대상으로 하며, 재결은 재결 자체에 고유한 위법이 있는 경우에 한해서 예외적으로만 취소소송의 대상이 된다는 입장이다. 그에 반해 재결주의는 재결만이 취소소송의 대상이 되며 재결소송에서 재결의 위법뿐만 아니라 원처분의 위법도 주장할 수 있다는 입장이다.

222

2. 행정소송법의 태도

취소소송은 원칙적으로 원처분을 대상으로 하며, 재결은 예외적으로만 취소소송의 대상이 될 수 있다. 재결취소소송의 경우에는 재결 자체에 고유한 위법이 있음을 이유로 하는 경우에 한한다(행정소송법 제19조 단서). 행정소송법은 원처분주의를 취하고 있지만, 개별법에서 재결주의를 규정하기도 한다.

Ⅲ. 일부인용재결과 수정재결의 경우 소송의 대상

1. 일부인용재결의 경우 취소소송의 대상

일부인용재결의 경우, 원처분과 재결 사이에는 질적인 차이가 없고 양적인 차이만이 있을 뿐이다. 따라서 이때는 원래의 처분 중 재결에 의해 취소된 일부분을 제외하고 남은 원처분을 소의 대상으로 삼아야 한다.

예컨대 감봉 3월의 징계처분을 소청심사위원회가 감봉 1월로 감경한 경우 원처분청을 피고로 감봉 1월의 처분에 대하여 취소소송을 제기한 사건에서 본안판단을 한 사례(서울고법 1998.5.14. 97구36479)가 있다.

2. 수정재결

일부인용재결은 양적인 차이만 있을 뿐이지만, 수정재결은 질적인 차이를 가져온다는 점에서 구별된다. 한편 이 경우에도 일부인용재결과 마찬가지로 원래의 처분을 소의 대상으로 삼아야 하는지 문제된다.

(1) 견해의 대립

① 일부인용재결과 마찬가지로 수정재결에서는 수정된 원처분을 대상으로 하여야 한다는 견해와, ② 수정재결에서는 재결이 원처분을 완전히 대체하는 경우이므로 수정재결을 소의 대상으로 삼아야 한다는 견해가 대립하고 있다.

(2) 판례의 태도

해임처분을 소청심사위원회가 정직 2월로 변경한 경우 원처분청을 상대로 정직 2월의 처분에 대한 취소소송을 제기한 사건에서 본안판단을 한 사례(대판 1997.11.14. 97누7325)처럼 판례는 수정재결의 경우에도 일부인용재결과 마찬가지로 변경된 원처분을 대상으로 하여 소를 제기하여야 하는 것으로 보고 있다.

(3) 검토

수정재결도 원래 단계적으로 규정된 제재처분의 강도를 감경한 것에 불과하다는 점에서 일부인용재결과 다른 구조를 가진다고 보이지 않는다. 따라서 변경되고 남은 원처분을 소의 대상으로 삼아야 할 것이다.

3. 사안의 경우

사례 (1)의 경우에는 1개월 정직으로 변경된 2025. 3. 5. 환경부장관의 정직처분이 소의 대상이 된다.

사례 (2)의 경우에도 2개월 감봉으로 변경된 2025. 3. 5. 환경부장관의 정직처분이 소의 대상이 된다.

Ⅳ. 행정소송법 제19조 단서에 위반한 소송의 처리

1. 문제의 소재

사례 (3)의 경우 판례에 따르면 2개월 감봉으로 변경된 환경부장관의 정직처분을 소의 대상으로 삼아야 함에도 불구하고, 만약 갑이 소청심사위원회를 피고로 소청심사위원회의 2개월 감봉처분을 대상으로 취소소송을 제기하였다면 법원은 이를 각하하여야 하는지 기각하여야 하는지가 문제된다.

2. 본안판단사항

행정소송법 제19조 단서를 소극적 소송으로 보아 각하판결을 해야 한다는 견해가 있으나, 재결자체의 고유한 위법여부는 본안판단사항이기 때문에 기각판결을 해야 한다고 본다. 판례도 "<u>재결 자체에 고유한 위법이 없는 경우에는 원처분의 당부와는 상관없이 당해 재결취소소송은 이를 기각하여야 한다.</u>"156)고 판시한 바 있다.

3. 사안의 경우

사안의 갑은 원처분인 2025. 3. 5.자 환경부장관의 정직처분을 대상으로 다투어야 함에도 불구하고 2025. 5. 6.자 소청심사위원회의 2개월 감봉처분을 대상으로 취소소송을 제기하였으므로, 이는 재결 자체에 고유한 위법이 없음에도 불구하고 재결의 취소를 구하는 청구이어서, 법원은 재결 자체에 고유한 위법이 없다는 이유로 원고의 청구를 기각하여야 한다.

---

156) 행정소송법 제19조는 취소소송은 행정청의 원처분을 대상으로 하되(원처분주의), 다만 "재결 자체에 고유한 위법이 있음을 이유로 하는 경우"에 한하여 행정심판의 재결도 취소소송의 대상으로 삼을 수 있도록 규정하고 있으므로 재결 취소소송의 경우 재결 자체에 고유한 위법이 있는지 여부를 심리할 것이고, 재결 자체에 고유한 위법이 없는 경우에는 원처분의 당부와는 상관없이 당해 재결취소소송은 이를 기각하여야 한다(대판 1994.1.25, 93누16901).

> **연습 47**
>
> A장관은 소속 일반직공무원인 갑이 '재직 중 국가공무원법 제61조 제1항을 위반하여 금품을 받았다'는 이유로 적법한 징계절차를 거쳐 2024. 4. 3. 갑에 대해 해임처분을 하였고, 갑은 2024. 4. 8. 해임처분서를 송달받았다. 이에 갑은 소청심사위원회에 이 해임처분이 위법·부당하다고 주장하면 소청심사를 청구하였다. 소청심사위원회는 2024. 7. 25. 해임을 3개월의 정직처분으로 변경하라는 처분변경명령재결을 하였고, 갑은 2024. 7. 30. 재결서의 정본을 송달받았다. A장관은 2024. 8. 5. 갑에 대해 정직처분을 하였다. 2024. 11. 10. 정직처분서를 송달받은 갑은 취소소송을 제기하였다.
>
> • 처분을 대상으로 취소소송을 제기하는 경우 어떠한 처분을 대상으로 할 것인가? 그리고 이 취소소송은 제소기간을 준수하였는가? (25점)

Ⅰ. 쟁점의 정리

취소소송의 대상과 관련하여 ① 명령재결에 따른 처분이 취소소송의 대상이 되는지를 원처분주의에 비추어 검토하고, ② 만일 그렇다면 적극적 변경(수정)처분에도 불구하고 변경된 원처분이 소의 대상이 되는지 검토한다. 그리고 행정심판을 거친 경우 제소기간의 기준시점에 관한 규정을 살펴본다.

Ⅱ. 원처분주의와 재결주의

1. 의의

원처분주의는 취소소송은 행정심판을 거쳤다 하더라도 원칙적으로 원처분을 대상으로 하며, 재결은 재결 자체에 고유한 위법이 있는 경우에 한해서 예외적으로만 취소소송의 대상이 된다는 입장이다. 그에 반해 재결주의는 재결만이 취소소송의 대상이 되며 재결소송에서 재결의 위법뿐만 아니라 원처분의 위법도 주장할 수 있다는 입장이다.

2. 행정소송법의 태도

취소소송은 원칙적으로 원처분을 대상으로 하며, 재결은 예외적으로만 취소소송의 대상이 될 수 있다. 재결취소소송의 경우에는 재결 자체에 고유한 위법이 있음을 이유로 하는 경우에 한한다(행정소송법 제19조 단서). 행정소송법은 원처분주의를 취하고 있지만, 개별법에서 재결주의를 규정하기도 한다.

Ⅲ. 처분변경명령재결과 소의 대상

1. 문제점

소청심사위원회의 변경명령재결 후 행정청이 3개월 정직처분을 한 경우, 변경처분이 소의 대상이 되는지, 남은 부분(3개월 정직처분)이 변경된 원처분으로서 소의 대상이 되는지 문제된다(수정처분이 독자적 처분인지, 원처분의 내용을 변경하는 처분인지 문제된다).

2. 견해의 대립

학설은 ① 변경처분으로 원처분은 전부취소되고 변경처분이 원처분을 대체하기 때문에 변경처분만이 소의 대상이 된다는 견해(흡수설), ② 변경처분은 원처분의 일부취소이므로 축소변경된 원처분으로 존재하고 변경처분은 원처분에 흡수되기 때문에 변경된 원처분(남은 원처분)만이 소의 대상이라는 견해(역흡수설), ③ 변경된 처분과 변경된 원처분은 독립된 처분이므로 고유한 위법이 있는 명령재결뿐만 아니라 그에 따른 처분 역시 소송의 대상이 될 수 있다고 보는 견해(병존설), ④ 변경처분이 일부취소의 취지라면 변경된 원처분이 소송의 대상이 되고, 원처분의 전부취소와 변경처분의 발령의 취지인 경우에는 변경처분이 소송의 대상 된다는 견해가 있다.

3. 판례

판례는 "행정청이 식품위생법령에 기하여 영업자에 대하여 행정제재처분을 한 후 그 처분을 영업자에게 유리하게 변경하는 처분을 한 경우(이하 처음의 처분을 '당초처분', 나중의 처분을 '변경처분'이라 한다), 변경처분에 의하여 당초처분은 소멸하는 것이 아니고 당초부터 유리하게 변경된 내용의 처분으로 존재하는 것이므로, 변경처분에 의하여 유리하게 변경된 내용의 행정제재가 위법하다 하여 그 취소를 구하는 경우 그 취소소송의 대상은 변경된 내용의 당초처분이지 변경처분은 아니고, 제소기간의 준수 여부도 변경처분이 아닌 변경된 내용의 당초처분을 기준으로 판단하여야 한다"(대판 2007.4.27, 2004두9302)는 입장이다.

> ※ 위 판례는, 피고가 2002. 12. 26. 원고에 대하여 3월의 영업정지처분이라는 당초처분을 하였고, 이에 대하여 원고가 행정심판청구를 하자 재결청이 2003. 3. 6. "피청구인이 2002. 12. 26. 청구인에 대하여 한 3월의 영업정지처분을 2월의 영업정지에 갈음하는 과징금부과처분으로 변경하라"는 일부기각(일부인용)의 이행재결을 하였으며, 2003. 3. 10. 그 재결서 정본이 원고에게 도달하였고, 피고는 위 재결취지에 따라 2003. 3. 13. "3월의 영업정지처분을 과징금 560만 원으로 변경한다"는 취지의 이 사건 후속 변경처분을 함으로써 당초처분을 원고에게 유리하게 변경하는 처분을 하였으며, 원고가 2003. 6. 12. 소를 제기하면서 청구취지로써 2003. 3. 13.자 과징금부과처분의 취소를 구한 사례이다.

그리고 처분청이 스스로 일부취소처분을 한 경우에도, 일부취소처분(감액처분)은 원처분 중 일부취소부분에만 법적 효과가 미치는 것이며 원처분과 별개의 독립한 처분이 아니므로 소송의 대상은 취소되지 않고 남은 원처분이라고 한다. 따라서 제소기간의 준수여부도 남은 '원처분'을 기준으로 한다(대판 2012.9.27, 2011두27247).

4. 검토 및 사안의 경우

수정처분 역시 동일한 제재사유에 따라 행해지는 것으로 당초의 처분과 동질적인 처분이라는 점에서 원처분이 소의 대상이라고 봄이 타당하다. 따라서 갑은 변경된 내용의 해임처분을 대상으로 취소소송을 제기하여야 한다. 즉 취소소송의 대상인 처분은 3월 정직으로 변경된 내용의 2024. 4. 3.자 원처분이다.

Ⅳ. 제소기간의 준수 여부

1. 문제점

설문에서 취소소송의 대상이 변경되고 남은 부분이라면 원처분이 있었던 시점을 기산점으로 하여 행정소송법 제20조가 정한 제소기간을 준수했는지 문제된다. 다만 행정심판을 거친 경우이므로 행정심판 재결서 정본을 송달받은 날로부터 90일 이내 제기되어야 하는 점이 고려되어야 한다.

2. 행정소송법 제20조

(1) 처분이 있음을 안 날부터 90일

① 행정심판을 거치지 않은 경우 : 취소소송은 처분 등이 있음을 안 날부터 90일 이내에 제기하여야 한다(행정소송법 제20조 제1항). 처분 등이 있음을 안 날이란 통지·공고 기타의 방법에 의하여 당해 처분이 있었다는 사실을 현실적으로 안 날을 의미한다.

② 행정심판을 거친 경우 : 행정소송법 제18조 제1항 단서(다른 법률에 당해 처분에 대한 행정심판의 재결을 거치지 아니하면 취소소송을 제기할 수 없다는 규정이 있는 때)에 의한 경우와 그 밖에 행정심판청구를 할 수 있는 경우 또는 행정청이 행정심판청구를 할 수 있다고 잘못 알린 경우에는, 재결서의 정본을 송달받은 날부터 90일을 기산한다(제20조 제1항).

(2) 처분이 있은 날부터 1년

① 행정심판을 거치지 않은 경우 : 취소소송은 처분 등이 있은 날부터 1년을 경과하면 이를 제기하지 못한다(제20조 제2항 1문). 처분 등이 있은 날이란 상대방 있는 행정행위의 경우에는 특별한 규정이 없는 한 의사표시의 일반적 법리에 따라 그 <u>행정처분이 상대방에게 도달되어 효력을 발생한 날</u>을 의미한다(대판 1990.7.13, 90누2284).

② 행정심판을 거친 경우 : 재결이 있은 날부터 역시 1년이다(제20조 제2항 본문).

③ 정당한 사유가 있는 경우 : 정당한 사유가 있는 경우 1년의 기간이 경과하여도 제소할 수 있다(제2항 단서).

(3) '안 날'과 '있은 날'의 관계

처분이 있음을 안 날과 처분이 있은 날 중 <u>어느 하나의 기간이 경과하면 제소기간은 종료</u>한다.

3. 사안의 경우

취소소송의 대상은 변경처분이 아니라 변경되고 남은 원처분이다. 그리고 행정심판을 거친 경우이므로 재결서를 송달받은 2024. 7. 30.이 취소소송의 기산점이 된다. 그러나 갑이 이로부터 90일이 경과한 2024. 11. 10. 소를 제기하였으므로 제소기간을 준수하지 못한 것이 되어 소가 부적법하다.

V. 설문의 해결

취소소송의 대상인 처분은 3월 정직으로 변경된 내용의 2024. 4. 3.자 원처분이다. 그런데 갑이 재결서의 정본을 송달을 받은 2024. 7. 30.부터 90일 내에 소송을 제기하지 못하였으므로 제소기간을 준수하지 못하였다.

연습 48

X시장의 환지예정지지정처분(이하 '이 사건 처분'이라 함)으로 불이익을 입은 甲은 이 사건 처분이 위법하다는 이유로 취소심판을 청구하였고 행정심판위원회는 처분의 위법을 인정하였다. 다만 행정심판위원회는 이 사건 처분이 취소될 경우 다수의 이해관계인에 대한 환지예정지지정처분까지도 변경됨으로써 기존의 사실관계가 뒤집어지고 새로운 사실관계가 형성되는 혼란이 발생될 수 있다는 이유로 이 사건 처분을 취소하는 것이 공공복리에 크게 위배된다고 인정하여 위 심판청구를 기각하는 재결을 하였다. 甲이 이에 불복하여 취소소송을 제기할 경우 그 대상에 대하여 설명하시오. (25점) ⟨공인노무사 2021⟩

I. 문제의 소재

사안에서는 사정재결이 행정소송의 대상이 될 수 있는지 문제된다. 먼저 현행 행정소송법의 태도가 원처분주의인지 아니면 재결주의인지를 살펴보고, 원처분주의인 경우에도 사정재결이 취소소송의 대상이 될 수 있는 경우를 검토해 본다.

II. 사정재결의 의의

행정심판위원회는 심판청구가 이유 있다고 인정하는 경우에도 이를 인용하는 것이 현저히 공공복리에 위배된다고 인정하는 때에는 그 심판청구를 기각하는 재결을 할 수 있는데(제44조 제1항), 이를 사정재결이라 한다. 예컨대 댐건설을 위한 하천점용허가처분에 대하여 어업권자로부터 취소심판이 제기된 경우에 처분의 위법성이 인정되어도 건설된 댐을 철거하는 것이 공공복리에 적합하지 않다고 판단하는 경우이다.

사안에서 행정심판위원회가 한 기각재결은 사정재결에 해당한다.

III. 원처분주의와 재결주의

1. 원처분주의

취소소송은 원칙적으로 원처분을 대상으로 하며, 재결은 예외적으로만 취소소송의 대상이 될 수 있다. 재결취소소송의 경우에는 재결 자체에 고유한 위법이 있음을 이유로 하는 경우에 한한다(행정소송법 제19조 단서). 이를 원처분중심주의라고 한다.

2. 재결주의

그에 반해 재결주의는 재결만이 취소소송의 대상이 되며 재결소송에서 재결의 위법뿐만 아니라 원처분의 위법도 주장할 수 있다는 입장이다. 원처분중심주의의 예외로서 재결소송을 인정한 것은 원처분을 다툴 필요가 없거나 다툴 수 없었던 자라도 재결로 인하여 비로소 불이익을 받게 되는 경우에 권리보호의 길을 보장하기 위한 것이다.

IV. 재결 자체의 고유한 위법

1. 의의

재결도 하나의 행정처분이므로 주체·절차·형식·내용상의 위법이 있으면 다툴 수 있다. 예컨대 ① 권한이 없는 행정심판위원회에 의한 재결의 경우 또는 행정심판위원회의 구성상 하자가 있는 경우(주체면), ② 행정심판법상의 심판절차를 준수하지 않은 경우(절차면), ③ 서면에 의하지 아니한 재결이나 재결서에 주요기재 사항이 누락된 경우, 재결서에 기명날인을 하지 아니한 경우 등(형식면), ④ 위법하게 인용재결을 한 경우(내용면)이다. 이 중 주로 문제가 되는 것은 내용상 위법의 경우로서, 판례도 <u>원처분과 내용을 달리하는 경우 재결에 고유한 하자가 될 수 있다</u>는 입장이다.[157]

2. 구체적 검토

(1) 각하재결

행정심판청구가 부적법하지 않음에도 부적법각하한 경우[158]가 이에 해당한다.

(2) 인용재결

특히 제3자효 행정행위에 대한 인용재결이 있는 경우, 제3자가 행정심판청구인인 경우의 행정처분 상대방이나, 행정처분 상대방이 행정심판청구인인 경우의 제3자는 그 인용재결을 다툴 필요가 있다. 다만, 이렇게 행정소송법 제19조 단서에 따라 재결 자체의 고유한 위법을 다투는 것으로 보는 견해와 달리, 인용재결이 실질적으로 상대방에게는 최초의 처분으로서의 성질을 갖게 되므로 제19조 본문에 의하여 다툴 수 있다는 견해도 있다.

(3) 기각재결

1) 원칙

원처분이 정당하다고 지지하는 기각재결은 원칙적으로 재결 자체의 내용상 위법을 인정할 수 없어 항고소송의 대상이 될 수 없다.

---

157) 대판 2001.5.29. 99두10292
158) 대판 2001.7.27. 99두2970

2) 예외 - 사정재결 등

기각재결 가운데 ① 심판청구의 대상이 되지 아니한 사항에 대한 재결, ② 불이익변경금지 원칙에 위반한 재결, ③ 사정재결, ④ 원처분 사유와 기본적 사실관계를 달리하는 사유로 원처분을 유지한 재결에 대하여는 소를 제기할 수 있다.

특히 사정재결에 대하여는 원처분을 취소하더라도 현저히 공공복리에 적합하지 않는 것이 아니라는 등의 이유를 들어 재결취소의 소를 제기할 수 있다.

Ⅵ. 설문의 해결

갑이 사정재결인 기각재결을 대상으로 취소소송을 제기하면 법원은 본안심리를 하여 기각재결에 대한 판단을 할 수 있다.

연습 49

지방노동위원회의 처분(「근로기준법」제30조에 따른 구제명령과 그에 준하는 것)에 대한 행정쟁송절차를 설명하시오.(다툼이 있을 경우 판례에 따름) (25점) 〈공인노무사 2012〉

Ⅰ. 문제 상황

지방노동위원회의 처분에 대해 불복할 경우 중앙노동위원회의 재심을 거쳐야 하는지 살펴본다. 이와 관련하여 ① 중앙노동위원회의 재심판정이 '행정심판의 재결'인지, ② 행정소송 제기시 '원처분주의와 재결주의'의 문제, ③ 필요적 심판전치에 해당하는지 문제된다.

Ⅱ. 중앙노동위원회의 재심판정

1. 재심신청

노동위원회는 근로기준법 제29조에 따른 심문을 끝내고 부당해고등이 성립한다고 판정하면 사용자에게 구제명령을 하여야 하며, 부당해고등이 성립하지 아니한다고 판정하면 구제신청을 기각하는 결정을 하여야 한다(근로기준법 제30조). 그리고 「노동위원회법」에 따른 지방노동위원회의 구제명령이나 기각결정에 불복하는 사용자나 근로자는 구제명령서나 기각결정서를 통지받은 날부터 10일 이내에 중앙노동위원회에 재심을 신청할 수 있다(제31조 제1항).

2. 재심의 법적 성질

행정심판법은 사안의 전문성과 특수성을 살리기 위하여 필요한 경우에 행정심판법에 따른 행정심판을 갈음하는 특별행정심판을 다른 법률로 정할 수 있는데(동법 제4조 제1항), 중앙노동위원회의 재심은 노동관계에 관한 판정 및 조정 업무를 수행하는 특별행정심판 절차이다. 그리고 그 재심은 지방노동위원회(처분청)의 처분에 대하여 심리·판정하는 재결이다.

Ⅲ. 항고소송

1. 항고소송의 대상

(1) 문제점

중앙노동위원회의 재심판정에 대하여 사용자나 근로자는 행정소송을 제기할 수 있는데(근로기준법 제31조 제2항), 근로기준법 제31조 제2항을 행정소송상 재결주의를 규정한 것으로 볼 수 있는지 문제된다.

(2) 원처분주의와 재결주의

취소소송은 원칙적으로 원처분을 대상으로 하며, 재결은 예외적으로만 취소소송의 대상이 될 수 있다. 재결취소소송의 경우에는 재결 자체에 고유한 위법이 있음을 이유로 하는 경우에 한한다(행정소송법 제19조 단서). 이를 원처분중심주의라고 한다. 행정소송법은 원처분주의를 취하고 있지만, 개별법에서 재결주의를 규정하기도 한다.

(3) 중앙노동위원회의 재심판정에 대한 불복(재결주의)

① 노동위원회법 제26조 제1항은 "중앙노동위원회는 당사자의 신청이 있는 경우 지방노동위원회 또는 특별노동위원회의 처분을 재심하여 이를 인정·취소 또는 변경할 수 있다."고 규정하고 있고, 제27조 제1항은 "중앙노동위원회의 처분에 대한 소송은 중앙노동위원회 위원장을 피고로 하여 처분의 송달을 받은 날부터 15일 이내에 제기하여야 한다."고 규정하고 있다. 판례는 이 규정의 해석에 있어서 "제19조의2 제1항(현행 제26조 제1항)의 규정은 행정처분의 성질을 가지는 지방노동위원회의 처분에 대하여 중앙노동위원장을 상대로 행정소송을 제기할 경우의 전치요건에 관한 규정이라 할 것이므로, 당사자가 지방노동위원회의 처분에 대하여 불복하기 위하여는 처분 송달일로부터 10일 이내에 중앙노동위원회에 재심을 신청하고 중앙노동위원회의 재심판정서 송달일로부터 15일 이내에 중앙노동위원장을 피고로 하여 재심판정취소의 소를 제기하여야 할 것이다."[159]라고 판시함으로써 재결주의를 규정한 것으로 본다.

② 재결주의의 경우에는 행정심판의 재결에 불복하여 취소소송을 제기하고자 하는 경우에 행정심판의 재결을 대상으로 취소소송을 제기하여야 한다. 그러나 원처분이 당연무효인 경우에는 재결취소의 소뿐만 아니라 원처분무효확인소송도 제기할 수 있다.[160] 그리고 재결취소의 소에서는 재결 고유의 하자뿐만 아니라 원처분의 하자도 주장할 수 있다.[161]

③ 재결주의에서 기각재결에 대한 취소판결의 경우 판결의 기속력에 의해 원처분청은 원처분을 취소하여야 하고, 인용재결(취소재결)의 취소는 직접 원처분의 소급적 부활을 가져온다.[162]

---

159) 대판 1995.9.15, 95누6724
160) 대판 1993.1.19, 91누8050(토지수용재결처분취소)
161) 대판 1991.2.12, 90누288(토지수용재결처분취소)
162) 박균성, 「공인노무사 행정쟁송법」, 고시계사, 2018, p.415.

2. 행정심판 전치주의

개별 법률에서 재결주의를 정하는 경우에는 재결에 대해서만 제소하는 것이 허용되므로 그 논리적인 전제로서 취소소송을 제기하기 전에 행정심판을 필요적으로 경유할 것이 요구된다.163) 지방노동위원회의 처분에 대한 행정소송은 행정심판 전치주의가 적용되므로 행정심판 절차를 거친 후에 비로소 행정소송을 제기할 수 있다.

> ※ 다만, 이는 원처분이 아니라 행정심판 재결만이 소송의 대상이 되는 사건이어서 행정심판을 거침이 불가피하나, 재결주의가 채택된 결과일 뿐이므로 통상적인 필요적 전치주의 사건과는 구별된다는 견해 있음

3. 구제명령 등의 효력

노동위원회의 구제명령, 기각결정 또는 재심판정은 중앙노동위원회에 대한 재심신청이나 행정소송 제기에 의하여 그 효력이 정지되지 아니한다(근로기준법 제32조). 따라서 당사자는 취소소송을 제기하며 집행정지를 신청할 수 있다.

Ⅳ. 결론

지방노동위원회의 구제명령에 대한 불복절차는 ① 중앙노동위원회에 대한 재심 신청, ② 중앙노동위원회의 재심 판정, ③ 중앙노동위원장을 피고로 재심판정 취소의 소라는 순서를 따른다.

만일 전부 또는 일부취소판결이 내려지는 경우 구제명령의 전부 또는 일부를 취소하는 중앙노동위원회의 재처분판정이 있게 된다.164)

---

163) 헌재 2001.6.28, 2000헌바77
164) 박균성, 「공인노무사 행정쟁송법」, 고시계사, 2018, p.413.

> **연습 50**
>
> 관할 행정청은 갑의 어업면허의 유효기간이 만료됨에 따라 동 어업면허의 연장을 허가하여 새로이 어업면허를 함에 있어서 관련법령에 따라 면허면적을 종전의 어업면허보다 축소하였다. 갑이 자신의 재산권을 침해하는 면허면적축소와 관련된 법령의 취소를 청구하는 행정소송을 제기하거나, 어업면허면적을 종전으로 환원하여 주는 처분을 청구하는 행정소송을 제기하는 것이 적법하게 인정될 수 있는가? (50점) 〈공인노무사 2011〉

Ⅰ. 쟁점의 정리

(1) 갑이 처분의 취소가 아니라 처분의 근거인 법령의 취소를 구하는 행정소송을 구할 수 있는지와 관련하여, 설문의 법령이 항고소송의 대상인 처분적 법규명령에 해당하는지가 문제된다.

(2) 갑이 어업면허 면적을 종전으로 환원하는 처분을 청구하는 행정소송을 제기할 수 있는지와 관련하여, 무명항고소송인 의무이행소송이 인정될 수 있는지가 문제된다.

Ⅱ. 어업면허축소와 관련된 법령의 취소 청구 가능성

1. 문제점

갑이 처분의 취소가 아니라 관련 법령의 취소를 구하는 행정소송을 제기할 수 있는지가 문제되고 있다. 이와 관련하여 ① 사안의 관련법령이 '처분적 법규명령'에 해당하는지, ② 만약 그렇다면, '취소소송의 형식'이 인정될 수 있는지 문제된다.

2. 취소소송의 대상

취소소송의 대상에 대해 행정소송법 제19조 본문은 "취소소송은 처분등을 대상으로 한다"고 규정하고, 동법 제2조 제1항 제1호는 취소소송의 대상인 '처분등'을 "행정청이 행하는 구체적 사실에 관한 법집행으로서의 공권력의 행사 또는 그 거부와 그 밖에 이에 준하는 행정작용 및 행정심판에 대한 재결"이라고 정의하고 있다.

3. 어업면허축소 관련 법령의 성질

(1) 법규명령의 의의

법규명령이란 법률상의 수권에 근거하여 정립하는 추상적·일반적 규정으로서 「법규성」을 가진 것을 말한다. 여기서 「법규」란 일반적·추상적 규정으로서 국민과 행정권을 구속하는 재판규범이 되는 법규범을 의미한다는 것이 오늘날의 통설적 견해이다. 법규명령은 일반·추상적 규율이라는 점에서 개별적·구체적 규율인 행정행위나 일반·구체적 규율인 일반처분과 구별된다.

(2) 법규명령의 종류

일반적 의미의 법규명령은 일반적·추상적 규율의 형식을 띠므로 별도의 법집행행위를 매개로 하여서만 국민의 권리·의무에 대한 변동을 초래할 수 있다. 그런데 이와 구별되는 개념으로 ① 협의의 처분적 법규명령(일반적·추상적 규율의 형식을 띠지 아니하며 별도의 법집행행위 없이 그 자체로서 국민의 권리·의무에 대한 직접적 변동을 초래), ② 집행적 법규명령(일반적·추상적 규율의 형식을 띠지만, 자동적 집행력이 인정되어 그 자체로서 국민의 권리·의무를 직접 규율)이 있다.

(3) 사안의 경우

사안의 어업면허축소와 관련된 법령은 ① 수범자가 특정되어 있지 않고 불특정의 어업자 전체를 그 대상으로 한다는 점에서 '일반성'의 특징을 지니며, ② 시간적으로 1회적이거나 장소적으로 한정된 사항에 대한 규율이 아니라는 점에서 '추상성'의 특징을 가진다.

그리고 분명하게 기술되어 있지 않으나, 그 자체로서 면허신청을 하는 어업자의 어업면적을 이미 제한하고 있다면 집행적 법규명령에 해당한다. 그러나 그렇지 않다면 해당 법령은 법규범 자체에 불과할 것이다.

4. 처분적 법규명령의 범위

(1) 문제점

명령(법령보충적 행정규칙 포함) 중 처분적 성질을 갖는 명령(처분적 명령)은 항고소송의 대상이 된다는 것이 판례 및 일반적 견해이다. 따라서 항고소송의 대상인 '처분적 법규명령'의 범위를 어디까지 인정할 것인지 문제된다.

(2) 학설

① **협의설** : 명령이 별도의 집행행위 없이도 국민에 대하여 직접적이고 구체적인 법적 효과를 미치는 경우, 즉 국민의 권리의무에 직접 변동을 야기하는 경우에 한하여 처분적 명령으로 본다(예 두밀분교폐지조례). 판례의 원칙적인 입장이다.

② **중간설** : 협의의 처분적 법규명령뿐만 아니라, 일반적·추상적 규범이지만 집행행위의 매개없이 직접 국민의 권리의무를 규율하는 명령, 즉 집행적 법규명령(예 일정 영업장소에서의 미성년자의 출입금지의무 규정)도 항고소송의 대상이 되는 처분적 명령으로 본다.

③ 광의설 : 별도의 집행행위 없이 직접 권리의무관계에 변동을 가져오는 명령을 포함하여, 별도의 집행행위 없이 적용대상자(수범자)의 개인적 권익에 대한 침해의 직접성·구체성이 있으면 처분적 명령으로 본다.

(3) 판례

판례는 일반적·추상적 성격을 가지는 법규명령이 다른 집행행위의 매개 없이 그 자체로서 직접 국민의 구체적인 권리의무를 규율하는 성격을 가질 때에는 항고소송의 대상이 되는 행정처분에 해당한다(대판 2006.9.22, 2005두2506)고 판시하였다.

(4) 검토

처분의 개념을 넓게 정의하고 있는 행정소송법의 입법취지를 고려할 때(쟁송법성 개념설), 국민의 권리·의무에 직접적 규율을 가하는 집행적 법규명령 역시 항고소송의 대상으로 보는 중간설이 타당하다. 사안의 어업면허축소와 관련된 법령이 그 자체로서 면허신청을 하는 어업자의 어업면적을 이미 제한하고 있다면 집행적 법규명령에 해당하고, 따라서 중간설에 의한다면 당해 관련 법령은 항고소송의 대상이 되는 광의의 처분적 법규명령에 해당한다.

5. 취소소송 제기 가능성[165]

(1) 문제점

위법한 처분적 법규명령의 취소사유가 존재할 수 있는지, 즉 처분적 법규명령의 공정력이 인정될 수 있는지 문제된다.

(2) 학설

학설은 ① 그 실질이 처분이므로 공정력이 인정되며, 취소할 수 있는 법규명령이 존재한다고 보는 취소소송 가능설, ② 그 형식이 법규명령이므로 공정력이 부정되며, 취소할 수 있는 법규명령은 존재하지 않는다고 보는 무효확인소송설이 대립한다.

(3) 판례

종래 판례(두밀분교 폐지조례 사건)[166]는 무효확인소송만을 인정하여 무효확인소송설의

---

[165] 취소소송의 제기 가능성에 관하여는 심민, 「행정쟁송법 기출사례연습」, 메티스, 2016, p.65를 인용함
[166] 조례가 집행행위의 개입 없이도 그 자체로서 직접 국민의 구체적 권리의무나 법적 이익에 영향을 미치는 등의 법률상 효과를 발생하는 경우 그 조례는 항고소송의 대상이 되는 행정처분에 해당하고, 이러한 조례에 대한 무효확인소송을 제기함에 있어서 행정소송법 제38조 제1항, 제13조에 의하여 피고적격이 있는 처분 등을 행한 행정청은, 행정주체인 지방자치단체 또는 지방자치단체의 내부적 의결기관으로서 지방자치단체의 의사를 외부에 표시한 권한이 없는 지방의회가 아니라, 구 지방자치법(1994.3.16. 법률 제4741호로 개정되기 전의 것) 제19조 제2항, 제92조에 의하여 지방자치단체의 집행기관으로서 조례로서의 효력을 발생시키는 공포권이 있는 지방자치단체의 장이다(대판 1996.9.20, 95누8003).

행정쟁송법 사례연습

입장을 취하였으나, 이후 판례(한미약품 사건)167)에서 처분적 법규명령에 대한 취소소송을 인정하였다.

(4) 사안의 검토

위법한 처분적 법규명령을 일률적으로 무효확인소송의 대상으로 삼는다면 제소기간의 제한 없이 언제든지 통제가 가능하게 되어 행정법관계의 안정성을 심각하게 침해하게 된다는 점에서, 취소소송 가능설이 타당하다. 따라서 당해 관련법령은 취소소송의 대상이 될 수 있다.

6. 소결

갑이 면허면적 축소에 따른 재산권 침해를 주장하며 관련법령에 대한 취소소송을 제기한다면, 당해 소제기는 적법하다.

Ⅲ. 면허면적을 종전으로 환원하여 주는 처분의 청구 가능성

1. 문제점

갑이 어업면허 면적을 종전으로 환원하는 처분을 청구하는 행정소송을 제기할 수 있는지 묻고 있다. 이와 관련하여 행정소송법 제4조에 명시된 취소소송, 무효등확인소송, 부작위위법확인소송 이외의 항고소송, 즉 무명(법정외) 항고소송이 허용될 수 있는지 논란이 있어 왔다.

2. 의무이행소송

(1) 의의

의무이행소송이란 당사자의 일정한 행정행위의 신청에 대하여 행정청이 거부하거나 부작위로 대응한 경우, 행정청에 일정한 행정행위를 해 줄 것을 청구하는 내용의 행정소송을 말한다. 오늘날의 복리국가하에서 국민생활이 국가의 적극적·수익적 행위에 크게 의존하고 있는데, 국가가 수익적 처분을 거부 또는 부작위하는 것에 대한 효과적인 대응수단이 된다.

---

167) 보건복지부 고시인 약제급여·비급여목록 및 급여상한금액표(보건복지부 고시 제2002-46호로 개정된 것)는 다른 집행행위의 매개 없이 그 자체로서 국민건강보험가입자, 국민건강보험공단, 요양기관 등의 법률관계를 직접 규율하는 성격을 가지므로 항고소송의 대상이 되는 행정처분에 해당한다(대판 2006.9.22. 2005두2506).

(2) 인정여부
 1) 학설
    ① **소극설** : 이 견해는 ㉠ 행정청의 1차적 판단권의 존중 및 권력분립원칙, ㉡ 행정소송법상 항고소송의 유형은 열거적·제한적이라는 점, ㉢ 행정소송법 제4조 제1호에서의 변경은 소극적 일부취소라는 점 등을 논거로 하여, 의무이행소송은 현행 행정소송법상 허용되지 않는다고 한다.
    ② **적극설** : 이 견해는 ㉠ 사법권의 본질은 법률적 판단을 통하여 행정의 적법성을 보장하고 개인의 권리를 보호함에 있다는 점, ㉡ 행정소송법상 항고소송의 유형은 예시적이라는 점, ㉢ 행정소송법 제4조 제1호의 변경의 의미에는 적극적 변경도 포함된다는 점 등을 논거로 의무이행소송이 허용된다고 한다.
    ③ **절충설** : 제한된 범위, 즉 ㉠ 행정청이 제1차적 판단권을 행사할 수 없을 정도로 처분요건이 일의적으로 정해져 있고, ㉡ 사전에 구제하지 않으면 회복할 수 없는 손해가 발생할 수 있으며, ㉢ 다른 구제방법이 없는 경우에만 인정된다는 견해이다.
 2) 판례
    판례는 현행 행정소송법상 행정청으로 하여금 일정한 행정처분을 하도록 명하는 이행판결을 구하는 소송이나 법원으로 하여금 행정청이 일정한 행정처분을 행한 것과 같은 효과가 있는 행정처분을 직접 행하도록 하는 형성판결을 구하는 소송은 허용되지 아니한다는 입장이다(대판 1997.9.30, 97누3200).
 3) 검토
    소극설은 의무이행소송을 인정하면 법원에 의해 행정청의 1차적 판단권을 침해하는 것이라고 주장하지만, 거부처분이 행정청의 1차적 판단권의 행사에 속하는 것이고 부작위는 처분에 필요한 상당한 기간이 지났음에도 가부간의 처분을 하지 않는 것이므로 부작위도 행정청의 판단권의 행사에 준하는 것으로 볼 수 있다. 따라서 국민의 공백 없는 권리구제를 위하여 의무이행소송을 긍정하는 견해가 타당하다.

(3) 판결유형과 판단시점
 의무이행소송을 인정하는 경우, 의무이행판결로는 신청에 따라 특정한 내용의 처분을 하도록 하는 특정처분명령판결과 판결의 취지에 따라 일정한 처분을 하도록 하는 일정처분명령판결이 있다.
 의무이행판결은 판결시의 법과 사실상태를 기초로 내려진다. 거부처분의 경우는 판결시설과 처분시설이 대립한다.

3. 소결

현재의 판례를 따른다면 갑이 어업면허 면적을 종전으로 환원하는 처분을 청구하는 행정소송을 제기할 수 없다. 그러나 긍정설에 따르면 갑은 어업면허 면적을 종전으로 환원하는 처분을 신청하고 거부나 부작위가 있는 경우 의무이행소송을 제기할 수 있다.

Ⅳ. 사안의 해결

사안의 법령을 집행적 법규명령으로 보고 처분적 법규명령의 범위에 관하여 중간설을 취하면 갑이 면허면적 축소와 관련된 법령의 취소를 청구하는 항고소송을 제기할 수 있다. 그리고 의무이행소송을 긍정한다면 어업면허면적을 종전으로 환원하여 주는 처분을 청구하는 행정소송을 제기하는 것은 가능하다.

물론 갑은 어업면허면적을 종전으로 환원하는 처분을 신청하고 거부나 부작위가 있는 경우, 행정소송법상 거부처분 취소소송 또는 부작위위법확인소송을 제기할 수 있다.

연습 51

甲은 A군에서 S의원을 경영하고 있다. S의원이 담당하고 있는 진료과목과 동일한 과목을 진료하는 의료기관은 A군 내에는 달리 없는 실정이다. 보건복지부 소속 공무원 乙은 2025. 5. 13. 사전통지 없이 S의원을 현장조사하고, 그 결과 甲이 B 바이오회사의 C 치료재료에 대해 국민건강보험공단에 청구한 금액이 「치료재료급여·비급여목록 및 급여상한금액표」(보건복지부 고시 제2025-××호, 2025. 3. 12. 이하 '고시'라 한다)에 따른 급여금액보다 5,000만원을 상회하였음을 적발하였다. 이 고시는 특정 제조회사의 특정 치료재료의 급여 여부 및 상한금액을 구체적으로 규율하고 있다.

이 조사결과에 기초하여 보건복지부장관은 2025. 6. 30. S의원 대표 甲에게 「국민건강보험법」 제98조에 따라 90일 업무정지처분을 하고, 동법 제100조에 의거하여 그 위반사실을 공표하였다. 보건복지부장관은 업무정지처분에 대하여는 사전통지를 거쳤으나 위반사실공표에 대하여는 사전통지를 하지 아니하였다.

(1) 甲은 처치에 사용하기 위하여 필요한 재료의 구입금액보다 급여상한금액을 현저히 저렴하게 책정한 "고시"에 대하여 다투고자 한다. "고시"에 대하여 행정소송법상 취소소송을 제기할 수 있는지 설명하시오. (20점)

(2) 甲은 보건복지부장관이 행한 업무정지처분에 대해 다투고자 한다. 업무정지처분에 대해 甲이 취소쟁송을 제기한 경우 쟁송을 담당하는 기관이 업무정지처분을 과징금처분으로 전환할 수 있는지 설명하시오.(업무정지처분은 위법한 행정조사에 근거하여 위법성이 인정됨) (10점)

(3) 甲은 위반사실 공표에 대하여 다투고자 한다. 甲은 보건복지부장관이 위반사실공표를 결정할 때에는 그 위반행위의 동기, 정도, 횟수 및 결과 등을 고려하여야 함에도 이를 고려치 않아 위법하다고 주장한다(이러한 위법성 주장은 인정됨). 이 경우 甲이 제기할 수 있는 행정쟁송법적 구제방법을 설명하시오.[168] (20점)

[참고조문]

국민건강보험법

제46조【약제·치료재료에 대한 요양급여비용의 산정】 약제·치료재료(이하 "약제·치료재료"라 한다)에 대한 요양급여비용은 요양기관의 약제·치료재료 구입금액 등을 고려하여 대통령령으로 정하는 바에 따라 달리 산정할 수 있다.

제98조【업무정지】 ① 보건복지부장관은 요양기관이 다음 각 호의 어느 하나에 해당하면 그 요양기관에 대하여 1년의 범위에서 기간을 정하여 업무정지를 명할 수 있다.
  1. 속임수나 그 밖의 부당한 방법으로 보험자·가입자 및 피부양자에게 요양급여비용을 부담하게 한 경우

> **국민건강보험법 시행령**
> **제22조【약제·치료재료의 요양급여비용】** ② 약제 및 치료재료에 대한 요양급여비용의 결정 기준·절차, 그 밖에 필요한 사항은 보건복지부장관이 정하여 고시한다.
>
> **행정조사기본법**
> **제17조【조사의 사전통지】** ① 행정조사를 실시하고자 하는 행정기관의 장은 현장출입조사서를 조사개시 7일 전까지 조사대상자에게 서면으로 통지하여야 한다. 다만, 다음 각 호의 어느 하나에 해당하는 경우에는 행정조사의 개시와 동시에 현장출입조사서를 조사대상자에게 제시하거나 행정조사의 목적 등을 조사대상자에게 구두로 통지할 수 있다.
> 　1. 행정조사를 실시하기 전에 관련 사항을 미리 통지하는 때에는 증거인멸 등으로 행정조사의 목적을 달성할 수 없다고 판단되는 경우

Ⅰ. 설문 (1) – "고시"에 대한 취소소송의 제기 가능성

1. 쟁점의 정리

사안에서는 특히 소송요건으로서 대상적격과 원고적격을 충족해야 甲이 취소소송을 제기할 수 있다. 대상적격과 관련하여 이 사건 고시의 법적 성질을 먼저 해명하여 처분성을 검토할 필요가 있다.

2. "고시"의 법적 성질

(1) 문제점

이 사건 고시는 국민보험건강법령의 위임에 근거하여 보건복지부장관이 정한 법령보충적 행정규칙이다. 그의 처분성이 문제된다.

(2) 법령보충적 행정규칙

고시·훈령·예규 등의 형식을 갖추고 있으나, 그 내용이 당해 행정입법의 근거가 되는 법령의 규정과 결합하여 법규의 내용을 보충하는 것으로서 실질에 있어서는 법규적 성질을 갖는 경우 그 법규명령으로서의 효력을 인정할 것인가의 문제가 있다.[169]

학설은 행정규칙설[170], 법규명령설[171], 규범구체화행정규칙설[172]이 대립하고 있다.

---

168) 2015년 법학전문대학원협의회 모의시험문제 변형
169) 예 석유판매업허가기준고시, 식품영업허가기준고시, 수출제한 물품의 공고
170) 법규명령의 효력을 갖는 행정규칙은 법규명령의 엄격한 절차 및 형식에 따라 제정되어야 하므로, 법령의 위임에 의해 제정된 고시·훈령·규정 등도 그 형식에 따라 행정규칙으로 보아야 한다는 견해이다.
171) 상위법령의 수권이 있고 상위법령을 보충·구체화하는 기능이 있는 행정규칙은 위임의 근거규정과 결합하여 전체로서 대외적 구속력 있는 법규명령의 성질을 가진다는 견해이다.

대법원은 국세청훈령인 재산제세사무처리규정이 법규명령과 같은 효력이 있음을 인정한 이래 법규명령설의 입장에 있다.[173] 즉 <u>행정규칙인 고시가 법령의 수권에 의하여 법령을 보충하는 사항을 정하는 경우에 그 근거 법령규정과 결합하여 대외적 효력을 발생하는 것으로 본다.</u>[174]

(3) 법규명령의 처분성

판례는 <u>일반적·추상적 명령 그 자체로서는 국민의 구체적인 권리의무에 직접적인 변동을 초래하는 것이 아니어서 행정소송법상의 처분이 아니고, 행정청의 내부적 지시·지침인 행정규칙 그 자체에 대하여도 직접 행정쟁송을 제기할 수 없다고 한다.</u>[175] 그러나 처분적 명령과 처분성이 있는 법규명령의 효력이 있는 행정규칙은 항고소송의 대상이 된다. 따라서 <u>고시가 일반적·추상적 성격을 가질 때에는 법규명령 또는 행정규칙에 해당할 것이지만, 다른 집행행위의 매개 없이 그 자체로서 직접 국민의 구체적인 권리의무나 법률관계를 규율하는 성격을 가질 때에는 행정처분에 해당한다.</u>[176]

(4) 사안의 경우

이 사건 고시는 국민건강보험법 제46조, 동법시행령 제22조의 위임에 근거한 행정규칙으로서 근거법령과 결합하여 법규명령의 효력을 가진다. 또한 이 고시는 특정 제조회사의

---

172) 이 때 인정되는 행정규칙은 통상적인 행정규칙이 아니라 그 자체로서 시민에 대한 법적 구속력이 인정되는 경우이므로 독일의 과학기술법 영역에서 발견되는 규범구체화행정규칙으로 보자는 견해이다.
173) 국세청장으로 하여금 양도소득세의 실지거래가액이 적용될 부동산투기억제를 위하여 필요하다고 인정되는 거래를 지정하게 하면서 그 지정의 절차나 방법에 관하여 아무런 제한을 두고 있지 아니하고 있어 이에 따라 국세청장이 재산제세사무처리규정 제72조 제3항에서 양도소득세의 실지거래가액이 적용될 부동산투기억제를 위하여 필요하다고 인정되는 거래의 유형을 열거하고 있으므로, 이는 비록 위 재산제세사무처리규정이 국세청장의 훈령형식으로 되어 있다 하더라도 이에 의한 거래지정은 소득세법시행령의 위임에 따라 그 규정의 내용을 보충하는 기능을 가지면서 그와 결합하여 대외적 효력을 발생하게 된다 할 것이므로 그 보충규정의 내용이 위 법령의 위임한계를 벗어났다는 등 특별한 사정이 없는 한 양도소득세의 실지거래가액에 의한 과세의 법령상의 근거가 된다(대판 1987.9.29, 86누484).
174) 식품제조영업허가기준이라는 고시는 공익상의 이유로 허가를 할 수 없는 영업의 종류를 지정할 권한을 부여한 구 식품위생법 제23조의3 제4호에 따라 보건사회부장관이 발한 것으로서, 실질적으로 법의 규정내용을 보충하는 기능을 지니면서 그것과 결합하여 대외적으로 구속력이 있는 법규명령의 성질을 가진 것이다. - 보존음료수의 국내판매를 금지한 고시의 사례(대판 1994.3.8, 92누1728).
175) 교육부장관이 내신성적 산정기준의 통일을 기하기 위해 대학입시기본계획의 내용에서 내신성적 산정기준에 관한 시행지침을 마련하여 시·도 교육감에서 통보한 것은 행정조직 내부에서 내신성적 평가에 관한 내부적 심사기준을 시달한 것에 불과하며, 각 고등학교에서 위 지침에 일률적으로 기속되어 내신성적을 산정할 수밖에 없고 또 대학에서도 이를 그대로 내신성적으로 인정하여 입학생을 선발할 수밖에 없는 관계로 장차 일부 수험생들이 위 지침으로 인해 어떤 불이익을 입을 개연성이 없지는 아니하나, 그러한 사정만으로서 위 지침에 의하여 곧바로 개별적이고 구체적인 권리의 침해를 받은 것으로는 도저히 인정할 수 없으므로, 그것만으로는 현실적으로 특정인의 구체적인 권리의무에 직접적으로 변동을 초래케 하는 것은 아니라 할 것이어서 내신성적 산정지침을 항고소송의 대상이 되는 행정처분으로 볼 수 없다(대판 1994.9.10, 94두33).
176) 보건복지부 고시인 약제급여·비급여목록 및 급여상한금액표는 다른 집행행위의 매개 없이 그 자체로서 국민건강보험가입자, 국민건강보험공단, 요양기관 등의 법률관계를 직접 규율하는 성격을 가지므로 항고소송의 대상이 되는 행정처분에 해당한다(대판 2006.9.22, 2005두2506).

특정 치료재료의 급여 여부 및 상한금액을 구체적으로 규율하므로 다른 집행행위의 매개 없이 그 자체로서 국민건강보험가입자, 국민건강보험공단, 요양기관 등의 법률관계를 직접 규율하는 성격을 가지므로 항고소송의 대상이 되는 행정처분에 해당한다.

3. 취소소송의 제기 가능성

(1) 문제점

취소소송은 ① 처분 등이 존재하고, ② 원고가 피고를 상대로, ③ 관할권 있는 법원에, ④ 일정 기간 내에, ⑤ 소장을 제출하여야 하고, ⑥ 일정한 경우에는 행정심판을 거쳐야 하고, ⑦ 처분 등의 취소 또는 변경을 구할 이익이 있어야 한다.

사안에서는 특히 대상적격으로서의 처분성과 원고적격이 문제된다.

(2) 처분성

1) 처분의 의의

행정소송법은 취소소송의 대상을 처분 등으로 명시하고 있다(제4조 제1호). 여기에서 처분 등이란 '행정청이 행하는 구체적 사실에 관한 법집행으로서의 공권력의 행사 또는 그 거부와 그 밖에 이에 준하는 행정작용 및 행정심판에 대한 재결'을 말한다(제2조 제1항 제1호). 따라서 취소소송의 대상은 적극적인 공권력 행사, 소극적인 거부처분, 이에 준하는 행정작용 그리고 행정심판에 대한 재결이 된다.

2) 사안의 경우

위에서 보았듯이 이 사건 고시는 처분성 있는 법규명령의 성질을 가지므로 취소소송의 적법요건인 처분성을 충족한다.

다시 정리하면, ① 이 사건 고시는 특정 제약회사의 특정 약제에 대하여 국민건강보험가입자 또는 국민건강보험공단이 지급하여야 하거나 요양기관이 상환받을 수 있는 약제비용의 구체적 한도액을 특정하여 설정하고 있는 점, ② 약제의 지급과 비용의 청구행위가 있기만 하면 달리 행정청의 특별한 집행행위의 개입 없이 이 사건 고시가 적용되는 점, ③ 특정 약제의 상한금액의 변동은 곧바로 국민건강보험가입자 또는 국민건강보험공단이 지급하여야 하거나 요양기관이 상환받을 수 있는 약제비용을 변동시킬 수 있다는 점 등에 비추어 보면, 다른 집행행위의 매개 없이 그 자체로서 국민건강보험가입자, 국민건강보험공단, 요양기관 등의 법률관계를 직접 규율하는 성격을 가진다고 할 것이므로, 항고소송의 대상이 되는 행정처분에 해당한다.

(3) 원고적격

1) 의의

행정소송법 제12조는 "취소소송은 처분등의 취소를 구할 법률상 이익이 있는 자가 제기할 수 있다."고 하여 원고적격으로 법률상 이익을 요구하고 있다.

법률상 이익의 의미에 대해 권리회복설, 법적보호가치이익설, 보호가치이익설, 적법성보장설 등의 학설이 대립하고 있다.

판례는 기본적으로 법률상 보호이익설을 취하는 것으로 평가되고 있는데[177], 처분의 근거법규 및 관련법규(처분의 근거법규 및 관련법규의 입법취지 포함)에 의해 개별적으로 보호되는 직접적이고 구체적인 개인적 이익을 법률상 이익으로 보고 있다.

2) 사안의 경우

의원을 경영하는 甲으로서는 처치에 사용하기 위하여 필요한 재료의 구입금액보다 급여상한금액을 현저히 저렴하게 책정한 이 사건 고시에 의해 직접 권리행사에 영향을 받게 된다. 즉, 약제 공급업자로부터 상한금액 이상으로 구입하게 되더라도 상한금액을 초과하는 약제구입대금 부분은 국민건강보험가입자 또는 국민건강보험공단으로부터 상환받을 수 없게 되므로 요양급여시 그 약제를 제외하거나, 동일하거나 유사한 성분으로서 구입가격이 상한금액의 범위 내에 있는 다른 약제를 지급하거나, 거래 품목에서 제외할 수밖에 없게 된다. 따라서 甲이 현저히 저렴하게 책정된 상한금액에 직접적으로 영향을 받게 됨으로써 그 이익을 침해받게 되는 점 등을 고려하면, 자신이 공급하는 약제에 대하여 약제상한금액 고시의 근거 법령에 의하여 보호되는 직접적이고 구체적인 이익을 향유한다. 이 사건 고시로 인하여 甲은 자신이 지급하는 약제의 상한금액이 현저하게 저렴하게 책정됨에 따라 위와 같이 근거 법령에 의하여 보호되는 법률상 이익을 침해당할 수 있다. 결국 甲은 이 사건 고시의 취소를 구할 원고적격이 있다.

(4) 소결론

이 사건 고시는 처분성이 인정되고, 甲은 법률상 이해관계가 있으므로 원고적격이 인정된다. 다른 소송요건과 관련하여 특별한 사정이 보이지 않으므로 보건복지부장관을 상대로 취소소송을 제기할 수 있다.

4. 사안의 해결

甲은 이 사건 고시에 대하여 행정소송법상 취소소송을 제기할 수 있다.

Ⅱ. 설문 (2) – 행정쟁송기관의 처분변경 가능성

1. 문제의 소재

업무정지처분을 과징금처분으로 전환하는 것이 행정심판법상 취소심판에서의 '변경'이나

---

[177] 제3자라 하더라도 당해 처분의 근거법률에 의하여 보호되는 직접적이고 구체적인 이익을 침해당한 경우에는 취소심판을 제기할 수 있다(중앙2004.7.26, 2004행심08322).

행정소송법상 취소소송에서의 '변경'에 해당하는지 문제된다.

2. 행정심판위원회의 처분변경

(1) 취소심판의 의의

취소심판은 행정청의 위법 또는 부당한 처분을 취소하거나 변경하는 행정심판을 말한다(행정심판법 제5조 제1호, 제2조).

여기서 취소는 적극적 처분의 취소뿐만 아니라 소극적 처분인 거부처분의 취소를 포함하며, 변경이란 적극적 변경(예 허가취소처분을 영업정지처분으로 변경)을 의미한다.

(2) 취소심판의 재결

행정심판위원회는 취소심판의 청구가 이유가 있다고 인정하면 처분을 취소 또는 다른 처분으로 변경하거나 처분을 다른 처분으로 변경할 것을 피청구인에게 명한다(제43조 제3항). 그밖에 기각재결[178], 사정재결[179]이 가능하다.

(3) 사안의 경우

행정심판위원회는 직접 업무정지처분을 과징금으로 변경하는 재결을 하거나 보건복지부장관에게 업무정지처분을 과징금부과처분으로 변경할 것을 명하는 재결을 할 수 있다.

3. 수소법원의 처분변경

(1) 취소소송에서의 '변경'의 의미

취소소송은 행정청의 위법한 처분등을 취소 또는 변경하는 소송이다(행정소송법 제4조 제1호). 여기서 '변경'의 의미에 관하여는, 원처분을 새 처분으로 대체시키는 적극적 형성판결로 이해하는 입장과, 권력분립의 관점에서 이를 일부취소의 의미로 보는 소극적 입장이 대립하고 있으나, 소극설이 통설·판례이다. 적극적 변경은 행정청의 처분권한을 법원이 행사하는 것과 같은 결과를 가져오므로 권력분립의 원칙에 반하여 허용하지 않는 통설·판례의 입장이 타당하다.

(2) 사안의 경우

수소법원이 업무정지처분을 과징금부과처분으로 전환하는 것은 적극적 변경에 해당하므로 허용되지 않는다고 할 것이다.

---

[178] 취소심판의 청구가 적법하지 않거나 이유없다고 인정한 때에는 당해 심판청구를 각하 또는 기각하는 재결을 한다(제43조 제1항, 제2항).
[179] 심판청구가 이유 있다고 인정하는 경우에도 이를 인용하는 것이 현저히 공공복리에 적합하지 아니하다고 인정하는 때에는 그 심판청구를 기각하는 사정재결을 할 수 있다(제44조 제1항).

Ⅲ. 설문 (3) – 위반사실 공표에 대한 행정쟁송법적 구제방법

1. 쟁점의 정리

甲은 위법한 공표로 인하여 명예훼손등 손해를 입은 데 대하여는 국가배상법에 따른 손해배상청구가 가능하다. 여기서는 행정쟁송법상 구제방법에 국한하여, 행정소송법상 취소소송과 당사자소송을, 행정심판법상 취소심판을 살펴본다.

2. 위반사실 공표의 의의

위반사실의 공표란 '행정법상 의무위반 또는 의무불이행이 있는 경우에 그 의무위반자 또는 불이행자의 명단과 그 위반 또는 불이행한 사실을 공중이 알 수 있도록 알리는 것'을 말한다(예 고액체납자 명단공개, 청소년대상범죄인의 명단공개, 공직자 재산의 허위등록사실의 공개, 환경위반업체 공개). 공표가 상대방의 인격권·프라이버시권의 침해를 가져올 수 있으므로 헌법 제37조 제2항에 따라 행정절차법 제40조의3은 위반사실의 공표에 관한 일반적 절차를 규정하고 있다.

3. 행정소송법상 구제방법

(1) 취소소송

1) 위반사실 공표행위의 처분성

① 학설 : ㉠ 공표는 사실행위이지 처분이 아니므로 항고쟁송의 대상이 될 수 없다는 소극설, ㉡ 공표를 권력적 사실행위로 보거나, 형식적 행정행위 관념하에 위법한 공표행위에 대하여 다른 적절한 구제수단이 없는 경우에는 공표행위도 공권력의 행사에 준하는 작용으로 볼 수 있다는 적극설이 대립한다.

② 검토 : 공표에 의해 명예나 신용 등이 훼손될 수 있으므로 권력적 사실행위로 보아야 하고, 공표의 내용이 그에 따라야만 할 의무를 부과하는 경우처럼 처분의 실질을 담고 있는 경우에는 항고소송의 대상이 된다는 견해가 타당하다.

③ 사안의 경우 : 사안의 위반사실 공표행위는 국민건강보험법 제100조에 근거한 보건복지부장관의 집행행위로서 공권력의 행사이고, 甲의 명예나 신용 등의 법적 이익에 영향을 끼치므로 처분성을 인정함이 타당하다.

2) 원고적격

판례는 처분의 근거법규 및 관련법규(처분의 근거법규 및 관련법규의 입법취지 포함)에 의해 개별적으로 보호되는 직접적이고 구체적인 개인적 이익을 침해받는 경우 원고적격을 인정한다.

甲은 국민건강보험법령에 근거한 공표로 인하여 명예·신용 등을 직접 침해받을 수 있으므로 원고적격이 인정된다.

3) 협의의 소의 이익

공표의 처분성을 인정하더라도 공표 그 자체가 일단 행하여지면 대부분의 경우에 소의 이익이 부인되어 각하판결을 받게 된다. 다만 위반사실 공표가 계속 중인 경우 소의 이익이 있다. 또한 공표행위가 종료된 경우에도 취소판결의 기속력에 의해 정정공고 등 행정청에게 원상회복의무가 발생하므로 소의 이익이 있다고 보아야 한다. 甲에 대한 위반사실 공표는 처분이고 취소를 구할 소의 이익이 있다고 보는 것이 타당하다.

4) 소결

갑은 다른 소송요건을 갖추는 경우 취소소송을 제기할 수 있다.

(2) 당사자소송

공표는 사실행위이지 처분이 아니므로 항고쟁송의 대상이 될 수 없다는 입장에서는, 공법상 당사자소송으로 위반사실 공표의 폐지를 구하는 이행소송을 제기하거나, 예방적 부작위소송 제도를 도입할 것을 주장한다.

구체적으로는 공표중지청구 또는 결과제거청구(정정 공고)를 당사자소송으로 제기할 수 있다.

(3) 가구제

공표의 처분성을 인정하는 경우 위반사실 공표 취소소송을 제기하면서 집행정지를 신청할 수 있고, 처분성을 부정하는 경우 당사자소송을 제기하면서 가처분을 신청할 수 있다.

4. 행정심판법상 구제방법

(1) 취소심판

甲은 보건복지부장관의 위법한 공표행위로 인하여 권리나 이익을 침해당했음을 주장하며 취소심판을 청구할 수 있다.

(2) 가구제

공표로 인한 甲의 명예나 신용의 훼손은 중대한 손해이고 그것을 예방할 필요성이 긴급하다고 인정할 수 있으므로 집행정지가 가능하다.

5. 사안의 해결

甲은 보건복지부장관의 위반사실 공표행위를 취소소송으로 다투면서 집행정지를 구할 수 있고, 당사자소송으로 행위중지나 결과제거를 청구할 수 있다.

연습 52

A시에서 어류판매업을 하고 있는 을은 리스테리아병에 감염된 생선을 보관·판매하여왔다. A시 시장은 이를 인지하고 식품위생법 제5조와 제72조에 근거하여 담당공무원 갑에게 해당 어류를 폐기조치하도록 명하였다. 이에 따라 갑은 을이 보관·판매하고 있던 감염된 생선을 수거하여 폐기행위를 개시하였고, 을은 즉시 갑의 폐기행위에 대해 취소소송을 제기하였다. 이 소송의 적법 여부를 설명하시오.[180] (25점)

[참조조문]
식품위생법
제5조【병든 동물 고기 등의 판매 등 금지】누구든지 총리령으로 정하는 질병에 걸렸거나 걸렸을 염려가 있는 동물이나 그 질병에 걸려 죽은 동물의 고기·뼈·젖·장기 또는 혈액을 식품으로 판매하거나 판매할 목적으로 채취·수입·가공·사용·조리·저장·소분 또는 운반하거나 진열하여서는 아니 된다.

제72조【폐기처분 등】① 식품의약품안전처장, 시·도지사 또는 시장·군수·구청장은 영업자(「수입식품안전관리 특별법」 제15조에 따라 등록한 수입식품등 수입·판매업자를 포함한다. 이하 이 조에서 같다)가 제4조 부터 제6조까지, 제7조 제4항, 제8조, 제9조 제4항, 제10조 제2항, 제12조의2 제2항 또는 제13조를 위반한 경우에는 관계 공무원에게 그 식품등을 압류 또는 폐기하게 하거나 용도·처리방법 등을 정하여 영업자에게 위해를 없애는 조치를 하도록 명하여야 한다.
④ 제1항 및 제2항에 따른 압류나 폐기를 하는 공무원은 그 권한을 표시하는 증표 및 조사기간, 조사범위, 조사담당자, 관계 법령 등 대통령령으로 정하는 사항이 기재된 서류를 지니고 이를 관계인에게 내보여야 한다.

식품위생법 시행규칙
제4조【판매 등이 금지되는 병든 동물 고기 등】법 제5조에서 "총리령으로 정하는 질병"이란 다음 각 호의 질병을 말한다.
1. 「축산물 위생관리법 시행규칙」 별표 3 제1호 다목에 따라 도축이 금지되는 가축전염병
2. 리스테리아병, 살모넬라병, 파스튜렐라병 및 선모충증

I. 문제의 제기

A시장은 어류판매업자 을이 리스테리아병에 감염된 생선을 보관·판매하였다는 이유로 관계공무원 갑을 통해 해당 제품의 폐기조치를 개시하였고 을은 즉시 동 폐기조치에 대해

---
180) 2010년 행정고시(일반행정) 기출문제 변형

취소소송을 제기하였다. 당해 취소소송의 적법 여부와 관련하여, ① 사실행위인 생선 폐기행위가 취소소송의 대상이 되는지, ② 단기간에 종료되는 폐기행위의 특성에도 불구하고 협의의 소익이 인정되는지 살펴보도록 한다.

Ⅱ. 원고적격

행정소송법 제12조 1문에 의하면 취소소송은 '법률상 이익이 있는 자'가 제기할 수 있으며(법률상 보호이익), 어류판매업자 을은 생선 폐기처분의 상대방으로서 원고적격이 인정된다(직접상대방이론).

Ⅲ. 대상적격

1. 문제점

취소소송의 대상에 대해 행정소송법 제19조 본문은 "취소소송은 처분등을 대상으로 한다"고 규정하고, 동법 제2조 제1항 제1호는 취소소송의 대상인 '처분등'을 ① 처분인 공권력의 행사, 그 거부, 그 밖에 이에 준하는 행정작용과 ② 행정심판에 대한 재결이라고 정의하고 있다.

행정상 사실행위인 생선 폐기행위가 취소소송의 대상으로서 행정처분에 해당하는지 문제된다(행정소송법 제19조 본문).

2. 생선 폐기행위의 법적 성질

(1) 행정상 즉시강제

생선 폐기행위는 성질상 의무를 부과하기 곤란한 경우로 리스테리아병에 감염된 식품을 섭취함으로써 우려되는 식중독 발병을 긴급히 방지하기 위하여 을의 재산에 실력을 가하는 것으로서, 행정상 즉시강제에 해당한다(대물적 강제).

(2) 권력적 사실행위

사안의 생선 폐기행위는 식품위생법 제72조를 집행하기 위하여 행해진 공권력 행사로서 사실행위에 해당한다.

3. 취소소송의 대상인 처분의 개념요소

(1) 행정청의 행위

처분은 행정청이 행하는 공권력행사이다. 행정청은 행정주체의 의사를 결정하여 외부에 표시할 수 있는 권한을 가진 기관을 말한다. 행정청에는 단독제기관 외에 합의제기관(예

노동위원회·토지수용위원회)도 포함된다. 국회나 법원의 기관이 행하는 실질적 의미의 행정에 속하는 구체적인 사실에 관한 법집행으로서의 공권력 행사도 처분에 해당한다. 행정청에는 법령에 의하여 행정권한의 위임 또는 위탁을 받은 행정기관, 공공단체 및 그 기관 또는 사인이 포함된다(행정소송법 제2조 제2항).

(2) 구체적 사실에 관한 작용

처분은 구체적 사실에 관한 공권력의 행사이다. 구체적 사실이란 관련자가 개별적이고 규율대상이 구체적인 것을 의미한다. 관련자가 일반적이고 규율사건이 구체적인 경우의 규율인 '일반처분' 역시 처분에 해당한다.[181] 그러나 일반적·추상적 규범인 행정입법은 처분이 아니다(통설). 다만 일부 견해는 여기서 말하는 '구체적 사실'의 의미를 규율의 대상이 구체적이면 족한 것으로 보아 행정입법도 처분성을 인정해야 한다고 본다.

(3) 법집행으로서의 공권력의 행사

① **법집행** : 국민의 권리·의무에 직접적 변동을 일으키는 행위로서 ⅰ) 직접적·대외적 효력성과[182] ⅱ) 법적 규율성을 그 개념적 징표로 한다(통설, 판례). 따라서 사실상의 결과실현만을 위한 비권력적 사실행위나 행정청 내부행위는 처분성이 부정된다.

② **공권력 행사** : 처분은 행정청의 공권력행사작용이다. 공권력행사란 공법에 근거하여 행정청이 우월한 지위에서 일방적으로 행하는 일체의 행정작용을 의미한다.[183] 따라서 공법상 계약·공법상 합동행위는 처분이 아니다.

(4) 외부에 대한 직접적인 법적 효과를 발생시키는 행위

취소소송의 본질은 위법성의 소극적 제거에 있는 것이므로 취소소송의 대상이 되는 공권력행사는 사실적인 것이 아니라 법적 행위에 한정된다.[184]

---

181) 청소년유해매체물 결정 및 고시처분은 당해 유해매체물의 소유자 등 특정인만을 대상으로 한 행정처분이 아니라 일반 불특정 다수인을 상대방으로 하여 일률적으로 표시의무, 포장의무, 청소년에 대한 판매·대여 등의 금지의무 등 각종 의무를 발생시키는 행정처분이다(대판 2007.6.14, 2004두619).

182) 이른바 고발은 수사의 단서에 불과할 뿐 그 자체 국민의 권리의무에 어떤 영향을 미치는 것이 아니고, 특히 독점규제 및 공정거래에 관한 법률 제71조는 공정거래위원회의 고발을 위 법률위반죄의 소추요건으로 규정하고 있어 공정거래위원회의 고발조치는 사직 당국에 대하여 형벌권 행사를 요구하는 행정기관 상호간의 행위에 불과하여 항고소송의 대상이 되는 행정처분이라 할 수 없으며, 더욱이 공정거래위원회의 고발 의결은 행정청 내부의 의사결정에 불과할 뿐 최종적인 처분은 아닌 것이므로 이 역시 항고소송의 대상이 되는 행정처분이 되지 못한다(대판 1995.5.12, 94누13794).

183) 노동조합약의 변경보완시정명령은 조합규약의 내용이 노동조합법에 위반된다고 보아 구체적 사실에 관한 법집행으로서 노동조합법 제16조 소정의 명령권을 발동하여 조합규약의 해당 조항을 지적된 법률조항에 위반되지 않도록 적절히 변경보완할 것을 명하는 노동행정에 관한 행정관청의 의사를 조합에게 직접 표시한 것이므로 행정소송법 제2조 제1항에서 규정하고 있는 행정처분에 해당된다(대판 1993.5.11, 91누10787).

184) 남녀차별금지 및 구제에 관한 법률 제28조에 의하면, 국가인권위원회의 성희롱결정과 이에 따른 시정조치의 권고는 불가분의 일체로 행하여지는 것인데 국가인권위원회의 이러한 결정과 시정조치의 권고는 성희롱 행위자로 결정된 자의 인격권에 영향을 미침과 동시에 공공기관의 장 또는 사용자에게 일정한 법률상의 의무를 부담시키는 것이므로 국가인권위원회의 성희롱결정 및 시정조치권고는 행정소송의 대상이 되는 행정처분에 해당한다고 보지 않을 수 없다 (대판 2005.7.8, 2005두487).

행정쟁송법 사례연습

4. 사실행위의 행정처분성 여부

(1) 문제점

행정상 사실행위(사안의 경우는 생선 폐기행위)가 취소소송의 대상으로서 행정처분에 해당하는지 문제된다.

(2) 학설

① 긍정설 : 취소소송중심주의하에서 그리고 사실행위에 대한 당사자소송을 인정하지 않고 있는 현행법하에서 실효적인 권익구제를 위하여, 권력적 사실행위 및 사실상 강제력을 미치는 비권력적 사실행위는 그 자체가 행정쟁송법 및 행정심판법상의 처분에 해당한다고 본다.

② 수인하명설 : 권력적 사실행위 자체가 아니라 권력적 사실행위에 결합되어 있는 행정행위인 수인하명이 항고쟁송의 대상이 된다고 한다. 따라서 수인하명을 수반하지 않는 권력적 사실행위(예 경찰의 불법적 미행행위)나 비권력적 사실행위는 처분성을 인정하지 않는다.

③ 부정설 : 사실행위에 대하여는 취소를 생각할 수 없다는 전제하에, 사실행위에 대한 권익구제는 당사자소송인 이행소송, 금지소송 또는 공법상 결과제거청구소송으로 도모하여야 한다고 한다.

(3) 판례

판례에 따르면 <u>수인하명을 내포하는 공권력행사(예 전염병환자의 격리수용·공공시설의 설치)는 처분에 해당한다.</u> 대법원은 <u>재산압류처분</u>(대판 1969.4.29, 69누12), <u>공매처분</u>(대판 1984.9.25, 84누201), <u>단수처분</u>(대판 1979.12.28, 79누218) 등에 대하여 처분성을 인정하였다. 그러나 <u>주의·권고·호의적 중재·조정·희망의 표시·알선·지도 등과 같은 사실행위는 처분성을 인정하지 않는다.</u> 다만 국가인권위원회의 성희롱결정 및 시정조치권고처럼 예외적으로 처분으로 본 사례도 있다(대판 2005.7.8, 2005두487). 그리고 <u>기존의 권리의무관계를 단순히 확인, 통지하는 사실행위는 처분이 아니다.</u>[185]

(4) 검토

권력적 사실행위는 행정행위로서 '수인하명'과 사실행위로서 '집행행위'가 결합된 합성행위로서, 수인의무를 부과하고 있다는 점에서 수인하명설이 타당하다.

---

185) 건설부장관이 행한 국립공원지정처분은 그 결정 및 첨부된 도면의 공고로써 그 경계가 확정되는 것이고, 시장이 행한 경계측량 및 표지의 설치 등은 공원관리청이 공원구역의 효율적인 보호, 관리를 위하여 이미 확정된 경계를 인식, 파악하는 사실상의 행위로 봄이 상당하며, 위와 같은 사실상의 행위를 가리켜 공권력행사로서의 행정처분의 일부라고 볼 수 없고, 이로 인하여 건설부장관이 행한 공원지정처분이나 그 경계에 변동을 가져온다고 할 수 없다(대판 1992.10.13, 92누2325).

5. 사안의 경우

폐기행위는 을이 감염된 생선을 보관·판매하였다는 사실에 대한 식품위생법령의 집행행위로 공권력행사에 해당한다고 보든 이에 준하는 행정작용에 해당한다고 보든 행정소송법 제2조 제1항의 처분개념에 해당한다고 보는 것이 일반적인 견해이다. 또한 하명을 수반한다는 점에서 법적인 행위이므로 항고소송의 대상이 되는 처분이다.

Ⅳ. 협의의 소익

1. 의의

협의의 소익(권리보호 필요성)이란 소송을 통하여 분쟁을 해결할 만한 구체적인 이익 및 현실적인 필요성을 말한다. 행정소송법 제12조 2문은 처분 등의 효과가 기간의 경과, 처분 등의 집행 그 밖의 사유로 인하여 소멸된 뒤에도 그 처분 등의 취소로 인하여 회복되는 법률상 이익이 있는 자의 경우에도 취소소송을 제기할 수 있다고 규정하고 있다.

2. 협의의 소익이 부인되는 경우

취소소송에서는 대상적격과 원고적격이 인정된다면 협의의 소익은 일반적으로는 긍정된다. 그러나 ① 보다 간이한 방법이 있는 경우, ② 원고가 추구하는 권리보호가 오로지 이론상으로만 의미 있는 경우, ③ 소권남용에 해당하는 경우, ④ 이익침해 상황이 해소된 경우 등은 협의의 소익이 부인된다.

3. 사안의 경우

을은 행정청이 폐기행위를 개시하자 즉시 취소소송을 제기하였기 때문에 권리보호 필요성은 인정된다. 그러나 조만간 폐기처분이 종료될 경우 소의 이익이 소멸될 수 있으므로 집행정지 신청을 통한 가구제를 도모해야 할 것이다.

Ⅴ. 설문의 해결

A시장의 생선 폐기행위는 행정상 즉시강제로서 권력적 사실행위의 성질을 가지며 취소소송의 대상으로서 처분에 해당한다. 즉 갑의 폐기행위에 대한 취소소송은 소송요건을 모두 구비한 적법한 소송이다. 다만 폐기행위가 완료된 뒤에는 행정소송법 제12조 제2문의 회복되는 법률상 이익이 있는 경우에 해당하지 않으면 각하될 것이다.

보충문제

국회는 연금 재정의 건전성 확보를 위하여 2019. 10. 4. 「공무원연금법」 일부개정법률안(이하 '개정 법률안'이라 한다)을 의결하였다. 개정 법률안에는 퇴직연금수급자가 선출직 지방공무원에 취임한 경우 그 재직기간 동안 퇴직연금 전부의 지급을 정지하는 규정과 이 법 시행 전에 급여의 사유가 발생한 사람에 대하여도 이를 적용하도록 하는 부칙 조항이 포함되어 있다. 대통령 甲은 개정 법률안이 자신의 정책과 반대된다는 이유로 2019. 10. 15. 국회에 법률안 재의를 요구하였다. 국회는 2019. 10. 30. 재적의원 과반수의 출석과 출석의원 3분의 2의 찬성으로 개정 법률안을 재의결하였다. 「공무원연금법」상 퇴직연금수급자였던 乙과 丙은 2018. 6. 전국동시지방선거에서 각각 지방의회의원으로 당선되어, 2018. 7. 취임하였다. 공무원연금공단은 2020. 1. 20. 乙과 丙에게 개정된 법률에 따라 퇴직연금지급정지대상자가 되었다는 사실을 통보하여 연금지급 거부의사를 표시하였다. 乙은 2020. 3. 30. 공무원연금공단을 상대로 퇴직연금지급거부에 대하여 취소소송(이하 '이 사건 취소소송'이라 한다)을 관할 법원에 제기하였다.

乙이 제기한 이 사건 취소소송의 대상적격을 검토하시오. (15점)

「공무원연금법」
제47조【퇴직연금 또는 조기퇴직연금의 지급정지】 ① 퇴직연금 또는 조기퇴직연금의 수급자가 다음 각 호의 어느 하나에 해당하는 경우에는 그 재직기간 중 해당 연금 전부의 지급을 정지한다.
  2. 선거에 의한 선출직 지방공무원에 취임한 경우

부칙
제1조【시행일】 이 법은 2020. 1. 1.부터 시행한다.
제2조【급여지급에 관한 경과조치】 ① 이 법 시행 전에 지급사유가 발생한 급여의 지급은 종전의 규정에 따른다. 다만, 제47조의 개정규정은 이 법 시행 전에 급여의 사유가 발생한 사람에 대하여도 적용한다.

• 2024 변호사시험

I. 논점 : 퇴직연금지급정지대상자 통보의 처분성

II. 취소소송의 대상적격

  1. 의의

    행정청이 행하는 구체적 사실에 관한 법집행으로서의 공권력의 행사 또는 그 거부와 그 밖에 이에 준하는 행정작용 및 행정심판에 대한 재결(행정소송법 제2조 제1항)

2. 처분의 개념요소

3. 판례

공무원연금관리공단의 <u>지급정지처분 여부에 관계없이 개정된 구 공무원연금법시행규칙이 시행된 때로부터 그 법 규정에 의하여 당연히 퇴직연금 중 일부 금액의 지급이 정지되는 것이므로</u>, 공무원연금관리공단이 위와 같은 법령의 개정사실과 퇴직연금 수급자가 퇴직연금 중 일부 금액의 지급정지대상자가 되었다는 사실을 통보한 것은 단지 위와 같이 <u>법령에서 정한 사유의 발생으로 퇴직연금 중 일부 금액의 지급이 정지된다는 점을 알려주는 관념의 통지에 불과하고, 그로 인하여 비로소 지급이 정지되는 것은 아니므로 항고소송의 대상이 되는 행정처분으로 볼 수 없다</u>(대판 2004.7.8. 2004두244).

4. 사안의 경우

Ⅲ. 사례의 해결

퇴직연금지급거부는 처분에 해당하지 않아 취소소송의 대상적격이 인정되지 아니함

연습 53

원고는 대한민국에서 태어났으나, 31세가 되던 2012년 2월 미국 시민권을 취득함으로써 대한민국 국적을 상실한 외국국적의 재외동포이다. 병무청장은 2012년 3월 법무부장관에게 '유명 연예인인 원고가 미국 시민권을 취득함으로써 사실상 병역의무를 면탈하였고, 원고가 재외동포의 자격으로 입국하여 연예활동을 다시 할 경우 국군 장병들의 사기가 저하되고 청소년들이 병역의무를 경시하게 되며 외국국적 취득을 병역 면탈의 수단으로 악용하는 사례가 빈번히 발생할 것으로 예상되므로 입국 자체를 금지해 달라.'고 요청하였다. 법무부장관은 2012년 4월 위와 같은 병무청장의 입국금지 요청에 대해 원고의 입국을 금지하는 결정을 하고(이하 '이 사건 입국금지결정'이라고 한다), 그 정보를 내부전산망인 '출입국관리정보시스템'에 입력하였으나 원고에게 별도로 통보를 하지는 않았다. 다만, 그 즈음 원고는 언론보도를 통해 이 사건 입국금지결정을 알게 되었다.

원고는 2024년 8월에 이르러 주시카고총영사에게 재외동포(F-4) 체류자격의 사증발급을 신청하였고, 주시카고총영사는 2024년 9월 원고의 아버지에게 전화로 '원고가 입국규제대상자에 해당하여 사증발급이 불허되었다. 자세한 이유는 법무부에 문의하기 바란다.'고 통보하였을 뿐(이하 '이 사건 사증발급거부'라고 한다), 처분이유를 기재한 사증발급 거부처분서를 작성해 원고에게 전달하지는 않았다. 원고는 대한민국 내에서 연예활동 등 취업활동을 계속할 수 있는 재외동포(F-4) 체류자격으로 대한민국에 입국하기를 희망하면서 2024년 10월 서울행정법원에 취소소송을 제기하였다.

피고는 원고가 2012년 4월의 이 사건 입국금지결정을 다투었어야 한다고 주장한다. 입국금지결정이 처분에 해당하여 공정력과 불가쟁력이 있다고 볼 수 있는가?[186] (20점)

I. 문제의 소재

법무부장관이 원고의 입국을 금지하는 결정을 하고, 그 정보를 내부전산망인 '출입국관리정보시스템'에 입력하였으나 원고에게 별도로 통보를 하지는 않았는데, 이것이 취소소송의 대상인 처분에 해당하여 공정력과 불가쟁력이 있는 것인지 문제된다.

II. 불가쟁력과 공정력

불가쟁력은 처분에 비록 하자가 있을지라도 쟁송제기기간이 경과하거나 쟁송절차가 종료된 경우에는 상대방이 더 이상 그 행정행위의 효력을 다툴 수 없게 되는 효력이며, 공정력이란 비록 행정행위에 하자가 있더라도 그것이 중대하고 명백하여 당연무효가 아닌 경우

---

[186] 2020년 법원행정고시 기출문제 변형

에는 권한 있는 기관에 의하여 취소될 때까지 일응 유효한 것으로 추정되어 '상대방'이나 '제3자'가 그 효력을 부인할 수 없는 힘을 말한다.

따라서 행정기관의 어떤 행위에 불가쟁력과 공정력이 있다고 보려면 행정처분으로서 적법하게 성립해야 한다.

Ⅲ. 취소소송의 대상

행정소송법은 취소소송의 대상을 처분 등으로 명시하고 있다(제4조 제1호). 여기에서 처분 등이란 '행정청이 행하는 구체적 사실에 관한 법집행으로서의 공권력의 행사 또는 그 거부와 그 밖에 이에 준하는 행정작용 및 행정심판에 대한 재결'을 말한다(제2조 제1항 제1호). 판례가 파악하는 처분관념은 기본적으로 ① 공권력발동으로서의 행위일 것, ② 그 자체가 국민에 대하여 권리설정 또는 의무의 부담을 명하거나 기타 법률상의 효과를 발생케 하는 것일 것을 요구한다.

그러나 행정청의 행위가 항고소송의 대상이 될 수 있는지는 추상적·일반적으로 결정할 수 없고, 구체적인 경우에 관련 법령의 내용과 취지, 행위의 주체·내용·형식·절차, 행위와 상대방 등 이해관계인이 입는 불이익 사이의 실질적 견련성, 법치행정의 원리와 행정청이나 이해관계인의 태도 등을 고려하여 개별적으로 결정해야 한다.187)

Ⅳ. 행정처분의 성립 여부를 판단하는 기준

1. 판례

판례는 처분의 성립 시점 및 그 성립 여부를 판단하는 기준에 대해 "일반적으로 처분이 주체·내용·절차와 형식의 요건을 모두 갖추고 외부에 표시된 경우에는 처분의 존재가 인정된다. 행정의사가 외부에 표시되어 행정청이 자유롭게 취소·철회할 수 없는 구속을 받게 되는 시점에 처분이 성립하고, 그 성립 여부는 행정청이 행정의사를 공식적인 방법으로 외부에 표시하였는지를 기준으로 판단해야 한다."188)고 판시한다.

---

187) 대판 2010.11.18. 2008두167
188) 대판 2019.7.11. 2017두38874

2. 사안의 경우

(1) 처분의 불성립

법무부장관이 갑의 입국을 금지하는 결정을 하고, 그 정보를 내부전산망인 '출입국관리정보시스템'에 입력하였으나 갑에게는 통보하지 않았다면, 행정청이 입국금지결정이라는 행정의사를 외부에 표시한 것이 아니고 단지 그 정보를 내부전산망에 입력하여 관리한 것에 지나지 않으므로 '처분'이 성립한다고 볼 수는 없다.

(2) 행정기관 내부에서의 지시

이 사건 입국금지결정은 항고소송의 대상인 '처분'에 해당하지 않지만, 행정기관 내부에서 사증발급이나 입국허가에 대한 지시로서의 성격이 있다. 즉, 법무부장관이 사증발급권한을 위임받은 재외공관장에 대하여 '원고가 출입국관리법에서 정한 입국금지대상자에 해당하므로 대한민국 입국을 위한 사증발급이나 입국허가결정을 하지 말라.'는 지시를 한 것으로 볼 수 있다.189)

V. 사안의 해결

이 사건 입국금지결정은 입국금지결정이라는 행정의사를 했다는 정보를 행정기관 내부적으로 관리한 것이거나 재외공관장에 대하여 지시를 한 것으로서 처분이 아니다. 따라서 이 사건 입국금지결정에는 공정력과 불가쟁력이 있다고 볼 수 없다.

> [참고]
> 이미 대한민국에 입국한 외국인에 대하여 법무부장관이 입국금지결정을 통보한 경우는, 입국금지결정이 공식적인 방법으로 외부에 표시되었을 뿐만 아니라 실질적인 내용이 강제퇴거명령에 해당하는 것이어서 처분에 해당한다(대판 2013.2.28. 2012두5992).

---

189) 대판 2019.7.11. 2017두38874

연습 54

乙시장은 甲이 (구)식품위생법 제25조 제3항 소정의 유흥주점 영업자지위승계신고서를 제출하자 시설이 낙후되어 위 법 소정의 시설기준에 부합하지 않는다는 이유로 시설교체를 조건으로 이를 수리하였다. 이에 甲은 당해 조건을 대상으로 하여 취소소송을 제기하였다. 이 소제기는 적법한가? (20점)

> (구) 식품위생법
> 제23조【조건부 영업허가】① 식품의약품안전청장, 시·도지사, 시장·군수 또는 구청장은 제22조 제1항의 규정에 의한 허가를 함에 있어 대통령령이 정하는 영업에 대하여는 보건복지부령이 정하는 기간내에 제21조의 규정에 의한 시설을 갖출 것을 조건으로 이를 허가할 수 있다.
> ② 식품의약품안전청장, 시·도지사, 시장·군수 또는 구청장은 제1항의 규정에 의하여 허가를 받은 자가 정당한 사유없이 그 기간내에 시설을 갖추지 아니한 때에는 그 허가를 취소하여야 한다.
> 제24조【영업허가등의 제한】① 다음 각호의 1에 해당하는 때에는 제22조 제1항 및 제23조의 규정에 의한 영업허가를 할 수 없다.
> 1. 당해영업의 시설이 제21조의 규정에 의한 시설기준에 적합하지 아니한 때. 다만, 제23조의 규정에 의한 조건부 영업허가의 경우에는 그러하지 아니하다.

1. 문제의 소재

甲의 소제기가 적법한지 여부는 조건의 처분성을 해명함으로써 판명되어야 한다. 사안상 그 외에 문제되는 적법요건은 없는 것으로 보이기 때문이다.

수리행위의 법적 성질에 대한 규명을 통해 조건이 부관인지 여부를 결정하고 부관에 해당하는 경우 취소소송을 통하여 하자있는 부관 부분만을 별도로 다툴 수 있는가 또는 이러한 부관이 부가되어 있는 행위 전체를 다투어야 하는가의 문제를 검토한다.

2. 영업자지위승계신고 수리행위의 행정행위성

(1) 문제점

행정행위는 직접적·구체적인 규율성을 그 본질적 표지로 하는 바, 사안의 수리행위의 경우 직접성과 구체성 표지의 충족 여부는 문제가 없으나 규율성[190]이 있는 것인지 여부는 규명을 요한다. 그런데 영업자지위승계신고는 사인의 공법행위[191]이므로, 결국 이러한 행위가 어떠한 공법적 효과를 미치는 것인지가 문제된다.

---
[190] 규율성이란 행정행위 자체가 법률효과를 발생시키는 성질을 뜻함
[191] 사인의 공법행위란 공법관계에서의 사인의 행위로서 공법적 효과를 발생시키는 일체의 행위를 말한다.

(2) 효과에 따른 사인의 공법행위의 종류

사인의 공법행위가 있으면 행정기관의 행위를 기다릴 것 없이 그 행위 자체로서 법률효과가 완성되는 자기완결적 행위와, 사인의 공법행위 그 자체로서는 법적 효과가 완성되지 않고 행정기관의 행위를 기다려서 그 효과가 완성되는 행위요건적 행위가 있다.

(3) 영업자지위승계신고의 법적 성질

판례에 따르면 "식품위생법 제25조 제3항에 의한 영업양도에 따른 지위승계신고를 수리하는 허가관청의 행위는 단순히 양도·양수인 사이에 이미 발생한 사법상의 사업양도의 법률효과에 의하여 양수인이 그 영업을 승계하였다는 사실의 신고를 접수하는 행위에 그치는 것이 아니라, 영업허가자의 변경이라는 법률효과를 발생시키는 행위"(대판 1995.2.24, 94누9146)이다. 따라서 영업자지위승계신고는 행위요건적인 사인의 공법행위에 해당한다.

(4) 乙의 수리행위의 행정행위성

영업지위승계신고는 행위요건적인 사인의 공법행위로서 그 수리행위는 영업허가자의 변경이라는 법률효과를 발생시키는 행위라는 점에서 규율성의 표지도 충족되므로 행정행위성이 인정된다(대판 2012.12.13, 2011두29144).

3. 설문상 조건의 법적 성질

(1) 부관의 유형

① 행정행위의 효력의 발생·소멸을 장래에 발생여부가 객관적으로 '불확실'한 사실에 의존시키는 부관인 조건, ② 행정행위의 효력의 발생·소멸을 장래에 발생 여부가 '확실'한 사실, 즉 장래의 특정시점에 종속시키는 부관인 기한, ③ 수익적 행정행위에 부가된 부관으로서 상대방에게 작위·부작위·수인·급부의무를 명하는 부담, ④ 일정요건 하에서 행정행위를 철회하여 행정행위의 효력을 소멸케 할 수 있음을 정한 부관인 철회권의 유보, ⑤ 법률이 예정하고 있는 행정행위의 효과의 일부를 행정청이 배제하는 부관인 법률효과의 일부배제 등이 있다.

(2) 사안의 경우

乙이 부가한 조건의 경우에는 본체인 수리행위가 행정행위로서 이러한 행정행위에 부수하여 부가된 종된 규율이라는 점에서 부관에 해당한다.

그리고 식품위생법상의 영업자지위승계신고 수리를 하면서 식품위생법상 유흥주점영업을 영위하는 자가 갖추어야 할 물적 시설들을 확보하기 위한 뜻에서 유흥주점 내의 시설들을 교체하여야 한다는 내용인 바, 이는 본체인 행위와는 독립된 작위의무를 부과하는 것이므로 '부담'에 해당한다.

4. 부관의 독립쟁송가능성

(1) 문제점

수익적 행정행위의 위법한 부관에 대한 행정쟁송을 하는 경우 부관부행정행위 전체가 취소된다면 이미 발급받은 수익적 행정행위도 소멸되므로 당사자에게 불리할 수 있다. 따라서 사인이 침익적인 부관만을 취소쟁송으로 다툴 수 있는지 문제된다.

(2) 학설

① **부담과 기타 부관을 구분하는 견해(부관의 종류에 따라 구분)**

다수설은 부담만이 독립된 행정행위이므로 독립하여 쟁송의 대상이 될 수 있고(진정일부취소소송), 그 이외의 부관은 그 자체가 독립된 행정행위의 성격을 갖지 않고 주된 행정행위의 일부에 해당하기 때문에 부관부행정행위 전체를 소의 대상으로 하여야 하며, 다만 이들이 주된 행정행위의 중요한 요소가 아닌 경우에는 행정소송법 제4조 제1호에 따라 부관만의 취소를 구하는 소송을 제기할 수 있다고 한다(부진정일부취소소송).

② **모든 부관이 독립쟁송가능하다는 견해**

이 견해는 ⅰ) 부관의 부가적인 속성상 분리될 수 없는 부관이란 존재하지 않고, ⅱ) 부관의 분리가능성은 독립취소가능성의 문제인 본안의 문제이며 쟁송의 허용성의 문제(소송요건의 문제)는 아니기 때문에, 소의 이익이 있는 한 모든 부관에 대하여 독립하여 행정쟁송이 가능하다고 한다(부진정일부취소소송).

③ **분리가능성을 기준으로 하는 견해**

이 견해는 ⅰ) 독립가능성의 문제는 독립취소가능성의 전제문제라는 점, ⅱ) 분리가능하지 않은 부관에 관한 항고소송을 각하하여 소송을 조기에 종결할 수 있다는 점에서, 부관만의 독립취소가 법원에 의하여 인정될 정도의 독자성(주된 행위와의 분리가능성)을 갖는 부관이라면 그 처분성 인정 여부와 무관하게 독자적으로 다툴 수 있다고 한다. 그러나 부관이 주된 행정행위의 본질적인 요소를 이루고 있는 한, 부관부 행정행위 전체를 대상으로 하여 취소소송 내지 무효확인소송을 제기하여야 한다고 한다.

(3) 판례

"행정행위의 부관 중에서도 … <u>부담</u>의 경우에는 다른 부관과는 달리 행정행위의 불가분적인 요소가 아니고 <u>그 존속이 본체인 행정행위의 존재를 전제로 하는 것일 뿐이므로 부담 그 자체로서 행정쟁송의 대상이 될 수 있다</u>"[192]고 하여, '부담'만은 독립하여 다툴 수 있다는 입장이다.

---

[192] 대판 1992.2.21, 91누1264

(4) 사안의 검토

부담의 경우만 독립쟁송이 가능하다는 견해는 사인의 권리보호에 미흡하고, 모든 경우에 독립쟁송이 가능하다는 견해는 주된 행위와의 관련성을 무시하는 것이어서 문제점이 있다. 분리가능성을 기준으로 하는 견해가 논리적이고 사인의 권리보호에 적합하다.

사안의 경우는 어느 견해에 의하더라도 당해 조건만을 대상으로 하여 그것만의 취소(진정일부취소소송)를 구할 수 있게 된다.

5. 결론

갑이 제기한 소송은 다른 요건의 충족에 문제가 없다면, 처분성이 있는 부관인 '부담'에 대한 것으로서 적법하다.

연습 55

30년 식당운영 경력이 있는 갑은 종로구청에 구내식당이 없다는 것을 알고는 종로구청 건물 내에서 식당을 운영하기 위하여 종로구청장에게 "별관 1층을 식당으로 사용하게 해달라"는 사용허가를 신청하였는데, 종로구청장은 관내 종로홍보관의 공간이 너무 좁아서 불편하다는 점을 감안하여 갑에게 "종로홍보관을 2층으로 증축해 줄 것"을 조건으로 하여 사용허가를 부여하였다. 하지만, 갑은 종로구청장이 붙인 조건의 내용이 말도 안된다고 생각하여 위 조건만을 위법으로 하여 취소소송을 통해 다투려고 한다.

(1) 위 종로홍보관 증축 조건의 부가는 적법한가? (15점)
(2) 위 조건만을 다툴 수 있는가? 위 조건만을 취소할 수 있는가? (20점)

I. 설문 (1) – 조건 부가의 적법성

1. 문제점

종로홍보관 증축 조건 부가의 적법성과 관련하여, 당해 조건의 법적 성질, 부관 부가의 가능성, 부관의 한계 위배여부를 검토한다. 특히, 주된 행정행위와의 '사항적 통일성' 인정 여부가 문제된다.

2. 홍보관 증축 조건

(1) 강학상 부관인지 여부

강학상 부관이란 행정행위의 효과를 제한 또는 보충하거나 특별한 의무를 부과하기 위하여 행정기관에 의해 주된 행정행위에 부가된 종된 규율을 말한다. 부관에는 조건, 기한, 부담, 철회권의 유보, 법률효과의 일부배제 등이 있다.

사안의 홍보관 증축 조건은 별관 1층 사용허가에 부가된 종된 규율로서 부관에 해당한다.

(2) 부관 중 부담인지 여부

1) 의의

부담이란 수익적 행정행위에 부가된 부관으로서 상대방에게 작위·부작위·수인·급부의무를 명하는 것을 말한다. 실정법과 행정실무상 부담을 조건이라는 용어로 사용하는 경우가 많으므로 양자의 구별이 곤란하다.

2) 구별기준

이에 대하여 ① 부관이 행정행위의 요건과 밀접하게 관련되어 있는 경우에는 조건으로 보아야 하고 그렇지 않은 경우에는 부담으로 보아야 한다거나, ② 부관의 준수가 매우 중요하여 행정행위의 효력 자체를 그 조건에 의존시키는 것이 타당한 경우는 당해 부관은 조건으로 보아야 하고 그렇지 않은 경우에는 부담으로 본다는 견해가 있다. 그 취지가 불문명하면 최소침해의 원칙에 따라 상대방에 유리한 부담으로 해석하는 것이 일반적이다.

3) 사안의 경우

① 홍보관 증축이 종로구청 구내식당 운영에 필요한 것이 아니라는 점, ② 불분명한 경우에는 국민에게 유리한 부담으로 보아야 한다는 점에서 위 부관은 부담으로 해석함이 타당하다.

3. 부관 부가의 가능성

(1) 행정기본법 규정

행정청은 처분에 재량이 있는 경우에는 부관(조건, 기한, 부담, 철회권의 유보 등을 말한다)을 붙일 수 있다(행정기본법 제17조 제1항). 반면 행정청은 처분에 재량이 없는 경우에는 법률에 근거가 있는 경우에 부관을 붙일 수 있다(제2항).

종래 판례는 재량행위에는 법적 근거가 없어도 부관을 붙일 수 있으나, 기속행위와 기속재량행위에는 부관을 붙일 수 없다는 입장이었다.

(2) 사안의 경우

종로구청 별관 건물에 대한 구내식당 사용허가는 강학상 특허의 성질을 가지는 행정처분으로서 재량행위에 해당하며, 특별히 부관의 부가가 제한되는 행위가 아니라는 점에서, 종로구청장은 갑에게 사용허가를 하면서 부관을 붙일 수 있다.

4. 부관의 한계 위배여부

(1) 행정기본법 규정

부관은 ① 해당 처분의 목적에 위배되지 아니할 것, ② 해당 처분과 실질적인 관련이 있을 것, ③ 해당 처분의 목적을 달성하기 위하여 필요한 최소한의 범위일 것이라는 요건에 적합해야 한다(행정기본법 제17조 제4항).

(2) 부당결부금지원칙

1) 부당결부금지원칙의 의의

부당결부금지원칙이란 행정작용과 사인이 부담하는 반대급부는 부당한 내적인 관련을 가져서는 안되고 또한 부당하게 상호 결부되어서도 안된다는 원칙을 말한다. 이는 헌법상 법치국가원리와 자의금지 원칙 및 헌법 제37조 제2항에서 근거를 찾을 수 있다.

2) 적용요건

부당결부금지원칙은 행정기관의 행정작용이 있고 행정작용이 상대방의 반대급부와 결부되는 경우에 문제된다. 특히 행정작용과 반대급부 사이에 부당한 내적 관련(실질적 관련성)이 있는 경우 이 원칙에 위반한 것이 된다. 이때 실질적 관련성은 ① 행정작용과 반대급부사이에는 직접적인 인과관계가 있을 때 정당한 내적 관계가 존재한다는 원인적 관련성, ② 사인의 급부가 행정작용과 특정의 목적을 같이할 때 정당한 내적 관계가 존재한다는 목적적 관련성의 측면에서 살펴진다.

3) 사안의 경우

사안의 종로홍보관 증축 조건은 사용허가를 원인으로 하지 않으므로 원인적 관련성이 없고, 사용허가의 목적달성을 위해 필요하지도 않으며 아무런 목적적 관련성도 존재하지 않아 전혀 관련이 없는 내용의 부관으로서 부당결부금지원칙에 위반된 위법한 부관이다.

5. 설문의 해결

사안의 부관은 위법한 부관이다. 그리고 그 위법성은 일반인의 관점에서 일견 명백하다고 보이지 아니하므로 위법성의 정도는 취소사유에 해당한다.

Ⅱ. 설문 (2) - 부관의 독립쟁송가능성과 독립취소가능성

1. 문제점

수익적 행정행위의 위법한 부관에 대한 행정쟁송을 하는 경우 부관부행정행위 전체가 취소된다면 이미 발급받은 수익적 행정행위도 소멸되므로 당사자에게 불리할 수 있다. 따라서 사인이 침익적인 부관만을 취소쟁송으로 다툴 수 있는지(독립쟁송가능성), 다툴 수 있다면 그 쟁송의 형태, 그리고 법원은 부관만을 독립하여 취소판결할 수 있는지(독립취소가능성)에 관하여 문제된다.

2. 부관의 독립쟁송 가능성

(1) 문제점

일부취소소송상 대상적격과 관련하여 부관의 독립쟁송 가능성이 문제된다.

(2) 학설

1) 부담과 기타 부관을 구분하는 견해(부관의 종류에 따라 구분)

다수설은 부담만이 독립된 행정행위이므로 독립하여 쟁송의 대상이 될 수 있고(진정일부취소소송), 그 이외의 부관은 그 자체가 독립된 행정행위의 성격을 갖지 않고 주된 행정행위의 일부에 해당하기 때문에 부관부행정행위 전체를 소의 대상으로 하여야 하며, 다만 이들이 주된 행정행위의 중요한 요소가 아닌 경우에는 행정소송법 제4조 제1호에 따라 부관만의 취소를 구하는 소송을 제기할 수 있다고 한다(부진정일부취소소송).

2) 모든 부관이 독립쟁송가능하다는 견해

이 견해는 ⅰ) 부관의 부가적인 속성상 분리될 수 없는 부관이란 존재하지 않고, ⅱ) 부관의 분리가능성은 독립취소가능성의 문제인 본안의 문제이며 쟁송의 허용성의 문제(소송요건의 문제)는 아니기 때문에, 소의 이익이 있는 한 모든 부관에 대하여 독립하여 행정쟁송이 가능하다고 한다(부진정일부취소소송).

3) 분리가능성을 기준으로 하는 견해

이 견해는 ⅰ) 독립가능성의 문제는 독립취소가능성의 전제문제라는 점, ⅱ) 분리가능하지 않은 부관에 관한 항고소송을 각하하여 소송을 조기에 종결할 수 있다는 점에서, 부관만의 독립취소가 법원에 의하여 인정될 정도의 독자성(주된 행위와의 분리가능성)을 갖는 부관이라면 그 처분성 인정 여부와 무관하게 독자적으로 다툴 수 있다고 한다. 그러나 부관이 주된 행정행위의 본질적인 요소를 이루고 있는 한, 부관부 행정행위 전체를 대상으로 하여 취소소송 내지 무효확인소송을 제기하여야 한다고 한다.

(3) 판례

종전에는 부관에 하자가 있는 경우 부관부 행정행위 전체를 다투어야 한다는 입장이었는데, 1991년 이래 '부담'만은 독립하여 다툴 수 있다는 입장이다.[193]

(4) 사안의 검토

부담의 경우만 독립쟁송이 가능하다는 견해는 사인의 권리보호에 미흡하고, 모든 경우에 독립쟁송이 가능하다는 견해는 주된 행위와의 관련성을 무시하는 것이어서 문제점이 있다. 분리가능성을 기준으로 하는 견해가 논리적이고 사인의 권리보호에 적합하다.

---

193) 행정행위의 부관은 행정행위의 일반적인 효력이나 효과를 제한하기 위하여 의사표시의 주된 내용에 부가되는 종된 의사표시이지 그 자체로서 직접 법적 효과를 발생하는 독립된 처분이 아니므로 현행 행정쟁송제도 아래서는 부관 그 자체만을 독립된 쟁송의 대상으로 할 수 없는 것이 원칙이나 행정행위의 부관 중에서도 행정행위에 부수하여 그 행정행위의 상대방에게 일정한 의무를 부과하는 행정청의 의사표시인 <u>부담의 경우에는 다른 부관과는 달리 행정행위의 불가분적인 요소가 아니고 그 존속이 본체인 행정행위의 존재를 전제로 하는 것일 뿐이므로 부담 그 자체로서 행정쟁송의 대상</u>이 될 수 있다(대판 1992.1.21, 91누1264).

사안의 홍보관 증축 조건은 강학상 부담으로서 어떤 견해에 의하더라도 독립쟁송 가능성이 긍정되며, 진정일부취소소송의 대상이 된다.

3. 부관의 독립취소 가능성

(1) 문제점

부관은 주된 행정행위에 종속적으로 부가되어 그 효력이 의존되는 것으로서 이러한 부관의 부종성에도 불구하고, 부관이 위법한 경우 독립하여 부관만을 취소할 수 있는지 문제된다.

(2) 학설

1) 재량행위와 기속행위를 구분하는 견해

이 견해는 ⅰ) 기속행위의 경우 행정청이 임의로 부관을 붙일 수 없으므로 부관만의 취소는 가능하지만, 요건충족적 부관의 경우는 부관만의 취소가 불허되고, ⅱ) 재량행위의 경우 부관만을 취소하여 본체인 행정행위를 유지시키는 것은 결국 행정청에게 부관 없이는 발하기를 원하지 않는 행정행위를 강요하는 결과가 되기 때문에 독립취소가 허용되지 않는다고 한다.

2) 일부취소법리를 유추적용하는 견해

행정행위의 일부분으로서 부관의 하자가 있는 경우에는 원칙적으로 부관부분만이 취소될 수 있지만, 예외적으로 부관 없이는 행정청이 주된 행정행위를 발하지 않았을 정도로 중요 요소인 경우에는 부관의 위법성이 주된 행정행위의 위법성을 이끌기 때문에 부관만의 취소는 부정된다고 한다.

3) 부관의 위법성을 기준으로 하는 견해

취소소송의 소송물은 주된 행정행위의 위법성이 아니라 부관 자체의 위법성이기 때문에, 부관에 위법성이 존재하면 부관의 종류나, 주된 행정행위의 재량성 여부, 부관의 중요성 여부 등과 관계없이 부관만을 취소할 수 있다고 한다.

(3) 판례

판례는 <u>재량행위의 경우 부담을 제외한 부관은 부관부 행정행위 전부를 취소해야 한다고</u> 한다.[194]

---

[194] 피고가 이 사건 사업계획승인처분에 부가한 승인조건 제1항의 부담은 그로 인해 달성하려는 공익의 내용이나 정도에 비하여 이를 실현하기 위해 입게 되는 원고들의 불이익의 내용 및 정도가 훨씬 심대하여 그들 사이에 현저하게 형평을 잃어 위 부담의 부가행위는 재량권을 일탈하거나 남용한 위법한 것이다(대판 1994.1.25, 93누13537).

(4) 사안의 검토

대체로 당사자의 주장은 위법한 침익적 부관만을 취소해달라는 것이므로, 독립쟁송가능성에 관한 「분리가능성을 기준으로 한 견해」를 취한 후, 「부관에 위법성이 인정」되는 한 부관만의 독립취소가 가능하다고 새기는 것이 바람직하다.

사안의 경우 홍보관 증축 조건은 종로구청 건물의 구내식당 사용을 위해 필요적으로 요구되는 내용이라고 볼 수 없으며, 주된 행정행위인 사용허가와 분리가 가능하다고 볼 것이므로, 위법한 홍보관 증축 조건에 대한 독립취소가 가능하다.

4. 설문의 해결

① 홍보관 증축 조건은 강학상 부담으로서 진정일부취소소송을 통한 부관만의 독립쟁송이 가능하며, ② 주된 행정행위인 종로구청 별관 사용허가와 분리가 가능하다는 점에서 홍보관 증축조건만의 독립취소 역시 가능하다.

보충문제 1

甲은 2011년 9월 15일 A시에 다세대주택 건축허가를 받아 건축 중이었다. 2012년 1월 20일에 A시 시장은 대지 중 일부에 이웃 건축물 소유자의 담장이 설치되어 있다는 등의 이유로 甲에게 공사의 중지를 명령하였다. 그러나 甲은 A시 시장의 명령을 무시하고 공사를 계속하여 다세대주택을 완공하였다. 이후 2012년 3월 20일에 대지면적과 연면적을 일정 부분 증가하고, 세대수를 11세대 등으로 변경하는 내용의 건축변경허가를 신청하였다. 이에 A시 시장은 4월 24일 건축변경허가를 하면서 "건축사용승인 신청시까지 단지 내 침범된 인근 건축물의 담장 부분을 철거하고 대지경계에 담장을 설치한 후 사용승인신청을 하여야 한다."는 내용을 부가하였다. 甲은 "건축사용승인 신청시까지 단지 내 침범된 인근 건축물의 담장 부분을 철거하고 대지경계에 담장을 설치한 후 사용승인신청을 하여야 한다."고 한 부분만의 취소를 구하는 소송을 제기하였다.

甲의 소 제기는 적법한 것인지 설명하시오. (25점) •2012 입법고시

Ⅰ. 논점 : 부관의 독립쟁송가능성

Ⅱ. 각 행정작용의 법적 성질
   ○ 건축변경허가의 법적 성질 : 강학상 허가, 기속행위
   ○ 부가된 내용의 법적 성질 : 강학상 부관으로서 부담

III. 부관의 독립쟁송가능성

1. 문제점
2. 학설 : 부담과 기타 부관을 구분하는 견해, 모든 부관이 독립쟁송가능하다는 견해, 분리가능성을 기준으로 하는 견해
3. 판례

   행정행위의 부관은 행정행위의 일반적인 효력이나 효과를 제한하기 위하여 의사표시의 주된 내용에 부가되는 종된 의사표시이지 그 자체로서 직접 법적 효과를 발생하는 독립된 처분이 아니므로 현행 행정쟁송제도 아래서는 부관 그 자체만을 독립된 쟁송의 대상으로 할 수 없는 것이 원칙이나 행정행위의 부관 중에서도 행정행위에 부수하여 그 행정행위의 상대방에게 일정한 의무를 부과하는 행정청의 의사표시인 <u>부담의 경우에는 다른 부관과는 달리 행정행위의 불가분적인 요소가 아니고 그 존속이 본체인 행정행위의 존재를 전제로 하는 것일 뿐이므로 부담 그 자체로서 행정쟁송의 대상이 될 수 있다</u>(대판 1992.1.21, 91누1264).
4. 검토

IV. 사례의 해결

甲의 "건축사용승인 신청시까지 단지 내 침범된 인근 건축물의 담장 부분을 철거하고 대지 경계에 담장을 설치한 후 사용승인신청을 하여야 한다."고 한 부분만의 취소를 구하는 소송은 적법함

보충문제 2

건축업자 A는 공사시행을 위하여 Y 시장에게 도로점용허가를 신청하였고, Y 시장은 2006. 11. 23. 소정의 기간을 붙여 점용허가를 하였다. 그 기간 만료 후 A는 공사가 아직 완료되지 않아 새로이 점용허가를 신청하였다. 만약 Y 시장이 새로이 점용허가를 하면서 기간을 지나치게 짧게 정한 경우, A의 행정소송상 권리구제방법은? (20점)   • 2011 사법시험

I. 논점

① 기한부도로점용허가에 대한 일부취소소송, ② 기한부도로점용허가에 대한 전부취소소송, ③ 기한의 변경신청거부에 대한 취소소송

II. 도로점용허가에 붙은 기간의 법적 성질

강학상 부관이며, 행정행위의 효력의 발생 또는 소멸을 장래 도래할 것이 확실한 사실에 의존하게 하는 기한에 해당

III. 부관에 대한 독립쟁송가능성
  1. 문제점
  2. 학설
     부담과 기타 부관을 구분하는 견해, 모든 부관이 독립쟁송가능하다는 견해, 분리가능성을 기준으로 하는 견해
  3. 판례
     ○ 행정행위의 부관 중에서도 행정행위에 부수하여 그 행정행위의 상대방에게 일정한 의무를 부과하는 행정청의 의사표시인 <u>부담의 경우에는 다른 부관과는 달리 행정행위의 불가분적인 요소가 아니고 그 존속이 본체인 행정행위의 존재를 전제로 하는 것일 뿐이므로 부담 그 자체로서 행정쟁송의 대상이 될 수 있다</u>(대판 1992.1.21, 91누1264).
     ○ 부담 이외의 부관은 주된 행정행위의 불가분적인 요소를 이루기 때문에 독립하여 취소의 대상이 될 수 없음
  4. 사례의 경우
     부관의 종류에 따라 구분하는 견해에 따르면, A는 점용기간만을 대상으로 하여 취소소송을 제기할 수 없음

IV. 기한부도로점용허가에 대한 전부취소소송
   기한에 대한 일부취소만을 구할 수 없고, 처분 전체에 대한 취소소송을 구하는 것만이 가능함

V. 기한의 변경신청거부에 대한 취소소송
   ○ A는 도로점용허가기간을 연장하여 줄 것을 Y시장에게 신청하여 Y시장이 거부할 경우 거부처분에 대한 취소소송 제기 가능
   ○ 거부처분이 판결로써 취소되면 Y시장에게는 판결의 기속력에 따른 재처분의무 인정되어 적절한 기간으로 점용허가기간을 연장하여야 함

VI. 사안의 해결
   A는 ① 기한이 붙어 있는 행정행위인 도로점용허가 전체에 대한 취소소송을 제기하거나, ② 기한연장 신청 후 Y시장이 이를 거부하면 거부처분 취소소송을 제기할 수 있음

보충문제 3

甲은 A시가 주민들의 복리를 위하여 설치한 시립체육문화회관 내 2층에서 종합스포츠용품판매점을 운영하고자 「공유재산 및 물품 관리법」 제20조 제1항에 따라 사용허가를 신청하였다. 이에 A시의 乙시장은 甲에게 사용허가를 하면서, 스포츠용품 구매고객의 증가로 인해 회관 내 주차공간이 부족해질 것을 우려하여 회관 인근에 소재한 甲의 소유 토지 중 일부에 주차대수 규모가 5대인 주차장의 설치를 내용으로 하는 조건을 붙였다.

甲은 위 조건의 취소를 구하는 소송을 제기하였다. 법원은 위 조건이 위법하다고 하면서 조건만을 취소할 수 있는가? (20점) •2020 5급(행정) 공채 변형

I. 논점

① 부관의 적법성, ② 부관의 독립쟁송가능성 및 독립취소가능성

II. 주차장 설치 조건의 적법 여부

1. 시립체육문화회관 사용허가의 법적 성질

(1) 시립체육문화회관의 법적 성질

시립체육문화회관은 공물(행정재산)로서, 일반 공중의 공동사용에 제공되는 공공용물

(2) 행정재산의 목적 외 사용

- 행정재산도 그 용도 또는 목적에 장해가 되지 않는 범위에서 관리청은 예외적으로 사용을 허가할 수 있음(국유재산법 제30조, 공유재산 및 물품 관리법 제20조)
- 판례는 이를 특허에 의한 공법관계로 본다(대판 2006.3.9. 2004다31074).

2. 부관의 한계 위반 여부

(1) 부관의 의의와 종류

- 사안의 주차장 설치 조건은 '부담'인 부관임

(2) 부관의 내용상 한계

(3) 사례의 경우

- 사례는 공물사용의 특허로서 재량행위임. 따라서 법적 근거가 없더라도 그 사용허가에 부관을 붙일 수 있음
- 그러나 위 부관은 행정재산의 목적 외 사용의 목적과 취지에 비추어 볼 때, 공공용물인 체육문화시설에는 이 시설을 위한 주차장이 이미 마련되어 있고, 용품판매점은 이 시설의 일부이므로, 그 외에 甲 소유 토지에 판매점을 위한 주차장을 별도로 설치하도록 하는 것은 부당결부일 수 있음. 그리고 사유토지임을 감안하면 주차장 규모(5대 면적)도 과다한 요구일 수 있음. 따라서 위 부관은 내용상 한계를 벗어나 위법함

Ⅲ. 부관의 독립쟁송 가능성

Ⅳ. 부관의 독립취소 가능성

Ⅴ. 사안의 해결

주차장 설치 조건은 시립체육문화회관 사용을 위해 필요적으로 요구되는 내용이라고 볼 수 없으며, 주된 행정행위인 사용허가와 분리가 가능하다고 볼 것이므로, 위법한 주차장 설치 조건에 대한 독립취소 판결이 가능함

연습 56

A시장은 甲병원에게 의료보호법상 진료비지급 거부처분을 하였고 이에 甲병원은 민사법원에 의료보호진료비지급청구소송을 제기하였다. 이후 심리과정에서 이 사건의 경우 민사소송은 물론 공법상 당사자소송으로도 지급 청구를 할 수는 없고, 지급거부 결정의 취소를 구하는 항고소송을 제기하는 방법으로 구제받아야 한다는 점이 밝혀졌다.
甲병원은 이 소송을 항고소송인 진료비지급 거부처분취소소송으로 소변경할 수 있는가? (25점)

Ⅰ. 문제의 소재

행정소송법 제21조, 제22조가 소변경 규정을 두고 있으나, 설문처럼 민사소송을 항고소송으로 변경하는 경우에의 준용규정이 없어 허용될 수 있는지 문제된다.

Ⅱ. 소의 변경의 의의

(1) 소송의 계속 후 당사자, 청구의 취지, 청구의 원인 등 전부 또는 일부를 변경하는 것을 소의 변경이라 한다. 소의 변경이 있어도 당초의 소에 의하여 개시된 소송절차가 유지되며 소송자료가 승계된다.

(2) 일반적으로 소의 변경에는 종래의 청구를 철회하고 새로운 청구를 하는 교환적 변경과, 종래의 청구는 그대로 두고 새로운 청구를 추가하는 추가적 변경이 있다.

(3) 행정소송법상 소의 변경에는 소의 종류의 변경, 처분변경 등으로 인한 소의 변경 등이 있다. 설문은 소의 종류의 변경에 해당한다.

Ⅲ. 소변경의 유형

1. 소의 종류의 변경

(1) 의의

법원은 취소소송을 당해 처분등에 관계되는 사무가 귀속하는 국가 또는 공공단체에 대한 당사자소송 또는 취소소송외의 항고소송으로 변경하는 것이 상당하다고 인정할 때에는 청구의 기초에 변경이 없는 한 사실심의 변론종결시까지 원고의 신청에 의하여 결정으로써 소의 변경을 허가할 수 있다(제21조 제1항). 이는 행정소송법상 소의 종류가 다양하므로 소의 종류를 잘못 선택할 가능성이 있는바, 소송경제와 원고의 권리보호의 관점에서 인정된다.

(2) 요건
① 취소소송이 계속 중이어야 한다.
② 사실심변론종결시까지 원고의 신청이 있어야 한다.
③ 취소소송을 '당해 처분에 관계되는 사무가 귀속하는 국가 또는 공공단체에 대한 당사자소송 또는 취소소송 이외의 항고소송으로' 변경하는 것이어야 한다. 여기서 '사무가 귀속하는 국가 또는 공공단체'란 처분청 등이 속하는 국가 또는 공공단체가 아니라 처분 등의 효과가 귀속하는 국가 또는 공공단체를 의미한다.
④ 청구의 기초에 변경이 없어야 한다. 이것은 취소소송에 의하여 구제받으려고 하는 원고의 권리·이익의 동일성의 유지를 의미한다.195)
⑤ 변경신청에 상당한 이유가 있어야 한다.

(3) 효과
피고의 변경이 있는 경우 새로운 피고에 대한 소송은 처음부터 소를 제기한 때에 제기된 것으로 보며, 아울러 종전의 피고에 대한 소송은 취하된 것으로 본다(제21조 제4항, 제14조 제4항·제5항).

(4) 준용규정
소의 종류의 변경에 관한 규정(제21조)은 무효등확인소송이나 부작위위법확인소송을 취소소송 또는 당사자소송으로 변경하는 경우와, 당사자소송을 항고소송으로 변경하는 경우에 준용한다(제37조·제42조).

2. 처분변경으로 인한 소의 변경

(1) 법원은 행정청이 소송의 대상인 처분을 소가 제기된 후 변경한 때에는 원고의 신청에 의하여 결정으로써 청구의 취지 또는 원인의 변경을 허가할 수 있다(제22조 제1항). 예컨대 파면처분의 취소소송의 계속 중에 행정청이 파면처분을 정직처분으로 변경한 경우가 이에 해당한다. 이것은 소의 각하나 새로운 소의 제기라는 절차의 반복을 피하여 간편하고 신속하게 원고의 권익구제를 확보하기 위한 것이다.196)

---

195) 소변경제도를 인정하는 취지는 소송으로서 요구받고 있는 당사자 쌍방의 분쟁에 합리적 해결을 실질적으로 달성시키고 동시에 소송경제에 적합하도록 함에 있다 할 것이므로 동일한 생활사실 또는 동일한 경제적 이익에 관한 분쟁에 있어서 그 해결방법에 차이가 있음에 불과한 청구취지의 변경은 청구의 기초에 변경이 없다(대판 1987.7.7, 87다카225).
196) 피고(남원시장)가 원고에게 하천점용료 부과처분을 하였다가 절차상 하자를 이유로 이를 취소하고 다시 동일한 내용의 처분을 한 경우에, 원고가 당초의 부과처분에 대한 취소청구를 새로운 부과처분에 대한 취소청구로 변경하더라도 두 처분이 모두 동일한 내용의 하천점용료를 대상으로 한 것으로서 별개의 두 부과처분이 병존하는 것이 아닌 이상 그 청구의 기초에 변경이 없다고 볼 것이다(대판 1984.2.28, 83누638).

(2) 소의 변경을 허가하는 결정이 있으면 구소가 처음 제기된 때에 신소가 제기되고, 동시에 구소는 취하된 것으로 본다.

(3) 처분변경으로 인한 소의 변경은 무효등확인소송 및 당사자소송에서도 인정되고 있다(제38조, 제44조).

Ⅳ. 민사소송을 항고소송으로 변경할 수 있는지 여부

1. 문제점

민사소송과 항고소송간의 소변경에 관하여 행정소송법에 규정이 없으므로 민사소송법 제262조의 청구의 변경에 관한 규정을 준용하여 이를 허용할 수 있는지가 논란이 된다.[197]

2. 학설과 판례

(1) 학설

① 부정설 : 민사소송법상의 소의 변경은 법원과 당사자의 동일성을 유지하면서 동종의 절차에서 심리될 수 있는 경우에만 가능한 것이므로, ㉠ 피고의 변경을 수반하며, ㉡ 서로 관할법원이 다른 민사소송과 행정소송 사이의 변경은 허용되지 않는다고 한다.

② 긍정설 : ㉠ 피고가 국가등에서 처분청으로 변경되지만 양당사자는 실질에 있어서 동일성이 유지되고 있고, ㉡ 민사소송과 항고소송은 관할법원을 달리하는 문제가 있지만, 현재는 행정소송도 3심제이고 행정법원은 일반 사법법원으로부터 독립된 법원이 아니라 사법법원의 하나로서 전문법원에 불과한 것이므로, 민사소송과 항고소송 사이의 소의 변경을 허용할 수 있다고 한다.

(2) 판례

판례는 "원고가 고의 또는 중대한 과실 없이 행정소송으로 제기하여야 할 사건을 민사소송으로 잘못 제기한 경우 수소법원으로서는 만약 그 행정소송에 대한 관할도 동시에 가지고 있는 경우라면, 행정소송으로서의 전심절차 및 제소기간을 도과하였거나 행정소송의 대상이 되는 처분 등이 존재하지도 아니한 상태에 있는 등 행정소송으로서의 소송요건을 결하고 있음이 명백하여 행정소송으로 제기되었더라도 어차피 부적법하게 되는 경우가 아닌 이상, 원고로 하여금 항고소송으로 소 변경을 하도록 하여 그 1심법원으로 심리·판단하여야 한다"고 판시하였다.[198]

---

197) 민사소송법 제262조(청구의 변경) ① 원고는 청구의 기초가 바뀌지 아니하는 한도 안에서 변론을 종결할 때(변론 없이 한 판결의 경우에는 판결을 선고할 때)까지 청구의 취지 또는 원인을 바꿀 수 있다. 다만, 소송절차를 현저히 지연시키는 경우에는 그러하지 아니하다.
198) 행정소송법 제7조는 원고의 고의 또는 중대한 과실 없이 행정소송이 심급을 달리하는 법원에 잘못 제기된 경우에

(3) 검토

당사자 권리 구제나 소송경제의 측면에서 원고로 하여금 항고소송으로 소 변경을 하려는 취지인지를 석명권을 행사하는 등으로 명확히 하여 항고소송으로 변경되면 그에 대한 제1심법원으로서 그 사건을 심리·판단함이 타당하다고 본다.199)

3. 소변경의 효과

(1) 관할 및 피고경정

수소법원이 변경된 청구에 대하여도 관할권을 가지고 있으면 직접 심리 판단하고, 만일 관할이 없으면 이송하여야 할 것이다.200) 그리고 피고경정에 관한 행정소송법 제14조를 적용할 수 있다고 본다.

(2) 제소기간

소의 변경을 허가하는 결정이 있으면 구소가 처음 제기된 때에 신소가 제기되고, 동시에 구소는 취하된 것으로 보는데(행정소송법 제21조), 이 규정이 민사소송을 취소소송으로 변경하는 경우에도 적용되는지에 대하여는 논의의 여지가 있다. 민사소송을 당사자소송으로 선해하면 이를 적용할 수 있을 것이다.201) 항고소송의 제기기간의 준수 여부는 이송결정시를 기준으로 판단하여야 할 것이 아니라 민사소송 제기시점을 기준으로 변경된 행정소송의 제소 기간 준수 여부를 판단하는 것이 타당하다.202)

V. 설문의 해결

설문에서 진료비지급청구소송의 수소법원이 진료비지급 거부처분취소소송에 대한 관할도 동시에 가지고 있다면, 항고소송으로서의 전심절차 및 제소기간을 도과하였거나 처분 등이 존재하지도 아니한 상태에 있는 등 항고소송으로서의 소송요건을 결하고 있음이 명백하지 않는 한, 소변경을 할 수 있다고 본다.

민사소송법 제31조 제1항을 적용하여 이를 관할 법원에 이송하도록 규정하고 있을 뿐 아니라 관할 위반의 소를 부적법하다고 하여 각하하는 것보다 관할 법원에 이송하는 것이 당사자의 권리 구제나 소송경제의 측면에서 바람직하므로, 원고가 고의 또는 중대한 과실 없이 행정소송으로 제기하여야 할 사건을 민사소송으로 잘못 제기한 경우 수소법원으로서는 만약 그 행정소송에 대한 관할도 동시에 가지고 있는 경우라면, 행정소송으로서의 전심절차 및 제소기간을 도과하였거나 행정소송의 대상이 되는 처분 등이 존재하지도 아니한 상태에 있는 등 행정소송으로서의 소송요건을 결하고 있음이 명백하여 행정소송으로 제기되었더라도 어차피 부적법하게 되는 경우가 아닌 이상, 원고로 하여금 항고소송으로 소 변경을 하도록 하여 그 1심법원으로 심리·판단하여야 한다(대판 1999.11.26, 97다42250).

199) 대판 1999.11.26, 97다42250
200) 임영호, 「행정소송의 쟁점」, 진원사, 2014, p.216.
201) 이 경우 민사소송을 당사자소송으로 선해한다면 적용할 수 있다는 견해가 있다. 전게서, P.30.
202) 박균성, 「공인노무사 행정쟁송법」, 고시계사, 2018, p.548

연습 57

乙시장은 영업정지처분을 받은 丙이 영업을 계속한다는 보고가 들어와 소속공무원 甲에게 영업을 하지 않도록 단속을 명하였다. 그러나 甲은 丙의 위반사유에 비하여 영업정지처분이 지나치다고 생각하고 있었으므로 단속을 하지 않고 눈감아주었다. 이에 乙시장은 甲을 복종의무 위반으로 소속 인사위원회에 징계의결을 요청하고 그 인사위원회의 의결에 따라 정직 3월의 징계처분을 하였다.

(1) 만약 甲이 이에 불복하여 소청심사위원회에 소청을 신청하여 인용재결을 받은 경우, 乙시장이 이에 대하여 불복할 수 있는가? (15점)
(2) 만약 甲이 소청을 제기하지 않고 취소소송을 제기하였다면, 법원은 어떻게 처리해야 하는가? (15점)
(3) (2)의 경우에 甲이 국가배상청구소송으로 소변경을 신청한다면 법원은 이를 허가할 수 있는가? (20점)

> 지방공무원법
> 제13조【소청심사위원회의 설치】공무원의 징계, 그 밖에 그 의사에 반하는 불리한 처분이나 부작위(不作爲)에 대한 소청을 심사·결정하기 위하여 시·도에 제6조에 따른 임용권자별로(임용권을 위임받은 자는 제외한다) 지방소청심사위원회 및 교육소청심사위원회를 둔다.
> 제20조의2【행정소송과의 관계】제67조에 따른 처분, 그 밖에 본인의 의사에 반한 불리한 처분이나 부작위에 관한 행정소송은 심사위원회의 심사·결정을 거치지 아니하면 제기할 수 없다.
> 제67조【처분사유 설명서의 교부 및 심사의 청구】① 임용권자가 공무원에 대하여 징계처분등을 할 때와 강임·휴직·직위해제 또는 면직처분을 할 때에는 그 공무원에게 처분의 사유를 적은 설명서를 교부하여야 한다. 다만, 본인의 원(願)에 따른 강임·휴직 또는 면직처분의 경우에는 그러하지 아니하다.
> ② 제1항에 따른 설명서를 받은 공무원이 그 처분에 불복할 때에는 설명서를 받은 날부터 30일 이내 또는 공무원이 제1항에서 정한 처분 외에 본인의 의사에 반하는 불이익처분을 받았을 때에는 그 처분이 있은 것을 안 날부터 30일 이내에 심사위원회에 그 처분에 대한 심사를 청구할 수 있다. 이 경우 변호사를 대리인으로 선임할 수 있다.

I. 논점의 정리

설문 (1)에서는 행정심판의 피청구인인 처분청이 재결에 대하여 불복할 수 있는지가 문제된다. 설문 (2)에서는 예외적 행정심판 전치주의의 경우에 이를 거치지 않고 제기한 소송에 대한 법원의 처리가 문제된다.

행정쟁송법 사례연습

설문 (3)에서는 국가배상청구소송을 실무처럼 민사소송으로 보는 경우 행정소송과 민사소송간에 소변경이 가능한지가 문제된다.

Ⅱ. 설문 (1)의 해결

1. 소청심사의 법적 성질

행정심판법 제4조 제1항은 사안의 전문성과 특수성을 살리기 위하여 특히 필요한 경우에 특별행정심판절차를 다른 법률로 정할 수 있도록 하고 있는바, 지방공무원법 제13조에 의해 설치되는 소청심사위원회는 특별행정심판위원회에 해당한다.

소청심사위원회는 행정심판위원회에 해당하고 또한 외부적 의사를 표시하는 행정청의 지위를 갖는바, 동 위원회의 결정은 행정심판의 재결에 해당한다.

2. 재결에 대한 불복

(1) 재심판청구의 금지

행정심판법은 심판청구에 대한 재결이 있으면 그 재결 및 같은 처분 또는 부작위에 대하여 다시 행정심판을 청구할 수 없도록 하고 있다(동법 제51조).

(2) 재결에 대한 항고소송

① **행정심판의 청구인** : 행정심판의 청구인은 기각재결 또는 일부인용재결에 대해 항고소송을 제기할 수 있다.

② **행정심판의 피청구인** : 인용재결에 대해 처분청이 행정소송을 제기할 수 있는지 문제된다.

㉠ **부정설** : 재결은 피청구인인 행정청과 그 밖의 관계행정청을 기속한다고 규정하고 있는 행정심판법 제49조 제1항(기속력 규정)에 근거하여 처분청은 행정심판의 재결에 불복할 수 없다는 견해이다. 판례도 동일한 입장이다.[203]

㉡ **제한적 긍정설** : 원칙적으로 부정설을 취하면서, 자치사무에 속하는 처분에 대한 행정심판의 인용재결에 대하여는 지방자치단체의 장이 행정소송을 제기할 수 있다고 보아야 한다는 주장이 있다. 자치권은 지방자치단체의 주관적 공권이기 때문에 자치권이 침해된 경우 지방자치단체에게 원고적격을 인정하여야 함을 논거로 하고 있다.

---

203) 국가가 행정감독적인 수단으로 통일적이고 능률적인 행정을 위하여 중앙 및 지방행정기관 내부의 의사를 자율적으로 통제하고 국민의 권리구제를 신속하게 할 목적의 일환으로 행정심판제도를 도입하였는데, 심판청구의 대상이 된 행정청에 대하여 재결에 관한 항쟁수단을 별도로 인정하는 것은 행정상의 통제를 스스로 파괴하고, 국민의 신속한 권리구제를 지연시키는 작용을 하게 될 것이다. 그리하여 행정심판법 제37조 제1항(현행 제49조 제1항)은 재결은 피청구인인 행정청과 그 밖의 관계행정청을 기속한다고 규정하였고, 이에 따라 처분행정청은 재결에 기속되어 재결의 취지에 따른 처분의무를 부담하게 되므로 이에 불복하여 행정소송을 제기할 수 없다(대판 1998.5.8. 97누15432).

ⓒ 검토 : 자치사무에 속하는 처분의 경우 위원회와 처분청은 동일한 법주체에 속하지 않으며 지방자치단체의 자치권을 보장할 필요가 있으므로 제한적으로 인정해야 한다는 주장이 있으나, 행정심판법은 재결이 피청구인인 행정청과 그 밖의 관계행정청을 기속한다고 분명히 규정하고 있으므로 처분청은 행정심판의 재결에 대해 불복할 수 없다고 봄이 타당하다.

3. 사안의 경우

재결은 피청구인인 행정청과 그 밖의 관계행정청을 기속한다고 규정하고 있는 행정심판법 규정에 따라, 청구인 甲이 인용재결을 받은 경우에는 피청구인 乙시장은 이에 대하여 항고소송을 제기할 수 없다.

Ⅲ. 설문 (2)의 해결

1. 임의적 행정심판전치와 소청심사제도

(1) 임의적 행정심판전치

행정소송의 제기에 앞서 행정청에 대해 먼저 행정심판의 제기를 통해 처분의 시정을 구하고, 그 시정에 불복이 있을 때 소송을 제기하는 것을 행정심판의 전치라고 한다.

행정소송법 제18조 제1항 본문은 행정처분으로 인하여 권익을 침해받은 경우 행정심판을 거치고 행정소송을 제기할 수도 있고, 바로 행정소송을 제기할 수도 있도록 하고 있다.

(2) 소청심사의 필요적 전치(예외적 행정심판 전치주의)

국가공무원법 제16조는 공무원의 징계처분, 직위해제, 면직처분 등에 대한 행정소송은 소청심사위원회의 심사·결정을 거치지 아니하면 제기할 수 없도록 하여, 소청심사를 행정소송의 필요적 전치사항으로 규정하고 있다.

2. 예외적 행정심판 전치주의의 충족여부에 대한 판단

(1) 직권조사사항

전심절차로서 행정심판을 거쳤는지 여부는 다른 소송요건의 경우와 마찬가지로 법원의 직권조사사항에 속한다.

(2) 판단기준시

행정심판전치요건의 충족은 행정소송제기 당시에 요구되는 것으로서 그 때에 충족되지 않으면 행정소송은 부적법한 것으로 되어 각하판결을 받게 된다.

그러나 판례는 행정소송의 제기 이후에도 가급적 원고의 권익을 구제할 수 있게 하기 위하여 사실심변론종결시까지 행정심판절차를 거친 경우에는 이 요건의 흠결은 치유된 것으로 보고 있다.204)

3. 사안의 경우

甲이 사실심변론종결시까지 소청에 대한 재결을 받지 못한다면, 법원은 소송요건 흠결로 각하판결을 내려야 한다.

Ⅳ. 설문 (3)의 해결

1. 소의 변경의 의의

소송의 계속 후 당사자, 소의 종류, 청구의 취지, 청구의 원인 등 전부 또는 일부를 변경하는 것을 소의 변경이라 한다. 소의 변경이 있어도 당초의 소에 의하여 개시된 소송절차가 유지되며 소송자료가 승계된다.

2. 국가배상청구소송의 법적 성질

국가배상청구소송의 법적 성질에 대해 당사자소송설(국가배상법은 공법적 원인으로 야기되는 배상문제를 규율하는 법이라는 점)과 민사소송설(국가배상책임은 민법상의 불법행위책임의 한 유형이라는 점)이 대립하고 있으나, 판례는 국가배상책임을 민사상 손해배상책임의 일종으로 보아 국가배상청구소송을 민사소송으로 다루고 있다.

생각건대, 국가배상청구소송은 처분등을 원인으로 하는 법률관계에 관한 소송(행정소송법 제3조 제2호)으로서 당사자소송으로 보는 것이 타당하나, 이하에서는 양자의 경우를 모두 가정하여 검토하기로 한다.

3. 국가배상청구소송을 당사자소송으로 보는 경우 소의 변경 여부

행정소송법 제21조 제1항은 "법원은 취소소송을 당해 처분등에 관계되는 사무가 귀속하는 국가 또는 공공단체에 대한 당사자소송 또는 취소소송외의 항고소송으로 변경하는 것이 상당하다고 인정할 때에는 청구의 기초에 변경이 없는 한 사실심의 변론종결시까지 원고의 신청에 의하여 결정으로써 소의 변경을 허가할 수 있다"고 규정하고 있으므로, 이에 따라 법원은 甲의 소변경 신청에 대하여 허가할 수 있다.

---

204) 대판 1987.4.28, 86누29

4. 국가배상청구소송을 민사소송으로 보는 경우 소의 변경 여부

(1) 문제의 소재

소의 종류의 변경에 관한 규정(제21조)은 무효등확인소송이나 부작위위법확인소송을 취소소송 또는 당사자소송으로 변경하는 경우와, 당사자소송을 항고소송으로 변경하는 경우에 준용한다(제37조·제42조). 그러나 행정소송과 민사소송간의 소변경에 관하여 행정소송법에 규정이 없으므로 민사소송법 제262조의 청구의 변경에 관한 규정을 준용하여 이를 허용할 수 있는지가 논란이 된다.205)

(2) 학설

① 부정설 : 민사소송법상의 소의 변경은 법원과 당사자의 동일성을 유지하면서 동종의 절차에서 심리될 수 있는 경우에만 가능한 것이므로, ㉠ 피고의 변경을 수반하며, ㉡ 서로 관할법원이 다른 민사소송과 행정소송 사이의 변경은 허용되지 않는다고 한다.

② 긍정설 : 항고소송과 민사소송 사이의 소의 변경은 ㉠ 피고가 처분청에서 국가등으로 변경되지만 양당사자는 실질에 있어서 동일성이 유지되고 있고, ㉡ 항고소송과 민사소송은 관할법원을 달리하는 문제가 있지만, 현재는 행정소송도 3심제이고 행정법원은 일반 사법법원으로부터 독립된 법원이 아니라 사법법원의 하나로서 전문법원에 불과한 것이므로, 항고소송과 민사소송 사이의 소의 변경을 허용할 수 있다고 한다.

(3) 판례

판례는 청구의 기초가 바뀌지 않는 경우 공법상 당사자소송에서 민사소송으로의 소 변경을 허용하나(대판 2023.6.29. 2022두44262), 항고소송에서 민사소송으로의 소의 변경에 관하여는 사례가 보이지 않는다.

(4) 검토

국민의 소송상 편의와 소송경제를 위해 행정소송과 민사소송 사이의 소변경을 명시적으로 인정하는 것이 바람직할 것이다.

(5) 사안의 경우

긍정설에 따를 때 법원은 행정소송법 제8조 제2항에 의하여 준용되는 민사소송법 제262조에 근거하여 징계처분에 대한 취소소송을 국가배상청구소송으로 소변경할 수 있

---

205) 민사소송법 제262조(청구의 변경) ① 원고는 청구의 기초가 바뀌지 아니하는 한도 안에서 변론을 종결할 때(변론 없이 한 판결의 경우에는 판결을 선고할 때)까지 청구의 취지 또는 원인을 바꿀 수 있다. 다만, 소송절차를 현저히 지연시키는 경우에는 그러하지 아니하다.

다고 본다. 다만, 취소소송의 수소법원이 민사소송에 대한 관할도 동시에 가지고 있어야 한다.

V. 사안의 해결

설문 (1)에서, 청구인 甲이 인용재결을 받은 경우에는 피청구인 乙시장은 이에 대하여 항고소송을 제기할 수 없다.

설문 (2)에서, 甲이 사실심변론종결시까지 소청에 대한 재결을 받지 못한다면, 법원은 소송요건 흠결로 각하판결을 내려야 한다.

설문 (3)에서, 법원은 행정소송법 제8조 제2항에 의하여 준용되는 민사소송법 제262조에 근거하여 징계처분에 대한 취소소송을 국가배상청구소송으로 소변경할 수 있다.

보충문제

甲은 1992년 3월부터 공무원으로 재직하면서 공무원연금법상 보수월액의 65/1000에 해당하는 기여금을 매달 납부하여 오다가 2012년 3월 31일자로 퇴직을 하여 최종보수월액의 70%에 해당하는 퇴직연금을 지급받아 오던 자이다.

그런데 국회는 2012년 8월 6일 공무원연금의 재정상황이 날로 악화되어 2030년부터는 공무원연금의 재정이 고갈될 것이라고 하는 KDI의 보고서를 근거로 공무원연금 재정의 안정성을 도모하기 위한 조치로 공무원연금법 개혁을 단행하기로 하였다. 이에 따라 같은 날 공무원연금법을 개정하여, (1) 공무원연금법상 재직 공무원들이 납부해야 할 기여금의 납부율을 보수월액의 85/1000로 인상하고, (2) 퇴직자들에게 지급할 퇴직연금의 액수도 종전 최종보수월액의 70%에서 일률적으로 최종보수월액의 50%만 지급하며, (3) 공무원의 보수인상률에 맞추어 연금액을 인상하던 것을 공무원의 보수인상률과 전국소비자물가변동률의 차이가 3% 이상을 넘지 않도록 재조정하였다. (4) 그리고 경과규정으로, 재직기간과 상관없이 개정 당시 재직 중인 모든 공무원들에게 개정법률을 적용하는 부칙 조항(이 사건 부칙 제1조)과, 퇴직연금 삭감 조항은 2012년 1월 1일 이후에 퇴직하는 모든 공무원에게 소급하여 적용하는 부칙 조항(이 사건 부칙 제2조)을 두었으며 동 법률은 2012년 8월 16일 공포되어 같은 날부터 시행되었다. 공무원연금관리공단은 개정법률의 시행에 따라 2012년 8월부터 甲에게 최종보수월액의 70%를 50%로 삭감하여 퇴직연금을 지급하였다.

甲은 공무원연금관리공단을 상대로 2012년 8월 26일 자신에게 종전대로 최종보수월액의 70%의 연금을 지급해 줄 것을 신청하였으나, 공무원연금관리공단은 2012년 9월 5일 50%를 넘는 부분에 대하여는 개정법률에 따라 그 지급을 거부하였다. 이에 甲은 감액된 연금액을 지급받기 위하여 위 거부행위를 대상으로 하여 서울행정법원에 그 취소를 구하는 행정소송을 제기하였다.

甲이 제기한 행정소송은 적법한가? 만약 적법하지 않다면 甲이 취할 조치는? (10점)

• 2013 변호사시험

I. 논점

① 항고소송과 당사자소송, ② 소의 변경

II. 항고소송과 당사자소송의 구별

1. 항고소송과 당사자소송의 관계

   ○ 당사자소송은 기본적으로 대등한 당사자 간 소송이라는 점에서 처분등을 통해 표현된 행정청의 공권력행사자로서의 우월적 지위가 전제되어 있는 항고소송과 구별됨

O 판례에 따르면 항고소송과 당사자소송 중 어느 쪽에 의하여야 하는지를 구분하는 기준들로는 구체적인 급부청구권이 법령의 규정에 의해서 바로 발생하는 것인지(당사자소송) 아니면 행정청의 인용결정에 의하여 비로소 발생하는 것인지(항고소송) 등에 따름

2. 사례의 경우

공무원연금관리공단의 인정에 의하여 퇴직연금을 지급받아 오던 중 공무원연금법령의 개정 등으로 퇴직연금 중 일부 금액의 지급이 정지된 경우에는 당연히 개정된 법령에 따라 퇴직연금이 확정되는 것이지 구 공무원연금법 제26조 제1항에 정해진 공무원연금관리공단의 퇴직연금 결정과 통지에 의하여 비로소 그 금액이 확정되는 것이 아니므로, 공무원연금관리공단이 퇴직연금 중 일부 금액에 대하여 지급거부의 의사표시를 하였다고 하더라도 그 의사표시는 퇴직연금 청구권을 형성·확정하는 행정처분이 아니라 공법상의 법률관계의 한쪽 당사자로서 그 지급의무의 존부 및 범위에 관하여 나름대로의 사실상·법률상 의견을 밝힌 것에 불과하다고 할 것이어서, 이를 행정처분이라고 볼 수는 없고, 그리고 이러한 미지급 퇴직연금에 대한 지급청구권은 공법상 권리로서 그 지급을 구하는 소송은 공법상의 법률관계에 관한 소송인 공법상 당사자소송에 해당한다(대판 2004.12.24, 2003두15195).

III. 소의 변경

1. 의의

2. 사례의 경우

연금의 지급거부 취소소송과 감액된 연금의 지급청구소송 모두 甲의 공무원 재직이라는 사실을 기초로 하므로 양 소송의 기초가 동일함. 따라서 甲은 취소소송 중 퇴직연금 일부지급청구소송으로 소 변경할 수 있음

IV. 사례의 해결

甲이 제기한 지급거부취소소송은 부적법함. 甲은 공법상당사자소송으로 소변경 신청할 수 있음

연습 58

도시재개발사업조합 A는 환지처분 이후 2024. 5. 17. 도시개발구역의 토지 소유자 甲을 상대로 정당한 청산금(35억원)을 초과하는 청산금 교부채무의 부존재 확인을 구하는 소를 제기하였다. 제1심 계속 중 A는 甲에게 청산금 명목으로 합계 39억원을 지급하였고, 환지처분에 포함된 청산금 교부처분을 직권취소하였다. A는 항소심 계속 중이던 2025. 4. 6. 기존의 청구취지를, 자신이 초과 지급한 4억원(= A가 제1심 계속 중 甲에게 지급한 합계 39억원 − A가 정당한 청산금이라고 주장하는 35억원) 및 이에 대한 지연이자의 지급을 구하는 것으로 변경하겠다는 청구취지 및 청구원인 변경신청서를 제출하였다. 한편, 도시개발법에는 사업시행자가 환지처분과 청산금부과처분을 거쳐 임의로 지급한 청산금의 반환을 구할 수 있는 근거는 마련되어 있지 않다.

법원은 A의 소변경 신청을 허가하여야 하는가? (20점)

[참고조문]
도시개발법 제41조 【청산금】 ① 환지를 정하거나 그 대상에서 제외한 경우 그 과부족분은 종전의 토지 및 환지의 위치·지목·면적·토질·수리·이용 상황·환경, 그 밖의 사항을 종합적으로 고려하여 금전으로 청산하여야 한다.
② 제1항에 따른 청산금은 환지처분을 하는 때에 결정하여야 한다.

Ⅰ. 쟁점의 정리

A가 청구취지 및 청구원인 변경신청서를 제출하기 전의 소송과 이후 소송의 성질이 문제된다. 이를 각각 공법상 당사자소송과 민사소송으로 볼 경우 행정소송법의 명문 규정이 없음에도 이러한 소변경이 허용되는지 문제된다.

Ⅱ. 소송의 성격

1. 청산금 교부채무 부존재 확인의 소

A가 도시개발사업의 시행자로서 도시개발법에 따라 환지처분과 청산금 부과처분을 하였으나, 甲에게 지급할 청산금의 범위에 관하여 다툼이 있다는 이유로, 甲을 상대로 교부청산금 채무 일부의 부존재 확인을 구하는 것이다. 따라서 이는 사업시행자인 A의 청산금 부과처분에 의하여 형성된 법률관계에 기한 청구로서, 행정소송법 제3조 제2호에서 정한 당사자소송인 행정소송에 해당한다.

2. 청구취지를 변경한 이후의 소

환지처분을 거쳐 지급이 완료된 돈의 반환을 구하는 것은 민사적인 관계에서의 부당이득반환의 성질을 가질 뿐이고, 사업시행자가 환지처분에 포함된 청산금 교부처분을 직권취소하였다고 하더라도, 반환을 구하는 법률관계는 여전히 부당이득으로서의 과오납금 반환에 관한 민사적 법률관계에 불과하다. 특히 도시개발법에는 사업시행자가 환지처분과 청산금부과처분을 거쳐 임의로 지급한 청산금의 반환을 구할 수 있는 근거도 없다.

따라서 이 소송은 민사소송이다.

Ⅲ. 공법상 당사자소송에서 민사소송으로의 소 변경

1. 문제점

공법상 당사자소송의 소 변경에 관하여 행정소송법은, 공법상 당사자소송을 항고소송으로 변경하는 경우(행정소송법 제42조, 제21조) 또는 처분변경으로 인하여 소를 변경하는 경우(행정소송법 제44조 제1항, 제22조)에 관하여만 규정하고 있을 뿐, 공법상 당사자소송을 민사소송으로 변경할 수 있는지에 관하여 명문의 규정을 두고 있지 않다. 따라서 이러한 소변경이 허용되는지 문제된다.

2. 허용되지 않는다는 견해

사안과 같은 청구취지 변경신청은, 기존의 당사자소송인 행정소송 절차를 부당이득반환청구의 민사소송 절차로 변경하겠다는 소변경 내지 청구변경 신청에 해당하고, 위와 같은 행정소송과 민사소송 사이의 소변경 내지 청구변경은, 청구의 기초에 변경이 있는 경우로서 행정소송법 제21조 제1항에 비추어 허용될 수 없다는 주장이 있다.[206]

이에 따르면 A는 초과지급된 청산금에 관한 부당이득반환청구를 별개의 민사소송으로 제기할 수 있다.

3. 대법원 판례

대법원은 다음과 같은 이유로 <u>공법상 당사자소송에 대하여도 그 청구의 기초가 바뀌지 아니하는 한도 안에서 민사소송으로 소 변경이 가능하다고 해석하는 것이 타당하다</u>고 한다.[207]

---

[206] 대판 2023.6.29. 2022두44262의 하급심 결정
[207] 대판 2023.6.29. 2022두44262

(1) 행정소송법 제8조 제2항은 행정소송에 관하여 민사소송법을 준용하도록 하고 있으므로, 행정소송의 성질에 비추어 적절하지 않다고 인정되는 경우가 아닌 이상 공법상 당사자소송의 경우도 민사소송법 제262조에 따라 그 청구의 기초가 바뀌지 아니하는 한도 안에서 변론을 종결할 때까지 청구의 취지를 변경할 수 있다.

(2) 대법원은 여러 차례에 걸쳐 행정소송법상 항고소송으로 제기하여야 할 사건을 민사소송으로 잘못 제기한 경우 수소법원으로서는 원고로 하여금 항고소송으로 소 변경을 하도록 석명권을 행사하여 행정소송법이 정하는 절차에 따라 심리·판단하여야 한다고 판시하여 왔다.[208] 이처럼 민사소송에서 항고소송으로의 소 변경이 허용되는 이상, 공법상 당사자소송과 민사소송이 서로 다른 소송절차에 해당한다는 이유만으로 청구기초의 동일성이 없다고 해석하여 양자 간의 소 변경을 허용하지 않을 이유가 없다.

(3) 일반 국민으로서는 공법상 당사자소송의 대상과 민사소송의 대상을 구분하는 것이 쉽지 않고 소송 진행 도중의 사정변경 등으로 인해 공법상 당사자소송으로 제기된 소를 민사소송으로 변경할 필요가 발생하는 경우도 있다. 소 변경 필요성이 인정됨에도, 단지 소 변경에 따라 소송절차가 달라진다는 이유만으로 이미 제기한 소를 취하하고 새로 민사상의 소를 제기하도록 하는 것은 당사자의 권리 구제나 소송경제의 측면에서도 바람직하지 않다.

4. 검토

공법상 당사자소송의 대상과 민사소송의 대상이 명확하게 구분되지 않는 경우가 많고, 당사자의 권리 구제나 소송경제의 측면에서 판례의 입장이 타당하다. 따라서 청구의 기초가 바뀌지 아니하는 한 공법상 당사자소송을 민사소송으로 소 변경을 허용함이 바람직하다.

Ⅳ. 문제의 해결

도시개발법 제41조에서 정한 청산금 채무가 35억원을 초과하여 존재하지 않는다는 확인을 구하는 A의 기존 청구취지와 위 35억원을 초과하여 지급된 청산금이 부당이득이라는 이유로 그 반환을 구하는 청구취지는 모두 도시개발법 제41조에 따른 청산금채무가 35억원이라는 동일한 주장을 전제로 하고 있어 그 청구기초의 동일성이 있다.

따라서 A의 2025. 4. 6.자 청구취지 및 청구원인 변경신청은 허가되어야 한다.

---

[208] 대판 2020.1.16. 2019다264700

행정쟁송법 사례연습

연습 59

국가공무원 A는 특례보충역으로 의무복무를 한 기간이 「공무원 보수규정」 제8조 제2항 [별표 15]의 '병역법에 의한 군 의무복무기간'에 포함됨을 이유로 하여 소속기관장에게 초임호봉 변경신청을 하였으나 거부당하였고, 이에 대해 청구한 소청심사에서 2022. 2. 20. 기각재결을 받은 바 있다.

지방공무원 甲은 방위산업체에서 산업기능요원으로 의무종사한 기간이 「지방공무원 보수규정」 [별표 2] 제1호 (가)목의 '군복무 경력'에 포함됨을 이유로 하여 소속기관장에게 초임호봉 재획정 신청을 하였으나 2025. 2. 5. 거부당하였다. 이에 대하여 甲은 2025. 2. 10. '「지방공무원법」 제20조의2에도 불구하고 자신에 대한 거부처분은 A의 사건과 동종사건이므로 행정심판을 거칠 필요가 없다'고 판단하고 곧바로 취소소송을 제기하였는데, 결국 그 소송 계속 중에 소청심사 청구기간이 도과하였다. 행정심판전치주의와 관련하여 甲의 취소소송이 적법한지 판단하시오. (25점)

[참고조문] 지방공무원법
제20조의2【행정소송과의 관계】제67조에 따른 처분(註: 징계처분등, 강임·휴직·직위해제 또는 면직처분), 그 밖에 본인의 의사에 반한 불리한 처분이나 부작위에 관한 행정소송은 소청심사위원회의 심사·결정을 거치지 아니하면 제기할 수 없다.

Ⅰ. 문제의 제기

공무원이 본인의 의사에 반한 불리한 처분을 다투는 경우 소청심사와 행정소송과의 관계가 문제된다.

사안에서 甲은 A의 소청심사청구에 대한 기각재결 사실을 들어 소청심사를 거치지 않고 행정소송을 제기할 수 있는지 검토를 요한다.

Ⅱ. 소청심사제도와 필요적 행정심판전치

1. 소청심사제도

행정심판법 제4조 제1항은 사안의 전문성과 특수성을 살리기 위하여 특히 필요한 경우에 특별행정심판절차를 다른 법률로 정할 수 있도록 하고 있는바, 공무원의 징계처분, 그 밖에 그 의사에 반하는 불리한 처분에 대한 불복신청에 대하여 심사하는 소청심사는 특별행정심판에 해당한다.

2. 임의적 행정심판전치

행정소송의 제기에 앞서 행정청에 대해 먼저 행정심판의 제기를 통해 처분의 시정을 구하고, 그 시정에 불복이 있을 때 소송을 제기하는 것을 행정심판의 전치라고 한다.

행정소송법 제18조 제1항 본문은 행정처분으로 인하여 권익을 침해받은 경우 행정심판을 거치고 행정소송을 제기할 수도 있고, 바로 행정소송을 제기할 수도 있도록 하고 있다.

3. 소청심사의 필요적 전치

지방공무원법 제20조의2는 "제67조에 따른 처분, 그 밖에 본인의 의사에 반한 불리한 처분이나 부작위에 관한 행정소송은 소청심사위원회의 심사·결정을 거치지 아니하면 제기할 수 없다."고 하여 소청심사를 행정소송의 필요적 전치사항으로 규정하고 있다.

필요적 전치주의가 적용되는 사건에 있어 행정심판의 청구와 그 재결의 존재는 소송요건이므로, 그것이 흠결되면 소가 부적법하여 각하를 면치 못한다. 다만 소를 각하하기 전에 행정심판에 대한 재결이 있으면 그 흠이 치유될 수 있다.

4. 사안의 경우

초임호봉 재획정 신청을 거부당한 지방공무원 甲은 소청심사위원회의 심사·결정을 거치지 않고 취소소송을 제기하였다. 결국 그 소송 계속 중에 소청심사 청구기간이 도과하여 적법한 행정심판을 거치지 않은 것이 되어 각하판결을 받을 가능성이 있다.

다만 甲의 사건이 행정소송법 제18조 제3항 제1호의 '동종사건에 관하여 이미 행정심판의 기각재결이 있은 때'에 해당하여 행정심판의 재결을 거치지 아니하고 취소소송을 제기할 수 있는 경우인지 문제된다.

Ⅲ. 필요적 행정심판전치의 완화

1. 의의

행정심판의 전치가 필요적인 경우라 하여도 이를 강행하는 것이 국민의 권익구제에 불필요한 장애가 되는 경우에는 필요적 심판전치의 예외를 인정할 필요가 있으므로 행정소송법 제18조는 심판제기는 하되 재결을 요하지 않는 경우(제2항)와 행정심판제기조차 요하지 않는 경우(제3항)를 규정하고 있다.

2. 행정심판의 제기 없이도 행정소송을 제기할 수 있는 경우로서의 "동종사건"

행정소송법 제18조 제3항 제1호는 '동종사건에 관하여 이미 행정심판의 기각재결이 있은 때'를 행정심판을 제기함이 없이 취소소송을 제기할 수 있는 사유의 하나로 규정하고 있다. 그 밖에 세 가지 유형의 예외 사유도 있다(제2호~제4호).

사안과 관련하여 제1호의 '동종사건'은 당해 사건과 기본적인 점에서 동일성을 인정할 수 있는 다른 사건을 말하는데, 다만, 판례는 쟁점이 동일한 것만으로는 동종사건으로 보고 있지 않고 동종사건의 범위를 좁게 인정하고 있다.

즉, 판례는 "'동종사건'이라 함은 당해 사건은 물론 당해 사건과 기본적인 점에서 동질성이 인정되는 사건을 가리킨다. 순차로 진료를 거부한 의사들에 대한 각 의사면허자격정지사건이 진료를 요구한 환자가 동일인이라는 것뿐 진료를 요구받은 시간과 장소, 조처내용 및 다른 병원으로 전원하게 된 상황 등이 전혀 달라서 '동종사건'이 아니다."209)라고 하거나 "소외인에 대한 건축불허가처분과 이 사건 처분은 동일한 행정청인 피고에 의하여 같은 날 같은 사유로 이루어졌다는 점에서 공통적인 면이 없지 아니하나, 한편 처분대상인 소외인의 건축허가신청과 원고의 이 사건 건축허가신청은 신청지, 신청지의 지목, 건축할 건물의 규모, 용도, 구조 등이 전혀 다르므로 두 사건은 기본적인 점에서 동질성이 인정되는 사건이라고는 할 수 없다."210)라고 한 사례들이 있다.

3. 사안의 경우

A의 사건과 甲의 사건은 공무원의 초임호봉 책정에 있어서 군복무 경력에 관한 것이라는 공통점은 있다. 그러나 A에 대한 재결이 3년 전에 있었던 점, 두 사건에서의 재결의 청구인과 피청구인이 모두 상이한 점, 지방공무원 보수규정이 문제되는 甲의 사건과 달리 A의 사건에서는 공무원 보수규정의 해석이 문제되는 점 등을 종합하여 보면 A의 사건에서의 재결은 甲의 사건과 '동종사건'에 관한 기각재결이라고 볼 수 없다.211)

그 밖에 행정심판을 제기하지 않을 수 있는 예외사유(제2호~제4호)에 해당하는 경우도 아니다.

Ⅳ. 사안의 해결

甲은 본인의 의사에 반한 불리한 처분인 '초임호봉 재획정 신청의 거부'를 취소소송으로 다투기 위해 먼저 소청심사를 청구해야 함에도 이러한 절차를 밟지 아니하였다.

달리 행정소송법상 행정심판을 제기하지 않을 수 있는 사유에 해당하지 않고, 소송 계속 중에 소청심사 청구기간마저 도과하였으므로 甲의 취소소송은 부적법하다.

---

209) 대판 1992.11.24, 92누8972
210) 대판 2000.6.9, 98두2621
211) 대판 2015.8.27, 2014두4344. 실제 사례에서는 두 사건 사이에 23년의 간격이 있었다.

보충문제

변호사 甲과 국회의원 乙은 전동킥보드 동호회 회원들이다. 甲과 乙은 동호회 모임에 참석하였다가 만취한 상태로 각자 전동킥보드를 타고 가던 중, 횡단보도를 건너던 보행자를 순차적으로 치어 크게 다치게 한 후 도주하였다. 甲과 乙은 각각 「도로교통법」에 따른 운전면허 취소처분을 받음과 아울러 특정범죄가중처벌등에관한법률위반(도주치상)죄로 공소제기되었다.

법무부장관은 甲에 대하여 위 공소제기를 이유로 「변호사법」 제102조 제1항 본문 및 제2항(이하 '이 사건 법률조항'이라 한다)에 의거하여 업무정지명령을 하였다. 甲은 업무정지명령에 대하여 취소소송을 제기하면서 그 근거조항인 이 사건 법률조항의 위헌성을 다투고 있다.

(1) 乙은 운전면허 취소처분에 대하여 그 취소를 구하는 행정심판을 적법하게 제기하였으나 기각재결을 받고 이어서 취소소송을 제기하였다. 한편 甲은 「도로교통법」 제142조에도 불구하고 자신에 대한 운전면허 취소처분은 乙의 사건과 동종사건이므로 행정심판을 거칠 필요가 없다'고 판단하고 곧바로 취소소송을 제기하였는데, 결국 그 소송 계속 중에 행정심판 청구기간이 도과하였다. 행정심판전치주의와 관련하여 甲의 취소소송이 적법한지 판단하시오. (15점)

(2) 한편, 법무부장관이 甲에 대하여 업무정지명령을 할 당시 甲은 위 특정범죄가중처벌등에관한법률위반(도주치상)죄뿐만 아니라 무고죄로도 공소제기되어 있었는데, 위 업무정지명령 처분서에는 특정범죄가중처벌등에관한법률위반(도주치상)죄로 공소제기된 사실만 적시되어 있었다. 법무부장관은 甲이 제기한 업무정지명령에 대한 취소소송이 진행되던 중에 위 처분사유만으로는 부족하다고 판단하고, '甲이 현재 무고죄로 공소제기되어 있다'는 처분사유를 추가하고자 한다. 이러한 처분사유의 추가가 허용되는지 판단하시오. (15점)

「변호사법」
제102조【업무정지명령】 ① 법무부장관은 변호사가 공소제기되거나 제97조에 따라 징계 절차가 개시되어 그 재판이나 징계 결정의 결과 등록취소, 영구제명 또는 제명에 이르게 될 가능성이 매우 크고, 그대로 두면 장차 의뢰인이나 공공의 이익을 해칠 구체적인 위험성이 있는 경우에는 법무부징계위원회에 그 변호사의 업무정지에 관한 결정을 청구할 수 있다. 다만, 약식명령이 청구된 경우와 과실범으로 공소제기된 경우에는 그러하지 아니하다.
② 법무부장관은 법무부징계위원회의 결정에 따라 해당 변호사에 대하여 업무정지를 명할 수 있다.

• 2023 변호사시험 변형

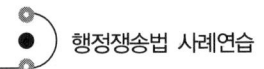

■ 문 (1)

Ⅰ. 논점 : 필요적 행정심판전치의 완화

Ⅱ. 행정심판전치주의와 그 예외

  1. 의의

    행정소송법 제18조는 필요적 심판전치의 예외로서 심판제기는 하되 재결을 요하지 않는 경우(제2항)와 행정심판제기조차 요하지 않는 경우(제3항)를 규정함

  2. 행정심판의 제기 없이도 행정소송을 제기할 수 있는 경우로서의 "동종사건"

    '동종사건'에는 당해 사건은 물론이고, 당해 사건과 기본적인 점에서 동질성이 인정되는 사건도 포함되는 것으로서, <u>당해 사건에 관하여 타인이 행정심판을 제기하여 그에 대한 기각재결이 있었다든지 당해 사건 자체는 아니더라도 그 사건과 기본적인 점에서 동질성을 인정할 수 있는</u> 다른 사건에 대한 행정심판의 기각재결이 있을 때도 여기에 해당한다(대판 1993.9.28. 93누9132).

Ⅲ. 사례의 해결

  甲에 대한 운전면허 취소처분의 원인이 된 음주 후 보행자 사고는 乙의 사건과 그 시간, 장소, 대상의 기본적인 점에서 동질성을 인정할 수 있는 사건이므로 행정심판을 거칠 필요가 없음

■ 문 (2)

Ⅰ. 논점 : 처분사유의 추가·변경

Ⅱ. 처분사유의 추가 가능성

  1. 처분사유의 추가·변경의 의의

  2. 처분사유의 추가·변경의 인정범위

    <u>기본적 사실관계와 동일성이 인정되지 않는 별개의 사실을 들어 처분사유로 주장하는 것이 허용되지 않는다고 해석하는 이유는 행정처분의 상대방의 방어권을 보장함으로써 실질적 법치주의를 구현하고 행정처분의 상대방에 대한 신뢰를 보호하고자 함</u>에 그 취지가 있다(대판 2003.12.11. 2001두8827).

  3. 사안의 경우

    무고죄로 공소제기되어 있다는 사실은 당초 업무정지명령의 사유와 별개의 사실로 기본적 사실관계의 동일성이 인정되지 않고 甲의 방어권을 침해하므로 허용되지 아니함

Ⅲ. 사례의 해결

  법무부장관의 처분사유 추가는 허용되지 아니함

연습 60

보건복지부장관은 2024. 10. 1. A제약회사에 대하여 B의약품제조품목허가처분(의약품 명칭 : △△환당의정)을 하였다. 이에 대하여 2024. 10. 20. C제약회사는 이는 이미 자신에게 허가한 의약품(명칭 : △△환)과 동일·유사한 명칭을 사용하는 의약품에 대하여 허가를 한 것이어서 위법하다는 이유로 행정심판을 제기하였다. 2025. 1. 15. 중앙행정심판위원회는 허가처분을 취소한다는 내용의 재결을 하였다. 이에 따라 보건복지부장관은 2025. 2. 10. A제약회사에 대하여 위 허가처분을 취소하였다. 2025년 2월 10일자 처분은 취소소송의 대상이 되는지 논하시오. (25점)

Ⅰ. 논점의 정리

2025년 2월 10일자 처분이 취소소송의 대상이 되는 처분인지는 1월 15일자 재결의 성격과 관련이 있다. 행정소송법상 처분 개념과 아울러 1월 15일자 재결이 취소재결인지 문제되고, 취소재결이라면 형성력의 의미에 관하여 살펴볼 필요가 있다.

Ⅱ. 행정소송법상 처분 개념

1. 규정내용

행정소송법은 취소소송의 대상을 처분 등으로 명시하고 있다(제4조 제1호). 여기에서 처분 등이란 '행정청이 행하는 구체적 사실에 관한 법집행으로서의 공권력의 행사 또는 그 거부와 그 밖에 이에 준하는 행정작용 및 행정심판에 대한 재결'을 말한다(제2조 제1항 제1호).

2. 처분의 개념요소

(1) 행정청

처분은 행정청이 행하는 공권력행사이다. 행정청은 행정주체의 의사를 결정하여 외부에 표시할 수 있는 권한을 가진 기관을 말한다. 행정청에는 단독제기관 외에 합의제기관(예 노동위원회·토지수용위원회)도 포함된다. 국회나 법원의 기관이 행하는 실질적 의미의 행정에 속하는 구체적인 사실에 관한 법집행으로서의 공권력 행사도 처분에 해당한다.[212] 행정청에는 법령에 의하여 행정권한의 위임 또는 위탁을 받은 행정기관, 공공단체 및 그

---

[212] 지방의회를 대표하고 의사를 정리하며 회의장 내의 질서를 유지하고 의회의 사무를 감독하며 위원회에 출석하여 발언할 수 있는 등의 직무권한을 가지는 지방의회 의장에 대한 불신임의결은 의장으로서의 권한을 박탈하는 행정처분의 일종으로서 항고소송의 대상이 된다(대결 1994.10.11, 94두23).

기관 또는 사인이 포함된다(행정소송법 제2조 제2항).

(2) 구체적 사실에 관한 작용

구체적 사실이란 관련자가 개별적이고 규율대상이 구체적인 것을 의미한다. 관련자가 일반적이고 규율사건이 구체적인 경우의 규율인 '일반처분' 역시 처분에 해당한다.213) 그러나 일반적·추상적 규범인 행정입법은 처분이 아니다(통설).

(3) 법집행으로서의 공권력의 행사

① **법집행** : 입법이 법정립행위인 것과 달리 처분은 법집행행위로서 판결과 유사하다. 여기서 '법집행'이란 국민의 권리·의무에 직접적 변동을 일으키는 행위이다. 따라서 사실상의 결과실현만을 위한 비권력적 사실행위나 행정청 내부행위는 처분성이 부정된다. 그러나 일부 견해는 법집행의 의미를 '법목적의 실현을 위한 법적 판단에 의거한 공적 결정'을 의미하는 것으로 보아 비권력적 사실행위도 처분개념에 포섭하여 파악한다.

② **공권력 행사** : 처분은 행정청의 공권력행사작용이다. 공권력행사란 공법에 근거하여 행정청이 우월한 지위에서 일방적으로 행하는 일체의 행정작용을 의미한다.214) 따라서 공법상 계약·공법상 합동행위는 처분이 아니다.

3. 판례의 태도

판례는 항고소송의 대상이 되는 행정처분이라 함은 <u>행정청의 공법상의 행위로서 특정사항에 대하여 법규에 의한 권리의 설정 또는 의무의 부담을 명하거나 기타 법률상 효과를 발생하게 하는 등 국민의 구체적인 권리의무에 직접적 변동을 초래하는 행위</u>로 본다(대판 2002.12.10, 2001두6333). 판례의 태도에 따르면 취소소송의 대상이 되는 공권력행사는 법적 행위에 한정된다. 법적 행위란 외부적으로 직접적인 법효과를 의도하는 의사표시를 말한다.

---

213) 청소년유해매체물 결정 및 고시처분은 당해 유해매체물의 소유자 등 특정인만을 대상으로 한 행정처분이 아니라 일반 불특정 다수인을 상대방으로 하여 일률적으로 표시의무, 포장의무, 청소년에 대한 판매·대여 등의 금지의무 등 각종 의무를 발생시키는 행정처분이다(대판 2007.6.14, 2004두619).
214) 부과처분을 위한 과세관청의 질문조사권이 행해지는 세무조사결정이 있는 경우 납세의무자는 세무공무원의 과세자료 수집을 위한 질문에 대답하고 검사를 수인하여야 할 법적 의무를 부담하게 되는 점, …(중략)… 납세의무자로 하여금 개개의 과태료 처분에 대하여 불복하거나 조사 종료 후의 과세처분에 대하여만 다툴 수 있도록 하는 것보다는 그에 앞서 세무조사결정에 대하여 다툼으로써 분쟁을 조기에 근본적으로 해결할 수 있는 점 등을 종합하면, 세무조사결정은 납세의무자의 권리·의무에 직접 영향을 미치는 공권력의 행사에 따른 행정작용으로서 항고소송의 대상이 된다(대판 2011.3.10, 2009두23617).

Ⅲ. 1월 15일자 재결의 성격

1. 취소심판의 재결

(1) 취소심판 재결의 유형

위원회는 취소심판의 청구가 이유가 있다고 인정하면 처분을 취소 또는 다른 처분으로 변경하거나 처분을 다른 처분으로 변경할 것을 피청구인에게 명한다(행정심판법 제43조 제3항). 즉 취소재결, 처분변경재결, 처분변경명령재결이 있다. 그리고 취소심판의 청구가 적법하지 않거나 이유없다고 인정한 때에는 당해 심판청구를 각하 또는 기각하는 재결을 한다(제1항, 제2항). 다만 심판청구가 이유 있다고 인정하는 경우에도 이를 인용하는 것이 현저히 공공복리에 적합하지 아니하다고 인정하는 때에는 그 심판청구를 기각하는 사정재결을 할 수 있다(제44조 제1항).

(2) 1월 15일자 재결의 성질

1월 15일자의 재결에서 "허가처분을 취소한다는 내용의 재결을 하였다"라는 부분에 비추어 중앙행정심판위원회의 재결은 취소재결에 해당한다.

2. 재결의 형성력

(1) 형성력의 의의

재결의 형성력이란 재결의 내용에 따라 새로운 법률관계의 발생이나 종래의 법률관계의 변경, 소멸을 가져오는 효력을 말한다. 형성력에 의한 법률관계는 제3자에게 미치므로 형성력은 '대세적 효력'이다. 형성력이 인정되는 재결은 취소재결, 변경재결, 처분재결이다. <u>형성재결이 있으면 그 대상이 된 처분은 재결 자체에 의해 당연히 취소되어 소멸된다.</u>[215]

(2) 재결 유형별 형성력의 내용

① **취소재결** : 원처분의 당해 부분의 효력은 동시에 소멸되고, 처음부터 존재하지 않은 것으로 된다. 일부취소재결의 경우에는 일부취소된 부분에 한하여 소급적으로 효력을 상실하고 일부취소 되지 않은 부분에 한하여 원처분은 효력을 유지한다.

② **변경재결** : 원처분은 효력을 상실하고, 새로운 처분은 즉시 효력이 발생하며, 제3자의 권익을 침해하지 않는 한 소급효를 갖는다.

③ **처분재결** : 당해 재결은 장래에 향하여 즉시 효력을 발생한다.

---

[215] 행정심판에 있어서 재결청의 재결 내용이 처분청의 취소를 명하는 것이 아니라 처분청의 처분을 스스로 취소하는 것일 때에는 그 재결의 형성력이 발생하여 당해 행정처분은 별도의 행정처분을 기다릴 것 없이 당연히 취소되어 소멸되는 것이다(대판 1997.5.30, 96누14678).

(3) 1월 15일자 재결의 경우

1월 15일자 재결은 취소재결이므로 중앙행정심판위원회가 처분을 취소하는 것만으로 기존 법률관계의 변동을 가져온다. A제약회사에 대한 의약품제조품목허가처분은 당해 취소재결에 의하여 당연히 취소·소멸되었다.

Ⅳ. 2월 10일자 취소의 취소소송 대상 여부

1. 처분성 인정 여부

1월 15일자 취소재결은 중앙행정심판위원회가 A제약회사에 대한 의약품제조품목허가처분을 취소한 이른바 형성재결이므로, A제약회사에 대한 의약품제조품목허가처분은 당해 취소재결에 의하여 취소·소멸되었고, 그 이후에 다시 위 허가처분을 취소한 2월 10일자 처분은 당해 취소재결의 당사자가 아니어서 그 재결이 있었음을 모르고 있는 A제약회사에게 위 허가처분이 취소·소멸되었음을 확인하여 알려주는 의미의 사실 또는 관념의 통지에 불과하다. 유사한 사건의 판례 역시 동일한 입장이다(대판 1998.4.24, 97누17131). 즉 2월 10일자 취소는 단순한 사실행위에 불과하므로 취소소송의 대상이 되지 않는다.

2. 결론

행정소송법 제2조 제1항 제1호의 처분 개념과 "항고소송의 대상이 되는 행정처분이라 함은 행정청의 공법상의 행위로서 특정사항에 대하여 법규에 의한 권리의 설정 또는 의무의 부담을 명하거나 기타 법률상 효과를 발생하게 하는 등 국민의 구체적인 권리의무에 직접적 변동을 초래하는 행위"라는 판례의 태도에 비추어 2월 10일자 취소는 1월 15일자 취소재결의 형성력으로 인해 'A제약회사에게 한 B의약품제조품목허가처분'이 취소·소멸되었음'을 확인하여 알려주는 의미의 사실 또는 관념의 통지에 불과하고 직접적인 법효과를 의도하는 의사표시가 아니어서 취소소송의 대상이 아니다.

연습 61

국토의 계획 및 이용에 관한 법령상 준주거지역에서 허용되는 상가건물을 짓기 위해 갑은 준주거지역으로 지정된 지역에 위치한 토지를 취득하여 건축을 준비해왔으나 이후 광역시장 을은 당해 지역을 준주거지역에서 전용주거지역으로 변경하는 도시관리계획변경 결정을 하였으며, 갑에게 동 지역에서 더 이상 상가건물 건축이 불가하다는 통지를 하였다.

- 갑은 위 도시관리계획변경의 취소를 구하는 행정소송을 제기하였다. 갑의 소송상 청구는 적법한가? (20점)

> 국토의 계획 및 이용에 관한 법률
> 제36조【용도지역의 지정】① 국토교통부장관, 시·도지사 또는 대도시 시장은 다음 각 호의 어느 하나에 해당하는 용도지역의 지정 또는 변경을 도시·군관리계획으로 결정한다.
> 1. 도시지역 : 다음 각 목의 어느 하나로 구분하여 지정한다.
>   가. 주거지역 : 거주의 안녕과 건전한 생활환경의 보호를 위하여 필요한 지역
>   나. 상업지역 : 상업이나 그 밖의 업무의 편익을 증진하기 위하여 필요한 지역
>   다. 공업지역 : 공업의 편익을 증진하기 위하여 필요한 지역
>   라. 녹지지역 : 자연환경·농지 및 산림의 보호, 보건위생, 보안과 도시의 무질서한 확산을 방지하기 위하여 녹지의 보전이 필요한 지역
> ② 국토교통부장관, 시·도지사 또는 대도시 시장은 대통령령으로 정하는 바에 따라 제1항 각 호 및 같은 항 각 호 각 목의 용도지역을 도시·군관리계획결정으로 다시 세분하여 지정하거나 변경할 수 있다.
>
> 국토의 계획 및 이용에 관한 법률 시행령
> 제30조【용도지역의 세분】국토교통부장관, 시·도지사 또는 「지방자치법」제175조에 따른 서울특별시·광역시 및 특별자치시를 제외한 인구 50만 이상 대도시의 시장은 법 제36조 제2항에 따라 도시·군관리계획결정으로 주거지역·상업지역·공업지역 및 녹지지역을 다음 각 호와 같이 세분하여 지정할 수 있다.
> 1. 주거지역
>   가. 전용주거지역 : 양호한 주거환경을 보호하기 위하여 필요한 지역
>   나. 일반주거지역 : 편리한 주거환경을 조성하기 위하여 필요한 지역
>   다. 준주거지역 : 주거기능을 위주로 이를 지원하는 일부 상업기능 및 업무기능을 보완하기 위하여 필요한 지역
> (이하 생략)

행정쟁송법 사례연습

1. 문제의 소재

갑의 소송상 청구가 적법한지와 관련해서 ① 도시관리계획변경 결정이 행정계획인지 여부, ② 행정계획이라면 취소소송의 대상인 행정소송법 제2조의 '처분 등'에 해당하는지, ③ 그 밖의 소송요건 충족 여부를 검토하기로 한다.

2. 도시관리계획변경결정이 '행정계획'인지 여부

(1) 행정계획의 의의

행정계획은 '행정에 관한 전문적·기술적 판단을 기초로 하여 특정한 행정목표를 달성하기 위하여 서로 관련되는 행정수단을 종합·조정함으로써 장래의 일정한 시점에 있어서 일정한 질서를 형성하기 위하여 설정된 활동기준'이다.216)

(2) 사안의 경우

준주거지역을 전용주거지역으로 변경하는 광역시장 을의 도시관리계획변경결정은 「국토의 계획 및 이용에 관한 법률」 등에 따른 것으로 행정계획에 해당한다.

3. 도시관리계획변경결정이 처분에 해당하는지 여부(대상적격)

(1) 문제의 소재

행정소송법은 제19조에서 '취소소송은 처분등을 대상으로 한다'고 규정하고, 동법 제2조 제1항은 '처분등'에 대하여 "행정청이 행하는 구체적 사실에 관한 법집행으로서의 공권력의 행사 또는 그 거부와 그 밖에 이에 준하는 행정작용 및 행정심판에 대한 재결을 말한다."고 규정하였다.

한편, 도시관리계획변경결정은 직접 국민에 대하여 작위·부작위 등의 의무를 과하는 명령적 계획이다. 그런데 명령적 계획의 법적 성질을 어떻게 보느냐에 따라 그 처분성이 결정된다.

(2) 행정계획의 법적 성질

1) 학설

① **입법행위설**: 행정계획은 국민의 권리·자유에 관계되는 일반·추상적인 규율을 정립하는 행위로서 법규명령의 성질을 갖는다는 견해이다.

② **행정행위설**: 행정계획 중에는 법률규정과 결합하여 개인의 권리 내지 법률상의 이익을 구체적으로 규율하는 효과를 가져오기도 한다는 점에서 행정행위로 보는 견해이다.

---

216) 대판 2007.4.12, 2005두1893

③ **혼합성설** : 행정계획이 규범의 요소와 개별행위의 요소의 양면을 갖는 행위형식이라는 견해이다.
④ **개별검토설** : 계획마다 개별적으로 그 법적 성질을 검토하여 항고소송대상의 여부를 판단하는 견해이다.
⑤ **독자성설** : 행정계획은 법규범도 아니고 행정행위도 아닌, 그 자체로서 독자적인 법형식으로 보는 견해이다.

2) 판례

① 대법원은 구 도시계획법상 도시기본계획(현 도시·군기본계획)은 일반지침에 불과하다고 하였고[217], 토지구획정리사업법상 환지계획도 처분성이 없다고 하였다[218]. 즉 행정계획이 행정활동의 지침으로서 만의 성격에 그치거나 행정조직 내부에서의 효력만을 가질 때는 항고소송의 대상으로서의 처분성을 갖지 않는다.

② 그러나 구 도시계획법상 도시계획결정(현 도시·군관리계획)은 법률규정과 결합하여 각종 권리제한효과를 가져옴으로써 특정 개인의 권리 내지 법률상 이익을 개별적이고 구체적으로 규제하는 효과를 가져 오게 하는 행정청의 처분이라고 보았다[219]. 또한 판례는 구속적인 행정계획을 재량행위로 이해하고 있다[220].

3) 검토

행정계획의 종류와 내용이 매우 다양하고 상이하므로 그 법적 성질을 일률적으로 말하기는 어렵다. 계획마다 개별적으로 검토되어야 한다는 개별검토설이 타당하다. 다만 구속적 행정계획의 경우에는 법령의 규정과 결합하여 권리제한의 효과가 있으므로 행정행위에 해당한다 하겠다.

(3) 소결

취소소송의 대상으로서 처분은 국민의 권리·의무에 직접적으로 영향을 미치는 행위이어야 한다. 그런데 사안에서 광역시장 을의 도시관리계획변경결정으로 주거지역의 지정이 있게 되면 구역지정의 목적에 반하는 행위가 「국토의 계획 및 이용에 관한 법률」 등에 의해 금지되므로 구속적 행정계획에 해당하며 처분성이 인정된다.

---

[217] 대판 2002.10.11, 2000두8226
[218] 대판 1999.8.20, 97누6889
[219] 대판 1982.3.9, 80누105
[220] 대판 1997.9.26, 96누10096

4. 그 밖의 소송요건 충족 여부

(1) 원고적격

갑은 광역시장 을의 준주거지역을 전용주거지역으로 변경하는 변경결정에 의하여 전용주거지역지정 목적에 반하는 상가건물의 건축이 가능하지 않게 되었으므로 이의 취소를 구할 "법률상 이익이 있는 자"에 해당하여 원고적격이 인정된다.

(2) 피고적격

광역시장 을은 「국토의 계획 및 이용에 관한 법률 시행령」 제30조에 따라 구역지정의 권한을 갖고 있어 도시관리계획변경결정의 취소를 구하는 소송에서 피고에 해당한다.

(3) 협의의 소의 이익

갑은 전용주거지역으로 변경하는 결정에 대하여 취소소송을 제기하였는바 취소판결이 있게 되면 상가건물의 건축이 가능해질 수 있는 지위에 있으므로 "본안판결을 구할 이익이 있는 자"에 해당한다.

5. 사안의 해결

당해 지역을 준주거지역에서 전용주거지역으로 변경하는 도시관리계획변경결정은 구속적 행정계획으로서 국민의 권리와 의무에 직접적인 영향을 미치는 행위이므로 행정소송법상 "처분 등"에 해당되며, 기타 소송요건을 모두 갖추었으므로 갑의 소송상 청구는 적법하다고 할 것이다.

연습 62

A광역시 B구의 구청장 乙은 대규모점포를 운영 중인 甲에 대하여 영업제한 시간을 오전 0시부터 오전 8시까지로 정하고 매월 둘째 주와 넷째 주 일요일을 의무휴업일로 지정하는 내용의 처분(이하 '제1차 처분'이라 한다)을 하였다. 이에 甲은 이 처분에 대해 취소를 구하는 소송을 제기하였다. 그런데 취소소송이 계속 중이던 2024. 6. 7. 乙은 영업시간 제한 부분의 시간을 '오전 0시부터 오전 10시'까지로 변경하되, 의무휴업일은 종전과 동일하게 유지하는 내용의 처분(이하 '제2차 처분'이라 한다)을 하였다.

乙은 제2차 처분으로 제1차 처분은 소멸되었으므로 甲이 제기한 취소소송은 부적법하다고 주장하고 있다. 타당한가?[221] (20점)

Ⅰ. 문제의 제기

처분청이 종전처분을 변경하는 내용의 후속처분을 한 경우, 후속처분이 소의 대상인지 아니면 종전처분이 소의 대상인지가 문제된다.

그리고 제2차 처분으로 제1차 처분이 소멸되었다면 제1차 처분을 다툴 소의 이익이 없게 된다. 따라서 제2차 처분으로 제1차 처분이 소멸한 것인지 문제된다.

Ⅱ. 처분의 개념

행정소송의 대상이 되는 행정처분이란 행정청이 행하는 구체적 사실에 관한 법집행으로서의 공권력의 행사 또는 그 거부와 그 밖에 이에 준하는 행정작용이다(행정소송법 제2조 제1항 제1호).

판례에 따르면 행정청의 처분은 ① 행정청이 행하는, ② 구체적 사실에 관한 법집행으로서, ③ 공권력을 행사하거나 거부하는, ④ 국민의 권리의무에 직접 영향을 미치는 공법행위이어야 한다.[222]

Ⅲ. 종전처분을 변경하는 내용의 후속처분의 경우

1. 문제의 소재

행정청이 영업제한시간 및 의무휴업일 지정처분을 한 후 종전처분에서의 영업제한시간을 일부 연장하는 것을 내용으로 하는 후속처분을 하는 경우에 종전처분과 후속처분 중 어느

---

[221] 2017년 사법시험 기출문제 변형
[222] 대판 2012.9.27, 2010두3541

행정쟁송법 사례연습

것이 항고고송의 대상이 되는가 하는 것이 문제된다.

2. 판례의 태도

대법원은 후속처분이 종전처분을 완전히 대체하는 것이거나 그 주요 부분을 실질적으로 변경하는 내용인 경우가 아닌 한, 후속처분에도 불구하고 종전처분이 여전히 항고소송의 대상이 된다고 하고 있다.

즉, "기존의 행정처분을 변경하는 내용의 행정처분이 뒤따르는 경우, <u>후속처분이 종전처분을 완전히 대체하는 것이거나 그 주요 부분을 실질적으로 변경하는 내용인 경우에는 특별한 사정이 없는 한 종전처분은 그 효력을 상실하고 후속처분만이 항고소송의 대상이 되지만,</u>223) <u>후속처분의 내용이 종전처분의 유효를 전제로 그 내용 중 일부만을 추가·철회·변경하는 것이고 그 추가·철회·변경된 부분이 그 내용과 성질상 나머지 부분과 불가분적인 것이 아닌 경우에는, 후속처분에도 불구하고 종전처분이 여전히 항고소송의 대상이 된다.</u>"224)고 하였다.

Ⅳ. 사안의 해결

영업시간 제한 부분의 시간을 '오전 0시부터 오전 10시'까지로 변경하되 의무휴업일은 종전과 동일하게 유지하는 내용의 제2차 처분은 제1차 처분을 대체하거나 실질적으로 변경하는 것이 아니라 영업시간제한 부분만 변경하는 것이므로 그 성질상 제1차 처분과 가분적이므로 제1차 처분은 소멸한다고 볼 수 없다.

따라서 乙의 주장은 타당하지 않다.

---

223) 대판 2012.10.11, 2010두12224 등
224) 대판 2015.11.19, 2015두295 전합

연습 63

甲은 「국토의 계획 및 이용에 관한 법률」상 용도지역이 '농림지역'인 이 사건 토지에서 건설폐기물처리업을 영위할 목적으로 乙도지사에게 폐기물처리업 사업계획서를 제출하였고, 이에 乙도지사는 甲에게 사업계획에 대한 적정통보를 하였다. 그 후 甲은 사업계획대상지역을 '도시지역'으로 변경해야 폐기물처리업이 가능하므로 乙도지사에게 당해 토지에 대한 용도지역을 '농림지역'에서 '도시지역'으로 변경하여 달라는 국토이용계획변경신청을 하였다.

그러나 乙도지사는 당해 토지 일대가 섬진강수계발원지 인근에 위치한 농촌지역으로서 자연환경을 보전해야 할 필요성이 클 뿐만 아니라, 당해 토지에 폐기물처리시설이 들어설 경우 수질오염 등으로 인근 주민의 생활환경에 악영향을 끼칠 가능성이 있다는 이유로 甲의 신청을 거부하였다. 이에 甲은 乙도지사의 국토이용계획변경승인거부에 대하여 취소소송을 제기하였다.

- 甲의 취소소송의 제기는 적법한가? (20점)

폐기물관리법

제25조 【폐기물처리업】 ① 폐기물의 수집·운반, 재활용 또는 처분을 업으로 하려는 자는 환경부령으로 정하는 바에 따라 지정폐기물을 대상으로 하는 경우에는 폐기물 처리사업계획서를 환경부장관에게 제출하고, 그 밖의 폐기물을 대상으로 하는 경우에는 시·도지사에게 제출하여야 한다. 환경부령으로 정하는 중요 사항을 변경하려는 때에도 또한 같다.

② 환경부장관이나 시·도지사는 제1항에 따라 제출된 폐기물 처리사업계획서를 다음 각 호의 사항에 관하여 검토한 후 그 적합 여부를 폐기물처리사업계획서를 제출한 자에게 통보하여야 한다.

1. 폐기물처리업 허가를 받으려는 자가 제26조에 따른 결격사유에 해당하는지 여부
2. 폐기물처리시설의 입지 등이 다른 법률에 저촉되는지 여부
3. 폐기물처리사업계획서상의 시설·장비와 기술능력이 제3항에 따른 허가기준에 맞는지 여부
4. 폐기물처리시설의 설치·운영으로 「수도법」 제7조에 따른 상수원보호구역의 수질이 악화되거나 「환경정책기본법」 제12조에 따른 환경기준의 유지가 곤란하게 되는 등 사람의 건강이나 주변 환경에 영향을 미치는지 여부

③ 제2항에 따라 적합통보를 받은 자는 그 통보를 받은 날부터 2년 이내에 환경부령으로 정하는 기준에 따른 시설·장비 및 기술능력을 갖추어 업종, 영업대상 폐기물 및 처리분야별로 지정폐기물을 대상으로 하는 경우에는 환경부장관의, 그 밖의 폐기물을 대상으로 하는 경우에는 시·도지사의 허가를 받아야 한다. 이 경우 환경부장관 또는 시·도지사는 제2항에 따라 적합통보를 받은 자가 그 적합통보를 받은 사업계획에 따라 시설·장비 및 기술인력 등의 요건을 갖추어 허가신청을 한 때에는 지체 없이 허가하여야 한다.

1. 문제의 소재

국토이용계획변경승인거부처분 취소소송의 적법요건으로서 대상적격과 원고적격을 중심으로 검토하기로 한다. 이와 관련하여 특히 폐기물처리사업 적정통보를 받은 甲에게 국토이용계획변경에 관한 신청권이 있는지가 문제된다.

2. 대상적격 충족여부

(1) 처분의 개념요소

행정소송법은 취소소송의 대상을 처분 등으로 명시하고 있다(제4조 제1호). 여기에서 처분 등이란 '행정청이 행하는 구체적 사실에 관한 법집행으로서의 공권력의 행사 또는 그 거부와 그 밖에 이에 준하는 행정작용 및 행정심판에 대한 재결'을 말한다(제2조 제1항 제1호). 이와 같은 행정소송법의 처분개념을 분석하면, ① 행정청의 행위이어야 하고, ② 구체적 사실에 관한 법집행행위이어야 하며, ③ 공권력적 행위이고, ④ 외부에 대한 법적 행위로서 국민의 권리·의무에 직접적 영향을 미치는 것이어야 한다.

(2) 거부처분의 성립요건

1) 공권력 행사의 거부

거부된 공권력 행사가 처분성을 가져야 한다. 즉 처분인 공권력 행사의 거부이어야 한다.

2) 거부행위가 신청인의 권익에 직접적 영향을 미칠 것(= 법적 행위일 것)

'법적 행위'란 외부적 행위이며 국민의 권리나 법적 이익과 직접 관련되는 행위를 말한다. 판례도 "국민의 권리관계에 영향을 미치는 것"을 성립요건으로 보고 있다.

3) 거부의 의사표시

거부의 의사표시가 있어야 한다. 거부의 의사표시는 묵시적일 수도 있다. 법령상 일정한 기간이 지났음에도 가부간의 처분이 없는 경우 거부가 의제되는 경우도 있다.

(3) 거부처분의 성립에 신청권이 필요한지 여부

1) 학설

① 소송요건설
  ㉠ 거부행위 요건설 : 신청권을 거부행위의 요건으로 보고, 신청권이 있는 자에게는 당연히 거부처분을 다툴 원고적격을 인정하는 견해이다.
  ㉡ 원고적격 문제설 : 신청권은 원고적격의 문제로 보아야 하며, 거부행위가 처분에 해당하는가의 여부는 행정소송법 제2조에서 정의한 '처분'에 해당하는가의 여부에 따라 판단해야 한다는 견해이다.

② **본안문제설** : 신청권의 존재를 소송대상의 문제로 보면 행정소송법상의 처분개념을 부당하게 제한함으로써 국민의 권익구제의 길을 축소시키는 결과를 가져오고, 본안문제를 소송요건에서 판단하게 되는 문제가 있으므로 본안문제로 보자는 견해이다.

2) 판례

판례는 거부가 항고소송의 대상이 되는 행정처분에 해당되려면, "ⅰ) 그 신청한 행위가 공권력의 행사 또는 이에 준하는 행정작용이어야 하고, ⅱ) 그 거부행위가 신청인의 법률관계에 어떤 변동을 일으키는 것이어야 하며, ⅲ) 그 국민에게 그 행위발동을 요구할 법규상 또는 조리상의 신청권이 있어야 한다."(대판 2002.11.22. 2000두9229)고 하여 신청권을 거부처분취소소송의 소송요건(특히 거부행위요건설)으로 본다. 즉 법규상 또는 조리상 신청권이 없는 경우 거부행위의 처분성을 인정하지 않고, 부작위를 인정하지 않는다.

3) 검토

판례의 입장을 대상적격과 원고적격의 구분을 무시한 것이라고 비판하는 견해도 있으나, 부작위의 개념에 관하여 행정소송법이 "행정청이 당사자의 신청에 대하여 상당한 기간내에 일정한 처분을 하여야 할 법률상 의무가 있음에도 불구하고 이를 하지 아니하는 것"이라고 하여 신청권에 대응하는 처분 의무를 부작위의 요소로 규정하고 있고, 거부처분 개념은 부작위개념과 연결되어 있으므로 현행 행정소송법하에서는 신청권을 거부처분의 요건으로 보는 판례의 입장이 타당하다.

(4) 사안의 경우

甲이 신청한 국토이용계획변경승인은 공권력의 행사에 해당하는 것으로서, 그 거부는 폐기물처리업허가 자체를 거부하는 결과가 되는 경우이므로 甲의 법률관계에 변동을 일으킨다고 볼 수 있다. 그리고 아래 '원고적격 충족여부' 항목에서 보듯이 甲의 신청권도 인정할 수 있다. 따라서 乙의 국토이용계획변경승인에 대한 거부는 대상적격을 충족한다.[225]

---

[225] 폐기물관리법 관계 법령의 규정에 의하면 폐기물처리업의 허가를 받기 위하여는 먼저 사업계획서를 제출하여 허가권자로부터 사업계획에 대한 적정통보를 받아야 하고, 그 적정통보를 받은 자만이 일정기간 내에 시설, 장비, 기술능력, 자본금을 갖추어 허가신청을 할 수 있으므로, 결국 부적정통보는 허가신청 자체를 제한하는 등 개인의 권리 내지 법률상의 이익을 개별적이고 구체적으로 규제하고 있어 행정처분에 해당한다(대판 1998.4.28. 97누21086).

3. 원고적격 충족여부

(1) 원고적격의 의의

취소소송에서 원고적격이란 구체적인 처분에 대하여 누가 원고로서 취소소송을 제기하여 본안판결을 받을 자격이 있는가의 문제를 말한다. 행정소송법 제12조는 「처분등의 취소를 구할 법률상 이익이 있는 자」가 취소소송을 제기할 수 있다고 규정하고 있다.

(2) 법률상 이익의 의의

여기의 법률상 이익의 의미와 관련하여 견해의 대립이 있으나, 현행 행정소송법이 항고소송의 주된 기능을 권익구제로 보고 주관소송으로 규정하고 있으므로, 현행 행정소송법의 해석론으로는 법적 이익구제설이 타당하다. 그리고 처분의 근거법규의 규정과 취지, 관련법규의 규정과 취지 외에 기본권 규정도 고려해서 원고적격 인정여부를 결정하는 것이 타당하다.

(3) 계획변경청구권 인정 여부

계획변경청구권은 기존의 행정계획이 확정된 후 사정변경 및 관계인의 권익침해 등을 이유로 하여 그 계획의 변경을 신청할 수 있는 권리이다. 판례는 "국토건설종합계획의 효율적인 추진과 국토이용질서를 확립하기 위한 국토이용계획은 장기성, 종합성이 요구되는 행정계획이어서 원칙적으로는 그 계획이 일단 확정된 후에 어떤 사정의 변동이 있다고 하여 그러한 사유만으로는 지역주민이나 일반 이해관계인에게 일일이 그 계획의 변경을 신청할 권리를 인정하여 줄 수는 없다"(대판 2003.9.23, 2001두10936)고 하여 일반적으로 인정되지 아니한다.

그러나 위법한 계획에 의해 법률상 이익이 침해되는 자는 적법한 계획을 마련해 줄 것을 청구하는 권리를 가질 수 있다고 보아야 한다. 판례는 "장래 일정한 기간 내에 관계 법령이 규정하는 시설 등을 갖추어 일정한 행정처분을 구하는 신청을 할 수 있는 법률상 지위에 있는 자의 국토이용계획변경신청을 거부하는 것이 실질적으로 당해 행정처분 자체를 거부하는 결과가 되는 경우에는 예외적으로 그 신청인에게 국토이용계획변경을 신청할 권리가 인정된다고 봄이 상당하므로, 이러한 신청에 대한 거부행위는 항고소송의 대상이 되는 행정처분에 해당한다"(대판 2003.9.23, 2001두10936)고 하였다.

(4) 사안의 경우

장래 폐기물처리업허가라는 일정한 행정처분을 신청할 수 있는 법률상 지위에 있는 자의 국토이용계획변경신청을 거부하는 것이 실질적으로 당해 행정처분 자체를 거부하는 결과가 되는 경우에는 예외적으로 그 신청인에게 국토이용계획변경을 신청할 권리가 인정된다고 보아야 할 것이다.

4. 기타 소송요건 충족여부

甲이 거부처분을 받은 날로부터 90일 이내에(행정소송법 제20조), 처분청인 乙도지사를 피고로 하여(행정소송법 제13조), 乙도지사의 소재지를 관할하는 지방법원 본원에(행정소송법 제9조) 취소소송을 제기하였다면 적법한 소제기로 볼 수 있다.

5. 결론

사안은 판례에 따르면 예외적으로 甲에게 국토이용계획변경을 신청할 권리가 인정되는 경우이므로 甲의 소제기는 원고적격 및 대상적격 등 소송요건을 충족한다.

연습 64

앱 개발회사 甲과 중소기업정보진흥원장 乙은 "乙은 甲에게 정보화 지원금을 지원하고, 甲이 '사업실패' 평가를 받으면 乙은 협약해지·지원금환수·사업참여제한을 할 수 있다."라는 내용의 협약(이하 '이 사건 협약'이라 한다)을 체결하였다. 甲이 지원금을 받아 사업진행 중 '사업실패' 평가를 받자, 乙은 이 사건 협약을 해지하면서 甲에게 '지원금환수 및 3년간 정보화 지원사업 참여자격 제한' 통보(이하 '이 사건 통보'라 한다)를 하였다. 한편, 「중소기업 기술혁신 촉진법」은 법 제18조의 사업에 관한 협약해지·지원금환수·사업참여제한 등은 규정하지 않았다.

乙의 이 사건 통보가 취소소송의 대상적격이 있는지 검토하시오.[226] (20점)

[참고조문] 「중소기업 기술혁신 촉진법」(※ 가상의 법률임)
제18조【중소기업 정보화 지원사업】중소기업청장은 중소기업 정보화 지원사업을 추진할 수 있고, 중소기업의 신청이 있는 경우 기술능력 등을 고려하여 지원금 지급여부를 결정할 수 있다.
제31조【지원사업 참여제한 및 출연금 환수 등】중소기업청장은 제10조의 기술혁신사업, 제11조의 산학협력사업에 참여한 중소기업자가 사업실패로 평가된 경우 5년의 범위에서 기술혁신 촉진 지원사업 참여제한을 할 수 있고, 이미 출연한 사업비를 환수할 수 있다.
제45조【권한의 위탁】이 법 제18조 및 제31조에 따른 중소기업청장의 권한은 중소기업정보진흥원장에게 위탁한다.

I. 문제의 소재

취소소송의 대상은 처분등이므로 이 사건 '지원금환수 및 사업참여자격 제한 통보'의 처분성이 인정되는지 문제된다.

II. 처분의 개념

처분이란 '행정청이 행하는 구체적 사실에 관한 법집행으로서의 공권력의 행사 또는 그 거부와 그 밖에 이에 준하는 행정작용'을 말한다(행정소송법 제2조 제1항 제1호).
행정청의 처분은 ① 행정청이 행하는, ② 구체적 사실에 관한 법집행으로서, ③ 공권력을 행사하거나 거부하는, ④ 국민의 권리의무에 직접 영향을 미치는 공법행위이어야 한다.[227]

---

[226] 2017년 사법시험 기출문제. 이 문제의 풀이 전개방식은 김남철 교수님의 「행정법 강론 사례연습」의 내용을 따랐음
[227] 대판 2012.9.27, 2010두3541

Ⅲ. 행정청이 일방적인 의사표시로 자신과 상대방 사이의 법률관계를 종료시킨 경우

판례는 "행정청이 자신과 상대방 사이의 근로관계를 일방적인 의사표시로 종료시켰다고 하더라도 곧바로 그 의사표시가 행정청으로서 공권력을 행사하여 행하는 행정처분이라고 단정할 수는 없고, <u>관계 법령이 상대방의 근무관계에 관하여 구체적으로 어떻게 규정하고 있는지에 따라 그 의사표시가 항고소송의 대상이 되는 행정처분에 해당하는 것인지 아니면 공법상 계약관계의 일방 당사자로서 대등한 지위에서 행하는 의사표시인지 여부를 개별적으로 판단</u>하여야 한다."228)고 하였다.

Ⅳ. 공법상 계약의 해지 및 환수에 대한 법령상 규정이 있는 경우와 없는 경우의 차이

1. 규정이 있는 경우

판례에 따르면 규정이 있는 경우 "협약의 해지 통보는 단순히 대등 당사자의 지위에서 형성된 공법상계약을 계약당사자의 지위에서 종료시키는 의사표시에 불과한 것이 아니라 <u>행정청이 우월적 지위에서 연구개발비의 회수 및 관련자에 대한 국가연구개발사업 참여제한 등의 법률상 효과를 발생시키는 행정처분에 해당한다.</u>"229)고 한다.

> [위 판례 사건]
> 재단법인 한국연구재단이 甲 대학교 총장에게 연구개발비의 부당집행을 이유로 '해양생물유래 고부가 식품·향장·한약 기초소재 개발 인력양성사업에 대한 2단계 두뇌한국(BK)21 사업' 협약을 해지하고 연구팀장 乙에 대한 국가연구개발사업의 3년간 참여제한 등을 명하는 통보를 하자 乙이 통보의 취소를 청구한 사례
> ▶ 과학기술기본법의 위임에 따라 국가연구개발사업 시행의 세부 사항을 규율하는 '구 국가연구개발사업의 관리 등에 관한 규정'은 제7조에서 대학 등 주관연구기관에 속한 연구자가 신청한 연구개발과제에 대한 심사를 거쳐 연구개발비 지원 대상을 선정하도록 하고, 제9조에서 위와 같이 선정된 과제에 대하여 중앙행정기관의 장 또는 그로부터 업무위탁을 받은 전문기관의 장과 주관연구기관의 장 사이에 사업 협약을 체결하여 연구개발비를 지원하도록 하며, 제12조에서 중앙행정기관의 장이 출연한 연구개발비를 주관연구기관의 장에게 지급하여 이를 관리·집행하도록 하고, 제11조에서 중앙행정기관의 장은 '주관연구기관의 중대한 협약 위반으로 인하여 연구개발을 수행하기가 곤란한 경우(제2호)' 등의 사유가 발생하였을 때에는 협약으로 정하는 바에 따라 <u>협약을 해약할 수 있도록 하면서(제1항), 특히 주관연구기관 등의 귀책사유 등을 이유로 한 협약 해약의 경우에는 출연금의 전부 또는 일부 회수 및 관련자에 대한 국가연구개발사업 참여제한 조치를 할 수 있도록(제3항) 규정함.</u>

---

228) 대판 2014.4.24, 2013두6244
229) 대판 2014.12.11, 2012두28704

▶ 따라서 과학기술기본법령상 사업 협약의 해지 통보는 단순히 대등 당사자의 지위에서 형성된 공법상계약을 계약당사자의 지위에서 종료시키는 의사표시에 불과한 것이 아니라 행정청이 우월적 지위에서 연구개발비의 회수 및 관련자에 대한 국가연구개발사업 참여제한 등의 법률상 효과를 발생시키는 행정처분에 해당한다.

2. 규정이 없는 경우

판례에 따르면 규정이 없는 경우 "협약의 해지 및 그에 따른 환수통보는 공법상 계약에 따라 행정청이 대등한 당사자의 지위에서 하는 의사표시로 보아야 하고, 이를 행정청이 우월한 지위에서 행하는 공권력의 행사로서 행정처분에 해당한다고 볼 수는 없다."230)고 한다.

[위 판례 사건]
중소기업기술정보진흥원장이 갑 주식회사와 중소기업 정보화지원사업 지원대상인 사업의 지원에 관한 협약을 체결하였는데, 협약이 갑 회사에 책임이 있는 사업실패로 해지되었다는 이유로 협약에서 정한 대로 지급받은 정부지원금을 반환할 것을 통보한 사례
▶ 중소기업 정보화지원사업에 따른 지원금 출연을 위하여 중소기업청장이 체결하는 협약은 공법상 대등한 당사자 사이의 의사표시의 합치로 성립하는 공법상 계약에 해당하는 점, 구 중소기업 기술혁신 촉진법 제32조 제1항은 제10조가 정한 기술혁신사업과 제11조가 정한 산학협력 지원사업에 관하여 출연한 사업비의 환수에 적용될 수 있을 뿐 이와 근거 규정을 달리하는 중소기업 정보화지원사업에 관하여 출연한 지원금에 대하여는 적용될 수 없고 달리 지원금 환수에 관한 구체적인 법령상 근거가 없는 점 등을 종합하면, 협약의 해지 및 그에 따른 환수통보는 공법상 계약에 따라 행정청이 대등한 당사자의 지위에서 하는 의사표시로 보아야 하고, 이를 행정청이 우월한 지위에서 행하는 공권력의 행사로서 행정처분에 해당한다고 볼 수는 없다.

V. 사안의 해결

이 사건 협약의 관련규정은 제18조이다. 그러나 협약해지 및 환수에 관하여는 법에 관련 규정이 없고, 협약에 근거한 행위이다. 따라서 법상 출연금 환수나 사업참여제한(제31조)은 제10조와 제11조에 따른 사업에 적용되는 규정으로서 이 사안에는 적용할 수 없다. 법령상 중소기업정보진흥원장은 중소기업청장의 권한을 위탁받은 자로서 이 사건 통보는 행정청의 행위이다.

그러나 지원금 환수와 사업참여제한은 계약상의 행위에 그칠 뿐 구체적 법집행행위로 볼 수 없다. 따라서 이 사건 통보는 취소소송의 대상이 될 수 없다.

---

230) 대판 2015.6.27, 2015두41449

연습 65

갑은 자신이 소유한 A토지를 지구단위계획구역에서 제외하는 내용의 도시·군관리계획의 입안을 입안권자인 B행정청에게 제안하였다. 그러나 B는 갑에게 입안을 거부하는 내용으로 통보하였다. 갑에 대한 B행정청의 거부통보는 취소소송의 대상이 되는가? (20점)

[참고조문] 국토의 계획 및 이용에 관한 법률
제26조【도시·군관리계획 입안의 제안】① 주민(이해관계자를 포함한다. 이하 같다)은 다음 각 호의 사항에 대하여 제24조에 따라 도시·군관리계획을 입안할 수 있는 자에게 도시·군관리계획의 입안을 제안할 수 있다. 이 경우 제안서에는 도시·군관리계획도서와 계획설명서를 첨부하여야 한다.
1. 기반시설의 설치·정비 또는 개량에 관한 사항
2. 지구단위계획구역의 지정 및 변경과 지구단위계획의 수립 및 변경에 관한 사항
3. 다음 각 목의 어느 하나에 해당하는 용도지구의 지정 및 변경에 관한 사항
  가. 개발진흥지구 중 공업기능 또는 유통물류기능 등을 집중적으로 개발·정비하기 위한 개발진흥지구로서 대통령령으로 정하는 개발진흥지구
  나. 제37조에 따라 지정된 용도지구 중 해당 용도지구에 따른 건축물이나 그 밖의 시설의 용도·종류 및 규모 등의 제한을 지구단위계획으로 대체하기 위한 용도지구

Ⅰ. 논점의 정리

B행정청의 계획변경불가의 통보, 즉 계획변경거부처분이 최소소송의 대상이 되는지 문제된다. 이의 해결을 위해 행정소송법상 처분개념과 거부처분의 처분성을 검토하고, 특히 갑에게 도시·군관리계획 입안에 관한 신청권이 있는지를 살펴본다.

Ⅱ. 행정소송법상 처분개념

1. 규정내용

행정소송법은 취소소송의 대상을 처분 등으로 명시하고 있다(제4조 제1호). 여기에서 처분 등이란 '행정청이 행하는 구체적 사실에 관한 법집행으로서의 공권력의 행사 또는 그 거부와 그 밖에 이에 준하는 행정작용 및 행정심판에 대한 재결'을 말한다(제2조 제1항 제1호).

2. 처분의 개념요소

(1) 행정청

처분은 행정청이 행하는 공권력행사이다. 행정청은 행정주체의 의사를 결정하여 외부에 표시할 수 있는 권한을 가진 기관을 말한다. 행정청에는 단독제기관 외에 합의제기관(예 노동위원회·토지수용위원회)도 포함된다. 국회나 법원의 기관이 행하는 실질적 의미의 행정에 속하는 구체적인 사실에 관한 법집행으로서의 공권력 행사도 처분에 해당한다. 행정청에는 법령에 의하여 행정권한의 위임 또는 위탁을 받은 행정기관, 공공단체 및 그 기관 또는 사인이 포함된다(행정소송법 제2조 제2항).

(2) 구체적 사실에 관한 작용

구체적 사실이란 관련자가 개별적이고 규율대상이 구체적인 것을 의미한다. 관련자가 일반적이고 규율사건이 구체적인 경우의 규율인 '일반처분' 역시 처분에 해당한다. 그러나 일반적·추상적 규범인 행정입법은 처분이 아니다(통설).

(3) 법집행으로서의 공권력의 행사

① **법집행** : 입법이 법정립행위인 것과 달리 처분은 법집행행위로서 판결과 유사하다. 여기서 '법집행'이란 국민의 권리·의무에 직접적 변동을 일으키는 행위이다. 따라서 사실상의 결과실현만을 위한 비권력적 사실행위나 행정청 내부행위는 처분성이 부정된다. 그러나 일부 견해는 법집행의 의미를 '법목적의 실현을 위한 법적 판단에 의거한 공적 결정'을 의미하는 것으로 보아 비권력적 사실행위도 처분개념에 포섭하여 파악한다.

② **공권력 행사** : 처분은 행정청의 공권력행사작용이다. 공권력행사란 공법에 근거하여 행정청이 우월한 지위에서 일방적으로 행하는 일체의 행정작용을 의미한다. 따라서 공법상 계약·공법상 합동행위는 처분이 아니다.

3. 판례의 태도

판례는 항고소송의 대상이 되는 행정처분이라 함은 <u>행정청의 공법상의 행위로서 특정사항에 대하여 법규에 의한 권리의 설정 또는 의무의 부담을 명하거나 기타 법률상 효과를 발생하게 하는 등 국민의 구체적인 권리의무에 직접적 변동을 초래하는 행위</u>로 본다(대판 2002.12.10, 2001두6333). 판례의 태도에 따르면 취소소송의 대상이 되는 공권력행사는 법적 행위에 한정된다. 법적 행위란 외부적으로 직접적인 법효과를 의도하는 의사표시를 말한다.

Ⅲ. 거부통보의 처분성 요건

1. 거부처분의 성립요건

(1) 공권력 행사의 거부

거부된 공권력 행사가 처분성을 가져야 한다. 즉 처분인 공권력 행사의 거부이어야 한다.

(2) 거부행위가 신청인의 권익에 직접적 영향을 미칠 것(= 법적 행위일 것)

'법적 행위'란 외부적 행위이며 국민의 권리나 법적 이익과 직접 관련되는 행위를 말한다. 판례도 "국민의 권리관계에 영향을 미치는 것"을 성립요건으로 보고 있다.

(3) 거부의 의사표시

거부의 의사표시가 있어야 한다. 거부의 의사표시는 묵시적일 수도 있다. 법령상 일정한 기간이 지났음에도 가부간의 처분이 없는 경우 거부가 의제되는 경우도 있다.

(4) 거부처분의 성립에 신청권이 필요한지 여부

 1) 학설
  ① 소송요건설
   ㉠ 거부행위 요건설 : 신청권을 거부행위의 요건으로 보고, 신청권이 있는 자에게는 당연히 거부처분을 다툴 원고적격을 인정하는 견해이다.
   ㉡ 원고적격 문제설 : 신청권은 원고적격의 문제로 보아야 하며, 거부행위가 처분에 해당하는가의 여부는 행정소송법 제2조에서 정의한 '처분'에 해당하는가의 여부에 따라 판단해야 한다는 견해이다.
  ② 본안문제설 : 신청권의 존재를 소송대상의 문제로 보면 행정소송법상의 처분개념을 부당하게 제한함으로써 국민의 권익구제의 길을 축소시키는 결과를 가져오고, 본안문제를 소송요건에서 판단하게 되는 문제가 있으므로 본안문제로 보자는 견해이다.

 2) 판례

판례는 거부가 항고소송의 대상이 되는 행정처분에 해당되려면, "ⅰ) 그 신청한 행위가 공권력의 행사 또는 이에 준하는 행정작용이어야 하고, ⅱ) 그 거부행위가 신청인의 법률관계에 어떤 변동을 일으키는 것이어야 하며, ⅲ) 그 국민에게 그 행위발동을 요구할 법규상 또는 조리상의 신청권이 있어야 한다."고 하여 신청권을 거부처분취소소송의 소송요건(특히 거부행위요건설)으로 본다. 즉 법규상 또는 조리상 신청권이 없는 경우 거부행위의 처분성을 인정하기 않고, 부작위를 인정하지 않는다.

3) 검토

판례의 입장을 대상적격과 원고적격의 구분을 무시한 것이라고 비판하는 견해도 있으나, 부작위의 개념에 관하여 행정소송법이 "행정청이 당사자의 신청에 대하여 상당한 기간내에 일정한 처분을 하여야 할 법률상 의무가 있음에도 불구하고 이를 하지 아니하는 것"이라고 하여 신청권에 대응하는 처분의무를 부작위의 요소로 규정하고 있고, 거부처분 개념은 부작위개념과 연결되어 있으므로 현행 행정소송법하에서는 신청권을 거부처분의 요건으로 보는 판례의 입장이 타당하다.

Ⅳ. 사안의 해결

B행정청의 도시·군관리계획 입안 거부처분은 관할관청에 의한 것이라는 점에서 행정청에 의한 것이고, 갑의 A토지의 도시·군관리계획 입안 신청에 관련된 것이라는 점에서 구체적 사실에 관한 것이고, 국토의 계획 및 이용에 관한 법률 제26조 등의 집행이라는 점에서 법집행에 관한 것이고, 행정청이 우월한 입장에서 일방적으로 행하는 의사결정이라는 점에서 공권력행사에 관한 것이어서 행정소송법상 처분개념에 해당한다. 또한 당해 거부처분은 A토지소유권 행사의 자유를 종국적·개별적·구체적으로 규제하여 국민의 구체적인 권리의무에 직접적 변동을 초래하는 행위라는 점에서 법적인 행위에도 해당한다.[231]

거부처분의 처분성을 인정하기 위해서는 신청권이 있어야 한다는 판례의 입장에 따르더라도, 국토의 계획 및 이용에 관한 법률 제26조가 지구단위계획구역의 지정 및 변경과 지구단위계획의 수립 및 변경에 관한 사항에 대하여 주민이 계획을 입안할 수 있도록 하고 있으므로 갑에게 신청권이 인정된다.

따라서 도시·군관리계획 입안 거부처분은 항고소송의 대상이 되는 행정처분에 해당하므로 취소소송의 대상이 된다.

---

231) 홍정선 외 2인, 「기본 CASE 행정법」, 박영사, 2016, p.240의 결론을 인용함

연습 66

甲은 교육공무원법 제11조의4 및 교육공무원임용령 제5조의2 제1항에 의하여 국립 A대학교 소속 단과대학 조교수로 4년의 기간을 정하여 임용되었다. 甲은 임용기간이 만료되기 4개월 전 임용기간의 만료 사실과 재임용 심사를 신청할 수 있음을 임용권자로부터 서면으로 통지받았다. 이에 따라 甲은 재임용 심사를 신청하였으나 임용권자는 국립 A대학교 본부인사위원회의 심의를 거쳐 "첫째, 피심사자 甲의 연구 실적이 '국립 A대학교 교원인사규정' 상의 재임용 최소요건은 충족하지만 지도학생에 대한 면담을 실시하지 않는 등 학생지도실적이 미흡하다. 둘째, 甲이 국립 A대학교 총장의 비리와 관련된 기사를 신문에 게재하여 교원으로서의 품위 및 학교의 명예를 크게 손상시켰다."라는 이유로 사전통지를 하지 아니한 채 甲에게 임용기간 만료 2개월 전에 재임용 탈락의 통지를 하였다.

한편, 국립 A대학교 총장이 교육공무원법 제11조의4 제5항 및 교육공무원임용령 제5조의2 제3항에 따라 제정한 '국립 A대학교 교원인사규정'에 의하면 교육공무원법 제11조의4 제5항 각호에서 규정하고 있는 사항 이외에 "교원으로서의 품위 및 학교 명예에 관한 사항"을 재임용 심사항목으로 규정하고 있다.

(1) 甲에 대한 재임용 탈락 통지의 법적 성질은? (10점)
(2) 재임용 탈락 통지에 대한 甲의 행정쟁송상 권리구제 수단은?[232] (20점)

[참조조문] 교육공무원법
제11조의4 【계약제 임용 등】 ① 대학의 교원은 대통령령으로 정하는 바에 따라 근무기간, 급여, 근무조건, 업적 및 성과 약정 등 계약조건을 정하여 임용할 수 있다.
④ 제3항에 따른 재임용 심의를 신청받은 임용권자는 대학인사위원회의 재임용 심의를 거쳐 해당 교원을 재임용할지 결정하고 그 사실을 임용기간이 끝나기 2개월 전까지 그 교원에게 문서로 통지하여야 한다. 이 경우 그 교원을 재임용하지 아니하기로 결정하였을 때에는 재임용하지 아니하겠다는 의사와 재임용 거부 사유를 구체적으로 밝혀 통지하여야 한다.
⑤ 대학인사위원회가 제4항에 따라 해당 교원의 재임용에 대하여 심의할 때에는 다음 각 호의 사항에 관한 평가 등 객관적인 사유로서 학칙으로 정하는 사유에 근거하여야 한다. 이 경우 심의 과정에서 15일 이상의 기간을 정하여 해당 교원에게 지정된 날짜에 대학인사위원회에 출석하여 의견을 진술하거나 서면으로 의견을 제출할 기회를 주어야 한다.
1. 학생 교육에 관한 사항 2. 학문 연구에 관한 사항 3. 학생 지도에 관한 사항
⑦ 재임용이 거부된 교원이 재임용 거부처분에 불복하려는 경우에는 그 처분이 있음을 안 날부터 30일 이내에 「교원의 지위 향상 및 교육활동 보호를 위한 특별법」 제7조에 따른 교원소청심사위원회에 심사를 청구할 수 있다.

> 교육공무원임용령
> 제5조의2 【대학교원의 계약제 임용 등】 ① 법 제11조의3에 따른 대학교원의 임용은 다음 각 호의 범위에서 계약조건을 정하여 행한다.
> 1-3 생략
> 4. 업적 및 성과 – 연구실적·논문지도·진로상담 및 학생지도 등에 관한 사항
> ③ 대학의 장은 법 제5조에 따른 대학인사위원회의 심의를 거쳐 제1항의 규정에 의한 계약조건에 관한 세부적인 기준을 정한다.

Ⅰ. 설문 (1) – 甲에 대한 재임용 탈락 통지의 법적 성질

1. 문제의 소재

임용권자의 甲에 대한 재임용 탈락 통지의 법적 성질은 '통지'가 거부처분으로서 항고소송의 대상적격이 있는지의 문제이다. 甲이 재임용을 신청할 법규상 또는 조리상의 신청권이 있다면 처분성을 긍정하게 되나, 신청권을 부인하면 단순히 교원의 지위가 소멸하였음을 알려주는 통고로서 사실행위에 불과하게 될 것이다.

한편 甲의 재임용 탈락 통지의 적법성 여부와 관련하여 당해 행위가 기속행위인지 재량행위인지도 문제된다.233)

2. 거부처분인지 여부

(1) 거부처분의 인정요건

판례는 거부행위가 항고소송의 대상인 행정처분이 되기 위해서는 <u>① 그 신청한 행위가 공권력의 행사 또는 이에 준하는 행정작용이어야 하고, ② 그 거부행위가 신청인의 법률관계에 어떤 변동을 일으키는 것이어야 하며, ③ 그 국민에게 그 행위발동을 요구할 법규상 또는 조리상의 신청권이 있어야 한다</u>고 하여 신청권을 거부처분취소소송의 소송요건(특히 거부행위요건설)으로 본다.234)

---

232) 2008년 사법시험 기출문제
233) 설문에서 직접 묻지 않았으나 본안에서 통지의 적법성을 판단할 때, ① 재임용 탈락 통지의 절차상 하자가 독자적 위법사유가 되는지 여부, ② '교원으로서의 품위 및 학교 명예에 관한 사항'을 심사항목으로 규정한 것, ③ 재임용 최소요건을 충족함에도 '학생지도실적 미흡'을 이유로 재임용을 거부한 것과 관련하여 기속행위·재량행위의 구분이 필요하다.
234) 대판 1989.11.28. 89누3892

(2) 사안의 경우

1) 신청한 행위가 공권력의 행사에 해당하는지 여부

국립대학교 교원의 임용은 국가의 일방적 의사표시로서 공무원의 지위를 발생시키는 행정행위에 해당한다. 따라서 甲이 신청한 행위는 공권력의 행사에 해당한다.

2) 거부행위가 신청인의 법률관계에 변동을 일으키는지 여부

재임용 거부통지로 인하여 재임용 심사대상자인 甲은 교육공무원으로서의 법적 지위를 더 이상 누릴 수 없으므로 그의 권익에 직접적인 침해를 입힌다.

3) 법규상 또는 조리상의 신청권이 있는지 여부

종래 판례는 기간을 정하여 임용된 대학교원은 재임용 심사를 요구할 법규상·조리상 신청권이 없다고 보았으나,[235] 이후 전원합의체 판결을 통하여 "기간제로 임용되어 임용기간이 만료된 국·공립대학의 조교수는 교원으로서의 능력과 자질에 관하여 합리적인 기준에 의한 공정한 심사를 받아 위 기준에 부합되면 특별한 사정이 없는 한 재임용되리라는 기대를 가지고 재임용 여부에 관하여 합리적인 기준에 의한 공정한 심사를 요구할 법규상 또는 조리상 신청권을 가진다."[236]고 판시하였다.

따라서 甲에 대하여 재임용을 거부하는 취지로 한 임용기간만료의 통지는 거부처분으로서 취소소송의 대상이 된다.

3. 재량행위인지 여부

(1) 기속행위와 재량행위의 구별기준

기속행위와 재량행위의 구별에 대하여 판례는 당해 행위의 근거가 된 법규의 체재·형식과 그 문언, 당해 행위가 속하는 행정 분야의 주된 목적과 특성, 당해 행위의 성질과 유형 등을 모두 고려하여 판단하는 것을 원칙으로 하면서[237], 헌법상 기본권과의 관계 등을 함께 고려하여 개별적으로 판별한다.

---

235) 교육공무원법 제11조 제3항, 교육공무원임용령 제5조의2 제2항에 의하면 대학에 근무하는 조교수는 4년 이내의 기간을 정하여 임용하도록 규정하고 있을 뿐, 위 법률의 어디에도 임용권자에게 임용기간이 만료된 자를 재임용할 의무를 지우거나 재임용절차 및 요건 등에 관하여 아무런 근거규정을 둔 바 없으므로, 기간을 정하여 임용된 대학교원은 그 임용기간의 만료로 대학교원으로서의 신분관계는 당연히 종료되는 것이고, 그 임용기간의 만료에 따른 재임용의 기대권을 가진다고 할 수 없으며, 이와 같이 기간을 정하여 임용된 대학교원이 그 기간이 만료된 때에 만약 재임용계약을 체결하지 못하면 재임용거부결정 등 특별한 절차를 거치지 않아도 당연퇴직되는 것이므로 임용권자가 인사위원회의 심의결정에 따라 교원을 재임용하지 않기로 하는 결정을 하고서 이를 통지하였다고 하더라도 이는 교원에 대하여 임기만료로 당연퇴직됨을 확인하고 알려주는 데 지나지 아니하고, 이로 인하여 어떠한 법률효과가 발생하는 것이 아니므로 이를 행정소송의 대상이 되는 행정처분이라고 할 수 없다(대판 1997.6.27. 96누4305).
236) 대판 2004.4.22. 2000두7735
237) 대판 2001.2.9. 98두17593

(2) 사안의 경우

교육공무원법 제11조의4 제5항에 따르면 대학 교원의 재임용 여부는 대학인사위원회의 심의를 거쳐 결정하는바, 교육법령상 대학교수 등에게는 고도의 전문적인 학식과 교수능력 및 인격 등을 갖출 것을 요구하고 있어서 임용권자는 이와 같은 여러 가지 사정을 참작하여 재임용 여부를 결정할 수 있어야 할 것이므로, 임용기간이 만료된 자를 다시 임용할 것인지의 여부는 임용권자의 재량이라 할 것이다.

Ⅱ. 설문 (2) – 甲의 행정쟁송상 권리구제 수단

1. 문제의 소재

재임용 탈락 통지는 거부처분에 해당하므로 행정심판과 행정소송을 고려할 수 있다. 그런데 행정심판법에 의한 통상적인 행정심판절차가 아니라 교육 관련법령에서 마련한 별도의 행정심판에 의할지가 문제되며, 주로 항고소송으로서 취소소송의 제기가 문제된다. 그밖에 가구제수단으로 집행정지와 임시처분이 문제되며, 의무이행소송의 제기 가능성도 검토될 수 있다.

2. 재임용 탈락 통지의 위법성

(1) 절차상 하자

대학인사위원회가 심의기일 15일 전까지 사전통지를 통한 의견제출 절차를 결여한 채 재임용 탈락을 결정한 것에 절차상 하자가 존재한다. 절차 측면에서 중대하고 명백한 하자가 있다는 견해가 있을 수 있으나, 판례에 따르면 법원은 이러한 절차적 하자를 이유로 당해 처분이 위법하다고 하여 이를 취소할 수 있다.[238]

(2) 내용상 하자

'교원으로서의 품위 및 학교 명예에 관한 사항'을 재임용 심사항목으로 규정한 것은 그 내용이 지나치게 추상적이고 자의적인 판단이 가능하여 교육공무원법 제11조의4 제5항 각 호의 사항에 준하는 '객관적인 사유'에 부합하지 않아 법률의 수권범위를 넘어서 위법하다고 본다. 그리고 재임용 최소요건을 충족함에도 '학생지도실적 미흡'을 이유로 재임용을 거부한 것은 甲의 사익을 지나치게 침해하는 것으로 비례원칙을 위반한 재량권의 일탈·남용으로 볼 수 있다.

다만 이러한 내용상 하자의 위법성의 정도는 수권목적 내지 범위와 비례원칙 위반이란 하자는 중대하나 외관상 명백하다고 볼 수 없어 취소사유에 해당한다고 볼 것이다(중대명백설).

---

238) 대판 2004.7.8. 2002두8350

3. 행정심판

임용권자의 거부처분에 대해 행정심판법에 따라 의무이행심판 또는 거부처분취소심판을 제기할 수 있는지 문제된다.

그런데 교육공무원법 제11조의4 제7항에서 "재임용이 거부된 교원이 재임용 거부처분에 불복하려는 경우에는 그 처분이 있음을 안 날부터 30일 이내에 「교원의 지위 향상 및 교육활동 보호를 위한 특별법」 제7조에 따른 교원소청심사위원회에 심사를 청구할 수 있다"고 규정하고 있으므로 甲은 행정심판이 아니라 교원소청심사위원회에 심사청구를 하여야 한다. 그리고 동법에서 규정된 특례규정은 행정심판법에 우선하여 적용되고, 동법에서 규정하고 있지 않은 사항과 절차는 일반법인 행정심판법의 적용을 받는다(행정심판법 제4조 제2항).

4. 행정소송

(1) 취소소송 또는 무효확인소송의 제기 가능성

甲은 교원소청심사위원회에 대한 심사청구를 필요적 전치절차로 하여 항고소송으로서 거부처분취소소송을 제기할 수 있다. 법원이 거부처분의 위법성을 인정하여 취소판결을 하고 이 판결이 확정되면 행정청에게 재처분의무가 인정되며(행정소송법 제30조 제2항), 이러한 재처분의무를 행정청이 이행하지 아니하면 甲은 간접강제를 신청할 수 있다(제34조). 위에서 살펴본 바와 같이 처분의 하자에 취소사유가 있음을 인정한다면 무효확인소송을 제기하더라도 본안에서 승소하기는 어려울 것이다.

(2) 의무이행소송의 제기 가능성

의무이행소송은 당사자의 일정한 행정행위의 신청에 대하여 행정청이 거부하거나 부작위로 대응한 경우, 행정청에 일정한 행정행위를 해 줄 것을 청구하는 내용의 행정소송을 말한다. 우리 행정소송법은 그에 관한 명문의 규정이 없어 인정여부에 관하여 견해가 대립하나, 현행 행정소송법의 해석론으로서 의무이행소송을 부정하는 판례[239]의 입장에 의할 때 甲이 의무이행소송의 제기를 통해 권리구제를 받은 것은 현실적으로 불가능하다.

5. 가구제 수단

(1) 거부처분에 대한 집행정지 인정 여부

행정심판과 행정소송에서 거부처분에 대해 집행정지를 인정할 실익이 있는지에 대하여 견해가 대립한다. 이에 대해 판례는 거부처분에 대한 집행정지를 인정하더라도 그 처분이

---

[239] 대판 1997.9.30. 97누3200

없었던 것과 같은 상태를 만드는 것에 지나지 아니하는 것이고 그 이상으로 행정청에 대하여 어떠한 처분을 명하는 등 적극적인 상태를 만들어 내는 경우를 포함하지 아니라는 이유로 거부처분에 대한 집행정지를 인정하지 않는다.240)

(2) 임시처분 인정 여부

행정심판 청구인의 권리를 적극적으로 보호하기 위해 마련된 임시처분이 인정되려면 ① 행정심판청구가 적법하게 계속되어야 하고, ② 처분 또는 부작위가 위법·부당하다고 상당히 의심되는 경우이어야 하고, ③ 당사자가 받을 우려가 있는 중대한 불이익이나 당사자에게 생길 급박한 위험을 막을 필요가 있어야 하며, ④ 공공복리에 중대한 영향을 미칠 우려가 없어야 하고, ⑤ 집행정지로 목적을 달성할 수 없을 것이라는 요건을 만족하여야 한다(행정심판법 제31조).

사안에서 다른 요건들은 특별히 문제가 없으나, 甲이 받을 불이익이 중대하거나 급박하다고 볼 수 없으므로 임시처분의 요건을 충족하지 못한다고 본다.

(3) 민사집행법상 가처분 준용 여부

가처분이란 다툼이 있는 법률관계에 관하여 잠정적으로 임시의 지위를 보전하는 것을 내용으로 하는 가구제제도이다(민사집행법 제300조). 행정소송에 가처분을 인정할 것인지의 논의가 있으나, 판례는 민사집행법상의 가처분으로써 행정청의 어떠한 행정행위의 금지를 구하는 것은 허용될 수 없다는 입장이다.241)

---

240) 대결 1991.5.2, 91두15
241) 대결 1992.7.6, 92마54

연습 67

甲은 乙이 대표이사로 있는 A운수주식회사에서 운전기사로 근무하고 있는데, A회사의 노사 간에 체결된 임금협정에는 운전기사의 법령위반행위로 회사에 과징금이 부과되면 추후 당해 운전기사에 대한 상여금 지급 시 그 과징금 상당액을 공제하기로 하는 내용이 포함되어 있다. 다음 질문에 답하시오. (총 50점)

(1) 甲의 법령위반행위로 인하여 A회사에 과징금이 부과된 경우, A회사에 갈음하여 대표이사인 乙이 스스로 당해 과징금 부과처분에 대한 취소소송을 제기한다면 이 소송은 적법한가? 또한 乙이 甲의 법령위반행위로 인한 과징금의 액수가 과다하지만 그 액수만큼 甲에 대한 상여금에서 공제할 수 있어 회사에 실질적인 손해가 없다고 생각하여 과징금부과처분에 대한 취소소송의 제기에 적극적인 태도를 보이지 않는 경우, 甲이 당해 과징금부과처분에 대한 취소소송을 제기한다면 이 소송은 적법한가? (30점)

(2) 과징금부과처분에 대한 취소소송에서 법원이 A회사에 대한 과징금의 금액이 지나치게 과다하다고 판단할 경우, 법원은 적정하다고 판단하는 한도 내에서 과징금부과처분의 일부를 취소할 수 있는가? (20점)

〈공인노무사 2013〉

I. 설문 (1) – 과징금부과처분취소소송의 적법성

1. 문제의 상황

취소소송이 적법하려면 ① 처분 등이 존재하고, ② 관할권 있는 법원에, ③ 원고가 피고를 상대로, ④ 일정 기간 내에, ⑤ 소장을 제출하여야 하고, ⑥ 일정한 경우에는 행정심판전치를 거쳐야 하고, ⑦ 처분 등의 취소 또는 변경을 구할 이익이 있어야 한다.

설문에서 특히 문제되는 소송요건은, 과징금 부과처분의 직접 상대방은 A회사임에도 대표이사 을과 근로자 갑이 이를 다툴 원고적격을 갖는지에 있다.

2. 대상적격

과징금 부과처분은 일정한 금전급부 의무를 부과하는 강학상 하명에 해당한다. 이는 행정청이 행하는 구체적 사실에 대한 법집행으로 공권력행사이며, 국민의 권리·의무에 직접 영향을 미치는 법적 행위로서 항고소송의 대상인 처분이다.

3. 원고적격

(1) 문제점

원고적격이란 행정소송에서 원고가 될 수 있는 자격을 말한다. 행정소송법 제12조는 "처분 등의 취소를 구할 법률상 이익이 있는 자"가 취소소송을 제기할 수 있다고 규정한다. 따라서 처분의 직접 상대방이 아니더라도 법률상 이익이 있는 자는 원고가 될 수 있다. 설문에서 과징금 부과처분의 상대방이 아닌 대표이사 을이나 근로가 갑이 A회사에 대한 처분을 다툴 법률상 이익이 있는지 문제된다.

(2) '법률상 이익'의 의미

행정소송법 제12조 1문의 '법률상 이익'이 무엇을 의미하는지에 대해서 취소소송의 기능과 관련하여 견해가 나뉘어져 있다.

1) 학설

취소소송의 본질(기능)에 관해 ① 위법한 처분으로 야기된 개인의 권리의 회복에 있다고 보는 권리구제설, ② 위법한 처분으로 권리뿐 아니라 법에 의해 보호되는 이익을 침해당한 자도 처분을 다툴 수 있다는 법률상 보호이익설, ③ 실질적으로 보호가치 있는 이익(법률상 보호되는 이익+사실상의 이익)이 침해된 자는 소송을 제기할 수 있다는 보호가치 있는 이익설, ④ 당해 처분을 다툼에 있어 가장 적합한 이해관계를 가진 자가 원고적격을 갖는다는 적법성보장설이 있다.

2) 판례

판례는 기본적으로 법률상 보호이익설을 취하는 것으로 평가되고 있는데, <u>처분의 근거법규 및 관련법규(처분의 근거법규 및 관련법규의 입법취지 포함)에 의해 개별적으로 보호되는 직접적이고 구체적인 개인적 이익</u>을 법률상 이익으로 보고 있다.

3) 검토

행정소송법 제12조는 법률상 이익이 있는 자가 취소소송을 제기할 수 있음을 규정하고 있고, 국민의 권리구제와 법원의 부담의 사이의 조화와 균형을 달성하는 법률상 보호이익설이 타당하다.

(3) 법률상 보호이익의 판단기준

1) '법률'의 범위

취소소송에 있어서 판례는 <u>당해 처분의 근거법률뿐만 아니라 관계법규범까지 법의 범위를 확장하여 법률상 이익을 확장</u>242)하고, <u>기본권</u>에 근거하기도 한다.243)

---

242) 조성면적 10만m² 이상이어서 환경영향평가대상사업에 해당하는 당해 국립공원 집단시설지구개발사업에 관하여 당해 변경승인 및 허가처분을 함에 있어서는 반드시 자연공원법령 및 환경영향평가령 소정의 환경영향평가를 거쳐서 그 환경영향평가의 협의내용을 사업계획에 반영시키도록 하여야 하는 것이니 만큼 자연공원법령뿐 아니라 환경영향평가법령도 당해 변경승인 및 허가처분에 직접적인 영향을 미치는 근거 법률이 된다(대판 1998.4.24. 97누3286).
243) 설사 국세청장의 지정행위의 근거규범인 이 사건 조항들이 단지 공익만을 추구할 뿐 청구인 개인의 이익을 보호하려는 것이 아니라는 이유로 청구인에게 취소소송을 제기할 법률상 이익을 부정한다고 하더라도, 청구인의 기본권인 경

2) '이익이 있는'의 의미

판례에 의하면 '법률상 이익'은 처분의 근거 법률에 의하여 보호되는 직접적이고 구체적인 이익이 있는 경우를 말하고 단지 간접적이거나 사실적, 경제적 이해관계를 가지는 데 불과한 경우는 여기에 포함되지 않는다.[244] 그리고 계쟁처분에 의해 법률상 이익이 현실적으로 침해된 경우(예 영업허가의 취소)뿐 아니라 침해의 발생이 확실히 예견되는 경우(예 공장 건축허가)에도 청구인적격이 인정된다.

3) '자'의 범위

법률상 이익의 주체에는 자연인, 법인, 법인격 없는 단체, 다수인도 가능하다.

(4) 법인의 주주 또는 이사, 종업원 등의 경우

1) 원칙

법인의 주주 또는 이사, 종업원 등은 법인에 대한 행정처분(주류제조면허취소처분, 자동차운송사업면허취소처분 등과 같은 법인 자체에 대한 각종 침익적 행정처분)에 관하여 사실상이나 간접적인 이해관계를 가질 뿐이어서 그 법인이 당해 처분의 취소 등을 구할 원고적격이 있을 뿐 주주 등이 스스로 그 처분의 취소를 구할 원고적격이 없는 것이 원칙이다.[245] 설문과 유사한 사건에서 판례는 "회사의 노사 간에 임금협정을 체결함에 있어 운전기사의 합승행위 등으로 회사에 대하여 과징금이 부과되면 당해 운전기사에 대한 상여금지급시 그 금액상당을 공제하기로 함으로써 과징금의 부담을 당해 운전기사에게 전가하도록 규정하고 있고 이에 따라 당해 운전기사의 합승행위를 이유로 회사에 대하여 한 과징금부과처분으로 말미암아 당해 운전기사의 상여금지급이 제한되었다고 하더라도, 과징금부과처분의 직접 당사자 아닌 당해 운전기사로서는 그 처분의 취소를 구할 직접적이고 구체적인 이익이 있다고 볼 수 없다."[246]고 하였다.

2) 예외

그러나 판례는 ① 그 처분으로 인하여 법인이 더 이상 영업 전부를 행할 수 없게 되고, 영업에 대한 인·허가의 취소 등을 거쳐 해산·청산되는 절차 또한 처분 당시 이미 예정되어 있으며, 그 후속절차가 취소되더라도 그 처분의 효력이 유지되는 한 당해 법인이 종전에 행하던 영업을 다시 행할 수 없는 예외적인 경우,[247] ② 그 처분으로 인하여 궁극적으로 주식이 소각되거나 주주의 법인에 대한 권리가 소멸하는 등 주주의 지위에 중대한 영향을

쟁의 자유가 바로 행정청의 지정행위(납세병마개 제조자지정행위)의 취소를 구할 법률상 이익이 된다 할 것이다(헌재 1998.4.30, 97헌마141).
244) 대판 2005.5.12, 2004두14229
245) 대판 1971.3.23, 70누164, 대판 1995.8.22, 94누8129, 대판 1999.6.11, 96누10614 등
246) 대판 1994.4.12, 93누24247
247) 대판 2005.1.27, 2002두5313

초래하게 되는데도 그 처분의 성질상 당해 법인이 이를 다툴 것을 기대할 수 없고 달리 주주의 지위를 보전할 구제방법이 없는 경우248)에는 주주도 그 처분에 관하여 직접적이고 구체적인 법률상 이해관계를 가진다고 보이므로 그 취소를 구할 원고적격이 있다고 하였다.

(5) 대표이사 을과 운전기사 갑의 원고적격

원칙적으로 대표이사 을이나 근로자인 갑은 과징금 부과처분에 사실상 또는 간접적인 이해관계를 가질 뿐이어서 그 법인이 당해 처분의 취소 등을 구할 원고적격이 있을 뿐 이들이 스스로 그 처분의 취소를 구할 원고적격은 없다.

판례가 예외적으로 원고적격을 인정하는 점을 감안하더라도, 설문에서 과징금 부과처분으로 인하여 A회사가 더 이상 영업 전부를 행할 수 없게 되는 등의 사유가 보이지 않으므로 대표이사 을의 경우는 원고적격은 부정된다.

다만 운전기사 갑의 경우 대표이사가 소송의 제기에 적극적인 태도를 보이지 않아 급료상 불이익으로 재산권, 직업의 자유, 행복추구권을 제한당하고 근로자의 지위에 중대한 영향을 받는다면 원고적격을 인정할 여지가 있다.

4. 설문의 해결

대표이사 을이 제기한 취소소송은 원고적격이 인정되기 어려워 부적법하다. 운전기사 갑의 경우 기타 소송요건을 만족하는 것을 전제로, 원고적격이 인정된다면 취소소송은 적법할 수도 있다.

Ⅱ. 설문 (2) - 일부취소판결의 가능성

1. 문제 상황

취소소송의 인용판결은 위법한 처분 등의 '취소 또는 변경'을 내용으로 하는 판결이다(행정소송법 제4조 제1호). 여기서 '변경'의 의미에 관하여는, 원처분을 새 처분으로 대체시키는 적극적 형성판결로 이해하는 입장과, 권력분립의 관점에서 이를 일부취소의 의미로 보는 소극적 입장이 대립하고 있으나, 소극설이 통설·판례이다. 그런데 '취소'와 관련하여 과징금 부과 처분의 일부만이 위법한 경우에도 위법한 부분만의 취소가 가능한지 살펴본다.

2. 일부취소의 인정기준

처분의 일부취소의 가능성은 일부취소의 대상이 되는 부분의 분리취소가능성에 따른다고

---

248) 대판 2004.12.23, 2000두2648

보는 것이 일반적이다. 이에 따르면 일부취소되는 부분이 분리가능하고, 당사자가 제출한 자료만으로 일부취소되는 부분을 명확히 확정할 수 있는 경우에 일부취소가 가능하다.

3. 일부취소판결의 가능성

(1) 기속행위

① 법률효과가 일의적으로 규정되어 있는 기속행위의 경우는 일부취소판결이 가능하다. 판례도 "과세관청이 세율을 잘못 적용하여 그 부과처분의 적부가 다투어지는 소송절차에서 법원이 바른 세율을 찾아내어 이를 적용한 결과 과세관청이 부과한 산출세액 보다 많은 세금을 인정하였더라도, 납세자가 취소를 구하는 부과처분 중 정당한 세액을 초과하는 위법의 부과부분이 있는 경우에는 그 부과처분은 정당하게 인정된 과세표준과 세액을 초과하는 범위에서만 위법하여 취소의 대상이 된다."[249]며 일부취소를 인정한다.

② 다만, 금전부과처분에서 적법하게 부과될 부과금액을 산출할 수 없는 경우에는 그 금전부과처분이 기속행위일지라도 일부취소가 인정되지 않는다.[250]

(2) 재량행위

재량행위에서는 권력분립의 원칙과 행정의 1차적 처분권을 보장한다는 면에서 이를 부정하는 것이 일반적인 견해이다. 판례도 "자동차운수사업면허조건 등을 위반한 사업자에 대하여 행정청이 행정제재수단으로 사업 정지를 명할 것인지, 과징금을 부과할 것인지, 과징금을 부과키로 한다면 그 금액은 얼마로 할 것인지에 관하여 재량권이 부여되었다 할 것이므로 과징금부과처분이 법이 정한 한도액을 초과하여 위법할 경우 법원으로서는 그 전부를 취소할 수밖에 없고, 그 한도액을 초과한 부분이나 법원이 적정하다고 인정되는 부분을 초과한 부분만을 취소할 수 없다."[251]고 하였다.

다만, 어느 정도로 처분을 할 것인지에 대해 행정청의 재량이 인정되는 경우 법원은 원칙적으로 재량권이 일탈·남용 여부만을 심사하여야 한다.

4. 설문의 해결

과징금 부과처분은 금전부과의 문제로서 '가분적 처분'이라고 볼 것이지만 '재량처분'에 해당하므로, 일부취소판결이 불가하다.

---

249) 대판 1989.8.8, 88누6139
250) 대판 2004.7.22, 2002두868
251) 대판 1998.4.10, 98두2270

연습 68

갑은 수원경찰서 생활질서계 소속 순경으로 2025년 1월 10일 관내 불법게임장 운영업자로부터 시가 100만원 상당의 점심을 대접받은 사실이 청문감사관실에 적발되어 즉시 직위해제 조치되었다.

(1) 직위해제에 대한 사법심사가 가능한가? (10점)

그런데, 위 직위해제 처분의 근거가 사실은 불법게임장 단속에 유능한 갑을 곤란에 빠뜨림으로써 단속을 당하지 않으려는 불법게임장 운영업자의 허위신고에 기반한 것이기 때문에, 갑은 청문감사관실에서 당연히 그러한 사실을 밝혀낸 후 직위를 부여해 줄 것이라 기대하고 아무런 법적 조치를 취하지 아니하였는데, 경기지방경찰청장은 불법게임장 운영업자의 진술을 토대로 3개월이 경과한 후 직위를 부여하지 아니하였을 뿐만 아니라 적법한 징계위원회의 동의를 거쳐 적법하게 갑을 직권면직 조치하였다. 갑은 그제야 정신이 번쩍 들어 법적으로 다투려고 한다.

(2) 갑이 직권면직 처분에 대하여 다투려고 할 때, 행정쟁송 절차를 설명하라. (10점)

(3) 적법한 절차를 거친 직권면직 처분을 받은 갑이 항고쟁송을 통해 구제받을 수 있겠는가?[252] (20점)

Ⅰ. 설문 (1)의 해결 : 직위해제에 대한 사법심사 가능성

1. 문제점

전통적인 견해에 따르면 특별권력관계에서의 특별권력주체의 행위는 특별권력관계의 내부질서유지를 위한 행위로 사법심사의 대상에서 제외되는 것으로 보았다. 그러나 오늘날 특별권력관계에서도 법률상 이익에 관한 분쟁이기만 하면 사법심사의 대상이 된다는 것이 일반적인 견해이다. 그 밖에 직위해제가 소송법상 '처분'에 해당하는지가 문제된다.

2. 특별권력관계이론

(1) 의의

공법상 특별권력관계란 특별한 공행정목적을 위해 특별한 원인 또는 동의에 의하여 성립되고, 구체적인 법률의 근거 없이도 특별권력주체에게 특정신분자에 대한 포괄적 지배권이 부여되고 상대방인 특정신분자는 이에 복종할 지위에 있는 관계를 말한다.

---

[252] 오현웅·정현신, 「경찰행정법」, 경찰공제회, 2017, P.286의 사례문제를 참조하였음

(2) 종류

특별권력 관계는 ① 공법상 근무관계, ② 공법상 영조물 이용관계, ③ 공법상 특별감독관계, ④ 공법상 사단관계가 있다.

(3) 내용

1) 포괄적 명령권

특별권력관계가 성립된 이상 특별권력의 주체가 개별적인 법률의 근거 없이도 상대방에 대해 필요한 조치를 명할 수 있는 권한이다.

2) 징계권

특별권력관계에 있어서의 내부질서유지나 의무이행확보를 위해 징계벌을 과할 수 있다. 징계권의 발동은 법령의 근거를 요하며 비례의 원칙의 한계 내에서 행사되어야 한다.

3) 특별권력의 한계

특별권력은 법령에 위배되지 않고, 당해 특별권력관계를 설정한 목적 내에서 비례의 원칙에 적합하게 필요한 범위에 행사되어야 한다.

(4) 법률유보·사법심사와의 관계

1) 기본권제한과 법률유보

① **일반행정법관계설** : 특별권력관계도 본질적으로 일반권력관계와 다르지 아니한 법률관계이므로 원칙적으로 법률의 근거가 있어야 한다. 따라서 그 구성원의 권리제한이나 의무를 부과하는 경우 법령에 근거하여야 한다. 우리나라의 경우 국가공무원법 등을 통하여 공무원의 권리의 내용, 징계의 절차와 사유 등을 규정하고 있다.

② **특별행정법관계설** : 법률유보의 원칙은 원칙상 특별권력관계에도 적용되나, 특별한 행정목적을 효율적으로 달성할 수 있도록 하기 위하여 필요한 한도 내에서는 특별한 법적 규율이 행해질 수 있다고 본다.

2) 사법심사

① **전통적 이론**(제한적 사법심사) : Bachof는 공무원이 행정조직의 일원으로서 행정주체와 관계를 맺고 있는 내부관계에서는 이에 관한 고권적 행위는 법적 성격이 부인되는 것이어서 사법심사에서 배제된다고 하였으며, Ule는 경영수행관계, 즉 공무원에 대한 직무명령, 학생에 대한 수업이나 시험실시행위, 수형자에 대한 행형 등 특별권력관계의 설정목표를 실현하는데 필요한 기타의 관계는 단지 내부적 효력만 갖기 때문에 행정소송의 대상이 되지 못한다고 하였다.

② **오늘날의 이론**(전면적 사법심사) : 다수설과 판례의 경향은 특별권력관계에서도 일반권력관계와 동일하게 사법심사가 가능하다고 본다. 다만 법령에 의해 특별권력주체에게 폭넓은 재량권이 주어지는 경우에는 재량행위에 대한 사법심사의 문제가 될 뿐이다.

3) 검토

법치주의·의회민주주의·기본권존중주의가 확립된 오늘날의 헌법구조 아래에서는 법으로부터 자유로운 영역인 특별권력관계를 인정할 수 없다. 법원조직법 제2조 제1항은 '법원은 헌법에 특별한 규정이 있는 경우를 제외하고는 일체의 법률적 쟁송을 심판하고'라고 규정하고 있어 종래에 특별권력관계로 다루어져 온 영역들은 법률적 쟁송임이 분명하다. 따라서 특별권력관계 영역도 헌법에 특별한 규정(예 국회의원의 징계)이 없는 한 사법심사의 대상이 된다. 따라서 법치주의의 존부가 문제될 것은 아니고 재량의 광협만이 문제된다고 본다.

3. 직위해제의 '처분성' 인정여부[253]

(1) 직위 해제의 의의

직위해제란 공무원에게 직무수행을 계속하게 할 수 없는 사유가 발생한 경우, 공무원의 신분은 보유하나 보직을 해제하여 직무담당을 하지 못하게 하는 것을 말한다. 앞에서 살핀 바와 같이 전통적인 '특별권력관계' 이론은 받아들일 수 없으며, 직위해제 역시 항고소송을 대상이 되는 '처분'의 범주에 해당한다면 당연히 사법심사가 가능하다고 할 것이다.

(2) 직위해제의 '처분성'

직위해제처분은 공무원의 근무관계를 정지시키는 행위로서 갑의 법적 지위에 직접적이고 구체적으로 영향을 미치는 것으로 항고소송의 대상인 처분에 해당한다고 보아야 한다.

4. 설문 (1)의 해결

갑에 대한 직위해제처분 역시 항고소송의 대상이 되는 처분에 해당하므로, 비록 특별행정법관계 내부의 행위라 하더라도 이는 사법심사의 대상이 된다.

---

253) 이 문제를 서술함에 있어, 특별권력관계 논의의 분량을 줄이고, '처분성' 또는 '행정행위성' 인정여부에 대한 논의의 분량을 늘릴 수 있다. 그럴 경우에는 '처분' 또는 '행정행위성'의 개념징표를 서술한 후 직위해제가 그러한 개념징표에 해당하는지를 설명하면 된다.

Ⅱ. 설문 (2)의 해결 : 소청심사(행정심판)과 행정소송

1. 문제점

행정쟁송에는 행정심판과 행정소송이 있는데, ① 행정심판을 통해 직권면직을 다투려면 특별행정심판 절차인 소청심사를 제기하여야 하는지 여부, ② 임의적 행정심판전치와 관련하여 소청심사와 행정소송과의 관계 등이 문제된다.

2. 소청심사제도

행정심판법 제4조 제1항은 사안의 전문성과 특수성을 살리기 위하여 특히 필요한 경우에 특별행정심판절차를 다른 법률로 정할 수 있도록 하고 있는바, 공무원의 징계처분, 그 밖에 그 의사에 반하는 불리한 처분에 대한 불복신청에 대하여 심사하는 소청심사는 특별행정심판에 해당한다.

3. 임의적 행정심판전치와 소청심사제도

(1) 임의적 행정심판전치

행정소송의 제기에 앞서 행정청에 대해 먼저 행정심판의 제기를 통해 처분의 시정을 구하고, 그 시정에 불복이 있을 때 소송을 제기하는 것을 행정심판의 전치라고 한다.

행정소송법 제18조 제1항 본문은 행정처분으로 인하여 권익을 침해받은 경우 행정심판을 거치고 행정소송을 제기할 수도 있고, 바로 행정소송을 제기할 수도 있도록 하고 있다.

(2) 소청심사의 필요적 전치

국가공무원법 제16조는 "제75조에 따른 처분(징계처분, 강임·휴직·직위해제 또는 면직처분), 그 밖에 본인의 의사에 반한 불리한 처분이나 부작위에 관한 행정소송은 소청심사위원회의 심사·결정을 거치지 아니하면 제기할 수 없다."고 하여 소청심사를 행정소송의 필요적 전치사항으로 규정하고 있다.

4. 소청심사의 청구기간과 행정소송의 제소기간

(1) 소청심사의 청구기간

국가공무원법 제75조에 따른 처분사유 설명서를 받은 공무원이 그 처분에 불복할 때에는 그 설명서를 받은 날부터, 공무원이 제75조에서 정한 처분 외에 본인의 의사에 반한 불리한 처분을 받았을 때에는 그 처분이 있은 것을 안 날부터 각각 30일 이내에 소청심사위원회에 이에 대한 심사를 청구할 수 있다(제76조 제1항).

(2) 행정소송의 제소기간

취소소송은 처분등이 있음을 안 날부터 90일 이내에 제기하여야 한다. 다만, 제18조 제1항 단서에 규정한 경우와 그 밖에 행정심판청구를 할 수 있는 경우 또는 행정청이 행정심판청구를 할 수 있다고 잘못 알린 경우에 행정심판청구가 있은 때의 기간은 재결서의 정본을 송달받은 날부터 기산한다(행정소송법 제20조 제1항). 취소소송은 처분등이 있은 날부터 1년(제1항 단서의 경우는 재결이 있은 날부터 1년)을 경과하면 이를 제기하지 못한다. 다만, 정당한 사유가 있는 때에는 그러하지 아니하다(제2항).

5. 설문 (2)의 해결

갑은 직권면직 처분사유설명서를 교부받은 날로부터 30일 이내에 소청심사위원회에 소청심사를 청구할 수 있으며, 이러한 소청심사는 행정소송 제기의 필요적 전심절차이다. 그리고 갑은 소청심사위원회의 결정서를 송달받은 날로부터 90일 이내에 행정소송을 제기할 수 있다.

Ⅲ. 설문 (3)의 해결 : 직위해제의 하자의 승계여부

1. 문제점

사안에서 직권면직 처분은 적법한 절차를 거쳤으므로 다툴 수 없음이 원칙이다. 그런데 선행처분인 직위해제 처분은 허위신고에 기반하였다는 사실오인의 하자가 있으나 이미 제소기간을 도과한 상태이다. 결국 직권면직 처분을 다투면서 선행처분인 직위해제 처분의 하자를 원용할 수 있는가가 문제된다.

2. 하자의 승계 논의

(1) 하자승계의 의의

둘 이상의 행정행위가 연속적으로 이루어지는 경우(예 철거명령과 대집행계고), 선행행위에 하자가 있으면 후행행위에는 하자가 없더라도 선행행위의 하자를 이유로 후행행위의 효력을 다툴 수 있는지의 문제이다.

(2) 논의의 전제

1) 이 논의가 문제되는 행위는 ① 선행정행위와 후행정행위가 모두 항고소송의 대상이 되는 행정처분이어야 하고, ② 선행정행위에 하자가 존재하지만 후행정행위에는 하자가 존재하지 않을 것, ③ 선행정행위에 무효가 아닌 취소의 하자가 존재할 것, ④ 선행정행위의 하자를 당사자가 쟁송기간 내에 다투지 않아 선행행위에 불가쟁력이 발생한 경우이다.

2) 사안에서는 선행행위인 직위해제 처분이 '사실의 오인'에 바탕을 두고 있으므로 하자있는 행정처분이며, 후행 처분에 하자가 발견되지 아니하고, 하자의 정도는 중대한 하자이지만 일반인의 시각에서 반드시 명백한 것은 아니므로 취소사유의 하자로 보여지며, 이미 제소기간 도과로 불가쟁력이 발생하여 논의의 전제가 성립한다.

(3) 하자승계론과 구속력론

1) 하자의 승계론

종래 통설은 행정행위의 하자의 문제를 행정행위마다 독립적으로 판단되어야 한다는 전제하에, 선행정행위와 후행정행위가 서로 결합하여 하나의 법적 효과를 완성하는 것인 경우에는 하자가 승계되나, 선행정행위와 후행정행위가 상호 관련성이 있을지라도 별개의 목적으로 행하여지는 경우에는 선행정행위의 단순위법의 취소사유는 후행정행위에 승계되지 않는다고 한다.

2) 선행행위의 구속력론

이 견해는 행정행위가 일련의 절차에 따라 연속하여 행하여지는 경우 행정청은 후행정행위를 함에 있어 불가쟁력이 발생한 선행정행위의 규율내용과 모순되는 결정을 할 수 없고, 상대방도 후행정행위를 다툼에 있어 선행정행위의 규율내용과 모순된 주장을 할 수 없다는 것이다.

이 견해에 따라 구속력이 미치려면 ① 선행정행위와 후행정행위가 동일한 목적을 추구하며 법적 효과가 기본적으로 일치되어야 하고(객관적 한계), ② 후행정행위의 수범자가 선행정행위의 수범자와 일치해야 하며(주관적 한계), ③ 선행정행위의 사실 및 법상태가 유지되는 한도 내에서(시간적 한계), ④ 수범자가 선행행위의 구속력을 예견가능하고 수인가능해야 한다. 즉 이러한 한계를 넘어서게 되면 선행행위의 구속력이 차단된다는 의미이다.

(4) 판례

1) 연속적인 행정처분이 하나의 효과를 목적으로 하는 경우

이 경우에는 하자가 승계되므로 선행처분에 불가쟁력이 발생하였어도 선행처분의 하자를 이유로 후행처분의 효력을 다툴 수 있다고 한다.

2) 연속적인 처분이 별개의 효과를 목적으로 하는 경우

① 원칙 : 선행처분에 불가쟁력이 발생한 경우에는 선행처분의 하자가 중대하고 명백하여 당연무효인 경우를 제외하고는 선행처분의 하자를 이유로 후행처분의 효력을 다툴 수 없다고 한다. 사안과 유사한 사건에서 판례는 "구 경찰공무원법 제50조 제1항에 의한 직위해제처분과 같은 제3항에 의한 면직처분은 후자가 전자의 처분을 전제로 한 것이기는 하나 각각 단계적으로 별개의 법률효과를 발생하는 행정처분이어서 선행직위 해

제처분의 위법사유가 면직처분에는 승계되지 아니한다 할 것이므로 선행된 직위해제처분의 위법사유를 들어 면직처분의 효력을 다툴 수는 없다"(대판 1984.9.11. 84누191)고 하였다.

② **예외** : 이 경우에도 판례는 예측가능성과 수인한도의 법리를 보충적 기준으로 하여 '개별공시지가결정에 위법이 있는 경우에는 과세처분 등 행정처분의 취소를 구하는 행정소송에서도 선행처분인 개별공시지가결정의 위법을 독립된 위법사유로 주장할 수 있다'고 하여 하자의 승계를 인정하기도 한다.254)

(5) 검토

하자의 승계론과 구속력은 별개의 이론이므로 중첩적으로 적용될 수 있는 것으로 보는 것이 타당하다(중첩적용론).

사안에서 판례에 따르면 직위해제처분과 직권면직처분은 별개의 법적 효과를 목적으로 하고 있어 하자승계론에 따를 경우 직위해제처분의 위법을 근거로 직권면직을 다툴 수 없게 된다.

그러나 구속력론에서의 '예측가능성'과 '수인가능성'의 견지를 원용할 때, 통상 직위해제처분을 받은 공무원은 다시 직위를 부여받기 위해 근신할 수밖에 없어 3개월의 대기기간 동안 직위해제처분을 소송상 다투는 것을 사실상 기대하기 어려운 점을 감안하여 하자의 승계를 인정해야 할 것이다.

3. 설문 (3)의 해결

하자의 승계론에 따를 때 직위해제처분과 직권면직처분은 별개의 법적효과를 목적으로 하고 있어 하자의 승계가 힘들다고 보이나, 당해 사안은 '예측가능성'과 '수인가능성'의 측면에서 하자의 승계를 긍정하여야 한다.

따라서 갑은 직권면직에 대하여 소청심사, 취소소송 등을 제기한 후 직위해제의 하자를 원용하여 권리구제를 받을 수 있다.

---

254) 두 개 이상의 행정처분이 연속적으로 행하여지는 경우 선행처분(개별공시지가결정)과 후행처분(과세처분)이 서로 결합하여 1개의 법률효과를 완성하는 때에는 선행처분에 하자가 있으면 그 하자는 후행처분에 승계되므로 선행처분에 불가쟁력이 생겨 그 효력을 다툴 수 없게 된 경우에도 선행처분의 하자를 이유로 후행처분의 효력을 다툴 수 있는 반면 선행처분과 후행처분이 서로 독립하여 별개의 법률효과를 목적으로 하는 때에는 선행처분에 불가쟁력이 생겨 그 효력을 다툴 수 없게 된 경우에는 선행처분의 하자가 중대하고 명백하여 당연무효인 경우를 제외하고는 선행처분의 하자를 이유로 후행처분의 효력을 다툴 수 없는 것이 원칙이나 선행처분과 후행처분이 서로 독립하여 별개의 효과를 목적으로 하는 경우에도 선행처분의 불가쟁력이나 구속력이 그로 인하여 불이익을 입게 되는 자에게 수인한도를 넘는 가혹함을 가져오며, 그 결과가 당사자에게 예측가능한 것이 아닌 경우에는 국민의 재판받을 권리를 보장하고 있는 헌법의 이념에 비추어 선행처분의 후행처분에 대한 구속력은 인정될 수 없다(대판 1994.1.25. 93누8542).

보충문제 1

A중앙행정기관 소속 6급 공무원인 甲은 업무수행 중 근무지를 이탈하고 금품을 수수하는 등의 직무의무 위반행위를 하였다.
甲의 행위에 대하여 징계위원회가 감봉 1월의 징계를 의결하였고 그에 따라 동일한 내용의 징계처분이 내려졌다. 甲은 그 징계처분에 대하여 취소소송을 제기하고자 한다. 이 경우 반드시 행정심판절차를 거쳐야 하는가? (10점)

• 2016 5급(행정) 공채

Ⅰ. 논점 : 징계에 대한 권리구제, 행정심판전치주의

Ⅱ. 행정심판의 전치

Ⅲ. 징계에 대한 권리구제로서 소청제도

공무원 징계처분, 그 밖에 본인의 의사에 반한 불리한 처분이나 부작위에 관한 행정소송은 소청심사위원회의 심사·결정을 거치지 아니하면 제기할 수 없다(국가공무원법 제16조 제1항).

Ⅳ. 사례의 해결

甲은 취소소송을 제기하기에 앞서 특별행정심판으로서 소청심사절차를 반드시 거쳐야 함

보충문제 2

甲은 1995. 1. 18. 서울특별시 지방공무원으로 임용된 후 근무하고 있다. 甲이 지방공무원으로 근무하던 중 업무와 관련하여 청탁을 받고 뇌물을 수수하였다는 이유로 서울북부지방법원에 기소되었다.
甲이 위 사안으로 2011. 7. 5. 무죄 선고를 받고 이후 그 판결이 확정되었다. 서울특별시장은 위 사실을 뒤늦게 알고 2013. 4. 9. 공무원의 품위손상 등의 이유로 적법한 절차를 거쳐 해임의 징계처분을 하였다. 이 경우 甲이 취할 수 있는 구제수단은? (징계시효 및 제소기간은 고려하지 아니함) (10점)

• 2013 5급(행정) 공채

Ⅰ. 논점 : 징계처분에 대한 공무원의 권리구제수단

Ⅱ. 소청

  1. 의의
  2. 소청심사위원회 : 특별행정심판위원회의 성격
  3. 소청절차 : 제기 – 심사 – 결정

4. **사례의 경우** : 甲은 해임처분사유설명서를 받은 날로부터 30일 이내에 소청심사위원회에 소청심사를 청구할 수 있음

III. 취소소송

1. **필요적 행정심판전치**

   제67조에 따른 처분(* 처분사유설명서를 교부한 경우 또는 교부하지 않은 경우), 그 밖에 본인의 의사에 반한 불리한 처분이나 부작위에 관한 행정소송은 심사위원회의 심사·결정을 거치지 아니하면 제기할 수 없다(지방공무원법 제20조의2).

2. **대상적격**
   - 원래의 불이익처분인 징계처분을 대상으로 함(원처분주의)
   - 소청심사위원회의 결정에 고유한 위법이 있으면 위원회의 결정을 대상으로 할 수 있음

3. **피고적격**

   징계처분을 대상으로 하는 경우는 해당 처분청, 소청심사위원회의 결정을 대상으로 하는 경우는 소청심사위원회가 피고

4. **사례의 경우**
   - 甲은 필요적 행정심판전치의 예외사유(행정소송법 제18조 제2항, 제3항)에 해당하지 않는 한 소청심사위원회의 심사·결정을 거쳐야 함
   - 원칙적으로 해임처분을 대상으로 하여 서울시장을 피고로 취소소송을 제기할 수 있음

IV. 사례의 해결

甲은 소청 절차를 거쳐 취소소송을 제기할 수 있음

연습 69

A시의 시장은 건물 소유자인 갑에게 건축법 제79조 및 행정대집행법 제3조에 따라 동 건물이 무허가건물이라는 이유로 일정기간까지 철거할 것을 명하였다. 4개월 후 시장은 다시 철거의무를 불이행하면 대집행한다는 내용의 계고를 하였다. 그 후 갑이 이에 불응하자 다시 2차계고서를 발송하여 일정기간까지 자진철거를 촉구하고 불이행하면 대집행한다는 내용을 고지하였다. 그러나 갑은 동 건물이 무허가건물이 아니라고 다투고 있다.

(1) 갑은 위 계고에 대하여 취소소송을 제기하려고 한다. 계고의 법적 성질을 논하고, 소송의 대상이 되는 계고가 어느 것인지를 검토하시오. (10점)
(2) 철거명령이 위법하다고 전제할 경우, 철거명령의 위법을 이유로 계고의 위법을 다툴 수 있는가? (20점)
(3) 계고처분이 위법하다고 전제할 경우, 대집행에 대한 갑의 행정쟁송법상 구제방안에 대하여 설명하시오. (20점)

I. 설문 (1) - 계고의 법적 성질, 소송의 대상인 계고

1. 계고의 법적 성질

(1) 계고의 의의

계고는 의무이행을 최고함과 동시에 일정한 기한까지 그 의무가 이행되지 않으면 대집행을 한다는 뜻을 문서로 통지하는 것을 말한다. 계고는 대집행이 행하여지는 것을 미리 통지하여 의무이행을 독촉하고, 대집행에 대한 예측가능성을 부여하는 기능을 한다.

(2) 계고의 행정행위성

계고처분의 법적성질에 관하여 다수설은 준법률행위적 행정행위의 하나인 통지행위로 보고 있다. 따라서 계고는 그 자체가 독립하여 항고소송의 대상이 된다. 일부 견해는 작위의무를 부과하는 하명으로 보기도 한다.

(3) 항고소송의 대상인 처분인지 여부

계고는 준법률행위적 행정행위로서 처분개념에 대한 실체법적 개념설 및 쟁송법적 개념설 중 어느 견해를 따르더라도 행정소송법 제2조 제1항 제1호의 행정처분에 해당한다.

판례도 "행정대집행법 제3조 제1항의 계고처분은 그 계고처분 자체만으로서는 행정적 법률효과를 발생하는 것은 아니나 같은 법 제3조 제2항의 대집행명령장을 발급하고 대집행을 하는데 전제가 되는 것이므로 행정처분이라 할 수 있고 따라서 행정소송의 대상이 될 수 있다."[255]고 판시하였다.

(4) 기속행위 여부

행정대집행법 제3조 제1항은 '상당한 이행기한을 정하여 그 기한까지 이행되지 아니할 때에는 대집행을 한다는 뜻을 미리 문서로써 계고하여야 한다'고 규정하고 있으므로 계고는 기속행위이다.

2. 소송의 대상

(1) 문제점

행정소송법상 취소소송의 대상은 처분이어야 하므로, 갑이 계고에 대해 취소소송을 제기하려면 계고의 행정처분성이 인정되어야 한다. 그런데 1차 계고 이후에 의무이행의 촉구를 위해 행정청이 다시 행한 2차 계고가 새로운 철거의무를 부과하는 행정처분인지 문제된다.

(2) 판례

판례는 "2차 계고는 종전의 계고처분에 의한 건물철거를 독촉하거나 그 대집행기한을 연기한다는 통지에 불과하므로 취소소송의 대상이 되는 독립한 행정처분이라고 할 수 없다."는 입장이다.256)

(3) 사안의 경우

2차 계고는 대집행기한을 연기한다는 통지에 불과하여 갑에게 건물의 철거의무를 새롭게 부과하는 것이 아니므로 행정처분이 아니다. 갑이 취소소송을 제기하려면 1차 계고처분을 대상으로 해야 한다.

Ⅱ. 설문 (2) - 철거명령의 위법을 이유로 계고의 위법을 다툴 수 있는지 여부

1. 문제의 소재

철거명령은 위법하나 불가쟁력이 발생하였다. 이 경우 계고처분이 위법하다면 계고처분을 다투면 되지만, 계고처분에 위법이 없어 계고처분을 다투는 소송에서 선행행위인 철거명령의 위법을 주장할 수 있는지 문제된다.

---

255) 대판 1962.10.18, 62누117
256) 제1차로 철거명령 및 계고처분을 한 데 이어 제2차로 계고서를 송달하였음에도 불응함에 따라 대집행을 일부 실행한 후 철거의무자의 연기원을 받아들여 나머지 부분의 철거를 진행하지 않고 있다가 연기기한이 지나자 다시 제3차로 철거명령 및 대집행계고를 한 경우, 행정대집행법상의 철거의무는 제1차 철거명령 및 계고처분으로써 발생하였다고 할 것이고, 제3차 철거명령 및 대집행계고는 새로운 철거의무를 부과하는 것이라고는 볼 수 없으며, 단지 종전의 계고처분에 의한 건물철거를 독촉하거나 그 대집행기한을 연기한다는 통지에 불과하므로 취소소송의 대상이 되는 독립한 행정처분이라고 할 수 없다(대판 2000.2.22, 98두4665).

2. 철거명령의 하자가 계고처분에 승계되는지 여부

(1) '행정행위의 하자의 승계'의 의의

둘 이상의 행정행위가 연속적으로 이루어지는 경우(예 철거명령과 대집행계고), 선행행위에 하자가 있으면 후행행위에는 하자가 없더라도 선행행위의 하자를 이유로 후행행위의 효력을 다툴 수 있는지의 문제이다.

(2) 하자승계 논의의 전제

이 논의가 문제되는 행위는 ① 선행정행위와 후행정행위가 모두 항고소송의 대상이 되는 행정처분이어야 하고, ② 선행정행위에 하자가 존재하지만 후행정행위에는 하자가 존재하지 않을 것, ③ 선행정행위에 무효가 아닌 취소의 하자가 존재할 것, ④ 선행정행위의 하자를 당사자가 쟁송기간 내에 다투지 않아 선행행위에 불가쟁력이 발생한 경우이다.

사안에서 철거명령과 계고처분은 모두 항고소송의 대상인 처분이다. 따라서 철거명령에 취소사유가 존재하고, 계고처분는 적법하며, 철거명령에 불가쟁력이 발생하였다면 하자승계의 논의의 전제를 충족한다.

(3) 인정범위

1) 학설

종래 통설(하자승계론)은 행정행위의 하자의 문제를 행정행위마다 독립적으로 판단되어야 한다는 전제하에, 선행정행위와 후행정행위가 서로 결합하여 하나의 법적 효과를 완성하는 것인 경우에는 하자가 승계되나, 선행정행위와 후행정행위가 상호 관련성이 있을지라도 별개의 목적으로 행하여지는 경우에는 선행정행위의 단순위법의 취소사유는 후행정행위에 승계되지 않는다고 한다.

이에 대하여 구속력 이론은 행정행위가 일련의 절차에 따라 연속하여 행하여지는 경우 행정청은 후행정행위를 함에 있어 불가쟁력이 발생한 선행정행위의 규율내용과 모순되는 결정을 할 수 없고, 상대방도 후행정행위를 다툼에 있어 선행정행위의 규율내용과 모순된 주장을 할 수 없다는 견해로서, 다만 수인가능성과 예측가능성 측면에서 예외적으로 후행행위를 다투면서 선행행위의 위법을 주장할 수 있다고 한다.

2) 판례

판례는 원칙적으로 하자승계론의 입장이나, 선행행위와 후행행위가 서로 독립하여 별개의 효과를 목적으로 하는 경우에도 권리구제의 관점에서 수인한도와 예측가능성을 들어 선행처분의 위법을 독립된 위법사율 주장할 수 있다는 입장이다.

3) 검토

연속된 행정행위의 목적과 효과를 고려하여 하자승계 여부를 판단함이 타당하나, 선행행위와 후행행위가 서로 독립하여 별개의 효과를 목적으로 하는 경우에도 권리구제의 관점에서 선행행위의 구속력이 상대방에게 수인한도를 넘는 경우이거나 예측가능성이 없는 경우에는 예외적으로 후행행위를 다투면서 선행행위의 위법을 주장할 수 있다고 보아야 한다.

3. 설문의 해결

철거명령은 건축법에 따라 상대방에게 철거의무를 부과하는 것이고, 계고처분은 행정대집행법에 따른 것이므로 양자는 하나의 법률효과를 목적으로 하는 행위가 아니어서 판례의 태도에 따르면 갑은 철거명령의 위법을 이유로 계고처분의 위법을 다툴 수 없다.

판례도 "건물철거명령이 당연무효가 아닌 이상 행정심판이나 소송을 제기하여 그 위법함을 소구하는 절차를 거치지 아니하였다면 위 <u>선행행위인 건물철거명령은 적법한 것으로 확정되었다</u>고 할 것이므로 후행행위인 <u>대집행계고처분에서는 그 건물이 무허가건물이 아닌 적법한 건축물이라는 주장이나 그러한 사실인정을 하지 못한다.</u>"257)는 입장이다.

그러나 구속력론에서의 '예측가능성'과 '수인가능성'의 견지를 원용할 때, 갑에게 수인불가능하거나 예측불가능한 사정이 있다면 예외적으로 하자의 승계가 인정될 수 있다.

Ⅲ. 설문 (3) - 대집행에 대한 갑의 행정쟁송법상 구제방안258)

1. 행정대집행법의 규정 내용

행정대집행법 제7조는 "대집행에 대하여는 행정심판을 제기할 수 있다."고 규정하고 있고, 제8조는 "전조의 규정은 법원에 대한 출소의 권리를 방해하지 아니한다."고 규정하고 있다. 따라서 갑은 계고처분에 대하여 행정쟁송을 제기할 수 있다.259)

2. 행정심판

대집행에 대한 행정심판은 임의절차이다. 갑은 계고의 통지를 받은 날로부터 90일 이내에 취소심판을 제기하여야 한다(행정심판법 제27조 제1항). 만일 무효확인심판을 제기할 경우 청구기간의 제한을 받지 않는다(행정심판법 제27조 제7항).

그런데 실행행위가 장기간에 걸쳐 계속되는 경우를 제외하고는 행정대집행이 실행의 단계에 이르면 더 이상 행정심판을 제기할 권리보호의 필요는 없게 된다.

---

257) 대판 1998.9.8. 97누20502
258) 만일 "갑의 권리구제 방안"이라고 범위를 넓히면 국가배상청구, 헌법소원도 언급될 수 있을 것이다.
259) 다만, 행정대집행법의 규정이 존재하여서 갑이 소를 제기할 수 있다는 것이 아니라, 이 규정은 당연한 내용을 확인한 것에 불과하다고 보아야 한다.

3. 행정소송

(1) 취소소송

1) 대상적격

취소소송의 대상은 '처분등'이며(행정소송법 제19조), '처분'은 행정청이 행하는 구체적 사실에 과한 법집행으로서의 공권력의 행사등이다(제2조 제1항 제1호).

행정대집행법상 계고처분은 그 계고처분 자체만으로서는 행정적 법률효과를 발생하는 것은 아니나 같은 법 제3조 제2항의 대집행명령장을 발급하고 대집행을 하는데 전제가 되는 것이므로 행정처분이라 할 수 있고 따라서 행정소송의 대상이 될 수 있다.[260] 따라서 갑은 A시장을 상대로 취소소송을 제기하면 된다.

2) 원고적격

취소소송은 처분 등의 취소를 구할 자격을 가진 자가 소를 제기할 수 있다. 갑은 대집행이라는 침익적 처분의 상대방으로서 원고적격이 인정된다.

3) 협의의 소익

대집행 계고처분 취소소송의 변론이 종결되기 전에 대집행의 실행이 완료된 경우에는 그 계고처분의 취소 또는 무효확인을 구할 소의 이익이 없어진다.[261] 그러나 대집행실행의 완료 후에도 대집행의 취소로 인해 회복되는 법률상의 이익이 있는 경우에는 취소소송제기가 인정된다고 볼 수 있다. 설문에서 대집행이 계속되는 한 협의의 소익은 인정된다.

4) 집행정지

위와 같이 갑의 취소소송이 요건을 갖추었더라도, 대집행의 집행을 막기 위해 갑은 집행정지를 신청할 필요가 있다. 권력적 사실행위는 대부분 실행이 단시간에 완료되기 때문이다. 집행정지의 요건(행정소송법 제23조)과 관련하여, 사안에서는 특히 갑 소유의 건물철거 때문에 회복하기 어려운 손해의 발생을 인정할 수 있는지가 문제된다. 판례는 회복하기 어려운 손해를 특별한 사정이 없는 한 금전으로 보상할 수 없는 손해로 이해하고, 금전배상이 가능하더라도 금전배상만으로는 받아들이기 어려운 경우의 유형·무형의 손해도 포함하는 것으로 이해한다.[262] 이에 대한 입증책임은 집행정지를 주장하는 갑에게 있다.[263]

---

[260] 1962.1 대판0.18, 62누117
[261] 대판 1971.4.20, 71누22
[262] 대판 1998.3.10, 97두63
[263] 건물의 강제철거로 발생하는 갑의 손해는 재산상의 손해로서 '회복하기 어려운 손해' 요건을 입증하기가 쉽지 않을 것으로 보인다.

(2) 결과제거청구

대집행의 실행으로 인하여 위법한 상태가 계속되는 경우에는 결과제거청구를 할 수 있다. 이러한 청구권은 공법상의 당사자소송에 의해 이루어진다.

(3) 예방적 부작위소송과 가처분

1) 예방적 부작위소송

갑의 건물에 대한 강제철거가 행해지기 전 단계에서 갑이 위법한 강제철거를 하지 말 것을 명하는 판결을 구할 수 있는지 문제된다.

예방적 금지소송(또는 예방적 부작위소송)이란 행정청이 특정한 행정행위나 그 밖의 행정작용을 하지 않을 것을 구하는 내용의 행정소송을 말한다. 이 소송은 공권력에 의한 침해가 절박한 경우에 주로 문제되며 공권력의 행사에 대한 소극적 방어로서의 의미를 가진다. 행정소송법에는 명문 규정이 없어 그 인정 여부에 관해 부정설, 긍정설, 제한적 긍정설이 대립하며 판례는 <u>행정소송법상 행정청이 일정한 처분을 하지 못하도록 그 부작위를 구하는 청구는 허용되지 않는 부적법한 소송이라 할 것이므로 실정법 규정이 존재하지 않는 한 불허된다</u>는 입장이다.[264]

2) 가처분

가처분이란 '금전 이외의 특정한 급부를 목적으로 하는 청구권의 집행보전을 도모하거나 다툼이 있는 권리관계에 관하여 잠정적으로 임시의 지위를 정하는 것을 목적으로 하는 가구제도'이다. 항고소송에서 가처분의 인정가능성에 대하여 소극설, 적극설, 절충설이 대립하며 판례는 <u>민사소송법상의 보전처분은 민사판결절차에 의하여 보호받을 수 있는 권리에 관한 것이므로, 민사소송법상의 가처분으로써 행정청의 어떠한 행정행위의 금지를 구하는 것은 허용될 수 없다</u>고 한다.[265] 물론 예방적 부작위소송을 긍정하고 가처분 규정을 적용하는 긍정설에 따르면 갑은 대집행이 실행되기 전에 예방적 부작위 소송을 제기하면서 처분금지를 구하는 가처분을 신청할 수 있다.

4. 설문의 해결

계고처분이 위법하다면 갑은 계고처분에 대한 행정심판(취소심판, 무효확인심판) 및 행정소송(취소소송, 무효확인소송)을 제기할 수 있다. 그러나 행정쟁송 도중 대집행의 실행이 완료된 경우에는 그 계고처분의 취소 또는 무효확인을 구할 권리보호이익이 상실될 것이므로 이를 방지하기 위해 갑은 쟁송제기와 동시에 집행정지를 신청할 필요성이 있다.

---

[264] 대판 2006.5.25, 2003두11988
[265] 대결 1992.7.6, 92마54

연습 70

甲은 乙로부터 2024. 10. 7. A시 B구 소재 목욕장 영업을 양도받고 관할 행정청인 B구 구청장 X에게 영업자 지위승계신고를 하였다. 그런데 甲은 위 영업소를 운영하던 중, 2024. 12. 16. B구청 소속 공무원에 의해 목욕물의 수질기준에 적합하게 목욕물을 유지하지 않은 점이 적발되었다. 구청장 X는 2024. 12. 19. 甲에 대하여 15일의 영업정지 처분을 하였다. 한편 乙은 이미 같은 법 위반으로 2024년 7월에 10일의 영업정지처분을 받은 바 있었다. 그 후 2025. 5. 6. 담당 공무원들은 정기점검을 위해 위 영업소에 들어갔다가 甲이 여전히 수질기준에 적합하게 목욕물을 유지하지 않은 것을 적발하였다. 이에 구청장 X는 이미 乙이 제1차 영업정지처분을 받았고 甲이 제2차 영업정지처분을 받았음을 이유로, 2025. 5. 6.에 적발된 위법행위에 대하여 甲에게 「공중위생관리법」 시행규칙의 행정처분기준에 따라 적법한 절차를 거쳐서 가중된 제재처분인 영업소 폐쇄명령을 내렸다.

甲은 구청장 X의 영업소 폐쇄명령에 대한 취소소송을 제기하면서, 자신에 대한 제2차 영업정지처분의 위법성을 폐쇄명령의 취소사유로 주장하고 있다. 甲에 대한 제2차 영업정지처분 시에 의견청취절차를 거치지 않았으나, 이를 다투지 않은 채 제소기간이 도과하였다. 다음을 전제로 하여 이러한 甲의 주장이 타당한지를 검토하시오.[266] (25점)

1. 행정처분기준 : 1차 위반은 영업정지 10일, 2차 위반은 영업정지 15일, 3차 위반은 영업소 폐쇄명령
2. 공중위생영업자가 그 영업을 양도한 때에는 종전의 영업자에 대한 행정제재처분의 효과는 그 처분기간이 만료된 날부터 1년간 양수인에 승계된다.

Ⅰ. 문제점

후속처분인 영업소 폐쇄명령에 대한 취소소송을 제기하면서 선행처분인 제2차 영업정지처분의 위법성을 주장할 수 있는지를 해결하기 위해 ① 제2차 영업정지처분시에 의견청취절차를 거치지 않은 것에 절차상 하자가 존재하는지와 그 하자의 정도, ② 절차상의 하자가 독자적 위법사유가 되는지, ③ 영업소 폐쇄명령은 적법한지, ④ 선행하는 행정행위의 하자가 후행행위에 승계되는지 등의 검토를 요한다.

---

[266] 2015년 사법시험 기출문제 변형

Ⅱ. 제2차 영업정지처분과 영업소 폐쇄명령의 위법성

1. 제2차 영업정지처분

(1) 의견청취절차를 거치지 않은 제2자 영업정지처분의 위법성

영업정지처분처럼 당사자에게 의무를 부과하거나 권익을 제한하는 처분을 할 때에는 당사자등에게 의견제출의 기회를 주어야 한다(행정절차법 제22조). 사안의 제2차 영업정지처분은 의견청취절차를 하지 않아도 되는 제21조 제4항의 예외적인 사유(예 공공의 안전 또는 복리를 위하여 긴급히 처분을 할 필요가 있는 경우)에 해당하지 않으므로 의견청취절차를 거치지 않은 절차상 하자가 존재한다.

절차상의 하자가 독자적인 위법사유인지에 관해 논란이 있는바, 판례는 기속행위인 과세처분이 이유제시를 결한 경우에도 절차상의 하자를 이유로 행정행위를 취소하는 등 기본적으로 적극설의 입장에 있다.[267]

(2) 위법성의 정도

무효와 취소의 구별기준에 대하여 중대명백설, 명백성보충요건설 등이 견해대립이 있으나, 행정행위의 하자가 중대하고도 명백한 경우에는 법적 안정성을 침해할 우려가 없고 그러한 행정행위에 효력을 인정하는 것은 행정의 법률적합성에 반하므로, 원활한 행정운영과 개인의 권익보호의 이익형량 문제라는 점을 고려할 때 중대명백설이 타당하다.

의견청취절차를 거치지 않은 제2자 영업정지처분은 일반인의 관점에서 외관상 명백한 위법이 있지만, 적법요건에 대한 중대한 위반으로 보기는 어려워 취소사유에 해당한다. 판례도 이를 취소사유로 보고 있다.[268]

2. 영업소 폐쇄명령

법령에 따르면 공중위생영업자가 그 영업을 양도한 때에는 종전의 영업자에 대한 행정제재처분의 효과는 그 처분기간이 만료된 날부터 1년간 양수인에 승계되므로, 양도인 을이 받은 제1차 영업정지처분의 기간이 만료된 날로부터 1년이 지나기 전에 을과 동일한 법위

---

[267] 지방세법 제1조 제1항 제5호, 제25조 제1항, 제190조, 같은법시행령 제8조의 규정을 종합하여 보면 지방세의 납세고지는 납부할 지방세의 연도와 세목, 그 부과의 근거가 되는 법률 및 당해 지방자치단체의 조례의 규정, 납세의무자의 주소, 성명, 과세표준액, 세율, 세액산출근거, 납기, 납부장소, 납기한까지 미납한 경우에 취해질 조치 및 부과의 위법 또는 착오에 대한 구제방법 등을 기재한 납세고지서에 의하도록 되어 있으므로 그 납세고지서는 과세처분과 징수처분의 성질을 아울러 갖는 것이라 할 것이고, 따라서 위 법령의 규정들은 강행규정이라고 할 것이어서 납세고지서에 위 법령이 요구하는 사항중 일부의 기재를 누락시킨 하자가 있는 경우에는 그 부과처분은 위법하다(대판 1986.10.28. 85누723).

[268] 대판 2004.7.8. 2002두8350

반행위를 한 양수인 갑은 을이 받은 영업정지처분의 효과를 그대로 계승한다. 갑이 2025. 5. 6. 적발된 위법행위는 3차 위반으로 취급되므로 폐쇄명령은 일응 적법하다.

Ⅲ. 하자의 승계

1. 문제점

사안에서 폐쇄명령은 적법하므로 다툴 수 없음이 원칙이다. 그런데 선행처분인 제2차 영업정지처분은 절차상 위반이라는 하자가 있으나 이미 제소기간을 도과한 상태이다. 결국 폐쇄명령을 다투면서 선행처분인 직제2차 영업정지처분의 하자를 원용할 수 있는가가 문제된다.

2. 하자의 승계 논의

(1) 하자승계의 의의

둘 이상의 행정행위가 연속적으로 이루어지는 경우(예 철거명령과 대집행계고), 선행행위에 하자가 있으면 후행행위에는 하자가 없더라도 선행행위의 하자를 이유로 후행행위의 효력을 다툴 수 있는지의 문제이다.

(2) 논의의 전제

1) 이 논의가 문제되는 행위는 ① 선행정행위와 후행정행위가 모두 항고소송의 대상이 되는 행정처분이어야 하고, ② 선행정행위에 하자가 존재하지만 후행정행위에는 하자가 존재하지 않을 것, ③ 선행정행위에 무효가 아닌 취소의 하자가 존재할 것, ④ 선행정행위의 하자를 당사자가 쟁송기간 내에 다투지 않아 선행행위에 불가쟁력이 발생한 경우이다.

2) 사안에서는 선행행위인 제2차 영업정지처분은 절차상 하자 있는 행정처분이며, 후행 처분인 폐쇄명령에는 하자가 발견되지 아니하고, 하자의 정도는 취소사유의 하자로 보여지며, 이미 제소기간 도과로 불가쟁력이 발생하여 논의의 전제가 성립한다.

(3) 하자승계론과 구속력론

1) 하자의 승계론

종래 통설은 행정행위의 하자의 문제를 행정행위마다 독립적으로 판단되어야 한다는 전제 하에, 선행정행위와 후행정행위가 서로 결합하여 하나의 법적 효과를 완성하는 것인 경우에는 하자가 승계되나, 선행정행위와 후행정행위가 상호 관련성이 있을지라도 별개의 목적으로 행하여지는 경우에는 선행정행위의 단순위법의 취소사유는 후행정행위에 승계되지 않는다고 한다.

2) 선행행위의 구속력론

행정행위가 일련의 절차에 따라 연속하여 행하여지는 경우 행정청은 후행정행위를 함에 있어 불가쟁력이 발생한 선행정행위의 규율내용과 모순되는 결정을 할 수 없고, 상대방도 후행정행위를 다툼에 있어 선행정행위의 규율내용과 모순된 주장을 할 수 없다는 것이다. 다만 수범자가 선행행위의 구속력을 예견가능하고 수인가능하지 못한 가혹함을 가져온다면 선행행위의 구속력이 차단된다고 한다.

(4) 판례

1) 연속적인 행정처분이 하나의 효과를 목적으로 하는 경우

이 경우에는 하자가 승계되므로 선행처분에 불가쟁력이 발생하였어도 선행처분의 하자를 이유로 후행처분의 효력을 다툴 수 있다고 한다.

2) 연속적인 처분이 별개의 효과를 목적으로 하는 경우

① 원칙 : 선행처분에 불가쟁력이 발생한 경우에는 선행처분의 하자가 중대하고 명백하여 당연무효인 경우를 제외하고는 선행처분의 하자를 이유로 후행처분의 효력을 다툴 수 없다고 한다.269)

② 예외 : 이 경우에도 판례는 예측가능성과 수인한도의 법리를 보충적 기준으로 하여 "개별공시지가결정에 위법이 있는 경우에는 과세처분 등 행정처분의 취소를 구하는 행정소송에서도 선행처분인 개별공시지가결정의 위법을 독립된 위법사유로 주장할 수 있다."고 하여 하자의 승계를 인정하기도 한다.270)

(5) 검토

하자의 승계론과 구속력은 중첩적으로 적용될 수 있는 것으로 보는 것이 타당하다. 따라서 판례의 태도처럼, 선·후의 행위가 하나의 법률효과를 목적으로 하는 경우에는 하자의 승계를 인정하되, 선·후의 행위가 하나의 법률효과를 목적으로 하지 않은 경우에도 특히 예

---

269) 구 경찰공무원법 제50조 제1항에 의한 직위해제처분과 같은 제3항에 의한 면직처분은 후자가 전자의 처분을 전제로 한 것이기는 하나 각각 단계적으로 별개의 법률효과를 발생하는 행정처분이어서 선행직위 해제처분의 위법사유가 면직처분에는 승계되지 아니한다 할 것이므로 선행된 직위해제 처분의 위법사유를 들어 면직처분의 효력을 다툴 수는 없다(대판 1984.9.11. 84누191).

270) 두 개 이상의 행정처분이 연속적으로 행하여지는 경우 선행처분(개별공시지가결정)과 후행처분(과세처분)이 서로 결합하여 1개의 법률효과를 완성하는 때에는 선행처분에 하자가 있으면 그 하자는 후행처분에 승계되므로 선행처분에 불가쟁력이 생겨 그 효력을 다툴 수 없게 된 경우에도 선행처분의 하자를 이유로 후행처분의 효력을 다툴 수 있는 반면 선행처분과 후행처분이 서로 독립하여 별개의 법률효과를 목적으로 하는 때에는 선행처분에 불가쟁력이 생겨 그 효력을 다툴 수 없게 된 경우에는 선행처분의 하자가 중대하고 명백하여 당연무효인 경우를 제외하고는 선행처분의 하자를 이유로 후행처분의 효력을 다툴 수 없는 것이 원칙이나 선행처분과 후행처분이 서로 독립하여 별개의 효과를 목적으로 하는 경우에도 선행처분의 불가쟁력이나 구속력이 그로 인하여 불이익을 입게 되는 자에게 수인한도를 넘는 가혹함을 가져오며, 그 결과가 당사자에게 예측가능한 것이 아닌 경우에는 국민의 재판받을 권리를 보장하고 있는 헌법의 이념에 비추어 선행처분의 후행처분에 대한 구속은 인정될 수 없다(대판 1994.1.25, 93누8542).

측불가능하거나 수인불가능한 사정이 있는 경우에는 예외적으로 하자의 승계를 인정하여야 한다.

(6) 사안의 경우

구청장의 제2차 영업정지처분과 영업소 폐쇄명령은 모두 공중위생관리법상의 행위이지만, 제2차 영업정지처분은 일시적으로 영업을 제한하는 것임에 반해 영업소 폐쇄명령은 영구적으로 해당 장소에서 영업하는 것을 막는 것이므로 일련의 절차에서 하나의 법률효과를 목적으로 하는 행위라고 보기 어렵다. 또한 갑은 제2차 영업정지처분에 대하여 적법한 제소기간 안에 취소소송을 제기할 수 있었기 때문에 예측불가능하거나 수인불가능한 사정도 인정되지 않으므로 구청장의 영업소 폐쇄명령에 대한 취소소송을 제기하면서 제2차 영업정지처분의 위법성을 주장할 수 없다.

Ⅳ. 설문의 해결

제2차 영업정지처분은 절차상의 하자가 존재하여 위법하다. 그러나 갑은 구청장의 영업소 폐쇄명령에 대한 취소소송을 제기하면서 제2차 영업정지처분의 위법성을 주장할 수 없다.

보충문제

Y세무서장은 甲에게 구(舊) 국세기본법 제39조 제1항 제2호 다목에 규정된 제2차 납세의무자에 해당한다는 이유로 주택건설업을 영위하는 A주식회사의 체납 국세 전액에 대한 납부를 명하는 과세처분을 부과하였다. 甲은 A주식회사의 최대주주인 배우자 丙과 함께 과점주주에 해당하였다. 그 후 헌법재판소는 위 조세 부과의 근거가 되었던 법률 규정이 조세평등주의와 실질적 조세법률주의에 위반되고 과점주주의 재산권을 침해한다는 이유로 위헌을 결정하였다. 그러나 Y세무서장은 이후에 이 사건 과세처분에 따라 당시 유효하게 시행 중이던 국세징수법을 근거로 체납 중이던 원고 甲의 체납액 및 결손액(가산세 포함)을 징수하기 위하여 甲 명의의 예금 채권을 압류하였다. 이에 甲은 Y세무서장의 압류에 대해 행정소송을 제기하려고 한다.

(1) 이 사안에서 甲이 Y세무서장의 압류에 대해 어떠한 행정소송을 제기할 수 있는지를 검토하시오. (15점)
(2) 한편, 甲이 Y세무서장의 압류에 대해 그 위법을 다투면서 Y세무서장의 과세처분에 대한 하자를 주장할 수 있는지를 검토하시오(단, 이 경우 Y세무서장의 과세처분에 대한 제소기간은 경과한 것으로 본다). (20점)

• 2016 입법고시

■ 문 (1)

I. 논점 : 위헌인 법률에 근거한 처분의 집행력

II. 위헌인 법률에 근거한 처분의 집행력 인정여부

  1. 문제점
   의무를 부과하는 행정행위의 근거법률에 대한 위헌결정의 기속력이 의무를 집행하거나 집행력을 유지하는 행위에도 미치는지 여부
  2. 학설 : 긍정설, 부정설
  3. 판례
   <u>위헌법률에 기한 행정처분의 집행이나 집행력을 유지하기 위한 행위는 위헌결정의 기속력에 위반되어 허용되지 않는다</u>(대판 2002.8.23. 2001두2959).
  4. 사례의 경우
   헌법재판소가 조세 부과의 근거가 되었던 법률 규정에 대해 위헌결정을 하였음에도 Y세무서장이 甲 명의의 예금 채권을 압류한 것은 헌법재판소 결정의 기속력에 위반되어 위법함

III. 위헌인 법률에 근거한 처분의 집행력을 유지하기 위한 행위의 위법성의 정도
   조세 부과의 근거가 되었던 법률규정이 위헌으로 선언된 경우, 비록 그에 기한 과세처분이 위헌결정 전에 이루어졌고, 과세처분에 대한 제소기간이 이미 경과하여 조세채권이 확정되었으며, 조세채권의 집행을 위한 체납처분의 근거규정 자체에 대하여는 따로 위헌결정이 내려진 바 없다고 하더라도, 위와 같은 <u>위헌결정 이후에 조세채권의 집행을 위한 새로운 체납처분에 착수하거나 이를 속행하는 것은 더 이상 허용되지 않고, 나아가 이러한 위헌결정의 효력에 위배하여 이루어진 체납처분은 그 사유만으로 하자가 중대하고 객관적으로 명백하여 당연무효</u>이다(대판 2012.2.16. 2010두10907).

IV. 甲이 제기할 수 있는 행정소송
  1. 취소소송 및 무효확인소송 가능 여부 : 가능
  2. 국가배상청구소송 가능 여부 : 가능

V. 사례의 해결
   甲은 항고소송으로서 취소소송·무효등확인소송, 그리고 국가배상청구가 가능함

■ 문 (2)

Ⅰ. 논점 : 하자의 승계

Ⅱ. 하자승계 가능 여부

  1. 행정행위의 하자승계의 의의
  2. 하자승계 논의의 전제조건
    (1) 전제조건
    (2) 사례의 경우
      후행행위인 압류처분이 적법하다는 것을 가정함. 그리고 다른 전제조건들을 갖추었음.
  3. 인정범위
    (1) 학설 : 하자의 승계론, 구속력설(규준력설)
    (2) 판례
      ○ 연속적인 처분이 별개의 효과를 목적으로 하는 경우, 선행처분에 불가쟁력이 발생한 경우에는 선행처분의 하자가 중대하고 명백하여 당연무효인 경우를 제외하고는 선행처분의 하자를 이유로 후행처분의 효력을 다툴 수 없음
      ○ 그러나 이 경우에도 예측가능성과 수인한도의 법리를 보충적 기준으로 하여 '개별공시지가결정에 위법이 있는 경우에는 과세처분 등 행정처분의 취소를 구하는 행정소송에서도 선행처분인 개별공시지가결정의 위법을 독립된 위법사유로 주장할 수 있다'고 하여 하자의 승계를 인정하기도 함(대판 1994.1.25. 93누8542)
    (3) 검토

Ⅲ. 사례의 해결

  과세처분과 압류처분은 하나의 법률효과를 목적으로 하지 않는 별개의 행정행위임. 그리고 甲에게 수인불가능한 사정도 없음. 따라서 甲은 압류처분을 다투며 과세처분의 위법성을 주장할 수 없음

행정쟁송법 사례연습

연습 71

甲은 국민건강보험공단 소속 근로자로서 노동조합 인터넷 게시판에 국민건강보험공단 이사장을 모욕하는 내용의 글을 게시하였고, 국민건강보험공단은 甲이 인사규정상 직원의 의무를 위반하고 품위를 손상하였다는 사유로 甲에 대하여 직위해제처분을 한 후 동일한 사유로 해임처분을 하였다. 국민건강보험공단의 인사규정은 직위해제기간을 승진소요 최저연수 및 승급소요 최저근무기간에 산입하지 않도록 하여 직위해제처분이 있는 경우 승진 승급에 제한을 가하고 있고, 국민건강보험공단의 보수규정은 직위해제기간 동안 보수의 2할(직위해제기간이 3개월을 경과하는 경우에는 5할)을 감액하도록 규정하고 있다. 甲은 중앙노동위원회에 직위해제처분 및 해임처분에 대해 부당하고 재심판정을 구하였으나 기각되었다. 이후 甲은 재심판정 중에서 해임처분 부분의 취소를 구하는 소송을 제기하여 다투고 있는 중이다.

(1) 직위해제처분이 행정처분인지 여부와, 해임처분에 의해 직위해제처분의 효력이 상실되는지를 설명하시오. (10점)
(2) 만약 甲이 위 해임처분에 관한 취소소송과는 별도로, 재심판정 중에서 직위해제 부분의 취소를 구하는 소송을 제기하는 경우 이러한 소의 제기는 적법한가?[271] (20점)

I. 설문 (1)에 대하여

1. 문제의 소재

① 국민건강보험공단의 甲에 대한 직위해제가 행정청의 지위에서 행한 공법행위로서 행정처분에 해당하는지 살펴보고, ② 해임처분이 직위해제 처분에 미치는 효과와 관련하여, 동일한 사유로 행해진 징계처분(해임처분)에 의하여 직위해제 처분의 효력이 상실되는지 살펴본다.

2. 행정처분의 개념

행정처분이란 행정청이 행하는 구체적 사실에 관한 법집행으로서의 공권력의 행사 또는 그 거부와 그 밖에 이에 준하는 행정작용 및 행정심판에 대한 재결을 말한다(행정소송법 제2조 제1항 제1호).

---

271) 2011년 5급공채(일반행정) 기출문제

3. 직위해제처분의 법적 성질

(1) 직위해제처분

직위해제처분은 <u>근로자로서의 지위를 그대로 존속시키면서 다만 그 직위만을 부여하지 아니하는 처분이다.</u>[272]

(2) 국민건강보험공단의 법적 지위

1) 공공조합

국민건강보험공단은 「공공기관의 운영에 관한 법률」상 공공기관에 해당한다. 그리고 특수한 사업의 수행을 통한 행정 목적 달성을 위해 일정한 자격을 가진 사람들로 구성된 공공조합(공법상 사단법인)에 해당한다.

2) 행정청인지 여부

국민건강보험공단은 공행정사무를 수행하는 범위 내에서 행정주체 및 행정청의 지위가 인정된다. 그러나 국민건강보험공단의 소속 근로자에 대한 인사처분은 위탁받은 공행정사무가 아니므로, 사안에서 국민건강보험공단은 행정청의 지위에 있지 아니하다.

(3) 사법(私法)행위

국민건강보험공단과 소속직원 甲과의 고용관계는 사법관계에 해당하며, 직위해제처분은 <u>사법행위의 성질을 가진다.</u>[273]

(4) 소결

사안의 직위해제처분은 ① 국민건강보험공단에 '행정청'의 지위에서 행한 것이 아니고, ② '사법행위'의 성질을 가진다는 점에서, 행정처분에 해당하지 않는다.

4. 직위해제처분의 효력이 상실되는지 여부

대법원은 "직위해제처분은 근로자로서의 지위를 그대로 존속시키면서 다만 그 직위만을 부여하지 아니하는 처분이므로 만일 어떤 사유에 기하여 <u>근로자를 직위해제한 후 그 직위해제 사유와 동일한 사유를 이유로 징계처분을 하였다면 뒤에 이루어진 징계처분에 의하여 그 전에 있었던 직위해제처분은 그 효력을 상실한다.</u> 여기서 직위해제처분이 효력을 상실한다는 것은 직위해제처분이 소급적으로 소멸하여 처음부터 직위해제처분이 없었던 것과 같은 상태로 되는 것이 아니라 <u>사후적으로 그 효력이 소멸한다는 의미이다</u>"라고 판시하였다.[274]

---

272) 대판 2010.7.29, 2007두18406
273) 행정주체가 경제적 활동의 주체로서 활동할 때에도 공공의 복지와 밀접한 관계가 있는 공적인 행위로서가 아니라 다시 말하면 사사로운 국민상호간의 경제적 활동과 조금도 차이가 없는 경우에는 그 성질상 사법이 전면적으로 그대로 적용되어야 할 것이다(대판 1961.10.5, 4292행상6).

국민건강보험공단이 직위해제처분을 한 후에 같은 사유로 해임처분을 하였다면, 해임처분이 있은 시점으로부터 사후적으로 직위해제처분의 효력이 상실된다.

5. 설문 (1)의 해결

국민건강보험공단의 甲에 대한 직위해제처분은 행정쟁송의 대상이 되는 행정처분이 아니며, 동일한 사유로 행해진 해임처분에 의해 직위해제처분의 효력은 사후적으로 소멸된다.

Ⅱ. 설문 (2)에 대하여

1. 문제의 소재

甲이 재심판정 중에서 해임처분에 대한 취소소송을 제기하여 다투고 있던 중, 다시 재심판정 중에서 직위해제 부분에 대해 취소소송을 제기할 수 있는지 살펴본다. 특히, 대상적격과 협의의 소익이 문제된다.

2. 대상적격

(1) 취소소송의 대상

취소소송은 '처분등'을 대상으로 한다(행정소송법 제19조 본문). 여기서 '처분등'에는 행정심판에 대한 재결이 포함된다(행정소송법 제2조 제1항 제1호).

(2) 원처분 중심주의 및 재결주의

1) 원처분 중심주의

원칙적으로 원처분을 대상으로 하며, 재결은 예외적으로만 취소소송의 대상이 될 수 있다. 재결취소소송의 경우에는 재결 자체에 고유한 위법이 있음을 이유로 하는 경우에 한한다(행정소송법 제19조 단서).

2) 재결주의

개별 법률에서 예외적으로 재결주의를 규정하고 있는 경우가 있는데, 이 경우에는 재결주의에 의해 원처분이 아니라 재결이 항고소송의 대상이 된다.

---

274) 대판 2010.7.29, 2007두18406

(3) 사안의 경우

甲은 직위해제처분에 대해 지방노동위원회에 구제신청이 가능하며, 지방노동위원회의 기각결정에 대해 중앙노동위원회에 재심신청이 가능하다.

중앙노동위원회의 재심판정에 대하여 관계 당사자는 그 재심판정서의 송달을 받은 날부터 15일 이내에 행정소송법이 정하는 바에 의하여 소를 제기할 수 있는바(근로기준법 제31조 제2항), 이는 재결주의에 대한 규정이다.

따라서 행정소송법 제19조 단서에도 불구하고, 甲은 지방노동위원회의 기각결정이 아니라 중앙노동위원회의 재심판정에 대해 취소소송을 제기하여야 한다. 이 경우 <u>재결 취소소송에서는 재결의 고유한 하자뿐만 아니라 원처분의 하자(지방노동위원회 처분의 위법성)도 주장할 수 있다.</u>[275]

사안의 경우 甲이 중앙노동위원회의 재심판정에 대해 취소소송을 제기한다고 하므로 대상적격을 갖추었다.

3. 원고적격

근로기준법 제31조 제2항에서 근로자가 행정소송을 제기할 수 있다고 하여, 개별법에서 명문으로 원고적격을 인정하고 있다. 따라서 甲의 원고적격에는 문제가 없다.

4. 피고적격

중앙노동위원회의 처분에 대한 소송은 '중앙노동위원회 위원장'을 피고로 하여 처분의 송달을 받은 날부터 15일 이내에 제기하여야 한다(노동위원회법 제27조 제1항). 설문에서 언급은 없으나 적법하게 제기된 것으로 보인다.

5. 행정심판 전치주의

재결주의는 필연적으로 행정심판 전치주의를 전제한다. 사안에서 중앙노동위원회의 재심판정이 있었으므로 취소소송의 제기는 적법하다.

6. 제소기간

중앙노동위원회의 재심판정에 대하여 사용자나 근로자는 재심판정서를 송달받은 날부터 15일 이내에 「행정소송법」의 규정에 따라 소(訴)를 제기할 수 있다. 사안에서 15일 이내에 제기한다면 적법하다.

---

[275] 대판 1991.2.12, 90누288

7. 협의의 소익

(1) 문제점

직위해제의 효력은 이미 소멸하였음에도, 甲에게 직위해제 부분에 대한 취소소송을 제기할 구체적인 이익이 있는지 문제된다.

(2) 협의의 소의 이익의 의의

취소소송은 처분 등의 취소를 구할 자격(원고적격)을 가진 자가 소를 제기할 수 있다. 그러나 취소소송도 재판의 일종이므로 분쟁을 재판에 의하여 해결할 만한 현실적 필요성이 있어야 하는데, 이를 '협의의 소의 이익' 또는 '권리보호의 필요'라고 한다.

(3) 행정소송법 제12조 2문의 해석

행정소송법 제12조 2문은 "처분 등의 효과가 기간의 경과, 처분 등의 집행 그 밖의 사유로 인하여 소멸된 뒤에도 그 처분 등의 취소로 인하여 회복되는 법률상 이익이 있는 자의 경우에는 또한 같다"라고 규정하고 있다. 이에 대하여 ① 제12조 1문처럼 원고적격에 관한 조항으로 보는 견해가 있으나, ② 1문은 취소소송의 원고적격을 규정하고 있고, 2문은 취소소송에서의 협의의 소익을 규정한 것이라고 보는 견해가 다수설이다.

(4) '법률상 이익'의 인정범위

1) 문제점

판례는 행정소송법 제12조 2문의 '법률상 이익'을 '법률상 보호이익'으로 보고 있는바, 과연 회복되는 이익을 어느 범위까지 인정할 수 있는지 문제된다.

2) 학설

학설은 ① 법률상 보호이익만 인정하는 '법률상 보호이익설', ② 부수되는 이익까지 인정하는 '확대된 법률상 보호이익설'이 대립한다.

3) 판례

판례는 처분의 효력이 소멸된 경우에도 "<u>공장등록이 취소되었어도 위법한 취소처분이 없었으면 누렸을 세제상의 혜택이 있는 경우는 취소를 다툴 소의 이익이 있다</u>"276)라고 하였다. 또한 지방의회 의원에 대한 제명의결 취소소송 계속중 의원의 임기가 만료된 사안에서 "제명의결의 취소로 의원의 지위를 회복할 수는 없다 하더라도 <u>제명의결시부터 임기만료일까지의 기간에 대한 월정수당의 지급을 구할 수 있는 등 여전히 그 제명의결의 취소를</u>

---

276) 대판 2002.1.11, 2000두3306

구할 법률상 이익이 있다"라고 하여 원상회복이 불가능한 경우에도 회복되는 부수적 이익이 있는 경우에는 소의 이익이 인정된다는 입장이다.277)

그리고 대법원은 노동조합 인터넷 게시판에 국민건강보험공단 이사장을 모욕하는 내용의 글을 게시한 근로자에 대하여 인사규정상 직원의 의무를 위반하고 품위를 손상하였다는 사유로 직위해제처분을 한 후 동일한 사유로 해임처분을 한 사안에서, "근로자는 직위해제처분으로 인하여 승진·승급에 제한을 받고 보수가 감액되는 등의 인사상·급여상 불이익을 입게 되었고, 위 해임처분의 효력을 둘러싸고 다툼이 있어 그 효력 여하가 확정되지 아니한 이상 근로자의 신분을 상실한다고 볼 수 없어 여전히 인사상 불이익을 받는 상태에 있으므로, 비록 직위해제처분이 해임처분에 의하여 효력을 상실하였다고 하더라도 근로자에게 위 직위해제처분에 대한 구제를 신청할 이익이 있다"278)고 판시하였다.

4) 검토

부수된 이익을 인정하는 것이 국민의 실질적 권리구제에 부합한다는 점에서, 확대된 법률상 보호이익설이 타당하다.

(5) 사안의 경우

① 해임처분에 의해 직위해제처분의 효력이 사후적으로 소멸하는 것이라는 점(여전히 직위해제처분의 전력이 남아 있음), ② 현재 해임처분 부분에 대한 취소소송을 제기한 상태로 甲의 근로자의 신분이 종국적으로 상실된 것이 아니라는 점(소송의 결과에 따라 근로자의 지위가 회복될 수 있음), ③ 국민건강보험공단 인사규정은 직위해제에 따른 승진·승급 및 보수 지급의 불이익 규정을 두고 있다는 점에서, 그러한 불이익을 제거할 부수되는 이익으로서 협의의 소익이 인정된다.

8. 설문 (2)의 해결

① 甲이 중앙노동위원회의 재심판정에 대해 취소소송을 제기하였고, ② 인사규정상 불이익 제거의 이익이 인정되며, ③ 甲은 중앙노동위원회의 재심판정을 받았으므로, 중앙노동위원장을 피고로 15일 이내에 제소한다면 甲은 재심판정 중 직위해제 부분의 취소를 구하는 소를 제기할 수 있다.

---

277) 대판 2009.1.30, 2007두13487
278) 대판 2010.7.29, 2007두18406

보충문제

교육부장관은 A학교법인의 이사 甲에게 고등교육법 위반사유가 있음을 이유로, A학교법인에 대하여 甲의 임원취임승인을 취소하면서 乙을 임시이사로 선임하는 처분을 하였다. 甲은 교육부장관을 상대로 본인에 대한 임원취임승인 취소처분과 乙에 대한 임시이사선임처분의 취소를 구하는 소송을 제기하였다. 소송 진행 중 임시이사 乙의 임기가 만료되어 임시이사는 丙으로 변경되었고, 甲의 원래 임기가 만료되었을 뿐만 아니라 甲에 대한 사립학교법 제22조 제2호 소정의 임원결격사유기간(5년)도 경과하였다. 甲이 제기한 취소소송에 대하여 다음 물음에 답하시오.

(1) 甲에게는 원고적격이 인정되는가? (10점)
(2) 甲이 제기한 취소소송은 '협의의 소의 이익'이 있는가? (15점)   • 2017 5급(행정) 공채

■ 문 (1)

Ⅰ. 논점 : 취소소송의 원고적격

Ⅱ. 임원취임승인의 법적 성질

학교법인의 임원선임행위의 법률상 효력을 완성케 하는 보충적 법률행위로서 인가

Ⅲ. 취소소송의 원고적격

1. 원고적격의 의의
2. 법률상 이익에 관한 학설
3. 법률상 이익의 내용
   ○ 법에 의하여 보호되는 개별적·직접적·구체적 이익(대판 2008.3.27. 2007두23811)
   ○ 행정처분의 상대방이 아닌 제3자라도 당해 행정처분의 취소를 구할 법률상의 이익이 있는 경우에는 그 처분의 취소를 구할 수 있으나, 이 경우 법률상의 이익이란 당해 처분의 근거 법률에 의하여 직접 보호되는 구체적인 이익을 말하므로 제3자가 단지 간접적인 사실상 경제적인 이해관계를 가지는 경우에는 그 처분의 취소를 구할 원고적격이 없음(대판 2002.8.23. 2002추61)
4. 법률상 이익의 판단기준 : '법률'의 범위

Ⅳ. 사례의 경우

관할청이 학교법인의 임원취임승인신청에 대하여 이를 반려하거나 거부하는 경우 학교법인에 의하여 임원으로 선임된 사람은 학교법인의 임원으로 취임할 수 없게 되는 불이익을

입게 되는바, 이와 같은 불이익은 간접적이거나 사실상의 불이익이 아니라 직접적이고도 구체적인 법률상의 불이익이라 할 것이므로 <u>학교법인에 의하여 임원으로 선임된 사람에게는 관할청의 임원취임승인신청 반려처분을 다툴 수 있는 원고적격이 있다</u>(대판 2007.12. 27, 2005두9651).

따라서 甲에게는 원고적격이 인정됨

■ 문 (2)

Ⅰ. 논점 : 협의의 소익

Ⅱ. 협의의 소익

　1. 의의
　2. 협의의 소익으로서 법률상 이익의 의미
　3. 협의의 소익이 인정되지 않는 경우
　4. 협의의 소익이 인정되는 경우
　5. 관련 판례

　　임시이사 선임처분에 대하여 취소를 구하는 소송의 계속중 임기만료 등의 사유로 새로운 임시이사들로 교체된 경우, <u>선행 임시이사 선임처분의 효과가 소멸하였다는 이유로 그 취소를 구할 법률상 이익이 없다고 보게 되면, 원래의 정식이사들로서는 계속중인 소를 취하하고 후행 임시이사 선임처분을 별개의 소로 다툴 수밖에 없게 되며, 그 별소 진행 도중 다시 임시이사가 교체되면 또 새로운 별소를 제기하여야 하는 등 무익한 처분과 소송이 반복될 가능성이 있으므로</u>, 이러한 경우 법원이 <u>선행 임시이사 선임처분의 취소를 구할 법률상 이익을 긍정하여 그 위법성 내지 하자의 존재를 판결로 명확히 해명하고 확인하여 준다면 위와 같은 구체적인 침해의 반복 위험을 방지할 수 있을 뿐 아니라, 후행 임시이사 선임처분의 효력을 다투는 소송에서 기판력에 의하여 최초 내지 선행 임시이사 선임처분의 위법성을 다투지 못하게 함으로써 그 선임처분을 전제로 이루어진 후행 임시이사 선임처분의 효력을 쉽게 배제할 수 있어 국민의 권리구제에 도움이 된다.</u> 그러므로 취임승인이 취소된 학교법인의 정식이사들로서는 그 취임승인 취소처분 및 임시이사 선임처분에 대한 각 취소를 구할 법률상 이익이 있고, 나아가 선행 임시이사 선임처분의 취소를 구하는 소송 도중에 선행 임시이사가 후행 임시이사로 교체되었다고 하더라도 여전히 선행 임시이사 선임처분의 취소를 구할 법률상 이익이 있다(대판 2007.7.19, 2006두19297).

Ⅲ. 사례의 경우

　甲이 제기한 취소소송은 '협의의 소의 이익'이 인정됨

연습 72

고용노동부장관 乙은 소속 5급 공무원 甲이 직무수행능력이 부족하고 근무성적이 극히 나쁘다는 이유로「국가공무원법」제73조의3 제1항 제2호에 따라 2024. 11. 5. 제1차 직위해제처분을 하였다(직위해제 기간 동안 승급제한 및 봉급의 80%만 지급). 이후 甲의 뇌물수수 및 직무유기 혐의가 추가로 밝혀지자 乙은 중앙징계위원회에 甲에 대한 징계 의결을 요구하면서, 그 사실을 甲에게 문서로 통지하였다. 이후 乙은 2025. 1. 19.「국가공무원법」제73조의3 제1항 제3호의 사유(징계 의결이 요구 중인 자)로 甲에게 제2차 직위해제처분을 하였다(직위해제 기간 동안 승급제한 및 봉급의 50%만 지급).

제2차 직위해제기간 중 중앙징계위원회는 같은 사유로 甲에 대한 해임을 의결하였고, 乙은 2025. 2. 24. 甲을 해임하였다. 이에 甲은 해임에 불복하는 소청을 제기하였고, 소청심사위원회는 2025. 4. 11. 甲에 대한 해임을 정직 3월로 변경하였다. 甲은 소청심사위원회의 변경재결서를 2025. 4. 12. 송달받았다.

(1) 甲이 소청심사위원회의 결정에 불복하여 취소소송을 제기하고자 할 경우, 그 소송의 대상과 제소기간을 검토하시오. (20점)
(2) 甲이 제1차 직위해제 및 제2차 직위해제 처분의 취소를 구하는 소송을 제기할 경우 각각 소의 이익이 있는지를 검토하시오.[279] (20점)

I. 설문 (1) – 변경재결에 대한 불복시 소송의 대상과 제소기간

1. 문제점

해임처분을 정직 3월로 변경한 재결에 불복하여 취소소송을 제기하고자 할 경우, 취소소송의 대상은 변경재결인지 변경된 원처분인지 문제된다. 이때 취소소송의 대상이 무엇인지와 행정심판의 재결을 거쳤는지에 따라 제소기간의 기산점이 달라지므로 검토를 요한다.

2. 소청심사위원회의 법적 성질

행정심판법 제4조 제1항은 사안(事案)의 전문성과 특수성을 살리기 위하여 특히 필요한 경우에 특별행정심판절차를 다른 법률로 정할 수 있도록 하고 있는바, 지방공무원법 제13조에 의해 설치되는 소청심사위원회는 특별행정심판위원회에 해당한다.

그리고 소청심사위원회는 행정심판위원회에 해당하고 또한 외부적 의사를 표시하는 행정청의 지위를 갖는바, 동 위원회의 결정은 행정심판의 재결에 해당한다.

---
[279] 2020년 5급공채 기출문제 변형

3. 원처분주의와 재결주의

취소소송은 원칙적으로 원처분을 대상으로 하며, 재결은 예외적으로만 취소소송의 대상이 될 수 있다. 재결취소소송의 경우에는 재결 자체에 고유한 위법이 있음을 이유로 하는 경우에 한한다(행정소송법 제19조 단서). 이를 원처분중심주의라고 한다. 행정소송법은 원처분주의를 취하고 있지만, 개별법에서 재결주의를 규정하기도 한다.

원처분주의에서 재결이 취소소송의 대상이 되는 경우란 재결 자체에 주체·절차·형식 그리고 내용상 위법이 있는 경우를 말한다.

4. 변경재결의 경우 취소소송의 대상적격

(1) 문제점

변경재결(일부취소재결 또는 적극적 변경재결)이 내려진 경우, 당사자가 여전히 불복하려 한다면 어느 행위(재결 또는 원처분)를 소송의 대상으로 해야 하는지 문제된다.

(2) 학설

① 원처분이 대상이 된다는 견해 : 원처분주의의 원칙상 재결은 소송이 되지 못하고 변경되고 남은 원처분(설문에서 3월의 정직처분)이 취소소송의 대상이 된다고 하는 견해이다.

② 변경재결이 대상이 된다는 견해 : 일부취소재결(또는 적극적 변경재결)은 원처분을 완전히 대체하는 새로운 처분이므로 위원회가 피고가 되고, 재결이 취소소송의 대상이 된다는 견해이다.

(3) 판례

판례는 징계혐의자에 대한 감봉처분을 견책으로 변경한 소청결정에 대해서 견책이 재량권의 남용 또는 일탈로서 위법하다는 사유는 소청결정 자체에 고유한 위법을 주장하는 것으로 볼 수 없고 원처분의 위법을 주장하는 것이므로 소청결정의 취소사유가 될 수 없다고 하여,[280] <u>원처분을 다투어야 한다</u>는 입장이다.

(4) 검토

변경재결(일부취소재결이 또는 적극적 변경재결)은 제재처분의 강도를 감경한 것에 불과한 점에서 변경재결로 인해 변경된 원처분이 취소소송의 대상이 된다는 견해가 타당하다.

(5) 사안의 경우

취소소송의 대상은 乙장관이 한 2025. 2. 24.의 정직 3월 처분이다.

---

[280] 대판 1993.8.24. 93누5673

5. 제소기간의 기산점

(1) 행정소송법 제20조 제1항의 규정

행정심판을 거치지 않은 경우, 취소소송은 처분 등이 있음을 안 날부터 90일 이내에 제기하여야 한다. 다만 행정심판청구가 있을 때의 기간은 재결서의 정본을 송달받은 날부터 기산한다.

(2) 사안의 경우

취소소송의 대상은 변경처분이 아니라 정직 3월로 변경된 원처분이다. 즉, 제소기간의 기산점은 원처분을 기준으로 한다. 다만 행정심판을 청구한 경우이므로 재결서를 송달받은 날인 2025. 4. 12.부터 90일 이내에 취소소송을 제기하여야 한다.

6. 설문의 해결

甲은 乙장관의 2025. 2. 24. 정직 3월의 처분을 취소를 구하는 소송을 2025. 4. 12.부터 90일 이내에 제기할 수 있다.

Ⅱ. 설문 (2) – 협의의 소의 이익

1. 문제점

제1차 직위해제는 제2차 직위해제에 의해 효력이 상실되었고, 제2차 직위해제는 해임에 의해 효력이 소멸되었는바, 이와 같이 효력이 소멸된 처분에 대해서는 취소소송을 통하여 분쟁을 해결할 이익이 있는지 문제된다.

2. 협의의 소의 이익

(1) 의의

취소소송은 처분 등의 취소를 구할 자격(원고적격)을 가진 자가 소를 제기할 수 있다. 그러나 취소소송도 재판의 일종이므로 분쟁을 재판에 의하여 해결할 만한 현실적 필요성이 있어야 하는데, 이를 '협의의 소의 이익' 또는 '권리보호의 필요'라고 한다. "이익 없으면 소 없다"라는 법언이 이를 대변한다.

(2) 행정소송법 제12조 2문의 해석

행정소송법 제12조 2문은 "처분 등의 효과가 기간의 경과, 처분 등의 집행 그 밖의 사유로 인하여 소멸된 뒤에도 그 처분 등의 취소로 인하여 회복되는 법률상 이익이 있는 자의 경우에는 또한 같다"라고 규정하고 있다. 이에 대하여 ① 제12조 1문처럼 원고적격에 관한 조항으로 보는 견해가 있으나, ② 1문은 취소소송의 원고적격을 규정하고 있고, 2문은 취소소송에서의 협의의 소익을 규정한 것이라고 보는 견해가 다수설이다.

(3) 협의의 소의 이익의 유무의 일반적 판단기준

1) 판례는 행정소송법 제12조 소정의 '법률상 이익'을 "당해 처분의 근거 법률에 의하여 보호되는 직접적이고 구체적인 이익과 관련된 것을 말하는 것이고 단지 간접적이거나 사실적·경제적 이해관계를 가지는 데 불과한 경우는 여기에 포함되지 않는다"[281]라고 보고 있다.

2) 다만, 다수설은 여기서의 '법률상 이익'은 취소를 통하여 구제되는 기본적인 법률상 이익뿐만 아니라 부수적 이익도 포함한다고 보는 점에서 원고적격에서의 법률상 이익보다 넓은 개념으로 보고 있다.

3) 본안판단의 전제요건을 모두 구비하게 되면 일반적으로 소의 이익을 갖춘 것이 된다(다수설). 그러나 원상회복이 불가능한 경우, 소송목적이 실현된 경우(처분의 효력이 소멸, 권익침해의 해소), 비난받을 목적을 추구하는 경우 등에는 소의 이익이 부정된다. 다만 이 경우에도 취소를 구할 현실적 이익이 있으면 소의 이익이 인정된다. 유리한 결과를 가져오는 처분(수익적 행정행위 등)은 그 취소를 구할 소의 이익이 없다.

(4) 처분의 효력이 소멸된 경우의 소의 이익

1) **직위해제처분의 효력이 상실되는지 여부**

판례는 행정청이 공무원에 대하여 새로운 직위해제사유에 기한 직위해제처분을 한 경우 그 이전에 한 직위해제처분은 이를 묵시적으로 철회하였다고 봄이 상당하므로, 그 이전 처분의 취소를 구하는 부분은 존재하지 않는 행정처분을 대상으로 한 것으로서 그 소의 이익이 없어 부적법하다고 한다.[282]

한편 판례에 따르면, 직위해제처분은 근로자로서의 지위를 그대로 존속시키면서 다만 그 직위만을 부여하지 아니하는 처분이므로 만일 어떤 사유에 기하여 근로자를 직위해제한 후 그 직위해제 사유와 동일한 사유를 이유로 징계처분을 하였다면 뒤에 이루어진 징계처분에 의하여 그 전에 있었던 직위해제처분은 그 효력을 상실한다. 여기서 직위해제처분이 효력을 상실한다는 것은 직위해제처분이 소급적으로 소멸하여 처음부터 직위해제처분이 없었던 것과 같은 상태로 되는 것이 아니라 사후적으로 그 효력이 소멸한다는 의미이다. 따라서 직위해제처분에 기하여 발생한 효과는 당해 직위해제처분이 실효되더라도 소급하여 소멸하는 것이 아니므로, 인사규정 등에서 직위해제처분에 따른 효과로 승진·승급에 제한을 가하는 등의 법률상 불이익을 규정하고 있는 경우에는 직위해제처분을 받은 근로자

---

[281] 대결 2000.10.10. 2000무17
[282] 대판 2003.10.10. 2003두5945

는 이러한 법률상 불이익을 제거하기 위하여 그 실효된 직위해제처분에 대한 구제를 신청할 이익이 있다.283)

2) 소의 이익

설문처럼 처분의 효력이 소멸된 경우에도 급여청구와 같은 부수적 이익의 회복을 위해 취소소송의 제기가 가능한지 문제된다.

대법원은 노동조합 인터넷 게시판에 국민건강보험공단 이사장을 모욕하는 내용의 글을 게시한 근로자에 대하여 인사규정상 직원의 의무를 위반하고 품위를 손상하였다는 사유로 직위해제처분을 한 후 동일한 사유로 해임처분을 한 사안에서, "근로자는 직위해제처분으로 인하여 승진·승급에 제한을 받고 보수가 감액되는 등의 인사상·급여상 불이익을 입게 되었고, 위 해임처분의 효력을 둘러싸고 다툼이 있어 그 효력 여하가 확정되지 아니한 이상 근로자의 신분을 상실한다고 볼 수 없어 여전히 인사상 불이익을 받는 상태에 있으므로, 비록 직위해제처분이 해임처분에 의하여 효력을 상실하였다고 하더라도 근로자에게 위 직위해제처분에 대한 구제를 신청할 이익이 있다"284)고 판시하였다.285)

이러한 부수적 이익도 법이 보호하는 이익이라면 부수적 이익의 회복을 위해 취소를 구할 법률상 이익이 인정될 것이다. 공무원의 승급과 보수는 법정 사항이어서 승급의 제한을 제거하거나 급여를 청구할 이익은 법률상 이익이므로 이를 위하여 취소소송을 제기할 수 있다.

3. 설문의 해결

(1) 제1차 직위해제처분의 경우

새로운 직위해제사유에 기한 직위해제처분을 하였으므로 제1차 처분은 존재하지 아니한다. 따라서 제1차 직위해제의 취소를 구할 소의 이익이 없다.

(2) 제2차 직위해제처분의 경우

동일한 사유의 해임처분으로 제2차 직위해제처분은 효력을 상실한다고 보아야 하나, 공무원보수규정상 및 신분상 불이익이 있는 경우에 해당하므로 제2차 직위해제처분의 취소를 구할 소의 이익이 인정된다.

---

283) 대판 2010.7.29. 2007두18406
284) 대판 2010.7.29. 2007두18406
285) 유사판례 : 판례는 지방의회 의원에 대한 제명의결 취소소송 계속중 의원의 임기가 만료된 사안에서 "제명의결의 취소로 의원의 지위를 회복할 수는 없다 하더라도 제명의결시부터 임기만료일까지의 기간에 대한 월정수당의 지급을 구할 수 있는 등 여전히 그 제명의결의 취소를 구할 법률상 이익이 있다"(대판 2009.1.30. 2007두13487)고 하였다.

연습 73

일반음식점을 운영하는 업주 甲은 2024. 12. 25. 2명의 청소년에게 주류를 제공한 사실이 경찰의 연말연시 일제 단속에 적발되어 2025. 2. 15. 관할 구청장 乙로부터 영업정지 2개월의 처분을 통지 받았다. 甲은 자신의 업소가 대학가에 소재하고 있어서 주된 고객이 대학생인데, 고등학생이 오는 경우도 있어 신분증으로 나이를 확인하고 출입을 시키도록 종업원 A에게 철저히 교육을 하였다. 그런데 종업원 A는 사건 당일은 성탄절이라 점포 내 많은 손님들로 북적거려서 신분증을 일일이 확인하는 것은 어렵겠다고 판단하여 간헐적으로 신분증 확인을 하였고, 경찰의 단속에서 청소년이 발견된 것이다. 한편 甲은 평소 청소년 선도활동을 활발히 한 유공으로 표창을 받았을 뿐 아니라 지금까지 관계 법령 위반으로 인한 영업정지 등 행정처분과 행정벌을 받은 바가 전혀 없으며, 간암으로 투병중인 남편과 초등학생인 자식 2명을 부양하고 있다.

(1) 남편에 대한 간병과 영업정지처분의 충격으로 경황이 없던 甲은 2025. 4. 25. 위 영업정지처분에 대한 취소소송을 제기하였다. 이 취소소송의 적법 여부를 논하시오. (20점)

(2) 만약, 위 사례에서 영업정지 2개월의 처분에 대해 2025. 2. 20. 乙이 영업정지 1개월의 처분에 해당하는 과징금으로 변경하는 처분을 하였고 甲이 2025. 2. 23. 이 처분의 통지를 받았다면, 甲이 이에 대해 취소소송을 제기할 경우 취소소송의 대상, 그리고 제소기간의 기산점을 설명하시오.[286] (20점)

[참조조문]

식품위생법

제44조【영업자 등의 준수사항】② 식품접객영업자는 청소년 보호법 제2조에 따른 청소년(이하 이 항에서 "청소년"이라 한다)에게 다음 각 호의 어느 하나에 해당하는 행위를 하여서는 아니 된다.

 4. 청소년에게 주류(酒類)를 제공하는 행위

제75조【허가취소 등】① 식품의약품안전처장 또는 특별자치도지사·시장·군수·구청장은 영업자가 다음 각 호의 어느 하나에 해당하는 경우에는 대통령령으로 정하는 바에 따라 영업허가 또는 등록을 취소하거나 6개월 이내의 기간을 정하여 그 영업의 전부 또는 일부를 정지하거나 영업소 폐쇄(제37조 제4항에 따라 신고한 영업만 해당한다. 이하 이 조에서 같다)를 명할 수 있다.

 13. 제44조 제1항·제2항 및 제4항을 위반한 경우

제82조【영업정지 등의 처분에 갈음하여 부과하는 과징금 처분】① 식품의약품안전처장, 시·도지사 또는 시장·군수·구청장은 영업자가 제75조 제1항 각 호 또는 제76조 제1항 각 호의 어느 하나에 해당하는 경우에는 대통령령으로 정하는 바에 따라 영업정지, 품목 제조정지 또는 품목류 제조정지 처분을 갈음하여 2억원 이하의 과징금을 부과할 수 있다. 다만, 제6조를 위반하여 제75조 제1항에 해당하는 경우와 제4조, 제5조,

행정쟁송법 사례연습

> 제7조, 제10조, 제12조의2, 제13조, 제37조 및 제42조부터 제44조까지의 규정을 위반하여 제75조 제1항 또는 제76조 제1항에 해당하는 중대한 사항으로서 총리령으로 정하는 경우는 제외한다.
>
> **식품위생법 시행규칙**
> **제89조【행정처분의 기준】** 법 제71조, 법 제72조, 법 제74조부터 법 제76조까지 및 법 제80조에 따른 행정처분의 기준은 별표 23과 같다.
>
> 〈별표 23〉
> Ⅰ. 일반기준
>   15. 다음 각 목의 어느 하나에 해당하는 경우에는 행정처분의 기준이, 영업정지 또는 품목·품목류 제조정지인 경우에는 정지처분 기간의 2분의 1 이하의 범위에서, 영업허가 취소 또는 영업장 폐쇄인 경우에는 영업정지 3개월 이상의 범위에서 각각 그 처분을 경감할 수 있다.
>   마. 위반사항 중 그 위반의 정도가 경미하거나 고의성이 없는 사소한 부주의로 인한 것인 경우
> Ⅱ. 개별기준
> 3. 식품접객업
>
> | 위반사항 | 근거법령 | 행정처분기준 | | |
> |---|---|---|---|---|
> | | | 1차 위반 | 2차 위반 | 3차 위반 |
> | 11. 법 제44조 제2항을 위반한 경우
라. 청소년에게 주류를 제공하는 행위(출입하여 주류를 제공한 경우 포함)를 한 경우 | 법 제75조 | 영업정지 2개월 | 영업정지 3개월 | 영업허가·등록 취소 또는 영업소 폐쇄 |

Ⅰ. 설문 (1)에 대하여

1. 문제점

갑에 대한 2월의 영업정지처분이 항고소송의 대상임은 명백하며, 갑은 침익적 처분의 상대방이므로 원고적격도 인정되며, 제소기간도 준수하였다. 따라서 특히 문제되는 것은 권리보호필요성 요건이다. 설문에서는 소송 도중 정지기간이 경과된 이후에도 협의의 소익이 인정되는지가 문제된다.

---

286) 2013년 5급공채(일반행정) 기출문제

2. 영업정지기간 경과 후 영업정지처분의 취소를 구하는 경우 권리보호필요성(협의의 소익)

(1) 문제점

2025. 2. 15. 이후 2개월이 지나 영업정지처분의 효력이 소멸한 후에도, 취소소송을 유지할 권리보호필요가 인정되는지 문제된다.

(2) 협의의 소익과 행정소송법 제12조 2문

1) 협의의 소익의 의의

협의의 소익이란 소송을 통하여 분쟁을 해결할 만한 구체적인 이익 및 현실적인 필요성을 말한다. 행정소송법 제12조 2문은 처분 등의 효과가 기간의 경과, 처분 등의 집행 그 밖의 사유로 인하여 소멸된 뒤에도 그 처분 등의 취소로 인하여 회복되는 법률상 이익이 있는 자의 경우에도 취소소송을 제기할 수 있다고 규정하고 있다.

2) 제12조 2문의 성질

행정소송법에는 별도의 협의의 소익에 관한 규정이 없으며, 행정소송법 제12조는 원고적격이라는 제목 하에 1문 및 2문 모두 '법률상 이익'을 요구하고 있는바, 행정소송법 제12조 2문의 '법률상 이익'의 의미가 무엇인지 견해의 대립이 있다.

① 원고적격설 : 원고적격설은 행정소송법 제12조의 제목이 원고적격이므로 동조 2문의 취소소송은 1문의 그것과 마찬가지로 형성소송에 해당하며, 다만 처분의 효과가 소멸한 이후의 예외적 원고적격을 규정하고 있는 것이므로, 행정소송법 제12조 2문의 법률상 이익은 '법률상 보호이익'을 의미한다고 본다.

② 협의의 소익설 : 협의의 소익설은 행정소송법 제12조의 제목이 원고적격임에도 불구하고 동조 2문의 취소소송은 동조 1문의 그것과 달리 계속적 확인소송에 해당하며, 따라서 확인소송상 처분의 효과가 소멸한 이후의 예외적 협의의 소익을 규정하고 있는 것이므로, 행정소송법 제12조 2문 법률상 이익은 '위법확인의 정당한 이익'을 의미한다고 본다.

③ 판례(원고적격설) : 판례는 "행정소송법 제12조 소정의 '법률상 이익'은 <u>당해 처분의 근거 법률에 의하여 보호되는 직접적이고 구체적인 이익이 있는 경우를 말하고 간접적이거나 사실적 경제적 이해관계를 가지는데 불과한 경우는 여기에 해당되지 아니한다</u>"라고 판시하였다.

④ 검토(협의의 소익설) : 생각건대, 처분의 효력이 소멸한 후에는 회복되는 법률상 보호이익이 존재하지 않는다는 점, 행정소송법 제12조 2문의 법률상 이익을 형성소송상 법률상 보호이익으로 볼 경우 동 규정은 입법과오가 된다는 점에서 협의의 소익설이 타당하다.

3) 협의의 소익이 부인되는 경우

협의의 소익은 ① 처분의 효력이 소멸한 경우, ② 이익침해 상황이 해소된 경우, ③ 원상회복이 불가능한 경우에는 원칙적으로 부정된다. 취소소송은 처분의 효력을 제거하여 침해당한 권익을 회복하기 위한 형성소송에 해당하기 때문이다.

사안처럼 정지기간의 경과로 처분의 효력이 소멸되고 이미 영업권을 회복하여 영업이 가능한 경우에는 원칙적으로 취소소송을 계속할 권리보호이익이 없다고 볼 것이나, 행정소송법 제12조 2문의 '법률상 이익'에 해당하여 협의의 소익을 인정할 수 있는 예외적 경우인가가 문제된다.

(3) '법률상 이익'의 인정범위

사안에서 〈별표〉의 가중제재처분 가능성을 제거하여야 하는 이익이 소의 이익으로 인정될 수 있는지가 문제인데, 이는 행정소송법 제12조 2문 '법률상 이익'의 인정범위 논의와 관계있다.

1) 학설

① '법률상 이익'은 법률상 보호이익을 의미하는 것으로서 '법률상 위험'이 존재하는 경우에만 인정될 수 있다고 보는 법률상 보호이익설, ② 위법확인의 정당한 이익을 의미하는 것으로서 '법률상 위험'이 존재하는 경우뿐만 아니라 위험성 확인의 이익에 대해서도 인정된다는 위법확인의 정당한 이익설이 대립한다.

2) 판례

① **종래 판례**(법률상 보호이익설) : 처분의 효력이 제재기간의 경과로 인하여 소멸하였으나 제재적 가중처분이 시행규칙의 형식으로 예정되어 있어 선행처분에 대해 취소소송을 제기한 사안에서 판례는 "위반횟수에 따른 가중요건 규정은 내부 행정명령에 불과할 뿐, 행정처분의 기간의 경과로 그 효력이 상실된 후에 가중적인 제재처분의 불이익은 직접적·구체적·현실적인 것이 아니어서 법률상 이익이 없다"고 판시하였다.

② **최근 판례**(위법확인의 정당한 이익설) : 최근 판례는 "<u>법규명령에 규정되어 있는지와 상관없이 공무원의 법령준수의무를 고려할 때 그 처분의 존재로 인한 장래 불이익은 구체적이고 현실적인 것이므로 법률상 이익이 있다</u>(환경영향평가대행업자 사건)"고 판시하였다.

3) 검토(위법확인의 정당한 이익설)

사안과 같이 이전 처분의 외형이 잔존함으로 인해 가중된 후행 제재처분을 받을 것이 당연히 예견되는 경우에는 그러한 장래의 불이익을 회피할 이익을 인정하는 것이 실질적 권리구제에 부합하다는 점에서, 위법확인의 정당한 이익설이 타당하다.

3. 설문 (1)의 해결

취소소송 계속 중 정지기간 경과로 영업정지처분의 효력이 소멸되면 협의의 소익은 원칙적으로 부정될 것이다. 그러나 부령〈별표〉에 의하면 "2회 위반시 3월 영업정지"라는 가중제재처분 규정을 두고 있는바, 이에 따른 장래의 위험방지를 위한 예외적인 협의의 소익 인정이 가능하다.

따라서 법원은 영업정지기간 도과를 이유로 각하할 것이 아니라 본안판단을 하여야 할 것이다. 즉 취소소송의 제기는 적법하다.

Ⅱ. 설문 (2)에 대하여

1. 취소소송의 대상

(1) 문제점

설문에서 행정청이 영업정지 2개월의 처분을 영업정지 1개월의 처분에 해당하는 과징금으로 변경하는 처분을 하였다. 영업정지 처분과 과징금 부과처분은 그 내용이 다르기는 하나, 실질적으로는 영업정지 2개월 처분이 영업정지 1개월 처분으로 변경된 것이므로 이것은 갑에게 유리하게 변경된 처분에 해당한다. 이 경우 원처분은 변경처분으로 인해 변경된 원처분이 되었기 때문에 변경처분과 변경된 원처분 중 어느 행위가 취소소송의 대상인지 문제된다.

(2) 학설

1) 병존설

변경된 원처분(일부취소의 경우는 남은 원처분)과 변경처분(일부취소의 경우는 일부취소처분)은 독립된 처분으로 모두 소송의 대상이 된다는 견해이다.

2) 흡수설

원처분은 변경처분에 흡수되어 변경처분(일부취소처분)만이 소의 대상이 된다는 견해이다.

3) 역흡수설

변경처분은 원처분에 흡수되어 변경된 원처분(남은 원처분)만이 소의 대상이라는 견해이다.

(3) 판례

판례는 행정청이 <u>식품위생법령에 따라 영업자에게 행정제재처분을 한 후 당초 처분을 영업자에게 유리하게 변경하는 처분을 한 경우, 취소소송의 대상 및 제소기간 판단 기준이 되는 처분은 당초 처분이라는</u> 입장이다.287) 또한 행정청이 산업재해보상보험법에 의한

---

287) 행정청이 식품위생법령에 따라 영업자에게 행정제재처분을 한 후 그 처분을 영업자에게 유리하게 변경하는 처분을

보험급여 수급자에 대하여 부당이득 징수결정을 한 후 징수결정의 하자를 이유로 징수금 액수를 감액한 사례에서도 감액처분에 의하여 취소되지 않고 남은 부분이 소송의 대상이라고 하였다.288)

(4) 검토
변경처분은 원처분을 변경하는 행위이지 독립한 처분으로 볼 수 없으므로 변경된 원처분(남은 원처분)이 소송의 대상이라는 견해가 타당하다.

(5) 사안의 경우
취소소송의 대상은 과징금으로 변경된 원처분이다.

2. 제소기간의 기준시점

(1) 행정소송법 제20조

1) 처분이 있음을 안 날부터 90일

① **행정심판을 거치지 않은 경우** : 취소소송은 처분 등이 있음을 안 날부터 90일 이내에 제기하여야 한다(행정소송법 제20조 제1항). 처분 등이 있음을 안 날이란 통지·공고 기타의 방법에 의하여 당해 처분이 있었다는 사실을 현실적으로 안 날을 의미한다.

② **행정심판을 거친 경우** : 행정소송법 제18조 제1항 단서(다른 법률에 당해 처분에 대한 행정심판의 재결을 거치지 아니하면 취소소송을 제기할 수 없다는 규정이 있는 때)에 의한 경우와 그 밖에 행정심판청구를 할 수 있는 경우 또는 행정청이 행정심판청구를 할 수 있다고 잘못 알린 경우에는, 재결서의 정본을 송달받은 날부터 90일을 기산한다(제20조 제1항).

③ **불변기간** : 상기의 90일의 기간은 불변기간으로 한다(제20조 제3항). 따라서 법원은 이 기간을 늘이거나 줄일 수 없다.

④ **불고지·오고지의 경우** : 행정소송법은 행정소송의 제기에 관한 고지의무 및 불고지·오고지의 효과에 대한 규정이 없다. 행정심판청구기간에 관한 행정심판법 제18조 제5항의 규정이 행정소송 제기에도 당연히 적용되지 아니한다.

한 경우, 변경처분에 의하여 당초 처분은 소멸하는 것이 아니고 당초부터 유리하게 변경된 내용의 처분으로 존재하는 것이므로, 변경처분에 의하여 유리하게 변경된 내용의 행정제재가 위법하다 하여 그 취소를 구하는 경우 그 취소소송의 대상은 변경된 내용의 당초 처분이지 변경처분은 아니고, 제소기간의 준수 여부도 변경처분이 아닌 변경된 내용의 당초 처분을 기준으로 판단하여야 한다(대판 2007.4.27, 2004두9302).

288) 행정청이 산업재해보상보험법에 의한 보험급여 수급자에 대하여 부당이득 징수결정을 한 후 징수결정의 하자를 이유로 징수금 액수를 감액하는 경우에 감액처분은 감액된 징수금 부분에 관해서만 법적 효과가 미치는 것으로서 당초 징수결정과 별개 독립의 징수금 결정처분이 아니라 그 실질은 처음 징수결정의 변경이고, 그에 의하여 징수금의 일부 취소라는 징수의무자에게 유리한 결과를 가져오는 처분이므로 징수의무자에게는 그 취소를 구할 소의 이익이 없다(대판 2012.9.27, 2011두27247).

2) 처분이 있은 날부터 1년

① 행정심판을 거치지 않은 경우 : 취소소송은 처분 등이 있은 날부터 1년을 경과하면 이를 제기하지 못한다(제20조 제2항 1문). 처분 등이 있은 날이란 상대방 있는 행정행위의 경우에는 특별한 규정이 없는 한 의사표시의 일반적 법리에 따라 그 <u>행정처분이 상대방에게 도달되어 효력을 발생한 날</u>을 의미한다.289)

② 행정심판을 거친 경우 : 재결이 있은 날부터 역시 1년이다(제20조 제2항 본문).

③ 정당한 사유가 있는 경우 : 정당한 사유가 있는 경우 1년의 기간이 경과하여도 제소할 수 있다(제2항 단서). 여기서 정당한 사유란 제소기간경과의 원인 등 여러 사정을 종합하여 지연된 제소를 허용하는 것이 사회통념상 상당하다고 할 수 있는가에 의하여 판단하여야 한다.290)

3) '안 날'과 '있은 날'의 관계

처분이 있음을 안 날과 처분이 있은 날 중 <u>어느 하나의 기간이 경과하면 제소기간은 종료</u>한다.291)

(2) 사안의 경우

취소소송의 대상은 변경처분이 아니라 과징금으로 변경된 원처분이다. 즉, 제소기간의 기산점은 원처분을 기준으로 한다. 따라서 제소기간은 소의 대상인 당초 처분(영업정지 2개월 처분)이 있음을 안 날, 즉 2025. 2. 15.부터 기산해야 한다.

---

289) 대판 1990.7.13, 90누2284
290) 행정처분의 직접 상대방이 아닌 제3자는 일반적으로 처분이 있는 것을 바로 알 수 없는 처지에 있으므로, <u>그 기간 내에 처분이 있은 것을 알았거나 쉽게 알 수 있었기 때문에 소송을 제기할 수 있었다고 볼 만한 특별한 사정이 없는 한, '정당한 사유'가 있는 경우에 해당한다</u>(대판 1992.7.28, 91누12844).
291) 대판 1964.9.8, 63누196

연습 74

A주택재건축정비사업조합(이하 "A"라 한다)은 2023. 12. 11. 관할 乙구청장으로부터 주택재건축정비사업조합 설립인가처분을 받았다. 이후 A는 추가로 조합설립동의서 10장을 받아, 乙에게 조합설립변경인가를 신청하였는바, 乙은 2024. 5. 24. A에 대하여 변경인가처분을 하였다. 이때 변경인가의 내용은 당초 설립인가 시 인가한 사항 중 다른 부분의 변동 없이 단순히 추가동의서 제출을 이유로 한 동의율 변경, 조합원 수의 변경을 이유로 하고 있고, 이는 관련 법령에서 정한 경미한 사항의 변경에 불과하였다.

이에 대하여 해당 정비구역의 토지소유자 甲은 당초 설립인가처분의 취소를 구하는 소를 그 제소기간 내에 제기하였다가 2024. 8. 20. 변경인가처분의 취소를 구하는 것으로 청구취지를 교환적으로 변경하였고, 2025. 6. 1. 다시 설립인가처분의 취소를 구하는 청구를 추가하는 것으로 청구취지를 변경하였다.

2024. 8. 20.에 변경인가처분의 취소를 청구한 소와 2025. 6. 1.에 설립인가처분의 취소를 추가로 청구한 소는 제소기간을 각각 준수하였는가? (20점)

I. 문제의 소재

취소소송의 제소기간에 대한 행정소송법 규정(제20조 제1항, 제2항 등)에도 불구하고, 소의 변경 또는 청구취지의 변경과 같은 특수한 경우에 제소기간 준수 여부의 기준점이 달라지는 것인지 판례를 참고하여 사안을 검토하고자 한다.

II. 취소소송에서의 제소기간

행정소송법상 취소소송은 처분 등이 있음을 안 날부터 90일 이내에 제기하여야 하고, 처분 등이 있은 날부터 1년을 경과하면 제기하지 못한다(행정소송법 제20조 제1항, 제2항). 한편 사안의 경우는 ① 행정소송법 제21조(소의 변경)의 적용사안이 아니므로 처음에 소를 제기한 때에 제기된 것으로 본다는 규정(제14조 제4항, 제21조 제4항)이 직접 적용될 수 없고, ② 제22조(처분변경으로 인한 소의 변경)의 적용 사안도 아니므로 처분이 있음을 안 날부터 60일 이내라는 특칙(제22조 제2항)과도 무관하다.

Ⅲ. 변경인가처분의 취소를 청구하는 소 (2024. 8. 20.자)

1. 소의 교환적 변경의 경우 제소기간의 판단

청구취지를 교환적으로 변경하는 것은 신소의 제기에 해당한다. 판례에 따르면 청구취지를 교환적으로 변경하여 종전의 소가 취하되고 새로운 소가 제기된 것으로 보게 되는 경우에 새로운 소에 대한 제소기간의 준수 등은 원칙적으로 소의 변경이 있은 때를 기준으로 하여 판단한다.292)

2. 사안의 경우

변경인가처분일이 2024. 5. 24.이었고 소의 변경이 있은 때는 2024. 8. 20.이므로 행정소송법상 제소기간을 준수하였다.

Ⅳ. 설립인가처분의 취소를 추가로 청구하는 소 (2025. 6. 1.자)

1. 교환적 변경 후 선행처분취소의 소를 추가하는 경우

소의 소제기 기간의 준수 여부는 각 그 청구취지의 추가·변경신청이 있은 때를 기준으로 개별적으로 판단해야 하므로293) 교환적 변경 후 다시 별도의 소를 추가하는 경우에도 역시 신소의 제기이므로 마찬가지로 소를 추가할 때를 기준으로 판단하는 것이 원칙이다. 그런데 판례는 예외적으로, "선행처분의 취소를 구하는 소가 그 후속처분의 취소를 구하는 소로 교환적으로 변경되었다가 다시 선행처분의 취소를 구하는 소로 변경된 경우 후속처분의 취소를 구하는 소에 선행처분의 취소를 구하는 취지가 그대로 남아 있었던 것으로 볼 수 있다면 선행처분의 취소를 구하는 소의 제소기간은 최초의 소가 제기된 때를 기준으로 정하여야 할 것"이라고 한다.294)

판례는 사안과 같은 경우, "변경인가처분은 설립인가처분을 전제로 하여 단지 동의서가 추가되었음을 이유로 한 것이고, 이는 종전의 설립인가처분을 대체하는 새로운 변경인가처분이 아니라 '경미한 사항의 변경에 대한 신고를 수리하는 의미'에 불과"하므로 "설립인가처분의 취소를 구하는 소를 제기하였다가 변경인가처분의 취소를 구하는 것으로 소를 변경하였다고 하더라도 설립인가처분의 취소를 구하는 취지는 그대로 남아 있다"고 하면서, 설립인가처분의 취소를 구하는 청구의 제소기간은 그 뒤 다시 설립인가처분의 취소를

---

292) 대판 2004.11.25, 2004두7023
293) 대판 2004.12.10, 2003두12257
294) 대판 2013.7.11, 2011두27544

구하는 청구를 추가하였다는 사정과는 무관하게 당초 설립인가처분 취소의 소 제기시를 기준으로 하여야 한다고 하였다.295)

2. 사안의 경우

변경인가의 내용은 단순히 추가동의서 제출을 이유로 한 동의율 변경, 조합원 수의 변경을 이유로 하고 있고, 이는 관련 법령에서 정한 경미한 사항의 변경에 불과하다.
甲이 당초 설립인가처분의 취소를 구하는 소를 그 제소기간 내에 제기한 이상 2025. 6. 1.자 설립인가처분의 취소를 추가로 청구하는 소 역시 제소기간을 준수하였다.

V. 사안의 해결

2024. 8. 20.에 변경인가처분의 취소를 청구한 소와 2025. 6. 1.에 설립인가처분의 취소를 추가로 청구한 소는 제소기간을 모두 준수하였다.

> [참고] 행정청의 조합설립인가처분 후 경미한 사항의 변경에 대하여 행정청이 변경인가처분을 한 경우, 당초의 조합설립인가처분은 변경인가처분에 흡수되는지 여부(소극)
>
> 재개발조합설립 인가신청에 대한 행정청의 조합설립인가처분은 법령상 일정한 요건을 갖출 경우 주택재개발사업의 추진위원회에게 행정주체로서의 지위를 부여하는 일종의 설권적 처분의 성격을 가지고 있는데, 구 도시 및 주거환경정비법 제16조 제1항은 조합설립인가처분의 내용을 변경하는 변경인가처분을 할 때에는 조합설립인가처분과 동일한 요건과 절차를 거칠 것을 요구하고 있다. 그런데 조합설립인가처분과 동일한 요건과 절차가 요구되지 않는 구 도시 및 주거환경정비법 시행령 제27조 각 호에서 정하는 경미한 사항의 변경에 대하여 행정청이 조합설립의 변경인가라는 형식으로 처분을 하였다고 하더라도 그 성질은 당초의 조합설립인가처분과는 별개로 위 조항에서 정한 경미한 사항의 변경에 대한 신고를 수리하는 의미에 불과한 것으로 보아야 한다. 따라서 경미한 사항의 변경에 대한 신고를 수리하는 의미에 불과한 변경인가처분에 설권적 처분인 조합설립인가처분이 흡수된다고 볼 것은 아니다(대판 2010.12.9. 2009두4555).
>
> ※ 원심은, 이 사건 변경인가처분은 조합설립인가처분에서 인가된 토지 등 소유자와 동의자를 초과하는 부분에 대하여만 변경인가를 한 것이 아니라 조합설립인가처분에서 인가된 토지 등 소유자 수와 동의자 수에 추가로 제출된 동의서 등을 포함시켜 전체 토지 등 소유자 및 동의자 수를 다시 인가한 것이어서 이 사건 조합설립인가처분은 변경인가처분에 흡수되었다고 보고, 이와 같이 설립인가처분을 흡수한 이 사건 변경인가처분이 존재하는 이상 이 사건 청구 중 조합설립인가처분의 효력을 다투는 부분은 소의 이익이 없어 부적법하다는 이유로 이를 각하하고 변경인가처분의 효력을 다투는 부분에 대하여만 그 당부를 판단하였다.

---

295) 대판 2013.7.11. 2011두27544

연습 75

甲은 A시 B구청장에게 체육용지 84,526m²에 조성된 수영장, 골프 연습장, 체력 단련장, 실내 스키장 등의 스포츠센터에 대한 종합유원시설업 허가 및 체육시설업 신고를 마치고 이를 운영해 왔다. 乙은 2025. 8.경부터 2025. 11. 4.까지 한국자산신탁 주식회사가 실시한 공매 절차 및 임의경매 절차를 통해 스포츠센터가 소재하고 있는 건물, 그 부지 및 체력 단련 시설, 제설기·제습기 등의 실내 스키장 시설, 사물함 등의 골프 연습장 시설 등 스포츠센터의 주된 영업 시설과 설비에 대한 소유권을 취득하였다. 그 후 2025. 11. 5. 乙은 B구청장에게 甲이 신고한 체육시설업에 대한 영업자지위승계를 신고하고, 2025. 12. 2. 甲이 신고한 유원시설업에 대한 영업자지위승계를 신고하였으며, 이에 대하여 B구청장은 체육시설의 설치·이용에 관한 법률 제20조에 따라 2025. 11. 17. 체육시설업에 대한 신고를 수리한 데 이어 관광진흥법 제8조에 따라 2025. 12. 9. 유원시설업에 대한 신고를 수리하였다(이하 위 각 신고 수리를 통틀어 '이 사건 영업자지위승계신고 수리'라 한다). 한편, 甲은 2025. 2. 17. B구청장에게 이 사건 영업자지위승계신고 관련 서류에 대한 정보공개신청을 한 후 2025. 3. 1. 관련 정보를 제공받고 2025. 4. 23. 이 사건 영업자지위승계신고 수리의 취소를 구하는 소송을 제기하였다.

(1) B구청장이 乙의 영업자지위승계신고를 수리한 행위는 甲이 제기하는 취소소송의 대상이 되는가? (참고로, 관광진흥법에 의하면, 유원시설업을 하려는 자는 일정한 시설과 설비를 갖추어 관할 관청으로부터 허가를 받아야 하고, 그 허가의 기준이 되는 시설과 설비에 관하여 문화체육관광부령으로 정하도록 되어 있으며, 영업양도, 합병, 상속 또는 민사집행법에 따른 경매 등의 절차를 통해 주요한 시설 전부를 인수하는 경우 양수인은 양도인의 허가 등에 따른 권리·의무를 승계하고, 이를 관할 관청에 신고하여야 한다고 규정하고 있다. 또한 체육시설업법에 의하면, 신고 체육시설업을 하려는 자는 일정한 시설을 갖추어 관할 관청에 신고하여야 하고, 그 시설 기준을 문화체육관광부령으로 정하도록 되어 있으며, 영업양도, 합병, 상속 또는 민사집행법에 따른 경매 등의 절차를 통해 필수 시설을 인수하는 경우 양수인은 양도인의 신고 등에 따른 권리·의무를 승계한다고 규정하고 있다) (20점)

(2) 甲이 제기한 취소소송은 제소기간을 준수하였는가? (참고로, B구청장은, 甲이 2024. 11. 9. B구청장에게 乙의 신고를 수리하지 말아달라는 의견서를 제출한 사실과, 그 후 2024. 12. 말경부터 2025. 1.경까지 지역신문을 통하여 이 사건 영업자지위승계신고 수리 사실이 여러 차례 보도되었고, 甲측 변호사가 이 사건 신고수리에 대한 법적대응을 하겠다는 인터뷰내용이 2025. 1. 10.자로 신문에 게재된 점에 비추어 늦어도 2025. 1. 10.경에는 이 사건 영업자지위승계신고 수리가 있었음을 현실적으로 알았다고 할 것이므로 그로부터 90일이 경과한 2025. 4. 23. 제기된 이 사건 소는 제소기간을 경과하여 제기된 것으로 부적법하다고 주장하고 있음) (20점)

Ⅰ. 설문 (1) - 영업자지위승계신고 수리행위의 처분성

1. 문제의 소재

구청장 B가 乙의 영업자지위승계신고를 수리한 행위가 취소소송의 대상이 되는지와 관련하여, ① 행정소송법상 처분의 개념을 살펴보고, ② 영업자지위승계신고와 그 수리행위의 법적 성질을 검토한다.

2. 행정소송법상 처분 개념

(1) 규정 내용

행정소송법은 취소소송의 대상을 처분 등으로 명시하고 있다(제4조 제1호). 여기에서 처분 등이란 '행정청이 행하는 구체적 사실에 관한 법집행으로서의 공권력의 행사 또는 그 거부와 그 밖에 이에 준하는 행정작용 및 행정심판에 대한 재결'을 말한다(제2조 제1항 제1호).

(2) 처분의 개념요소

1) 행정청의 행위

처분은 행정청이 행하는 공권력행사이다. 행정청은 행정주체의 의사를 결정하여 외부에 표시할 수 있는 권한을 가진 기관을 말한다.296) 행정청에는 단독제기관 외에 합의제기관(예 노동위원회·토지수용위원회)도 포함된다. 국회나 법원의 기관이 행하는 실질적 의미의 행정에 속하는 구체적인 사실에 관한 법집행으로서의 공권력 행사도 처분에 해당한다.297) 행정청에는 법령에 의하여 행정권한의 위임 또는 위탁을 받은 행정기관, 공공단체 및 그 기관 또는 사인이 포함된다(행정소송법 제2조 제2항).

2) 구체적 사실에 관한 작용

구체적 사실이란 관련자가 개별적이고 규율대상이 구체적인 것을 의미한다. 관련자가 일반적이고 규율사건이 구체적인 경우의 규율인 '일반처분' 역시 처분에 해당한다.298) 그러나 일반적·추상적 규범인 행정입법은 처분이 아니다(통설). 다만 일부 견해는 여기서 말하는 '구체적 사실'의 의미를 규율의 대상이 구체적이면 족한 것으로 보아 행정입법도 처분성을 인정해야 한다고 본다.

---

296) 병역법상 신체등위판정은 행정청이라고 볼 수 없는 군의관이 하도록 되어 있으며, 그 자체만으로 바로 병역법상의 권리의무가 정하여지는 것이 아니라 그에 따라 지방병무청장이 병역처분을 함으로써 비로소 병역의무의 종류가 정하여지는 것이므로 항고소송의 대상이 되는 행정처분이라 보기 어렵다(대판 1993.8.27, 93누3356).

297) 지방의회를 대표하고 의사를 정리하며 회의장 내의 질서를 유지하고 의회의 사무를 감독하며 위원회에 출석하여 발언할 수 있는 등의 직무권한을 가지는 지방의회 의장에 대한 불신임의결은 의장으로서의 권한을 박탈하는 행정처분의 일종으로서 항고소송의 대상이 된다(대결 1994.10.11, 94두23).

298) 청소년유해매체물 결정 및 고시처분은 당해 유해매체물의 소유자 등 특정인만을 대상으로 한 행정처분이 아니라 일반 불특정 다수인을 상대방으로 하여 일률적으로 표시의무, 포장의무, 청소년에 대한 판매·대여 등의 금지의무 등 각종 의무를 발생시키는 행정처분이다(대판 2007.6.14, 2004두619).

3) 법집행으로서의 공권력의 행사

① **법집행** : 입법이 법정립행위인 것과 달리 처분은 법집행행위로서 판결과 유사하다. 여기서 '법집행'이란 국민의 권리·의무에 직접적 변동을 일으키는 행위이다. 따라서 사실상의 결과실현만을 위한 비권력적 사실행위나 행정청 내부행위는 처분성이 부정된다. 그러나 일부 견해는 법집행의 의미를 '법목적의 실현을 위한 법적 판단에 의거한 공적 결정'을 의미하는 것으로 보아 비권력적 사실행위도 처분개념에 포섭하여 파악한다.

② **공권력 행사** : 처분은 행정청의 공권력행사작용이다. 공권력행사란 공법에 근거하여 행정청이 우월한 지위에서 일방적으로 행하는 일체의 행정작용을 의미한다.299)300) 따라서 공법상 계약·공법상 합동행위는 처분이 아니다.

(3) 판례의 태도

판례는 항고소송의 대상이 되는 행정처분이라 함은 <u>행정청의 공법상의 행위로서 특정사항에 대하여 법규에 의한 권리의 설정 또는 의무의 부담을 명하거나 기타 법률상 효과를 발생하게 하는 등 국민의 구체적인 권리의무에 직접적 변동을 초래하는 행위</u>로 본다(대판 2002. 12. 10, 2001두6333). 판례의 태도에 따르면 취소소송의 대상이 되는 공권력행사는 법적 행위에 한정된다. 법적 행위란 외부적으로 직접적인 법효과를 의도하는 의사표시를 말한다.

3. 영업자지위승계신고 수리행위의 처분성

(1) 문제점

영업자지위승계신고가 단순히 영업양도에 따른 양수인의 영업승계사실을 알리는 데에 그치는 것인지, 아니면 그에 대한 수리를 통해 비로소 영업자의 지위가 변경되는 것인지 문제된다. 즉, 영업자지위승계신고는 사인의 공법행위301)이므로, 결국 이러한 행위가 어떠한 공법적 효과를 미치는 것인지가 문제된다.

(2) 효과에 따른 사인의 공법행위의 종류

사인의 공법행위가 있으면 행정기관의 행위를 기다릴 것 없이 그 행위 자체로서 법률효과

---

299) 노동조합규약의 변경보완시정명령은 조합규약의 내용이 노동조합법에 위반된다고 보아 구체적 사실에 관한 법집행으로서 노동조합법 제16조 소정의 명령권을 발동하여 조합규약의 해당 조항을 지적된 법률조항에 위반되지 않도록 적절히 변경보완할 것을 명하는 노동행정에 관한 행정관청의 의사를 조합에게 직접 표시한 것이므로 행정소송법 제2조 제1항에서 규정하고 있는 행정처분에 해당된다(대판 1993.5.11, 91누10787).

300) 부과처분을 위한 과세관청의 질문조사권이 행해지는 세무조사결정이 있는 경우 납세의무자는 세무공무원의 과세자료 수집을 위한 질문에 대답하고 검사를 수인하여야 할 법적 의무를 부담하게 되는 점, …(중략)… 납세의무자로 하여금 개개의 과태료 처분에 대하여 불복하거나 조사 종료 후의 과세처분에 대하여만 다툴 수 있도록 하는 것보다는 그에 앞서 세무조사결정에 대하여 다툼으로써 분쟁을 조기에 근본적으로 해결할 수 있는 점 등을 종합하면, 세무조사결정은 납세의무자의 권리·의무에 직접 영향을 미치는 공권력의 행사에 따른 행정작용으로서 항고소송의 대상이 된다(대판 2011.3.10, 2009두23617).

301) 사인의 공법행위란 공법관계에서의 사인의 행위로서 공법적 효과를 발생시키는 일체의 행위를 말한다.

가 완성되는 자기완결적 행위와, 사인의 공법행위 그 자체로서는 법적 효과가 완성되지 않고 행정기관의 행위를 기다려서 그 효과가 완성되는 행위요건적 행위가 있다.

(3) 신고와 수리

1) 신고
신고란 사인이 공법적 효과의 발생을 목적으로 행정주체에 대하여 일정한 사실을 알리는 행위를 말한다. ① 자기완결적 신고는 형식적 요건만 갖추면 되나(행정절차법 제40조 제2항), ② 행위요건적 신고(수리를 요하는 신고)는 형식적 요건 외에 실질적 요건을 구비해야 한다.

2) 수리
① 자기완결적 신고에 대한 수리는 단순한 접수행위로서, 확인의 의미를 가질 뿐 아무런 법적 효과를 동반하지 않으므로 행정처분이 아니나, ② 수리를 요하는 신고에 대한 수리는 준법률행위적 행정행위로서 새로운 법적효과를 동반하는 행정처분이다.[302]

(4) 판례
판례는 구 관광진흥법(2010.3.31. 법률 제10219호로 개정되기 전의 것) 제8조 제4항에 의한 <u>지위승계신고를 수리하는 허가관청의 행위</u>는 단순히 양도·양수인 사이에 이미 발생한 사법상의 사업양도의 법률효과에 의하여 양수인이 그 영업을 승계하였다는 사실의 신고를 접수하는 행위에 그치는 것이 아니라, <u>영업허가자의 변경이라는 법률효과를 발생시키는 행위</u>라고 하였다.[303] 이러한 판례의 태도는 식품위생법상 영업양도에 따른 지위승계신고 수리 사건 등에서도 동일하게 나타나고 있다.[304]

즉, 판례에 따르면 영업자지위승계신고수리는 준법률행위적 행정행위로 당사자의 권리의무에 영향을 주는 법적 행위로 항고소송의 대상인 처분이므로, 구청장의 영업자지위승계신고 수리행위는 취소소송의 대상이 된다.

(5) 소결
유원시설업 또는 체육시설업에 대한 관할 관청의 신규 허가 내지 신고 행위는, 영업을 하려는 자가 시설 및 설비 기준을 갖추고 있는지 여부를 심사하여 기준을 충족한다고 판단하는 경우 적법하게 영업을 할 수 있는 법규상의 권리를 설정해주는 행위라고 봄이 타당하고, 나아가 양수인의 권리·의무 승계신고를 수리하는 관할 행정청의 행위는, 당해 시설 및 설비가 관련 법령이 요구하는 기준을 이미 충족하고 있음을 전제로 양수인이 영업양도, 합병, 상속 또는 민사집행법에 따른 경매 등의 절차를 통해 필수 시설을 인수하였는지 여

---
302) 행정청이 구체적인 사실에 관한 법집행으로서 공권력을 행사할 의무가 있는데도 그 공권력의 행사를 거부함으로써 국민의 권리 또는 이익을 침해한 때에는 그 처분 등을 대상으로 취소소송을 제기할 수 있다. 체육시설업신고수리거부처분은 항고소송의 대상이 되는 행정처분이다(대판 1996.2.27, 94누6062).
303) 대판 2012.12.13, 2011두29144
304) 대판 1995.2.24, 94누9146

부를 심사하여 이에 해당한다고 판단하는 경우 <u>양수인에게 당해 영업을 적법하게 할 수 있는 법규상의 권리를 새롭게 설정해 줌과 동시에 양도인에 대해서는 당해 영업을 적법하게 할 수 있는 법규상의 권리를 상실시킴으로써 영업자의 변경이라는 법률효과를 발생시키는 행위라고 할 수 있다.</u>305)

즉 이 사건 영업자지위승계신고 수리는 양도인과 양수인의 법률상 지위에 변동을 가져오는 행위로서 행정처분에 해당하고, 단순히 양수인이 양도인으로부터 영업자의 지위를 승계하였다는 사실을 확인하는 행위에 그친다고 볼 수는 없다.

4. 설문 (1)의 해결

영업자지위승계신고 수리행위는 행정청인 구청장 B가 하는 乙이 甲으로부터 유원시설과 체육시설 영업을 양도받고 영업을 한다는 사실에 관한 법집행행위로 우월한 지위에서 하는 일방적 행위이다. 그리고 영업자 지위승계신고가 수리된다면 甲에게서 乙로 영업자의 지위가 승계되어 乙이 영업자가 되므로 지위승계신고 수리는 법적행위이다. 따라서 구청장 B가 乙의 영업자 지위승계신고를 받아들인 행위는 甲이 제기하는 취소소송의 대상이 된다.

Ⅱ. 설문 (2) - 취소소송의 제소기간 준수 여부

1. 문제의 소재

甲이 제기한 취소소송이 제소기간을 준수하였는지와 관련하여 ① 행정소송법상 제소기간의 규정내용과, ② 특히 '처분이 있음을 안 날'을 판단함에 있어 설문의 경우 판례의 입장에 따른 시점이 언제인지 검토하기로 한다.

2. 제소기간의 기준시점

(1) 행정소송법 제20조

 1) 처분이 있음을 안 날부터 90일

   ① 행정심판을 거치지 않은 경우 : 취소소송은 처분 등이 있음을 안 날부터 90일 이내에 제기하여야 한다(행정소송법 제20조 제1항). 처분 등이 있음을 안 날이란 <u>통지·공고 기타의 방법에 의하여 당해 처분이 있었다는 사실을 현실적으로 안 날</u>을 의미한다.
   ② 행정심판을 거친 경우 : 행정소송법 제18조 제1항 단서(다른 법률에 당해 처분에 대한 행정심판의 재결을 거치지 아니하면 취소소송을 제기할 수 없다는 규정이 있는 때)에 의한 경우와 그 밖에 행정심판청구를 할 수 있는 경우 또는 행정청이 행정심판청구를 할 수 있다고 잘못 알린 경우에는, 재결서의 정본을 송달받은 날부터 90일을 기산한다(제20조 제1항).

---

305) 대판 2012.12.13, 2011두29144

③ 불변기간 : 상기의 90일의 기간은 불변기간으로 한다(제20조 제3항). 따라서 법원은 이 기간을 늘이거나 줄일 수 없다.

④ 불고지·오고지의 경우 : 행정소송법은 행정소송의 제기에 관한 고지의무 및 불고지·오고지의 효과에 대한 규정이 없다. 행정심판청구기간에 관한 행정심판법 제18조 제5항의 규정이 행정소송 제기에도 당연히 적용되지 아니한다.

2) 처분이 있은 날부터 1년

① 행정심판을 거치지 않은 경우 : 취소소송은 처분 등이 있은 날부터 1년을 경과하면 이를 제기하지 못한다(제20조 제2항 1문). 처분 등이 있은 날이란 상대방 있는 행정행위의 경우에는 특별한 규정이 없는 한 의사표시의 일반적 법리에 따라 그 <u>행정처분이 상대방에게 도달되어 효력을 발생한 날</u>을 의미한다.306)

② 행정심판을 거친 경우 : 재결이 있은 날부터 역시 1년이다(제20조 제2항 본문).

③ 정당한 사유가 있는 경우 : 정당한 사유가 있는 경우 1년의 기간이 경과하여도 제소할 수 있다(제2항 단서). 여기서 정당한 사유란 제소기간경과의 원인 등 여러 사정을 종합하여 지연된 제소를 허용하는 것이 사회통념상 상당하다고 할 수 있는가에 의하여 판단하여야 한다.307)

3) '안 날'과 '있은 날'의 관계

처분이 있음을 안 날과 처분이 있은 날 중 <u>어느 하나의 기간이 경과하면 제소기간은 종료</u>한다.308)

(2) 설문 관련 판례

1) '처분이 있음을 안 날'의 의미

판례는 행정소송법 제20조 제1항 소정의 제소기간 기산점인 '처분이 있음을 안 날'이라 함은 당사자가 통지, 공고 기타의 방법에 의하여 당해 처분이 있었다는 사실을 현실적으로 안 날을 의미한다고 판시하였다.309) 이와 같은 취지에서, <u>아파트 경비원이 관례에 따라 부재중인 납부의무자에게 배달되는 과징금부과처분의 납부고지서를 수령한 경우, 납부의무자가 아파트 경비원에게 우편물 등의 수령권한을 위임한 것으로 볼 수는 있을지언정, 과징금부과처분의 대상으로 된 사항에 관하여 납부의무자를 대신하여 처리할 권한까지 위임한 것으로 볼 수는 없고, 설사 위 경비원이 위 납부고지서를 수령한 때에 위 부과처분이 있음을 알았다고 하더라도 이로써 납부의무자 자신이 그 부과처분이 있음을 안 것과 동일</u>

---

306) 대판 1990.7.13, 90누2284
307) 행정처분의 직접 상대방이 아닌 제3자는 일반적으로 처분이 있는 것을 바로 알 수 없는 처지에 있으므로, 그 기간 내에 처분이 있은 것을 알았거나 쉽게 알 수 있었기 때문에 소송을 제기할 수 있었다고 볼 만한 특별한 사정이 없는 한, '정당한 사유'가 있는 경우에 해당한다(대판 1992.7.28, 91누12844).
308) 대판 1964.9.8, 63누196
309) 대판 2006.4.28, 2005두14851

하게 볼 수는 없다며 엄격하게 해석하고 있다.310)

또한 행정심판법 제18조 제1항 소정의 심판청구기간 기산점인 '처분이 있음을 안 날'에 대해서도 당사자가 통지·공고 기타의 방법에 의하여 당해 처분이 있었다는 사실을 현실적으로 안 날을 의미하고, 추상적으로 알 수 있었던 날을 의미하는 것은 아니라 할 것이며, 다만 처분을 기재한 서류가 당사자의 주소에 송달되는 등으로 사회통념상 처분이 있음을 당사자가 알 수 있는 상태에 놓여진 때에는 반증이 없는 한 그 처분이 있음을 알았다고 추정할 수는 있다고 하였다.311)

2) 제3자의 '정당한 사유'의 의미

판례는 행정처분의 직접 상대방이 아닌 제3자는 일반적으로 처분이 있는 것을 바로 알 수 없는 처지에 있으므로, 그 기간 내에 처분이 있은 것을 알았거나 쉽게 알 수 있었기 때문에 소송을 제기할 수 있었다고 볼 만한 특별한 사정이 없는 한, '정당한 사유'가 있는 경우에 해당한다고 하였다.312)

(3) 설문의 경우

甲은 乙이 이 사건 지위승계신고를 한 이후인 2024. 11. 9. B구청장에게 乙의 신고를 수리하지 말아달라는 의견서를 제출한 사실, 그 후 2024. 12. 말경부터 2025. 1.경까지 지역신문을 통하여 이 사건 신고수리 사실이 여러 차례 보도되었는데, 그 중 甲측 변호사의 인터뷰내용이 보도된 적도 있는 사실은 인정된다.

그러나 다른 한편 그 당시 甲은 B구청장으로부터 이 사건 신고와 관련하여 어떠한 통보도 받지 못하다가 그 수리 이후인 2025. 2. 17.경 B구청장에게 신고 관련 서류에 대한 정보공개신청을 함으로써 2025. 3. 1.경에야 관련 정보를 제공받아 이를 기초로 2025. 4. 23. 취소소송을 제기하기에 이른 점 등에 비추어 보면, 甲이 이 사건 신고수리가 있었다는 사실을 현실적으로 알게 된 시점은 정보공개 무렵인 2025. 3. 1.이라고 봄이 타당하다. 따라서 그로부터 90일 이내에 제기된 이 취소소송은 적법하다고 본다.313)

3. 설문 (2)의 해결

행정소송법 제20조 제1항 소정의 제소기간 기산점인 '처분이 있음을 안 날'이라 함은 당사자가 통지, 공고 기타의 방법에 의하여 당해 처분이 있었다는 사실을 현실적으로 안 날이라는 판례의 입장에 따르면, 설문에서 甲이 이 사건 신고수리가 있었다는 사실을 현실적으로 알게 된 시점은 정보공개 무렵인 2025. 3. 1.이다. 따라서 2025. 4. 23. 甲이 제기한 취소소송은 제소기간을 준수하였다.

---

310) 대판 2002.8.27, 2002두3850
311) 대판 1995.11.24, 95누11535
312) 대판 1992.7.28, 91누12844
313) 同旨, 대판 2012.12.13, 2011두29144

[참고]
(1) 甲은 B구청장의 영업자지위승계신고 수리행위에 대해 취소소송을 제기할 수 있는 원고적격이 인정되는가?

> [관련 판례]
> "지방세법에 의한 압류재산 매각절차에 따라 영업시설의 전부를 인수함으로써 그 영업자의 지위를 승계한 자가 관계 행정청에 이를 신고하여 행정청이 이를 수리하는 경우에는 종전의 영업자에 대한 영업허가 등은 그 효력을 잃는다 할 것인데, 위 규정들을 종합하면 위 <u>행정청이 구 식품위생법 규정에 의하여 영업자지위승계신고를 수리하는 처분은 종전의 영업자의 권익을 제한하는 처분</u>이라 할 것이고 따라서 종전의 영업자는 그 처분에 대하여 <u>직접 그 상대가 되는 자에 해당</u>한다고 봄이 상당하므로, 행정청으로서는 위 신고를 수리하는 처분을 함에 있어서 행정절차법 규정 소정의 당사자에 해당하는 종전의 영업자에 대하여 위 규정 소정의 행정절차를 실시하고 처분을 하여야 한다"(대판 2003.2.14, 2001두7015). ☞ 同旨 공매 등의 절차에 따라 문화체육관광부령으로 정하는 주요한 유원시설업 시설의 전부 또는 체육시설업의 시설 기준에 따른 필수시설을 인수함으로써 유원시설업자 또는 체육시설업자의 지위를 승계한 자가 관계 행정청에 이를 신고하여 행정청이 수리하는 경우(대판 2012.12.13, 2011두29144)

(2) B구청장은 甲이 이미 이 사건 스포츠센터의 필수 영업시설 등에 대한 소유권을 모두 상실하여 관련법령이 정하는 시설 및 설비 기준을 전혀 충족할 수 없게 되었고 이 사건 신고수리가 취소되더라도 종전과 같이 위 스포츠센터 영업을 적법하게 할 수 있는 법규상 권리를 회복할 수 없으므로 이 사건 영업자지위승계신고 수리의 취소를 구할 소의 이익이 없다고 주장한다. 타당한 주장인가?

> [관련 판례]
> "원고가 이 사건 스포츠센터 필수 영업시설 등을 공매절차 등으로 참가인에게 이전하여 그 소유권을 상실하였다고 하더라도, 그 사유만으로 유원시설업 허가 또는 체육시설업 신고의 효력이 당연히 참가인에게 이전되었다고 볼 만한 법규상 근거가 없는 반면, 앞서 본 바와 같이 이 사건 신고가 수리됨으로써 참가인에게 당해 영업을 적법하게 할 수 있는 법규상의 권리를 새롭게 설정해 줌과 동시에 종전 사업자인 원고에게는 당해 영업을 적법하게 할 수 있는 법규상의 권리를 상실시키는 점, 이 사건 신고수리의 효력을 다투고 있는 <u>원고로서는 다시 매매 등을 통하여 이 사건 스포츠센터 시설 등을 갖출 수도 있으므로, 이후에라도 체육시설업법 등에서 정하는 시설 및 설비 기준을 충족할 여지를 완전히 배제하기는 어려운 점</u> 등에 비추어 보면, 참가인 등이 주장하는 바와 같이 원고가 체육시설업법 등에서 정하는 시설 및 설비 기준을 충족할 수 없게 되었다는 사정만으로는 원고에게 이 사건 신고수리의 취소를 구할 법률상 이익이나 소의 이익이 없게 되었다고 단정할 수는 없다"(대판 2012.12.13, 2011두29144)

연습 76

치명적 바이러스가 대규모로 확산되자 고용노동부장관 乙은 甲회사를 비롯한 전국의 사업장에 상시 근로자의 1/3 이상 재택근무와 점심시간 시차 운영 등을 적극 시행할 것을 권고하였다. 1개월 후 고용노동부장관은 이를 준수하지 않는 회사의 명단을 공개한다는 내용의 발표를 추가로 하였다. 이에 고용노동부장관 乙의 '권고'와 '발표'에 대하여 甲회사가 소송법상 제기할 수 있는 쟁송형태를 논하시오. (20점)

I. 논점의 정리

(1) 설문에서 고용노동부장관 乙의 권고와 이에 위반 시 명단공개를 예정하는 내용의 발표 행위의 성질과 처분성 유무 검토가 필요하다.

(2) 따라서 이들에 대한 쟁송형태를 본안소송과 보전소송으로 나누어 검토하기로 한다.

II. 고용노동부장관 乙의 권고와 발표의 성질

1. 권고의 성질

(1) 행정지도

乙의 권고는 공익목적달성을 위해 비권력적인 의사표시를 하되 행정의 상대방의 임의적인 동의를 전제하는 것이므로 이는 행정지도에 해당한다. 그리고 행정지도는 임의성을 전제로 하는 것으로서 비권력적 사실행위에 해당한다.

또한 행정지도에는 조정적 행정지도, 조성적 행정지도, 규제적 행정지도 등이 있는데, 사안은 상대방의 행위를 제한하는 규제적 지도에 해당한다.

(2) 권고의 처분성

판례가 파악하는 처분관념은 기본적으로 ① 공권력발동으로서의 행위일 것, ② 그 자체가 국민에 대하여 권리설정 또는 의무의 부담을 명하거나 기타 법률상의 효과를 발생케 하는 것일 것을 요구하며, 처분의 해당 여부를 개별적으로 결정하여야 한다는 입장이다.

그러나 행정지도는 국민의 임의적 협력에 의하여 행정목적을 달성하려는 비권력적·비구속적 사실행위라는 점에서, 그것은 '처분'에 해당하지 않으므로 취소소송의 제기는 원칙적으로 인정되지 않는다.

2. 명단공개 예정 발표의 법적 성질

근로자의 1/3 이상 재택근무와 점심시간 시차 운영 권고를 이행하지 않을 경우 명단공개를 예정함으로써 사실상 작위의무를 부과하는 하명에 해당한다. 따라서 처분성이 인정되어 항고소송의 대상이 될 수 있다. 그러므로 고용노동부장관 乙의 단순한 권고와 구별하여야 한다.

Ⅲ. 甲회사의 소송상 구제수단

1. 본안소송상의 구제수단

(1) 권고

국민의 권리·의무를 직접적으로 제한하지 못하므로 다수설과 판례에 따라 처분성이 부정된다. 따라서 항고소송이 아니라 당사자소송을 제기하여야 할 것이다.

(2) 발표

이 경우에는 처분성이 인정되므로, 취소소송 또는 무효등확인소송의 제기가 가능하다.

2. 보전소송상의 구제수단

(1) 가처분

1) 문제점

甲회사가 乙의 권고 폐지 가처분을 구할 수 있는지 여부가 문제된다. 처분성을 부정하여 당사자소송을 제기하는 경우이므로 행정소송법 제8조 제2항에 따라 민사집행법 제300조를 준용하여 신청할 수 있다.314) 그러나 甲회사가 乙의 발표라는 처분에 대한 가처분을 구할 수 있는지에 대하여는 논의가 있다.

2) 민사집행법 제300조의 가처분 인정여부

① 소극설 : ㉠ 행정처분의 위법 여부에 대한 판단에 앞서서 명문의 규정 없이 행정처분에 대한 가처분을 인정하는 것은 사법권의 범위를 벗어나는 것이고, ㉡ 행정소송법상 집행정지제도는 가처분제도에 관한 민사소송법의 특칙이며, ㉢ 의무이행소송이나 예방적 부작위소송을 인정하지 아니하므로 가처분의 본안소송이 있을 수 없다고 한다.

---

314) 민사집행법 제300조 (가처분의 목적)
　① 다툼의 대상에 관한 가처분은 현상이 바뀌면 당사자가 권리를 실행하지 못하거나 이를 실행하는 것이 매우 곤란할 염려가 있을 경우에 한다.
　② 가처분은 다툼이 있는 권리관계에 대하여 임시의 지위를 정하기 위하여도 할 수 있다. 이 경우 가처분은 특히 계속하는 권리관계에 끼칠 현저한 손해를 피하거나 급박한 위험을 막기 위하여, 또는 그 밖의 필요한 이유가 있을 경우에 하여야 한다.

② **적극설** : ㉠ 이를 인정함으로써 사법권에 의한 실효성 있는 권리구제가 이루어진다는 점, ㉡ 행정소송법상 가처분제도를 배제하는 특별한 규정이 없으므로 법 제8조 제2항에 의거 민사소송법상 가처분의 규정을 준용할 수 있다는 점, ㉢ 거부처분취소소송을 임시의 지위를 정하는 가처분의 본안소송으로 볼 수 있는 점을 든다.

③ **절충설** : 원칙적으로 행정소송법이 집행정지제도를 인정하고 있으므로 가처분규정을 준용할 수 없으나, 집행정지제도를 통하여 권리구제가 되지 않는 경우에는 가처분제도가 인정된다고 본다.

④ **검토** : 소극설이 타당하며, 절충설에 의한다고 하더라도 집행정지제도의 신청이 가능하므로 발표처분에 대한 가처분은 부정된다.

(2) 집행정지

고용노동부장관 乙의 발표행위는 처분성이 인정되므로 이에 대하여 집행정지의 신청이 가능하다.

Ⅳ. 결론

(1) 고용노동부장관 乙의 권고는 국민의 권리·의무를 직접적으로 제한하지 못하므로 처분성이 부정된다. 따라서 항고소송이 아니라 당사자소송을 제기하여야 할 것이다. 이 경우 甲 회사가 乙의 권고 폐지 가처분을 구할 수 있다.

(2) 고용노동부장관 乙의 발표는 처분성이 인정되므로 이에 대하여 집행정지의 신청이 가능하다.

연습 77

건설회사에 근무하는 甲은 건설현장 불법행위 단속을 나온 공무원 乙의 중과실로 인하여 공사현장에서 업무 중 골절 등 산재사고로 인한 상해를 입었고, 이를 이유로 2014년 2월경 근로복지공단으로부터 휴업급여와 장해급여 등을 지급받았다. 그런데 이후 甲이 회사가 가입하고 있던 보험회사로부터 별도로 장해보상금을 지급받자 근로복지공단은 甲이 이중으로 보상받았음을 이유로 2016년 3월경 이미 지급된 급여의 일부에 대한 징수결정을 하고 이를 甲에게 고지하였다. 그러나 甲이 이 같은 징수결정에 대해서 민원을 제기하자 2016년 11월경 당초의 징수결정 금액의 일부를 감액하는 처분을 하였는데, 그 처분 고지서에는 "이의가 있는 경우 행정심판법 제27조의 규정에 의한 기간 내에 행정심판을 청구하거나 행정소송법 제20조의 규정에 의한 기간 내에 행정소송을 제기할 수 있습니다."라고 기재되어 있었다.

한편 공무원 乙은 공직기강확립 감찰기간 중 중과실로 甲에 대한 산재사고를 야기하였음을 이유로 해임처분을 받자 이에 대해서 소청심사를 거쳐 취소소송을 제기하였다. 다음 물음에 답하시오. (총 50점)

(1) 甲은 감액처분에 불복하여 행정심판을 청구하였고 각하재결을 받은 후 재결서를 송달받은 즉시 2017년 5월경 근로복지공단을 상대로 위 감액처분의 취소를 구하는 행정소송을 제기하였다. 이 경우 당해 취소소송의 적법 여부를 검토하시오. (25점)

(2) 해임처분취소소송의 계속 중 乙이 정년에 이르게 된 경우, 乙에게 해임처분의 취소를 구할 법률상 이익이 인정되는지 여부를 검토하시오. (25점) 〈공인노무사 2017〉

Ⅰ. 설문 (1) – 취소소송의 적법 여부

1. 쟁점의 정리

(1) 행정청이 산업재해보상보험법에 의한 보험급여 수급자에 대하여 부당이득 징수결정을 한 후 그 하자를 이유로 징수금 액수를 감액하는 경우, 징수의무자가 감액처분의 취소를 구할 소의 이익이 있는지 여부가 문제된다.

(2) 위의 경우, 감액처분으로도 아직 취소되지 않고 남은 부분을 다투고자 하는 경우 항고소송의 대상과 제소기간 준수 여부의 판단 기준이 되는 처분이 무엇인지 문제된다.

(3) 이미 제소기간이 지나 불가쟁력이 발생한 후에 행정청이 행정심판청구를 할 수 있다고 잘못 알린 경우, 그 안내에 따라 청구된 행정심판 재결서 정본을 송달받은 날부터 다시 취소소송의 제소기간이 기산되는지 여부가 문제된다.

2. 취소소송의 제소요건

취소소송은 ① 처분 등이 존재하고, ② 관할권 있는 법원에, ③ 원고가 피고를 상대로, ④ 일정 기간 내에, ⑤ 소장을 제출하여야 하고, ⑥ 일정한 경우에는 행정심판전치를 거쳐야 하고, ⑦ 처분 등의 취소 또는 변경을 구할 이익이 있어야 한다.

사안에서 징수결정은 금전급부하명으로서 처분성이 인정되고, 甲은 처분의 상대방이어서 원고적격이 인정되고, 근로복지공단은 법령에 의해 고용노동부장관의 위탁을 받은 행정청이어서 피고적격이 인정되며, 행정심판전치도 문제가 되지 아니한다.

따라서 아래에서는 감액처분의 취소를 구할 소의 이익, 변경처분에서의 대상적격, 제소기간 준수 여부를 중심으로 살펴본다.

3. 감액처분의 취소를 구할 소의 이익

설문과 유사한 사례에서 대법원은 "행정청이 산업재해보상보험법에 의한 보험급여 수급자에 대하여 부당이득 징수결정을 한 후 징수결정의 하자를 이유로 징수금 액수를 감액하는 경우에 감액처분은 감액된 징수금 부분에 관해서만 법적 효과가 미치는 것으로서 당초 징수결정과 별개 독립의 징수금 결정처분이 아니라 그 실질은 처음 징수결정의 변경이고, 그에 의하여 징수금의 일부취소라는 징수의무자에게 유리한 결과를 가져오는 처분이므로 징수의무자에게는 그 취소를 구할 소의 이익이 없다"[315]라고 판시하였다.

이러한 판례에 따르면 甲이 근로복지공단을 상대로 감액처분(2016. 11)의 취소를 구하는 행정소송은 부적법하다. 다만 아래에서는 갑이 "감액처분으로도 아직 취소되지 않고 남아있는 부분이 위법하다"며 다투고자 하는 경우 무엇을 대상으로 할 것인지를 논의하고자 한다.

4. 취소소송의 대상

(1) 문제점

설문에서 원처분(2016. 3.의 징수결정)을 감액하는 변경처분(2016. 11)이 있었으므로, 변경처분과 변경된 원처분(일부취소되고 남은 처분) 가운데 어느 행위가 취소소송의 대상인지 문제된다.

(2) 학설

이에 대하여 ① 변경된 원처분과 변경처분은 독립된 처분으로서 모두 소송의 대상이 된다는 병존설, ② 원처분은 변경처분에 흡수되어 변경처분(일부취소처분)만이 소이 대상이

---
[315] 대법원 2012.9.27, 2011두27247

된다는 흡수설, ③ 변경처분은 원처분에 흡수되어 변경된 원처분(남은 원처분)만이 소의 대상이라는 역흡수설이 대립한다.

(3) 판례

판례는 행정청이 식품위생법령에 따라 영업자에게 행정제재처분을 한 후 당초 처분을 영업자에게 유리하게 변경하는 처분을 한 경우, 취소소송의 대상 및 제소기간 판단 기준이 되는 처분은 당초 처분이라는 입장이다.316) 또한 행정청이 산업재해보상보험법에 의한 보험급여 수급자에 대하여 부당이득 징수결정을 한 후 징수결정의 하자를 이유로 징수금 액수를 감액한 사례에서도 감액처분에 의하여 취소되지 않고 남은 부분이 소송의 대상이라고 하였다.317)

(4) 검토

변경처분은 원처분을 변경하는 행위이지 독립한 처분으로 볼 수 없으므로 변경된 원처분(남은 원처분)이 소송의 대상이라는 견해가 타당하다.

(5) 사안의 경우

취소소송의 대상은 감액처분에 따라 취소되지 않고 남은 부분이 된다.

5. 제소기간의 준수 여부

(1) 문제점

설문에서 취소소송의 대상이 일부취소되고 남은 부분이라면 원처분이 있었던 시점을 기산점으로 하여 행정소송법 제20조가 정한 제소기간을 준수했는지 문제된다.

특히 근로복지공단의 2016. 11.경 감액처분 당시 "행정심판을 청구할 수 있다"라고 잘못 고지하였는데, 이 경우에도 행정심판 재결서 정본을 송달받은 날부터 다시 취소소송의 제소기간이 기산되는지 여부도 문제된다.

---

316) 행정청이 식품위생법령에 따라 영업자에게 행정제재처분을 한 후 그 처분을 영업자에게 유리하게 변경하는 처분을 한 경우, 변경처분에 의하여 당초 처분은 소멸하는 것이 아니고 당초부터 유리하게 변경된 내용의 처분으로 존재하는 것이므로, 변경처분에 의하여 유리하게 변경된 내용의 행정제재가 위법하다 하여 그 취소를 구하는 경우 그 취소소송의 대상은 변경된 내용의 당초 처분이지 변경처분은 아니고, 제소기간의 준수 여부도 변경처분이 아닌 변경된 내용의 당초 처분을 기준으로 판단하여야 한다(대법원 2007.4.27, 2004두9302).

317) 대법원 2012.9.27, 2011두27247

(2) 행정소송법 제20조

1) 처분이 있음을 안 날부터 90일

① 행정심판을 거치지 않은 경우 : 취소소송은 처분 등이 있음을 안 날부터 90일 이내에 제기하여야 한다(행정소송법 제20조 제1항). 처분 등이 있음을 안 날이란 통지·공고 기타의 방법에 의하여 당해 처분이 있었다는 사실을 현실적으로 안 날을 의미한다.

② 행정심판을 거친 경우 : 행정소송법 제18조 제1항 단서(다른 법률에 당해 처분에 대한 행정심판의 재결을 거치지 아니하면 취소소송을 제기할 수 없다는 규정이 있는 때)에 의한 경우와 그 밖에 행정심판청구를 할 수 있는 경우 또는 행정청이 행정심판청구를 할 수 있다고 잘못 알린 경우에는, 재결서의 정본을 송달받은 날부터 90일을 기산한다(제20조 제1항).

2) 처분이 있은 날부터 1년

① 행정심판을 거치지 않은 경우 : 취소소송은 처분 등이 있은 날부터 1년을 경과하면 이를 제기하지 못한다(제20조 제2항 1문). 처분 등이 있은 날이란 상대방 있는 행정행위의 경우에는 특별한 규정이 없는 한 의사표시의 일반적 법리에 따라 그 행정처분이 상대방에게 도달되어 효력을 발생한 날을 의미한다.[318]

② 행정심판을 거친 경우 : 재결이 있은 날부터 역시 1년이다(제20조 제2항 본문).

③ 정당한 사유가 있는 경우 : 정당한 사유가 있는 경우 1년의 기간이 경과하여도 제소할 수 있다(제2항 단서).

3) '안 날'과 '있은 날'의 관계

처분이 있음을 안 날과 처분이 있은 날 중 어느 하나의 기간이 경과하면 제소기간은 종료한다.[319]

4) 사안의 경우

취소소송의 대상은 감액처분 아니라 감액되고 남은 원처분이다. 즉, 제소기간의 기산점은 원처분을 기준으로 한다. 따라서 원처분인 징수결정이 있었던 2016. 3경이 취소소송의 기산점이 되므로 갑이 취소소송을 제기한 2017. 5.경은 이미 제소기간이 도과되었다.

(3) 행정심판을 청구할 수 있다고 잘못 고지한 경우

1) 판례

판례는 행정소송법 제20조 제1항 단서의 취지에 대하여 "불가쟁력이 발생하지 않아 적법하게 불복청구를 할 수 있었던 처분 상대방에 대하여 행정청이 법령상 행정심판청구가 허

---

[318] 대법원 1990.7.13, 90누2284
[319] 대법원 1964.9.8, 63누196

용되지 않음에도 행정심판청구를 할 수 있다고 잘못 알린 경우에, 잘못된 안내를 신뢰하여 부적법한 행정심판을 거치느라 본래 제소기간 내에 취소소송을 제기하지 못한 자를 구제하려는 데에 있다"라고 하여 설문의 사안처럼 이미 제소기간이 지남으로써 불가쟁력이 발생하여 불복청구를 할 수 없었던 경우에는 적용되지 않는다는 입장이다.

2) 사안의 경우

당초 징수결정에 대한 청구기간 및 제소기간이 이미 경과되었으므로, 근로복지공단이 甲에게 행정심판청구를 할 수 있다고 잘못 알렸다고 하더라도 그 때문에 甲이 적법한 제소기간 내에 취소소송을 제기할 수 있는 기회를 상실하게 된 것은 아니므로 잘못된 안내에 따라 청구된 행정심판 재결서 정본을 송달받은 날부터 다시 취소소송의 제소기간이 기산되는 것은 아니다.

6. 설문의 해결

판례에 따르면 甲이 제기한 감액처분 취소소송은 소의 이익이 없어 부적법하다.

다만, 甲이 "감액처분으로도 아직 취소되지 않고 남아 있는 부분이 위법하다"며 다투고자 하는 경우 소송의 대상은 감액처분이 아니라 취소되지 않고 남은 부분이 된다. 따라서 2017. 5.경은 甲이 징수결정처분이 있음을 안 날부터 90일이 지나 제소기간이 경과되었으므로 甲이 제기한 취소소송을 제기하더라도 부적법하다.

Ⅱ. 설문 (2) - 해임처분의 취소를 구할 법률상 이익의 인정 여부

1. 쟁점의 정리

(1) 乙이 원고로서 취소소송을 제기하여 본안판결을 받을 자격이 있는지가 행정소송법 제12조 1문의 원고적격과 관련하여 문제되므로 검토한다.

(2) 특히, 행정소송 도중 乙이 정년에 이르게 되었으므로 乙에 대한 해임처분은 실효되었다고 보아야 하는데, 그럼에도 불구하고 협의의 소의 이익이 있는지 여부가 문제된다. 이론적인 검토와 최근 판례의 변경 등을 구체적으로 검토하여 판단하고자 한다.

2. 행정소송법 제12조 제1문의 법률상 이익(원고적격) 인정 여부

(1) 원고적격에 대한 학설과 판례

행정소송법은 "취소소송은 처분 등의 취소를 구할 법률상 이익이 있는 자가 제기할 수 있다."고 하여 원고적격으로 법률상 이익을 요구하고 있다. 법률상 이익의 의미에 대해 ① 권리구제설, ② 법적 보호가치 있는 이익구제설, ③ 보호할 가치 있는 이익구제설, ④ 적법성보장설 등의 학설이 대립하고 있다.

판례는 "행정소송은 행정청의 <u>행정처분이 취소됨으로 인하여 법률상 직접적이고 구체적인 이익을 가지게 되는 사람만이 제기할 이익이 있다</u>"고 판시하여 법적 보호가치 있는 이익구제설을 취하고 있다고 보인다.

(2) 사안의 경우

징계처분인 해임처분을 받은 공무원 乙은 법규(국가공무원법 또는 지방공무원법)에 의해 개별적으로 보호되는 직접적이고 구체적인 개인적 이익(신분보장)을 갖는다. 해임처분을 받은 을은 소청심사를 거쳐 취소소송을 제기할 수 있다. 따라서 乙에게는 해임처분의 취소를 구할 원고적격이 인정된다.

3. 행정소송법 제12조 제2문의 법률상 이익(협의의 소익) 인정 여부

(1) 취소소송의 협의의 소익의 의의

취소소송은 처분 등의 취소를 구할 자격(원고적격)을 가진 자가 소를 제기할 수 있다. 그러나 취소소송도 재판의 일종이므로 분쟁을 재판에 의하여 해결할 만한 현실적 필요성이 있어야 하는데, 이를 '협의의 소의 이익' 또는 '권리보호의 필요'라고 한다. "이익 없으면 소 없다"라는 법언이 이를 대변한다.

(2) 행정소송법 제12조 2문의 해석

행정소송법 제12조 2문은 "처분 등의 효과가 기간의 경과, 처분 등의 집행 그 밖의 사유로 인하여 소멸된 뒤에도 그 처분 등의 취소로 인하여 회복되는 법률상 이익이 있는 자의 경우에는 또한 같다"라고 규정하고 있다. 이에 대하여 ① 제12조 1문처럼 원고적격에 관한 조항으로 보는 견해가 있으나, ② 1문은 취소소송의 원고적격을 규정하고 있고, 2문은 취소소송에서의 협의의 소익을 규정한 것이라고 보는 견해가 다수설이다.

(3) 협의의 소익 유무의 일반적 판단기준

취소소송(무효확인소송)에서 소의 이익은 계쟁처분의 취소(무효확인)를 구할 현실적인 법률상 이익이 있는지 여부를 기준으로 판단된다.

1) 소의 이익에서의 법률상 이익

① 판례는 행정소송법 제12조 소정의 '법률상 이익'을 전문(원고적격)의 그것과 후문(협의의 소의 이익)의 그것을 구별하지 않고 모두 "당해 처분의 근거 법률에 의하여 보호되는 직접적이고 구체적인 이익과 관련된 것을 말하는 것이고 단지 간접적이거나 사실적·경제적 이해관계를 가지는 데 불과한 경우는 여기에 포함되지 않는다"[320]라고 보고 있다.

② 다만, 다수설은 여기서의 '법률상 이익'은 취소를 통하여 구제되는 기본적인 법률상 이익뿐만 아니라 부수적 이익도 포함한다고 보는 점에서 원고적격에서의 법률상 이익보다 넓은 개념으로 보고 있다.

2) 소송을 통해 구제될 수 있는 현실적 이익

막연한 이익이나 추상적인 이익 또는 과거의 이익만으로는 소의 이익을 인정할 수 없다. 또한 보다 실효적인 구제수단이 있는 경우에도 소의 이익이 부정된다.

3) 소결

본안판단의 전제요건을 모두 구비하게 되면 일반적으로 소의 이익을 갖춘 것이 된다(다수설). 그러나 원상회복이 불가능한 경우, 소송목적이 실현된 경우(처분의 효력이 소멸, 권익침해가 해소), 비난받을 목적을 추구하는 경우 등에는 소의 이익이 부정된다. 다만 이 경우에도 취소를 구할 현실적 이익이 있으면 소의 이익이 인정된다. 유리한 결과를 가져오는 처분(수익적 행정행위 등)은 그 취소를 구할 소의 이익이 없다.

(4) 처분의 효력이 소멸된 경우

1) 원칙

처분 등이 소멸하면 권리보호의 필요는 없게 됨이 원칙이다.321) 예컨대 인·허가처분의 효력을 일정기간 정지하는 처분에 있어서 효력정지기간이 경과되면 그 처분이 외형상 잔존함으로 인하여 어떠한 법률상 이익이 침해되었다고 볼 만한 별다른 사정이 없는 한 그 처분의 취소를 구할 소의 이익이 없다. 그러나 처분의 효력이 일부만 소멸한 경우에는 취소를 구할 소의 이익이 있다(예 금전부과처분을 감액하는 처분을 한 경우 감액되고 남은 부분에 대한 취소를 구할 소의 이익).

2) 예외

처분의 효력이 소멸된 후에도 당해 처분을 취소할 현실적 이익이 있는 경우에는 그 처분의 취소를 구할 소의 이익이 인정되는 사례도 있다.

① **위법한 처분이 반복될 위험성이 있는 경우** : 예컨대 소를 각하하면 무익한 처분과 소송이 반복될 가능성이 있는 경우에는 소의 이익이 있다322). 다만 반복의 위험은 추상적인 것이 아니라 구체적인 것이어야 한다.

② **회복하여야 할 불가피한 이익이 있는 경우** : 예컨대 공장등록이 취소되었어도 위법한

---

320) 대결 2000.10.10, 2000무17
321) 광업권 취소처분의 취소를 구하는 소송 계속중에 당해 광업권에 대한 존속기간의 연장허가신청을 하였으나 반려된 상태에서 존속기간이 만료된 경우에는 그 광업권 취소처분이 취소되더라도 원상회복이 불가능하기 때문에 광업권 취소처분의 취소를 구할 소의 이익이 없게 되고, 이는 상고심 계속 중에 그 존속기간이 만료된 경우에도 마찬가지이다(대법원 1997.1.24, 95누17403).
322) 대법원 2007.7.19, 2006두19297

취소처분이 없었으면 누렸을 세제상의 혜택이 있는 경우는 취소를 다툴 소의 이익이 있다.[323] 또한 판례는 "경기학원 이사장 취임승인에 대한 행정청의 직권취소 이후 이에 대한 취소소송 도중에 경기학원 이사장의 임기가 만료된 경우 소의 이익을 획일적으로 부정하던 종전의 판례의 입장을 변경하여 일정한 경우에는 행정소송법 제12조 제2문의 법률상 이익이 있음"[324]을 긍정하였다.

(5) 설문의 경우

설문과 유사한 사례에서 판례는 "해임처분 무효확인 또는 취소소송 계속 중 임기가 만료되어 해임처분의 무효확인 또는 취소로 지위를 회복할 수는 없다고 할지라도, 그 무효확인 또는 취소로 해임처분일부터 임기만료일까지 기간에 대한 보수 지급을 구할 수 있는 경우에는 해임처분의 무효확인 또는 취소를 구할 법률상 이익이 있다"[325]고 했다.

4. 설문의 해결

소송계속 도중 乙이 정년에 이르게 되었다 하더라도 수소법원은 소의 이익이 없다고 하여 각하판결을 내려서는 아니 되고, 乙은 그 취소로 해임처분일부터 임기만료일까지 기간에 대한 보수 지급을 구할 수 있으며 乙의 공무원으로서의 명예나 신용, 사회적 지위 등을 고려하여 행정소송법 제12조 제2문의 법률상 이익을 인정하는 것이 바람직하다. 그러므로 수소법원은 乙에 대한 제명처분사건을 본안에서 심리한 뒤 인용판결 또는 기각판결을 내려야 할 것이다.

---

323) 대법원 2002.1.11, 2000두3306
324) 대법원 2007.7.19, 2006두19297
325) 대법원 2012.2.23, 2011두5001

행정쟁송법 사례연습

연습 78

갑이 2024. 11. 21. 축산폐수를 하천에 유출시키자 피고 양평시장은 2024. 12. 17. 갑에게 배출금부과금을 부과하였고, 이 처분은 2024. 12. 21. 갑에게 송달되었다. 양평시장은 처분을 하면서 "이 사건 부과처분에 대하여 다투고자 한다면 처분통지를 받은 날로부터 180일 이내에 행정심판을 제기할 수 있다."고 고지하였다.
갑은 이 사건 부과처분의 통지를 받은 후 90일이 지난 후인 2025. 4. 10. 행정심판을 제기함이 없이 관할 행정법원에 배출금부과금부과처분 취소소송을 제기하였다. 갑이 제기한 이 사건 소는 제소기간을 준수한 적법한 것인가? (25점)

I. 문제의 제기

설문을 해결하기 위해서는 첫째, 행정심판 제기기간만을 법정기간보다 길게 잘못 알려준 경우에 그 기간 내에 제기된 행정심판뿐만 아니라 행정소송도 불변기간인 법정 제소기간 내에 제기된 적법한 것으로 볼 수 있는가 여부를 검토하여야 한다. 그리고 둘째, 갑의 이러한 사정은 '당사자가 그 책임을 질 수 없는 사유로 인하여 불변기간을 준수할 수 없는 경우'에 해당하여 소송행위의 추후보완이 인정될 것인가 여부를 검토하여야 한다.

II. 행정소송법 제20조 제1항과 제2항의 제소기간의 법적 성질

1. 제20조 제1항의 제소기간 - 불변기간

행정소송법은 처분이 있음을 안 날로부터 90일 이내에 취소소송을 제기하도록 규정하고(제20조 제1항), 이 제소기간은 불변기간으로 규정하고 있다(동조 제3항). 불변기간은 신축이 허용되지 않는다. 따라서 처분이 있음을 안 날로부터 90일은 연장될 수 없으며, 다만 행정소송법 제8조 제2항, 민사소송법 제173조에 의한 소송행위의 추후보완만이 인정될 뿐이다.326)

2. 제20조 제2항의 제소기간 - 통상기간

그러나 제20조 제2항의 '처분이 있은 날로부터 1년'의 제소기간은 불변기간이 아니다. 따라서 '정당한 사유'가 있다면 처분이 있은 날로부터 1년이 경과한 후에라도 제소를 할 수 있다(제20조 제2항 단서).

---

326) 민사소송법 제173조(소송행위의 추후보완) ① 당사자가 책임질 수 없는 사유로 말미암아 불변기간을 지킬 수 없었던 경우에는 그 사유가 없어진 날부터 2주 이내에 게을리 한 소송행위를 보완할 수 있다. 다만, 그 사유가 없어질 당시 외국에 있던 당사자에 대하여는 이 기간을 30일로 한다.

Ⅲ. 행정심판법 제27조 제5항의 유추적용 여부

1. 문제의 소재

행정심판법에서는 '처분이 있음을 안 날로부터 90일'을 불변기간으로 정하면서도(제27조 제4항), "행정청이 심판청구 기간을 제1항에 규정된 기간보다 긴 기간으로 잘못 알린 경우 그 잘못 알린 기간에 심판청구가 있으면 그 행정심판은 제1항에 규정된 기간에 청구된 것으로 본다."는 특별규정을 두고 있으나(제27조 제5항), 행정소송법에는 이러한 규정을 두고 있지 않다.

사안에서 행정청이 행정심판청구기간을 법정기간보다 길게 잘못 알려준 경우에도 행정심판법 제27조 제5항을 유추적용하여 고지한 기간 내에 행정소송을 제기하면 법정 제소기간 내에 제기한 소로 볼 수 있는지가 문제된다.

2. 유추적용 인정여부

(1) 학설

① **긍정설**: 이 견해는 ⅰ) 행정소송법에는 행정심판법 제27조 제5항과 같은 규정이 없다는 사유로 이를 유추적용하는 것도 허용하지 아니한다는 것은 행정심판과 행정소송 제기기간을 명확하게 인식하지 못하는 당사자의 통상 인식에 반하고, ⅱ) 행정심판을 제기하였다면 행정심판법 제27조 제5항에 의하여 구제를 받을 수 있으나 이를 거치지 않고 행정소송을 제기하면 구제를 받을 수 없다는 것은 행정소송법 제18조가 행정소송의 자유선택주의를 규정한 입법취지에 어긋난다는 점을 근거로 유추적용을 인정하여야 한다고 주장한다.

② **부정설**: 이 견해는 ⅰ) 행정소송은 행정심판과 별개의 제도이고 별개의 법령이 적용되는 것이므로 행정소송법에 불변기간의 특칙을 인정하는 명문규정이 없는 이상 이를 인정할 수 없고, ⅱ) 당사자가 책임질 수 없는 사유에 의하여 제소기간이 도과된 경우에는 행정소송법 제8조 제2항, 민사소송법 제173조 제1항의 소송행위 추후보완 제도에 의해서 구제될 수 있다는 점 등을 근거로 유추적용을 인정할 수 없다고 주장한다.

(2) 판례

판례는 "행정청이 법정 심판청구기간보다 긴 기간으로 잘못 알린 경우에 그 잘못 알린 기간 내에 심판청구가 있으면 그 심판청구는 법정 심판청구기간 내에 제기된 것으로 본다는 취지의 행정심판법 규정은 행정심판 제기에 관하여 적용되는 규정이지, 행정소송 제기에도 당연히 적용되는 규정이라고 할 수는 없다."[327]고 하여 행정심판법 제27조 제5항의

---

[327] 대판 2001.5.8, 2000두6916

유추적용을 부정하고 있다.

(3) 검토

행정심판과 행정소송은 별개의 제도이고, 별개의 법령이 적용되는 것이므로 행정청이 행정처분과 동시에 또는 처분 후에 당사자에게 행정심판 청구기간을 법정기간보다 길게 알려준 경우에 행정심판법 제27조 제5항에 의하여 그 기간이 연장되지만, 행정심판과는 별개의 제도인 행정소송의 제소기간은 연장될 수 없으며, 또한 행정심판법 제27조 제5항은 불변기간을 예외적으로 연장을 인정한 특별규정인데 행정소송법에는 이러한 특별한 규정이 없다는 점에서 유추적용을 인정할 수 없다는 견해가 타당하다.

3. 사안의 경우

행정소송에서는 행정심판법 제27조 제5항을 유추적용할 수 없기 때문에, 이 사건 소는 갑의 이러한 사정이 소송행위 추완사유에 해당하지 않는 한 행정소송법 제20조 제1항의 제소기간을 도과하여 부적법하다.

Ⅳ. 소송행위의 추후보완사유에 해당하는지 여부

1. 문제의 소재

갑은 행정청이 행정처분통지를 받은 날로부터 180일 이내에 행정심판을 제기할 수 있다고 잘못 고지한 것을 믿고 이 기간 내에 행정심판이나 행정소송을 제기하면 된다고 잘못 생각하고 제소기간을 도과하였는바, 갑의 이러한 사유는 '당사자가 책임질 수 없는 사유'에 해당하여 소송행위의 추후보완(행정소송법 제8조 제2항, 민사소송법 제173조 제1항)이 인정될 것인지 문제된다.

2. '당사자가 책임질 수 없는 사유'의 의미

민사소송법 제173조 제1항에서의 '당사자가 책임질 수 없는 사유'라 함은 당사자가 소송행위를 하기 위하여 일반적으로 하여야 할 주의의무를 다하였음에도 불구하고 그 기간을 준수할 수 없었던 사유를 가리키는 것이고, 단지 천재지변 기타 불가항력에만 한정되지 않는다. 즉, 당사자가 과실 없이 기간의 진행을 알지 못한 경우, 기간의 진행을 알고 있었지만 부득이한 사유에 의하여 적시에 소송행위를 할 수 없었던 경우 등이 포함되는 것으로 제소기간의 도과에 대하여 당사자의 고의나 과실이 없다는 의미이다.

3. 사안의 경우

행정심판과 행정소송은 그 성질, 불복사유, 제기기간, 판단기관 등에서 본질적인 차이점이 있고, 임의적 전치주의는 당사자가 행정심판과 행정소송의 유·불리를 스스로 판단하여 행정심판을 거칠지 여부를 선택할 수 있도록 한 취지에 불과하므로 어느 쟁송 형태를 취한 이상 그 쟁송에는 그에 관련된 법률 규정만이 적용될 것이지 두 쟁송 형태에 관련된 규정을 통틀어 당사자에게 유리한 규정만이 적용된다고 할 수는 없으며, 행정처분시나 그 이후 행정청으로부터 행정심판 제기기간에 관하여 법정 심판청구기간보다 긴 기간으로 잘못 통지받은 경우에 보호할 신뢰 이익은 그 통지받은 기간 내에 행정심판을 제기한 경우에 한하는 것이지 행정소송을 제기한 경우에까지 확대된다고 할 수 없으므로, 당사자가 행정처분시나 그 이후 행정청으로부터 행정심판 제기기간에 관하여 법정 심판청구기간보다 긴 기간으로 잘못 통지받아 행정소송법상 법정 제소기간을 도과하였다고 하더라도, 그것이 당사자가 책임질 수 없는 사유로 인한 것이라고 할 수는 없다.[328]

V. 결론

행정청이 법적 행정심판기간보다 긴 기간으로 행정심판을 잘못 알려준 것을 믿고, 갑이 행정소송법 제20조 제1항의 제소기간을 도과하여 제소한 이 사건 소는 부적법하다.

---

328) 대판 2001.5.8, 2000두6916

행정쟁송법 사례연습

연습 79

A시장은 「감염병의 예방 및 관리에 관한 법률」에 근거한 집합금지명령을 2024. 5. 1. 공고하면서 관내 다중이용시설을 대상으로 2024. 5. 6.부터 매일 22시에서 다음날 06시 사이의 영업을 제한하였는바, 그에 대하여 유흥주점 업주 甲은 2024. 5. 27. 취소소송을 제기하였고, 2024. 9. 5. 현재 소송 계속 중이다. 한편, 예방조치에도 불구하고 감염병 확산세가 급등하자 A시장은 2024. 5. 31.부터 관내 다중이용시설의 영업제한 시간을 매일 20시에서 다음날 07시까지로 늘리는 내용의 집합금지명령을 2024. 5. 29. 공고하였다. 음식점 업주 乙은 해외에 체류하다가 귀국하여 2024. 6. 8. 자신의 업소에 부착된 공고문 및 안내문을 보고 비로소 그 명령을 알게 되었고, 2024. 8. 30. 그에 대하여 취소소송을 제기하였다. 甲의 소송이 대상 적격을 갖춘 것인지와 乙의 소송이 적법한 기간 내 제소된 것인지를 검토하시오. (25점)

〈공인노무사 2024〉

Ⅰ. 甲이 제기한 소송의 대상적격성

1. 문제의 소재

A시장의 공고에 의한 집합명령이 처분의 개념요소를 구비하고 있는지 문제된다. 그리고 2024. 9. 5. 현재 취소소송이 계속 중인 시점에서, 영업시간의 제한 범위를 확대한 후속 처분에도 불구하고 대상적격성을 유지하는지 문제된다.

2. 취소소송의 대상적격성

(1) 공고의 처분성

행정소송법은 취소소송의 대상을 처분등으로 명시하고 있다(제4조 제1호). 여기에서 처분 등이란 '행정청이 행하는 구체적 사실에 관한 법집행으로서의 공권력의 행사 또는 그 거부와 그 밖에 이에 준하는 행정작용 및 행정심판에 대한 재결'을 말한다(제2조 제1항 제1호). 판례는 "행정처분이란 행정청의 공법상 행위로서 특정 사항에 대하여 법규에 의한 권리의 설정 또는 의무의 부담을 명하거나 기타 법률상 효과를 발생하게 하는 등으로 일반 국민의 권리의무에 직접 영향을 미치는 행위"[329]라고 한다.

공고는 행정청이 결정한 사항 및 기타 일정한 사항을 일반인에게 알리는 통지행위로서의 성질을 갖는데, 공고가 일반적·구체적 규율의 성질을 가지면 일반처분으로서 처분에 해당한다.

---

329) 대판 2008.5.29. 2007두23873

사안에서 공고의 형식으로 발령된 집합금지명령은 A시의 관내 불특정다수의 다중이용시설을 대상으로 영업제한의무를 부과하는 것으로서 행정소송법상 처분에 해당한다.

(2) 후속처분에 따른 대상적격성 유지 여부

판례에 따르면, 기존의 행정처분을 변경하는 내용의 행정처분이 뒤따르는 경우, 후속처분이 종전처분을 완전히 대체하는 것이거나 주요 부분을 실질적으로 변경하는 내용인 경우에는 특별한 사정이 없는 한 종전처분은 효력을 상실하고 후속처분만이 항고소송의 대상이 되지만, 후속처분의 내용이 종전처분의 유효를 전제로 내용 중 일부만을 추가·철회·변경하는 것이고 추가·철회·변경된 부분이 내용과 성질상 나머지 부분과 불가분적인 것이 아닌 경우에는, 후속처분에도 불구하고 종전처분이 여전히 항고소송의 대상이 된다.330)

사안의 2024. 5. 1.자 집합금지명령은 매일 22시에서 다음날 06시 사이의 영업을 제한하는 것이고, 변경된 2024. 5. 29.자 집합금지명령은 영업제한 시간을 매일 20시에서 다음날 07시까지로 늘리는 내용으로서 당초처분의 유효를 전제로 내용 중 일부만을 추가하는 것이어서 2024. 5. 1.자 집합금지명령은 여전히 대상적격을 유지한다.

3. 사안의 해결

甲이 취소소송을 제기한 2024. 5. 1.자 집합금지명령은 공고의 형식에 따른 행정처분이고, A시장의 후속처분에도 불구하고 2024. 9. 5. 현재 대상적격을 갖추고 있다.

Ⅱ. 乙이 제기한 소송의 제소기간 준수 여부

1. 문제의 소재

사안에서 乙의 제소대상으로 2024. 5. 1.자 처분과 2024. 5. 29.자 처분이 있으나, 乙이 후자를 대상으로 취소소송을 제기한 것으로 전제하고서 제소기간 준수여부를 검토하기로 한다. 이 경우 공고에 의한 처분에 있어서 행정소송법상 "처분 등이 있음을 안 날"의 해석이 문제된다.

2. 취소소송의 제소기간

(1) 행정소송법 규정

행정심판을 거치지 않은 경우 취소소송은 처분 등이 있음을 안 날부터 90일 이내에 제기하여야 한다(행정소송법 제20조 제1항). 기간의 계산은 민법이 준용되므로, 초일은 산입

---

330) 대판 2015.11.19. 2015두295

되지 않고, 기간이 끝나는 날이 토요일 또는 공휴일이면 그 다음날에 만료한다.

(2) 처분이 있음을 현실적·구체적으로 안 날

'처분 등이 있음을 안 날'이란 "통지·공고 기타의 방법에 의하여 당해 처분이 있었다는 사실을 현실적·구체적으로 안 날"을 의미한다. 그러나 어떠한 처분이 있었다는 것을 알면 되고, 그 처분의 구체적인 내용이나 그 처분에 위법성이 존재한다는 것까지 알아야 하는 것은 아니다.

(3) 고시 또는 공고에 의한 처분

불특정 다수인에 대한 처분으로서 관보·신문에의 고시 또는 게시판에의 공고의 방법으로 외부에 그 의사를 표시함으로써 효력이 발생하는 처분은, 공고 등이 있음을 현실로 알았는지 여부를 불문하고 근거법규가 정한 처분의 효력발생일에 처분이 있음을 알았다고 보고 그 때부터 제소기간을 기산한다. 근거법규가 효력발생일을 정하지 아니한 경우에는 「행정업무의 운영 및 혁신에 관한 규정」 제6조 제3항에 따라 그 고시 또는 공고 등이 있은 날부터 5일이 경과한 때에 효력이 발생한다.

다만, 판례는 행정절차법 제14조 제4항에 따라 특정인에 대한 행정처분을 주소불명 등의 이유로 송달할 수 없어 관보 등에 공고한 경우에는 그 효력발생일인 '공고일부터 14일이 지난 때'에 상대방이 그 행정처분이 있음을 알았다고 볼 수 없다고 한다.[331] 사안은 이에 해당하지 않는다.

3. 사안의 해결

乙의 소송의 제소기간 기산점은 효력발생일인 2024. 5. 31.이다. 따라서 소제기일 8. 30.은 91일째(30일+31일+30일)가 되어 제소기간을 도과하였다.

---

331) 대판 2006.4.28. 2005두14851

연습 80

甲은 A시에서 '甲의료기'라는 상호로 의료기기 판매업을 하는 자이다. 甲은 전립선 자극기 'J2V'를 공급받아 판매하기 위하여 "전립선에 특수한 효능, 효과로 남자의 자신감이 달라집니다."라는 문구를 사용하여 인터넷 광고를 하였다. 甲의 위 광고에 대하여 A시장은 2024. 7. 1. 甲에게 「의료기기에 관한 법률」(이하 '의료기기법'이라 함) 제24조 위반을 이유로 3개월 업무정지처분을 하였다. 甲은 2024. 7. 11. 위 업무정지처분에 대하여 관할 행정심판위원회에 행정심판을 청구하였고, 동 위원회는 2024. 8. 25. 3개월 업무정지처분을 과징금 500만 원 부과처분으로 변경할 것을 명령하는 재결을 하였으며, 위 재결서 정본은 2024. 8. 29. 甲에게 송달되었다. 그러자 A시장은 2024. 9. 12. 甲에 대한 3개월 업무정지처분을 과징금 500만 원 부과처분으로 변경하였다. 甲은 2024. 12. 10. 관할 행정심판위원회를 피고로 하여 과징금 500만 원 부과처분에 대하여 관할 법원에 취소소송을 제기하였다. 이 소송은 적법한가?332) (25점)

I. 문제의 제기

(1) 취소소송이 적법하려면 취소를 구할 법률상 이익이 있는 자가(행정소송법 제12조 제1문), 행정청을 피고로 하여(동법 제13조), 처분등을 대상으로(동법 제19조), 전심절차를 거쳐야 하는 경우에는 그에 대한 결정을 받은 후에(동법 제18조 제1항 단서), 적법한 제소기간 내에(동법 제20조), 관할권 있는 법원에(동법 제9조)에 제기해야 하고, 권리보호의 필요성이 있어야 한다(동법 제12조 제2문).

(2) 사안에서는 특히 ① 3개월의 영업정지처분이 변경명령재결에 의해서 500만원의 과징금 부과처분으로 변경되었는바 취소소송의 대상이 무엇인지, ② 제소기간의 기준시점, ③ 피고적격이 문제된다.

II. 소송의 대상

1. 원처분주의와 재결주의

(1) 의의

원처분주의는 취소소송은 행정심판을 거쳤다 하더라도 원칙적으로 원처분을 대상으로 하며, 재결은 재결 자체에 고유한 위법이 있는 경우에 한해서 예외적으로만 취소소송의 대상

---

332) 2017년 변호사시험 기출문제 변형

이 된다는 입장이다. 그에 반해 재결주의는 재결만이 취소소송의 대상이 되며 재결소송에서 재결의 위법뿐만 아니라 원처분의 위법도 주장할 수 있다는 입장이다.

(2) 행정소송법의 태도

취소소송은 원칙적으로 원처분을 대상으로 하며, 재결은 예외적으로만 취소소송의 대상이 될 수 있다. 재결취소소송의 경우에는 재결 자체에 고유한 위법이 있음을 이유로 하는 경우에 한한다(행정소송법 제19조 단서). 행정소송법은 원처분주의를 취하고 있지만, 개별법에서 재결주의를 규정하기도 한다.

2. 변경명령재결에 따른 변경처분이 있는 경우 소의 대상

(1) 문제점

행정심판위원회의 변경명령재결 후 행정청이 과징금 500만 원 부과처분을 한 경우, 변경처분이 소의 대상이 되는지, 남은 부분(과징금 500만 원 부과처분)이 변경된 원처분으로서 소의 대상이 되는지 문제된다(수정처분이 독자적 처분인지, 원처분의 내용을 변경하는 처분인지 문제된다).

(2) 견해의 대립

학설은 ① 변경처분으로 원처분은 전부취소되고 변경처분이 원처분을 대체하기 때문에 변경처분만이 소의 대상이 된다는 견해(흡수설), ② 변경처분은 원처분의 일부취소이므로 축소변경된 원처분으로 존재하고 변경처분은 원처분에 흡수되기 때문에 변경된 원처분(남은 원처분)만이 소의 대상이라는 견해(역흡수설), ③ 변경된 처분과 변경된 원처분은 독립된 처분이므로 고유한 위법이 있는 명령재결뿐만 아니라 그에 따른 처분 역시 소송의 대상이 될 수 있다고 보는 견해(병존설), ④ 변경처분이 일부취소의 취지라면 변경된 원처분이 소송의 대상이 되고, 원처분의 전부취소와 변경처분의 발령의 취지인 경우에는 변경처분이 소송의 대상 된다는 견해가 있다.

(3) 판례

판례는 "행정청이 식품위생법령에 기하여 영업자에 대하여 행정제재처분을 한 후 그 처분을 영업자에게 유리하게 변경하는 처분을 한 경우(이하 처음의 처분을 '당초처분', 나중의 처분을 '변경처분'이라 한다), 변경처분에 의하여 당초처분은 소멸하는 것이 아니고 당초부터 유리하게 변경된 내용의 처분으로 존재하는 것이므로, 변경처분에 의하여 유리하게 변경된 내용의 행정제재가 위법하다 하여 그 취소를 구하는 경우 그 취소소송의 대상은 변경된 내용의 당초처분이지 변경처분은 아니고, 제소기간의 준수 여부도 변경처분이 아닌 변경된 내용의 당초처분을 기준으로 판단하여야 한다"(대판 2007.4.27, 2004두9302)는 입장이다.

그리고 처분청이 스스로 일부취소처분을 한 경우에도, <u>일부취소처분(감액처분)은 원처분 중 일부취소부분에만 법적 효과가 미치는 것이며 원처분과 별개의 독립한 처분이 아니므로 소송의 대상은 취소되지 않고 남은 원처분이라고 한다.</u> 따라서 제소기간의 준수여부도 남은 '원처분'을 기준으로 한다(대판 2012.9.27, 2011두27247).

(4) 검토

수정처분 역시 동일한 제재사유에 따라 행해지는 것으로 당초의 처분과 동질적인 처분이라는 점에서 원처분이 소의 대상이라고 봄이 타당하다.

3. 사안의 경우

갑은 변경된 내용의 과징금 부과처분을 대상으로 취소소송을 제기하여야 한다. 즉 취소소송의 대상인 처분은 과징금 부과처분으로 변경된 내용의 2024. 7. 1.자 원처분이다.

Ⅲ. 제소기간

1. 취소소송의 제소기간

(1) 처분이 있음을 안 날부터 90일

① 행정심판을 거치지 않은 경우 : 취소소송은 처분 등이 있음을 안 날부터 90일 이내에 제기하여야 한다(행정소송법 제20조 제1항). 처분 등이 있음을 안 날이란 통지·공고 기타의 방법에 의하여 당해 처분이 있었다는 사실을 현실적으로 안 날을 의미한다.

② 행정심판을 거친 경우 : 행정소송법 제18조 제1항 단서(다른 법률에 당해 처분에 대한 행정심판의 재결을 거치지 아니하면 취소소송을 제기할 수 없다는 규정이 있는 때)에 의한 경우와 그 밖에 행정심판청구를 할 수 있는 경우 또는 행정청이 행정심판청구를 할 수 있다고 잘못 알린 경우에는, 재결서의 정본을 송달받은 날부터 90일을 기산한다(제20조 제1항).

(2) 처분이 있은 날부터 1년

① 행정심판을 거치지 않은 경우 : 취소소송은 처분 등이 있은 날부터 1년을 경과하면 이를 제기하지 못한다(제20조 제2항 1문). 처분 등이 있은 날이란 상대방 있는 행정행위

의 경우에는 특별한 규정이 없는 한 의사표시의 일반적 법리에 따라 그 <u>행정처분이 상대방에게 도달되어 효력을 발생한 날</u>을 의미한다.333)

② 행정심판을 거친 경우 : 재결이 있은 날부터 역시 1년이다(제20조 제2항 본문).

③ 정당한 사유가 있는 경우 : 정당한 사유가 있는 경우 1년의 기간이 경과하여도 제소할 수 있다(제2항 단서).

(3) '안 날'과 '있은 날'의 관계

처분이 있음을 안 날과 처분이 있은 날 중 <u>어느 하나의 기간이 경과하면 제소기간은 종료</u>한다.334)

2. 사안의 경우

취소소송의 대상은 변경된 원처분인 A시장이 2024. 7. 1.에 한 과징금 500만원의 부과처분이다. 설문은 적법하게 행정심판을 거친 경우이므로 재결서의 정본을 송달받은 날(2024. 8. 29)이 제소기간의 기산점이다. 그러나 갑은 재결서 정본을 송달받은 날로부터 90일이 경과한 이후(2024. 12. 10)에 소를 제기하였으므로 부적법하다.

Ⅳ. 피고적격

1. 취소소송의 피고적격

취소소송은 다른 법률에 특별한 규정이 없는 한 그 처분 등을 행한 행정청을 피고로 한다(행정소송법 제13조 제1항). 권리주체인 국가나 지방자치단체가 아니라 행정청을 피고로 한 이유는 행정소송수행의 편의를 위해서이다. 피고인 행정청은 그가 속한 행정주체를 대표하여 소송수행을 하며 판결의 효력인 기판력은 피고인 행정청이 속한 법주체인 행정주체에 미치게 된다. 행정청에는 전통적 의미의 행정청 외에 합의제기관, 공법인, 지방의회, 행정소송법 제2조 제2항의 행정청이 포함된다.

2. 사안의 경우

피고는 처분청인 A시장인데, 갑은 A시장이 아닌 행정심판위원회를 피고로 하였으므로 부적법하다.

---

333) 대법원 1990.7.13, 90누2284
334) 대법원 1964.9.8, 63누196

V. 사안의 해결

갑은 A시장을 피고로 하여, 변경된 원처분에 해당하는 'A시장의 2024. 7. 1.자 과징금 500만 원 부과처분'을 대상으로, 재결서 정본을 송달받은 날인 2024. 8. 29.로부터 90일 이내에 취소소송을 제기해야 한다. 그러나 갑이 제기한 취소소송은 A시장의 2024. 9. 12.자 변경처분을 대상으로 하였으므로 대상적격이 흠결되었고, 재결서 정본을 송달받은 날로부터 90일이 경과한 2024. 12. 10.에 소를 제기하여 제소기간을 준수하지 않았으며, A시장이 아닌 행정심판위원회를 피고로 하여 피고적격을 갖추지 못했다. 따라서 갑이 제기한 취소소송은 부적법하다.

연습 81

甲은 2018. 11. 1.부터 A시 소재의 3층 건물의 1층에서 일반음식점을 운영해 왔는데, 관할 행정청인 A시의 시장 乙은 2019. 12. 26. 甲이 접대부를 고용하여 영업을 했다는 이유로 甲에 대하여 3월의 영업정지처분을 하였다. 이에 대하여 甲은 문제가 된 여성은 접대부가 아니라 일반 종업원이라는 점을 주장하면서 3월의 영업정지처분의 취소를 구하는 행정심판을 청구했다. 관할 행정심판위원회는 2020. 3. 6. 甲에 대한 3월의 영업정지처분을 1월의 영업정지처분으로 변경하라는 일부인용재결을 하였고, 2020. 3. 10. 그 재결서 정본이 甲에게 도달하였다. 乙은 행정심판위원회의 재결내용에 따라 2020. 3. 17. 甲에 대하여 1월의 영업정지처분을 하였고, 향후 같은 위반사유로 제재처분을 받을 경우 식품위생법 시행규칙 별표의 행정처분기준에 따라 가중적 제재처분이 내려진다는 점까지 乙은 甲에게 안내했다. 행정심판을 통해서 구제를 받지 못했다고 생각한 甲은 2020. 6. 15. 취소소송을 제기하고자 한다. 다음 물음에 답하시오. (총 50점)

(1) 甲이 제기하는 취소소송의 대상적격, 피고적격, 제소기간에 대하여 논하시오. (30점)
(2) 甲은 乙의 영업정지처분 1월이 경과한 후에도 그 처분의 취소를 구할 소의 이익이 있는지 논하시오. (20점)

〈공인노무사 2020〉

Ⅰ. 설문 (1) – 취소소송의 대상적격, 피고적격, 제소기간

1. 문제의 소재

(1) 3월의 영업정지처분이 변경명령재결에 의해서 1월의 영업정지처분으로 변경되었는바 취소소송의 대상이 변경처분인지, 1월으로 변경되고 남은 원처분인지 문제된다. 이에 따라 시장 乙이 피고적격이 되는지 살펴본다.

(2) 제소기간에 있어서 사안은 행정심판을 거친 경우이므로 행정소송법 제20조 제1항의 본문과 단문 가운데 무엇이 적용되는 경우인지 검토하기로 한다.

2. 취소소송의 대상적격

(1) 원처분주의와 재결주의

1) 의의

원처분주의는 취소소송은 행정심판을 거쳤다 하더라도 원칙적으로 원처분을 대상으로 하며, 재결은 재결 자체에 고유한 위법이 있는 경우에 한해서 예외적으로만 취소소송의 대상이 된다는 입장이다. 그에 반해 재결주의는 재결만이 취소소송의 대상이 되며 재결소송에서 재결의 위법뿐만 아니라 원처분의 위법도 주장할 수 있다는 입장이다.

2) 행정소송법의 태도

취소소송은 원칙적으로 원처분을 대상으로 하며, 재결은 예외적으로만 취소소송의 대상이 될 수 있다. 재결취소소송의 경우에는 재결 자체에 고유한 위법이 있음을 이유로 하는 경우에 한한다(행정소송법 제19조 단서).

3) 재결 자체에 고유한 위법

재결 자체의 고유한 위법이라 함은 원처분에서 발견할 수 없었던 재결 자체의 위법사유, 즉 원처분에는 없고 재결에만 존재하는 위법사유를 의미한다. 판례는 '재결 자체에 고유한 위법'이란 그 재결 자체에 주체, 절차, 형식 또는 내용상의 위법이 있는 경우라고 본다. 판례는 "인용재결은 원처분과 내용을 달리하는 것이므로, 그 인용재결의 취소를 구하는 것은 원처분에는 없는 재결의 고유한 하자를 주장하는 셈이어서 당연히 항고소송의 대상이 된다"335)고 판시하여 이를 재결취소소송으로 본다.

4) 사안의 경우

3월의 영업정지처분을 1월의 영업정지처분으로 변경하라는 일부인용재결(변경명령재결)은 원고에게 유리한 것이어서 재결 자체에 고유한 위법이 있다고 할 수 없다. 따라서 이 사안에서 2020. 3. 6.자 재결은 취소소송의 대상이 아니다.

(2) 변경명령재결에 따른 변경처분이 있는 경우 소의 대상

1) 문제점

행정심판위원회의 변경명령재결 후 행정청이 1월의 영업정지처분을 경우, 변경처분이 소의 대상이 되는지, 남은 부분(1월의 영업정지처분)이 변경된 원처분으로서 소의 대상이 되는지 문제된다. 즉 수정처분이 독자적 처분인지, 원처분의 내용을 변경하는 처분인지 문제된다.

2) 견해의 대립

학설은 ① 변경처분으로 원처분은 전부취소되고 변경처분이 원처분을 대체하기 때문에 변경처분만이 소의 대상이 된다는 견해(흡수설), ② 변경처분은 원처분의 일부취소이므로 축소변경된 원처분으로 존재하고 변경처분은 원처분에 흡수되기 때문에 변경된 원처분(남은 원처분)만이 소의 대상이라는 견해(역흡수설), ③ 변경된 처분과 변경된 원처분은 독립된 처분이므로 고유한 위법이 있는 명령재결뿐만 아니라 그에 따른 처분 역시 소송의 대상

---

335) 이른바 복효적 행정행위, 특히 제3자효를 수반하는 행정행위에 대한 행정심판청구에 있어서 그 청구를 인용하는 내용의 재결로 인하여 비로소 권리이익을 침해받게 되는 자는 그 인용재결에 대하여 다툴 필요가 있고, 그 인용재결은 원처분과 내용을 달리하는 것이므로 그 인용재결의 취소를 구하는 것은 원처분에는 없는 재결에 고유한 하자를 주장하는 셈이어서 당연히 항고소송의 대상이 된다(대판1997.12.23, 96누10911).

이 될 수 있다고 보는 견해(병존설), ④ 변경처분이 일부취소의 취지라면 변경된 원처분이 소송의 대상이 되고, 원처분의 전부취소와 변경처분의 발령의 취지인 경우에는 변경처분이 소송의 대상 된다는 견해가 있다.

3) 판례

판례는 "행정청이 식품위생법령에 기하여 영업자에 대하여 행정제재처분을 한 후 그 처분을 영업자에게 유리하게 변경하는 처분을 한 경우(이하 처음의 처분을 '당초처분', 나중의 처분을 '변경처분'이라 한다), 변경처분에 의하여 당초처분은 소멸하는 것이 아니고 당초부터 유리하게 변경된 내용의 처분으로 존재하는 것이므로, 변경처분에 의하여 유리하게 변경된 내용의 행정제재가 위법하다 하여 그 취소를 구하는 경우 그 취소소송의 대상은 변경된 내용의 당초처분이지 변경처분은 아니고, 제소기간의 준수 여부도 변경처분이 아닌 변경된 내용의 당초처분을 기준으로 판단하여야 한다"(대판 2007.4.27, 2004두9302)는 입장이다.

그리고 처분청이 스스로 일부취소처분을 한 경우에도, 일부취소처분(감액처분)은 원처분 중 일부취소부분에만 법적 효과가 미치는 것이며 원처분과 별개의 독립한 처분이 아니므로 소송의 대상은 취소되지 않고 남은 원처분이라고 한다. 따라서 제소기간의 준수여부도 남은 '원처분'을 기준으로 한다(대판 2012.9.27, 2011두27247).

4) 검토

수정처분 역시 동일한 제재사유에 따라 행해지는 것으로 당초의 처분과 동질적인 처분이라는 점에서 원처분이 소의 대상이라고 봄이 타당하다.

(3) 사안의 경우

甲은 변경된 내용의 영업정지처분을 대상으로 취소소송을 제기하여야 한다. 즉 취소소송의 대상인 처분은 1월의 영업정지처분으로 변경된 내용의 2019. 12. 26.자 처분이다.

3. 취소소송의 피고적격

(1) 취소소송의 피고적격

취소소송은 다른 법률에 특별한 규정이 없는 한 그 처분 등을 행한 행정청을 피고로 한다(행정소송법 제13조 제1항). 행정청에는 전통적 의미의 행정청 외에 법령에 의하여 행정권한의 위임 또는 위탁을 받은 행정기관, 공공단체 및 그 기관 또는 사인이 포함된다(행정소송법 제2조 제2항).

피고인 행정청은 그가 속한 행정주체를 대표하여 소송수행을 하며 판결의 효력인 기판력은 피고인 행정청이 속한 법주체인 행정주체에 미치게 된다.

(2) 사안의 경우

A시의 시장 乙은 식품위생법령에 따라 영업정지처분 부과의 권한을 갖고 있어 2019. 12. 26.자 처분의 취소를 구하는 소송에서 피고에 해당한다.

4. 취소소송의 제소기간

(1) 처분이 있음을 안 날부터 90일

1) 행정심판을 거치지 않은 경우

취소소송은 처분 등이 있음을 안 날부터 90일 이내에 제기하여야 한다(행정소송법 제20조 제1항). 처분 등이 있음을 안 날이란 통지·공고 기타의 방법에 의하여 당해 처분이 있었다는 사실을 현실적으로 안 날을 의미한다.

2) 행정심판을 거친 경우

행정소송법 제18조 제1항 단서(다른 법률에 당해 처분에 대한 행정심판의 재결을 거치지 아니하면 취소소송을 제기할 수 없다는 규정이 있는 때)에 의한 경우와 그 밖에 행정심판청구를 할 수 있는 경우 또는 행정청이 행정심판청구를 할 수 있다고 잘못 알린 경우에는, 재결서의 정본을 송달받은 날부터 90일을 기산한다(제20조 제1항).

(2) 처분이 있은 날부터 1년

취소소송은 처분 등이 있은 날부터 1년을 경과하면 이를 제기하지 못한다(제20조 제2항 1문). 처분 등이 있은 날이란 상대방 있는 행정행위의 경우에는 특별한 규정이 없는 한 의사표시의 일반적 법리에 따라 그 행정처분이 상대방에게 도달되어 효력을 발생한 날을 의미한다.336) 행정심판을 거친 경우에는 재결이 있은 날부터 역시 1년이다(제20조 제2항 본문). 그리고 정당한 사유가 있는 경우 1년의 기간이 경과하여도 제소할 수 있다(제2항 단서).

(3) '안 날'과 '있은 날'의 관계

처분이 있음을 안 날과 처분이 있은 날 중 어느 하나의 기간이 경과하면 제소기간은 종료한다.337)

---

336) 대법원 1990.7.13, 90누2284
337) 대법원 1964.9.8, 63누196

(4) 사안의 경우

취소소송의 대상은 변경된 원처분인 시장 乙이 2019. 12. 26.에 한 1월의 영업정지처분이다. 설문은 적법하게 행정심판을 거친 경우이므로 재결서의 정본이 도달된 날(2020. 3. 10)이 제소기간의 기산점이다.

따라서 만일 甲이 재결서 정본을 송달받은 날로부터 90일이 경과한 이후(2020. 6. 15)에 소를 제기한다면 부적법하다.

Ⅱ. 설문 (2) – 협의의 소의 이익

1. 문제의 소재

(1) 위 설문 (1)에서 살펴본 소송요건들(대상적격, 피고적격, 제소기간)과 별도로, 1월의 영업정지처분이 기간 도과로 소멸했으나 가중된 영업정지 처분의 위험성이 있다는 점에서 소의 이익이 있는지 검토하기로 한다.

(2) 그 과정에서, 식품위생법 시행규칙(부령)상 제재처분 기준의 법적 성질을 검토함으로써, 법규명령 또는 행정규칙으로 해석할 경우 협의의 소익에 어떠한 영향을 미치는지 살펴본다.

2. 협의의 소의 이익 일반론

(1) 취소소송의 협의의 소익의 의의

취소소송은 처분 등의 취소를 구할 자격(원고적격)을 가진 자가 소를 제기할 수 있다. 그러나 취소소송도 재판의 일종이므로 분쟁을 재판에 의하여 해결할 만한 현실적 필요성이 있어야 하는데, 이를 '협의의 소의 이익' 또는 '권리보호의 필요'라고 한다.

(2) 행정소송법 제12조 2문의 해석

행정소송법 제12조 2문은 "처분 등의 효과가 기간의 경과, 처분 등의 집행 그 밖의 사유로 인하여 소멸된 뒤에도 그 처분 등의 취소로 인하여 회복되는 법률상 이익이 있는 자의 경우에는 또한 같다"라고 규정하고 있다. 이에 대하여 ① 제12조 1문처럼 원고적격에 관한 조항으로 보는 견해가 있으나, ② 1문은 취소소송의 원고적격을 규정하고 있고, 2문은 취소소송에서의 협의의 소익을 규정한 것이라고 보는 견해가 다수설이다.

(3) 협의의 소익 유무의 일반적 판단기준

1) 판례는 행정소송법 제12조 소정의 '법률상 이익'을 전문(원고적격)의 그것과 후문(협의의 소의 이익)의 그것을 구별하지 않고 모두 "<u>당해 처분의 근거 법률에 의하여 보호되는 직접적이고 구체적인 이익과 관련된 것을 말하는 것이고 단지 간접적이거나 사실적·경제적 이</u>

해관계를 가지는 데 불과한 경우는 여기에 포함되지 않는다"338)라고 보고 있다.

2) 이에 대하여 여기서의 '법률상 이익'은 취소를 통하여 구제되는 기본적인 법률상 이익뿐만 아니라 위법확인의 정당한 이익(법적 이익, 경제적 이익, 보호가치 있는 정신적 이익 등)도 포함한다고 보는 점에서 원고적격에서의 법률상 이익보다 넓은 개념으로 보는 견해도 있다.

3) 본안판단의 전제요건을 모두 구비하게 되면 일반적으로 소의 이익을 갖춘 것이 된다(다수설). 그러나 원상회복이 불가능한 경우, 소송목적이 실현된 경우(처분의 효력 소멸, 권익 침해의 해소), 비난받을 목적을 추구하는 경우 등에는 소의 이익이 부정된다.

(4) 사안의 경우

사안에서 만일 시행규칙 별표의 가중적 제재처분 기준이 없다면 甲이 乙의 영업정지처분 1월이 경과한 후에 취소소송을 제기하는 것은 효력이 소멸한 처분을 대상으로 한 것이어서 일단 협의의 소의 이익이 없다.

다만 가중적 제재처분이 있으므로 처분의 위법확인을 구할 정당한 이익이 있는지 논의를 이어가기로 한다.

3. 식품위생법 시행규칙으로 정한 제재처분기준의 법적 성질

(1) 논의의 필요성

시행규칙(부령)으로 정한 제재처분기준이 법규명령인지 행정규칙인지 여부에 따라 사법적 통제 방식이 달라지므로 시행규칙으로 정한 제재처분기준의 법적 성질에 대한 규명이 필요하다.

(2) 판례

판례는 제재처분의 기준이 부령으로 된 경우에는 그 규정의 성질은 행정기관 내부의 사무처리준칙에 불과한 것으로서 행정명령(행정규칙)의 성질을 갖는 것이므로, 재판의 기준이 되지 못한다는 입장을 취하고 있다.339)

(3) 학설

실질설에 의한다면 비록 형식이 부령이라도 그 실질적 내용이 행정기관 내부에서의 사무처리기준만을 정한 것이므로 당해 규범을 행정규칙으로 볼 것이나, 형식설에 의한다면 당

---

338) 대결 2000.10.10, 2000무17
339) 도로교통법시행규칙 제53조 제1항이 정한 별표 16의 운전면허 행정처분 기준은 부령의 형식으로 되어 있으나, 규정의 성질과 내용이 운전면허의 취소처분 등에 관한 사무처리 기준과 처분절차 등 행정청 내부의 사무처리준칙을 규정한 것에 지나지 아니하므로 대외적으로 국민이나 법원을 기속하는 효력이 없다. 지방경찰청장이 운전면허를 받은 사람이 술에 취한 상태에서 자동차 등을 운전을 한 것 등을 이유로 도로교통법 제78조 제8호에 따라서 운전면허를 취소하는 것은 기속행위가 아니다(대판 1993.2.9, 92누15253).

해 규범을 법규명령으로 볼 것이다. 수권여부기준설에 따르면 법령의 수권에 근거한 경우는 법규명령이고, 법률의 수권이 없이 제정된 경우는 행정규칙으로 볼 것이다.

(4) 검토

대통령령이나 부령 모두 상위법령에서 위임한 사항이나 집행을 위하여 필요한 사항을 규율하는 법규명령이기 때문에 판례처럼 양자를 구별할 합리적 근거가 없다. 판례는 부령으로 규정된 제재적 행정처분의 기준을 단순히 사무처리기준이라 하지만, 기본권 제한에 관련된 사항으로 보아야 한다. 또한 행정규칙설은 법규명령설이 구체적 타당성을 기하기 어렵다고 하나 현재 대부분의 제재처분의 기준은 가중·감경규정을 두는 추세에 있으므로 적절한 비판이 아니다. 따라서 사안과 같이 제재처분의 기준이 부령에 규정된 경우에는 법규명령으로 보아야 할 것이다.

다만 아래에서는 제재처분의 기준이 부령 형식인 경우 이를 행정규칙으로 보는 판례의 입장에 따라 검토하기로 한다.

4. 1월의 영업정지처분 취소소송의 협의의 소의 이익

(1) 문제점

사안처럼 제재적 처분이 장래의 제재적 처분의 가중요건 또는 전제요건으로 되어 있는 경우에 소의 이익 인정 여부가 문제된다. 판례는 제재처분의 기준이 부령 형식인 경우 이를 행정규칙으로 보는바, 행정규칙에 의한 가중적 제재처분의 위험성을 법률상 불이익으로 볼 수 있는지 문제된다.

(2) 가중적 제재처분의 형식과 협의의 소의 이익

1) 문제점

제재적 처분이 장래의 제재적 처분의 가중요건 또는 전제요건으로 되어 있는 경우에 그 형식에 따라 소의 이익 인정여부가 달라지는지 문제된다.

2) 법적 구속력 있는 법령으로 규정되어 있는 경우

판례는 가중요건이 법률 또는 대통령령(시행령)에 규정된 경우에는 가중된 제재처분을 받을 불이익이 현실적이므로 그 불이익을 제거하기 위하여 정지기간이 지난 정지처분의 취소를 구할 이익을 인정한다.340) 다만 업무정지처분을 받았더라도 새로운 업무정지처분을

---

340) 연 2회 이상 건축사의 업무정지명령을 받은 경우 그 정지기간이 통산하여 12월 이상이 된 때를 건축사사무소의 등록을 취소할 경우의 하나로 규정하고 있는 건축사법 제28조 제1항 제5호의 규정은 제재적인 행정처분의 법정가중요건을 규정해 놓은 것으로 보아야 하고, 원고가 변론재개신청과 함께 이 사건 건축사업무정지명령이 전제가 되어 원고의 건축사사무소 등록이 취소되었음을 알 수 있는 소명자료까지 제출하고 있다면, 이 사건 건축사업무정지명령에서 정한 정지기간이 도과하였다고 하더라도 그 처분으로 인하여 원고에게는 건축사사무소등록취소라는 법률상의 이익이 침해되고 있다는 사정을 나타내 보인 것이라고 할 것이다(대판 1990.10.23, 90누3119).

받음이 없이 일정기간이 경과하는 등으로 가중된 제재처분을 받을 우려가 없어졌다면 소의 이익을 부인한다(대판 2000.4.21, 98두10080).

3) 부령(시행규칙) 또는 지방자치단체의 규칙으로 규정되어 있는 경우

종전 판례는 가중요건이 부령에 정해진 경우 행정규칙에 불과하여 구속력이 없어서 가중적 제재처분을 받을 불이익은 직접적·구체적·현실적인 것이 아니라는 이유로 소의 이익을 부인하여 왔다.

그러나 변경된 판례는 "제재적 행정처분의 가중사유나 전제요건에 관한 규정이 법령이 아니라 규칙의 형식으로 되어 있다고 하더라도, 그러한 규칙이 법령에 근거를 두고 있는 이상 그 법적 성질이 대외적·일반적 구속력을 갖는 법규명령인지 여부와는 상관없이, 관할 행정청이나 담당공무원은 이를 준수할 의무가 있으므로 이들이 그 규칙에 정해진 바에 따라 행정작용을 할 것이 당연히 예견되고, 그 결과 행정작용의 상대방인 국민으로서는 그 규칙의 영향을 받을 수밖에 없다. 따라서 그러한 규칙이 정한 바에 따라 선행처분을 받은 상대방이 그 처분의 존재로 인하여 장래에 받을 불이익, 즉 후행처분의 위험은 구체적이고 현실적인 것이므로, 상대방에게는 선행처분의 취소소송을 통하여 그 불이익을 제거할 필요가 있다."341)고 한다.

이러한 변경된 판례에 대하여는 제재처분의 기준을 정하고 있는 부령의 법규성을 인정하면서 소의 이익을 인정하는 것이 법리적으로 타당하다는 견해가 있다.

4) 사안의 경우

식품위생법 시행규칙(부령)에 가중적 제재처분이 규정되어 있는바, 그 법적 성질을 법규명령으로 보는지 행정규칙으로 보는지와 관계없이 변경된 판례에 따르면 영업정지처분의 취소를 구할 소의 이익을 인정할 수 있다.

5. 설문의 해결

영업정지기간 경과로 처분의 효력이 소멸되면 협의의 소익은 원칙적으로 부정될 것이다. 그러나 식품위생법 시행규칙에 의하면 식품위생법 위반으로 영업정지처분을 받은 후 같은 위반사유로 제재처분이 내려지는 경우 가중적 제재처분을 할 수 있으므로, 이에 따른 장래의 위험방지를 위한 예외적인 협의의 소익 인정이 가능하다.

---

341) 대판 2006.6.22, 2003두1684

연습 82

甲은 A부에 근무하는 국가공무원(사무관)이다. 甲은 근무 중에 수시로 이석하였으며 주식투자에만 열중한 사실이 적발되어 직위해제를 당하고 감찰을 받게 되었다. A부 장관은 甲에 대하여 근무를 충실히 할 것과 업무에 필요 없는 일은 절대 하지 않도록 지시하였다. 그러나 甲은 지시를 어기고 계속하여 수차례 주식투자 사이트에 접속한 사실이 추후 밝혀졌다. 한편 甲은 A부 내에 자신이 소속한 종교동아리에 예산지원을 하는 등으로 다른 모임보다 특혜를 주는 것에 대하여 상사로부터 그런 행위를 중단할 것을 지시받았음에도 이를 거부한 채 계속적으로 예산지원을 하여왔다.
이와 같은 이유들로 인하여 甲은 직권면직처분을 받았다.

甲이 직권면직처분에 대한 취소소송을 제기하였고, 해당 소송의 사실심 계속 중 정년이 경과한 경우 이 사건 직권면직처분의 취소를 구할 법률상 이익이 있는지 검토하시오.342) (20점)

Ⅰ. 문제의 소재

사안에서 취소소송 도중 甲의 정년이 경과하였으므로 甲에 대한 직권면직처분은 실효되었다고 보아야 한다.

그럼에도 불구하고 甲이 직권면직처분의 취소를 구할 협의의 소의 이익이 있는지 여부가 문제된다.

Ⅱ. 협의의 소의 이익

1. 의의

취소소송은 처분 등의 취소를 구할 자격(원고적격)을 가진 자가 소를 제기할 수 있다. 그러나 취소소송도 재판의 일종이므로 분쟁을 재판에 의하여 해결할 만한 현실적 필요성이 있어야 하는데, 이를 '협의의 소의 이익' 또는 '권리보호의 필요'라고 한다.

2. 행정소송법 제12조 제2문의 해석

행정소송법 제12조 제2문은 "처분 등의 효과가 기간의 경과, 처분 등의 집행 그 밖의 사유로 인하여 소멸된 뒤에도 그 처분 등의 취소로 인하여 회복되는 법률상 이익이 있는 자의 경우에는 또한 같다"라고 규정하고 있다.

동조 제1문에서의 '법률상 이익'이 취소소송에서의 보호대상인 권리라면, 제2문에서의 '법

---

342) 2023년 입법고시 기출문제

률상 이익'은 취소소송을 통한 '권리보호의 필요성 또는 분쟁의 현실성'을 의미하는 것으로서 협의의 소익으로 해석된다(다수설).

3. 협의의 소의 이익으로서 법률상 이익의 의미

취소소송에서 소의 이익은 계쟁처분의 취소를 구할 현실적인 법률상 이익이 있는지 여부를 기준으로 판단된다.

판례는 이 경우 '법률상 이익'을 "<u>당해 처분의 근거 법률에 의하여 보호되는 직접적이고 구체적인 이익과 관련된 것을 말하는 것이고 단지 간접적이거나 사실적·경제적 이해관계를 가지는 데 불과한 경우는 여기에 포함되지 않는다</u>"[343]라고 보고 있다.

그러나 다수설은 여기서의 '법률상 이익'은 취소를 통하여 구제되는 기본적인 법률상 이익뿐만 아니라 부수적 이익도 포함한다고 보는 점에서 원고적격에서의 법률상 이익보다 넓은 개념으로 보고 있다. 즉 '법적 보호이익' 이외에도 각종 제도상의 불이익을 제거하여야 할 이익, 명예·신용 등의 인격적 이익 등도 협의의 소익에 포함된다고 한다.

4. 협의의 소익이 인정되지 않는 경우

본안판단의 전제요건을 모두 구비하게 되면 일반적으로 소의 이익을 갖춘 것이 된다(다수설). 그러나 ① 원상회복이 불가능한 경우, ② 소송목적이 실현된 경우(처분의 효력 소멸, 권익침해의 해소), ③ 보다 간이한 방법으로 권리보호가 가능한 경우, ④ 소송으로 다툴 실제적 효용이나 이익이 없는 경우, ⑤ 비난받을 목적을 추구하는 경우, ⑥ 유리한 결과를 가져오는 처분(수익적 행정행위 등) 등에는 소의 이익이 부정된다.

5. 협의의 소익이 인정되는 경우

처분의 효력이 소멸한 경우에도 처분의 취소로 인하여 회복되는 이익이 있는 경우에는 예외적으로 권리보호의 필요성이 인정된다. 이와 같은 경우로는 ① 위법한 처분이 반복될 위험성이 있는 경우, ② 회복하여야 할 불가피한 이익이 있는 경우(예 세법 등 다른 법률에 의한 혜택을 받을 수 있는 경우), ③ 가중적 제재처분이 따르게 되어 처분의 취소로 보호되는 직접적·구체적인 이익이 있는 경우가 있다.

6. 관련 판례

종래 판례는 근로자가 부당해고 구제신청을 기각한 재심판정에 대해 소를 제기하여 해고의 효력을 다투던 중 사직하거나 정년에 도달하거나 근로계약기간이 만료하는 등의 이유

---

343) 대결 2000.10.10, 2000무17

로 근로관계가 종료한 경우, 근로자가 구제명령을 얻는다고 하더라도 객관적으로 보아 원직에 복직하는 것이 불가능하고, 해고기간 중에 지급받지 못한 임금을 지급받기 위한 필요가 있다고 하더라도 이는 민사소송절차를 통하여 해결할 수 있다는 등의 이유를 들어 부적법하다는 입장이었다.344)

그러나 전원합의체 판결로 판례의 입장을 변경하여 협의의 소익을 인정하였다.345) 즉 근로자가 부당해고 구제신청을 하여 해고의 효력을 다투던 중 정년에 이르거나 근로계약기간이 만료하는 등의 사유로 원직에 복직하는 것이 불가능하게 된 경우에도 <u>해고기간 중의 임금 상당액을 지급받을 필요가 있다면 임금 상당액 지급의 구제명령을 받을 이익이 유지되므로</u> <u>구제신청을 기각한 중앙노동위원회의 재심판정을 다툴 소의 이익이 있다고</u> 보았다.

지방의회 의원에 대한 제명의결 취소소송 계속 중 의원의 임기가 만료된 사안에서는, <u>제명의결의 취소로 지방의회 의원으로서의 지위를 회복할 수는 없다 할지라도, 그 취소로 인하여 최소한 제명의결시부터 임기만료일까지의 기간에 대해 월정수당의 지급을 구할 수 있는 등 여전히 그 제명의결의 취소를 구할 법률상 이익은 남아 있다고</u> 보았다.346)

아울러 이와 같은 이유가 아니더라도, 판례는 무익한 처분과 소송의 반복 가능성, 구체적인 침해의 반복 위험의 방지, 국민의 권리구제의 관점에서 협의의 소익을 인정하고 있다.

Ⅲ. 사안의 해결

甲의 경우 소송계속 도중 정년이 경과하였다 하더라도 수소법원은 소의 이익이 없다고 하여 각하판결을 내려서는 아니 되고, 甲의 직권면직 이후 정년 시까지의 보수 지급을 구할 수 있는 점, 국가공무원(사무관)으로서의 명예나 신용, 사회적 지위 등을 고려하여 행정소송법 제12조 제2문의 법률상 이익을 인정하는 것이 타당하다.

이러한 이익은 법률에 의하여 보호되는 직접적·구체적 이익이라고 할 수 있다.

그러므로 수소법원은 甲에 대한 직권면직처분사건을 본안에서 심리한 뒤 인용판결 또는 기각판결을 내려야 할 것이다.

---

344) 대판 1995.12.5, 95누12347등
345) 대판 2020.2.20, 2019두52386 전합
346) 대판 2009.1.30, 2007두13487

연습 83

甲은 교육사업을 영위하는 회사 乙과 기간의 정함이 없는 근로계약을 체결하고 근무하던 중 乙로부터 해고를 통보받았다. 이에 대해 甲은 서울지방노동위원회에 부당해고 구제를 신청하였고, 이후 원직에 복직하는 대신 금전보상명령을 구하는 것으로 신청취지를 변경하였다. 그러나 서울지방노동위원회에의 구제신청과 이어진 중앙노동위원회에의 재심신청이 각각 기각됨에 따라, 甲은 2022. 7. 22. 서울행정법원에 재심판정의 취소를 구하는 소를 제기하였다. 한편, 乙은 2022. 7. 19. 정당한 절차에 의해 취업규칙을 개정하였고, 이 규칙은 이 사건 소가 계속 중이던 2022. 8. 1.부터 시행되었다. 종전 취업규칙에는 정년에 관한 규정이 없었으나 '개정 취업규칙'에는 근로자가 만 60세에 도달하는 날을 정년으로 정하고 있으며, 甲은 이미 2022. 4. 15. 만 60세에 도달하였다. 甲이 중앙노동위원회의 재심판정을 다툴 협의의 소의 이익이 인정되는지를 설명하시오. (25점) 〈공인노무사 2022〉

Ⅰ. 문제의 소재

근로자가 부당해고재심판정 취소소송을 제기하여 해고의 효력을 다투던 중 정년이 도달함이 밝혀져 근로관계가 종료되었다고 볼 경우에도, 임금상당액의 지급문제가 남아 있으므로 소의 이익을 인정할 수 있는지가 문제된다.

Ⅱ. 구제명령 중 '금전보상 명령 제도'

1. 금전보상 명령 제도의 취지

근로기준법 제30조 제3항의 금전보상 명령 제도는 부당한 해고의 구제방식을 다양화함으로써 권리구제의 실효성을 제고할 목적으로, 해고에 대한 구제명령을 할 때에 근로자가 원직복직을 원하지 아니하면 원직복직을 명하는 대신 근로자가 해고기간 동안 근로를 제공하였더라면 받을 수 있었던 임금 상당액 이상의 금품을 근로자에게 지급하도록 명할 수 있게 한 제도이다.

2. 신설된 근로기준법 조항

노동위원회의 부당해고 구제절차는 원직복직이 어려운 근로자를 위한 중요한 권리구제 수단임에도 불구하고 종래 근로기준법은 근로자가 원직복직을 원하지 아니하는 경우에 한하여 원직복직 대신 금전보상을 명하도록 규정하고 있어 근로계약기간의 종료, 정년 등으로 원직복직이 불가능해진 경우에는 구제를 받지 못하고 있었다.

이에 따라 최근 "노동위원회는 근로계약기간의 만료, 정년의 도래 등으로 근로자가 원직복직(해고 이외의 경우는 원상회복을 말한다)이 불가능한 경우에도 제1항에 따른 구제명령이나 기각결정을 하여야 한다. 이 경우 노동위원회는 부당해고등이 성립한다고 판정하면 근로자가 해고기간 동안 근로를 제공하였더라면 받을 수 있었던 임금 상당액에 해당하는 금품(해고 이외의 경우에는 원상회복에 준하는 금품을 말한다)을 사업주가 근로자에게 지급하도록 명할 수 있다."라고 근로기준법 제30조 제4항이 신설되었다.

Ⅲ. 협의의 소의 이익

1. 의의

협의의 소익이란 소송을 통하여 분쟁을 해결할 만한 구체적인 이익 및 현실적인 필요성을 말한다. 행정소송법 제12조 2문은 처분 등의 효과가 기간의 경과, 처분 등의 집행 그 밖의 사유로 인하여 소멸된 뒤에도 그 처분 등의 취소로 인하여 회복되는 법률상 이익이 있는 자의 경우에도 취소소송을 제기할 수 있다고 규정하고 있다.

2. 제12조 2문의 성질

행정소송법에는 별도의 협의의 소익에 관한 규정이 없으며, 행정소송법 제12조는 원고적격이라는 제목 하에 1문 및 2문 모두 '법률상 이익'을 요구하고 있는바, 판례는 행정소송법 제12조 2문 소정의 '법률상 이익'은 당해 처분의 근거 법률에 의하여 보호되는 직접적이고 구체적인 이익이 있는 경우를 말하고 간접적이거나 사실적 경제적 이해관계를 가지는데 불과한 경우는 여기에 해당되지 아니하는 것으로 본다.

3. 협의의 소익이 부인되는 경우

협의의 소익은 ① 처분의 효력이 소멸한 경우, ② 이익침해 상황이 해소된 경우, ③ 원상회복이 불가능한 경우에는 원칙적으로 부정된다. 취소소송은 처분의 효력을 제거하여 침해당한 권익을 회복하기 위한 형성소송에 해당하기 때문이다.

사안처럼 부당해고재심판정 취소소송 계속 중 정년에 도달하였음이 밝혀진 경우, 행정소송법 제12조 2문의 '법률상 이익'에 해당하여 협의의 소익을 인정할 수 있는 예외적 경우인가가 문제된다.

Ⅳ. 정년의 도달과 부당해고재심판정 취소소송에서의 소의 이익

1. 부당해고재심판정 취소소송에서의 소의 이익 및 존부의 판단기준시기

중앙노동위원회의 재심판정은 행정소송의 대상이 되는 처분이므로(재결주의) 재심판정에 대한 행정소송을 제기하기 위하여는 일반 행정소송과 마찬가지로 재심판정의 취소 등을 구할 법률상 이익이 있어야 한다.

그리고 소의 이익은 소송요건의 하나인데, 소송요건의 존부를 판정하는 기준시기에 관하여, 대법원은 소의 이익은 직권조사사항으로서 사실심 변론종결시는 물론 상고심에서도 존속하여야 하는 것으로 본다.

따라서 재심판정에 대한 취소소송이 계속되던 중 사용자와 근로자 사이에 근로관계를 종료하기로 합의한 경우나, 설문과 같이 정년이 도달되어 재심판정의 전제가 되는 사실관계가 소멸되어 그 실현이 무의미하게 되는 것은 아닌지 의문이 생길 수 있다.

2. 정년의 도래와 소의 이익

(1) 종래 판례의 태도와 문제점

종래 대법원은 근로자가 부당해고 구제신청을 기각한 재심판정에 대해 소를 제기하여 해고의 효력을 다투던 중 사직하거나 정년에 도달하거나 근로계약기간이 만료하는 등의 이유로 근로관계가 종료한 경우, 근로자가 구제명령을 얻는다고 하더라도 객관적으로 보아 원직에 복직하는 것이 불가능하고, 해고기간 중에 지급받지 못한 임금을 지급받기 위한 필요가 있다고 하더라도 이는 민사소송절차를 통하여 해결할 수 있다는 등의 이유를 들어 소의 이익을 부정하여 왔다.347)

그러나 이러한 판례의 태도에 대해서는, 근로자가 노동위원회의 구제절차를 사실상 이용하지 못하고, 절차가 번잡하고 비용이 많이 드는 민사소송을 해야 하는 불합리한 결과가 초래된다는 비판적 견해가 많았다.

(2) 대법원 전원합의체 판결

1) 판결의 요지

대법원은 "부당해고 구제명령제도에 관한 근로기준법의 규정 내용과 목적 및 취지, 임금 상당액 구제명령의 의의 및 그 법적 효과 등을 종합적으로 고려하면, 근로자가 부당해고 구제신청을 하여 해고의 효력을 다투던 중 정년에 이르거나 근로계약기간이 만료하는 등의 사유로 원직에 복직하는 것이 불가능하게 된 경우에도 해고기간 중의 임금 상당액을

---

347) 대판 1995.12.5. 95누12347; 대판 2001.4.10. 2001두533; 대판 2011.5.13. 2011두1993; 대판 2012.7.26. 2012두3484; 대판 2015.1.29. 2012두4746 등

지급받을 필요가 있다면 임금 상당액 지급의 구제명령을 받을 이익이 유지되므로 <u>구제신청을 기각한 중앙노동위원회의 재심판정을 다툴 소의 이익이 있다.</u>"[348]고 하였다.

그리고 <u>이와 같은 법리는 근로자가 근로기준법 제30조 제3항에 따라 금품지급명령을 신청한 경우에도 마찬가지로 적용된다</u>는 것이 판례의 입장이다.

2) 판결의 논거

대법원은 그 논거로, ① 부당해고 구제명령제도는 부당한 해고를 당한 근로자에 대한 원상회복, 즉 근로자가 부당해고를 당하지 않았다면 향유할 법적 지위와 이익의 회복을 위해 도입된 제도로서, 근로자 지위의 회복만을 목적으로 하는 것이 아니라, <u>부당한 해고라는 사실을 확인하여 해고기간 중의 임금 상당액을 지급받도록 하는 것도 부당해고 구제명령제도의 목적에 포함된다</u>는 점, ② 근로자를 원직에 복직하도록 하는 것은 장래의 근로관계에 대한 조치이고, 해고기간 중의 임금 상당액을 지급받도록 하는 것은 근로자가 부당한 해고의 효력을 다투고 있던 기간 중의 근로관계의 불확실성에 따른 법률관계를 정리하기 위한 것으로 서로 목적과 효과가 다르기 때문에 <u>원직복직이 가능한 근로자에 한정하여 임금 상당액을 지급받도록 할 것은 아니라</u>는 점, ③ 근로자가 <u>해고기간 중의 미지급 임금과 관련하여 강제력 있는 구제명령을 얻을 이익이 있으므로</u> 이를 위해 재심판정의 취소를 구할 이익도 인정된다는 점, ④ 부당해고로 입은 임금상당액의 손실을 회복할 수 있도록 하는 것이 부당해고 구제명령제도의 취지에 부합하므로, 해고기간 중의 임금 상당액을 지급받기 위하여 <u>민사소송을 제기할 수 있다는 사정이 소의 이익을 부정할 이유가 되지는 않는다</u>는 점, ⑤ 종래 판결들은 금품지급명령을 도입한 근로기준법 개정 취지에 맞지 않고, <u>기간제근로자의 실효적이고 직접적인 권리구제를 사실상 부정하는 결과가 되어 부당하다</u>는 점 등을 들고 있다.

(3) 검토

행정적 구제절차인 부당해고 구제명령제도는 민사소송을 통한 통상적인 권리구제 방법에 따른 소송절차의 번잡성, 절차의 지연, 과다한 비용부담 등의 폐해를 지양하고 신속·간이하며 경제적이고 탄력적인 권리구제를 도모하는 데에 그 제도적 취지가 있다.

근로자가 해고기간 중 받지 못한 임금을 지급받기 위하여 민사소송을 제기할 수 있음은 물론이지만, 그와 별개로 신속·간이한 구제절차 및 이에 따른 행정소송을 통해 부당해고를 확인받고 부당해고로 입은 임금 상당액의 손실을 회복할 수 있도록 하는 것이 부당해고 구제명령제도의 취지에 부합한다[349]는 점에서 부당해고재심판정의 취소를 구하는 도중

---

348) 대판 2020.2.20, 2019두52386 전원합의체 판결
349) 대판 2020.2.20, 2019두52386 전원합의체 판결

정년 도달 등으로 근로관계가 종료된 경우에도 재심판정을 다툴 협의의 소의 이익을 인정함이 타당하다.

그리고 위와 같이 해석하는 것이 신설된 근로기준법 제30조 제4항의 도입취지에도 부합한다.

V. 문제의 해결

판례에 따르면 甲이 중앙노동위원회의 재심판정을 다툴 협의의 소의 이익이 인정된다. 그리고 그렇게 보는 것이 甲의 권리구제를 위해 타당하다.

연습 84

국립대학인 A대학은 'A대학 총장임용후보자 선정에 관한 규정'에 따라 총장임용후보자 선정관리위원회 구성, 총장후보자 공모, 정책토론회 등의 절차를 거쳐 총장임용후보자 추천위원회 투표 결과 가장 많이 득표를 한 甲을 1순위 총장후보선정자로, 그 다음으로 많은 득표를 한 乙을 2순위 총장후보선정자로 결정하여, 2025. 3. 6. 교육부장관에게 甲을 1순위 총장임용후보자로, 乙을 2순위 총장임용후보자로 추천하였다.

교육부장관은 2025. 3. 27. A대학에 '총장 임용후보자 재추천 요청'이라는 제목하에 '甲과 乙은 A대학 총장으로 부적합하여 임용제청을 하지 않기로 결정했으니, 교육공무원법 등 관련 규정에 따라 조속한 시일 내에 총장임용후보자를 재선정하여 추천하여 달라'는 내용의 문서를 보냈다.

(1) 甲과 乙이 임용제청 제외처분 취소청구의 소를 제기한다면 교육부장관의 임용제청 제외행위는 취소소송의 대상이 되는 처분에 해당하는가? (10점)

A대학의 반발이 있자 교육부장관은 2025. 4. 24. 대통령에게 乙만을 총장임용후보자로 제청하였다. 甲은 1순위 임용후보자인 자신이 아닌 2순위 후보자인 乙을 총장으로 임용하는 것은 위법하다고 주장한다.

(2) 대통령의 乙에 대한 총장 임용행위를 저지하기 위해 甲이 취할 수 있는 행정소송상의 수단을 ① 임용행위 이전, ② 임용행위 이후로 나누어 검토하시오. (20점)

(3) 대통령이 乙을 총장으로 임용한 것에 대하여 A대학교 총학생회 및 전국대학노동조합 A대학교지부가 취소소송을 제기한 경우 이들은 각각 원고적격성이 인정되는가?[350] (20점)

[참조조문]
「교육공무원법」
제24조【대학의 장의 임용】① 대학(고등교육법 제2조 각 호의 학교를 말하되, 공립대학은 제외한다)의 장은 해당 대학의 추천을 받아 교육부장관의 제청으로 대통령이 임용한다.
② 제1항 본문에 따른 대학의 장의 임용추천을 위하여 대학에 대학의 장 임용추천위원회(이하 "추천위원회"라 한다)를 둔다.
③ 추천위원회는 해당 대학에서 정하는 바에 따라 다음 각 호의 어느 하나의 방법에 따라 대학의 장 후보자를 선정하여야 한다.
1. 추천위원회에서의 선정

---

[350] 위 문제는 2018. 6. 15.에 선고된 2개의 사건, 즉 1순위와 2순위 후보자 모두를 임용제청에서 제외한 사건(대판 2018.6.15, 2015두50092)과 2순위 후보자를 임용제청한 사건(대판 2018.6.15, 2016두5756)을 복합적으로 구성하고, 2019년 5급 공채 시험문제를 변형하였음

④ 추천위원회의 구성·운영 등에 필요한 사항은 대통령령으로 정하되, 위원의 일정 비율 이상은 여성으로 한다.

「교육공무원임용령」

제12조의2【대학의 장의 추천】대학은 법 제24조 제1항 또는 제55조 제1항의 규정에 의하여 대학의 장의 임용추천을 할 때에는 2인 이상의 후보자를 대학의 장의 임기만료일 30일전까지 교육부장관에게 추천하여야 한다.

제12조의3【대학의 장 임용추천위원회의 구성 및 운영】① 법 제24조 제2항에 따른 대학의 장 임용추천위원회(이하 "추천위원회"라 한다)는 다음 각 호의 사람 중에서 해당 대학의 학칙으로 정하는 바에 따라 10명 이상 50명 이하의 위원으로 구성한다.
 2. 해당 대학의 직원
 3. 해당 대학의 재학생
⑧ 추천위원회의 운영 등에 필요한 세부사항은 해당 대학의 학칙으로 정한다.

「고등교육법」

제6조【학교규칙】① 학교의 장(학교를 설립하는 경우에는 해당 학교를 설립하려는 자를 말한다)은 법령의 범위에서 학교규칙(이하 "학칙"이라 한다)을 제정하거나 개정할 수 있다.
② 학칙의 기재사항, 제정 및 개정 절차 등 필요한 사항은 대통령령으로 정한다.

제12조【학생자치활동】학생의 자치활동은 권장·보호되며, 그 조직과 운영에 관한 기본적인 사항은 학칙으로 정한다.

「고등교육법 시행령」

제4조【학칙】① 법 제6조에 따른 학교규칙(이하 "학칙"이라 한다)에는 다음 각 호의 사항을 기재하여야 한다.
 10. 학생회 등 학생자치활동

「A대학교 학칙」

제12조【총장】③ 총장후보자는 공모에 의한 방법으로 선정하되, 총장임용추천위원회를 두어 추천하며 세부사항은 따로 정한다.

제92조【학생활동】① 학생은 학생회구성 등 자치활동을 할 수 있다.

「A대학교 총장임용후보자 선정에 관한 규정」

제4조【추천위원회】① 총장은 임기만료 6개월 전에 「교육공무원법」 제24조 제2항 및 제4항에 따라 후임 총장의 임용추천을 위하여 다음 각 호의 사람으로 추천위원회의 위원(이하 "위원"이라 한다)을 임명하여야 한다.
 3. 공무원직장협의회에서 추천하는 직원 4명(여성위원 1명 이상 포함)
 5. 총학생회에서 추천하는 재학생 1명

Ⅰ. 설문 (1) – 임용제청 제외행위가 취소소송의 대상인 처분인지 여부

1. 문제의 소재

임용제청 제외행위는 A대학이 추천한 총장후보자 모두를 총장 임용제청에서 제외하는 내용의 불이익처분으로서 취소소송의 대상이 되는 처분에 해당하는지 문제된다.

2. 취소소송의 대상

행정소송법은 취소소송의 대상을 '처분등'으로 명시하고 있다(제19조). 여기서 '처분등'이란 처분과 행정심판에 대한 재결을 말하므로(제2조 제1항 제1호), 결국 취소소송의 대상은 처분과 재결이다. 처분이란 행정소송법의 입법적 정의에 따르면 "행정청이 행하는 구체적 사실에 관한 법집행으로서의 공권력의 행사 또는 그 거부와 그 밖에 이에 준하는 행정작용"을 말한다.

3. '처분성' 인정요건

(1) 행정청의 행위

처분은 '행정청'이 행하는 행위이다. 행정청의 개념은 일반적으로 행정주체의 의사를 결정하고 이를 외부에 표시할 수 있는 권한을 가진 행정기관으로 이해되고 있다.

(2) 구체적 사실에 관한 법집행

법집행은 그 수범자의 특정 여부에 따라 일반성·개별성의 기준에 의해, 그리고 그 대상인 사안의 내용에 따라서는 구체성·추상성의 표지에 따라 구분할 수 있다. 이 경우 행정소송의 대상은 '구체적 사실에 대한 법집행행위'만이 해당되는 것이 원칙이나, 처분적 법규나 일반처분 등에 대해서는 처분성이 인정된다.

(3) 공권력행사와 그 거부

공권력행사란 행정주체가 상대방에 대하여 우월한 지위에서 행하는 고권적 또는 일방적 행위를 말한다. 실체적 행정행위가 이에 해당하는 가장 전형적인 경우임은 물론이나, 권력적 사실행위도 여기에 해당하는 것으로 해석된다. 그리고 공권력행사의 거부는 실체적 행정행위의 거부 또는 권력적 사실행위의 거부로서 거부처분을 의미한다.

(4) 그 밖에 이에 준하는 행정작용

그 밖에 이에 준하는 행정작용으로서는 취소소송의 본질을 위법성의 소급적 제거로 보는 견해에 의할 때 권력적 사실행위, 일반처분, 처분법령 등이 거론된다.

4. 판례의 태도

판례는 행정청의 어떤 행위가 항고소송의 대상이 될 수 있는지의 문제는 "추상적·일반적으로 결정할 수 없고, 구체적인 경우 행정처분은 행정청이 공권력의 주체로서 행하는 구체적 사실에 관한 법집행으로서 국민의 권리의무에 직접적으로 영향을 미치는 행위라는 점을 염두에 두고, 관련 법령의 내용과 취지, 그 행위의 주체·내용·형식·절차, 그 행위와 상대방 등 이해관계인이 입는 불이익과의 실질적 견련성, 그리고 법치행정의 원리와 당해 행위에 관련한 행정청 및 이해관계인의 태도 등을 참작하여 개별적으로 결정하여야 한다."는 입장이다.351)

5. 사안의 해결

사안에서 ① 대학의 추천을 받은 총장 후보자는 교육부장관으로부터 정당한 심사를 받게 될 것으로 절차적 기대를 하게 된다는 점, ② 대학의 장 임용에 관하여 교육부장관의 임용제청권을 인정한 취지는 대학의 자율성과 대통령의 실질적인 임용권 행사를 조화시키기 위하여 대통령의 최종적인 임용권 행사에 앞서 해당 대학의 추천을 받은 총장 후보자들의 적격성을 일차적으로 심사하여 대통령의 임용권 행사가 적정하게 이루어질 수 있도록 보좌하기 위한 것이라는 점, ③ 교육부장관이 자의적인 이유로 해당 대학에서 추천한 복수의 총장 후보자들 전부 또는 일부를 임용 제청하지 않는 경우에는 대통령에 의한 심사와 임용을 받을 기회를 박탈하는 효과가 있으므로, 이를 항고소송의 대상이 되는 처분으로 보지 않는다면 달리 이에 대하여는 불복하여 침해된 권리 또는 법률상 이익을 구제받을 방법이 없다는 점에서 이 사건 재추천 요청은 이 사건 대학이 추천한 총장 후보자 모두를 총장 임용제청에서 제외하는 내용의 불이익처분으로서 항고소송의 대상이 되는 처분에 해당한다고 봄이 타당하다.352)

Ⅱ. 설문 (2) - 甲이 취할 수 있는 행정소송상 수단

1. 문제의 소재

甲이 대통령의 임용행위를 저지하기 위하여 ① 임용행위 이전에 乙 임용행위에 대한 예방적 금지소송을 제기하고 가처분을 신청할 수 있는지, 교육부장관의 乙 임용제청행위나 甲 임용제청거부행위를 다툴 수 있는지, ② 임용행위 이후에 乙에 대한 임용행위처분 취소소송과 甲에 대한 임용거부처분 취소소송을 제기할 수 있는지 검토한다.

---

351) 대판 2010.11.18, 2008두167
352) 대판 2018.6.15, 2016두57564

2. 임용행위 이전

(1) 예방적 금지소송의 인정 여부

1) 문제점

예방적 금지소송(부작위소송)은 행정청의 공권력에 의한 침해가 예상되는 경우에 미리 그 침익적 처분을 저지하는 것을 목적으로 제기하는 소송을 말한다. 우리 행정소송법에는 명문 규정이 없어 인정 여부가 문제된다.

2) 학설 및 판례

학설은 ① 실정법 규정이 존재하지 않고, 권력분립원칙이나 행정청의 1차적 판단권을 강조하여 부정하는 견해, ② 행정소송법 제4조의 항고소송의 종류를 예시적 열거로 보아 무명항고소송으로 인정하는 견해, ③ 당사자소송의 한 종류로 인정하는 견해 등이 있다. 판례는 "피고 국민건강보험공단은 이 사건 고시를 적용하여 요양급여비용을 결정하여서는 아니된다는 내용의 원고들(대한의사협회 등)의 위 피고에 대한 이 사건 청구는 부적법하다 할 것이다."353)라고 하여 행정소송법상 행정청이 일정한 처분을 하지 못하도록 그 부작위를 구하는 청구는 허용되지 않는 부적법한 소송이라는 입장이다.

3) 검토 및 사안의 경우

부정설과 같이 막연히 권력분립의 원칙이나 행정청의 1차적 판단권을 이유로 예방적 금지소송을 부정하는 것은 타당하지 않다. 취소소송은 침익적 처분에 대한 사후적 권리구제 수단에 불과하고, 국민의 권리구제를 위하여 예방적 금지소송이 필요한 경우가 있으므로 실효적인 권리구제를 위해 긍정함이 타당하다.

다만 법적 안정성을 위하여 법률로 명시적으로 인정되어야 하므로 판례의 입장과 같이 예방적 금지소송을 인정하기 어렵다.

(2) 가처분 인정 여부

가처분이란 '금전 이외의 특정한 급부를 목적으로 하는 청구권의 집행보전을 도모하거나 다툼이 있는 권리관계에 관하여 잠정적으로 임시의 지위를 정하는 것을 목적으로 하는 가구제도'이다. 항고소송에서 가처분의 인정가능성에 대하여 소극설, 적극설, 절충설이 대립하는데, 판례는 민사소송법상의 보전처분은 민사판결절차에 의하여 보호받을 수 있는 권리에 관한 것이므로, 민사소송법상의 가처분으로써 행정청의 어떠한 행정행위의 금지를 구하는 것은 허용될 수 없다고 한다.354)

예방적 금지소송이 무명항고소송으로 가능하지 않는다는 입장에 서면, 甲은 乙에 대한 총

---

353) 대판 2006.5.25, 2003두11988
354) 대결 1992.7.6, 92마54

장 임용행위의 금지를 구하는 내용의 가처분 신청을 할 수 없다고 없다.

(3) 교육부장관의 乙 임용제청행위를 다툴 수 있는지 여부

현행 행정소송 제도 아래 가장 실효적으로 대통령의 임용행위를 저지할 수 있는 수단이라고 본다. 甲은 항고소송을 제기한 후 집행정지 신청이 가능할 것이다.

(4) 교육부장관의 甲 임용제청거부행위를 다툴 수 있는지 여부

교육부장관이 甲의 임용제청을 하지 않은 것의 처분성을 인정한다면 甲이 자신에 대한 임용제청거부행위를 항고소송으로 다투면서 집행정지를 신청할 수 있다.

그러나 이를 '거부처분'으로 보게 되면 판례에 따라 집행정지는 인정되지 않을 것이다.355)

3. 임용행위 이후

(1) 대통령의 甲 임용 제외처분에 대한 항고소송

교육부장관이 A대학의 총장으로 乙을 임용제청한 행위에는 甲을 임용제청에서 제외하는 행위가 포함되어 있다. 이는 A대학이 1순위로 추천한 甲에 대하여 대통령으로부터 임용을 받을 기회를 박탈하는 내용의 불이익처분으로서 항고소송의 대상이 되는 처분에 해당한다.356) 다만 대통령이 乙을 A대학의 총장으로 임용하였다면, 甲은 교육부장관의 임용제청 제외처분을 별도로 다툴 소의 이익이 없어지므로 대통령의 임용 제외처분에 대한 항고소송을 제기하여야 한다. 이때 대통령의 처분 또는 부작위을 다투는 경우 소속장관이 피고가 되므로(국가공무원법 제16조 제2항) 교육부장관을 피고로 대통령의 임용 제외행위에 대한 취소소송을 제기하여야 한다. 만일 교육부장관의 임용제청 제외처분에 대한 소를 제기한 상태라면 행정소송법 제22조에 따라 소변경을 신청할 수 있다.

(2) 대통령의 乙 임용행위에 대한 항고소송

甲은 법률상 이해관계를 갖는 제3자(경원자 관계)로서 대통령의 乙에 대한 임용행위에 대해 취소소송을 제기할 수 있다.

Ⅲ. 설문 (3) – 총학생회 및 전국대학노동조합 A대학교지부의 원고적격 인정 여부

1. 문제의 소재

원고적격이란 구체적인 처분에 대하여 누가 원고로서 취소소송을 제기하여 본안판결을 받을 자격이 있는가의 문제를 말한다. 행정소송법 제12조는 '처분등의 취소를 구할 법률상

---

355) 대결 1992.2.13, 91두47
356) 대판 2018.6.15, 2016두57564

이익이 있는 자'가 취소소송을 제기할 수 있다고 규정하고 있는데, 총학생회나 노동조합에 대통령의 총장 임용처분에 대한 취소를 구할 법률상 이익이 인정되는지 문제된다.

2. 총학생회와 전국대학노동조합 A대학교지부의 당사자능력

당사자능력이란 소송상 당사자인 원고·피고 또는 참가인이 될 수 있는 소송법상의 능력 또는 자격을 말한다. 민법 기타 법률에 의하여 권리능력을 가진 자(자연인·법인)는 당사자능력을 갖는다(행정소송법 제8조 제2항, 민사소송법 제51조).

사안의 경우, 총학생회는 법인은 아니나 대표자가 있으므로 그 이름으로 당사자가 될 수 있다. 그리고 노동조합인 A대학교지부 역시 그 규약이 정하는 바에 의하여 법인으로 할 수 있고(노동조합 및 노동관계조정법 제6조) 그렇지 아니한 경우에도 당사자능력이 인정됨에 문제가 없다.

3. 법률상 이익의 의미

(1) 학설 및 판례

행정소송법 제12조 제1문의 법률상 이익에 대하여 ① 권리구제설, ② 법률상 보호이익(법이 보호하는 이익구제설), ③ 소송상 보호가치 있는 이익구제설, ④ 적법성보장설 등의 견해가 있다.

구체적으로 어떠한 경우가 법률상 이익이 있는 경우에 해당하는지 여부는 근거법률의 내용과 구체적 사안에 따라 판단하여야 할 것이나, 대법원은 "행정소송법 제12조에서 말하는 '법률상 이익'이란 당해 행정처분의 근거 법률에 의하여 보호되는 직접적이고 구체적인 이익을 말하고, 당해 행정처분과 관련하여 간접적이거나 사실적·경제적 이해관계를 가지는 데 불과한 경우는 여기에 포함되지 않으나, 행정처분의 직접 상대방이 아닌 제3자라고 하더라도 당해 행정처분으로 인하여 법률상 보호되는 이익을 침해당한 경우에는 취소소송을 제기하여 그 당부의 판단을 받을 자격이 있다."[357]라고 판시하고 있다.

(2) 검토

현행 행정소송법이 항고소송의 주된 기능을 권익구제로 보고 주관소송으로 규정하고 있으므로, 현행 행정소송법의 해석론으로는 법률상 보호이익설이 타당하다. 법률상 보호이익설에 의하면, 처분 등으로 인하여 권리뿐만 아니라 법률에 의하여 보호되는 이익을 침해받은 자도 원고적격을 가지게 된다.

---

[357] 대판 2010.5.13, 2009두19168

4. 「K대학교 학칙」과 「총장임용후보자 선정에 관한 규정」의 법적 성질

양자의 형식은 행정규칙으로 되어 있으나 학생활동, 총장후보자 선정 방법 등이 규정되어 국민의 권리·의무와 관계되는 내용이 규율되어 있어 이른바 법령보충적 행정규칙에 해당된다. 그 법규성이 인정되는지 문제되는데, 고등교육법 제6조의 수권에 의해 규율되므로 법규성이 인정된다.

5. 사안의 경우

교육공무원임용령 제12조의3은 총장임용추천위원회의 구성원으로 해당 대학의 재학생과 직원을 포함하도록 규정하고 있으며, 동 임용령의 위임을 받아 제정된 K대학교 학칙과 K대학교 총장임용후보자 선정에 관한 규정은 총학생회가 2인의 학생위원을, 공무원직장협의회가 4인의 직원을 총장임용추천위원회에 추천하도록 규정하고 있다.

고등교육법령은 교육받을 권리의 주체인 학생들이 자치활동을 위하여 구성한 학생회의 성립을 예정하고 있으므로, 학생의 법률상 이익을 보호하기 위한 법령의 규정은 대학 자치나 학문의 자유를 실현하기 위한 수단으로서 기능하는 학생회의 법률상 이익을 보호하는 역할도 함께 한다고 보아야 한다.

K대학교 학칙 등 규정은 헌법 제31조 제4항에 정한 교육의 자주성과 대학의 자율성에 근거한 총학생회의 학교운영참여권을 구체화하여 이를 보호하고 있다고 해석되므로, 총학생회의 원고적격은 인정된다.[358]

그러나 ① 노동조합이 아니라 공무원직장협의회에서 추천위원을 추천하도록 한 점, ② 노동조합은 근로자가 주체가 되어 자주적으로 단결하여 근로조건의 유지·개선 기타 근로자의 경제적·사회적 지위의 향상을 도모하기 위하여 조직된 단체인 점(노동조합 및 노동관계조정법 제2조 제4호) 등을 고려할 때, 관련 규정들이 학교직원의 법률상 이익을 보호하고 있다고 보더라도 노동조합의 법률상 이익까지 보호하고 있는 것으로 해석할 수는 없다.

6. 사안의 해결

총학생회의 원고적격은 인정되나 전국대학노동조합 A대학교지부의 원고적격은 인정되지 않는다.

---

[358] 대판 2015.7.23. 2012두19496등

연습 85

甲은 보건소에서 의사 乙로부터 A형간염 예방접종을 받았는데, 예방접종을 받은 당일 저녁에 쇼크, 호흡곤란, 의식 손상의 후유증이 나타나 병원에서 입원 치료를 받았다. A형간염 예방접종에 의해서는 그러한 후유증이 발생했다는 의료계의 보고는 없었다. 이에 甲은 乙이 최근 보건소에 비축되어 있던 코로나19 백신을 잘못 접종한 것이라는 강한 의심이 들어 「감염병의 예방 및 관리에 관한 법률」(이하 '감염병예방법') 제71조에 따라 진료비와 간병비에 대한 예방접종 피해보상을 청구하였는데, 질병관리청장 B는 2025. 4. 5. 甲의 주장에 근거가 없다는 이유로 예방접종 피해보상 기각결정(이하 '제1처분')을 하였다. 그러나 甲은 이 사건 예방접종을 받기 이전에는 그러한 증상이 없었는데 예방접종 당일 바로 증상이 나타났으니 위 증상은 乙의 과실에 따른 이 사건 예방접종에 의하여 발생한 것이라고 주장하면서 재신청을 하였고, B는 2025. 6. 10. 재신청에 대하여서도 기각결정을 하였다(이하 '제2처분'). 그리고 위 각 처분은 처분 다음날 甲에게 적법하게 송달되었다. 甲은 2025. 7. 10. B가 행한 처분의 취소를 구하는 취소소송을 제기하였다. (아래의 질문은 상호 독립적임)

(1) 甲이 제1처분을 대상으로 취소소송을 제기하자 B는 제소기간을 도과하여 부적법하다고 주장하고, 甲은 행정소송법 제1항 단서에 따라 재신청의 기각결정서를 송달받은 2025. 6. 11.로부터 90일 이내에 제기했으므로 적법하다고 주장한다. 누구의 주장이 옳은가? (단, 감염병예방법령은 피해보상기각결정에 대한 재신청에 관하여 아무런 규정을 두고 있지 않다.) (15점)
(2) 甲이 제2처분을 대상으로 취소소송을 제기하자 B는 최초의 처분인 제1처분을 대상으로 해야 하므로 대상적격의 흠결과 제소기간의 도과로 부적법하다고 주장한다. B의 주장은 옳은가?[359] (15점)

Ⅰ. 설문 (1) – 제소기간 준수여부 (제1처분)

1. 문제의 소재

甲이 제기한 취소소송이 제소기간을 준수하였는지와 관련하여 ① 행정소송법상 제소기간의 규정내용과, ② 특히 甲의 재신청에 거부처분을 한 것이 행정소송법 제20조 제1항 단서의 '행정심판을 거친 경우'로서 제2처분시를 기준으로 제소기간을 기산할 수 있는지 문제된다.

---

359) 2021년 변호사시험 기출문제 변형

2. 취소소송의 제소기간

취소소송은 처분 등이 있음을 안 날부터 90일 이내에 제기하여야 한다(행정소송법 제20조 제1항 본문). 처분 등이 있음을 안 날이란 통지·공고 기타의 방법에 의하여 당해 처분이 있었다는 사실을 현실적으로 안 날을 의미한다. 다만 행정심판을 거친 경우 재결서의 정본을 송달받은 날부터 90일을 기산한다(제20조 제1항 단서).

3. 행정소송법 제20조 제1항의 '행정심판'의 의미

(1) 법률 내용

제20조 제1항 단서는 '제18조 제1항 단서에 규정한 경우(필수적 행정심판전치)와 그 밖에 행정심판청구를 할 수 있는 경우 또는 행정청이 행정심판청구를 할 수 있다고 잘못 알린 경우'에 제소기간의 특례를 규정하고 있다

(2) 판례

판례는 이에 대하여 "취소소송의 제소기간을 제한함으로써 처분 등을 둘러싼 법률관계의 안정과 신속한 확정을 도모하려는 입법 취지에 비추어 볼 때, 여기서 말하는 '행정심판'은 행정심판법에 따른 일반행정심판과 이에 대한 특례로서 다른 법률에서 사안의 전문성과 특수성을 살리기 위하여 특히 필요하여 일반행정심판을 갈음하는 특별한 행정불복절차를 정한 경우의 특별행정심판(행정심판법 제4조)을 뜻한다."[360]고 본다.

따라서 이와 같은 행정심판에 해당하지 않는 이의신청, 재신청 등은 행정기관이 처분의 적법·타당 여부를 스스로 다시 심사하도록 한 절차로서 행정심판을 거친 경우의 제소기간의 특례가 적용될 수 없다.[361]

4. 설문의 해결

(1) 甲이 제1처분이 있음을 안 날은 2025. 4. 6.이므로 2025. 7. 10. 취소소송을 제기한 것은 제소기간을 도과하여 부적법하다. B의 주장은 옳다.

(2) 감염병예방법령은 예방접종 피해보상 기각결정에 대한 재신청에 관하여 아무런 규정을 두고 있지 않으므로 피고가 원고의 재신청에 대하여 스스로 다시 심사하였다고 하여 행정심

---

[360] 갑 광역시 교육감이 공공감사에 관한 법률 등에 따라 을 학교법인이 운영하는 병 고등학교에 대한 특정감사를 실시한 후 병 학교의 학교장과 직원에 대하여 징계(해임)를 요구하는 처분을 하였는데, 을 법인이 위 처분에 대한 이의신청을 하였다가 기각되자 위 처분의 취소를 구하는 소를 제기한 사안에서, 을 법인이 위 처분이 있음을 알았다고 인정되는 날부터 제소기간을 기산하여 위 소가 제소기간의 도과로 부적법하다고 본 원심판단을 정당하다고 한 사례(대판 2014.4.24. 2013두10809)

[361] 대판 2014.4.24. 2013두10809

판을 거친 경우에 대한 제소기간의 특례가 적용된다고 볼 수 없다. 따라서 기각결정서 송달일인 2025. 6. 11.을 기준으로 제소기간을 기산할 수 없다. 甲의 주장은 옳지 않다.

Ⅱ. 설문 (2) – 대상적격 충족여부 (제2처분)

1. 문제의 소재

甲이 제기한 취소소송이 대상적격을 충족하는지와 관련하여 특히, 거부처분이 있은후 당사자가 다시 신청을 하고 행정청이 이를 다시 거절하는 것을 새로운 거부처분으로 볼 수 있는지가 문제된다.

2. 항고소송의 대상으로서 '거부처분'

항고소송의 대상이 되는 행정처분이라 함은 행정청이 행하는 구체적 사실에 관한 법집행행위로서의 공권력의 행사 또는 그 거부와 그 밖에 이에 준하는 행정작용을 의미한다(행정소송법 제19조, 제2조 제1항 1호).

판례는 거부가 항고소송의 대상이 되는 행정처분에 해당되려면, "그 신청한 행위가 공권력의 행사 또는 이에 준하는 행정작용이어야 하고, 그 거부행위가 신청인의 법률관계에 어떤 변동을 일으키는 것이어야 하며, 그 국민에게 그 행위발동을 요구할 법규상 또는 조리상의 신청권이 있어야 한다."[362]고 판시한다.

3. 반복된 행위의 처분성

(1) 제2차 계고나 독촉의 경우처럼 침해적 행정처분 이후에 내려진 동일한 내용의 반복된 침해적 행정처분은 처분이 아니다. 판례는 "동일한 내용의 독촉이 반복된 경우에는 최초의 독촉만이 항고소송의 대상이 되는 행정처분이고 그 후의 독촉은 민법상 최고에 불과"하다고 한다.[363]

(2) 그러나 거부처분 이후 동일한 내용의 신청에 대하여 다시 거절의 의사표시를 명백히 한 경우에는 새로운 처분이 있는 것으로 본다. 판례는 "수익적 행정행위 신청에 대한 거부처분은 당사자의 신청에 대하여 관할 행정청이 거절하는 의사를 대외적으로 명백히 표시함으로써 성립되고, 거부처분이 있은 후 당사자가 다시 신청을 한 경우에는 신청의 제목 여하에 불구하고 그 내용이 새로운 신청을 하는 취지라면 관할 행정청이 이를 다시 거절하는

---

362) 대판 2002.11.22. 2000두9229
363) 대판 1997.7.13. 97누119

것은 새로운 거부처분으로 봄이 원칙"364)이라고 한다. 이 경우 행정심판 및 행정소송의 제기기간은 각 처분을 기준으로 진행된다.365)

4. 설문의 해결

이와 같이 甲이 쟁송대상으로 삼은 제2처분은 피해보상금 지급결정에 관한 것으로서 국민의 권리의무에 직접 영향을 미치는 독립적인 행정처분에 해당366)하며(대상적격 충족), 그에 대한 제소기간도 도과하지 않았다. B의 주장은 옳지 않다.

---

364) 대판 2019.4.3. 2017두52764
365) 대판 1992.12.8. 92누7542
366) 대판 2008.4.17. 2005두16185

연습 86

서울특별시장은 2025. 4. 28.자로 주택건설업을 영위하는 회사 A의 주택건설사업계획승인신청을 거부하는 처분(이하 '이 사건 거부처분'이라 함)을 하면서 '이 처분에 이의가 있을 때는 거부처분을 받은 날부터 60일 이내에 「민원처리에 관한 법률」에 따라 행정기관의 장에게 거부처분에 대한 이의신청을 할 수 있으며, 이의신청 여부와 관계없이 처분이 있음을 안 날부터 90일 이내에 「행정심판법」에 따라 처분청 또는 재결청에 행정심판을 청구하거나 「행정소송법」에 따라 피고를 관할하는 행정법원에 행정소송을 할 수 있음을 알려드립니다.'라는 내용을 고지하였고, 이 사건 거부처분은 2025. 5. 3. A에게 송달되었다. A는 이 사건 거부처분의 취소를 목적으로 2025. 5. 24. 이의신청을 하였으나, 서울특별시장은 2025. 5. 30. 이의신청을 기각하는 결정을 하였고, 동 결정은 2025. 6. 1. A에게 송달되었다.
A가 주택건설사업계획승인을 받기 위해 취소소송을 제기하고자 한다.

(1) 이 사건 거부처분 및 이의신청 기각결정 중 소송의 대상을 무엇으로 삼아야 하는지, 그리고 이의신청 기각결정이 행정심판의 재결의 성질을 갖는지 논하라. (15점)
(2) 위 (1)에 따른 취소소송을 제기할 경우 제소기간의 기산점에 대하여 「행정기본법」을 참고하여 논하라.367) (10점)

[참고조문]
주택법 제15조【사업계획의 승인】② 제1항에 따라 사업계획승인을 받으려는 자는 사업계획승인신청서에 주택과 그 부대시설 및 복리시설의 배치도, 대지조성공사 설계도서 등 대통령령으로 정하는 서류를 첨부하여 사업계획승인권자에게 제출하여야 한다.
③ 주택건설사업을 시행하려는 자는 대통령령으로 정하는 호수 이상의 주택단지를 공구별로 분할하여 주택을 건설·공급할 수 있다. 이 경우 제2항에 따른 서류와 함께 다음 각 호의 서류를 첨부하여 사업계획승인권자에게 제출하고 사업계획승인을 받아야 한다.
1. 공구별 공사계획서
2. 입주자모집계획서
3. 사용검사계획서

---

367) 2023년 법학전문대학원협의회 모의시험 문제

Ⅰ. 설문 (1) - 소송의 대상 및 이의신청 기각결정의 성질

1. 논점의 정리

취소소송은 처분등을 대상으로 하는바, 주택건설사업계획승인 거부처분의 처분성, 이의신청 기각결정의 처분성을 검토한다.

그리고 이의신청 기각결정이 행정심판의 재결이 되려면 A의 이의신청이 행정심판청구에 해당하여야 한다.

2. 주택건설사업계획 승인거부처분의 처분성

(1) 거부처분의 처분성

거부처분의 처분성이 인정되기 위해서는 <u>신청한 행위가 공권력의 행사이어야 하고, 거부행위로 인해 법률관계에 변동이 있어야 하고, 법규상 또는 조리상 신청권이 인정되어야 한다</u>.368)

(2) 사안의 경우

신청한 행위는 주택건설사업계획의 승인으로서 공권력의 행사이며, 거부행위로 주택건설사업을 하지 못하게 되므로 법률관계에 영향을 미치며, 주택법 제15조에 따르면 주택법상 승인요건을 충족하는 자에게 주택건설사업계획을 승인하므로 신청자에게 법규상 신청권도 인정된다. 따라서 주택건설사업계획 승인거부처분은 처분성을 가진다.

3. 이의신청 기각결정의 처분성

(1) 판례

판례는 <u>이의신청을 받아들이지 않는 취지의 기각결정은 종전의 거부처분을 유지함을 전제로 한 것에 불과하므로 처분성이 없다고 보았다</u>.369)

---

368) 대판 2002.11.22. 2000두9229
369) 민원사무처리에 관한 법률(이하 '민원사무처리법'이라 한다) 제18조 제1항에서 정한 거부처분에 대한 이의신청(이하 '민원 이의신청'이라 한다)은 행정청의 위법 또는 부당한 처분이나 부작위로 침해된 국민의 권리 또는 이익을 구제함을 목적으로 하여 행정청과 별도의 행정심판기관에 대하여 불복할 수 있도록 한 절차인 행정심판과는 달리, 민원사무처리법에 의하여 민원사무처리를 거부한 처분청이 민원인의 신청 사항을 다시 심사하여 잘못이 있는 경우 스스로 시정하도록 한 절차이다. 이에 따라, 민원 이의신청을 받아들이는 경우에는 이의신청 대상인 거부처분을 취소하지 않고 바로 최초의 신청을 받아들이는 새로운 처분을 하여야 하지만, 이의신청을 받아들이지 않는 경우에는 다시 거부처분을 하지 않고 그 결과를 통지함에 그칠 뿐이다. 따라서 이의신청을 받아들이지 않는 취지의 기각 결정 내지는 그 취지의 통지는, 종전의 거부처분을 유지함을 전제로 한 것에 불과하고 또한 거부처분에 대한 행정심판이나 행정소송의 제기에도 영향을 주지 못하므로, 결국 민원 이의신청인의 권리·의무에 새로운 변동을 가져오는 공권력의 행사나 이에 준하는 행정작용이라고 할 수 없어, 독자적인 항고소송의 대상이 된다고 볼 수 없다(대판 2012.11.15. 2010두8676).

행정쟁송법 사례연습

다만, 신청에 대한 거부처분이 있은 후 당사자가 새로운 신청을 하는 취지로 다시 신청을 하였으나 행정청이 이를 다시 거절한 경우, 새로운 거부처분으로 본다.[370]

(2) 사안의 경우

「민원처리에 관한 법률」에 따른 이의신청에 대한 기각결정은 종전의 처분을 유지함을 전제로 하여 그 결과를 통지한 것이지 새로운 거부처분을 한 것이라고 볼 수 없다. 따라서 그 처분성이 부인된다.

4. 이의신청 기각결정이 행정심판의 재결인지 여부

(1) 판례

판례는 민원 이의신청은 민원사무처리에 관하여 인정된 기본사항의 하나로 처분청으로 하여금 다시 거부처분에 대하여 심사하도록 한 절차로서 행정심판법에서 정한 행정심판과는 성질을 달리한다고 보았다.[371]

(2) 사안의 경우

사안에서 행정청은 이의신청 여부와 관계없이 처분이 있음을 안 날부터 90일 이내에 「행정심판법」에 따라 처분청 또는 재결청에 행정심판을 청구하는 것이 가능하다고 고지하였다.

그리고 A가 서울특별시장에게 이의신청한 것은 ① 처분청의 상급행정청 등의 행정심판위원회에 청구한 것이 아니라 처분청에게 한 것인 점, ② 그 과정에서 판단기관의 독립성, 대심적 심리구조, 당사자의 절차적 권리보장 면에서 사법절차의 본질적 요소를 갖추었음이 보이지 않는 점에서도 행정심판이 아닌 이의신청이다.

따라서 사안의 민원 이의신청 기각결정은 행정심판재결에 해당하지 않는다.

---

370) 수익적 행정처분을 구하는 신청에 대한 거부처분은 당사자의 신청에 대하여 관할 행정청이 이를 거절하는 의사를 대외적으로 명백히 표시함으로써 성립된다. 거부처분이 있은 후 당사자가 다시 신청을 한 경우에는 신청의 제목 여하에 불구하고 그 내용이 새로운 신청을 하는 취지라면 관할 행정청이 이를 다시 거절하는 것은 새로운 거부처분이라고 보아야 한다(대판 2021.1.14. 2020두50324).

371) 행정소송법 제18조 내지 제20조, 행정심판법 제3조 제1항, 제4조 제1항, 민원사무처리에 관한 법률(이하 '민원사무처리법'이라 한다) 제18조, 같은 법 시행령 제29조 등의 규정들과 그 취지를 종합하여 보면, 민원사무처리법에서 정한 민원 이의신청의 대상인 거부처분에 대하여는 민원 이의신청과 상관없이 행정심판 또는 행정소송을 제기할 수 있으며, 또한 민원 이의신청은 민원사무처리에 관하여 인정된 기본사항의 하나로 처분청으로 하여금 다시 거부처분에 대하여 심사하도록 한 절차로서 행정심판법에서 정한 행정심판과는 성질을 달리하고 또한 사안의 전문성과 특수성을 살리기 위하여 특별한 필요에 따라 둔 행정심판에 대한 특별 또는 특례 절차라 할 수도 없어 행정소송법에서 정한 행정심판을 거친 경우의 제소기간의 특례가 적용된다고 할 수도 없으므로, 민원 이의신청에 대한 결과를 통지받은 날부터 취소소송의 제소기간이 기산된다고 할 수 없다(대판 2012.11.15. 2010두8676).

5. 사안의 해결

A는 2025. 5. 3.자 주택건설사업계획승인 거부처분을 취소소송의 대상으로 해야 하며, 이의신청 기각결정은 행정심판의 재결에 해당하지 않는다.

Ⅱ. 설문 (2) - 제소기간의 기산점

1. 논점의 정리

주택건설사업계획승인 거부처분 취소소송 제기시 제소기간의 기산점이 거부처분서의 송달일인지 이의신청기각결정문의 송달일인지 문제된다.

2. 취소소송의 제소기간 (행정소송법 규정)

취소소송은 처분 등이 있음을 안 날부터 90일 이내(제20조 제1항), 있은 날부터 1년 이내에 제기하는 것을 원칙으로 한다(제2항). 여기에서 처분이 있음을 안 날이란 통지·공고 기타의 방법으로 당해 처분이 있었다는 사실을 현실적으로 안 날을 뜻한다.

3. 이의신청 기각결정이 있는 경우 제소기간의 기산점

종래 이의신청 기간 중에 행정심판의 청구기간이나 행정소송의 제소기간이 정지되는지가 불명확하였다. 이에 따라「행정기본법」제36조 제4항은 이의신청에 대한 결과를 통지받은 후 행정심판 또는 행정소송을 제기하려는 자는 그 결과를 통지받은 날부터 90일 이내에 행정심판 또는 행정소송을 제기할 수 있도록 규정하였다.

사안은 이의신청의 기각결정이 행정심판재결인지 여부와 무관하게 행정기본법이 적용되어 이의신청 기각결정문을 송달받은 날로부터 제소기간이 기산된다.

4. 사안의 해결

이의신청 기각결정이 통보된 2025. 6. 1.이 제소기간의 기산점이다.

연습 87

2023. 12. 20. 보건복지부령 제377호로 개정된 「국민건강보험 요양급여의 기준에 관한 규칙」(이하 '요양급여규칙'이라 함)은 비용 대비 효과가 우수한 것으로 인정된 약제에 대해서만 보험급여를 인정해서 보험재정의 안정을 꾀하고 의약품의 적정한 사용을 유도하고자 기존의 보험 적용 약제 중 청구실적이 없는 미청구약제에 대한 삭제제도를 도입하였다. 개정 전의 요양급여규칙은 품목허가를 받은 모든 약제에 대하여 보험급여를 인정하였으나, 개정된 요양급여규칙에 따르면 최근 2년간 보험급여 청구실적이 없는 약제에 대하여 요양급여대상 여부에 대한 조정을 할 수 있다.

보건복지부장관은 위와 같이 개정된 요양급여규칙의 위임에 따라 사단법인 대한제약회사협회 등 의약관련단체의 의견을 받아 보건복지부 고시인 '약제급여목록 및 급여상한금액표'를 개정하여 2024. 9. 23. 고시하면서, 기존에 요양급여대상으로 등재되어 있던 제약회사 甲(주식회사임)의 A약품(1998. 2. 1. 등재)이 2022. 1. 1.부터 2023. 12. 31.까지의 2년간 보험급여 청구실적이 없는 약제에 해당한다는 이유로 위 고시 별지4 '약제급여목록 및 급여상한금액표 중 삭제품목'란(이하 '이 사건 고시'라 함)에 아래와 같이 A약품을 등재하였다(고시의 효력발생일은 규정되어 있지 아니함). 요양급여대상에서 삭제되면 국민건강보험의 요양급여를 받을 수 없어 해당 약제를 구입할 경우 전액 자기부담으로 구입하여야 하고 해당 약제에 대해 요양급여를 청구하여도 요양급여청구가 거부되므로 해당 약제의 판매 저하가 우려된다.

> 보건복지부 고시 제2024-○○호(2024. 9. 23.)
>
> **약제급여목록 및 급여상한금액표**
>
> 제1조【목적】이 표는 국민건강보험법 …… 및 국민건강보험요양급여의 기준에 관한 규칙 ……의 규정에 의하여 약제의 요양급여대상기준 및 상한금액을 정함을 목적으로 한다.
> 제2조【약제급여목록 및 상한금액 등】약제급여목록 및 상한금액은 [별표1]과 같다.
> [별표1]
> 　별지4 삭제품목
> 　연번 17. 제조사 甲, 품목 A약품, 상한액 120원/1정

제약회사들을 회원으로 하여 설립된 사단법인 대한제약회사협회와 甲은 이 사건 고시가 있은 지 1개월 후에야 고시가 있었음을 알았다고 주장하며 이 사건 고시가 있은 날로부터 94일째인 2024. 12. 26. 이 사건 고시에 대한 취소소송을 제기하였다. 다음 각 물음에 답하시오.

(1) 보건복지부 고시인 '약제급여목록 및 급여상한금액표'의 법적 성질과 이 사건 고시의 취소소송의 대상 여부를 논하시오. (30점)
(2) 사단법인 대한제약회사협회와 甲에게 원고적격이 있는지 여부를 논하시오. (20점)
(3) 사단법인 대한제약회사협회와 甲이 제기한 이 사건 소가 제소기간을 준수하였는지를 검토하시오.372) (20점)

---
372) 2019년 변호사시험 기출문제

Ⅰ. 설문 (1) - 고시의 법적 성질과 처분성

1. 쟁점의 정리

약제급여목록 및 급여상한금액표의 법적 성질과 관련하여 행정규칙 형식의 법규명령의 법적 성질이 문제되며, 만약 법규적 성격이 인정되는 경우 취소소송의 대상으로서 처분성이 문제된다.

2. 고시의 의의

행정청이 결정한 사항 기타 일정한 사항을 단순히 국민에게 알리는 고시는 일반적으로 행정규칙의 성질을 갖는다. 고시가 일반적·구체적 규율의 성질을 가지면 일반처분(예 특정 도로의 통행금지에 대한 고시)에 해당하며, 고시의 내용이 어떤 물건의 성질 또는 상태를 규율하는 내용을 담고 있을 때에는 물적 행정행위라고 볼 수 있다.

3. 약제급여목록 및 급여상한금액표의 법적 성질

(1) 문제점

고시·훈령·예규 등의 형식을 갖추고 있으나, 그 내용이 당해 행정입법의 근거가 되는 법령의 규정과 결합하여 법규의 내용을 보충하는 것으로서 실질에 있어서는 법규적 성질을 갖는 경우 그 법규명령으로서의 효력을 인정할 것인가의 문제이다(예 석유판매업허가기준고시, 식품영업허가기준고시, 대외무역법 제19조 제2항에 의한 수출제한 물품의 공고).

(2) 법령보충적행정규칙(행정규칙 형식의 법규명령)의 성질

1) 학설

① 실질설(법규명령설) : 헌법이 인정하고 있는 법규명령의 형식은 예시적이므로 상위법령의 수권이 있고 상위법령을 보충·구체화하는 기능이 있는 행정규칙은 위임의 근거규정과 결합하여 전체로서 대외적 구속력 있는 법규명령의 성질을 가진다는 견해이다.

② 형식설(행정규칙설) : ㉠ 헌법이 규정하는 법규명령의 형식은 대통령령·총리령·부령 등으로 한정적으로 열거되어 있고, ㉡ 법규명령의 효력을 갖는 행정규칙은 법규명령의 엄격한 절차 및 형식에 따라 제정되어야 하므로, 법령의 위임에 의해 제정된 고시·훈령·규정 등도 그 형식에 따라 행정규칙으로 보아야 한다는 견해이다.

③ 규범구체화행정규칙설 : 이 때 인정되는 행정규칙은 통상적인 행정규칙이 아니라 그 자체로서 시민에 대한 법적 구속력이 인정되는 경우이므로 독일의 과학기술법 영역에서 발견되는 규범구체화행정규칙으로 보자는 견해이다.

④ **위헌무효설** : ㉠ 헌법은 법규명령의 형식으로 대통령령·총리령·부령만을 한정적으로 열거하고 있으며, ㉡ 법령보충적 행정규칙 중에는 법규명령제정권이 없는 자(예 청장)에게 위임되는 경우도 있어 문제점이 있으므로, 행정규칙형식의 법규명령은 허용되지 않아 위헌무효라는 견해이다.

2) 판례

대법원은 국세청훈령인 재산제세사무처리규정이 법규명령과 같은 효력이 있음을 인정한 이래 법규명령설의 입장에 있다.373) 즉 행정규칙인 고시가 법령의 수권에 의하여 법령을 보충하는 사항을 정하는 경우에 그 근거 법령규정과 결합하여 대외적 효력을 발생하는 것으로 본다.374)375) 헌법재판소도 헌법이 인정하고 있는 위임입법의 형식은 예시적인 것이라는 입장에서 행정규칙에 대한 불가피한 위임입법을 인정하고 있다.376) 다만 판례는 '법령의 위임한계를 벗어나지 아니하는' 것을 요건으로 하여 행정규칙 형식의 법규명령을 인정하므로 이 경우에도 포괄적 위임금지의 원칙에 구속된다.

(3) 사안의 경우

약제급여목록 및 급여상한금액표는 국민건강보험법과 요양급여규칙 등 상위법령의 위임에 따라 해당 법령의 내용을 보충하고 대외적 구속력을 가지므로, 상위 법령과 결합하여 법규명령의 성질을 갖는다.

---

373) 국세청장으로 하여금 양도소득세의 실지거래가액이 적용될 부동산투기억제를 위하여 필요하다고 인정되는 거래를 지정하게 하면서 그 지정의 절차나 방법에 관하여 아무런 제한을 두고 있지 아니하고 있어 이에 따라 국세청장이 재산제세사무처리규정 제72조 제3항에서 양도소득세의 실지거래가액이 적용될 부동산투기억제를 위하여 필요하다고 인정되는 거래의 유형을 열거하고 있으므로, 이는 비록 위 재산제세사무처리규정이 국세청장의 훈령형식으로 되어 있다 하더라도 이에 의한 거래지정은 소득세법시행령의 위임에 따라 그 규정의 내용을 보충하는 기능을 가지면서 그와 결합하여 대외적 효력을 발생하게 된다 할 것이므로 그 보충규정의 내용이 위 법령의 위임한계를 벗어났다는 등 특별한 사정이 없는 한 양도소득세의 실지거래가액에 의한 과세의 법령상의 근거가 된다(대판 1987.9.29, 86누484).
374) 법령의 규정이 특정 행정기관에 그 법령 내용의 구체적 사항을 정할 수 있는 권한을 부여하면서 그 권한 행사의 절차나 방법을 특정하고 있지 않아 수임행정기관이 행정규칙인 고시의 형식으로 그 법령의 내용이 될 사항을 구체적으로 정하고 있는 경우, 그 고시가 당해 법령의 위임 한계를 벗어나지 않는 한, 그와 결합하여 대외적으로 구속력이 있는 법규명령으로서 효력을 가진다(대판 2008.4.10, 2007두4841).
375) 식품제조영업허가기준이라는 고시는 공익상의 이유로 허가를 할 수 없는 영업의 종류를 지정할 권한을 부여한 구 식품위생법 제23조의3 제4호에 따라 보건사회부장관이 발한 것으로서, 실질적으로 법의 규정내용을 보충하는 기능을 지니면서 그것과 결합하여 대외적으로 구속력이 있는 법규명령의 성질을 가진 것이다 – 보존음료수의 국내판매를 금지한 고시의 사례(대판 1994.3.8, 92누1728).
376) 헌법이 인정하고 있는 위임입법의 형식은 예시적인 것으로 보아야 할 것이고, 그것은 법률이 행정규칙에 위임하더라도 그 행정규칙은 위임된 사항만을 규율할 수 있으므로, 국회입법의 원칙과 상치되지도 않는다. 다만 형식의 선택에 있어서 규율의 밀도와 규율영역의 특성이 개별적으로 고찰되어야 할 것이고, 그에 따라 입법자에게 상세한 규율이 불가능한 것으로 보이는 영역이라면 행정부에게 필요한 보충을 할 책임이 인정되고 극히 전문적인 식견에 좌우되는 영역에서는 행정기관에 의한 구체화의 우위가 불가피하게 있을 수 있다. 그러한 영역에서 행정규칙에 대한 위임입법이 제한적으로 인정될 수 있다(헌재 2004.10.28, 99헌바91).

4. 이 사건 고시의 처분성 여부

(1) 취소소송의 대상인 '처분'

행정소송법은 취소소송의 대상을 처분 등으로 명시하고 있다(제4조 제1호). 여기에서 처분 등이란 '행정청이 행하는 구체적 사실에 관한 법집행으로서의 공권력의 행사 또는 그 거부와 그 밖에 이에 준하는 행정작용 및 행정심판에 대한 재결'을 말한다(제2조 제1항 제1호).

(2) 고시가 취소소송의 대상이 되는 경우

판례에 따르면 고시가 일반적·추상적 성격을 가질 때에는 법규명령 또는 행정규칙에 해당할 것이지만, 다른 집행행위의 매개 없이 그 자체로서 직접 국민의 구체적인 권리의무나 법률관계를 규율하는 성격을 가질 때에는 항고소송의 대상이 되는 행정처분에 해당한다.[377]

판례는 이 사건처럼 보건복지부 고시인 약제급여·비급여목록 및 급여상한금액표는 다른 집행행위의 매개 없이 그 자체로서 국민건강보험가입자, 국민건강보험공단, 요양기관 등의 법률관계를 직접 규율하는 성격을 가지므로 항고소송의 대상이 되는 행정처분에 해당한다고 판시하였다.[378]

(3) 사안의 경우

이 사건 고시는 특정 제약회사의 특정 약제에 대하여 지급하거나 상환받아야 하는 약제비용의 구체적 한도액을 특정하여 설정하고 있는 점, 요양급여에서 삭제되면 국민건강보험의 요양급여를 받을 수 없어 해당 약제를 구입할 경우 전액 자기부담으로 구입하여야 하고 해당 약제에 대해 요양급여를 청구하여도 요양급여청구가 거부되는 등 별도의 집행행위의 매개 없이 직접 관계자들의 권리나 의무에 영향을 미치므로 취소소송의 대상이 되는 처분에 해당한다.

5. 설문의 해결

약제급여목록 및 급여상한금액표는 고시의 형식을 가지고 있으나 법령보충규칙으로서 별도의 집행행위의 매개 없이 직접 관계자들의 권리나 의무에 영향을 미치므로 취소소송의 대상이 되는 처분에 해당한다.

---

[377] 대결 2003.10.9. 2003무23
[378] 대판 2006.9.22. 2005두2506

Ⅱ. 설문 (2) – 대한제약회사협회와 甲의 원고적격성

1. 쟁점의 정리

사단법인 대한제약회사협회와 甲이 이 사건 고시의 취소를 구할 법률상 이익이 있어야 원고적격이 인정된다. 먼저 당사자능력 구비 여부도 문제된다.

2. 당사자능력과 당사자적격

(1) 의의

당사자능력이란 소송상 당사자(원고·피고·참가인)가 될 수 있는 일반적 능력을 말한다. 민법 기타 법률에 의하여 권리능력을 가진 자(자연인·법인)는 당사자능력을 갖는다(행정소송법 제8조 제2항, 민사소송법 제51조). 그리고 당사자적격이란 구체적 소송사건에서 원고나 피고로서 소송을 수행하고 본안판결을 받을 수 있는 능력(자격)을 의미하는데, 행정소송법 제12조는 그 처분의 취소를 구할 법률상 이익이 있는 자에게 취소소송을 제기하고 수행할 자격을 부여하고 있다.

(2) 사안의 경우

사단법인 대한제약회사협회는 법인으로서 당사자능력이 인정되며, 제약회사 甲도 주식회사라 하였으므로 법인으로서 당사자능력이 인정된다. 아래에서는 이들이 이 사건 고시의 취소를 구할 법률상 이익이 있어 원고적격이 인정되는지 검토한다.

3. 취소소송의 원고적격

(1) 의의

취소소송에서 원고적격이란 구체적인 처분에 대하여 누가 원고로서 취소소송을 제기하여 본안판결을 받을 자격이 있는가의 문제를 말한다. 행정소송법 제12조는 「처분등의 취소를 구할 법률상 이익이 있는 자」가 취소소송을 제기할 수 있다고 규정하고 있다. 따라서 당사자가 아니더라도 처분 등의 취소를 구할 법률상 이익이 인정되는 자는 취소소송을 제기할 수 있다.

(2) 법률상 이익의 의미

1) 학설

법률상 이익의 의미에 대해 권리회복설, 법률상 보호이익설, 보호가치이익설, 적법성보장설 등의 학설이 대립하고 있다. 취소소송의 본질이 '법률이 개인을 보호하고 있는 이익을 구제하기 위한 수단'에 있다고 보며, 법률상 이익이란 '법률상 보호되는 이익' 즉, 처분의 근거법 내지 관계법이 보호하는 개인의 이익이라는 점에서 법률상 보호이익설이 타당하다.

2) 판례

판례는 기본적으로 법률상 보호이익설을 취하는 것으로 평가되고 있는데, 처분의 근거법규 및 관련법규(처분의 근거법규 및 관련법규의 입법취지 포함)에 의해 개별적으로 보호되는 직접적이고 구체적인 개인적 이익을 법률상 이익으로 보고, 공익보호의 결과로 국민 일반이 공통적으로 가지는 일반적·간접적·추상적 이익은 여기에 포함되지 않는다고 판시하고 있다. 그리고 판례는 이해관계인의 절차적 권리(법적 이익)도 법률상 이익으로 본다.

(3) 사안의 경우

1) 제약회사 甲

A약품이 요양급여대상에서 삭제되면 환자(소비자)는 국민건강보험의 요양급여를 받을 수 없어 해당 약제를 구입할 경우 전액 자기부담으로 구입하여야 하고 해당 약제에 대해 요양급여를 청구하여도 요양급여청구가 거부되므로 해당 약제의 판매 저하가 우려되고 이는 甲의 직접적인 영업이익의 감소로 이어질 것이므로 요양급여대상 삭제에 개별적·직접적·구체적으로 영향을 받게 된다. 甲에게는 이 사건 고시의 취소를 구할 법률상 이익이 인정된다.

2) 사단법인 대한제약회사협회

대한제약회사협회는 제약회사들을 회원으로 하는 법인일 뿐, 국민건강보험법상 개별 약제의 요양급여대상 삭제 및 상한금액과 관련하여 개별적·직접적·구체적으로 영향을 받지 아니하므로 이 사건 고시의 취소를 구할 법률상 이익이 인정되지 않는다.

4. 설문의 해결

제약회사 甲은 원고적격이 인정되나 사단법인 대한제약회사협회는 원고적격이 인정되지 않는다.

Ⅲ. 설문 (3) - 제소기간 준수 여부

1. 쟁점의 정리

이 사건 고시의 효력발생일이 규정되어 있지 않은바, 이 사건 고시에 대한 제소기간의 기산점이 문제되고, 그에 따라 취소소송 제소기간을 준수했는지 검토가 필요하다.

2. 취소소송의 제소기간

(1) 행정소송법 제20조의 규정

취소소송은 처분 등이 있음을 안 날부터 90일 이내에 제기하여야 하고, 처분 등이 있은 날부터 1년을 경과하면 이를 제기하지 못한다. 여기에서 '처분 등이 있음을 안 날'이란 통지·공고 기타의 방법에 의하여 당해 처분이 있었다는 사실을 현실적으로 안 날을 의미하고, '처분 등이 있은 날'이란 상대방 있는 행정행위의 경우에는 특별한 규정이 없는 한 의사표시의 일반적 법리에 따라 그 <u>행정처분이 상대방에게 도달되어 효력을 발생한 날</u>을 의미한다.379)

(2) 처분이 고시 또는 공고된 경우의 제소기간

판례는 "통상 <u>고시 또는 공고에 의하여 행정처분을 하는 경우에는 그 처분의 상대방이 불특정 다수인이고 그 처분의 효력이 불특정 다수인에게 일률적으로 적용되는 것이므로, 그 행정처분에 <u>이해관계를 갖는 자가 고시 또는 공고가 있었다는 사실을 현실적으로 알았는지 여부에 관계없이 고시가 효력을 발생하는 날 행정처분이 있음을 알았다고 보아야 한다.</u>"380)고 판시하였다.

그리고 판례는 효력발생일이 규정되지 않았을 경우에는 "<u>고시가 효력을 발생하는 날인 고시 또는 공고가 있은 후 5일이 경과한 날에 행정처분이 있음을 알았다고 보아야 할 것이다.</u>"381)라고 한다.

> [비교판례] 행정소송법 제20조 제1항 소정의 제소기간 기산점인 '처분이 있음을 안 날'이라 함은 당사자가 통지, 공고 기타의 방법에 의하여 당해 처분이 있었다는 사실을 현실적으로 안 날을 의미하는바, <u>특정인에 대한 행정처분을 주소불명 등의 이유로 송달할 수 없어 관보·공보·게시판·일간신문 등에 공고한 경우에는, 공고가 효력을 발생하는 날에 상대방이 그 행정처분이 있음을 알았다고 볼 수는 없고, <u>상대방이 당해 처분이 있었다는 사실을 현실적으로 안 날</u>에 그 처분이 있음을 알았다고 보아야 한다(대판 2006.4.28. 2005두14851).

3. 설문의 해결

사안의 고시는 효력발생일이 규정되지 않은 경우이므로 고시일인 2024. 9. 23.로터 5일이 경과한 2024. 9. 28.이 제소기간의 기산점이 된다.

甲등이 고시가 있는 날로부터 94일째인 2024. 12. 26. 이 사건 고시에 대한 취소소송을 제기하였으므로 90일의 제소기간을 준수하였다.

---

379) 대판 1990.7.13. 90누2284
380) 대판 2007.6.14. 2004두619
381) 대판 2000.9.8. 99두11257

연습 88

지방공사 A병원에 근무하는 직원인 노동조합원 甲은 병원의 승인 없이 위생복 위에 구호가 적힌 주황색 셔츠를 근무 중에도 착용함으로써 병원의 환자들에게 불안감을 주는 등으로 병원 내의 정숙과 안정을 해치는 행위를 계속하였고, 아울러 노동조합이나 병원과는 직접 관련이 없는 전국병원노련위원장의 구속을 즉각 철회하라는 내용의 현수막을 병원 현관 앞 외벽에 임의로 설치한 후 병원의 자진철거요구에 불응한 사실이 인정된다며 징계처분을 받았다. 甲은 이에 대하여 2024. 10. 25. 관할 지방노동위원회에 사용자가 근로자의 조합활동을 못마땅하게 여긴 흔적이 있고 사용자에게 반노동조합의 의사가 추정된다고 하며 부당노동행위를 이유로 구제신청을 하였으나, 지방노동위원회는 구제신청을 기각하였고 그 기각결정서가 2024. 12. 5. 甲에게 송달되었다. 甲은 2024. 12. 13. 중앙노동위원회에 재심을 신청하였으나 중앙노동위원회는 갑의 행위가 병원 인사규정 소정의 징계사유인 "직원이 법령 및 제 규정에 위배하였을 때"에 해당할 뿐만 아니라 징계양정이 적정하며 부당노동행위에도 해당되지 않는다는 이유로 재심신청을 기각하였으며 재심판정서는 2025. 1. 24. 甲에게 송달되었다. 한편 甲은 2024. 10. 25. 별도로 사용자를 상대로 해고등무효확인청구의 소를 제기하였는데, 제1심은 2024. 12. 20. 정당한 해고사유가 있다며 甲의 청구를 기각하였고 이 판결은 항소기간의 도과로 확정되었다.
갑은 2025. 2. 10. 중앙노동위원회 위원장을 상대로 중앙노동위원회의 재심판정의 취소를 구하는 소송을 제기하였다. 적법한 소인가? (단, 2025년 1월 24일과 2월 7일은 금요일이다) (25점)

Ⅰ. 문제의 소재

취소소송은 ① 처분 등이 존재하고, ② 원고가 피고를 상대로, ③ 관할권 있는 법원에, ④ 일정 기간 내에, ⑤ 소장을 제출하여야 하고, ⑥ 일정한 경우에는 행정심판을 거쳐야 하고, ⑦ 처분 등의 취소 또는 변경을 구할 이익이 있어야 한다.

설문에서는 특히 ① 중앙노동위원회의 재심판정을 대상으로 한 제소기간을 준수하였는지, ② 해고등무효확인청구의 소에서 청구기각 판결이 확정되었다는 점에서 소의 이익이 인정되는지 문제된다.

Ⅱ. 제소기간 준수 여부

1. 중앙노동위원회의 재심판정에 대한 제소기간

관계 당사자는 중앙노동위원회의 재심결정이 위법이거나 월권에 의한 것이라고 인정하는 경우에는 행정소송법 제20조의 규정에 불구하고 그 재심결정서의 송달을 받은 날부터 15일 이내에 행정소송을 제기할 수 있다(노동조합 및 노동관계조정법 제85조 제2항).

2. 기간 계산 방법

기간을 일, 주, 월 또는 연으로 정한 때에는 기간의 초일은 산입하지 아니한다(민법 제157조 1문). 그리고 기간의 말일이 토요일 또는 공휴일에 해당한 때에는 기간은 그 익일로 만료한다(민법 제161조).

3. 사안의 경우

甲이 재심판정서를 송달받은 때는 2025. 1. 24.이다. 따라서 2025. 2. 8.(토) 24:00이 기한이나 그 날이 공휴일이므로 월요일인 2025. 2. 10.에 제기한 소는 제소기간을 준수하였다.

Ⅲ. 협의의 소의 이익

1. 문제점

甲이 구제신청을 하여 그 구제절차가 진행 중에 자신이 별도로 사용자를 상대로 제기한 해고등무효확인청구의 소에서 청구기각 판결이 선고되어 확정된 경우에 협의의 소의 이익(권리보호의 필요성)이 인정되는지 문제된다.

2. 협의의 소익의 의의

협의의 소익이란 소송을 통하여 분쟁을 해결할 만한 구체적인 이익 및 현실적인 필요성을 말한다.

행정소송법 제12조 2문은 처분 등의 효과가 기간의 경과, 처분 등의 집행 그 밖의 사유로 인하여 소멸된 뒤에도 그 처분 등의 취소로 인하여 회복되는 법률상 이익이 있는 자의 경우에도 취소소송을 제기할 수 있다고 규정하고 있다. 이 규정에 대하여는 ① 제12조 1문처럼 원고적격에 관한 조항으로 보는 견해가 있으나, ② 1문은 취소소송의 원고적격을 규정하고 있고, 2문은 취소소송에서의 협의의 소익을 규정한 것이라고 보는 견해가 다수설이다.

3. 협의의 소익 유무의 일반적 판단기준

(1) 판례는 행정소송법 제12조 소정의 '법률상 이익'을 전문(원고적격)의 그것과 후문(협의의 소의 이익)의 그것을 구별하지 않고 모두 "당해 처분의 근거 법률에 의하여 보호되는 직접적이고 구체적인 이익과 관련된 것을 말하는 것이고 단지 간접적이거나 사실적·경제적 이해관계를 가지는 데 불과한 경우는 여기에 포함되지 않는다"[382]라고 보고 있다.

(2) 이에 대하여 여기서의 '법률상 이익'은 취소를 통하여 구제되는 기본적인 법률상 이익뿐만 아니라 위법확인의 정당한 이익(법적 이익, 경제적 이익, 보호가치 있는 정신적 이익 등)도 포함한다고 보는 점에서 원고적격에서의 법률상 이익보다 넓은 개념으로 보는 견해도 있다.

(3) 본안판단의 전제요건을 모두 구비하게 되면 일반적으로 소의 이익을 갖춘 것이 된다(다수설). 그러나 원상회복이 불가능한 경우, 소송목적이 실현된 경우(처분의 효력이 소멸, 권익침해가 해소), 비난받을 목적을 추구하는 경우 등에는 소의 이익이 부정된다.

4. 구제신청 사건에서의 소의 이익

(1) 판례는 "부당노동행위구제신청에 따른 구제명령을 얻는다고 하더라도 객관적으로 보아 그 실현이 불능인 경우와 구제를 구하는 사항이 다른 방법에 의하여 이미 실현되어 구제신청이 이미 목적을 달성한 경우 등에는 중앙노동위원회 판정의 취소를 구할 소의 이익은 없다고 보아야 하므로, 특정사항에 관한 단체교섭의 거부를 이유로 한 부당노동행위구제신청에 대한 각하결정의 취소를 구하는 소송 중 그에 관한 단체교섭이 타결된 경우에는 그 구제신청은 이미 목적을 달성한 경우로서 위 결정의 취소를 구하는 소송은 소의 이익이 없어 부적법하다."고 하였다.[383]

(2) 그리고 "근로자가 자신에 대한 해고 등의 불이익처분이 부당노동행위에 해당한다고 주장하여 부당노동행위 구제신청을 하여 그 구제절차가 진행 중에 자신이 별도로 사용자를 상대로 제기한 해고등무효확인청구의 소에서 청구기각 판결이 선고되어 확정된 경우에 있어서는 사용자의 근로자에 대한 해고 등의 불이익처분이 정당한 것으로 인정되었다 할 것이어서 노동위원회로서는 그 불이익처분이 부당노동행위에 해당한다고 하여 구제명령을 발할 수 없게 되었으므로 구제이익은 소멸한다고 보아야 하고, 이와 같은 경우 근로자의 부당노동행위 구제신청을 기각한 지방노동위원회의 결정을 유지하여 재심신청을 기각하거나 구제명령을 발한 지방노동위원회의 결정을 취소하여 구제신청을 기각하는 내용의 중앙노

---

382) 대결 2000.10.10, 2000무17
383) 대판 1995.4.7, 94누3209

동위원회의 재심판정의 취소를 구하는 소송은 그 소의 이익이 없어 부적법하다."고 한다.384)

5. 사안의 경우

甲이 구제신청과는 별도로 사용자를 상대로 해고등무효확인청구의 소를 제기하였는데 청구기각 판결이 확정되었다면 사용자의 甲에 대한 해고의 불이익처분이 정당한 것으로 인정된 것이다. 따라서 중앙노동위원회로서는 구제신청을 기각한 지방노동위원회의 결정을 유지하는 것이 타당하다. 결국 구제신청을 기각한 지방노동위원회의 결정을 유지하여 재심신청을 기각하는 내용의 중앙노동위원회의 재심판정의 취소를 구하는 소송 역시 그 소의 이익이 없어 부적법하다.

Ⅳ. 그 밖의 소송요건

甲은 재심신청 기각이라는 침익적 처분의 직접 상대방으로서 처분의 취소를 구할 법률상 이익이 있으며 노조법 제85조 등이 원고적격을 부여하고 있다. 그리고 노동위원회법 제26조, 제27조, 노조법 제85조 제2항 규정에 따라 설문처럼 중앙노동위원회의 재심판정이 취소소송의 대상이 되며, 중앙노동위원회의 처분에 대한 행정소송은 중앙노동위원회 위원장을 피고로 한다(노동위원회법 제27조). 그 밖의 소송요건에 있어서 특별히 문제되는 것은 없다.

Ⅴ. 설문의 해결

甲이 제기한 취소소송은 대상적격, 원고적격, 피고적격, 제소기간준수 등에 문제가 없으나, 해고등무효확인청구의 소에 대하여 청구기각 판결이 확정되었으므로 중앙노동위원회의 재심판정의 취소를 통하여 회복할 법률상의 이익이 인정되지 않아 소의 이익 요건에 흠결이 있다. 결국 소는 부적법하다.

---

384) 대판 1996.4.23, 95누6151

연습 89

甲은 절도죄로 징역 4년을 선고받고 그 형이 확정되어 2024. 6. 25.부터 천안교도소에 수용 중인 수형자이다. 천안교도소장 乙은 甲이 천안교도소에 수감된 무렵, 甲을 '접견내용 녹음·녹화 및 접견 시 교도관 참여대상자'로 지정하였다(이하 '지정행위'라 함). 이에 따라 甲의 첫 접견이 있었던 2024. 6. 28.부터 乙의 별도 지시 없이도 甲의 접견 시에 항상 교도관이 참여하여 그 접견내용을 청취·기록하고, 녹음·녹화하여왔다. 甲은 이러한 乙의 지정행위가 형의 집행 및 수용자의 처우에 관한 법률 제41조 제4항 각호 소정의 사유가 없음에도 행하여진 것이므로 위법한 처분이고 이로 인해 자신의 사생활의 비밀 등 권리가 침해되었음을 이유로 2025. 5. 21. 취소소송을 제기하였다(법원은 지정행위가 甲에게 통보되지 않아 제소기간은 도과되지 않았음을 인정함). 그러자 乙은 2025. 5. 24. 甲에 대한 위 지정행위를 해제하였다.

(1) 甲에 대한 乙의 위 지정행위는 취소소송의 대상이 될 수 있는가? (15점)
(2) 甲의 취소소송은 소의 이익이 있는가? (15점)

[참고조문]

형의 집행 및 수용자의 처우에 관한 법률 제41조【접견】④ 소장은 다음 각 호의 어느 하나에 해당하는 사유가 있으면 교도관으로 하여금 수용자의 접견내용을 청취·기록·녹음 또는 녹화하게 할 수 있다.
 1. 범죄의 증거를 인멸하거나 형사 법령에 저촉되는 행위를 할 우려가 있는 때
 2. 수형자의 교화 또는 건전한 사회복귀를 위하여 필요한 때
 3. 시설의 안전과 질서유지를 위하여 필요한 때

Ⅰ. 설문 (1) - 지정행위의 대상적격

1. 문제의 소재

(1) 乙의 지정행위의 법적 성질로서 특별권력관계에서의 행위인지, 권력적 사실행위인지 살펴본다.

(2) 乙의 지정행위가 취소소송의 대상이 되려면 ① 특별권력관계의 사법심사가 가능한지, ② 처분개념의 요소에 비추어 그 처분성이 인정되는지 문제된다.

2. 지정행위의 법적 성질

(1) 특별권력관계에서의 행위

특별권력관계란 특별한 법률원인에 의해 성립되며 일정한 행정목적에 필요한 범위 내에서

일방이 상대방을 포괄적으로 지배하고 상대방은 이에 복종함을 내용으로 하는 관계이다. 사안에서 甲은 수형자로서 그와 국가 간의 관계는 특별권력관계, 구체적으로는 공법상 영조물 이용관계에 해당한다.

(2) 권력적 사실행위

행정청의 일방적 의사결정에 기하여 특정의 행정목적을 위해 국민의 신체, 재산 등에 실력을 가하여 행정상 필요한 상태를 실현하고자 하는 권력적 행위를 권력적 사실행위라고 한다. 판례는 사안과 같은 <u>乙의 지정행위가 甲의 접견 시마다 사생활의 비밀 등 권리에 제한을 가하는 교도관의 참여, 접견내용의 청취·기록·녹음·녹화가 이루어졌으므로 이는 乙이 그 우월적 지위에서 수형자인 원고에게 일방적으로 강제하는 성격을 가진 공권력적 사실행위의 성격을 갖고 있다고 하였다.</u>[385]

3. 특별권력관계의 사법심사 가능성

전통적인 견해에 따르면 특별권력관계에서의 특별권력주체의 행위는 특별권력관계의 내부질서유지를 위한 행위로 사법심사의 대상에서 제외되는 것으로 보았다. 그러나 이러한 전통적 특별권력관계론은 헌법이나 법률에 근거가 없는 것으로서 오늘날 타당성이 인정될 수 없고, 법률상 이익에 관한 분쟁이기만 하면 사법심사의 대상이 된다는 것이 일반적인 견해이다.

판례도 "<u>국립대학교 학생에 대한 징계권의 발동이나 징계의 양정이 징계권자의 교육적 재량에 맡겨져 있다 할지라도 법원이 심리한 결과 그 징계처분에 위법사유가 있다고 판단되는 경우에는 이를 취소할 수 있는 것이고, 징계처분이 교육적 재량행위라는 이유만으로 사법심사의 대상에서 당연히 제외되는 것은 아니다</u>"[386]라고 하였다.

사안에서 甲과 국가 간의 관계는 특별권력관계이고 乙의 지정행위는 특별권력관계 내부에서의 행위라 할 것이나, 특별권력관계라는 이유만으로 사법심사가 배제되는 것은 아니라고 할 것이다.

4. 권력적 사실행위의 처분성

(1) 처분의 개념요소

행정소송법은 취소소송의 대상을 처분 등으로 명시하고 있다(제4조 제1호). 여기에서 처분 등이란 '행정청이 행하는 구체적 사실에 관한 법집행으로서의 공권력의 행사 또는 그 거부와 그 밖에 이에 준하는 행정작용 및 행정심판에 대한 재결'을 말한다(제2조 제1항 제1호).

---

385) 대판 2014.2.13. 2013두20899
386) 대판 1991.11.22. 91누2144

이와 같은 행정소송법의 처분개념을 분석하면, ① 행정청의 행위이어야 하고, ② 구체적 사실에 관한 법집행행위이어야 하며, ③ 공권력적 행위이고, ④ 외부에 대한 법적 행위로서 국민의 권리·의무에 직접적 영향을 미치는 것이어야 한다.

(2) 판례

판례가 파악하는 처분관념은 기본적으로 ① 공권력발동으로서의 행위일 것, ② 그 자체가 국민에 대하여 권리설정 또는 의무의 부담을 명하거나 기타 법률상의 효과를 발생케 하는 것임을 요구하며, 처분의 해당 여부를 개별적으로 결정하여야 한다는 입장이다. 판례는 권력적 사실행위로 볼 수 있는 단수처분, 교도소재소자의 이송조치, 교도관 참여대상자의 지정행위를 처분으로 보았고, 비권력적 사실행위로서 국민의 권익에 사실상 지배력을 미치는 국가인권위원회의 성희롱결정 및 시정조치권고를 처분으로 보았으며, 그 자체로는 국민의 권리의무에 변동을 초래하지 않는 표준공시지가결정의 처분성을 인정하는 등 점차 처분관념을 확대해가고 있어 쟁송법적 개념설을 취하는 것으로 평가된다.

(3) 참여대상자 지정행위의 처분성

乙의 지정행위가 행정소송법상 처분인지에 관하여 검토하건대, ① 乙이 위와 같은 지정행위를 함으로써 원고의 접견 시마다 사생활의 비밀 등 권리에 제한을 가하는 교도관의 참여, 접견내용의 청취·기록·녹음·녹화가 이루어졌으므로 이는 乙이 그 우월적 지위에서 수형자인 원고에게 일방적으로 강제하는 성격을 가진 공권력적 사실행위의 성격을 갖고 있는 점, ② 위 지정행위는 그 효과가 일회적인 것이 아니라 1년 가까이 오랜 기간 동안 지속되어 왔으며, 甲으로 하여금 이를 수인할 것을 강제하는 성격도 아울러 가지고 있는 점, ③ 위와 같이 계속성을 갖는 공권력적 사실행위를 취소할 경우 장래에 이루어질지도 모르는 기본권의 침해로부터 수형자들의 기본적 권리를 구제할 실익이 있는 것으로 보이는 점 등을 종합하면, 위와 같은 지정행위는 수형자의 구체적 권리의무에 직접적 변동을 초래하는 행정청의 공법상 행위로서 항고소송의 대상이 되는 '처분'에 해당한다[387]고 할 것이다.

5. 문제의 해결

사안의 경우 교도소장 乙의 지정행위는 권력적 사실행위로서 처분성이 있으므로 취소소송의 대상적격이 인정된다.

---

[387] 대판 2014.2.13. 2013두20899

Ⅱ. 설문 (2) – 취소소송의 소의 이익

1. 문제의 소재

사안에서 乙의 지정행위가 이미 해제되었으므로 이를 다툴 현실적 필요성이 있는지 문제된다.

2. 협의의 소의 이익의 의의

취소소송도 재판의 일종이므로 분쟁을 재판에 의하여 해결할 만한 현실적 필요성이 있어야 하는데, 이를 '협의의 소의 이익' 또는 '권리보호의 필요'라고 한다.

행정소송법 제12조 2문은 "처분 등의 효과가 기간의 경과, 처분 등의 집행 그 밖의 사유로 인하여 소멸된 뒤에도 그 처분 등의 취소로 인하여 회복되는 법률상 이익이 있는 자의 경우에는 또한 같다"라고 규정하고 있다. 이에 대하여 ① 제12조 1문처럼 원고적격에 관한 조항으로 보는 견해가 있으나, ② 1문은 취소소송의 원고적격을 규정하고 있고, 2문은 취소소송에서의 협의의 소익을 규정한 것이라고 보는 견해가 다수설이다.

3. '법률상 이익'의 인정범위

(1) 학설

학설은 ① 법률상 보호이익만 인정하는 '법률상 보호이익설', ② 부수되는 이익(예 명예, 신용, 경제적·정치적·사회적·문화적 이익)까지 인정하는 '확대된 법률상 보호이익설'388)이 대립한다.

(2) 판례

판례는 행정소송법 제12조 소정의 '법률상 이익'을 "당해 처분의 근거 법률에 의하여 보호되는 직접적이고 구체적인 이익과 관련된 것을 말하는 것이고 단지 간접적이거나 사실적·경제적 이해관계를 가지는 데 불과한 경우는 여기에 포함되지 않는다."389)라고 보고 있다. 판례는 처분의 효력이 소멸된 경우에도 "공장등록이 취소되었어도 위법한 취소처분이 없었으면 누렸을 세제상의 혜택이 있는 경우는 취소를 다툴 소의 이익이 있다."390)라고 하였다. 또한 지방의회 의원에 대한 제명의결 취소소송 계속중 의원의 임기가 만료된 사안에서 "제명의결의 취소로 의원의 지위를 회복할 수는 없다 하더라도 제명의결시부터 임기만료일까지의 기간에 대한 월정수당의 지급을 구할 수 있는 등 여전히 그 제명의결의 취소를 구할 법률상 이익이 있다."라고 하여 원상회복이 불가능한 경우에도 회복되는 부수적 이익이 있는 경우에는 소의 이익이 인정된다는 입장이다.391)

---

388) '위법확인의 정당한 이익설'로 표현해도 무방
389) 대결 2000.10.10. 2000무17
390) 대판 2002.1.11. 2000두3306
391) 대판 2009.1.30. 2007두13487

(3) 검토

부수적 이익을 인정하는 것이 국민의 실질적 권리구제에 부합한다는 점에서, 확대된 법률상 보호이익설이 타당하다. 그리고 협의의 소익 유무는 계쟁처분의 효력이 소멸되었음에도 그 상대방에게 취소소송제도를 통한 보호를 해주어야 할 현실적 필요성이 있는가 여부까지 검토되어야 한다.

4. 처분의 효력이 소멸되었으나 소익이 인정되는 경우

처분의 효력이 소멸되었으나 위법확인에 관한 정당한 이익이 있다고 인정될 수 있는 경우는 ① 위법한 처분이 반복될 위험성이 있는 경우, ② 계속적으로 존속하는 불이익을 제거할 필요가 있는 경우, ③ 회복하여야 할 불가피한 이익이 있는 경우, ④ 제재적 처분이 장래의 제재적 처분의 가중요건 또는 전제요건으로 되어 있는 경우 등을 들 수 있다. 특히 사안과 관련하여 예컨대, 소를 각하하면 무익한 처분과 소송이 반복될 가능성이 있는 경우에는 소의 이익이 있다고 본다. 판례는 <u>학교법인 임원취임승인의 취소처분에 대한 취소소송 제기 후 새로운 임시이사가 선임된 경우, 위 취임승인취소처분 및 임시이사선임처분의 취소를 구할 소의 이익이 있다고 보았다</u>.[392]

5. 사안의 경우

비록 乙이 甲의 취소소송 제기 이후인 2025. 5. 24. 甲을 위 '접견내용 녹음·녹화 및 접견 시 교도관 참여대상자'에서 해제하기는 하였지만 앞으로도 甲에게 위와 같은 지정행위와 같은 포괄적 접견제한처분을 할 염려가 있는 것으로 예상되므로 취소소송은 여전히 법률상 이익이 있다고 본다.

---

[392] 임시이사 선임처분에 대하여 취소를 구하는 소송의 계속중 임기만료 등의 사유로 새로운 임시이사들로 교체된 경우, 선행 임시이사 선임처분의 효과가 소멸하였다는 이유로 그 취소를 구할 법률상 이익이 없다고 보게 되면, 원래의 정식이사들로서는 계속중인 소를 취하하고 후행 임시이사 선임처분을 별개의 소로 다툴 수밖에 없게 되며, 그 별소 진행 도중 다시 임시이사가 교체되면 또 새로운 별소를 제기하여야 하는 등 무익한 처분과 소송이 반복될 가능성이 있으므로, 이러한 경우…(중략)…취임승인이 취소된 학교법인의 정식이사들로서는 그 취임승인취소처분 및 임시이사 선임처분에 대한 각 취소를 구할 법률상 이익이 있고, 나아가 선행 임시이사 선임처분의 취소를 구하는 소송 도중에 선행 임시이사가 후행 임시이사로 교체되었다고 하더라도 여전히 선행 임시이사 선임처분의 취소를 구할 법률상 이익이 있다(대판 2007.7.19. 2006두19297).

연습 90

○○고등학교장 乙은 학생 甲이 2024. 10. 21. 14:00경 수업시간 중에 인터넷 유O브 방송을 하였고, 이를 제지하는 교사의 신체에 물리력을 가하였다는 이유로 甲에게 출석정지 2주의 징계처분을 하였다. 甲은 징계처분에 불복하여 A도교육행정심판위원회에 행정심판을 청구하였으나 2024. 11. 21. 그 청구가 기각되었고, 甲은 취소소송을 제기하였다. 그리고 甲은 2025. 3. 1. 대학교에 진학하였다.

위와 같은 경우 징계처분은 학생의 내신성적 기초자료 확인서에 "징계(-2)"라고 기재되고, ○○고등학교 징계대장, 선도위원회 협의록에 처분 내역이 기록된다. 그러나 내신성적 기초자료 확인서, 징계대장, 선도위원회 협의록 등이 일반적으로는 외부로 공개되지 아니하는 자료이다. 다음의 물음에 답하시오.

(1) 甲은 무엇에 대하여, 언제까지 취소소송을 제기하여야 하는가? (5점)
(2) 취소소송에서 피고는 징계처분 내역은 甲의 생활기록부에 기재되지 아니하였고, 甲이 이미 징계처분에 따른 출석정지의무를 이행하였으며, ○○고등학교를 졸업하여 상급학교에 진학하였으므로 甲에게는 취소를 구할 법률상 이익이 없다고 주장한다. 타당한가? (15점)

I. 설문 (1) – 취소소송의 대상과 제소기간

1. 취소소송의 대상

취소소송은 처분등을 대상으로 한다. 다만, 재결취소소송의 경우에는 재결 자체에 고유한 위법이 있음을 이유로 하는 경우에 한한다(행정소송법 제19조).

그리고 개별법이 재결을 대상으로 행정소송을 제기하도록 하였다면 그에 따른다.

사안에서 행정심판위원회의 재결 자체에 고유한 위법이 있음이 보이지 않고, 학생의 징계처분에 대한 취소소송에서 재결을 대상으로 한다는 특별한 규정이 없으므로, 甲은 ○○고등학교장의 징계처분을 대상으로 소를 제기하여야 한다.

2. 취소소송의 제소기간

취소소송은 처분등이 있음을 안 날부터 90일 이내에 제기하여야 한다(동법 제20조 제1항 본문). 다만 행정심판청구가 있은 때의 기간은 재결서의 정본을 송달받은 날부터 기산한다(단서).

사안에서 甲은 행정심판위원회의 재결서의 정본을 송달받은 날부터 90일 이내에 소를 제기하여야 한다.

Ⅱ. 설문 (2) - 협의의 소의 이익

1. 문제의 소재

甲에 대한 징계처분은 이미 효력이 상실된 처분인바, 다만 징계처분의 취소로 인하여 회복되는 법률상 이익이 있는 경우에 해당하여 취소소송의 소의 이익이 유지되는지 문제된다.

2. 협의의 소의 이익의 의의

취소소송은 처분 등의 취소를 구할 자격(원고적격)을 가진 자가 소를 제기할 수 있다. 그러나 취소소송도 재판의 일종이므로 분쟁을 재판에 의하여 해결할 만한 현실적 필요성이 있어야 하는데, 이를 '협의의 소의 이익' 또는 '권리보호의 필요'라고 한다.

3. 협의의 소의 이익의 범위

(1) 행정소송법 제12조 후문 "법률상 이익"의 의미

행정소송법은 협의의 소익과 관련하여 제12조 후문에 "처분 등의 효과가 기간의 경과, 처분 등의 집행 그 밖의 사유로 인하여 소멸된 뒤에도 그 처분 등의 취소로 인하여 회복되는 법률상 이익이 있는 자의 경우에는 또한 같다"라고 규정하고 있다. 이 규정은 일반적 소의 이익에 대한 예외규정으로, 처분 등의 효과가 소멸한 후에도 회복 가능한 법률상 이익이 있는 경우에는 그것이 비록 부수적 이익일지라도 소의 이익이 인정되는 경우를 규정한 것이다.

여기에서 '법률상 이익'의 범위에 대하여는 ① 행정소송법 제12조 전문과 후문의 법률상 이익을 같은 의미로 보아, 명예·신용 등은 법률상 이익에 포함되지 않는다는 견해(동일설, 소극설), ② 후문의 법률상 이익을 '확인의 정당한 이익'과 같이 원고적격보다 넓은 의미로 보아, 명예·신용 등의 인격적 이익, 보수청구와 같은 재산적 이익 및 불이익 제거와 같은 사회적 이익도 인정될 수 있다는 견해(광의설, 소극설)가 대립한다.

판례는 행정소송법 제12조 소정의 '법률상 이익'을 전문(원고적격)의 그것과 후문(협의의 소의 이익)의 그것을 구별하지 않고 모두 "당해 처분의 근거 법률에 의하여 보호되는 직접적이고 구체적인 이익과 관련된 것을 말하는 것이고 단지 간접적이거나 사실적·경제적 이해관계를 가지는 데 불과한 경우는 여기에 포함되지 않는다."라고 보고 있다.[393]

(2) 검토

취소소송에 있어서 소의 이익의 유무는 사인이 취소소송을 통하여 보호받아야 할 현실적인 필요가 있는 관점에서 해결되어야 하므로, 당해 처분의 근거법규에 의하여 보호되는

---

[393] 대결 2000.10.10, 2000무17

직접적이고 구체적인 이익에 해당하는지 여부에 따라 정해질 문제이다. 따라서 명예나 신용과 같은 인격적 이익, 경제적·사회적 이익도 구체적인 경우에 개별적으로 판단하여 제12조 후문에서 정한 법률상 이익으로 인정될 수 있다고 봄이 타당하다.

4. 사안의 해결

징계처분이 甲의 ○○고등학교 생활기록부에 기재되지 아니하였거나, 甲이 출석정지의무를 이행했다거나, ○○고등학교를 졸업하여 상급학교에 진학했다는 사실, 그리고 내신성적 기초자료 확인서, 징계대장, 선도위원회 협의록 등이 일반적으로는 외부로 공개되지 아니한다는 사실만으로 소의 이익을 쉽게 부정해서는 아니 된다고 본다.

사안의 징계처분은 甲의 내신성적 기초자료 확인서에 "징계(-2)"라고 기재되고, ○○고등학교 징계대장, 선도위원회 협의록에 처분 내역이 기록되는 점, 甲이 진학하려고 하는 상급 학교나 취업하려고 하는 기업의 요청에 따라 甲의 동의하에 위와 같은 정보가 공개될 가능성이 전혀 없다고 단정할 수 없는 점, 이와 같이 이 사건 처분 내역이 공개되는 경우 이는 甲의 진학이나 취업에 불이익하게 작용할 우려가 있는 점 등을 종합적으로 고려하면, 사안의 징계처분은 단순한 과거의 법률관계가 아닌 현존하는 법률상 불이익이고, 단지 간접적이거나 사실적·경제적 이해관계를 가지는 것에 불과하다고 볼 수 없다.[394]

따라서 甲에게는 징계처분의 취소를 구할 법률상 이익이 있다고 봄이 타당하다.

---

[394] 서울고등법원 2022.1.26. 2020누706

> **연습 91**
>
> X행정청은 특정 국유지에 대하여 甲, 乙로부터 각 점용허가신청을 받아 甲의 허가신청을 거부하고, 乙에게 허가를 내주었다. 甲이 자기에 대한 허가거부처분의 취소소송을 제기한 경우 乙은 이 취소소송에 행정소송법상의 소송참가를 할 수 있는가? (20점)

Ⅰ. 문제의 소재

점용허가를 받은 乙이 甲의 허가거부처분취소소송에서 행정소송법 제16조의 소송참가를 할 수 있는지 문제된다. 이의 해결을 위해서는 취소판결 등의 효력을 규정하는 행정소송법 제29조 제1항 등을 살펴볼 필요가 있다.

Ⅱ. 판결의 형성력과 소송참가

1. 문제상황

乙이 행정소송법 제16조에 따른 소송참가를 할 수 있는 '권리 또는 이익의 침해를 받을 제3자'에 해당하는지가 문제된다. 일반적으로 제3자에게 소송참가를 인정하는 근거를 판결의 형성력에서 찾고 있으므로, 결국 乙이 판결의 형성력을 받는 제3자(행정소송법 제29조 제1항)인가를 살펴보아야 한다.

2. 제3자에 대한 판결의 효력

행정소송법 제29조 제1항은 "처분등을 취소하는 확정판결은 제3자에 대하여도 효력이 있다"고 규정하여 취소판결의 효력은 제3자에 대해서도 발생한다. 확정판결이 제3자에게 효력이 있다는 의미는 취소판결의 존재와 그 판결로 형성되는 법률관계를 제3자도 용인해야 함을 의미한다.

3. 제3자의 소송참가의 의의

법원은 소송의 결과에 따라 권리 또는 이익의 침해를 받을 제3자가 있는 경우에는 당사자 또는 제3자의 신청 또는 직권에 의하여 결정으로써 그 제3자를 소송에 참가시킬 수 있다(행정소송법 제16조 제1항). 제3자의 소송참가를 인정하는 것은 취소판결의 효력이 제3자에게 미치기 때문에(제29조 제1항) 제3자에게도 소송에 있어 공격·방어방법을 제출할 기회를 제공하려는 것이다. 제3자의 소송참가가 인정되는 경우는 대체로 제3자효 행정행위에 대한 취소소송의 경우이다.

Ⅲ. 제3자의 소송참가의 요건

1. 타인 간의 행정소송이 계속 중일 것

적법한 소송이 계속되어 있는 한 심급을 묻지 않는다. 상고심에서도 가능하다.

2. 소송의 결과로 권리 또는 이익을 침해받을 자가 참가인이 될 것

소송의 결과에 따라 권리 또는 이익을 침해받을 자라 함은 판결의 결론인 주문에 의하여 직접 권리이익을 침해받게 되는 자를 말한다. 이익이란 법률상 이익을 말하고, 단순히 사실상의 이익이나 경제상의 이익은 포함되지 않는다.

(1) 판결의 형성력에 의해 직접 권리나 이익을 침해받는 경우

'소송의 결과에 따라 권리 또는 이익을 침해 받는다'라는 것은 일반적으로 취소판결의 형성력 그 자체에 의해 직접 권리 또는 이익을 침해당하는 경우를 말한다.
예를 들어 판례는 "임원취임승인취소처분이 취소되어 원고가 학교법인의 이사 및 이사장으로서의 지위를 회복하게 되면 학교법인으로서는 이사회의 구성원이나 대표자가 변경되는 관계에 있으므로 취소소송의 결과에 의하여 그 법률상의 지위가 결정되는 관계"라고 하였다.[395)396)]

(2) 기속력에 따른 새로운 처분의 경우

소송의 결과에 따라 권리 또는 이익의 침해를 받는다는 것은 판결의 형성력에 의해 권리 또는 이익을 박탈당하는 경우뿐만 아니라 판결의 행정청에 대한 기속력에 따른 행정청의 새로운 처분에 의해 권리 또는 이익의 침해를 받는 경우를 포함한다는 견해도 있다. 예를 들어 경원자소송에서 처분을 받지 못한 자가 본인에 대한 거부처분취소소송을 제기한 경우 소송의 결과(처분을 받지 못한 자가 승소한 경우 판결의 기속력에 따라 처분을 받았던

---

395) 학교법인의 이사장직무대행자가 학교법인의 이름으로 관할청인 피고를 돕기 위하여 임원취임승인취소처분의 취소를 구하는 소송에 보조참가를 함에 있어 이사회의 특별수권결의를 거칠 필요는 없다고 할 것이고, 한편 임원취임승인취소처분이 취소되어 원고가 학교법인의 이사 및 이사장으로서의 지위를 회복하게 되면 학교법인으로서는 결과적으로 그 의사와 관계없이 이사회의 구성원이나 대표자가 변경되는 관계에 있다고 할 것이고, 이는 위 취소소송의 결과에 의하여 그 법률상의 지위가 결정되는 관계로서 보조참가의 요건인 법률상 이해관계에 해당한다(대판 2003.5.30, 2002두11073).
396) 행정소송법 제16조 소정의 제3자의 소송참가가 허용되기 위하여는 당해 소송의 결과에 따라 제3자의 권리 또는 이익이 침해되어야 하고, 이때의 이익은 법률상 이익을 말하며 단순한 사실상의 이익이나 경제상의 이익은 포함되지 않는데, 원고들이 참가를 구하는 제3자들은 원고들이 속한 관련 지방자치단체들로서 이 사건의 쟁점은 단순히 신설되는 항만을 어떻게 호칭하고 다른 항만과 구별하여 특정할 것인가의 문제에 불과할 뿐이고 그 항만에 부여되는 지리적 명칭에 따라 그 항만의 배후부지가 관련 자치단체의 관할구역에 편입되는 법적 효력이 생긴다거나 관련 자치단체인 참가인들이 그 지리적 명칭으로 인하여 권리관계나 법적 지위에 어떠한 영향을 받는다고 인정되지도 아니하므로 이 사건 소송의 결과에 의하여 위 제3자들의 법률상 이익이 침해된다고 할 수 없고, 따라서 원고들의 이 사건 제3자 소송참가신청은 부적법하다(대판 2008.5.29, 2007두23873).

자의 처분이 취소될 수 있으므로)에 따라 처분을 받았던 자는 권리나 이익을 침해당할 수 있으므로 이러한 자는 소송에 참가할 수 있다는 것이다.

3. 제3자가 참가인이 될 것

참가인은 소송당사자 이외의 제3자이어야 한다. 국가 또는 공공단체도 가능하나, 당사자능력이 없는 행정청은 행정소송법 제17조가 정한 행정청의 소송참가 규정에 의한 참가만이 가능하다.

4. 당사자 중 누구에 대하여도 참가할 수 있음

소송의 결과에 따라 권리 또는 이익을 침해받을 제3자이기만 하면, 원고나 피고 중 누구를 위하여도 참가할 수 있다. 이 점에서 피고인 행정청만을 위하여 참가가 가능한 행정소송법 제17조의 참가와 다르다.

IV. 설문의 해결

甲이 자기에 대한 허가거부처분의 취소소송을 제기하여 승소할 경우, 판결이 바로 乙에 대한 허가처분까지 소멸시키는 것은 아니지만, 행정청은 그 판결에 기속되어 乙에 대한 허가를 취소하게 될 것이므로 이 경우 乙은 권리나 이익을 침해받는 제3자로서 소송참가를 할 수 있다.

연습 92

다음의 각 사례에서 행정청의 소송참가가 가능한지 설명하시오. (25점)

[사례 1] 甲이 A도지사에게 골프장사업계획승인 신청을 하였고 A도지사가 이를 수리하자, 인근주민들은 골프장 건설로 인하여 식수·수질 및 토양 등의 오염 및 우수배출량 변화 등으로 인하여 직접적이고 중대한 환경피해를 입을 우려가 있다고 하며 골프장사업계획승인처분취소를 구하는 행정심판을 제기하였다. 행정심판위원회는 인용재결을 하였고, 이에 甲은 골프장사업계획승인처분취소는 위법하다며 그 취소소송을 제기하였다. A도지사가 위 취소소송에서 골프장사업계획승인의 적법성을 주장하기 위한 소송참가의 방법은 있는가?

[사례 2] 한국전력공사는 ○○지역에 원자로를 건설하기 위해 원자력안전법에 따라 건설허가에 앞서 굴착·콘크리트 공사 등 사전공사를 위한 부지사전승인을 처분청으로부터 받았다. 이에 건설부지 인근 주민들은 방사능오염 및 원전냉각수 순환 시 발생되는 온배수로 인한 환경침해의 우려가 있다고 하며 처분청을 상대로 부지사전승인에 대한 취소소송을 제기하였다. ○○지역의 관할시장 B는 지역경제활성화에 도움이 되는 원자로 건설을 유치하기 위하여 주민이 제기한 위 취소소송에 참가하는 것이 가능한가?[397]

Ⅰ. 쟁점의 정리

[사례 1]에서 A도지사가 원고 甲을 위해 참가할 수 있는지를 재결의 기속력 등과 관련하여 검토한다.

[사례 2]에서 시장 B가 피고 행정청을 위해 참가할 수 있는지 검토한다.

Ⅱ. 행정소송법상 소송참가의 의의

소송참가는 소송 외의 자가 계속 중인 타인간의 소송에 참가하는 것이다. 소송참가제도는 소송의 공정한 해결, 이해관계자의 이익의 보호 및 충분한 소송자료의 확보를 위한 것이다. 행정소송법은 취소소송에 대한 참가제도로서 소송의 결과에 의하여 그 권리가 침해되는 제3자가 계속 중인 소송절차에 참가하는 제3자의 소송참가와, 피고 이외의 행정청이 소송절차에 참가하는 행정청의 소송참가의 두 가지를 규정하고 있다.

---

397) 김향기, 「사례연구 행정법연구」, 대명출판사, 2017, p.481과 p.506 참고

Ⅲ. 다른 행정청의 소송참가

1. 의의

법원은 다른 행정청을 소송에 참가시킬 필요가 있다고 인정할 때에는 당사자 또는 당해 행정청의 신청 또는 직권에 의하여 결정으로써 그 행정청을 소송에 참가시킬 수 있다(행정소송법 제17조 제1항). 다른 행정청의 참가제도를 둔 것은 취소판결의 효력이 다른 관계 행정청에게도 미치고(동법 제30조 제1항), 처분청 또는 재결청 이외의 행정청이 중요한 공격·방어방법을 가지고 있는 경우에 이를 참여시켜 적정한 심리·재판을 도모하기 위함이다.

2. 요건

(1) 타인 사이에 소송이 계속 중일 것

사실심 뿐 아니라 상고심 및 재심절차에서도 행정청의 소송참가가 가능하다.

(2) 다른 행정청이 참가할 것

참가행정청은 피고행정청 이외의 행정청으로 다툼이 있는 처분에 관계있는 행정청을 말한다(예 구청장을 피고로 한 건축불허가처분취소소송에서 소방서장의 참가). 계쟁처분 또는 재결에 관하여 피고인 행정청을 지휘·감독하는 상급청, 재결이 행해진 경우의 원처분청 등이 해당된다.

(3) 피고 행정청을 위한 참가일 것

행정청의 소송참가의 제도적 취지나 행정의사의 분열을 초래하는 것이 허용되지 않는다는 점에서, 행정청의 소송참가는 그 성질상 피고 행정청을 위하여 참가할 수 있을 뿐, 원고측에 참가하는 것은 허용되지 않는다. 예컨대, 지방노동위원회가 구제명령을 발하였으나 중앙노동위원회가 구제명령을 취소하는 재결을 한 경우 원고가 중앙노동위원회위원장을 상대로 한 재결의 취소소송에서 지방노동위원회가 중앙노동위원회의 재결이 잘못된 것이라고 주장하면서 원고를 위하여 참가할 수 없다.

(4) 참가의 필요성이 있을 것

'참가시킬 필요가 있다고 인정할 때'란 법원이 판단할 문제이다. 여기서 필요성은 사건의 적정한 심리·재판을 실현하기 위한 것인지를 의미한다. 판례는 "참가의 필요성은 관계되는 다른 행정청을 소송에 참가시킴으로써 소송자료 및 증거자료가 풍부하게 되어 그 결과 사건의 적정한 심리와 재판을 하기 위하여 필요한 경우를 가리킨다."(대판 2002.9.24. 99두1519)고 하였다.

Ⅳ. 사례의 해결

[사례 1]

A도지사는 인용재결취소소송에서 원처분청이므로 원고 甲을 위해 참가해야 하는데, 재결의 기속력과 행정기관 상호 권한존중 원칙으로 원고를 위해서는 참가할 수 없다.

결국 A도지사가 자신의 처분의 적법성의 주장을 위해 행정소송법상 소송참가할 방법은 없다.

[사례 2]

시장 B는 원자로 건설을 유치하려고 하므로 취소소송을 제기한 주민과 이해가 상반한다. 따라서 B는 원자로건설부지사전승인을 한 처분청의 승소를 돕기 위해 참가할 것이다. 원자로건설부지사전승인에 대한 주민의 취소소송이 계속 중이고, 처분청이 별도로 있어[398] 시장 B는 피고 행정청이 아니다. B가 소송참가를 신청하면 수소법원의 판단에 따라 소송참가를 할 수 있다.

---

398) 참고로, 이 사건에서 처분청은 원자력안전위원회이다.

연습 93

갑과 을은 함께 거주할 목적으로 서울시 A구 소재 공동 명의의 신혼집을 마련하여 2024. 2. 10. 구청장에게 주민등록 전입신고를 하였다. 그러나 담당 공무원은 유명 연예인 동성커플인 갑과 을이 A구에 전입하는 경우 사회적 논란을 일으키는 등 지역사회에 부정적인 영향을 가져온다는 이유로 전입신고의 수리를 거부하였다. 이에 따라 갑과 을은 2024. 2. 20. 전입신고수리거부를 다투는 취소소송을 서울행정법원에 제기하였다.
위 주민등록전입신고의 법적 성질을 설명하고, 수리거부의 처분성을 검토하시오.[399] (25점)

[참고조문] 주민등록법
제1조【목적】이 법은 시(특별시·광역시는 제외하고, 특별자치도는 포함한다. 이하 같다)·군 또는 구(자치구를 말한다. 이하 같다)의 주민을 등록하게 함으로써 주민의 거주관계 등 인구의 동태(動態)를 항상 명확하게 파악하여 주민생활의 편익을 증진시키고 행정사무를 적정하게 처리하도록 하는 것을 목적으로 한다.
제10조【신고사항】① 주민(재외국민은 제외한다)은 다음 각 호의 사항을 해당 거주지를 관할하는 시장·군수 또는 구청장에게 신고하여야 한다. (각 호 생략)
② 누구든지 제1항의 신고를 이중으로 할 수 없다.
제17조【다른 법령에 따른 신고와의 관계】주민의 거주지 이동에 따른 주민등록의 전입신고가 있으면 「병역법」, 「민방위기본법」, 「인감증명법」, 「국민기초생활 보장법」, 「국민건강보험법」 및 「장애인복지법」에 따른 거주지 이동의 전출신고와 전입신고를 한 것으로 본다.
제20조【사실조사와 직권조치】② 시장·군수 또는 구청장은 제1항에 따른 사실조사 등을 통하여 신고의무자가 신고할 사항을 신고하지 아니하였거나 신고된 내용이 사실과 다른 것을 확인하면 일정한 기간을 정하여 신고의무자에게 사실대로 신고할 것을 최고(催告)하여야 한다. 제15조 제2항에 따라 통보를 받은 때에도 또한 같다.
⑤ 시장·군수 또는 구청장은 신고의무자가 제2항 또는 제3항에 따라 정하여진 기간에 신고하지 아니하면 제1항에 따른 사실조사, 공부상의 근거 또는 통장·이장의 확인에 따라 주민등록을 하거나 등록사항의 정정, 말소 또는 제6항에 따른 거주불명 등록을 하여야 한다.
제23조【주민등록자의 지위 등】① 다른 법률에 특별한 규정이 없으면 이 법에 따른 주민등록지를 공법(公法) 관계에서의 주소로 한다.

---
[399] 2018년 법학전문대학원협의회 모의시험문제

Ⅰ. 주민등록전입신고의 법적 성질

1. 문제점

신고라 함은 사인의 공법행위로서, 사인이 공법적 효과의 발생을 목적으로 행정주체에 대하여 일정한 사실을 알리는 행위를 말한다. 신고의 종류와 법적 성질에 따라 신고요건, 신고효과, 수리거부의 처분성 등이 달라지므로 검토를 요한다.

2. 신고의 의의와 종류

사인의 공법행위로서의 신고의 종류로 ① 자체완성적 신고(자기완결적 신고, 수리를 요하지 않는 신고)는 행정청에 대하여 일정한 사항을 통지하고 도달함으로써 의무가 끝나는 신고로서, 수리를 요하지 않으며 신고 그 자체로서 법적 효과를 발생시키나, ② 행위요건적 신고(수리를 요하는 신고)는 신고가 수리되어야 신고의 효과가 발생하는 신고로서, 형식적 요건 외에 실질적 요건을 구비해야 한다.

3. 주민등록전입신고의 경우

주민등록지는 각종의 공법관계에서 주소로 되고(제23조 제1항), 주민등록전입신고를 한 때에는 병역법, 민방위기본법, 인감증명법, 국민기초생활 보장법, 국민건강보험법 및 장애인복지법에 의한 거주지 이동의 전출신고와 전입신고를 한 것으로 간주되어(제17조) <u>주민등록지는 공법관계뿐만 아니라 주민의 일상생활에도 중요한 영향을 미치므로, 이는 전입신고자의 실제 거주지와 일치되어야 할 필요성이 있다.</u> 뿐만 아니라, <u>주민등록은 이중등록이 금지되는 점(제10조 제2항)</u>과 아울러 시장·군수 또는 구청장(이하 '시장 등'이라 한다)은 <u>전입신고 후라도 허위 신고 여부를 조사하여 사실과 다른 것을 확인한 때에는 일정한 절차를 거쳐 주민등록을 정정 또는 말소하는 권한을 가지고 있는 점(제20조)</u> 등을 종합하여 보면, <u>시장 등은 주민등록전입신고의 수리 여부를 실질적으로 심사할 수 있는 권한이 있다</u>고 봄이 상당하다.[400]

따라서 주민등록전입신고는 <u>행위요건적 신고</u>로서의 성질을 가진다.

---

[400] 대판 2009.6.18, 2008두10997

Ⅱ. 수리거부의 처분성

1. 문제점

갑과 을의 취소소송은 관할권 있는 법원에(행정소송법 제9조), 원고적격(동법 제12조)과 피고적격을 갖추어(동법 제13조), 처분등을 대상으로(동법 제19조), 제소기간 내에(동법 제20조), 권리보호필요성 요건을 갖추고 있어야 한다.
이 가운데 특히 주민등록전입신고의 수리거부가 처분등에 해당하는지 문제된다.

2. 처분의 개념요소

행정소송법은 취소소송의 대상을 처분 등으로 명시하고 있다(제4조 제1호). 여기에서 처분등이란 '행정청이 행하는 구체적 사실에 관한 법집행으로서의 공권력의 행사 또는 그 거부와 그 밖에 이에 준하는 행정작용 및 행정심판에 대한 재결'을 말한다(제2조 제1항 제1호). 이와 같은 행정소송법의 처분개념을 분석하면, ① 행정청의 행위이어야 하고, ② 구체적 사실에 관한 법집행행위이어야 하며, ③ 공권력적 행위이고, ④ 외부에 대한 법적 행위로서 국민의 권리·의무에 직접적 영향을 미치는 것이어야 한다.

3. 거부처분의 성립요건

(1) 공권력 행사의 거부

거부된 공권력 행사가 처분성을 가져야 한다. 즉 처분인 공권력 행사의 거부이어야 한다.

(2) 거부행위가 신청인의 권익에 직접적 영향을 미칠 것(= 법적 행위일 것)

'법적 행위'란 외부적 행위이며 국민의 권리나 법적 이익과 직접 관련되는 행위를 말한다. 판례도 '신청인의 법률관계에 어떤 변동을 일으키는 것'을 성립요건으로 보고 있다.
그리고 여기에서 '신청인의 법률관계에 변동을 일으키는 것'이라는 의미는 신청인의 실체상의 권리관계에 직접적인 변동을 일으키는 것은 물론 그렇지 않다 하더라도 신청인이 실체상의 권리자로서 권리를 행사함에 중대한 지장을 초래하는 것도 포함한다고 해석된다(대판 2002.11.22. 2000두9229).

(3) 거부의 의사표시

거부의 의사표시가 있어야 한다. 거부의 의사표시는 묵시적일 수도 있다. 법령상 일정한 기간이 지났음에도 가부간의 처분이 없는 경우 거부가 의제되는 경우도 있다.

(4) 거부처분의 성립에 신청권이 필요한지 여부

1) 학설

① 소송요건설 : 여기에는 ㉠ 신청권을 거부행위의 요건으로 보고, 신청권이 있는 자에게

는 당연히 거부처분을 다툴 원고적격을 인정하는 견해, ㉡ 신청권은 원고적격의 문제로 보아야 하며, 거부행위가 처분에 해당하는가의 여부는 행정소송법 제2조에서 정의한 '처분'에 해당하는가의 여부에 따라 판단해야 한다는 견해가 있다.

② **본안문제설** : 신청권의 존재를 소송대상의 문제로 보면 행정소송법상의 처분개념을 부당하게 제한함으로써 국민의 권익구제의 길을 축소시키는 결과를 가져오고, 본안문제를 소송요건에서 판단하게 되는 문제가 있으므로 본안문제로 보자는 견해이다.

2) 판례

판례는 거부가 항고소송의 대상이 되는 행정처분에 해당되려면, "ⅰ) 그 신청한 행위가 공권력의 행사 또는 이에 준하는 행정작용이어야 하고, ⅱ) 그 거부행위가 신청인의 법률관계에 어떤 변동을 일으키는 것이어야 하며, ⅲ) 그 국민에게 그 행위발동을 요구할 법규상 또는 조리상의 신청권이 있어야 한다."고 하여 신청권을 거부처분취소소송의 소송요건(특히 거부행위요건설)으로 본다.

3) 검토

판례의 입장을 대상적격과 원고적격의 구분을 무시한 것이라고 비판하는 견해도 있으나, 부작위의 개념에 관하여 행정소송법이 "행정청이 당사자의 신청에 대하여 상당한 기간내에 일정한 처분을 하여야 할 법률상 의무가 있음에도 불구하고 이를 하지 아니하는 것"이라고 하여 신청권에 대응하는 처분 의무를 부작위의 요소로 규정하고 있고, 거부처분 개념은 부작위개념과 연결되어 있으므로 현행 행정소송법하에서는 신청권을 거부처분의 요건으로 보는 판례의 입장이 타당하다.

4. 사안의 경우

일반적 견해와 판례는 ① 자체완성적 신고에 대한 수리는 단순한 접수행위로서 행정처분이 아니나, ② 수리를 요하는 신고에 대한 수리는 행정소송법상 행정처분에 해당하는 것으로 본다. 수리를 요하는 신고에서 '수리'란 사인이 알린 일정한 사실을 행정청이 유효한 것으로 판단하여 받아들이는 것을 말하며, 그 법적 성질은 준법률행위적 행정행위로 항고소송의 대상인 처분이다.

사안의 경우 ① 갑과 을의 주민등록전입신고에 대한 수리거부는 공권력행사의 거부에 해당하고, ② 그 수리거부는 갑과 을의 공법관계와 일상생활에서의 권리관계에 중요한 영향을 미치고, ③ 행정청의 수리거부 의사표시가 있었고, ④ 주민등록법의 목적조항과 기타 신고절차에 관한 규정의 해석상 전입신고에 대한 수리를 신청할 권리가 인정되어 주민등록전입신고의 수리거부는 처분성이 인정된다.

연습 94

갑은 A시와 B시 구간에 그럭저럭 수지를 맞추어 가며 시외버스 운송사업을 경영하고 있다. 그런데 관할행정청은 을에 대하여 동일구간에 새로운 시외버스 운송사업면허를 부여하였다. 이에 대하여 갑은 관할행정청의 을에 대한 운송사업면허에 대하여 행정소송을 제기하였다.
소송계속 중 갑이 입고 있는 영업상의 피해를 긴급히 구제받을 수 있는 수단과 그 가능성은?[401]
(25점)

Ⅰ. 문제의 소재

현재 그럭저럭 수지를 맞추어 가며 운송사업을 경영하고 있는 갑이 소속계속 중 영업상의 피해를 긴급히 구제받기 위한 임시적인 방법으로, 가구제 수단으로서 집행정지 및 가처분의 신청 가능성에 관해 검토하기로 한다.

Ⅱ. 집행정지의 가능성

1. 집행부정지의 원칙

행정소송법은 '취소소송의 제기는 처분등의 효력이나 그 집행 또는 절차의 속행에 영향을 주지 아니한다'고 하여 집행부정지 원칙을 채택하고 있다(제23조 제1항).

2. 예외적 집행정지

행정소송법은 '취소소송이 제기된 경우에 처분등이나 그 집행 또는 절차의 속행으로 인하여 생길 회복하기 어려운 손해를 예방하기 위하여 긴급한 필요가 있다고 인정할 때에는 본안이 계속되고 있는 법원은 당사자의 신청 또는 직권에 의하여 처분등의 효력이나 그 집행 또는 절차의 속행의 전부 또는 일부의 정지를 결정할 수 있다'고 하여 집행정지의 길을 열어두었다(제2항).

3. 제도의 의미

국민의 권리보호를 우선적인 정책적 목적으로 보는 입장에서는 집행정지를 원칙으로 하게 되나(독일), 행정적인 이해관계를 우선으로 하는 입장에서는 집행부정지를 원칙으로 하게 된다. 우리나라가 집행부정지원칙을 택하면서 집행정지의 예외를 인정한 것은 소의 남용을 예방하면서도 개인의 권리보호의 확보라는 요청을 조화시키기 위한 것이다. 따라서 집

---
[401] 1998년 사법시험 기출문제

행정지신청에도 법률상 이익이 있어야 한다.402)

4. 집행정지의 요건

(1) 적극적 요건 - 행정소송법 제23조 제2항, 제38조 제1항

집행정지는 ① 적법한 본안소송의 계속, ② 집행정지의 대상으로서 처분, ③ 회복하기 어려운 손해, ④ 긴급한 필요가 인정되어야 한다. 집행정지의 적극적 요건에 대한 주장·소명의 책임은 신청인에게 있다.

(2) 소극적 요건 - 행정소송법 제23조 제3항, 제38조 제1항

집행정지는 ① 공공복리에 대한 중대한 영향을 미치거나, ② 청구의 이유 없음이 명백해서는 안된다. 집행정지의 소극적 요건에 대한 주장·소명의 책임은 피신청인에게 있다.

5. 사안의 경우

(1) 회복하기 어려운 손해발생의 예방

판례는 "집행정지 요건인 '회복하기 어려운 손해'라 함은 특별한 사정이 없는 한 금전으로 보상할 수 없는 손해로서 이는 금전보상이 불능인 경우 내지는 금전보상으로는 사회관념상 행정처분을 받은 당사자가 참고 견딜수 없거나 또는 참고 견디기가 현저히 곤란한 경우의 유형, 무형의 손해를 일컫는다. 새로운 운송업자의 운행이 장기화됨에 따라 신청인은 상당한 경제적 손실을 입어 여객자동차운송사업 자체에 중대한 영향을 받거나 심각한 경영상의 위기를 맞을 우려가 있고, 이와 같은 손해는 신청인에게 참고 견디기가 현저히 곤란한 유형·무형의 손해로서 행정소송법 제23조 제2항의 '회복하기 어려운 손해'에 해당한다"403)고 판시하였다.

갑은 현재 그럭저럭 수지를 맞추어 가며 운송사업을 경영하고 있다고 하므로, 동일노선에 대해 새로이 운송사업면서를 받은 신규업자 을이 운행을 시작하여 승객유치를 위한 치열한 경쟁이 불붙고 본안판결시까지 이러한 상태가 장기화된다면, 갑의 수익감소가 심각한 지경에 이를 경우 그 경제적 손실이 사업운영 자체에 중대한 영향을 미쳐 심각한 경영상 위기를 초래할 가능성이 있다.

---

402) 행정처분에 대한 효력정지신청을 구함에 있어서도 이를 구할 법률상 이익이 있어야 하는바, 이 경우 법률상 이익이라 함은 그 행정처분으로 인하여 발생하거나 확대되는 손해가 당해 처분의 근거 법률에 의하여 보호되는 직접적이고 구체적인 이익과 관련된 것을 말하는 것이고 단지 간접적이거나 사실적·경제적 이해관계를 가지는 데 불과한 경우는 여기에 포함되지 않는다. 경쟁 항공회사에 대한 국제항공노선면허처분으로 인하여 노선의 점유율이 감소됨으로써 경쟁력과 대내외적 신뢰도가 상대적으로 감소되고 연계노선망개발이나 타항공사와의 전략적 제휴의 기회를 얻지 못하게 되는 손해를 입게 되었다고 하더라도 위 노선에 관한 노선면허를 받지 못하고 있는 한 그러한 손해는 법률상 보호되는 권리나 이익침해로 인한 손해라고는 볼 수 없으므로 처분의 효력정지를 구할 법률상 이익이 될 수 없다(대결 2000.10.10, 2000무17).

403) 대결 2004.5.17. 2004무6

(2) 공공복리에 대한 중대한 영향을 미칠 우려가 없을 것

사익의 보호가 공공복리에 중대한 영향을 주는 경우란 후자의 이익이 압도적으로 사익의 희생을 요구할 때를 말하며 이것은 공사의 이익을 비교형량하여 판단되어야 한다. 따라서 신규업자 을이 버스운행을 하지 않아 발생하는 수송공급력의 심각한 문제가 없어야 할 것이다. 이 점은 설문에서 명확하지 않으므로 갑의 집행정지신청을 불허할 이유라 하기 어렵다.

(3) 청구의 이유 없음이 명백하지 아니할 것

갑의 집행정지사건 자체에 의하여도 신청인의 본안 청구가 이유 없음이 명백하다는 사정은 보이지 않는다.

그밖에 다른 요건은 갖추었다고 보이므로 결국 갑의 집행정지신청은 받아들여질 수 있다.

Ⅲ. 가처분의 가능성

1. 문제점

갑의 임시적 권리구제수단으로서 집행정지의 신청이 인정되지 않는 경우에는 가처분 신청 가능성을 검토할 수 있다(가처분의 보충성). 가처분이란 '금전 이외의 특정한 급부를 목적으로 하는 청구권의 집행보전을 도모하거나 다툼이 있는 권리관계에 관하여 잠정적으로 임시의 지위를 정하는 것을 목적으로 하는 가구제도'이다. 행정소송법에는 가처분제도가 없고 집행정지규정만 있는데, 집행정지는 소극적 형성력만 있고 적극적으로 수익적 처분을 행정청에 명하거나 명령한 것과 동일한 상태를 창출하는 기능이 없으므로, 행정소송에 가처분을 인정할 것인지의 논의가 있다.

2. 학설 및 판례

(1) 학설

① **소극설** : ㉠ 행정처분의 위법 여부에 대한 판단에 앞서서 명문의 규정 없이 행정처분에 대한 가처분을 인정하는 것은 사법권의 범위를 벗어나는 것이고, ㉡ 행정소송법상 집행정지제도는 가처분제도에 관한 민사소송법의 특칙이며, ㉢ 의무이행소송이나 예방적 부작위소송을 인정하지 아니하므로 가처분의 본안소송이 있을 수 없다는 점에서 부정한다.

② **적극설** : ㉠ 이를 인정함으로써 사법권에 의한 실효성 있는 권리구제가 이루어진다는 점, ㉡ 행정소송법상 가처분제도를 배제하는 특별한 규정이 없으므로 법 제8조 제2항에 의거 민사소송법상 가처분의 규정을 준용할 수 있다는 점, ㉢ 거부처분취소소송을

임시의 지위를 정하는 가처분의 본안소송으로 볼 수 있는 점을 논거로 한다.
③ **절충설** : 원칙적으로 가처분규정을 준용할 수 없으나 집행정지제도를 통하여 권리구제가 되지 않는 경우에는 가처분제도가 인정된다고 보는 견해이다.

(2) 판례

판례는 "민사소송법상의 보전처분은 민사판결절차에 의하여 보호받을 수 있는 권리에 관한 것이므로, 민사소송법(현 민사집행법)상의 가처분으로써 행정청의 어떠한 행정행위의 금지를 구하는 것은 허용될 수 없다"(대결 1992.7.6, 92마54)는 입장이다.

3. 사안의 검토

해석론으로는 행정소송법이 민사집행법상의 가처분을 배제하고 특별한 규정을 둔 것이므로 행정소송에는 적용되지 않는다고 볼 것이다. 갑이 가처분 신청을 하면 각하결정이 내려질 것이다.

그러나 입법론으로는 행정소송이나 이에 따르는 가구제가 우리 헌법상 사법권에 속한다는 점, 그리고 의무이행소송과 예방적 금지소송을 인정하는 경우에는 권리구제의 실효성을 위해 가처분을 인정함이 타당하다.

Ⅳ. 설문의 해결

소속계속 중 갑이 있고 있는 영업상 피해를 긴급히 구제받기 위한 수단으로 집행정지와 가처분의 신청이 고려될 수 있다. 설문에서 갑이 그럭저럭 수지를 맞추고 있다는 사정으로 미루어보아, 을의 운행으로 인한 갑의 수익감소가 심각한 지경에 이르러 갑의 운송사업의 운영 자체의 존폐를 결정짓는 문제가 될 정도로 중대한 경영상 위기를 초래할 것으로 보인다는 점에서, 집행정지의 신청이 가능할 것으로 보인다. 그러나 가처분은 현행법의 해석상 인정되지 않을 것이다.

연습 95

을은 A광역시장으로부터 시내버스운송사업면허를 받아 시내버스운송사업을 영위하고 있는 기존업자이다. 그런데 광역시장은 동일한 구역 내에서 갑에게도 시내버스운송사업면허를 발령하였다.

을은 갑에게 발령된 시내버스운송사업면허취소소송을 제기하면서 갑에게 발령된 사업면허가 여객자동차운수사업법 제5조 제1항 제2호 소정의 면허기준에 미달되어 위법하다는 사실을 소송에서 구술로도 주장하지 않았고, 소송 기록에도 나타나 있지 않다면 수소법원은 직권으로 이 위법사실을 심리·판단할 수 있는가? (15점)

[참조조문] 여객자동차운수사업법
제5조【면허 등의 기준】① 여객자동차운송사업의 면허기준은 다음 각 호와 같다.
1. 사업계획이 해당 노선이나 사업구역의 수송 수요와 수송력 공급에 적합할 것
2. 최저 면허기준 대수(대수), 보유 차고 면적, 부대시설, 그 밖에 국토교통부령으로 정하는 기준에 적합할 것
3. 대통령령으로 정하는 여객자동차운송사업인 경우에는 운전 경력, 교통사고 유무, 거주지 등 국토교통부령으로 정하는 기준에 적합할 것

Ⅰ. 문제의 제기

행정소송에도 행정소송법 제8조 제2항에 따라 변론주의와 민사소송법 제292조(직권에 의한 증거조사 – 법원은 당사자가 신청한 증거에 의하여 심증을 얻을 수 없거나, 그 밖에 필요하다고 인정한 때에는 직권으로 증거조사를 할 수 있다)가 적용되므로 보충적으로 직권에 의한 증거조사가 가능하다.

그러나 행정소송법은 행정소송의 공익적 성격을 고려해 '법원은 필요하다고 인정할 때에는 직권으로 증거조사를 할 수 있고, 당사자가 주장하지 아니한 사실에 대하여도 판단할 수 있다'고 규정하고 있다(제26조). 이 특례규정의 해석과 관련하여 견해가 대립한다. 설문에서 수소법원은 을이 구술로 주장하지도 않았고, 소송 기록에도 나타나 있지 않은 사실을 판단할 수 있는지의 문제가 된다.

Ⅱ. 행정소송법 제26조의 성질

1. 학설

(1) 변론주의 보충설

당사자가 주장한 사실에 대해 당사자의 입증활동이 불충분하여 법원이 심증을 얻기 어려운 경우에 직권으로 증거조사가 가능하다는 규정으로 이해한다. 이에 따르면 당사자가 주장하지 않은 사실은 심판의 대상으로 삼을 수 없다.

(2) 직권탐지주의설

당사자가 주장하지 아니한 사실에 대해서도 직권탐지가 가능하며 당사자의 증거신청에 의하지 않고 직권으로 증거조사가 가능하다는 견해이다. 행정소송법 제26조 후단의 "당사자가 주장하지 아니한 사실에 대하여 판단할 수 있다"는 규정을 논거로 한다.

2. 판례

판례는 변론주의보충설의 입장에 서 있으나, 민사소송에서보다는 더 넓게 직권증거조사를 인정하고 있는 것으로 평가된다.

다만 대법원은 "행정소송법 제26조가 규정하는 바는 <u>행정소송의 특수성에서 연유하는 당사자주의, 변론주의에 대한 일부 예외규정일 뿐 법원이 아무런 제한 없이 당사자가 주장하지 아니한 사실을 판단할 수 있는 것은 아니고, 기록상 현출되어 있는 사항에 관하여서만 직권으로 증거조사를 하고 이를 기초로 하여 판단할 수 있을 따름이다.</u>"(대결 1994.4.26, 92누17402)라고 제한적으로 해석하고 있다. 그리고 행정소송에 있어서 <u>직권주의가 가미되었다고 하여서 당사자주의와 변론주의를 기본구조로 하는 이상 주장입증책임이 전도된 것이라고 할 수 없고</u>(대판 1981.6.23. 80누510), <u>기본적 사실관계의 동일성이 없는 사실을 직권으로 심사하는 것은 직권심사주의의 한계를 벗어난 것으로서 위법하다</u>(대판 2013.8.22. 2011두265890)고 한다.

한편 판례는 일정한 요건하에 직권탐지의무를 인정하기도 한다.404)405) 물론 그 한계는 있다.406)

---

404) 원고는 이 사건 토지를 취득일로부터 10년 이상 보유하다가 양도하였음이 명백하므로 비록 그 공제주장을 한 바가 없더라도 이는 법률상 당연히 공제되어야 할 것이므로 원심으로서는 그와 같이 확정한 보유기간에 따라 위 법 소정의 특별공제를 하여 정당한 세액을 산출하여야 할 것이다. 그럼에도 불구하고 원심이 이를 간과한 채 이 사건 부과처분이 적법하다고 하여 원고의 청구를 기각하였으니 이는 위 소득세법 및 행정소송의 직권심리사항에 관한 법리를 오해하여 판결에 영향을 미친 위법을 범한 것이라고 할 것이다(대판 1992.2.28. 91누6597).

405) 행정소송에서 기록상 자료가 나타나 있다면 당사자가 주장하지 않았더라도 판단할 수 있고, 당사자가 제출한 소송자료에 의하여 법원이 처분의 적법 여부에 관한 합리적인 의심을 품을 수 있음에도 단지 구체적 사실에 관한 주장을 하지 아니하였다는 이유만으로 당사자에게 석명을 하거나 직권으로 심리 판단하지 아니함으로써 구체적 타당성이 없는 판결을 하는 것은 행정소송법 제26조의 규정과 행정소송의 특수성에 반하므로 허용될 수 없다(대판 2006.9.22, 2006두7430).

3. 검토

행정소송법 제26조는 처분권주의·변론주의에 대하여 행정소송의 특수성에 연유한 예외를 부분적으로 인정한 규정이다. 따라서 변론주의의 원칙하에서 직권증거조사를 포함한 직권탐지주의를 가미한 것으로 봄이 타당하다(변론주의 보충설). 이렇게 본다면 취소소송처럼 행정소송에서 처분의 적법성에 대한 주장·입증책임이 피고 행정청에게 있는 경우라 하더라도, <u>원고는 청구권인으로 단순히 그 처분이 위법하다는 것만을 주장하여서는 안되고, 구체적으로 어떠한 점에서 그 처분이 위법한지를 먼저 주장하여야 한다</u>(대판 1981.6.23. 80누510). 원고가 청구원인으로 위법하다고 주장한 바가 심리·판단의 주된 쟁점이 되고, 원칙적으로 원고가 주장하지 않은 사유는 심리대상이 되지 아니한다.

Ⅲ. 설문의 해결

변론주의 보충설에 따르고, 판례가 "기록상 현출되어 있는 사항에 관하여서만 직권으로 증거조사를 하고 이를 기초로 하여 판단"한다고 한 점을 감안하면, 을이 갑의 면허가 여객자동차운수사업법 제5조 제1항 제2호의 면허기준에 미달된다는 사실을 구술로도 주장하지 않았고 소송 기록(주장 예고)에도 나타나 있지 않다면 수소법원은 이를 심리·판단하여서는 아니 된다.

---

406) 법원의 석명권 행사는 당사자의 주장에 모순된 점이 있거나 불완전·불명료한 점이 있을 때에 이를 지적하여 정정·보충할 수 있는 기회를 주고, 계쟁 사실에 대한 증거의 제출을 촉구하는 것을 그 내용으로 하는 것으로, <u>당사자가 주장하지도 아니한 법률효과에 관한 요건사실이나 독립된 공격방어방법을 시사하여 그 제출을 권유함과 같은 행위를 하는 것은 변론주의 원칙에 위배되는 것으로 석명권 행사의 한계를 일탈하는 것이 된다</u>(대판 2001.1.16, 99두8107).

연습 96

A광역시의 시장 乙은 세수증대, 고용창출 등 지역발전을 위해 폐기물처리업의 관내 유치를 결심하고 甲이 제출한 폐기물처리사업계획서를 검토하여 그에 대한 적합통보를 하였다. 이에 따라 甲은 폐기물처리업 허가를 받기 위해 먼저 도시·군관리계획변경을 신청하였고, 乙은 관계 법령이 정하는 바에 따라 해당 폐기물처리업체가 입지할 토지에 대한 용도지역을 폐기물처리업의 운영이 가능한 용도지역으로 변경하는 것을 내용으로 하는 도시·군관리계획변경안을 입안하여 열람을 위한 공고를 하였다. 그러나 乙의 임기 만료 후 새로 취임한 시장 丙은 폐기물처리업에 대한 인근 주민의 반대가 극심하여 실질적으로 폐기물사업 유치가 어려울 뿐만 아니라, 자신의 선거공약인 '생태중심, 자연친화적 A광역시 건설'의 실현 차원에서 용도지역 변경을 승인할 수 없다는 계획변경승인거부처분을 함과 동시에 해당 지역을 생태학습체험장 조성지역으로 결정하였다. 폐기물처리사업계획 적합통보에 따라 사업 착수를 위한 제반 준비를 거의 마친 甲은 丙을 피고로 하여 관할 법원에 계획변경승인거부처분 취소소송을 제기하였다.

- 폐기물처리사업계획 적합통보에 따라 이미 상당한 투자를 한 甲이 위 취소소송의 본안판결 이전에 잠정적인 권리구제를 도모할 수 있는 행정소송 수단에 관하여 검토하시오.[407] (20점)

Ⅰ. 문제의 제기

갑이 계획변경승인거부처분 취소소송의 본안판결 이전에 도모할 수 있는 잠정적인 권리구제 수단과 관련하여 ① 침익적 처분에 대한 집행정지(소극적 의미의 가구제)를 인정할 수 있는지, ② 수익적 처분의 거부·부작위에 대한 「민사집행법」상의 가처분제도를 행정소송에 준용할 수 있는지 여부를 검토해본다.

Ⅱ. 취소소송에 있어서의 가구제

1. 의의

행정소송에 있어서 가구제는 본안판결의 실효성을 확보하기 위하여 분쟁 있는 행정작용이나 공법상의 권리관계에 관하여 잠정적인 효력관계나 지위를 정함으로써 본안판결이 확정될 때까지 잠정적으로 권리구제를 도모하는 제도이다.

2. 필요성과 한계

행정소송도 판결로써 확정되기까지는 상당히 오랜 시일이 걸리므로, 판결이 있기까지 기

---
[407] 2013년 변호사시험 기출문제

다려서는 승소하여도 권리보호의 목적을 달성할 수 없을 수도 있다. 따라서 판결이 있기 전에 일시적인 조치를 취하여 잠정적으로 권리를 보호하여야 할 필요가 있다.

그러나 가구제의 광범위한 인정은 오히려 행정목적의 실현에 역효과를 가져올 수 있고 소송의 남용을 가져올 수 있다.

Ⅲ. 집행정지

1. 문제 상황

행정소송법은 집행부정지원칙을 채택하여, 당사자가 취소소송을 제기하였다 하더라도 처분등의 효력이나 그 집행 또는 절차의 속행에 영향을 주지 아니한다고 규정한다(행정소송법 제23조 제1항). 다만 일정한 요건을 충족하는 경우 개인의 권리보호를 위해 처분의 효력정지 등을 인정하고 있다(제23조 제2항). 설문에서 계획변경승인거부처분에 대해 행정소송법상 집행정지가 가능한지 문제된다.

2. 집행정지의 요건

집행정지의 적극적 요건은 신청인이 주장·소명하며, 소극적 요건은 행정청이 주장·소명한다(행정소송법 제23조 제4항 참조).

(1) 적극적 요건

1) 본안이 계속 중일 것

집행정지신청은 본안의 소제기 후 또는 동시에 제기되어야 한다. 또한 <u>본안소송의 제기 자체는 적법한 것이어야 하며</u>(대결 1999.11.26, 99부3), 본안소송의 요건은 집행정지의 신청에 대한 결정전에 갖추어지면 된다. 집행정지는 본안판결을 받기까지 원고의 권익을 잠정적으로 보전함을 목적으로 하는 것이므로 본안에 관한 다툼이 없는 한 집행정지는 의미를 가질 수 없기 때문이다.408)

갑은 집행정지를 신청하기 위해서는 계획변경승인거부처분에 대해 항고소송을 제기해야 한다.

---

408) 행정처분의 집행정지는 행정처분집행 부정지의 원칙에 대한 예외로서 인정되는 일시적인 응급처분이라 할 것이므로 집행정지결정을 하려면 이에 대한 본안소송이 법원에 제기되어 계속중임을 요건으로 하는 것이므로 집행정지결정을 한 후에라도 본안소송이 취하되어 소송이 계속하지 아니한 것으로 되면 집행정지결정은 당연히 그 효력이 소멸되는 것이고 별도의 취소조치를 필요로 하는 것이 아니다(대판 1975.11.11, 75누97).

2) 처분 등이 존재할 것

가. 문제점

집행정지를 위해서는 먼저 처분등이 존재해야 한다. 다만 거부처분에 대한 집행정지의 가능성에 대하여 견해가 대립한다. 즉, 집행정지제도는 소극적으로 처분이 없었던 것과 같은 상태를 만드는 효력은 있으나(소극적 형성력), 행정청에 대하여 어떠한 처분을 명하는 등 적극적인 상태를 만드는 효력(적극적 형성력)은 인정되지 않기 때문이다.

나. 학설

① 긍정설 : 집행정지결정에는 기속력이 인정되므로 거부처분의 집행정지에 따라 행정청에게 잠정적인 재처분의무가 생긴다고 볼 수 있어 행정청에 사실상의 구속력을 갖게 된다고 본다.
② 부정설 : 집행정지는 행정처분이 없었던 것과 같은 상태를 만드는 것을 의미하고 그 이상으로 행정청에게 처분을 명하는 등 적극적인 상태를 만드는 것은 대상으로 될 수 없다고 본다(다수설).
③ 제한적 긍정설 : 예외적으로 집행정지의 필요성이 인정되는 경우가 있다고 본다(예 외국인의 체류기간 갱신허가의 거부처분의 경우에 효력이 정지되면 체류기간이 경과하더라도 불법체류자로 당장 추방되지 않게 되기 때문).

다. 판례

거부처분은 그 효력이 정지되더라도 그 처분이 없었던 것과 같은 상태를 만드는 것에 지나지 아니하는 것이고 그 이상으로 행정청에 대하여 어떠한 처분을 명하는 등 적극적인 상태를 만들어 내는 경우를 포함하지 아니하는 것이므로 집행정지를 인정할 필요가 없다고 본다.409)

라. 검토

제한적 긍정설이 타당하다. 거부처분의 집행정지에 의하여 거부처분이 행해지지 아니한 상태(신청만 있는 상태)가 된다면 신청인에게 법적 이익이 인정될 수 있고, 그러한 경우에는 예외적으로 집행정지신청의 이익이 있다고 할 것이다.

그러나 설문에서 집행정지결정에 의하여 거부처분 전의 상태가 됨에 따라 갑에게 법적 이익이 있는 경우라고 보기 어렵다. 즉 제한적 긍정설이 말하는 예외적인 경우에 해당하지 않고 집행정지가 인정되지 않는다.

---

409) 대결 1991.5.2, 91두15

3) 회복하기 어려운 손해를 예방하기 위한 것일 것

집행정지는 사후의 조치를 통해서는 회복하기 어려운 손해발생의 우려가 있는 경우에만 예외적으로 인정된다. 판례는 회복하기 어려운 손해를 특별한 사정이 없는 한 <u>금전으로 보상할 수 없는 손해</u>로 이해하고,[410)411)412)] <u>금전배상이 가능하더라도 금전배상만으로는 받아들이기 어려운 경우의 유형·무형의 손해도 포함하는 것으로 이해한다</u>(대판 1998. 3.10, 97두63). 따라서 손해의 규모는 고려요인이 아니다. 판례는 과징금납부명령과 같은 금전납부로 인한 손해도 회복하기 어려운 손해에 해당하는 것으로 보기도 한다(대결 2001.10.10, 2001무29).[413)] '회복하기 어려운 손해'의 소명책임은 신청인에게 있다(대판 1999.12.20, 99무42).

설문에서 계획변경승인거부에 대한 집행정지가 인정되지 않더라도 갑의 손해는 금전배상이나 원상회복이 가능한 재산상 손실에 불과하므로 회복하기 어려운 손해라고 할 수 없다.

4) 긴급한 필요가 있을 것

회복하기 어려운 손해가 발생할 가능성이 절박하여 본안판결까지 기다릴 수 없는 긴급한 필요가 있어야 한다. 따라서 긴급한 필요의 여부는 회복하기 어려운 손해발생의 가능성과 연계하여 판단하게 된다.[414)415)]

---

410) '회복하기 어려운 손해'라 함은 <u>특별한 사정이 없는 한 금전으로 보상할 수 없는 손해로서 이는 금전보상이 불능인 경우뿐만 아니라 금전보상으로는 사회관념상 행정처분을 받은 당사자가 참고 견딜 수 없거나 또는 참고 견디기가 현저히 곤란한 경우의 유형, 무형의 손해</u>를 일컫는다고 할 것인바, 유흥접객영업허가의 취소처분으로 5,000여 만원의 시설비를 회수하지 못하게 된다면 생계까지 위협받게 되는 결과가 초래될 수 있다는 등의 사정은 위 처분의 존속으로 당사자에게 금전으로 보상할 수 없는 손해가 생길 우려가 있는 경우라고 볼 수 없다(대결 1991.3.2, 91두1).

411) 현역병입영처분취소의 본안소송에서 신청인이 승소판결을 받을 경우에는 신청인이 특례보충역으로 해당 전문분야에서 2개월 남짓만 더 종사하여 5년의 의무종사기간을 마침으로써 구 병역법 제46조 제1항에 의하여 방위소집복무를 마친 것으로 볼 것이나, 만일 위 처분의 효력이 정지되지 아니한 채 본안소송이 진행된다면 신청인은 입영하여 다시 현역병으로 복무하지 않을 수 없는 결과 병역의무를 중복하여 이행하는 셈이 되어 불이익을 입게 되고 상당한 정신적 고통을 받게 될 것임은 짐작하기 어렵지 아니하며 이와 같은 손해는 쉽게 금전으로 보상할 수 있는 성질의 것이 아니어서 사회관념상 위 '가'항의 '회복하기 어려운 손해'에 해당된다(대결 1992.4.29, 92두7).

412) (주택개량재개발사안에서) 관할 행정청이 당해 주택건설공사에 대한 공사중지명령을 발한 사안에서, 만약 위 공사중지명령의 효력이 정지되지 아니한 채 그 처분의 취소를 구하는 본안소송이 진행된다면, 그 처분의 상대방인 조합, 조합원들, 일반분양자들 및 시공회사들이 서로간의 계약관계로부터 파생되는 법률적 분쟁에 휘말리게 되어 막대한 손실을 입게 될 우려가 있고, 주택이 준공되기를 기다리면서 잠정적으로 다른 곳에서 거주하고 있는 조합원들이 입는 타격 또한 적지 아니하며 그와 같은 손해는 쉽사리 금전으로 회복할 수 있는 것이 아니어서 사회관념상 회복하기 어려운 손해에 해당한다(대결 1997.2.26, 97두3).

413) 사업여건의 악화 및 막대한 부채비율로 인하여 외부자금의 신규차입이 사실상 중단된 상황에서 285억 원 규모의 과징금을 납부하기 위하여 무리하게 외부자금을 신규차입하게 되면 주거래은행과의 재무구조개선약정을 지키지 못하게 되어 사업자가 중대한 경영상의 위기를 맞게 될 것으로 보이는 경우, 그 과징금납부명령의 처분으로 인한 손해는 효력정지 내지 집행정지의 적극적 요건인 '회복하기 어려운 손해'에 해당한다(대결 2001.10.10, 2001무29).

414) '처분 등이나 그 집행 또는 절차의 속행으로 인하여 생길 회복하기 어려운 손해를 예방하기 위하여 긴급한 필요'가 있는지 여부는 <u>처분의 성질과 태양 및 내용, 처분상대방이 입는 손해의 성질·내용 및 정도, 원상회복·금전배상의 방법 및 난이 등은 물론 본안청구의 승소가능성의 정도 등을 종합적으로 고려하여 구체적·개별적으로 판단</u>하여야 한다(대결 2004.5.12, 2003무41).

설문은 긴급한 필요가 있는 경우에 해당하지 않는다.

(2) 소극적 요건

1) 공공복리에 중대한 영향을 미칠 우려가 없을 것

집행정지가 위의 요건을 갖추어도 공공복리에 중대한 영향을 미칠 우려가 있을 때에는 허용되지 아니한다. 여기서는 비례의 원칙을 적용하여 집행정지가 공공복리에 미치는 영향과 처분의 집행부정지를 통하여 신청인이 입는 손해를 비교형량하여 판단한다.416)

설문에서 집행정지로 인해 공공복리에 중대한 영향이 있는지는 불분명하다.

2) 본안청구의 이유 없음이 명백하지 아니할 것

본안에서 패소할 것이 확실한 경우에도 집행정지를 허용할 것인지에 대하여 현행법에 명문의 규정이 없는데, 학설은 집행정지의 요건에 포함되지 않는다는 견해와 포함된다는 견해가 대립한다. 판례는 이를 집행정지의 요건에 포함시켜 신청의 본안청구가 이유없음이 명백할 때에는 행정처분의 효력정지를 명할 수 없다고 한다. 본안에서 승소할 가망이 전혀 없는 경우까지도 집행정지신청을 인용하는 것은 집행정지제도의 취지에 반한다는 것이 이유이다.417)

설문은 본안에 이유 없음이 명백한 경우라 할 수는 없다.

3. 설문의 경우

설문은 집행정지 요건을 충족하지 못하므로 갑이 집행정지를 신청한다면 기각될 것이다.

---

415) 과세처분에 의하여 입은 손해는 배상청구가 가능하므로 그 처분을 정지함에 회복할 수 없는 손해를 피하기 위하여 긴급한 사유가 있는 경우에 해당하지 아니한다(대결 1971.1.28. 70두7).

416) 행정소송법 제23조 제3항에서 집행정지의 요건으로 규정하고 있는 '공공복리에 중대한 영향을 미칠 우려'가 없을 것이라고 할 때의 '공공복리'는 그 처분의 집행과 관련된 구체적이고도 개별적인 공익을 말하는 것으로서 이러한 집행정지의 소극적 요건에 대한 주장·소명책임은 행정청에게 있다(대결 1999.12.20. 99무42).

417) 행정처분의 효력정지나 집행정지제도는 신청인이 본안 소송에서 승소판결을 받을 때까지 그 지위를 보호함과 동시에 후에 받을 승소판결을 무의미하게 하는 것을 방지하려는 것이어서 본안 소송에서 처분의 취소가능성이 없음에도 처분의 효력이나 집행의 정지를 인정한다는 것은 제도의 취지에 반하므로 효력정지나 집행정지사건 자체에 의하여도 신청인의 본안 청구가 이유 없음이 명백하지 않아야 한다는 것도 효력정지나 집행정지의 요건에 포함시켜야 한다(대결 2007.7.13. 2005무85).

Ⅲ. 가처분의 가능성

1. 문제 상황

갑의 임시적 권리구제수단으로서 집행정지의 신청이 인정되지 않는 경우에는 가처분 신청 가능성을 검토할 수 있다(가처분의 보충성). 가처분이란 다툼이 있는 법률관계에 관하여 잠정적으로 임시의 지위를 보전하는 것을 내용으로 하는 가구제제도이다(행정소송법 제8조 제2항, 민사집행법 제300조 참조). 행정소송법에는 가처분제도가 없고 집행정지규정만 있는데, 집행정지는 소극적 형성력만 있고 적극적으로 수익적 처분을 행정청에 명하거나 명령한 것과 동일한 상태를 창출하는 기능이 없으므로, 행정소송에 가처분을 인정할 것인지의 논의가 있다.

2. 항고소송에서 가처분의 가능성

(1) 학설과 판례

1) 학설

① **소극설** : ㉠ 행정처분의 위법 여부에 대한 판단에 앞서서 명문의 규정 없이 행정처분에 대한 가처분을 인정하는 것은 사법권의 범위를 벗어나는 것이고, ㉡ 행정소송법상 집행정지제도는 가처분제도에 관한 민사소송법의 특칙이며, ㉢ 의무이행소송이나 예방적 부작위소송을 인정하지 아니하므로 가처분의 본안소송이 있을 수 없다고 한다.

② **적극설** : ㉠ 이를 인정함으로써 사법권에 의한 실효성 있는 권리구제가 이루어진다는 점, ㉡ 행정소송법상 가처분제도를 배제하는 특별한 규정이 없으므로 법 제8조 제2항에 의거 민사소송법상 가처분의 규정을 준용할 수 있다는 점, ㉢ 거부처분취소소송을 임시의 지위를 정하는 가처분의 본안소송으로 볼 수 있는 점을 든다.

③ **절충설** : 원칙적으로 행정소송법이 집행정지제도를 인정하고 있으므로 가처분규정을 준용할 수 없으나, 집행정지제도를 통하여 권리구제가 되지 않는 경우에는 가처분제도가 인정된다고 본다.

2) 판례

판례는 "민사소송법상의 보전처분은 민사판결절차에 의하여 보호받을 수 있는 권리에 관한 것이므로, 민사소송법상의 가처분으로써 행정청의 어떠한 행정행위의 금지를 구하는 것은 허용될 수 없다"(대결 1992.7.6, 92마54)는 입장이다.

(2) 검토

해석론으로는 행정소송법이 민사집행법상의 가처분을 배제하고 특별한 규정을 둔 것이므로 행정소송에는 적용되지 않는다고 볼 것이다.

그러나 입법론으로는 행정소송이나 이에 따르는 가구제가 우리 헌법상 사법권에 속한다는 점, 가처분은 잠정적인 권리구제수단에 불과하므로 행정청의 권한 침해는 크게 문제되지 않으며, 당사자의 실효적인 권리구제 확대라는 측면에서 민사집행법상 가처분규정을 항고소송에도 적용하이 타당하다.

3. 설문의 경우

현행법의 해석이나 판례에 따를 때, 갑이 가처분 신청을 하면 각하결정이 내려질 것이다. 그러나 계획변경승인거부처분에 대해 행정소송법상 집행정지가 인정되지 않기 때문에 가처분을 인정할 필요가 있다.

Ⅳ. 설문의 해결

(1) 설문은 거부처분의 경우이고, 회복하기 어려운 손해라는 집행정지 요건을 충족하지 못하므로 갑이 집행정지를 신청한다면 기각될 것이다.

(2) 또한 갑이 가처분 신청을 하면 현행법상 허용되지 않아 각하결정이 내려질 것이다.

> **연습 97**
>
> 중국에서 태어난 甲(2025년 현재 17세)은 외조부모가 모두 사망하자, 2021년 유일한 가족인 모친이 있는 한국으로 입국하였다. 이후 甲은 PC방에서 알게 된 보이스피싱 조직원들의 꼬임에 넘어가 총책 지시에 따라 현금 수거 역할을 한 차례 수행함으로써 범행에 가담하였다가 적발되어 법원으로부터 보호처분을 받은 바 있다. 甲이 체류기간 연장허가 신청을 하자 출입국관리사무소장 A는 甲의 보이스피싱 범행 전력을 이유로 신청을 거부하면서 출국명령을 내렸다. 甲은 "범행 당시 사리분별 능력이 부족했고, 중국에 가면 미성년자인 본인을 돌봐줄 사람이 없다."며 법원에 주위적으로 체류기간 연장허가 발급을 명하는 취지의 재판을 청구함과 동시에 같은 내용의 가처분을 하여 줄 것을 신청하고, 예비적으로 A의 거부행위에 대한 취소소송을 제기하면서 그의 집행정지를 신청하였다. 한편 甲의 모친은 14년 전 한국에 입국하여 취업활동을 통해 한국내에 경제·사회적 생활 기반을 어느 정도 마련한 상태이며, 甲은 위 범행 이후 잘못을 뉘우치고 아르바이트를 하며 월 80만 원 정도의 수입이 있다. 아래의 물음에 답하시오 (아래에서 甲의 청구는 예비적 병합의 요건을 구비한 것으로 전제한다).[418]
>
> (1) 甲의 가처분 신청 및 주위적 청구는 인용될 수 있는가? (20점)
> (2) 甲의 집행정지 신청은 인용될 수 있는가? (위 (1)의 답안내용과 무관하게, 주위적 청구가 각하 또는 기각되고 취소소송은 적법하다고 전제할 것) (20점)

Ⅰ. 설문 (1) – 가처분 신청 및 주위적 청구의 인용가능성

1. 문제의 소재

甲은 주위적 청구로서 A의 체류기간 연장허가의 발급을 명하는 의무이행소송을 제기하면서 이의 가처분 신청을 구하고 있다. 현행법상 항고소송에서 가처분과 의무이행소송이 인정되는지 여부에 대해 검토한다.

2. 가처분 신청의 인용가능성 – 항고소송상 가처분의 인정 여부

(1) 가처분의 의의

가처분이란 금전 이외의 특정한 급부를 목적으로 하는 청구권의 집행보전을 도모하거나

---

[418] A의 처분을 구하는 의무이행소송과 거부처분에 대한 취소소송은 그 기초되는 사실관계가 甲의 체류기간 연장허가와 관련되어 있으므로 견련관계가 있다. 그러나 의무이행을 청구하는 것과 거부처분 취소를 구하는 청구는 서로 배척되는 불양립관계가 아니고 동일한 법률 목적을 위한 양립되는 청구에 불과하므로 예비적 병합의 요건을 충족하지 않는다. 다만, 양립할 수 있는 여러 개의 청구를 선택적 병합의 형태가 아닌 예비적 병합의 형태로 청구한 경우에 실무는 예비적 병합과 동일하게 취급하여 당사자가 구하는 순서대로 판단해주고 있다.

다툼이 있는 권리관계에 관하여 잠정적으로 임시의 지위를 정하는 것을 목적으로 하는 가구제도이다.

민사집행법은 가처분으로서 ① 계쟁물에 관한 가처분, ② 쟁의 있는 권리관계에 대하여 임시의 지위를 정하기 위한 가처분을 인정하고 있다(제300조).

(2) 인정 여부

1) 학설

① **소극설**: ㉠ 행정처분의 위법 여부에 대한 판단에 앞서서 명문의 규정 없이 행정처분에 대한 가처분을 인정하는 것은 사법권의 범위를 벗어나는 것이고, ㉡ 행정소송법상 집행정지제도는 가처분제도에 관한 민사소송법의 특칙이며, ㉢ 의무이행소송이나 예방적 부작위소송을 인정하지 아니하므로 가처분의 본안소송이 있을 수 없다는 점에서 부정한다.

② **적극설**: ㉠ 이를 인정함으로써 사법권에 의한 실효성 있는 권리구제가 이루어진다는 점, ㉡ 행정소송법상 가처분제도를 배제하는 특별한 규정이 없으므로 법 제8조 제2항에 의거 민사집행법상 가처분의 규정을 준용할 수 있다는 점, ㉢ 거부처분취소소송을 임시의 지위를 정하는 가처분의 본안소송으로 볼 수 있는 점에서 긍정한다.

2) 판례

판례는 행정소송법 제8조 제2항이 동법에 특별한 규정이 없는 사항은 민사집행법이 정하는 바에 의한다고 하였어도 무제한으로 적용한다는 뜻이 아니고 그 성질이 허용되는 한도에서만 민사집행법의 규정에 의한다는 뜻으로 해석할 것인바, <u>항고소송에 대하여는 민사집행법 중 가처분에 관한 규정이 적용된다고 인정할 수 없다</u>는 입장이다.419)

3) 검토

해석론으로는 행정소송법이 민사집행법상의 가처분을 배제하고 특별한 규정을 둔 것이므로 행정소송에는 적용되지 않는다고 볼 것이다.

그러나 입법론으로는 행정소송이나 이에 따르는 가구제가 우리 헌법상 사법권에 속한다는 점, 가처분은 잠정적인 권리구제수단에 불과하므로 행정청의 권한 침해는 크게 문제되지 않으며, 당사자의 실효적인 권리구제 확대라는 측면에서 민사집행법상 가처분규정을 항고소송에도 적용함이 타당하다.

---

419) 대결 1980.12.22. 80두5

(3) 사안의 경우

가처분의 본안소송이 의무이행소송이므로 집행정지만으로는 가구제의 목적을 달성할 수 없어 가처분을 허용해야 할 것이다. 그러나 이는 의무이행소송이 현행법상 인정됨을 전제로 하는 것이어서, 우선 의무이행소송이 현행법상 인정될 것인지 여부가 선결되어야 한다.

3. 주위적 청구의 인용가능성

(1) 의무이행소송의 의의

의무이행소송이란 당사자의 일정한 행정행위의 신청에 대하여 행정청이 거부하거나 부작위로 대응한 경우, 행정청에 일정한 행정행위를 해 줄 것을 청구하는 내용의 행정소송이다.

(2) 의무이행소송의 인정 여부

1) 학설
   ① **적극설**: 권력분립주의의 참뜻은 권력 상호간의 견제와 균형을 도모함으로써 권력의 남용을 막고 개인의 권리를 보장하려는 데 있다는 점, 행정소송법 제4조 제1호의 변경의 의미에는 적극적 변경도 포함된다는 점에서 긍정한다.
   ② **제한적 허용설**: 제한된 범위, 즉 ㉠ 행정청이 제1차적 판단권을 행사할 수 없을 정도로 처분요건이 일의적으로 정해져 있고, ㉡ 사전에 구제하지 않으면 회복할 수 없는 손해가 발생할 수 있으며, ㉢ 다른 구제방법이 없는 경우에만 인정한다.
   ③ **소극설**: 권력분립원칙에 입각하여 행정에 대한 1차적 판단권은 행정권에게 귀속시켜야 한다는 입장에서 허용되지 않고, 행정소송법 제4조 제1호에서의 변경은 소극적 일부취소라는 점에서 부정한다.

2) 판례
   판례는 현행 행정소송법상 행정청으로 하여금 일정한 행정처분을 하도록 명하는 이행판결을 구하는 소송은 허용되지 아니한다고 하여 소극설 입장이다.[420]

3) 검토
   현행 행정소송법이 부작위위법확인소송을 제도화하면서 그 실효성확보를 위한 간접강제제도를 강구함으로써, 의무이행소송이 채택된 것과 다름없는 효과를 거두고자 하고 있다는 점에서 적극설은 입법자의 의사에 반하는 해석이다. 그리고 제한적 허용설은 원칙과 예외를 나누는 실정법의 해석상 근거를 찾을 수 없다는 점에서 부당하다.
   따라서 소극설이 타당하므로 의무이행소송을 제기하면 각하판결이 내려져야 한다.

---

[420] 대판 1997.9.30. 97누3200

4. 문제의 해결

주위적 청구는 의무이행소송인바, 이러한 소송유형은 현행법상 인정될 수 없으므로 부적법하여 각하판결이 내려질 것이다.

가처분 역시 본안소송이 인정되지 않는 이상 피보전권리의 적격이 없어 각하결정이 내려질 것이다.

Ⅱ. 설문 (2) – 집행정지 신청의 인용가능성

1. 문제의 소재

집행정지의 적극적 요건으로 ① 처분등의 존재, ② 적법한 본안소송의 계속, ③ 회복하기 어려운 손해예방의 필요, ④ 긴급한 필요등이 있어야 하고, 소극적 요건으로 집행정지가 공공복리에 중대한 영향을 미칠 우려가 없어야 한다. 다만 거부행위의 경우에는 판례가 그 처분성과 관련하여 특별한 이론을 전개하고 있으므로 이에 대해 검토한다.

그리고 본안이 이유 있음을 요하는가에 관한 요건이 추가적으로 필요할 것인지에 대한 판단이 필요하다.

2. 집행정지 요건의 충족 여부

(1) 체류기간 연장허가 발급거부행위의 처분성

1) 거부행위의 처분성에 대한 판례의 입장

행정소송법상 거부처분이 되기 위하여는 신청이 있어야 하고, 공권력 행사를 신청한 개인에게 당해 공권력 행사를 신청할 법규상 또는 조리상의 권리가 있어야 한다는 것이 판례의 입장이다.

2) 검토

대법원은 검사임용신청에 대한 임용 여부에 관하여 어떠한 내용의 응답을 할 것인지는 임용권자의 자유재량에 속하지만 원고에게는 재량권의 한계일탈이나 남용이 없는 적법한 응답을 요구할 권리가 있으므로 거부처분이 행정소송의 대상이 된다고 판시하였다.

또한 신청권의 존부는 구체적 사건에서 신청인이 누구인가를 고려하지 않고 관계 법규의 해석에 의하여 일반 국민에게 그러한 신청권을 인정하고 있는가를 살펴 추상적으로 결정되는 것이고, 신청인이 그 신청에 따른 단순한 응답을 받을 권리를 넘어서 신청의 인용이라는 만족적 결과를 얻을 권리를 의미하는 것은 아니라고 판시하여, 신청권은 형식상의 단순한 응답요구권의 의미로 이해하고 있다.

신청권을 형식적 의미로 이해하고, 그것을 소송의 대상, 즉 처분성 인정의 문제로 보는 대법원의 입장은 타당하다.

3) 사안의 경우

체류기간 연장허가는 국내에 체류하고자 하는 자에게 소정의 기간 동안 체류할 수 있는 권리를 부여하는 특허행위로서 행정행위이므로 이를 대상으로 하는 거부행위 역시 처분성이 인정된다.

(2) 거부처분의 집행정지 대상적격

1) 학설

집행정지는 행정처분이 없었던 것과 같은 상태를 만드는 것을 의미하고 그 이상으로 행정청에게 처분을 명하는 등 적극적인 상태를 만드는 것은 대상으로 될 수 없다고 보는 것이 일반적인 견해이다.

2) 판례

<u>교도소장이 접견을 불허한 처분에 대하여 효력정지를 한다 하여도 그 처분이 없었던 것과 같은 상태를 만드는 것에 지나지 아니하는 것이고 그 이상으로 행정청에 대하여 어떠한 처분을 명하는 등 적극적인 상태를 만들어 내는 경우를 포함하지 아니하는 것이므로 효력을 정지할 필요성이 없다</u>면서 부정하는 입장이다.

3) 검토

구체적 사안에 따라서는 거부처분에 대하여도 집행정지가 인정 될 수 있다고 본다. 사안과 같은 경우 신청인이 체류기간 경과 후에도 당장에 추방되지는 않게 된다는 점에서 거부처분의 집행정지 대상적격이 인정된다고 본다.

(3) 적법한 본안소송의 계속

체류기간 연장허가 거부행위의 처분성이 인정되고, 이러한 거부처분으로 인하여 甲은 자신의 직업의 자유 및 거주의 자유를 침해받을 가능성이 있으므로 원고적격이 인정되며 그 밖에 별다른 적법요건의 불비를 의심할 소지가 없는 것이므로 본안소송은 적법하게 계속되었다.

(4) 회복하기 어려운 손해예방의 필요 유무

판례에 따르면 '회복하기 어려운 손해'라 함은 특별한 사정이 없는 한 <u>금전으로 보상할 수 없는 손해로서 이는 금전보상이 불능인 경우뿐만 아니라 금전보상으로는 사회관념상 행정처분을 받은 당사자가 참고 견딜 수 없거나 또는 참고 견디기가 현저히 곤란한 경우의 유형, 무형의 손해</u>를 말한다.

체류기간 연장허가 없이는 甲은 적은 수입이나마 한국에서 직업생활을 영위하는 일이 중단되고 유일한 모친과 이별하게 되어 인간으로서의 행복추구권이 침해될 수 있게 되는바, 이는 금전보상으로는 회복하기 현저히 곤란한 손해로 보인다.

(5) 긴급한 필요성

긴급한 필요성이란 회복하기 어려운 손해의 발생이 절박하여 본안판결을 기다릴 여유가 없음을 의미한다. 甲은 A로부터 출국명령을 받은 상태이므로 집행정지 필요성의 절박함이 인정된다.

(6) 공공복리에 중대한 영향을 미치는지 여부

이 요건은 집행정지가 공공에 미치는 영향과 처분의 집행이 신청인에게 가하는 손해를 비교형량하여 결정한다. 甲에게 체류연장허가를 발급한다고 해도, 甲은 현재 잘못을 뉘우치고 아르바이트도 하는 것으로 보아 대한민국 이익이나 공공의 안전을 해치는 행동을 할 염려가 있다고 인정할 만한 사정이 엿보이지 아니한다.

(7) 본안의 이유유무의 필요성 여부

1) 문제점

이에 관하여는 명시적 규정이 없어 본안의 이유유무, 즉 승소가능성을 어느 정도 고려해야 하는지 문제된다.[421]

2) 판례의 태도

대법원은 "행정처분의 효력정지나 집행정지제도는 신청인이 본안 소송에서 승소판결을 받을 때까지 그 지위를 보호함과 동시에 후에 받을 승소판결을 무의미하게 하는 것을 방지하려는 것이어서 본안 소송에서 처분의 취소가능성이 없음에도 처분의 효력이나 집행의 정지를 인정한다는 것은 제도의 취지에 반하므로 효력정지나 집행정지사건 자체에 의하여도 신청인의 본안 청구가 이유 없음이 명백하지 않아야 한다는 것도 효력정지나 집행정지의 요건에 포함시켜야 한다"고 판시하여 이유 없음이 명백한 경우에는 이를 고려하여 판단하여야 한다는 태도를 취한다.

3) 검토

집행정지제도의 취지에 비추어 본안소송의 승소가능성, 즉 처분에 취소나 무효사유의 하자가 있을 가능성이 있어야 한다.

그러나 자칫 집행정지 절차의 본안소송화를 초래하여 집행정지제도의 취지를 몰각할 우려가 있으므로 본안청구의 승소가능성이 명백히 없음에 대한 판단은, 신청인의 주장 자체에 의하더라도 위법하다고 볼 수 없거나 행정청이 적극적으로 적법함을 소명하여 피보전권리가 없음이 명백한 경우에만 하여야 할 것이다.

---

[421] 일본 행정사건소송법은 본안에 대하여 이유가 없다고 보일 때에는 집행정지를 할 수 없다고 규정

4) 사안의 경우

甲은 범행을 주도한 것이 아니라 총책 지시에 따라 현금 수거 역할을 한 차례 수행함으로써 단순 가담자에 그친 점, 현재는 경제적 활동도 하고 있는 점, 출국명령 처분에 따라 A군이 중국으로 출국하게 되면 자신을 돌봐줄 사람이 없는 상황에 처하게 될 것으로 보이는 점, 만일 모친과 함께 출국할 경우 모친이 약 14년간 국내에 마련한 경제·사회적 생활기반을 모두 잃게 될 우려가 있다는 점에서 甲이 제기한 거부처분 취소소송은 승소가능성이 명백히 없는 경우가 아닌 것으로 판단된다.

3. 문제의 해결

위에서 본 바와 같이 집행정지의 요건은 모두 충족된다. 이러한 요건의 구비를 甲이 스스로 소명(행정소송법 제23조 제4항)한다면 甲의 집행정지신청은 인용될 수 있다.

연습 98

갑은 LPG 충전사업허가를 신청하였다. 이에 대하여 을시장은 인근 주민들의 반대여론이 있다는 이유로 사업허가를 거부하였다. 한편, 을시장은 이후에 병이 신청한 LPG 충전사업에 대하여 허가를 하였다. 관련 법률에 의하면 을시장의 관할구역에는 1개소의 LPG 충전사업만이 가능하고, 충전소의 외벽으로부터 100m 이내에 있는 건물주의 동의를 받도록 되어 있다. 그런데 병은 이에 해당하는 건물주로부터 동의를 얻지 아니한 채 위의 허가신청을 하였다.

(1) 을시장의 병에 대한 허가처분에 대하여 갑은 취소소송을 제기할 수 있는가? (20점)
(2) 갑이 자신에 대한 불허가처분의 취소소송을 제기하였다. 취소소송의 계속 중에 을시장은 "갑의 충전소설치는 시의 도시계획에 반한다."는 법령상 사유를 들어 처분사유를 변경하였다. 타당한가? (15점)
(3) 만약 병이 처분이 내려진 후에 인근 주민의 동의를 받았다면, 위의 허가처분에 대한 하자는 치유되는가?[422] (15점)

I. 설문 (1)의 해결 : 갑의 원고적격 및 협의의 소익 인정여부

1. 문제점

갑이 자신에 대한 처분이 아닌 병에 대한 처분을 다툴 수 있는지와 관련하여, 갑과 병의 관계와 같은 경원자관계에서 원고적격과 협의의 소익을 인정할 수 있는지가 문제된다.

2. 원고적격 인정여부

(1) 원고적격에 대한 학설과 판례

행정소송법은 "취소소송은 처분 등의 취소를 구할 법률상 이익이 있는 자가 제기할 수 있다."고 하여 원고적격으로 법률상 이익을 요구하고 있다. 법률상 이익의 의미에 대해 권리구제설, 법적 보호가치 있는 이익구제설, 보호할 가치 있는 이익구제설, 적법성보장설 등의 학설이 대립하고 있다.

판례는 "행정소송은 행정청의 행정처분이 취소됨으로 인하여 법률상 직접적이고 구체적인 이익을 가지게 되는 사람만이 제기할 이익이 있다"고 판시하여 법적 보호가치 있는 이익구제설을 취하고 있다고 보여진다.

---

[422] 2008년 행정고시(재경) 기출문제 변형

(2) 경원자 관계에서의 원고적격

① **경원자 관계의 의의** : 경원자관계란 수익적 행정처분을 신청한 수인이 서로 경쟁관계에 있어 일방에 대한 면허나 인·허가 등의 행정처분이 타방에 대한 불면허·불인가·불허가 등으로 귀결될 수밖에 없는 관계이다.

② **구체적 판단** : 일반적으로 각 경원자에 대한 인·허가 등이 배타적 관계에 있으므로 경원관계의 존재만으로 타인에 대한 인·허가 등을 취소할 법률상 이익을 갖는다고 본다. 판례도 경원관계에 있어서 <u>경원자에 대하여 이루어진 허가 등 처분의 상대방이 아닌 자가 그 처분의 취소를 구할 당사자적격이 있다</u>고 보고 있다.[423] 다만, <u>명백한 법적 장애로 인하여 원고 자신의 신청이 인용될 가능성이 처음부터 배제되어 있는 경우에는 당해 처분의 취소를 구할 정당한 이익이 없다</u>(대판 2009.12.10, 2009두8359). 경원관계에 있는 자는 자신에 대한 불허가처분의 취소를 구하거나 타인에 대한 허가처분의 취소를 구할 수 있고, 또한 양자를 관련청구소송으로 병합하여 제기할 수도 있다.

(3) 검토

사안의 충전소설치허가에 있어서 갑과 병의 관계는 일방에 대한 허가가 타방에 대한 불허가로 귀결될 수밖에 없으므로 경원자관계에 있다고 할 수 있다.

원고적격에 대한 학설 가운데 통설인 "법적 보호가치 있는 이익구제설"에 의할 때, 병에 대한 허가가 취소됨으로 인하여 갑은 법률상 직접적이고 구체적인 이익을 갖게 되는 경원자라 할 수 있으므로 원고적격이 있다 할 것이다.

---

[423] 인·허가 등의 수익적 행정처분을 신청한 수인이 <u>서로 경쟁관계에 있어서 일방에 대한 허가 등의 처분이 타방에 대한 불허가 등으로 귀결될 수밖에 없는 때 허가 등의 처분을 받지 못한 자는 비록 경원자에 대하여 이루어진 허가 등 처분의 상대방이 아니라 하더라도 당해 처분의 취소를 구할 당사자적격이 있다</u> 할 것이고, 다만 <u>구체적인 경우에 있어서 그 처분이 취소된다 하더라도 허가 등의 처분을 받지 못한 불이익이 회복된다고 볼 수 없을 때에는 당해 처분의 취소를 구할 정당한 이익이 없다</u>고 할 것이다. 액화석유가스충전사업의 허가기준을 정한 전라남도 고시에 의하여 고흥군 내에는 당시 1개소에 한하여 L.P.G. 충전사업의 신규허가가 가능하였는데, 원고가 한 허가신청은 관계 법령과 위 고시에서 정한 허가요건을 갖춘 것이고, 피고보조참가인(이하 참가인이라 부른다)들의 그것은 그 요건을 갖추지 못한 것임에도 피고는 이와 반대로 보아 원고의 허가신청을 반려하는 한편 참가인들에 대하여는 이를 허가하는 이 사건 처분을 하였다는 것인 바, 그렇다면 원고와 참가인들은 경원관계에 있다 할 것이므로 원고에게는 이 사건 처분의 취소를 구할 당사자적격이 있다고 하여야 함은 물론 나아가 이 사건 처분이 취소된다면 원고가 허가를 받을 수 있는 지위에 있음에 비추어 처분의 취소를 구할 정당한 이익도 있다고 하여야 할 것이다(대판 1992.5.8, 91누13274).

3. 협의의 소익 인정여부

(1) 의의

취소소송도 재판의 일종이므로 분쟁을 재판에 의하여 해결할 만한 현실적 필요성이 있어야 하는데, 이를 '협의의 소의 이익' 또는 '권리보호의 필요'라고 한다. 취소소송은 ① 처분 등의 효력이 존속하고 있어야 하고, ② 그 취소로서 원상회복이 가능하여야 하며, ③ 이익 침해가 계속되어야 협의의 소의 이익이 인정된다.

(2) 경원자관계에서 소익이 없는 경우

경원자관계에 있다고 하더라도, 인·허가 등을 받지 못한 원고가 인·허가 등을 받은 경원자의 인·허가에 대해 취소판결을 받더라도 인허가 신청인들과의 관계에서 여전히 후순위여서 인허가를 받을 수 없는 경우에는 소송을 통한 권리보호의 이익인 협의의 소익이 부정된다.

(3) 검토

사안에서 갑의 사업허가신청을 거부한 이유가 인근 주민들의 반대여론이 있다는 이유인바 그 법적 근거가 불분명하다. 그리고 갑이 병보다 먼저 사업허가신청을 하였고, 다른 신청권자가 있다는 사정이 사례에서 보이지 않으므로 병에 대한 허가가 취소된다면 갑이 허가를 받을 수 있는 가능성이 있다. 따라서 본안판단을 구할 정당한 이익인 협의의 소익이 인정된다고 본다.

4. 설문의 해결

사안에서 갑은 원고적격이 있고 협의의 소익도 인정되므로 다른 소송요건을 충족한다면 취소소송을 제기할 수 있다.

Ⅱ. 설문 (2)의 해결 : 처분사유의 변경 인정여부

1. 문제점

을시장의 당초 거부처분 사유는 "인근 주민들의 반대여론이 있다"는 것이었는데, 소송계속 중 "시의 도시계획에 반한다"는 처분사유로 변경하는 것이 허용되는지와 그 범위가 문제된다.

2. 처분사유의 추가·변경

(1) 처분사유 추가·변경의 의의

행정청이 다툼의 대상이 되는 처분을 행하면서 처분사유를 밝힌 후 당해 처분에 대한 소송의 계속 중 당해 처분의 적법성을 유지하기 위하여 처분 당시 제시된 처분사유를 변경하거나 다른 사유를 추가할 수 있는가 하는 것이 문제되는데, 이를 처분사유의 추가·변경의 문제라고 한다.

(2) 처분사유 추가·변경의 인정여부

행정청은 사실심 변론을 종결할 때까지 당초의 처분사유와 기본적 사실관계가 동일한 범위 내에서 처분사유를 추가 또는 변경할 수 있다(행정소송규칙 제9조).

위와 같은 행정소송규칙이 시행(2023.8.31.)되기 전부터, 대법원은 "처분청은 <u>당초 처분의 근거로 삼은 사유와 기본적 사실관계가 동일성이 있다고 인정되는 한도 내에서만 다른 사유를 추가 또는 변경할 수 있다.</u>"[424]고 하여 제한적으로 인정해왔다.

(3) 한계

처분사유의 추가·변경으로 인하여 분쟁대상인 처분이 본질적으로 변경되는 것이어서는 안되며(내용적 한계), 처분사유의 추가변경은 최소한 변론종결 이전에 이루어져야 하며(시간적 한계), 추가적으로, 원고의 권리방어가 침해되지 않아야 할 것이다.

(4) 기본적 사실관계의 동일성

① 근거 : 처분사유의 추가·변경을 기본적 사실관계에 있어서의 동일성이 유지되는 한도 내에서만 인정하는 것은 <u>이유제시제도의 취지 및 행정처분의 상대방인 국민에 대한 신뢰보호 및 행정처분 상대방의 방어권 보장을 위함이다</u>(대판 2003.12.11, 2001두8827).

② 판단기준 : 이는 <u>처분사유를 법률적으로 평가하기 이전의 구체적인 사실에 착안하여 그 기초가 되는 사회적 사실관계가 기본적인 면에서 동일한지 여부에 따라 판단한다</u>(대판 1988.1.19, 87누603).[425]

---

[424] 대판 2011.11.24, 2009두19021
[425] 이 사건 토지가 제1종 일반주거지역으로 지정된 것은 이 사건 처분 이후에 새로이 발생한 사정으로 당초 처분사유와 기본적 사실관계의 동일성이 있다고 보기 어려워, 피고가 이를 이 사건 처분의 적법 여부를 판단하는 근거로 주장하는 것은 단지 당초 처분사유(46필지 전체를 개발하지 아니한 채 이 사건 토지만을 개발하는 것은 도시미관과 지역여건을 고려하지 아니한 불합리한 계획으로 지역의 균형개발을 저해한다 등)를 보완하는 간접사실을 부가하여 주장하는 데 불과하다고 할 수는 없고 새로운 처분사유의 주장에 해당하여 허용될 수 없다고 할 것이므로, 원심이 이 사건 토지가 제1종 일반주거지역으로 지정된 사실까지 이 사건 처분의 적법 여부를 판단함에 있어서 처분사유를 보완하는 사정으로 고려한 것은 일단 잘못된 것이라고 하겠다(대판 2005.4.15, 2004두10883).

③ 법적 근거의 변경 : 처분의 법적 근거가 변경됨으로써 처분의 사실관계가 변경되고, 사실관계의 기본적 동일성이 인정되지 않는 경우에는 처분의 법적 근거의 변경이 인정되지 않는다(대판 2001.3.23, 99두6392). 반대로 처분의 사실관계에 변경이 없는 한 적용법령만을 추가하거나 변경하는 것은 가능하고 법원은 추가·변경된 법령에 기초하여 처분의 적법 여부를 판단할 수 있다.426)427)

3. 설문의 해결

을시장은 취소소송의 계속 중에 "갑의 충전소설치가 시의 도시계획에 반한다"며 처분사유를 변경하였다. 이러한 처분사유의 변경이 적법하려면 최소한 당초 처분의 근거로 삼은 사유와 기본적 사실관계에 있어서 동일성이 인정되어야 할 것이다.

하지만, "이웃 주민의 반대"와 "도시계획에 반함"이라는 사유 사이에는 "기본적 사실관계의 동일성"이 전혀 인정되지 않는다 할 것이어서 을시장의 처분사유 변경은 타당성이 인정되기 힘들어 보인다.

Ⅲ. 설문 (3)의 해결 : 하자의 치유가능성

1. 문제점

병에 대한 허가처분에는 인근 건물주의 동의 요건을 갖추지 아니한 하자가 있었는바, 그러한 하자가 처분 후에 치유될 수 있는지 문제된다.

2. 하자의 치유의 의의

하자의 치유란 행정행위가 발령 당시에 적법요건을 완전히 구비한 것이 아니어서 위법한 것이라고 하여도 사후에 흠결을 보완하게 되면, 발령 당시의 하자에도 불구하고 그 행위의 효과를 다툴 수 없도록 유지하는 것을 말한다.

3. 하자치유의 사유

(1) 학설

① 다수설 : '요건을 사후보완'하는 경우에 인정한다.

---

426) 처분청이 처분 당시에 적시한 구체적 사실을 변경하지 아니하는 범위 내에서 단지 그 처분의 근거 법령만을 추가·변경하거나 당초의 처분사유를 구체적으로 표시하는 것에 불과한 경우에는 새로운 처분사유를 추가하거나 변경하는 것이라고 볼 수 없다(대판 2008.2.28, 2007두13791,13807).
427) 다른 법령에 의하여 금지·처벌되는 명칭이 제호에 사용되어 있다는 주장은 당초 처분시에 불법단체인 전국교직원노동조합의 약칭(전교조)이 제호에 사용되었다고 적시한 것과 비교하여 볼 때 당초에 적시한 구체적 사실을 변경하지 아니한 채 단순히 근거 법조만을 추가·변경한 주장으로서 이를 새로운 처분사유의 추가·변경이라고 할 수 없다(대판 1998.4.24, 96누13286).

② **소수설** : 위의 경우 외에도 '장기간 방치로 인한 법률관계의 확정'과 '취소를 불허하는 공익상 요구의 발생'을 제시한다.

(2) 판례

흠결된 요건의 사후보완 중 형식·절차에 관한 하자의 경우에만 치유를 인정하고, 내용상 하자에 대해서는 치유를 인정하지 않는 입장이다.428)

4. 하자의 치유의 한계

(1) 실체적 한계

치유를 인정하는 경우에도 국민의 권리와 이익을 침해하지 않는 범위에서 구체적 사안에 따라 합목적적으로 가려야 한다.429) 가령 경원자관계의 경우 위법한 수익적 행정행위에 대해 치유를 인정한다면 타방 당사자의 이익을 침해할 수 있으므로 하자치유를 허용할 수 없다.

(2) 시간적 한계

치유를 허용하더라도 하자의 치유가 어느 시점까지 가능한지가 문제된다. 행정쟁송제기이전시설, 사실심변론종결시설, 쟁송종결시설 등이 있으나, 판례는 '불복 여부의 결정 및 불복신청에 편의를 줄 수 있는 상당한 기간 내에 하여야 할 것'이라고 하여 행정쟁송제기이전시설의 입장으로 해석된다.

5. 설문의 해결

사안에서 갑의 적법한 허가신청이 병의 신청과 경합하고 있으므로 병에 대한 허가처분의 하자의 치유를 인정하게 되면 갑에게 불이익하게 되어 허용될 수 없으며, 또한 "이웃주민의 동의"는 법령에서 요구하는 중요한 요건이라는 점을 감안할 때 하자의 치유를 인정하기 힘들다.

---

428) 토지등급결정내용의 개별통지가 있다고 볼 수 없어 토지등급결정이 무효인 이상, 토지소유자가 그 결정 이전이나 이후에 토지등급결정내용을 알았다거나 또는 그 결정 이후 매년 정기 등급수정의 결과가 토지소유자 등의 열람에 공하여졌다 하더라도 개별통지의 하자가 치유되는 것은 아니다(대판 1997.5.28, 96누5308).
429) 행정청이 식품위생법상의 청문절차를 이행함에 있어 소정의 청문서 도달기간을 지키지 아니하였다면 이는 청문의 절차적 요건을 준수하지 아니한 것이므로 이를 바탕으로 한 행정처분은 일단 위법하다고 보아야 할 것이지만 이러한 청문제도의 취지는 처분으로 말미암아 받게 될 영업자에게 미리 변명과 유리한 자료를 제출할 기회를 부여함으로써 부당한 권리침해를 예방하려는 데에 있는 것임을 고려하여 볼 때, 가령 행정청이 청문서 도달기간을 다소 어겼다하더라도 영업자가 이에 대하여 이의하지 아니한 채 스스로 청문일에 출석하여 그 의견을 진술하고 변명하는 등 방어의 기회를 충분히 가졌다면 청문서 도달기간을 준수하지 아니한 하자는 치유되었다고 봄이 상당하다(대판 1992.10.23, 92누2844).

연습 99

甲은 2015. 1. 16. 주택신축을 위하여 개발행위허가를 신청하였다. 이에 관한 행정청 乙은 「국토의 계획 및 이용에 관한 법률」의 규정에 의거하여 "해당 개발행위에 따른 기반시설의 설치나 그에 필요한 용지의 확보계획이 적절하지 않다."라는 사유로 2015. 1. 22. 개발행위 불허가처분을 하였고, 그 다음 날 甲은 그 사실을 알게 되었다.

그런데 乙은 위 불허가 처분을 하면서 甲에게 그 처분에 대하여 행정심판을 청구할 수 있는지 여부와 행정심판을 청구하는 경우의 심판청구 절차 및 심판청구기간을 알리지 아니하였다. 甲은 개발행위 불허가 처분에 불복하여 2015. 5. 7. 행정심판위원회에 취소심판을 청구하였다. 아울러 甲은 적법한 제소요건을 갖추어 취소소송도 제기하였다.

- 을은 취소소송의 계속 중 "국토 및 자연의 유지와 환경보전 등 중대한 공익상의 필요가 있고 주변 환경이나 경관과 조화를 이루지 못한다"라는 처분사유를 새로이 추가할 수 있는가? (30점)

〈공인노무사 2015〉

1. 문제점

갑은 적법한 제소요건을 갖추어 취소소송을 제기하였다고 하는바, 을이 취소소송의 계속 중에 당초에 제시한 개발행위 불허가 사유(거부사유)와 다른 사유를 새로이 추가할 수 있는지와 관련하여, ① 처분사유 추가·변경 인정여부, ② 처분사유 추가·변경의 인정범위에 대해 살펴본다. 특히, 당초 사유와 다른 사유의 기본적 사실관계의 동일성 여부가 문제된다.

2. 처분사유 추가·변경의 의의

행정청이 처분 당시에 밝혔던 처분사유와는 다른 처분사유를 추가하거나 처분사유를 변경하여 당해 처분의 적법성을 주장하는 경우를 처분사유의 추가·변경이라고 한다.

3. 처분사유 추가·변경의 인정여부

행정청은 사실심 변론을 종결할 때까지 당초의 처분사유와 기본적 사실관계가 동일한 범위 내에서 처분사유를 추가 또는 변경할 수 있다(행정소송규칙 제9조).

위와 같은 행정소송규칙이 시행(2023.8.31.)되기 전부터, 대법원은 "처분청은 <u>당초 처분의 근거로 삼은 사유와 기본적 사실관계가 동일성이 있다고 인정되는 한도 내에서만 다른 사유를 추가 또는 변경할 수 있다.</u>"[430]고 하여 제한적으로 인정해왔다.

---
[430] 대판 2011.11.24, 2009두19021

4. 처분사유 추가·변경의 인정 범위

1) 시간적 범위
   ① **사후변경의 허용기한** : 처분사유의 사후변경은 사실심 변론종결시까지만 허용된다.[431]
   ② **처분사유의 추가·변경과 처분의 위법성판단 기준시점**
      처분의 위법성 판단 기준시점을 어디로 볼 것이냐에 따라 추가·변경할 수 있는 처분사유의 시간적 범위가 결정된다.
      ㉠ 학설 및 판례 : 학설은 ⅰ) 취소소송은 사후적 심사를 그 속성으로 한다고 보는 처분시설, ⅱ) 취소소송은 현행법규에 대한 적합성 여부를 판단하는 것이라고 보는 판결시설이 대립한다. 판례는 행정처분의 위법여부는 처분 당시의 법령상태와 사실상태를 기준으로 판단하고, 행정청이 처분당시 알고 있었던 자료에 국한되는 것은 아니고 객관적으로 존재한 사실이면 족하다고 판시하여 처분시설의 입장을 취하는 것으로 보인다.[432]
      ㉡ 검토 : 취소소송은 과거에 행해진 처분의 소극적 제거를 목적으로 하는 소송이라는 점에서, 처분시설이 타당하다. 따라서 처분 당시 객관적으로 존재했던 처분사유의 추가·변경만이 허용되며, 처분 이후의 개정된 법령상 근거나 변경된 사실상 근거는 추가·변경의 대상이 되지 아니한다.
      * 만일 판결시설에 따른다면 처분시 이후 판결까지의 사유도 추가·변경이 가능하다.

2) 객관적 범위
   ① **소송물의 동일성** : 처분사유의 사후변경은 취소소송의 소송물의 범위 내에서만 가능하다. 즉, 처분사유의 사후변경은 처분의 동일성이 유지되는 한도 내에서 인정된다. 소송물이 변경되는 경우에는 '처분의 변경'이 되어 행정소송법 제22조의 처분변경으로 인한 소의 변경을 하여야 한다.
   ② **기본적 사실관계의 동일성**
      ㉠ 판례는 "기본적 사실관계의 동일성 유무는 처분사유를 법률적으로 평가하기 이전의 구체적 사실에 착안하여 그 기초인 사회적 사실관계가 기본적인 점에서 동일한지에 따라 결정되므로, 추가 또는 변경된 사유가 처분 당시에 이미 존재하고 있었다거나 당사자가 그 사실을 알고 있었다고 하여 당초의 처분사유와 동일성이 있다고 할 수 없다."고 한다.[433]

---

431) 행정소송규칙 제9조
432) 대판 2010.1.14, 2009두11843
433) 대판 2011.11.24, 2009두19021

ⓒ 즉, 인정될 수 있는 경우로 ⅰ) 처분 당시의 사실을 변경하지 않은 채 처분의 근거 법령만을 변경한 경우, ⅱ) 허가기준에 맞지 않는다는 사유에 추가하여 구체적 불허가 사유를 제시하는 경우 등을 들 수 있다.

5. 처분사유의 추가·변경의 효과

처분사유의 추가·변경이 인정되면 법원은 추가·변경되는 사유를 근거로 심리할 수 있고, 인정되지 않는다면 법원은 당초의 처분사유만을 근거로 심리하여야 한다.

6. 설문의 해결

관할 행정청 을이 추가하려고 하는 사유는 특별히 사정변경에 따른 것이 아니고 처분 당시에 존재했던 사유라고 볼 수는 있다(시간적 한계 범위).

그러나 당초 사유로 제시한 "해당 개발행위에 따른 기반시설의 설치나 그에 필요한 용지의 확보계획이 적절하지 않다."라는 사유와 "국토 및 자연의 유지와 환경보전 등 중대한 공익상의 필요가 있고 주변 환경이나 경관과 조화를 이루지 못한다"라는 사유는 내용이 공통되거나 취지가 유사하지 않아 기본적 사실관계를 달리한다.

다시 말하여, 전자는 "개발행위를 위해서는 교통시설, 진입도로, 수도, 전기, 가스공급설비, 상하수도 등의 기반시설을 설치하여 토지이용의 합리화 및 그 기능을 증진시킬 필요가 있다는 것"을 의미하는 것인데 반하여, 후자는 "무질서한 개발을 방지하고 자연경관을 해치지 않은 환경친화적인 국토개발을 위한 것"이라는 의미가 있다.

따라서 사안의 처분사유의 추가는 소송상 허용될 수 없다.

연습 100

갑은 국토의 계획 및 이용에 관한 법률상 녹지지역인 A토지에 대하여 토석채취허가신청을 하였으나 X군수는 이를 반려하였다. 다음 물음에 답하시오. (각 물음은 상호 독립적임)

(1) X군수는 아무런 반려사유를 제시하지 않았다가, 갑이 취소소송을 제기하자 비로소 인근 주민들의 동의서를 제출하지 않았다는 이유를 제시하였다. 이 경우 법원은 어떠한 판단을 내려야 하는가? (20점)

(2) X군수는 애초에 인근 주민들의 동의서를 제출하지 않았다는 이유로 토석채취허가신청을 반려하였다가 갑이 취소소송을 제기하자, 토석채취를 하게 되면 자연경관이 심히 훼손되고, 암반의 발파 시 생기는 소음, 토석운반 차량의 통행 시 일어나는 소음, 먼지의 발생, 토석채취장에서 흘러내리는 토사가 부근의 농경지를 매몰할 우려가 있는 등 공익에 미치는 영향이 지대하다는 이유로 반려한다고 반려처분의 사유를 변경하였다. 법원은 이러한 반려처분사유의 변경을 허용할 수 있는가?[434] (20점)

국토의 계획 및 이용에 관한 법률
제56조【개발행위의 허가】① 다음 각 호의 어느 하나에 해당하는 행위로서 대통령령으로 정하는 행위(이하 "개발행위"라 한다)를 하려는 자는 특별시장·광역시장·특별자치시장·특별자치도지사·시장 또는 군수의 허가(이하 "개발행위허가"라 한다)를 받아야 한다. 다만, 도시·군계획사업에 의한 행위는 그러하지 아니하다.
1. 건축물의 건축 또는 공작물의 설치
2. 토지의 형질 변경(경작을 위한 경우로서 대통령령으로 정하는 토지의 형질 변경은 제외한다)
3. 토석의 채취
4. 토지 분할(건축물이 있는 대지의 분할은 제외한다)
5. 녹지지역·관리지역 또는 자연환경보전지역에 물건을 1개월 이상 쌓아놓는 행위

I. 논점의 정리

설문 (1)에서는 이유제시의 하자가 있는 처분의 효력과, 이유제시 하자의 치유여부 및 치유시기, 그리고 이유제시의 하자만으로 법원이 취소판결을 할 수 있는지가 문제된다.
설문 (2)에서는 처분사유의 추가·변경의 허용여부 및 인정 한계가 문제가 된다.
먼저 토석채취허가가 강학상 예외적 승인으로서 재량행위인지 여부를 검토할 필요가 있다.

---
[434] 이재화,「행정법연습」, 문영사, 2008, p.533의 사례문제를 참조함

Ⅱ. 토석채취허가의 법적 성질

1. 예외적 허가

예외적 허가(예외적 승인)는 사회적으로 유해하거나 바람직하지 않은 행위에 대한 억제적인 금지를 예외적으로 해제하여 당해 행위를 적법하게 할 수 있게 하여 주는 행정청의 행위를 말한다.

사안의 국토의 계획 및 이용에 관한 법률상 녹지지역 내 토석채취허가는 사회적 유해성을 근거로 원칙적으로 금지되고 예외적인 경우에 한하여 금지를 해제하는 강학상 예외적 허가에 해당한다.

2. 재량행위

(1) 재량행위와 기속행위의 구별기준

재량행위와 기속행위는 법의 구속정도(규율밀도)를 기준으로 한 구별이다. 즉 법이 행정행위를 규율하면서 행정청에게 행정적 판단의 여지를 부여하고 있는가의 여부에 따라 이를 부여하는 행정행위를 재량행위, 부여하고 있지 아니한 행정행위를 기속행위라고 한다. 양자를 구별하는 기준으로 종래 요건재량설과 효과재량설이 검토되어 왔다. 최근의 학설은 일률적인 기준설정보다 행정법규의 규정방식, 그 취지·목적 및 행정행위의 성질, 그리고 헌법상 기본권과의 관계 등을 함께 고려하여 개별적으로 판별하려는 것이 일반적 경향이다.

(2) 사안의 경우

예외적 허가는 원칙적으로 금지된 행위를 특정한 경우에 예외적으로 허용하는 것이므로 그러한 행위가 공익에 반하는 것인지 여부에 대하여 행정청이 다각도로 고려하여야 할 것이므로 재량행위라고 할 것이다.

판례도 "개발제한구역 내에서는 구역 지정의 목적상 <u>건축물의 건축, 공작물의 설치, 토지의 형질변경 등의 행위는 원칙적으로 금지되고, 다만 구체적인 경우에 위와 같은 구역 지정의 목적에 위배되지 아니할 경우 예외적으로 허가에 의하여 그러한 행위를 할 수 있게 되며, 한편 개발제한구역 내에서의 건축물의 건축 등에 대한 예외적 허가는 그 상대방에게 수익적인 것으로서 재량행위에 속하는 것이라고 할 것이다</u>'(대판 2004.7.22, 2003두7606)라고 하였다.

Ⅲ. 설문 (1)의 해결

1. 문제점

X군수는 아무런 반려사유를 제시하지 않았다가, 갑이 취소소송을 제기하자 비로소 인근 주민들의 동의서를 제출하지 않았다는 이유를 제시하였다. 이 경우 법원의 판단에 영향을 주는 것으로 ① X군수의 반려처분이 이유제시의무에 반하여 위법한지, ② 위법한 처분이라면 그 위법성의 정도, ③ 소송 중에 이유를 제시한 것이 하자를 치유했는지, ④ 하자를 치유하지 않는다면 이유제시의 하자만으로 법원이 취소판결을 할 수 있는지 여부가 될 것이다.

2. 처분의 이유제시의 의의 및 정도

(1) 이유제시의 의의

이유제시란 행정청이 처분을 하면서 당사자에게 처분의 이유를 제시하는 것을 말한다. 행정청은 처분을 할 때에는 원칙적으로 당사자에게 그 근거와 이유를 제시하여야 한다(행정절차법 제23조 제1항). 이유제시의 요구는 법치국가의 행정절차의 본질적 요청으로서 침익적·수익적·복효적 행위 모두에 적용된다. 판례는 행정절차법 제정 이전에도 인·허가의 취소처분 등에 있어서 행정청의 이유제시의무를 요구하는 입장을 취하여 왔다.

(2) 이유제시의 정도

① 이유제시의 정도에 대해서는 대체로 ⅰ) 처분의 원인이 되는 사실, ⅱ) 처분의 내용 및 법적 근거, ⅲ) 처분의 결정이유의 명시 등이 요구된다고 본다.

② 이유제시는 처분사유를 이해할 수 있을 정도로 구체적이어야 한다.[435] 다만 처분의 발급에 있어서 의미가 있는 모든 관점의 제시가 요구되는 것은 아니며, 처분의 발급으로 이끈 본질적인 근거와 이유가 제시되면 충분하다.[436] 재량처분의 경우는 구체적인 재량고려과정을 알 수 있을 정도이어야 한다. 불이익처분의 경우에는 그 침해의 정도

---

[435] 면허의 취소처분에는 그 근거가 되는 법령이나 취소권 유보의 부관 등을 명시하여야 함은 물론 처분을 받은 자가 어떠한 위반사실에 대하여 당해 처분이 있었는지를 알 수 있을 정도로 사실을 적시할 것을 요하며, 이와 같은 취소처분의 근거와 위반사실의 적시를 빠뜨린 하자는 피처분자가 처분 당시 그 취지를 알고 있었다거나 그후 알게 되었다 하여도 치유될 수 없다고 할 것인바, 세무서장인 피고가 주류도매업자인 원고에 대하여 한 이 사건 일반주류도매업면허취소통지에 '상기 주류도매장은 무면허 주류판매업자에게 주류를 판매하여 주세법 제11조 및 국세법사무처리규정 제26조에 의거 지정조건위반으로 주류판매면허를 취소합니다'라고만 되어 있어서 원고의 영업기간과 거래상대방 등에 비추어 원고가 어떠한 거래행위로 인하여 이 사건 처분을 받았는지 알 수 없게 되어 있다면 이 사건 면허취소처분은 위법하다(대판 1990.9.11, 90누1786).

[436] 행정절차법 제23조 제1항은 '행정청은 처분을 하는 때에는 당사자에게 그 근거와 이유를 제시하여야 한다.'고 규정하고 있는바, 일반적으로 당사자가 근거규정 등을 명시하여 신청하는 인·허가 등을 거부하는 처분을 함에 있어 당사자가 그 근거를 알 수 있을 정도로 상당한 이유를 제시한 경우에는 당해 처분의 근거 및 이유를 구체적 조항 및 내용까지 명시하지 않았더라도 그로 말미암아 그 처분이 위법한 것이 된다고 할 수 없다(대판 2007.5.10, 2005두13315).

가 심각할수록 이유제시는 보다 상세하고 구체적이어야 한다.

3. 이유제시 하자가 있는 처분의 효력

(1) 이유제시의 하자

이유제시가 요구됨에도 이의 기재가 전혀 없는 경우, 중요사항의 기재가 결여된 경우, 행정절차법 제23조 제2항에 따라 당사자가 이유제시를 처분 후에 요청하였음에도 이유제시를 하지 않거나 불충분하게 제시한 경우를 말한다.

(2) 하자의 효과

이유제시의 하자가 독자적인 무효 또는 취소사유가 될 것인지에 관하여 논란이 있으나, 무효사유와 취소사유의 구별기준에 따라 무효인 하자나 취소할 수 있는 하자가 된다(통설). 판례는 일반적으로 취소사유로 보고 있다.

4. 이유제시 하자의 치유여부 및 치유시기

(1) 하자의 치유의 의의 및 허용여부

행정행위가 발령 당시에 절차요건상 흠결이 있는 경우에 그 흠결을 사후에 보완함으로써 절차흠결의 하자치유를 인정할 것인가의 문제가 있다. 이는 이해관계인의 권익보호와 행정의 절차적 경제성 가운데 무엇을 우선할 것인가의 문제로 귀착된다.

(2) 인정여부

① 학설
  ㉠ 부정설 : 개인의 권리보호, 그리고 처분의 신중성과 공정성을 담보하려는 이유제시 자체의 존재의의에서 치유를 부정하는 견해이다.
  ㉡ 긍정설 : 행정의 효율성을 강조하여 전면적으로 긍정한다.
  ㉢ 제한적 긍정설 : 국민의 방어권보장을 침해하지 않는 범위 안에서 제한적으로만 허용된다는 견해이다.
② 판례 : 대법원은 원칙적으로 하자있는 행정행위의 치유를 인정하지 않고 있으나, 예외적으로 행정행위의 무용한 반복을 피하고 당사자의 법적 안정성을 위해 이를 허용하더라도 국민의 권리나 이익을 침해하지 않는 범위에서 구체적 사정에 따라 합목적적으로 인정하여야 한다고 판시하고 있다.437)

---

437) 대판 1983.7.26, 82.누420

(3) 치유의 시기

하자의 치유가 언제까지 가능한가의 여부가 문제되는데 ① 행정쟁송제기 이전에만 가능하다는 견해, ② 행정심판절차에서도 가능하다는 견해, ③ 행정소송절차에서도 가능하다는 견해, ④ 쟁송제기 이후에는 상대방에 권리구제의 장애를 초래하지 않는 경우에 한하여 인정된다는 절충적 견해가 있다. 판례는 <u>행정쟁송의 제기 이전에 가능하다는 입장이다</u>.438) 검토하건대, 행정소송절차에서 특히 절차상 하자의 치유를 인정할 경우, 행정의 효율성 및 소송경제를 일방적으로 강조하여 행정절차가 갖고 있는 법치국가적인 사전권리구제의 기능을 훼손하는 결과가 초래될 수 있으므로, 하자의 치유는 행정쟁송 제기 전까지 인정하는 것이 바람직하다고 생각한다.

(4) 사안의 경우

이유제시가 없는 처분은 판례에 따르면 취소사유에 해당하는 하자가 존재하는바, 절차 하자가 특히 취소사유에 해당하는 경우에 하자치유가 가능하다고 보는 것이 판례의 입장이다. 다만 이미 취소소송이 진행 중이므로 하자치유가 가능한 시간적 한계를 넘었다 할 것이므로, 이유제시의 하자는 치유되지 않는다고 할 것이다.

5. 이유제시의 하자만으로 법원이 취소판결을 할 수 있는지 여부

(1) 문제점

재량행위에 있어서는 적법한 절차를 거친 후에는 새로운 재량고려를 기초로 기존처분과는 다른 처분을 내릴 수 있으므로 절차상 하자는 독립의 취소사유가 된다(통설). 그러나 기속행위라면 당해 행정행위가 취소되어도 결국은 실체적으로 동일한 처분을 하게 되므로 절차상의 하자가 독립의 취소사유인가의 문제가 발생한다.

(2) 학설

① **소극설** : ㉠ 절차규정은 실체법적으로 적절한 행정결정을 하기 위한 수단에 불과한 점, ㉡ 절차위반을 이유로 다시 처분하다 해도 전과 동일한 처분을 하는 경우에는 행정경제 및 소송경제에 반한다는 점을 논거로, 행정절차만의 하자만을 이유로 당해 행정행위를 무효 또는 취소할 수 없다는 견해이다.

② **적극설** : ㉠ 적정한 절차는 적정한 결정의 전제가 된다는 점, ㉡ 다시 처분한다고 하더

---

438) 지방세법 제25조 제1항, 동법시행령 제8조는 강행규정이라 할 것이므로 지방세납세고지는 반드시 세액산출근거 등을 기재한 문서로써 하여야 하며 그 근거가 기재되지 아니한 납세고지서에 의한 납세고지는 위법하다. 세액산출근거가 누락된 납세고지서에 의한 과세처분의 하자의 치유를 허용하려면 늦어도 과세처분에 대한 불복여부의 결정 및 불복신청에 편의를 줄 수 있는 상당한 기간 내에 하여야 한다고 할 것이므로 위 과세처분에 대한 전심절차가 모두 끝나고 상고심의 계류중에 세액산출근거의 통지가 있었다고 하여 이로써 위 과세처분의 하자가 치유되었다고는 볼 수 없다(대판 1984.4.10, 83누393).

라도 반드시 동일한 결론에 도달한다는 보장이 없다는 점, ⓒ 취소소송 등의 기속력이 절차의 위법을 이유로 하는 경우에 준용된다는 점(행정소송법 제30조 제3항)을 논거로 하는 견해이다.

(3) 판례

<u>기속행위인 과세처분이 이유제시를 결한 경우에도 절차상의 하자를 이유로 행정행위를 취소하는 등</u> 기본적으로 적극설의 입장에 있다.

(4) 검토

행정소송법 제30조 제3항이 절차의 위법을 이유로 한 취소판결을 인정하고 있으므로 현행법상 소극설은 타당하지 않다. 우리나라 행정의 절차경시풍조를 감안하면 절차의 하자를 독립된 취소사유로 봄으로써 절차중시행정을 유도하는 것이 바람직하므로 적극설이 타당하다.

6. 소결

법원은 갑의 소제기가 소송요건을 충족하였다면, 이유제시가 없는 반려처분에 대하여 행정절차법 제23조 위반을 이유로 취소판결을 내려야 한다.

Ⅳ. 설문 (2)의 해결

1. 문제점

취소소송 도중에 X군수가 종래 처분사유로 들었던 이유를 변경하였는바, 이러한 처분사유의 변경이 허용될 것인지가 문제된다.

2. 처분사유의 추가·변경의 허용여부

(1) 처분사유의 추가·변경의 의의

행정처분은 근거사실과 근거법규를 기초로 하여 이루어지는바, 이 양자를 합하여 처분사유 또는 처분이유라 한다.

처분사유의 추가·변경(또는 사후변경)이란 소송의 계속 중에 그 대상처분의 사유를 추가하거나 잘못 제시된 사실상·법률상 근거를 변경하는 것을 말한다.

(2) 이유제시 하자의 치유와 구별

이유제시 하자의 치유는 처분시에 이유제시가 전혀 이루어지지 않았거나 법령상 요구되는 정도로 이루어지지 않은 하자가 있어 이를 사후에 치유하는 절차적 위법성의 문제임에 반해, 처분사유의 사후변경은 실체법상 적법성의 주장에 관한 소송법상의 행위이다.

(3) 허용여부

행정청은 사실심 변론을 종결할 때까지 당초의 처분사유와 기본적 사실관계가 동일한 범위 내에서 처분사유를 추가 또는 변경할 수 있다(행정소송규칙 제9조).

위와 같은 행정소송규칙이 시행(2023.8.31.)되기 전부터, 대법원은 "처분청은 <u>당초 처분의 근거로 삼은 사유와 기본적 사실관계가 동일성이 있다고 인정되는 한도 내에서만 다른 사유를 추가 또는 변경할 수 있다.</u>"439)440)고 하여 제한적으로 인정해왔다. 이는 <u>처분사유를 법률적으로 평가하기 이전의 구체적인 사실에 착안하여 그 기초가 되는 사회적 사실관계가 기본적인 면에서 동일한지 여부에 따라 판단</u>한다(대판 1988.1.19. 87누603). 그리고 판례에 따르면 <u>기본적 사실관계의 동일성은 시간적·장소적 근접성, 행위의 태양·결과 등의 제반사정을 종합적으로 고려하여 개별사안에 따라 판단</u>하여야 한다.

3. 처분사유의 추가·변경의 인정 한계

(1) '처분의 동일성'이 유지될 것

처분사유의 추가·변경은 처분의 동일성이 유지되는 한도 내에서만 가능하다. 즉 처분사유의 추가·변경으로 처분이 변경됨으로서 소송물이 변경되는 경우에는 원고는 새로운 처분에 대한 취소소송을 제기하든지 또는 처분변경으로 인한 소변경을 신청할 수 있다. 판례는 처분의 동일성 여부에 대한 판단기준으로 기본적 사실관계의 동일성 여부를 내세우고 있다.

(2) 추가·변경사유의 기준시

위법판단의 기준시에 관하여 처분시설을 취하는 경우 추가사유나 변경사유는 처분시에 객관적으로 존재하던 사유이어야 하고, 처분 후에 발생한 사실관계나 법률관계는 제외된다. 처분 후에 사실관계나 법률관계가 변경되면 처분청은 사정변경을 이유로 계쟁처분을 직권취소하고, 원고는 처분변경으로 인한 소변경을 신청할 수 있다.

---

439) 토지형질변경 불허가처분의 당초의 처분사유인 국립공원에 인접한 미개발지의 합리적인 이용대책 수립시까지 그 허가를 유보한다는 사유와 그 처분의 취소소송에서 추가하여 주장한 처분사유인 국립공원 주변의 환경·풍치·미관 등을 크게 손상시킬 우려가 있으므로 공공목적상 원형유지의 필요가 있는 곳으로서 형질변경허가 금지 대상이라는 사유는 기본적 사실관계에 있어서 동일성이 인정된다(대판 2001.9.28. 2000두8684).

440) 입찰참가자격을 제한시킨 당초의 처분 사유인 정당한 이유 없이 계약을 이행하지 않은 사실과 항고소송에서 새로 주장한 계약의 이행과 관련하여 관계 공무원에게 뇌물을 준 사실은 기본적 사실관계의 동일성이 없다(대판 1999. 3.9. 98두18565).

(3) 허용기한

행정청은 사실심 변론을 종결할 때까지 당초의 처분사유와 기본적 사실관계가 동일한 범위 내에서 처분사유를 추가 또는 변경할 수 있다(행정소송규칙 제9조).

4. 사안의 경우

"주민동의서를 제출하지 않았다"는 사유와 "자연경관이 심히 훼손되고, 암반의 발파 시 생기는 소음, 토석운반 차량의 통행 시 일어나는 소음, 먼지의 발생, 토석채취장에서 흘러내리는 토사가 부근의 농경지를 매몰할 우려가 있는 등 공익에 미치는 영향이 지대하다"는 사유는 기본적 사실관계가 다르다고 볼 수 있는바, 법원은 새로운 처분사유로의 변경을 허용할 수 없으며 기존에 제시된 이유만을 고려하여 거부처분의 위법성을 판단하여야 할 것이다.

V. 사안의 해결

설문 (1)에서, 갑이 취소소송을 제기하자 X군수는 비로소 인근 주민들의 동의서를 제출하지 않았다는 이유를 제시하였는바, 하자치유의 시간적 한계를 넘었으므로 이유제시를 하지 않은 반려처분의 하자가 치유되지는 않는다고 본다. 또한 행정절차의 사전적 권리구제절차로서의 중요성을 고려할 때 법원은 이유제시의 하자만을 이유로 취소판결을 할 수 있다. 설문 (2)에서, 소송 중 X군수가 추가로 든 처분사유는 이전의 처분사유와 기본적 사실관계가 동일하지 아니하므로 처분사유의 추가를 인정할 수 없다. 따라서 법원은 기존에 제시된 이유만을 고려하여 거부처분의 위법성을 판단하여야 할 것이다.

연습 101

甲은 전통사찰인 乙(이하 '이 사건 사찰'이라고 한다)이 소유하는 경내지인 X 토지(이하 '이 사건 토지'라고 한다)를 매수하였으나 乙이 그 소유권이전의무를 이행하지 않자 乙을 상대로 그에 대한 소유권이전등기절차 및 「전통사찰의 보존 및 지원에 관한 법률」 제9조에 따른 부동산양도허가 신청절차의 이행을 구하는 민사소송을 제기하여 그 승소판결이 확정되었고, 그에 기하여 2025. 5. 2. 관할 도지사에게 부동산양도허가 신청서를 제출하였다. 이에 대해 도지사는 「전통사찰의 보존 및 지원에 관한 법률 시행령」 제9조의 위임에 의한 문화체육관광부장관의 고시(이하 '이 사건 고시'라고 한다)에서 전통사찰의 부동산양도허가 신청서에는 그 구비서류의 하나로 '사찰이 속한 단체의 대표자 승인서'를 첨부하게 되어 있음에도 甲이 제출한 신청서에는 위 승인서가 첨부되어 있지 않음을 확인하고, 2025. 5. 9. 甲에게 30일 이내에 위 승인서를 첨부할 것을 요구하였다. 그러나 甲은 이 사건 사찰이 속하는 종단(宗團)으로부터 승인서를 받지 못하였고, 이에 따라 도지사는 2025. 6. 20. "승인서가 첨부되지 않았음을 이유로 거부하는 것이 타당하다."는 의견서를 첨부하여 문화체육관광부장관에게 甲이 제출한 신청서를 제출하였다. 이에 따라 문화체육관광부장관은 2025. 8. 1. 甲에 대해서 위 승인서가 첨부되지 않았음을 이유로 부동산양도허가 신청을 거부하는 처분을 하였다.

(1) 甲은 도지사가 문화체육관광부장관에게 의견서를 제출한 조치를 항고소송으로 적법하게 다툴 수 있는지 간략히 설명하시오. (5점)

(2) 만일 문화체육관광부장관이 甲에 대해서 부동산양도허가를 처분하면서 "90일 이내에 '사찰이 속한 단체의 대표자 승인서'를 제출할 것"을 조건으로 달았다면, ① 해당 부관의 유형을 설명하고, ② 이에 대해 甲은 그 부관이 위법함을 이유로 부관만을 다투는 항고소송을 제기할 수 있는지 설명하시오.(이 부관은 대외적 구속력이 없는 고시를 근거로 한 것이어서 위법하다고 전제함) (20점)

(3) 甲이 문화체육관광부장관을 상대로 그 거부처분에 대해 적법하게 제기한 항고소송에서, 문화체육관광부장관은 "이 사건 토지의 양도는 이 사건 사찰의 고유목적에 부합되지 아니하고 그 양도로써 이 사건 사찰의 존립이 위태롭게 될 우려가 있어 그 양도는 허가의 실체적 요건을 갖추지 못한 것이므로 원고의 허가신청을 받아들이지 아니한 이 사건 처분은 결국 적법하다."는 주장을 변론하였다. 이 주장이 만일 타당하다고 할 때 관할법원이 바로 이 점을 이유로 하여 원고의 청구를 기각할 수 있는지 여부를 설명하시오. (20점)

> [참고조문]
> 전통사찰의 보존 및 지원에 관한 법률
> 제9조【동산·부동산의 양도 등 허가】① 전통사찰의 주지는 동산이나 부동산(해당 전통사찰의 전통사찰보존지에 있는 그 사찰 소유 또는 사찰이 속한 단체 소유의 부동산을 말한다. 이하 이 조에서 같다)을 양도하려면 사찰이 속한 단체 대표자의 승인서를 첨부(사찰이 속한 단체가 없는 경우에는 제외한다)하여 문화체육관광부장관의 허가를 받아야 한다. 위원회의 운영에 필요한 그 밖의 사항은 위원회의 의결을 거쳐 위원장이 정한다.
>
> 동법 시행령
> 제9조【허가신청 절차】① 법 제9조 제1항에 따른 허가를 받으려는 전통사찰의 주지는 허가신청서와 첨부서류를 관할 시·도지사에게 제출하여야 한다.
> ② 제1항에 따라 허가신청서를 제출받은 시·도지사는 허가에 관한 의견서를 첨부하여 문화체육관광부장관에게 제출하여야 한다.

Ⅰ. 설문 (1) – 항고소송의 적법성

1. 문제의 소재

(1) 행정소송법은 취소소송의 대상을 처분 등으로 명시하고 있다(제4조 제1호). 여기에서 처분 등이란 '행정청이 행하는 구체적 사실에 관한 법집행으로서의 공권력의 행사 또는 그 거부와 그 밖에 이에 준하는 행정작용 및 행정심판에 대한 재결'을 말한다(제2조 제1항 제1호).

(2) 사안에서 도지사의 의견서 제출조치가 처분성이 인정되는지 문제된다.

2. 도지사의 의견서 제출조치의 처분성

판례에 따르면 처분은 외부에 대한 법적 행위로서 국민의 권리·의무에 직접적 영향을 미치는 행위일 것을 요구하며, 행정기관의 내부적 행위 또는 사실행위는 이에 해당하지 않는다. 도지사는 행정청에 해당하지만 문화체육관광부장관에 대한 의견서 제출행위는 외부에 대한 법적 행위로서 직접 국민의 권리·의무에 영향을 미친다고 보기 어렵고, 행정조직법상 행정기관 상호간의 행위에 해당한다. 따라서 도지사의 의견서 제출조치는 항고소송의 대상이 되는 처분에 해당하지 않는다.

3. 사안의 해결

甲은 도지사가 문화체육관광부장관에게 의견서를 제출한 조치를 대상으로 항고소송을 제기할 수 없다.

Ⅱ. 설문 (2) – 부관의 유형 및 부관만을 다투는 항고소송의 적법성

1. 문제의 소재

(1) 설문에서 이 부관은 대외적 구속력이 없는 고시를 근거로 한 것이어서 위법하다고 전제하였다. 쟁송방법을 살펴보기 위해 먼저 이 부관의 유형을 검토한다.

(2) 수익적 행정행위의 위법한 부관에 대한 행정쟁송을 하는 경우 부관부행정행위 전체가 취소된다면 이미 발급받은 수익적 행정행위도 소멸되므로 당사자에게 불리할 수 있다. 따라서 사인이 침익적인 부관만을 취소쟁송으로 다룰 수 있는지(독립쟁송가능성) 문제된다.

2. '대표자 승인서 제출' 부관의 유형

(1) 부관의 의의

강학상 부관이란 행정행위의 효과를 제한 또는 보충하거나 특별한 의무를 부과하기 위하여 행정기관에 의해 주된 행정행위에 부가된 종된 규율을 말한다.

(2) 부관의 종류

부관에는 ① 행정행위의 효력의 발생·소멸을 장래에 발생여부가 객관적으로 '불확실'한 사실에 의존시키는 부관인 조건, ② 행정행위의 효력의 발생·소멸을 장래에 발생 여부가 '확실'한 사실, 즉 장래의 특정시점에 종속시키는 부관인 기한, ③ 수익적 행정행위에 부가된 부관으로서 상대방에게 작위·부작위·수인·급부의무를 명하는 부담, ④ 일정요건 하에서 행정행위를 철회하여 행정행위의 효력을 소멸케 할 수 있음을 정한 부관인 철회권의 유보, ⑤ 법률이 예정하고 있는 행정행위의 효과의 일부를 행정청이 배제하는 부관인 법률효과의 일부배제 등이 있다.

(3) 부관 중 부담인지 여부

부담이란 수익적 행정행위에 부가된 부관으로서 상대방에게 작위·부작위·수인·급부의무를 명하는 것을 말한다. 실정법과 행정실무상 부담을 조건이라는 용어로 사용하는 경우가 많으므로 양자의 구별이 곤란하다.

부담부행위는 부담의 이행 여부를 불문하고 효력이 발생하는 점에서 정지조건부 행위가 조건이 성취되어야 효력이 발생하는 것과 구별된다. 부담인지 정지조건인지 그 취지가 불분명하면 최소침해의 원칙에 따라 상대방에 유리한 부담으로 해석하는 것이 일반적이다. 부동산양도허가를 처분하면서 "90일 이내에 '사찰이 속한 단체의 대표자 승인서'를 제출할 것"을 부관으로 했다면, 이는 본체인 부동산양도허가와는 독립된 작위의무를 부과한 부담으로 보는 것이 타당하다.

3. 부관의 독립쟁송 가능성

(1) 문제점

일부취소소송상 항고소송의 대상적격과 관련하여 부관의 독립쟁송 가능성이 문제된다.

(2) 학설

1) 부담과 기타 부관을 구분하는 견해(부관의 종류에 따라 구분)

다수설은 부담만이 독립된 행정행위이므로 독립하여 쟁송의 대상이 될 수 있고(진정일부취소소송), 그 이외의 부관은 그 자체가 독립된 행정행위의 성격을 갖지 않고 주된 행정행위의 일부에 해당하기 때문에 부관부행정행위 전체를 소의 대상으로 하여야 하며, 다만 이들이 주된 행정행위의 중요한 요소가 아닌 경우에는 행정소송법 제4조 제1호에 따라 부관만의 취소를 구하는 소송을 제기할 수 있다고 한다(부진정일부취소소송).

2) 모든 부관이 독립쟁송가능하다는 견해

이 견해는 ⅰ) 부관의 부가적인 속성상 분리될 수 없는 부관이란 존재하지 않고, ⅱ) 부관의 분리가능성은 독립취소가능성의 문제인 본안의 문제이며 쟁송의 허용성의 문제(소송요건의 문제)는 아니기 때문에, 소의 이익이 있는 한 모든 부관에 대하여 독립하여 행정쟁송이 가능하다고 한다(부진정일부취소소송).

3) 분리가능성을 기준으로 하는 견해

이 견해는 ⅰ) 독립가능성의 문제는 독립취소가능성의 전제문제라는 점, ⅱ) 분리가능하지 않은 부관에 관한 항고소송을 각하하여 소송을 조기에 종결할 수 있다는 점에서, 부관만의 독립취소가 법원에 의하여 인정될 정도의 독자성(주된 행위와의 분리가능성)을 갖는 부관이라면 그 처분성 인정 여부와 무관하게 독자적으로 다툴 수 있다고 한다. 그러나 부관이 주된 행정행위의 본질적인 요소를 이루고 있는 한, 부관부 행정행위 전체를 대상으로 하여 취소소송 내지 무효확인소송을 제기하여야 한다고 한다.

(3) 판례

판례는 "행정행위의 부관은 행정행위의 일반적인 효력이나 효과를 제한하기 위하여 의사표시의 주된 내용에 부가되는 종된 의사표시이지 그 자체로서 직접 법적 효과를 발생하는 독립된 처분이 아니므로 <u>현행 행정쟁송제도 아래서는 부관 그 자체만을 독립된 쟁송의 대</u>

상으로 할 수 없는 것이 원칙이나 행정행위의 부관 중에서도 <u>행정행위에 부수하여 그 행정행위의 상대방에게 일정한 의무를 부과하는 행정청의 의사표시인 부담의 경우에는 다른 부관과는 달리 행정행위의 불가분적인 요소가 아니고 그 존속이 본체인 행정행위의 존재를 전제로 하는 것일 뿐이므로 부담 그 자체로서 행정쟁송의 대상이 될 수 있다</u>"(대판 1992.1.21, 91누1264)고 하여 부담은 독립하여 다툴 수 있다는 입장이다.

(4) 검토

부담의 경우만 독립쟁송이 가능하다는 견해는 사인의 권리보호에 미흡하고, 모든 경우에 독립쟁송이 가능하다는 견해는 주된 행위와의 관련성을 무시하는 것이어서 문제점이 있다. 분리가능성을 기준으로 하는 견해가 논리적이고 사인의 권리보호에 적합하다.

사안의 승인서 제출 조건은 강학상 부담으로서 어떤 견해에 의하더라도 독립쟁송 가능성이 긍정되며, 진정 일부취소소송의 대상이 된다.

4. 사안의 해결

부동산양도허가를 처분하면서 "90일 이내에 '사찰이 속한 단체의 대표자 승인서'를 제출할 것"을 부관으로 한 것은 부담을 부과한 것으로 보아야 한다.

90일 이내에 승인서를 제출하도록 한 것을 부담으로 본다면 판례에 의할 때 이 사건의 부관만을 다투는 항고소송을 제기할 수 있다.

Ⅲ. 설문 (3) – 처분사유의 추가·변경 인정 여부

1. 문제의 소재

甲은 적법한 제소요건을 갖추어 취소소송을 제기하였다고 하는바, 피고가 취소소송의 계속 중에 당초에 제시한 승인서 미첨부(거부사유)와 다른 사유를 새로이 추가할 수 있는지와 관련하여, ① 처분사유 추가·변경 인정여부, ② 처분사유 추가·변경의 인정범위에 대해 살펴본다. 특히 사안은 당초 사유와 다른 사유의 기본적 사실관계의 동일성 여부가 문제된다.

2. 처분사유 추가·변경의 의의

행정청이 처분 당시에 밝혔던 처분사유와는 다른 처분사유를 추가하거나 처분사유를 변경하여 당해 처분의 적법성을 주장하는 경우를 처분사유의 추가·변경이라고 한다.

3. 처분사유 추가·변경의 인정여부

행정청은 사실심 변론을 종결할 때까지 당초의 처분사유와 기본적 사실관계가 동일한 범위 내에서 처분사유를 추가 또는 변경할 수 있다(행정소송규칙 제9조).

위와 같은 행정소송규칙이 시행(2023.8.31.)되기 전부터, 대법원은 "처분청은 <u>당초 처분의 근거로 삼은 사유와 기본적 사실관계가 동일성이 있다고 인정되는 한도 내에서만 다른 사유를 추가 또는 변경할 수 있다.</u>"442)고 하여 제한적으로 인정해왔다.

4. 처분사유 추가·변경의 인정 범위

(1) **시간적 범위**

① **사후변경의 허용기한** : 처분사유의 사후변경은 사실심 변론종결시까지만 허용된다.443)

② **처분사유의 추가·변경과 처분의 위법성판단 기준시점** : 처분의 위법성 판단 기준시점을 어디로 볼 것이냐에 따라 추가·변경할 수 있는 처분사유의 시간적 범위가 결정된다. 학설은 처분시설과 판결시설이 대립하는데, 판례는 <u>행정처분의 위법여부는 처분 당시의 법령상태와 사실상태를 기준으로 판단하고, 행정청이 처분당시 알고 있었던 자료에 국한되는 것은 아니고 객관적으로 존재한 사실이면 족하다</u>고 판시하여 처분시설의 입장을 취하는 것으로 보인다.444) 취소소송은 과거에 행해진 처분의 소극적 제거를 목적으로 하는 소송이라는 점에서, 처분시설이 타당하다.

(2) **객관적 범위**

① **소송물의 동일성** : 처분사유의 사후변경은 취소소송의 소송물의 범위 내에서만 가능하다. 즉, 처분사유의 사후변경은 처분의 동일성이 유지되는 한도 내에서 인정된다. 소송물이 변경되는 경우에는 '처분의 변경'이 되어 행정소송법 제22조의 처분변경으로 인한 소의 변경을 하여야 한다.

② **기본적 사실관계의 동일성**

㉠ 근거 : 처분사유의 추가·변경을 기본적 사실관계에 있어서의 동일성이 유지되는 한도 내에서만 인정하는 것은 <u>이유제시제도의 취지 및 행정처분의 상대방인 국민에 대한 신뢰보호 및 행정처분 상대방의 방어권 보장을 위함</u>이다(대판 2003.12.11, 2001두8827).

---

442) 대판 2011.11.24, 2009두19021
443) 행정소송규칙 제9조
444) 대판 2010.1.14, 2009두11843

ⓛ 판단기준 : 이는 처분사유를 법률적으로 평가하기 이전의 구체적인 사실에 착안하여 그 기초가 되는 사회적 사실관계가 기본적인 면에서 동일한지 여부에 따라 판단한다(대판 1988.1.19, 87누603).

ⓒ 법적 근거의 변경 : 처분의 법적 근거가 변경됨으로써 처분의 사실관계가 변경되고, 사실관계의 기본적 동일성이 인정되지 않는 경우에는 처분의 법적 근거의 변경이 인정되지 않는다(대판 2001.3.23, 99두6392). 반대로 처분의 사실관계에 변경이 없는 한 적용법령만을 추가하거나 변경하는 것은 가능하고 법원은 추가·변경된 법령에 기초하여 처분의 적법 여부를 판단할 수 있다.[445]

5. 사안의 해결

이 사건 토지의 양도는 이 사건 사찰의 고유목적에 부합되지 아니하고 그 양도로써 사찰의 존립이 위태롭게 될 우려가 있어 그 양도는 허가의 실체적 요건을 갖추지 못하였다는 사유는 처분 이후의 변경된 사실을 주장한 것이 아닌 것으로 보이므로 시간적 범위 내에 있다. 그러나 당초 문화체육관광부장관이 제시한 '사찰이 속한 단체의 대표자 승인이라는 절차적 요건을 갖추지 못하였다는 사유'는 형식적 사유에 국한되는 반면, 추가·변경된 사유는 실체적인 처분사유라는 점에서 양자의 기본적 사실관계의 동일성이 인정되지 않는다. 따라서 그 주장이 타당하다고 할지라도 관할법원이 바로 이 점을 이유로 하여 원고의 청구를 기각할 수 없다.

---

[445] 다른 법령에 의하여 금지·처벌되는 명칭이 제호에 사용되어 있다는 주장은 당초 처분시에 불법단체인 전국교직원노동조합의 약칭(전교조)이 제호에 사용되었다고 적시한 것과 비교하여 볼 때 당초에 적시한 구체적 사실을 변경하지 아니한 채 단순히 근거 법조만을 추가·변경한 주장으로서 이를 새로운 처분사유의 추가·변경이라고 할 수 없다(대판 1998.4.24, 96누13286).

연습 102

국가공무원 甲은 업무시간 중 민원인으로부터 골프접대 등의 뇌물을 수수하였다는 이유로 징계권자로부터 해임의 징계처분을 받고, 그 징계처분에 대하여 소청심사를 거쳐 취소소송을 제기하였다. 피고 행정청은 취소소송의 계속 중 甲이 뇌물수수 뿐만 아니라 업무시간 중 골프접대를 받는 등 직무를 태만히 한 것도 징계사유의 하나라고 소송절차에서 주장하였다. 이러한 피고의 주장이 허용되는지 설명하시오. (25점)

※「국가공무원법」제78조【징계사유】① 공무원이 다음 각 호의 어느 하나에 해당하면 징계 의결을 요구하여야 하고 그 징계 의결의 결과에 따라 징계처분을 하여야 한다.
1. 이 법 및 이 법에 따른 명령을 위반한 경우
2. 직무상의 의무(다른 법령에서 공무원의 신분으로 인하여 부과된 의무를 포함한다)를 위반하거나 직무를 태만히 한 때
3. 직무의 내외를 불문하고 그 체면 또는 위신을 손상하는 행위를 한 때

〈공인노무사 2021〉

I. 문제의 소재

종래의 통설, 판례는 당초 처분의 근거로 삼은 사유와 기본적 사실관계가 동일성이 있다고 인정되는 사유를 새로운 처분사유로 추가·변경할 수 있다고 보지만, 사안의 경우처럼 당초 처분의 근거로 삼은 사유와 기본적 사실관계가 동일성이 있다고 인정되는 경우446)에도 상대방의 방어권 보장을 위해 처분사유의 추가변경이 제한될 수 있는지 문제된다.

II. 처분사유의 추가·변경 일반론

1. 처분사유 추가·변경의 의의

행정청이 다툼의 대상이 되는 처분을 행하면서 처분사유를 밝힌 후 당해 처분에 대한 소송의 계속 중 당해 처분의 적법성을 유지하기 위하여 처분 당시 제시된 처분사유를 변경하거나 다른 사유를 추가할 수 있는가 하는 것이 문제되는데, 이를 처분사유의 추가·변경의 문제라고 한다.

---

446) 그러나 설문처럼 징계사유가 변경되면 바로 기본적 사실관계의 동일성을 부정하는 시각도 있다.

2. 처분사유 추가·변경의 인정여부

행정청은 사실심 변론을 종결할 때까지 당초의 처분사유와 기본적 사실관계가 동일한 범위 내에서 처분사유를 추가 또는 변경할 수 있다(행정소송규칙 제9조).

위와 같은 행정소송규칙이 시행(2023.8.31.)되기 전부터, 대법원은 "처분청은 <u>당초 처분의 근거로 삼은 사유와 기본적 사실관계가 동일성이 있다고 인정되는 한도 내에서만 다른 사유를 추가 또는 변경할 수 있다.</u>"[447]고 하여 제한적으로 인정해왔다.

3. 처분사유 추가·변경의 한계

처분사유의 추가·변경으로 인하여 분쟁대상인 처분이 본질적으로 변경되는 것이어서는 안되며(내용적 한계), 처분사유의 추가변경은 사실심 변론종결 이전에 이루어져야 하며(시간적 한계), 원고의 권리방어권이 침해되지 않아야 할 것이다.

4. 기본적 사실관계의 동일성

(1) 근거

처분사유의 추가·변경을 기본적 사실관계에 있어서의 동일성이 유지되는 한도 내에서만 인정하는 것은 <u>이유제시제도의 취지 및 행정처분의 상대방인 국민에 대한 신뢰보호 및 행정처분 상대방의 방어권 보장을 위함</u>이다.[448]

(2) 판단기준

이는 <u>처분사유를 법률적으로 평가하기 이전의 구체적인 사실에 착안하여 그 기초가 되는 사회적 사실관계가 기본적인 면에서 동일한지 여부에 따라 판단한다.</u>[449] 그리고 판례에 따르면 기본적 사실관계의 동일성은 시간적·장소적 근접성, 행위의 태양·결과 등의 제반 사정을 종합적으로 고려하여 개별사안에 따라 판단하여야 한다.

특히 처분의 법적 근거가 변경됨으로써 처분의 사실관계가 변경되고, 사실관계의 기본적 동일성이 인정되지 않는 경우에는 처분의 법적 근거의 변경이 인정되지 않는다.[450] 반대로 처분의 사실관계에 변경이 없는 한 적용법령만을 추가하거나 변경하는 것은 가능하고

---

447) 대판 2011.11.24, 2009두19021
448) 대판 2003.12.11, 2001두8827
449) 대판 2005.4.15, 2004두10883).
450) 대판 2001.3.23, 99두6392

법원은 추가·변경된 법령에 기하여 처분의 적법 여부를 판단할 수 있다.451)452)

Ⅲ. 처분사유 추가변경 제한의 필요성

1. 징계사건의 경우

판례의 경향은 징계사유가 변경되면 기본적 사실관계가 동일하지 않는 것으로 보나,453) 징계사건에서 기본적 사실관계의 동일성을 일률적으로 판단할 수 없다. 예컨대, 교사에 대한 당초의 징계사유는 "여학생에게 적절치 않은 문자메시지를 수회 송신하여 언어적 성희롱을 하였다"는 것이었으나, 그러한 행위가 평균적인 사람으로 하여금 성적 굴욕감 또는 혐오감을 느끼게 하는 성적 언동에 해당하지 않아 징계사유가 인정되지 않았다고 판단할 수 있음에도, 다시 "교원으로서의 품위를 손상하는 행위였다"라고 징계사유를 변경하는 것은 기본적 사실관계가 동일하다고 볼 여지가 있다.

그러나 이 경우에도 기본적 사실관계의 동일성이 인정된다는 이유로 처분사유의 추가변경 이론을 적용하여 적법한 징계사유로 판단한다면 원고에 대하여 방어권을 심대하게 침해한 것으로 불허됨이 타당하다.

2. 사안의 경우

(1) 기본적 사실관계의 동일성 여부

뇌물수수와 직무태만은 모두 '업무시간 중 민원인으로부터의 골프접대를 받았다'는 구체적인 사실에 있어서 사회적 사실관계가 기본적인 면에서 동일하다. 추가된 사유가 국가공무원법 제78조 제1항 2호에 해당하여 근거법령이 추가된 경우에 해당하나 시간적·장소적 근접성, 행위의 태양·결과 등의 제반사정을 종합적으로 고려하면 기본적 사실관계의 동일성을 인정하는데 지장이 없는 것으로 보인다.

> ※ 이에 대하여, 직무태만은 뇌물수수를 구체화하는 경우도 아니고, 뇌물수수는 직무의 청렴성을 보장하기 위한 취지이고 직무태만은 직무의 전념성을 보장하기 위한 취지이므로 취지가 유사한 경우도 아니어서 양자는 기본적 사실관계가 동일하지 않다는 견해도 가능하다.

---

451) 대판 2008.2.28, 2007두13791,13807
452) 다른 법령에 의하여 금지·처벌되는 명칭이 제호에 사용되어 있다는 주장은 당초 처분시에 불법단체인 전국교직원노동조합의 약칭(전교조)이 제호에 사용되었다고 적시한 것과 비교하여 볼 때 당초에 적시한 구체적 사실을 변경하지 아니한 채 단순히 근거 법조만을 추가·변경한 주장으로서 이를 새로운 처분사유의 추가·변경이라고 할 수 없다(대판 1998.4. 24, 96누13286).
453) 구청위생과 직원인 원고가 이 사건 당구장이 정화구역외인 것처럼 허위표시를 함으로써 정화위원회의의심의를 면제하여 허가처분하였다는 당초의 징계사유와 정부문서규정에 위반하여 이미 결재된 당구장허가처분서류의 도면에 상사의 결재를 받음이 없이 거리표시를 기입하였다는 원심인정의 비위사실과는 기본적 사실관계가 동일하지 않으므로 징계처분취소소송에서 이를 징계사유로 추가 또는 변경할 수 없는 것이다(대판 1983.10. 25. 83누396).

(2) 원고의 방어권 침해의 정도

당초사유가 업무시간 중 민원인으로부터 골프접대 등의 뇌물을 수수하였다는 이유였고, 추가된 사유 역시 업무시간 중 골프접대를 받는 등 직무를 태만히 한 것이라는 점에서, 원고 갑은 뇌물수수 행위에 대한 피고 주장에 대한 항변에 집중하더라도 방어권이 심대하게 침해되는 경우라고 할 수 없다. 따라서 피고는 직무태만이라는 처분사유를 추가하여 주장할 수 있다.

Ⅳ. 설문의 해결

피고 행정청이 "甲이 업무시간 중 골프접대를 받는 등 직무를 태만히 한 것도 징계사유의 하나"라고 소송절차에서 주장하는 것은 허용된다.

보충문제 1

甲은 정당한 이유 없이 계약을 이행하지 않았음을 이유로 입찰참가자격 제한처분을 받았다. 이에 대해 甲이 취소소송으로 다투던 중 처분청은 당초 처분사유 외에 위 계약 당시 관계 공무원에게 뇌물을 준 사실을 처분사유로 추가하였다. 처분청의 행위는 소송상 허용되는가?
(25점)
• 공인노무사 2011

Ⅰ. 논점 : 처분사유의 추가·변경

Ⅱ. 처분사유의 추가·변경

Ⅲ. 사례의 해결

처분청이 새롭게 추가하려고 하는 "계약 당시 관계 공무원에게 뇌물을 주었다"는 사실은 입찰참가자격 제한처분 당시에 존재하고 있었으므로 문제되지 않는다(시간적 한계). 그러나 "정당한 이유 없이 계약을 이행하지 않았다"는 사유와는 내용이 공통되거나 유사하지 않아 기본적 사실관계의 동일성이 부정된다고 볼 것이므로, 위 처분청의 행위는 소송상 허용되지 않는다.

유사한 사건에서 판례도 "피고가 지방재정법 제63조에 의하여 준용되는 국가를당사자로 하는계약에관한법률 제27조 제1항에 의하여 원고의 입찰참가자격을 제한시킨 이 사건 처분을 함에 있어서 그 처분사유로 단지 정당한 이유 없이 계약을 이행하지 아니한 사실과 그에 대한 법령상의 근거로 법시행령 제76조 제1항 제6호를 명시하고 있음이 분명하고, 피고가 이 사건 소송에서 비로소 이 사건 처분사유로 내세우고 있는 같은 조항 제10호 소정의 "계약의 이행과 관련하여 관계 공무원에게 뇌물을 준 것"은 피고가 당초 이 사건 처분의 근거로 삼은 위 구체적 사실과는 그 기초가 되는 사회적 사실관계의 기본적인 점에서 다르다고 할 것이므로 피고는 이와 같은 사유를 이 사건 처분의 근거로 주장할 수 없다." (대판 1999.3.9. 98두18565)고 하였다.

보충문제 2

가구제조업을 운영하는 甲은 사업상 필요에 의해 자신이 소유하는 산림 50,000m² 일대에서 입목을 벌채하고자 산림자원의 조성 및 관리에 관한 법률 제36조 및 같은 법 시행규칙 제44조의 규정에 따라 관할 행정청 乙시장에게 입목벌채허가를 신청하였다. 이에 대해서 인근 A사찰의 신도들은 해당 산림의 입목벌채로 인하여 사찰의 고적하고 엄숙한 분위기가 저해될 것을 우려하여 乙시장에게 당해 허가를 내주지 말라는 민원을 강력히 제기하였다. 그러나 乙시장은 甲의 입목벌채허가신청이 관계 법령이 정하는 허가요건을 모두 갖추었음을 이유로 입복벌채허가를 하였다.

A사찰 신도들의 민원이 계속되자 乙시장은 민원을 이유로 甲에 대한 입목벌채 허가를 취소하였고, 이에 대해 甲은 입목벌채허가취소처분 취소소송을 제기하였다. 乙시장은 취소소송 계속 중에 A사찰이 유서가 깊은 사찰로 보존가치가 높고 사찰 인근의 산림이 수려하여 보호의 필요가 있다는 처분사유를 추가하였다. 이러한 처분사유의 추가가 허용되는가? (15점)

• 2018 5급(행정) 공채

Ⅰ. 논점 : 취소소송에서 처분사유 추가·변경 허용 여부

Ⅱ. 처분사유의 추가·변경

Ⅲ. 사례의 해결
　ㅇ 추가한 사유는 처분시에 존재했던 사유이므로 시간적 한계는 충족
　ㅇ "A사찰 신도들의 민원"이라는 당초의 처분사유와 "사찰 및 인근산림 보호필요"라는 추가사유는 기본적 사실관계의 동일성이 인정된다고 할 수 없음. 따라서 乙시장은 위 취소소송에서 새로운 사유를 추가할 수 없음

보충문제 3

甲은 주택을 소유하고 있었는데 그 지역이 한국토지주택공사가 사업자가 되어 시행하는 주택건설사업의 사업시행지구로 편입되면서 甲의 주택도 수용되었다. 사업시행자인 한국토지주택공사는 「공익사업을 위한 토지 등의 취득 및 보상에 관한 법률」 제78조에 따라 이주대책의 일환으로 주택특별공급을 실시하기로 하였다. 그 후 甲은 「주택공급에 관한 규칙」 제19조 제1항 제3호 규정에 따라 A아파트입주권을 특별분양하여 줄 것을 신청하였다. 그런데 한국토지주택공사는 甲이 A아파트의 입주자모집공고일을 기준으로 무주택세대주가 아니어서 특별분양 대상자에 해당되지 않는다는 이유로 특별분양신청을 거부하였다. 이에 대하여 甲은 한국토지주택공사를 피고로 하여 특별분양신청 거부처분취소소송을 제기하였다.

취소소송의 계속 중에 입주자모집공고일 당시 무주택세대주였다는 甲의 주장이 사실로 인정될 상황에 처하자 한국토지주택공사는 甲의 주택이 무허가주택이었기 때문에 甲은 특별분양대상자에 해당되지 않는다고 처분사유를 변경하였고, 심리결과 甲의 주택이 무허가주택이었음이 인정되었다. 이 경우 법원은 변경된 처분사유를 근거로 甲의 청구를 기각할 수 있는가? (20점)

• 2012 사법시험

I. 논점 : 처분사유의 추가·변경

II. 처분사유의 추가·변경

III. 사례의 해결

  ○ 변경한 처분사유인 "甲의 주택이 무허가주택이었기 때문에 甲은 특별분양대상자에 해당되지 않는다"는 사정이 특별분양신청거부처분시에 존재하였고, 피고가 사실심변론종결시까지 변경하였다면 시간적 범위는 문제되지 아니함

  ○ 그러나 甲이 무주택세대주가 아니라는 당초 사유와 甲의 주택이 무허가주택이라는 사유는 기본적 사실관계의 동일성이 인정되지 않아, 처분사유의 변경은 허용될 수 없음

  ○ 따라서 피고의 무주택세대주가 아니라는 거부사유는 위법함. 법원은 변경된 처분사유를 근거로 甲의 청구를 기각할 수 없고 당초의 처분사유가 위법함을 근거로 甲의 청구를 인용하여야 함

행정쟁송법 사례연습

연습 103

갑은 식품위생법 소정의 허가를 받아 유흥주점업을 경영하여 오던 중 구청장으로부터 2025. 2. 5. 20:00에 청소년 3명을 출입시켰다는 이유로 1개월의 영업정지처분을 받았다. 이에 갑은 영업정지처분의 취소를 구하는 행정소송을 제기하였다(소송요건은 모두 충족하였다고 가정한다).

(1) 이 소송에서 2025. 2. 5. 20:00에 청소년을 출입시킨 사실이 불명(不明)인 경우에 법원은 어떤 판결을 하여야 하는가? (15점)
(2) 설문 (1)의 사실은 증거에 의해 입증되었으나, 갑은 주장하기를 2명의 청소년은 외관상 성년자로 보일 정도로 성숙한 자였고 더군다나 갑은 그 날 사업상 불가피한 사정으로 외출을 할 사유가 있어 종업원에게 절대로 청소년을 출입시키지 말 것을 신신당부한 후 외출하였으나 그럼에도 불구하고 종업원이 이를 출입시켰다고 하였다. 이때 갑이 주장한 이러한 사실이 불명(不明)인 경우에는 법원은 어떤 판결을 하여야 하는가? (15점)

I. 문제의 제기

설문 (1)은 영업정지처분의 근거가 되는 요건사실에 대한 입증책임의 문제이고, 설문 (2)는 재량권의 일탈·남용사실에 대한 입증책임의 문제이다. 행정소송에 있어서 입증책임에 관하여는 행정소송법에 아무런 규정이 없기 때문에, 입증책임분배에 대한 기준에 대해 우선 살펴본 후 설문을 검토할 필요가 있다.

II. 취소소송에서의 입증책임분배

1. 입증책임 및 입증책임분배의 의의

입증책임은 '소송상 일정한 사실의 존부가 확정되지 않은 경우에 불리한 법적 판단을 받게 되는 일방당사자의 부담'을 말한다. 입증책임은 변론주의하에서 특히 중요한 의미를 가지나, 진위불명의 상태가 예견되는 한 직권심리주의하에서도 문제가 된다.

2. 취소소송에서의 입증책임의 분배

(1) 문제점

행정소송에 있어서 입증책임에 관하여는 행정소송법에 아무런 규정이 없기 때문에, 행정소송에 있어서 입증책임을 어떻게 분배할 것인지에 대해 논쟁이 있다.

(2) 학설
① **원고책임설** : 행정행위에는 공정력이 있어 처분의 적법성이 추정되므로 처분의 위법사유에 관하여 원고에게 입증책임이 있다는 견해이다. 이에 대하여는 행정행위의 공정력은 행정소송 이전의 단계에서만 인정되는 효력이고, 그것도 적법성 추정이 아니라 절차상·사실상의 활용에 불과하다는 비판이 있다.
② **피고책임설** : 법치행정의 원리상 국가행위의 적법성은 국가가 담보해야 하므로 행위의 적법성의 입증책임은 피고인 국가에 놓인다는 견해이다. 이에 대하여는 법치행정의 원리가 바로 원고의 입증책임을 면책한다고 볼 수 없다는 비판이 있다.
③ **법률요건분류설**(민사소송법상분배설) : 행정행위의 공정력은 입증책임의 문제와 직접 관계가 없으며, 당사자는 각각 자기에게 유리한 요건사실의 존재에 대하여 입증책임을 부담한다는 입장이다(다수설). 이에 대하여 반대설은 대등당사자의 이해조정 및 재판규범으로서의 성격을 가진 민사실체법과 공익과 사익의 조정 및 행정기관의 행위규범적 성격을 가진 행정실체법을 동일하게 논할 수 없다고 한다.
④ **행정법독자분배설**(특수성인정설) : 행정소송의 특수성을 감안하여 사안의 성질, 당사자 간의 공평, 증거와의 거리, 입증의 난이, 금반언, 경험칙의 개연성 등에 의하여 구체적 사안에 따라 입증책임을 결정한다는 견해이다(즉, 국민의 권리나 의무를 제한하는 것은 행정청이 적법성의 입증책임을, 권리·이익의 확장은 원고가 입증책임을, 재량일탈이나 남용은 원고가 입증책임을 부담). 이에 대하여는 기준들이 지극히 추상이며, 그 내용에 있어 입증책임분배설과 실질적으로 차이가 없다고 지적된다.

(3) 판례의 입장

판례는 행정소송에서의 입증책임도 원칙적으로 민사소송의 일반원칙에 따라 당사자간에 분배되어야 한다고 본다. 즉, "민사소송법의 규정이 준용되는 행정소송에 있어서 입증책임은 원칙적으로 민사소송의 일반원칙에 따라 당사자간에 분배되고 항고소송의 경우에는 그 특성에 따라 당해 처분의 적법을 주장하는 피고에게 그 적법사유에 대한 입증책임이 있다 할 것인바 피고가 주장하는 당해 처분의 적법성이 합리적으로 수긍할 수 있는 일응의 입증이 있는 경우에는 그 처분은 정당하다 할 것이며 이와 상반되는 주장과 입증은 그 상대방인 원고에게 그 책임이 돌아간다"(대판 1984.7.24, 84누124)는 입장이다.
다만 판례는 "행정처분의 당연무효를 주장하여 그 무효확인을 구하는 행정소송에 있어서는 원고에게 그 행정처분이 무효인 사유를 주장·입증할 책임이 있다"(대판 2000.3.23, 99두11851)고 하여 원고입증책임설을 취한 바 있다.

(4) 검토

민사소송법의 규정이 준용되는 행정소송에 있어서 입증책임은 원칙적으로 민사소송의 일반원칙에 따라 당사자 간에 분배되고 항고소송의 경우에는 그 특성에 따라 당해 처분의 적법을 주장하는 피고에게 그 적법사유에 대한 입증책임이 있다는 판례의 태도가 타당하다. 행정소송의 입증책임분배에 있어서도 민사소송에 있어서 통설인 법률요건분류설에 따라 행하여진다면, 소송의 종류와 처분의 성격 등에 따라 입증책임분배가 달라지게 된다.

Ⅲ. 설문 (1)의 검토 : 처분의 요건사실에 대한 입증책임

1. 처분의 요건사실에 대한 입증책임

통설과 판례의 입장인 법률요건분류설에 의하면 행정처분은 반드시 법률의 규정을 근거로 하여 그 규정내용에 따라 행해지도록 되어 있으므로, 행정청인 피고는 그 행정처분의 근거규정에 정해져 있는 요건사실 및 절차의 적법성 및 송달에 대한 입증책임을 부담한다.

2. 사안의 경우

사안에서 유흥주점업자인 갑이 2025. 2. 5, 20:00에 청소년 3명을 출입시킨 사실은 구청장이 갑에게 한 1개월의 영업정지처분의 요건사실에 해당하는 것이므로, 피고 행정청인 구청장은 그 영업정지처분이 적법한 요건에 의해 발령된 것임에 대하여 입증책임을 진다. 그럼에도 불구하고 피고가 이를 입증하지 못하였으므로 법원은 이러한 사실이 존재하지 않는 것으로 판단할 수밖에 없다. 즉, 법원은 원고의 청구를 인용하는 판결을 하여야 한다.

Ⅳ. 설문 (2)의 검토 : 재량권의 일탈·남용사실의 입증책임

1. 재량권의 일탈·남용에 대한 입증책임

법률요건분류설에 따르면 권한장애사실, 즉 면세대상, 비과세대상, 소득세법상의 소득공제, 세액공제의 원인사실, 필요경비 중 특별경비 등에 대해서는 원고가 그 사실에 대해 입증책임을 진다고 한다. 아울러 행정처분이 재량권의 한계를 벗어난 것이어서 위법하다는 것도 권한장애사실을 이루는 것이므로, 그 행정처분의 효력을 다투는 자, 즉 원고에게 입증책임이 있다고 한다. 즉 재량처분이 예외적으로 위법하게 되는 것은 근거규정에 위반하였기 때문이 아니라 헌법 또는 법질서 일반에서 도출되는 비례의 원칙 등 행정법 일반원리에 위반되기 때문이다.

따라서 재량행위의 근거규정과 재량의 한계를 확정하는 행정법 일반원리는 원칙과 예외의 관계에 있고, 후자는 일종의 권한장애규정이라고 할 수 있으므로 이러한 행정법 일반원리의 위반을 인정하는 데 필요한 사실은 원고가 입증하여야 한다는 것이다.

판례도 "공유수면관리법 제7조 제1항 본문에 의하여 부과하는 점용료 또는 사용료를 감면해 주는 조치는 수익적 행정처분이므로 위 단서의 규정에 의한 감면이 임의적인 것이라면 그 감면여부와 감면 범위의 선택은 모두 처분청의 자유재량에 속하는 것이라 할 것이고, 한편 자유재량에 의한 행정처분이 그 재량권의 한계를 벗어난 것이어서 위법하다는 점은 그 행정처분의 효력을 다투는 자가 이를 주장·입증하여야 하고 처분청이 그 재량권의 행사가 정당한 것이었다는 점까지 주장·입증할 필요는 없다고 할 것이다."454)라고 판시하였다.

2. 사안의 경우

사안에서 3명의 청소년은 외관상 성년자로 보일 정도로 성숙한 자였고, 갑이 그 날 사업상 불가피한 사정으로 외출을 할 사유가 있어 종업원에게 절대로 청소년을 출입시키지 말 것을 신신당부한 후 외출하였으나 종업원이 이를 출입시킨 사실은 행정청이 재량권을 행사함에 있어서 고려하여야 할 사항이므로, 이를 고려하지 않고 재량권을 행사한 것은 행정청이 재량권을 일탈·남용한 사실에 해당한다.

법률요건분류설에 의할 때 이러한 사실은 권한장애사유에 해당하므로 원고가 입증책임을 진다. 그럼에도 원고가 이를 주장하기만 하고 이에 대해 입증하지 못하였으므로 결국 법원은 이러한 사실이 존재하지 않는 것으로 판단하여 원고의 청구를 기각할 수밖에 없다.

V. 결론

취소소송에서의 입증책임은 법률요건분류설에 따라 분배하여야 한다. 설문 (1)에서는 영업정지처분의 요건사실에 대해서는 피고가 입증책임을 지므로 법원은 원고승소판결을 하여야 하고, 설문 (2)에서는 재량의 일탈·남용에 대해서는 원고가 입증책임을 지므로 법원은 원고의 청구를 기각하는 판결을 하여야 한다.

---

454) 대판 1987.12.8, 87누861

연습 104

행정청 乙은 2025. 6. 24. 甲회사에 대하여 甲이 2025. 5. 2. 제조한 참맛소시지 3본에 첨가된 선홍색 발색제인 아질산근의 양이 보건사회부고시 제8호에 의한 허용기준치인 제품 1,000g당 0.05g을 초과하여 부적합하다는 것을 사유로 들어 식품위생법에 따라 2025. 6. 27.부터 2025. 7. 26.까지의 참맛소시지 품목 제조정지처분을 하였고, 甲은 이에 대하여 취소소송을 제기하였다.

이에 대하여 수소법원은 甲이 2025. 5. 2. 제조한 모든 제품에 아질산근이 허용기준치를 넘어 첨가된 것이 아니고 그 허용기준치를 넘어 첨가된 제품은 극히 일부에 지나지 아니하고 또 그 일부에 그러한 기준치 이상의 아질산근이 첨가된 경위는 아질산근 자체의 특성과 또 제품제조과정에서의 잘못으로 일부 제품에 과다하게 첨가되게 된 것으로 보이는 데다가 참맛소시지는 甲의 주제품이고 1개월간의 제조량이 약 15억 원 상당에 이르며 539명의 종업원이 고용되어 그들에게 지급되는 월급여액이 약 10억 원에 이르러 1개월간 영업이 정지됨으로서 발생되는 파급효과가 말할 수 없이 큰 점 등을 고려하면 위와 같은 위반사실만으로 바로 1개월간의 품목 제조정지를 명한 이 사건 처분은 재량권의 범위를 일탈한 위법한 처분이라고 판단하고, 적정한 제조정지기간인 10일을 초과한 20일 부분을 취소판결하였다. 이러한 판결은 적법한가? (재량권의 범위를 일탈한 위법한 처분이라는 판단 부분은 타당하다고 전제함) (20점)

I. 문제 상황

취소소송의 인용판결은 위법한 처분 등의 '취소 또는 변경'을 내용으로 하는 판결이다(행정소송법 제4조 제1호). 여기서 '변경'의 의미에 관하여는, 원처분을 새 처분으로 대체시키는 적극적 형성판결로 이해하는 입장과, 권력분립의 관점에서 이를 일부취소의 의미로 보는 소극적 입장이 대립하고 있으나, 소극설이 통설·판례이다. 그런데 '취소'와 관련하여 처분의 일부만이 위법한 경우에 위법한 부분만의 취소가 가능한지가 문제된다.

II. 일부취소의 가능성

1. 일부취소의 인정기준

처분의 일부취소의 가능성은 일부취소의 대상이 되는 부분의 분리취소가능성에 따른다고 보는 것이 일반적이다. 이에 따르면 일부취소되는 부분이 분리가능하고, 당사자가 제출한 자료만으로 일부취소되는 부분을 명확히 확정할 수 있는 경우에 일부취소가 가능하다.

2. 일부취소가 가능한 경우

처분의 일부취소판결은 일반적으로 인정된다(예 과징금처분과 영업정지처분 중 과징금처분만 일부취소). 금전부과처분이 기속행위인 경우 부과금액의 산정에 잘못이 있고 증거에 의해 정당한 부과금액을 산정할 수 있다면 정당한 부과금액을 초과하는 부분만 일부취소한다.

3. 일부취소가 불가능한 경우

처분의 성질상 일부취소가 허용되지 않는 경우도 있다(예 불가분처분, 재량처분). 금전부과처분에서 적법하게 부과될 부과금액을 산출할 수 없는 경우에는 그 금전부과처분이 기속행위일지라도 일부취소가 인정되지 않는다(대판 2004.7.22, 2002두868).

Ⅲ. 판례의 태도

판례는 그 처분대상의 일부가 특정될 수 있는지의 여부에 따라 일부취소 또는 전부취소의 태도를 취하며, 재량처분의 일부취소는 행정청의 재량권을 침해하는 것이므로 그 경우에는 전부취소를 해야 한다는 입장이다.

1. 일부취소를 인정한 사례

(1) 과세관청이 세율을 잘못 적용하여 그 부과처분의 적부가 다투어지는 소송절차에서 법원이 바른 세율을 찾아내어 이를 적용한 결과 과세관청이 부과한 산출세액 보다 많은 세금을 인정하였더라도, 납세자가 취소를 구하는 부과처분 중 정당한 세액을 초과하는 위법의 부과부분이 있는 경우에는 그 부과처분은 정당하게 인정된 과세표준과 세액을 초과하는 범위에서만 위법하여 취소의 대상이 된다(대판 1989.8.8, 88누6139).

(2) 개발부담금부과처분 취소소송에 있어 당사자가 제출한 자료에 의하여 적법하게 부과될 정당한 부과금액이 산출할 수 없을 경우에는 부과처분 전부를 취소할 수밖에 없으나, 그렇지 않은 경우에는 그 정당한 금액을 초과하는 부분만 취소하여야 한다(대판 2004.7.22, 2002두868).

2. 일부취소를 부정한 사례

(1) 영업정지처분이 재량권 남용에 해당한다고 판단될 때에는 위법한 처분으로서 그 처분의 취소를 명할 수 있을 따름이고 재량권의 한계내에서 어느 정도가 적정한 영업정지기간인가를 가리는 일은 사법심사의 범위를 벗어나는 것이다(대판 1982.6.22, 81누375).

(2) 자동차운수사업면허조건 등을 위반한 사업자에 대하여 행정청이 <u>행정제재수단으로 사업정지를 명할 것인지, 과징금을 부과할 것인지, 과징금을 부과키로 한다면 그 금액은 얼마로 할 것인지에 관하여 재량권이 부여되었다 할 것이므로 과징금부과처분이 법이 정한 한도액을 초과하여 위법할 경우 법원으로서는 그 전부를 취소할 수밖에 없고, 그 한도액을 초과한 부분이나 법원이 적정하다고 인정되는 부분을 초과한 부분만을 취소할 수 없다</u>(금 1,000,000원을 부과한 당해 처분 중 금 100,000원을 초과하는 부분은 재량권 일탈·남용으로 위법하다며 그 일부분만을 취소한 원심판결을 파기한 사례)(대판 1998.4.10, 98두2270).

Ⅳ. 사안의 해결

행정청이 제조정지 처분을 함에 있어서 그 정지기간을 어느 정도로 정할 것인지는 행정청의 재량권에 속하는 사항인 것이며 다만 그것이 공익의 원칙이나 평등의 원칙 또는 비례의 원칙 등에 위반하여 재량권의 한계를 벗어난 재량권 남용에 해당하는 경우에만 위법한 처분으로서 사법심사의 대상이 되는 것이다.

그러므로 법원으로서는 제조정지처분이 재량권 남용이라고 판단될 때에는 위법한 처분으로서 그 처분의 취소판결을 내릴 수 있을 따름이고 재량권의 한계내에서 어느 정도가 적정한 제조정지기간인지를 가리는 일은 사법심사의 범위를 벗어나는 것이며 그 권한 밖의 일이다. 사안의 경우 제조정지기간 전부를 취소하지 않고 적정한 제조정지기간을 초과하는 부분만 취소한 것은 부적법하다.

연습 105

정부는 지역경제의 육성과 발전을 위하여 A지역을 개발하여 세계적인 종합 비즈니스단지로 발전시키는 것을 내용으로 하는 종합 비즈니스단지 조성 및 지원 사업을 추진하기로 결정하였다. 이에 국회는 산업통상자원부장관에게 비즈니스단지 분양신청자에 대한 분양결정권을 부여하고 산업통상자원부장관이 비즈니스단지에 토지를 분양 받는 자에게 비즈니스단지 개발부담금(이하 '부담금')을 부과·징수할 수 있도록 하는 내용의「종합 비즈니스단지 조성 및 지원에 관한 특별법」을 제정하였고, 산업통상자원부장관은 동 법률 및 동 법률의 위임을 받은「종합 비즈니스단지 조성 및 지원에 관한 지침」(산업통상자원부 고시)에 따라 분양신청자인 甲에 대하여 비즈니스단지에 토지를 분양하고, 부담금 부과처분을 하였다. 처분 내역과 관련 법령은 아래와 같다.

甲이 부담금 부과액이 과다하다는 이유로 자신에 대한 부담금 부과처분을 다투는 취소소송을 적법하게 제기하였다면, 수소법원은 어떠한 판결을 내려야 하는가?[455] (25점)

⟨부담금부과처분 내역⟩

	분양토지 면적	분양토지 가격	부담금 부과액
甲	20,000m^2	2억 원	6백만 원

[관련 법령]
「종합 비즈니스단지 조성 및 지원에 관한 특별법」
제10조【부담금의 부과·징수】산업통상자원부장관은 비즈니스단지에 토지를 분양받은 사람에 대하여 비즈니스단지 개발부담금을 부과·징수하여야 한다.

제11조【부담금 산정 기준】① 비즈니스단지 개발부담금은 분양토지의 가격에 부담률을 곱한 금액으로 한다.
② 제1항의 규정에 의한 분양토지의 가격 및 부담률은 분양토지의 면적 등을 고려하여 산업통상자원부장관이 매년 이를 고시한다.

「종합 비즈니스단지 조성 및 지원에 관한 지침」(산업통상자원부 고시)
제7조【부담금 산정기준】②「종합 비즈니스단지 조성 및 지원에 관한 특별법」11조에 따른 부담률은 [별표1]과 같다.

[별표1] 부담률 산정기준

분양토지 면적	부담률 (%)
20,000m^2 미만	1
20,000m^2 이상	2

행정쟁송법 사례연습

Ⅰ. 문제의 제기

(1) 설문의 부담금 부과처분이 위법한지, 그리고 부담금 부과처분이 위법하다면 일부취소가 가능한지 문제된다.

(2) 취소소송의 인용판결은 위법한 처분 등의 '취소 또는 변경'을 내용으로 하는 판결이다(행정소송법 제4조 제1호). 여기서 '변경'의 의미에 관하여는, 원처분을 새 처분으로 대체시키는 적극적 형성판결로 이해하는 입장과, 권력분립의 관점에서 이를 일부취소의 의미로 보는 소극적 입장이 대립하고 있으나, 소극설이 통설·판례이다. 그런데 '취소'와 관련하여 이 사건 부담금 부과처분의 일부만이 위법한 경우에도 위법한 부분만의 취소가 가능한지 살펴본다.

Ⅱ. 일부취소

1. 인정기준

처분의 일부취소의 가능성은 일부취소의 대상이 되는 부분의 분리취소가능성에 따른다고 보는 것이 일반적이다. 이에 따르면 일부취소되는 부분이 분리가능하고, 당사자가 제출한 자료만으로 일부취소되는 부분을 명확히 확정할 수 있는 경우에 일부취소가 가능하다.

2. 일부취소판결의 가능성

(1) 기속행위

① 법률효과가 일의적으로 규정되어 있는 기속행위의 경우는 일부취소판결이 가능하다. 판례도 "과세관청이 세율을 잘못 적용하여 그 부과처분의 적부가 다투어지는 소송절차에서 법원이 바른 세율을 찾아내어 이를 적용한 결과 과세관청이 부과한 산출세액 보다 많은 세금을 인정하였더라도, <u>납세자가 취소를 구하는 부과처분 중 정당한 세액을 초과하는 위법의 부과부분이 있는 경우에는 그 부과처분은 정당하게 인정된 과세표준과 세액을 초과하는 범위에서만 위법하여 취소의 대상이 된다.</u>"456)며 일부취소를 인정한다.

② <u>다만, 금전부과처분에서 적법하게 부과될 부과금액을 산출할 수 없는 경우에는 그 금전부과처분이 기속행위일지라도 일부취소가 인정되지 않는다.</u>457)

(2) 재량행위

재량행위에서는 권력분립의 원칙과 행정의 1차적 처분권을 보장한다는 면에서 이를 부정하는 것이 일반적인 견해이다. 판례도 "자동차운수사업면허조건 등을 위반한 사업자에 대

---

455) 2017년 법학전문대학원협의회 모의시험문제 변형
456) 대판 1989.8.8, 88누6139
457) 대판 2004.7.22, 2002두868

하여 행정청이 <u>행정제재수단으로 사업 정지를 명할 것인지, 과징금을 부과할 것인지, 과징금을 부과키로 한다면 그 금액은 얼마로 할 것인지에 관하여 재량권이 부여되었다</u> 할 것이므로 <u>과징금부과처분이 법이 정한 한도액을 초과하여 위법할 경우 법원으로서는 그 전부를 취소할 수밖에 없고, 그 한도액을 초과한 부분이나 법원이 적정하다고 인정되는 부분을 초과한 부분만을 취소할 수 없다.</u>"458)고 하였다.

다만, 어느 정도로 처분을 할 것인지에 대해 행정청의 재량이 인정되는 경우 법원은 원칙적으로 재량권의 일탈·남용 여부만을 심사하여야 한다.

Ⅲ. 사안의 부담금 부과처분의 위법 여부

1. 사안의 부담금 부과처분이 기속행위인지 여부

(1) 재량행위와 기속행위의 구별기준

재량행위와 기속행위를 구별함에 있어서는, 일률적인 기준설정보다 행정법규의 규정방식, 그 취지·목적 및 행정행위의 성질, 그리고 헌법상 기본권과의 관계 등을 함께 고려하여 개별적으로 판별하려는 것이 일반적 경향이다.459)

(2) 사안의 경우

부담금 부과처분의 근거법규인「종합 비즈니스단지 조성 및 지원에 관한 특별법」제10조는 산업통상자원부장관이 비즈니스단지에 토지를 분양받은 사람에 대하여 비즈니스단지 개발부담금을 부과·징수하도록 규정하여 문언상 장관에게 부담금 부과처분을 할 것인지 여부에 대한 재량을 주고 있지 않다. 또한 동법 제11조는 비즈니스단지 개발부담금은 분양 토지의 가격에 부담률을 곱한 금액으로 하도록 하여 일의적으로 규정함으로써 문언상 장관에게 부담금의 액수를 얼마로 할 것인지에 대한 재량을 주지 않고 있다. 따라서 사안의 부담금 부과처분은 기속행위에 해당한다.

2. 사안의 부담금 부과처분이 위법한지 여부

행정행위를 기속행위와 재량행위로 구분하는 경우 <u>기속행위에 대한 사법심사는, 그 법규에 대한 원칙적인 기속성으로 인하여 법원이 사실인정과 관련 법규의 해석·적용을 통하여 일정한 결론을 도출한 후 그 결론에 비추어 행정청이 한 판단의 적법 여부를 독자의 입장에서 판정하는 방식에 의한다</u>(대판 2007.5.31, 2005두1329).

---

458) 대판 1998.4.10, 98두2270
459) 행정행위가 그 재량성의 유무 및 범위와 관련하여 이른바 기속행위 내지 기속재량행위와 재량행위 내지 자유재량행위로 구분된다고 할 때, 그 구분은 당해 행위의 근거가 된 법규의 체재·형식과 그 문언, 당해 행위가 속하는 행정 분야의 주된 목적과 특성, 당해 행위 자체의 개별적 성질과 유형 등을 모두 고려하여 판단하여야 한다(대판 2001.2.9, 98두17593).

사안의 경우 특별법 제11조 제1항, 제2항과 산업통상자원부 고시 제7조에 의하면, 부담금은 분양토지의 가격에 부담률을 곱한 금액으로 하고, 분양토지 면적별 부담률은 고시로 정하고 있다.

甲의 분양토지 면적이 20,000m²이므로 분양토지 가격인 2억 원에 부담률 2%를 곱하면 부과되어야 할 부담금은 4백만 원이다. 그런데 실제로 甲에게 부과된 부담금은 6백만 원이므로 부담금 부과처분은 과다하게 부과된 것이어서 위법하다.

Ⅳ. 사안의 해결

기속행위인 금전부과처분의 경우 정당한 부과금액을 산정할 수 있다면 정당한 부과금액을 초과하는 부분만 일부취소를 할 수 있다는 것이 판례의 입장이다.

사안의 부담금 부과처분은 기속행위에 해당하고 甲에게 부과되어야 할 정당한 부과금액은 4백만 원인데, 산업통상자원부장관은 6백만 원의 부담금 부과처분을 하였으므로, 법원은 정당한 부과금액인 4백만 원을 초과하는 2백만 원 부분에 대해 일부취소판결을 내려야 한다.

보충문제

혼인하여 3자녀를 둔 5인 가구의 세대주인 甲은 현재 독점적으로 전기를 공급하고 있는 전기판매사업자 S와 전기공급계약을 체결하고 전기를 공급받는 전기사용자이다. S는 甲에게 2016. 7. 3.부터 같은 해 8. 2.까지 甲 가구가 사용한 525kWh의 전기에 대해 131,682원의 전기요금을 부과하였다. 甲은 위 기간 동안 특별히 전기를 많이 사용하지 않았음에도 불구하고 전월에 비해 전기요금이 2배 이상으로 부과된 것이 새로 도입한 누진요금제 때문이라는 것을 알게 되었다.

한편 S가 비용을 자의적으로 분류하여 전기요금을 부당하게 산정하였음이 판명되었다. 이에 허가권자는 전기위원회 소속 공무원 丙으로 하여금 그 확인을 위하여 필요한 조사를 지시하였고, 丙은 사실조사를 통해 부당한 전기요금 산정을 확인하였다. 이에 허가권자는 전기사업법령이 정하는 바에 따라 S의 매출액의 100분의 4에 해당하는 금액의 과징금부과처분을 하였다.

과징금 부과 위반행위의 종류 및 과징금 상한액 (전기사업법 시행령 [별표 1의4])

위반행위	근거 법조문	과징금 상한액
4. 비용이나 수익을 부당하게 분류하여 전기요금이나 송전용 또는 배전용 전기설비의 이용요금을 부당하게 산정하는 행위	법 제21조 제1항 제4호	매출액의 100분의 4

만약 과징금 액수가 과하게 책정되었음을 이유로 S가 과징금부과처분 취소심판을 제기하였다면, 행정심판위원회는 일부취소재결을 할 수 있는지 검토하시오. (20점)

• 2022 변호사시험 변형

Ⅰ. 논점
　○ 법규명령형식(대통령령)의 행정규칙의 문제
　○ 취소심판에서의 재량행위에 대한 일부취소 가능성

Ⅱ. 법규명령형식의 행정규칙
　1. 문제점
　2. 학설 : 법규명령설(적극설), 행정규칙설(소극설), 수권여부기준설
　3. 판례
　　대통령령으로 정한 행정처분의 기준을 법규명령으로 보면서도, 그 기준을 단순히 처분의 한도로 본 사례(청소년보호법시행령의 과징금처분기준)로 파악하기도 함(대판 2001. 3. 9. 99두5207).
　4. 검토 : 판례에 따르면 사안의 과징금부과처분기준은 법규명령이고, 최고한도액일 수 있음

Ⅲ. 취소심판 및 취소소송에서의 변경의 의미
　1. 취소심판에서의 변경의 의미
　　(1) 취소심판의 의의
　　(2) 변경의 의미 : 적극적 변경
　2. 취소소송에서의 변경의 의미
　　(1) 취소소송의 의의
　　(2) 변경의 의미 : 일부취소(다수설, 판례)

Ⅳ. 사례의 해결
　○ 외형상 하나의 처분이라고 하더라도 가분성이 있거나 그 처분대상의 일부가 특정될 수 있는 경우이므로 이론상 일부취소는 가능한 경우임
　○ 취소심판의 경우 취소소송과 달리, 원처분의 재량행위성 여부와 관계없이, 일부취소나 적극적 변경을 하더라도 권력분립 침해의 문제를 야기하지 않으므로 일부취소 가능

연습 106

甲은 X주식회사에 근무하던 중 2021. 12. 1. 자녀를 출산하여 2022. 1. 1.부터 12개월 동안 육아휴직을 하였다. 甲은 2024. 7. 1. 위 휴직기간에 대한 육아휴직급여를 Y지방고용노동청 Z지청장(이하 'A'라고 한다)에게 신청하였으나, A는 2024. 7. 15. 甲이 「고용보험법」 제70조 제2항에서 정한 '육아휴직이 끝난 날 이후 12개월'이 지나 신청을 하였다는 이유로 그 지급을 거부하였다. 그리고 甲의 배우자 乙은 Y광역시의 경력직 공무원으로서, 2024. 1. 1.부터 같은 해 6. 30.까지에 해당하는 「지방공무원 수당 등에 관한 규정」 제15조에 따른 시간외근무수당을 예산이 부족하다는 이유로 시간외근무시간에 미치지 못하는 금액으로 지급받았다. (총 50점)

(1) 아래의 각 경우 법원의 판단에 관하여 설명하시오. (30점)
   1) 甲은 「고용보험법 시행령」 제94조 제3호에 해당하는 사유(직계비속의 질병)가 끝난 후 30일 이내 신청하였으므로 육아휴직급여 청구권이 있다고 주장하면서, 2024. 8. 1. 대한민국을 피고로 하여 금전의 지급을 구하는 민사소송의 소장을 서울중앙지방법원에 제출하여 접수되었다. 국가소송수행자 B는 소송이 적법하지 않으므로 각하판결이 내려져야 한다고 항변한다. (15점)
   2) 乙은 2024. 8. 1. Y광역시를 피고로 하여 시간외근무시간에 미치지 못하는 시간외근무수당의 지급을 구하는 행정소송의 소장을 Y지방법원에 제출하여 접수되었다. 乙은 제소에 앞서 「지방공무원법」 제20조의2에 따른 소청절차를 거치지 않았다. Y광역시장 C는 소송이 적법하지 않으므로 각하판결이 내려져야 한다고 항변한다. (15점)

(2) 甲은 소송의 계속 중에 조정이 성립하여 소를 취하하고 육아휴직급여의 전액을 지급받았다. 이후 甲이 육아휴직기간 중 8개월 동안 해외에서 체류하여 해당 영유아와 동거하지 아니한 사실(이는 「남녀고용평등과 일·가정 양립 지원에 관한 법률 시행령」 제14조에서 정하는 육아휴직 종료 사유이다)이 적발되었다. A는 甲에게 8개월에 해당하는 육아휴직급여의 반환명령 및 그 100/100에 해당하는 추가징수를 처분하였다. 甲이 추가징수 처분이 생계를 현저히 곤란하게 하므로 위법하다는 이유로 그 취소를 구하는 행정소송을 제기하는 경우 법원이 처분의 일부를 취소할 수 있는지를 설명하시오. (20점)

지방공무원법 제20조의 2 【행정소송과의 관계】 제67조에 따른 처분, 그밖에 본인의 의사에 반한 불리한 처분이나 부작위에 관한 행정소송은 심사위원회의 심사 결정을 거치지 아니하면 제기할 수 없다.

지방공무원 수당 등에 관한 규정 제15조 【시간외근무수당】 ① 근무명령에 의하여 규정된 근무시간 외에 근무한 자에 대하여는 예산의 범위 안에서 시간외근무수당을 지급한다.
② ~ ⑨ 생략

고용보험법 시행규칙 제105조 【부정행위에 따른 추가징수 등】 ① 법 제62조 제2항에 따른 추가징수액은 거짓이나 그 밖의 부정한 방법으로 지급 받은 구직급여액에 다음 표의 구분에 따른 비율을 곱한 금액으로 한다.

구분		비율
거짓이나 그 밖의 부정한 방법으로 구직급여를 받거나 받으려고 한 사람이 그 구직급여를 받은 날 또는 법 제44조제2항에 따른 실업인정에 관한 신고를 한 날부터 소급하여 10년 동안 법 제61조제1항 본문에 따라 구직급여의 지급 제한을 받은 횟수	3회 미만	100분의 100
	3회 이상 5회 미만	100분의 150
	5회 이상	100분의 200

②~③ 생략.
④ 제1항부터 제3항까지의 규정에도 불구하고 다음 각 호의 어느 하나에 해당하는 사람에 대하여는 추가징수를 면제할 수 있다.
1.~2. 생략.
3. 직업안정기관의 장이 생계가 현저히 곤란하다고 인정하는 사람

제119조 【육아휴직 급여의 부정행위에 따른 추가징수 등】 법 제62조 제1항 및 제74조에 따른 육아휴직등 급여의 부정수급으로 인한 추가징수에 관하여는 제105조를 준용하되, 같은 조 제3항 제1호 및 제4항 제2호는 제외한다. 이 경우 "구직급여액"은 "육아휴직 등 급여액"으로 본다.

〈공인노무사 2024〉

I. 설문 (1) - B와 C의 항변에 대한 법원의 판단

1. B의 항변에 대한 법원의 판단

(1) 문제의 소재

甲이 육아휴직급여 청구를 민사소송의 형태로 서울중앙지방법원에 제출한바, ① 육아휴직급여 미지급을 둘러싼 다툼이 공법상 법률관계에 관한 것인지, ② 육아휴직급여 청구권을 다투는 소송의 형태, ③ 민사소송을 행정소송으로 소변경할 수 있는 경우인지가 문제된다.

(2) 육아휴직급여 지급 청구의 법적 성질

① 공법상 법률관계에 관한 다툼인지 여부 : 어떤 법률관계가 사법형식에 의해 규율되고 있는 것이 명백한 경우에는 사법관계가 되고, 관련법규가 문제의 법률관계가 공법관계라는 것을 전제로 하고 있는 법규정이라면 공법관계이다.

육아휴직급여에 관한 내용을 규정한 고용보험령은 급여의 지급 요건, 육아휴직의 확인, 급여의 지급 제한, 부정행위에 따른 추가징수, 심사 및 재심사청구 등 공법관계적 특별규정들을 두고 있어 공법관계를 규율하고 있다.

사안에서 甲이 육아휴직급여 청구권을 주장하면서 대한민국을 피고로 하여 제기한 소송은 공법상 법률관계에 관한 다툼이다.

② **소송의 형태** : 공법상 각종 급부청구권은 행정청의 심사·결정의 개입 없이 법령의 규정에 의하여 직접 구체적인 권리가 발생하는 경우와 관할 행정청의 심사·인용결정에 따라 비로소 구체적인 권리가 발생하는 경우로 나눌 수 있다.

육아휴직급여 청구권은 관할 행정청인 직업안정기관의 장이 심사하여 지급결정을 함으로써 비로소 구체적인 수급청구권이 발생하는 경우로 후자의 유형에 해당한다.[460]

甲은 육아휴직급여를 지방고용노동청 지청장에게 신청하였으나 그 지급을 거부당하였으므로, 아직 직접 구체적인 권리가 발생하지 않아 민사소송 또는 공법상 당사자소송으로 지급을 청구할 수 없고 지급 거부에 대하여 항고소송을 제기하여야 한다.

그러나 甲은 항고소송의 관할이 없는 서울중앙지방법원에 민사소송의 소장을 제출하였다.

(3) 민사소송의 행정소송으로의 소변경 허용 여부

판례는 원고가 고의 또는 중대한 과실 없이 행정소송으로 제기하여야 할 사건을 민사소송으로 잘못 제기한 경우, 수소법원으로서는 만약 그 행정소송에 대한 관할도 동시에 가지고 있다면 이를 행정소송으로 심리·판단하여야 하고, 그 행정소송에 대한 관할을 가지고 있지 아니하다면 당해 소송이 이미 행정소송으로서의 전심절차 및 제소기간을 도과하였거나 행정소송의 대상이 되는 처분 등이 존재하지도 아니한 상태에 있는 등 행정소송으로서의 소송요건을 결하고 있음이 명백하여 행정소송으로 제기되었더라도 어차피 부적법하게 되는 경우가 아닌 이상 이를 부적법한 소라고 하여 각하할 것이 아니라 관할 법원에 이송하여야 한다는 입장이다.

(4) 사안의 해결

소송이 적법하지 않으므로 각하판결이 내려져야 한다는 국가소송수행자 B의 항변은 타당하지 아니하므로 법원은 이를 배척하는 판단을 하여야 한다.

---

460) 대판 2021.3.18. 2018두47264

2. C의 항변에 대한 법원의 판단

(1) 문제의 소재

乙이 시간외근무수당의 지급 청구를 행정소송을 Y지방법원에 제출한바, ① 시간외근무수당 미지급을 둘러싼 다툼이 공법상 법률관계에 관한 것인지, ② 시간외근무수당의 지급을 구하는 소송의 형태, ③ 당사자소송에 행정심판전치주의가 적용되는지가 문제된다.

(2) 시간외근무수당 지급 청구의 법적 성질

① **공법상 법률관계에 관한 다툼인지 여부** : 사안에서 乙이 시간외근무수당의 지급을 구하는 것은 「지방공무원 수당 등에 관한 규정」에 근거한 공법상 법률관계에 관한 다툼이다. 따라서 乙이 행정소송을 제기한 것은 타당하다.

② **소송의 형태** : 판례에 따르면 항고소송과 당사자소송 중 어느 쪽에 의하여야 하는지를 구분하는 기준들로는, ① 구체적인 급부청구권이 법령의 규정에 의해서 바로 발생하는 것인지(당사자소송) 아니면 행정청의 인용결정에 의하여 비로소 발생하는 것인지(항고소송), ② 행정심판전치주의와 불복기간 등의 면에서 항고소송 쪽이 당사자에게 특히 불리한 것이 아닌지, ③ 보다 직접적인 권리구제수단이 무엇인지 여부 등이라고 할 수 있다. 乙이 Y광역시를 피고로 하여 시간외근무수당의 지급을 구하는 행정소송을 제기한바, 이는 구체적인 급부청구권이 법령의 규정에 의해서 바로 발생하는 것이어서 행정소송법 제3조 제2호의 당사자소송을 제기한 것으로 보아야 한다.

(3) 행정심판전치주의의 적용 여부

① **행정심판전치주의가 적용되는 행정소송** : 행정소송법은 다른 법률에 당해 처분에 대한 행정심판의 재결을 거치지 아니하면 취소소송을 제기할 수 없다는 규정이 있는 때에는 행정심판의 재결을 거쳐야만 제소할 수 있다(제18조 제1항 단서)고 하여 예외적으로 필요적 전치주의의 적용을 허용하고 있다.

그런데 행정소송법 제18조의 규정은 취소소송·부작위위법확인소송에 적용된다(제38조·제44조). 즉, 개별법에 행정심판전치주의를 규정하는 경우에도 무효등확인소송의 경우는 행정심판을 거치지 않고 제기할 수 있으며, 성질상 당사자소송에도 그 적용이 없다. 민중소송과 기관소송은 그 소송을 인정하고 있는 개별 법률에 따른다.

② **사안의 경우** : 乙이 제기한 시간외근무수당의 지급을 구하는 당사자소송은 행정심판의 재결을 거치지 않아도 된다.

그리고 이는 지방공무원법 제20조2(행정소송과의 관계)의 규정과 관련해서도, 시간외근무수당의 미지급이 '불리한 처분이나 부작위'라 할 수 없다는 점에서도 확인되고 있다.

(4) 사안의 해결

소송이 적법하지 않으므로 각하판결이 내려져야 한다는 Y광역시장 C의 항변은 타당하지 아니하므로 법원은 이를 배척하는 판단을 하여야 한다.

Ⅱ. 설문 (2) – 일부취소 판결의 가능성

1. 문제의 소재

사안에서 법원이 "처분의 일부를 취소한다"고 하였는바 '어떠한 처분'의 일부취소를 한다는 것인지 불문명하나, 반환명령 및 추가징수 처분에 대하여 취소소송을 제기하였을 때, 추가징수처분이 생계를 현저히 곤란하게 하므로 위법하다는 甲의 주장이 인정되어 추가징수부분만의 일부취소가 가능한지의 문제로 전제하고 검토하기로 한다.

2. 일부취소의 허용여부

(1) 행정소송법 제4조 제1호의 '변경'의 의미

취소소송은 "행정청의 위법한 처분등을 취소 또는 변경하는 소송"(행정소송법 제4조 제1호)인데, 여기서 변경의 의미에 관하여는, 원처분을 새 처분으로 대체시키는 적극적 형성판결로 이해하는 입장과, 권력분립의 관점에서 이를 일부취소판결의 의미로 보는 소극적 입장이 대립하고 있으나, 행정심판과 달리 소극설이 통설·판례이다.

(2) 일부취소가 가능한 경우의 일반적 판단기준

처분의 일부취소의 가능성은 일부취소의 대상이 되는 부분의 분리취소가능성에 따른다고 보는 것이 일반적이다. 이에 따르면 일부취소되는 부분이 분리가능하고, 당사자가 제출한 자료만으로 일부취소되는 부분을 명확히 확정할 수 있는 경우에 일부취소가 가능하다. 판례는 <u>외형상 하나의 행정처분이라 하더라도 가분성이 있거나 그 처분대상의 일부가 특정될 수 있다면 그 일부만의 취소도 가능하고 그 일부의 취소는 당해 취소부분에 관하여 효력이 생긴다고 한다.</u>[461]

처분의 일부취소판결은 위와 같은 요건을 갖추면 일반적으로 인정된다(예 과징금처분과 영업정지처분 중 과징금처분만 일부취소). 그러나 처분의 성질상 일부취소가 허용되지 않는 경우도 있다. 재량행위인 경우 처분청의 재량권을 존중할 필요가 있는 경우 일부취소를 인정하지 않는다. 그리고 <u>금전부과처분에서 적법하게 부과될 부과금액을 산출할 수 없는 경우에는 그 금전부과처분이 기속행위일지라도 일부취소가 인정되지 않는다.</u>[462]

---

461) 대판 1995.11.16. 95누8850 전합
462) 대판 2004.7.22. 2002두868

(3) 재량행위에 대한 판례

판례는 "처분을 할 것인지 여부와 처분의 정도에 관하여 재량이 인정되는 금전 부과처분이 재량권을 일탈·남용한 것인 경우 법원으로서는 재량권의 일탈·남용 여부만 판단할 수 있을 뿐이지 재량권의 범위 내에서 어느 정도가 적정한 것인지에 관하여는 판단할 수 없으므로 전부를 취소하여야 하고, 법원이 적정하다고 인정되는 부분을 초과한 부분만 취소할 수는 없다"463)고 한다.

(4) 사안의 경우

고용보험법 제62조는 "직업안정기관의 장은 거짓이나 그 밖의 부정한 방법으로 구직급여를 지급받은 사람에게 고용노동부령으로 정하는 바에 따라 지급받은 구직급여의 전부 또는 일부의 반환을 명할 수 있다"(제1항) 및 "직업안정기관의 장은 제1항에 따라 반환을 명하는 경우에 고용노동부령으로 정하는 바에 따라 거짓이나 그 밖의 부정한 방법으로 지급받은 구직급여액의 2배 이하의 금액을 추가로 징수할 수 있다"고 규정한다.

그리고 고용보험법 시행규칙 제105조 제4항은 추가징수를 재량행위로 규정하고 있다. 판례도 구직급여 사건에서 "추가징수를 반드시 면제하여야 하는 것은 아니다"라고 하여 추가징수의 재량성을 인정한다.464)

고용보험법이 '거짓이나 그 밖의 부정한 방법으로 지급받은 육아휴직 등 급여액'의 1배를 초과하는 금액에 대해서도 반환명령과 추가징수를 통해 환수할 수 있도록 규정한 취지는, 부정수급자를 엄중하게 제재하여 법질서를 확립하고 고용보험의 재정건전성을 유지하는 데 있다.465) 따라서 육아휴직급여의 반환명령 및 추가징수는 그 전체를 재량행위라고 파악해야 한다.

따라서 육아휴직급여의 반환명령과 추가징수는 성질상 일부취소를 하기 곤란하다.

3. 사안의 해결

법원은 추가징수처분이 생계를 현저히 곤란하게 하므로 위법하다는 甲의 주장을 인정하더라도 추가징수부분만을 일부취소할 수 없고 반환명령 및 추가징수 전체를 취소하여야 한다.

---

463) 대법원 2020.5.14. 2020두31323
464) 대판 2020.5.14. 2020두31323
465) 대판 2020.5.14. 2020두31323

연습 107

갑은 A국 국민으로 대한민국에 입국하여 공장노동자로 생활하다가, 자신이 동성애자이고 동성애 관련 활동을 적극적으로 하였으므로 출신국에서 박해받을 우려가 있다고 주장하며 난민인정을 신청하였다. 그러나 법무부장관은 난민의 요건으로 정한 '박해를 받게 될 것이라는 충분한 근거 있는 공포'를 가진 것으로 인정할 수 없다는 이유로 갑의 난민인정을 불허처분 하였다.[466]

(1) 이에 갑이 난민인정불허처분에 대해 취소소송을 제기하였다면 법원은 장관의 난민인정불허처분 당시에는 갑이 난민인정의 요건을 충족하고 있었으나 취소소송 계속 중 A국의 정치적 상황이 변화하여 박해를 받을 만한 상황에서 벗어났음을 이유로 장관의 불허처분이 적법하다고 판단할 수 있는가? (15점)

(2) 만일 법무부장관이 난민인정처분을 한 것으로 전제할 경우, 법무부장관이 다시 난민인정처분을 취소한 후 출입국관리법 규정에 따라 이를 갑에게 통지하였다면 이 통지는 취소소송의 대상이 되는가? (15점)

(3) 위 (2)의 상황에서 갑은 출입국관리법상 '대한민국에 체류하여야 할 특별한 사정이 있다고 인정'된다는 이유로 법무부장관에게 체류허가를 신청하였다. 그러나 장관은 이를 거부하였고 갑은 체류허가거부처분에 대해 의무이행심판을 제기하였다. 재결이 있기 전에 강제퇴거를 막기 위한 효과적인 가구제 수단으로서 임시처분이 내려질 수 있는가?[467] (15점)

I. 설문 (1) - 난민인정불허처분의 위법성 판단 기준시점

1. 문제 상황

갑의 국적국인 A국의 정치적 상황이 변화하여 박해를 받을 만한 상황에서 벗어났다는 사정은 난민인정불허처분 이후의 사정이므로 처분의 위법성 판단 기준시점을 처분시로 보는지 판결시로 보는지에 따라 장관의 난민인정불허처분의 적법 여부가 결정될 것이다.

---

[466] 설문의 상황과는 다르나 아래에 최근 판례를 소개한다.
"동성애라는 성적 지향 내지 성정체성이 외부로 공개될 경우 출신국 사회의 도덕규범에 어긋나 가족이나 이웃, 대중으로부터의 반감과 비난에 직면할 수 있어, 이러한 사회적 비난, 불명예, 수치를 피하기 위해서 스스로 자신의 성적 지향을 숨기로 결심하는 것은 부당한 사회적 제약일 수 있으나, 그것이 난민협약에서 말하는 박해, 즉 난민신청인에 대한 국제적인 보호를 필요로 하는 박해에 해당하지는 아니한다. 그러나 난민신청인의 성적 지향을 이유로 통상적인 사회적 비난의 정도를 넘어 생명, 신체 또는 자유에 대한 위협을 비롯하여 인간의 본질적 존엄성에 대한 중대한 침해나 차별이 발생하는 경우에는 난민협약에서 말하는 박해에 해당한다. 따라서 동성애자들이 난민으로 인정받기 위해서는, 출신국에서 이미 자신의 성적 지향이 공개되고 그로 인하여 출신국에서 구체적인 박해를 받아 대한민국에 입국한 사람으로서 출신국으로 돌아갈 경우 그 사회의 특정 세력이나 정부 등으로부터 박해를 받을 우려가 있다는 충분한 근거 있는 공포를 가진 사람에 해당하여야 하고, 박해를 받을 '충분한 근거 있는 공포'가 있음은 난민 인정 신청을 하는 외국인이 증명하여야 한다."(대판 2017.7.11, 2016두56080).

[467] 김기홍, 「기출·사례 행정쟁송법」, 새흐름, 2016, p.388의 사례문제를 참조하여 변형하였음

2. 처분의 위법성 판단 기준시점

(1) 학설

1) 처분시설

처분의 위법 여부는 처분시의 법령 및 사실상태를 기준으로 판단하여야 한다는 견해이다. 법원은 객관적 입장에서 처분 등의 위법 여부를 사후심사할 수 있을 뿐이라는 점을 논거로 한다.

2) 판결시설

처분의 위법 여부는 판결시의 법령 및 사실상태를 기준으로 판단하여야 한다는 견해이다. 항고소송은 구체적인 행정처분이 법규에 대하여 적합한가의 여부를 판단의 대상으로 하는데, 이 경우의 법규는 판결시의 법규라야 한다고 주장한다.

3) 절충설

행정청의 제1차적 판단권의 존중이라는 측면에서 원칙적으로 처분시설이 타당하나, 예외적으로 계속효 있는 행위(예 영업허가의 취소, 교통표지판의 설치)나 미집행 처분의 경우에는 판결시설이 타당하다는 입장이다. 거부처분 취소소송의 경우에도 실질적으로 의무이행소송의 성질을 가지므로 판결시설을 따라야 한다는 견해도 있다.

(2) 판례

판례는 "행정소송에서 <u>행정처분의 위법 여부는 행정처분이 행하여졌을 때의 법령과 사실상태를 기준으로 하여 판단하여야 하고, 처분 후 법령의 개폐나 사실상태의 변동에 의하여 영향을 받지는 않는다.</u>"[468]라고 하여 처분시설을 따르고 있다.

설문과 유사한 사례에서도 "난민인정거부처분의 취소를 구하는 취소소송에 있어서도 그 거부처분을 한 후 국적국의 정치적 상황이 변화하였다고 하여 처분의 적법 여부가 달라지는 것은 아니다"[469]라고 하였다.

다만 신청 후 법령의 변경이 있는 경우 "<u>소관 행정청이 허가신청을 수리하고도 정당한 이유 없이 처리를 늦추어 그 사이에 법령 및 허가기준이 변경된 것이 아닌 한 변경된 법령 및 허가기준에 따라서 한 불허가처분은 위법하다고 할 수 없다.</u>"[470]고 하여 예외적으로 신청시의 법령에 따라야 하는 경우가 있음을 인정하고 있다.

(3) 검토

원칙적으로 처분시설이 타당하다. 판결시설을 따를 경우 행정의 적법성 통제라는 취소소송의 목적에 반하는 것은 물론 판결의 지연에 따라 결과가 달라지는 불합리가 발생할 수

---

[468] 대판 2007.5.11, 2007두1811
[469] 대판 2008.7.24, 2007두3930
[470] 대판 2005.7.29, 2003두3550

있기 때문이다. 처분시설을 일관할 경우 처분 이후의 사정변경에 의해 또다시 동일한 처분을 할 수 있는 경우 절차경제에 문제가 있다는 지적이 있지만, 개인의 권익구제의 관점에서 처분시설을 따르는 것이 보다 타당하다.

다만 신청시와 처분시 사이에 법령의 변경이 있는 경우 행정청이 이유 없이 처리를 늦추어 허가기준이 변경된 때에는 판례와 같이 예외적으로 신청시를 기준으로 할 수 있음이 이익형량에 비추어 타당하다고 보인다.

3. 사안의 해결

사안에서 거부처분은 거부처분이 이루어진 당시의 법령 및 사실상태를 기준으로 판단하는 것이 원칙이다.

법무부장관이 난민인정불허처분의 위법성 판단 기준시점을 처분시로 본다면 법원은 불허처분을 할 당시의 A국의 정치적 상황을 기준으로 난민인정요건을 판단해야 한다. 따라서 불허처분취소소송 계속 중 갑의 국적국인 A국의 정치적 상황이 변화하였음을 이유로 한 장관의 불허처분을 법원은 적법하다고 판단할 수 없다.

Ⅱ. 설문 (2) - 장관의 난민인정취소통지가 취소소송의 대상인 처분인지 여부

1. 취소소송의 대상

행정소송법은 취소소송의 대상을 처분 등으로 명시하고 있다(제4조 제1호). 여기에서 처분 등이란 '행정청이 행하는 구체적 사실에 관한 법집행으로서의 공권력의 행사 또는 그 거부와 그 밖에 이에 준하는 행정작용 및 행정심판에 대한 재결'을 말한다(제2조 제1항 제1호).

2. 취소소송의 대상인 처분의 개념요소

(1) 행정청

처분은 행정청이 행하는 공권력행사이다. 행정청은 행정주체의 의사를 결정하여 외부에 표시할 수 있는 권한을 가진 기관을 말한다. 행정청에는 단독제기관 외에 합의제기관(예 노동위원회·토지수용위원회)도 포함된다. 국회나 법원의 기관이 행하는 실질적 의미의 행정에 속하는 구체적인 사실에 관한 법집행으로서의 공권력 행사도 처분에 해당한다. 행정청에는 법령에 의하여 행정권한의 위임 또는 위탁을 받은 행정기관, 공공단체 및 그 기관 또는 사인이 포함된다(행정소송법 제2조 제2항).

(2) 구체적 사실에 관한 작용

처분은 구체적 사실에 관한 공권력의 행사이다. 구체적 사실이란 관련자가 개별적이고 규율대상이 구체적인 것을 의미한다. 관련자가 일반적이고 규율사건이 구체적인 경우의 규율인 '일반처분' 역시 처분에 해당한다.471) 그러나 일반적·추상적 규범인 행정입법은 처분이 아니다(통설). 다만 일부 견해는 여기서 말하는 '구체적 사실'의 의미를 규율의 대상이 구체적이면 족한 것으로 보아 행정입법도 처분성을 인정해야 한다고 본다.

(3) 법집행으로서의 공권력의 행사

1) '법집행'

국민의 권리·의무에 직접적 변동을 일으키는 행위로서 ① 직접적·대외적 효력성과 ② 법적 규율성을 그 개념적 징표로 한다(통설, 판례). 따라서 사실상의 결과실현만을 위한 비권력적 사실행위나 행정청 내부행위는 처분성이 부정된다.

2) 공권력 행사

처분은 행정청의 공권력행사작용이다. 공권력행사란 공법에 근거하여 행정청이 우월한 지위에서 일방적으로 행하는 일체의 행정작용을 의미한다.472) 따라서 공법상 계약·공법상 합동행위는 처분이 아니다.

3) 외부에 대한 직접적인 법적 효과를 발생시키는 행위

취소소송의 본질은 위법성의 소극적 제거에 있는 것이므로 취소소송의 대상이 되는 공권력행사는 사실적인 것이 아니라 법적 행위에 한정된다.473)

3. 통지의 법적 성질

(1) 준법률행위적 행정행위로서 통지

법적 효과를 가져오는 준법률행위적 행정행위로서 통지만이 항고소송의 대상인 처분이다. 준법률행위적 행정행위로서 통지행위의 예로는 대집행의 계고, 사업인정의 고시, 납세의 독촉 등을 들 수 있다.

---

471) 청소년유해매체물 결정 및 고시처분은 당해 유해매체물의 소유자 등 특정인만을 대상으로 한 행정처분이 아니라 일반 불특정 다수인을 상대방으로 하여 일률적으로 표시의무, 포장의무, 청소년에 대한 판매·대여 등의 금지의무 등 각종 의무를 발생시키는 행정처분이다(대판 2007.6.14, 2004두619).
472) 노동조합규약의 변경보완시정명령은 조합규약의 내용이 노동조합법에 위반된다고 보아 구체적 사실에 관한 법집행으로서 노동조합법 제16조 소정의 명령권을 발동하여 조합규약의 해당 조항을 지적된 법률조항에 위반되지 않도록 적절히 변경보완할 것을 명하는 노동행정에 관한 행정관청의 의사를 조합에게 직접 표시한 것이므로 행정소송법 제2조 제1항에서 규정하고 있는 행정처분에 해당된다(대판 1993.5.11, 91누10787).
473) 남녀차별금지 및 구제에 관한 법률 제28조에 의하면, 국가인권위원회의 성희롱결정과 이에 따른 시정조치의 권고는 불가분의 일체로 행하여지는 것인데 국가인권위원회의 이러한 결정과 시정조치의 권고는 성희롱 행위자로 결정된 자의 인격권에 영향을 미침과 동시에 공공기관의 장 또는 사용자에게 일정한 법률상의 의무를 부담시키는 것이므로 국가인권위원회의 성희롱결정 및 시정조치권고는 행정소송의 대상이 되는 행정처분에 해당한다고 보지 않을 수 없다(대판 2005.7.8, 2005두487).

(2) 구별개념

법적 효과가 없는 단순한 사실행위로서의 통지행위는 준법률행위적 행정행위로서 통지행위와 구별된다. 당연퇴직사유에 해당함을 알리는 인사발령이 이에 해당한다. 또한 준법률행위적 행정행위로서 통지행위는 행정행위의 효력발생요건으로 하는 통지와도 구별된다.

4. 사안의 경우

(1) 사안의 난민인정취소의 통지는 행정청인 장관이 하는 난민인정취소사유에 해당하는 사실에 대한 출입국관리법의 집행행위이기는 하지만, 난민인정이 취소되었음을 단순히 알려주는 비권력적 사실행위이다.

(2) 또한 그 자체로 법적 효과가 주어지는 법적 행위가 아니라 갑에게 발령된 난민인정취소처분의 효력을 발생하게 하는 효력발생요건으로서의 통지에 해당한다. 따라서 난민인정취소 '통지'는 취소소송의 대상이 되지 않으며 통지의 내용인 난민인정취소'처분'이 취소소송의 대상이 된다.

Ⅲ. 설문 (3) - 임시처분

1. 의의

(1) 행정심판위원회는 처분 또는 부작위가 위법·부당하다고 상당히 의심되는 경우로서 처분 또는 부작위 때문에 당사자가 받을 우려가 있는 중대한 불이익이나 당사자에게 생길 급박한 위험을 막기 위하여 임시지위를 정하여야 할 필요가 있는 경우에는 직권으로 또는 당사자의 신청에 의하여 임시처분을 결정할 수 있다(행정심판법 제31조 제1항).

(2) 임시처분은 행정소송에서의 임시의 지위를 정하는 가처분에 해당하는 것으로서 행정심판에 의한 권리구제의 실효성을 보장하기 위한 제도이다.

2. 요건

(1) 적극적 요건

다음의 요건은 신청인이 주장·소명한다.
① **행정심판청구의 계속** : 명시적 규정은 없으나 행정쟁송에서의 가구제는 본안청구의 범위 내에서만 인정되는 것으로 보아야 하므로 행정심판청구의 계속을 요한다고 보아야 한다.
② 처분 또는 부작위가 위법·부당하다고 상당히 의심되는 경우일 것

③ 당사자가 받을 우려가 있는 중대한 불이익이나 당사자에게 생길 급박한 위험을 막을 필요가 있을 것

(2) 소극적 요건

행정심판법 제31조 제2항은 동법 제30조 제3항을 준용하고 있어, 임시처분도 공공복리에 중대한 영향을 미칠 우려가 있을 때에는 허용되지 아니한다.

(3) 보충성 요건

임시처분은 제30조 제2항에 따른 집행정지로 목적을 달성할 수 있는 경우에는 허용되지 아니한다. 실무상 거부처분이나 부작위에 대한 집행정지를 인정하고 있지 않으므로, 임시처분은 집행정지와의 관계에서 보충적 구제제도이다.

3. 임시처분의 결정 및 취소

(1) 위원회는 직권으로 또는 당사자의 신청에 의하여 임시처분을 결정할 수 있다(제31조 제1항).

(2) 위원회는 집행정지를 결정한 후에 집행정지가 공공복리에 중대한 영향을 미치거나 그 정지사유가 없어진 경우에는 직권으로 또는 당사자의 신청에 의하여 집행정지 결정을 취소할 수 있다(제31조 제2항, 제30조 제4항).

4. 사안의 경우

(1) '행정심판의 계속' 요건은 갑의 의무이행심판청구가 계속되고 있는 한 문제되지 않는다.

(2) 장관의 체류허가거부처분이 위법·부당하다고 상당히 의심되는 경우라야 한다.

(3) 갑이 본국으로 강제퇴거되는 위험은 중대한 불이익이다.

(4) 위원회가 갑에게 임시처분(예 잠정적인 체류허가)을 하더라도 공공복리에 중대한 영향을 미칠 우려가 있다고 보이지 않는다.

(5) 다수설과 판례는 거부처분에 대한 집행정지를 인정하지 않기 때문에 임시처분의 보충성요건도 만족한다.

따라서 위원회는 직권으로 또는 당사자의 신청에 의하여 임시처분을 결정할 수 있다(행정심판법 제31조 제1항). 그리고 위원회의 심리·결정을 기다릴 경우 중대한 손해가 생길 우려가 있다고 인정되면 위원장은 직권으로 위원회의 심리·결정을 갈음하는 결정을 할 수도 있다(행정심판법 제31조 제2항, 제30조 제6항).

연습 108

甲은 산업입지 및 개발에 관한 법령 등에 따라 관할 행정청인 도지사 乙에 의해 지정된 산업단지 내에서 산업단지개발계획상 녹지용지로 되어있던 토지의 소유자이다. 甲은 해당 토지에서 폐기물처리사업을 하기 위하여 乙에게 사업부지에 관한 개발계획을 당초 녹지용지에서 폐기물처리시설용지로 변경해 달라는 내용의 신청을 하였다. 당시 위 법령에 따르면 폐기물처리시설용지로의 변경이 불가능하게 되어 있었다. 이에 따라 乙은 위 변경신청을 거부하는 처분을 하였고, 甲은 이에 대하여 취소소송을 제기하였다. 그런데 거부처분 이후 폐기물처리시설용지로의 변경이 가능하도록 법령의 개정이 있었다고 할 때, 법원이 어느 시점을 기준으로 위법성을 판단하여야 하는지에 관하여 설명하시오. (25점)　　　　　　　　〈공인노무사 2022〉

Ⅰ. 문제의 소재

처분은 그 당시의 사실상태 및 법률상태를 기초로 하여 행해지게 된다. 그런데 사안에서 폐기물처리시설용지로의 변경이 가능하도록 법령의 개정이 있었다는 사정은 거부처분 이후의 사정이므로 처분의 위법성 판단 기준시점을 처분시로 보는지 판결시로 보는지에 따라 도지사 乙의 거부처분의 적법 여부가 결정될 것이다.

Ⅱ. 심리판단의 기준시점

1. 처분의 위법성 판단의 일반적인 기준시점

(1) 문제 상황

처분 등이 이루어진 뒤에 당해 처분 등의 근거가 된 법령이 개정·폐지되거나 법령상의 처분요건인 사실상태에 변동이 있는 경우, 어느 시점의 법률상태 및 사실상태를 기준으로 처분의 위법성을 판단할 것인가의 문제가 있다.

(2) 학설

　① **처분시설**: ㉠ 법원은 객관적 입장에서 처분 등의 위법 여부를 사후심사할 수 있을 뿐이라는 점, ㉡ 원고는 처분 당시의 사실관계 및 법령상태에서 소송물을 특정할 수밖에 없는데 처분 후의 사정을 고려한다는 것은 이 소송물의 동일성과 모순된다는 점을 든다.
　② **판결시설**: ㉠ 항고소송은 구체적인 행정처분이 법규에 대하여 적합한가의 여부를 판단의 대상으로 하는데, 이 경우의 법규는 판결시의 법규라야 한다는 점, ㉡ 취소소송의 본질은 행정청의 제1차적 판단을 매개로 하여 발생하는 위법상태의 배제에 있다는 점을 든다.

③ **절충설**: 행정청의 제1차적 판단권의 존중이라는 측면에서 원칙적으로 처분시설이 타당하나, 예외적으로 계속효 있는 행위(예 영업허가의 취소, 교통표지판의 설치)의 경우에는 판결시설이 타당하다는 견해가 있다. 또한 거부처분취소소송의 경우에는 실질적으로 의무이행소송과 유사한 성격을 가지므로 판결시설이 타당하다는 견해도 있다.

(3) 판례

판례는 "행정소송에서 행정처분의 위법 여부는 <u>행정처분이 행하여졌을 때의 법령과 사실상태를 기준으로 하여 판단하여야 하고, 처분 후 법령의 개폐나 사실상태의 변동에 의하여 영향을 받지는 않는다.</u>"474)면서 처분시설을 취하고 있다.

그런데 판례는 <u>위법판단 자료의 범위를 처분 당시 존재하였던 자료나 행정청에 제출되었던 자료만으로 한정하지 않고, 사실심 변론종결 당시까지 제출된 모든 자료를 종합하여 처분의 위법 여부를 판단할 수 있다는 입장이다.</u>475) 따라서 당사자는 사실심 변론종결시까지 처분 당시 존재하였던 사실에 대한 증명을 자유롭게 할 수 있다. 다만, <u>행정청이 재량의 범위 내에서 처분시 참작할 자료제출의 시한을 정한 경우 그 시한을 도과함으로써 불이익한 처분을 받은 후 행정소송에서 새로운 자료를 제출하여 위 처분의 취소를 구할 수는 없다.</u>476)

(4) 검토

원칙적으로 처분시설이 타당하다. 판결시설을 따를 경우 행정의 적법성 통제라는 취소소송의 목적에 반하는 것은 물론 판결의 지연에 따라 결과가 달라지는 불합리가 발생할 수 있기 때문이다. 처분시설을 일관할 경우 처분 이후의 사정변경에 의해 또다시 동일한 처분을 할 수 있는 경우 절차경제에 문제가 있다는 지적이 있지만, 개인의 권익구제의 관점에서 처분시설을 따르는 것이 보다 타당하다.

2. 신청에 대한 거부처분의 위법판단 기준시점

(1) 행정기본법 규정

당사자의 신청에 따른 처분은 법령등에 특별한 규정이 있거나 처분 당시의 법령등을 적용하기 곤란한 특별한 사정이 있는 경우를 제외하고는 처분 당시의 법령등에 따른다(행정기본법 제14조 제2항).

---

474) 대판 2007.5.11. 2007두1811
475) 대판 1995.11.10. 95누8461
476) 대판 1995.11.10. 95누8461

여기에서 "법령등에 특별한 규정"이 있는 예로는, 국세기본법 제18조에 따라 경정청구에 대응하는 과세처분의 경우 처분 시점의 세법이 아니라 납세의무 성립시점의 세법을 적용하는 경우가 있다. 그리고 "처분 당시의 법령등을 적용하기 곤란한 특별한 사정"이 있는 예로는, 신청을 수리하고도 정당한 이유 없이 처리를 늦추어 그 사이에 법령 및 허가기준이 변경된 경우에는 당사자의 신뢰보호를 위해 처분 당시의 변경된 법령을 적용하기 곤란한 경우가 있다(대판 2006.8.25. 2004두2974).

(2) 학설

① **처분시설**: 행정청은 신청시가 아닌 처분 당시의 법령과 사실관계를 기초로 위법 여부를 판단하여 처분을 할지 여부를 결정한다. 따라서 신청 당시에는 허가 등의 요건을 갖추었더라도 그 후 허가 등이 있기 전에 법령과 사실상태의 변경으로 허가 등의 요건을 갖추지 못하게 되면 행정청은 허가 등을 거부하여야 한다. 그 반대의 경우도 마찬가지이다.

② **판결시설**: 이 견해로는 ㉠ 처분시설을 취하게 되면, 인용판결이 내려져도 처분청이 처분 후의 사정변경(예 거부처분을 가능하게 하는 법령개정)을 이유로 다시 거부처분을 할 수 있게 되어 인용판결이 권리구제에 기여하지 못하고 인용판결 후의 새로운 거부처분에 대하여 다시 소송이 제기되어 소송경제에 반한다는 견해, ㉡ 인용판결은 행정소송법 제30조 제2항과 결부하여 행정청에게 신청에 따른 처분의무를 부과한다는 점에서 실질적으로 의무이행소송과 유사한 성격을 가진다는 전제하에, 거부처분이 거부처분시를 기준으로 적법한 경우에도 사정변경에 의해 판결시를 기준으로 위법하면 인용판결을 하게 된다는 견해가 있다.

③ **위법판단시·판결시 구별설**: 학설 가운데에는 소송경제와 신속한 권리구제를 도모하기 위하여 거부처분취소소송에서 거부처분의 위법은 처분시를 기준으로 하되 인용판결은 판결시를 기준으로 하여야 한다는 견해도 있다. 이에 따르면 거부처분이 거부처분시를 기준으로 적법하면 기각되고, 위법한 경우 사정변경이 없으면 인용판결을 하고, 사정변경이 있으면 판결시를 기준으로 인용하는 것이 타당한 경우 인용하고, 판결시를 기준으로 공익을 고려하여 인용하는 것이 타당하지 않은 경우 기각판결을 한다.

(3) 판례

판례는 원칙적으로 처분시설을 취하되, <u>처분 신청 후 법령의 변경이 있는 경우 "소관 행정청이 허가신청을 수리하고도 정당한 이유 없이 처리를 늦추어 그 사이에 법령 및 허가기준이 변경된 것이 아닌 한</u> 변경된 법령 및 허가기준에 따라서 한 불허가처분은 위법하다고 할 수 없다."(대판 2005.7.29. 2003두3550)고 하여 예외적으로 신청시의 법령에 따라야 하는 경우가 있음을 인정하고 있다.

(4) 검토

행정기본법 제14조의 규정처럼, 법령등에 특별한 규정이 있거나 처분 당시의 법령등을 적용하기 곤란한 특별한 사정이 있는 경우를 제외하고는 처분 당시의 법령을 기준으로 하는 것이 법 적용의 기준을 명확하게 하여 국민의 법 적용에 대한 예측가능성과 법적 안정성 제고에 바람직하다.

Ⅲ. 문제의 해결

사안에서 거부처분은 거부처분이 이루어진 당시의 법령 및 사실상태를 기준으로 판단하는 것이 원칙이다.

도지사 乙의 변경신청거부처분의 위법성 판단 기준시점을 처분시로 본다면 법원은 거부처분을 할 당시의 법령을 기준으로 변경요건을 판단해야 한다. 따라서 거부처분취소소송 계속 중 변경이 가능하도록 법령의 개정이 있었음을 이유로 할 수 없고, 거부처분 시점을 기준으로 위법성을 판단하여야 한다.

보충문제

A국 국적의 외국인인 甲은 자국 정부로부터 정치적 박해를 받고 있었다. 甲은 2024. 11. 20. 인천국제공항에 도착하여 입국 심사 과정에서 난민신청의사를 밝히고 난민법상 출입국항에서의 난민인정신청을 하였다. 인천국제공항 출입국관리공무원은 2024. 11. 20. 甲에 대하여 입국목적이 사증에 부합함을 증명하지 못하였다는 이유로 입국불허결정을 하고, 甲이 타고 온 외국항공사에 대하여 甲을 국외로 송환하라는 송환지시서를 발부하였다. 이에 甲은 출입국 당국의 결정에 불만을 표시하며 자신을 난민으로 인정해 달라고 요청하였고, 당국은 甲에게 난민심사를 위하여 일단 인천공항 내 송환대기실에 대기할 것을 명하였다. 인천공항 송환대기실은 입국이 불허된 외국인들이 국외송환에 앞서 임시로 머무는 곳인데, 이 곳은 외부와의 출입이 통제되는 곳으로 甲이 자신의 의사에 따라 대기실 밖으로 나갈 수 없는 구조로 되어 있었다. 출입국 당국은 2024. 11. 26. 甲에 대하여 난민 인정 거부처분을 하였고, 甲은 이에 불복하여 2024. 11. 28. 난민 인정 거부처분 취소의 소를 제기하는 한편, 2024. 12. 19. 자신에 대한 수용(收容)을 해제할 것을 요구하는 인신보호청구의 소를 제기하였다.

(1) 위 난민 인정 거부처분 후 甲의 국적국인 A국의 정치적 상황이 변화하였다. 이와 같이 변화된 A국의 정치적 상황을 이유로 하여, 법원이 난민 인정 거부처분의 적법 여부를 달리 판단할 수 있는지에 대하여 검토하시오. (15점)
(2) 甲의 난민 인정 거부처분 취소소송 중 잠정적으로 甲의 권리를 보전할 수 있는 가구제 수단을 검토하시오. (15점)

• 2020 변호사시험 변형

■ 문 (1)

Ⅰ. 논점 : 위법성 판단의 기준시

Ⅱ. 위법성 판단의 기준시

  1. 문제의 소재
  2. 학설 : 처분시설, 판결시설, 절충설
  3. 판례
     행정소송에서 행정처분의 위법 여부는 행정처분이 행하여졌을 때의 법령과 사실 상태를 기준으로 하여 판단하여야 하고, 처분 후 법령의 개폐나 사실상태의 변동에 의하여 영향을 받지는 않는다(대판 2008.7.24. 2007두3930).
  4. 검토

Ⅲ. 사례의 경우
   처분시설에 따르면, 난민 인정 거부처분의 취소를 구하는 취소소송에서도 그 거부처분을 한 후 국적국의 정치적 상황이 변화하였다고 하여 처분의 적법 여부가 달라지는 것은 아님. 따라서 법원은 정치적 상황의 변화를 이유로 난민 인정 거부처분의 적법 여부를 달리 판단할 수 없음

■ 문 (2)

Ⅰ. 논점 : 거부처분에 대한 집행정지, 가처분

Ⅱ. 행정소송에서의 가구제
   ○ 침익처분에 대한 집행정지제도 (거부처분에 대한 집행정지의 허용성이 문제됨)
   ○ 수익처분의 신청을 거부하는 처분이나 부작위에 대한 가처분제도 (민사집행법상 가처분에 관한 규정의 준용이 문제됨)

Ⅲ. 거부처분에 대한 집행정지
  1. 문제점
  2. 학설 : 긍정설, 부정설, 제한적 긍정설
  3. 판례
     허가신청에 대한 거부처분은 그 효력이 정지되더라도 그 처분이 없었던 것과 같은 상태를 만드는 것에 지나지 아니하는 것이고 그 이상으로 행정청에 대하여 어떠한 처분을 명하는 등 적극적인 상태를 만들어 내는 경우를 포함하지 아니하는 것이어서 그 거

부처분으로 인하여 신청인에게 생길 회복할 수 없는 손해를 피하는 데 아무런 보탬이 되지 않는다(대결 1991.5.2. 91두15).

   4. 검토

Ⅳ. 가처분의 항고소송에의 준용 여부

   1. 학설 : 적극설(긍정설), 소극설(부정설), 제한적 긍정설
   2. 판례

   민사소송법상의 보전처분은 민사판결절차에 의하여 보호받을 수 있는 권리에 관한 것이므로, 민사소송법상의 가처분으로써 행정청의 어떠한 행정행위의 금지를 구하는 것은 허용될 수 없다(대판 1992.7.6, 92마54).

Ⅴ. 사례의 경우

   ○ 판례에 따르면 집행정지 허용되지 않고, 제한적 긍정설에 따르더라도 집행정지로 甲이 얻는 이익이 없으므로 집행정지 불허될 것임. 그리고 판례에 따르면 민사집행법상 가처분이 준용되지 아니함
   ○ 잠정적으로 甲의 권리를 보전할 수 있는 가구제 수단은 없음

연습 109

B시장은 2024. 10. 4. 국립대학법인 A대학교에 B시가 관리하는 도로를 장기간 무단으로 점유하였다는 이유로 「도로법」 제72조 제1항에 따라 변상금을 부과하였으나, A대학교는 이를 납부하지 않았다.

한편, A대학교는 교내의 미술사도서관이 거의 이용되지 않고 있는 상황에서, 학내에 대형 공연장을 설치하여 일반 공중에 대여하는 등 수익사업을 통해 학교 운영상의 재정적 어려움을 해소하기 위한 목적으로, 2024. 6. 3. 관할 B시장에게 위 미술사도서관을 공연장으로 용도를 변경하기 위한 협의를 요청한바 있다(미술사도서관은 「건축법」 제19조 제4항 제6호의 '교육 및 복지시설군'에 해당하고, 공연장은 「건축법」 제19조 제4항 제4호의 '문화집회시설군'에 해당한다).

그런데, 국립대학교에 공연장이 남설되어 사회적 논란이 야기되자, 국회에서는 모든 국립대학교에 신규 공연장 설치를 제한하는 내용의 「건축법」 개정안이 발의되었다. B시장은 이러한 사실을 인지하여, 법령상 다른 명시적인 제한사유가 없음에도 불구하고 A대학교의 용도변경 협의 요청을 접수하고도 응답을 차일피일 미루었다. 그러던 중 2025. 3. 6. 위 「건축법」 개정안이 국회에서 가결되어 2025. 6. 5.자로 시행되었는데, 국회 논의 과정에서 '「건축법」상 용도변경 규정이 20여년 이상 적용되어 왔음을 감안하여 개정 전에 인허가 신청을 한 경우에는 구법을 적용하는 내용의 경과규정을 두어야 한다'는 주장과 '개정 「건축법」을 경과규정 없이 즉시 시행하여 국립대학교가 본래의 교육 목적 달성에 주력하도록 해야 한다'는 주장이 대립하였으나, 경과규정을 두지 않는 것으로 정리되었다.

이후 B시장은 "2025. 3. 6.자 개정 「건축법」에 따르면 국립대학교에서는 공연장을 신규로 설치할 수 없음"('처분사유')을 이유로 2025. 6. 14. 위 용도변경 협의 요청을 거부하였다. 다음의 물음에 답하시오.477)

(1) A대학교가 B시장의 용도변경 협의 거부에 대한 취소소송을 제기하려 할 때, 이러한 협의 거부는 취소소송의 대상이 될 수 있는지 검토하시오. (10점)

(2) B시장의 거부사유('처분사유')가 타당한지 검토하시오. (단, 「민원 처리에 관한 법률」 위반 여부는 검토하지 말 것) (15점)

(3) A대학교는 B시장의 변상금 부과처분에 대하여 항고소송을 제기하였는데, 사실심 계속 중에 A대학교가 해당 도로는 도로구역으로 결정·고시된 바 없어 「도로법」상 도로로 볼 수 없으므로 변상금 부과는 무효라고 주장하자, B시장은 "A대학교가 무단점유한 도로가 사실상 도로라고 하더라도 이는 B시의 행정재산이고, A대학교 또한 이를 알고 있었으므로 「공유재산 및 물품관리법」에 따른 변상금 부과 대상이 된다."라는 처분사유를 추가하였다. 이러한 추가는 허용될 수 있는지 검토하시오. (20점)

[참조조문]
「건축법」

제11조【건축허가】 ① 건축물을 건축하거나 대수선하려는 자는 특별자치시장·특별자치도지사 또는 시장·군수·구청장의 허가를 받아야 한다.

제14조【건축신고】 ① 제11조에 해당하는 허가 대상 건축물이라 하더라도 다음 각 호의 어느 하나에 해당하는 경우에는 미리 특별자치시장·특별자치도지사 또는 시장·군수·구청장에게 국토교통부령으로 정하는 바에 따라 신고를 하면 건축허가를 받은 것으로 본다. (제1~5호. 생략)

제19조【용도변경】 ② 제22조에 따라 사용승인을 받은 건축물의 용도를 변경하려는 자는 다음 각 호의 구분에 따라 국토교통부령으로 정하는 바에 따라 특별자치시장·특별자치도지사 또는 시장·군수·구청장의 허가를 받거나 신고를 하여야 한다.
  1. 허가 대상 : 제4항 각 호의 어느 하나에 해당하는 시설군(施設群)에 속하는 건축물의 용도를 상위군(제4항 각 호의 번호가 용도변경하려는 건축물이 속하는 시설군보다 작은 시설군을 말한다)에 해당하는 용도로 변경하는 경우
  2. 신고 대상 : 제4항 각 호의 어느 하나에 해당하는 시설군에 속하는 건축물의 용도를 하위군(제4항 각 호의 번호가 용도변경하려는 건축물이 속하는 시설군보다 큰 시설군을 말한다)에 해당하는 용도로 변경하는 경우
④ 시설군은 다음 각 호와 같고 각 시설군에 속하는 건축물의 세부 용도는 대통령령으로 정한다.
  4. 문화 및 집회시설군
  6. 교육 및 복지시설군
⑦ 제2항에 따른 건축물의 용도변경에 관하여는 건축법 제11조, 제14조를 준용한다.

제29조【공용건축물에 대한 특례】 ① 국가(국립대학법인을 포함한다. 이하 같다)나 지방자치단체는 제11조, 제14조, 제19조, 제20조 및 제83조에 따른 건축물을 건축·대수선·용도변경하거나 가설건축물을 건축하거나 공작물을 축조하려는 경우에는 대통령령으로 정하는 바에 따라 미리 건축물의 소재지를 관할하는 허가권자와 협의하여야 한다.
② 국가나 지방자치단체가 제1항에 따라 건축물의 소재지를 관할하는 허가권자와 협의한 경우에는 제11조, 제14조, 제19조, 제20조 및 제83조에 따른 허가를 받았거나 신고한 것으로 본다.

477) 2022년 법학전문대학원협의회 모의시험

행정쟁송법 사례연습

「도로법」

제72조【변상금의 징수】 ① 도로관리청은 도로점용허가를 받지 아니하고 도로를 점용하였거나 도로점용허가의 내용을 초과하여 도로를 점용(이하 이 조에서 "초과점용등"이라 한다)한 자에 대하여는 초과점용등을 한 기간에 대하여 점용료의 100분의 120에 상당하는 금액을 변상금으로 징수할 수 있다.

「공유재산 및 물품 관리법」

제81조【변상금의 징수】 ① 지방자치단체의 장은 사용·수익허가나 대부계약 없이 공유재산 또는 물품을 사용·수익허가나 점유(사용·수익허가나 대부계약 기간이 끝난 후 다시 사용·수익허가나 대부계약 없이 공유재산 또는 물품을 계속 사용·수익하거나 점유하는 경우를 포함하여, 이하 '무단점유'라 한다)를 한 자에 대하여 대통령령으로 정하는 바에 따라 공유재산 또는 물품에 대한 사용료 또는 대부료의 100분의 120에 해당하는 금액(이하 "변상금"이라 한다)을 징수한다.

Ⅰ. 설문 (1) – 협의 거부의 취소소송 대상 여부

1. 쟁점의 정리

B시장의 용도변경 협의 거부가 취소소송의 대상이 되기 위해서는 사안의 용도변경 협의의 실질과 용도변경 협의 거부의 처분성 인정 여부를 검토하여야 한다.

2. 취소소송의 대상

(1) 처분의 개념

취소소송의 대상이 되는 처분이란 '행정청이 행하는 구체적 사실에 관한 법집행으로서의 공권력의 행사 또는 그 거부와 그 밖에 이에 준하는 행정작용'을 말한다(행정소송법 제2조 제1항 제1호).

(2) 행정청의 거부행위가 항고소송의 대상이 되기 위한 요건

판례는 거부가 항고소송의 대상이 되는 행정처분에 해당하기 위한 요건으로 ① 그 신청한 행위가 공권력의 행사 또는 이에 준하는 행정작용이어야 하고, ② 그 거부행위가 신청인의 법률관계에 어떤 변동을 일으키는 것이어야 하며, ③ 그 국민에게 그 행위발동을 요구할 법규상 또는 조리상의 신청권이 있어야 할 것[478]을 들고 있다.

---

478) 대판 2002.11.22. 2000두9229

여기서 거부처분의 처분성을 인정하기 위한 전제요건이 되는 신청권의 존부는 구체적 사건에서 신청인이 누구인가를 고려하지 않고 관계 법규의 해석에 의하여 일반 국민에게 그러한 신청권을 인정하고 있는가를 살펴 추상적으로 결정되는 것이고, 신청인이 그 신청에 따른 단순한 응답을 받을 권리를 넘어서 신청의 인용이라는 만족적 결과를 얻을 권리를 의미하는 것은 아니므로, 국민이 어떤 신청을 한 경우에 그 신청의 근거가 된 조항의 해석상 행정발동에 대한 개인의 신청권을 인정하고 있다고 보이면 그 거부행위는 항고소송의 대상이 되는 처분으로 보아야 한다.[479]

(3) 용도변경 협의의 법적 성질

건축법 제19조 제2항에 따라 건축물의 용도를 변경하려는 자는 관할 행정청의 허가를 받거나 신고를 하여야 하고, 건축법 제29조는 국립대학법인이 건축물을 용도변경하려는 경우 건축물의 소재지를 관할하는 허가권자와 협의하여야 한다.

따라서 용도변경 협의의 실질은 용도변경 허가 또는 신고에 해당한다. 판례도 건축협의의 실질은 지방자치단체 등에 대한 건축허가와 다르지 않으므로, 지방자치단체 등이 건축물을 건축하려는 경우 등에는 미리 건축물의 소재지를 관할하는 허가권자인 지방자치단체의 장과 건축협의를 하지 않으면, 지방자치단체라 하더라도 건축물을 건축할 수 없다고 하였다.[480]

(4) 사안의 경우

A대학교는 건축법 제19조 제4항 제6호의 '교육 및 복지시설군'에 해당하는 미술사도서관을 제4호의 '문화집회시설군'에 해당하는 공연장으로 용도변경을 하려는 것이므로, A대학교의 용도변경 협의요청은 실질적으로 용도변경 허가신청에 해당한다.

① A대학교의 용도변경 협의요청은 용도변경의 허가를 신청한 것과 같으므로 그 신청한 행위가 공권력의 행사 또는 이에 준하는 행정작용에 해당하고, ② B시장의 거부행위로 A대학교는 용도변경을 할 수 없으므로 신청인의 법률관계에 변동을 일으키는 것이며, ③ A대학교에게는 건축법 제19조 제2항, 제29조 제1항에 따라 용도변경 협의에 관한 법규상 신청권이 인정된다.

따라서 실질적으로 용도변경 허가신청의 거부에 해당하므로 취소소송의 대상인 처분성이 인정된다.

3. 문제의 해결

A대학교의 용도변경 협의 요청에 대해 B시장이 협의를 거부한 것은 실질적으로 용도변경 허가신청 거부에 해당하는 것으로서 취소소송의 대상인 거부처분이다.

---

479) 대판 2009.9.10. 2007두20638
480) 대판 2014.2.27. 2012두22980

Ⅱ. 설문 (2) – 위법성 판단의 기준시

1. 쟁점의 정리

처분은 그 당시의 사실상태 및 법률상태를 기초로 하여 행해지게 된다. 그런데 B시장이 협의 요청을 접수하고도 국회의 법개정안 발의 상황을 보고 의도적으로 협의를 늦춘 것이므로 신청시와 처분시 가운데 어느 시점을 기준으로 처분의 위법성을 판단할 것인가의 문제가 있다.

2. 신청에 의한 처분의 위법성 판단의 기준시점

(1) 행정기본법 규정

당사자의 신청에 따른 처분은 법령등에 특별한 규정이 있거나 처분 당시의 법령등을 적용하기 곤란한 특별한 사정이 있는 경우를 제외하고는 처분 당시의 법령등에 따른다(행정기본법 제14조 제2항).

(2) 판례

판례는 "행정소송에서 행정처분의 위법 여부는 행정처분이 행하여졌을 때의 법령과 사실상태를 기준으로 하여 판단하여야 하고, 처분 후 법령의 개폐나 사실상태의 변동에 의하여 영향을 받지는 않는다."[481]라고 하여 처분시설을 따르고 있다.

다만 신청 후 법령의 변경이 있는 경우 "소관 행정청이 허가신청을 수리하고도 정당한 이유 없이 처리를 늦추어 그 사이에 법령 및 허가기준이 변경된 것이 아닌 한 변경된 법령 및 허가기준에 따라서 한 불허가처분은 위법하다고 할 수 없다."[482]고 하여 예외적으로 신청시의 법령에 따라야 하는 경우가 있음을 인정하고 있다.

(3) 검토

판결시설을 따를 경우 행정의 적법성 통제라는 취소소송의 목적에 반하는 것은 물론 판결의 지연에 따라 결과가 달라지는 불합리가 발생할 수 있고, 개인의 권익구제의 관점에서 처분시를 기준으로 하는 것이 타당하다.

다만 신청시와 처분시 사이에 법령의 변경이 있는 경우 행정청이 이유 없이 처리를 늦추어 허가기준이 변경된 때에는 판례와 같이 예외적으로 신청시를 기준으로 할 수 있음이 이익형량에 비추어 타당하다.

---

481) 대판 2007.5.11, 2007두1811
482) 대판 2005.7.29, 2003두3550

3. 문제의 해결

B시장이 협의 요청을 접수하고도 국회의 법개정안 발의 상황을 보고 의도적으로 협의를 늦춘 것이므로 개정건축법 규정이 아닌 신청 당시의 건축법 규정에 근거하여 용도변경 협의를 처리해야 할 특별한 사정이 있는 경우에 해당한다.

따라서 B시장의 거부사유('처분사유')는 타당하지 않다.

Ⅲ. 설문 (3) - 처분사유의 추가·변경

1. 쟁점의 정리

B시장이 취소소송 계속 중에 당초 변상금부과처분의 근거법을 「도로법」에서 「공유재산 및 물품관리법」으로 처분사유를 추가할 수 있는지와 관련하여, ① 처분사유 추가·변경 인정여부, ② 처분사유 추가·변경의 인정범위에 대해 살펴본다. 특히 사안은 당초 사유와 다른 사유의 기본적 사실관계의 동일성 여부가 문제된다.

2. 처분사유의 추가·변경

(1) 의의

행정청이 항고소송 계속 중에 처분 당시에 밝혔던 처분사유와는 다른 처분사유를 추가하거나 처분사유를 변경하여 당해 처분의 적법성을 주장하는 경우를 처분사유의 추가·변경이라고 한다.

(2) 인정여부

행정청은 사실심 변론을 종결할 때까지 당초의 처분사유와 기본적 사실관계가 동일한 범위 내에서 처분사유를 추가 또는 변경할 수 있다(행정소송규칙 제9조).

위와 같은 행정소송규칙이 시행(2023.8.31.)되기 전부터, 대법원은 "처분청은 <u>당초 처분의 근거로 삼은 사유와 기본적 사실관계가 동일성이 있다고 인정되는 한도 내에서만 다른 사유를 추가 또는 변경할 수 있다.</u>"[483]고 하여 제한적으로 인정해왔다.

(3) 인정 범위

① **시간적 범위** : 처분사유의 사후변경은 사실심 변론종결시까지만 허용되고, 처분의 위법성 판단 기준시점을 처분시로 보면 처분시에 존재하던 기본적 사실관계의 동일성이 있는 이유에 한정된다.

---

[483] 대판 2011.11.24, 2009두19021

② 객관적 범위
  ㉠ 소송물의 동일성 : 처분사유의 사후변경은 취소소송의 소송물의 범위 내에서만 가능하다. 즉, 처분사유의 사후변경은 처분의 동일성이 유지되는 한도 내에서 인정된다.
  ㉡ 기본적 사실관계의 동일성
    ⓐ 근거 : 처분사유의 추가·변경을 기본적 사실관계에 있어서의 동일성이 유지되는 한도 내에서만 인정하는 것은 <u>이유제시제도의 취지 및 행정처분의 상대방인 국민에 대한 신뢰보호 및 행정처분 상대방의 방어권 보장을 위함이다.</u>484)
    ⓑ 판단기준 : 이는 <u>처분사유를 법률적으로 평가하기 이전의 구체적인 사실에 착안하여 그 기초가 되는 사회적 사실관계가 기본적인 면에서 동일한지 여부에 따라 판단한다</u>(대판 1988.1.19, 87누603).
    ⓒ 법적 근거의 변경 : <u>처분의 법적 근거가 변경됨으로써 처분의 사실관계가 변경되고, 사실관계의 기본적 동일성이 인정되지 않는 경우에는 처분의 법적 근거의 변경이 인정되지 않는다</u>(대판 2001.3.23, 99두6392). 반대로 <u>처분의 사실관계에 변경이 없는 한 적용법령만을 추가하거나 변경하는 것은 가능하고 법원은 추가·변경된 법령에 기초하여 처분의 적법 여부를 판단할 수 있다.</u>485)

(4) 사안의 경우
  B시장이 도로법에 근거하여 변상금 부과처분을 하였다가 처분에 대한 취소소송이 제기된 후 해당 도로가 도로법의 적용을 받는 도로에 해당하지 않을 경우를 대비하여 처분의 근거법령으로 공유재산 및 물품관리법을 추가하는 것은, <u>각 근거법령은 입법 취지가 다르고, 해당 규정내용을 비교하여 보면 변상금의 징수목적, 산정 기준금액, 징수 재량 유무, 징수 절차 등이 서로 달라 위와 같이 근거 법령을 변경하는 것은 종전의 변상금 부과처분과 동일성을 인정할 수 없는 별개의 처분을 하는 것과 다름 없어 허용될 수 없다.</u>486)
  그리고 <u>B시의 행정재산임을 A대학교가 알고 있었다고 하여 당초의 처분사유와 동일성이 있는 것이라 할 수 없다.</u>487)

---

484) 대판 2003.12.11, 2001두8827
485) 다른 법령에 의하여 금지·처벌되는 명칭이 제호에 사용되어 있다는 주장은 당초 처분시에 불법단체인 전국교직원노동조합의 약칭(전교조)이 제호에 사용되었다고 적시한 것과 비교하여 볼 때 당초에 적시한 구체적 사실을 변경하지 아니한 채 단순히 근거 법조만을 추가·변경한 주장으로서 이를 새로운 처분사유의 추가·변경이라고 할 수 없다(대판 1998.4.24, 96누13286).
486) 대판 2011.5.26, 2010두28106
487) 추가 또는 변경된 사유가 당초의 처분시 그 사유를 명기하지 않았을 뿐 처분시에 이미 존재하고 있었고 당사자도 그 사실을 알고 있었다 하여 당초의 처분사유와 동일성이 있는 것이라 할 수 없다(대판 2003.12.11, 2001두8827).

3. 문제의 해결

B시장이 A대학교의 행정재산 무단점유를 이유로 공유재산법 제81조 제1항에 따른 변상금부과를 처분사유로 추가하는 것은 도로법 제72조 제1항을 근거로 한 변상금 부과처분의 처분사유와 기본적 사실관계가 달라 허용되지 않는다.

행정쟁송법 사례연습

연습 110

A시와 B시 구간의 시외버스 운송사업을 하고 있는 갑은 최근 자가용 이용의 급증 등으로 시외버스 운송사업을 하는데 상당한 어려움에 처해 있다. 그런데 관할행정청 X는 갑이 운영하는 노선에 대해 인근에서 대규모 운송사업을 하고 있던 을에게 새로이 시외버스 운송사업면허를 하였다. 이에 대하여 갑은 X의 을에 대한 시외버스 운송사업면허에 대하여 행정소송을 제기하였다. 법원은 X의 을에 대한 시외버스 운송사업면허처분에 위법사유가 발견되어 갑의 행정소송을 인용하고 을에 대한 시외버스 운송사업면허처분을 취소하고자 한다. 그러나 이미 많은 시민들이 을이 운영하는 버스를 이용하고 있다는 이유로 면허취소판결을 하지 아니할 수 있는가?488) (20점)

Ⅰ. 문제 상황

시외버스 운송사업면허처분이 위법함에도 불구하고, 을의 운송사업면허가 취소되어 시민들의 불편이 예상되는 등의 공익적 사정이 있다면 법원이 면허취소판결을 하지 아니할 수 있는지와 관련하여, ① 사정판결의 요건 충족여부, ② 피고 행정청의 신청 여부, ③ 판단시점 등이 문제된다.

Ⅱ. 사정판결의 의의

1. 의의

원고의 청구가 이유 있다고 인정하는 경우에도 처분등을 취소하는 것이 현저히 공공복리에 적합하지 아니하다고 인정하는 때에는 법원은 원고의 청구를 기각할 수 있는데(행정소송법 제28조 제1항 본문), 이를 사정판결이라 한다. 이는 <u>사익의 보호가 결과적으로 공익에 중대한 침해를 가져올 경우 사회전체의 공익을 우선시킴으로써 이를 시정하려는데 그 취지가 있다.</u>489) 그러나 사정판결이 처분을 적법하게 만드는 것은 아니다.

2. 요건

(1) 청구가 이유 있다고 인정될 것

쟁송의 대상인 처분이 위법하고, 그 위법한 처분 등에 의하여 원고의 법률상 이익이 침해된 경우이어야 한다.

---

488) 2009년 행정고시(재경) 기출문제
489) 대판 2006.9.22, 2005두2506

(2) 처분 등의 취소가 현저히 공공복리에 적합하지 아니할 것

원고의 청구를 기각하는 것만이 공공복리 실현을 위한 해결책이어야 한다. 판례는 "행정처분이 위법한 때에는 이를 취소함이 원칙이고 그 위법한 처분을 취소·변경함이 도리어 현저히 공공의 복리에 적합하지 않은 경우에 극히 예외적으로 위법한 행정처분의 취소를 허용하지 않는다는 사정판결을 할 수 있으므로 사정판결의 적용은 극히 엄격한 요건 아래 제한적으로 하여야 하고, 그 요건인 현저히 공공복리에 적합하지 아니한가의 여부를 판단함에 있어서는 위법·부당한 행정처분을 취소·변경하여야 할 필요와 그 취소·변경으로 인하여 발생할 수 있는 공공복리에 반하는 사태 등을 비교·교량하여 그 적용 여부를 판단하여야 한다"(대판 1995.6.13, 94누4660)고 하여 개별적 사건에 있어서 구체적으로 판단한다.[490)491)]

(3) 피고인 행정기관의 신청 여부

① **학설**

㉠ 행정소송법 제26조를 근거로 당사자의 주장이나 피고의 항변이 없더라도 법원의 직권탐지기능에 따라 가능하다는 견해, ㉡ 행정소송법 제26조를 근거로 당사자의 명백한 주장이 없는 경우에도 기록에 나타난 여러 사정을 기초로 직권으로 사정판결할 수 있다는 견해, ㉢ 행정소송법이 제26조를 규정하고 있다고 하더라도 당사자의 주장·항변 없이는 직권으로 사정판결이 불가능하다는 견해(다수설)가 대립된다.

② **판례** : 판례는 '법원이 사정판결을 할 필요가 있다고 인정하는 때에는 당사자의 명백한 주장이 없는 경우에도 기록에 나타난 사실을 기초로 하여 직권으로 사정판결을 할 수 있다'고 한다(대판 1992.2.14, 90누9032).

③ **검토** : 행정소송법 제26조의 직권심리주의는 실체적 적법성보장(처분의 위법·적법성 규명)을 위해 인정되는 것이고 사정판결제도는 기성사실의 존중의 필요성을 근거로 인정되는 것이므로 양자는 취지를 달리하기 때문에 행정소송법 제26조를 근거로 당사자의 주장이나 항변 없이도 사정판결을 할 수 있다는 견해는 부당하며, 부정하는 견해가 타당하다.

---

490) 이른바 '심재륜 사건'에서의 징계면직된 검사의 복직이 검찰조직의 안정과 인화를 저해할 우려가 있다는 등의 사정은 검찰 내부에서 조정·극복하여야 할 문제일 뿐이고 준사법기관인 검사에 대한 위법한 면직처분의 취소 필요성을 부정할 만큼 현저히 공공복리에 반하는 사유라고 볼 수 없으므로, 사정판결을 할 경우에 해당하지 않는다(대판 2001. 8.24, 2000두7704).

491) 이 사건 처분의 취소로 인하여 부산 해운대구를 영업구역으로 하여 생활폐기물을 수집·운반하여 온 기존의 동종업체에게 경쟁상대를 추가시킴으로써 일시적인 공급시설의 과잉현상이 나타나 어느 정도의 손해가 발생한 것임은 예상되지만, 그 이상으로 소론과 같이 업체의 난립 및 과당경쟁으로 기존 청소질서가 파괴되어 청소에 관한 안정적이고 효율적인 책임행정의 이행이 불가능하게 된다고는 보이지 아니하므로 이 사건 처분을 취소하는 것이 현저히 공공의 복리에 적합하지 않은 경우에 해당한다고는 할 수 없을 것인바, 같은 취지의 원심판단은 정당하고, 거기에 소론과 같은 사정판결의 요건에 관한 법리오인의 위법이 있다고 할 수 없다(대판 1998.5.8, 98두4061).

3. 판단시점과 적용범위

(1) 판단시점

사정판결의 대상이 되는 처분의 위법여부는 처분시를 기준으로 판단한다.
그러나 그 처분등을 취소하는 것이 현저히 공공복리에 적합하지 아니한지 여부는 사실심 변론을 종결할 때를 기준으로 판단한다(행정소송규칙 제14조). 사정판결은 처분시부터 위법하였으나 사후변경된 사정을 고려하는 제도이기 때문이다.

(2) 적용범위

사정판결은 취소소송에서만 인정되고 당사자소송이나 무효등확인소송, 부작위위법확인소송에는 준용되고 있지 않다.

Ⅲ. 사안의 해결

처분등이 위법한데도 공익적 견지에서 이를 유지한다는 사정판결제도의 예외적 성격을 고려하여 위법한 처분등의 유지에 따른 사익침해의 정도와 인용판결에 의해 초래될 공익침해의 정도를 적정히 비교형량해야 하며 후자가 전자에 비해 압도적으로 우세한 경우에만 사정판결이 허용된다고 보아야 한다.

사안에서 을에 대한 시외버스 운송사업면허처분이 위법하지만, 이미 많은 시민들이 을이 운영하는 버스를 이용하고 있다는 사정이 있어 을의 운송사업면허를 취소함이 현저히 공공복리에 적합하지 않은지에 대해서는 비례원칙이 엄격하게 적용되어야 한다. 이러한 요건을 갖춘다면 법원은 사정판결을 할 수 있다(면허취소판결을 아니할 수 있다).

그런데 을에 대한 운송사업면허를 취소하더라도 갑 운영업체의 버스를 이용하는 데에 어려움이 없다는 점, 갑이 사업을 하는데 상당한 어려움에 처해 있다는 점에서 공공복리가 압도적으로 우세하다고 판단되지 않는다.

따라서 법원은 을에 대한 운송사업면허를 취소하여야 할 것이다.

연습 111

국방부 산하 육군 A부대장(이하 위 부대장을 '사업자'라 하고, 위 부대를 '이 사건 부대'라고 한다)은 2020년경 육군의 훈련장 중·장기 종합발전계획에 따라 사단 자체적으로 사격장을 운용하기 위하여 강원 철원군 김화읍 청양리 지역에 위치한 기존의 박격포사격장을 확장하는 방안을 모색하였으나 인근 주민들의 민원 제기 등으로 인하여 이를 포기한 후 2021. 4.경 강원 철원군 김화읍 도창리의 부지에 박격포 사격장을 설치하기로 하는 "도창리 백골종합훈련장 피탄지조성사업계획(이하 '이 사건 사업계획'이라 한다)"을 수립하였다.

이에 국방부장관은 2022. 12. 4. 이 사건 사업계획에 대한 승인(이하 '이 사건 승인처분'이라 한다)을 하였다. 이에 따라 사업자는 2022. 12.경부터 2023. 11.경까지 약 13억원의 예산으로 사업부지에 대한 협의 및 보상 절차를 마친 후 표적 및 방화지대 설치작업을 실시하여 2024. 8.경 설치공사를 완료하였다.

이에 이 사건 사업부지 인근인 도창리 마을에 거주하는 인근주민들은 이 사건 사업부지에 사격장이 설치되어 사격훈련이 실시될 경우 인근 식수원에 대한 수질오염 등 여러 가지 환경오염에 노출될 위험성이 크다는 등의 이유로 사업계획승인처분의 무효를 다투는 소송을 제기하였고, 서울행정법원은 환경영향평가절차에 하자가 있다면서 처분이 무효임을 확인하였다. 항소심의 소송계속 중 국방부장관은 이 사건 부대가 기존의 박격포사격장 및 인근의 사격장을 사용하기에는 사용가능 일수가 제한되어 있어 사격훈련을 소화할 수 없는 현실이고, 국가안보를 책임지는 군으로서는 이 사건 훈련장을 반드시 설치·운영하는 것이 공익상 매우 중요하므로 사정판결을 하여야 한다고 주장한다. 장관의 주장처럼 사정판결이 가능한가? (20점)

Ⅰ. 논점의 정리

설문에 기재된 바와 같이 사업계획승인처분이 무효라고 전제할 때, 국방부장관이 무효확인소송에서 사정판결을 주장하는바, 사정판결 규정을 무효확인소송에 준용되고 있지 아니하므로 이를 유추적용할 수 있는지 문제된다.

Ⅱ. 사정판결의 가능성

1. 사정판결의 의의

원고의 청구가 이유 있다고 인정하는 경우에도 처분등을 취소하는 것이 현저히 공공복리에 적합하지 아니하다고 인정하는 때에는 법원은 원고의 청구를 기각할 수 있는데(행정소송법 제28조 제1항 본문), 이를 사정판결이라 한다. 이는 사익의 보호가 결과적으로 공익

행정쟁송법 사례연습

에 중대한 침해를 가져올 경우 사회 전체의 공익을 우선시킴으로써 이를 시정하려는 데 그 취지가 있다.492) 그러나 사정판결이 처분을 적법하게 만드는 것은 아니다.

2. 요건

(1) 청구가 이유 있다고 인정될 것

쟁송의 대상인 처분이 위법하고, 그 위법한 처분 등에 의하여 원고의 법률상 이익이 침해된 경우이어야 한다.

(2) 처분 등의 취소가 현저히 공공복리에 적합하지 아니할 것

즉 원고의 청구를 기각하는 것만이 공공복리 실현을 위한 해결책이어야 한다. 판례는 "<u>위법·부당한 행정처분을 취소·변경하여야 할 필요와 그 취소·변경으로 인하여 발생할 수 있는 공공복리에 반하는 사태 등을 비교·교량하여 그 적용 여부를 판단하여야 한다.</u>"고 하여 개별적 사건에 있어서 구체적으로 판단한다.493)

(3) 피고인 행정기관의 신청 여부

사정판결을 구하는 피고의 신청이 있어야 하며, 사정판결의 필요성에 대한 주장·입증의 책임은 사정판결의 예외성에 비추어 피고인 행정청이 부담한다(다수설). 그러나 판례는 '<u>법원이 사정판결을 할 필요가 있다고 인정하는 때에는 당사자의 명백한 주장이 없는 경우에도 기록에 나타난 사실을 기초로 하여 직권으로 사정판결을 할 수 있다</u>'고 한다(대판 2001.1.19, 99두9674).

3. 설문의 경우

원고의 청구를 기각하고 사격장을 운용·확장하는 것이 공공복리실현을 위한 해결책인지 여부는 설문만으로는 분명하지 않다.

다만 설문의 경우 무효확인소송에서 사정판결을 주장하는바 사정판결을 무효확인소송에 준용하는 규정이 없으므로 유추적용될 수 있는지가 문제된다.

---

492) 대판 2006.9.22, 2005두2506
493) 이른바 '심재륜 사건'에서의 징계면직된 검사의 복직이 검찰조직의 안정과 인화를 저해할 우려가 있다는 등의 사정은 검찰 내부에서 조정·극복하여야 할 문제일 뿐이고 준사법기관인 검사에 대한 위법한 면직처분의 취소 필요성을 부정할 만큼 현저히 공공복리에 반하는 사유라고 볼 수 없으므로, 사정판결을 할 경우에 해당하지 않는다(대판 2001.8.24, 2000두7704).

Ⅲ. 무효등 확인소송에의 유추적용 여부

1. 학설

(1) 부정설

준용한다는 규정이 없고, 사정판결은 법치주의의 예외이므로 가능한 범위를 축소할 필요가 있고, 취소판결은 처분의 효력을 부정함에 반해 사정판결은 처분의 효력이 부정되지는 않지만 위법성을 확인하는 것이므로 처분이 무효인 경우 사정판결로 유지될 처분의 효력이 없어 부정함이 타당하다는 견해이다.[494]

(2) 긍정설

① 무효인 처분을 기초로 한 기성 사실의 원상회복이 현저히 공공복리에 반하는 경우에는 예외적으로 무효인 처분에도 사정판결을 할 필요가 있으며, ② 사정판결은 기성사실을 백지화하는 것이 적합한가, 아니면 기성사실은 그대로 두고 다른 방법에 의한 구제를 강구하는 것이 공공복리에 적합한가라는 각도에서 판단해야지 처분의 효력 유무를 갖고 사정판결 여부를 판단해서는 아니 된다는 견해이다.

2. 판례

판례는 당연무효의 행정처분을 소송목적물로 하는 행정소송에서는 존치시킬 효력이 있는 행정행위가 없기 때문에 행정소송법 제28조 소정의 사정판결을 할 수 없다(대판 1996.3.22, 95누5509)고 한다.

설문과 유사한 사건에서 하급심[495]은 "피고는, 이 사건 부대가 기존의 박격포사격장 및 인근의 사격장을 사용하기에는 사용가능 일수가 제한되어 있어 사격훈련을 소화할 수 없는 현실이고, 국가안보를 책임지는 군으로서는 이 사건 훈련장을 반드시 설치·운영하여야 한다고 주장하나, 위와 같은 사정이 있다고 하여 당연무효인 이 사건 처분이 취소할 수 있는 처분이거나 그 하자가 치유되는 것은 아니므로 피고의 위 주장은 이유 없다."라고 판시한 바 있다.

---

[494] 부정설이 다수설이다. 다만 통설이 아니라 다수설 운운은 불확실 경우 기재하지 않는 것이 좋다.
[495] 서울고등법원 2005.9.30, 2004누22697

3. 검토

명문에 준용한다는 규정이 없으므로 해석론으로는 부정설이 타당하다. 그러나 긍정설에 따르는 경우 만일 원고의 청구를 기각하고 사격장을 운용·확장하는 것이 공공복리실현을 위한 해결책이라면 사정판결의 가능성은 있다.

Ⅳ. 결론

사정판결이 무효등확인소송에 유추적용되는지가 문제되나, 국가안보의 측면에서 이 사건 훈련장을 설치·운영하는 것이 공익상 매우 중요하다고 판단되므로, 긍정설에 따를 경우 다른 요건이 구비된다면 사정판결은 가능하다.

연습 112

甲은 「공유수면 관리 및 매립에 관한 법률」(이하 '공유수면매립법'이라고 한다) 제28조 제1항 제3호에 근거하여 A도지사로부터 매립장소 및 면적을 지정받고 매립목적을 택지조성으로 하는 공유수면 매립면허를 부여받았다. 이후 甲은 당초의 매립목적과 달리 조선(造船)시설용지 지역으로 이 사건 매립지를 이용하고자 A도지사에게 공유수면매립목적 변경신청을 하였고, A도지사는 공유수면매립법 제49조 제1항 제3호에 따라 甲의 변경신청을 승인하는 처분(이하 '이 사건 처분'이라 한다)을 하였다.

그런데 이 사건 매립예정지의 인근에는 딸기잼을 만들어 판매하고 있는 乙수녀원(재단법인)이 있고, 乙수녀원은 딸기잼 판매 수익으로 불우 이웃을 돕고 있었다. 한편, 이 딸기잼은 청정지역에서 재배되는 딸기로 만들어 소비자에게 인기가 있었다. 이에 乙수녀원은 이 사건 처분으로 인하여 매립지에 조선시설이 조성되면 청정지역의 딸기잼이라는 기존의 이미지에 타격을 받게 되어 딸기잼의 판매수입이 떨어짐은 물론 수녀들의 환경상 이익을 침해하게 된다고 하면서 A도지사를 상대로 이 사건 처분의 취소를 구하는 행정소송을 제기하였다. 甲은 이 사건 처분이 취소될 경우 투자비용의 손실이나 고용 등의 경제적 손실이 막대하고, 조선업계의 법적 안정성 등에 큰 문제가 발생한다고 주장하고 있다.

그런데 해당 매립지가 이미 상당부분 매립이 이루어졌고 그 일부에는 이미 조선시설의 기초시설도 일부 완성된 상태라고 가정한다. 이때 법원은 어떤 판결을 하여야 할 것인지 검토하시오. (취소소송의 요건은 적법하게 갖추었으며, 이 사건 처분은 위법하다고 본다)[496] (20점)

I. 문제의 제기[497]

甲에 대한 변경신청 승인처분이 위법하다고 하여도 甲의 투자비용의 손실, 고용 등의 경제적 손실과 혼란 등의 공익적 사정이 있다면 법원은 乙의 소송을 기각할 수 있는지, 즉 사정판결이 가능한지가 문제된다.

---

[496] 2015년 법학전문대학원협의회 모의시험문제 변형
[497] 실제 사건에서는 원고 수녀원의 원고적격이 인정되지 않았다. 이 문제는 소가 적법하다고 가정하고 출제한 문제이다. 원고 수녀원은 수도원 설치 운영 및 수도자 양성 등을 목적으로 설립된 재단법인으로서, 공유수면매립 승인처분의 매립목적을 당초의 택지조성에서 조선시설용지로 변경하는 내용의 이 사건 처분으로 인하여 원고 수녀원에 소속된 수녀 등이 전과 비교하여 수인한도를 넘는 환경침해를 받지 아니하고 쾌적한 환경에서 생활할 수 있는 환경상 이익을 침해받는다고 하더라도 이를 가리켜 곧바로 원고 수녀원의 법률상 이익이 침해된다고 볼 수 없고, 자연인이 아닌 원고 수녀원은 쾌적한 환경에서 생활할 수 있는 이익을 향수할 수 있는 주체도 아니므로 이 사건 처분으로 인하여 위와 같은 생활상의 이익이 직접적으로 침해되는 관계에 있다고 볼 수도 없다. 그리고 상고이유 주장과 같이 이 사건 처분으로 인하여 환경에 영향을 주어 원고 수녀원이 운영하는 쨈 공장에 직접적이고 구체적인 재산적 피해가 발생한다거나 원고 수녀원이 폐쇄되고 이전해야 하는 등의 피해를 받거나 받을 우려가 있다는 점에 관한 증명도 부족하다. 따라서 원고 수녀원에게는 이 사건 처분의 무효확인을 구할 원고적격이 있다고 할 수 없다(대판 2012.6.28, 2010두2005).

Ⅱ. 사정판결

※ 사정판결의 의의, 요건, 판단시점, 적용범위 등은 앞 문제들을 참고

Ⅲ. 사안의 해결

처분등이 위법한데도 공익적 견지에서 이를 유지한다는 사정판결제도의 예외적 성격을 고려하여 위법한 처분등의 유지에 따른 사익침해의 정도와 인용판결에 의해 초래될 공익침해의 정도를 적정히 비교형량해야 하며 후자가 전자에 비해 압도적으로 우세한 경우에만 사정판결이 허용된다고 보아야 한다.

사안에서 甲에 대한 변경신청 승인처분이 위법하지만, 乙수녀원과 수녀들의 재산상·영업상·환경상 이익의 보호필요성과 처분을 취소할 때 생기는 투자비용의 손실이나 고용 등의 경제적 손실, 조선업계의 법적 안정성 등 사정이 있어 처분을 취소함이 현저히 공공복리에 적합하지 않은지에 대해서는 비례원칙이 엄격하게 적용되어야 한다. 이러한 요건을 갖춘다면 법원은 사정판결을 할 수 있다(처분취소판결을 아니할 수 있다).

검토하건대, 해당 매립지가 이미 상당부분 매립이 이루어졌고 그 일부에는 이미 조선시설의 기초시설도 일부 완성된 상태라는 점에서, 조선시설이 완공되어 乙수녀원이나 수녀들의 재산상·영업상·환경상 이익의 침해가 있더라도, 처분을 취소하는 것이 공공복리에 현저히 반한다는 이유로 법원은 사정판결을 할 수 있다. 乙의 손해배상청구까지 부인하는 것은 아니라는 점에서 乙의 권익도 보호될 수 있다고 본다.

연습 113

갑은 여관을 건축하기 위하여 관할 군수 을에게 건축허가 신청을 하였으나 을은 관계법령에 근거가 없는 사유를 들어 거부처분을 하였다. 이에 갑은 을을 상대로 거부처분취소소송을 제기하여 승소하였고 이 판결은 확정되었다. 그런데도 을은 위 판결의 취지에 따른 처분을 하지 아니하였다.

(1) 을이 위 판결의 취지에 따른 처분을 하지 않고 있는 동안, 갑이 강구할 수 있는 행정소송법상 구제방법은? (15점)
(2) 승소판결 확정 후 관계법령이 개정되어 위 건축허가를 거부할 수 있는 근거가 마련되자 을은 이에 의거하여 다시 거부처분을 하였다. 을이 한 새로운 거부처분은 적법한가?[498] (15점)

I. 설문 (1)의 해결

1. 문제의 제기

건축허가 거부처분이 위법하여 인용판결이 내려졌음에도 행정청이 판결의 취지에 따른 처분을 하지 않고 있는 것이 판결의 기속력 중 재처분의무에 반하는 것인지 문제되며, 이 경우 갑의 행정소송법상 권리구제수단으로서 제34조의 간접강제를 검토하기로 한다.

2. 취소판결의 기속력

(1) 의의

처분등을 취소하는 확정판결은 그 사건에 관하여 당사자인 행정청과 그 밖의 관계행정청을 기속한다(행정소송법 제30조 제1항). 기속력이란 소송당사자인 행정청과 그 밖의 관계행정청이 판결의 내용에 따라 행동해야 하는 실체법상의 의무를 발생시키는 효력을 말한다. 현행 행정소송법은 취소판결에 대하여 기속력 있음을 규정하고 무효등확인소송과 부작위위법확인소송 및 당사자소송에 이를 준용하고 있다(제30조·제38조·제44조).

(2) 기속력의 내용

1) 반복금지효 – 소극적인 관점에서의 기속력

취소판결이 확정되면 당사자인 행정청은 물론이고 그 밖의 관계 행정청(예 재결취소소송에서 원처분청)도 확정판결에 저촉되는 처분을 할 수 없다. 반복금지효는 인용판결이 확정된 경우에만 인정되는 것이며, 기각판결의 경우에는 인정되지 않는다. 따라서 청구기각판

[498] 2003년 사법시험 기출문제

결이 있더라도 행정청이 당해 처분을 직권으로 취소하는 것은 기속력과 관계가 없다.

2) 재처분의무 - 적극적인 관점에서의 기속력

재처분의무란 행정청의 거부처분이 판결에 의해 취소된 경우에 행정청이 판결의 취지에 따른 처분을 하여야 함을 의미한다. 이는 행정청이 확정판결을 무시하고 그에 따르는 행동을 하지 않을 우려가 있기 때문에 규정한 것이다.

판결에 의하여 취소되는 처분이 당사자의 신청을 거부하는 것을 내용으로 하는 경우에는 그 처분을 행한 행정청은 판결의 취지에 따라 다시 이전의 신청에 대한 처분을 하여야 한다(행정소송법 제30조 제2항). 그리고 신청에 따른 처분이 절차의 위법을 이유로 취소되는 경우에 그 처분을 한 행정청은 판결의 취지에 따라 재처분하여야 한다(제30조 제3항).

3) 결과제거의무(원상회복의무)

행정소송법에 명문규정은 없으나, 취소소송에 있어 인용판결이 있게 되면 행정청은 위법처분으로 야기된 상태를 제거하여야 할 의무를 부담한다. 예컨대 과세처분이 취소되면 행정청은 압류재산을 반환해야 한다. 행정청이 이러한 의무를 이행하지 않는 경우에는 이른바 공법상 결과제거청구권을 행사하여 압류재산의 반환을 청구할 수 있다.

(3) 기속력 위반의 효과

판례는 기속력에 위반한 처분을 당연무효로 보고 있다.499) 행정소송법상 기속력에 관한 규정은 강행규정으로서 일종의 효력규정이다.

3. 간접강제제도

(1) 의의

행정소송법은 거부처분취소판결의 확정시에 행정청에 부과되는 재처분의무의 이행을 확보하기 위해 간접강제제도를 도입하고 있다. 즉, 행정청이 거부처분의 취소판결의 취지에 따라 처분을 하지 아니하는 때에는 제1심 수소법원은 당사자의 신청에 의하여 결정으로써 상당한 기간을 정하고 행정청이 그 기간내에 이행하지 아니하는 때에는 그 지연기간에 따라 일정한 배상을 할 것을 명하거나 즉시 손해배상을 할 것을 명할 수 있다(법 제34조 제1항). 이를 간접강제결정이라고 한다.

(2) 요건

처분청이 거부처분의 취소판결의 취지에 따른 재처분을 하지 않았어야 한다. 여기에는 재

---

499) 확정판결의 당사자인 처분행정청이 그 행정소송의 사실심 변론종결 이전의 사유를 내세워 다시 확정판결과 저촉되는 행정처분을 하는 것은 허용되지 않는 것으로서 이러한 행정처분은 그 하자가 중대하고도 명백한 것이어서 당연무효라 할 것이다(대판 1990.12.11, 90누3560).

처분을 하였더라도 확정판결의 기속력에 반하여 당연무효인 경우도 포함된다.500)

(3) 적용범위

간접강제제도는 부작위위법확인소송에도 준용되고 있으나(제38조 제2항), 무효확인소송에는 준용되고 있지 않다.501) 그러나 거부처분 무효확인판결도 재처분의무가 있으므로(제38조 제1항, 제30조 제2항) 무효확인소송에도 긍정해야 함이 타당하다는 견해가 있다. 한편 간접강제제도는 우회적인 제도이므로 의무이행소송의 도입이 주장되고 있다.

(4) 절차

① 행정청이 제30조 제2항의 규정에 의한 처분을 하지 아니하는 때에는 제1심수소법원은 당사자의 신청에 의하여 결정으로써 상당한 기간을 정하고 행정청이 그 기간 내에 이행하지 아니하는 때에는 그 지연기간에 따라 일정한 배상을 할 것을 명하거나 즉시 손해배상을 할 것을 명할 수 있다(제34조 제1항). 신청인은 그 간접강제결정을 집행권원으로 하여 집행문을 부여받아 이행강제금을 강제집행할 수 있다.

② 이 경우 제33조를 준용하여 배상명령의 효력이 피고인 행정청이 소속하는 국가 또는 공공단체에도 미치게 하였으며, 민사집행법 제262조를 준용하여 행정청을 심문하도록 하고 있다(제34조 제2항).

(5) 배상금의 성질

① 간접강제결정에 기한 배상금은 거부처분취소판결이 확정된 경우 그 처분을 행한 행정청으로 하여금 확정판결의 취지에 따른 재처분의무의 이행을 확실히 담보하기 위한 것이다. 따라서 특별한 사정이 없는 한 간접강제결정에서 정한 의무이행기한이 경과한 후에라도 확정판결의 취지에 따른 재처분의 이행이 있으면 배상금을 추심함으로써 심리적 강제를 꾀할 목적이 상실되어 처분상대방이 더 이상 배상금을 추심하는 것은 허용되지 않는다는 것이 판례의 태도이다.502)

---

500) 거부처분에 대한 취소의 확정판결이 있음에도 행정청이 아무런 재처분을 하지 아니하거나, 재처분을 하였다 하더라도 그것이 종전 거부처분에 대한 취소의 확정판결의 기속력에 반하는 등으로 당연무효라면 이는 아무런 재처분을 하지 아니한 때와 마찬가지라 할 것이므로 이러한 경우에는 행정소송법 제30조 제2항, 제34조 제1항 등에 의한 간접강제신청에 필요한 요건을 갖춘 것으로 보아야 한다(대결 2002.12.11, 2002무22).

501) 행정소송법 제38조 제1항이 무효확인 판결에 관하여 취소판결에 관한 규정을 준용함에 있어서 같은 법 제30조 제2항을 준용한다고 규정하면서도 같은 법 제34조는 이를 준용한다는 규정을 두지 않고 있으므로, 행정처분에 대하여 무효확인 판결이 내려진 경우에는 그 행정처분이 거부처분인 경우에도 행정청에 판결의 취지에 따른 재처분의무가 인정될 뿐 그에 대하여 간접강제까지 허용되는 것은 아니라고 할 것이다(대결 1998.12.24, 98무37).

502) 행정소송법 제34조 소정의 간접강제결정에 기한 배상금은 확정판결의 취지에 따른 재처분의 지연에 대한 제재나 손해배상이 아니고 재처분의 이행에 관한 심리적 강제수단에 불과한 것으로 보아야 하므로, 간접강제결정에서 정한 의무이행기한이 경과한 후에라도 확정판결의 취지에 따른 재처분이 행하여지면 배상금을 추심함으로써 심리적 강제를 꾀한다는 당초의 목적이 소멸하여 처분상대방이 더 이상 배상금을 추심하는 것이 허용되지 않는다(대판 2010.12.23, 2009다37725).

② 그러나 이러한 판례에 대해서는 '행정청이 확정판결에도 불구하고 새로운 처분을 하지 않다가 상대방의 추심단계에서 새로운 처분을 함으로써 간접강제를 사실상 무력화시킬 수 있다'는 비판이 제기되고 있다.503) 이와 관련하여, 대법원은 민사상 간접강제결정에 기한 배상금 추심에 관해서는 행정소송의 경우와는 달리, 민사상 부작위채무에 대한 간접강제결정이 발령된 상태에서 의무위반행위가 계속되던 중에 채무자가 그 행위를 중지하거나 의무이행기간이 도과한 경우, 기왕의 의무위반행위에 대한 배상금 지급의무를 면하지 못한다(대판 2012.4.13, 2011다92916)고 판시하고 있다.

4. 사안의 경우

관할 군수 을이 거부처분의 취소판결의 취지에 따른 재처분을 하지 않았다. 따라서 갑은 행정소송법 제34조 제1항에 따라 제1심 수소법원에 서면으로 간접강제신청을 하여 간접강제 결정을 받아 을로 하여금 판결취지에 따른 처분을 하도록 강제할 수 있다.

Ⅱ. 설문 (2)의 해결

1. 문제의 제기

승소판결 확정 후 개정된 관계법령에 근거한 관할 군수 을의 새로운 거부처분이 종전 거부처분취소판결의 기속력에 반하는지 여부가 문제되는 바, 이는 기속력의 시간적 범위와 관련된 논의이다.

2. 새로운 거부처분이 취소판결의 기속력에 반하여 위법한지 여부

(1) 문제 상황

기속력의 인정범위에는 주관적 범위, 객관적 범위, 시간적 범위가 있는 바, 설문의 경우는 승소판결 확정 후 관계법령이 개정된 사안이므로 기속력의 시간적 범위가 문제된다.

(2) 일반론

처분시까지의 법률관계·사실관계를 판단의 대상으로 한다. 따라서 거부처분 이후에 법령이나 사실상태가 변경된 경우 동일한 내용의 처분을 다시 하는 것은 기속력에 반하지 아니한다(처분 위법판단의 처분시설).504)

---

503) 임영호, "공법상 소송유형과 소송형식", 대법원특별소송실무연구회·행정법이론실무학회 공동학술대회 발표논문집, 2009.9, P.41.
504) 판결시설을 취하게 되면, 거부처분 이후에 생긴 사유 중 사실심변론종결시(=판결시) 이전에 발생한 사유에 대해서는 기속력이 미치게 되어 다시 거부처분을 할 수 없다.

(3) 판례의 태도

판례는 "건축불허가처분을 취소하는 판결이 확정된 후 국토이용관리법시행령이 준농림지역 안에서의 행위제한에 관하여 지방자치단체의 조례로써 일정 지역에서 숙박업을 영위하기 위한 시설의 설치를 제한할 수 있도록 개정된 경우, 당해 지방자치 단체장이 위 처분 후에 개정된 신법령에서 정한 사유를 들어 새로운 거부처분을 한 것이 행정소송법 제30조 제2항 소정의 확정판결의 취지에 따라 이전의 신청에 대한 처분을 한 경우에 해당한다."[505]고 하여 사안처럼 판결 확정 후에 관계법령이 개정되어 재차 거부처분을 한 경우 적법하다고 판시한 바가 있다.

3. 사안의 경우

사안은 거부처분에 대한 승소판결이 확정된 후에 법령이 변경된 경우 동일한 내용의 처분을 다시 한 경우에 해당한다. 이 경우 위법판단 기준시점을 처분시로 보든지 판결시로 보든지 상관없이, 새로운 거부처분에는 종전 거부처분 취소확정판결의 기속력이 미치지 않는다. 따라서 관할군수 乙이 개정된 법령에 근거해 발령한 거부처분은 기속력에 반하지 않는 적법한 처분이다.

보충문제

甲은 X 시의 시장 乙에게 X 시에 소재한 자신의 토지에 공동주택의 건설사업을 위한 개발행위허가를 신청을 하였다. 乙은 "甲의 신청지는 X 시 도시기본계획상 도시의 자연환경 및 경관을 보호하기 위하여 도시자연공원구역으로 지정이 예정되어 있어 전체적인 개발계획이 수립되지 않은 상태에서 개별적인 공동 주택 입지를 위한 개발행위허가는 불합리하다."라는 이유로, 2020. 10. 9. 甲의 신청을 거부하였다(이하 '제1차 거부처분'). 이에 甲은 乙을 상대로 제1차 거부처분의 취소를 구하는 소를 제기하였고, 법원은 제1차 거부처분이 구체적이고 합리적인 근거 없이 甲의 신청을 불허한 것으로 재량권의 일탈·남용이라고 보아 甲의 청구를 인용하는 판결을 하였다. 이 취소판결은 확정되었고, 사실심 변론종결일은 2021. 11. 16.이다. 甲은 위 판결 확정 이후인 2021. 12. 17. 乙에게 위 확정판결에 따른 후속조치의 이행을 촉구하는 내용의 민원을 제기하였는데, 당시 X시의 담당과장은 민원을 접수하면서 甲에게 "법적으로 가능하다면 개발행위를 허가해 주겠다."라고 구두로 답변하였다. 그러나 乙은 2021. 12. 28. 甲에게 "甲이 신청한 토지는 국토교통부에서 확정 발표한 도시자연공원 확대사업이 반영된 대상지로서 우리 시에서는 체계적인 도시개발 및 난개발 방지를 위해 국토의 계획 및 이용에 관한

---

[505] 대결 1998.1.7, 97두22

법률에 따라 2021. 10. 26. 개발행위허가 제한지역으로 고시하여 현재 신규 개발행위허가는 불가능하다."라는 사유로 甲의 개발행위를 불허하는 통지를 하였다(이하 '제2차 거부처분'). 다음 물음에 답하시오.

(1) 甲은 제2차 거부처분이 확정된 취소판결의 취지에 따르지 아니한 것으로 보아 행정소송법상 간접강제를 신청하였다. 그 신청의 인용 가능성을 검토하시오. (30점)
(2) 乙은 제2차 거부처분을 하면서 행정심판 및 행정소송의 제기 여부 등 불복절차에 대하여 아무런 고지를 하지 않았다. 甲은 이를 이유로 제2차 거부처분은 절차적 하자가 있는 위법한 처분이라고 주장한다. 甲의 주장이 타당한지 검토하시오. (10점)

• 2022 5급(행정) 공채

■ 문 (1)

Ⅰ. 논점 : 취소판결의 기속력, 간접강제

Ⅱ. 취소판결의 기속력
  1. 기속력의 의의와 성질
  2. 기속력의 내용
    (1) 반복금지의무
    (2) 재처분의무
      행정처분의 적법 여부는 행정처분이 행하여진 때의 법령과 사실을 기준으로 판단하는 것이므로 확정판결의 당사자인 처분 행정청은 종전 처분 후에 발생한 새로운 사유를 내세워 다시 거부처분을 할 수 있고, 그러한 처분도 위 조항에 규정된 재처분에 해당한다. 여기에서 '새로운 사유'인지는 종전 처분에 관하여 위법한 것으로 판결에서 판단된 사유와 기본적 사실관계의 동일성이 인정되는 사유인지에 따라 판단되어야 하고, 기본적 사실관계의 동일성 유무는 처분사유를 법률적으로 평가하기 이전의 구체적인 사실에 착안하여 그 기초인 사회적 사실관계가 기본적인 점에서 동일한지에 따라 결정된다(대판 2011.10.27, 2011두14401).
    (3) 결과제거의무
  3. 기속력의 효력범위
    주관적 범위, 객관적 범위, 시간적 범위

Ⅲ. 간접강제
  1. 의의
  2. 요건

3. 절차
4. 적용범위
5. 배상금의 법적 성격

Ⅳ. 사례의 해결
- 제1차 거부처분에 대한 취소판결의 기속력에 따라 乙은 甲의 신청에 따른 재처분을 하여야 할 의무가 있음. 그런데 이 사건과 같이 종전 처분 후 발생한 새로운 사유를 내세워 다시 거부처분을 할 수 있음
- 제2차 거부처분은 제1차 거부처분 취소판결의 기속력에 반하지 않으므로 간접강제의 요건이 충족되지 아니함. 甲의 간접강제 신청은 인용될 수 없음

■ 문 (2)

Ⅰ. 논점 : 불복고지의 결여가 절차상 하자인지 여부

Ⅱ. 절차상 하자
법령에서 행정처분을 위한 절차를 규정하는 경우에 이러한 규정을 준수하지 않으면 절차상 하자 있는 위법한 처분이 됨

Ⅲ. 불복고지
1. 의의
2. 불복고지의 성질
   - 비권력 사실행위
   - 고지절차에 관한 규정은 행정처분의 상대방이 그 처분에 대한 행정심판의 절차를 밟는데 있어 편의를 제공하려는데 있으며 처분청이 위 규정에 따른 고지의무를 이행하지 아니하였다고 하더라도 경우에 따라서는 행정심판의 제기기간이 연장될 수 있는 것에 그치고 이로 인하여 심판의 대상이 되는 행정처분에 어떤 하자가 수반된다고 할 수 없다(대판 1987.11.24. 87누529).
3. 불복고지의 종류
4. 불고지, 오고지의 효과

Ⅳ. 사례의 경우
불복고지를 결혁한 것이 처분의 절차상 하자에 이른다고 보기는 어려움. 따라서 甲의 주장이 타당하다고 할 수 없음

행정쟁송법 사례연습

연습 114

유흥주점 영업허가를 받아 주점을 경영하는 甲은 청소년인 乙을 유흥접객원으로 고용하여 유흥행위를 하게 하였다는 이유로 관할 행정청인 A로부터 위 유흥주점 영업허가를 취소하는 처분을 받았다. 甲은 이에 불복하여 행정소송을 제기하여 위 취소처분을 취소하는 판결을 선고받아 그 판결이 확정되었다. 다음의 경우 A의 처분의 위법 여부와 그 논거를 검토하시오. (30점)

(1) 위 확정판결은 A가 청문절차를 거치지 않았다는 점을 이유로 위 영업허가취소처분을 취소하는 것이었다. A는 위 판결 확정 후 청문절차를 거친 다음 다시 위 영업허가를 취소하는 처분을 하였다.
(2) 위 확정판결은 乙이 청소년임을 인정할 증거가 없다는 이유로 위 영업허가취소처분을 취소하는 것이었다. A는 위 판결 확정 후 乙이 청소년임을 인정할 만한 증거가 새로이 발견되었다는 이유로 다시 위 영업허가를 취소하는 처분을 하였다.
(3) 위 확정판결은 乙을 유흥접객원으로 고용하였다는 점을 인정할 증거가 없다는 이유로 위 영업허가취소처분을 취소하는 것이었다. A는 甲이 청소년 丙을 유흥접객원으로 고용하여 유흥행위를 하게 한 사실이 있었다는 이유로 다시 위 영업허가를 취소하는 처분을 하였다.
(4) 위 확정판결은 영업허가취소처분이 甲에게는 지나치게 가혹하여 재량권을 일탈남용하였다는 이유로 취소하는 것이었다. A는 위 판결 확정 후 새로이 甲에게 영업정지 3개월의 처분을 하였다.506)

I. 문제의 제기

설문 (1)부터 (4)는 모두 영업허가 취소처분에 대한 취소소송을 제기하여 취소판결이 내려진 이후 행정청 A가 행한 재처분이 취소판결의 기속력에 반하는지 문제된다. 따라서 우선 기속력에 대하여 살펴본 후, 각각의 설문이 기속력에 반하는지에 대하여 검토하기로 한다.

II. 취소판결의 기속력

1. 의의

취소판결의 기속력이란 소송당사자인 행정청과 그 밖의 관계행정청에게 확정판결의 취지에 따라 행동하여야 할 의무를 지우는 효력을 말한다(행정소송법 제30조 제1항).

---
506) 2007년 사법시험 기출문제

2. 기속력의 법적 성질

기속력을 기판력과 동일한 효력이라고 보는 기판력설이 있으나, 기속력은 당사자인 행정청과 그 밖의 관계 행정청에 미치지만 기판력은 당사자와 후소의 법원에 미친다는 점에서 기속력은 판결의 실효성을 담보하기 위하여 인정된 특수한 효력이라고 보는 견해가 타당하고 통설이다.

3. 기속력의 범위

(1) 주관적 범위

기속력은 당사자인 행정청과 그 밖의 관계행정청에 미친다(제30조 제1항).

(2) 객관적 범위

① 기속력은 판결주문 및 그 전제가 된 요건사실의 인정과 효력의 판단에만 미친다(대판 2005.12.9, 2003두7705).507) 따라서 판결의 결론과는 직접 관련 없는 방론(放論)이나 간접사실의 판단에는 미치지 아니한다. 기판력은 판결의 주문에 포함된 것에 한하나, 기속력은 판결에 설시된 개개의 위법사유를 포함한다.

② 기속력은 원칙상 처분에 명시된 처분사유에 한정되므로, 행정청은 다른 처분사유(기본적 사실관계의 동일성이 없는 사유)를 내세워 동일한 내용의 처분을 할 수 있다. 한편 판례는 "기본적 사실관계의 동일성 유무는 처분사유를 법률적으로 평가하기 이전의 구체적 사실에 착안하여 그 기초인 사회적 사실관계가 기본적인 점에서 동일한지에 따라 결정된다."고 판시하고 있는바, 결국 시간적·장소적 근접성, 행위의 태양·결과 등의 제반사정을 종합적으로 고려하여 개별사안에 따라 구체적으로 판단하여야 할 것이다.

(3) 시간적 범위

처분시까지의 법률관계·사실관계를 판단의 대상으로 한다. 따라서 거부처분 이후에 법령이나 사실상태가 변경된 경우 동일한 내용의 처분을 다시 하는 것은 기속력에 반하지 아니한다(처분 위법판단의 처분시설).508)

---

507) 행정소송법 제30조 제1항에 의하여 인정되는 취소소송에서 처분 등을 취소하는 확정판결의 기속력은 주로 판결의 실효성 확보를 위하여 인정되는 효력으로서 판결의 주문뿐만 아니라 그 전제가 되는 처분 등의 구체적 위법사유에 관한 이유 중의 판단에 대하여도 인정되고, 같은 조 제2항의 규정상 특히 거부처분에 대한 취소판결이 확정된 경우에는 그 처분을 행한 행정청은 판결의 취지에 따라 다시 처분을 하여야 할 의무를 부담하게 되므로, 취소소송에서 소송의 대상이 된 거부처분을 실체법상의 위법사유에 기하여 취소하는 판결이 확정된 경우에는 당해 거부처분을 한 행정청은 원칙적으로 신청을 인용하는 처분을 하여야 하고, 사실심 변론종결 이전의 사유를 내세워 다시 거부처분을 하는 것은 확정판결의 기속력에 저촉되어 허용되지 아니한다(대판 2001.3.23, 99두5238).

508) 건축불허가처분을 취소하는 판결이 확정된 후 국토이용관리법시행령이 준농림지역 안에서의 행위제한에 관하여 지방자치단체의 조례로써 일정 지역에서 숙박업을 영위하기 위한 시설의 설치를 제한할 수 있도록 개정된 경우, 당해 지방자치 단체장이 위 처분 후에 개정된 신법령에서 정한 사유를 들어 새로운 거부처분을 한 것이 행정소송법 제30

4. 기속력의 내용으로서 반복금지효

(1) 의의

기속력의 내용으로는 ① 반복금지의무(행정소송법 제30조 제1항), ② 재처분의무(동법 제30조 제2항), ③ 결과제거의무 등이 있으나 설문에서 제시된 문제들은 모두 반복금지 의무에 위반되었는지 여부에 관한 것이다.

반복금지의무라 함은 취소판결이 확정되면 당사자인 행정청은 물론이고 그 밖의 관계 행정청(예 재결취소소송에서 원처분청)도 확정판결에 저촉되는 처분을 할 수 없다는 것을 의미한다.

(2) 반복금지효의 세부고찰

① 동일 사실관계에서 동일 당사자에 대하여 동일한 내용을 갖는 처분을 하는 것은 기속력에 반한다.

② 처분의 기본적 사실관계가 동일하다면 적용법규정을 달리하거나 처분사유를 변경하여 동일한 내용의 처분을 하는 것은 기속력에 반한다.

③ 기속력은 판결의 주문과 이유에서 적시된 위법사유에 미치므로 처분시에 존재한 다른 사유를 들어 동일한 내용의 처분을 하더라도 기속력에 반하지 않는다(예 A행정법규 위반을 이유로 한 허가취소처분이 취소판결에 의해 취소되었더라도 행정청은 B행정법규 위반을 이유로 당해 허가를 취소할 수 있다).

④ 처분시 이후의 사유를 내세워 새로이 처분을 하는 경우도 허용된다(위법판단 처분시설).

⑤ 처분이 절차나 형식상의 하자를 이유로 취소된 후 처분청이 위법사유를 보완한 후 동일한 내용의 처분을 하더라도 반복금지에 위반되지 않는 재처분에 해당한다.[509]

(3) 위반의 효과

판례는 <u>반복금지에 위반한 처분</u>을 <u>당연무효</u>로 보고 있다.[510]

조 제2항 소정의 확정판결의 취지에 따라 이전의 신청에 대한 처분을 한 경우에 해당한다(대결 1998.1.7, 97두22).
509) 과세처분시 납세고지서에 과세표준, 세율, 세액의 산출근거 등이 누락되어 있어 이러한 절차 내지 형식의 위법을 이유로 과세처분을 취소하는 판결이 확정된 경우에 그 확정판결의 기판력은 확정판결에 적시된 절차 내지 형식의 위법 사유에 한하여 미친다고 할 것이므로 과세처분권자가 그 확정판결에 적시된 위법사유를 보완하여 행한 새로운 과세처분은 확정판결에 의하여 취소된 종전의 과세처분과는 별개의 처분으로서 확정판결의 기속력에 저촉되는 것은 아니다(대판 1986.11.11, 85누231).
510) 확정판결의 당사자인 처분행정청이 그 행정소송의 사실심 변론종결 이전의 사유를 내세워 다시 확정판결과 저촉되는 행정처분을 하는 것은 허용되지 않는 것으로서 이러한 행정처분은 그 하자가 중대하고도 명백한 것이어서 당연무효라 할 것이다(대판 1990.12.11, 90누3560).

Ⅲ. 문제의 해결

1. 문제 (1)의 해결

취소판결의 사유가 절차나 형식상의 하자인 경우에는 판결의 기속력은 취소사유로 된 절차나 형식의 위법에 한하여 미친다. 따라서 A가 그러한 위법사유를 시정하여 다시 동일한 내용의 처분을 하는 것은 기속력에 반하지 않아 적법하다.

2. 문제 (2)의 해결

확정판결 후 乙이 청소년임을 인정할 만한 증거가 새로이 발견되었어도 이는 처분시에 존재했던 사실에 대한 입증자료일 뿐 처분시 이후에 발생한 새로운 사실이 아니다. 이것은 기본적 사실관계가 동일한 사유에 따라 행한 동일한 처분이라고 보아야 하므로, A의 허가취소처분은 기속력에 반하여 무효이다.

3. 문제 (3)의 해결

乙을 유흥접객원으로 고용했다는 사실과 丙을 유흥접객원으로 고용했다는 사실은 기본적 사실관계의 동일성을 인정할 수 없는바, A의 허가취소처분은 취소판결의 기속력에 반하지 않아 적법하다.

4. 문제 (4)의 해결

A의 영업정지처분은 이전 영업허가취소처분이 甲에게 지나치게 가혹하여 재량권을 일탈 남용하였다는 취소판결의 취지에 따라 다시 재량권 행사를 하면서 제재의 정도를 감경한 것이다. A의 영업정지처분은 이전의 영업허가취소처분과 동일성이 없는 별개의 새로운 처분이기 때문에 판결의 기속력에 반하지 않아 적법하다.

연습 115

갑은 국토의 계획 및 이용에 관한 법률상 녹지지역인 A토지에 대하여 토석채취허가신청을 하였으나 X군수는 인근 주민들의 동의서를 제출하지 않았다는 이유로 토석채취허가 신청을 반려하였다가 갑이 제기한 취소소송에서 패소하여 판결이 확정되었다.

이후 X군수는 재처분을 하면서 갑이 신청한 지역은 토석채취를 하게 되면 자연경관이 심히 훼손되고 암반의 발파 시 생기는 소음, 토석운반 차량의 통행 시 일어나는 소음, 먼지의 발생, 토석채취장에서 흘러내리는 토사가 부근의 농경지를 매몰할 우려가 있는 등 공익에 미치는 영향이 지대하다는 이유에서 다시 거부처분을 내렸다.

이에 갑은 재차 받은 거부처분을 다투고자 한다. 이 거부처분은 적법한가? (20점)

1. 문제점

거부처분의 위법함을 이유로 이에 대한 취소판결이 내려졌음에도 X군수가 그 처분의 이유만을 변경하여 다시 거부처분을 한 것이 판결의 기속력에 반하는 것이 아닌지 문제된다.

2. 기속력의 의의 및 법적 성질

(1) 기속력의 의의

처분등을 취소하는 확정판결은 그 사건에 관하여 당사자인 행정청과 그 밖의 관계행정청을 기속한다(행정소송법 제30조 제1항). 기속력이란 소송당사자인 행정청과 그 밖의 관계행정청이 판결의 내용에 따라 행동해야 하는 실체법상의 의무를 발생시키는 효력을 말한다. 현행 행정소송법은 취소판결에 대하여 기속력 있음을 규정하고 무효등확인소송과 부작위위법확인소송 및 당사자소송에 이를 준용하고 있다(제30조·제38조·제44조).

(2) 기속력의 법적 성질

기속력을 기판력과 동일한 효력이라고 보는 기판력설이 있으나, 기속력은 당사자인 행정청과 그 밖의 관계 행정청에 미치지만 기판력은 당사자와 후소의 법원에 미친다는 점에서 기속력은 판결의 실효성을 담보하기 위하여 인정된 특수한 효력이라고 보는 견해가 타당하고 통설이다.

3. 기속력의 범위

(1) 주관적 범위

당사자인 행정청뿐만 아니라 그 밖의 관계행정청(취소된 처분과 관련이 있는 모든 행정청)에도 미친다.

(2) 객관적 범위

① 판결주문 및 그 전제가 된 요건사실의 인정과 효력의 판단에만 미친다.511) 따라서 판결의 결론과는 직접 관련 없는 방론(放論)이나 간접사실의 판단에는 미치지 아니한다. 기판력은 판결의 주문에 포함된 것에 한하나, 기속력은 판결에 설시된 개개의 위법사유를 포함한다.

② 이와 같이 기속력은 판결에서 위법한 것으로 판단된 '계쟁처분'의 '개개의 위법사유'에 대하여 미치는 것이므로, 계쟁처분과 동일하지 않은 처분에 대하여는 기속력이 미치지 않는다. 그런데 처분의 동일성 여부에 대한 판단기준으로 기본적 사실관계의 동일성 여부로 검토하는 것이 판례의 입장이므로, 결국 기속력의 객관적 범위는 '기본적 사실관계의 동일성이 인정되는 범위'라고 할 수 있다.

(3) 시간적 범위

처분시까지의 법률관계·사실관계를 판단의 대상으로 한다. 따라서 거부처분 이후에 법령이나 사실상태가 변경된 경우 동일한 내용의 처분을 다시 하는 것은 기속력에 반하지 아니한다(처분 위법판단의 처분시설).512)

4. 기속력의 내용 및 위반의 효과

기속력의 내용으로는 ① 반복금지의무(행정소송법 제30조 제1항)513), ② 재처분의무(동법 제30조 제2항)514), ③ 결과제거의무 등이 있으며, 취소판결의 기속력에 반하는 행정청의 처분은 위법한 행위로서 하자가 중대하고 명백하여 무효라고 보는 것이 일반적인 견해와 판례의 입장이다.

---

511) 행정소송법 제30조 제1항에 의하여 인정되는 취소소송에서 처분 등을 취소하는 확정판결의 기속력은 주로 판결의 실효성 확보를 위하여 인정되는 효력으로서 판결의 주문뿐만 아니라 그 전제가 되는 처분 등의 구체적 위법사유에 관한 이유 중의 판단에 대하여도 인정되고, 같은 조 제2항의 규정상 특히 거부처분에 대한 취소판결이 확정된 경우에는 그 처분을 행한 행정청은 판결의 취지에 따라 다시 처분을 하여야 할 의무를 부담하게 되므로, 취소소송에서 소송의 대상이 된 거부처분을 실체법상의 위법사유에 기하여 취소하는 판결이 확정된 경우에는 당해 거부처분을 한 행정청은 원칙적으로 신청을 인용하는 처분을 하여야 하고, 사실심 변론종결 이전의 사유를 내세워 다시 거부처분을 하는 것은 확정판결의 기속력에 저촉되어 허용되지 아니한다(대판 2001.3.23, 99두5238).
512) 건축불허가처분을 취소하는 판결이 확정된 후 국토이용관리법시행령이 준농림지역 안에서의 행위제한에 관하여 지방자치단체의 조례로써 일정 지역에서 숙박업을 영위하기 위한 시설의 설치를 제한할 수 있도록 개정된 경우, 당해 지방자치 단체장이 위 처분 후에 개정된 신법령에서 정한 사유를 들어 새로운 거부처분을 한 것이 행정소송법 제30조 제2항 소정의 확정판결의 취지에 따라 이전의 신청에 대한 처분을 한 경우에 해당한다(대결 1998.1.7, 97두22).
513) 처분등을 취소하는 확정판결은 그 사건에 관하여 당사자인 행정청과 그 밖의 관계행정청을 기속한다.
514) 판결에 의하여 취소되는 처분이 당사자의 신청을 거부하는 것을 내용으로 하는 경우에는 그 처분을 행한 행정청은 판결의 취지에 따라 다시 이전의 신청에 대한 처분을 하여야 한다.

5. 사안의 경우

기본적 사실관계의 동일성이 인정되는 한도 내에서만 처분의 동일성을 인정하는 판례의 입장에 따르면, 원래의 거부처분사유와 기본적 사실관계에 동일성이 없는 사유를 근거로 다시 거부처분을 하는 것은 가능하다고 본다.

사안의 경우 "인근 주민들의 동의서를 제출하지 않았다"는 사유와 "자연경관이 심히 훼손되고 암반의 발파 시 생기는 소음, 토석운반 차량의 통행 시 일어나는 소음, 먼지의 발생, 토석채취장에서 흘러내리는 토사가 부근의 농경지를 매몰할 우려가 있는 등 공익에 미치는 영향이 지대하다"는 사유는 기본적 사실관계가 다른 경우에 해당한다.

따라서 X군수가 기본적 사실관계가 다른 사유를 내세워 다시 거부처분을 하였다 하더라도, 그 거부처분은 기속력에 반한다고 할 수 없다.

결국 X군수의 재거부처분은 다른 위법사유가 없는 한 적법하다.

연습 116

경상남도 도지사 乙은 관할 X군에서 발견된 조선시대의 읍성과 관아지터를 도지정문화재로 지정·고시하고, 2025. 3. 8. 이를 보호하기 위하여 읍성 내부 전체 및 성곽 기단으로부터 외향 10m까지의 총 50필지 52,122m²를 「문화재보호법」에 따라 문화재보호구역(이하 '이 사건 문화재보호구역'이라 함)으로 지정·고시하였다. 또한 乙은 2025. 3. 20. 읍성 인근의 분묘 1기가 고려말 유명 성리학자의 묘로 구전되어 오는 데다가 그 양식이 학술상으로도 원형 보존의 가치가 있다는 이유로, 「문화재보호법」, 「경상남도 문화재보호 조례」에 따라 이를 도지정문화재로 지정하였다. 이에 이 사건 문화재보호구역 내에 위치한 토지를 소유하고 있는 甲은 재산권 행사의 제한 등을 이유로 乙에게 자신의 소유 토지를 대상으로 한 문화재보호구역지정을 해제해 달라는 신청을 하였다. 그러나 乙은 甲이 해제를 신청한 지역은 역사적·문화적으로 보존가치가 있을 뿐만 아니라 읍성 보호를 위하여 문화재보호구역 지정해제가 불가하다는 이유로 위 신청을 거부하는 회신(이하 '거부회신'이라 함)을 하였다. 한편 해당 성리학자의 후손들로 이루어진 종중 B는 해당 성리학자의 진묘가 따로 존재한다고 주장하면서 후손으로서 명예감정이 손상되는 불이익을 이유로 문화재지정처분을 취소 또는 해제하여 줄 것을 요청하는 청원서를 제출하였다. 이에 대해 乙은 문화재지정처분은 정당하여 그 취소 또는 해제가 불가하다는 회신을 하였다(이하 '불가회신'이라 함). 다음을 전제로 하여 각 물음에 답하시오.

1. 문화재보호법령에는 개인이 문화재보호구역지정의 해제를 신청할 수 있다는 근거규정은 없다. 다만 문화재보호법 제27조는 지정권자가 일정한 기간마다 보호구역 지정의 적정성, 해제 여부, 범위의 조정을 검토하도록 하고 그 검토에 있어서 해당 문화재의 보존가치나 주변환경 외에도 보호구역의 지정이 재산권 행사에 미치는 영향을 고려하도록 규정하고 있다.
2. 문화재보호법령이나 조례에는 개인이 문화재지정처분의 취소 또는 해제를 신청할 수 있다는 근거규정은 없다. 다만 경상남도 문화재보호 조례 제17조는 도지사는 도지정문화재가 문화재로서의 가치를 상실하거나 기타 특별한 사유가 있는 때에는 문화재위원회의 심의를 거쳐 그 지정을 해제할 수 있다고 규정하고 있다.

(1) 乙의 거부회신에 대하여 甲이 항고소송을 제기하고자 하며, 乙의 불가회신에 대하여 종중 B가 항고소송을 제기하고자 한다. 항고소송의 대상적격 여부를 각각 검토하시오. (20점)
(2) 乙의 거부회신에 대하여 甲이 제기한 항고소송에서 甲이 승소하여 판결이 확정되었음에도 乙이 재차 문화재보호구역해제 신청을 거부할 수 있을지 검토하시오.515) (20점)

I. 설문 (1) - 대상적격

1. 문제점

행정청의 거부행위가 처분성을 인정받기 위한 요건들을 검토한다. 특히 甲과 종중 B의 신청권의 존부가 문제된다.

2. 거부행위의 처분성

(1) 행정소송법상 처분의 개념

행정소송법은 취소소송의 대상을 처분 등으로 명시하고 있다(제4조 제1호). 여기에서 처분 등이란 '행정청이 행하는 구체적 사실에 관한 법집행으로서의 공권력의 행사 또는 그 거부와 그 밖에 이에 준하는 행정작용' 및 행정심판에 대한 재결'을 말한다(제2조 제1항 제1호).

(2) 거부처분의 성립요건

1) 공권력 행사의 거부

거부된 공권력 행사가 처분성을 가져야 한다. 즉 처분인 공권력 행사의 거부이어야 한다.

2) 거부행위가 신청인의 권익에 직접적 영향을 미칠 것(= 법적 행위일 것)

'법적 행위'란 외부적 행위이며 국민의 권리나 법적 이익과 직접 관련되는 행위를 말한다. 판례도 "국민의 권리관계에 영향을 미치는 것"을 성립요건으로 보고 있다.

3) 거부의 의사표시

거부의 의사표시가 있어야 한다. 거부의 의사표시는 묵시적일 수도 있다. 법령상 일정한 기간이 지났음에도 가부간의 처분이 없는 경우 거부가 의제되는 경우도 있다.

4) 거부처분의 성립에 신청권이 필요한지 여부

① 학설 : ㉠ 신청권을 거부행위의 요건이나 원고적격의 문제로 보는 견해(소송요건설), ㉡ 신청권의 존재를 소송대상의 문제로 보면 행정소송법상의 처분개념을 부당하게 제한함으로써 국민의 권익구제의 길을 축소시키는 결과를 가져오고, 본안문제를 소송요건에서 판단하게 되는 문제가 있으므로 본안문제로 보자는 견해(본안문제설)가 있다.

② 판례 : 판례는 거부가 항고소송의 대상이 되는 행정처분에 해당되려면, "<u>i) 그 신청한 행위가 공권력의 행사 또는 이에 준하는 행정작용이어야 한고, ii) 그 거부행위가 신청인의 법률관계에 어떤 변동을 일으키는 것이어야 하며, iii) 그 국민에게 그 행위발동을 요구할 법규상 또는 조리상의 신청권이 있어야 한다.</u>"516)고 하여 신청권을 거부처분취소소송의 소송요건으로 본다.

---

516) 대판 2009.9.10. 2007두20638

③ 검토 : 부작위의 개념에 관하여 행정소송법이 "행정청이 당사자의 신청에 대하여 상당한 기간 내에 일정한 처분을 하여야 할 법률상 의무가 있음에도 불구하고 이를 하지 아니하는 것"이라고 하여 신청권에 대응하는 처분의무를 부작위의 요소로 규정하고 있고, 거부처분 개념은 부작위개념과 연결되어 있으므로 현행 행정소송법하에서는 신청권을 거부처분의 요건으로 보는 판례의 입장이 타당하다.

3. 사안의 경우

(1) 甲에 대한 乙의 거부회신

설문과 유사한 사례에서 판례는 "법은 문화재를 보존하여 이를 활용함으로써 국민의 문화적 생활의 향상을 도모함과 아울러 인류문화의 발전에 기여함을 목적으로 하면서도, 문화재보호구역의 지정에 따른 재산권행사의 제한을 줄이기 위하여, 행정청에게 보호구역을 지정한 경우에 일정한 기간마다 적정성 여부를 검토할 의무를 부과하고, 그 검토사항 등에 관한 사항은 문화관광부령으로 정하도록 위임하였으며, 검토 결과 보호구역의 지정이 적정하지 아니하거나 기타 특별한 사유가 있는 때에는 보호구역의 지정을 해제하거나 그 범위를 조정하여야 한다고 규정하고 있는 점, 법령이 그 적정성 여부의 검토에 있어서 당해 문화재의 보존 가치 외에도 보호구역의 지정이 재산권 행사에 미치는 영향 등을 고려하도록 규정하고 있는 점 등과 헌법상 개인의 재산권 보장의 취지에 비추어 보면, 문화재보호구역 내에 있는 토지소유자 등으로서는 위 보호구역의 지정해제를 요구할 수 있는 법규상 또는 조리상의 신청권이 있다고 할 것이고, 이러한 신청에 대한 거부행위는 항고소송의 대상이 되는 행정처분에 해당한다."517)고 판시한 바 있다.

사안에서 문화재보호법령에는 개인이 문화재보호구역지정의 해제를 신청할 수 있다는 근거규정이 없으나, 문화재보호법 제27조는 지정권자가 일정한 기간마다 보호구역 지정의 적정성, 해제 여부, 범위의 조정을 검토하도록 하고 그 검토에 있어서 해당 문화재의 보존가치나 주변환경 외에도 보호구역의 지정이 재산권 행사에 미치는 영향을 고려하도록 규정하고 있는 점에서 토지소유자 甲에게는 문화재보호구역의 지정해제를 요구할 수 있는 조리상 신청권이 있고, 따라서 乙의 거부회신은 항고소송의 대상이 되는 행정처분에 해당하여 대상적격이 있다.

(2) 종중 B에 대한 乙의 불가회신

설문과 유사한 사례에서 판례는 "법과 조례에서 개인이 도지사에 대하여 그 지정의 취소 또는 해제를 신청할 수 있다는 근거 규정을 별도로 두고 있지 아니하므로, 법규상으로 개인에게 그러한 신청권이 있다고 할 수 없고, 법과 조례가 이와 같이 개인에게 그러한 신청

---
517) 대판 2004.4.27. 2003두882

권을 부여하고 있지 아니한 취지는, 도지사로 하여금 개인의 신청에 구애됨이 없이 문화재의 보존이라는 공익적인 견지에서 객관적으로 지정해제사유 해당 여부를 판정하도록 함에 있다고 할 것이므로, 어느 개인이 문화재 지정처분으로 인하여 불이익을 입거나 입을 우려가 있다고 하더라도, 그러한 개인적인 사정만을 이유로 그에게 문화재 지정처분의 취소 또는 해제를 요구할 수 있는 조리상의 신청권이 있다고도 할 수 없는 것이다."[518]라고 판시한 바 있다.

사안에서 조례 제17조는 도지사는 도지정문화재가 문화재로서의 가치를 상실하거나 기타 특별한 사유가 있는 때에는 문화재위원회의 심의를 거쳐 그 지정을 해제할 수 있다고 규정하고 있을 뿐, 문화재보호법령이나 조례에는 개인이 문화재지정처분의 취소 또는 해제를 신청할 수 있다는 근거규정은 없어 법규상으로 개인에게 그러한 신청권이 있다고 할 수 없다. 그밖에 판례의 법리에 의하면 종중 B에게는 조리상 신청권도 없어 乙의 불가회신은 항고소송의 대상이 되는 행정처분에 해당하지 않아 대상적격이 없다.

Ⅱ. 설문 (2) – 취소판결의 기속력과 재처분의무

1. 문제점

행정청의 거부처분이 판결에 의해 취소된 경우에 행정청이 재차 거부처분을 하는 것이 인용판결의 기속력에 반하는지 문제된다.

2. 취소판결의 기속력

(1) 의의

처분등을 취소하는 확정판결은 그 사건에 관하여 당사자인 행정청과 그 밖의 관계행정청을 기속한다(행정소송법 제30조 제1항). 기속력이란 소송당사자인 행정청과 그 밖의 관계 행정청이 판결의 내용에 따라 행동해야 하는 실체법상의 의무를 발생시키는 효력을 말한다. 현행 행정소송법은 취소판결에 대하여 기속력 있음을 규정하고 무효등확인소송과 부작위위법확인소송 및 당사자소송에 이를 준용하고 있다(제30조·제38조·제44조).

(2) 법적 성질

기속력을 기판력과 동일한 효력이라고 보는 기판력설이 있으나, 기속력은 당사자인 행정청과 그 밖의 관계 행정청에 미치지만 기판력은 당사자와 후소의 법원에 미친다는 점에서 기속력은 판결의 실효성을 담보하기 위하여 인정된 특수한 효력이라고 보는 견해가 타당하고 통설이다.

---

518) 대판 2001.9.28. 99두8565

(3) 기속력의 효력범위와 내용

1) 기속력은 당사자인 행정청과 그 밖의 관계행정청에 미치며(주관적 범위), 판결주문 및 그 전제가 된 요건사실의 인정과 효력의 판단에만 미치고, 판결의 결론과는 직접 관련 없는 방론이나 간접사실의 판단에는 미치지 아니한다(객관적 범위). 또한 기속력은 처분시까지의 법률관계·사실관계에만 미치고 그 이후에 생긴 사유에는 미치지 아니한다(시간적 범위).

2) 기속력의 내용으로는 반복금지효, 재처분의무, 결과제거의무 등이 있다. 사안과 같은 거부처분의 경우에는 특히 재처분의무가 문제된다.519)

(4) 재처분의무(적극적 관점에서의 기속력)

① 의의 : 재처분의무란 행정청의 거부처분이 판결에 의해 취소된 경우에 행정청이 판결의 취지에 따른 처분을 하여야 함을 의미한다. 이는 행정청이 확정판결을 무시하고 그에 따르는 행동을 하지 않을 우려가 있기 때문에 규정한 것이다. 행정소송법은 신청에 따른 처분이 절차상의 위법을 이유로 취소된 경우에도 재처분의무를 부과한다.

② 거부처분이 취소된 경우

㉠ 판결에 의하여 취소되는 처분이 당사자의 신청을 거부하는 것을 내용으로 하는 경우에는 그 처분을 행한 행정청은 판결의 취지에 따라 다시 이전의 신청에 대한 처분을 하여야 한다(제30조 제2항). 이때 기속행위 또는 재량이 영으로 수축된 경우에는 당사자의 신청에 따른 처분을 하여야 하고, 재량행위의 경우에는 재량의 하자 없이 재처분을 하면 된다.

㉡ 사실심변론종결 이후에 발생한 새로운 사유(법령의 변경 또는 사실상황의 변경)를 근거로 다시 이전의 신청에 대한 거부처분을 할 수 있다.

㉢ 거부처분 이전에 존재하던 사유 중 처분사유와 다른 사유(기본적 사실관계에 동일성이 없는 사유)를 근거로 다시 거부처분을 하는 것이 가능하다

㉣ 신청에 따른 처분이 절차의 위법을 이유로 취소되는 경우에 그 처분을 한 행정청은 판결의 취지에 따라 재처분하여야 한다(제30조 제2항, 제3항). 따라서 취소사유가 절차의 위법으로 인한 것이라면 행정청은 위법사유를 보완하여 다시 종전의 신청에 대한 거부처분을 할 수 있다.

---

519) 거부처분의 경우 반복금지효도 문제된다고 보아도 무방하다. 동일 사실관계에서 동일 당사자에 대하여 동일한 내용을 갖는 처분을 하는 것은 기속력에 반한다는 것이 반복금지효의 주된 내용이다.

3. 乙이 재차 문화재보호구역해제 신청을 거부할 수 있는 경우

처분 당시와 기본적 사실관계가 동일한 처분사유를 이유로 하여서는 乙이 반복금지효에 의해 재차 문화재보호구역해제 신청을 거부할 수 없다.

그러나 다음과 같은 경우에는 재차 거부할 수 있다.

(1) 甲의 청구가 인용된 이후 새로운 사정이 발생한 경우

처분의 위법성 판단시점에 관한 처분시설에 따르면 처분시에 존재하던 사유만이 기속력이 미치기 때문에, 처분시 이후에 새로운 법령개정이나 사정변경의 사유를 이유로 乙은 다시 문화재보호구역해제 신청을 거부할 수 있다.

(2) 甲의 청구가 절차상 위법을 이유로 인용된 경우

절차상 하자에 따른 취소판결의 경우, 판결의 기속력은 판결에 적시된 개개의 위법사유에 미치기 때문에, 乙은 절차를 보완하여 다시 문화재보호구역해제 신청을 거부할 수 있다.

연습 117

다음 질문에 답하시오. (단, 행정쟁송법과 무관한 노동법적인 쟁점에 대해서는 서술하지 말 것.) (총 50점)

(1) A회사에 근무하는 근로자 甲은 사용자와의 임금인상에 관한 문제를 해결하고 근로조건의 개선을 도모하고자 A회사에 노동조합을 조직하고 관할시장 乙에게 설립신고서를 제출하였다. 이에 관할시장 乙은 A회사 노동조합 설립신고서에는 'A회사로부터 해고되어 노동위원회에 부당 노동행위의 구제신청을 하고 중앙노동위원회의 재심판정이 있기 전의 자'를 조합원으로 가입시킬 수 있다고 명시되어 있고, 이는 「노동조합 및 노동관계조정법」 제2조 제4호 라목의 '근로자가 아닌 자의 가입을 허용하는 경우'에 해당한다는 이유로 甲의 설립신고서를 반려하였다. 관할 시장 乙의 설립신고서 반려행위에 대하여, 취소소송을 통한 권리구제 방안을 논하시오. (35점)

(2) 취소소송의 인용판결 확정으로 A회사노동조합은 적법하게 설립신고를 완료하였다. 이후 A회사 사용자는 임금인상을 요구하는 근로자 丙에 대하여 업무정지를 명하고, 수일 후에 해고를 명하였다. A회사노동조합은 이에 대해 관할 지방노동위원회에 구제신청을 하였다. 관할 지방노동위원회는 A회사에게 "丙을 원직에 복직시키고 업무정지 및 해고기간 동안 정상적으로 근무하였다면 받을 수 있었던 임금상당액을 지급하라"는 구제명령을 내렸다. A회사는 丙에 대한 업무정지 및 해고는 정당하고 임금상당액도 지급할 의무가 없다는 취지로 중앙노동위원회에 재심을 신청하였다. 이에 대해 중앙노동위원회는 "해고는 부당노동행위에 해당하나 업무정지는 부당노동행위에 해당하지 않으며, A회사는 해고기간 동안의 임금상당액만을 지급하라"는 재심판정을 하였다. 이 때 A회사가 취소소송을 제기하는 경우 취소소송의 대상은? (15점)

〈공인노무사 2016〉

Ⅰ. 설문 (1)

1. 쟁점의 정리

관할 시장 乙의 설립신고서 반려행위에 대하여 甲이 취소소송을 통하여 권리를 구제받을 수 있는 방안과 관련하여 ① 취소소송의 적법요건, ② 집행정지나 가처분의 가능성, ③ 기속력의 효과 등을 검토하기로 한다.

2. 노동조합 설립신고반려행위에 대한 취소소송의 소송요건

(1) 취소소송의 소송요건 일반

취소소송은 ① 처분 등이 존재하고, ② 원고가 피고를 상대로, ③ 관할권 있는 법원에, ④ 일정기간 내에, ⑤ 소장을 제출하여야 하고, ⑥ 일정한 경우에는 행정심판을 거쳐야 하고, ⑦ 처분 등의 취소 또는 변경을 구할 이익이 있어야 한다.

(2) 설립신고서 반려행위의 처분성

1) 노동조합설립신고수리의 법적 성질

① 학설 : 학설은 ⅰ) 노동조합설립신고는 조합설립의 사실을 알리는 것이라고 보는 '자체완성적 신고설'(형식적 요건설), ⅱ) 노동조합 설립신고는 그 신고증 교부의 동기를 부여하는 것이라고 보는 '수리를 요하는 신고설'(실질적 요건설)이 대립한다.

② 판례 : 판례는 "노동조합 및 노동관계조정법이 행정관청으로 하여금 설립신고를 한 단체에 대하여 같은 법 제2조 제4호 각 목에 해당하는지를 심사하도록 한 취지가 <u>노동조합으로서의 실질적 요건을 갖추지 못한 노동조합의 난립을 방지함으로써 근로자의 자주적이고 민주적인 단결권 행사를 보장하려는 데 있는 점을 고려하면, 행정관청은 해당 단체가 노동조합법 제2조 제4호 각 목에 해당하는지 여부를 실질적으로 심사할 수 있다.</u>"(대판 2014.4.10, 2011두6998)고 한다.

③ 검토 : ⅰ) 노조법 제12조 제3항의 소극적 요건은 내용적 심사를 요하는 실질적 요건에 해당한다는 점(동법 제2조 제4호), ⅱ) 노조법 제12조 제4항은 신고증 교부(수리)의 경우 노조가 설립됨을 규정하고 있다는 점에서, 노동조합설립신고의 수리는 행정심판법 제2조 제1호의 처분에 해당한다. 따라서 실질적 요건설이 타당하다.

2) 노동조합설립신고서 반려행위가 거부처분인지 여부

① 거부처분의 의의 : 거부처분이란 개인이 행정청에 대하여 일정한 처분을 신청한 경우 그 신청에 따른 처분을 거부하는 것을 말한다. 거부는 처분의 신청에 대한 거절의 의사표시라는 점에서 외관상 일정한 행정행위가 없는 부작위와 구별된다.

② 거부처분의 성립요건

㉠ 공권력 행사의 거부 : 거부된 공권력 행사가 처분성을 가져야 한다. 즉 처분인 공권력 행사의 거부이어야 한다. 따라서 국유 잡종재산의 대부신청의 거부는 처분이 아니다(대판 1998.9.22, 98두7602).

㉡ 거부행위가 신청인의 권익에 직접적 영향을 미칠 것(=법적 행위일 것) : '법적 행위'란 외부적 행위이며 국민의 권리나 법적 이익과 직접 관련되는 행위를 말한다. 판례도 "국민의 권리관계에 영향을 미치는 것"을 성립요건으로 보고 있다(대판 2009.1.30, 2007두7277).

ⓒ 거부의 의사표시 : 거부의 의사표시가 있어야 한다. 거부의 의사표시는 묵시적일 수도 있다. 법령상 일정한 기간이 지났음에도 가부간의 처분이 없는 경우 거부가 의제되는 경우도 있다.

③ 검토

　　㉠ 노동조합설립 신고의 수리는 행정청이 행하는 노동조합의 설립이라는 구체적 사실에 대한 법집행행위로서 우월한 지위에서 하는 일방적 행위인 공권력행사이다. 즉 설립신고서 반려행위는 처분인 공권력 행사의 거부이다.

　　㉡ 노동조합설리신고서 반려행위는 헌법상 보장된 노동3권과 노동조합 및 노동관계조정법이 보호하는 근로자의 권익에 직접적 영향을 미치는 법적 행위이다.

　　㉢ 신청권을 거부처분의 요건으로 보는 판례의 입장에 따르더라도, 노동조합 및 노동관계조정법 제10조가 설립신고에 관한 명문규정을 두고 있는바 법규상 신청권이 인정된다. 즉 노동조합 설립신고서 반려행위는 거부처분에 해당하고, 취소소송의 대상인 처분이다.

(3) 원고적격과 피고적격

갑은 노동조합 및 노동관계조정법 제10조가 보호하는 법률상 이익을 가진 자로서 원고적격이 인정된다. 그리고 관할시장 을은 처분을 행한 행정청으로 행정소송법 제13조 제1항의 피고적격이 인정된다.

(4) 사안의 경우

다른 소송요건을 구비할 경우 갑이 관할시장 을을 상대로 설립신고서 반려행위취소소송을 제기하는 것은 적법하다.

3. 가구제

(1) 집행정지의 가능성

행정소송법 제23조 제2항·제3항 등의 요건을 구비하면 갑은 취소소송을 제기하면서 집행정지를 신청할 수 있다. 집행정지는 적극적으로 ① 적법한 본안판단의 계속, ② 집행정지의 대상으로서 처분, ③ 회복하기 어려운 손해, ④ 긴급한 필요가 인정되어야 하고, 소극적으로 ① 공공복리에 대한 중대한 영향을 미치거나, ② 청구의 이유 없음이 명백해서는 안된다. 그런데 설문처럼 거부처분의 경우는 판례가 "거부처분은 그 효력이 정지되더라도 그 처분이 없었던 것과 같은 상태를 만드는 것에 지나지 아니하는 것이고 그 이상으로 행정청에 대하여 어떠한 처분을 명하는 등 적극적인 상태를 만들어 내는 경우를 포함하지 아니하는 것이므로 허가거부처분의 효력을 정지할 필요성이 없다."(대결 1991.5.2, 91두15)고 하여 부정하고 있다.

(2) 가처분의 가능성

행정소송상 가처분은 행정소송법 제8조 제2항에서 민사집행법 준용규정을 두고 있음에도, 집행정지 규정은 가처분에 대한 특칙이라고 볼 것이므로 그 준용이 곤란하다. 판례도 "민사소송법상의 보전처분은 민사판결절차에 의하여 보호받을 수 있는 권리에 관한 것이므로, 민사소송법상의 가처분으로써 행정청의 어떠한 행정행위의 금지를 구하는 것은 허용될 수 없다."(대결 1992.7.6, 92마54)는 입장이다.

4. 취소소송 판결의 기속력

(1) 기속력

1) 거부처분이 취소된 경우

기속력이란 소송당사자인 행정청과 그 밖의 관계행정청이 판결의 내용에 따라 행동해야 하는 실체법상의 의무를 발생시키는 효력을 말한다. 판결에 의하여 취소되는 처분이 당사자의 신청을 거부하는 것을 내용으로 하는 경우에는 그 처분을 행한 행정청은 판결의 취지에 따라 다시 이전의 신청에 대한 처분을 하여야 한다(행정소송법 제30조 제2항).

기속력의 적용범위와 관련하여 ① 사실심변론종결 이후에 발생한 새로운 사유(법령의 변경 또는 사실상황의 변경)를 근거로 다시 이전의 신청에 대한 거부처분을 할 수 있으며, ② 거부처분 이전에 존재하던 사유 중 처분사유와 다른 사유(기본적 사실관계에 동일성이 없는 사유)를 근거로 다시 거부처분을 하는 것은 가능하다.

2) 사안의 경우

시장 을이 당초 반려했던 사유는 "「노동조합 및 노동관계조정법」 제2조 제4호 라목의 '근로자가 아닌 자의 가입을 허용하는 경우'에 해당하다"는 것이므로 거부처분취소판결이 확정된 이후 을은 이와 기본적 사실관계가 동일한 사유로 다시 설립신고서를 반려할 수 없다.

(2) 기속력 확보수단으로서 간접강제

시장 을이 거부처분의 취소판결의 취지에 따라 처분을 하지 아니하는 때에는, 행정소송법 제34조 제1항에 따라 제1심 수소법원은 갑의 신청에 의하여 결정으로써 상당한 기간을 정하고 시장 을이 그 기간 내에 이행하지 아니하는 때에는 그 지연기간에 따라 일정한 배상을 할 것을 명하거나 즉시 손해배상을 할 것을 명할 수 있다.

5. 설문의 해결

을 시장의 설립신고서 반려행위는 취소소송의 대상인 거부처분에 해당하고, 갑의 원고적격이 인정되므로 그 밖의 소송요건을 갖추면 갑은 취소소송을 제기할 수 있다. 다만 판례에 따르면 갑은 집행정지나 가처분을 활용할 수는 없다. 그리고 갑의 취소소송이 인용되어 그 판결이 확정되면 시장 을은 판결의 취지에 따라 재처분을 하여야 하며, 이를 이행하지 않으면 갑은 간접강제를 신청할 수 있다.

Ⅱ. 설문 (2)

1. 쟁점의 정리

A회사가 근로자 병에게 업무정지와 해고를 명한 후, A회사 노동조합의 구제신청에 대해 관할 지방노동위원회의 구제명령과 중앙노동위원회의 재심판정이 있었다면, A회사가 지방노동위원회의 구제명령과 중앙노동위원회의 재심판정 가운데 무엇을 대상으로 취소소송을 제기할 수 있는지가 재결주의와 관련하여 문제된다.

2. 원처분주의와 재결주의

행정소송법은 재결도 처분과 함께 취소소송의 대상이 될 수 있다고 규정하고 있다(행정소송법 제2조·제4조). 취소소송은 처분 등을 대상으로 함이 원칙이다. 다만 재결 자체에 고유한 위법이 있음을 이유로 하는 경우(행정소송법 제19조 단서)와 개별 법률에서 예외적으로 재결주의를 규정하고 있는 경우 재결 취소소송이 가능하다.

3. 중앙노동위원회의 재심판정에 대한 불복(재결주의)

(1) 노동위원회법 제26조 제1항은 "중앙노동위원회는 당사자의 신청이 있는 경우 지방노동위원회 또는 특별노동위원회의 처분을 재심하여 이를 인정·취소 또는 변경할 수 있다."고 규정하고 있고, 제27조 제1항은 "중앙노동위원회의 처분에 대한 소송은 중앙노동위원회 위원장을 피고로 하여 처분의 송달을 받은 날부터 15일 이내에 제기하여야 한다."고 규정하고 있다. 판례는 이 규정의 해석에 있어서 "노동위원회법 제19조의2 제1항(현행 제26조 제1항)의 규정은 <u>행정처분의 성질을 가지는 지방노동위원회의 처분에 대하여 중앙노동위원장을 상대로 행정소송을 제기할 경우의 전치요건에 관한 규정</u>이라 할 것이므로, 당사자가 지방노동위원회의 처분에 대하여 불복하기 위하여는 처분 송달일로부터 10일 이내에 중앙노동위원회에 재심을 신청하고 <u>중앙노동위원회의 재심판정서 송달일로부터 15일 이내에 중앙노동위원장을 피고로 하여 재심판정취소의 소를 제기하여야 할 것이다.</u>"[520]라고 판시함으로써 <u>재결주의</u>를 규정한 것으로 본다.

---

520) 대판 1995.9.15. 95누6724

(2) 재결주의의 경우에는 행정심판의 재결에 불복하여 취소소송을 제기하고자 하는 경우에 행정심판의 재결을 대상으로 취소소송을 제기하여야 한다. 그러나 <u>원처분이 당연무효인 경우에는 재결취소의 소뿐만 아니라 원처분무효확인소송도 제기할 수 있다.</u>521) 그리고 <u>재결취소의 소에서는 재결 고유의 하자뿐만 아니라 원처분의 하자도 주장할 수 있다.</u>522)

(3) 재결주의에서 기각재결에 대한 취소판결의 경우 판결의 기속력에 의해 원처분청은 원처분을 취소하여야 하고, 인용재결(취소재결)의 취소는 직접 원처분의 소급적 부활을 가져온다.523)

4. 행정심판 전치주의

개별 법률에서 재결주의를 정하는 경우에는 재결에 대해서만 제소하는 것이 허용되므로 그 논리적인 전제로서 취소소송을 제기하기 전에 행정심판을 필요적으로 경유할 것이 요구된다.524) 지방노동위원회의 처분에 대한 행정소송은 행정심판 전치주의가 적용되므로 행정심판 절차를 거친 후에 비로소 행정소송을 제기할 수 있다.

> ※ 다만, 이는 원처분이 아니라 행정심판 재결만이 소송의 대상이 되는 사건이어서 행정심판을 거침이 불가피하나, 재결주의가 채택된 결과일 뿐이므로 통상적인 필요적 전치주의 사건과는 구별된다는 견해 있음

5. 설문의 해결

A회사는 지방노동위원회의 구제명령이 아니라 중앙노동위원회의 재심판정에 대해 위원장을 피고로 취소소송을 제기하여야 한다. 다만, 이 경우 A회사는 재결 취소소송에서 재결의 고유한 하자뿐만 아니라 원처분의 하자(지방노동위원회 처분의 위법성)도 주장할 수 있다.

---

521) 대판 1993.1.19, 91누8050(토지수용재결처분취소)
522) 대판 1991.2.12, 90누288(토지수용재결처분취소)
523) 박균성, 「공인노무사 행정쟁송법」, 고시계사, 2018, p.415.
524) 헌재 2001.6.28, 2000헌바77

연습 118

서울특별시 종로구에 거주하는 원고는 2024. 10. 10. 17:00경 자동차를 운전하여 퇴근하는 길에 아파트 입구 근처의 「어린이 보호구역」(이른바 스쿨존)에서 초등학교 6학년의 어린이가 운행하는 자전거가 갑자기 빠른 속도로 튀어나와 급제동하였으나 자전거와 충돌하면서 어린이에게 진단 2주의 상해를 입혔다. 조사결과 사고 당시 자동차의 시속은 15km 정도였다(어린이 보호구역 내 안전속도는 시속 30km).

서울지방경찰청장은 2024. 10. 25. 원고가 도로교통법 제△△조("자동차의 운전자가 어린이 보호구역에서 어린이의 안전에 유의하면서 운전하여야 할 의무를 위반하여 어린이를 상해에 이르게 한 경우에는 운전면허를 취소하여야 한다.")에 근거하여 원고의 운전면허를 취소하는 처분을 하였다.

원고는 2024. 11. 5. 위 처분 통지서를 수령한 후, 2025. 3. 10. 서울특별시장을 피고로 하여 주위적으로는 위 운전면허취소처분의 무효확인을, 예비적으로는 위 운전면허취소처분의 취소를 구하는 소를 서울행정법원에 제기하였다. 별도로 행정심판절차를 거치지는 아니하였다. 원고는 위 운전면허취소처분의 근거가 된 도로교통법 조항이 무효라고 주장하면서 처분이 위법하다고 주장하였다. 그런데 위 사건의 소송 계속 중 헌법재판소에서 위 조항에 대하여 "어린이 보호의 중요성을 감안하더라도 어린이 보호구역 내 과실에 의한 상해 사고를 음주운전 사고와 같은 선상에서 제재를 하게 되고, 이는 헌법에서 보장하는 책임주의와 비례성 원칙에 어긋난다. 운전자가 피할 수 없었음에도 모든 책임을 운전자에게 부담시키는 것도 부당하다."며 헌법상 직업의 자유 및 일반적 행동의 자유를 침해하여 헌법에 위반된다는 결정을 선고하였다.

(1) 원고가 위 소에 대하여 적법하게 본안 판단을 받기 위하여 갖추어야 할 소송요건 및 이와 관련한 절차에 관하여 검토하시오. (30점)
(2) 헌법재판소의 결정 취지에 따라 처분청이 위 소송 계속 중 원고에 대한 운전면허취소처분을 직권 취소한 경우의 소송요건에 관하여 검토하시오. (앞의 문항에서 검토한 사항과 동일한 내용을 다시 기재할 필요는 없음)525) (10점)

I. 설문 1 – 소송의 적법요건

1. 쟁점의 정리

(1) 무효확인소송의 일반적 소송요건 충족 여부에 있어서, 특히 협의의 소의 이익과 관련하여 무효확인소송의 보충성이 문제된다.

---

525) 2015년 법원행정고시 기출문제 변형

(2) 취소소송의 경우에는 ① 피고적격 충족 여부와 미충족시의 피고경정절차, ② 예외적으로 행정심판전치절차가 강제되는 경우인지, ③ 제소기간을 준수하였는지를 중심으로 살펴본다.

(3) 무효확인소송과 취소소송의 예비적 병합이 가능한지 문제된다.

2. 무효확인소송의 적법요건

(1) 대상적격과 원고적격

무효확인소송은 처분등의 효력 유무 또는 존재 여부의 확인을 구할 법률상 이익이 있는 자가 제기할 수 있다(행정소송법 제35조).

여기에서 처분 등이란 '행정청이 행하는 구체적 사실에 관한 법집행으로서의 공권력의 행사 또는 그 거부와 그 밖에 이에 준하는 행정작용 및 행정심판에 대한 재결'을 말한다(제2조 제1항 제1호). 이 사건 운전면허취소처분은 서울지방경찰청장이 공권력의 우월한 지위에서 행한 구체적 사실에 관한 법집행이므로 무효확인소송의 대상이 되는 처분이다.

그리고 사안의 경우 원고는 침익적 처분의 직접 상대방으로서 처분의 무효확인을 구할 법률상 이익이 있어 원고적격이 인정된다.

(2) 피고적격 및 피고경정 절차

1) 피고적격

무효등확인소송은 다른 법률에 특별한 규정이 없는 한 그 처분 등을 행한 행정청을 피고로 한다(행정소송법 제13조 제1항, 제38조 제1항).

사안의 경우 처분청은 서울지방경찰청장임에도 불구하고 원고는 서울특별시장을 피고로 이 사건 소를 제기하였다. 따라서 이 사건 무효확인소송은 피고적격 요건을 충족하지 못하여 일단 부적법하다.

2) 피고경정절차

무효등확인소송에서 원고가 피고를 잘못 지정한 때에는 법원은 원고의 신청에 의하여 결정으로써 피고의 경정을 허가할 수 있다(제14조 제1항, 제38조 제1항).

사안의 경우 원고가 피고경정을 신청하고 허가결정이 있으면 새로운 피고에 대한 소송은 처음에 소를 제기한 때에 제기된 것으로 보며(제14조 제4항), 종전의 피고에 대한 소송은 취하된 것으로 본다(제5항).

(3) 협의의 소의 이익

무효확인소송에도 민사소송에서의 확인의 이익, 즉 현존하는 불안이나 위험을 제거하기 위하여 확인판결을 받는 것이 유효·적절할 때와 같은 즉시확정의 법률상 이익이 필요하다는 견해(보충성 긍정설)가 있었고, 종래 판례는 보충성 긍정설을 취하였다가 최근 보충성 부정설로 입장을 변경했다. 무효확인판결의 기속력(원상회복의무)에 의해 판결의 실효성을 확보할 수 있으므로 민사소송에서와 같이 분쟁의 궁극적 해결을 위한 확인의 이익 여부를 논할 이유가 없다고 보는 불요설이 타당하다.

사안의 원고는 다른 구제수단의 존부와 관계없이 협의의 소의 이익을 갖추었다.

(4) 관할법원

원고가 소를 제기한 서울행정법원은 처분청인 서울지방경찰청장의 소재지를 관할하는 행정법원이므로 관할요건을 충족하였다.

(5) 예외적 행정심판전치주의 및 제소기간

무효확인소송에 행정심판전치주의 및 제소기간 규정은 적용되지 아니하므로 사안에서 문제되지 않는다.

3. 취소소송의 적법요건

(1) 대상적격과 원고적격

이 사건 운전면허취소처분은 서울지방경찰청장이 공권력의 우월한 지위에서 행한 구체적 사실에 관한 법집행이므로 취소소송의 대상이 되는 처분이다.

행정소송법 제12조는 "처분 등의 취소를 구할 법률상 이익이 있는 자"가 취소소송을 제기할 수 있다고 규정하고 있으며 '법률상 이익이 있는 자'의 의미에 대하여 판례는 당해 처분의 근거법규 및 관련법규에 의해 개별적으로 보호되는 직접적이고 구체적인 개인적 이익을 법률상 이익으로 보고 있다. 사안의 경우 원고는 도로교통법에 근거한 침익적 행정처분의 직접 상대방으로서 원고적격이 인정된다.

(2) 피고적격

전술한 바와 같이 서울특별시장을 피고로 제소한 원고는 피고경정절차를 거쳐야 한다.

(3) 협의의 소의 이익

대법원은 '법률에 근거하여 행정처분이 발하여진 후에 헌법재판소가 그 행정처분의 근거가 된 법률을 위헌으로 결정하였다면 결과적으로 위 행정처분은 법률의 근거가 없이 행하여진 것과 마찬가지가 되어 하자가 있는 것이 된다고 할 것이다. 그러나 하자 있는 행정처분이 당연무효가 되기 위하여는 그 하자가 중대할 뿐만 아니라 명백한 것이어야 하는데, 일반적으로 법률이 헌법에 위반된다는 사정이 헌법재판소의 위헌결정이 있기 전에는 객관적으로 명백한 것이라고 할 수는 없으므로 헌법재판소의 위헌결정 전에 행정처분의 근거 되는 당해 법률이 헌법에 위반된다는 사유는 특별한 사정이 없는 한 그 행정처분의 취소소송의 전제가 될 수 있을 뿐 당연무효사유는 아니라고 봄이 상당하다.'(대판 1994.10.28, 92누9463)고 한다. 이러한 중대·명백설에 따르면 처분이 효력을 잃는 것은 아니어서 처분의 취소를 구할 소의 이익이 있다.

(4) 예외적 행정심판전치주의

행정소송법 제18조 제1항 본문은 행정처분으로 인하여 권익을 침해받은 경우 행정심판을 거치고 행정소송을 제기할 수도 있고, 바로 행정소송을 제기할 수도 있도록 하고 있다. 그러나 단서에서 "다른 법률에 당해 처분에 대한 행정심판의 재결을 거치지 아니하면 취소소송을 제기할 수 없다는 규정이 있는 때"에는 필요적 행정심판 전치주의를 예외적으로 인정하고 있다.

사안의 경우 도로교통법 제142조가 행정심판전치를 강제하고 있음에도 이를 거치지 않았으므로 필요적 행정심판전치주의를 위반하였다. 다만 판례는 행정소송의 제기 이후에도 가급적 원고의 권익을 구제할 수 있게 하기 위하여 <u>사실심변론종결시까지 행정심판절차를 거친 경우에는 이 요건의 흠결은 치유된 것</u>으로 보고 있다(대판 1987.4.28, 86누29).

(5) 제소기간

원고는 2024.11.5. 운전면허취소처분이 있음을 알게 되었으나 90일이 경과한 2025.3.10.에 취소소송을 제기하였으므로 제소기간을 도과하였다.

4. 예비적 병합

행정처분에 대한 무효확인과 취소청구는 서로 양립할 수 없는 청구로서 주위적·예비적 청구로서만 병합이 가능하고 선택적 청구로서의 병합이나 단순병합은 허용되지 아니한다는 판례(대판 1999.8.20, 97누6889)의 견해에 따르면, 사안의 경우 원고는 이 사건 운전면허취소처분에 대하여 주위적 청구로서 무효확인소송을, 예비적 청구로서 취소소송을 제기한 바 이는 예비적 병합으로서는 적법하다.

5. 사안의 해결

사안의 경우 처분청은 서울지방경찰청장임에도 불구하고 서울특별시장을 피고로 이 사건 소를 제기하였으므로 피고경정절차를 밟지 않는 한 피고적격에 문제가 있다. 그리고 특히 예비적 청구인 취소소송은 제소기간을 도과하였으며, 예외적 행정심판전치주의에 따른 도로교통법상 전심절차인 행정심판을 거치지 않았으므로 부적법하다.

Ⅱ. 설문 2 - 협의의 소의 이익

1. 쟁점의 정리

소송 계속 중 원고에 대한 처분이 직권취소된 경우에도 소의 이익, 즉 권리보호의 필요성이 인정될 수 있는지 살펴본다.

2. 협의의 소의 이익

협의의 소익이란 소송을 통하여 분쟁을 해결할 만한 구체적인 이익 및 현실적인 필요성을 말한다. 처분 등이 소멸하면 권리보호의 필요는 없게 됨이 원칙이다. 다만 행정소송법 제12조 2문은 처분 등의 효과가 기간의 경과, 처분 등의 집행 그 밖의 사유로 인하여 소멸된 뒤에도 그 처분 등의 취소로 인하여 회복되는 법률상 이익이 있는 자의 경우에도 취소소송을 제기할 수 있다고 규정하고 있다.

무효등확인소송도 권리보호의 필요가 있어야 함은 물론이다. 따라서 취소되거나 효력기간이 지나 더 이상 존재하지 않는 행정처분을 대상으로 한 소송이나 원고에게 아무런 실익이 없다고 인정되는 경우 등은 권리보호의 이익이 인정될 수 없다. 다만 전술한 바와 같이 대법원의 판례변경으로 무효확인소송의 보충성이 인정되지 않으므로, 결과적으로 즉시확정의 이익까지 요구되는 것은 아니라는 결과가 될 것이다.526)

3. 직권취소의 효과

부담적 처분이 취소될 경우 그 효력은 소급적으로 상실된다. 헌법재판소의 결정 취지에 따라 처분청이 위 소송 계속 중 원고에 대한 운전면허취소처분을 직권 취소했다면 당해 처분은 소급적으로 효력이 상실되어 존재하지 않는 것이 된다.

4. 소송계속 중 처분이 직권취소된 경우의 소의 이익

판례는 "행정처분이 취소되면 그 처분은 효력을 상실하여 더 이상 존재하지 않는 것이고, 존재하지 않는 행정처분을 대상으로 한 취소소송은 소의 이익이 없어 부적법하다."(대판 2010.4.29, 2009두16879)고 하였다.

이러한 법리는 무효확인소송의 경우에도 마찬가지라 할 것이므로, 사안의 경우 소송계속 중에 처분청이 운전면허 취소처분을 직권취소하였다면 그 처분의 효력이 소급적으로 상실되었으므로 원고의 청구는 소의 이익이 없어 부적법각하될 것이다.

5. 사안의 해결

원고의 이 사건 소제기는 일반소송법상의 요건인 협의의 소의 이익이 인정되지 않아 부적법하다.

---

526) 홍준형, 「행정쟁송법」, 오래, 2017. p.410.

행정쟁송법 사례연습

연습 119

甲은 A국국적으로 대한민국에서 취업하고자 관련법령에 따라 2009년 4월경 취업비자를 받아 대한민국에 입국하였고, 2010년 4월 체류기간이 만료되었다. 乙은 같은 A국 출신으로, 대한민국 국적 남성과 혼인하고 2015년 12월 귀화하였으나, 2016년 10월 협의이혼 하였다. 이후 甲은 2017년 7월 乙과 혼인신고를 하고, 2017년 8월 관할행정청인 X에게 대한민국 국민의 배우자(F-6-1)자격으로 체류자격 변경허가를 신청을 하였다. 그러나 甲은 당시 7년여의 '불법체류'를 하고 있음이 적발되었고, 이는 관련법령 및 사무처리지침(이하 '지침 등'이라 함)상 허가요건 중 하나인 '국내합법체류자' 요건을 결여하게 되어 X는 2017년 8월 甲의 신청을 반려하는 처분을 하였다. 한편 甲과 乙은 최근 자녀를 출산하였다. 甲은 위 허가를 받지 못하면 당장 A국으로 출국하여야 하고, 자녀 양육에 어려움을 겪는 등 가정이 파탄될 위험이 생기므로 위 반려처분은 위법하다고 주장한다. (총 50점)

(1) 만일, 甲이 X의 반려처분에 불복하여 행정심판을 제기함과 동시에 임시처분을 신청하는 경우, 임시처분의 인용가능성에 관하여 논하시오. (20점)
(2) 위 반려처분에 대하여 甲이 취소소송을 제기하여 승소판결이 확정되었다. 그러나 X는 위 '지침 등'에 따른 체류자격 변경허가를 위한 또 다른 요건 중의 하나인 '배우자가 국적을 취득한 후 3년 이상일 것'을 충족하지 못한다는 것을 이유로 다시 체류자격 변경허가를 거부하고자 한다. 이 거부처분이 적법한지에 관하여 논하시오. (30점) 〈공인노무사 2018〉

Ⅰ. 설문 (1)

1. 문제의 제기

甲이 체류자격 변경허가 거부처분에 대해 행정심판을 제기했으나 재결 전에 체류기간이 경과하면 당장 A국으로 출국하여야 하고, 자녀 양육에 어려움을 겪는 등 중대한 불이익 또는 위험이 초래될 수 있다. 이 경우 A가 불법체류자로 강제퇴거되지 않기 위해 행정심판법상 임시처분 제도를 활용할 수 있는지, 그리고 그 인용가능성을 검토하기로 한다.

2. 체류자격 변경허가의 법적 성질(판례)

판례는 설문과 유사한 체류기간연장등불허가처분취소 사건(배우자 간병을 위하여 방문동거(F-1) 자격으로의 체류자격 변경허가 신청을 한 사건)에서, "체류자격 변경허가는 신청인에게 당초의 체류자격과 다른 체류자격에 해당하는 활동을 할 수 있는 권한을 부여하는 일종의 설권적 처분의 성격을 가지므로, 허가권자는 신청인이 관계 법령에서 정한 요건을 충족하였다고 하더라도, 신청인의 적격성, 체류 목적, 공익상의 영향 등을 참작하여 허가 여부를 결정할 수 있는 재량을 가진다."라고 하여 체류자격 변경허가를 설권적 처분으로 보고 재량행위성을 인정하였다. 이 사건에서 판례는 "처분에 의하여 얻는 공익에 비하여 원고가 입게 될 불이익이 지나치게 크다고 인정되므로, 이 사건 처분은 비례의 원칙을 위반하여 재량권을 일탈·남용한 것으로 볼 수 있다."며 인용한 바 있다.

3. X의 반려처분에 대한 행정심판법상 권리구제수단 개관

(1) 문제상황

관할행정청 X의 반려처분에 대해 甲이 선택할 수 있는 행정심판법상 권리구제수단으로 ① 거부처분 취소심판, ② 거부처분에 대한 의무이행심판, ③ 가구제수단으로 집행정지와 임시처분 등이 있다.

(2) 거부처분 취소심판

행정심판법 제2조 제1호('처분'이란 행정청이 행하는 구체적 사실에 관한 법집행으로서의 공권력의 행사 또는 그 거부, 그 밖에 이에 준하는 행정작용을 말한다)와 제5조 제1호(취소심판 : 행정청의 위법 또는 부당한 처분을 취소하거나 변경하는 행정심판)를 근거로 거부처분취소심판이 가능하다.

행정심판법 제49조 제2항은 "거부처분 취소심판의 경우 그 처분을 한 행정청은 재결의 취지에 따라 다시 이전의 신청에 대한 처분을 하여야 한다."라고 행정청의 재처분의무를 인정하고 있다.

(3) 의무이행심판

1) 의의

행정심판법 제5조 제3호는 당사자의 신청에 대한 행정청의 위법 또는 부당한 거부처분이나 부작위에 대하여 일정한 처분을 하도록 하는 의무이행심판을 제기할 수 있음을 규정하고 있다.

2) 심판청구요건 및 설문의 경우

① **대상적격 및 청구인적격** : 의무이행심판은 거부처분과 부작위를 대상으로 하므로(행정심판법 제5조 제3호), 거부처분은 의무이행심판의 대상이 된다. 甲은 X의 반려처분의 상대방으로서 의무이행심판법상 청구인적격이 인정된다.
② **피청구인적격** : 설문에서는 X가 피청구인적격을 가진다(행정심판법 제17조 제1항).
③ **심판청구기간** : 甲은 거부처분이 있음을 알게 된 날부터 90일 이내, 거부처분이 있었던 날부터 180일 이내에 의무이행심판을 청구해야 한다(행정심판법 제27조 제1항, 제3항).
④ **그 밖의 요건** : 설문에서 권리보호필요성 등 그 밖의 요건은 문제되지 않는다.

(4) 집행정지

1) 문제점

위원회는 처분이나 그 집행 또는 절차의 속행으로 인하여 생길 회복하기 어려운 손해를 예방하기 위하여 긴급한 필요가 있다고 인정할 때에는 당사자의 신청 또는 직권에 의하여 처분의 효력이나 그 집행 또는 절차의 속행의 전부 또는 일부의 정지를 결정할 수 있다(제30조 제2항 본문). 다만, 집행정지는 소극적 효력만이 인정되는바 사안과 같은 거부처분에 대한 집행정지의 실익이 있는지 문제된다.

2) 학설 및 판례

학설은 ① 거부처분 집행정지의 재처분의무가 인정된다고 보는 긍정설, ② 거부처분 집행정지의 재처분의무가 부정된다고 보는 부정설, ③ 예외적으로 집행정지의 필요성이 인정된다(예 외국인의 체류기간 갱신허가의 거부처분)고 보는 제한적 긍정설이 대립한다. 판례는 그 거부처분으로 인하여 신청인에게 생길 손해를 방지하는 데에 아무런 소용이 없다는 취지에서 부정한다.527)

3) 설문의 경우

재처분의무와 관계없이 신청의 이익이 있는 경우가 존재한다는 점에서 제한적 긍정설이 타당하다. 판례에 따르면 甲은 거부처분에 대해 행정심판을 청구하면서 집행정지를 신청할 수는 없다.

(5) 임시처분

이에 대하여는 아래에 항을 달리하여 논하기로 한다.

4. X의 반려처분에 대한 임시처분의 신청과 인용가능성

(1) 임시처분의 의의

행정심판위원회는 처분 또는 부작위가 위법·부당하다고 상당히 의심되는 경우로서 처분 또는 부작위 때문에 당사자가 받을 우려가 있는 중대한 불이익이나 당사자에게 생길 급박한 위험을 막기 위하여 임시지위를 정하여야 할 필요가 있는 경우에는 직권으로 또는 당사자의 신청에 의하여 임시처분을 결정할 수 있다(제31조 제1항). 임시처분은 행정소송에서

---

527) 허가신청에 대한 거부처분은 그 효력이 정지되더라도 그 처분이 없었던 것과 같은 상태를 만드는 것에 지나지 아니하는 것이고 그 이상으로 행정청에 대하여 어떠한 처분을 명하는 등 적극적인 상태를 만들어 내는 경우를 포함하지 아니하는 것이므로, 교도소장이 접견을 불허한 처분에 대하여 효력정지를 한다 하여도 이로 인하여 위 교도소장에게 접견의 허가를 명하는 것이 되는 것도 아니고 또 당연히 접견이 되는 것도 아니어서 접견허가거부처분에 의하여 생길 회복할 수 없는 손해를 피하는 데 아무런 보탬도 되지 아니하니 접견허가거부처분의 효력을 정지할 필요성이 없다(대결 1991.5.2, 91두15).

의 임시의 지위를 정하는 가처분에 해당하는 것으로서 의무이행심판이나 거부처분취소심판에 의한 권리구제의 실효성을 보장하기 위한 제도이다.

(2) 집행정지와의 차이

집행정지는 '소극적으로' 이익침해 처분의 효력을 정지시키는 효과에 불과하나, 임시처분은 소송에서의 임시적 지위를 정하는 가처분에 해당하는 것으로서 청구인의 권리를 '적극적으로' 보호한다는 점에서 차이가 있다.

(3) 요건

1) 적극적 요건

① 행정심판청구의 계속

명시적 규정은 없으나 행정쟁송에서의 가구제는 본안청구의 범위내에서만 인정되는 것으로 보아야 하므로 행정심판청구의 계속을 요한다고 보아야 한다. 따라서 임시처분의 신청은 심판청구와 동시에 하거나 심판청구에 대한 행정심판위원회의 재결이 있기 전까지 하여야 한다(제31조 제2항, 제30조 제5항).

② 처분 또는 부작위가 위법·부당하다고 상당히 의심되는 경우일 것

임시처분은 본안재결에서 인용재결을 받을 때까지 임시의 지위를 부여하는 것이므로 본안재결에서 기각될 것이 확실한 경우에는 허용될 수 없다.

③ 중대한 불이익을 받을 우려

중대한 손해인지의 판단은 처분의 성질·태양·내용, 상대방이 입은 손해의 성질·내용 및 정도, 원상회복·금전배상의 방법 및 난이도와 함께 본안 청구의 인용가능성 등을 종합적으로 고려하여 구체적·개별적으로 판단하게 된다.

④ 급박한 위험의 존재

중대한 손해가 발생할 가능성이 시간적으로 절박하여 위험을 회피하기 위하여 재결을 기다릴 여유가 없는 것을 말한다.

2) 소극적 요건

행정심판법 제31조 제2항은 동법 제30조 제3항을 준용하고 있어, 임시처분도 공공복리에 중대한 영향을 미칠 우려가 있을 때에는 허용되지 아니한다.

3) 보충성 요건

임시처분은 제30조 제2항에 따른 집행정지로 목적을 달성할 수 있는 경우에는 허용되지 아니한다. 실무상 거부처분이나 부작위에 대한 집행정지를 인정하고 있지 않으므로, 임시처분은 집행정지와의 관계에서 보충적 구제제도이다.

(4) 설문의 경우

1) 만일 甲의 행정심판이 계속되고 있고, X의 체류자격 변경허가 거부처분이 위법·부당하다고 상당히 의심되는 경우이고, 甲에게 중대한 불이익이나 급박한 위험을 방지할 필요가 있으며, 甲에게 체류자격 변경허가를 한다고 하여 특별히 공공복리에 대한 중대한 영향이 있을 것으로 보이지 않는다면, 임시처분은 인용될 수 있다. 또한 판례는 거부처분에 대한 집행정지를 인정하지 않기 때문에 임시처분의 보충성요건도 충족한다.

2) 특히 '중대한 불이익이나 급박한 위험' 요건과 관련하여 판례는 "배우자가 업무상 재해로 인하여 재발성 우울병 장애를 겪고 있어서 가족인 원고의 보살핌이 필요하다는 사정을 고려하여 보면, 이 사건 처분 당시 배우자의 체류기간이 약 10개월 정도 남아 있음에도 불구하고, 원고의 체류자격을 방문동거(F-1)로 변경하는 것을 불허함으로써, 원고로 하여금 1회 체류기간의 상한이 90일에 불과한 단기방문(C-3)의 체류자격을 유지하도록 하는 것은 배우자에 대한 지속적인 보살핌에 지장을 초래할 수 있는 등 인도주의적 관점에서도 타당하다고 보기 어렵다."(대법원 2016.7.14, 2015두48846)며 재량권의 일탈·남용 여부를 판단하고 있다.

5. 설문 (1)의 해결

1) 甲의 행정심판청구가 계속되고 있는 한 문제되지 않는다.

2) 설문의 내용만으로는 판단할 근거가 없으나, X의 체류자격 변경허가 거부처분이 위법·부당하다고 상당히 의심되는 경우라야 한다.

3) 甲이 본국으로 강제퇴거되는 위험이나, 그로 인하여 자녀 양육에 어려움을 겪는 등 가정이 파탄될 위험은 중대한 불이익이다.

4) 위원회가 A에게 임시처분(예 잠정적인 체류허가)을 하더라도 공공복리에 중대한 영향을 미칠 우려가 있다고 보이지 않는다.

5) 다수설과 판례는 거부처분에 대한 집행정지를 인정하지 않기 때문에 임시처분의 보충성 요건도 만족한다.

따라서 위원회는 직권으로 또는 甲의 신청에 의하여 임시처분을 결정할 수 있다(행정심판법 제31조 제1항). 그리고 위원회의 심리·결정을 기다릴 경우 중대한 손해가 생길 우려가 있다고 인정되면 위원장은 직권으로 위원회의 심리·결정을 갈음하는 결정을 할 수도 있다(행정심판법 제31조 제2항, 제30조 제6항).

Ⅱ. 설문 (2)

1. 문제의 제기

당초 거부사유는 '국내합법체류자 요건'의 결여이지만, 확정판결 후 거부사유는 '배우자 국적 취득 요건'이므로 X의 재거부처분이 판결의 기속력에 반하여 위법한지 문제가 된다. 이를 위하여 ① 해당 요건이 당초 거부처분시에 존재하였는지 여부, ② 기본적 사실관계의 동일성 여부를 검토해야 한다.

2. 취소판결의 기속력

(1) 의의

처분등을 취소하는 확정판결은 그 사건에 관하여 당사자인 행정청과 그 밖의 관계행정청을 기속한다(행정소송법 제30조 제1항). 기속력이란 소송당사자인 행정청과 그 밖의 관계 행정청이 판결의 내용에 따라 행동해야 하는 실체법상의 의무를 발생시키는 효력을 말한다. 현행 행정소송법은 취소판결에 대하여 기속력 있음을 규정하고 무효등확인소송과 부작위위법확인소송 및 당사자소송에 이를 준용하고 있다(제30조·제38조·제44조).

(2) 기속력의 내용과 위반의 효과

1) 기속력의 내용

① 반복금지효 - 소극적인 관점에서의 기속력

취소판결이 확정되면 당사자인 행정청은 물론이고 그 밖의 관계 행정청(예 재결취소소송에서 원처분청)도 확정판결에 저촉되는 처분을 할 수 없다. 반복금지효는 인용판결이 확정된 경우에만 인정되는 것이며, 기각판결의 경우에는 인정되지 않는다. 따라서 청구기각판결이 있더라도 행정청이 당해 처분을 직권으로 취소하는 것은 기속력과 관계가 없다.

② 재처분의무 - 적극적인 관점에서의 기속력

재처분의무란 행정청의 거부처분이 판결에 의해 취소된 경우에 행정청이 판결의 취지에 따른 처분을 하여야 함을 의미한다. 이는 행정청이 확정판결을 무시하고 그에 따르는 행동을 하지 않을 우려가 있기 때문에 규정한 것이다.

판결에 의하여 취소되는 처분이 당사자의 신청을 거부하는 것을 내용으로 하는 경우에는 그 처분을 행한 행정청은 판결의 취지에 따라 다시 이전의 신청에 대한 처분을 하여야 한다(행정소송법 제30조 제2항). 그리고 신청에 따른 처분이 절차의 위법을 이유로 취소되는 경우에 그 처분을 한 행정청은 판결의 취지에 따라 재처분하여야 한다(제30조 제3항).

③ 결과제거의무(원상회복의무)

행정소송법에 명문규정은 없으나, 취소소송에 있어 인용판결이 있게 되면 행정청은 위법처분으로 야기된 상태를 제거하여야 할 의무를 부담한다. 예컨대 과세처분이 취소되면 행정청은 압류재산을 반환해야 한다. 행정청이 이러한 의무를 이행하지 않는 경우에는 이른바 공법상 결과제거청구권을 행사하여 압류재산의 반환을 청구할 수 있다.

2) 기속력 위반의 효과

판례는 기속력에 위반한 처분을 당연무효로 보고 있다.528) 행정소송법상 기속력에 관한 규정은 강행규정으로서 일종의 효력규정이다.

3) 설문의 경우

甲이 X의 체류자격 변경허가 거부처분에 대하여 취소소송을 제기하여 승소판결이 확정되었으므로 X는 재처분의무를 부담하게 되어, 아래에 기술하는 기속력의 적용범위에 있다면 판결의 취지에 따라 다시 체류자격 변경허가 처분을 하여야 한다. 따라서 설문의 경우 기속력이 미치는 것인지 검토하기로 한다.

(3) 기속력의 적용범위

1) 시간적 효력범위

① 내용

처분시까지의 법률관계·사실관계를 판단의 대상으로 한다(처분시설). 따라서 거부처분 이후에 법령이나 사실상태가 변경된 경우 동일한 내용의 처분을 다시 하는 것은 기속력에 반하지 아니한다(처분 위법판단의 처분시설).529) 다만 거부처분의 경우에 처분청이 거부취소판결이 내려진 후에 정당한 이유 없이 재처분을 늦추고 그 사이에 법령이 변경된 경우에 새로운 사유에 의하여 거부처분을 하는 것은 재처분의무를 잠탈하는 결과가 되므로 허용되지 않는다.

② 설문의 경우

㉠ 설문의 재거부처분 사유는 "배우자가 국적을 취득한 후 3년 이상이 경과하지 않았다."는 것인데, 2017년 8월 반려처분이 있었던 시기는 2015년 12월 배우자의 국적

---

528) 확정판결의 당사자인 처분행정청이 그 행정소송의 사실심 변론종결 이전의 사유를 내세워 다시 확정판결과 저촉되는 행정처분을 하는 것은 허용되지 않는 것으로서 이러한 행정처분은 그 하자가 중대하고도 명백한 것이어서 당연무효라 할 것이다(대판 1990.12.11, 90누3560).

529) 건축불허가처분을 취소하는 판결이 확정된 후 국토이용관리법시행령이 준농림지역 안에서의 행위제한에 관하여 지방자치단체의 조례로써 일정 지역에서 숙박업을 영위하기 위한 시설의 설치를 제한할 수 있도록 개정된 경우, 당해 지방자치 단체장이 위 처분 후에 개정된 신법령에서 정한 사유를 들어 새로운 거부처분을 한 것이 행정소송법 제30조 제2항 소정의 확정판결의 취지에 따라 이전의 신청에 대한 처분을 한 경우에 해당한다(대결 1998.1.7, 97두22).

취득일로부터 3년이 경과되지 않았으므로 기존 거부처분시에 존재했던 사유에 해당한다. 따라서 시간적 효력범위만을 고려하면 X가 동일한 내용의 처분을 다시 하는 것은 기속력에 반하게 된다.

ⓒ 다만, 설문에서는 분명하지 않으나, 만일 배우자가 국적을 취득한 후 3년 이상이 경과(2018년 12월)한 후에 또 다른 체류자격 변경허가 신청을 하였으나 이를 X가 거부처분한 사안이라면 처분의 위법성 판단 기준시는 '처분시'가 되어야 하므로 그러한 거부처분이 위법하게 됨은 물론이다.

2) 주관적 효력범위
① 내용
당사자인 행정청뿐만 아니라 그 밖의 관계행정청(취소된 처분과 관련이 있는 모든 행정청)에도 미친다.
② 설문의 경우
X는 피고였던 처분행정청이므로 주관적 효력범위는 특별히 문제되지 않는다.

3) 객관적 효력범위
① 내용
㉠ 기속력은 <u>판결주문 및 그 전제가 된 요건사실의 인정과 효력의 판단에만 미친다</u>(대판 2005.12.9, 2003두7705). 따라서 판결의 결론과는 직접 관련 없는 방론(放論)이나 간접사실의 판단에는 미치지 아니한다. 기판력은 판결의 주문에 포함된 것에 한하나, 기속력은 판결에 설시된 개개의 위법사유를 포함한다.

㉡ 기속력은 원칙상 처분에 명시된 처분사유에 한정되므로, 행정청은 <u>다른 처분사유(기본적 사실관계의 동일성이 없는 사유)를 내세워 동일한 내용의 처분을 할 수 있다.</u> 여기에서 기본적 사실관계의 동일성이란 "처분사유를 법률적으로 평가하기 이전의 구체적인 사실에 착안하여 그 기초적인 사회적 사실관계가 기본적인 점에서 <u>동일한 것</u>"(대판 2008.2.28, 2007두13791,13807)을 말한다.

② 설문의 경우
객관적 범위와 관련해, X가 체류자격 변경허가를 거부하면서 당초 제시한 '국내합법체류자 요건의 결여'라는 사유와 '배우자가 국적을 취득한 후 3년이 경과되지 않았다'는 사유는 내용이 공통되거나 취지가 유사하지 않아 기본적 사실관계의 동일성이 인정되지 않는다. 따라서 시간적 효력범위와 객관적 효력범위를 기준으로 종합적인 판단을 하면 X의 재거부처분은 기속력에 반하지 않는다.

3. 설문 (2)의 해결

(1) 시간적 범위와 관련해서, '배우자가 국적을 취득한 후 3년이 경과되지 않았다'는 사유는 기존의 처분시에 존재했던 사정이므로 기속력이 미친다. 따라서 X는 이러한 사유를 근거로 다시 체류자격 변경허가를 거부할 수는 없다.

(2) 그런데 객관적 범위와 관련해서, X가 체류자격 변경허가를 거부하면서 당초 제시한 '국내 합법체류자 요건의 결여'라는 사유와 '배우자가 국적을 취득한 후 3년이 경과되지 않았다'는 사유는 내용이 공통되거나 취지가 유사하지 않아 기본적 사실관계의 동일성이 인정되지 않는다. 따라서 체류자격 변경허가거부처분 취소판결의 기속력이 미치지 않기 때문에 X는 다시 거부처분을 할 수 있다, 즉 X의 재거부처분은 적법하다.

(3) 다만, 기속력의 문제와 별도로, 설문 (1)에서 살펴본 바와 같이 체류자격 변경허가는 설권적 처분이면서 재량행위이므로 재거부처분이 재량권을 일탈·남용했는지 여부에 대한 판단에 따라 적법성 여부는 달라질 수 있다고 본다.

연습 120

회사에 다니다 정년퇴직을 한 甲은 5인 가족을 부양하고 있다. 甲은 퇴직금 등 자신의 거의 전재산을 투입하여 □□구에서 불고기 식당을 경영하고 있다. 그런데 경쟁업소인 또 하나의 불고기 식당에서 사용하는 식재료가 다소 불결하다는 소문이 돌면서 甲의 식당이 최근 성업을 이루게 되었다. 그런데 □□구 식품위생과 공무원들이 202×. 3. 1. 甲의 식당을 단속한 결과 주방에서 '유통기간 : 202×. 2. 25.까지'라는 문구가 적혀 있는 봉지 안에 키위(고기를 연하게 하는 식재료임)가 담겨 있는 것을 발견하자, □□구청장 A는 202×. 3. 5. "甲이 202×. 3. 1.에 유통기한이 경과한 키위를 조리의 목적으로 주방에 보관함으로써 식품위생법을 위반하였다."는 이유로 식품위생법 시행규칙 제89조 별표23에 따라 甲에게 202×. 4. 1.부터 30일간 영업정지를 명하는 처분(이하 '1차 영업정지처분'이라 한다)을 하였고 이 처분은 202×. 3. 12. 甲에게 도달되었다. 甲은 202×. 3. 28. A를 피고로 하여 행정법원에 1차 영업정지처분의 취소를 구하는 소(이하 '이 사건 소'라 한다)를 제기하였다.

한편, 식품위생법 시행규칙 제89조 별표23에는 1차 위반에 영업정지 30일, 2차 위반에 영업정지 60일, 3차 위반에 영업정지 90일이 규정되어 있다. 그리고 甲이 식당을 운영하면서 법을 위반한 전력(前歷)은 없다.

(1) 甲이 이 사건 소를 제기하면서 동시에 행정법원에 영업정지처분으로 인하여 식당의 이미지 및 신용 훼손으로 중대한 경영상의 위기를 맞는다며 1차 영업정지처분에 대한 집행정지신청을 한 경우, 집행정지신청은 인용될 수 있는가? (20점)

(2) 만약 甲이 취소소송을 202×. 3. 28.이 아니라 202×. 6. 11.에 제기하는 경우라면, 그 소는 적법한가? (단, 원고적격, 피고적격, 처분성은 인정되었다고 전제한다. 그리고 매월의 말일은 3월 31일, 4월 30일, 5월 31일이며, 6월 11일은 월요일이다) (25점)

(3) 202×. 3. 28. 제기한 이 사건 소에서, 甲이 위와 같이 키위를 보관한 것은 직원들의 간식으로 사용하기 위한 것이지 조리의 목적으로 보관한 것이 아니라는 이유로 1차 영업정지처분을 취소하는 판결이 확정되었다. 그 후 A는 "202×. 3. 1. 甲이 유통기한이 경과한 키위를 조리의 목적으로 주방에 보관한 것이라는 종업원의 증언을 새로 확보하였다."는 이유로 甲에게 다시 30일간의 영업정지처분(이하 '2차 영업정지처분'이라 한다)을 하였다(2차 영업정지처분에 대한 집행정지결정은 없다). 그런데 甲이 2차 영업정지처분에 정해진 영업정지기간에도 계속 영업을 하자 A는 甲에 대해 영업소폐쇄명령을 하였다. 이 영업소폐쇄명령은 유효한가?[530] (20점)

---

530) 2016년 법학전문대학원협의회 모의시험문제 변형

행정쟁송법 사례연습

Ⅰ. 설문 (1) - 집행정지신청 인용 가능성

1. 쟁점의 정리

행정소송법은 '취소소송의 제기는 처분등의 효력이나 그 집행 또는 절차의 속행에 영향을 주지 아니한다'고 하여 집행부정지 원칙을 채택하고 있다(제23조 제1항). 다만 일정한 요건을 충족하는 경우 원고의 권리보호를 위해 처분의 효력정지 등을 인정하고 있다(제23조 제2항). 설문에서 A의 영업정지처분에 대해 행정소송법상 집행정지가 가능한지가 문제된다.

2. 집행정지의 요건

(1) 본안이 계속중일 것

집행정지신청은 본안의 소제기 후 또는 동시에 제기되어야 한다. 또한 본안소송의 제기 자체는 적법한 것이어야 하며531), 본안소송의 요건은 집행정지의 신청에 대한 결정전에 갖추어지면 된다.

(2) 처분 등이 존재할 것

집행정지의 대상은 '처분 등의 효력·처분의 집행 또는 절차의 속행'이다. 집행정지의 문제는 주로 처분 등이 당사자의 권익침해를 가져올 우려가 있는 부담적 행정작용에서 발생한다. 제3자효 있는 행위, 재결도 당연히 처분 등에 해당한다.

(3) 회복하기 어려운 손해를 예방하기 위한 것일 것

집행정지는 사후의 조치를 통해서는 회복하기 어려운 손해발생의 우려가 있는 경우에만 예외적으로 인정된다. 판례는 회복하기 어려운 손해를 특별한 사정이 없는 한 <u>금전으로 보상할 수 없는 손해로 이해하고, 금전배상이 가능하더라도 금전배상만으로는 받아들이기 어려운 경우의 유형·무형의 손해도 포함하는 것으로 이해한다</u>.532)

그리고 당사자가 행정처분 등이나 그 집행 또는 절차의 속행으로 인하여 <u>재산상의 손해를 입거나 기업 이미지 및 신용이 훼손당하였다고 주장하는 경우</u>에 그 손해가 금전으로 보상할 수 없어 '회복하기 어려운 손해'에 해당한다고 하기 위해서는, 그 <u>경제적 손실이나 기업 이미지 및 신용의 훼손으로 인하여 사업자의 자금사정이나 경영 전반에 미치는 파급효과가 매우 중대하여 사업 자체를 계속할 수 없거나 중대한 경영상의 위기를 맞게 될 것으로 보이는 등의 사정이 존재하여야 한다</u>고 판시하였다.533)

---

531) 대판 1999.11.26, 99부3
532) 대판 1998.3.10, 97두63
533) 대결 2003.4.25, 2003무2

(4) 긴급한 필요가 있을 것

회복하기 어려운 손해가 발생할 가능성이 절박하여 본안판결까지 기다릴 수 없는 긴급한 필요가 있어야 한다. 따라서 긴급한 필요의 여부는 회복하기 어려운 손해발생의 가능성과 연계하여 판단하게 된다.[534]

(5) 공공복리에 중대한 영향을 미칠 우려가 없을 것

집행정지가 위의 요건을 갖추어도 공공복리에 중대한 영향을 미칠 우려가 있을 때는 허용되지 아니한다. 여기서는 비례의 원칙을 적용하여 집행정지가 공공복리에 미치는 영향과 처분의 집행부정지를 통하여 신청인이 입는 손해를 비교형량하여 판단한다.[535]

(6) 본안청구의 이유 없음이 명백하지 아니할 것

본안에서 패소할 것이 확실한 경우에도 집행정지를 허용할 것인지에 대하여 현행법에 명문의 규정이 없는데, 학설은 집행정지의 요건에 포함되지 않는다는 견해와 포함된다는 견해가 대립한다. 판례는 이를 집행정지의 요건에 포함시켜 <u>신청의 본안청구가 이유 없음이 명백할 때에는 행정처분의 효력정지를 명할 수 없다</u>고 한다. <u>본안에서 승소할 가망이 전혀 없는 경우까지도 집행정지신청을 인용하는 것은 집행정지제도의 취지에 반한다는 것이 이유이다.</u>[536]

3. 사안의 해결

(1) 甲이 영업정지처분에 대해 취소소송을 제기하였고, 202×. 4. 1.부터 영업이 정지되므로 긴급한 필요가 있는 경우에 해당한다.

(2) 경쟁업소의 식재료가 불결하다는 소문이 돌면서 甲의 식당이 최근 성업을 이루게 된 점도 고려하면, 갑이 주방에서 유통기한이 경과한 식재료를 보관하였다는 이유로 영업정지처분을 받게 되면 식당으로서의 이미지와 신용의 훼손으로 인하여 경영전반에 미치는 파급효과가 매우 중대하여 불고기 식당업 자체를 계속할 수 없고 중대한 경영상의 위기를 맞게 될 것으로 보인다.

(3) 甲이 5인 가족을 부양하고 있고 퇴직금 등 자신의 거의 전 재산을 투입하여 식당을 운영하고 있는 점, 그리고 식당을 운영하면서 법을 위반한 전력이 없다는 점에서 본안소송에서 비례원칙을 주장하여 인정될 여지가 있으므로 본안청구가 이유 없음이 명백하지 아니한 경우에 해당한다. 따라서 집행정지는 인용될 수 있다.

---

534) 대결 2004.5.12, 2003무41.
535) 행정소송법 제23조 제3항에서 집행정지의 요건으로 규정하고 있는 '공공복리에 중대한 영향을 미칠 우려'가 없을 것이라고 할 때의 '공공복리'는 그 처분의 집행과 관련된 구체적이고도 개별적인 공익을 말하는 것으로서 이러한 집행정지의 소극적 요건에 대한 주장·소명책임은 행정청에게 있다(대결 1999.12.20, 99무42).
536) 대결 1999.11.26, 99부3

Ⅱ. 설문 (2) - 소의 적법성

1. 쟁점의 정리

(1) 취소소송이 적법하려면 취소를 구할 법률상 이익이 있는 자가(행정소송법 제12조 제1문), 행정청을 피고로 하여(동법 제13조), 처분등을 대상으로(동법 제19조), 전심절차를 거쳐야 하는 경우에는 그에 대한 결정을 받은 후에(동법 제18조 제1항 단서), 적법한 제소기간 내에(동법 제20조), 관할권 있는 법원에(동법 제9조)에 제기해야 하고, 그 밖에 권리보호의 필요성이 있어야 한다(동법 제12조 제2문).

(2) 사안에서 특히 ① 제소기간을 준수하였는지, ② 30일의 영업정지처분이 기간 도과로 소멸했으나 가중된 영업정지 처분의 위험성이 있다는 점에서 소의 이익이 있는지 문제된다.

2. 제소기간 준수 여부

(1) 행정소송법 제20조의 규정 내용

1) 처분이 있음을 안 날부터 90일

① 행정심판을 거치지 않은 경우 : 취소소송은 처분 등이 있음을 안 날부터 90일 이내에 제기하여야 한다(행정소송법 제20조 제1항). 처분 등이 있음을 안 날이란 통지·공고 기타의 방법에 의하여 당해 처분이 있었다는 사실을 현실적으로 안 날을 의미한다.

② 행정심판을 거친 경우 : 행정소송법 제18조 제1항 단서(다른 법률에 당해 처분에 대한 행정심판의 재결을 거치지 아니하면 취소소송을 제기할 수 없다는 규정이 있는 때)에 의한 경우와 그 밖에 행정심판청구를 할 수 있는 경우 또는 행정청이 행정심판청구를 할 수 있다고 잘못 알린 경우에는, 재결서의 정본을 송달받은 날부터 90일을 기산한다(제20조 제1항).

2) 처분이 있은 날부터 1년

① 행정심판을 거치지 않은 경우 : 취소소송은 처분 등이 있은 날부터 1년을 경과하면 이를 제기하지 못한다(제20조 제2항 1문). 처분 등이 있은 날이란 상대방 있는 행정행위의 경우에는 특별한 규정이 없는 한 의사표시의 일반적 법리에 따라 그 행정처분이 상대방에게 도달되어 효력을 발생한 날을 의미한다.[537]

② 행정심판을 거친 경우 : 재결이 있은 날부터 역시 1년이다(제20조 제2항 본문).

③ 정당한 사유가 있는 경우 : 정당한 사유가 있는 경우 1년의 기간이 경과하여도 제소할 수 있다(제2항 단서).

---

[537] 대판 1990.7.13, 90누2284

3) '안 날'과 '있은 날'의 관계

처분이 있음을 안 날과 처분이 있은 날 중 어느 하나의 기간이 경과하면 제소기간은 종료한다.538)

(2) 기간 계산 방법

기간을 일, 주, 월 또는 연으로 정한 때에는 기간의 초일은 산입하지 아니한다(민법 제157조 1문). 그리고 기간의 말일이 토요일 또는 공휴일에 해당한 때에는 기간은 그 익일로 만료한다(민법 제161조).

(3) 사안의 경우

甲이 처분이 있음을 안 날은 甲에게 도달한 202×. 3. 12.이다. 따라서 202×. 6. 10. 24:00에 90일이 도과하나 그 날이 공휴일이므로 다음날까지 제소하면 된다. 甲이 202×. 6. 11. 제기한 소는 제소기간을 준수하였다.

3. 영업정지 기간 경과와 협의의 소의 이익

(1) 취소소송의 협의의 소익의 의의

취소소송은 처분 등의 취소를 구할 자격(원고적격)을 가진 자가 소를 제기할 수 있다. 그러나 취소소송도 재판의 일종이므로 분쟁을 재판에 의하여 해결할 만한 현실적 필요성이 있어야 하는데, 이를 '협의의 소의 이익' 또는 '권리보호의 필요'라고 한다. "이익 없으면 소 없다"라는 법언이 이를 대변한다.

(2) 행정소송법 제12조 2문의 해석

행정소송법 제12조 2문은 "처분 등의 효과가 기간의 경과, 처분 등의 집행 그 밖의 사유로 인하여 소멸된 뒤에도 그 처분 등의 취소로 인하여 회복되는 법률상 이익이 있는 자의 경우에는 또한 같다"라고 규정하고 있다. 이에 대하여 ① 제12조 1문처럼 원고적격에 관한 조항으로 보는 견해가 있으나, ② 1문은 취소소송의 원고적격을 규정하고 있고, 2문은 취소소송에서의 협의의 소익을 규정한 것이라고 보는 견해가 다수설이다.

(3) 협의의 소익 유무의 일반적 판단기준

1) 판례는 행정소송법 제12조 소정의 '법률상 이익'을 전문(원고적격)의 그것과 후문(협의의 소의 이익)의 그것을 구별하지 않고 모두 "당해 처분의 근거 법률에 의하여 보호되는 직접적이고 구체적인 이익과 관련된 것을 말하는 것이고 단지 간접적이거나 사실적·경제적 이해관계를 가지는 데 불과한 경우는 여기에 포함되지 않는다"539)라고 보고 있다.

---

538) 대판 1964.9.8, 63누196
539) 대결 2000.10.10, 2000무17

2) 이에 대하여 여기서의 '법률상 이익'은 취소를 통하여 구제되는 기본적인 법률상 이익뿐만 아니라 위법확인의 정당한 이익(법적 이익, 경제적 이익, 보호가치 있는 정신적 이익 등)도 포함한다고 보는 점에서 원고적격에서의 법률상 이익보다 넓은 개념으로 보는 견해도 있다.

3) 본안판단의 전제요건을 모두 구비하게 되면 일반적으로 소의 이익을 갖춘 것이 된다(다수설). 그러나 원상회복이 불가능한 경우, 소송목적이 실현된 경우(처분의 효력이 소멸, 권익침해가 해소), 비난받을 목적을 추구하는 경우 등에는 소의 이익이 부정된다.

(4) 30일 영업정지처분 취소소송의 협의의 소의 이익

1) 문제점

사안처럼 제재적 처분이 장래의 제재적 처분의 가중요건 또는 전제요건으로 되어 있는 경우에 소의 이익 인정 여부가 문제된다. 판례는 제재처분의 기준이 부령 형식인 경우 이를 행정규칙으로 보는바, 행정규칙에 의한 가중적 제재처분의 위험성을 법률상 불이익으로 볼 수 있는지 문제된다.

2) 판례

종전 판례는 가중요건이 부령에 정해진 경우 행정규칙에 불과하여 구속력이 없어서 가중적 제재처분을 받을 불이익은 직접적·구체적·현실적인 것이 아니라는 이유로 소의 이익을 부인하여 왔다.

그러나 변경된 판례는 "제재적 행정처분의 가중사유나 전제요건에 관한 규정이 법령이 아니라 규칙의 형식으로 되어 있다고 하더라도, 그러한 규칙이 법령에 근거를 두고 있는 이상 그 법적 성질이 대외적·일반적 구속력을 갖는 법규명령인지 여부와는 상관없이, 관할 행정청이나 담당공무원은 이를 준수할 의무가 있으므로 이들이 그 규칙에 정해진 바에 따라 행정작용을 할 것이 당연히 예견되고, 그 결과 행정작용의 상대방인 국민으로서는 그 규칙의 영향을 받을 수밖에 없다. 따라서 그러한 규칙이 정한 바에 따라 선행처분을 받은 상대방이 그 처분의 존재로 인하여 장래에 받을 불이익, 즉 후행처분의 위험은 구체적이고 현실적인 것이므로, 상대방에게는 선행처분의 취소소송을 통하여 그 불이익을 제거할 필요가 있다."540)고 한다. 이러한 변경된 판례에 대하여는 제재처분의 기준을 정하고 있는 부령의 법규성을 인정하면서 소의 이익을 인정하는 것이 법리적으로 타당하다는 견해가 있다.

3) 소결

202×. 6. 11.에는 30일의 영업정지처분이 기간 도과로 소멸하였다. 그러나 이후의 위반행위에 대해서 별표23의 행정처분 기준에 따라 가중된 영업정지 처분의 위험성이 있고 이것은 직접적이고 구체적인 이익이므로 협의의 소의 이익을 인정할 수 있다.

---

540) 대판 2006.6.22, 2003두1684

4. 사안의 해결

202×. 6. 11.자 甲의 소제기는 제소기간을 준수하였고, 협의의 소의 이익이 인정되며, 그 밖의 소송요건을 갖추었으므로 적법하다.

Ⅲ. 설문 (3) – 영업소폐쇄명령의 유효성

1. 쟁점의 정리

사안에서 영업소폐쇄명령이 유효한지 여부는 2차 영업정지처분의 유효성과 관련이 있다. 이를 판단하기 위하여 1차 영업정지처분을 취소한 확정판결의 기속력의 내용과 범위를 살펴보고자 한다.

2. 기속력의 의의

취소판결의 기속력이란 소송당사자인 행정청과 그 밖의 관계행정청에게 확정판결의 취지에 따라 행동하여야 할 의무를 지우는 효력을 말한다(행정소송법 제30조 제1항). 기속력을 기판력과 동일한 효력이라고 보는 기판력설이 있으나, 기속력은 당사자인 행정청과 그 밖의 관계 행정청에 미치지만 기판력은 당사자와 후소의 법원에 미친다는 점에서 기속력은 판결의 실효성을 담보하기 위하여 인정된 특수한 효력이라고 보는 견해가 타당하고 통설이다.

3. 기속력의 내용

(1) 기속력의 내용으로는 ① 동일한 처분을 해서는 안 되는 반복금지의무(행정소송법 제30조 제1항), ② 거부처분이 판결에 의해 취소된 경우에 행정청이 판결의 취지에 따른 처분을 하여야 하는 재처분의무(동법 제30조 제2항), ③ 위법한 처분으로 야기된 상태를 제거하여야 하는 결과제거의무가 있다.

(2) 설문에서 문제되는 것은 반복금지의무에 위반되었는지 여부에 관한 것이다. 취소판결이 확정되면 당사자인 행정청은 물론이고 그 밖의 관계 행정청(예 재결취소소송에서 원처분청)도 확정판결에 저촉되는 처분을 할 수 없다.

(3) 취소판결의 기속력에 반하는 행정청의 처분은 위법한 행위로서 하자가 중대하고 명백하여 무효라고 보는 것이 일반적인 견해와 판례의 입장이다.

4. 기속력의 범위

(1) 주관적 범위

기속력은 당사자인 행정청과 그 밖의 관계행정청에 미친다(제30조 제1항).

(2) 객관적 범위

1) 기속력은 <u>판결주문 및 그 전제가 된 요건사실의 인정과 효력의 판단에만 미치고</u>, 판결의 결론과는 직접 관련 없는 방론(放論)이나 간접사실의 판단에는 미치지 아니한다는 것이 일반적 견해이다.

2) 이와 같이 기속력은 판결에서 위법한 것으로 판단된 '계쟁처분'의 '개개의 위법사유'에 대하여 미치는 것이므로, 계쟁처분과 동일하지 않은 처분에 대하여는 기속력이 미치지 않는다. 그런데 처분의 동일성 여부에 대한 판단기준으로 <u>기본적 사실관계의 동일성 여부</u>로 검토하는 것이 판례의 입장이므로, 결국 기속력의 객관적 범위는 '기본적 사실관계의 동일성이 인정되는 범위'라고 할 수 있다.

3) 판례는 "기본적 사실관계의 동일성 유무는 <u>처분사유를 법률적으로 평가하기 이전의 구체적 사실에 착안하여 그 기초인 사회적 사실관계가 기본적인 점에서 동일한지에 따라 결정된다.</u>"고 판시하고 있는바, 결국 시간적·장소적 근접성, 행위의 태양·결과 등의 제반사정을 종합적으로 고려하여 개별사안에 따라 구체적으로 판단하여야 할 것이다.

(3) 시간적 범위

일반적으로 처분의 위법 여부의 판단시점을 '처분시'로 보고 있으므로, 기속력은 처분 당시를 기준으로 그때까지 존재하던 처분사유에 대하여만 미치고, 그 이후에 생긴 사유에는 미치지 않는다. 따라서 <u>거부처분 이후에 법령이나 사실상태가 변경된 경우 동일한 내용의 처분을 다시 하는 것은 기속력에 반하지 아니한다.</u>

(4) 사안의 경우

甲이 유통기한이 경과한 키위를 조리의 목적으로 주방에 보관한 것을 이유로 한 2차 영업정지처분은 1차 영업정지처분과 기본적 사실관계가 동일한 사실에 기초한 처분이다. 그리고 판결 확정 후 발견된 '키위를 조리의 목적으로 주방에 보관한 것'이라는 종업원의 증언은 처분시에 존재했던 사실에 대한 입증자료일 뿐 처분시 이후에 발생한 새로운 사실이라고 볼 수 없다.

결국 증거만 새로이 발견되었을 뿐, 위 확정판결에서 판단한 처분사유와 현재 A가 제시하는 처분사유는 기본적 사실관계가 동일하다고 판단되는바, 따라서 A의 영업정지처분은 기속력에 반하여 무효이다.

5. 사안의 해결

선행하는 2차 영업정지처분이 기속력에 반하여 무효이므로 이를 근거로 발령한 영업소폐쇄명령은 중대한 하자가 있고 객관적으로 명백한 하자가 있다. 따라서 영업소폐쇄명령은 무효이다.

연습 121

사용자인 乙주식회사는 소속 근로자인 甲에 대해 유인물 배포 등 행위와 성명서 발표 및 기사 게재로 인한 乙주식회사에 대한 명예훼손행위를 근거로 감봉 3월의 징계처분을 하였다. 甲과 A노동조합은 2018. 9. 7. B지방노동위원회에 위 징계처분이 부당징계 및 부당노동행위에 해당한다고 주장하면서 구제신청을 하였다. 그러나 B지방노동위원회는 2018. 11. 6. 위 구제신청을 모두 기각하였다. 甲과 A노동조합은 B지방노동위원회의 기각결정에 불복하여 2018. 12. 20. 중앙노동위원회에 재심을 신청하였다. 중앙노동위원회는 2019. 3. 5. 유인물 배포 등 행위가 징계사유에 해당할 뿐만 아니라 징계 양정이 적정하고, 노동조합 및 노동관계조정법 제81조 제1호의 부당노동행위에 해당하지 않는다는 이유로 재심신청을 모두 기각하였다. 이에 甲은 중앙노동위원회의 재심에 불복하여 취소소송을 제기하려고 한다. 甲은 중앙노동위원회가 재심판정을 하면서 관계 법령상 개의 및 의결 정족수를 충족하지 않았다고 주장한다. 다음 물음에 답하시오. (단, 행정쟁송법과 무관한 노동법적인 쟁점에 대해서는 서술하지 말 것) (총 50점)

(1) 중앙노동위원회의 재심판정에 절차상 하자가 있음을 이유로 이를 취소하는 판결이 확정되었다. 중앙노동위원회가 이러한 확정판결에 기속되는 경우에 어떠한 의무를 부담하는지를 논하시오. (25점)

(2) 중앙노동위원회는 이 소송의 계속 중에 甲과 A노동조합의 유인물 배포행위가 정당하지 않은 노동조합행위에 해당하여 징계사유에 해당한다고 추가적으로 주장한다. 이러한 중앙노동위원회의 주장이 타당한지를 논하시오. (25점)

〈공인노무사 2019〉

Ⅰ. 설문 (1) - 거부처분 취소판결의 기속력

1. 문제의 소재

중앙노동위원회의 재심판정에 절차상 하자(甲의 주장에 따르면 개의 및 의결 정족수 미충족이라는 사유)가 있음을 이유로 취소판결이 확정된 경우, 중앙노동위원회가 확정판결의 기속력에 따라 어떠한 의무를 부담하는지 문제된다.

이를 살펴보기 위하여 기속력의 의의, 성질, 범위, 내용을 살펴보고, 특히 사안에서 재심판정이 판결에 의해 취소된 경우 중앙노동위원회가 확정판결의 취지에 따라 절차상 위법사유를 보완하여 다시 종전의 판정을 할 수 있는지 검토하기로 한다.

2. 기속력의 의의 및 법적 성질

(1) 기속력의 의의

처분등을 취소하는 확정판결은 그 사건에 관하여 당사자인 행정청과 그 밖의 관계행정청을 기속한다(행정소송법 제30조 제1항). 기속력이란 소송당사자인 행정청과 그 밖의 관계행정청이 판결의 내용에 따라 행동해야 하는 실체법상의 의무를 발생시키는 효력을 말한다. 현행 행정소송법은 취소판결에 대하여 기속력 있음을 규정하고 무효등확인소송과 부작위위법확인소송 및 당사자소송에 이를 준용하고 있다(제30조·제38조·제44조).

(2) 기속력의 법적 성질

기속력을 기판력과 동일한 효력이라고 보는 기판력설이 있으나, 기속력은 당사자인 행정청과 그 밖의 관계 행정청에 미치지만 기판력은 당사자와 후소의 법원에 미친다는 점에서 기속력은 판결의 실효성을 담보하기 위하여 인정된 특수한 효력이라고 보는 견해가 타당하고 통설이다.

3. 기속력의 범위

(1) 주관적 범위

당사자인 행정청뿐만 아니라 그 밖의 관계행정청(취소된 처분과 관련이 있는 모든 행정청)에도 미친다.

(2) 객관적 범위

① <u>판결주문 및 그 전제가 된 요건사실의 인정과 효력의 판단</u>에만 미친다.[541] 따라서 판결의 결론과는 직접 관련 없는 방론(放論)이나 간접사실의 판단에는 미치지 아니한다. 기판력은 판결의 주문에 포함된 것에 한하나, 기속력은 판결에 설시된 개개의 위법사유를 포함한다.

② 이와 같이 기속력은 판결에서 위법한 것으로 판단된 '계쟁처분'의 '개개의 위법사유'에 대하여 미치는 것이므로, 계쟁처분과 동일하지 않은 처분에 대하여는 기속력이 미치지 않는다. 그런데 처분의 동일성 여부에 대한 판단기준으로 <u>기본적 사실관계의 동일성</u>

---

541) 행정소송법 제30조 제1항에 의하여 인정되는 취소소송에서 처분 등을 취소하는 확정판결의 기속력은 주로 판결의 실효성 확보를 위하여 인정되는 효력으로서 판결의 주문뿐만 아니라 그 전제가 되는 처분 등의 구체적 위법사유에 관한 이유 중의 판단에 대하여도 인정되고, 같은 조 제2항의 규정상 특히 거부처분에 대한 취소판결이 확정된 경우에는 그 처분을 행한 행정청은 판결의 취지에 따라 다시 처분을 하여야 할 의무를 부담하게 되므로, 취소소송에서 소송의 대상이 된 거부처분을 실체법상의 위법사유에 기하여 취소하는 판결이 확정된 경우에는 당해 거부처분을 한 행정청은 원칙적으로 신청을 인용하는 처분을 하여야 하고, 사실심 변론종결 이전의 사유를 내세워 다시 거부처분을 하는 것은 확정판결의 기속력에 저촉되어 허용되지 아니한다(대판 2001.3.23, 99두5238).

여부로 검토하는 것이 판례의 입장이므로, 결국 기속력의 객관적 범위는 '기본적 사실관계의 동일성이 인정되는 범위'라고 할 수 있다.

(3) 시간적 범위

처분시까지의 법률관계·사실관계를 판단의 대상으로 한다. 따라서 <u>거부처분 이후에 법령이나 사실상태가 변경된 경우 동일한 내용의 처분을 다시 하는 것은 기속력에 반하지 아니한다</u>(처분 위법판단의 처분시설).542) 다만 거부처분의 경우에 처분청이 거부취소판결이 내려진 후에 정당한 이유 없이 재처분을 늦추고 그 사이에 법령이 변경된 경우에 새로운 사유에 의하여 거부처분을 하는 것은 재처분의무를 잠탈하는 결과가 되므로 허용되지 않는다.543)

4. 기속력의 내용 및 위반의 효과

(1) 반복금지효(저촉금지효)

1) 의의

취소판결이 확정되면 당사자인 행정청은 물론이고 그 밖의 관계 행정청(예 재결취소소송에서 원처분청)도 확정판결에 저촉되는 처분을 할 수 없다. 반복금지효는 인용판결이 확정된 경우에만 인정되는 것이며, 기각판결의 경우에는 인정되지 않는다. 따라서 청구기각판결이 있더라도 행정청이 당해 처분을 직권으로 취소하는 것은 기속력과 관계가 없다.

2) 처분이 절차상 하자를 이유로 취소된 경우

처분이 절차나 형식상의 하자를 이유로 취소된 후 처분청이 위법사유를 보완한 후 동일한 내용의 처분을 할 수 있는지 문제된다.

이에 대하여 판례는 "과세처분시 <u>납세고지서에 과세표준, 세율, 세액의 산출근거등이 누락되어 있어 이러한 절차 내지 형식의 위법을 이유로 과세처분을 취소하는 판결이 확정된 경우에 그 확정판결의 기판력은 확정판결에 적시된 절차 내지 형식의 위법사유에 한하여 미친다</u>고 할 것이므로 과세처분권자가 그 확정판결에 적시된 <u>위법사유를 보완하여 행한 새로운 과세처분은 확정판결에 의하여 취소된 종전의 과세처분과는 별개의 처분으로서 확정판결의 기속력에 저촉되는 것은 아니다.</u>"(대판 1986.11.11, 85누231)라고 하여 적극적인 입장이다.

---

542) 건축불허가처분을 취소하는 판결이 확정된 후 국토이용관리법시행령이 준농림지역 안에서의 행위제한에 관하여 지방자치단체의 조례로써 일정 지역에서 숙박업을 영위하기 위한 시설의 설치를 제한할 수 있도록 개정된 경우, 당해 지방자치 단체장이 위 처분 후에 개정된 신법령에서 정한 사유를 들어 새로운 거부처분을 한 것이 행정소송법 제30조 제2항 소정의 확정판결의 취지에 따라 이전의 신청에 대한 처분을 한 경우에 해당한다(대결 1998.1.7, 97두22).
543) 대결 2002.12.11, 2002무22

3) 신청에 따른 거부처분이 취소된 경우

반복금지효는 영업허가취소처분과 같은 적극적 처분이 주로 문제되는바, 이 사안의 경우처럼 신청에 대한 거부처분의 경우에도 기속력의 내용인 반복금지효가 적용되는지 문제된다. 반복금지효는 판결의 취지에 반하는 행위(동일한 과오를 반복하는 행위)를 금지하는 효력이라는 학설[544]과, "임용제청신청거부처분취소사건에서 … 해당 처분을 취소하는 판결이 확정된 경우에는 교육부장관 또는 대통령에게 취소판결의 취지에 따라 두 후보자의 총장 임용 적격성을 다시 심사하여 임용제청 또는 임용을 할 의무가 발생한다(행정소송법 제30조 제1항)."(대법원 2018.6.15, 2016두57564)라는 판례의 입장을 감안하면 반복금지효의 범주로 해석하여도 무방하다고 본다.

4) 사안의 경우

중앙노동위원회가 절차상 하자를 반복하여 동일한 재처분을 하게 되면 반복금지효에 반하는 것이 된다.

(2) 재처분의무(적극적 처분의무)

1) 의의

거부처분의 취소판결이 확정되면 당해 행정청은 판결의 취지에 따라 원래의 신청에 대한 처분을 하여야 한다(행정소송법 제30조 제2항). 이것은 거부처분취소판결의 실효성을 일종의 간접강제를 통하여 확보하기 위한 전제로 규정된 것이다.[545]

2) 거부처분이 형식상 위법(무권한, 형식의 하자, 절차의 하자)을 이유로 취소된 경우

거부처분이 판결에 의해 취소된 경우 행정청이 확정판결의 취지에 따라 절차, 방법의 위법사유를 보완하여 다시 종전의 신청에 대한 거부처분을 할 수 있는지 문제된다.[546]

이에 대하여 판례는 "행정소송법 제30조 제2항의 규정에 의하면 행정청의 거부처분을 취소하는 판결이 확정된 경우에는 그 처분을 행한 행정청이 판결의 취지에 따라 이전의 신청에 대하여 재처분할 의무가 있다고 할 것이나, 그 취소사유가 행정처분의 절차, 방법의 위법으로 인한 것이라면 그 처분 행정청은 그 확정판결의 취지에 따라 그 위법사유를 보완하여 다시 종전의 신청에 대한 거부처분을 할 수 있고, 그러한 처분도 위 조항에 규정된 재처분에 해당한다고 할 것이다."(대법원 2005.1.14, 2003두13045)라고 하여 적극적인 입장이다.

---

[544] 박균성, 「공인노무사 행정쟁송법」, 고시계사, 2016, p.594.
[545] 홍준형, 「행정쟁송법」, 도서출판 오래, 2017, p.369.
[546] 행정소송법 제30조 제3항은 신청에 따른 처분이 절차의 위법을 이유로 취소된 경우에는 거부처분취소판결에 있어서의 재처분의무에 관한 제30조 제2항의 규정을 준용하는 것으로 규정하고 있다. 그러나 그 입법취지는 신청에 따른 인용처분에 의해 권익을 침해당한 제3자의 제소에 따라 절차에 위법이 있음을 이유로 취소된 경우 판결의 취지에 따른 적법한 절차에 의하여 신청에 대한 가부간의 처분을 다시 하도록 한 것이라는 학설에 따르면 사안의 경우처럼 거부처분인 경우에는 적용되지 아니한다.

3) 사안의 경우

중앙노동위원회는 재심판정을 취소하는 법원의 판결이 확정된 때에는 심판위원회의 의결을 거쳐 해당 사건을 재처분하여야 한다(노동위원회 규칙 제99조 제1항).

사안에서 중앙노동위원회는 재심판정의 절차상 하자를 시정하여 심판위원회의 의결을 거쳐 해당 사건을 재처분해야 한다.

(3) 결과제거의무(원상회복의무)

행정소송법에 명문규정은 없으나, 취소소송에 있어 인용판결이 있게 되면 행정청은 위법처분으로 야기된 상태를 제거하여야 할 의무를 부담한다. 예컨대 과세처분이 취소되면 행정청은 압류재산을 반환해야 한다. 사안에서 중앙노동위원회는 절차상 하자 있는 재심판정에 대해 심판위원회의 의결을 거쳐 해당 사건을 재처분함으로써 위법상태를 제거해야 한다.

5. 설문의 해결

중앙노동위원회의 재심판정 취소의 소에서 취소판결이 있게 되면 중앙노동위원회는 판결의 취지에 따라 다시 판정을 해야 한다. 이 경우 취소판결의 사유가 절차나 형식상의 하자인 경우에는 판결의 기속력은 취소사유로 된 절차나 형식의 위법에 한하여 미친다.

甲의 주장대로 중앙노동위원회가 재심판정을 하면서 관계 법령상 개의 및 의결 정족수를 충족하지 않았다는 점이 취소판결의 사유로 인정되었다면, 중앙노동위원회는 적법한 절차나 형식을 갖추어 다시 동일한 내용의 판정을 하더라도 재처분의무나 반복금지를 내용으로 하는 기속력에 반하지 않는다.

Ⅱ. 설문 (2) - 처분사유의 추가·변경

1. 문제의 소재

피고가 소송의 계속 중에 당초에 제시한 "유인물 배포 등 행위가 징계사유에 해당할 뿐만 아니라 징계 양정이 적정하고, 노동조합 및 노동관계조정법 제81조 제1호의 부당노동행위에 해당하지 않는다"는 기각사유와 다른 사유를 새로이 추가할 수 있는지와 관련하여, ① 처분사유 추가·변경 인정여부, ② 처분사유 추가·변경의 인정범위에 대해 살펴본다. 특히 사안은 당초 사유와 다른 사유의 기본적 사실관계의 동일성 여부가 문제된다.

처분사유의 사후변경을 통하여 계쟁처분의 본질적 내용에 근본적인 변화가 초래되었다거나, 甲의 권리방어가 침해되었다면 중앙노동위원회의 주장은 인정되기 어려울 것이다.

2. 처분사유 추가·변경의 의의

행정청이 처분 당시에 밝혔던 처분사유와는 다른 처분사유를 추가하거나 처분사유를 변경하여 당해 처분의 적법성을 주장하는 경우를 처분사유의 추가·변경이라고 한다. 명문의 규정이 없어 이를 소송에서 주장하는 것이 허용되는지 문제된다.

3. 처분사유 추가·변경의 인정여부

행정청은 사실심 변론을 종결할 때까지 당초의 처분사유와 기본적 사실관계가 동일한 범위 내에서 처분사유를 추가 또는 변경할 수 있다(행정소송규칙 제9조).

위와 같은 행정소송규칙이 시행(2023.8.31.)되기 전부터, 대법원은 "처분청은 <u>당초 처분의 근거로 삼은 사유와 기본적 사실관계가 동일성이 있다고 인정되는 한도 내에서만 다른 사유를 추가 또는 변경할 수 있다.</u>"547)고 하여 제한적으로 인정해왔다.

4. 처분사유 추가·변경의 인정 범위

(1) 시간적 범위

① **사후변경의 허용기한** : 처분사유의 사후변경은 <u>사실심 변론종결시까지만 허용된다.</u>548)

② **처분사유의 추가·변경과 처분의 위법성판단 기준시점** : 처분의 위법성 판단 기준시점을 어디로 볼 것이냐에 따라 추가·변경할 수 있는 처분사유의 시간적 범위가 결정된다. 학설은 처분시설과 판결시설이 대립하는데, 판례는 <u>행정처분의 위법여부는 처분 당시의 법령상태와 사실상태를 기준으로 판단하고, 행정청이 처분당시 알고 있었던 자료에 국한되는 것은 아니고 객관적으로 존재한 사실이면 족하다</u>고 판시하여 처분시설의 입장을 취하는 것으로 보인다.549) 취소소송은 과거에 행해진 처분의 소극적 제거를 목적으로 하는 소송이라는 점에서 처분시설이 타당하므로, 추가사유나 변경사유는 처분시에 객관적으로 존재하던 사유이어야 한다.

(2) 객관적 범위

① **소송물의 동일성** : 처분사유의 사후변경은 취소소송의 소송물의 범위 내에서만 가능하다. 즉, 처분사유의 사후변경은 처분의 동일성이 유지되는 한도 내에서 인정된다. 소송물이 변경되는 경우에는 '처분의 변경'이 되어 행정소송법 제22조의 처분변경으로 인한 소의 변경을 하여야 한다.

---

547) 대판 2011.11.24, 2009두19021
548) 행정소송규칙 제9조
549) 대판 2010.1.14, 2009두11843

② 기본적 사실관계의 동일성
- ㉠ 근거 : 처분사유의 추가·변경을 기본적 사실관계에 있어서의 동일성이 유지되는 한도 내에서만 인정하는 것은 <u>이유제시제도의 취지 및 행정처분의 상대방인 국민에 대한 신뢰보호 및 행정처분 상대방의 방어권 보장을 위함</u>이다(대판 2003.12.11, 2001두8827).
- ㉡ 판단기준 : 이는 <u>처분사유를 법률적으로 평가하기 이전의 구체적인 사실에 착안하여 그 기초가 되는 사회적 사실관계가 기본적인 면에서 동일한지 여부에 따라 판단</u>한다(대판 1988.1.19, 87누603).
- ㉢ 법적 근거의 변경 : <u>처분의 법적 근거가 변경됨으로써 처분의 사실관계가 변경되고, 사실관계의 기본적 동일성이 인정되지 않는 경우에는 처분의 법적 근거의 변경이 인정되지 않는다</u>(대판 2001.3.23, 99두6392). 반대로 <u>처분의 사실관계에 변경이 없는 한 적용법령만을 추가하거나 변경하는 것은 가능하고 법원은 추가·변경된 법령에 기초하여 처분의 적법 여부를 판단할 수 있다.</u>550)

5. 사안의 해결

중앙노동위원회가 추가적으로 주장하는 것은 처분 당시의 법령상태와 사실상태를 기준으로 주장하는 것이므로 시간적 범위에서 문제가 없다.

그리고 중앙노동위원회가 당초 내세운 "유인물 등 배포 등 행위가 징계사유에 해당할 뿐만 아니라 부당노동행위에 해당하지 않는다."는 것과 "유인물 배포행위가 정당하지 않은 노동조합행위에 해당하여 징계사유에 해당한다."는 것은 '유인물 배포 등 행위가 징계사유에 해당한다.'는 점에서 그 기본적 사실관계를 같이 한다고 본다. 해당 유인물 배포행위와 성명서 발표가 노동조합원들의 단결이나 근로조건의 유지 개선과 근로자의 복지증진 기타 경제적, 사회적 지위의 향상을 도모하기 위한 것이어서 정당한 노동조합행위인지 그렇지 아니한지를 심리하여 징계사유에 해당한지 여부를 판단함에 있어 내용이 공동되거나 취지가 유사하기 때문이다.

그리고 처분사유의 사후변경을 통하여 계쟁처분의 본질적 내용에 근본적인 변화가 초래되었다거나, 甲의 권리방어가 침해되었다고 보기도 어렵다.

따라서 중앙노동위원회가 처분사유를 추가·변경하는 것은 타당하다.

---

550) 다른 법령에 의하여 금지·처벌되는 명칭이 제호에 사용되어 있다는 주장은 당초 처분시에 불법단체인 전국교직원노동조합의 약칭(전교조)이 제호에 사용되었다고 적시한 것과 비교하여 볼 때 당초에 적시한 구체적 사실을 변경하지 아니한 채 단순히 근거 법조만을 추가·변경한 주장으로서 이를 새로운 처분사유의 추가·변경이라고 할 수 없다(대판 1998.4.24, 96누13286).

 행정쟁송법 사례연습

> **연습 122**
> 수익적 처분의 발령을 신청한 갑에 대하여 관할 행정청 A는 이를 거부하였다. 갑은 거부처분 취소소송을 제기하여 인용판결을 받았고, A의 항소 포기로 동 판결은 확정되었다. 위 확정판결에도 불구하고 A가 재차 거부처분을 할 수 있는 경우들을 논하시오. (50점)
> 〈공인노무사 2010〉

Ⅰ. 문제의 소재

갑이 관할 행정청의 거부처분에 대한 취소소송을 제기하여 취소판결이 확정된 이후, 행정청이 재차 거부처분을 할 수 있는 경우를 묻고 있는바 기속력 위반 여부가 문제된다. 기속력은 행정청과 그 밖에 관계 행정청에게 미치는 효력(행정소송법 제30조)을 말한다.

Ⅱ. 기속력

* 기속력의 의의, 법적 성질, 적용범위, 위반의 효과 등은 앞의 문제들을 참고

Ⅲ. A가 재거부처분을 할 수 있는 경우

1. 처분 이후 새로운 사정이 발생한 경우

기속력은 처분시까지의 법률관계·사실관계를 적용범위로 한다. 따라서 거부처분 이후에 법령이나 사실상태가 변경된 경우 동일한 내용의 처분을 다시 하는 것은 기속력에 반하지 아니한다.

판례도 "건축불허가처분을 취소하는 판결이 확정된 후 국토이용관리법시행령이 준농림지역 안에서의 행위제한에 관하여 지방자치단체의 조례로써 일정 지역에서 숙박업을 영위하기 위한 시설의 설치를 제한할 수 있도록 개정된 경우, 당해 지방자치 단체장이 위 처분 후에 개정된 신법령에서 정한 사유를 들어 새로운 거부처분을 한 것이 행정소송법 제30조 제2항 소정의 확정판결의 취지에 따라 이전의 신청에 대한 처분을 한 경우에 해당한다."551)는 태도이다.

---

551) 대결 1998.1.7, 97두22

2. 거부처분취소소송이 내용상의 위법을 이유로 인용된 경우

기속력은 원칙상 처분에 명시된 처분사유에 한정되므로, 행정청은 판결주문 및 이유에서 판단된 다른 처분사유(기본적 사실관계의 동일성이 없는 사유)를 내세워 동일한 내용의 처분을 할 수 있다. 여기에서 기본적 사실관계의 동일성이란 "처분사유를 법률적으로 평가하기 이전의 구체적인 사실에 착안하여 그 기초적인 사회적 사실관계가 기본적인 점에서 동일한 것"을 말한다.552)

3. 거부처분취소소송이 절차·형식상의 위법을 이유로 인용된 경우

신청에 따른 처분이 절차의 위법을 이유로 취소되는 경우에 그 처분을 한 행정청은 판결의 취지에 따라 재처분하여야 한다(제30조 제3항). 절차·형식상 하자에 따른 취소판결의 경우, 판결의 기속력은 판결에 적시된 개개의 위법사유에 미치기 때문에, 행정청은 적법한 절차나 형식을 갖추어 다시 동일한 내용의 처분을 하는 것은 기속력에 위반되지 않기 때문에 재차 거부처분을 할 수 있다.

---

552) 대판 2008.2.28, 2007두13791,13807

연습 123

다음 질문에 답하시오. (단, 행정쟁송법과 무관한 노조법적인 쟁점에 대해서는 서술하지 말 것) (총 50점)

(1) 근로자 A는 甲노동조합을 조직해서 그 설립신고를 하였으나 乙시장은 "설립신고서에서 근로자가 아닌 구직 중에 있는 자의 가입을 허용하고 있다."(「노동조합 및 노동관계조정법」 제2조 제4호 라목)는 사유로 설립신고서를 반려하였다. 이에 甲노동조합은 취소소송을 제기하고자 하는바, 乙시장의 설립신고서 반려는 취소소송의 대상이 될 수 있는가? (25점)

(2) 위 취소소송의 관할법원은 "구직 중에 있는 자도 「노동조합 및 노동관계조정법」상 근로자의 지위를 가지고 노동조합에 가입할 수 있다."는 이유로 乙시장의 설립신고서 반려를 취소하였고 그 판결은 확정되었다. 그러나 乙시장은 또 다시 설립신고서를 반려하면서, "주로 정치운동을 목적으로 하는 경우"(「노동조합 및 노동관계조정법」 제2조 제4호 마목)에 해당함을 그 사유로 제시하였다. 이에 甲노동조합은 다시 취소소송을 제기하고자 하는바, 그 청구는 본안에서 인용될 수 있는가? (25점) 〈공인노무사 2012〉

Ⅰ. 설문 (1) – 설립신고서 반려의 처분성

1. 문제점

행정소송법은 제19조에서 '취소소송은 처분등을 대상으로 한다'고 규정하고, 동법 제2조 제1항은 '처분등'에 대하여 "행정청이 행하는 구체적 사실에 관한 법집행으로서의 공권력의 행사 또는 그 거부와 그 밖에 이에 준하는 행정작용) 및 행정심판에 대한 재결을 말한다."고 규정하였다.

乙시장의 노동조합 설립신고서 반려행위가 취소소송의 대상이 될 수 있는지와 관련하여 특히 ① 노동조합 및 노동관계조정법상 노동조합 설립신고 및 그 수리의 법적 성질, ② 거부처분의 성립요건이 문제된다.

2. 신고와 수리

(1) 신고

신고라 함은 사인이 공법적 효과의 발생을 목적으로 행정주체에 대하여 일정한 사실을 알리는 행위를 말한다. ① 수리를 요하지 않는 신고(자체완성적 신고)는 행정청에 대하여 일정한 사항을 통지하고 도달함으로써 의무가 끝나는 신고로서, 신고 그 자체로서 법적 효과를 발생시키나, ② 수리를 요하는 신고(행위요건적 신고)는 형식적 요건 외에 실질적 요건을 구비해야 한다.

(2) 수리

① 수리를 요하지 않는 신고에 대한 수리는 단순한 접수행위로서 행정처분이 아니나, ② 수리를 요하는 신고에 대한 수리는 행정심판법 제2조 제1호의 행정처분에 해당한다. 수리를 요하는 신고에서 '수리'란 사인이 알린 일정한 사실을 행정청이 유효한 것으로 판단하여 받아들이는 것을 말하며, 그 법적 성질은 준법률행위적 행정행위로 취소심판의 대상인 처분이다.

(3) 노동조합설립신고수리의 법적 성질

① 학설 : 학설은 ⅰ) 노동조합설립신고는 조합설립의 사실을 알리는 것이라고 보는 '수리를 요하지 않는 신고설'(형식적 요건설), ⅱ) 노동조합 설립신고는 그 신고증 교부의 동기를 부여하는 것이라고 보는 '수리를 요하는 신고설'(실질적 요건설)이 대립한다.
② 판례 : 행정관청은 해당 단체가 노동조합법 제2조 제4호 각 목에 해당하는지 여부를 실질적으로 심사할 수 있다고 판시하여, 수리를 요하는 신고설의 입장을 취한다.553)
③ 검토 : ⅰ) 노조법 제12조 제3항의 소극적 요건은 내용적 심사를 요하는 실질적 요건에 해당한다는 점(동법 제2조 제4호), ⅱ) 노조법 제12조 제4항은 신고증 교부(수리)의 경우 노조가 설립됨을 규정하고 있다는 점에서, 노동조합설립신고의 수리는 행정심판법 제2조 제1호의 처분에 해당한다. 따라서 실질적 요건설이 타당하다.

3. 취소소송의 대상인 거부처분

(1) 의의

거부처분이란 개인이 행정청에 대하여 일정한 처분을 신청한 경우 그 신청에 따른 처분을 거부하는 것을 말한다. 거부는 처분의 신청에 대한 거절의 의사표시라는 점에서 외관상 일정한 행정행위가 없는 부작위와 구별된다.

(2) 거부처분의 성립요건

① 공권력 행사의 거부 : 거부된 공권력 행사가 처분성을 가져야 한다. 즉 처분인 공권력 행사의 거부이어야 한다. 따라서 국유 잡종재산의 대부신청의 거부는 처분이 아니다. (대판 1998.9.22, 98두7602).

---

553) 노동조합 및 노동관계조정법이 행정관청으로 하여금 설립신고를 한 단체에 대하여 같은 법 제2조 제4호 각 목에 해당하는지를 심사하도록 한 취지가 노동조합으로서의 실질적 요건을 갖추지 못한 노동조합의 난립을 방지함으로써 근로자의 자주적이고 민주적인 단결권 행사를 보장하려는 데 있는 점을 고려하면, 행정관청은 해당 단체가 노동조합법 제2조 제4호 각 목에 해당하는지 여부를 실질적으로 심사할 수 있다(대판 2014.4.10, 2011두6998).

② **거부행위가 신청인의 권익에 직접적 영향을 미칠 것**(= 법적 행위일 것) : '법적 행위'란 외부적 행위이며 국민의 권리나 법적 이익과 직접 관련되는 행위를 말한다. 판례도 "국민의 권리관계에 영향을 미치는 것"을 성립요건으로 보고 있다.(대판 2009.1.30, 2007두7277).
③ **거부의 의사표시** : 거부의 의사표시가 있어야 한다. 거부의 의사표시는 묵시적일 수도 있다. 법령상 일정한 기간이 지났음에도 가부간의 처분이 없는 경우 거부가 의제되는 경우도 있다.

(3) 거부처분의 성립에 신청권이 필요한지 여부
 1) 학설
   ① **소송요건설**
     ㉠ **거부행위 요건설** : 신청권을 거부행위의 요건으로 보고, 신청권이 있는 자에게는 당연히 거부처분을 다툴 원고적격을 인정하는 견해이다. 그 논거는 ⓐ 신청권은 신청에 대한 응답의무에 대응하는 형식적 또는 절차적 권리이고, ⓑ 신청권이 없는 경우에는 본안심리를 함이 없이 각하판결을 할 수 있어 법원의 소송부담을 경감할 수 있다는 점을 들고 있다.
     ㉡ **원고적격 문제설** : 신청권은 원고적격의 문제로 보아야 하며, 거부행위가 처분에 해당하는가의 여부는 행정소송법 제2조에서 정의한 '처분'에 해당하는가의 여부에 따라 판단해야 한다는 견해이다.
   ② **본안문제설** : 신청권의 존재를 소송대상의 문제로 보면 행정소송법상의 처분개념을 부당하게 제한함으로써 국민의 권익구제의 길을 축소시키는 결과를 가져오고, 본안문제를 소송요건에서 판단하게 되는 문제가 있으므로 본안문제로 보자는 견해이다.
 2) 판례
   판례는 거부가 항고소송의 대상이 되는 행정처분에 해당되려면, "i) 그 신청한 행위가 공권력의 행사 또는 이에 준하는 행정작용이어야 하고, ii) 그 거부행위가 신청인의 법률관계에 어떤 변동을 일으키는 것이어야 하며, iii) 그 국민에게 그 행위발동을 요구할 법규상 또는 조리상의 신청권이 있어야 한다."고 하여 신청권을 거부처분취소소송의 소송요건(특히 거부행위요건설)으로 본다. 즉 법규상 또는 조리상 신청권이 없는 경우 거부행위의 처분성을 인정하기 않고, 부작위를 인정하지 않는다. 그리고 판례는 최근 국토이용계획변경승인거부처분취소판결(대판 2003.9.23, 2001두10936), 국공립대학 교수재임용거부처분취소판결(대판 2004.4.22, 2000두7755) 등에서 법령상 조리상의 신청권의 범위를 점차 확대하고 있다.

3) 검토

판례의 입장을 대상적격과 원고적격의 구분을 무시한 것이라고 비판하는 견해도 있으나, 부작위의 개념에 관하여 행정소송법이 "행정청이 당사자의 신청에 대하여 상당한 기간내에 일정한 처분을 하여야 할 법률상 의무가 있음에도 불구하고 이를 하지 아니하는 것"이라고 하여 신청권에 대응하는 처분 의무를 부작위의 요소로 규정하고 있고, 거부처분 개념은 부작위개념과 연결되어 있으므로 현행 행정소송법하에서는 신청권을 거부처분의 요건으로 보는 판례의 입장이 타당하다.

4. 노동조합 설립신고서 반려행위가 거부처분인지 여부

(1) 노동조합설립 신고의 수리는 행정청이 행하는 노동조합의 설립이라는 구체적 사실에 대한 법집행행위로서 우월한 지위에서 하는 일방적 행위인 공권력행사이다. 즉 설립신고서 반려행위는 처분인 공권력 행사의 거부이다.

(2) 노동조합설리신고서 반려행위는 헌법상 보장된 노동3권과 노동조합 및 노동관계조정법이 보호하는 근로자의 권익에 직접적 영향을 미치는 법적 행위이다.

(3) 신청권을 거부처분의 요건으로 보는 판례의 입장에 따르더라도, 노동조합 및 노동관계조정법 제10조가 설립신고에 관한 명문규정을 두고 있는바 법규상 신청권이 인정된다.
즉 노동조합 설립신고서 반려행위는 거부처분에 해당하고, 취소소송의 대상인 처분이다.

Ⅱ. 설문 (2) – 재거부처분에 대한 취소소송의 인용 가능성

1. 문제점

취소소송의 관할법원이 을시장의 당초처분을 취소하였고 판결이 확정되었기 때문에, 갑 노동조합이 다시 제기한 취소소송에서 본안이 인용될 수 있는지 여부는 시장의 재거부처분이 취소판결의 기속력을 위반한 것인지가 주로 검토되어야 한다. 그에 앞서 갑 노동조합이 다시 제기한 취소소송에 전소의 확정판결의 기판력이 미치는지 살펴보기로 한다.

2. 기판력 위반 여부

(1) 기판력의 의의

판결이 형식적 확정력을 갖게 되면 그 후의 절차(후소)에서 동일한 사항(동일한 소송물)이 문제되는 경우에도 당사자와 이들의 승계인은 기존 판결에 반하는 주장을 할 수 없고 법원도 종전의 법률적 판단에 모순·저촉되는 판단을 할 수 없는 구속력을 말한다.

(2) 기판력의 적용범위

기판력은 ① 소송 당사자와 후소법원에 미치며(주관적 범위), ② 판결주문에 나타난 판단에만 미치며(객관적 범위), ③ 사실심변론의 종결시를 표준으로 하여 발생한다(시간적 범위).

(3) 사안의 경우

기판력은 해당 처분에 한하여 미치므로 동일한 처분이 아닌 새로운 처분에 대하여는 미치지 않는다. 당초 사유인 '구직 중에 있는 자의 가입'과 새로운 사유인 '주로 정치운동을 목적으로 하는 경우'는 기본적 사실관계가 달라 별개의 처분이다. 따라서 전소의 확정판결의 기판력이 후소에 미치지 아니하므로 후소법원이 기판력에 따라 청구를 그대로 인용해야 하는 것은 아니다.

3. 기속력 위반 여부

(1) 기속력의 의의

처분등을 취소하는 확정판결은 그 사건에 관하여 당사자인 행정청과 그 밖의 관계행정청을 기속한다(제30조 제1항). 기속력이란 소송당사자인 행정청과 그 밖의 관계행정청이 판결의 내용에 따라 행동해야 하는 실체법상의 의무를 발생시키는 효력을 말한다. 현행 행정소송법은 취소판결에 대하여 기속력 있음을 규정하고 무효등확인소송과 부작위위법확인소송 및 당사자소송에 이를 준용하고 있다(제30조·제38조·제44조).

(2) 기속력의 법적 성질 / (3) 기속력의 내용 / (4) 기속력의 범위

*앞의 기속력에 관한 문제들의 내용을 참고

(5) 사안의 경우

① 행정청은 을시장이므로 주관적 효력 범위 안에 있어 기속력을 받는다.
② "주로 정치운동을 목적으로 하는 경우"에 해당된다는 사유가 당초 노동조합 설립신고서 반려시에도 존재하였다면(거부처분 이후에 법령이나 사실상태가 변경된 경우가 아니라면) 시간적 효력 범위 안에 있어 기속력을 받는다.
③ 그러나 취소판결에서 판단된 위법사유인 "구직 중인 자는 노동조합에 가입할 수 없다"는 사유와 재거부시에 제시한 사유인 "주로 정치운동을 목적으로 하는 경우"라는 것은 내용이 공통되거나 취지가 유사하지 않아 기본적 사실관계의 동일성이 없다. 따라서 을시장의 재거부사유는 기속력의 객관적 효력범위를 벗어난 것이어서 재거부처분은 기속력에 반하는 처분이 아니다.
④ 을시장의 재거부처분은 전소의 확정판결의 기속력에 반하는 처분이 아니므로, 다른 위법사유가 없다면 갑 노동조합의 재거부처분에 대한 취소소송은 본안에서 인용될 수 없다.

4. 설문의 해결

갑 노동조합이 다시 제기한 취소소송에는 전소 확정판결의 기판력이 적용되지 않고, 취소판결 이후에 을시장이 다시 반려한 행위는 전소 확정판결의 기속력에 위반되지 않는다. 따라서 다른 위법사유가 없는 이상 취소소송은 본안에서 인용될 수 없다.

연습 124

개인정보보호위원회는 육아쇼핑몰을 운영하는 甲 주식회사가 관리부실로 해커의 공격을 받아 고객정보 약 639만여 건을 유출했다는 이유로 과징금 4억 원을 부과하였다. 甲은 개인정보보호위원회가 한 과징금부과처분은 재량권을 남용한 위법한 처분이라는 주장을 하며 그 취소를 구하는 소를 제기하였으나 청구기각판결을 받았고, 그 판결은 확정되었다. 甲은 그 후 개인정보보호위원회가 한 과징금부과처분은 甲이 청문 주재자 A에 대한 기피신청을 했음에도 신청 사유를 전혀 검토하지 않은 채 진행된 청문 결과에 따른 것이므로 위법한 처분이라고 주장하며 다시 과징금부과처분의 취소를 구하는 소를 제기하였다. 수소법원은 원고의 청구에 대하여 어떠한 판단을 하여야 하는가? (25점)

Ⅰ. 문제의 제기

甲의 취소소송에 대한 기각판결이 확정된 후, 다른 주장을 하면서 동일한 처분에 대한 취소소송을 다시 제기한 경우이다. 사안은 취소소송 확정판결의 기판력에 관한 문제로서, 특히 기판력의 작용국면 중 동일관계에 관한 논의를 검토할 필요가 있다.

Ⅱ. 기판력

1. 개념

판결이 형식적 확정력을 갖게 되면 그 후의 절차(후소)에서 동일한 사항(동일한 소송물)이 문제되는 경우에도 당사자와 이들의 승계인은 기존 판결에 반하는 주장을 할 수 없고(반복금지), 법원도 종전의 법률적 판단에 모순·저촉되는 판단을 할 수 없는(모순금지) 구속력을 말한다.

2. 인정근거

소송절차의 무용한 반복을 방지하고, 선후 모순된 재판의 출현을 방지함으로써 법적 안정성을 도모하고자 하는 취지이다. 행정소송법에는 명시적 규정이 없으나, 민사소송법 제216조와 제218조가 준용된다.

3. 기판력의 작용

기판력은 전소에서 확정된 권리관계가 후소에서 다시 문제되는 경우에 작용하는 바, 구체적으로 동일관계, 모순관계, 선결관계 등 세 가지 경우로 구분된다.

사안은 이 가운데 전소와 같은 소송물에 대해 제소하는 경우에 해당한다(예 동일한 처분에 대하여 내용상 위법을 이유로 취소소송을 제기하여 기각당한 후 절차의 하자를 이유로 다시 취소소송을 제기).

Ⅲ. 기판력의 인적 범위 해당 여부

1. 효력범위

당해 소송의 당사자 및 당사자와 동일시할 수 있는 자(예 승계인)에게만 미치고, 제3자에게는 미치지 않는 것이 원칙이다.

2. 사안의 경우

甲이 재량권 남용을 주장하며 과징금부과처분취소를 청구하여 확정된 청구기각판결과 절차상의 하자를 주장하여 과징금부과처분취소를 청구한 소송의 원고와 피고가 동일하므로 기판력이 미치는 범위에 해당한다.

Ⅳ. 기판력의 객관적 범위 해당여부

1. 문제의 소재

전소와 후소에서 원고 甲이 문제 삼은 해당 처분은 개인정보보호위원회가 甲에 대하여 한 과징금부과처분이다. 이 경우 소송물이 동일하다고 보아 기판력의 객관적 범위에 해당한다고 하여야 할지가 문제된다. 이는 취소소송에서의 소송물을 어떻게 보느냐와 관련이 있다.

2. 취소소송의 소송물과 기판력의 객관적 범위

기판력은 판결주문에 나타난 판단에만 미치고 판결이유에서 제시된 그 전제가 되는 법률관계에는 미치지 아니한다[554]. 판례·다수설처럼 취소소송의 소송물을 위법성 일반이라고 보면서 개개의 위법사유는 공격·방어방법에 불과하다고 본다면, 기판력은 인용판결의 경우 당해 처분이 위법하다는 점에 미치고, 기각판결의 경우 당해 처분이 적법하다는 점에 미친다.

---

[554] 대판 2000.2.25, 99다55472

3. 사안의 경우

전소의 판결이 확정되면 개인정보보호위원회가 甲에게 한 과징금부과처분이 내용상의 하자가 없다는 판단에만 기판력이 생기는 것이 아니라 당해 처분이 절차상으로 적법하다는 점에도 기판력이 생긴다. 따라서 확정된 전소판결의 기판력은 甲이 후에 제기한 과징금부과처분취소소송에도 미친다.

Ⅴ. 기판력의 시간적 범위 해당여부

1. 기판력의 표준시

취소소송의 확정판결은 당사자가 사실심변론종결시까지 제출한 소송자료를 기초로 한 것이기 때문에 그 시점을 기준으로 기판력이 생긴다. 따라서 당사자가 그때까지 제출하지 아니한 공격·방어방법을 그 뒤에 다시 소송을 제기하여 이를 주장할 수 없다. 이와 같은 기판력의 적용을 실권효 또는 차단효라고 한다. 그러나 <u>변론종결 후 사실관계·법률관계의 변화가 있으면 행정청은 새로운 사유에 근거하여 동일한 처분을 할 수 있다.</u>555)

2. 사안의 경우

위에서 본 바와 같이 전소와 후소의 당사자 및 소송물이 동일하고, 과징금부과처분을 위한 청문절차에서 청문 주재자에 대한 기피신청이 받아들여지지 않았다는 주장은 전소에서의 사실심변론종결 전에 존재하였으나 주장하지 아니한 공격·방어방법의 제출에 불과하므로, 이러한 주장은 기판력의 시간적 범위에 의해 차단된다.

Ⅵ. 문제의 해결

甲의 취소소송에 대한 기각판결이 확정된 후, 다시 과징금부과처분이 절차상 하자 있는 위법한 처분이라며 처분의 취소를 후소는 동일한 당사자가 동일한 소송물에 대하여 한 청구에 해당한다. 그럼에도 불구하고 전소의 변론종결 전에 존재하여 제시할 수 있었던 공격·방어방법을 다시 제기한 것이므로, 후소는 전소의 확정판결의 기판력에 저촉된다. 따라서 모순금지설의 입장에서 수소법원은 甲의 청구를 기각하여야 할 것이다. 다만 반복금지설의 입장에서는 각하판결을 하여야 할 것이다.

---

555) 대판 1997.2.11, 96누13057

연습 125

최근 일본에서 수입된 A어류를 먹은 후 배탈을 호소하는 환자들이 발생하자, 식품의약품안전처장은 그 원인이 연일 계속되는 이상고온일 가능성이 있다고 판단하여 2025. 5. 10. 식품위생법 제17조에 따라 A어류의 가공·판매 등을 한시적으로 금지하였다. 일반음식점을 운영하던 업주 甲은 2025. 5. 15. 손님에게 A어류를 판매한 것이 적발되어 2025. 6. 1. 관할 구청장 乙로부터 식품위생법상 영업정지 2개월의 처분을 통지받았다. 한편 아내에 대한 간병과 영업정지처분의 충격으로 경황이 없던 甲은 2개월의 영업정지기간이 도과하였지만 추후 있을지도 모르는 가중처벌을 우려하여(식품위생법 시행규칙(부령)에 따르면 식품위생법 위반으로 영업정지처분을 받은 후 5개월 이내에 다시 식품위생법 위반으로 영업정지처분을 받게 되는 경우 법률이 정한 영업정지기간의 2배로 가중적 제재를 할 수 있다), 2025. 6. 1.자 영업정지처분에 대해 2025. 8. 10. 취소소송을 제기하였다. 甲은 식품의약품안전처장이 판단한 위해발생 우려가 A어류로 인한 위해의 종류 및 정도 등 과학적 근거에 따라 제기된 경우도 아니고, 판매업자에 대한 교육·홍보가 충분히 이루어지지 않았고, 판매금지명령일로부터 불과 5일이 지나지 않아 이를 미처 알지 못하였다는 점을 종합적으로 고려할 때 2월의 영업정지처분은 과중하여 취소되어야 한다고 주장하고 있다.

(1) 甲이 제기한 취소소송은 적법한가? (20점)
(2) 만약, 위 사례에서 영업정지 2개월의 처분에 대해 2025. 6. 10. 영업정지 1개월의 처분에 해당하는 과징금으로 변경하는 처분을 하였고 甲이 2025. 6. 13. 이 처분의 통지를 받았다면, 甲이 이에 대해 2025. 9. 5. 취소소송을 제기할 수 있는가? (단, 甲은 행정심판을 제기하지 않음) (20점)
(3) 위 영업정지처분 취소소송에서 법원은 인용판결을 하였고, 이 판결은 피고의 항소포기로 확정되었다. 이에 甲은 위법한 영업정지처분으로 인한 재산적·정신적 손해에 대한 국가배상청구소송을 제기하였다. 법원은 동 처분이 적법하다고 판단을 내릴 수 있는가? (25점)

Ⅰ. 설문 (1) – 취소소송의 적법성

1. 문제점

(1) 갑의 취소소송은 관할권 있는 법원에(행정소송법 제9조), 원고적격(동법 제12조)과 피고적격을 갖추어(동법 제13조), 처분등을 대상으로(동법 제19조), 제소기간 내에(동법 제20조), 권리보호필요성 요건을 갖추고 있어야 한다.

(2) 2월의 영업정지처분이 항고소송의 대상임은 명백하며, 갑은 침익적 처분의 상대방이므로 원고적격도 인정되며, 제소기간도 준수하였다. 따라서 특히 문제되는 것은 권리보호필요

성 요건이다. 설문에서는, 영업정지기간이 경과된 이후의 소제기에도 협의의 소익이 인정되는지 문제된다.

(3) 그 과정에서, 식품위생법 시행규칙(부령)상 제제처분 기준의 법적 성질을 검토해야 하고, 법규명령 또는 행정규칙으로 해석할 경우 협의의 소익에 어떠한 영향을 미치는지 살펴보기로 한다.

2. 식품위생법 시행규칙으로 정한 제재처분기준의 법적 성질

(1) 논의의 필요성

시행규칙(부령)으로 정한 제재처분기준이 법규명령인지 행정규칙인지 여부에 따라 사법적 통제 방식이 달라지게 되므로 시행규칙으로 정한 제재처분기준의 법적 성질에 대한 규명이 필요하다.

(2) 판례의 입장

판례는 제재처분의 기준이 부령으로 된 경우에는 그 규정의 성질은 행정기관 내부의 사무처리준칙에 불과한 것으로서 행정명령(행정규칙)의 성질을 갖는 것이므로, 재판의 기준이 되지 못한다는 입장을 취하고 있다.556)

(3) 학설의 입장

실질설에 의한다면 비록 형식이 부령이라도 그 실질적 내용이 행정기관 내부에서의 사무처리기준만을 정한 것이므로 당해 규범을 행정규칙으로 볼 것이나, 형식설에 의한다면 당해 규범을 법규명령으로 볼 것이다. 수권여부기준설에 따르면 법령의 수권에 근거한 경우는 법규명령이고, 법률의 수권이 없이 제정된 경우는 행정규칙으로 볼 것이다.

(4) 검토

대통령령이나 부령 모두 상위법령에서 위임한 사항이나 집행을 위하여 필요한 사항을 규율하는 법규명령이기 때문에 판례처럼 양자를 구별할 합리적 근거가 없다. 판례는 부령으로 규정된 제재적 행정처분의 기준을 단순히 사무처리기준이라 하지만, 기본권 제한에 관련된 사항으로 보아야 한다. 또한 행정규칙설은 법규명령설이 구체적 타당성을 기하기 어렵다고 하나 현재 대부분의 제재처분의 기준은 가중·감경규정을 두는 추세에 있으므로 적절한 비판이 아니다.

---

556) 도로교통법시행규칙 제53조 제1항이 정한 별표 16의 운전면허 행정처분 기준은 부령의 형식으로 되어 있으나, 규정의 성질과 내용이 운전면허의 취소처분 등에 관한 사무처리 기준과 처분절차 등 행정청 내부의 사무처리준칙을 규정한 것에 지나지 아니하므로 대외적으로 국민이나 법원을 기속하는 효력이 없다. 지방경찰청장이 운전면허를 받은 사람이 술에 취한 상태에서 자동차 등을 운전을 한 것 등을 이유로 도로교통법 제78조 제8호에 따라서 운전면허를 취소하는 것은 기속행위가 아니다(대판 1993.2.9, 92누15253).

따라서 사안과 같이 제재처분의 기준이 부령에 규정된 경우에는 법규명령으로 보아야 할 것이다.

3. 영업정지기간 경과 후 영업정지처분의 취소를 구하는 경우 권리보호필요성(협의의 소익)

(1) 문제점

2025. 6. 1. 이후 2개월이 지나 영업정지처분의 효력이 소멸한 후에도, 취소소송을 유지할 권리보호필요가 인정되는지 문제된다.

(2) 협의의 소익과 행정소송법 제12조 2문

1) 협의의 소익의 의의

협의의 소익이란 소송을 통하여 분쟁을 해결할 만한 구체적인 이익 및 현실적인 필요성을 말한다. 행정소송법 제12조 2문은 처분 등의 효과가 기간의 경과, 처분 등의 집행 그 밖의 사유로 인하여 소멸된 뒤에도 그 처분 등의 취소로 인하여 회복되는 법률상 이익이 있는 자의 경우에도 취소소송을 제기할 수 있다고 규정하고 있다.

2) 제12조 2문의 성질

행정소송법에는 별도의 협의의 소익에 관한 규정이 없으며, 행정소송법 제12조는 원고적격이라는 제목 하에 1문 및 2문 모두 '법률상 이익'을 요구하고 있는바, 행정소송법 제12조 2문의 '법률상 이익'의 의미가 무엇인지 견해의 대립이 있다.

① 원고적격설 : 원고적격설은 행정소송법 제12조의 제목이 원고적격이므로 동조 2문의 취소소송은 1문의 그것과 마찬가지로 형성소송에 해당하며, 다만 처분의 효과가 소멸한 이후의 예외적 원고적격을 규정하고 있는 것이므로, 행정소송법 제12조 2문의 법률상 이익은 '법률상 보호이익'을 의미한다고 본다.

② 협의의 소익설 : 협의의 소익설은 행정소송법 제12조의 제목이 원고적격임에도 불구하고 동조 2문의 취소소송은 동조 1문의 그것과 달리 계속적 확인소송에 해당하며, 따라서 확인소송상 처분의 효과가 소멸한 이후의 예외적 협의의 소익을 규정하고 있는 것이므로, 행정소송법 제12조 2문 법률상 이익은 '위법확인의 정당한 이익'을 의미한다고 본다.

③ 판례 : 판례는 "행정소송법 제12조 소정의 '법률상 이익'은 <u>당해 처분의 근거 법률에 의하여 보호되는 직접적이고 구체적인 이익이 있는 경우를 말하고 간접적이거나 사실적 경제적 이해관계를 가지는데 불과한 경우는 여기에 해당되지 아니한다</u>"라고 판시하였다.

④ 검토(협의의 소익설) : 생각건대, 처분의 효력이 소멸한 후에는 회복되는 법률상 보호이익이 존재하지 않는다는 점, 행정소송법 제12조 2문의 법률상 이익을 형성소송상 법

률상 보호이익으로 볼 경우 동 규정은 입법과오가 된다는 점에서 협의의 소익설이 타당하다.

3) 협의의 소익이 부인되는 경우

협이의 소익은 ① 처분의 효력이 소멸한 경우, ② 이익침해 상황이 해소된 경우, ③ 원상회복이 불가능한 경우에는 원칙적으로 부정된다. 취소소송은 처분의 효력을 제거하여 침해당한 권익을 회복하기 위한 형성소송에 해당하기 때문이다.

사안처럼 정지기간의 경과로 처분의 효력이 소멸되고 이미 영업권을 회복하여 영업이 가능한 경우에는 원칙적으로 취소소송을 계속할 권리보호이익이 없다고 볼 것이나, 행정소송법 제12조 2문의 '법률상 이익'에 해당하여 협의의 소익을 인정할 수 있는 예외적 경우인지가 문제된다.

(3) '법률상 이익'의 인정범위

사안에서 가중제재처분 가능성을 제거하여야 하는 이익이 소의 이익으로 인정될 수 있는지가 문제인데, 이는 행정소송법 제12조 2문 '법률상 이익'의 인정범위 논의와 관계있다.

1) 학설

① '법률상 이익'은 법률상 보호이익을 의미하는 것으로서 '법률상 위험'이 존재하는 경우에만 인정될 수 있다고 보는 법률상 보호이익설, ② 위법확인의 정당한 이익을 의미하는 것으로서 '법률상 위험'이 존재하는 경우뿐만 아니라 위험성 확인의 이익에 대해서도 인정된다는 위법확인의 정당한 이익설이 대립한다.

2) 판례

① **종래 판례(법률상 보호이익설)** : 종래 판례는 "위반횟수에 따른 가중요건 규정은 내부행정명령에 불과할 뿐, 행정처분의 기간의 경과로 그 효력이 상실된 후에 가중적인 제재처분의 불이익은 직접적·구체적·현실적인 것이 아니어서 법률상 이익이 없다"고 판시하였다.

② **최근 판례(위법확인의 정당한 이익설)** : 최근 판례는 "<u>법규명령에 규정되어 있는지와 상관없이 공무원의 법령준수의무를 고려할 때 그 처분의 존재로 인한 장래 불이익은 구체적이고 현실적인 것이므로 법률상 이익이 있다(환경영향평가대행업자 사건)</u>"고 판시하였다.

3) 검토(위법확인의 정당한 이익설)

사안과 같이 이전 처분의 외형이 잔존함으로 인해 가중된 후행 제제처분을 받을 것이 당연히 예견되는 경우에는 그러한 장래의 불이익을 회피할 이익을 인정하는 것이 실질적 권리구제에 부합하다는 점에서, 위법확인의 정당한 이익설이 타당하다.

(4) 가중적 제재처분의 형식과 협의의 소의 이익

1) 문제점

제재적 처분이 장래의 제재적 처분의 가중요건 또는 전제요건으로 되어 있는 경우에 그 형식에 따라 소의 이익 인정여부가 달라지는지 문제된다.

2) 법적 구속력 있는 법령으로 규정되어 있는 경우

판례는 가중요건이 법률 또는 대통령령(시행령)에 규정된 경우에는 <u>가중된 제재처분을 받을 불이익이 현실적이므로 그 불이익을 제거하기 위하여 정지기간이 지난 정지처분의 취소를 구할 이익을 인정한다.</u>557) 다만 <u>업무정지처분을 받았더라도 새로운 업무정지처분을 받음이 없이 일정기간이 경과하는 등으로 가중된 제재처분을 받을 우려가 없어졌다면 소의 이익을 부인한다</u>(대판 2000.4.21, 98두10080).

3) 부령(시행규칙) 또는 지방자치단체의 규칙으로 규정되어 있는 경우

종전 판례는 가중요건이 부령에 정해진 경우 행정규칙에 불과하여 구속력이 없어서 가중적 제재처분을 받을 불이익은 직접적·구체적·현실적인 것이 아니라는 이유로 소의 이익을 부인하여 왔다. 그러나 변경된 판례는 <u>부령이나 지방자치단체의 규칙으로 규정된 경우에도 취소를 구할 법률상 이익이 있는 것</u>으로 본다.558)

4) 사안의 경우

식품위생법 시행규칙(부령)에 가중적 제재처분이 규정되어 있는바, 그 법적 성질을 법규명령으로 보는지 행정규칙으로 보는지와 관계없이 변경된 판례에 따르면 영업정지처분의 취소를 구할 소의 이익을 인정할 수 있다.

---

557) 연 2회 이상 건축사의 업무정지명령을 받은 경우 그 정지기간이 통산하여 12월 이상이 된 때를 건축사사무소의 등록을 취소할 경우의 하나로 규정하고 있는 건축사법 제28조 제1항 제5호의 규정은 제재적인 행정처분의 법정가중요건을 규정해 놓은 것으로 보아야 하고, 원고가 변론재개신청과 함께 이 사건 건축사업무정지명령이 전제가 되어 원고의 건축사사무소 등록이 취소되었음을 알 수 있는 소명자료까지 제출하고 있다면, 이 사건 건축사업무정지명령에서 정한 정지기간이 도과하였다고 하더라도 그 처분으로 인하여 원고에게는 건축사사무소등록취소라는 법률상의 이익이 침해되고 있다는 사정을 나타내 보인 것이라고 할 것이다(대판 1990.10.23, 90누3119).

558) 제재적 행정처분이 그 처분에서 정한 제재기간의 경과로 인하여 그 효과가 소멸되었으나, <u>부령인 시행규칙 또는 지방자치단체의 규칙의 형식으로 정한 처분기준에서 제재적 행정처분을 받은 것을 가중사유나 전제요건으로 삼아 장래의 제재적 행정처분을 하도록 정하고 있는 경우</u>, 제재적 행정처분의 가중사유나 전제요건에 관한 규정이 법령이 아니라 규칙의 형식으로 되어 있다고 하더라도, 그러한 <u>규칙이 법령에 근거를 두고 있는 이상</u> 그 법적 성질이 대외적·일반적 구속력을 갖는 법규명령인지 여부와는 상관없이, 관할 행정청이나 담당공무원은 이를 준수할 의무가 있으므로 이들이 그 규칙에 정해진 바에 따라 행정작용을 할 것이 당연히 예견되고, 그 결과 행정작용의 상대방인 국민으로서는 그 규칙의 영향을 받을 수밖에 없다. 따라서 그러한 규칙이 정한 바에 따라 <u>선행처분을 받은 상대방이 그 처분의 존재로 인하여 장래에 받을 불이익, 즉 후행처분의 위험은 구체적이고 현실적인 것이므로, 상대방에게는 선행처분의 취소소송을 통하여 그 불이익을 제거할 필요가 있다</u>(대판 2006.6.22, 2003두1684).

4. 설문 (1)의 해결

취소소송 계속 중 정지기간 경과로 영업정지처분의 효력이 소멸되면 협의의 소익은 원칙적으로 부정될 것이다. 그러나 식품위생법 시행규칙에 의하면 식품위생법 위반으로 영업정지처분을 받은 후 5개월 이내에 다시 식품위생법 위반으로 영업정지처분을 받게 되는 경우 법률이 정한 영업정지기간의 2배로 가중적 제재를 할 수 있으므로, 이에 따른 장래의 위험방지를 위한 예외적인 협의의 소익 인정이 가능하다.

그 밖에 甲의 취소소송은 모든 소송요건을 구비하였다.

따라서 법원은 영업정지기간 도과를 이유로 각하할 것이 아니라 본안판단을 하여야 할 것이다. 즉 취소소송의 제기는 적법하다.

II. 설문 (2) – 변경처분의 경우 취소소송의 대상과 제소기간의 기산점

1. 취소소송의 대상

(1) 문제점

관할구청장 乙이 2025. 6. 1. 업주 甲에 대하여 영업정지 2개월 처분을 한 후 2025. 6. 10. 영업정지 1개월에 갈음하는 과징금 부과처분으로 변경하였는바, 이 경우 甲이 그 위법성을 주장하며 취소소송을 제기하는 경우에 무엇을 소의 대상으로 하여야 하는지 문제되며, 이에 따라 제소기간의 기산점이 달라진다.

설문에서 문제가 되는 처분은 원처분(2월 영업정지처분), 변경처분(과징금으로 변경하는 처분), 변경된 원처분(과징금으로 변경된 원처분) 세 가지이다. 그 중 원처분은 변경처분으로 인해 변경된 원처분이 되었기 때문에 변경처분과 변경된 원처분 중 어느 행위가 취소소송의 대상인지 문제된다. 위 과징금 부과처분은 유리하게 변경된 처분에 해당한다.

(2) 학설

1) **병존설** : 변경된 원처분(일부취소의 경우는 남은 원처분)과 변경처분(일부취소의 경우는 일부취소처분)은 독립된 처분으로 모두 소송의 대상이 된다는 견해이다.

2) **흡수설** : 원처분은 변경처분에 흡수되어 변경처분(일부취소처분)만이 소의 대상이 된다는 견해이다.

3) **역흡수설** : 변경처분은 원처분에 흡수되어 변경된 원처분(남은 원처분)만이 소의 대상이라는 견해이다.

(3) 판례

판례는 행정청이 식품위생법령에 따라 영업자에게 행정제재처분을 한 후 당초 처분을 영업자에게 유리하게 변경하는 처분을 한 경우, 취소소송의 대상 및 제소기간 판단 기준이 되는 처분는 당초 처분이라는 입장이다.559) 또한 행정청이 산업재해보상보험법에 의한 보험급여 수급자에 대하여 부당이득 징수결정을 한 후 징수결정의 하자를 이유로 징수금 액수를 감액한 사례에서도 감액처분에 의하여 취소되지 않고 남은 부분이 소송의 대상이라고 하였다.560)

(4) 검토

변경처분은 원처분을 변경하는 행위이지 독립한 처분으로 볼 수 없으므로 변경된 원처분(남은 원처분)이 소송의 대상이라는 견해가 타당하다.

(5) 사안의 경우

취소소송의 대상은 과징금으로 변경된 원처분이다.

2. 제소기간의 기준시점

(1) 행정소송법 제20조

1) 처분이 있음을 안 날부터 90일

행정심판을 거치지 않은 경우, 취소소송은 처분 등이 있음을 안 날부터 90일 이내에 제기하여야 한다(행정소송법 제20조 제1항). 처분 등이 있음을 안 날이란 통지·공고 기타의 방법에 의하여 당해 처분이 있었다는 사실을 현실적으로 안 날을 의미한다.

2) 처분이 있은 날부터 1년

행정심판을 거치지 않은 경우, 취소소송은 처분 등이 있은 날부터 1년을 경과하면 이를 제기하지 못한다(제20조 제2항 1문). 처분 등이 있은 날이란 상대방 있는 행정행위의 경우에는 특별한 규정이 없는 한 의사표시의 일반적 법리에 따라 그 행정처분이 상대방에게 도달되어 효력을 발생한 날을 의미한다.561)

---

559) 행정청이 식품위생법령에 따라 영업자에게 행정제재처분을 한 후 그 처분을 영업자에게 유리하게 변경하는 처분을 한 경우, 변경처분에 의하여 당초 처분은 소멸하는 것이 아니고 당초부터 유리하게 변경된 내용의 처분으로 존재하는 것이므로, 변경처분에 의하여 유리하게 변경된 내용의 행정제재가 위법하다 하여 그 취소를 구하는 경우 그 취소소송의 대상은 변경된 내용의 당초 처분이지 변경처분은 아니고, 제소기간의 준수 여부도 변경처분이 아닌 변경된 내용의 당초 처분을 기준으로 판단하여야 한다(대판 2007.4.27, 2004두9302).

560) 행정청이 산업재해보상보험법에 의한 보험급여 수급자에 대하여 부당이득 징수결정을 한 후 징수결정의 하자를 이유로 징수금 액수를 감액하는 경우에 감액처분은 감액된 징수금 부분에 관해서만 법적 효과가 미치는 것으로서 당초 징수결정과 별개 독립의 징수금 결정처분이 아니라 그 실질은 처음 징수결정의 변경이고, 그에 의하여 징수금의 일부 취소라는 징수의무자에게 유리한 결과를 가져오는 처분이므로 징수의무자에게는 그 취소를 구할 소의 이익이 없다(대판 2012.9.27, 2011두27247).

3) '안 날'과 '있은 날'의 관계

처분이 있음을 안 날과 처분이 있은 날 중 <u>어느 하나의 기간이 경과하면 제소기간은 종료</u>한다.562)

(2) 사안의 경우

취소소송의 대상은 변경처분이 아니라 과징금으로 변경된 원처분이다. 즉, 제소기간의 기산점은 원처분을 기준으로 한다. 따라서 원처분인 2월 정지처분이 있었던 2025. 6. 1.이 취소소송의 기산점이 된다.

3. 설문 (2)의 해결

영업정지 2개월의 처분(당초 처분)을 영업정지 1개월에 갈음하는 과징금 부과처분으로 변경한 것은, 유리하게 변경된 처분으로서 변경 처분이 당초 처분에 역흡수 된다고 볼 것이다. 甲은 변경된 내용의 당초 처분을 대상으로 취소소송을 제기해야 한다. 따라서 제소기간은 소의 대상인 당초 처분이 있음을 안 날, 즉 2025. 6. 1.부터 기산해야 한다. 2025. 6. 1.로부터 90일은 2025. 8.말경이므로 甲이 2025. 9. 5. 제기한 취소소송은 부적법하다.

Ⅲ. 설문 (3) – 취소소송의 기판력

1. 문제의 제기

법원이 취소소송의 확정판결의 내용에 반하여, 국가배상청구소송에서 처분이 적법하다고 판단할 수 있는지와 관련하여, 전소의 확정판결의 기판력이 후소에 미치는지의 문제가 있다. 설문의 경우는 특히 전소의 주문에서 판단된 기판력 있는 법률관계가 후소의 선결문제로 된 때에 해당한다.

2. 기판력의 의의

기판력이란 판결이 형식적 확정력을 갖게 되면 그 후의 절차(후소)에서 동일한 사항(동일한 소송물)이 문제되는 경우에도 당사자와 이들의 승계인은 기존 판결에 반하는 주장을 할 수 없고 법원도 종전의 법률적 판단에 모순·저촉되는 판단을 할 수 없는 구속력을 말한다. 행정소송법에는 명시적 규정이 없으나, 민사소송법 제216조와 제218조가 준용된다.

---

561) 대판 1990.7.13, 90누2284
562) 대판 1964.9.8, 63누196

3. 기판력의 작용면(作用面)

기판력은 ① 소송물의 동일(전소와 같은 소송물에 대해 제소하는 경우 ; 예 동일한 처분에 대하여 내용상 위법을 이유로 취소소송을 제기하여 기각당한 후 절차의 하자를 이유로 다시 취소소송을 제기), ② 선결문제(전소의 주문에서 판단된 기판력 있는 법률관계가 후소의 선결문제로 된 때 ; 예 처분에 대한 취소판결 후 동 처분으로 인한 손해에 대해 국가배상청구소송을 제기), ③ 모순관계(후소가 기판력에 의하여 확정된 법률관계와 정면으로 모순되는 반대관계를 소송물로 한 때 ; 예 취소소송에서 기각판결 확정후 무효확인소송을 제기)에서 논의된다.

4. 기판력의 효력범위

기판력은 ① 당해 소송의 당사자 및 당사자와 동일시할 수 있는 자(예 승계인), 그리고 후소법원에 미치고[주관적 범위], ② 판결주문에 나타난 판단에만 미치고 판결이유에서 제시된 그 전제가 되는 법률관계에는 미치지 아니하며[객관적 범위], ③ 사실심변론의 종결시를 표준으로 하여 발생한다[시간적 범위].

5. 취소소송의 위법성과 국가배상청구소송의 위법성

(1) 문제점

행정소송법상 위법성 판단과 국가배상법상 위법성 판단이 동일한 것인지 문제된다.

(2) 학설

학설은 ① 국가배상법상 위법도 법률과 명령, 즉 법규를 의미한다고 보는 견해(일원설, 협의설), ② 국가배상법상 위법성을 엄격한 의미의 법령위반보다 넓다고 보는 견해(이원설, 광의설)가 대립한다.

(3) 판례

판례는 "국가배상책임에 있어 법령을 위반하였다 함은 <u>엄격한 의미의 법령 위반뿐 아니라 인권존중, 권력남용금지, 신의성실과 같이 공무원으로서 마땅히 지켜야 할 준칙이나 규범을 지키지 아니하고 위반한 경우를 포함하여 널리 그 행위가 객관적인 정당성을 결여하고 있음을 뜻하는 것</u>"[563]이라고 하여 이원설의 입장이다.

(4) 검토

생각건대, ① 공무원은 그 직무를 수행함에 있어 헌법과 법률에 따라 국민의 자유와 권리를 존중할 법규상 또는 조리상의 의무가 있다는 점, ② 국민의 폭넓은 권리구제가 필요하

---

[563] 대판 2008.6.12, 2007다64365

다는 점, ③ 양자를 이원적으로 보더라도 법적안정성을 초래하지 않는다는 점에서, 이원설이 타당하다.

6. 취소소송의 기판력과 국가배상청구소송

(1) 문제점

취소소송이 제기되어 판결이 확정된 후에 국가배상청구소송이 제기된 경우, 취소소송의 기판력이 후소인 국개배상청구소송에 미치는가의 문제이다. 이것은 위에서 살펴본 국가배상법상 위법 개념과 소송법상 위법 개념의 동일성에 관한 문제와 관련이 있다.

(2) 학설

학설은 ① 양자의 위법개념이 다르다는 견해에 따라 취소소송의 기판력은 국가배상청구소송에 영향을 미치지 않는다는 견해(전면적 기판력 부정설), ② 양자의 위법개념이 동일하다는 견해에 따라 취소소송의 기판력이 국가배상책임의 성립에 영향을 미친다는 견해(전면적 기판력 긍정설), ③ 국가배상법상 위법개념이 취소소송의 경우보다 넓다는 견해에 따라 취소소송에서 청구인용판결의 기판력은 국가배상청구소송에 영향을 미치지만, 청구기각판결의 기판력은 미치지 않는다고 보는 견해(제한적 기판력 긍정설)가 대립한다.

(3) 판례

판례는 "행정처분이 후에 항고소송에서 취소되었다고 할지라도 그 기판력에 의하여 당해 행정처분이 곧바로 공무원의 고의 또는 과실로 인한 것으로서 불법행위를 구성한다고 단정할 수는 없다"564)라거나 "위법한 행정대집행이 완료되면 그 처분의 무효확인 또는 취소를 구할 소의 이익은 없다 하더라도, 미리 그 행정처분의 취소판결이 있어야만, 그 행정처분의 위법임을 이유로 한 손해배상청구를 할 수 있는 것은 아니다"565)라고 하여 명확한 입장은 없다(* 이러한 판례에 대해 취소소송의 기판력이 후소인 국가배상청구소송에 미치지 않는다는 입장으로 평가하는 견해도 있음).

(4) 검토

국민의 폭넓은 권리구제가 필요하다는 점에서 취소소송이 위법보다 국가배상청구소송의 위법이 더 광의라는 견해(이원설)가 타당하므로, 취소소송의 청구인용판결의 기판력은 국가배상청구소송에 영향을 미치지만, 청구기각판결은 기판력이 미치지 않는다고 보아야 한다(제한적 기판력 긍정설).

※ 법질서의 일체성, 분쟁의 일회적 해결 측면에서 기판력 긍정설도 가능

---

564) 대판 2000.5.12, 99다70600
565) 대판 1972.4.28, 72다337

7. 설문 (3)의 해결

설문은 영업정지처분취소소송에서 인용판결이 내려진 경우이므로, 이원설과 제한적 기판력 긍정설에 따르면 인용판결의 기판력이 국가배상청구소송에 영향을 미치고, 따라서 국가배상청구소송의 수소법원은 국가배상법상 요건 판단에 있어서 적법하다고 판단할 수 없다.

※ 다만 취소소송에서 승소한 경우에도 국가배상청구에서 언제나 승소하는 것은 아니다. 위법 여부 이외에 고의·과실이나 인과관계를 별도로 요하기 때문이다.

보충문제 1

'미래호프'라는 상호로 일반음식점을 운영하던 甲은 청소년 3명에게 주류를 제공한 것이 적발되어 관할 구청장 乙로부터 2025. 2. 3. 영업정지 2월의 처분을 받았다. 한편, 甲은 2월의 영업정지기간이 도과하였지만 추후 있을지도 모르는 가중처벌을 우려하여, 2025. 2. 3. 자 영업정지처분에 대해 2025. 4. 25. 관할법원에 취소소송을 제기하였다. 甲은 위조된 주민등록증을 식별하기가 실질적으로 불가능한 점, 법령 위반으로 인한 처분 전력이 없으며 청소년 선도 모범표창을 수차례 받은 점, 그리고 영업정지로 인해 수입이 없게 되면 암투병 중인 아내의 병원비 조달이 어려운 점 등 제반 사정을 종합적으로 고려할 때 2월의 영업정지처분은 과중하여 취소되어야 한다고 주장하고 있다.

(1) 甲이 제기한 취소소송은 협의의 소익이 인정되는가? (15점)
(2) 위 영업정지처분 취소소송에서 법원은 인용판결을 하였고, 이 판결은 피고의 항소 포기로 확정되었다. 이에 따라 甲은 영업정지처분으로 인한 재산적·정신적 손해에 대해 국가배상청구소송을 제기하였다. 甲의 국가배상청구는 인용될 수 있는가? (20점)

〈식품위생법 시행규칙 (행정처분의 기준 [별표 23])〉

위반사항	근거 법령	행정처분기준		
		1차 위반	2차 위반	3차 위반
법 제44조 제2항을 위반한 경우(청소년에게 주류를 제공하는 행위를 한 경우)	법 제75조	영업정지 2개월	영업정지 3개월	영업허가취소 또는 영업소 폐쇄

• 2013 입법고시 변형

■ 문 (1)

Ⅰ. 논점 : 협의의 소의 이익

Ⅱ. 영업정지기간 경과 후 영업정지처분의 취소를 구하는 경우의 소익

　1. 협의의 소의 이익의 의의
　2. 행정소송법 제12조 2문의 '법률상 이익'

3. 제재처분의 가중요건이 시행규칙에 규정된 경우
   (1) 문제점
   (2) 학설 : 법률상 보호이익설, 위법확인의 정당한 이익설
   (3) 판례
      ○ 종래 견해 : 가중요건이 부령에 정해진 경우 행정규칙에 불과하여 구속력이 없어서 가중적 제재처분을 받을 불이익은 직접적·구체적·현실적인 것이 아니라는 이유로 소의 이익을 부인
      ○ 최근 견해 : 가중요건규정의 법적 성질이 대외적·일반적 구속력을 갖는 법규명령인지 여부와는 상관없이, 관할 행정청이나 담당공무원은 이를 준수할 의무가 있으므로 선행처분의 존재로 인하여 장래에 받을 불이익은 구체적이고 현실적인 것이므로, 상대방에게는 선행처분의 취소소송을 통하여 그 불이익을 제거할 필요가 있다는 입장임(대법원 2006.6.22, 2003두1684)
   (4) 검토

Ⅲ. 사례의 해결

甲이 취소소송을 제기하기 이전에 영업정지기간이 경과하였어도, [별표 23]의 가중요건 규정에 의한 장래의 불이익 방지의 필요성이 인정되는바 협의의 소익 인정됨

■ 문 (2)

Ⅰ. 논점

① 인용판결의 기판력, ② 공무원의 직무집행상 과실

Ⅱ. 국가배상책임의 성립요건

Ⅲ. 인용판결의 기판력이 국가배상청구소송에 미치는지 여부

1. 학설 : 기판력 긍정설, 기판력 부정설, 제한적 긍정설
2. 판례
   ○ 행정처분이 후에 항고소송에서 취소되었다고 할지라도 그 기판력에 의하여 당해 행정처분이 곧바로 공무원의 고의 또는 과실로 인한 것으로서 불법행위를 구성한다고 단정할 수는 없다(대판 2000.5.12. 99다70600.
   ○ 위법한 행정대집행이 완료되면 그 처분의 무효확인 또는 취소를 구할 소의 이익은 없다 하더라도, 미리 그 행정처분의 취소판결이 있어야만, 그 행정처분의 위법임을 이유로 한 손해배상청구를 할 수 있는 것은 아니다(대판 1972.4.28, 72다337).
3. 검토 및 사례의 경우

Ⅳ. 고의·과실 여부

영업허가취소처분이 나중에 행정심판에 의하여 재량권을 일탈한 위법한 처분임이 판명되어 취소되었다고 하더라도 그 처분이 당시 시행되던 공중위생법시행규칙에 정하여진 행정처분의 기준에 따른 것인 이상 그 영업허가취소처분을 한 행정청 공무원에게 그와 같은 위법한 처분을 한 데 있어 어떤 직무집행상의 과실이 있다고 할 수는 없다(대판 1994. 11.8, 94다26141).

Ⅴ. 사례의 해결

○ 위법성 인정 여부는 어느 견해를 취하느냐에 따라 다름
○ 공무원의 고의·과실이 있다고 보기 어려움. 결국 국가배상청구가 인용되기는 어려움

보충문제 2

甲은 'X가든'이라는 상호로 일반음식점을 운영하는 자로서, 식품의약품안전처 고시인「식품 등의 표시기준」에 따른 표시사항의 전부가 기재되지 아니한 'Y참기름'을 업소 내에서 보관·사용한 사실이 적발되었다. 관할 구청장 乙은「식품위생법」및「동법 시행규칙」에 근거하여 甲에게 영업정지 1개월과 해당제품의 폐기를 명하였다.

甲은 표시사항의 전부가 기재되지 않은 제품을 보관·사용한 것은 사실이나, 표시사항이 전부 기재되지 아니한 것은 납품업체의 기계작동 상의 오류에 의한 것으로서 자신은 그 사실을 알지 못하였고, 이전에 납품받은 제품에는 위 고시에 따른 표시사항이 전부 기재되어 있었던 점, 인근 일반음식점에 대한 동일한 적발사례에서는 15일 영업정지처분과 폐기명령이 내려진 점 등을 고려할 때, 위 처분은 지나치게 과중하다고 주장하면서, 관할 구청장 乙을 상대로 영업정지 1개월과 해당제품 폐기명령의 취소를 구하는 소송을 제기하였다.

(1) 위 취소소송 계속중 해당제품이 폐기되었고, 1개월의 영업정지처분 기간도 도과되었다면 위 취소소송은 소의 이익이 있는가? (30점)
(2) 만약 위 취소소송에서 원고 승소판결이 확정된 후에 甲이 영업정지처분으로 인한 손해에 대해 국가배상청구소송을 제기하는 경우, 甲의 청구는 인용될 수 있는가? (30점)

[별표 23] 행정처분 기준(제89조 관련)

위반사항	근거 법령	행정처분기준		
		1차 위반	2차 위반	3차 위반
법 제10조 제2항을 위반하여 식품·식품첨가물의 표시사항 전부를 표시하지 아니한 것을 사용한 경우	법 제75조	영업정지 1개월과 해당제품 폐기	영업정지 2개월과 해당제품 폐기	영업정지 3개월과 해당제품 폐기

• 2015 변호사시험

■ 문 (1)

I. 논점 : 취소소송의 소의 이익

II. 행정소송법 제12조 2문의 '법률상 이익'의 의미

III. 해당제품의 폐기에 따른 소의 이익

  1. 문제점
    승소판결을 받더라도 폐기된 제품에 대한 원상회복은 불가능하다는 점

  2. 판례
    <u>건물철거대집행계고처분취소 소송이 상고심 계속 중 대상건물의 철거로 소의 이익이 없게 되었다</u>(대판 1995.11.21, 94누11293).

  3. 사례의 경우
    폐기명령의 집행으로 인하여 원상회복이 불가능한 경우로서 소의 이익이 없음

IV. 영업정지처분 기간 도과에 따른 소의 이익

  1. 「식품위생법 시행규칙」상 행정제재규정의 법적 성질
    판례는 제재적 처분기준이 <u>시행령(대통령령) 형식으로 제정된 경우는 법규명령으로 보고</u>, <u>시행규칙(총리령, 부령) 형식으로 된 경우에는 행정규칙으로 보는 경향</u> 있음

  2. 가중적 제재요건이 시행규칙으로 정해진 경우의 협의의 소의 이익
    제재적 행정처분의 가중사유나 전제요건에 관한 규정이 법령이 아니라 <u>규칙의 형식으로 되어 있다고 하더라도, 그러한 규칙이 법령에 근거를 두고 있는 이상 그 법적 성질이 대외적·일반적 구속력을 갖는 법규명령인지 여부와는 상관없이, 관할 행정청이나 담당공무원은 이를 준수할 의무가 있으므로 이들이 그 규칙에 정해진 바에 따라 행정작용을 할 것이 당연히 예견되고, 그 결과 행정작용의 상대방인 국민으로서는 그 규칙의 영향을 받을 수밖에 없다. 따라서 그러한 규칙이 정한 바에 따라 선행처분을 받은 상대방이 그 처분의 존재로 인하여 장래에 받을 불이익, 즉 후행처분의 위험은 구체적이고 현실적인 것이므로, 상대방에게는 선행처분의 취소소송을 통하여 그 불이익을 제거할 필요가 있다</u>(대판 2006.6.22. 2003두1684).

  3. 사례의 경우
    甲에게는 선행처분을 가중사유로 하는 후행처분을 받을 우려가 현실적으로 존재하므로 소의 이익 인정됨

V. 사례의 해결
    취소소송은 소의 이익이 있음

■ 문 (2)

Ⅰ. 논점
   ① 취소소송의 기판력, ② 공무원이 고의·과실

Ⅱ. 국가배상책임의 성립요건

Ⅲ. 인용판결의 기판력이 국가배상청구소송에 미치는지 여부
   1. 학설 : 기판력 긍정설, 기판력 부정설, 제한적 긍정설
   2. 판례
      ○ 행정처분이 후에 항고소송에서 취소되었다고 할지라도 그 기판력에 의하여 당해 행정처분이 곧바로 공무원의 고의 또는 과실로 인한 것으로서 불법행위를 구성한다고 단정할 수는 없다(대판 2000.5.12. 99다70600.
      ○ 위법한 행정대집행이 완료되면 그 처분의 무효확인 또는 취소를 구할 소의 이익은 없다 하더라도, 미리 그 행정처분의 취소판결이 있어야만, 그 행정처분의 위법임을 이유로 한 손해배상청구를 할 수 있는 것은 아니다(대판 1972.4.28. 72다337).
   3. 검토 및 사례의 경우

Ⅳ. 고의·과실 여부
   구청장 乙은 시행규칙상의 처분기준에 따라 처분을 하였으므로 고의 또는 과실을 인정하기 어려움

Ⅴ. 사례의 해결
   ○ 법질서의 일체성, 분쟁의 일회적 해결 측면에서 기판력 긍정설의 입장에 서면 국가배상청구권의 성립요건 중 법령위반 요건은 충족함
   ○ 다만 공무원의 고의·과실이 있다고 보기 어려움. 결국 국가배상청구가 인용되기는 어려움

연습 126

대기환경보전법 제33조에 의하면 시·도지사는 제30조에 따른 신고를 한 후 조업 중인 배출시설에서 나오는 오염물질의 정도가 제16조나 제29조 제3항에 따른 배출허용기준을 초과한다고 인정하면 대통령령으로 정하는 바에 따라 기간을 정하여 사업자에게 그 오염물질의 정도가 배출허용기준 이하로 내려가도록 필요한 조치를 취할 것("개선명령")을 명할 수 있다고 규정하고 있다. 만일 배출시설 乙에서 배출되는 오염물질의 정도가 배출허용기준을 초과함에도 불구하고 도지사 丙이 아무런 조치를 취하지 않고 있다면, 권익침해를 받고 있는 인근주민 甲은 구체적으로 어떠한 행정쟁송절차를 밟을 수 있는가? (사안에서 인근주민 甲은 도지사 丙에게 개선명령의 발동을 구할 공권을 갖는다고 전제한다.) (25점)

1. 문제의 제기

甲에게 도지사에 대한 개선명령발동청구권이 인정된다고 하였으므로, ① 개선명령발동청구권을 근거로 부작위 및 거부처분이 성립될 수 있는지, ② 甲이 이러한 청구권을 관철하기 위한 쟁송절차는 어떤 것인지가 문제된다.

2. 거부처분과 부작위의 구별

(1) 구별의 필요성

거부처분으로 판단될 경우에는 취소소송을, 부작위로 판단되는 경우에는 부작위위법확인소송을 제기해야 하므로 소송형태의 선택을 위해 구별이 필요하다.

(2) 구별의 기준

"거부처분"이란 기존의 법률상태의 변동을 발생시키지 않겠다는 의사를 표시하는 행정행위를 말한다(행정소송법 제2조 제1항 제1호). 이에 반하여 "부작위"라 함은 행정청이 당사자의 신청에 대하여 상당한 기간 내에 일정한 처분을 하여야 할 법률상 의무가 있음에도 불구하고 이를 하지 아니하는 것을 말한다(제2호).

일반적으로 신청에 대응한 처분을 하지 않고 방치한 경우에는 부작위에 해당하나, 법령에서 신청에 대해 일정 기간 내에 처분이 없으면 거부처분으로 간주한다고 규정하고 있는 경우이거나, 경원자관계에 있는 자에 대해 인용처분을 발한 경우에는 경원관계에 있는 제3자에게 거부처분이 있는 것으로 본다.

(3) 사안의 경우

사안에서 특히 경원자관계를 확인할 수 없고 간주거부규정도 없으므로 甲이 도지사에게 개선명령발동을 청구하였음에도 도지사가 아무런 조치를 취하지 않고 있다면 부작위에 해당한다. 만일 甲이 도지사에게 개선명령발동을 청구하였음에도 도지사가 이를 거부하였다면 거부처분이 성립된다. 사안의 경우를 부작위라고 전제하고 논의를 이어가기로 한다.

3. 부작위에 대한 쟁송수단

(1) 의무이행심판

의무이행심판은 당사자의 신청에 대한 행정청의 위법 또는 부당한 거부처분이나 부작위에 대하여 일정한 처분을 하도록 하는 행정심판이다(행정심판법 제5조 제3호).

도지사가 인근주민 등의 허용기준을 초과하는 배출시설에 대한 개선명령의 발령신청에 대하여 이를 방치하고 있는 경우에는, 그러한 부작위의 위법성을 이유로 개선명령의 발동을 구하는 의무이행심판을 제기할 수 있다.

(2) 부작위위법확인소송

부작위위법확인소송은 '행정청의 부작위가 위법하다는 것을 확인하는 소송'을 말한다(행정소송법 제4조 제3호). 의무이행심판에서 甲의 청구가 인용되지 않는 경우나, 행정심판을 거치지 않고 甲은 부작위위법확인소송을 제기할 수 있다.

현행법은 부작위위법확인이 아닌 작위의무확인청구나 적극적인 의무이행소송을 인정하지 않는다. 그러므로 행정소송법은 부작위위법확인소송에 대하여 그 판결의 기속력으로서 재처분의무와 간접강제를 인정함으로써 실효성확보를 위한 제도를 마련하고 있다(행정소송법 제38조 제2항, 제30조 제2항, 제34조).

행정청의 부작위가 위법함을 확인하는 판결이 확정되면, 행정청은 판결의 취지에 따라 처분을 하여야 한다. 판례에 따르면 <u>부작위위법확인소송은 행정청의 부작위가 위법함을 확인하는 데 그치고</u> 신청의 실체적 내용에 대해서는 심리하지 않으므로(절차적 심리설), 거부처분을 하여도 판결의 기속력에 반하는 것은 아니다. 거부처분을 받은 경우에는 그에 대한 취소소송을 제기하여 궁극적인 처분의 발급의무의 이행을 확보할 수 있을 것이다.

(3) 의무이행소송의 인정여부

의무이행소송이란 당사자의 일정한 행정행위의 신청에 대하여 행정청이 거부하거나 부작위로 대응한 경우, 행정청에 일정한 행정행위를 해 줄 것을 청구하는 내용의 행정소송을 말한다. 오늘날의 복리국가하에서 국민생활이 국가의 적극적·수익적 행위에 크게 의존하고 있는데, 국가가 수익적 처분을 거부 또는 부작위하는 것에 대한 효과적인 대응수단이 된다. 그러나 우리 행정소송법은 독일·영국 등과 달리 그에 관한 명문의 규정이 없어 인정여부에 관하여 견해가 대립한다.

이에 대하여 대법원은 "<u>행정청으로 하여금 일정한 행정처분을 하도록 명하는 이행판결을 구하는 소송은 인정되지 않는다</u>(대판 1997.9.30, 97누3200)는 입장이다.

(4) 가구제로서 가처분의 인정여부

가처분이란 '금전 이외의 특정한 급부를 목적으로 하는 청구권의 집행보전을 도모하거나 다툼이 있는 권리관계에 관하여 잠정적으로 임시의 지위를 정하는 것을 목적으로 하는 가구제도'이다. 부작위에 대한 집행정지는 인정되지 아니하므로(행정소송법 제23조 제2항, 제38조 제2항), 행정소송법 제8조 제2항을 근거로 민사집행법 제300조의 가처분을 준용할 수 있을지 문제된다.

이에 대하여 ① 행정처분의 위법 여부에 대한 판단에 앞서서 명문의 규정 없이 행정처분에 대한 가처분을 인정하는 것은 사법권의 범위를 벗어난다는 소극설, ② 이를 인정함으로써 사법권에 의한 실효성 있는 권리구제가 이루어진다는 적극설, ③ 원칙적으로 가처분규정을 준용할 수 없으나 집행정지제도를 통하여 권리구제가 되지 않는 경우에는 가처분제도가 인정된다고 보는 절충설이 대립하다. 판례는 <u>민사소송법(현 민사집행법)상의 가처분으로써 행정행위의 금지를 구할 수 없다는 입장이다.</u>566) 생각건대, 해석론으로는 행정소송법이 민사집행법상의 가처분을 배제하고 특별한 규정을 둔 것이므로 행정소송에는 적용되지 않는다고 봄이 타당하다. 따라서 甲이 가처분 신청을 하면 각하결정이 내려질 것이다.

4. 결론

甲이 개선명령발동을 청구했으나 도지사 丙이 부작위로 방치한 경우에는 甲은 의무이행심판을 거치거나 곧바로 부작위위법확인소송을 통해 그 청구권을 실현할 수 있다. 별도로 甲은 丙의 과실 및 손해발생을 입증하여 행정상 손해배상청구를 주장할 수도 있다.

---

566) 민사소송법상의 보전처분은 민사판결절차에 의하여 보호받을 수 있는 권리에 관한 것이므로, 민사소송법상의 가처분으로써 행정청의 어떠한 행정행위의 금지를 구하는 것은 허용될 수 없다 할 것이다. 채권자가, 채무자와 제3채무자(국가)를 상대로 채무자의 공유수면매립면허권에 관하여, '채무자는 이에 대한 일체의 처분행위를 하여서는 아니되며, 제3채무자는 위 면허권에 관하여 채무자의 신청에 따라 명의개서 기타 일체의 변경절차를 하여서는 아니된다.'는 요지의 내용을 신청취지로 하여 가처분신청을 한 데 대하여, 원심이, 채무자에 대한 신청부분은 인용하면서도, 제3채무자에 대한 부분에 대하여는, 위 신청취지를 채무자가 면허권을 타에 양도할 경우 면허관청으로 하여금 그 양도에 따른 인가를 금지하도록 명해 달라는 뜻으로 풀이한 후, 이 부분 신청은 허용될 수 없다고 한 조치는 수긍된다(대결 1992.7.6, 92마54).

연습 127

A시는 택지개발예정지구 지정 공람공고가 이루어진 P사업지구에서 택지개발사업을 시행하고 있으며, 甲은 'P사업지구에 주택을 소유하고 있는 자'이다. A시는 택지개발사업과 관련한 이주대책을 수립·공고하였는데, 이에 의하면 이주대책 대상자 요건을 '택지개발예정지구 지정 공람공고일 1년 이전부터 보상계약체결일 또는 수용재결일까지 계속하여 P사업지구 내 주택을 소유하고 계속 거주한 자로, A시로부터 그 주택에 대한 보상을 받고 이주하는 자'로 정하고 있다. 甲은 A시에 이주대책 대상자 선정 신청을 하였으나, A시는 '기준일 이후 주택 취득'을 이유로 甲을 이주대책 대상에서 제외하는 결정을 하였고, 이 결정은 2023. 6. 28. 甲에게 통보되었다(이하 '1차 결정'이라 함). 이에 甲은 A시에 이의신청을 하면서, 이의신청서에 이주대책 대상자 선정요건을 충족함을 증명할 수 있는 마을주민확인서, 수도개설 사용, 전력 개통 사용자 확인 등 증빙서류를 새롭게 추가로 첨부하여 제출하였다. 그러나 A시는 추가된 증빙자료만으로 법적 소유관계를 확인할 수 없다는 이유로 甲의 이의신청을 기각하고 甲을 이주대책 대상에서 제외한다는 결정을 하였으며, 이 결정은 2023. 8. 31. 甲에게 통보되었다(이하 '2차 결정'이라 함). 다음 각 물음에 답하시오. (각 물음은 상호 관련성이 없는 별개의 상황임) (총 50점)

(1) 甲이 자신을 이주대책 대상에서 제외한 A시의 결정에 대해 취소소송으로 다투려는 경우, 소의 대상 및 제소기간의 기산점에 대해 설명하시오. (25점)

(2) 甲이 1차 결정에 대해 무효확인소송을 제기하였고, 甲이 기준일 이전에 주택을 취득한 것이 인정되어 청구를 인용하는 법원의 판결이 확정되었다. A시는 甲을 이주대책 대상자로 선정하여야 하는지 여부 및 A시가 아무런 조치를 하지 않는 경우 「행정소송법」상 강제수단에 대하여 설명하시오. (25점)

〈공인노무사 2023〉

〈설문 (1)〉

Ⅰ. 문제의 제기

(1) 1차 결정의 처분성 여부, 그리고 1차 결정에 대한 취소소송을 제기할 경우 이의신청과 관련하여 행정기본법상 제기기간 규정을 적용할 수 있는지 문제된다.

(2) 1차 결정의 처분성 인정 여부와 별도로, 2차 결정도 독립적인 처분이라고 볼 수 있는지 문제된다.

Ⅱ. 취소소송의 대상

1. 취소소송의 대상으로서 '거부처분'

취소소송의 대상인 처분등이란 '행정청이 행하는 구체적 사실에 관한 법집행으로서의 공권력의 행사 또는 그 거부와 그 밖에 이에 준하는 행정작용 및 행정심판에 대한 재결'을 말한다(행정소송법 제2조 제1항 제1호).

한편 행정청의 거부행위는 그 자체로 법률관계를 변동시키는 것이 아니기 때문에 항고소송의 대상이 되는 처분에 해당하는지 문제가 되는바, 판례에 따르면 거부가 항고소송의 대상인 처분이 되는 요건으로 ① 그 신청한 행위가 공권력의 행사 또는 이에 준하는 행정작용이어야 하고, ② 그 거부행위가 신청인의 법률관계에 어떤 변동을 일으키는 것이어야 하며, ③ 거부의 의사표시가 있고, ④ 그 국민에게 그 행위발동을 요구할 법규상 또는 조리상의 신청권이 있어야 한다.[567]

2. 1차 결정의 처분성

사안에서 甲을 이주대책 대상자에서 제외하는 1차 결정은 공익사업으로 인해 이주하게 되는 자의 생활대책에 필요한 대체용지의 공급 등 권리관계에 변동을 일으키는 것이고, 甲은 관련법령에 따라 그 신청권이 있음이 분명해 보인다.

따라서 A시의 2023. 6. 28.자 통보(1차 결정)는 취소소송의 대상인 처분에 해당한다.

3. 2차 결정의 처분성

(1) 문제점

1차 결정의 처분성이 인정되는 것과는 별도로, 2차 결정이 취소소송의 대상이 되는 '처분'에 해당하는지 문제된다.

(2) 2차 결정의 법적 성질

1) 이의신청에 대한 결과 통지인지 여부

행정청의 처분에 이의가 있는 당사자는 처분을 받은 날부터 30일 이내에 해당 행정청에 이의신청을 할 수 있다(행정기본법 제36조 제1항).

이의신청은 행정청의 위법·부당한 처분에 대한 재검토를 청구하는 간이불복절차의 일종이다.

甲은 A시로부터 거부처분을 받고 이주대책 대상자 선정요건을 충족함을 증명할 수 있는 증빙서류를 추가하여 이의신청을 하였는바, 이 같은 사인의 공법행위는 거부처분의 취소

---

567) 대판 2002.11.22. 2000두9229

를 구하는 것으로서 행정기본법상 이의신청에 해당한다(※ 개별법상 이의신청인지는 설문에서 확인할 수 없음).

따라서 2차 결정은 甲의 이의신청에 대한 A시의 결과 통지라는 성질을 갖는다.

2) 거부처분인지 여부

판례에 따르면, 수익적 행정처분을 구하는 신청에 대한 거부처분은 당사자의 신청에 대하여 관할 행정청이 이를 거절하는 의사를 대외적으로 명백히 표시함으로써 성립되며, 거부처분이 있은 후 당사자가 다시 신청을 한 경우에는 신청의 제목 여하에 불구하고 그 내용이 새로운 신청을 하는 취지라면 관할 행정청이 이를 다시 거절하는 것은 새로운 거부처분이 된다.568)

그리고 판례는 행정청이 사안과 같은 2차 결정을 하면서 상대방에게 행정소송 등 불복방법을 안내함으로써 ① 행정청이 스스로도 2차 결정이 처분에 해당한다고 인식하였는지 여부, ② 그 상대방으로서도 2차 결정이 처분이라고 인식하였는지 여부를 처분성 판단에 참작하고 있다.569)

설문상으로는 불분명하나, 甲이 증빙서류를 추가하여 이의신청을 한 것이 새로운 신청을 하는 취지이고, A시가 甲에게 행정소송 등 불복방법을 안내하였다고 전제할 경우 2차 결정은 처분으로 볼 수 있다.

(3) 소결

2차 결정을 이의신청에 대한 결과 통지로도 파악하고 동시에 독립된 거부처분으로도 파악하는 것에 난점이 있기는 하나, 실무상 구별이 매우 어려운 점이 있으므로, 위와 같은 경우는 두 행위가 겹쳐져 외관상 하나의 행위로 나타난 것일 뿐 양 행위는 각 법규정에 의해 독립적으로 규율될 수 있다고 해석하는 것이 국민보호의 관점에서 타당하다.

A시의 2차 결정은 1차 결정이 처분인 것과는 별도로 일정한 요건하에 취소소송의 대상인 처분성을 인정할 수 있다.

아래에서는 각 처분성을 긍정하는 전제하에 제소기간의 기산점을 검토하기로 한다.

Ⅲ. 제소기간의 기산점

1. 취소소송의 제소기간 (행정소송법 규정)

취소소송은 처분 등이 있음을 안 날부터 90일 이내(제20조 제1항), 있은 날부터 1년 이내에 제기하는 것을 원칙으로 한다(제2항).

---

568) 대판 2019.4.3, 2017두52764
569) 대판 2021.1.14, 2020두50324

여기에서 처분이 있음을 안 날이란 통지·공고 기타의 방법으로 당해 처분이 있었다는 사실을 현실적으로 안 날을 뜻한다.

행정심판을 거친 경우는 제소기간의 특례가 있으나 사안에서는 그러한 사유가 없다.

2. 1차 결정을 대상으로 하는 경우

종래 이의신청 기간 중에 행정심판의 청구기간이나 행정소송의 제소기간이 정지되는지가 불명확하였다. 이에 따라 최근 시행된 「행정기본법」 제36조 제4항은 이의신청에 대한 결과를 통지받은 후 행정심판 또는 행정소송을 제기하려는 자는 그 결과를 통지받은 날부터 90일 이내에 행정심판 또는 행정소송을 제기할 수 있도록 규정하였다.

사안에서 2차 결정 통보의 법적 성질을 이의신청에 대한 결과 통지로 보는 경우, 행정기본법이 적용되어 1차 결정을 대상으로 제기하는 취소소송의 제소기간은 2차 결정이 통보된 2023. 8. 31.을 기산점으로 한다.

다만 이의신청으로 파악하지 아니하면 행정소송법 제20조 제1항 본문에 따라 1차 결정이 통보된 2023. 6. 28.이 기산점이 된다.

3. 2차 결정을 대상으로 하는 경우

사안에서 2차 결정을 대상으로 제기하는 취소소송의 제소기간은 행정소송법 제20조 제1항 본문에 따라 2차 결정이 통보된 2023. 8. 31.을 기산점으로 한다.

Ⅳ. 설문의 해결

甲은 자신을 이주대책 대상에서 제외한 A시의 1차 결정 및 2차 결정에 대해 취소소송으로 다툴 수 있다.

2차 결정 통보의 법적 성질을 이의신청에 대한 결과 통지 및 새로운 신청에 대한 거부의 두 가지 성질을 갖는 것으로 보는 것이 타당하다고 보므로, 제소기간의 기산점은 모두 2023. 8. 31.이 된다(다만, 기간 계산 시 초일은 불산입).

〈설문 (2)〉

Ⅰ. 문제의 제기

(1) 거부처분 무효확인판결에 기속력이 인정되어 A시는 甲을 이주대책 대상자로 선정해야 하는지 문제된다.

(2) 행정소송법은 강제집행에 관하여 특별한 규정을 두고 있지 아니한바, 거부처분 무효확인판결이 확정되었음에도 A시가 아무런 조치를 하지 않는 경우 간접강제 제도를 활용할 수 있는지 문제된다.

Ⅱ. 판결의 기속력

1. 기속력의 의의

기속력이란 소송당사자인 행정청과 그 밖의 관계행정청이 판결의 내용에 따라 행동해야 하는 실체법상의 의무를 발생시키는 효력을 말한다. 행정소송법은 취소판결에 대하여 기속력 있음을 규정하고 무효등확인소송과 부작위위법확인소송 및 당사자소송에 이를 준용하고 있다(제30조, 제38조, 제44조).

2. 기속력의 내용 (거부처분 무효확인판결의 경우)

(1) 반복금지의무

거부처분 무효확인판결이 확정되면 당사자인 행정청은 물론이고 그 밖의 관계 행정청도 동일한 사실관계 아래서 동일 당사자에 대하여 동일한 내용의 처분을 반복하여서는 아니된다.

그러나 기속력은 판결의 주문과 이유에서 적시된 위법사유에 미치므로 처분시에 존재한 다른 사유를 들어 동일한 내용의 처분을 하더라도 기속력에 반하지 않는다.

그리고 처분시 이후의 사유를 내세워 새로이 처분을 하는 경우도 허용된다.

(2) 재처분의무

거부처분 무효확인판결이 있으면 행정청은 판결의 취지에 따라 다시 이전의 신청에 대한 처분을 하여야 한다(제38조 제1항, 제30조 제2항).

그러나 반드시 원고의 신청을 인용하여야 하는 것은 아니고, ① 처분 이후에 발생한 사유이거나, ② 처분 당시 이미 발생하였다 하더라도 당초의 처분사유과 기본적 사실관계의 동일성이 인정되지 않는 사유 등 새로운 거부사유를 내세워 다시 거부처분을 하였다면 이는 종전 거부처분과 결론이 동일하다 하더라도 기속력에 반하여 허용되지 않는다고 볼 수 없다.

(3) 결과제거의무

행정청은 무효확인판결의 기속력에 따라 그 판결에서 확인된 위법사유를 배제한 상태에서 다시 처분을 하거나 그 밖에 위법한 결과를 제거하는 조치를 할 의무가 있다.

3. 이주대책 대상자 선정 여부

(1) 이주대책 대상자 선정행위의 성질

판례는, "공익사업법령이 이주대책대상자의 범위를 정하고 이주대책대상자에게 시행할 이주대책 수립 등의 내용에 관하여 구체적으로 규정하고 있으므로, 사업시행자는 법이 정한 이주대책대상자를 법령이 예정하고 있는 이주대책 수립 등의 대상에서 임의로 제외하여서는 아니 된다. 그렇지만 그 규정 취지가 사업시행자가 시행하는 이주대책 수립 등의 대상자를 법이 정한 이주대책대상자로 한정하는 것은 아니므로, 사업시행자는 해당 공익사업의 성격, 구체적인 경위나 내용, 그 원만한 시행을 위한 필요 등 제반 사정을 고려하여 법이 정한 이주대책대상자를 포함하여 그 밖의 이해관계인에게까지 넓혀 이주대책 수립 등을 시행할 수 있다고 할 것이다"라고 한다.[570]

즉 ① 이주대책 대상자에게 공급할 택지 또는 주택의 내용이나 수량을 정함에 재량을 가지고,[571] ② 대상자 선정행위는 법령이 정한 범위에서는 기속행위이나 그 밖의 범위를 정함에 있어서는 재량행위라고 할 수 있다.

(2) 사안의 경우

A시가 수립·공고한 이주대책상 대상자 범위가 법이 정한 바에 따른 것이라고 전제하면, 대상자 요건은 '택지개발예정지구 지정 공람공고일 1년 이전부터 보상계약체결일 또는 수용재결일까지 계속하여 P사업지구 내 주택을 소유하고 계속 거주한 자로, A시로부터 그 주택에 대한 보상을 받고 이주하는 자'로 정한 것에 의하여야 한다.

따라서 甲이 대상자 선정요건을 충족하는 경우 A시는 판결의 취지에 따라 甲을 이주대책 대상자로 선정하여야 한다. 다만 이주대책의 구체적 내용을 정함에는 재량을 갖는다.

4. 소결론

A시는 甲을 이주대책 대상자로 선정하여야 한다.

Ⅲ. 행정소송법상 강제수단

1. 문제점

거부처분의 무효확인판결에서 행정청은 기속력에 따라 판결의 취지에 따른 처분을 할 의무를 부담하므로, 이를 이행하지 않을 경우 강제로 집행할 수 있는 제도가 필요한데 현행법상 이를 인정할 수 있는지 문제된다.

---

570) 대판 2015.7.23, 2012두22911
571) 대판 2023.7.13, 2023다214252

2. 간접강제 인정 여부

(1) 간접강제의 의의

거부처분의 취소판결과 부작위위법확인판결에서 처분청은 기속력에 따라 판결의 취지에 따른 처분을 할 의무를 부담하므로, 이를 이행하지 않을 경우 강제로 집행할 수 있는 제도가 필요하게 된다. 행정청이 거부처분의 취소판결의 취지에 따라 처분을 하지 아니하는 때에는 제1심 수소법원은 당사자의 신청에 의하여 결정으로써 상당한 기간을 정하고 행정청이 그 기간 내에 이행하지 아니하는 때에는 그 지연기간에 따라 일정한 배상을 할 것을 명하거나 즉시 손해배상을 할 것을 명할 수 있다(법 제34조 제1항). 이를 간접강제결정이라고 한다. 간접강제의 방식을 둔 것은 행정청의 재처분의무가 비대체적 작위의무이기 때문이다.

(2) 무효확인소송에서 간접강제 허용성

① 소극설 : 간접강제제도는 부작위위법확인소송에도 준용되고 있으나(제38조 제2항), 무효확인소송에는 준용되고 있지 않으므로 부정된다는 견해이다.
<u>판례는 행정소송법 제38조 제1항이 제34조는 이를 준용한다는 규정을 두지 않고 있으므로, 행정처분에 대하여 무효확인 판결이 내려진 경우에는 그 행정처분이 거부처분인 경우에도 행정청에 판결의 취지에 따른 재처분의무가 인정될 뿐 그에 대하여 간접강제까지 허용되는 것은 아니라고 한다.</u>572)

② 적극설 : 거부처분 무효확인판결에도 기속력이 인정되기 때문에 행정청은 판결의 취지에 따라 다시 이전의 신청에 대한 처분하여야 할 의무가 있는데, 행정청이 그 의무를 이행하지 않을 경우 이를 강제할 필요가 있다는 점에서 취소판결과 다르지 않으므로, 거부처분 무효확인판결에서도 간접강제가 가능하다고 해석할 필요가 있다는 견해이다.

3. 소결론

거부처분 무효확인판결도 재처분의무가 있으므로(제38조 제1항, 제30조 제2항) 행정청이 그 의무를 이행하지 않을 경우 이를 강제할 필요가 있다는 점에서 무효확인소송에도 긍정해야 함이 타당하다.

다만 현행법상 명시 규정이 없어 이를 인정하기에 난점이 있으므로 의무이행소송의 도입을 통하여 해결하는 방법을 생각해볼 수 있다.

---

572) 대결 1998.12.24, 98무37

Ⅳ. 설문의 해결

1. A시는 甲을 이주대책 대상자로 선정하여야 한다.

2. 무효확인판결의 확정에도 불구하고 A시가 아무런 조치를 취하지 않는 경우 간접강제를 인정할 필요가 있다. 다만 판례에 따르면 현행법상 인정되지 아니한다.

연습 128

甲은 2022. 9. 30. 소청심사위원회에 '乙은 甲을 부이사관(3급)으로 승진임용하라'는 취지의 소청심사청구를 하였는데, 위 소청심사위원회는 2024. 2. 20. 甲의 소청심사청구를 기각하였고, 甲은 그 무렵 그 결정문을 송달받았다. 甲은 2024. 3. 8. 부작위위법확인의 소를 제기하였다. 그 후 2024. 3. 30. 乙은 甲에 대하여 부이사관승진임용을 거부하는 처분을 하였다. 甲은 2024. 8. 17. 제1심 제1회 변론기일에 '乙이 2024. 3. 30.자로 甲에 대하여 한 부이사관승진임용거부처분은 취소한다'는 취지의 취소소송으로 교환적으로 변경하였다가, 2025. 7. 26. 항소심 제1회 변론기일에 다시 부작위위법확인의 소를 추가적으로 병합하였다. 그 후 상고심에서 甲이 취소소송으로 구한 2024. 3. 30.자 승진임용거부처분은 존재하지 않는 것으로 판명되었다.

(1) 甲이 2024. 3. 8. 제기한 부작위위법확인의 소는 제소기간을 준수하였는가? (15점)
(2) 甲이 2025. 7. 26. 추가적으로 병합한 부작위위법확인의 소는 제소기간을 준수하였는가? (15점)

I. 설문 (1) – 부작위위법확인소송의 제소기간

1. 문제점

취소소송과 달리 부작위위법확인소송의 대상인 부작위상태는 계속되고 있는 것이므로 제소기간이란 있을 수 없다고 볼 여지가 있다. 그런데 행정소송법이 취소소송의 제소기간에 관한 규정을 부작위위법확인소송에도 준용하고 있기 때문에 달리 해석될 수 있는 것인지 문제된다.

2. 행정소송법 규정

취소소송은 처분등이 있음을 안 날부터 90일 이내에 제기하여야 한다. 다만, 제18조 제1항 단서에 규정한 경우와 그 밖에 행정심판청구를 할 수 있는 경우 또는 행정청이 행정심판청구를 할 수 있다고 잘못 알린 경우에 행정심판청구가 있은 때의 기간은 재결서의 정본을 송달받은 날부터 기산한다(행정소송법 제20조).

이와 같은 취소소송의 제소기간 규정이 부작위위법확인소송에 준용되고 있다(제38조 제2항).

3. 행정심판을 거치지 않은 경우

부작위는 특정시점에 종결되는 것이 아니라 계속되는 것이므로 부작위위법확인소송은 제소기간의 제한을 받지 않는다. 즉 부작위위법확인소송은 부작위 상태가 계속되는 한 언제라도 소를 제기할 수 있고, 부작위 상태가 해소되면 소의 이익이 소멸되는 소송이다.

4. 행정심판을 거친 경우

(1) 견해의 대립

① 1설 : 취소소송의 제소기간을 준용했어도, 부작위상태의 특성상 제소기간의 제한을 받지 않는다고 한다. 이는 의무이행심판을 거친 경우에도 그렇다고 본다.

② 2설 : 개별법이 예외적 행정심판전치주의를 채택하고 있기 때문에 행정심판을 거친 경우 또는 행정청이 고지를 잘못하여 행정심판을 거친 경우에는, 원고가 행정심판의 재결서를 송달받은 날로부터 90일 이내에 부작위위법확인소송을 제기해야 한다는 견해이다.

(2) 판례

판례는 "행정소송법 제38조 제2항이 제소기간을 규정한 같은 법 제20조를 부작위위법확인소송에 준용하고 있는 점에 비추어 보면, <u>행정심판 등 전심절차를 거친 경우에는 행정소송법 제20조가 정한 제소기간 내에 부작위위법확인의 소를 제기하여야 할 것</u>"573)이라는 입장이다.

(3) 검토

부작위의 특성상 원칙적으로 제소기간의 제한을 받지 않는다고 할 것이고, 다만 필요적 전치가 적용되는 처분의 부작위위법확인의 소에서는 취소소송의 경우와 마찬가지로 행정심판 재결서를 송달받은 날로부터 일정기간 내에 소를 제기하는 것으로 봄이 타당하다.

5. 사안의 해결

이 사건 부작위위법확인의 소는 행정심판의 재결에 해당하는 소청심사결정이 있은 2024. 2. 20.부터 적법한 제소기간 내, 즉 재결서 정본을 송달받은 날로부터 90일 이내에 제기되었음이 명백하므로 제소기간을 준수하였다.

---

573) 대판 2009.7.23. 2008두10560

Ⅱ. 설문 (2) – 추가적으로 병합한 부작위위법확인소송의 제소기간

1. 문제의 소재

제소기간의 준수는 소송요건으로서 직권조사 사항이므로, 그 경과 여부를 명백히 밝혀야 한다. 그런데 소의 변경이 있거나 소의 추가적 병합의 경우에 제소기간 준수 여부의 해석상 문제가 있다.

설문은 특히 당사자가 적법한 제소기간 내에 부작위위법확인의 소를 제기한 후, 동일한 신청에 대하여 거부처분이 있다고 보아 처분취소소송으로 소를 교환적으로 변경한 후 부작위위법확인의 소를 추가적으로 병합한 경우, 부작위위법확인의 소가 제소기간을 준수한 것으로 볼 수 있는지 문제된다.

2. 소 제기기간 준수 여부 판단의 기준시점

(1) 원칙

소 제기기간 준수 여부는 원칙상 소제기시를 기준으로 하는데, 다음과 같은 특수한 경우가 문제된다.

(2) 소의 변경이 있는 경우

① 소의 종류의 변경의 경우, 새로운 소에 대한 제소기간의 준수는 처음의 소가 제기된 때를 기준으로 하여야 한다(행정소송법 제21조 제4항).

② 청구취지를 변경하여 구 소가 취하되고 새로운 소가 제기된 것으로 변경되었을 때에 새로운 소에 대한 제소기간의 준수는 원칙적으로 소의 변경이 있은 때를 기준으로 한다.574) 그런데 판례는, 선행처분의 취소를 구하는 소가 그 후속처분의 취소를 구하는 소로 교환적으로 변경되었다가 다시 선행처분의 취소를 구하는 소로 변경된 경우 후속처분의 취소를 구하는 소에 선행처분의 취소를 구하는 취지가 그대로 남아 있었던 것으로 볼 수 있다면 선행처분의 취소를 구하는 소의 제소기간은 최초의 소가 제기된 때를 기준으로 정한다고 한다.575)

(3) 소의 추가적 병합의 경우

이 경우 제소기간 준수 여부의 판단 기준시점은 그 청구취지의 추가신청이 있은 때이다. 그런데 동일한 행정처분에 대하여 무효확인의 소를 제기하였다가 그 후 그 처분의 취소를

---

574) 대판 2004.11.25. 2004두7023
575) 대판 2013.7.11. 2011두27544

구하는 소를 추가적으로 병합한 경우, 주된 청구인 무효확인의 소가 적법한 제소기간 내에 제기되었다면 추가로 병합된 취소청구의 소도 적법하게 제기된 것으로 볼 수 있다.576)

3. 사례의 경우

(1) 견해의 대립

① 1설 : 부작위위법확인소송은 제소기간의 제한을 받지 아니하므로 소극적 처분이 존재하지 않는 이상 제소기간을 준수한 것이라고 본다.
② 2설 : 부작위위법확인의 소(구소)를 처분취소소송(신소)으로 교환적 변경하면 구소는 취하된 것이므로, 다시 부작위위법확인의 소를 제기하려면 행정소송법 제20조가 정한 제소기간 내, 즉 전심절차를 거친 경우에는 재결서 정본 송달일로부터 90일 이내에 부작위위법확인의 소를 제기해야 한다는 견해이다.

(2) 판례

판례는 "부작위위법확인소송의 보충적 성격577)에 비추어 동일한 신청에 대한 거부처분의 취소를 구하는 취소소송에는 특단의 사정이 없는 한 그 신청에 대한 부작위위법의 확인을 구하는 취지도 포함되어 있다고 볼 수 있다. 이러한 사정을 종합하여 보면, 당사자가 동일한 신청에 대하여 부작위위법확인의 소를 제기하였으나 그 후 소극적 처분이 있다고 보아 처분취소소송으로 소를 교환적으로 변경한 후 여기에 부작위위법확인의 소를 추가적으로 병합한 경우 최초의 부작위위법확인의 소가 적법한 제소기간 내에 제기된 이상 그 후 처분취소소송으로의 교환적 변경과 처분취소소송에의 추가적 변경 등의 과정을 거쳤다고 하더라도 여전히 제소기간을 준수한 것으로 봄이 상당하다."는 태도이다.

(3) 검토

판례의 내용 중 "취소소송에는 특단의 사정이 없는 한 그 신청에 대한 부작위위법의 확인을 구하는 취지도 포함되어 있다"는 부분은 거부처분과 부작위가 서로 배타적 개념이라는 점에서 비판의 여지가 있다.578)

---

576) 대판 2005.12.23. 2005두3554
577) 보충적 성격이 의미하는 바에 대하여 대법원은 "당사자의 법규상 또는 조리상의 권리에 기한 신청에 대하여 행정청이 부작위의 상태에 있는지 아니면 소극적 처분을 하였는지는 동일한 사실관계를 토대로 한 법률적 평가의 문제가 개입되어 분명하지 않은 경우가 있을 수 있고, 부작위위법확인소송의 계속 중 소극적 처분이 있게 되면 부작위위법확인의 소는 소의 이익을 잃어 부적법하게 되고 이 경우 소극적 처분에 대한 취소소송을 제기하여야 하는 것"이라고 판시하고 있다.
578) 「공인노무사 행정쟁송법」, 박균성, 고시계사, 2016, p.500.

그러나 당사자의 신청에 대하여 행정청이 부작위의 상태에 있는지 아니면 소극적 처분을 하였는지는 법률적 평가의 문제가 개입되어 분명하지 않은 경우가 있을 수 있고, 당초의 부작위위법확인의 소를 적법하게 제기하였는데 위와 같은 이유로 교환적 변경·추가적 변경이 있다는 이유만으로 적법하게 제기되었던 부작위위법확인의 소가 부적법하다고 보는 것은 원고에게 매우 불리한 해석이므로 판례의 태도가 타당하다.

4. 사안의 해결

甲이 추가적으로 병합한 부작위위법확인의 소는 제소기간을 준수하였다.

연습 129

甲은 전용면적 200m²의 10층 고급 아파트를 1동(연면적 1만m²) 신축하여 시내에 거주하는 외국인에게 분양할 목적으로 A시장에게 건축허가를 신청하였다. 그런데, 甲이 아파트 건축을 신청한 건축부지 근처의 기존 주변지역 주민들이 일조권 침해와 외국인 입주로 인한 주거환경의 악화 등을 이유로 강력하게 항의하는 민원을 제기하자, A시장은 甲에게 신청한 건축허가의 법정요건은 충족하고 있다는 점을 명확히 하면서도, 이들 민원인들과 원만하게 합의하도록 지도하고 건축허가를 발급하지 않았다. 甲은 건축허가를 신청한 시점부터 6개월 동안은 불만스러워 하면서도 A시장의 지도에 응하여 주변지역 주민들과 원만한 합의에 도달하기 위해 여러 시도를 하였으나, 甲이 건축허가를 신청한 지역이 국토의 계획 및 이용에 관한 법률(이하, 국토계획법이라 함)에 따라 A시가 속한 도지사에 의해 조만간에 최저고도지구로 지정될 예정이며 그렇게 된다면 甲의 건축허가가 불가능하게 될 수 있다는 걱정에서 최저고도지구로 지정되기 이전에 건축허가를 받기 위해 재차 甲은 A시장에게 건축허가의 심사를 청구하였다. 다행히 이와 같은 甲의 심사청구를 기점으로 하여 1개월 이후에 주변지역 주민들과 민원문제도 상당액의 금액을 지불하는 조건으로 해결되었고, 甲에 대한 건축허가도 자연스럽게 발급되었다.

(1) 위 사안에서 만약 甲이 최초 건축허가를 신청하고 6개월이 지난 시점에 부작위위법확인소송을 제기하였다면 소송요건으로서 부작위가 존재한다고 볼 수 있는가? (15점)
(2) 앞의 (1)과 관련하여 甲이 A시장을 상대로 부작위위법확인소송을 제기하여 인용판결이 확정되었다면 A시장은 어떠한 처분을 하여야 하는가? (15점)
(3) 위 사안에서 만약 甲이 주변지역 주민이 제기한 민원문제도 해결하지 못하였을 뿐만 아니라 당초 건축을 신청한 지역 또한 최저고도지구로 지정되어 A시장이 이를 이유로 甲의 건축허가 신청을 거부하여 甲이 취소소송을 제기하였다면, 이 취소소송의 위법판단의 기준시는?579) (10점)

I. 설문 (1)의 해결 – 부작위위법확인소송의 대상적격

1. 문제점

甲이 A시장에게 최초 건축허가를 신청하였을 때, A시장은 기존 주변지역 주민들이 민원을 제기하자 민원인들과 원만하게 합의하도록 지도하고 건축허가를 발급하지 않았다. 이에 대해 甲이 부작위위법확인소송을 제기하기 위한 소송요건으로서 부작위가 존재하는지 문제된다.

---
579) 박정훈, 「행정법 사례연습」, 법문사, 2012, P.495의 사례문제를 참조하였음

2. 부작위의 개념

부작위란 '행정청이 당사자의 신청에 대하여 상당한 기간 내에 일정한 처분을 하여야 할 법률상 의무가 있음에도 불구하고 이를 하지 아니하는 것'을 말한다(행정소송법 제2조 제1항 제2호).

(1) 당사자의 신청

부작위가 성립하기 위해서는 당사자의 신청이 있어야 한다(예 수익적 처분을 해달라는 청구 또는 환경오염의 규제 등 행정개입을 청구). 신청은 신청요건을 갖춘 적법한 것이어야 한다.

당사자의 신청권의 존부가 대상적격의 문제인지 아니면 원고적격의 문제인지에 관하여 견해가 대립한다. 판례는 "부작위위법확인의 소에 있어 <u>당사자가 행정청에 대하여 어떠한 행정행위를 하여 줄 것을 요구할 수 있는 법규상 또는 조리상 권리를 갖고 있지 아니한 경우에는 원고적격이 없거나 항고소송의 대상인 위법한 부작위가 있다고 볼 수 없어 그 부작위위법확인의 소는 부적법하다</u>"(대판 1999.12.7, 97누17568)고 하여 <u>대상적격의 문제</u>로 보는 동시에 <u>원고적격의 문제</u>로 본다(대판 2008.4.10, 2007두18611).

(2) 상당한 기간의 경과

상당한 기간이란 사회통념상 당해 신청에 대한 처분을 하는데 필요한 것으로 인정되는 기간을 말한다. 상당한 기간의 판단에는 처분의 성질·내용 등이 고려되나, 업무의 폭주·인력의 미비 같은 사정은 고려되지 않는다.

(3) 일정한 처분을 할 법률상 의무의 존재

일정한 처분이란 행정소송법 제2조 제1항 제1호 소정의 처분을 말한다.580) 그리고 법률상 의무에는 명문의 규정에 의해 인정되는 경우뿐만 아니라 법령의 해석상 인정되는 경우도 포함된다.581)582)

---

580) 행정소송은 구체적 사건에 대한 법률상 분쟁을 법에 의하여 해결함으로써 법적 안정을 기하자는 것이므로 부작위위법확인소송의 대상이 될 수 있는 것은 구체적 권리의무에 관한 분쟁이어야 하고 추상적인 법령에 관하여 제정의 여부 등은 그 자체로서 국민의 구체적인 권리의무에 직접적 변동을 초래하는 것이 아니어서 그 소송의 대상이 될 수 없다(대판 1992.5.8, 91누11261).

581) 검사의 임용 여부는 임용권자의 자유재량에 속하는 사항이나, 임용권자가 동일한 검사신규임용의 기회에 원고를 비롯한 다수의 검사 지원자들로부터 임용 신청을 받아 전형을 거쳐 자체에서 정한 임용기준에 따라 이들 일부만을 선정하여 검사로 임용하는 경우에 있어서 법령상 검사임용 신청 및 그 처리의 제도에 관한 명문 규정이 없다고 하여도 조리상 임용권자는 임용신청자들에게 전형의 결과인 임용 여부의 응답을 해줄 의무가 있다고 할 것이며, 응답할 것인지 여부 조차도 임용권자의 편의재량사항이라고는 할 수 없다(대판 1991.2.12, 90누5825).

582) 4급 공무원이 당해 지방자치단체 인사위원회의 심의를 거쳐 3급 승진대상자로 결정되고 임용권자가 그 사실을 대내외에 공표까지 하였다면, 그 공무원은 승진임용에 관한 법률상 이익을 가진 자로서 임용권자에 대하여 3급 승진임용을 신청할 조리상의 권리가 있고, 이러한 공무원으로부터 소청심사청구를 통해 승진임용신청을 받은 행정청으로서는 상당한 기간 내에 그 신청을 인용하는 적극적 처분을 하거나 각하 또는 기각하는 등의 소극적 처분을 하여야 할 법률

(4) 행정청이 아무런 처분도 하지 않았을 것

행정청이 인용처분을 하거나 거부처분을 하였다면 부작위라 할 수 없다. 법령이 일정한 상태에서 부작위를 거부처분으로 보는 규정을 둔 경우에는 부작위에 해당하지 않으므로 거부처분에 대하여 취소소송을 제기하여야 한다. 부작위위법확인소송계속 중 거부처분이 있게 되면 부작위위법확인소송의 소의 이익은 상실되고 원고는 거부처분취소소송으로 소의 변경을 신청할 수 있다.

3. 사안의 경우

사안에서 A시장이 甲에게 신청한 건축허가가 법정요건을 충족하고 있음을 명확히 하였다는 점에서 이를 거부처분으로 파악할 수는 없다.

甲은 건축법에 따라 건축허가 발급을 신청할 권리가 있고, 적법하게 허가 신청을 한 것으로 보인다. 이에 대해 A시장은 甲의 신청에 대해 허가의 발급 또는 거부를 하여야 할 의무가 있음에도 甲에게 민원인들과 원만하게 합의할 것을 지도하고 6개월이 경과하도록 건축허가를 발급하지 않았다. 따라서 부작위위법확인소송의 소송요건인 부작위가 존재한다고 볼 수 있다.

II. 설문 (2)의 해결 – 부작위위법확인소송의 인용판결의 효력

1. 문제의 소재

부작위위법확인소송이 인용판결을 받았을 때, 행정청의 부작위는 위법하므로 행정청은 부작위 상태를 제거할 의무를 진다.

그런데 행정소송법은 제4조 제3호에서 부작위위법확인소송을 '행정청의 부작위가 위법하다는 것을 확인하는 소송'이라고 정의하고 있어 부작위위법확인소송에 있어서 법원은 행정청의 부작위의 위법성만을 심리해야 하는지 아니면 당사자가 신청한 처분의 실체적인 내용도 심리할 수 있는지 문제된다.

2. 부작위위법확인소송의 심리 범위

(1) 실체적 심리설(적극설)

부작위의 위법 여부뿐 아니라 신청의 실체적인 내용도 이유 있는지를 심리하여 행정청의 처리방향까지 제시하여야 한다는 견해이다. 이 견해는 부작위위법확인소송이 의무이행소송과 같은 기능을 수행하도록 함으로써 국민의 권리구제에 기여하고, 무용한 소송의 반복

상의 응답의무가 있다. 그럼에도, 행정청이 위와 같은 권리자의 신청에 대해 아무런 적극적 또는 소극적 처분을 하지 않고 있다면 그러한 행정청의 부작위는 그 자체로 위법하다(대판 2009.7.23, 2008두10560).

을 피할 수 있다는 점을 내세운다.

이에 따르면, 기속행위의 경우에는 행정청이 해당처분을 하여야 할 의무가 있음에도 불구하고 이를 행하지 않는 부작위가 위법하다고 판시하여 판결의 기속력에 따라 신청에 따른 처분을 하도록 해야 하고, 재량행위의 경우에는 재량하자로 인한 부작위의 위법성이 인정될 경우에는 이를 적시하여 판결의 기속력에 따라 재량하자가 없는 처분을 하도록 해야 한다고 한다.

(2) 절차적 심리설(소극설)

법원의 심판대상은 부작위의 위법 여부를 확인하는데 그칠 뿐 행정청이 할 처분의 내용까지 심리판단할 수 없다는 견해이다. 이 견해는 의무이행소송을 도입하지 않고 부작위위법확인소송만을 도입한 입법취지에 비추어 실체적 심리설은 타당하지 않다고 한다.

이에 따르면, 부작위위법확인소송의 소송물은 부작위의 위법이므로 판결의 기속력은 행정청에게 응답의무가 있다는 점에만 미친다고 한다.

(3) 판례

판례는 부작위위법확인소송을 '<u>부작위의 위법함을 확인함으로써 행정청의 응답을 신속하게 하여 부작위 내지 무응답이라고 하는 소극적인 위법상태를 제거하는 것을 목적으로 하는 소송</u>'으로 보고 있어 절차적 심리설을 취하고 있다.583)

(4) 검토

절차적 심리설을 비판하는 측에서는 처분의 발급여부 및 발급될 처분의 내용을 전적으로 행정청의 재량에 맡기는 입장으로서 이는 국민의 권리보호에 역행한다고 하나, 행정소송법상 부작위위법확인소송의 정의규정과 소송물(부작위의 위법성)에 비추어 절차적 심리설이 타당하다.

현행법 해석상 절차적 심리설이 타당하지만 부작위위법확인소송은 권리구제제도로서는 불완전한 것이다. 입법론으로는 의무이행소송의 도입이 타당하다.

---

583) 부작위위법확인의 소는 행정청이 국민의 법규상 또는 조리상의 권리에 기한 신청에 대하여 상당한 기간 내에 그 신청을 인용하는 적극적 처분을 하거나 또는 각하 내지 기각하는 등의 소극적 처분을 하여야 할 법률상의 응답의무가 있음에도 불구하고 이를 하지 아니하는 경우 판결시를 기준으로 그 부작위의 위법함을 확인함으로써 행정청의 응답을 신속하게 하여 부작위 내지 무응답이라고 하는 소극적인 위법상태를 제거하는 것을 목적으로 하는 것이고, 나아가 당해 판결의 구속력에 의하여 행정청에게 처분등을 하게 하고, 다시 당해 처분등에 대하여 불복이 있는 때에는 그 처분등을 다투게 함으로써 최종적으로는 국민의 권리이익을 보호하려는 제도이다(대판 1992.7.28, 91누7361).

3. 사안의 경우

절차적 심리설에 따를 경우 판결의 기속력은 신청의 실체적인 내용에 미치지 않는다. 행정청은 부작위 상태를 제거하기만 하면 판결에 따른 처분을 하는 것이므로 거부처분을 하여도 무방하다.

甲의 부작위위법확인소송에 대해 인용판결이 내려진 경우라도 A시장이 반드시 甲에게 건축허가를 발급하여야 할 의무는 없다. A시장은 건축허가처분을 할 수도 있고, 거부처분을 할 수도 있다.

Ⅲ. 설문 (3)의 해결 – 취소소송의 위법판단 기준시

1. 문제점

처분은 그 당시의 사실상태 및 법률상태를 기초로 하여 행해지게 된다. 그런데 사안에서 A시장이 당초 甲의 허가신청을 수리하고도 위법한 행정지도만을 한 채 이유 없이 처리를 늦추어 그 사이에 최저고도지구 지정이 이루어진 것이므로 신청시와 처분시 가운데 어느 시점의 법률상태 및 사실상태를 기준으로 처분의 위법성을 판단할 것인가의 문제가 있다. 우선 처분시와 판결시를 둘러싼 기존의 논의를 검토하기로 한다.

2. 학설의 대립

(1) 처분시설

처분의 위법 여부는 처분시의 법령 및 사실상태를 기준으로 판단하여야 한다는 견해이다. 법원은 객관적 입장에서 처분 등의 위법 여부를 사후심사할 수 있을 뿐이라는 점을 논거로 한다.

(2) 판결시설

처분의 위법 여부는 판결시의 법령 및 사실상태를 기준으로 판단하여야 한다는 견해이다. 항고소송은 구체적인 행정처분이 법규에 대하여 적합한가의 여부를 판단의 대상으로 하는데, 이 경우의 법규는 판결시의 법규라야 한다고 주장한다.

(3) 절충설

행정청의 제1차적 판단권의 존중이라는 측면에서 원칙적으로 처분시설이 타당하나, 예외적으로 계속효 있는 행위(예 영업허가의 취소, 교통표지판의 설치)나 미집행 처분의 경우에는 판결시설이 타당하다는 입장이다. 거부처분 취소소송의 경우에도 실질적으로 의무이행소송의 성질을 가지므로 판결시설을 따라야 한다는 견해도 있다.

3. 판례의 태도

판례는 "행정소송에서 행정처분의 위법 여부는 행정처분이 행하여졌을 때의 법령과 사실상태를 기준으로 하여 판단하여야 하고, 처분 후 법령의 개폐나 사실상태의 변동에 의하여 영향을 받지는 않는다."[584]라고 하여 처분시설을 따르고 있다.

다만 신청 후 법령의 변경이 있는 경우 "소관 행정청이 허가신청을 수리하고도 정당한 이유 없이 처리를 늦추어 그 사이에 법령 및 허가기준이 변경된 것이 아닌 한 변경된 법령 및 허가기준에 따라서 한 불허가처분은 위법하다고 할 수 없다."[585]고 하여 예외적으로 신청시의 법령에 따라야 하는 경우가 있음을 인정하고 있다.

4. 검토

위법성 판단의 기준을 판결시로 할 경우 적법하게 발급된 처분이 후에 위법하게 될 수 있거나 또는 위법하게 발급된 처분이 후에 적법하게 되어 행정의 적법성통제를 목적으로 하는 취소소송의 본질에 반할 수 있으므로 처분시설이 타당하다.

다만 신청시와 처분시 사이에 법령의 변경이 있는 경우 행정청이 이유 없이 처리를 늦추어 허가기준이 변경된 때에는 판례와 같이 예외적으로 신청시를 기준으로 할 수 있음이 이익형량에 비추어 타당하다.

5. 사안의 해결

처분시설에 따를 때 사안에서 최저고도지구 지정으로 인해 법정요건을 충족하지 못하게 된 사정은 처분시의 사유로서 이를 근거로 한 거부처분은 일단 적법하다는 주장이 가능하다. 한편 甲이 주변지역 주민이 제기한 민원문제를 해결하지 못한 것은 건축법이 규정한 건축허가의 요건 충족에 아무 영향이 없으므로 거부사유가 될 수 없다.

다만 A시장이 당초 甲의 허가신청을 수리하고도, 또한 건축허가의 법정요건은 충족하고 있다는 점을 명확히 하면서도 위법한 행정지도만을 한 채 이유 없이 처리를 늦추어 그 사이에 최저고도지구 지정이 이루어진 점을 감안하면 예외적으로 甲의 신청시를 기준으로 위법여부를 판단하는 것이 타당하다.

---

[584] 대판 2007.5.11, 2007두1811
[585] 대판 2005.7.29, 2003두3550

연습 130

甲은 근처에 중·고등학교가 밀집하여 있을 뿐만 아니라 사람들의 내왕이 번잡한 지하철 역사 주변에 대형 투전기사업을 목적으로 21층 건물의 건축을 계획하고 X광역시장에게 건축허가를 신청하였다. 그런데 甲의 건축계획을 사전에 알게 된 학교·역사 주변 이웃주민들이 조직적으로 반발하면서 건축허가에 대해 반대하는 민원을 甲이 건축하려는 지역의 Y구청에 다수 제기하였고, 이에 Y구청장은 甲에게 건축과 관련하여 주변지역 주민의 동의를 얻을 것을 행정지도한 바 있으며(관련법에는 이러한 행정지도의 법적 근거가 없음), 이 사실을 Y구청장은 X광역시장에게도 통고하였다. 결국 X광역시장은 甲의 건축허가 신청에 대해 Y구청장의 행정지도를 이유로 내세워 건축허가·불허가의 판단을 계속 보류한 채 아무런 답신을 주고 있지 않고 있다. 이 경우에 있어 다음 질문에 대해 기술하시오.

(1) 甲이 X광역시장을 상대로 부작위위법확인소송을 제기한 경우에 인용가능성은? (20점)
(2) 甲이 제기한 부작위위법확인소송이 계속 중에 X광역시장이 甲의 신청에 대해 반려한 경우, 부작위위법확인소송을 거부처분에 대한 취소소송으로 소변경을 할 수 있는가? (15점)
(3) 만약 위 사례에서 새로운 건축의 신축이 아니라 기존에 완성되어 있는 건물에 투전기사업허가를 함에 있어 甲에게 X광역시장이 3년의 기간을 붙여서 한 경우에, 3년의 기간만료를 이유로 한 甲의 동일한 내용의 새로운 투전기사업허가 신청에 대해 X광역시장이 허가를 거부하여 甲이 이를 불복하는 취소소송을 제기하면서 X광역시장의 거부에 대해 집행정지를 청구한다면, 그 인용가능성은?[586] (15점)

건축법
제11조【건축허가】④ 허가권자는 제1항에 따른 건축허가를 하고자 하는 때에「건축기본법」제25조에 따른 한국건축규정의 준수 여부를 확인하여야 한다. 다만, 다음 각 호의 어느 하나에 해당하는 경우에는 이 법이나 다른 법률에도 불구하고 건축위원회의 심의를 거쳐 건축허가를 하지 아니할 수 있다.
1. 위락시설이나 숙박시설에 해당하는 건축물의 건축을 허가하는 경우 해당 대지에 건축하려는 건축물의 용도·규모 또는 형태가 주거환경이나 교육환경 등 주변 환경을 고려할 때 부적합하다고 인정되는 경우

---

[586] 박정훈,「행정법 사례연습」, 법문사, 2012, P.297의 사례문제를 참조하였음

Ⅰ. 설문 (1) – 갑이 제기한 부작위위법확인소송의 인용가능성

1. 문제점

부작위위법확인소송은 '행정청의 부작위가 위법하다는 것을 확인하는 소송'을 말한다(행정소송법 제4조 제3호). 즉 행정청이 당사자의 신청에 대해 상당한 기간 내에 일정한 처분을 해야 할 법률상의 의무가 있음에도 불구하고 이를 행하지 않은 경우, 그 부작위가 위법함의 확인을 구하는 소송이다.

甲이 X광역시장을 상대로 부작위위법확인소송을 제기할 경우의 인용가능성을 검토하려면 ① 부작위위법확인소송의 소송요건, 특히 부작위가 존재하는지 여부, ② 부작위위법확인소송에서 법원의 심리범위가 문제된다.

2. 부작위위법확인소송의 소송요건

(1) 부작위의 존재

1) 당사자의 신청이 있을 것

부작위가 성립하기 위해서는 당사자의 신청이 있어야 한다. 신청은 신청요건을 갖춘 적법한 것이어야 한다. 이와 관련하여, 당사자의 신청권의 존부가 대상적격의 문제인지 아니면 원고적격의 문제인지에 관하여 견해가 대립한다. 판례는 "부작위위법확인의 소에 있어 <u>당사자가 행정청에 대하여 어떠한 행정행위를 하여 줄 것을 요구할 수 있는 법규상 또는 조리상 권리를 갖고 있지 아니한 경우에는 원고적격이 없거나 항고소송의 대상인 위법한 부작위가 있다고 볼 수 없어 그 부작위위법확인의 소는 부적법하다</u>"(대판 1999.12.7, 97누17568)고 하여 대상적격의 문제로 보는 동시에 원고적격의 문제로 보는 경향이다.

2) 상당한 기간이 경과할 것

상당한 기간이란 사회통념상 당해 신청에 대한 처분을 하는데 필요한 것으로 인정되는 기간을 말한다. 상당한 기간의 판단에는 처분의 성질·내용 등이 고려되나, 업무의 폭주·인력의 미비 같은 사정은 고려되지 않는다.

3) 일정한 처분을 할 법률상 의무가 존재할 것

일정한 처분이란 행정소송법 제2조 제1항 제1호 소정의 처분을 말한다.[587] 그리고 법률상 의무에는 명문의 규정에 의해 인정되는 경우뿐만 아니라 법령의 해석상 인정되는 경우도 포함된다.

---

587) 행정소송은 구체적 사건에 대한 법률상 분쟁을 법에 의하여 해결함으로써 법적 안정을 기하자는 것이므로 부작위위법확인소송의 대상이 될 수 있는 것은 구체적 권리의무에 관한 분쟁이어야 하고 추상적인 법령에 관하여 제정의 여부 등은 그 자체로서 국민의 구체적인 권리의무에 직접적 변동을 초래하는 것이 아니어서 그 소송의 대상이 될 수 없다(대판 1992.5.8, 91누11261).

4) 행정청이 아무런 처분도 하지 않았을 것

행정청이 인용처분을 하거나 거부처분을 하였다면 부작위라 할 수 없다. 법령이 일정한 상태에서 부작위를 거부처분으로 보는 규정을 둔 경우에는 부작위에 해당하지 않으므로 거부처분에 대하여 취소소송을 제기하여야 한다. 부작위위법확인소송계속중 거부처분이 있게 되면 부작위위법확인소송의 소의 이익은 상실되고 원고는 거부처분취소소송으로 소의 변경을 신청할 수 있다.

(2) 원고적격

부작위 위법확인소송은 처분의 신청을 한 자로서 부작위 위법의 확인을 구할 법률상 이익이 있는 자만이 제기할 수 있는데(제36조), 여기서 '신청을 한 자'의 의미가 문제된다. 이에 관하여 ① 처분을 신청한 자 모두가 해당한다는 견해, ② 법규상·조리상 응답신청권이 있는 자만을 의미한다는 견해가 대립한다. 판례는 <u>원고에게 신청권이 있어야 한다는</u> 입장이다.

(3) 사안의 경우

甲은 건축법상 건축허가를 신청할 권리가 있는 자로서 X광역시장에게 건축허가처분을 내려줄 것을 신청하였고, X광역시장은 건축허가 여부에 대하여 일정한 처분을 할 법률상 의무가 있다. 그러나 X광역시장은 상당한 기간이 지나도록 아무런 응답도 하지 아니하였으므로 甲의 부작위위법확인소송은 적법하다.

3. 소송의 심리범위

(1) 학설의 대립

1) 실체적 심리설(적극설)

부작위의 위법 여부뿐 아니라 신청의 실체적인 내용도 이유 있는지를 심리하여 행정청의 처리방향까지 제시하여야 한다는 견해이다. 이 견해는 ① 행정소송법상 부작위의 정의규정에서 '일정한 처분을 할 법률상 의무'는 '신청에 따른 처분을 하여 줄 의무'라는 점, ② 부작위위법확인소송이 의무이행소송과 같은 기능을 수행하도록 함으로써 국민의 권리구제에 기여하고, ③ 무용한 소송의 반복을 피할 수 있다는 점을 논거로 든다.[588]

2) 절차적 심리설(소극설)

법원의 심판대상은 부작위의 위법 여부를 확인하는데 그칠 뿐 행정청이 할 처분의 내용까

---

588) 실체적 심리설에서의 기속력의 의미(실체적 특정처분의무설): 기속행위의 경우에는 행정청이 해당처분을 하여야 할 의무가 있음에도 불구하고 이를 행하지 않는 부작위가 위법하다고 판시하여 판결의 기속력에 따라 신청에 따른 처분을 하도록 해야 하고, 재량행위의 경우에는 재량하자로 인한 부작위의 위법성이 인정될 경우에는 이를 적시하여 판결의 기속력에 따라 재량하자가 없는 처분을 하도록 해야 한다고 한다.

지 심리판단할 수 없다는 견해이다. 따라서 피고 패소 후 거부처분도 가능하다. 이 견해는 ① 행정소송법상 부작위의 정의규정에서 '일정한 처분을 할 법률상 의무'는 신청에 대한 응답의무라는 점, ② 의무이행소송을 도입하지 않고 부작위위법확인소송만을 도입한 입법취지에 비추어 실체적 심리설은 타당하지 않은 점을 논거로 든다.589)

(2) 판례의 태도

판례는 부작위위법확인소송을 '<u>부작위의 위법함을 확인함으로써 행정청의 응답을 신속하게 하여 부작위 내지 무응답이라고 하는 소극적인 위법상태를 제거하는 것을 목적으로 하는 소송</u>'으로 보고 있어 절차적 심리설을 취하고 있다.590)

(3) 검토

절차적 심리설을 비판하는 측에서는 처분의 발급여부 및 발급될 처분의 내용을 전적으로 행정청의 재량에 맡기는 입장으로서 이는 국민의 권리보호에 역행한다고 하거나, 부작위위법확인소송에서 승소하더라도 판결의 기속력이 신청의 실체적인 내용에 미치지 않아 행정청이 거부처분을 내리면 신청인은 다시 이에 대하 취소소송을 제기하여야 하므로 권리구제가 우회적이라고 한다.

그러나 행정소송법상 부작위위법확인소송이 정의규정과 소송물(부작위의 위법성)에 비추어 절차적 심리설이 타당하다. 현행법 해석상 절차적 심리설이 타당하지만 부작위위법확인소송은 권리구제제도로서는 불완전한 것이다. 입법론으로는 의무이행소송의 도입이 타당하다.

4. 행정지도를 이유로 한 부작위의 위법성591)

(1) 사안에서 X광역시장은 Y구청장의 행정지도를 불이행하고 있음을 이유로 판단을 유보하고 있다. 이와 관련해서 절차적 심리설에 따르면 X광역시장의 부작위 자체의 위법을 다투는 것이므로 부작위위법확인소송을 인용할 것이다. 그 후에 X광역시장이 주민동의를 구해오라는 행정지도를 따르지 아니하였음을 이유로 건축허가에 대한 거부처분을 내리더라도 판결의 기속력에는 반하지 않고 甲은 다시 그 거부처분에 대한 취소소송을 제기할 수밖에 없다.

---

589) 절차적 심리설에서의 기속력의 의미(형식적 응답의무설) : 부작위위법확인소송의 소송물은 부작위의 위법이므로 판결의 기속력은 행정청에게 응답의무가 있다는 점에만 미친다고 한다.
590) 부작위위법확인의 소는 행정청이 국민의 법규상 또는 조리상의 권리에 기한 신청에 대하여 상당한 기간 내에 그 신청을 인용하는 적극적 처분을 하거나 또는 각하 내지 기각하는 등의 소극적 처분을 하여야 할 법률상의 응답의무가 있음에도 불구하고 이를 하지 아니하는 경우 판결시를 기준으로 그 부작위의 위법함을 확인함으로써 행정청의 응답을 신속하게 하여 부작위 내지 무응답이라고 하는 소극적인 위법상태를 제거하는 것을 목적으로 하는 것이고, 나아가 당해 판결의 구속력에 의하여 행정청에게 처분등을 하게 하고, 다시 당해 처분등에 대하여 불복이 있는 때에는 그 처분등을 다투게 함으로써 최종적으로는 국민의 권리이익을 보호하려는 제도이다(대판 1992.7.28, 91누7361).
591) 이 부분과 소결 부분은 박정훈, 「행정법 사례연습」, 법문사, 2012, P.304를 인용함

(2) 그러나 건축허가에 있어서 법률의 규정에도 없는 주민동의를 요구하는 것은 甲의 기본권을 합리적인 이유없이 제한하는 것이므로 적법한 행정지도라고 볼 수 없고 이러한 행정지도를 따르지 않았다고 행정청이 건축허가신청에 대해서 거부나 부작위를 하는 것도 부적법하다.

5. 소결

위 사안에서 건축법 제11조 제4항의 건축허가는 재량행위로 판단되는데, 재량행위의 경우 행정청에는 종국적 결정에 대한 독자적 판단권 즉 재량권이 인정되고 있으므로 관계인은 자신의 신청대로의 처분을 구할 권리는 없으나 자신의 신청에 대하여는 종국적 결정에 이르는 과정에 있어 재량권의 한계를 준수하면서 처분을 할 것을 구하는 권리는 인정된다. 재량행위라 하여도 甲의 신청에 대하여 X광역시장은 인용 또는 거부의 처분을 하여야 할 의무는 있는 것이므로 당해 신청에 대하여 어떠한 처분도 하지 아니하고 이를 방치하고 있었던 시장의 부작위는 위법한 것이라 할 것이다. 그러므로 甲의 부작위위법확인소송은 인용될 것이다.

Ⅱ. 설문 (2) – 항고소송간의 소의 변경

1. 문제점

부작위위법확인소송계속중 거부처분이 있게 되면 부작위위법확인소송의 소의 이익은 상실된다. 사안의 경우와 같이 부작위위법확인소송이 제기될 당시에는 처분이 존재하지 않았으나, 그 소송 계속 중에 X광역시장의 신청에 대한 거부처분이 행해진 경우 부작위위법확인소송은 적법하지 않게 된다. 이 경우 소의 변경이 가능한지 가능하다면 그 근거가 무엇인지를 검토하기로 한다.

2. 행정소송법상 소의 변경

(1) 소의 변경의 의의

소송의 계속 후 당사자, 청구의 취지, 청구의 원인 등 전부 또는 일부를 변경하는 것을 소의 변경이라 한다. 소의 변경이 있어도 당초의 소에 의하여 개시된 소송절차가 유지되며 소송자료가 승계된다. 현행 행정소송법상 소의 변경에는 소의 종류의 변경(제21조), 처분변경 등으로 인한 소의 변경(제22조), 그리고 기타의 소의 변경(행정소송법 제8조에서 준용하는 민사소송법 제262조)이 있다.[592]

---

[592] 행정소송법의 변경에 관한 특례는 민사소송법상의 청구변경을 배제하는 취지가 아니므로, 원고는 소송절차를 현저히 지연시키지 않는 한 청구의 기초에 변경이 없는 한도 내에서 민사소송법의 규정(제262조·제263조)에 따라 청구의 취지 또는 원인을 변경할 수 있다.

사안에서는 부작위위법확인소송에서 거부처분취소소송으로의 소의 변경이 가능한지가 문제되므로 소의 종류의 변경에 관한 행정소송법 제21조와 이를 준용하는 행정소송법 제37조가 적용될 수 있을 것인지 검토해보아야 한다.

(2) 甲이 거부처분취소소송으로 소변경을 할 수 있는지 여부

1) 문제점

거부처분이 있었음에도 부작위인줄 알고 부작위위법확인소송을 제기한 경우에는 행정소송법 제37조와 제21조에 의해 부작위위법확인소송을 취소소송으로 변경하는 것이 가능하다.

그러나 부작위에 대하여 부작위위법확인소송을 제기한 후 행정청의 거부처분이 있는 경우에 행정소송법 제22조(처분변경으로 인한 소의 변경)가 부작위위법확인소송에 준용되고 있지 않으므로 행정소송법 제37조에 의해 거부처분에 대한 취소소송으로 변경하는 것이 가능한지 논란이 있다.

2) 학설의 대립

① **부정설**: 행정소송법 제21조의 취지가 행정소송 간에 소송의 종류의 선택을 잘못할 위험이 있어 이 규정에 의해 소의 종류의 변경을 인정한 것이라면 부작위에서 거부처분으로 발전된 사안과 같은 경우에는 입법취지를 고려하여 부작위위법확인소송에서 거부처분 취소소송으로 변경하는 것을 허용할 수 없다는 견해이다.

② **긍정설**: 입법론으로서는 사안과 같은 경우에 행정소송법 제22조의 처분변경에 의한 소의 변경규정을 준용하는 것이 타당하지만 부작위위법확인소송에 이를 준용하지 않고 있으므로(이는 입법의 불비라고 함) 행정소송법 제21조를 적용하여 부작위에서 거부처분으로 발전한 경우에도 소의 종류의 변경으로서 가능하다고 보는 견해가 있다.

3) 판례

판례는 "당사자가 동일한 신청에 대하여 부작위위법확인의 소를 제기하였으나 그 후 소극적 처분이 있다고 보아 처분취소소송으로 소를 교환적으로 변경한 후 여기에 부작위위법확인의 소를 추가적으로 병합한 경우, 최초의 부작위위법확인의 소가 적법한 제소기간 내에 제기된 이상 그 후 처분취소소송으로의 교환적 변경과 처분취소소송에의 추가적 변경 등의 과정을 거쳤다고 하더라도 여전히 제소기간을 준수한 것으로 봄이 상당하다."(대판 2009.7.23. 2008두10560)고 하여 허용하는 입장이다.

3. 검토 및 사안의 경우

현행 행정소송법이 처분 변경으로 인한 소의 변경을 규정하는 행정소송법 제22조를 부작위위법확인소송에 준용하지 않고 있는 것은 입법의 불비이므로 행정소송법 제37조에 의

해 준용되는 소의 종류의 변경을 규정하는 행정소송법 제21조의 문언에 충실한 해석을 하여 부작위에서 거부처분으로 발전한 경우에도 행정소송법 제21조를 적용하여 부작위위법확인소송을 취소소송으로 변경하는 것이 가능하다고 보아 입법의 불비를 해석을 통해 보완하여야 할 것이다(긍정설).[593]

한편 사안과 같은 경우에 소변경을 부정하는 견해에 의하면 기왕에 제기한 부작위위법확인소송을 취하하고 새로이 거부처분에 대한 취소소송을 제기할 수밖에 없는데, 이는 소송경제상으로 불합리하므로 소변경을 허용하는 것이 타당하다.

결국 甲으로서는 부작위위법확인소송을 거부처분에 대한 취소소송으로 소변경 신청을 하면 될 것이다.

Ⅲ. 설문 (3) - 거부처분에 대한 집행정지

1. 문제점

행정소송법은 '취소소송의 제기는 처분등의 효력이나 그 집행 또는 절차의 속행에 영향을 주지 아니한다'고 하여 집행부정지 원칙을 채택하고 있고(제23조 제1항), 제2항에서 일정한 요건 하에 예외적으로 집행정지를 허용하고 있다.

예외적 집행정지의 요건의 하나인 '처분의 존재'와 관련하여 거부처분에 대하여 집행정지가 가능한지에 관하여 견해의 대립이 있다. 사안의 경우 판결이 내려지기 전에 가구제로서 집행정지가 허용된다면 甲은 기존의 투전사업허가기간인 3년이 경과한 후에도 판결이 있기 전까지 계속하여 투전사업을 영위할 수 있다는 장점이 있는 반면, 거부처분에 대한 집행정지의 경우에는 행정청에게 처분을 명하는 적극적인 상태를 만드는 것이 아니어서 집행정지의 대상적격성이 부정되는 것은 아닌지 문제된다.

2. 학설의 대립

(1) 긍정설

집행정지결정으로 처분의 효력이 발생하는 것은 아니지만, 집행정지가 허용된다면 행정청에 사실상의 구속력을 갖게 될 것이라는 점을 논거로 한다.

(2) 부정설

집행정지는 행정처분이 없었던 것과 같은 상태를 만드는 것을 의미하고 그 이상으로 행정청에게 처분을 명하는 등 적극적인 상태를 만드는 것은 대상으로 될 수 없다고 본다(다수설).

---

[593] 박균성, 「공인노무사 행정쟁송법」, 고시계사, 2018, P.546.

(3) 제한적 긍정설

예외적으로 집행정지의 필요성이 인정되는 경우가 있다고 본다. 가령 기간에 제한이 있는 허가사업을 영위하는 자가 허가기간의 만료 시 갱신허가를 신청하였음에도 권한행정청이 거부처분한 경우에는 집행정지를 인정할 실익이 있기 때문이다.

3. 판례의 태도

판례는 사안과 같이 유효기간 만료 후 허가갱신신청을 거부한 투전기업소갱신허가불허처분에 대한 효력정지를 구할 이익이 있는지에 대한 사건에서 "허가갱신신청을 거부한 불허처분의 효력을 정지하더라도 이로 인하여 유효기간이 만료된 허가의 효력이 회복되거나 행정청에게 허가를 갱신할 의무가 생기는 것도 아니라 할 것이니 투전기업소갱신허가불허처분의 효력을 정지하더라도 불허처분으로 입게 될 손해를 방지하는 데에 아무런 소용이 없고 따라서 불허처분의 효력정지를 구하는 신청은 이익이 없어 부적법하다"라고 판시하여 부정적인 입장이다.[594)595)]

4. 검토 및 사안의 경우

제한적 긍정설이 현행 집행정지제도가 갖고 있는 기능적 한계를 집행정지신청의 이익에 관한 해석론에 의해 극복하여 권리구제의 실효성을 확보하고자 하는 것이므로 타당하다고 생각된다. 즉 거부처분의 집행정지에 의하여 거부처분이 행해지지 아니한 상태로 복귀됨에 따라 신청인에게 어떠한 법적 이익이 있다고 인정되는 경우가 있을 수 있고, 그러한 경우에는 예외적으로 집행정지신청의 이익이 있다고 할 것이다. 예컨대, 거부처분이라 하더라도 집행정지의 신청의 이익이 있다고 볼 수 있는 경우로는 ① 연장허가신청에 대한 거부처분이 있을 때까지 권리가 존속한다고 법에 특별한 규정이 있는 경우, ② 특별한 규정이 없는 경우에도 인허가 등에 붙여진 기간이 허가조건의 존속기간(갱신기간)으로 볼 수 있는 경우, ③ 외국인 체류연장신청거부(이 경우 거부처분이 집행정지되면 강제출국 당하지 않을 이익이 있다) 등이 있다.

사안의 경우는 기간연장신청의 경우로서 거부처분이라도 예외적으로 집행정지를 인정할 수 있는 경우이다.

---

594) 대판 1993.2.10, 92두72
595) 허가신청에 대한 거부처분은 그 효력이 정지되더라도 그 처분이 없었던 것과 같은 상태를 만드는 것에 지나지 아니하는 것이고 그 이상으로 행정청에 대하여 어떠한 처분을 명하는 등 적극적인 상태를 만들어 내는 경우를 포함하지 아니하는 것이므로, 교도소장이 접견을 불허한 처분에 대하여 효력정지를 한다 하여도 이로 인하여 위 교도소장에게 접견의 허가를 명하는 것이 되는 것도 아니고 또 당연히 접견이 되는 것도 아니어서 접견허가거부처분에 의하여 생길 회복할 수 없는 손해를 피하는 데 아무런 보탬도 되지 아니하니 접견허가거부처분의 효력을 정지할 필요성이 없다(대결 1991.5.2, 91두15).

5. 그 밖의 집행정지 요건 충족 여부

설문상 본안인 취소소송이 계속되고 있음이 명백하고, 계속하던 사업을 중단하게 된다면 회복하기 어려운 손해가 발생할 것이므로 이를 예방할 필요가 있고, 긴급성 또한 인정된다. 그리고 기간이 붙은 허가사업을 영위해 오던 자에게 본안이 있을 때까지 잠정적으로 사업을 영위하도록 한다고 하여 공공복리에 중대한 영향이 생긴다고 할 수도 없을 것이다. 그리고 설문에서 분명치는 않으나 甲의 취소소송에 이유 없음이 명백해 보이는 특별한 사정도 보이지 않는다. 그러므로 甲이 X광역시장의 거부에 대해 집행정지를 청구한다면 인용되어야 한다고 본다.

연습 131

A시 시장인 乙은 甲이 A시에서 진행하고 있는 공사가 관련 법령을 위반하였다는 이유로 해당 공사를 중지하는 명령을 하였다. 甲은 그 명령 이후에 그 원인사유가 소멸하였음을 들어 乙에 대하여 공사중지명령의 철회를 신청하였다. 그러나 乙은 그 원인사유가 소멸되지 않았다고 판단하여 甲의 신청에 대하여 아무런 응답을 하지 않고 있다. 乙의 행위가 위법한 부작위에 해당하는지에 대하여 설명하시오. (25점)

〈공인노무사 2020〉

Ⅰ. 문제의 소재

甲이 A시 시장 乙에게 공사중지명령의 철회를 신청하였으나 乙은 甲의 신청에 대하여 아무런 응답을 하지 않고 있다. 이에 대해 甲이 의무이행심판 또는 부작위위법확인소송을 제기하기 위한 적법요건으로서 부작위가 존재하는지 문제가 될 수 있다.[596]

Ⅱ. 거부처분과 부작위의 구별

1. 구별의 필요성

거부처분으로 판단될 경우에는 취소소송을, 부작위로 판단되는 경우에는 부작위위법확인소송을 제기해야 하므로 소송형태의 선택을 위해 구별이 필요하다.
판례는 특히 행정청의 부작위는 그 자체로 위법하다는 입장이다.[597]

---

[596] 이 문제의 배경이 된 사건의 사실관계는 다음과 같다. 원고가 공사중지명령을 받은 이후인 2000. 11. 8. 이 사건 도로가 더 이상 주차장의 주진출입로로 이용되지 않도록 함과 아울러, 흙막이 공법도 참가인의 동의가 필요 없는 스트러트 공법으로 설계변경함으로써 이 사건 공사중지명령의 원인사유가 소멸하였음을 이유로 공사중지명령의 철회를 신청하였고, 피고가 사실심 변론종결시까지 이에 대하여 아무런 응답을 하지 않고 있었다. 대법원은 "행정청이 행한 공사중지명령의 상대방은 그 명령 이후에 그 원인사유가 소멸하였음을 들어 행정청에게 공사중지명령의 철회를 요구할 수 있는 조리상의 신청권이 있다 할 것이고, 상대방으로부터 그 신청을 받은 행정청으로서는 상당한 기간 내에 그 신청을 인용하는 적극적 처분을 하거나 각하 또는 기각하는 등의 소극적 처분을 하여야 할 법률상의 응답의무가 있다고 할 것이며, 행정청이 상대방의 신청에 대하여 아무런 적극적 또는 소극적 처분을 하지 않고 있는 이상 행정청의 부작위는 그 자체로 위법하다고 할 것이고, 구체적으로 그 신청이 인용될 수 있는지 여부는 소극적 처분에 대한 항고소송의 본안에서 판단하여야 할 사항이라고 할 것이다."라고 판시하였다(대판 2005.4.14. 2003두7590).

[597] 대판 2005.4.14. 2003두7590

2. 구별의 기준

"거부처분"이란 기존의 법률상태의 변동을 발생시키지 않겠다는 의사를 표시하는 행정행위를 말한다. 이에 반하여 "부작위"라 함은 행정청이 당사자의 신청에 대하여 상당한 기간 내에 일정한 처분을 하여야 할 법률상 의무가 있음에도 불구하고 이를 하지 아니하는 것을 말한다(행정심판법 제2조 제2호, 행정소송법 제2조 제1항 제2호).

일반적으로 신청에 대응한 처분을 하지 않고 방치한 경우에는 부작위에 해당하나, 법령에서 신청에 대해 일정 기간 내에 처분이 없으면 거부처분으로 간주한다고 규정하고 있는 경우이거나, 경원자관계에 있는 자에 대해 인용처분을 발한 경우에는 거부처분이 있는 것으로 본다.

3. 사안의 경우

사안에서 乙은 甲의 신청에 대하여 아무런 응답을 하지 않고 있으므로 기존의 법률상태를 발생시키지 않겠다는 의사를 적극적으로 표시한 거부처분이라고는 할 수 없다.

따라서 아래에서는 부작위의 성립요건을 살펴봄으로써 乙의 행위가 위법한 부작위에 해당하는지 판단하기로 한다.

Ⅲ. 행정쟁송법상 부작위

1. 부작위의 의의

부작위란 '행정청이 당사자의 신청에 대하여 상당한 기간 내에 일정한 처분을 하여야 할 법률상 의무가 있음에도 불구하고 이를 하지 아니하는 것'을 말한다(행정심판법 제2조 제2호, 행정소송법 제2조 제1항 제2호).

2. 부작위의 요건

(1) 당사자의 신청

부작위가 성립하기 위해서는 당사자의 신청이 있어야 한다(예 수익적 처분을 해달라는 청구 또는 환경오염의 규제 등 행정개입을 청구). 신청은 신청요건을 갖춘 적법한 것이어야 한다.

당사자의 신청권의 존부가 대상적격의 문제인지 아니면 원고적격의 문제인지에 관하여 견해가 대립한다. 판례는 "부작위위법확인의 소에 있어 당사자가 행정청에 대하여 어떠한 행정행위를 하여 줄 것을 요구할 수 있는 법규상 또는 조리상 권리를 갖고 있지 아니한 경우에는 원고적격이 없거나 항고소송의 대상인 위법한 부작위가 있다고 볼 수 없어 그 부작위위법확인의 소는 부적법하다"(대판 1999.12.7, 97누17568)고 하여 대상적격의 문제로 보는 동시에 원고적격의 문제로 본다(대판 2008.4.10, 2007두18611).

(2) 상당한 기간의 경과

상당한 기간이란 사회통념상 당해 신청에 대한 처분을 하는데 필요한 것으로 인정되는 기간을 말한다. 상당한 기간의 판단에는 처분의 성질·내용 등이 고려되나, 업무의 폭주·인력의 미비 같은 사정은 고려되지 않는다.

(3) 일정한 처분을 할 법률상 의무의 존재

일정한 처분이란 행정소송법 제2조 제1항 제1호 소정의 처분을 말한다.[598] 그리고 법률상 의무에는 명문의 규정에 의해 인정되는 경우뿐만 아니라 법령의 해석상 인정되는 경우도 포함된다.[599][600]

(4) 행정청이 아무런 처분도 하지 않았을 것

행정청이 인용처분을 하거나 거부처분을 하였다면 부작위라 할 수 없다. 법령이 일정한 상태에서 부작위를 거부처분으로 보는 규정을 둔 경우에는 부작위에 해당하지 않으므로 거부처분에 대하여 취소소송을 제기하여야 한다. 부작위위법확인소송계속중 거부처분이 있게 되면 부작위위법확인소송의 소의 이익은 상실되고 원고는 거부처분취소소송으로 소의 변경을 신청할 수 있다.

---

[598] 행정소송은 구체적 사건에 대한 법률상 분쟁을 법에 의하여 해결함으로써 법적 안정을 기하자는 것이므로 부작위위법확인소송의 대상이 될 수 있는 것은 구체적 권리의무에 관한 분쟁이어야 하고 추상적인 법령에 관하여 제정의 여부 등은 그 자체로서 국민의 구체적인 권리의무에 직접적 변동을 초래하는 것이 아니어서 그 소송의 대상이 될 수 없다(대판 1992.5.8, 91누11261).

[599] 검사의 임용 여부는 임용권자의 자유재량에 속하는 사항이나, 임용권자가 동일한 검사신규임용의 기회에 원고를 비롯한 다수의 검사 지원자들로부터 임용 신청을 받아 전형을 거쳐 자체에서 정한 임용기준에 따라 이들 일부만을 선정하여 검사로 임용하는 경우에 있어서 법령상 검사임용 신청 및 그 처리의 제도에 관한 명문 규정이 없다고 하여도 조리상 임용권자는 임용신청자들에게 전형의 결과인 임용 여부의 응답을 해줄 의무가 있다고 할 것이며, 응답할 것인지 여부 조차도 임용권자의 편의재량사항이라고는 할 수 없다(대판 1991.2.12, 90누5825).

[600] 4급 공무원이 당해 지방자치단체 인사위원회의 심의를 거쳐 3급 승진대상자로 결정되고 임용권자가 그 사실을 대내외에 공표까지 하였다면, 그 공무원은 승진임용에 관한 법률상 이익을 가진 자로서 임용권자에 대하여 3급 승진임용을 신청할 조리상의 권리가 있고, 이러한 공무원으로부터 소청심사청구를 통해 승진임용신청을 받은 행정청으로서는 상당한 기간 내에 그 신청을 인용하는 적극적 처분을 하거나 각하 또는 기각하는 등의 소극적 처분을 하여야 할 법률상의 응답의무가 있다. 그럼에도, 행정청이 위와 같은 권리자의 신청에 대해 아무런 적극적 또는 소극적 처분을 하지 않고 있다면 그러한 행정청의 부작위는 그 자체로 위법하다(대판 2009.7.23, 2008두10560).

Ⅳ. 설문의 해결

사안에서 시장 乙이 甲의 신청에 대하여 아무런 응답을 하지 않고 있으므로 이를 거부처분으로 파악할 수는 없다.

(1) 설문에서 관련 법령을 확인할 수 없으나 甲은 처분의 원인사유가 소멸하였음을 들어 처분의 철회를 신청할 수 있음은 최소한 조리상 권리로서 보장된다고 할 수 있다. 그에 따라 적법하게 신청한 것으로 보인다.

(2) 시장 乙은 甲의 신청에 대해 공사중지명령의 철회결정 또는 거부를 하여야 할 의무가 있음에도 甲에게 그 원인사유가 소멸되지 않았다고 만연히 판단하여 아무런 응답을 하지 않고 있다.

(3) 따라서 사회통념상 당해 신청에 대한 처분을 하는데 필요한 것으로 인정되는 기간을 경과한 상태라면 의무이행심판 또는 부작위위법확인소송의 요건인 부작위에 해당한다. 그리고 판례에 따르면 위와 같은 요건이 충족되면 부작위는 그 자체로서 위법하다.

연습 132

A도지사는 관내 B시의 일정지역을 친환경 산업단지로 개발하기 위하여 ○○일반산업단지(이하 '산업단지'로 지정하고 이에 관한 ○○일반산업단지관리계획(이하 '관리계획')을 수립·고시하였다. B시의 시장 乙은 A도지사로부터 산업단지의 관리업무를 위임받아 이를 관리하고 있다. 甲은 산업단지 내 부지에서 '코코아제품 제조업' 운영을 내용으로 하는 입주계약을 체결한 후 사업을 개시하였다. 이후 甲은 동일한 부지에 지식산업센터를 설립하여 업종을 '첨단제품 개발 및 공급업'으로 변경하겠다는 내용의 입주계약변경신청을 하면서 이에 관한 사업계획서를 B시에 제출하여 입주변경계약(이하 '이 사건 입주변경계약')을 체결하였다. 그에 따라 첨단제품 제조에 필요한 금속도금업을 주 유치업종으로 하는 지식산업센터의 설립이 승인되었다. 한편, B시 주민 丙은 이 사건 입주계약변경이 환경오염을 유발할 우려가 있다고 주장하며 乙에게 여러 차례 민원을 제기하였다. 이에 乙은 친환경 산업단지 조성이라는 관리계획의 방향에 위배된다는 이유로 甲과 체결한 이 사건 입주변경계약을 해지하였다. 다음의 물음에 답하시오.

(1) 甲은 이 사건 입주변경계약 해지의 위법을 다투고자 한다. 이 사건 입주변경계약 해지의 법적 성질을 설명하고, 입주변경계약 해지를 다투기 위한 소송의 유형을 검토하시오. (25점)

(2) B시 주민 丙은 산업단지로 인한 생활 및 환경상의 피해를 호소하며 관리계획의 변경을 A도지사에게 요청하였으나, A도지사는 이에 대하여 어떤 조치도 취하고 있지 않다. 관리계획의 법적 성질을 설명하고, B시 주민 丙이 A도지사를 상대로 취할 수 있는 행정쟁송법상 권리구제수단을 검토하시오.601) (25점)

[참고조문]

「산업집적활성화 및 공장설립에 관한 법률」

제13조【공장설립등의 승인】① 공장의 신설·증설 또는 업종변경(이하 "공장설립등"이라 한다)을 하려는 자는 대통령령으로 정하는 바에 따라 시장·군수 또는 구청장의 승인을 받아야 하며, 승인을 받은 사항을 변경하려는 경우에도 또한 같다.

② 다음 각 호의 어느 하나에 해당하는 경우에는 제1항에 따른 공장설립등의 승인을 받은 것으로 본다.

2. 제38조 제1항 본문 및 제2항에 따른 입주계약 및 변경계약을 체결한 경우

제33조【산업단지관리계획의 수립】① 관리기관은 「산업입지 및 개발에 관한 법률」에 따라 산업단지가 지정된 경우에는 산업단지로 관리할 필요가 있는 지역에 대하여 대통령령으로 정하는 바에 따라 산업단지관리계획(이하 "관리계획"이라 한다)을 수립하여야 한다.

---

601) 2022 법학전문대학원협의회 모의시험

⑦ 관리계획은 다음 각 호의 사항을 포함하여야 한다.
1. 관리할 산업단지의 면적에 관한 사항
2. 입주대상업종 및 입주기업체의 자격에 관한 사항
3. 산업단지의 용지(이하 "산업용지"라 한다)의 용도별 구역에 관한 사항
4. 업종별 공장의 배치에 관한 사항

제38조【입주계약 등】① 산업단지에서 제조업을 하거나 하려는 자는 산업통상자원부령으로 정하는 바에 따라 관리기관과 그 입주에 관한 계약(이하 "입주계약"이라 한다)을 체결하여야 한다.
② 입주기업체 및 지원기관이 입주계약사항 중 산업통상자원부령으로 정하는 사항을 변경하려는 경우에는 새로 변경계약을 체결하여야 한다.
③ 제1항과 제2항은 산업단지에서 제조업 외의 사업을 하거나 하려는 자에 대하여 준용한다.

제42조【입주계약의 해지 등】① 관리기관은 입주기업체 또는 지원기관이 다음 각 호의 어느 하나에 해당하는 경우에는 대통령령으로 정하는 기간 내에 그 시정을 명하고 이를 이행하지 아니하는 경우 그 입주계약을 해지할 수 있다.
5. 제38조 및 제38조의2에 따른 입주계약을 위반한 경우
② 제1항에 따라 입주계약이 해지된 자는 남은 업무의 처리 등 대통령령으로 정하는 업무를 제외하고는 그 사업을 즉시 중지하여야 한다.

제43조【입주계약 해지 후의 재산처분 등】① 제42조 제1항 각 호의 사유로 입주계약이 해지된 자는 그가 소유하는 산업용지 및 공장등을 산업통상자원부령으로 정하는 기간에 제39조 제1항 및 제2항에 따라 처분하여야 한다.

제43조의2【양도의무 불이행자에 대한 조치】① 관리권자는 공장등을 취득한 자가 다음 각 호의 어느 하나에 해당하는 경우에는 대통령령으로 정하는 바에 따라 공장등의 철거를 명할 수 있다.
2. 제43조 제1항에 따른 기간에 공장등을 양도하지 아니한 경우
③ 제1항에 따른 철거명령을 하려면 청문을 하여야 한다.

제43조의3【이행강제금】① 관리권자는 제43조 제1항에 따른 처분·양도 의무를 이행하지 아니한 자에 대하여는 산업통상자원부령으로 이행기한을 정하여야 하며, 그 기한까지 의무를 이행하지 아니한 경우에는 처분·양도할 재산가액의 100분의 20에 해당하는 금액의 이행강제금을 부과할 수 있다.

제52조【벌칙】② 다음 각 호의 어느 하나에 해당하는 자는 3년 이하의 징역 또는 3천만원 이하의 벌금에 처한다.
6. 제42조 제2항을 위반하여 계속 그 사업을 하는 자

Ⅰ. 설문 (1) – 입주변경계약 해지를 다투기 위한 소송의 유형

1. 쟁점의 정리

B시의 시장 乙의 입주계약변경 해지의 법적 성질을 판단하기 위하여 처분성, 공법상 계약 해지와의 구별 문제를 검토한다.

그리고 그 법적 성질에 따라 입주변경계약 해지를 항고소송과 당사자소송의 방법 가운데 무엇으로 다투어야 하는지 검토한다.

2. 입주변경계약 해지의 법적 성질

(1) 처분성 인정 여부

① **처분개념** : 행정소송법은 취소소송의 대상을 처분등으로 명시하고 있다(제4조 제1호). 여기에서 처분등이란 '행정청이 행하는 구체적 사실에 관한 법집행으로서의 공권력의 행사 또는 그 거부와 그 밖에 이에 준하는 행정작용 및 행정심판에 대한 재결'을 말한다(제2조 제1항 제1호).

판례는 "행정청의 어떤 행위가 항고소송의 대상이 될 수 있는지는 추상적·일반적으로 결정할 수 없고, 구체적인 경우 행정처분은 행정청이 공권력 주체로서 행하는 구체적 사실에 관한 법집행으로서 국민의 권리의무에 직접적으로 영향을 미치는 행위라는 점을 염두에 두고, 관련 법령의 내용과 취지, 행위의 주체·내용·형식·절차, 그 행위와 상대방 등 이해관계인이 입는 불이익과의 실질적 견련성, 그리고 법치행정 원리와 당해 행위에 관련한 행정청 및 이해관계인의 태도 등을 참작하여 개별적으로 결정해야 한다."고 판시하고 있다.[602]

② **사안의 경우** : B시의 시장 乙은 산업단지의 관리기관으로서 입주계약 또는 입주변경계약의 체결권한을 갖는다는 점, 그리고 계약체결시 공장설립 승인의 법률효과 부여, 입주계약 및 변경계약 체결 의무와 그 의무를 불이행한 경우의 형사적 내지 행정적 제재, 입주계약해지의 절차, 그 해지통보에 수반되는 법적 의무 및 그 의무를 불이행한 경우의 형사적 내지 행정적 제재 등을 종합적으로 고려하면, 이 사건 변경계약 취소는 <u>행정청인 관리권자로부터 관리업무를 위탁받은 시장 乙이 우월적 지위에서 입주기업체들에게 일정한 공법상 법률효과를 발생하게 하는 것으로서 항고소송의 대상이 되는 행정처분에 해당한다</u>고 보아야 한다.[603]

---

602) 대판 2012.9.27. 2010두3541
603) 대판 2017.6.15. 2014두46843

(2) 공법상 계약 해지와의 구별

공법상 계약이란 공법적 효과의 발생을 목적으로 하여 대등한 당사자 사이의 의사표시의 합치로 성립하는 공법행위를 말한다. 사안은 시장 乙이 우월한 지위에서 행하는 행정작용으로서 공권력적 작용이므로 공법상 계약의 해지와는 구별된다.

3. 소송의 유형

(1) 행정소송의 종류

행정소송 가운데 항고소송은 행정청의 처분등이나 부작위에 대하여 제기하는 소송이며, 당사자소송은 행정청의 처분등을 원인으로 하는 법률관계에 관한 소송 그 밖에 공법상의 법률관계에 관한 소송으로서 그 법률관계의 한쪽 당사자를 피고로 하는 소송이다(행정소송법 제3조).

그리고 항고소송은 다시 ① 행정청의 위법한 처분등을 취소 또는 변경하는 취소소송, ② 행정청의 처분등의 효력 유무 또는 존재여부를 확인하는 무효등확인소송, ③ 행정청의 부작위가 위법하다는 것을 확인하는 부작위위법확인소송으로 구분된다(행정소송법 제4조).

(2) 무효와 취소의 구별

무효인 행정행위는 외관상으로는 행정행위로 존재하고 있으나 그 하자가 중대하고 명백하여 처음부터 당연히 그 효과를 발생하지 못하는 행정행위를 말하며, 취소할 수 있는 행정행위는 그 성립에 하자가 있음에도 불구하고 권한 있는 기관이 취소하기 전까지 유효한 행정행위를 말한다.

무효와 취소의 구별기준으로서 중대설, 중대명백설, 조사의무설, 명백성 보충요건설, 구체적 가치형량설 등이 대립한다.

판례는 "처분이 당연무효라고 하기 위하여는 처분에 위법사유가 있다는 것만으로는 부족하고 하자가 법규의 중요한 부분을 위반한 중대한 것으로서 객관적으로 명백한 것이어야 하며, 하자가 중대하고 명백한지를 판별할 때에는 처분의 근거가 되는 법규의 목적·의미·기능 등을 목적론적으로 고찰함과 동시에 구체적 사안 자체의 특수성에 관하여도 합리적으로 고찰하여야 한다."604)고 하여 중대명백설을 취하고 있다.

(3) 사안의 경우

입주변경계약 해지는 처분이므로 당사자소송이 아니라 항고소송으로 다투어야 한다. 그리고 그 하자의 정도에 따라 취소소송 또는 무효등확인소송을 제기하여야 한다.

---

604) 대판 2019.5.16. 2018두34848

4. 문제의 해결

입주변경계약 해지의 법적 성질은 항고소송의 대상이 되는 처분의 성질을 갖는다. 따라서 이 사건 입주변경계약 해지를 다투기 위한 소송의 유형은 항고소송이며, 처분의 하자의 정도에 따라 취소소송 또는 무효확인소송으로 다투어야 한다.

Ⅱ. 설문 (2) – 부작위에 대한 행정쟁송법상 권리구제수단

1. 쟁점의 정리

A도지사의 산업단지관리계획이 입주기업의 권리나 의무에 직접 영향을 미칠 수 있는 구속적 행정계획인지 그 법적 성질을 검토한다.

그리고 A도지사의 부작위에 대해 주민 丙이 행정쟁송법상의 권리구제수단으로 의무이행심판 및 임시처분과 행정소송법상 부작위위법확인소송을 제기할 수 있는지 검토한다.

2. 관리계획의 법적 성질

(1) 행정계획

행정계획은 '행정에 관한 전문적·기술적 판단을 기초로 하여 특정한 행정목표를 달성하기 위하여 서로 관련되는 행정수단을 종합·조정함으로써 장래의 일정한 시점에 있어서 일정한 질서를 형성하기 위하여 설정된 활동기준'이다.[605]

사안에서 일반산업단지의 관리권자인 A도지사가 수립한 산업단지관리계획은 산업단지의 관리라는 행정목표를 달성하기 위한 행정수단을 종합하는 행정계획에 해당한다.

(2) 행정계획의 처분성

판례는 행정계획을 개별적으로 검토하여 성질을 판단한다는 개별검토설의 입장에서, 구 도시계획법상 도시기본계획(현 도시·군기본계획)은 일반지침에 불과하다고 하였고[606], 토지구획정리사업법상 환지계획도 처분성이 없다고 하였다.[607] 즉 행정계획이 행정활동의 지침으로서 만의 성격에 그치거나 행정조직 내부에서의 효력만을 가질 때는 항고소송의 대상으로서의 처분성을 갖지 않는다.

그러나 구 도시계획법상 도시계획결정(현 도시·군관리계획)은 법률규정과 결합하여 각종 권리제한효과를 가져옴으로써 특정 개인의 권리 내지 법률상 이익을 개별적이고 구체적으

---

605) 대판 2007.4.12. 2005두1893
606) 대판 2002.10.11. 2000두8226
607) 대판 1999.8.20. 97누6889

로 규제하는 효과를 가져 오게 하는 행정청의 처분이라고 보았다.608) 또한 판례는 <u>구속적인 행정계획을 재량행위로 이해하고 있다.</u>609)

(3) 사안의 경우

「산업집적활성화 및 공장설립에 관한 법률」제33조 등 관련 규정들을 종합하면 관리계획은 특정 입주업체의 권리 내지 법률상 이익을 개별적이고 구체적으로 규제하는 효과를 가져오는 구속적 행정계획으로서 처분에 해당한다.

3. 행정쟁송법상 권리구제수단

(1) 의무이행심판 및 임시처분

의무이행심판은 당사자의 신청에 대한 행정청의 위법 또는 부당한 거부처분이나 부작위에 대하여 일정한 처분을 하도록 하는 행정심판이다(행정심판법 제5조 제3호).

사안은 부작위가 문제되는 경우로서, 부작위가 성립되려면 ① 공권력 행사의 신청, ② 법규상 또는 조리상 신청권이 있을 것, ③ 상당한 기간의 경과, ④ 처분을 하여야 할 법률상 의무, ⑤ 처분의 부존재를 요건으로 한다.

사안의 경우 ① 주민 丙에게 관리계획의 변경에 관하여 신청할 수 있다는 규정이 없고, 계획변경청구권을 일반 주민에게 인정하기 어려우며, ② 乙시장에게 계획변경 등의 처분을 할 법률상 의무를 인정하기 어렵고, ③ 행정청이 관리계획변경 요청을 받아들이지 않는다고 하여 일반 주민인 丙의 권리나 법적 이익에 어떤 영향을 준다고 할 수 없는 점 등을 고려하면 위법한 부작위라고 할 수 없다. 따라서 의무이행심판의 청구는 적절한 방법이라 할 수 없다.

이 경우 임시처분(행정심판법 제31조)을 생각해볼 수 있으나, 乙시장의 부작위가 위법·부당하다고 상당히 의심되는 경우라고 보기 어려울뿐더러, 주민 丙에게 중대한 불이익이나 급박한 위험이 발생할 것이라는 점이 인정될 수 없을 것이다.

(2) 부작위위법확인소송 및 가처분

부작위위법확인소송은 '행정청의 부작위가 위법하다는 것을 확인하는 소송'을 말한다(행정소송법 제4조 제3호). 의무이행심판에서 丙의 청구가 인용되지 않는 경우나, 행정심판을 거치지 않고 丙은 부작위위법확인소송을 제기할 수 있다.

그러나 위에서 본 바와 마찬가지로 乙시장의 부작위를 위법한 부작위라고 할 수 없어 부작위위법확인소송도 적절한 방법이라 할 수 없다.

---

608) 대판 1982.3.9. 80누105
609) 대판 1997.9.26. 96누10096

이 경우 별도로 가구제로서 민사집행법상 가처분을 고려해 볼 수 있으나, 해석론으로는 행정소송법이 민사집행법상의 가처분을 배제하고 특별한 규정을 둔 것이므로 행정소송에는 적용되지 않는다고 봄이 타당하다. 판례의 태도도 그러하다.610)

(3) 의무이행소송 인정 여부

의무이행소송이란 당사자의 일정한 행정행위의 신청에 대하여 행정청이 거부하거나 부작위로 대응한 경우, 행정청에 일정한 행정행위를 해 줄 것을 청구하는 내용의 행정소송을 말한다. 그러나 우리 행정소송법은 그에 관한 명문의 규정이 없어 ① 행정청의 1차적 판단권의 존중 및 권력분립원칙을 이유로 하는 소극설, ② 권력분립 원칙의 참뜻은 권력 상호간의 견제와 균형을 도모함으로써 권력의 남용을 막고 개인의 권리를 보장하는 데 있다는 적극설이 대립한다.

판례는 행정청으로 하여금 일정한 행정처분을 하도록 명하는 이행판결을 구하는 소송은 인정되지 않는다는 입장이다.611)

4. 문제의 해결

A도지사의 부작위에 대해 B시 주민 丙은 행정심판법상 의무이행심판 및 임시처분과 행정소송법상 부작위위법확인소송을 고려해볼 수 있으나 부작위의 요건 불성립으로 인정되지 못할 것이다. 그리고 가처분이나 의무이행소송도 허용되기 어렵다.

---

610) 대결 1992.7.6. 92마54
611) 대판 1997.9.30. 97누3200

연습 133

甲은 B광역시장의 허가를 받지 아니하고 B광역시에 공장 건물을 증축하여 사용하고 있다. 이에 B광역시장은 甲에 대하여 증축한 부분을 철거하라는 시정명령을 내렸으나 甲은 이를 이행하지 아니하고 있다. 다음 물음에 답하시오.612)

(1) B광역시장은 상당한 기간이 경과하였음에도 甲에 대하여 이행강제금을 부과·징수하지 않고 있다. 이에 대하여 B광역시 주민 乙은 부작위위법확인소송을 통하여 다투려고 한다. B광역시장이 甲에 대하여 이행강제금을 부과·징수하지 않고 있는 행위는 부작위위법확인소송의 대상이 되는가?613) (15점)

(2) B광역시장이 甲에 대하여 일정기간까지 이행강제금을 납부할 것을 명하였으나, 甲은 이에 불응하였다. B광역시장은 「지방행정제재·부과금의 징수 등에 관한 법률」 제8조에 따라 다시 甲에게 일정 기간까지 위 이행강제금을 납부할 것을 독촉하였다. 위 독촉행위는 항고소송의 대상이 되는가? (15점)

[참고조문]
건축법
제80조【이행강제금】① 허가권자는 제79조 제1항에 따라 시정명령을 받은 후 시정기간 내에 시정명령을 이행하지 아니한 건축주등에 대하여는 그 시정명령의 이행에 필요한 상당한 이행기한을 정하여 그 기한까지 시정명령을 이행하지 아니하면 다음 각 호의 이행강제금을 부과한다.
~ 2. (생략)
⑦ 허가권자는 제4항에 따라 이행강제금 부과처분을 받은 자가 이행강제금을 납부기한까지 내지 아니하면 「지방행정제재·부과금의 징수 등에 관한 법률」에 따라 징수한다.

지방행정제재·부과금의 징수 등에 관한 법률
제2조【정의】이 법에서 사용하는 용어의 뜻은 다음과 같다.
1. "지방행정제재·부과금"이란 지방자치단체의 장 및 그 소속 행정기관의 장이 행정목적을 달성하기 위하여 법률에 따라 부과·징수하여 지방자치단체의 수입으로 하는 조세 외의 금전으로서 과징금, 이행강제금, 부담금, 변상금 및 그 밖의 조세 외의 금전으로서 다른 법률에서 이 법에 따라 징수하기로 한 금전을 말한다.

---

612) 2016년 5급 공채 기출문제
613) 위 문제와 별도로, '이행강제금의 부과·징수를 게을리한 행위'에 대하여 주민은 지방자치법 제17조 제1항에 의한 주민소송을 제기할 수 있다. 주민소송은 객관적 소송의 하나인 민중소송이다.

> 제8조【독촉】① 납부의무자가 지방행정제재·부과금을 납부기한까지 완납하지 아니한 경우에는 지방자치단체의 장은 납부기한이 지난 날부터 50일 이내에 독촉장을 발급하여야 한다.
> ② 제1항에 따라 독촉장을 발급할 때에는 납부기한을 발급일부터 20일 이내로 한다.
> 제9조【압류의 요건 등】① 지방자치단체의 장은 체납자가 제8조 또는 지방행정제재·부과금관계법에 따라 독촉장을 받고 지정된 기한까지 지방행정제재·부과금과 가산금을 완납하지 아니한 경우에는 체납자의 재산을 압류한다.

Ⅰ. 설문 (1) – 부작위위법확인소송의 대상

1. 문제의 소재

B광역시장이 이행강제금을 부과·징수하지 않는 행위가 부작위위법확인소송의 대상인지와 관련해서 행정소송법 제2조 제1항 제2호의 부작위에 해당하는지, 특히 주민에게 이행강제금 부과 및 징수를 요구할 수 있는 신청권이 인정되는지가 문제된다.

2. 부작위위법확인소송의 대상

(1) 의의

부작위위법확인소송이란 행정청의 부작위가 위법하다는 것을 확인하는 소송이다(행정소송법 제4조 제3호).

이때 "부작위"라 함은 행정청이 당사자의 신청에 대하여 상당한 기간 내에 일정한 처분을 하여야 할 법률상 의무가 있음에도 불구하고 이를 하지 아니하는 것을 말한다(제2조 제1항 제2호).

(2) 부작위의 성립요건

① 당사자의 신청이 있을 것

㉠ 당사자의 신청행위가 있을 것 : 이 경우 당사자의 신청은 단지 당사자의 적법한 신청행위가 있는 것으로 족하다.

㉡ 법규상·조리상 신청권 : 판례는 당사자의 신청만으로 족한 것이 아니라, 부작위가 성립하기 위하여는 법규상 또는 조리상의 신청권이 있어야 한다고 하며 신청권이 없는 경우 부작위가 있다고 할 수 없고 원고적격도 없다고 한다.[614]

이에 대하여 학설은 신청권의 존부를 대상적격의 문제로 보는 견해, 원고적격의 문

---

[614] 대판 2000.2.25, 99두11455

제로 보는 견해, 본안판단의 문제로 보는 견해로 나뉜다.

생각건대, 행정소송법 제2조 제1항 제2호는 일정한 처분을 하여야 할 법률상 의무를 전제하는바, 이러한 법률상 의무를 응답의무로 본다면 응답신청권을 요구하는 견해와 판례가 타당하다.

② **일정한 처분을 할 법률상 의무의 존재** : 일정한 처분이란 행정소송법 제2조 제1항 제1호 소정의 '처분'을 말한다. 따라서 사실행위에 대한 부작위는 여기에서의 부작위에 해당하지 않는다.

그리고 법률상 의무에는 명문의 규정에 의해 인정되는 경우뿐만 아니라 법령의 해석상 인정되는 경우도 포함되며, 법률상 의무는 기속행위에 대하여 뿐 아니라 재량행위에 대하여도 존재할 수 있다.

③ **상당한 기간의 경과** : 상당한 기간이란 사회통념상 당해 신청에 대한 처분을 하는 데에 필요한 것으로 인정되는 기간을 말한다. 상당한 기간의 판단에는 처분의 성질·내용 등이 고려되나, 업무의 폭주·인력의 미비 같은 사정은 고려되지 않는다.

다만, 부작위위법확인소송의 적법 여부는 사실심 변론종결시를 기준으로 판단하는데, 통상 변론종결시까지는 상당한 기간이 경과할 것이므로, 현실적으로 이 요건이 문제되지는 않을 것이다.

④ **행정청이 아무런 처분도 하지 않았을 것** : 행정청이 인용처분을 하거나 거부처분(간주거부 포함)을 한 경우 부작위가 아니다.

3. 사안의 해결

건축법 및 지방행정제재·부과금의 징수 등에 관한 법률의 해석상 이행강제금의 부과·징수는 지방자치단체장의 권한일 뿐 일반주민이 이행강제금을 부과할 것을 신청할 수 있는 법규상 또는 조리상 신청할 수 있는 권리가 있다고 보기 어렵다.

그리고 주민 乙은 이행강제금을 부과·징수할 것을 B광역시장에게 신청한 사정도 보이지 않는다.

따라서 부작위가 존재하지 않아 이행강제금의 미부과 등은 부작위위법확인소송의 대상이 되지 않는다.

Ⅱ. 설문 (2) – 독촉행위의 처분성

1. 문제의 소재

B광역시장의 이행강제금 납부를 독촉하는 행위가 단순한 납부기간 연장에 불과한지 아니면 처분성이 인정되어 항고소송의 대상이 되는지 문제된다.

2. 독촉의 처분성

(1) 처분의 개념

처분이라 함은 행정청이 행하는 구체적 사실에 관한 법집행으로서의 공권력의 행사 또는 그 거부와 그 밖에 이에 준하는 행정작용이다(행정소송법 제2조 제1항 제1호).

처분의 개념요소로는 ① 행정청이 행하는, ② 구체적 사실에 관한 법집행으로서, ③ 공권력을 행사하거나 거부하는, ④ 국민의 권리의무에 직접 영향을 미치는 공법행위일 것을 요한다.[615]

(2) 독촉의 법적 성질

독촉은 금전납부의무자에게 이행을 최고하고 일정한 기한까지 그 의무를 이행하지 않으면 체납처분을 할 것이라는 행정청의 의사의 통지로서 준법률행위적 행정행위에 해당한다(다수설).

판례는 "구 건축법 제69조의2 제6항, 지방세법 제28조, 제82조, 국세징수법 제23조의 각 규정에 의하면, 이행강제금 부과처분을 받은 자가 이행강제금을 기한 내에 납부하지 아니한 때에는 그 납부를 독촉할 수 있으며, 납부독촉에도 불구하고 이행강제금을 납부하지 않으면 체납절차에 의하여 이행강제금을 징수할 수 있고, 이때 이행강제금 납부의 최초 독촉은 징수처분으로서 항고소송의 대상이 되는 행정처분이 될 수 있다."[616]라고 판시하였다.

다만, 최초의 독촉만이 징수처분으로서 항고소송의 대상이 되는 행정처분이 되고 그 후에 한 동일한 내용의 독촉은 체납처분의 전제요건인 징수처분으로서 소멸시효 중단사유가 되는 독촉이 아니라 민법상의 단순한 최고에 불과하여 국민의 권리의무나 법률상의 지위에 직접적으로 영향을 미치는 것이 아니므로 항고소송의 대상이 되는 행정처분이라 할 수 없다.[617]

3. 사안의 해결

사안에서 독촉은 단순한 이행강제금 납부기간 연장에 불과한 것이 아니라, 甲의 이행강제금 납부독촉이라는 구체적 사실에 대한 법집행행위이며, 납부독촉에도 불구하고 이행강제금을 납부하지 않으면 체납절차에 따라 체납자의 재산이 압류되는바, 이행강제금을 완납하지 않을 경우 체납자의 재산압류라는 법적 효과가 발생하는 공권력적 행위에 해당한다. 따라서 독촉행위는 항고소송의 대상인 처분에 해당한다.

---

615) 대판 2012.9.27, 2010두3541
616) 대판 2009.12.24, 2009두14507
617) 대판 1999.7.13, 97누119

연습 134

甲이 경기도 화성에 소재한 준농림지역인 토지상에 건축물을 신축하고자 화성시장 乙에게 건축허가 신청을 하였다. 그러나 때마침 수도권 등 중부지방에 쏟아진 100년 만의 폭우로 농가에 많은 침수 피해가 발생하자 乙은 甲에게 "침수가 우려되는 지역에 건축하려는 건축물로서 지하층에 일부 주거공간이 계획되어 있어 건축법 제11조 제4항에 따른 신중한 검토가 필요하다. 빠른 시일 내에 처리할 수 있도록 노력하겠다."는 내용의 통지를 하였다. 그 후 3개월이 지나도록 乙이 아무런 처분을 하지 않자, 甲은 위와 같은 부작위는 위법하므로 그 확인을 구한다며 부작위위법확인소송을 제기하였다. 甲은 이 소송에서 승소하면 건축허가를 받을 수 있는가? (25점)

[참고조문] 건축법
제11조【건축허가】 ④ 허가권자는 제1항에 따른 건축허가를 하고자 하는 때에 「건축기본법」 제25조에 따른 한국건축규정의 준수 여부를 확인하여야 한다. 다만, 다음 각 호의 어느 하나에 해당하는 경우에는 이 법이나 다른 법률에도 불구하고 건축위원회의 심의를 거쳐 건축허가를 하지 아니할 수 있다.
  1. (생략)
  2. 상습적으로 침수되거나 침수가 우려되는 지역에 건축하려는 건축물에 대하여 지하층 등 일부 공간을 주거용으로 사용하거나 거실을 설치하는 것이 부적합하다고 인정되는 경우

I. 문제의 소재

우리 행정소송법은 의무이행소송을 인정하고 있지 않은 대신, 부작위위법확인소송의 판결의 기속력으로서의 재처분의무와 간접강제를 인정함으로써 그 실효성을 보장하고 있다. 甲이 건축허가결정이 지연되어 부작위위법확인소송에서 승소판결을 받으면 그 판결의 효력으로서 재처분의무와 간접강제를 통하여 건축허가를 받을 수 있는지 문제된다.

II. 판결의 기속력

기속력은 행정청에 대한 효력으로서, 행정청이 판결이유에서 위법이라고 한 점을 제거해야 하는 의무를 지게 된다. 취소판결의 기속력은 부작위위법확인소송에 준용되고 있다(행정소송법 제30조, 제38조 제2항).

기속력의 주관적 범위는 당사자인 행정청 기타의 관계행정청에 미치며, 그 객관적 범위는 판결의 주문뿐만 아니라 그 전제로 된 요건사실의 인정과 효력의 판단에도 미친다.

기속력은 행정소송의 판결의 실효성확보를 위하여 특별히 인정된 효력이라 할 수 있으므로, 그 기속력에 반하는 처분은 그 하자가 중대·명백하여 당연무효이다.

Ⅲ. 부작위위법확인판결의 재처분의무

1. 문제점

부작위위법확인판결이 확정되면 당해 행정청은 판결의 취지에 따라 다시 이전의 신청에 대한 처분을 하여야 한다(제30조 제2항, 제38조 제2항). 따라서 당사자가 처분을 받기 위해 신청을 다시 할 필요는 없다.

여기에서 작위위법확인소송에서 인용판결의 기속력으로서의 재처분의무가 행정청의 응답의무인지, 신청에 따른 특정한 내용의 처분의무인지 문제된다.

2. 학설

(1) 형식적 응답의무설

법원의 심판대상은 부작위의 위법 여부를 확인하는데 그칠 뿐 행정청이 할 처분의 내용까지 심리판단할 수 없다는 절차적 심리설 입장에서의 견해이다

부작위위법확인소송의 소송물은 부작위의 위법이므로 판결의 기속력은 행정청에게 응답의무가 있다는 점에만 미친다고 한다. 따라서 부작위상태를 해소하기만 하면 되므로 이전 신청에 대한 거부처분을 하여도 기속력에 반하지 않는다고 본다.

(2) 실체적 특정처분의무설

부작위위법확인소송의 심리는 부작위의 위법여부만이 아니라 신청의 실체적 내용도 이유 있는지를 심리하여 행정청의 처리방향까지 제시하여야 한다는 실체적 심리설 입장에서의 견해이다.

기속행위의 경우에는 행정청이 해당처분을 하여야 할 의무가 있음에도 불구하고 이를 행하지 않는 부작위가 위법하다고 판시하여 판결의 기속력에 따라 신청에 따른 처분을 하도록 해야 하고, 재량행위의 경우에는 재량하자로 인한 부작위의 위법성이 인정될 경우에는 이를 적시하여 판결의 기속력에 따라 재량하자가 없는 처분을 하도록 해야 한다고 한다.

3. 판례

판례는 "부작위위법확인의 소는 부작위의 위법함을 확인함으로써 행정청의 응답을 신속하게 하여 부작위 내지 무응답이라고 하는 소극적인 위법상태를 제거하는 것을 목적으로 하는 것이고, 나아가 당해 판결의 구속력에 의하여 행정청에게 처분등을 하게 하고, 다시 당

해 처분등에 대하여 불복이 있는 때에는 그 처분등을 다투게 함으로써 최종적으로는 국민의 권리이익을 보호하려는 제도이다."618)라고 판시하여 형식적 응답의무설을 취하고 있다고 볼 수 있다.

4. 검토

통설과 판례의 입장인 형식적 응답의무설에 의하면 행정청은 '판결의 내용'을 존중하면 되는 것이고, 반드시 신청한 내용대로 처분을 하여야 하는 것은 아니다. 그러나 거부처분 등 부작위의 상태만 해소하면 된다는 형식논리적 해석은 거부 등의 처분이 없는 상태에서 택할 수밖에 없는 소송형태인 부작위위법확인소송의 권리구제기능을 무력화시키는 것이며, "판결의 취지에 따라 원래의 신청에 대한 처분을 하여야 한다."는 행정소송법 제30조 제2항의 취지에도 맞지 않는다고 할 것이다.

신청한 내용이 기속행위인 경우에는 행정청은 선택의 여지가 없으므로 재처분의무에 따라 신청내용의 처분을 하여야 할 것이다. 그러나 신청한 내용이 재량행위인 경우에는, 신청한 내용의 특정처분을 해야 하는 의무이행판결과 달리 재량권의 범위 내에서 거부처분 등 부작위해소를 위한 다양한 선택의 재량행사가 가능하다고 본다.

> [참고] 절차적 심리설 입장에서의 기재
> 절차적 심리설을 비판하는 측에서는 처분의 발급여부 및 발급될 처분의 내용을 전적으로 행정청의 재량에 맡기는 입장으로서 이는 국민의 권리보호에 역행한다고 하나, 행정소송법상 부작위위법확인소송의 정의규정과 소송물(부작위의 위법성)에 비추어 절차적 심리설이 타당하다.
> 따라서 부작위위법확인소송의 소송물은 부작위의 위법이므로 판결의 기속력은 행정청에게 응답의무가 있다는 점에만 미친다.

Ⅳ. 간접강제

행정청이 판결의 취지에 따라 이전의 신청에 대한 처분을 하지 아니하거나, 재처분을 하였더라도 그것이 종전의 부작위에 대한 위법의 확정판결의 기속력에 반하는 등으로 당연 무효인 경우 간접강제를 신청할 수 있다.

제1심 수소법원은 당사자의 신청에 의하여 결정으로써 상당한 기간을 정하고 행정청이 그 기간 내에 이행하지 아니하는 때에는 그 지연기간에 따라 일정한 배상을 할 것을 명하거나 즉시 손해배상을 할 것을 명할 수 있다(행정소송법 제34조 제1항, 제38조 제2항). 이 배상금은 처분의무를 간접적으로 강제하기 위한 금액이며 손해배상금이 아니므로 신청인이 입은 손해와는 무관하게 법원이 제반사정을 고려하여 재량으로 결정한다.

---

618) 대판 1992.7.28. 91누7361

행정청은 본래의 신청했던 취지의 처분을 해야 하는 것은 아니고 판결취지에 따른 새로운 처분을 하는 것으로 족하므로 간접강제결정으로 구체적인 처분의 내용을 특정할 것은 아니다. 그러나 재처분의무의 의미에 관한 형식적 응답의무설과 실체적 특정처분의무설의 입장에서 보는 바와 같이 간접강제에 따른 행정청의 재처분의 의미도 다르다고 할 것이다.

V. 문제의 해결

판결의 기속력에 의하여 행정청에게는 甲의 신청에 대한 재처분의무가 발생한다. 그럼에도 불구하고 乙이 건축위원회의 심의 등 절차를 거친후 건축허가결정을 하지 아니하는 등 무응답으로 일관하고 있으므로, 甲은 제1심 수소법원에 간접강제를 신청할 수 있다.

그런데 甲이 건축하려는 지역이 건축법 제11조 제4항의 '상습적으로 침수되거나 침수가 우려되는 지역'이라면 지하층에 일부 공간을 주거용으로 계획하는 한 건축위원회의 심의를 거쳐 건축불허가처분이 내려질 수도 있다.

연습 135

甲은 식품위생법상의 식품접객업영업허가를 받아 유흥주점을 영위하여 오다가 乙에게 영업관리권만을 위임하였는데 乙은 甲의 인장과 관계서류를 위조하여 관할 A행정청에 영업자지위승계 신고를 하였고, 그 신고가 수리되었다.
甲은 A의 영업자 지위승계 신고의 수리에 대하여 무효확인소송을 제기할 수 있는지에 관하여 대상적격, 원고적격, 소의 이익을 검토하시오. (30점)

Ⅰ. 문제의 소재

甲이 무효확인소송을 제기할 수 있는지를 검토하기 위해 ① 영업양도에 따른 지위승계신고를 수리하는 허가관청의 행위에 처분성이 인정되는지, ② 원고적격과 소의 이익 관련하여 甲에게 지위승계신고수리의 무효확인을 구할 법률상 이익이 있는지를 살펴보기로 한다.

Ⅱ. 대상적격

1. 신고와 수리

(1) 신고

신고란 사인이 공법적 효과의 발생을 목적으로 행정주체에 대하여 일정한 사실을 알리는 행위를 말한다. ① 자기완결적 신고(수리를 요하지 않는 신고)는 형식적 요건만 갖추면 되나(행정절차법 제40조 제2항), ② 행위요건적 신고(수리를 요하는 신고)는 형식적 요건 외에 실질적 요건을 구비해야 한다.

(2) 수리

① 자기완결적 신고에 대한 수리는 단순한 접수행위로서, 확인의 의미를 가질 뿐 아무런 법적 효과를 동반하지 않으므로 행정처분이 아니나, ② <u>행위요건적 신고에 대한 수리는 준법률행위적 행정행위로서 새로운 법적효과를 동반하는 행정처분이다.</u>619)

---

619) 행정청이 구체적인 사실에 관한 법집행으로서 공권력을 행사할 의무가 있는데도 그 공권력의 행사를 거부함으로써 국민의 권리 또는 이익을 침해한 때에는 그 처분 등을 대상으로 취소소송을 제기할 수 있다. 체육시설업신고수리거부처분은 항고소송의 대상이 되는 행정처분이다(대판 1996.2.27, 94누6062).

2. 영업자지위승계신고 및 수리

(1) 문제점

영업양도 시 양수인이 신고토록 규정된 경우 양도대상이 된 영업의 종류에 따라 법적 성질을 판단하는 견해가 있다. 즉 등록영업의 양도라면 등록신청으로, 허가영업의 양도라면 허가신청으로, 자체완성적 공법행위로서의 신고를 요하는 영업의 양도라면 자체완성적 공법행위의 신고로 해석한다.[620] 사안의 영업자지위승계신고와 수리행위가 자체완성적 공법행위의 신고 및 수리인지, 아니면 영업허가자의 변경이라는 법률효과를 발생시키는 행위인지 문제된다.

(2) 판례

판례는 "식품위생법 제25조 제3항에 의한 영업양도에 따른 지위승계신고를 수리하는 허가관청의 행위는 단순히 양도·양수인 사이에 이미 발생한 사법상의 사업양도의 법률효과에 의하여 양수인이 그 영업을 승계하였다는 사실의 신고를 접수하는 행위에 그치는 것이 아니라, 실질에 있어서 양도자의 사업허가를 취소함과 아울러 양수자에게 적법히 사업을 할 수 있는 권리를 설정하여 주는 행위로서 사업허가자의 변경이라는 법률효과를 발생시키는 행위"[621]라고 하여 지위승계신고가 행위요건적인 사인의 공법행위라는 점과 지위승계신고수리의 처분성을 인정하고 있다.

영업자지위승계신고수리는 양도인에 대한 영업허가의 철회와 양수인에 대한 설권적 처분(신규허가)이라는 성격이 인정된다.[622]

3. 사안의 경우

乙이 한 지위승계신고는 행위요건적 신고로서 신고만으로 법적 효과가 발생하는 것이 아니라 수리를 통해서 법적 효과가 발생한다. A행정청의 지위승계수리는 행정처분성이 인정된다.

Ⅲ. 원고적격

1. 문제점

무효확인소송은 처분등의 효력 유무 또는 존재 여부의 확인을 구할 법률상 이익이 있는 자가 제기할 수 있다(행정소송법 제35조). 乙은 지위승계신고수리라는 처분의 직접 상대방이 아니라는 점에서 무효확인을 구할 법률상 이익이 있는 자라 할 수 있는지 문제된다.

---

620) 홍정선 교수님의 견해
621) 대판 1995.2.24. 94누9146
622) 이 점에서 준법률행위적 행정행위로서의 '수리'와 다르다.

2. 법률상 이익의 의미

법률상 이익의 의미에 대해 권리회복설, 법적보호가치이익설, 보호가치이익설, 적법성보장설 등의 학설이 대립하고 있다.

판례는 "항고소송인 행정처분에 관한 무효확인소송을 제기하려면 행정소송법 제35조에 규정된 '무효확인을 구할 법률상 이익'이 있어야 하는바, 그 법률상 이익은 당해 처분의 근거 법률에 의하여 보호되는 직접적이고 구체적인 이익이 있는 경우를 말하고 간접적이거나 사실적, 경제적 이해관계를 가지는 데 불과한 경우는 여기에 해당되지 아니한다."623)고 하여 기본적으로 법률상 보호이익설을 취하는 것으로 평가된다.

3. 영업양도인의 원고적격성

영업자지위승계신고수리의 상대방이 아닌 영업양도인도 "제3자라 하더라도 당해 처분의 근거법률에 의하여 보호되는 직접적이고 구체적인 이익을 침해당한 경우에는 항고소송을 제기할 수 있다."는 판례의 입장에 비추어 원고적격이 인정될 수 있다. 한편으로 영업양도인은 지위승계수리행위로 영업권을 제한당한다는 점에서 제3자가 아니라 실질적으로 수리처분의 상대방이라고 할 여지도 있다.

또한 판례는 "영업을 양수한 자가 관계 행정청에 이를 신고하여 행정청이 수리하는 경우에는 영업양도인은 적법한 신고를 마친 영업자의 지위를 부인당할 불안정한 상태에 놓이게 되므로, 그로 하여금 이러한 수리행위의 적법성을 다투어 법적 불안을 해소할 수 있도록 하는 것이 법치행정의 원리에 맞는다."624)고 하였다.

4. 사안의 경우

A행정청의 지위승계신고수리는 乙에 대한 영업허가의 효과와 아울러 甲에 대한 영업허가의 철회라는 효과를 발생시키므로 甲은 당해 처분의 근거 법률에 의하여 보호되는 직접적이고 구체적인 이익이 침해될 수 있어 지위승계신고수리의 무효확인을 구할 법률상 이익이 있다.

Ⅳ. 소의 이익

1. 문제점

乙이 甲의 인장 등 위조행위로 지위승계신고를 하여 영업을 양수하였으므로 甲은 민사소송으로 영업양도·양수의 무효를 주장하면 권리회복이 될 수도 있다. 그럼에도 불구하고

---

623) 대판 2008.3.20. 2007두6342
624) 대판 2012.12.13. 2011두29144

甲이 별도로 지위승계신고수리 무효확인소송을 제기할 협의의 소의 이익이 있는지, 즉 즉시확정의 이익과 관련해서 문제된다.

2. 무효확인소송에서 즉시확정의 이익의 필요 여부

(1) 의의

행정소송법 제35조의 '확인을 구할 법률상 이익'의 의미와 관련하여 종래 무효등확인소송에서도 민사소송에서의 '확인의 이익'이 필요한지, 그리고 무효등확인소송이 보충적으로 적용되는 것인지가 문제되어 왔다.

(2) 학설

① 즉시확정이익설(필요설, 긍정설) : 취소소송의 경우와 달리 행정소송법 제35조는 원고적격에 관한 규정일 뿐만 아니라 권리보호필요성(협의의 소익)에 관한 의미도 가지고 있는 것이며(동법 제35조의 '확인을 구할'이라는 표현을 즉시확정이익으로 본다), 따라서 무효확인소송에도 민사소송에서의 확인의 이익, 즉 현존하는 불안이나 위험을 제거하기 위하여 확인판결을 받는 것이 유효·적절한 때와 같은 즉시확정의 법률상 이익이 필요하다는 견해이다. 이에 따르면 무효등확인소송은 보다 실효적인 구제수단(예 처분의 무효를 전제로 한 이행소송)이 가능하면 인정되지 않는다.

② 법적이익보호설(불요설, 부정설) : 행정소송법 제35조의 '법률상 이익'은 원고적격의 범위에 대한 것이어서 즉시확정의 이익으로 해석될 수 없고, 무효등확인소송에서는 취소판결의 기속력을 준용하므로(행정소송법 제38조 제1항, 제30조) 민사소송과 달리 무효판결 자체로도 판결의 실효성 확보가 가능하므로 민사소송에서와 같이 확인의 이익 여부를 논할 이유가 없다는 점, 그리고 무효등확인소송이 확인소송이라는 점에만 집착하여 즉시확정의 이익을 내세운다면 부작위위법확인소송도 확인소송으로서의 성질을 가지므로 즉시확정의 이익이 필요하다고 판단되어야 한다는 문제가 있다는 점을 들고 있다.(다수견해)

(3) 판례

종래 대법원은 "민사소송에 의한 부당이득반환청구의 소로써 직접 그 위법상태의 제거를 구할 수 있는 길이 열려 있는 이상 과세처분의 무효확인의 소는 분쟁해결에 직접적이고도 유효적절한 해결방법이라 할 수 없어 확인을 구할 법률상 이익이 없다."[625]라고 하여 즉시확정이익설의 입장이었다. 그러나 수원시장의 하수도원인자부담금부과처분의 무효확인을 구한 사건[626]에서 대법원은 행정처분의 근거법률에 의해 보호되는 직접적이고 구체적

---

625) 대판 1991.9.10. 91누3840
626) 행정소송은 행정청의 위법한 처분 등을 취소·변경하거나 그 효력 유무 또는 존재 여부를 확인함으로써 국민의 권리

이 이익이 있는 경우 이와 별도로 무효확인소송의 보충성을 요구하지 않는 것으로 변경하였다. 따라서 행정처분의 무효를 전제로 한 이행소송, 즉 부당이득반환청구소송, 소유물반환청구소송, 소유권이전등기말소청구소송, 소유물방해제거청구소송 등과 같은 구제수단이 있다고 하더라도 무효등확인소송을 제기할 수 있다고 본다.

이후 영업양도와 관련해서도 판례는 "사업양도·양수에 따른 <u>허가관청의 지위승계신고의 수리는 적법한 사업의 양도·양수가 있었음을 전제로 하는 것이므로 그 수리대상인 사업양도·양수가 존재하지 아니하거나 무효인 때에는 수리를 하였다 하더라도 그 수리는 유효한 대상이 없는 것으로서 당연히 무효라 할 것이고,</u> 사업의 양도행위가 무효라고 주장하는 <u>양도자는 민사쟁송으로 양도·양수행위의 무효를 구함이 없이 막바로 허가관청을 상대로 하여 행정소송으로 위 신고수리처분의 무효확인을 구할 법률상 이익이 있다.</u>"[627]

3. 사안의 경우

甲은 유흥주점 영업을 하지 못하는 현존하는 법적 지위의 불안이 존재하며, 민사소송으로 양도·양수행위의 무효확인을 구할 필요 없이 수리처분의 무효확인을 받는 것이 법적 분쟁의 해결을 위한 유효·적절한 수단이 될 수 있으므로 행정소송을 제기할 소의 이익이 인정된다.

V. 설문의 해결

사안에서 대상적격, 원고적격, 소의 이익이 모두 인정되므로, 다른 소송요건을 충족하면 甲은 A의 영업자 지위승계 신고의 수리에 대하여 무효확인소송을 제기할 수 있다.

또는 이익의 침해를 구제하고, 공법상의 권리관계 또는 법 적용에 관한 다툼을 적정하게 해결함을 목적으로 하는 것이므로, 대등한 주체 사이의 사법상 생활관계에 관한 분쟁을 심판대상으로 하는 민사소송과는 그 목적, 취지 및 기능 등을 달리한다. 또한 행정소송법 제4조에서는 무효확인소송을 항고소송의 일종으로 규정하고 있고, 행정소송법 제38조 제1항에서는 처분 등을 취소하는 확정판결의 기속력 및 행정청의 재처분 의무에 관한 행정소송법 제30조를 무효확인소송에도 준용하고 있으므로 무효확인판결 자체만으로도 실효성을 확보할 수 있다. 그리고 무효확인소송의 보충성을 규정하고 있는 외국의 일부 입법례와는 달리 우리나라 행정소송법에는 명문의 규정이 없어 이로 인한 명시적 제한이 존재하지 않는다. 이와 같은 사정을 비롯하여 행정에 대한 사법통제, 권익구제의 확대와 같은 행정소송의 기능 등을 종합하여 보면, 행정처분의 근거 법률에 의하여 보호되는 직접적이고 구체적인 이익이 있는 경우에는 행정소송법 제35조에 규정된 '무효확인을 구할 법률상 이익'이 있다고 보아야 하고, 이와 별도로 무효확인소송의 보충성이 요구되는 것은 아니므로 행정처분의 무효를 전제로 한 이행소송 등과 같은 직접적인 구제수단이 있는지 여부를 따질 필요가 없다고 해석함이 상당하다(대법원 2008.3.20. 2007두6342).

627) 대법원 2005.12.23. 2005두3554

연습 136

건축사업자 甲은 X시장으로부터 건축허가를 받아 건물의 신축공사를 진행하던 중 건축법령상의 의무위반을 이유로 X시장으로부터 공사중지명령을 받았다. 甲은 해당법령의무위반을 하지 않았다고 판단하고, 공사중지명령처분은 위법하다고 주장하며 공사중지명령처분의 무효확인소송을 제기하였다. 법원은 사건의 심리결과 해당 처분에 '중대한' 위법이 있음이 인정되지만 '명백한' 위법은 아닌 것으로 판단하였다. 법원은 어떠한 판결을 내려야 하는지 설명하시오. (25점)

〈공인노무사 2018〉

I. 문제의 제기

무효확인소송의 대상이 된 행위의 위법이 심리의 결과 무효라고 판정되는 경우에는 인용판결을 내려야 하고 무효가 아니라면 기각판결을 내려야 함이 원칙이다. 그런데 설문의 경우처럼 위법성의 정도가 취소사유에 불과한 경우에도 법원이 예외적으로 취소판결을 내릴 수 있는가의 문제가 있다. 소를 변경할 수 있는지를 중심으로 검토하기로 한다.

II. 무효인 행정행위와 취소할 수 있는 행정행위

1. 의의

(1) 무효인 행정행위

행정행위의 무효는 행정행위로서의 외형은 있으나 법률상 행정행위로서의 효력이 전혀 없는 경우이다. 그 하자가 중대하고 명백하여 권한 있는 기관의 취소 없이도 누구나 구 효력을 부인할 수 있다. 다만 행정행위의 외형을 갖추고 있다는 점에서 행정행위의 부존재와 구별된다.

(2) 취소할 수 있는 행정행위

취소할 수 있는 행정행위는 행정행위에 하자가 있으나 권한 있는 기관이 취소하기 전까지는 유효한 행위로서 효력을 가지는 경우를 말한다. 따라서 그의 취소가 있을 때까지 사인은 물론 다른 국가기관도 그 효력을 부인하지 못한다. 행정의 법률적합성원칙에서 행정행위의 성립요건의 결여 시 법적 효력이 발생할 수 없다. 그러나 행정의 실효성 확보요청이나 법적 안정성 측면에서 일단 그 유효성을 인정하는 경우가 있다.

(3) 구별실익

양자는 ① 행정행위의 효력과의 관계, ② 하자의 승계, ③ 하자의 치유와 전환, ④ 선결문제, ⑤ 사정재결, 사정판결, ⑥ 공무집행방해 여부 등과 관련하여 구별실익이 있다. 이에 더하여 소송형태에 있어서, ① 취소할 수 있는 행정행위는 취소소송의 대상이 되고, 무효인 행정행위는 무효확인소송의 대상이 된다. 그런데 판례는 ① <u>무효인 행위를 '행정처분의 당연무효를 선언하는 의미에서 그 취소를 구하는 형식'으로 제기할 수 있고, ② 무효확인을 구하는 소에는 원고가 그 처분의 취소를 구하지 않는다고 밝히지 않는 이상 그 처분이 당연무효가 아니라면 그 취소를 구하는 취지도 포함된다</u>고 하여 무효확인소송에서 취소판결도 할 수 있다고 한다.

2. 무효와 취소의 구별 기준

(1) 학설

① **중대설**: 행정행위에 중대한 하자만 있으면 무효가 되고 명백성은 무효요건이 아니라고 하는 견해이다.

② **중대명백설**: 행정행위의 하자가 중대한 법규위반이고 또한 외관상 명백한 것인 때에는 무효이지만 그에 이르지 않은 것인 때에는 취소할 수 있음에 그친다는 견해이다.

③ **명백성보충요건설**: 기본적으로 중대성요건만을 요구하지만, 제3자나 공공의 신뢰보호의 필요가 있는 경우에는 보충적으로 명백성을 요구하는 견해이다. 그러므로 직접 상대방에게만 부담을 초래한 행정행위의 경우에는 명백성이 요구되지 아니한다.

④ **그 밖의 학설**: 그 밖에 조사의무위반설[628], 구체적 가치형량설[629], 논리적 견해[630], 목적론적 견해[631], 개념론적 견해[632] 등 다양한 견해가 존재한다.

(2) 판례

대법원은 "<u>하자 있는 행정처분이 당연무효가 되기 위하여는 그 하자가 법규의 중요한 부분을 위반한 중대한 것으로서 객관적으로 명백한 것이어야 하며 하자가 중대하고 명백한 것인지 여부를 판별함에 있어서는 그 법규의 목적, 의미, 기능 등을 목적론적으로 고찰함과 동시에 구체적 사안 자체의 특수성에 관하여도 합리적으로 고찰함을 요한다</u>"(대판 1995.7.11. 94누4615)고 하여 중대명백설을 취한다.

헌법재판소도 원칙적으로 중대명백설을 취하면서 "<u>행정처분을 무효로 하더라도 법적 안정</u>

---

[628] 기본적으로 중대명백설의 입장이나, 일반 국민에게 명백한 경우뿐만 아니라 관계 공무원이 직무의 성실한 수행상 당연히 요구되는 조사에 의하여 위법성이 명백하게 인정될 수 있는 경우도 명백한 것으로 보아 무효사유를 넓히는 견해

[629] 구체적인 사안마다 권리구제의 요청과 법적 안정성의 요청 및 제3자의 이익을 구체적·개별적으로 이익형량하여 결정해야 한다는 견해

[630] 행정행위의 하자의 효과로서 무효·취소를 인정하지 않고 원칙적으로 무효만을 인정하는 견해(H. Kelsen)

[631] 행정행위의 하자를 인정하는 의의나 행정행위 일반의 성질 및 전체 행정제도의 목적 등에 비추어 무효와 취소를 구별하려는 견해

[632] 행정법규들 간의 가치의 차이에 주목하여, 능력규정이나 강행규정을 위반하면 하자가 중대하다고 보아 무효이고, 명령규정이나 비강행규정 위반 시는 취소사유라는 견해

성을 크게 해치지 않는 반면에 그 하자가 중대하여 그 구제가 필요한 경우에 대하여서는 그 예외를 인정하여 이를 당연무효사유로 보아서 쟁송기간 경과 후에라도 무효확인을 구할 수 있는 것이라고 봐야 할 것이다."(헌재 1994.6.30, 92헌바23)라는 입장이다.

(3) 검토

행정행위가 적법요건을 갖추지 못한 경우 행정행위의 효력은 부정하는 것이 정당하지만, 법적 안정성을 근거로 일단 잠정적으로 유효성을 인정한다. 그러나 행정행위의 하자가 중대하고도 명백한 경우에는 법적 안정성을 침해할 우려가 없고 그러한 행정행위에 효력을 인정하는 것은 행정의 법률적합성에 반한다. 무효·취소의 구별기준의 문제는 원활한 행정운영과 개인의 권익보호의 이익형량 문제라는 점을 고려할 때 중대명백설이 타당하다.633)

3. 설문의 경우

법원이 사건의 심리결과 해당 처분에 '중대한' 위법이 있음이 인정되지만 '명백한' 위법은 아닌 것으로 판단하였다고 하였으므로, 판례처럼 중대명백설에 따르면 X시장의 공사중지명령은 취소사유 있는 처분에 해당한다.

Ⅲ. 취소소송과 무효확인소송의 관계

1. 일반론

(1) 무효선언을 구하는 의미의 취소소송

취소소송은 '행정청의 위법한 처분 등을 취소 또는 변경하는 소송'(행정소송법 제4조 제1호)을 말한다. 취소소송은 보통 취소원인의 하자 있는 처분이나 재결에 대해서 이루어진다. 그러나 판례는 행정행위의 무효선언을 구하는 의미의 취소소송도 인정하고 있다. 즉 취소의 청구에는 무효확인을 구하는 취지도 포함된다고 한다. 다만 이 경우에는 형식에 있어서 취소소송이므로 제소기간 등의 제한을 받는다(대판 1976.2.24, 75누128).

---

633) 1. 하자의 중대성
　　중대성이란 행정행위가 중요한 법률요건을 위반하여 그 하자가 내용적으로 중요하다는 것이다. 중대성을 판단하기 위해서는 당해 법규의 목적, 의미, 기능 등을 목적론으로 고찰함과 동시에 구체적인 사안 자체의 특수성에 대해서도 합리적인 고찰을 행하여 정하게 된다(대판 1991.10.22, 91다26690).
　2. 하자의 명백성
　　명백성이란 행정행위 자체에 하자가 존재함이 행정행위 성립당시부터 정상적인 통상인의 판단에 의해서도 인정될 수 있을 정도로 분명하다는 것이다. 사실관계를 정확히 조사하여야 비로소 하자유무가 밝혀질 수 있는 경우는 그 하자는 외관상 명백하다고 할 수 없다(대판 1992.4.28, 91누6863).

(2) 무효확인청구와 취소청구
   ① 무효확인청구를 주위적 청구, 취소청구를 예비적 청구로 할 수 있다. 그러나 취소청구를 주위적 청구, 무효확인청구를 예비적 청구로 할 수는 없다.
   ② 다만, 취소청구가 출소기간의 경과 등 기타의 이유로 각하되는 경우에 대비하여 취소청구에 대해 본안판결이 행해지는 것을 해제조건으로 무효확인청구를 예비적으로 제기할 수는 있다.
   ③ 판례는 "행정처분에 대한 무효확인과 취소청구는 서로 양립할 수 없는 청구로서 주위적·예비적 청구로서만 병합이 가능하고 선택적 청구로서의 병합이나 단순 병합은 허용되지 아니한다."(대판 1999.8.20, 97누6889)고 하였다.

(3) 판결
   ① **무효인 처분을 취소소송으로 다투는 경우**
   이 경우의 취소청구에는 취소뿐 아니라 무효를 확인하는 의미의 취소를 구하는 취지가 포함되어 있다고 보아야 한다. 따라서 법원은 무효를 확인(선언)하는 의미의 취소판결을 하여야 한다(무효확인을 구하는 의미의 취소소송).
   ② **취소할 수 있는 처분을 무효확인소송으로 다투는 경우**
   설문의 경우에 해당하는 바, 이에 대하여는 항을 바꾸어 검토하기로 한다.

2. 취소할 수 있는 처분을 무효확인소송으로 다투는 경우의 판결

(1) 문제의 소재
무효확인소송의 대상이 된 행위의 위법이 심리의 결과 무효라고 판정되는 경우에는 인용판결을 내린다. 그런데 당해 위법이 취소원인에 불과한 경우에 법원은 어떠한 판결을 내려야 하는가의 문제이다.

(2) 학설
   ① **기각판결설** : 무효확인소송은 무효임을 다투는 것이므로 기각판결을 해야 한다는 견해이다.
   ② **취소소송 포함설** : 무효확인청구에는 처분의 취소를 구하는 청구가 포함되어 있기 때문에, 법원은 취소소송요건을 충족한 경우 취소판결을 하여야 한다고 보는 견해이다.
   ③ **소변경 필요설** : 무효확인청구는 취소청구를 포함한다고 보지만 법원은 석명권을 행사하여 무효확인소송을 취소소송으로 변경하도록 한 후 취소소송요건을 충족한 경우 취소판결을 하여야 한다는 견해이다(다수설).

(3) 판례

판례는 "일반적으로 행정처분의 무효확인을 구하는 소에는 원고가 그 처분의 취소는 구하지 아니 한다고 밝히고 있지 아니하는 이상 그 처분이 만약 당연무효가 아니라면 그 취소를 구하는 취지도 포함되어 있는 것으로 볼 것"(대판 1987.4.28, 86누887)이라고 하여 취소소송 포함설을 취하고 있는 것으로 보인다.

(4) 검토

법원은 원고의 소송상 청구에 대해서만 심판을 하여야 하므로, 법원은 석명권을 행사하여 무효확인소송을 취소소송으로 변경하도록 한 후 취소판결을 하여야 하는 것으로 보는 소변경필요설이 타당하다.

이와 관련하여 행정소송규칙 제16조는 "재판장은 무효확인소송이 법 제20조에 따른 기간(註: 취소소송의 제소기간) 내에 제기된 경우에는 원고에게 처분등의 취소를 구하지 아니하는 취지인지를 명확히 하도록 촉구할 수 있다. 다만, 원고가 처분등의 취소를 구하지 아니함을 밝힌 경우에는 그러하지 아니하다."고 규정하고 있다.

3. 소의 변경

소송의 계속 후 당사자, 청구의 취지, 청구의 원인 등 전부 또는 일부를 변경하는 것을 소의 변경이라 한다. 소의 변경이 있어도 당초의 소에 의하여 개시된 소송절차가 유지되며 소송자료가 승계된다.

소의 종류의 변경의 경우, 새로운 소에 대한 제소기간의 준수는 처음의 소가 제기된 때를 기준으로 하여야 한다(행정소송법 제21조 제4항). 따라서 설문과 같은 경우 소변경을 위해서는 취소소송의 소송요건을 구비할 것을 전제로 한다.

Ⅳ. 설문의 해결

취소할 수 있는 처분을 무효확인소송으로 다투는 경우의 '소변경 필요설'에 따르면 법원은 석명권을 행사하여 무효확인소송을 취소소송으로 변경하도록 한 후 취소판결을 하여야 한다. 다만 취소소송의 소송요건을 구비하지 못한 경우는 취소소송으로 소변경이 불가능하므로 청구기각판결을 하여야 한다.

연습 137

갑은 X처분청으로부터 Y영업허가를 받아 영업 중에 있으나 영업내용에 있어 위법한 점이 있다는 이유로 영업정지처분을 받았다. 이에 갑은 취소소송을 제기하였는데 소송계쟁 중에 영업정지기간이 경과하였다. 이 경우에 다음 각 설문에 대해 기술하시오.

(1) Y영업허가를 규정한 근거법률에서는 영업기간 동안 일정 회수 이상의 제재적 처분을 받았을 경우에는 영업허가 갱신을 받을 수 없다는 취지의 규정이 있다고 한다. 이 경우에 갑이 제기한 소송은 적법한가? (10점)

(2) Y영업허가를 규정한 근거법률에서는 영업정지 처분을 받은 것을 장래의 불이익한 처분의 가중요건으로 하는 규정이 없다고 한다. 갑은 자신이 받은 영업정지 처분에 도저히 납득할 수 없다는 입장이며, 향후에도 동일한 영업행태로 계속 영업을 할 생각이다. 이 경우에 갑이 제기한 소송은 적법한가? (10점)

(3) 만약 위 (1), (2)와 관련하여 위 X처분청의 영업정지처분에 중대명백한 위법이 있다는 이유로 갑이 제기한 소송이 취소소송이 아니라 무효확인의 소송이었을 경우에 소의 적법성을 검토한다면?[634] (10점)

Ⅰ. 설문 (1), (2) - 취소소송과 협의의 소의 이익

1. 문제점

설문 (1), (2)에서는 다른 소송요건들은 특별히 문제되지 않지만 협의의 소익(행정소송법 제12조 후단)을 인정할 수 있을지가 문제된다. 구체적으로 설문 (1)의 경우에는 취소소송 계쟁 중 영업정지기간이 경과하여 제재적 처분의 효력이 소멸한 경우에도 가중적 제재적 처분이 법률에 예정되어 있는 경우 협의의 소익을 인정할 수 있는지 문제된다. 그리고 설문 (2)의 경우에는 제재적 가중처분이 예정되어 있지 않으나 취소소송 계쟁 중 제재적 처분의 효력이 소멸한 경우에도 위법한 처분이 반복될 위험성이 있는 경우에 협의의 소익을 인정할 것인지가 문제된다.

2. 협의의 소익의 의의

협의의 소익이란 소송을 통하여 분쟁을 해결할 만한 구체적인 이익 및 현실적인 필요성을 말한다. 행정소송법 제12조 2문은 처분 등의 효과가 기간의 경과, 처분 등의 집행 그 밖의 사유로 인하여 소멸된 뒤에도 그 처분 등의 취소로 인하여 회복되는 법률상 이익이 있는

---

[634] 박정훈, 「행정법 사례연습」, 법문사, 2012, P.57의 사례문제를 참조하였음

자의 경우에도 취소소송을 제기할 수 있다고 규정하고 있다.

3. 행정소송법 제12조 2문의 법률상이익

행정소송법 제12조 2문은 "처분 등의 효과가 기간의 경과, 처분 등의 집행 그 밖의 사유로 인하여 소멸된 뒤에도 그 처분 등의 취소로 인하여 회복되는 법률상 이익이 있는 자의 경우에는 또한 같다"라고 규정하고 있다. 이에 대하여 ① 제12조 1문처럼 원고적격에 관한 조항으로 보는 견해가 있으나, ② 1문은 취소소송의 원고적격을 규정하고 있고, 2문은 취소소송에서의 협의의 소익을 규정한 것이라고 보는 견해가 다수설이다.

4. 협의의 소익이 없는 경우

(1) 원칙적으로 취소소송은 행정청의 처분의 취소를 구하는 주관소송이자 형성소송으로서 ① 처분의 효력이 소멸한 경우, ② 원상회복이 불가능한 경우, ③ 처분 후의 사정변경에 의하여 이익침해가 해소된 경우, ④ 보다 용이한 방법으로 권리보호의 목적을 달성할 수 있는 경우 등에는 협의의 소익이 인정되지 않는다.

(2) 하지만 행정소송법 제12조 2문에 법률상 이익의 범위를 위와 같이 볼 때, 처분의 효력이 소멸된 경우에도 회복될 수 있는 권리 또는 법률상 보호되는 이익이 있는 경우뿐만 아니라 인격적·사회적 이익이 있다면 예외적으로 협의의 소익을 인정할 수 있다. 또한 처분의 효력이 소멸된 경우에도 처분의 취소를 구하여야 할 예외적인 경우들이 존재하는바, 이하에서는 이에 대해 검토한다.

5. 처분의 효력 소멸 후에도 협의의 소익이 인정되는 경우

1) 문제점

처분 등이 소멸하면 권리보호의 필요는 없게 됨이 원칙이다. 다만 취소소송은 주관소송적 성격 또한 가지는바, 처분의 효력이 소멸된 경우에도 ① 위법한 처분이 반복될 위험성이 있는 경우, ② 회복하여야 할 불가피한 이익이 있는 경우, ③ 가중적 제재처분이 따르는 경우 등에는 예외적으로 협의의 소익이 인정될 수 있다. 설문 (1)의 경우에는 가중적 제재처분이 예정된 경우에 해당하며, 설문 (2)의 경우에는 침해의 반복적 위험이 있는 경우에 해당한다.

2) 가중적 제재처분이 예정된 경우 - 설문 (1)

제재적 처분이 장래의 제재적 처분의 가중요건 또는 전제요건으로 되어 있는 경우에 소의 이익 인정여부가 문제된다.

① 법적 구속력 있는 법령으로 규정되어 있는 경우 : 판례는 가중요건이 법률 또는 대통령

령(시행령)에 규정된 경우에는 <u>가중된 제재처분을 받을 불이익이 현실적이므로 그 불이익을 제거하기 위하여 정지기간이 지난 정지처분의 취소를 구할 이익을 인정한다.</u>[635] 다만 업무정지처분을 받았더라도 새로운 업무정지처분을 받음이 없이 일정기간이 경과하는 등으로 가중된 제재처분을 받을 우려가 없어졌다면 소의 이익을 부인한다.[636]

② 부령(시행규칙) 또는 지방자치단체의 규칙으로 규정되어 있는 경우 : 종전 판례는 가중요건이 부령에 정해진 경우 행정규칙에 불과하여 구속력이 없어서 가중적 제재처분을 받을 불이익은 직접적·구체적·현실적인 것이 아니라는 이유로 소의 이익을 부인하여 왔다. 그러나 변경된 판례는 <u>부령이나 지방자치단체의 규칙으로 규정된 경우에도 취소를 구할 법률상 이익이 있는 것</u>으로 본다.[637]

3) 침해의 반복적 위험이 있는 경우 – 설문 (2)

판례는 제소 당시에는 권리보호의 이익을 갖추었는데 제소 후 취소 대상 행정처분이 기간의 경과 등으로 그 효과가 소멸한 사안에서 "<u>동일한 소송 당사자 사이에서 동일한 사유로 위법한 처분이 반복될 위험성이 있어 행정처분의 위법성 확인 내지 불분명한 법률문제에 대한 해명이 필요하다고 판단되는 경우</u>, 그리고 <u>선행처분과 후행처분이 단계적인 일련의 절차로 연속하여 행하여져 후행처분이 선행처분의 적법함을 전제로 이루어짐에 따라 선행처분의 하자가 후행처분에 승계된다고 볼 수 있어 이미 소를 제기하여 다투고 있는 선행처분의 위법성을 확인하여 줄 필요가 있는 경우</u> 등에는 행정의 적법성 확보와 그에 대한 사법통제, 국민의 권리구제의 확대 등의 측면에서 여전히 그 처분의 취소를 구할 법률상 이익이 있다"라고 판시하여 제재적 처분효력이 소멸한 경우에도 위법한 처분이 반복될 위험이 있는 경우에는 협의의 소익을 인정하고 있다.[638]

---

[635] 연 2회 이상 건축사의 업무정지명령을 받은 경우 그 정지기간이 통산하여 12월 이상이 된 때를 건축사사무소의 등록을 취소할 경우의 하나로 규정하고 있는 건축사법 제28조 제1항 제5호의 규정은 제재적인 행정처분의 법정가중요건을 규정해 놓은 것으로 보아야 하고, 원고가 변론재개신청과 함께 이 사건 건축사업무정지명령이 전제가 되어 원고의 건축사사무소 등록이 취소되었음을 알 수 있는 소명자료까지 제출하고 있다면, 이 사건 건축사업무정지명령에서 정한 정지기간이 도과하였다고 하더라도 그 처분으로 인하여 원고에게는 건축사사무소등록취소라는 법률상의 이익이 침해되고 있다는 사정을 나타내 보인 것이라고 할 것이다(대판 1990.10.23, 90누3119).

[636] 대판 2000.4.21, 98두10080

[637] 제재적 행정처분이 그 처분에서 정한 제재기간의 경과로 인하여 그 효과가 소멸되었으나, 부령인 시행규칙 또는 지방자치단체의 규칙의 형식으로 정한 처분기준에서 제재적 행정처분을 받은 것을 가중사유나 전제요건으로 삼아 장래의 제재적 행정처분을 하도록 정하고 있는 경우, 제재적 행정처분의 가중사유나 전제요건에 관한 규정이 법령이 아니라 규칙의 형식으로 되어 있다고 하더라도, 그러한 규칙이 법령에 근거를 두고 있는 이상 그 법적 성질이 대외적·일반적 구속력을 갖는 법규명령인지 여부와는 상관없이, 관할 행정청이나 담당공무원은 이를 준수할 의무가 있으므로 이들이 그 규칙에 정해진 바에 따라 행정작용을 할 것이 당연히 예견되고, 그 결과 행정작용의 상대방인 국민으로서는 그 규칙의 영향을 받을 수밖에 없다. 따라서 그러한 규칙이 정한 바에 따라 선행처분을 받은 상대방이 그 처분의 존재로 인하여 장래에 받을 불이익, 즉 후행처분의 위험은 구체적이고 현실적인 것이므로, 상대방에게는 선행처분의 취소소송을 통하여 그 불이익을 제거할 필요가 있다(대판 2006.6.22, 2003두1684).

[638] 대판 2007.7.19, 2006두19297

6. 사안의 경우[639]

(1) 설문 (1)의 경우

취소소송 계쟁 중에 영업정지기간이 경과하여 영업정지처분의 효력이 소멸하였으므로 취소소송이 주관소송이자 형성소송이라는 점에 비춰볼 때, 원칙적으로 효력이 소멸한 처분의 취소를 구할 소익이 인정되지 않는다.

하지만 영업허가를 규정한 근거법률에서 영업기간 동안 일정한 회수 이상의 제재적 처분을 받은 경우 이를 전제로 하여 영업허가의 갱신을 거부하도록 하고 있는 점을 고려한다면, 가중적 제재처분이 법률에 규정(이는 대통령령이나 부령에 규정된 경우에도 마찬가지이다)된 이상 행정청이나 담당공무원은 이를 준수할 의무가 있으므로 이들이 그 법률에 정해진 바에 따라 행정작용을 할 것이 당연히 예견된다. 따라서 비록 영업정지 기간이 도과하여 영업정지처분의 효력이 소멸한 경우일지라도 가중적 제재처분이 예정된 경우로서 행정소송법 제12조 후단에 따라 예외적으로 협의의 소익을 인정할 수 있다. 그러므로 사안의 영업정지처분 취소소송은 소익이 있으며, 다른 소송요건은 특별히 문제되지 않는바 적법한 제소에 해당한다.

(2) 설문 (2)의 경우

장래의 불이익한 가중적 제재처분을 예정한 경우에는 해당하지 않으나, 갑이 계속하여 동일한 형태로 영업을 계속한다고 본다면 동일한 사유로 계속하여 영업정지처분을 받을 수 밖에 없다. 따라서 동일한 소송 당사자 사이에서 동일한 사유로 위법한 처분이 반복될 위험성이 있어 행정처분의 위법성 확인 내지 불분명한 법률문제에 대한 해명이 필요하다고 판단되는 경우에 해당한다.

그러므로 행정소송법 제12조 후단에 따라 예외적으로 협의의 소익을 인정할 수 있으며 다른 소송요건이 특별히 문제되지 않는바 사안의 영업정지처분 취소소송은 적법한 제소에 해당한다.

Ⅱ. 설문 (3) - 무효확인소송과 협의의 소익

1. 문제점

무효확인소송이 구비해야 할 주요 소송요건으로는 ① 원고적격이 있는 원고가 제기하고, ② 대상적격으로서 무효라고 주장하는 처분 등이 존재하고, ③ 처분 등의 무효확인을 구할 협의의 소익이 있어야 한다. 따라서 취소소송의 경우와 같이 무효확인소송의 경우에도 권리보호의 필요가 있어야 한다.

---

[639] 이 부분은 박정훈, 「행정법 사례연습」, 법문사, 2012, P.62 인용

사안의 경우에는 행정소송법 제35조가 "무효등확인소송은 처분등의 효력 유무 또는 존재 여부의 확인을 구할 법률상 이익이 있는 자가 제기할 수 있다"라고 규정하고 있는바, '확인을 구할 법률상 이익'의 의미와 관련하여 무효등확인소송에서도 민사소송에서의 '확인의 이익'이 필요한지, 그리고 무효등확인소송이 보충적으로 적용되는 것인지 문제된다.

2. 학설

(1) 즉시확정이익설(보충성 요건 필요설)

무효확인소송에도 민사소송에서의 확인의 이익, 즉 현존하는 불안이나 위험을 제거하기 위하여 확인판결을 받는 것이 유효·적절한 때와 같은 즉시확정의 법률상 이익이 필요하다는 견해이다. 이에 따르면 무효등확인소송은 보다 실효적인 구제수단(예 처분의 무효를 전제로 한 이행소송)이 가능하면 인정되지 않는다.

(2) 법적이익보호설(보충성 요건 불요설)

민사소송에서의 확인의 이익보다는 넓은 개념으로 보아서, 행정소송의 무효판결 자체로도 판결의 실효성 확보가 가능하므로 무효확인소송을 보충적인 성질로 이해하지 않는 견해이다.

3. 판례

종래 대법원은 "민사소송에 의한 부당이득반환청구의 소로써 직접 그 위법상태의 제거를 구할 수 있는 길이 열려 있는 이상 과세처분의 무효확인의 소는 분쟁해결에 직접적이고도 유효적절한 해결방법이라 할 수 없어 확인을 구할 법률상 이익이 없다"(대판 1991.9.10, 91누3840)라고 하여 즉시확정이익설의 입장이었다.

그러나 이후 대법원은 전원합의체판결을 통하여 "① 행정소송은 행정청의 위법한 처분 등을 취소·변경하거나 그 효력 유무 또는 존재 여부를 확인함으로써 국민의 권리 또는 이익의 침해를 구제하고, 공법상의 권리관계 또는 법 적용에 관한 다툼을 적정하게 해결함을 목적으로 하는 것이므로, 대등한 주체 사이의 사법상 생활관계에 관한 분쟁을 심판대상으로 하는 민사소송과는 그 목적, 취지 및 기능 등을 달리한다. ② 또한 행정소송법 제4조에서는 무효확인소송을 항고소송의 일종으로 규정하고 있고, 행정소송법 제38조 제1항에서는 처분 등을 취소하는 확정판결의 기속력 및 행정청의 재처분 의무에 관한 행정소송법 제30조를 무효확인소송에도 준용하고 있으므로 무효확인판결 자체만으로도 실효성을 확보할 수 있다. ③ 그리고 무효확인소송의 보충성을 규정하고 있는 외국의 일부 입법례와는 달리 우리나라 행정소송법에는 명문의 규정이 없어 이로 인한 명시적 제한이 존재하지 않는다. 이와 같은 사정을 비롯하여 행정에 대한 사법통제, 권익구제의 확대와 같은 행정소송의 기능 등을 종합하여 보면, 행정처분의 근거 법률에 의하여 보호되는 직접적이고 구체적인 이익이 있는 경우에는 행정소송법 제35조에 규정된 '무효확인을 구할 법률상 이익'이 있다고 보아야 하고, 이와 별도로 무효확인소송의 보충성이 요구되는 것은 아니므로 행정처분의 무효를 전제로 한 이행소송 등과 같은 직접적인 구제수단이 있는지 여부를 따질 필요가 없다고 해석함이 상당하다"(대판 2008.3.20, 2007두6342)고 판시하여 행정처분의 근거법률에 의해 보호되는 직접적이고 구체적이 이익이 있는 경우 이와 별도로 무효확인소송의 보충성을 요구하지 않는 것으로 변경하였다.

4. 검토 및 사안의 경우

무효확인판결의 기속력(원상회복의무)에 의해 판결의 실효성을 확보할 수 있으므로 민사소송에서와 같이 분쟁의 궁극적 해결을 위한 확인의 이익 여부를 논할 이유가 없다고 보는 불요설이 타당하다.

무효확인소송을 제기함에 있어 보충성을 요건으로 하지 않으므로 항고소송으로서 취소소송을 제기할 수 있다거나, 무효를 전제로 하여 직접 민사소송을 제기할 수 있다는 사유는 무효확인소송의 협의의 소익 판단에 있어 고려되지 않는다.

따라서 사안의 경우 다른 소송요건을 구비하고 있는 한, 갑이 제기한 무효확인소송을 협의의 소익이 없다는 이유로 각하하여서는 안되며, 적법요건을 갖췄음을 전제로 하여 본안판단을 하여야 한다. 그러므로 사안의 무효확인소송의 제기는 소송요건을 모두 갖춘 적법한 제소에 해당한다.

연습 138

A시는 택지개발사업을 위해 관련 법령에 따른 절차를 거쳐 甲 소유의 토지 등을 취득하고자 甲과 보상에 관하여 협의하였으나 협의가 성립되지 않았다. 이에 A시는 관할 토지수용위원회에 재결을 신청하여 "A시는 甲의 토지를 수용하고, 갑은 그 지상 공작물을 이전한다. A시는 甲에게 보상금으로 1억원을 지급한다"라는 취지의 재결을 받았다. 그러나 甲은 보상금이 너무 적다는 이유로 보상금 수령을 거절하였다.

그러자 A시는 보상금을 공탁하였고, A시장은 甲에게 보상 절차가 완료되었음을 이유로 위 토지 상의 공작물을 이전하고 토지를 인도하라고 명하였다. 그러나 甲은 이에 불응하고 있다. 만약 A시장이 대집행했을 때, 甲이 "위법한 명령에 기초한 대집행으로 말미암아 손해를 입었다."라고 주장하면서 관할 민사법원에 국가배상청구소송을 제기한다면 민사법원은 위 명령의 위법성을 스스로 심사할 수 있는가? (단, 공작물이전 및 토지인도 명령의 위법성은 취소사유에 해당함을 전제로 한다) (25점)

Ⅰ. 문제의 소재

국가배상법 제2조 제1항 본문의 국가배상책임이 인정되기 위해서는 ① 공무원, ② 직무행위, ③ 집행하면서, ④ 고의 또는 과실, ⑤ 법령위반, ⑥ 타인의 손해, ⑦ 인과관계의 요건이 충족되어야 한다.

이와 관련하여 국가배상청구소송의 수소법원인 민사법원이 설문과 같은 공작물이전 및 토지인도 명령처분의 구성요건적 효력에도 불구하고 그 위법성을 심리·판단할 수 있는지 문제된다. 즉, 이른바 선결문제를 검토해야 한다.

Ⅱ. 구성요건적 효력

1. 의의

(1) 구성요건적 효력이란 유효한 행정행위가 존재하면 모든 '행정기관과 법원(형사법원 및 민사법원)'은 그 행정행위와 관련된 자신들의 결정에 당해 행위의 존재와 효과를 인정해야 하고, 그 내용에 구속되는 효력을 말한다. 이는 행정행위를 스스로 폐지할 수 없는 다른 행정청·법원과 관련되는 문제인바, 행정행위의 존재 사실 그 자체가 다른 국가기관의 결정에 구성요건요소가 된다는 의미이다.

(2) 유사한 개념으로 공정력이란 행정행위에 하자가 있다고 하더라도 권한을 가진 기관에 의해 취소될 때까지 그 효력을 부정할 수 없는 상대방(또는 이해관계인)에게 미치는 구속력을 말한다.

2. 범위와 한계

(1) 무효인 행정행위 - 부정

구성요건적 효력이 법원에 효력을 미치는 이유는 권력분립원칙에 합당하기 때문이다. 다만 법원은 권력통제 기능을 갖는바, 특정 행정행위가 무효인 경우에는 법원에 대하여 구성요건적 효력을 갖지 못한다.

(2) 법원의 범위

행정소송법에 행정소송사건의 심리·판단권이 규정되어 있으므로 구성요건적 효력은 행정소송의 수소법원에는 미치지 않는다. 문제는 민사소송이나 형사소송을 담당하는 법원에 미치는지, 미친다면 어느 범위에서 미치는지 하는 것이다.

3. 사안의 경우

공작물이전 및 토지인도 명령의 위법성은 당연무효가 아니라 취소사유에 해당하므로 구성요건적 효력이 있다.

Ⅲ. 선결문제

1. 의의

선결문제란 '특정한 행정행위'의 위법 여부 또는 효력의 유무를 다른 '특정사건'의 재판에 있어서 먼저 해결해야 하는 경우, 그 특정한 행정행위의 위법 여부 또는 효력 유무의 문제를 말한다. 여기서 특정사건이란 민사사건 및 형사사건을 의미한다. 그런데 행정소송법 제11조 제1항은 선결문제의 일부, 즉 '처분등의 효력 유무 또는 존재 여부가 민사법원의 선결문제'인 경우만 규정하고 있어 나머지(즉 단순위법인 경우와 형사법원의 경우)는 학설과 판례에 맡겨져 있다.

2. 민사법원과 선결문제

(1) 행정행위의 효력유무가 선결문제인 경우

예컨대 과세처분의 무효를 이유로 하는 부당이득반환청구소송을 제기한 경우, 관할민사법원은 부당이득반환청구의 인용요건인 '행정행위의 효력유무'를 스스로 심사할 수 있는가 하는 문제이다. 다수설과 판례는 "<u>선결문제가 당연무효이면 민사법원은 선결문제가 무효임을 전제로 본안을 판단할 수 있다. 선결문제가 단순위법인 경우는 민사법원은 당해 행정행위의 구성요건적 효력으로 인해 그 선결문제의 효력을 부인할 수 없고 따라서 본안을 인용할 수 없다.</u>"라는 입장이다.640)641)

(2) 행정행위의 위법여부가 선결문제인 경우

1) 문제점

예컨대 사인이 공무원의 위법한 처분으로 손해를 입었다고 하면서 국가배상청구소송을 제기한 경우, 민사법원이 선결문제인 '행정행위의 위법성여부'를 판단할 수 있는지의 문제이다. 이 논의는 먼저 국가배상청구소송의 성질을 민사소송으로 보는 견해를 전제로 한다.

2) 학설

① **소극설** : ㉠ 행정행위는 구성요건적 효력이 있으므로 법원을 포함한 모든 국가기관은 그 효력에 구속을 받아야 하고, ㉡ 현행법상 행정사건의 심판권은 행정법원이 배타적으로 관할하는 점, ㉢ 행정소송법 제11조 제1항은 민사법원에 대하여 처분 등의 효력유무 또는 존재여부만을 선결문제심판권으로 규정한다는 점을 논거로 한다.

② **적극설** : ㉠ 구성요건적 효력은 적법성 추정이 아니라 법적 안정성 때문에 인정되는 통용력에 불과하며, ㉡ 선결문제로서 행정행위의 위법성 판단은 행정행위의 효력을 부인하는 것이 아니라 단순한 위법성 심사에 그치는 것이라는 점, ㉢ 행정소송법 제11조는 선결문제심판권에 대한 예시적 규정에 불과하기 때문에 위법성판단을 배제하는 것은 아니라는 점을 논거로 한다.

3) 판례

<u>위법한 행정처분의 취소판결이 있어야만 그 행정처분의 위법임을 이유로 한 손해배상청구를 할 수 있는 것은 아니라면서 적극설의 입장에 있다.</u>642)

4) 검토

민사법원이 국가배상청구소송을 심리함은 그 처분의 효력을 부정하는 것이 아니라는 점, 그리고 소송경제와 개인의 권리보호의 관점에서 적극설이 타당하다.

---

640) 민사소송에 있어서 어느 행정처분의 당연무효 여부가 선결문제로 되는 때에는 이를 판단하여 당연무효임을 전제로 판결할 수 있고 반드시 행정소송 등의 절차에 의하여 그 취소나 무효확인을 받아야 하는 것은 아니다(대판 1972. 10.10, 71다2279).

641) 조세의 과오납이 부당이득이 되기 위하여는 납세 또는 조세의 징수가 실체법적으로나 절차법적으로 전혀 법률상의 근거가 없거나 과세처분의 하자가 중대하고 명백하여 당연무효이어야 하고, 과세처분의 하자가 단지 취소할 수 있는 정도에 불과할 때에는 과세관청이 이를 스스로 취소하거나 항고소송절차에 의하여 취소되지 않는 한 그로 인한 조세의 납부가 부당이득이 된다고 할 수 없다(대판 1994.11.11, 94다28000).

642) 물품세 과세대상이 아닌 것을 세무공무원이 직무상 과실로 과세대상으로 오인하여 과세처분을 행함으로 인하여 손해가 발생된 경우에는, 동 과세처분이 취소되지 아니하였다 하더라도, 국가는 이로 인한 손해를 배상할 책임이 있다(대판 1979.4.10, 79다262).

Ⅳ. 설문의 해결

국가배상청구소송의 수소법원인 민사법원은 공작물이전 및 토지인도 명령처분의 구성요건적 효력에도 불구하고 그 위법성을 심리·판단할 수 있다.

보충문제 1

甲은「여객자동차 운수사업법」상 운송사업등록을 하여 전세버스운송사업에 종사하는 자이다. 관할 도지사 A는 甲에게 같은 법 제23조 제1항 제5호에 따라 자동차에 대한 개선명령을 발령하였으나 甲은 이를 이행하지 아니하였다. A는 이를 이유로 같은 법 제85조 제1항 및 제88조 제1항에 따라 甲에게 사업정지에 갈음하는 과징금부과처분을 행하였다.
甲이 과징금부과처분취소소송을 제기하지 않고 과징금부과처분의 법령위반을 들어 국가배상청구소송을 제기할 경우 수소법원은 과징금부과처분의 위법 여부를 판단할 수 있는지를 설명하시오. (10점)

• 2020 5급(행정) 공채

Ⅰ. 논점 : 민사법원의 선결문제 판단권

Ⅱ. 국가배상법의 법적 성질
   사법설(판례), 공법설

Ⅲ. 구성요건적 효력
   1. 의의
   2. 범위와 한계
      (1) 무효인 행정행위는 적용 배제
      (2) 법원의 범위
   3. 사례의 경우
      과징금부과처분의 위법성은 당연무효가 아니라 취소사유에 해당한다는 점, 그리고 국가배상청구소송을 민사법원의 관할로 하는 점에서 구성요건적 효력이 문제되는 경우임

Ⅳ. 선결문제
   1. 의의
   2. 행정행위의 위법여부를 민사법원이 심사할 수 있는지 여부
      (1) 문제점
      (2) 학설 : 소극설, 적극설
      (3) 판례
         위법한 행정처분의 취소판결이 있어야만 그 행정처분의 위법임을 이유로 한 손해

배상청구를 할 수 있는 것은 아니다(대판 1979.4.10., 79다262)라면서 적극설의 입장

(4) 검토

민사법원이 국가배상청구소송을 심리함은 그 처분의 효력을 부정하는 것이 아니라는 점, 그리고 소송경제와 개인의 권리보호의 관점에서 적극설이 타당

V. 사례의 해결

국가배상청구소송의 수소법원인 민사법원은 과징금부과처분이 당연무효가 아닌 한, 공정력에 의하여 행정행위의 적법성까지 추정되는 것은 아니므로, 처분의 효력을 부인하는 것이 아니면, 과징금부과처분의 위법 여부를 스스로 판단할 수 있음

보충문제 2

A군의 군수(이하 'A군수')는 甲주식회사에게 중소기업창업 지원법 제33조 및 제35조에 따라 관할행정청과의 협의를 거쳐 산지전용허가 등이 의제되는 사업계획을 승인하였다. 산지전용허가가 의제되는 부지 인근에 거주하고 있는 주민乙은 해당 사업이 실시될 경우 산에서 내려오는 물의 흐름이 막혀 지반이 약한 부분에서 토사유출 및 산사태 위험이 있다며 해당 산지전용허가에 반대하고 있다. 관할행정청은 이후 산지관리법 제37조에 따라 재해위험지역 일제점검을 하던 중 甲의 시설공사장에서 토사유출로 인한 산사태 위험을 확인하고, 甲에게 시설물철거 등 재해의 방지에 필요한 조치를 할 것을 명하였다. 다만, 甲에게 통지된 관할행정청의 처분서에는 甲이 충분히 알 수 있도록 처분의 사유와 근거가 구체적으로 명시되지는 않았다.

甲은 관할행정청의 조치명령을 이행하지 아니하여 산지관리법 위반으로 형사법원에 기소되었으나 해당 조치명령이 위법하므로 자신이 무죄라고 주장한다. 甲의 주장이 타당한지를 검토하시오. (25점)

• 2021 5급(행정) 공채

Ⅰ. 논점

  ○ 조치명령이 절차상 하자로 위법한지 여부(특히 이유제시의 하자)
  ○ 형사법원의 선결문제 판단권

Ⅱ. 절차상 하자

  1. **절차상 하자** : 법령에서 행정처분을 위한 절차를 규정하는 경우에 그 규정을 준수하지 않았으면 절차상 하자 있는 위법한 처분이 됨

  2. **절차상 하자의 독자성 위법성**

    (1) 문제의 소재

      절차상의 하자가 있다는 이유만으로 행정행위가 위법한 행위가 되어 무효 또는 취

소가 되는가의 문제
   (2) 학설 : 소극설, 적극설
   (3) 판례
      청문절차의 결여(대판 1992.2.11. 91누11575), 사전통지 또는 의견제출절차의 결여(대판 2004.5.28. 2004두1254) 등 절차위반을 위법사유로 인정함
 3. 절차상 하자의 위법성의 정도
    판례는 대부분 행정처분의 취소사유로 인정하나, 절차위반으로 인하여 그 절차가 지향하는 목적을 형해화할 정도의 하자가 있는 경우 중대하고 명백한 하자로서 무효로 보기도 함
 4. 이유제시의 하자와 그 효과
    과세표준과 세율, 세액, 세액산출근거 등의 필요한 사항을 납세자에게 서면으로 통지하도록 한 세법상의 제 규정들은 단순히 세무행정의 편의를 위한 훈시규정이 아니라 조세행정에 있어 자의를 배제하고 신중하고 합리적인 처분을 행하게 함으로써 공정을 기함과 동시에 납세의무자에게 부과처분의 내용을 상세히 알려서 불복여부의 결정과 불복신청에 편의를 제공하려는 데서 나온 강행규정으로서 납세고지서에 그와 같은 기재가 누락되면 그 과세처분 자체가 위법한 처분이 되어 취소의 대상이 된다(대판 1985.5.28. 84누289).
 5. 사례의 경우
    절차상 하자는 독자적 위법사유가 되고, 위법성의 정도는 취소사유

Ⅲ. 형사법원의 선결문제 판단
 1. 구성요건적 효력
 2. 형사법원의 선결문제 판단권
   (1) 문제의 소재
      형사소송의 본안판단의 전제가 된 행정행위의 위법성이나 유효 여부를 형사법원이 스스로 판단할 수 있는가
   (2) 학설과 판례
      ① 부정설(행정행위가 당연무효가 아닌 한 형사법원은 행정행위의 위법성을 판단할 수 없음), ② 긍정설(단순위법의 하자가 있지만 권한 있는 기관에 의하여 취소되기 전까지는 유효한 행정행위의 효력을 부인(취소)하지 않는 한, 그 위법성을 심리·판단할 수 있음 - 판례)
 3. 사례의 경우
    형사법원이 산지관리법에 근거하여 형벌을 과하려면 조치명령이 적법한 것이라야 하는데, 형사법원은 조치명령이 위법함을 스스로 판단할 수 있고, 사안에서는 조치명령이 위법하므로 유죄판단할 수 없음

연습 139

국민건강보험공단은 甲에게 보험료부과처분을 하였고, 甲은 별도의 검토 없이 이를 납부하였다. 그러나 甲은 이후 당해 보험료부과처분이 무효임을 알게 되었다. 甲이 이미 납부한 보험료를 돌려받기 위하여 제기할 수 있는 소송의 종류에 대하여 설명하시오. (25점) 〈공인노무사 2017〉

I. 문제의 제기

(1) 보험료부과처분에 무효사유에 해당하는 하자가 있는 경우 항고소송을 제기함이 없이 곧바로 부당이득반환청구소송을 제기하여 보험료를 돌려받을 수 있는지 검토를 요한다. 이 경우 ① 부당이득반환청구소송의 성질, ② 만일 민사소송설에 의할 경우 선결문제가 논의의 대상이다.

(2) 보험료를 돌려받기 위하여 (1)과 같은 구제수단이 존재하는 경우에도 무효확인소송을 제기할 수 있는지도 검토를 요한다. 이 경우 무효확인소송에서 즉시확정의 이익의 필요 여부가 문제된다.

II. 논의의 전제

1. 국민건강보험공단의 법적 성격과 보험료부과처분의 처분성

국민건강보험공단은 보건복지부장관이 맡아 주관하는 건강보험의 보험자로서 공행정사무를 수행하는 범위 내에서 행정청에 해당한다(국민건강보험법 제13조, 제14조). 그리고 보험료부과처분은 보험가입자에게 금전급부의무를 부과하는 하명으로서 행정소송법 제2조 제1항 1호의 행정처분에 해당한다.

2. 보험료부과처분의 위법성의 정도

'소송의 종류'를 검토하라고 하였으므로 보험료부과처분의 위법성의 정도가 문제되는바, 설문에서 '甲이 무효임을 알게 되었다"라고 하였으므로 이를 무효로 전제하고 논의하고자 한다.

Ⅲ. 부당이득반환청구소송의 제기

1. 부당이득의 의미

부당이득이란 법률상의 원인 없이 타인의 재산 또는 노력으로 말미암아 이익을 얻고 타인에게 손실을 입히는 것을 말한다(민법 제741조). 공법관계에 있어서도 공법상의 원인에 의하여 급부하였는데 그 원인이 무효이거나 취소됨으로써 법률상 원인 없는 급부가 된 경우에 부당이득의 반환이 문제된다.

2. 공법상 부당이득반환청구권의 성질

(1) 학설

① **사권설** : 부당이득제도는 오로지 경제적인 이유에서 인정되는 이해조정제도라는 점, 행정소송법 제10조가 항고소송에 부당이득반환청구 등 관련청구의 병합을 특별히 인정하고 있는 것은 이들 청구가 사권적 청구임을 전제로 하고 있다는 점을 논거로 한다. 이에 대한 분쟁은 민사소송에 의한다.

② **공권설** : 동 청구권의 발생원인이 공법상의 것이라는 점, 행정소송법 제3조 제2호는 행정청의 처분 등을 원인으로 하는 법률관계에 관한 소송 그 밖에 공법상의 법률관계에 관한 소송을 당사자소송으로 규정하고 있다는 점을 논거로 한다(통설).

(2) 판례

판례는 세금반환청구소송, 개발부담금부과처분의 직권취소를 이유로 한 부담금반환청구소송 등에서 당사자소송이 아닌 민사소송에 따라야 한다고 하여 사권설의 입장이다.[643] 그런데 최근 '부가가치세 환급세액 지급청구'는 당사자소송의 절차에 따라야 한다는 판례가 등장하였다.[644]

---

[643] 국세환급금에 관한 국세기본법 제51조 제1항, 부가가치세 환급에 관한 부가가치세법 제24조, 같은법 시행령 제72조의 각 규정은 정부가 이미 부당이득으로서 그 존재와 범위가 확정되어 있는 과오납부액이나 환급세액이 있는 때에는 납세자의 환급 신청을 기다릴 것 없이 이를 즉시 반환하는 것이 정의와 공평에 합당하다는 법리를 선언하고 있는 것이므로, 이미 그 존재와 범위가 확정되어 있는 과오납부액이나 환급세액은 납세자가 부당이득의 반환을 구하는 민사소송으로 그 환급을 청구할 수 있다(대법원 1997.10.10, 97다26432).

[644] 부가가치세법령의 내용, 형식 및 입법 취지 등에 비추어 보면, 납세의무자에 대한 국가의 부가가치세 환급세액 지급의무는 그 납세의무자로부터 어느 과세기간에 과다하게 거래징수된 세액 상당을 국가가 실제로 납부받았는지와 관계없이 부가가치세법령의 규정에 의하여 직접 발생하는 것으로서, 그 법적 성질은 정의와 공평의 관념에서 수익자와 손실자 사이의 재산상태 조정을 위해 인정되는 부당이득 반환의무가 아니라 부가가치세법령에 의하여 그 존부나 범위가 구체적으로 확정되고 조세 정책적 관점에서 특별히 인정되는 공법상 의무라고 봄이 타당하다. 그렇다면 납세의무자에 대한 국가의 부가가치세 환급세액 지급의무에 대응하는 국가에 대한 납세의무자의 부가가치세 환급세액 지급청구는 민사소송이 아니라 행정소송법 제3조 제2호에 규정된 당사자소송의 절차에 따라야 한다(대법원 2013.3.21, 2011다95564).

(3) 검토

우리 법이 공사법의 이원체제를 유지하고 있는 이상 공권설이 타당하다. 그러나 당사자소송으로 청구하여도 실제상 민사소송에 의하게 되므로(행정소송법 제8조 제2항) 실무상 구별할 실익이 거의 없다.

추가하여, 아래에서는 판례에 따라 민사소송설을 취할 경우 민사법원이 별도의 취소판결 없이 부당이득이 성립함을 인정할 수 있는지 검토한다.

3. 선결문제

(1) 문제점

판례에 따르면 甲은 민사소송으로 부당이득반환청구소송을 제기할 수 있는데 이 경우 민사법원은 민법 제741조에 따라 국가가 법률상 원인 없이 甲에게 손해를 가하고 있는지를 살펴보아야 한다. 그런데 '법률상 원인 없음'은 '보험료부과처분이 무효'인지에 대한 문제가 되기 때문에 민사법원이 처분의 효력 유무를 판단할 수 있는지, 즉 선결문제를 검토해야 한다.

(2) 선결문제의 의의

선결문제란 '특정한 행정행위'의 위법 여부 또는 효력의 유무를 다른 '특정사건'의 재판에 있어서 먼저 해결해야 하는 경우, 그 특정한 행정행위의 위법 여부 또는 효력 유무의 문제를 말한다. 여기서 특정사건이란 민사사건 및 형사사건을 의미한다. 그런데 행정소송법 제11조 제1항은 선결문제의 일부, 즉 '처분등의 효력 유무 또는 존재 여부가 민사법원의 선결문제'인 경우만 규정하고 있어 나머지(즉 단순위법인 경우와 형사법원의 경우)는 학설과 판례에 맡겨져 있다.

(3) 민사법원인 경우(행정행위의 효력유무가 선결문제인 경우)

예컨대 과세처분의 무효를 이유로 하는 부당이득반환청구소송을 제기한 경우, 관할민사법원은 부당이득반환청구의 인용요건인 '행정행위의 효력유무'를 스스로 심사할 수 있는가 하는 문제이다. 다수설과 판례는 "<u>선결문제가 당연무효이면 민사법원은 선결문제가 무효임을 전제로 본안을 판단할 수 있다. 선결문제가 단순위법인 경우는 민사법원은 당해 행정행위의 구성요건적 효력으로 인해 그 선결문제의 효력을 부인할 수 없고 따라서 본안을 인용할 수 없다.</u>"라는 입장이다.[645][646]

---

645) 민사소송에 있어서 어느 행정처분의 당연무효 여부가 선결문제로 되는 때에는 이를 판단하여 당연무효임을 전제로 판결할 수 있고 반드시 행정소송 등의 절차에 의하여 그 취소나 무효확인을 받아야 하는 것은 아니다(대법원 1972. 10.10, 71다2279).

646) 조세의 과오납이 부당이득이 되기 위하여는 납세 또는 조세의 징수가 실체법적으로나 절차법적으로 전혀 법률상의

4. 사안의 해결

국민건강보험공단의 보험료부과처분은 무효이기 때문에 민사법원은 보험료부과처분이 무효임을 전제로 본안을 판단할 수 있고 甲은 부당이득반환청구를 통해 이미 납부한 보험료를 반환받을 수 있다.

Ⅳ. 보험료부과처분 무효확인소송의 제기

1. 문제점

설문에서 甲은 보험료를 이미 납부하였고 보험료부과처분이 무효라면 甲은 보험료부과처분무효확인소송을 제기하지 않고도 부당이득반환을 청구하면서 보험료부과처분의 무효를 선결문제로 주장하면 보험료를 돌려받을 수 있기 때문에, 甲이 별도로 보험료부과처분무효확인소송을 제기할 협의의 소의 이익이 있는지가 문제된다.

2. 무효확인소송에서 즉시확정의 이익의 필요 여부

(1) 의의

행정소송법 제35조의 '확인을 구할 법률상 이익'의 의미와 관련하여 종래 무효등확인소송에서도 민사소송에서의 '확인의 이익'이 필요한지, 그리고 무효등확인소송이 보충적으로 적용되는 것인지가 문제되어 왔다.

(2) 학설

① **즉시확정이익설**(필요설, 긍정설) : 취소소송의 경우와 달리 행정소송법 제35조는 원고적격에 관한 규정일 뿐만 아니라 권리보호필요성(협의의 소익)에 관한 의미도 가지고 있는 것이며(동법 제35조의 '확인을 구할'이라는 표현을 즉시확정이익으로 본다), 따라서 무효확인소송에도 민사소송에서의 확인의 이익, 즉 현존하는 불안이나 위험을 제거하기 위하여 확인판결을 받는 것이 유효·적절한 때와 같은 즉시확정의 법률상 이익이 필요하다는 견해이다. 이에 따르면 무효등확인소송은 보다 실효적인 구제수단(예 처분의 무효를 전제로 한 이행소송)이 가능하면 인정되지 않는다.

② **법적이익보호설**(불요설, 부정설) : 행정소송법 제35조의 '법률상 이익'은 원고적격의 범위에 대한 것이어서 즉시확정의 이익으로 해석될 수 없고, 무효등확인소송에서는 취소판결의 기속력을 준용하므로(행정소송법 제38조 제1항, 제30조) 민사소송과 달리

근거가 없거나 과세처분의 하자가 중대하고 명백하여 당연무효이어야 하고, 과세처분의 하자가 단지 취소할 수 있는 정도에 불과할 때에는 과세관청이 이를 스스로 취소하거나 항고소송절차에 의하여 취소되지 않는 한 그로 인한 조세의 납부가 부당이득이 된다고 할 수 없다(대법원 1994.11.11, 94다28000).

무효판결 자체로도 판결의 실효성 확보가 가능하므로 민사소송에서와 같이 확인의 이익 여부를 논할 이유가 없다는 점, 그리고 무효등확인소송이 확인소송이라는 점에만 집착하여 즉시확정의 이익을 내세운다면 부작위위법확인소송도 확인소송으로서의 성질을 가지므로 즉시확정의 이익이 필요하다고 판단되어야 한다는 문제가 있다는 점을 들고 있다.(다수견해)

(3) 판례

종래 대법원은 '민사소송에 의한 부당이득반환청구의 소로써 직접 그 위법상태의 제거를 구할 수 있는 길이 열려 있는 이상 과세처분의 무효확인의 소는 분쟁해결에 직접적이고도 유효적절한 해결방법이라 할 수 없어 확인을 구할 법률상 이익이 없다'647)라고 하여 즉시확정이익설의 입장이었다. 그러나 수원시장의 하수도원인자부담금부과처분의 무효확인을 구한 사건에서 대법원은 2008. 3. 20. 전원합의체판결을 통하여, <u>행정처분의 근거법률에 의해 보호되는 직접적이고 구체적이 이익이 있는 경우 이와 별도로 무효확인소송의 보충성을 요구하지 않는 것</u>으로 변경하였다.648) 따라서 행정처분의 무효를 전제로 한 이행소송, 즉 부당이득반환청구소송, 소유물반환청구소송, 소유권이전등기말소청구소송, 소유물방해제거청구소송 등과 같은 구제수단이 있다고 하더라도 무효등확인소송을 제기할 수 있다고 본다.

(4) 검토

무효확인판결의 기속력(원상회복의무)에 의해 판결의 실효성을 확보할 수 있으므로 민사소송에서와 같이 분쟁의 궁극적 해결을 위한 확인의 이익 여부를 논할 이유가 없다고 보는 불요설이 타당하다.

---

647) 대법원 1991.9.10, 91누3840
648) 행정소송은 행정청의 위법한 처분 등을 취소·변경하거나 그 효력 유무 또는 존재 여부를 확인함으로써 국민의 권리 또는 이익의 침해를 구제하고, 공법상의 권리관계 또는 법 적용에 관한 다툼을 적정하게 해결함을 목적으로 하는 것이므로, 대등한 주체 사이의 사법상 생활관계에 관한 분쟁을 심판대상으로 하는 민사소송과는 그 목적, 취지 및 기능 등을 달리한다. 또한 행정소송법 제4조에서는 무효확인소송을 항고소송의 일종으로 규정하고 있고, 행정소송법 제38조 제1항에서는 처분 등을 취소하는 확정판결의 기속력 및 행정청의 재처분 의무에 관한 행정소송법 제30조를 무효확인소송에도 준용하고 있으므로 무효확인판결 자체만으로도 실효성을 확보할 수 있다. 그리고 무효확인소송의 보충성을 규정하고 있는 외국의 일부 입법례와는 달리 우리나라 행정소송법에는 명문의 규정이 없어 이로 인한 명시적 제한이 존재하지 않는다. 이와 같은 사정을 비롯하여 행정에 대한 사법통제, 권익구제의 확대와 같은 행정소송의 기능 등을 종합하여 보면, 행정처분의 근거 법률에 의하여 보호되는 직접적이고 구체적인 이익이 있는 경우에는 행정소송법 제35조에 규정된 '무효확인을 구할 법률상 이익'이 있다고 보아야 하고, 이와 별도로 무효확인소송의 보충성이 요구되는 것은 아니므로 행정처분의 무효를 전제로 한 이행소송 등과 같은 직접적인 구제수단이 있는지 여부를 따질 필요가 없다고 해석함이 상당하다(대법원 2008.3.20, 2007두6342).

3. 사안의 해결

다수견해와 판례인 부정설에 의하면 甲은 보험료를 이미 납부한 경우에도 보험료부과처분의 무효확인을 구할 협의의 소의 이익이 있다. 따라서 甲은 보험료부과처분무효확인소송을 제기할 수 있다.

V. 그 밖의 방법

1. 무효선언을 구하는 의미의 취소소송

갑은 판례가 인정하는 '행정행위의 무효선언을 구하는 의미의 취소소송'을 제기할 수 있다.[649] 다만 이 경우에는 형식에 있어서 취소소송이므로 제소기간 등의 제한을 받는다는 것이 판례의 태도이다.

이 경우의 취소청구에는 취소뿐 아니라 무효를 확인하는 의미의 취소를 구하는 취지가 포함되어 있다고 보아야 하므로, 법원은 무효를 확인(선언)하는 의미의 취소판결을 하여야 한다.

2. 소송의 병합

갑은 행정소송법 제10조, 제38조 제1항에 따라 보험료부과처분 무효확인소송과 부당이득반환청구소송을 병합할 수도 있다

VI. 결론

국민건강보험공단이 부과한 보험료부과처분을 무효라고 보면, 甲이 이미 납부한 보험료를 반환받기 위해 제기할 수 있는 소송유형은 보험료부과처분 무효확인소송을 제기하지 않고 부당이득반환청구소송을 제기하는 방법, 보험료부과처분 무효확인소송을 먼저 제기하는 방법이 있다.

설문과는 별도로 보험료부과처분무효확인소송과 부당이득반환청구소송을 병합하는 방법이 있다(행정소송법 제10조, 제38조 제1항).

---

[649] 대법원 1976.2.24, 75누128

행정쟁송법 사례연습

보충문제

법무법인 甲, 乙 및 丙은 2015. 3. 3. 정기세무조사의 대상이 되어 2014 사업연도의 법인세 신고 및 납부내역에 대한 세무조사를 받았다. 정기세무조사는 매년 무작위로 대상자를 추출하여 조사하는 것으로 세무조사로 인한 부담을 덜어주기 위하여 동일한 과세기간에 대해서는 원칙적으로 재조사를 금지하고 있다. 그러나 관할 세무서장은 甲, 乙 및 丙의 같은 세목 및 같은 과세기간에 대하여 재조사 결정 및 이에 따른 통지 후 2016. 5. 20. 재조사를 실시하면서, 재조사 이유에 대해 과거 위 각 법인에서 근무하던 직원들의 제보를 받아 법인세 탈루혐의를 입증할 자료가 확보되었기 때문이라고 밝혔다. 관할 세무서장은 재조사 결과 甲, 乙 및 丙의 법인세 탈루사실이 인정된다고 보아 甲과 乙에 대해서는 2017. 1. 10. 丙에 대해서는 2017. 11. 3. 증액경정된 조세부과처분을 각각 발령하였다. 한편, 甲, 乙 및 丙은 세무조사로서의 재조사에 대하여 제소기간 내에 취소소송을 제기하였다.

(1) 甲의 취소소송의 대상적격은 인정되는가? (15점)
(2) 甲은 연이은 세무조사로 인하여 법무법인으로서의 이미지가 실추되었다고 생각하고 국가배상청구소송을 제기하고자 한다. 위 (1)에 의한 취소소송에서 甲의 소송상 청구가 인용되어 그 판결이 확정된 것을 전제로 할 때 국가배상청구소송에서의 위법성 인정 여부를 설명하시오. (20점)
(3) 丙은 위 조세부과처분에 따라 부과금액을 납부하였다. 丙이 재조사의 근거 조항에 대한 헌법재판소의 2017. 12. 29. 위헌결정 이후 이미 납부한 금액을 돌려받기 위하여 제기할 수 있는 소송에 관하여 논하시오. (단, 제소시점은 2018. 1. 4.로 하며, 국가배상청구소송과 헌법소송은 제외함) (25점)

• 2018 변호사시험

■ 문 (1)

Ⅰ. 논점 : 세무재조사결정의 처분성

Ⅱ. 처분의 개념
   1. 행정소송법상의 처분
   2. 처분개념에 관한 학설과 판례
   3. 처분의 개념요소

Ⅲ. 세무조사결정의 법적 성질
   1. 세무조사의 의의
      ○ 국세의 과세표준과 세액을 결정 또는 경정하기 위하여 질문을 하거나 해당 장부·서류 또는 그 밖의 물건을 검사·조사하거나 그 제출을 명하는 활동(국세기본법 제2조

제1호)
○ 행정조사의 한 종류임

2. 세무조사결정의 처분성

세무조사결정이 있는 경우 <u>납세의무자는 세무공무원의 과세자료 수집을 위한 질문에 대답하고 검사를 수인하여야 할 법적 의무를 부담하게 되는 점</u>, <u>세무조사는 기본적으로 적정하고 공평한 과세의 실현을 위하여 필요한 최소한의 범위 안에서 행하여져야 하고, 더욱이 동일한 세목 및 과세기간에 대한 재조사는 납세자의 영업의 자유 등 권익을 심각하게 침해할 뿐만 아니라 과세관청에 의한 자의적인 세무조사의 위험마저 있으므로 조세공평의 원칙에 현저히 반하는 예외적인 경우를 제외하고는 금지될 필요가 있는 점</u>, 납세의무자로 하여금 개개의 과태료 처분에 대하여 불복하거나 조사 종료 후의 과세처분에 대하여만 다툴 수 있도록 하는 것보다는 그에 앞서 <u>세무조사결정에 대하여 다툼으로써 분쟁을 조기에 근본적으로 해결할 수 있는 점</u> 등을 종합하면, <u>세무조사결정은 납세의무자의 권리·의무에 직접 영향을 미치는 공권력의 행사에 따른 행정작용으로서 항고소송의 대상이 된다</u>(대판 2011.3.10, 2009두23617, 23624).

Ⅳ. 사례의 해결

취소소송의 대상적격이 인정됨

■ 문 (2)

Ⅰ. 논점 : 취소소송의 기판력이 후소인 국가배상소송에 미치는지 여부

Ⅱ. 취소소송의 기판력과 국가배상청구소송

1. 취소소송에서의 위법성과 국가배상법상 위법성의 동일성 여부

2. 취소소송의 기판력이 후소인 국가배상소송에 미치는지 여부

(1) 학설 : 기판력부정설, 기판력긍정설, 제한적 긍정설
(2) 판례 : <u>행정처분이 후에 항고소송에서 취소되었다고 할지라도 그 기판력에 의하여 당해 행정처분이 곧바로 공무원의 고의 또는 과실로 인한 것으로서 불법행위를 구성한다고 단정할 수는 없다</u>(대판 2000.5.12. 99다70600). ☞ 기판력부정설의 입장이라는 견해가 있고, 기판력에 관한 판례의 입장이 분명하지 않다는 견해도 있음

Ⅲ. 사례의 해결

○ 법질서의 일체성, 분쟁의 일회적 해결 측면에서 기판력 긍정설이 타당

○ 이 경우 취소판결의 기판력이 국가배상청구소송에도 미치므로 국가배상청구소송에서의 위법성 인정

■ 문 (3)

I. 논점
○ 위헌법령에 근거한 행정처분의 효력
○ 항고소송, 민사소송(부당이득반환청구소송과 선결문제 판단권)

II. 위헌법령에 근거한 행정처분의 효력
1. 문제점 : 행정처분 이후 그 처분의 근거가 된 법령이 위헌으로 결정되는 경우 무효인 법령에 근거한 처분의 효력
2. 판례
   일반적으로 시행령이 헌법이나 법률에 위반된다는 사정은 그 시행령의 규정을 위헌 또는 위법하여 무효라고 선언한 대법원의 판결이 선고되지 아니한 상태에서는 그 시행령 규정의 위헌 내지 위법 여부가 해석상 다툼의 여지가 없을 정도로 명백하였다고 인정되지 아니하는 이상 객관적으로 명백한 것이라 할 수 없으므로, 이러한 시행령에 근거한 행정처분의 하자는 취소사유에 해당(대판 2007.6.14. 2004두619)
3. 사안의 경우 : 취소사유

III. 항고소송의 제기
1. 취소소송 제기
   (1) 취소소송의 제기요건
   (2) 사례의 경우 : 丙의 청구가 인용되면, 취소판결의 기속력으로서 원상회복의무에 따라 관할 세무서장은 丙이 납부한 금액을 반환할 의무 발생
2. 무효확인소송 제기
   (1) 무효확인소송의 제기요건
   (2) 협의의 소익(확인의 이익) : 무효확인소송의 보충성이 요건이 되지 아니함(대판 2008.3.20. 2007두6342)
   (3) 취소소송과 무효확인소송의 관계 : 일반적으로 행정처분의 무효확인을 구하는 소에는 원고가 그 처분의 취소를 구하지 아니한다고 밝히지 아니한 이상 그 처분이 만약 당연무효가 아니라면 그 취소를 구하는 취지도 포함되어 있는 것으로 보아야 한다(대판 1994.12.23. 94누477). 따라서 법원은 취소소송으로 청구취지를 변경하도록 함
   (4) 사례의 경우 : 취소소송으로 소 변경

Ⅳ. 부당이득반환청구소송의 제기

1. 부당이득반환청구소송의 의의
2. 부당이득반환청구소송의 법적 성질 : 공권설, 사권설(판례)
   <u>그 존재와 범위가 확정되어 있는 과오납부액이나 환급세액은 납세자가 부당이득의 반환을 구하는 민사소송으로 그 환급을 청구할 수 있다.</u>(대판 1997.10.10. 97다2643).
3. 선결문제 판단권
   <u>선결문제가 당연무효이면 민사법원은 선결문제가 무효임을 전제로 본안을 판단할 수 있다. 선결문제가 단순위법인 경우는 민사법원은 당해 행정행위의 구성요건적 효력으로 인해 그 선결문제의 효력을 부인하는 판단을 할 수 없다</u>(대판 1972.10.10. 71다2279).
4. 사례의 경우
   조세부과처분에는 취소사유가 존재하므로, 민사법원은 조세부과처분의 효력을 부인할 수 없음. 따라서 丙이 제기한 부당이득반환청구소송은 기각될 것임

> **연습 140**
>
> 甲은 자기 소유 토지에 전원주택을 신축하고자 건축업자인 乙과 전원주택 신축공사에 관하여 도급계약을 체결하였고, 乙은 근로복지공단에 고용보험·산재보험관계성립신고를 하면서 신고서에 위 신축공사 사업장의 사업주를 甲으로 기재하여 제출하였다. 甲은 위 사업장에 관한 고용보험료와 산재 보험료 중 일부만 납부하였고, 국민건강보험공단은 甲에게 체납된 고용보험료 및 산재보험료를 납부할 것을 독촉하였다. 관련 법령상 보험료의 신고 또는 납부 등 산재보험 및 고용보험에 관한 사업의 주요 업무는 고용노동부 장관으로부터 위탁받은 근로복지공단이 수행하고, 다만 보험료 체납관리 등 징수업무는 국민건강보험공단이 위탁받아 수행하고 있다. 甲은 건축주가 직접 공사를 하지 않고 공사 전부를 수급인에게 도급을 준 경우에는 근로자를 사용하여 공사를 수행하는 수급인이 원칙적으로 그 공사에 관한 사업주로서 고용보험 및 산재보험의 가입자가 되어 고용보험료 및 산재보험료를 납부할 의무를 부담한다는 것을 알게 되었다. 이에 甲은 국민건강보험공단이 납부를 독촉하는 보험료채무에 대해 그 부존재확인을 구하는 소송과 이미 근로복지공단에 납부한 보험료에 대해 부당이득으로서 반환을 구하는 소송을 제기하고자 한다. 甲은 누구를 상대로 어떤 유형의 소송을 제기하여야 하는지 설명하시오. (25점) 〈공인노무사 2023〉

Ⅰ. 문제의 제기

(1) 고용보험료 및 산재보험료 부존재확인의 소의 법적 성질에 따른 소송유형과 피고적격이 문제된다.

(2) 甲이 이미 납부한 보험료를 부당이득으로서 반환을 구하는 경우 소송의 유형과 피고적격이 문제된다.

(3) 위 (1)의 소송과 행정소송법에 규정된 관련청구소송으로서 (2)의 소송을 병합하여 제기할 수 있는지 문제된다.

Ⅱ. 고용보험료 및 산재보험료 부존재확인의 소의 법적 성질 및 피고적격

1. 문제점

甲은 국민건강보험공단이 납부를 독촉하는 보험료채무에 대해 그 부존재확인을 구하는 소송을 제기하고자 하는바, 누구를 피고로 하여 어떠한 유형의 소송을 제기하여야 하는지 문제된다.

2. 공법상 당사자소송

(1) 공법상 당사자소송의 의의

공법상 당사자소송이란 ① 행정청의 처분등을 원인으로 하는 법률관계에 관한 소송, ② 그 밖에 공법상의 법률관계에 관한 소송으로서 그 법률관계의 한쪽 당사자를 피고로 하는 소송이다(행정소송법 제3조 제2호).

당사자소송은 공법상 법률관계에 관한 분쟁을 해결하기 위한 것이라는 점에서 사법상 분쟁해결수단인 민사소송과 구별된다.

(2) 사안의 경우

판례에 따르면, 고용산재보험료징수법상 사업주가 당연가입자가 되는 고용보험 및 산재보험에서 보험료 납부의무 부존재확인의 소는 공법상의 법률관계 그 자체를 다투는 소송으로서 공법상 당사자소송이다.650)

보험료채무에 관한 것은 아니나, 행정소송규칙 제19조는 그 존부 또는 범위가 구체적으로 확정된 공법상 법률관계 그 자체에 관한 소송의 하나로서「납세의무 존부의 확인」에 관한 소송을 당사자소송의 하나로 예시하고 있다.

민사소송과의 구별에 관하여 소송물을 기준으로 하면 사안의 경우 공법상의 권리이고, 소송물의 전제가 되는 법률관계를 기준으로 하더라도 행정사건이므로, 공법상 당사자소송으로 보는 판례의 견해가 타당하다.

3. 피고적격

(1) 공법상 당사자소송에서의 피고적격

행정청이 피고가 되는 취소소송과 달리, 당사자소송에서는 국가·공공단체 그 밖의 권리주체가 피고로 된다(행정소송법 제39조). 여기에서 '그 밖의 권리주체'라 함은 공권력을 수여받은 행정주체인 사인, 즉 공무수탁사인을 의미한다.

판례의 사례로는, 시·도지사나 시장·군수 또는 구청장의 업무에 속하는 대집행권한을 법령에 의하여 수권받은 한국토지공사는 공무수탁사인으로서 공무인 대집행을 실시함에 따르는 권리·의무 및 책임이 귀속되는 행정주체의 지위에 있다651)고 한 것이 있다.

(2) 사안의 경우

관련 법령상 보험료의 신고 또는 납부 등 산재보험 및 고용보험에 관한 사업의 주요 업무는 고용노동부 장관으로부터 위탁받은 근로복지공단이 수행하고, 다만 보험료 체납관리

---

650) 대판 2000.9.8, 99두2765
651) 대판 2010.1.28, 2007다82950

행정쟁송법 사례연습

등 징수업무는 국민건강보험공단이 위탁받아 수행하고 있다.

따라서 비록 국민건강보험공단이 甲에게 보험료채무의 납부를 독촉하고 있으나, <u>고용·산재보험료의 귀속주체, 즉 사업주가 위 각 보험료 납부의무를 부담하는 상대방은 근로복지공단이라고 할 것이고, 국민건강보험공단은 단지 위 각 보험료의 징수업무를 수행하는 데에 불과하므로, 고용·산재보험료 납부의무의 부존재확인의 소는 근로복지공단을 피고로 하여 제기하여야 한다.</u>652)

Ⅲ. 납부한 보험료에 대해 부당이득으로서 반환을 구하는 소송의 법적 성질 및 피고적격

1. 문제점

사법관계와 마찬가지로 공법관계에 있어서도 공법상의 원인에 의하여 급부하였는데 그 원인이 무효 또는 취소사유가 있어 법률상 원인 없는 급부라고 판단되는 경우 부당이득의 반환이 문제되는바, 부당이득반환청구권의 성질이 문제된다.

2. 부당이득반환청구소송

(1) 부당이득반환청구권의 성질

이에 대하여는 사권설과 공권설의 대립이 있다. 판례는 국세환급금 사건에서 "<u>그 존재와 범위가 확정되어 있는 과오납부액이나 환급세액은 납세자가 부당이득의 반환을 구하는 민사소송으로 그 환급을 청구할 수 있다.</u>"653)고 하는 등으로 보통은 사권설의 입장이다.

(2) 검토 및 사안의 경우

부당이득제도는 오로지 경제적인 이유에서 인정되는 이해조정제도라는 점, 행정소송법 제10조가 항고소송에 부당이득반환청구 등 관련청구의 병합을 특별히 인정하고 있는 것은 이들 청구가 사권적 청구임을 전제로 하고 있다는 점에서 사권설을 취해도 무방하다.

사안과 유사한 사례에서도 판례는 부당이득반환을 구하는 민사소송으로 보고 있다.654)

3. 피고적격

국세환급금 사건 같은 경우는 국세의 귀속주체인 국가("대한민국")가 피고가 된다.

그러나 사안의 경우는 고용·산재보험료의 귀속주체, 즉 사업주가 각 보험료 납부의무를 부담하는 상대방이 근로복지공단이므로, 근로복지공단을 피고로 하여 부당이득반환청구를 하여야 한다.

---

652) 대판 2016.10.13, 2016다221658
653) 대판 1997.10.10, 97다26432
654) 대판 2016.10.13, 2016다221658

Ⅳ. 소송의 병합

사안에서 보험료채무부존재확인의 소를 공법상 당사자소송으로 보고, 부당이득반환청구소송을 민사소송으로 보면, 행정소송법 제10조, 제44조 제2항에 따라 양 소송을 병합하여 제기할 수 있다.

Ⅴ. 설문의 해결

1. 판례에 따르면, 甲은 공법상 당사자소송인 고용·산재보험료 납부의무의 부존재확인을 구하는 소송을 근로복지공단을 피고로 제기하여야 한다.

2. 판례에 따르면, 甲은 이미 납부한 보험에 대하여 근로복지공단을 피고로 민사소송인 부당이득반환의 소를 제기하여야 한다.

3. 甲은 위의 두 소송을 행정법원에 병합하여 제기할 수 있다.

행정쟁송법 사례연습

연습 141

행정청 A는 시내버스 운수노조원들이 행선지판 미부착, 요금통 미설치, 연료 미충전, 청소 미이행 등 준법투쟁(태업)에 나서자 사실을 조사한 후 법령을 위반한 甲 운수업체에 과징금을 부과하였고, 甲은 부과된 과징금을 납부하였다. 그러나 이후 A가 권한 없이 과징금부과처분을 한 사실이 밝혀졌다. 甲이 이미 납부한 과징금을 반환받기 위해 제기할 수 있는 소송유형과 관련하여 다음 각 질문에 답하시오.

(1) 甲이 이미 납부한 과징금을 반환받기 위하여, 과징금부과처분무효확인소송을 제기하지 않고 부당이득반환청구소송을 제기한 경우 민사법원은 본안을 판단할 수 있는가? (15점)
(2) 甲이 이미 납부한 과징금을 반환받기 위하여, 부당이득반환청구소송을 제기하기 전에 과징금부과처분무효확인소송을 제기할 수 있는가? (15점)

Ⅰ. 문제의 제기

설문 (1)에서 과징금부과처분무효확인소송을 제기하지 않고 부당이득반환청구소송을 제기한 경우 민사법원원이 본안을 판단할 수 있는가는 선결문제와 관련해 문제되고, 설문 (2)에서 과징금부과처분무효확인소송을 먼저 제기하는 경우 무효확인소송에서 즉시확정의 이익의 필요성이 문제된다.

사안을 해결하기 위한 전제로서 권한 없이 부과한 과징금부과처분의 위법성의 정도를 먼저 판단할 필요가 있다.

Ⅱ. 권한 없는 과징금부과처분의 위법성의 정도

행정행위의 무효란 행위의 외형은 존재하나 그 하자가 중대하고 명백하여 처음부터 아무런 효력(구속력)을 발생하지 아니하는 것을 말한다. 구속력을 갖지 않기 때문에 누구든지 그 효력을 부인할 수 있다.

행정청 A가 권한 없이 과징금부과처분을 하였다면 이는 주체에 관한 하자가 있는 경우로 중대한 위반이며, 일반인의 관점에서 명백한 하자이기 때문에 과징금부과처분은 무효이다.

Ⅲ. 설문 (1) – 과징금부과처분무효확인소송을 제기하지 않고 부당이득반환청구소송을 제기한 경우

1. 문제점

부당이득반환청구권의 성질에 대해 학설은 공권설과 사권설이 대립하나, 판례는 <u>세금반환청구소송, 개발부담금부과처분의 직권취소를 이유로 한 부담금반환청구소송 등에서 민사소송에 따라야 한다고 하여 사권설의 입장이다</u>(당사자소송으로 보는 예외적 판례 있음). 甲이 국가를 상대로 민사소송으로 부당이득반환청구소송을 제기하면, 민사법원은 부당이득이 법률상의 원인 없이 타인의 재산 또는 노력으로 말미암아 이익을 얻고 타인에게 손실을 입히는 것임(민법 제741조)에 따라 '국가가 법률상 원인 없이' 甲에게 손해를 가하였는지를 살펴보아야 한다. 이 과정에서 '과징금부과처분이 무효'인지에 대한 문제가 되기 때문에 민사법원이 처분의 효력 유무를 판단할 수 있는지(선결문제)가 관건이 된다.

2. 선결문제

(1) 선결문제의 의의

선결문제란 '특정한 행정행위'의 위법 여부 또는 효력의 유무를 다른 '특정사건'의 재판에 있어서 먼저 해결해야 하는 경우, 그 특정한 행정행위의 위법 여부 또는 효력 유무의 문제를 말한다. 여기서 특정사건이란 민사사건 및 형사사건을 의미한다. 그런데 행정소송법 제11조 제1항은 선결문제의 일부, 즉 '처분등의 효력 유무 또는 존재 여부가 민사법원의 선결문제'인 경우만 규정하고 있어 나머지(즉 단순위법인 경우와 형사법원의 경우)는 학설과 판례에 맡겨져 있다.

(2) 민사법원인 경우

① 행정행위의 효력유무가 선결문제인 경우 : 예컨대 과세처분의 무효를 이유로 하는 부당이득반환청구소송을 제기한 경우, 관할민사법원은 부당이득반환청구의 인용요건인 '행정행위의 효력유무'를 스스로 심사할 수 있는가 하는 문제이다. 다수설과 판례는 "<u>선결문제가 당연무효이면 민사법원은 선결문제가 무효임을 전제로 본안을 판단할 수 있다. 선결문제가 단순위법인 경우는 민사법원은 당해 행정행위의 구성요건적 효력으로 인해 그 선결문제의 효력을 부인할 수 없고</u> 따라서 본안을 인용할 수 없다."라는 입장이다.655)656)

---

655) 민사소송에 있어서 어느 행정처분의 당연무효 여부가 선결문제로 되는 때에는 이를 판단하여 당연무효임을 전제로 판결할 수 있고 반드시 행정소송 등의 절차에 의하여 그 취소나 무효확인을 받아야 하는 것은 아니다(대판 1972. 10.10. 71다2279).
656) 조세의 과오납이 부당이득이 되기 위하여는 납세 또는 조세의 징수가 실체법적으로나 절차법적으로 전혀 법률상의

② 행정행위의 위법여부가 선결문제인 경우 : 예컨대 사인이 공무원의 위법한 처분으로 손해를 입었다고 하면서 국가배상청구소송을 제기한 경우, 민사법원이 선결문제인 '행정행위의 위법성여부'를 판단할 수 있는지의 문제이다. 이 논의는 먼저 국가배상청구소송의 성질을 민사소송으로 보는 견해를 전제로 한다. 학설은 대립하나, 판례는 "<u>위법한 행정처분의 취소판결이 있어야만 그 행정처분의 위법임을 이유로 한 손해배상청구를 할 수 있는 것은 아니다</u>"라면서 적극설의 입장에 있다.[657]

3. 사안의 해결

행정청 A의 과징금부과처분은 주체상 하자의 정도가 중대하고 명백하여 무효이기 때문에 민사법원은 선결문제인 과징금부과처분이 무효임을 전제로 본안을 판단할 수 있다. 처분의 무효가 확인되면 甲은 부당이득반환청구소송에서 승소하여 이미 납부한 과징금을 반환받을 수 있다.

Ⅳ. 설문 (2) – 과징금부과처분무효확인소송을 제기한 경우

1. 문제점

과징금부과처분이 무효이고 甲이 과징금을 이미 납부하였다면 위 설문 (1)과 같이 甲은 부당이득반환을 청구하면서 과징금부과처분의 무효를 선결문제로 주장하면 과징금을 돌려받을 수 있다. 그럼에도 불구하고 甲이 별도로 과징금부과처분무효확인소송을 제기할 협의의 소의 이익이 있는지가 즉시확정의 이익과 관련해서 문제된다.

2. 무효확인소송에서 즉시확정의 이익의 필요 여부

(1) 의의

행정소송법 제35조의 '확인을 구할 법률상 이익'의 의미와 관련하여 종래 무효등확인소송에서도 민사소송에서의 '확인의 이익'이 필요한지, 그리고 무효등확인소송이 보충적으로 적용되는 것인지가 문제되어 왔다.

근거가 없거나 과세처분의 하자가 중대하고 명백하여 당연무효이어야 하고, 과세처분의 하자가 단지 취소할 수 있는 정도에 불과할 때에는 과세관청이 이를 스스로 취소하거나 항고소송절차에 의하여 취소되지 않는 한 그로 인한 조세의 납부가 부당이득이 된다고 할 수 없다(대판 1994.11.11, 94다28000).

657) 물품세 과세대상이 아닌 것을 세무공무원이 직무상 과실로 과세대상으로 오인하여 과세처분을 행함으로 인하여 손해가 발생된 경우에는, 동 과세처분이 취소되지 아니하였다 하더라도, 국가는 이로 인한 손해를 배상할 책임이 있다(대판 1979.4.10, 79다262).

(2) 학설

① **즉시확정이익설(필요설, 긍정설)** : 취소소송의 경우와 달리 행정소송법 제35조는 원고적격에 관한 규정일 뿐만 아니라 권리보호필요성(협의의 소익)에 관한 의미도 가지고 있는 것이며(동법 제35조의 '확인을 구할'이라는 표현을 즉시확정이익으로 본다), 따라서 무효확인소송에도 민사소송에서의 확인의 이익, 즉 현존하는 불안이나 위험을 제거하기 위하여 확인판결을 받는 것이 유효·적절한 때와 같은 즉시확정의 법률상 이익이 필요하다는 견해이다. 이에 따르면 무효등확인소송은 보다 실효적인 구제수단(예 처분의 무효를 전제로 한 이행소송)이 가능하면 인정되지 않는다.

② **법적이익보호설(불요설, 부정설)** : 행정소송법 제35조의 '법률상 이익'은 원고적격의 범위에 대한 것이어서 즉시확정의 이익으로 해석될 수 없고, 무효등확인소송에서는 취소판결의 기속력을 준용하므로(행정소송법 제38조 제1항, 제30조) 민사소송과 달리 무효판결 자체로도 판결의 실효성 확보가 가능하므로 민사소송에서와 같이 확인의 이익 여부를 논할 이유가 없다는 점, 그리고 무효등확인소송이 확인소송이라는 점에만 집착하여 즉시확정의 이익을 내세운다면 부작위위법확인소송도 확인소송으로서의 성질을 가지므로 즉시확정의 이익이 필요하다고 판단되어야 한다는 문제가 있다는 점을 들고 있다.(다수견해)

(3) 판례

종래 대법원은 '민사소송에 의한 부당이득반환청구의 소로써 직접 그 위법상태의 제거를 구할 수 있는 길이 열려 있는 이상 과세처분의 무효확인의 소는 분쟁해결에 직접적이고도 유효적절한 해결방법이라 할 수 없어 확인을 구할 법률상 이익이 없다'(대판 1991.9.10, 91누3840)라고 하여 즉시확정이익설의 입장이었다. 그러나 수원시장의 하수도원인자부담금부과처분의 무효확인을 구한 사건에서 대법원은 2008. 3. 20. 전원합의체판결을 통하여, <u>행정처분의 근거법률에 의해 보호되는 직접적이고 구체적인 이익이 있는 경우 이와 별도로 무효확인소송의 보충성을 요구하지 않는 것</u>으로 변경하였다. 따라서 행정처분의 무효를 전제로 한 이행소송, 즉 부당이득반환청구소송, 소유물반환청구소송, 소유권이전등기말소청구소송, 소유물방해제거청구소송 등과 같은 구제수단이 있다고 하더라도 무효등확인소송을 제기할 수 있다고 본다.

(4) 검토

무효확인판결의 기속력(원상회복의무)에 의해 판결의 실효성을 확보할 수 있으므로 민사소송에서와 같이 분쟁의 궁극적 해결을 위한 확인의 이익 여부를 논할 이유가 없다고 보는 불요설이 타당하다.

3. 사안의 해결

甲이 제기하는 과징금 부과처분무효확인소송은 대상적격, 원고적격이 인정되며 나머지 소송 요건은 특별히 문제되지 않는다. 다만, 협의의 소익에 관한 판례에 따르면 甲은 과징금을 이미 납부한 경우에도 과징금부과처분의 무효확인을 구할 수 있다. 따라서 甲은 과징금부과처분무효확인소송을 제기하여 인용판결을 받으면 판결의 기속력으로서 원상회복의무가 인정되는바 이를 통한 반환이 가능하다.

V. 결론

권한 없는 과징금부과처분의 위법성의 정도를 무효라고 본다면, 甲이 이미 납부한 과징금을 반환받기 위해 제기할 수 있는 소송유형은 과징금부과처분무효확인소송을 제기하지 않고 부당이득반환청구소송을 제기하는 방법, 과징금부과처분무효확인소송을 먼저 제기한 후 부당이득반환청구소송을 제기하는 방법이 있다.

설문과는 별도로 과징금부과처분무효확인소송과 부당이득반환청구소송을 병합하는 방법이 있다(행정소송법 제10조, 제38조 제1항).

> [참고] 과징금부과처분에 취소사유가 있는 경우
> 1. 취소소송의 제기
>   ① 과징금부과처분취소소송을 제기하여 취소판결을 받게 되면 취소판결의 기속력 중 원상회복의무에 의해 행정청 A는 납부받았던 과징금을 甲에게 돌려주어야 한다. 그러나 A가 원상회복의무를 이행하지 않는 경우 행정소송법상 별도의 구제수단이 존재하지 않는다.
>   ② 甲은 취소판결에 의해 과징금부과처분의 효력을 소멸시킨 후 민사법원에 부당이득반환청구소송을 제기하여 승소판결을 받아 과징금을 돌려받을 수 있다.
> 2. 부당이득반환청구소송의 제기
>   과징금부과처분이 취소사유에 불과한 경우, 구성요건적 효력에 의해 처분이 취소되지 않는 한 민사법원은 그 효력을 부인할 권한이 없으므로 기각판결을 하여야 한다.
> 3. 취소소송과 부당이득반환청구소송의 병합제기
>   행정소송법 제10조에 따라 취소소송과 부당이득반환청구소송을 병합하여 행정법원에 제기할 수 있다. 이 경우 과징금부과처분에 대한 취소판결로 처분의 효력이 제거되면 부당이득반환청구소송도 인용될 것이다.[658]

---

[658] 취소소송에 병합할 수 있는 당해 처분과 관련되는 부당이득반환소송에는 당해 처분의 취소를 선결문제로 하는 부당이득반환청구가 포함되고, 이러한 부당이득반환청구가 인용되기 위해서는 그 소송절차에서 판결에 의해 당해 처분이 취소되면 충분하고 그 처분의 취소가 확정되어야 하는 것은 아니다(대판 2009.4.9. 2008두23153).

보충문제 1

PC방 영업을 하는 丙은 청소년 출입시간을 준수하지 않았다는 이유로 관할 시장으로부터 영업정지 1월의 처분을 받았다. 그런데 관할 시장은 이 처분을 하기 전에 丙에게 처분의 원인이 되는 사실과 의견제출의 방법 등에 관한 「행정절차법」상 사전통지를 하지 아니하였다. 이에 丙은 사전통지 없는 영업정지처분이 위법하다고 주장하며 영업정지명령에 불응하여 계속하여 영업을 하였고, 관할 시장은 「게임산업진흥에 관한 법률」상 영업정지명령위반을 이유로 丙을 고발하였다. 이 사건을 심리하는 형사 법원은 丙에 대해 유죄 판결을 할 수 있겠는가? (20점)

• 2016 변호사시험

Ⅰ. 논점 : 구성요건적 효력(또는 공정력)과 선결문제 판단권

Ⅱ. 구성요건적 효력과 선결문제
  1. 구성요건적 효력의 의의
  2. 선결문제의 의의

Ⅲ. 형사법원이 행정행위의 위법성을 판단할 수 있는지 여부
  1. 문제점
  2. 학설 : 부정설, 긍정설(다수설)
  3. 판례
     ○ 선결문제로 처분이 효력이 있는지 여부가 문제되는 경우 : 처분이 취소되지 않은 한 그 효력을 부인할 수 없음[예] 무면허운전의 경우(대판 1982.6.8. 80도2646)]
     ○ 선결문제로 처분이 위법한지 여부가 문제되는 경우 : 형사법원은 처분의 위법 여부를 스스로 판단할 수 있음[예] 시설개선명령의 경우(대판 1986.1.28, 85도2489)]

Ⅳ. 사례의 해결
  ○ 丙에 대한 영업정지명령은 불이익처분이고, 행정절차법 제21조의 사전통지의 예외사유에 해당하지 않다고 보이므로 사전통지를 하여야 함. 따라서 사전통지를 결여한 영업정지처분명령은 절차상 하자가 있는 위법한 처분임
  ○ 형사법원은 영업정지명령이 사전통지 절차를 결여한 위법한 처분임을 스스로 판단할 수 있음
  ○ 영업정지명령은 위법하므로 영업정지명령 위반죄가 성립하지 않음. 따라서 형사법원은 유죄 판결을 할 수 없음

보충문제 2

甲은 A시 시청 민원실 주차장 부지 일부와 그에 붙어 있는 A시 소유의 유휴 토지 위에 창고건물을 건축하여 사용하고 있다. A시 소속 재산 관리 담당 공무원은 A시 공유재산에 대한 정기 실태조사를 하는 과정에서 甲이 사용하고 있는 주차장 부지 일부 및 유휴 토지(이하 '이 사건 토지'라 한다)에 관하여 대부계약 등 어떠한 甲의 사용권원도 발견하지 못하자 甲이 이 사건 토지를 정당한 권원 없이 점유하고 있다고 판단하여 관리청인 A시 시장 乙에게 이러한 사실을 보고하였다. 이에 乙은 무단점유자인 甲에 대하여「공유재산 및 물품 관리법」제81조 제1항에 따라 변상금을 부과하였다.

甲이 이미 변상금을 납부하였으나, 乙의 변상금 부과 조치에 하자가 있어 변상금을 돌려받으려 한다. 甲은 어떠한 소송을 제기하여야 하는가? (25점)   • 2016 사법시험 변형

I. 논점

○ 부당이득반환청구권의 성질과 선결문제 판단권
○ 변상금부과처분무효확인소송의 가능성(협의의 소익)

II. 변상금부과 조치의 처분성

관리청이 공유재산 중 일반재산과 관련하여 사경제 주체로서 상대방과 대등한 위치에서 사법상 계약인 대부계약을 체결한 후 그 이행을 구하는 것과 달리 <u>관리청이 공권력의 주체로서 상대방의 의사를 묻지 않고 일방적으로 행하는 행정처분</u>에 해당한다(대판 2013.1. 24. 2012다79828).

III. 변상금부과처분의 하자가 취소사유인 경우

1. 변상금부과처분취소소송

乙은 확정판결에 기속되어 결과제거의무가 발생함으로써 甲에게 변상금을 반환해야 함

2. 부당이득반환청구소송

위에서 乙이 변상금을 반환하지 않으면 부당이득반환청구소송을 제기하여 반환받을 수 있음

3. 관련청구소송의 병합

IV. 변상금부과처분이 무효인 경우

1. 부당이득반환청구권의 성질과 선결문제 판단권

(1) 문제의 소재

(2) 부당이득반환청구권의 성질 : 공권설, 사권설(판례)

(3) 민사사건의 선결문제 판단권 : <u>선결문제가 당연무효이면 민사법원은 선결문제가 무효임을 전제로 본안을 판단할 수 있다. 선결문제가 단순위법인 경우는 민사법원은 당해 행정행위의 구성요건적 효력으로 인해 그 선결문제의 효력을 부인하는 판단을 할 수 없다</u>(대판 1972.10.10. 71다2279).

(4) 사례의 경우

민사법원은 변상금부과처분이 무효임을 전제로 판단할 수 있고, 甲은 이를 통하여 변상금을 반환받을 수 있음

2. 변상금부과처분무효확인소송의 가능성

(1) 문제의 소재 : 확인의 이익의 필요성

(2) 학설 : 긍정설(즉시확정이익설), 부정설(보충적 적용 부정설)

(3) 판례 : <u>무효확인소송의 보충성을 요구하지 아니함</u>(대판 2008.3.20. 2007두6342)

(4) 사례의 경우

甲은 변상금부과처분무효확인소송을 제기할 수 있고, 인용판결을 받은 후 부당이득반환청구소송을 제기하여 변상금을 반환받을 수 있음

3. 관련청구의 병합

V. 사례의 해결

○ 변상금부과처분의 하자가 취소사유인 경우, 변상금부과처분취소소송 또는 부당이득반환청구소송이 가능

○ 변상금부과처분의 하자가 무효사유인 경우, 부당이득반환청구소송 또는 변상금부과처분무효확인소송이 가능

연습 142

甲은 A시에서 개인 노무사 사무실을 운영하는 공인노무사로서 관할 세무서장 乙에게 2022년부터 2024년까지 3년간의 부가가치세 및 종합소득세를 자진신고 납부한 바 있다. 丙은 甲의 노무사 사무실에서 사무장으로 근무하다가 2025년 3월경 사무장 직을 그만두면서 사무실의 사건 약정서 복사본과 사건 접수부를 가지고 나와 이를 근거로 乙에게 甲의 세금탈루사실을 제보하였다.

이에 따라 乙은 2025년 6월 甲에 대하여 세무조사를 하기로 결정하고, 甲에게 조사를 시작하기 10일 전에 조사대상 세목, 조사기간 및 조사 사유, 그 밖에 대통령령으로 정하는 사항을 통지하였다. 그런데 통지를 받은 甲은 장기출장으로 인하여 세무조사를 받기 어렵다는 이유로 乙에게 조사를 연기해 줄 것을 신청하였으나 乙은 이를 거부하였다.

(1) 乙이 행한 세무조사 연기신청 거부에 대하여 甲은 취소심판을 청구하였다. 세무조사 연기신청 거부행위가 행정심판법상 처분에 해당하는가? 만일 처분성이 인정되어 관할 행정심판위원회에서 이를 인용하는 재결을 하는 경우 乙은 재결의 취지에 따라 처분을 하여야 하는가? (10점)

(2) 이후 乙이 소득세부과처분을 하자 甲은 소득세부과처분에 대하여 취소소송을 제기하였으나 기각판결이 확정되었다. 만약 그 후 甲이 이전 과세처분상의 납부액이 법령상 기준을 초과하였다는 이유로 초과납부한 금액에 대한 국세환급결정을 신청하였지만 乙이 이를 거부하였다면, 이에 대하여 甲이 항고소송 또는 민사소송으로 권리구제를 받을 수 있는가?659) (20점)

[참조조문]

구 「국세기본법」

제51조【국세환급금의 충당과 환급】① 세무서장은 납세의무자가 국세·가산금 또는 체납처분비로서 납부한 금액 중 잘못 납부하거나 초과하여 납부한 금액이 있거나 세법에 따라 환급하여야 할 환급세액(세법에 따라 환급세액에서 공제하여야 할 세액이 있을 때에는 공제한 후에 남은 금액을 말한다)이 있을 때에는 즉시 그 잘못 납부한 금액, 초과하여 납부한 금액 또는 환급세액을 국세환급금으로 결정하여야 한다. 이 경우 착오납부·이중납부로 인한 환급청구는 대통령령으로 정하는 바에 따른다.

제81조의6【세무조사 대상자 선정】② 세무공무원은 제1항에 따른 정기선정에 의한 조사 외에 다음 각 호의 어느 하나에 해당하는 경우에는 세무조사를 할 수 있다.
3. 납세자에 대한 구체적인 탈세 제보가 있는 경우

제81조의7 【세무조사의 사전통지와 연기신청】 ① 세무공무원은 세무조사(「조세범 처벌절차법」에 따른 조세범칙조사는 제외한다)를 하는 경우에는 조사를 받을 납세자(납세자가 제82조에 따라 납세관리인을 정하여 관할 세무서장에게 신고한 경우에는 납세관리인을 말한다. 이하 이 조에서 같다)에게 조사를 시작하기 10일 전에 조사대상 세목, 조사기간 및 조사 사유, 그 밖에 대통령령으로 정하는 사항을 통지하여야 한다. 다만, 사전에 통지하면 증거인멸 등으로 조사 목적을 달성할 수 없다고 인정되는 경우에는 그러하지 아니하다.
② 제1항에 따른 통지를 받은 납세자가 천재지변이나 그 밖에 대통령령으로 정하는 사유로 조사를 받기 곤란한 경우에는 대통령령으로 정하는 바에 따라 관할 세무관서의 장에게 조사를 연기해 줄 것을 신청할 수 있다.
③ 제2항에 따라 연기신청을 받은 관할 세무관서의 장은 연기신청 승인 여부를 결정하고 그 결과를 조사 개시 전까지 통지하여야 한다.

구 「국세기본법」 시행령
제63조의7 【세무조사의 연기신청】 ① 법 제81조의7 제2항에서 "대통령령으로 정하는 사유"란 다음 각 호의 어느 하나에 해당하는 사유를 말한다.
2. 납세자 또는 납세관리인의 질병, 장기출장 등으로 세무조사가 곤란하다고 판단될 때

Ⅰ. 설문 (1) – 거부처분취소심판의 인용재결에 따른 재처분의무

1. 세무조사 연기신청 거부의 처분성

(1) 세무조사 연기승인의 법적 성질

세무서장 을의 세무조사 연기신청에 대한 승인은 '세무조사 사전통지'에 기재된 조사착수 예정일을 일정한 요건하에 연기하는 것으로, 납세자의 세무공무원의 질문에 대한 답변의무 및 조사·검사 등에 대한 수인의무를 일정기간 해제하여 주는 강학상 면제로서 행정행위에 해당한다.

(2) 소결

행정청의 거부행위가 '행정행위인 거부처분'이 되기 위해서는 ① 공권력 행사의 거부로서, ② 거부행위가 신청인의 권익에 직접적 영향을 미치는 법적 행위이어야 한다. 그밖에 거부처분의 성립에 신청권이 필요한지 여부는 논란이 있다.

사안에서 세무서장 을의 갑의 세무조사 연기신청에 대한 거부행위는 ① 세무조사 연기결정 처분이라는 공권력 행사의 거부로서, ② 연기 여부에 따라 과세행위 등 공법상 법률관

계에 영향을 미치고, ③ 국세기본법 제81조의7 제2항에 따라 법규상 신청권이 인정되므로 행정소송법 제2조의 '거부처분'이라고 볼 것이다.

2. 거부처분 취소심판의 가능성 및 재처분의무

행정심판법 제49조 제2항은 "거부처분 취소심판의 경우 그 처분을 한 행정청은 재결의 취지에 따라 다시 이전의 신청에 대한 처분을 하여야 한다."라고 재처분의무를 인정한다. 따라서 갑은 거부처분취소심판을 제기할 수 있다.

3. 설문 (1)의 해결

갑의 세무조사 연기신청 거부처분취소심판을 관할 행정심판위원회가 인용하는 재결을 한다면 을은 재결의 취지에 따라 처분을 하여야 한다.

Ⅱ. 설문 (2) - 갑의 권리구제방안

1. 문제 상황

초과납부한 소득세 금원의 환급청구를 위한 권리구제 방법과 관련하여, 국세환급금결정신청거부행위에 대한 행정소송과 초과납부한 금액에 대한 부당이득반환청구를 생각해볼 수 있다.

2. 국세환급금결정신청거부행위에 대한 거부처분취소소송(항고소송)

(1) 항고소송의 대상인 거부처분의 성립요건

판례는 행정청의 거부행위가 항고소송의 대상인 거부처분이 되기 위해서는 ① 사인이 신청한 행위가 공권력의 행사(이에 준하는 행정작용)일 것, 즉 사인의 공권력행사 등의 신청에 대한 발령의 거부이어야 할 것, ② 그리고 거부로 인하여 국민의 권리나 법적 이익에 직접 영향을 미치는 행위일 것, ③ 신청에 따른 처분을 해줄 것을 요구할 법규상 또는 조리상의 신청권이 있을 것을 요한다.

(2) 세무서장의 국세환급거부행위(판례)

판례는 "원천징수의무자가 원천납세의무자로부터 원천징수대상이 아닌 소득에 대하여 세액을 징수·납부하였거나 징수하여야 할 세액을 초과하여 징수·납부하였다면, 국가는 원천징수의무자로부터 이를 납부받는 순간 아무런 법률상의 원인 없이 부당이득한 것이 되고, 구 국세기본법 제51조 제1항, 제52조 등의 규정은 환급청구권이 확정된 국세환급금 및 가산금에 대한 내부적 사무처리절차로서 과세관청의 환급절차를 규정한 것일 뿐 그 규정에 의한 국세환급금(가산금 포함) 결정에 의하여 비로소 환급청구권이 확정되는 것이 아니므로, 국세환급결정이나 이 결정을 구하는 신청에 대한 환급거부결정 등은 납세의무자가 갖는 환급청구권의 존부나 범위에 구체적이고 직접적인 영향을 미치는 처분이 아니어서 항고소송의 대상이 되는 처분으로 볼 수 없다"[660]고 판시하였다.

(3) 사안의 경우

국세환급청구권은 구 국세기본법 제51조 제1항에 직접 근거하여 바로 인정되는 권리로서, 이에 대한 세무서장의 국세환급금 결정은 행정청이 우월한 지위에서 행한 일방적 행위가 아니라 당사자에게 이미 부당이득으로 확정된 환급청구권이 있음을 표시하는 관념의 통지(비권력적 사실행위)에 불과하다. 그리고 납세자가 납부할 세액을 초과하여 국가가 징수하였다면 국가가 납세자로부터 납부받는 순간 국가의 부당이득이 되는 것이며, 세무서장의 국세환급금 결정에 의하여 환급청구권이 확정되는 것이 아니다. 따라서 세무서장의 국세환급거부결정은 국민의 권리나 법적 이익에 직접 영향을 미치는 행위가 아니므로 항고소송의 대상인 거부처분이 아니다.

결국 갑은 국세환급금결정신청거부행위에 대한 항고소송을 제기할 수 없다.

3. 초과납부한 금액에 대한 부당이득반환청구

(1) 문제점

부당이득반환청구권의 성질에 대해 학설은 공권설과 사권설이 대립하나, 판례는 <u>세금반환청구소송, 개발부담금부과처분의 직권취소를 이유로 한 부담금반환청구소송 등에서 민사소송에 따라야 한다</u>고 하여 사권설의 입장이다(당사자소송으로 보는 예외적 판례 있음). 甲이 국가를 상대로 민사소송으로 부당이득반환청구소송을 제기하면, 민사법원은 부당이득이 법률상의 원인 없이 타인의 재산 또는 노력으로 말미암아 이익을 얻고 타인에게 손실을 입히는 것임(민법 제741조)에 따라 '국가가 법률상 원인 없이' 甲에게 손해를 가하였는지를 살펴보아야 한다. 이 과정에서 '과징금부과처분이 무효'인지에 대한 문제가 되기 때문에 민사법원이 처분의 효력 유무를 판단할 수 있는지(선결문제)가 관건이 된다.

(2) 선결문제

1) 문제상황

'법률상 원인 없음'이 설문과 관련해서 '소득세부과처분이 무효'인지에 대한 문제가 되기 때문에(즉 소득세부과처분이 무효이어야 법률상 원인이 없는 것이 되고 부당이득이 됨) 민사법원이 처분의 효력 유무를 판단할 수 있는지 즉 선결문제를 검토해야 한다.

---

660) 대판 2010.2.25. 2007두18284

2) 선결문제의 의의와 형태

선결문제란 '특정한 행정행위'의 위법 여부 또는 효력의 유무를 다른 '특정사건'의 재판에 있어서 먼저 해결해야 하는 경우, 그 특정한 행정행위의 위법 여부 또는 효력 유무의 문제를 말한다. 여기서 특정사건이란 민사사건 및 형사사건을 의미한다. 그런데 행정소송법 제11조 제1항은 선결문제의 일부, 즉 '처분등의 효력 유무 또는 존재 여부가 민사법원의 선결문제'인 경우만 규정하고 있어 나머지(즉 단순위법인 경우와 형사법원의 경우)는 학설과 판례에 맡겨져 있다.

설문은 민사사건의 경우이고 소득세부과처분의 효력 유무가 문제되는 경우이다.

3) 민사법원이 처분의 효력 유무를 판단할 수 있는지 여부

예컨대 과세처분의 무효를 이유로 하는 부당이득반환청구소송을 제기한 경우, 관할민사법원은 부당이득반환청구의 인용요건인 '행정행위의 효력유무'를 스스로 심사할 수 있는가 하는 문제이다. 다수설과 판례는 "선결문제가 당연무효이면 민사법원은 선결문제가 무효임을 전제로 본안을 판단할 수 있다. 선결문제가 단순위법인 경우는 민사법원은 당해 행정행위의 구성요건적 효력으로 인해 그 선결문제의 효력을 부인할 수 없고 따라서 본안을 인용할 수 없다."라는 입장이다.661)662)

(3) 사안의 경우

乙이 소득세부과처분을 하자 甲이 소득세부과처분에 대하여 취소소송을 제기하였으나 기각판결이 확정되었다면 소득세부과처분은 적법·유효하다. 따라서 선결문제에 관한 다수설과 판례에 따르면 민사법원은 소득세부과처분의 효력을 부정(취소)할 수 없다. 따라서 갑은 부당이득반환청구소송으로는 초과납부하였다고 주장하는 소득세를 반환받을 수 없다.

4. 설문 (2)의 해결

초과납부한 소득세 금원의 존부와 범위는 국세기본법에 의해 확정되는 것이므로, 세무서장 을이 환급청구를 거부하였다고 하더라도 이는 항고소송의 대상이 되는 처분이 아니다. 또한 국세 환급청구는 부당이득반환청구소송으로 다툴 수는 있으나 사안에서 소득세부과처분은 적법·유효하므로 갑이 권리구제를 받기 어렵다.

---

661) 민사소송에 있어서 어느 행정처분의 당연무효 여부가 선결문제로 되는 때에는 이를 판단하여 당연무효임을 전제로 판결할 수 있고 반드시 행정소송 등의 절차에 의하여 그 취소나 무효확인을 받아야 하는 것은 아니다(대판 1972. 10.10, 71다2279).

662) 조세의 과오납이 부당이득이 되기 위하여는 납세 또는 조세의 징수가 실체법적으로나 절차법적으로 전혀 법률상의 근거가 없거나 과세처분의 하자가 중대하고 명백하여 당연무효이어야 하고, 과세처분의 하자가 단지 취소할 수 있는 정도에 불과할 때에는 과세관청이 이를 스스로 취소하거나 항고소송절차에 의하여 취소되지 않는 한 그로 인한 조세의 납부가 부당이득이 된다고 할 수 없다(대판 1994.11.11, 94다28000).

연습 143

甲회사는 대형할인점 건물을 신축하기 위한 건축허가 신청을 하였다가 행정청으로부터 거부처분을 받자 그 거부처분의 취소를 구하는 소송을 제기하여 승소하고 그 판결이 확정되었다. 그 이후 甲회사의 대형할인점 건물부지 인근에서 고등학교를 운영하는 학교법인 乙이 위 판결에 대하여 재심을 청구하였다. 이 청구는 적법한가? (25점) 〈공인노무사 2016〉

I. 문제의 소재

학교법인 乙이 재심을 청구할 수 있는지와 관련하여 ① 乙이 취소판결의 형성력이 미치는 제3자인지 여부, ② 행정소송법 제31조 제1항의 재심청구 요건을 갖추었는지 문제된다.

II. 취소판결의 형성력

1. 의의

취소판결의 형성력(形成力)이란 판결의 취지에 따라 법률관계의 발생·변경·소멸을 가져오는 효력을 말한다. 계쟁처분 또는 재결의 취소판결이 확정되면 당해 처분 또는 재결은 처분청의 취소를 기다릴 것 없이 당연히 처분시에 소급하여 그 효력이 상실된다. 형성력은 인용판결에 인정되는 효력이고 기각판결에는 인정되지 않는다.

2. 형성력의 내용

(1) 형성효와 소급효

취소판결은 계쟁처분의 효력을 상실(배제)시키는 효력을 갖는다(형성효). 그리고 취소판결의 취소의 효과는 처분시에 소급한다(소급효). 예컨대 해임처분을 받은 공무원은 그 취소판결이 확정되면 소급하여 공무원의 신분을 회복하게 된다. 소급효과 미치는 결과 취소된 처분을 전제로 형성된 법률관계는 모두 효력을 상실한다.

(2) 취소판결의 제3자효(대세효)

1) 인정여부

취소판결의 형성력이 제3자에게도 미치는지 문제되어 왔다. 현행 행정소송법은 '처분등을 취소하는 확정판결은 제3자에 대하여도 효력이 있다'고 하여 제3자에 대한 형성력을 명시하였다(제29조 제1항). 예컨대 경원자 소송에서 불허가 등을 받은 자가 제기한 소송에서의 판결의 효력은 허가 등의 처분을 받았던 자에게도 미친다. 다만 행정소송법은 소외의 제3자에게 형성력이 미치는 결과 발생되는 불합리를 시정하기 위해 제3자의 소송참가제도(제16조), 재심청구제도(제31조)를 규정하고 있다.

2) 제3자의 범위

① **처분의 취소에 직접적인 이해관계가 있는 제3자** : 판결의 효력을 받는 제3자임이 명백하다.663)

② **일반처분의 취소판결에서의 제3자** : 예컨대 부당한 공과금인상처분에 대한 취소소송에서 원고가 아니지만 그와 동일한 처분의 대상이 된 제3자들에 대하여는 상대적 형성력설(제3자의 재판을 받을 권리를 중시하여 소송에 참가한 제3자에게만 형성력이 미친다는 견해)과 절대적 형성력설(행정법관계의 획일적 규율을 중시하여 일반 제3자에게도 형성력이 미친다는 견해)의 대립이 있다.

3. 사안의 경우

학교법인 乙은 甲이 제기한 거부처분취소소송의 확정판결에 따른 처분의 취소에 직접적인 이해관계가 있는 제3자라 보기 어렵다. 다만 설문의 내용이 불분명하나 고등학교가 건물부지 인근에 위치한다는 점에서 학교법인 을은 보건·위생 및 교육환경의 침해를 들어 처분의 취소에 직접적인 이해관계가 있음을 주장할 여지는 있다.

설문과 유사한 사례에서 하급심은 "사업부지 인근에서 중·고등학교를 설치·운영하는 학교법인 을이, 위 건축허가를 하게 되면 학교의 보건·위생 및 교육환경을 보호받을 권리 또는 이익이 침해될 수밖에 없다."664)고 하면서 재심의 청구를 할 수 있는 제3자에 해당한다고 하였다.

---

663) 환지계획변경처분으로 원고명의의 소유권이전등기가 경료되었으나 그 후 위 변경처분으로 인하여 불이익을 입게 된 소외인이 동 처분의 취소를 구하는 행정소송을 제기하여 승소판결을 받아 이를 근거로 원고명의의 소유권이전등기의 말소청구소송을 제기하여 동 소외인 승소판결이 확정됨에 따라 원고가 그 소유권상실의 손해를 입게 된 경우…(대판 1986.8.19, 83다카2022).

664) 갑 회사가 대형할인점 건물을 신축하기 위한 건축허가 신청을 하였으나 행정청이 재래시장 및 지역경제를 보호할 중대한 공익상의 목적을 이유로 건축허가 신청을 거부하는 처분을 하자 그 거부처분의 취소를 구하는 소송을 제기하여 승소하고 그 판결이 확정된 사건에 대하여, 사업부지 인근에서 중·고등학교를 설치·운영하는 학교법인 을이, 위 건축허가를 하게 되면 학교의 보건·위생 및 교육환경을 보호받을 권리 또는 이익이 침해될 수밖에 없는데 소송이 계속 중인 사실을 알지 못하여 위 소송에 참가하지 못함으로써 판결에 영향을 미칠 공격 또는 방어방법을 제출하지 못하였다고 하면서 행정소송법 제31조에서 정한 제3자로서 재심청구를 한 사안에서, 위 건축으로 이익의 침해를 받거나 받을 우려가 있는 학교법인 을은 재심의 청구를 할 수 있는 제3자에 해당하지만, 해당 지역 신문들이 위 처분과 관련한 일련의 진행 경과에 대하여 상세히 보도하였고, 해당 사업부지가 을이 운영하는 중·고등학교로부터 10여 m 밖에 떨어져 있지 않은 점 등을 종합하면, 을은 위 소송이 계속 중인 사실을 알고 있었다고 보는 것이 타당하므로, 학교법인 을이 자기에게 책임 없는 사유로 소송에 참가하지 못한 때에 해당한다고 보기 어려워 위 재심의 소가 부적법하다고 한 사례(광주고법 2011.3.18, 2010재누21).

Ⅲ. 학교법인 乙의 재심청구의 적법성

1. 재심의 의의

확정된 종국판결에 일정한 사유(예 판결의 증거가 된 문서나 물건이 위조되거나 변조된 것인 때, 판결에 영향을 미친 중요한 사항에 관하여 판단을 누락한 때)가 있어서 판결법원에 이의 재심사를 구하는 것을 재심이라 한다(민사소송법 제451조 제1항). 취소소송의 판결에 대하여도 민사소송법을 준용하여 일반적인 재심청구가 가능하다. 행정소송법은 이에 더하여 제3자에 의한 재심청구를 규정하고 있다.

2. 제3자에 의한 재심청구

(1) 의의

처분등을 취소하는 판결에 의하여 권리 또는 이익의 침해를 받은 제3자는 자기에게 책임 없는 사유로 소송에 참가하지 못함으로써 판결의 결과에 영향을 미칠 공격 또는 방어방법을 제출하지 못한 때에는 이를 이유로 확정된 종국판결에 대하여 재심의 청구를 할 수 있다(행정소송법 제31조 제1항).

(2) 인정이유

취소소송의 확정판결은 제3자에 대하여도 효력이 있는데(제29조 제1항), 제3자가 귀책사유 없이 소송에 참가하지 못한 경우에는 판결이 확정된 뒤에도 제3자로 하여금 당해 확정판결로 인한 권익의 침해를 주장할 수 있도록 하기 위한 것이다.

(3) 재심청구의 당사자

재심원고는 취소소송의 확정판결에 의하여 '권리 또는 이익의 침해를 받은 제3자'이며, 재심피고는 확정판결에 나타난 원고와 피고가 함께 공동피고가 된다. '권리 또는 이익의 침해를 받은 제3자'란 당해 판결의 형성력이 미침으로써 그 판결주문에 따라 직접 자신의 권리나 이익이 침해되는 소송당사자 이외의 제3자이다.

(4) 재심사유

1) 자기에게 책임없는 사유로 소송에 참가하지 못한 경우

여기서 '자기에게 책임없는 사유로 소송에 참가하지 못한 경우'란 당해 취소소송의 계속을 알지 못하였거나, 알았다고 하더라도 특별한 사정으로 인하여 당해 소송에 참가할 수 없었다고 일반통념으로 인정되는 경우를 말한다고 보는 것이 판례이다. 즉 "행정소송법 제31조 제1항에 의하여 제3자가 재심을 청구하는 소를 제기하는 경우에 갖추어야 할 요건의 하나인 '자기에게 책임 없는 사유'의 유무는 사회통념에 비추어 제3자가 당해 소송에 참가를 할 수 없었던 데에 자기에게 귀책시킬 만한 사유가 없었는지의 여부에 의하여 사안에 따라 결정되어야 하고, 제3자가 종전 소송의 계속을 알지 못한 경우에 그것이 통상인으로서 일반적 주의를 다하였어도 알기 어려웠다는 것과 소송의 계속을 알고 있었던 경우에는 당해 소송에 참가를 할 수 없었던 특별한 사정이 있었을 것을 필요로 한다."(대판 1995.9.15, 95누6762)는 것이다.

위와 같은 사유에 대한 입증책임은 재심청구인에게 있다는 것이 판례이다. 즉 "입증책임은 그러한 사유를 주장하는 제3자에게 있고, 더욱이 제3자가 종전 소송이 계속중임을 알고 있었다고 볼 만한 사정이 있는 경우에는 종전 소송이 계속중임을 알지 못하였다는 점을 제3자가 적극적으로 입증하여야 한다."(같은 판례)고 본다.

2) 소송에 참가하지 못함으로써 판결의 결과에 영향을 미칠 공격 또는 방어방법을 제출하지 못하였을 것

즉 제3자가 공격 또는 방어방법을 종전의 소송에서 제출하였다면 그에게 유리하게 판결의 결과가 변경되었을 것이라고 인정되어야 하며 그러한 공격 또는 방어방법을 제출할 기회를 얻지 못하였어야 한다. 따라서 종전의 소송에서 공격방어 방법이 이미 제출되어 판단을 받은 경우나 종전의 소송에서 제출되었더라도 판결의 결과에 영향을 미칠 수 없었으리라고 인정되는 경우에는 재심이 허용될 수 없다.[665]

(5) 재심청구기간

재심청구는 확정판결이 있음을 안 날로부터 30일 이내, 판결이 확정된 날로부터 1년 이내에 제기하여야 한다. 동 기간은 불변기간이다(제31조 제2항·제3항). 그리고 그 어느 하나만 도과해도 재심청구는 차단된다.

3. 사안의 경우

설령 대형할인점 건물부지 인근에서 고등학교를 운영하는 학교법인 을이, 위 건축허가를 하게 되면 학교의 보건·위생 및 교육환경을 보호받을 권리 또는 이익이 침해될 수밖에 없어 재심의 청구를 할 수 있는 제3자에 해당할지라도, 인근에서 대형할인점이 신축된다는 사실을 알 수 있고 소송이 계속 중임을 알고 있었다고 볼 만한 사정이 있다고 보이므로, 학교법인 을이 종전 소송이 계속 중임을 알지 못하였다는 점을 적극적으로 입증할 필요가 있다.

---

665) 홍준형, 「행정쟁송법」, 도서출판 오래, 2017, p.390.

연습 144

X시장은 주유소 1개소를 추가로 설치하는 내용으로 개발제한구역 안 주유소배치계획을 변경한 후 이를 공고하였고, 변경공고에 따라 주유소 운영사업자를 모집한다는 내용의 모집공고를 하였다. 이에 따라 A와 B가 X시장에게 주유소에 관한 운영사업자 선정신청을 하였는데, X시장은 각 신청 서류를 검토한 결과 B가 공고된 선정 기준에 따른 우선순위자라고 인정하여 A에 대하여는 주유소 운영사업자 불선정처분을 함과 아울러 B에게 주유소 운영사업자 선정처분을 하였다.

(1) A는 주유소 운영사업자 선정의 하자를 주장하면서 X시장의 B에 대한 주유소 운영사업자 선정처분 취소소송을 제기하려고 한다. 이 경우 A는 원고적격이 있는가? (20점)
(2) 만약 A가 X시장의 B에 대한 주유소 운영사업자 선정처분 취소심판을 제기하여 인용재결(취소재결)이 된 경우, B는 인용재결에 대해 취소소송을 제기할 수 있는가? (20점)
(3) A가 X시장의 처분에 불복하여 소송을 제기하였을 경우, B는 이에 대응하여 행정소송법상 어떤 방법(B가 아무런 조치를 취하지 못하는 사이 A가 제기한 위 소송에서 A가 승소하여 그 판결이 확정된 경우를 포함한다)을 강구할 수 있는가?666) (25점)

I. 설문 (1) – A의 원고적격

1. 문제점

A가 제기하는 주유소 운영사업자 선정처분에 대한 취소소송은 제3자소송에 해당하는바, 특히 원고적격 인정여부가 문제된다. 사안의 주유소 운영사업자 선정처분은 행정처분으로서 대상적격이 인정된다(행정소송법 제19조 본문).

---

666) 2011년 사법시험 기출문제 변형.
위와 같은 사례에서 "A가 자신에 대한 거부처분의 취소를 구할 원고적격과 소의 이익이 있는가?"를 물어볼 수도 있다. 이 경우는 아래 판례를 참조.
"신청한 여러 사람이 서로 경원관계에 있어서 한 사람에 대한 허가 등 처분이 다른 사람에 대한 불허가 등으로 귀결될 수밖에 없을 때 허가 등 처분을 받지 못한 사람은 신청에 대한 거부처분의 직접 상대방으로서 원칙적으로 자신에 대한 거부처분의 취소를 구할 원고적격이 있고, 취소판결이 확정되는 경우 판결의 직접적인 효과로 경원자에 대한 허가 등 처분이 취소되거나 효력이 소멸되는 것은 아니더라도 행정청은 취소판결의 기속력에 따라 판결에서 확인된 위법사유를 배제한 상태에서 취소판결의 원고와 경원자의 각 신청에 관하여 처분요건의 구비 여부와 우열을 다시 심사하여야 할 의무가 있으며, 재심사 결과 경원자에 대한 수익적 처분이 직권취소되고 취소판결의 원고에게 수익적 처분이 이루어질 가능성을 완전히 배제할 수는 없으므로, 특별한 사정이 없는 한 경원관계에서 허가 등 처분을 받지 못한 사람은 자신에 대한 거부처분의 취소를 구할 소의 이익이 있다."(대판 2015.10.29, 2013두27517)

2. 원고적격의 의의

취소소송에서 원고적격이란 구체적인 처분에 대하여 누가 원고로서 취소소송을 제기하여 본안판결을 받을 자격이 있는가의 문제를 말한다. 행정소송법 제12조는 「처분등의 취소를 구할 법률상 이익이 있는 자」가 취소소송을 제기할 수 있다고 규정하고 있다. 따라서 당사자가 아니더라도 처분 등의 취소를 구할 법률상 이익이 인정되는 자는 취소소송을 제기할 수 있다.

3. 법률상 이익의 의의

행정소송법 제12조에서 규정하고 있는 법률상 이익이 무엇을 의미하는지에 대해서는 견해가 대립한다. 이러한 견해대립은 취소소송의 본질과 기능의 이해와 관련된다.

(1) 학설

법률상 이익의 의미에 대해 권리구제설, 법적 보호가치 있는 이익구제설, 보호할 가치 있는 이익구제설, 적법성보장설 등의 학설이 대립하고 있다.

(2) 판례

판례는 기본적으로 법률상 보호이익설을 취하는 것으로 평가되고 있는데, <u>처분의 근거법규 및 관련법규(처분의 근거법규 및 관련법규의 입법취지 포함)에 의해 개별적으로 보호되는 직접적이고 구체적인 개인적 이익</u>을 법률상 이익으로 보고 있다. 그런데 판례는 <u>당해 처분의 근거법률뿐만 아니라 관계법규범까지 법의 범위를 확장하여 법률상 이익을 확장하고, 기본권</u>667)<u>에, 근거하기도 한다.</u>668)

(3) 검토

현행 행정소송법이 항고소송의 주된 기능을 권익구제로 보고 주관소송으로 규정하고 있으므로, 현행 행정소송법의 해석론으로는 법적 보호가치 있는 이익구제설이 타당하다. 그리고 처분의 근거법규의 규정과 취지, 관련법규의 규정과 취지 외에 기본권 규정도 고려해서 원고적격 인정여부를 결정하는 것이 타당하다.

---

667) 조성면적 10만m² 이상이어서 환경영향평가대상사업에 해당하는 당해 국립공원 집단시설지구개발사업에 관하여 당해 변경승인 및 허가처분을 함에 있어서는 반드시 자연공원법령 및 환경영향평가법령 소정의 환경영향평가를 거쳐서 그 환경영향평가의 협의내용을 사업계획에 반영시키도록 하여야 하는 것이니 만큼 자연공원법령뿐 아니라 환경영향평가법령도 당해 변경승인 및 허가처분에 직접적인 영향을 미치는 근거 법률이 된다(대판 1998.4.24, 97누3286).
668) 설사 국세청장의 지정행위의 근거규범인 이 사건 조항들이 단지 공익만을 추구할뿐 청구인 개인의 이익을 보호하려는 것이 아니라는 이유로 청구인에게 취소소송을 제기할 법률상 이익을 부정한다고 하더라도, 청구인의 기본권인 경쟁의 자유가 바로 행정청의 지정행위(납세병마개 제조자지정행위)의 취소를 구할 법률상 이익이 된다 할 것이다(헌재 1998.4.30, 97헌마141).

4. 경원자 관계에서의 원고적격

경원자관계란 인·허가 등에 있어서 서로 양립할 수 없는 출원을 제기한 자로서, 일방에 대한 허가는 타방에 대한 불허가로 귀결될 수밖에 없는 관계를 의미한다. 경원자관계에 있는 자는 법률상 보호되는 이익, 즉 원고적격이 있다는 것이 통설의 태도이고 판례도 동일한 입장이다.

설문과 유사한 사례에서 판례는 "액화석유가스충전사업의 허가기준을 정한 전라남도 고시에 의하여 고흥군 내에는 당시 1개소에 한하여 L.P.G. 충전사업의 신규허가가 가능하였는데, 원고(설문의 A)가 한 허가신청은 관계 법령과 위 고시에서 정한 허가요건을 갖춘 것이고, 피고보조참가인들(설문의 B)의 그것은 그 요건을 갖추지 못한 것임에도 피고는 이와 반대로 보아 원고의 허가신청을 반려하는 한편 참가인들에 대하여는 이를 허가하는 이 사건 처분을 하였다는 것인 바, 그렇다면 원고와 참가인들은 경원관계에 있다 할 것이므로 원고에게는 이 사건 처분의 취소를 구할 당사자적격이 있다고 하여야 함은 물론 나아가 이 사건 처분이 취소된다면 원고가 허가를 받을 수 있는 지위에 있음에 비추어 처분의 취소를 구할 정당한 이익도 있다"(대판 1992.5.8, 91누13274)고 판시하였다.

따라서 행정청의 심사의 잘못으로 우선순위가 있는 자신에 대하여 인·허가가 되지 않고 타인에 대하여 인·허가가 났다고 주장하는 자는 자신에 대한 허가거부처분에 대하여 취소소송을 제기할 수 있을 뿐만 아니라 타인에 대한 인·허가 취소소송을 제기할 수도 있고 양자를 병합하여 제기할 수도 있다.

5. 사안의 해결

X시장은 주유소 1개소를 추가로 설치하는 내용의 주유소배치계획에 따라 A의 신청을 반려한 반면 B를 운영사업자로 선정하였기에 A와 B는 경원자관계이다. 따라서 A는 X시장의 B에 대한 주유소 운영사업자 선정처분을 다툴 법률상 이익이 인정된다.

Ⅱ. 설문 (2) - 인용재결에 대한 제3자의 취소소송 제기가능성

1. 문제점

설문에서 B가 인용재결에 대한 취소소송을 제기할 수 있는지와 관련하여 행정소송법 제19조의 원처분주의와 관련해 문제된다. 즉, B의 입장에서는 행정심판위원회의 인용재결을 다투어야 하는데 행정소송법 제19조는 원칙적으로 원처분을 다투어야 하며 재결은 예외적인 경우 소송의 대상이 된다고 규정하고 있기 때문이다.

2. 재결소송의 의의

(1) 재결

행정소송법은 재결도 처분과 함께 취소소송의 대상이 될 수 있다고 규정하고 있다(행정소송법 제2조·제4조). 행정심판법에서의 재결이란 '행정심판의 청구에 대하여 제5조에 따른 행정심판위원회가 행하는 판단'을 말한다(행정심판법 제2조 제1항 제3호). 그런데 행정소송의 대상인 재결은 행정심판법상의 재결 이외에도 토지수용위원회의 이의재결과 같은 개별 법률상의 재결도 포함된다.

(2) 원처분중심주의

취소소송은 원칙적으로 원처분을 대상으로 하며, 재결은 예외적으로만 취소소송의 대상이 될 수 있다. 재결취소소송의 경우에는 재결 자체에 고유한 위법이 있음을 이유로 하는 경우에 한한다(행정소송법 제19조 단서). 이를 원처분중심주의라고 한다. 행정소송법은 원처분주의를 취하고 있지만, 개별법에서 재결주의를 규정하기도 한다.

3. 재결(취소)소송의 사유 – '재결 자체에 고유한 위법'

(1) 의의

재결도 하나의 행정처분이므로 주체·절차·형식·내용상의 위법이 있으면 다툴 수 있다. 예컨대 권한이 없는 기관이 재결하는 경우(주체면), 행정심판법상의 심판절차를 준수하지 않은 경우(절차면), 서면에 의하지 않은 재결(형식면), 위법하게 인용재결을 한 경우(내용면)이다. 이 중 주로 문제가 되는 것은 내용상 위법의 경우이다.

(2) 내용의 위법

내용상의 위법에 대해서는 학설이 대립된다. ① 내용의 위법은 재결 자체의 고유한 위법에 포함되지 않는다는 견해도 있고, 내용상의 위법도 포함된다는 견해도 있다(다수견해). ② 판례는 "행정소송법 제19조에서 말하는 '재결 자체에 고유한 위법'이란 <u>원처분에는 없고 재결에만 있는 재결청의 권한 또는 구성의 위법, 재결의 절차나 형식의 위법, 내용의 위법 등을 뜻하고, 그 중 내용의 위법에는 위법·부당하게 인용재결을 한 경우가 해당한다</u>"669)고 판시하고 있다. ③ 재결이 원처분과는 달리 새롭게 권리·의무에 위법한 변동(침해)을 초래하는 경우도 재결 자체의 고유한 위법이므로 내용상 위법이 포함된다는 견해가 타당하다.

---

669) 대판 1997.9.12, 96누14661

(3) 인용재결의 경우

1) 문제점

행정심판청구인은 자신의 심판청구가 받아들여진 인용재결에 대하여는 불복할 이유가 없다. 그러나 인용재결로 말미암아 권리침해 등의 불이익을 받게 되는 제3자는 인용재결을 다툴 필요가 있다. 다만 제3자효 있는 행정행위에서 인용재결을 제3자가 다투는 경우 소송의 성질에 관해 학설의 대립이 있다.

2) 학설

이에 대하여 ① 이 경우를 재결 자체에 고유한 위법이 있는 경우로 보아 행정소송법 제19조 단서에 의해 재결이 소의 대상이 되는 것이라고 보는 견해가 있는 반면(재결취소소송설), ② 당해 인용재결은 제3자와의 관계에서는 별도의 처분이 되는 것이므로 이 경우에는 행정소송법 제19조 본문에 의해 처분이 소의 대상이 되는 것이라고 보는 견해(처분취소소송설)가 있다.

3) 판례

판례는 "인용재결은 원처분과 내용을 달리하는 것이므로, 그 인용재결의 취소를 구하는 것은 원처분에는 없는 재결의 고유한 하자를 주장하는 셈이어서 당연히 항고소송의 대상이 된다"670)고 판시하여 이를 재결취소소송으로 본다.

4) 검토(처분취소소송설)

원처분의 상대방인 제3자는 인용재결로 인해서 비로소 권익을 침해받게 되므로 인용재결은 형식상 재결이나, 실질적으로 제3자에게는 최초의 처분으로서의 성질을 갖게 되므로 행정소송법 제19조 본문에 의해 인용재결의 취소를 구하는 것으로 해석함이 타당하다고 본다.

4. 사안의 해결

어떤 견해에 따르던지 취소재결로서 비로소 불이익을 당한 B는 행정심판위원회의 취소재결을 소의 대상으로 삼아 취소소송을 제기하여야 한다. 이때 판례에 따르면 행정소송법 제19조 단서에 의해 재결이 소의 대상이 되는 것으로 보겠지만, 제3자효행정행위에서 인용재결은 B에 있어서는 최초의 처분으로서 성격을 갖고 있으므로 동법 제19조 본문에 근거하여 취소소송을 제기할 수 있다고 보아야 할 것이다.

---

670) 이른바 복효적 행정행위, 특히 제3자효를 수반하는 행정행위에 대한 행정심판청구에 있어서 그 청구를 인용하는 내용의 재결로 인하여 비로소 권리이익을 침해받게 되는 자는 그 인용재결에 대하여 다툴 필요가 있고, 그 인용재결은 원처분과 내용을 달리하는 것이므로 그 인용재결의 취소를 구하는 것은 원처분에는 없는 재결에 고유한 하자를 주장하는 셈이어서 당연히 항고소송의 대상이 된다(대판1997.12.23, 96누10911).

※ 만일 판례의 입장에 따라 결론을 내린다면 다음과 같이 쓰면 된다.
4. 사안의 해결
B는 위원회의 취소재결을 다투어야 하는데, 위원회의 취소재결은 원처분인 주유소 운영사업자 선정처분과는 내용을 달리하기 때문에 재결 자체에 고유한 위법이 있는 경우에 해당한다. 따라서 B는 행정심판위원회를 상대로 취소재결의 취소소송을 제기할 수 있다.

Ⅲ. 설문 (3) – 제3자인 B의 행정소송법상 구제수단

1. 문제점

해당 소송의 원고는 A이며 피고는 X시장이지만 판결이 확정된다면 제3자인 B는 취소판결의 형성력을 받아(행정소송법 제29조 제1항) 행정청의 별도의 의사표시 없이 자신에게 발령된 주유소 운영사업자 선정처분이 소멸하게 된다.

이에 대응할 수 있는 B의 행정소송법상 방법으로 ① 제3자의 소송참가(제16조), ② 제3자의 재심청구(제31조) 제도에 관해 살펴본다.

2. 확정판결 전의 구제수단(제3자의 소송참가)

(1) 소송참가의 의의, 종류

1) 소송참가는 소송 외의 제3자가 법률상의 지위를 보호하기 위하여 계속중인 타인간의 소송에 참가하는 것이다. 소송참가제도는 소송의 공정한 해결, 이해관계자의 이익의 보호 및 충분한 소송자료의 확보를 위한 것이다.

2) 행정소송법은 취소소송에 대한 참가제도로서 소송의 결과에 의하여 그 권리가 침해되는 제3자가 계속중인 소송절차에 참가하는 제3자의 소송참가와, 피고 이외의 행정청이 소송절차에 참가하는 행정청의 소송참가의 두 가지를 규정하고 있다.

3) 설문의 경우에는 제3자의 소송참가가 문제된다.

(2) 제3자의 소송참가 여부

1) 제3자의 소송참가의 의의

법원은 소송의 결과에 따라 권리 또는 이익의 침해를 받을 제3자가 있는 경우에는 당사자 또는 제3자의 신청 또는 직권에 의하여 결정으로써 그 제3자를 소송에 참가시킬 수 있다(행정소송법 제16조 제1항). 제3자의 소송참가를 인정하는 것은 취소판결의 효력이 제3자에게도 미치기 때문에(제29조 제1항) 제3자에게도 소송에 있어 공격·방어방법을 제출할 기회를 제공하려는 것이다. 제3자의 소송참가가 인정되는 경우는 대체로 제3자효 행정행위에 대한 취소소송의 경우이다.

2) 참가의 요건
① 타인간의 적법한 취소소송이 계속 중일 것 : 여기서 소송이 어느 심급에 있는가는 불문한다.
② 제3자는 소송의 결과에 따라 권리 또는 이익의 침해를 받게 될 자일 것 : 여기서 제3자란 당해 소송당사자 이외의 자를 말하며 국가·공공단체도 그에 포함될 수 있다. 그리고 이익이란 단순한 사실상 이익 내지 경제상의 이익이 아니라 법률상 이익을 의미한다.671)672) 소송의 결과에 따라 권리 또는 이익의 침해를 받는다는 것은 판결의 형성력에 의해 권리 또는 이익을 박탈당하는 경우뿐만 아니라 판결의 행정청에 대한 기속력에 따른 행정청의 새로운 처분에 의해 권리 또는 이익의 침해를 받는 경우를 포함한다.

3) 참가의 절차
① 제3자의 소송참가는 당사자 또는 제3자의 신청 또는 직권에 의한다.
② 법원이 참가결정을 하고자 할 때에는 미리 당사자 및 제3자의 의견을 들어야 하고(제16조 제2항), 신청을 한 제3자는 그 신청을 각하한 결정에 대하여 즉시항고할 수 있다(제3항).
③ 제1심에서 소송참가 하지 않은 자라도 제2심에서 소송참가 할 수 있다.

4) 참가인의 지위
① 소송참가인은 당사자에 대하여 독자적인 청구를 하는 것이 아니므로 강학상 공동소송적 보조참가인의 지위와 유사한 것으로 보는 것이 통설이다. 판례도 민사소송과 달리 독립당사자참가는 허용되지 않는다고 한다(대판 1970.8.31, 70누70·71).
② 소송행위 중 참가인과 피참가인에게 유리한 행위는 1인이 하여도 전원에 대하여 효력이 생기는 반면 불리한 행위는 전원이 함께 하지 않는 한 효력이 없다. 참가인 등 공동소송인 1인에 대한 상대방의 소송행위는 이익·불이익을 불문하고 전원에 대하여 효력이 있다.

---

671) 행정소송법 제16조 소정의 제3자의 소송참가가 허용되기 위하여는 당해 소송의 결과에 따라 제3자의 권리 또는 이익이 침해되어야 하고, 이때의 이익은 법률상 이익을 말하며 단순한 사실상의 이익이나 경제상의 이익은 포함되지 않는데, 원고들이 참가를 구하는 제3자들은 원고들이 속한 관련 지방자치단체들로서 이 사건의 쟁점은 단순히 신설되는 항만을 어떻게 호칭하고 다른 항만과 구별하여 특정할 것인가의 문제에 불과할 뿐이고 그 항만에 부여되는 지리적 명칭에 따라 그 항만의 배후부지가 관련 자치단체의 관할구역에 편입되는 법적 효력이 생긴다거나 관련 자치단체인 참가인들이 그 지리적 명칭으로 인하여 권리관계나 법적 지위에 어떠한 영향을 받는다고 인정되지도 아니하므로 이 사건 소송의 결과에 의하여 위 제3자들의 법률상 이익이 침해된다고 할 수 없고, 따라서 원고들의 이 사건 제3자 소송참가신청은 부적법하다(대판 2008.5.29, 2007두23873).

672) 학교법인의 이사장직무대행자가 학교법인의 이름으로 관할청인 피고를 돕기 위하여 임원취임승인취소처분의 취소를 구하는 소송에 보조참가를 함에 있어 이사회의 특별수권결의를 거칠 필요는 없다고 할 것이고, 한편 임원취임승인취소처분이 취소되어 원고가 학교법인의 이사 및 이사장으로서의 지위를 회복하게 되면 학교법인으로서는 결과적으로 그 의사와 관계없이 이사회의 구성원이나 대표자가 변경되는 관계에 있다고 할 것이고, 이는 위 취소소송의 결과에 의하여 그 법률상의 지위가 결정되는 관계로서 보조참가의 요건인 법률상 이해관계에 해당한다(대판 2003.5.30, 2002두11073).

③ 참가인은 현실적으로 소송행위를 하였는지 여부에 관계없이 참가한 소송의 판결의 효력을 받는다. 참가인은 판결확정 후 행정소송법 제31조에 의한 재심의 소를 제기할 수 없다.

(3) 사안의 경우

B는 A가 제기한 소송의 결과에 따라 권리 또는 이익을 침해받을 제3자에 해당하기 때문에 소송참가를 할 수 있다. 소송참가 결정이 있다면 B는 강학상 공동소송적 보조참가인의 지위를 가지게 되며, 실제 소송에 참가하여 소송행위를 하였는지 여부를 불문하고 판결의 효력(기판력)을 받는다.

3. 확정판결 후의 구제수단(제3자의 재심청구)

(1) 문제점

판결이 확정된 경우에도 제3자인 B가 행정소송법상 재심청구를 통해 권리보호를 받을 수 있는지 문제된다. 제3자가 책임 없는 사유로 소송에 참가하지 못함으로써 판결의 결과에 영향을 미칠 공격 또는 방어방법을 제출하지 못한 경우 그러한 자의 권리구제를 위해 행정소송법 제31조는 제3자의 재심청구제도를 두고 있다.

(2) 재심청구의 의의와 인정이유

1) 처분등을 취소하는 판결에 의하여 권리 또는 이익의 침해를 받은 제3자는 자기에게 책임 없는 사유로 소송에 참가하지 못함으로써 판결의 결과에 영향을 미칠 공격 또는 방어방법을 제출하지 못한 때에는 이를 이유로 확정된 종국판결에 대하여 재심의 청구를 할 수 있다(행정소송법 제31조 제1항).

2) 취소소송의 확정판결은 제3자에 대하여도 효력이 있는데(제29조 제1항), 제3자가 귀책사유 없이 소송에 참가하지 못한 경우에는 판결이 확정된 뒤에도 제3자로 하여금 당해 확정판결로 인한 권익의 침해를 주장할 수 있도록 하기 위한 것이다.

(3) 재심청구의 요건

1) 당사자

재심원고는 취소소송의 확정판결에 의하여 '권리 또는 이익의 침해를 받은 제3자'이며, 재심피고는 확정판결에 나타난 원고와 피고가 함께 공동피고가 된다. '권리 또는 이익의 침해를 받은 제3자'란 당해 판결의 형성력이 미침으로써 그 판결주문에 따라 직접 자신의 권리나 이익이 침해되는 소송당사자 이외의 제3자이다.

2) 재심사유

① 자기에게 책임없는 사유로 소송에 참가하지 못하였어야 한다. 즉, 당해 취소소송의 계속을 알지 못하였거나, 알았다고 하더라도 특별한 사정으로 인하여 당해 소송에 참가할 수 없었던 경우를 말한다.

② 소송에 참가하지 못함으로써 판결의 결과에 영향을 미칠 공격 또는 방어방법을 제출하지 못한 때이어야 한다.

3) 재심청구기간

재심청구는 확정판결이 있음을 안 날로부터 30일 이내, 판결이 확정된 날로부터 1년 이내에 제기하여야 한다. 동 기간은 불변기간이다(제21조 제2항·제3항).

(4) 사안의 경우

B는 위 소송에 소송참가를 신청할 수 있으며, 행정소송법 제31조 제1항의 '처분등을 취소하는 판결에 의하여 권리 또는 이익의 침해를 받은 제3자'에도 해당하므로 '자기에게 책임없는 사유로 소송에 참가하지 못함으로써 판결의 결과에 영향을 미칠 공격 또는 방어방법을 제출하지 못한 점'을 입증하여 재심을 청구할 수 있다. 다만, B가 소송에 참가하게 된다면 '책임 없는 사유로 소송에 참가하지 못한 자'가 아니므로 행정소송법 제31조에 의한 재심의 소를 제기할 수 없다.

행정쟁송법 사례연습

연습 145

채석업자 丙은 P산지(山地)에서 토석채취를 하기 위하여 관할행정청인 군수 乙에게 토석채취 허가신청을 하였다. 乙은 丙의 신청서류를 검토한 후 적정하다고 판단하여 토석채취허가('이하 이 사건 처분'이라 한다.)를 하였다. 한편, P산지 내에는 과수원을 운영하여 거기에서 재배된 과일로 만든 잼 등을 제조·판매하는 영농법인 甲이 있는데, 그곳에서 제조하는 잼 등은 청정지역에서 재배하여 품질 좋은 제품이라는 명성을 얻어 인기리에 판매되고 있다. 그런데, 甲은 과수원 인근에서 토석채취가 이루어지면 비산먼지 등으로 인하여 과수원에 악영향을 미친다고 판단하여, 이 사건 처분의 취소를 구하는 소를 제기하였다. 다음 물음에 답하시오.

(총 50점)

(1) 위 취소소송에서 甲의 원고적격은 인정될 수 있는가? (20점)
(2) 위 사안에서 丙이 토석채취허가신청을 하였으나, 이 사건 처분을 하기 전이라면, 甲은 乙이 이 사건 처분을 하여서는 안된다는 소의 제기가 허용되는가? (30점)

〈공인노무사 2022〉

I. 설문 (1) - 甲의 원고적격

1. 문제의 소재

甲의 원고적격이 인정되는지 여부는 행정소송법 제12조 제1문이 규정하는 법률상 이익을 갖는가와 관련된다. 특히 토석채취허가처분이 취소됨으로 인하여 인접한 과수원을 경영하는 법인이 비산먼지 등으로 인한 피해를 입을 우려에서 벗어나는 것과 같은 이익이 토석채취허가처분의 근거법률 등에 의하여 보호되는 직접적이고 구체적인 이익이 될 것인지가 핵심이다.673)

2. 문제해결의 전제

(1) 甲이 제기한 취소소송의 성격

'이웃소송'이란 이웃하는 자들 사이에서 특정인에게 주어지는 수익적 행위가 타인에게는 법률상 불이익을 가져오는 경우에 그 타인이 자기의 법률상 이익의 침해를 주장하면서 다

---

673) 설문에서 토석채취허가의 근거법령인 산지관리법이 소개되어 있지 않고, 토석채취허가의 다른 관련법규도 없으며, 환경영향평가 대상지역이라는 전제도 없어 사안포섭에 한계가 있다. 실제로 토석채취허가 사건에서 이웃하는 자(예 사찰: 대판 2007.6.15. 2005두9736)의 원고적격을 인정한 사례도 있다. 그러나 산지관리법의 목적, 토석채취허가의 제한사유, 허가기준을 고려하고, P산지(山地) 내에서 토사채취 허가지와 과수원의 위치, 주위의 상황(설문에는 정보가 없음)에 따라서는 영농법인 甲의 원고적격이 부인될 수도 있다.

투는 것을 말한다. 주로 환경관련 사건, 건축관련 사건에서 제기되는 소송유형이다. 甲은 과수원 인근에서 토석채취가 이루어지면 비산먼지 등으로 인하여 과수원에 악영향을 미친다고 판단하여 소를 제기한 것이므로 설문은 이웃소송의 사례이다.

(2) 영농법인 甲의 당사자능력

당사자능력이란 소송상 당사자인 원고·피고 또는 참가인이 될 수 있는 소송법상의 능력 또는 자격을 말한다. 민법 기타 법률에 의하여 권리능력을 가진 자(자연인·법인)는 당사자능력을 갖는다(행정소송법 제8조 제2항, 민사소송법 제51조).

영농법인 甲은 사안의 취소소송을 제기할 당사자능력을 갖는다. 다만 甲이 해당 사건에서 원고적격을 갖는지는 별도의 검토가 필요하다.

3. 원고적격

(1) 원고적격의 의의

취소소송에서 원고적격이란 구체적인 처분에 대하여 누가 원고로서 취소소송을 제기하여 본안판결을 받을 자격이 있는가의 문제를 말한다. 행정소송법 제12조는 「처분등의 취소를 구할 법률상 이익이 있는 자」가 취소소송을 제기할 수 있다고 규정하고 있다. 따라서 당사자가 아니더라도 처분 등의 취소를 구할 법률상 이익이 인정되는 자는 취소소송을 제기할 수 있다.

(2) 행정소송법 제12조 1문의 '법률상 이익'의 의미

행정소송법 제12조의 '법률상 이익'이 무엇을 의미하는지에 대해서 취소소송의 기능과 관련하여 견해가 나누어져 있다.

1) 학설

취소소송의 본질(기능)에 관해 ① 위법한 처분으로 야기된 개인의 권리의 회복에 있다고 보는 권리구제설, ② 위법한 처분으로 권리뿐 아니라 법에 의해 보호되는 이익을 침해당한 자도 처분을 다툴 수 있다는 법률상 보호이익설, ③ 실질적으로 보호가치 있는 이익(법률상 보호되는 이익+사실상의 이익)이 침해된 자는 소송을 제기할 수 있다는 보호가치 있는 이익설, ④ 당해 처분을 다툼에 있어 가장 적합한 이해관계를 가진 자가 원고적격을 갖는다는 적법성보장설이 있다.

2) 판례

구체적으로 어떠한 경우가 법률상 이익이 있는 경우에 해당하는지 여부는 근거법률의 내용과 구체적 사안에 따라 판단하여야 할 것이나, 대법원은 "행정소송법 제12조에서 말하는 '법률상 이익'이란 당해 행정처분의 근거 법률에 의하여 보호되는 직접적이고 구체적인 이익을 말하고, 당해 행정처분과 관련하여 간접적이거나 사실적·경제적 이해관계를 가지는 데 불과한 경우는 여기에 포함되지 않으나, 행정처분의 직접 상대방이 아닌 제3자라고 하더라도 당해 행정처분으로 인하여 법률상 보호되는 이익을 침해당한 경우에는 취소소송을 제기하여 그 당부의 판단을 받을 자격이 있다."674)라고 판시하여, 대체로 법률상 보호이익설을 취하고 있다고 평가된다.

3) 검토

현행 행정소송법이 항고소송의 주된 기능을 권익구제로 보고 주관소송으로 규정하고 있으므로, 현행 행정소송법의 해석론으로는 법률상 보호이익설이 타당하다. 법률상 보호이익설에 의하면, 처분 등으로 인하여 권리뿐만 아니라 법률에 의하여 보호되는 이익을 침해받은 자도 원고적격을 가지게 된다.

여기에서 말하는 법률상 보호이익이란 당해 처분의 근거법률에 의하여 보호되는 직접적이고 구체적인 이익을 말하고, 당해 처분과 관련된 간접적이거나 사실적·경제적인 이익은 해당하지 않는다. 다만, 당해 처분의 근거법률이 공익 또는 공공의 이익을 보호하는 것을 주된 목적으로 하더라도 사익도 동시에 보호하는 것으로 해석되는 경우에는 취소를 구할 법률상 이익의 이익이 있는 것으로 파악하여 원고적격이 인정된다.

(3) 법률상 이익의 판단근거(법률의 범위)

법률상 보호이익설을 취할 경우 그 법률의 범위를 어떻게 이해하는지에 따라 법률상 이익의 범위가 달라지게 된다.

1) 학설

법률상 이익에 대하여 ① 당해 처분의 근거가 되는 법률에 의하여 보호되는 이익이라는 설과 ② 당해 처분의 근거가 되는 법률 이외의 법률에 의하여 보호되는 이익도 포함된다는 설로 나뉜다. 그리고 전자는 다시 ㉠ 당해 처분의 근거가 되는 실체법규에 의하여 보호되는 이익이라는 설, ㉡ 당해 처분의 근거가 되는 실체법규 및 절차법규에 의하여 보호되는 이익이라는 설, ㉢ 당해 처분의 근거가 되는 법률의 목적, 각 조문의 전체 취지에 의하여 보호되는 이익이라는 설로 나뉘며, 후자는 다시 ㉠ 헌법 규정에 의해 보호되는 이익도 포함된다는 설, ㉡ 다른 실정법에 의하여 보호되는 이익도 포함된다는 설, ㉢ 관습법 및 조리 등 법체계 전체에 비추어 보호되는 이익도 포함된다는 설로 나뉜다.

2) 판례

대법원은 처분의 근거법규의 범위를 확대하여 원고적격을 넓혀가고 있는 것으로 보이는데, "당해 처분의 근거 법규 및 관련 법규에 의하여 보호되는 법률상 이익은 당해 처분의

---

674) 대판 2010.5.13. 2009두19168

근거 법규의 명문 규정에 의하여 보호받는 법률상 이익, 당해 처분의 근거 법규에 의하여 보호되지는 아니하나 당해 처분의 행정목적을 달성하기 위한 일련의 단계적인 관련 처분들의 근거 법규에 의하여 명시적으로 보호받는 법률상 이익, 당해 처분의 근거 법규 또는 관련 법규에서 명시적으로 당해 이익을 보호하는 명문의 규정이 없더라도 근거 법규 및 관련 법규의 합리적 해석상 그 법규에서 행정청을 제약하는 이유가 순수한 공익의 보호만이 아닌 개별적·직접적·구체적 이익을 보호하는 취지가 포함되어 있다고 해석되는 경우까지를 말한다."675)라고 판시한다. 즉 판례는 처분의 직접적인 근거규정뿐만 아니라 처분시에 준용되는 규정을 근거법률에 포함시키거나, 관계법률의 취지를 목적론적으로 해석하거나, 처분을 할 때 적용되는 절차법 규정의 취지에 비추어서도 법률상 이익을 인정하는 등 법률상 이익의 판단근거가 되는 법률의 범위를 확대하는 경향이 있다. 그 밖에 헌법상 기본권을 동원하기도 한다.

다만, 판례는 처분의 근거법규나 관련법규 이외에 관습법, 조리, 법질서 전체의 취지를 고려하여 법률상 이익을 판단하고 있는 사례는 잘 보이지 아니한다. 대법원은 새만금 사건에 관한 판결에서, 헌법 제35조 제1항에서 정하고 있는 환경권에 관한 규정만으로는 그 권리의 주체·대상·내용·행사방법 등이 구체적으로 정립되어 있다고 볼 수 없고, 환경정책기본법 제6조도 그 규정 내용 등에 비추어 국민에게 구체적인 권리를 부여한 것으로 볼 수 없다는 이유로, 환경영향평가 대상지역 밖에 거주하는 주민에게 헌법상의 환경권 또는 환경정책기본법에 근거하여 공유수면매립면허처분과 농지개량사업 시행인가처분의 무효확인을 구할 원고적격이 없다고 하였다(대판 2006.3.16. 2006두330).

(4) 이웃소송에서의 원고적격

1) 판례의 일반적 태도

이웃소송에 있어서 원고적격의 판단기준은 근거법률의 사익보호성 여부이다. 그러나 입법자가 근거법률을 불충분하게 규율한다든지 또는 아예 근거법률을 규정하지 않는 경우가 간혹 발생한다. 이에 대하여 대법원은 인근주민에게 원고적격이 있는지는 당해 허가처분의 근거법규 및 관계법규의 보호목적에 따라 결정된다고 하여 근거법률의 범위를 확대하였다. 즉, 당해 근거법규 및 관계법규가 공익뿐 아니라 인근주민의 사적 이익도 보호한다고 해석되는 경우에 인근주민에게 원고적격이 인정된다.

특히 환경상 이익을 고려한 판례의 태도를 살펴보면, ① 환경영향평가 대상지역 안의 주민들이 대상사업과 관련하여 갖고 있는 환경상의 이익은 주민 개개인에 대하여 개별적으로 보호되는 직접적·구체적 이익이라고 하면서 당해 허가 또는 승인처분의 취소를 구할 원고적격을 인정하며, ② 환경영향평가 대상지역 밖의 주민이라 할지라도 환경상 이익에 대한

---

675) 대판 2015.7.23. 2012두19496

침해 또는 침해 우려가 있다는 점을 입증함으로써 원고적격을 인정받을 수 있다고 하였다. 그러나 환경상 기본권이 구체적 권리가 아닌 경우에는 기본권에 근거하여 원고적격을 인정할 수 없다는 입장이다.

2) 법인이 제기한 이웃소송 사건

법인도 처분으로 인하여 법률상 이익이 침해되는 경우는 원고적격이 인정될 수 있다. 그런데 판례는 사안과 유사한 사례(공유수면 매립승인처분 사건)에서, 자연인이 아닌 원고 수녀원(법인)은 쾌적한 환경에서 생활할 수 있는 이익을 향수할 수 있는 주체도 아니므로 처분으로 인하여 생활상의 이익이 직접적으로 침해되는 관계에 있다고 볼 수도 없고, 수녀원이 운영하는 쨈 공장에 직접적이고 구체적인 재산적 피해가 발생한다거나 원고 수녀원이 폐쇄되고 이전해야 하는 등의 피해를 받거나 받을 우려가 있다는 점 등에 관한 증명도 부족하므로 처분의 무효확인을 구할 원고적격이 없다[676]며 부정하기도 한다. 이를 반대로 해석하면 법인의 경우도 구체적인 재산적 피해가 발생할 우려가 있는 등의 상황에서는 원고적격이 인정될 수 있다는 취지로 해석할 수 있다.

3) 토석채취허가 관련 사건

판례는 구 산림법 및 그 시행령, 시행규칙들의 규정 취지는 산림의 보호·육성, 임업생산력의 향상 및 산림의 공익기능의 증진을 도모함으로써 그와 관련된 공익을 보호하려는 데에 그치는 것이 아니라 그로 인하여 직접적이고 중대한 생활환경의 피해를 입으리라고 예상되는 토사채취 허가 등 인근 지역의 주민들이 주거·생활환경을 유지할 수 있는 개별적 이익까지도 보호하고 있다고 할 것이므로, 인근 주민들이 토사채취허가와 관련하여 가지게 되는 이익은 위와 같은 추상적, 평균적, 일반적인 이익에 그치는 것이 아니라 처분의 근거법규 등에 의하여 보호되는 직접적·구체적인 법률상 이익이라고 할 것[677]이라며 인근 사찰에 토사채취허가처분을 다툴 원고적격을 인정한 사례가 있다.

4. 문제의 해결

일반적으로 법인은 쾌적한 환경에서 생활할 수 있는 이익을 향수할 수 있는 주체가 될 수 없다. 다만 법인일지라도 일반적인 생활상 이익의 향수를 넘어 구체적이고 직접적인 권리나 이익(예 재산상의 피해)가 발생할 우려가 있다는 점이 증명된다면 원고적격을 인정함이 타당하다.

사안에서 토석채취허가의 근거법령이 보이지 않아 판단하기 어려우나, 처분의 근거법령이 산지의 보전이라는 공익뿐 아니라 토석채취허가처분이 취소됨으로 인하여 甲처럼 인접한

---

676) 대판 2012.6.28. 2010두2005
677) 대판 2007.6.15. 2005두9736

과수원을 경영하는 영농법인이 비산먼지 등으로 인한 재산상 피해를 입을 우려에서 벗어나는 것과 같은 사익도 직접적이고 구체적으로 보호하는 취지를 포함한다면 원고적격이 인정될 수 있음이 원칙이다.

그러나 ① 토사채취 허가지와 과수원의 위치, 주위의 상황에 비추어 토석채취가 甲의 과수원 경영에 재산상 피해 등 구체적 이익을 침해할 우려가 없거나, ② 토석채취허가처분이 취소됨으로써 甲이 얻는 이익이, 행정청이 관련법령상 토석채취허가기준에 따라 허가여부를 결정하여 산지를 합리적으로 보전하고 이용하는 데 따른 반사적 이익에 불과하다고 해석된다면 甲의 원고적격은 부인될 것이다.

II. 설문 (2) – 예방적 부작위소송

1. 문제의 소재

토석채취허가가 있기 전 단계에서 甲이 생각할 수 있는 구제방법으로는 관할 행정청이 丙에게 토석채취허가를 발령하지 못하게 하는 소송(예방적 부작위소송)을 제기하고, 보전소송으로서 가처분을 신청하는 것이다. 그런데 이러한 소송 방법이 허용될 수 있는지 문제된다.

2. 법정외 항고소송의 허용 여부와 도입논의

(1) 행정소송법 규정

행정소송법 제3조는 항고소송을 "행정청의 처분등이나 부작위에 대하여 제기하는 소송"이라 하고, 제4조는 항고소송을 취소소송, 무효등확인소송, 부작위위법확인소송으로 구분하고 있다.

(2) 법정외 항고소송의 도입논의

위와 같은 항고소송 이외의 항고소송(법정외 항고소송)이 허용될 수 있는지에 관하여 다툼이 있다. 그러한 법정외 항고소송으로 현재 논의되고 있는 것은 의무이행소송과 예방적 부작위소송이다. 그 논의의 주된 쟁점은 권력분립의 관점, 국민의 권리구제의 실효성 등이다.

(3) 예방적 부작위소송과 의무이행소송의 비교

사안은 丙에 대한 토석채취허가가 임박한 경우에 甲이 그 처분의 금지를 구하는 형태의 소송인 예방적 부작위소송의 경우이다.

의무이행소송은 행정청으로 하여금 적극적인 행위를 하도록 강제할 수 있는 소송인 반면, 예방적 부작위소송은 공권력에 의한 침해가 절박한 경우에 문제되는 것으로 단순히 현상악화를 방지하고자 하는 공권력 행사에 대한 소극적 방어행위라는 점에서 의무이행소송보다 도입 필요성이 더 크다고 본다.

3. 예방적 부작위소송의 허용 여부

(1) 예방적 부작위소송의 의의

예방적 부작위소송(또는 예방적 금지소송)이란 장래 행정청이 일정한 처분을 할 것이 명백한 경우 그 처분을 하지 않을 것을 구하는 내용의 행정소송을 말한다. 소극적 형태의 의무이행소송이라 할 수 있다. 이 소송은 공권력에 의한 침해가 절박한 경우에 주로 문제되며 공권력의 행사에 대한 소극적 방어로서의 의미를 가진다.

(2) 인정 여부

1) 학설

① 소극설 : 이 견해는 ㉠ 이를 인정할만한 어떠한 실정법 규정도 존재하지 않는다는 점, ㉡ 행정권에 대한 사법통제는 일단 행정작용이 행하여진 이후에만 가능하며, 행정작용이 있기 전에 행정권이 의도하고 있거나 계획 중인 일정한 행위를 금지시키는 것은 권력분립의 원칙과 행정청의 제1차적 판단권의 존중이라는 관점에서 허용될 수 없다고 한다.

② 제한적 허용설 : 이 견해는 ㉠ 우리의 실정법상 당사자소송은 이행소송을 포함하고 있는바 예방적 부작위소송도 당사자소송의 한 형태로 인정될 수 있다는 점, ㉡ 예방적 부작위소송을 행정청의 처분발동에 대한 부작위의무 및 그 권한이 없다는 확인의 판결을 구하는 확인소송으로 인정될 수 있다는 점, ㉢ 처분이 이루어질 개연성이 있고 절박하며, 처분요건이 일의적으로 정해져 있고, 미리 구제하지 않으면 회복할 수 없는 손해가 발생할 우려가 있고, 다른 구제방법이 없는 경우에는 국민의 권리구제를 위해서 허용되어야 한다는 점을 들고 있다.

2) 판례

판례는 "<u>행정소송법상 행정청이 일정한 처분을 하지 못하도록 그 부작위를 구하는 청구는 허용되지 않는 부적법한 소송이라 할 것이므로, 피고 국민건강보험공단은 이 사건 고시를 적용하여 요양급여비용을 결정하여서는 아니 된다는 내용의 원고들(대한의사협회 등)의 위 피고에 대한 이 사건 청구는 부적법하다 할 것이다.</u>"678)라거나 "<u>건축건물의 준공처분을 하여서는 아니 된다는 내용의 부작위를 구하는 청구는 행정소송에서 허용되지 아니하는 것이므로 부적법하다.</u>"679)라며 이를 인정하지 않는다.

3) 검토

예방적 부작위소송을 허용한다고 하더라도 사법권의 범위를 벗어난다거나 권력분립의 원

---

678) 대판 2006.5.25. 2003두11988
679) 대판 1987.3.24. 86누182

칙에 어긋난다고 보이지는 않는다. 취소소송은 침익적 처분에 대한 사후적 권리구제 수단에 불과하고, 국민의 권리구제를 위하여 예방적 부작위소송이 필요한 경우가 있으므로 실효적인 권리구제를 위해 긍정함이 타당하다. 입법론상으로 예방적 부작위소송이나 의무이행소송 등 법정외 항고소송을 도입할 필요가 있다고 본다.

다만, 판례는 예방적 부작위소송을 행정소송법상 부적법한 소송으로 보므로, 그러한 소송을 제기할 경우 판례에 따라 각하될 가능성이 높다.

(3) 허용 요건

국민의 권리구제의 실효성을 보장하기 위하여 허용될 수 있다 하여도 남소를 방지할 필요가 있으므로 예방적 금지소송을 무한정 인정할 수 없다.

예방적 금지소송을 인정하더라도 ① 행정청이 장래에 위법한 처분을 할 것이 임박한 경우에 그 처분의 금지를 구할 법적 이익이 있는 자가 사후에 그 처분의 효력을 다투는 방법으로는 회복하기 어려운 중대한 손해가 발생할 것이 명백하고, ② 행정청이 장래에 위법한 처분을 할 것이 임박하여 그 처분을 하지 않도록 하는 것이 상당하다고 인정되는 경우에만 허용되는 것으로 제한될 필요가 있다.680)

4. 가처분 인정 여부

가처분이란 '금전 이외의 특정한 급부를 목적으로 하는 청구권의 집행보전을 도모하거나 다툼이 있는 권리관계에 관하여 잠정적으로 임시의 지위를 정하는 것을 목적으로 하는 가구제도'이다.

항고소송에서 가처분의 인정가능성에 대하여 소극설, 적극설, 절충설이 대립하며 판례는 <u>민사소송법상의 보전처분은 민사판결절차에 의하여 보호받을 수 있는 권리에 관한 것이므로, 민사집행법상의 가처분으로써 행정청의 어떠한 행정행위의 금지를 구하는 것은 허용될 수 없다고 한다.</u>681)

다만, 예방적 부작위소송을 긍정하고 가처분 규정을 적용하는 긍정설에 따르면 甲은 토석채취허가가 발령되기 전에 예방적 부작위 소송을 제기하면서 처분금지를 구하는 가처분을 신청할 수 있다.

이는 예방적 부작위소송이 인정됨을 전제로 하는 것이어서, 우선 예방적 부작위소송이 인정될 것인지 여부가 선결되어야 한다.

---

680) 종전 행정소송법 개정안의 내용이었다.
681) 대결 1992.7.6 92마54

5. 문제의 해결

토석채취허가 전 단계에서 그 허가발령을 저지하기 위해 甲이 취할 수 있는 항고소송상 구제방법으로는 예방적 금지소송을 고려해 볼 수 있다.

그러나 판례의 입장에 따르면 甲이 "피고는 소외 丙에게 토석채취허가를 하여서는 아니 된다"라는 내용의 청구를 하는 것은 예방적 금지소송으로서 허용될 수 없다. 따라서 보전소송인 가처분도 허용되지 않는다. 다만, 실질적 권리구제 차원에서 입법론적 해결이 요청된다.

보충문제

甲은 개발제한구역 내에 위치한 지역에서 폐기물 처리시설의 설치를 위하여 관할 시장 A에게 개발행위허가를 신청하였다. 위 처리시설의 예정지역에 거주하는 주민 乙은 위 처리시설이 설치되면 주거생활에 심각한 침해를 받는다고 생각하여, 시장 A에게 위 신청을 반려할 것과 주민들의 광범위한 의견을 수렴한 후 다시 허가절차를 밟게 하라고 요구하였다. 그러나 시장 A는 위 처리시설이 필요하고, 개발제한구역이 아닌 지역에 입지하기가 곤란하다는 이유로 위 개발행위를 허가하였다. 다만 민원의 소지를 줄이기 위하여, 위 처리시설로 인하여 환경오염이 심각해질 경우 위 개발행위허가를 취소·변경할 수 있다는 내용의 부관을 붙였다. 그런데 위 처리시설이 가동된 지 얼마 지나지 않아 예상과 달리 폐기물 처리량이 대폭 증가하였다. 이에 주민 乙은 위 처리시설로 인하여 평온한 주거생활을 도저히 영위하기 어렵다고 여겨, 시장 A에게 위 부관을 근거로 위 개발행위허가를 취소·변경하여 줄 것을 요구하였다. 그런데 시장 A는 이를 거부하였다.

(1) 乙이 위 개발행위허가가 행해지기 전에 고려할 수 있는 행정소송상의 수단을 검토하시오. (10점)
(2) 위 부관을 근거로 한 乙의 요구에 대한 시장 A의 거부행위와 관련하여, 乙이 자신의 권익 보호를 행정소송에서 실현할 수 있는지 검토하시오. (15점)　　•2013 사법시험 변형

■ 문 (1)

I. 논점 : 예방적 금지소송

II. 예방적 금지소송의 허용성

　1. 의의
　2. 견해의 대립 : 부정설, 긍정설
　3. 판례의 태도
　　"행정소송법상 행정청이 일정한 처분을 하지 못하도록 그 부작위를 구하는 청구는 허용되지 않는 부적법한 소송이라 할 것이므로, 피고 국민건강보험공단은 이 사건 고시를 적용하여 요양급여비용을 결정하여서는 아니된다는 내용의 원고들(대한의사협회 등)의 위 피고에 대한 이 사건 청구는 부적법하다 할 것이다."(대판 2006.5.25. 2003

두11988)라거나 "건축건물의 준공처분을 하여서는 아니된다는 내용의 부작위를 구하는 청구는 행정소송에서 허용되지 아니하는 것이므로 부적법하다."(대판 1987.3.24. 86누182)라며 인정하지 아니함

4. 검토

Ⅲ. 사례의 해결

예방적 금지소송을 생각할 여지가 있으나, 현행법상 인정되지 아니함

■ 문 (2)

Ⅰ. 논점 : 행정소송을 통한 권리실현

Ⅱ. 취소소송

1. 대상적격

(1) 거부처분 취소소송 대상적격 인정요건

그 신청한 행위가 공권력의 행사 또는 이에 준하는 행정작용이어야 하고 그 거부행위가 신청인의 법률관계에 어떤 변동을 일으키는 것이어야 하며 그 국민에게 그 행위발동을 요구할 법규상 또는 조리상의 신청권이 있어야 한다고 할 것인바, 여기에서 '신청인의 법률관계에 어떤 변동을 일으키는 것'이라는 의미는 신청인의 실체상의 권리관계에 직접적인 변동을 일으키는 것은 물론 그렇지 않다 하더라도 신청인이 실체상의 권리자로서 권리를 행사함에 중대한 지장을 초래하는 것도 포함한다(대판 2002.11.22. 2000두9229).

(2) 법규상 또는 조리상 신청권의 존부

폐기물 처리량의 대폭 증가로 乙이 평온한 주거생활을 도저히 영위하기 어려운 지경에 이르렀다는 점에서 재량권이 0으로 수축되었고, A의 행정권 발동을 요구할 행정개입청구권이 인정됨. 따라서 乙에게는 개발행위허가의 취소·변경을 구할 조리상의 신청권 인정됨

2. 본안판단

○ 폐기물처리시설의 계속적 운영의 공익에 비해 주거생활이 도저히 불가능할 정도의 침익을 받고 있는 乙의 사익이 보다 중대하다면 A시장은 유보된 철회권을 발동할 수 있음

○ 그럼에도 불구하고 A시장이 철회권 행사를 거부하는 것은 재량권의 일탈·남용이 될 수 있음

Ⅲ. 사례의 해결

乙은 A시장의 거부처분에 대해 취소소송을 제기할 수 있음

연습 146

A광역시 B구청장은 2024. 10. 3. 관내 개발제한구역 내에 주유소 1개를 추가로 설치할 수 있도록 'B구 개발제한구역 내 주유소배치계획 변경고시'를 공고하였고, 같은 날 위 변경공고에 따라 주유소 운영사업자를 모집하는 모집공고(이하 '이 사건 모집공고'라 한다)를 하였다. 이 사건 모집공고의 신청자격은 '1) 개발제한구역 지정 당시(1980. 12. 29.)부터 해당 구역 안에 계속 거주하고 있던 자로서 개발제한구역에 주택 또는 토지를 소유하고, 2) 생업을 위하여 3년 내의 기간 동안 개발제한구역 밖에 거주하였던 자를 포함하되 세대주 또는 직계비속 등의 취학을 위하여 개발제한구역 밖에서 거주한 기간은 개발제한구역 안에서 거주한 기간으로 봄'이라고 규정되어 있었다.

甲은 2024. 10. 10. B구청장에게 주유소 운영사업자 선정신청을 하였고, 乙은 2024. 10. 25. 주유소 운영사업자 선정신청을 하였다. 그런데 甲은 생업을 위하여 3년 내의 기간 동안 주민등록상 주소지를 다른 곳으로 이전하였던 사실이 있으나 이를 입증할 수 있는 서류를 제출하지 않았다.

B구청장은 2024. 12. 10. 甲에게 '개발제한구역 밖으로 전출한 사실이 있어 이 사건 모집공고의 신청조건에 적합하지 아니하다'는 이유로 주유소 운영사업자 불선정처분(이하 '이 사건 처분'이라 한다)을 하는 한편, 같은 날 乙에게 주유소 운영사업자 선정처분을 하였다. 甲은 이 사건 처분에 불복하여 관할 행정심판위원회에 행정심판을 제기하였으나 2025. 3. 15. 청구가 기각되었다.

乙에 대한 주유소 운영사업자 선정처분에 뒤이어 B구청장이 乙에게 주유소 건축허가를 하려고 하자, 甲은 B구청장을 피고로 하여 다음과 같은 청구취지가 기재된 소장을 법원에 제출하였다. 이러한 소송이 현행 행정소송법상 허용될 수 있는가?[682] (20점)

> **청구취지**
> 1. 피고는 소외 乙에게 건축허가를 하여서는 아니 된다.
> 2. 소송비용은 피고가 부담한다.
> 라는 판결을 구합니다.

I. 문제의 소재

건축허가가 나오기 전 단계에서 甲이 생각할 수 있는 구제방법으로는 관할 행정청이 乙에게 건축허가를 발령하지 못하게 하는 소송을 제기하는 것이다(예방적 부작위소송). 그런데 이러한 소송 방법이 현행법상 인정되는지 문제된다.

---

682) 2017년 법학전문대학원협의회 모의시험문제 변형

Ⅱ. 예방적 부작위소송(예방적 금지소송)

1. 의의

예방적 부작위소송(예방적 금지소송)이란 행정청이 특정한 행정행위나 그 밖의 행정작용을 하지 않을 것을 구하는 내용의 행정소송을 말한다. 이 소송은 공권력에 의한 침해가 절박한 경우에 주로 문제되며 공권력의 행사에 대한 소극적 방어로서의 의미를 가진다. 우리 행정소송법에는 명문 규정이 없다.

2. 인정여부

(1) 학설

1) 소극설 : 이 견해는 ① 이를 인정할만한 실정법 규정이 존재하지 않는다는 점, ② 행정권에 대한 사법통제는 일단 행정청의 제1차적 판단권이 행하여진 이후에만 가능하며, 행정작용이 있기 전에 행정권이 의도하고 있거나 계획 중인 일정한 행위를 금지시키는 것은 사법권의 한계를 일탈한다는 점을 이유로 허용될 수 없다고 한다.

2) 적극설 : 이 견해는 ① 행정소송법 제4조의 항고소송의 종류는 예시적 열거로 보아야 한다는 점, ② 거부처분이나 부작위를 행정청의 제1차적 판단권의 행사로 볼 수 있으므로 권력분립의 원칙에 반하지 않는다는 점, ③ 예방적 금지소송을 행정청의 처분발동에 대한 부작위의무 및 그 권한이 없다는 확인의 판결을 구하는 확인소송으로 인정될 수 있다는 점, ④ 처분이 이루어질 개연성이 있고 절박하며, 처분요건이 일의적으로 정해져 있고, 미리 구제하지 않으면 회복할 수 없는 손해가 발생할 우려가 있고, 다른 구제방법이 없는 경우에는 국민의 권리구제를 위해서 허용되어야 한다는 점을 들고 있다.

(2) 판례

판례는 "피고 국민건강보험공단은 이 사건 고시를 적용하여 요양급여비용을 결정하여서는 아니된다는 내용의 원고들(대한의사협회 등)의 위 피고에 대한 이 사건 청구는 부적법하다 할 것이다"(대판 2006.5.25, 2003두11988)라고 하여 행정소송법상 행정청이 일정한 처분을 하지 못하도록 그 부작위를 구하는 청구는 허용되지 않는 부적법한 소송이라는 입장이다.

(3) 검토

부정설과 같이 막연히 권력분립의 원칙이나 행정청의 1차적 판단권을 이유로 예방적 금지소송을 부정하는 것은 타당하지 않다. 취소소송은 침익적 처분에 대한 사후적 권리구제 수단에 불과하고, 국민의 권리구제를 위하여 예방적 금지소송이 필요한 경우가 있으므로 실효적인 권리구제를 위해 긍정함이 타당하다.

다만 예방적 부작위소송의 허용요건을 엄격히 하고, 예방적 금지소송을 보충적으로 인정함으로써 남소를 방지할 필요가 있다고 본다.

3. 허용요건

국민의 권리구제의 실효성을 보장하기 위하여 허용될 수 있다 하여도 예방적 금지소송을 무한정 인정할 수 없다. 예방적 금지소송을 인정하는 견해는 다음과 같이 그 허용요건을 제시한다.

(1) 보충설

① 취소소송과 집행정지에 의해서는 권리구제가 불가능하거나 회복하기 어려운 손해를 입을 우려가 있어야 하고(보충성 요건), ② 행정청에게 1차적 판단권을 행사하게 할 것도 없을 정도로 일정한 내용의 처분이 예상되고 그 처분이 임박할 것(사건의 성숙성)을 요건으로 한다.

(2) 독립설

사건의 성숙성 요건만 갖추면 기존의 구제제도와 별도로 예방적 금지소송을 인정하는 견해이다.

(3) 검토

처분청의 처분권의 존중 및 남소의 방지와 국민의 권리구제를 조화시키는 보충설이 타당하다.

Ⅲ. 사안의 해결

건축허가 전 단계에서 그 허가발령을 저지하기 위해 甲이 취할 수 있는 항고소송상 구제방법으로는 예방적 금지소송을 고려해 볼 수 있다.

그러나 판례의 입장에 따르면 甲이 "피고는 소외 乙에게 건축허가를 하여서는 아니 된다"라는 내용의 청구를 한 것은 예방적 금지소송으로서 허용될 수 없다. 다만, 실질적 권리구제 차원에서 입법론적 해결이 요청된다.

> **연습 147**
>
> (1) H중공업의 甲노조는 서울행정법원에 검사가 위법하게 압수한 노조의 장부들을 반환하라는 취지의 소장을 제출하였다. 서울행정법원의 판결은? (15점)
> (2) D건설의 乙노조는 서울행정법원에 고용노동부장관이 D건설의 丙노조에 대한 등록을 받아들여서는 아니 된다는 취지의 판결을 구하는 소장을 제출하였다. 서울행정법원의 판결은? (15점)

Ⅰ. 논점의 정리

설문 (1)의 경우 甲노조는 행정청에 일정한 행정행위를 해 줄 것을 청구하는 내용의 의무이행소송을 청구하고 있는 것으로 보이고, 설문 (2)의 경우 乙노조는 행정청이 특정한 행정행위나 그 밖의 행정작용을 하지 않을 것을 구하는 내용의 예방적 부작위소송을 청구하고 있는 것으로 보인다.

그러나 이들 의무이행소송과 예방적 부작위소송은 실정법상 규정이 흠결되어 있으므로 그 인정여부에 대한 논의를 살펴보기로 한다.

Ⅱ. 甲노조의 의무이행소송에 대한 행정법원의 판결

1. 의무이행소송의 의의

의무이행소송이란 당사자의 일정한 행정행위의 신청에 대하여 행정청이 거부하거나 부작위로 대응한 경우, 행정청에 일정한 행정행위를 해 줄 것을 청구하는 내용의 행정소송을 말한다. 오늘날의 복리국가하에서 국민생활이 국가의 적극적·수익적 행위에 크게 의존하고 있는데, 국가가 수익적 처분을 거부 또는 부작위하는 것에 대한 효과적인 대응수단이 된다.

2. 인정여부에 관한 학설

(1) 소극설

이 견해는 ① 행정청의 1차적 판단권의 존중 및 권력분립원칙, ② 행정소송법상 항고소송의 유형은 열거적·제한적이라는 점, ③ 행정소송법 제4조 제1호에서의 변경은 소극적 일부취소라는 점 등을 논거로 하여, 의무이행소송은 현행 행정소송법상 허용되지 않는다고 한다.

(2) 적극설

이 견해는 ① 사법권의 본질은 법률적 판단을 통하여 행정의 적법성을 보장하고 개인의 권리를 보호함에 있다는 점, ② 행정소송법상 항고소송의 유형은 예시적이라는 점, ③ 행정소송법 제4조 제1호의 변경의 의미에는 적극적 변경도 포함된다는 점 등을 논거로 의무이행소송이 허용된다고 한다.

(3) 절충설

제한된 범위, 즉 ① 행정청이 제1차적 판단권을 행사할 수 없을 정도로 처분요건이 일의적으로 정해져 있고, ② 사전에 구제하지 않으면 회복할 수 없는 손해가 발생할 수 있으며, ③ 다른 구제방법이 없는 경우에만 인정된다는 견해이다.

3. 판례

판례는 현행 행정소송법상 행정청으로 하여금 일정한 행정처분을 하도록 명하는 이행판결을 구하는 소송이나 법원으로 하여금 행정청이 일정한 행정처분을 행한 것과 같은 효과가 있는 행정처분을 직접 행하도록 하는 형성판결을 구하는 소송은 허용되지 아니한다는 입장이다.[683]

4. 검토

소극설은 의무이행소송을 인정하면 법원에 의해 행정청의 1차적 판단권을 침해하는 것이라고 주장하지만, 거부처분이 행정청의 1차적 판단권의 행사에 속하는 것이고 부작위는 처분에 필요한 상당한 기간이 지났음에도 가부간의 처분을 하지 않는 것이므로 부작위도 행정청의 판단권의 행사에 준하는 것으로 볼 수 있다. 따라서 국민의 공백 없는 권리구제를 위하여 의무이행소송을 보충적으로 인정하는 절충설이 타당하다.

다만 서울행정법원이 현재의 판례를 따른다면 각하판결을 내릴 것이다.

Ⅲ. 乙노조의 예방적 부작위소송에 대한 서울행정법원의 판결

1. 예방적 부작위소송의 의의

예방적 금지소송(또는 예방적 부작위소송)이란 행정청이 특정한 행정행위나 그 밖의 행정작용을 하지 않을 것을 구하는 내용의 행정소송을 말한다. 이 소송은 공권력에 의한 침해가 절박한 경우에 주로 문제되며 공권력의 행사에 대한 소극적 방어로서의 의미를 가진다. 우리 행정소송법에는 명문 규정이 없다.

---

[683] 대판 1997.9.30, 97누3200

2. 인정여부에 관한 학설

(1) 소극설

이 견해는 ① 이를 인정할만한 어떠한 실정법 규정도 존재하지 않는다는 점, ② 행정권에 대한 사법통제는 일단 행정작용이 행하여진 이후에만 가능하며, 행정작용이 있기 전에 행정권이 의도하고 있거나 계획 중인 일정한 행위를 금지시키는 것은 사법권의 한계를 일탈한다는 점을 이유로 허용될 수 없다고 한다.

(2) 적극설

이 견해는 ① 우리의 실정법상 당사자소송은 이행소송을 포함하고 있는바 예방적 금지소송도 당사자소송의 한 형태로 인정될 수 있다는 점, ② 예방적 금지소송을 행정청의 처분 발동에 대한 부작위의무 및 그 권한이 없다는 확인의 판결을 구하는 확인소송으로 인정될 수 있다는 점, ③ 처분이 이루어질 개연성이 있고 절박하며, 처분요건이 일의적으로 정해져 있고, 미리 구제하지 않으면 회복할 수 없는 손해가 발생할 우려가 있고, 다른 구제방법이 없는 경우에는 국민의 권리구제를 위해서 허용되어야 한다는 점을 들고 있다.

3. 판례

판례는 <u>행정소송법상 행정청이 일정한 처분을 하지 못하도록 그 부작위를 구하는 청구는 허용되지 않는 부적법한 소송</u>이라 할 것이므로 실정법 규정이 존재하지 않는 한 불허된다는 입장이다.[684]

4. 검토

부정설과 같이 막연히 권력분립의 원칙이나 행정청의 1차적 판단권을 이유로 예방적 금지소송을 부정하는 것은 타당하지 않다. 취소소송은 침익적 처분에 대한 사후적 권리구제수단에 불과하고, 국민의 권리구제를 위하여 예방적 금지소송이 필요한 경우가 있<u>으므로 실효적인 권리구제를 위해 긍정함이 타당하다.</u>

다만 이를 인정하는 경우에도 ① 취소소송과 집행정지에 의해서는 권리구제가 불가능하거나 회복하기 어려운 손해를 입을 우려가 있어야 하고(보충성 요건), ② 행정청에게 1차적 판단권을 행사하게 할 것도 없을 정도로 일정한 내용의 처분이 예상되고 그 처분이 임

---

[684] 행정소송법상 행정청이 일정한 처분을 하지 못하도록 그 부작위를 구하는 청구는 허용되지 않는 부적법한 소송이라 할 것이므로, 피고 국민건강보험공단은 이 사건 고시를 적용하여 요양급여비용을 결정하여서는 아니된다는 내용의 원고들(대한의사협회 등)의 위 피고에 대한 이 사건 청구는 부적법하다 할 것이다(대판 2006.5.25, 2003두11988).

박할 것(사건의 성숙성)을 요건으로 이를 충족하는 경우에 제한적으로 인정하는 것이 바람직하다.

서울행정법원에서는 노사분쟁의 상황이 이와 같은 예외적인 요건을 충족하는 경우에 한하여 본안심사를 하여 인용결정을 내릴 수 있을 것이다.

Ⅳ. 문제의 해결

실정법의 해석론의 한계상 의무이행소송을 인정하기는 어렵다고 생각된다. 다만, 환경소송처럼 돌이킬 수 없는 경우 예외적으로 실정법하에서도 예방적 부작위소송을 인정하는 것이 타당하다고 생각한다.

이러한 입장에 선다면, 甲노조의 의무이행소송에 대하여 서울행정법원은 각하판결을 내려야 할 것이고, 乙노조의 예방적 부작위소송에 대하여 서울행정법원은 예외적인 요건을 충족하는 경우에 본안심사를 하여 인용결정을 내릴 수도 있다.

연습 148

甲은 부동산의 취득으로 인한 취득세 및 농어촌특별세의 납세의무부존재확인소송을 제기하려고 한다. 이러한 납세의무부존재확인소송의 법적 성질에 관하여 설명하시오. (25점)

〈공인노무사 2019〉

Ⅰ. 당사자소송의 의의

당사자소송이란 ① 행정청의 처분등을 원인으로 하는 법률관계에 관한 소송, ② 그 밖에 공법상의 법률관계에 관한 소송으로서 그 법률관계의 한쪽 당사자를 피고로 하는 소송이다(행정소송법 제3조 제2호). 전자는 처분 등에 의하여 발생·변경·소멸된 법률관계를, 후자는 처분 등을 원인으로 하지 않은 공법이 규율하는 법률관계를 의미한다고 이해된다. 당사자소송은 형식적 당사자소송과 실질적 당사자소송으로 구별한다. 형식적 당사자소송은 당사자소송의 형식을 차용한 항고소송의 성격을 갖는 것으로 파악되는데 반하여, 실질적 당사자소송은 본래적 의미의 당사자소송의 성격을 갖는다. 그리고 "행정청의 처분등을 원인으로 하는 법률관계에 관한 소송" 중에는 형식적 당사자소송이 포함되어 있다고 본다(다수설).

Ⅱ. 당사자소송의 특성

1. 당사자소송과 항고소송, 민사소송과의 구별

(1) 당사자소송과 항고소송의 관계

당사자소송은 기본적으로 대등한 당사자 간 소송이라는 점에서 처분등을 통해 표현된 행정청의 공권력행사자로서의 우월적 지위가 전제되어 있는 항고소송과 구별된다.

그런데 행정법관계에서 국민의 권익구제 수단으로 항고소송을 제기하여야 할지 당사자소송을 제기하여야 할지 애매한 경우가 많아서 그 구분 기준이 문제된다. 판례에서 항고소송과 당사자소송 중 어느 쪽에 의하여야 하는지를 구분하는 기준은 대략, 구체적인 급부청구권이 법령의 규정에 의해서 바로 발생하는 것인지 아니면 행정청의 인용결정에 의하여 비로소 발생하는 것인지, 급부거부결정에 대한 불복절차가 규정되어 있는지, 행정심판전치주의와 불복기간 등의 면에서 항고소송 쪽이 당사자에게 특히 불리한 것이 아닌지, 보다 직접적인 권리구제수단이 무엇인지 여부 등이라고 할 수 있다.

(2) 당사자소송과 민사소송의 관계

당사자소송은 공법상 법률관계에 관한 분쟁을 해결하기 위한 것이라는 점에서 사법상 분쟁해결수단인 민사소송과도 구별된다. 그런데 당사자소송과 민사소송은 양자 모두 당사자의 대등한 존재를 전제로 하고, 공권력 행사 자체를 다루는 것이 아니라는 점에서는 동일하다.

당사자소송과 민사소송의 구별기준에 관하여는 ① 소송물을 기준으로 그것이 공법상의 권리이면 행정사건이고, 사법상의 권리이면 민사사건이라는 견해, ② 소송물의 전제가 되는 법률관계를 기준으로 양자를 구분하는 견해의 대립이 있다. 전자의 견해에 의하면 공무원의 지위확인소송 등은 행정사건이고, 소유권확인이나 부당이득반환청구사건은 민사사건이 된다. 후자의 견해에 따르면 동일한 소유권확인소송이라도 행정처분의 무효 등을 원인으로 하면 행정사건이고 매매계약의 무효를 원인으로 할 때는 민사사건이 된다.685)

2. '포괄소송'으로서의 당사자소송

당사자소송은 처분등·부작위 이외에 공법상 법률관계 일반을 대상으로 하고 있다는 점에서 포괄소송으로서의 특성을 갖는다. 따라서 경우에 따라 이행소송이나 확인소송 등 다양한 소송유형을 내용으로 할 수 있다는 점에서 광범위한 활용가능성을 지닌다는 점, 그리고 행정작용의 비중이 침해행정으로부터 급부, 계획, 조성행정으로 변화하고 있는 상황에서 행위형식이 다양해지면 질수록 당사자소송의 비중도 증대될 것이라는 평가가 있다.686)

Ⅲ. 납세의무부존재확인소송의 경우

항고소송은 처분 또는 부작위를 대상으로 하고, 당사자소송의 대상은 '행정청의 처분 등을 원인으로 하는 법률관계와 그 밖의 공법상의 법률관계'이다. 설문의 납세의무가 존재하는지는 "처분의 무효 또는 유효나 존재 여부"를 다투는 것이 아니고, 행정주체에 대한 "납세의무"가 있는지가 문제되므로 공법상 법률관계를 다투는 당사자소송의 대상이 된다.

판례도 "납세의무부존재확인의 소는 공법상의 법률관계 그 자체를 다투는 소송으로서 당사자소송이라 할 것이므로 … 그 법률관계의 한쪽 당사자인 국가·공공단체 그 밖의 권리주체가 피고적격을 가진다."(대법원 2000.9.8, 99두2765)라고 하였다.

행정소송규칙 제19조는 그 존부 또는 범위가 구체적으로 확정된 공법상 법률관계 그 자체에 관한 소송의 하나로서 「납세의무 존부의 확인」에 관한 소송을 당사자소송의 하나로 예시하고 있다.

---

685) 임영호, 「행정소송의 쟁점」, 진원사, 2014, p.22.
686) 홍준형, 「행정쟁송법」, 오래, 2017. p.444.

Ⅳ. 주요 소송요건

1. 관할법원

당사자소송의 관할법원은 취소소송의 경우와 같다. 다만, 국가 또는 공공단체가 피고인 경우에는 관계행정청의 소재지를 피고의 소재지로 본다(제40조). 여기에서 '관계행정청'이라 함은 형식적 당사자소송의 경우에는 당해 법률관계의 원인이 되는 처분을 한 행정청을 말하고, 실질적 당사자소송에서는 당해 공법상 법률관계에 대하여 직접적인 관계가 있는 행정청을 말한다.

2. 원고적격 및 소의 이익

항고소송과 달리 소송당사자가 대등한 지위에 있게 되므로 행정소송법에 특별한 규정이 없다. 따라서 민사소송법의 규정이 준용되어(행정소송법 제8조 제2항) 특정의 소송사건에서 정당한 당사자로서 소송을 수행하고 본안판결을 받기에 적합한 자격을 가진 자가 당사자적격이 있고, 당사자적격자 가운데 실제 자기의 이름으로 권리보호를 요구하는 사람이 원고가 된다. 소의 이익 역시 민사소송법이 준용된다.

3. 피고적격

행정청이 피고가 되는 취소소송과 달리, 당사자소송에서는 국가·공공단체 그 밖의 권리주체가 피고로 된다(제39조). 여기에서 '그 밖의 권리주체'라 함은 공권력을 수여받은 행정주체인 사인, 즉 공무수탁사인을 의미한다.

4. 제소기간

당사자소송에는 취소소송의 제소기간에 관한 규정이 준용되지 않으나, 법령에 제소기간이 정해져 있으면 그에 의한다. 그 경우 기간은 불변기간으로 한다(행정소송법 제41조). 법령에 제소기간이 정해져 있지 아니하면 공법상 권리가 시효 등에 의해 소멸되지 않은 한 당사자소송을 제기할 수 있다.

Ⅴ. 결어

그밖에도 당사자소송은 취소소송에 관한 소의 변경(제21조), 피고경정(제14조), 공동소송(제15조), 소송참가(제16조)의 규정이 당사자소송에도 준용되며(행정소송법 제44조), 취소소송에서의 직권심리주의(제26조), 행정심판기록의 제출명령에 관한 규정이 당사자소송에도 준용된다(제44조). 또한 행정소송에 관한 처분권주의, 변론주의, 구술심리주의, 직접심리주의, 쌍방심문주의 등도 적용된다.

행정쟁송법 사례연습

연습 149

甲은 새우 양식업을 경영할 목적으로 교통이 편리하고 물 공급이 원활한 토지를 물색하던 중 토지의 한쪽이 도시순환 도로(지방도)에 접하고 다른 한쪽은 지방1급하천의 제방에 접한 사유지 한 필지를 매입하였다. 이후 도로의 관할청 A시장은 도로에 대해 상시적인 교통체증현상을 해소할 목적으로 이 도로의 폭을 넓히기 위해 양어장 부분 전체를 도로법상 도로구역으로 결정·고시한 다음 「공익사업을 위한 토지등의 취득 및 보상에 관한 법률」(이하 「토지보상법」이라 함)에 따라 토지·물건조서를 작성한 다음 협의매수절차에 들어갔으나, 甲이 응하지 않자 결국 관할토지수용위원회의 수용재결이 이루어졌다. 甲은 이 수용재결 자체에는 불만이 없으나, 보상재결(보상액을 결정한 부분)에 불만을 갖고 토지보상법 제85조 제2항에 의거하여 사업시행자인 A시를 상대로 다투고자 한다.

甲이 보상금증가를 목적으로 토지보상법에 의거하여 소송을 제기한다면, 그 소송의 법적 성질과 소송의 대상은 무엇인지 설명하시오.[687] (20점)

[참조조문]

공익사업을 위한 토지등의 취득 및 보상에 관한 법률 제85조 【행정소송의 제기】 ① 사업시행자, 토지소유자 또는 관계인은 제34조에 따른 재결에 불복할 때에는 재결서를 받은 날부터 90일 이내에, 이의신청을 거쳤을 때에는 이의신청에 대한 재결서를 받은 날부터 60일 이내에 각각 행정소송을 제기할 수 있다. 이 경우 사업시행자는 행정소송을 제기하기 전에 제84조에 따라 늘어난 보상금을 공탁하여야 하며, 보상금을 받을 자는 공탁된 보상금을 소송이 종결될 때까지 수령할 수 없다.

② 제1항에 따라 제기하려는 행정소송이 보상금의 증감(增減)에 관한 소송인 경우 그 소송을 제기하는 자가 토지소유자 또는 관계인일 때에는 사업시행자를, 사업시행자일 때에는 토지소유자 또는 관계인을 각각 피고로 한다.

I. 문제의 소재

토지소유자는 사업시행자를 피고로 하여 보상금의 증감에 관한 소송을 제기할 수 있다(토지보상법 제85조 제2항). 수용 자체에는 불만이 없고 단지 보상금액의 다과에만 불만이 있을 경우 이를 다툴 수 있도록 한 것이 보상금증감청구소송이다. 이러한 소송의 법적 성질과 소송의 대상을 검토한다.

---

687) 박정훈, 「행정법 사례연습」, 법문사, 2015, p.165의 사례문제를 참조하였음

Ⅱ. 법적 성질

1. 형식적 당사자소송인지 여부

「행정소송규칙」제19조 제1호 나목은 토지보상법 제85조 제2항에 따른 보상금의 증감에 관한 소송을 당사자소송의 하나로 열거하고 있다.

한편 형식적 당사자소송이란 '실질적으로는 행정청의 처분 등을 다투는 소송이면서 형식적으로 당사자소송으로 제기하는 것' 또는 '행정청의 처분 등에 의해 형성된 법률관계의 내용을 다투며 그 법률관계의 주체를 당사자로 하는 소송'으로 설명된다. 항고소송에서와 같이 행정청을 피고로 하지 않고, 당해 처분 등을 원인으로 하는 법률관계의 한쪽 당사자를 피고로 하여 제기한다.688)

토지보상법은 보상금증감청구소송에서 처분청인 토지수용위원회를 피고로 하지 아니하고 대등한 당사자인 토지소유자 또는 관계인과 사업시행자를 당사자로 하고 있는바, 형식적으로는 「당사자소송」에 속한다. 그러나 토지수용위원회의 재결을 다투는 의미도 있으므로 실질적으로는 「항고소송」의 성질도 가진다. 따라서 보상금증감소송은 형식적 당사자소송에 속한다.

2. 형성소송 또는 확인소송인지 여부

보상금증감소송이 실질적으로 토지수용위원회의 보상금에 대한 결정의 취소·변경을 구하는 형성소송인지, 발생된 보상청구권의 내용·범위의 확인을 구하는 소송인지 견해가 대립한다.

생각건대, 당사자소송은 법률관계의 원인이 된 처분이나 재결을 다투는 것이 아니므로 형성소송이라고 볼 수 없고, 형식적 당사자소송에 있어 재결청은 소송의 당사자가 아니며, 당사자소송의 취지는 공법적 법률관계를 바탕으로 이행청구를 통해 권리를 실현시키는 것으로 보아야 하므로 확인소송설이 타당하다.

즉 보상금증감소송은 법원이 객관적으로 정당한 보상액을 확인하여 그 이행을 명하는 확인·급부소송의 성질을 가진다.

3. 단일소송

구 토지수용법하에서는 재결청이 피고로 포함되어 있어서 필요적 공동소송으로 보았다. 그러나 토지보상법하에서는 1인의 원고와 1인의 피고를 당사자로 하는 단일소송이다.

---

688) 다시 말하여, 형식적 당사자소송이란 행정처의 처분이나 재결에 의해 형성된 법률관계에 관하여 다툼이 있는 경우에, 당해 처분 또는 재결의 효력을 다툼이 없이 직접 그 처분·재결에 의하여 형성된 법률관계에 대하여 그 일방 당사자를 피고로 하여 제기하는 소송이다.

Ⅲ. 소송의 대상

1. 견해의 대립

보상금증감청구소송의 대상이 무엇인지에 대하여 ① 수용재결대상설은 원처분인 수용재결이 소송의 대상이 된다고 본다. 이에 반하여 ② 보상금에 관한 법률관계대상설은 보상금증감청구소송에서는 수용재결이 직접 다투어지는 것이 아니라 보상금에 관한 법률관계가 주된 다툼의 대상이 된다고 본다.

2. 검토

구법과 달리 현행법에서 토지수용위원회는 보상금증감청구소송의 피고에서 제외되므로 수용재결이 소송의 대상이 된다는 견해는 타당하지 않다. 보상금증감청구소송이 확인·급부소송의 성질을 갖는다는 점을 고려하면 보상금에 관한 법률관계가 다툼의 대상이 되는 것으로 보아야 한다.

Ⅳ. 사안의 해결

토지보상법 제85조 제2항의 보상금증감청구소송은 사업시행자와 토지소유자 사이의 소송으로 규정되어 있어 그 성질상 형식적 당사자소송으로 볼 수 있고, 보상금청구권의 확인 및 보상금지급을 청구하는 확인·급부소송이다. 그리고 보상금에 관한 법률관계가 소송의 대상이 된다.

연습 150

국회는 맹견에 의한 사망, 상해 등 인적 피해 사건이 자주 발생하자 2025. 4. 10. 맹견 출입금지 장소에 노인복지시설, 장애인복지시설, 어린이공원 및 어린이놀이시설을 추가해 어린이 등 사회적 약자의 맹견 물림 사고 예방과 불안감 해소에 기여하는 '동물보호법 개정안'을 통과시켰다. X시 시의회는 위 개정안에서 더 나아가 위 장소뿐 아니라 모든 공공장소에 맹견을 포함한 애완견의 출입을 금지하고 이를 위반하는 경우 500만 원 이하의 과태료를 부과하는 내용의 조례를 제정하였다.

(1) X시 관내에서 애완견을 기르는 주민 甲은 위 조례에 대하여 취소소송으로 다툴 수 있는가? (15점)
(2) 위 조례의 제정과정에서 X시 시장이 행정소송으로 통제할 수 있는 방법은? (15점)

I. 설문 (1) - 조례에 대한 항고소송

1. 문제의 소재

일반적으로 조례는 행정입법의 하나인 만큼 국민의 권리의무에 관하여 개별적·구체적으로 규율하는 것이 아니고, 장래에 불특정 다수인에게 반복적으로 적용될 수 있는 일반적·추상적 규범이어서 항고소송의 대상이 될 수 없는 것이 원칙이다. 다만 소위 '집행적 조례'가 취소소송의 대상이 되는지에 대해 견해의 대립이 있다.

2. X시 조례가 집행적 조례인지 여부

(1) 집행적 조례의 의의

일반적·추상적 규율이기는 하나 집행행위의 매개 없이 직접 수범자의 권리와 의무를 규율하는 조례를 집행적 조례라고 한다. 예를 들어 일정한 영업장소에서의 미성년자의 출입금지의무를 규정한 경우이다.

(2) 사안의 경우

X시 조례는 규율 상대방이 불특정 다수의 주민이라는 점에서 일반적 규율이고, 특정되지 않은 사건에 대한 규율이라는 점에서 추상적 규율에 해당한다. 그러나 집행행위의 매개 없이 애완견을 기르는 주민들의 행동의 자유를 직접 제한하고 있으므로 소위 집행적 조례에 해당한다.

3. 집행적 조례의 처분성 여부

(1) 학설

이에 대하여 ① 집행적 조례는 일반적·추상적 규율이고, 이에 대한 직접적 규범통제제도는 현행법상 인정되고 있지 않으므로 이들에 의하여 권리를 침해받은 국민은 항고소송이 아니라 헌법소원을 통하여 구제를 받을 수 있을 뿐이라는 견해, ② 집행적 조례도 국민의 권리·의무에 사실상 강제력을 미친다는 이유로 '그 밖에 이에 준하는 행정작용'으로서 행정소송의 대상이 될 수 있다는 견해가 대립한다.

(2) 검토

우리 행정소송법이 '그 밖에 이에 준하는 행정작용'이라는 문구를 통해 처분의 형식이 아니더라도 행정청의 대외적 작용으로서 개인의 권익에 구체적으로 영향을 미치는 작용으로 취소소송의 대상범위를 확대할 수 있는 여지를 열어놓았다는 점에서 집행적 조례의 처분성을 인정함이 타당하다.

4. 문제의 해결

X시 조례는 집행행위의 매개 없이 애완견을 기르는 주민들의 행동의 자유를 제약하고 위반 시 과태료까지 부과하는 내용이므로 집행적 조례에 해당한다. 집행적 조례도 항고소송의 대상이 된다는 견해에 따르면 이 조례를 취소소송의 대상으로 하여 다툴 수 있다.

Ⅱ. 설문 (2) – 조례에 대한 기관소송

1. 문제의 소재

X시장이 개인 자격이 아니라 지방자치단체를 대표하는 기관의 자격으로서 지방의회가 의결한 조례안에 대하여 행정소송으로 다툴 수 있는 방법이 있는지 문제된다. 지방자치법상 기관소송의 가능성을 검토한다.

2. 기관소송의 의의

기관소송은 국가 또는 공공단체의 기관상호간에 있어서의 권한의 존부 또는 그 행사에 관한 다툼이 있을 때에 이에 대하여 제기하는 소송이다(행정소송법 제3조 제4호). 다만, 헌법재판소법 제2조의 규정에 의하여 헌법재판소의 관장사항으로 되는 소송은 제외한다(제3조 제4호 단서). 기관소송은 객관적 소송의 하나로서 법률이 정한 경우에 법률에 정한 자에 한하여 제기할 수 있다(행정소송법 제45조).

3. 조례안에 대한 지방자치단체장의 통제

(1) 재의 요구

지방자치단체의 장은 지방의회로부터 이송받은 「조례안」에 대하여 이의가 있으면 20일 이내에 이유를 붙여 지방의회로 환부하고, 재의를 요구할 수 있다. 이 경우 지방자치단체의 장은 조례안의 일부에 대하여 또는 조례안을 수정하여 재의를 요구할 수 없다(지방자치법 제32조 제3항). 재의요구를 받은 지방의회가 재의에 부쳐 재적의원 과반수의 출석과 출석의원 3분의 2 이상의 찬성으로 전과 같은 의결을 하면 그 조례안은 조례로서 확정된다(제4항).

(2) 대법원에의 제소

지방자치단체의 장은 지방의회에서 재의결된 사항이 법령에 위반된다고 판단되면 재의결된 날부터 20일 이내에 대법원에 소를 제기할 수 있다. 이 경우 필요하다고 인정되면 그 의결의 집행을 정지하게 하는 집행정지결정을 신청할 수 있다(지방자치법 제192조 제4항).

위 소송은 지방자치단체장이 지방의회를 상대로 지방의회 의결의 적법성에 대하여 제기하는 소송으로서 기관소송이라는 점에 이견이 없다.

4. 문제의 해결

X시장은 X시의회가 조례안을 의결하면 먼저 이의를 붙여 재의를 요구하고, 시의회가 재의결을 하면 재의결된 사항이 법령에 위반된다고 판단되는 경우 대법원에 조례안의 무효확인을 구하는 소를 제기하여 다툴 수 있다.

연습 151

다음은 어느 행정소송의 판결문의 일부이다. 이러한 소송 유형에 관하여 설명하시오.

【원고】 ★★시장 (소송대리인 법무법인 ㅁㅁ 담당변호사 이○○ 외 1인)

【피고】 ★★시의회 (소송대리인 법무법인 △△ 담당변호사 우◇◇ 외 2인)

【변론종결】 2025. 1. 22.

【주문】

피고가 2023. 10. 19.에 한 ★★시주택임대차계약증서확정일자부여업무조례안에 대한 재의결은 효력이 없다. 소송비용은 피고의 부담으로 한다.

【이유】

1. 이 사건 재의결의 경위

   피고가 2023. 8. 27. ★★시주택임대차계약증서확정일자부여업무조례안을 의결하여 같은 달 29. 원고에게 이송하였던바, 원고는 같은 해 9. 15. 경상남도지사로부터 지방자치법 제159조 제1항에 따른 재의요구를 받고 같은 달 16. 피고에게 재의결을 요구하였으나, 피고는 같은 해 10. 19. 원안대로 조례안을 재의결한 사실, 이 사건 조례안은, (…중략…) 아울러 읍·면·동·출장소의 주민등록 담당공무원은 전입신고를 받을 때 그 신고자에게 확정일자 부여의 의미와 법률적 효력에 대하여 고지하고, 확정일자 부여 청구서식을 교부하여 안내하며 세입자인지 여부와 확정일자부여 청구 여부를 확인토록(제6조) 규정하고 있는 사실을 각 인정할 수 있다.

2. 이 사건 조례안의 법령위반 여부

   가. 지방자치단체가 조례를 제정할 수 있는 사항은 지방자치단체의 고유사무인 자치사무와 개별법령에 의하여 지방자치단체에 위임된 이른바 단체위임사무에 한하고, 국가사무로서 지방자치단체의 장에게 위임된 이른바 기관위임사무에 관한 사항은 조례제정권의 범위 밖이라고 할 것이다(대법원 1992. 7. 28. 선고 92추31 판결 참조).

   (이하 생략)

1. 의의

(1) 기관소송의 개념

기관소송은 국가 또는 공공단체의 기관상호간에 있어서의 권한의 존부 또는 그 행사에 관한 다툼이 있을 때에 이에 대하여 제기하는 소송이다(행정소송법 제3조 제4호). 다만, 헌법재판소법 제2조의 규정에 의하여 헌법재판소의 관장사항으로 되어 있는 소송, 즉 국가기관 상호간, 국가와 지방자치단체 간, 지방자치단체 상호간의 쟁의에 관한 심판은 법원의 관할 대상이 아니다(행정소송법 제3조 제4호, 헌법재판소법 제61조).

(2) 기관소송의 필요성

행정기관 사이의 주관쟁의, 기타의 권한에 관한 쟁의는 원래 당해 기관의 공통의 상급기관이 있을 때는 그 상급기관에 의하여 행정적으로 해결되어야 하고, 법원의 권한에 속하지 아니하는 것이 원칙이다. 그러나 때에 따라서는 행정주체 내에 기관 상호간의 권한을 둘러싼 분쟁을 해결할 수 있는 적당한 기관이 없거나 제3자에 의한 공정한 해결을 할 필요가 있는 경우가 있으며, 법률은 그러한 경우에 특히 법원에 제소하는 것을 인정하고 있다.689) 따라서 기관소송은 국민의 구체적 권익 구제와는 관련이 없는 객관적 쟁송으로서, 개별 법률에 특별한 규정이 있는 경우에 한하여 인정되고 그 법률에 정한 자만이 제기할 수 있다(행정소송법 제45조).

2. 구별 제도

(1) 권한쟁의심판과의 구별

기관소송은 행정소송으로서, 공법상의 '법인 내부'에서의 권한의 존부 또는 그 행사에 관한 다툼(국가기관 상호간, 지방자치단체의 기관 상호간의 법적 분쟁)을 대상으로 한다. 반면 권한쟁의심판은 헌법재판으로서, 공법상의 '법인 상호간'의 권한의 존부 또는 범위에 관한 다툼(국가기관과 지방자치단체 상호간, 지방자치단체 상호간의 법적 분쟁)을 대상으로 한다.690)

(2) 주관쟁의결정과의 구별

기관소송은 행정소송이라는 점에서, 소송이 아니라 행정주체의 내부적인 해결인 주관쟁의 결정과 구별된다.

3. 기관소송의 범위에 관한 견해대립

기관소송의 성질 혹은 범위에 관하여 한정설(다수설)은 기관소송은 단일의 법주체내부에서 행정기관상호간의 권한분쟁에 관한 소송으로 본다. 행정소송법상 개념정의에 충실한 해석이다. 이에 반하여 비한정설은 상이한 행정주체 상호간, 상이한 법주체에 속하는 기관간의 소송 등도 행정법 차원의 것이면 기관소송으로 보자는 견해이다.

---

689) 임영호, 「행정소송의 쟁점」, 진원사, 2014, p.14.
690) 다만 현행 헌법재판소법은 본래적 의미의 기관소송에 해당하는 대상의 일부(헌법 제111조 제1항 4호와 헌법재판소법 제62조에 의한 국가기관 상호간의 법적 분쟁)를 권한쟁의심판으로 규정하고 있다.

4. 기관소송의 예

현행법상 인정되는 기관소송으로는 지방자치법상 지방자치단체장의 지방의회의 재의결에 대한 무효확인소송(제107조 제1항), 주무부장관이나 시·도지사의 이행명령에 대한 지방자치단체장의 소송(지방자치법 제170조 제3항, 제172조 제3항), 행정안전부장관 또는 시·도지사의 지방의회의 재의결에 대한 소송(제172조 제4항·제7항) 등이 있다.

5. 주요 소송요건

(1) 재판관할

객관소송의 재판관할에 관해서는 개별법이 정하는 바에 따른다. 현행법상으로는 대법원이 제1심이며 종심으로 되어 있는 경우가 많고, 고등법원과 대법원의 2심제로 되어 있는 경우도 있다.

(2) 원고적격과 피고적격

객관소송은 "법률에 정한 자에 한하여" 제기할 수 있다(행정소송법 제45조). 그러나 객관소송에 있어서 원고는 자신의 법률상 이익의 침해와 관계없이 소송을 제기할 수 있다는 점에서 주관적 소송과 다르다. 피고적격 역시 개별 법률에서 정한 바에 따른다.

6. 준용규정

객관적 소송에 적용될 법규는 각 개별 법률이 정하는 것이 일반적이다. 그러나 개별법에 특별한 규정이 없는 경우는 ① 처분 등의 취소를 구하는 소송에는 그 성질에 반하지 않는 한 취소소송에 관한 규정을 준용하고, ② 처분 등의 효력 유무 또는 존재 여부나 부작위위법확인을 구하는 소송에는 그 성질에 반하지 않는 한 각각 무효등확인소송 또는 부작위위법확인소송에 관한 규정을 준용하며, ③ 위 ①과 ②에 해당하지 않는 소송에는 그 성질에 반하지 아니하는 한 당사자소송에 관한 규정을 준용한다(행정소송법 제46조).

[저자경력]

■ 박이준 교수
- 서울대학교 사회학과/서울대학교 행정대학원 졸업
- 행정고시 합격
- 행정사무관(규제개혁, 對의회, 문화관광, 국무총리실 감사반 등)
- 現 이패스노무사 행정쟁송법 전임강사

[주요저서]
- 공인노무사 행정쟁송법 기본서(이패스코리아)
- 공인노무사 행정쟁송법 사례연습(이패스코리아)
- 행정사 행정절차론 기본서 및 사례·약술 연습(이패스코리아)
- 행정사 행정법 기본서 및 문제집(이패스코리아)
- 행정법총론·각론(교컴)
- 경찰승진 행정법, 행정학(경찰공제회)
- 공무원 행정법, 행정학 기본서 등 시리즈(이패스코리아)
- 소방공무원 승진 행정법, 소방공무원법(소방사관)
- 소방공무원 소방관계법규 기본서 등 시리즈(소방사관)
- 공무원 헌법 기출문제집(예응)
- 사무관승진 헌법 기본서 등 시리즈(교컴)
- 공기업 법학(이패스코리아)
- 경비지도사 법학개론(이패스코리아)
- 법학적성시험 LEET 추리논증(로앤피로스쿨)
- 최강 NCS 직업기초능력(이패스코리아)
- 국가정보원 NIAT(이패스코리아) 등 다수

행정쟁송법 사례연습

개정6판 1쇄 인쇄 / 2024년 12월 23일
개정6판 1쇄 발행 / 2025년 01월 02일

지 은 이 박이준
발 행 인 이재남
발 행 처 이패스코리아
　　　　　서울시 영등포구 경인로 775 에이스하이테크시티
　　　　　2동 1004호
　　　　　전　　화 1600-0522 / 팩　　스 02-6345-6701
　　　　　홈페이지 www.ekorbei.com
　　　　　이 메 일 edu@epasskorea.com

등 록 번 호 제318-2003-000119호(2003년 10월 15일)

※ 잘못된 책은 교환해드립니다.
※ 이 책은 저작권법에 의해 보호를 받는 저작물이므로 무단전재와 복제를 금합니다.